Eichendorffs Imagination und seine Sprache greifen auf elementare Kategorien der Welterfahrung zurück; sie wollen vor Verlust und Angst schützen und ihre Gegenstände vor der Zerstörung bewahren. Insbesondere die Werke des vorliegenden Bandes, die Erzählungen von 1832 bis 1849 und der Künstlerroman *Dichter und ihre Gesellen*, zeigen, wie der Romantiker Eichendorff zu einem historisch-politischen Schriftsteller wurde und wie fest seine Dichtungen in ihrer Zeit verwurzelt sind. Satirisch, polemisch und ironisch reagierte er auf die politischen Ereignisse seiner Gegenwart aus dem Geist einer nicht nur bewahrten, sondern auch bewährten und bewehrten Romantik. Immer aber verweisen seine zeitlosen Bilder, Chiffren und Formeln zugleich auf etwas Anderes, das hinter den Dingen steht und ihnen erst Bedeutung verleiht.

DEUTSCHER KLASSIKER VERLAG
IM TASCHENBUCH
BAND 19

JOSEPH VON EICHENDORFF

DICHTER UND IHRE GESELLEN

SÄMTLICHE ERZÄHLUNGEN

II

Herausgegeben
von Brigitte Schillbach
und Hartwig Schultz

DEUTSCHER
KLASSIKER
VERLAG

Diese Ausgabe entspricht Band 3, herausgegeben von Brigitte Schillbach
und Hartwig Schultz, der Edition *Joseph von Eichendorff, Werke in sechs Bänden*,
Frankfurt am Main 1993

Umschlag-Abb.: Spreeufer bei Stralau, Gemälde von Karl Friedrich
Schinkel, 1817, Nationalgalerie, Staatliche Museen zu Berlin. Foto: bpk

Deutscher Klassiker Verlag
im Taschenbuch · Band 19
© dieser Ausgabe Deutscher Klassiker Verlag, Frankfurt am Main 2007
Vertrieb durch den Suhrkamp Taschenbuch Verlag
Satz: pagina GmbH, Tübingen
Druck: Ebner & Spiegel, Ulm
Printed in Germany
ISBN 978-3-618-68019-2

1 2 3 4 5 6 – 12 11 10 09 08 07

DICHTER
UND IHRE GESELLEN
SÄMTLICHE ERZÄHLUNGEN
II

INHALT

VIEL LÄRMEN UM NICHTS

NOVELLE

Wenn wir Schatten euch beleidigt,
O so glaubt – und wohl verteidigt
Sind wir dann! – ihr Alle schier
Habet nur geschlummert hier,
Und geschaut in Nachtgesichten   5
Eures eigenen Hirnes Dichten.
Shakspeare's Sommernachtstraum.

»Wem gehört der prächtige Pallast dort unten?« fragte Prinz
Romano, auf dem schlanken Engländer nach seinen Begleitern zurückgewandt, indem sie so eben auf einer Höhe aus   10
dem Walde hervorkamen und auf einmal eine weite, reiche
Tiefe vor sich erblickten. – »Dem Herrn Publikum!« erwiderte ein schöner Jüngling aus dem Gefolge. – »Wie! Also
hier wohnt der wunderliche Kauz? kennst du ihn denn?« rief
der Prinz verwundert aus. – »Nur dem Rufe nach«, entgeg-   15
nete der Jüngling, sichtbar verwirrt und mit flüchtigem
Erröten.
    Die untergehende Sonne beglänzte unterdes scharf die
schönen Umrisse des Pallastes; heiter und wohnlich erhob er
sich über die weiten, fruchtbaren Ebenen, mit den Spiegel-   20
fenstern noch hell herüberleuchtend, während die Felder
ringsum schon zu verdunkeln anfingen. Ein schöner Garten
umgab das Schloß und schien im Abendduft mit der Landschaft und dem schimmernden Strome, bis weit an die fernen
blauen Berge hin, zusammenzufließen.   25
    »Göttliche Ironie des Reiselebens!« sagte der Prinz zu
seinen Begleitern. »Wer von euch hätte nicht schon sattsam
von diesem Publikum gehört, über ihn gelacht und sich
geärgert? Es juckt mich lange in allen Talenten, ihm einmal
ein Schnippchen zu schlagen, und wenn es euch recht ist, so   30
sprechen wir heute über Nacht bei ihm ein. Laßt mich nur
machen, es gibt die köstlichste Novelle!« – Der Einfall wurde
von der ganzen Gesellschaft mit lautem Beifall aufgenom-

men, und Alle lenkten sogleich der breiten, glänzenden
Kunststraße zu, die nach dem Pallast zu führen schien.

Es war anmutig anzusehen, wie die bunten Reiter bei'm
Gesang der Waldvögel langsam die grüne Anhöhe hinabzogen, bald zwischen den Bäumen verschwindend, bald wieder vom Abendrote hell beleuchtet. Am wohlgefälligsten
aber spielten die Abendlichter über der zierlichen Gestalt
jenes schönen Jünglings, der vorhin dem Prinzen den Besitzer des Pallastes genannt hatte. Der muntere Bursch, so eben
als ausgelernter Jäger aus der Fremde zurückkehrend, hatte
sich im Gebirge verirrt. So traf ihn die Gesellschaft im
Walde, welcher er sich nun auf einige Tagereisen angeschlossen. Sein frisches, fröhliches Wesen schien den ganzen
bunten Trupp wunderbar zu beleben. Denn während seine
Augen mit schalkischem Wohlgefallen auf den vornehmen
Anführern des Zuges ruhten, führte er hinten ein unaus-
gesetztes Witzgefecht mit den Jägern, oder er sang zu allgemeinem Ergötzen die herrlichsten Jagdlieder. Der Kammerherr des Prinzen schrieb die Lieder sorgfältig auf, und
ärgerte sich dann, wenn der Bursch sie das nächste Mal
wieder ganz anders sang, so daß er mit Notieren der Varian-
ten gar nicht zu Ende kommen konnte. – Der Prinz aber
hatte seine eigenen Pläne dabei: er gedachte sich des hübschen, gewandten Jungen in den nächsten Tagen als Pagen
und Liebesboten sehr vorteilhaft zu bedienen. Die junge
Gräfin Aurora nämlich, von deren poetischen Natur und
Zauberschönheit bei allen Poeten im Lande groß Geschrei
war, wurde aus Italien auf ihren Gütern in dieser Gegend
hier erwartet, und Romano war so eben aufgebrochen, die
Wunderbare kennen zu lernen und ihr auf seine Weise den
Hof zu machen.

Es war schon dunkel geworden, als die Gesellschaft fröhlich schwätzend in dem Park des Herrn Publikum anlangte.
Mit Verwunderung gewahrten sie hier, je tiefer sie hinein-
ritten, eine unerklärliche Bewegung und Unruhe; es war als
rührten die Gebüsche sich rings umher in der Dämmerung,
einzelne Figuren schlüpften hastig da und dort hervor, an-

dere schienen erschrocken dem Schlosse zuzueilen. Jetzt sahen sie auch in dem Pallaste Lichter durch die ganze Reihe der Fenster auf und nieder irren, eine halberleuchtete Krone drehte sich oben, bald noch eine und wieder eine. Auf einmal stiegen draußen mehrere Leuchtkugeln empor, und ließen plötzlich in wunderbarem bleichen Licht eine stille Gemeinde fremder Gesichter bemerken, die fast gespensterhaft aus allen Büschen hervorblickten. »Meine Nähe und unser Entschluß hier einzusprechen muß auf dem Schlosse verraten sein«, sagte der Prinz mit vornehmer Nachlässigkeit; »es ist ein unbequemes Wesen um den Dichterruhm!«

In diesem Augenblick wölbte sich ein Mondschein-Regenbogen luftig vor ihnen über die Wipfel, auf dessen Höhe eine goldene Lyra, von einem Lorbeerkranz umwunden, sichtbar wurde. – »Zart – sinnig!« rief der überraschte und geschmeichelte Prinz aus, mußte aber schnell abbrechen, um seinen Engländer zu bändigen, der immer ungebärdiger um sich blickte und schnaubte, als sie unter dem glänzenden Triumphtor einzogen. Unterdes gab der unversehene Knall eines Böllers das Signal zum Abbrennen eines ausgedehnten Feuerwerks, das plötzlich den ganzen Platz in einen feurigen Zaubergarten verwandelte. Jetzt war das Pferd nicht länger zu halten; pfeilschnell zwischen dem Sprühen und Prasseln, über Blumen und Hecken gerade fort, flog es an den Feuerrädern und Tempeln vorüber, die Begleiter konnten nicht so rasch nach, die Zuschauer aus den Büschen schrien: »Hurra!« Mit Schrecken sah der Prinz im Fluge immer näher und näher den Pallast vor sich, Fackeln am Eingange, und die Herren des Hauses mit zahlreicher Gesellschaft zum Empfange feierlich die Treppe herabsteigen. Mitten in dieser Verwirrung begann endlich das geängstigte Roß auf dem freien Rasenteppich zu bocken, und so unter den wunderlichsten Sprüngen langte der Prinz wie auf einem toll gewordenen Schaukelpferde vor dem Pallast an. – »Mein Gott!« rief ihm der Herr Publikum entgegen, »lassen Sie sich herab!« – »Bitte sehr, nichts von Herablassung«, erwiderte der Prinz, schon ganz schief vom Sattel hängend, während er den Hut vom

Kopf verlor. Hier wurde ein zweiter Böller gelöst, das Pferd feuerte noch einmal wütend aus, und Romano lag auf dem Sande.

Während sich dieses vor dem Pallast begab, sah man zwischen den Schlaglichtern des verlöschenden Feuerwerks eine junge Dame zu Pferde die Allee heransprengen. Die wunderbare Beleuchtung gab der hohen schlanken Gestalt etwas Wildschönes, und ein freudiges: Ach! begrüßte von allen Seiten die Erscheinung. Ein reichgeschmückter Jockey der Dame hatte unterdes Romano's lediges Pferd ergriffen. Sie selbst aber schwang sich schnell vom Sattel und trat mit besorgten fragenden Blicken zu dem gefallenen Prinzen. Dieser, als er die herabgebeugte Gestalt und die schönen großen Augen zwischen den herabwallenden Locken so plötzlich über sich erblickte, erhob sich gewandt auf ein Knie vor ihr, und sagte, zierlich ihre Hand küssend: »Nun weiß ich, an welchen Sternen sich diese verzauberten Gebüsche entzündet haben!« – Die Dame lächelte schweigend und schien unruhig und vergeblich mit den Augen Jemanden in dem Kreise der Umstehenden zu suchen. Prinz Romano aber sprang ohne alle Verlegenheit auf, schüttelte sich ab, reichte der Schönen seinen Arm und führte sie die breite Treppe hinan, während der etwas korpulente Herr Publikum, der gar nicht wußte wie ihm geschah, Mühe hatte, ihnen so rasch zu folgen.

Oben aber entstand nunmehr die größte Konfusion. Durch eine glänzende Reihe hellerleuchteter Gemächer bewegte sich eine zahlreiche Versammlung in festlicher Erwartung, alle Augen waren auf das eintretende Paar gerichtet, der Prinz grüßte vornehm nach allen Seiten. Da kam plötzlich Herr Publikum atemlos nach. »Romano?« hörte ihn der Prinz hinter sich eifrig zu den Nachfolgenden sagen; »Prinz Romano? Verfasser von –? ich wüßte nicht – habe nicht die Ehre.« – Die Dame sah verwundert bald den Sprechenden, bald den Prinzen an: »Wer von Ihnen Beiden ist denn aber nun eigentlich der Herr Publikum?« – »Sind Sie denn nicht seine Tochter?« fragte der Prinz, nicht weniger erstaunt. –

Hier wurden sie durch Herrn Publikum unterbrochen, der in eiliger Geschäftigkeit, mit dem seidenen Schnupftuch sich den Schweiß trocknend, der Dame seinen Arm reichte. »Konfusion, lauter Konfusion!« sagte er voller Verwirrung; »Mondschein, Regenbogen, Böller, Mißverständnis, ein unerwarteter Gast – Alles zu früh abgefeuert; sobald Sie kamen, Gnädigste, sollten sie abgebrannt werden.« – Hiermit war er mit der Gefeierten in der Menge verschwunden, Alles drängte neugierig nach. – »Wer ist die Dame?« fragte der Prinz einen der Nachzügler. – »Die schöne Gräfin Aurora«, war die Antwort.

Es war noch Alles still im Schloß nach dem Feste, das bis tief in die Nacht hinein gedauert hatte. Nur Prinz Romano, die Heimlichkeit der Morgenzeit benutzend, stand schon eifrig vor dem hohen Wandspiegel zwischen Kämmen, Flaschen und Büchschen, die auf allen Stühlen umherlagen. Dem Rausch einer wüst durchlebten Jugend war frühzeitig ein fataler Katzenjammer gefolgt, und sein Haupt insbesondere hatte in den mannigfachen Raufereien mit den Leidenschaften bedeutend Haare lassen müssen. Alle diese Defekte geschickt zu decken, war heut sein erstes Tagewerk, da er leider aus Erfahrung wußte, daß vor den Augen der Damen von Aurora's Alter der Lorbeerkranz die Glatze eines Dichters nicht zu verbergen vermag. – Draußen aber ging der herrlichste Sommermorgen funkelnd an allen Fenstern des Pallastes vorüber, alle Vögel sangen in der schönen Einsamkeit, während von fern aus den Tälern die Morgenglocken über den Garten heraufklangen. Da vernahm der Prinz zwischen den blitzenden Gebüschen unten abgebrochen einzelne volle Guitarren-Akkorde. Das konnte er niemals ohne innerliche Resonanz ertragen, die frühesten Jugend-Erinnerungen klangen sogleich mit an: ferne blaue Berge, Reisebilder, italienische Sommernächte, erlebte und gelesene. Auch heute vermochte er dem Zuge poetischer Kameradschaft nicht zu widerstehen, er warf Kämme und Büchsen fort und eilte die breiten stillen Marmortreppen hinab, in den Park hinaus.

Ein frischer Morgenwind ging durch die Wipfel, aber in dem Rauschen war ringsumher kein Lautenklang mehr zu vernehmen. Der Prinz horchte, schritt dann tiefer in das Taufrische Labyrinth hinein, und lauschte wieder. Da
5 glaubte er in einiger Entfernung sprechen zu hören, als eine plötzliche Wendung des Ganges ihm einen unerwarteten Anblick eröffnete. Ein junger Mann nämlich, in leichter Reisekleidung und eine Guitarre im Arm, hatte sich so eben über den Zaun in den Garten geschwungen; ein Jäger saß
10 noch auf dem Zaune, beide waren bemüht, einem kurzen wohlbeleibten Manne gleichfalls herüber zu helfen. »Sind Eurer nicht noch mehr dahinter?« – fragte der Jäger mit pfiffiger Miene. »Dummes Zeug!« erwiderte der Dicke, mühsam kletternd und halb zu dem Andern gewendet; »ihr
15 habt immer solche absonderliche Streiche im Kopf, und meint, es sei poetisch, weil's kurios ist. Da brauch' ich keinen solchen nichtswürdigen Zaun dazu, ich trage die rechte Himmelsleiter allezeit bei mir, die leg ich an gerade in die Luft, wo mir's beliebt, und auf der klettre ich fixer hinan, als ihr Alle
20 zusammen!« – Hier wandte sich der Fremde mit der Guitarre rasch herum, Prinz Romano blieb in höchster Überraschung wie eingewurzelt stehen.

»Mein Gott!« rief er, »Graf *Leontin* – aus »Ahnung und Gegenwart«!« – »Ist gleich an der Guitarre zu erkennen«, fiel
25 ihm der Dicke in's Wort; »er kann nicht wohl gespeist zu haben sagen, ohne einen Griff in die Saiten dazu.« – »Der Dichter *Faber*«, sagte Leontin, den Dicken präsentierend, »noch immer der Alte; er kann, wie ein Bär, nicht ohne Brummen tanzen.« – »Aber, liebe Herzens-Jungen«, entgeg-
30 nete der Prinz, »ich versteh' noch immer nicht – wie kommt ihr hierher, was wollt ihr?« – »Der schönen Aurora im Vorüberziehen ein Ständchen bringen«, erwiderte Leontin. – »Ständchen?« rief Prinz Romano begeistert aus; »Morgen-ständchen im Garten? O da muß ich mit! wo ist ihr Schlaf-
35 gemach?« – »Der Jäger da will uns weisen«, sagte Leontin; »von ihm erfuhren wir's, daß die Gräfin hier ist.« – »Pst! pst! wir sind schon unter der Schußweite der Fenster!« unter-

brach sie hier Herr Faber, indem er, ungeachtet seiner Korpulenz, gebückt und voller Eifer auf den Zehen fortzog, als wollte er ein Vogelnest beschleichen. Der Jäger führte ihn unablässig in die Kreuz und Quer, der breite Dichter stolperte und schimpfte, der Jäger sprach lustig Mut zu, die Andern folgten lachend. So zog das wunderliche Häuflein zankend, schwirrend und sumsend durch die stille Morgenluft bis an eine Rosenhecke, wo ihr Führer sie endlich aufstellte. Die Schloßfenster leuchteten wie glänzende Augen zu ihnen herüber; Leontin griff, ohne sich lange zu besinnen, in die Saiten, Faber übernahm die Baßpartie, und sie sangen munter:

> In den Wipfeln frische Lüfte,
> Fern melod'scher Quellen Fall,
> Durch die Einsamkeit der Klüfte
> Waldeslaut und Vogelschall,
> Scheuer Träume Spielgenossen,
> Steigen all' beim Morgenschein
> Auf des Weinlaubs schwanken Sprossen,
> Dir in's Fenster aus und ein.
> Und wir nah'n noch halb in Träumen,
> Und wir tun in Klängen kund,
> Was da draußen in den Bäumen
> Singt der weite Frühlingsgrund.
> Regt der Tag erst laut die Schwingen:
> Sind wir Alle wieder weit –
> Aber tief im Herzen klingen
> Lange nach noch Lust und Leid.

»Ein scharmantes Lied!« unterbrach sie hier der entzückte Prinz. – »Still, still«, sagte Faber, »da wackelte eben die Gardine oben im Fenster!« – »Wahrhaftig«, rief Romano, »seht ihr, zwei göttliche Augen blitzen heimlich zwischen den Vorhängen hindurch!« – Sie sangen von Neuem:

> Dicke Liederknospen grünen
> Hier vom Wipfel bis zum Grund –

> Einen Blick aus den Gardinen,
> Und der Strauch blüht liebesbunt!

Jetzt öffnete sich wirklich das verhängnisvolle Fenster. – Herr Publikum, eine schneeweiße Schlafmütze auf dem Kop-
5 fe, lehnte sich breit und behaglich heraus und gähnte, als wollte er den ganzen Morgen verschlingen. Die Sänger starrten wie versteinert durch ihr Versteck in den unverhofften Rachen. »Danke, danke, meine unsichtbaren Freunde, für diese angenehme Aufmerksamkeit!« sagte der Mäcenas
10 oben, noch immer gähnend und mit der fetten Hand vornehm herabwinkend. »Zu viel Ehre – mein geringes Interesse an den schönen Künsten und Wissenschaften – es freut mich, daß es solche zarte Anerkennung –«« – Aber Leontin ließ ihn nicht ausreden, er griff wütend in die Saiten und
15 übersang ihn:

> Was hast du für ein großes Maul,
> Kannst sprechen ganz besunder;
> Lob' mich auch 'mal, sei nicht so faul!
> Lobst sonst ja manchen Plunder.

20 Der ganz verdutzte Publikum, als er sich recht besann, wie ihm eigentlich geschehen, geriet über diesen unerwarteten Gruß in einen unmäßigen Zorn. »Wer tat mir das!« schrie er, »und in meinem eigenen Garten! Greift mir die impertinenten Kerls!« – Er rief nun eine Menge von Dienern bei ihren
25 Namen, daß er ganz blau im Gesicht wurde. Über dem Geschrei erhob sich durch den ganzen Pallast, Trepp auf Trepp ab, ein verworrenes Rumoren, von allen Seiten fuhren Gesichter neugierig aus allen Fenstern, durch den stillen Garten selbst hörte man schon einzelne Stimmen suchend
30 schweifen. Der Morgenspuk in der Rosenhecke aber war bereits nach verschiedenen Richtungen hin zerstiebt. Leontin konnte vor Lachen fast nicht mehr weiter, der Prinz, aus Besorgnis sich dem fremden Hause lächerlich zu machen, fand es am geratensten, mit den Andern gleichfalls Reißaus

zu nehmen; Faber dagegen, den gleich anfangs bei dem
überraschenden Anblick des ungeheuren, butterglänzenden
Gesichts im Fenster eine wunderliche Furcht ergriffen hatte,
war schon ein gut Stück voraus, und keuchte und schimpfte
auf Leontins unaufhörliche Narrenstreiche und auf den Jäger, der sie vor die falschen Fenster geführt. Der Letztere
hatte sich inzwischen verloren, Romano aber glaubte bald da
bald dort in den Gebüschen neben sich kichern zu hören und
Florentin's, seines hübschen Jägerbürschchens, Stimme zu
erkennen.

Als sie sich draußen im Walde in Sicherheit sahen, warf
sich Leontin erschöpft auf den Rasen hin, Faber ging vor ihm
mit schnellen Schritten auf und nieder, sich emsig die Hände
reibend, wie Einer der mit sich selbst zufrieden ist. – »Ihr seid
an Allem Schuld, Faber«, sagte Leontin; »Ihr seid schon zu
schwer, Ihr fallt überall durch auf dem Glatteis der Liebe,
und reißt uns mit fort.« – »Was, Reißen! Durchfall!« entgegnete der vergnügte Dichter; »der Publikum hat doch seinen
köstlichen Ärger weg!« Dazwischen schwor er wieder, den
schuftigen Jäger durchzuprügeln, und sollt' es am jüngsten
Tage sein. – »Und sie, Durchlaucht, haben als Volontär die
Retirade mitgemacht«, sagte Leontin zum Prinzen. – »Was
war zu tun?« erwiderte dieser, »meine Freiersfüße mußten
wohl für eure Verse das Fersengeld mit bezahlen.«- »Wie!
Freiersfüße? wem setzen sie darauf nach, wenn man fragen
darf?« – »Dem edelsten Wilde, mein' ich, um das jemals ein
Jäger Hörner angesetzt, in das jeder Weidmann geschossen
ist, mit einem Wort, meine Freunde: ich möchte beinah
gesonnen sein, um die Hand der schönen Gräfin Aurora zu
werben.« – Hier brachen Leontin und Faber, zu des Prinzen
Erstaunen, plötzlich in ein unaufhaltsames Gelächter aus.
»Die Gräfin Aurora?!« – riefen sie, immer fort lachend, Einer
nach dem Andern aus – »eben so gut könnte man die Göttin
Diana unter die Haube bringen – oder der Thetis den Ver-
lobungsring an den rosigen Finger stecken – oder die
Phantasie heiraten – und alle neun Musen dazu!«

Der empfindliche Prinz hatte unterdes mit dem vornehm-

sten Gesicht, das ihm zu Gebot stand, seine Lorgnette her-
vorgezogen und nahm die Gegend, und dann die Lachenden
ruhig in Augenschein. »Ich muß gestehen«, sagte er endlich,
das unerträgliche Gelächter unterbrechend, »Sie liebten doch
früher eine gewisse geniale Eleganz, lieber Graf; es fiel mir
schon vorhin auf, Sie in diesem wunderlichen, altmodischen
Aufzuge wiederzusehen. Nehmt mir's nicht übel, ihr Herren,
ihr seht aus wie die Trümmer eines reduzierten Freikorps.« –
»Vortrefflich, Prinz!« rief Leontin, »Sie haben da recht den
Nagel auf den Kopf getroffen! Ja, das fliegende Korps der
Jugend, der wir angehörten, ist längst aufgelöst, das Hand-
geld flüchtiger Küsse vergeudet; diese ästhetischen Grafen
und Barone, diese langhaarigen reisenden Maler, die genialen Frauen zu Pferde, sie sind nach allen Richtungen hin
zerstreut; unsere tapfersten Anführer hat der Himmel quiesziert, ein neues, aus unserer Schule entlaufenes Geschlecht
hat neue, grade, langweilige Chausseen gezogen, und wir
stehen wie vergessene Wegweiser in der alten, schönen Wildnis.« – Der Prinz fuhr fast verlegen mit der Hand über die
Stirn, er konnte ein abermaliges Gefühl von Kameradschaft
mit diesem verunglückten Freikorps nicht unterdrücken.
»Teuerster Graf«, sagte er, »Sie pflegten von jeher gern zu
übertreiben.« – »Ja, Pferde, Liebe, Lust und Witz«, erwiderte
Leontin; »daher bring' ich sie nun alle ein bißchen lahm aus
der Kampagne zurück.« –

Hier wurden sie durch Faber unterbrochen. Der ermüdete
Poet hatte sich in die warme Morgensonne bequem hin-
gelagert, und fing so eben auf die furchtbarste Weise zu
schnarchen an.

»Gott behüt uns!« – rief der erschrockene Prinz aus, indem
er den Schlafenden durch die Lorgnette aufmerksam betrachtete. – »Sehen sie doch, wie er sich nun abquält, ein
gelindes Tabakschmauchen nachzuahmen – jetzt bläst er sich
wieder mächtig auf; das ist ja als wenn der Teufel die Baßgeige striche! – und nun auf einmal mit einem Schlagtriller
Alles wieder abgeschnappt – ich glaube, er erstickt an seinem
Ärger über Herrn Publikum. Was hat er denn eigentlich mit
dem?«

»Der Entschlafene«, erwiderte Leontin, »war in der letzteren Zeit als Hofdichter bei'm Herrn Publikum angestellt. – Das ging auch anfangs vortrefflich, er wurde gehau'n, geschnitten, gestochen, ich meine: in Stein und Kupfer, die Damen rissen sich ordentlich um seine Romantik. Als sie nun aber nach und nach ein wenig abgerissen wurde, da war nichts weiter dahinter. Es war ein Skandal! Er konnte nicht so geschwind die neumodische klassische Toga umschlagen, verwickelte sich in der Hast mit Arm und Beinen in die schottischen Plaids und gab immer mehr Blößen – ja zuletzt sagte ihm Herr Publikum gerade auf den Kopf: er sei nun gänzlich aus der Mode geraten, ja es gebe überhaupt gar keine solche humoristische Hagestolzen, wie er, in der Wirklichkeit, er sei eigentlich ein bloßes in Gedanken stehengebliebenes Hirngespinst, das für nicht vorhanden zu achten. – So hatte die atemlose Zeit auch ihn übergerannt, und ich fand den abgedankten Dichter, an seiner eigenen Existenz verzweifelnd, hier im Walde unfern von meinem Schlosse wieder.« – »Wie«, rief der Prinz aus, »so wohnen sie jetzt hier in der Nähe?«

»Allerdings«, entgegnete Leontin. »Die spröde Welt, die wir als unser Lustrevier erobern wollten, hat uns nach und nach bis auf ein einsames Waldschloß zurückgedrängt, und die von der alten Garde tun mir die Ehre an, sich um die zerrissene Standarte der Romantik zu versammeln, die ich auf der Zinne des Kastells aufgesteckt. Dort rumoren wir auf unsere eigene Hand lustig fort, gefallen uns selbst, und ignorieren das Andre. Rauschen und singen doch die Wälder noch immerfort wie in der Jugend, und jeden Frühling wirbelt die Lerche die alten Gesellen zusammen, und von Zeit zu Zeit besucht uns dort wohl noch unser schönes Waldlieb.⟨«⟩

Hier sprang Leontin plötzlich auf, und auch der Prinz wandte, angenehm überrascht, seine Blicke nach den Felsen; denn ein wunderschöner Gesang klang auf einmal aus dem Walde zu ihnen herüber. Sie konnten etwa folgende Worte verstehen:

Lindes Rauschen in den Wipfeln,
Vöglein, die ihr fernab fliegt,
Bronnen von den stillen Gipfeln,
Sag't, wo meine Heimat liegt?

5   Heut' im Traum sah ich sie wieder,
Und von allen Bergen ging
Solches Grüßen zu mir nieder,
Daß ich an zu weinen fing.

Ach, hier auf den fremden Gipfeln:
10   Menschen, Quellen, Fels und Baum,
Wirres Rauschen in den Wipfeln –
Alles ist mir wie ein Traum.

Jetzt erschien der Sänger im hellsten Glanz der Morgenlichter zwischen den Bäumen – es war Florentin, das Jäger
15 bürschchen aus Romano's Begleitung. Er stutzte und brach schnell sein Lied ab, als er den Prinzen unten bemerkte.

»Dacht' ich's doch!« rief Leontin, die leuchtende Erscheinung freudig anstaunend. – Faber rieb sich verwirrt die Augen. »Es träumte mir eben«, sagte er, »ein Engel zöge
20 singend über mir durch die Morgenluft.« – Unterdes aber war Florentin schon bei ihnen, faßte Leontin und Faber, wie alte Bekannte, rasch bei den Händen und führte sie tiefer in den Wald hinein. – Der Prinz hörte sie untereinander lachen, dann wieder sehr eifrig und heimlich sprechen; Florentin's
25 Stimme klang immerfort wie ein Glöckchen zwischen dem Vogelsang herüber.

Als sie zurückkehrten, schienen Leontin und Faber zerstreut und unruhig, wie Leute, die plötzlich einen Anschlag gefaßt haben. »Wir müssen schnell weiter, auf eine lustige
30 Hochzeit dann!« sagte Leontin zum Prinzen, und lud ihn noch heiter ein, ihn auf seinem Kastell zu besuchen. Dann eilte er sogleich mit Faber den Berg hinab, wo auf einer Waldwiese ein Jäger mit ihren Pferden im Schatten ruhte.

Florentin aber war eben so eilig im Walde wieder ver
35 schwunden.

Erstaunt und verwirrt stand nun der Prinz in der unerwarteten Einsamkeit. Da sah er unten die beiden Freunde schon fern zwischen Weinbergen und blühenden Gärten in die glänzende Landschaft hinausziehen, und Schlösser, Türme und Berge erglühten purpurn, und ein leiser Hauch wehte den Klang der Morgenglocken und Lerchensang und Düfte erquickend herauf, als läge das Land der Jugend dort in der blitzenden Ferne. Hoch oben auf den Felsen aber erschien Florentin noch einmal, schwenkte seinen Hut, und sang den Fortziehenden nach:

> Munt're Vögel in den Wipfeln,
> Ihr Gesellen dort im Tal,
> Grüßt mir von den fremden Gipfeln
> Meine Heimat tausendmal!

———

Vom Garten des Herrn Publikum bringt der Wind unverhofft ein sonderbares, unerklärliches Gesumse zu uns herüber, es scheint nicht Mühlengebraus, nicht Katzengefecht, noch Murmeln rieselnder Bäche, sondern vielmehr das Alles zusammen. Je mehr wir uns indes mit gebührender Vorsicht nähern, je deutlicher unterscheiden wir nach und nach das verworrene Geschnatter verschiedener Menschenstimmen durcheinander, von Zeit zu Zeit von dem durchdringenden Schrei eines Papagei's aus den Fenstern des Pallastes überkreischt. Durch eine Öffnung des Gebüsches endlich übersehen wir den schönen Gartenplatz vor dem Schlosse, wo bei'm lieblichen Morgenschein viele wohlgekleidete Personen verschiedenen Alters und Standes zwischen den blühenden Sträuchern und funkelnden Strahlen der Wasserkünste zufrieden auf und nieder wandeln und plaudern, häufig im Eifer des Gesprächs sich den Schweiß von der Stirn wischen und wieder plaudern. – Nur Herz gefaßt! noch einige Schritte vorwärts: und wir können Alles bequem vernehmen.

»Nur das prüde Vornehmtun jener literarischen Ari-

stokratie nicht hinein gemengt!« rief so eben ein langer,
schlichter Mann mit grauem Überrock und grauem Gesicht. –
»Lassen Sie Sich umarmen, Lieber!« unterbricht ihn begeistert ein blonder, junger Mann, dessen volle Wangen von
unverderbter Jugend strotzen; »das wär' es eben auch was
ich meine! Ja wohl, diese poetische Vornehmheit, die so gern
überall das Pfauenrad der großen Welt schlägt, was ist sie
anders, als jene perfide, über allen Erscheinungen, über
Gutem und Bösem, mit gleichem Indifferentism schwebende
Ironie; Glatteis, auf dem jede hohe Empfindung, Tugend
und Menschenwürde lächerlich ausglitschen; kalt, kalt, kalt,
daß mich in innerster Seele schaudert! O über die vermessene
Lüge göttlicher Objektivität! Heraus, Poet, mit deiner rechten Herzensmeinung hinter deinen elenden Objekten! Ehrlich dein Innerstes ausgesprochen!⟨«⟩ – VIELE *durcheinander*:
Ja, gesprochen, immerzu gesprochen! JUNGER MANN Meine
Herren, Sie verstehen mich nicht, ich wollte –. – VIELE Wir
wollen nichts verstehen! – Wir wollen Natur! – Edelmut –
gerührtes Familienglück! – GRAUER He, Ruhe da! das ist ja,
als wär' auf einmal ein Sack voll Plunder gerissen! – DICH-
TERIN *sich hindurchdrängend*: Was für Ungezogenheit! Pfui
doch, Sie treten mir ja das Kleid ab! O diese starken, wilden
Männerherzen! – JUNGER MANN Verehrungswürdigste, in
welchem Aufzuge! die Nachthaube ganz schief – und – o wer
hätte Ihnen das zugetraut! – noch im fliegenden Nachtge-
wande. – DICHTERIN *sich betrachtend*: O Gott! ich bitte Sie,
sehen Sie ein wenig auf die andere Seite, ich verberge mich in
mich selbst! – der Schmelz des jungen Tages – meine Ungeduld, meine Zerstreuung, das erste Lied der Nachtigall, ich
konnt' es nicht erwarten, ich stürz' hinaus – ach, wir Dichterinnen schwärmen so gern über die engen Zwinger der
Alltagswelt hinaus. Erlauben Sie! *Sie nimmt das Schnupftuch des
jungen Mannes, und schlägt es sich als Halstuch um*. Aber erzählen
Sie doch, was ist denn eigentlich los hier? – JUNGER
MANN Ein neuer Gedanke von der höchsten Wichtigkeit,
dessen Folgen für die ganze Literatur sich schwer berechnen
lassen. Denn jede neue Idee ist wie der erste Morgenblick;

erst rötet er leise die Berge und die Wipfel, dann zündet er
plötzlich da, dort mit flammendem Blick einen Strom, einen
Turm in der Ferne; nun qualmen und teilen und schlingen
sich die Nebel in der Tiefe, der Kreis erweitert sich fern und
ferner, die blühenden Länder tauchen unermeßlich auf – wer   5
sagt da, wo das enden will! – Nun ich weiß, Verehrteste, Sie
teilten schon längst unsre Überzeugung, daß jene überspann-
ten künstlichen Erfindungen in der Poesie uns der Natur
entfremden und nach und nach ein wunderliches, konventio-
nelles, nirgends vorhandenes, *geschriebenes* Leben über dem   10
Lebendigen gebildet, ich möchte sagen: eine Bibel über die
Tradition gesetzt haben, daß wir also eiligst zur Wirklichkeit
zurückkehren müssen, daß –. – DICHTERIN Kürzer! ich bitte,
fassen Sie sich kürzer, mir wird ganz flau. – GRAUER Kurz:
wir machen hier so eben Novelle. Dieser Garten, der Pallast,   15
das Vorwerk, die Stallungen und Düngerhaufen dahinter
sind unser Schauplatz; was da aufduckt in dem Revier, italienische Gräfin oder deutscher Michel oder anderes Vieh,
wird ohne Barmherzigkeit unmittelbar aus dem Leben gegriffen. Und nun ohne weiteres Gefackel frisch zugegriffen!   20
denn wenn ich des Morgens so kühl und nüchtern bin, da
komponier' ich den Teufel und seine Großmutter zusammen! – VIELE *mit großem Lärm*: Bravo! Sie sind unser Mann!
diese Laune, dieser Humor! – JUNGER MANN Also es bleibt
bei dem entworfenen Plane der Novelle. Alles einfach, na-   25
türlich: wir führen die schöne Gräfin Aurora mit dem einzigen Manne, welcher dieser berühmten Musenhand würdig,
mit unserm unvergleichlichen Herrn Publikum, langsam,
Schritt vor Schritt durch das dunkle Labyrinth des menschlichen Herzens zum Trau-Altar. Dieses Tappen, dieses Flie-   30
hen und Schmachten der wachsenden Leidenschaft ist der
goldene Faden, an den sich von selbst, gleich Perlen, die
köstlichsten Gespräche über Liebe, Schönheit, Ehe reihen –
oh, teuerste Freunde, ich bin so voller Abhandlungen! –
ENGLÄNDER *mit Weltverachtung hinzutretend*: Und der Sturm,   35
der um des Herzens Firnen ras't? und das Grauen, das wie
der Schatten eines unsichtbaren Riesen sich über die ge-

brochenen Lebensbäume legt? – Ich bestehe durchaus auf
ein wild zerrissenes Gemüt in der Novelle! – DICHTE-
RIN Furchtbarer, ungeheurer Mann! – GRAUER Das ist
gleich gemacht. Der Prinz Romano hat ganz das liederliche
Aussehen eines unglücklichen Liebhabers. Er geht, wie ihr
wißt, auf Freiersbeinen, die sind dünn genug, da lassen wir
den englischen Sturm schneidend hindurch pfeifen. – JUNGER
MANN Still! da kömmt die Gräfin mit Herrn Publikum. –
Nun frisch daran!

Wirklich sah man die Genannten so eben aus dem Schlosse
treten, in galanter Wechselrede begriffen, wie man aus der
ungewohnten besonderen Beweglichkeit des Herrn Publikum abnehmen konnte, der immer sehr viel auf guten Ton
hielt. Die Novellenmacher verneigten sich ehrerbietig, Publikum nickte vornehm. Gräfin Aurora aber hatte heut in der
Tat etwas von Morgenröte, wie sie zwischen den leisen
Nebeln ihres Schleiers, den sie mit dem schönen Arm man-
nigfach zu wenden wußte, so leicht und zierlich nach allen
Seiten grüßte, und ihre Blicke zündeten, zwar nicht die
Turmknöpfe, aber die Sturmköpfe ringsumher. Ein Geflüster der Entzückung ging durch die Versammlung. Der
Graue bemächtigte sich geschickt des fetten Ohrs des Herrn
Publikum. »Oh«, rief er ihm leise zu, »dreimal selig der, dem
diese Blicke gelten!« Publikum lächelte zufrieden.

Der Vorschlag der rüstigen Herren, an dem herrlichen
Morgen eine Promenade in das nächste Tal vorzunehmen,
wurde mit Beifall aufgenommen. Sie aber hatten ihre eigenen
Gedanken bei diesem Vorschlage. Um ihre projektierte Novelle gehörig zu motivieren, sollte Herr Publikum zuerst der
Gräfin mit seiner Weltmacht imponieren und sodann in der
Einsamkeit der schönen Natur Gelegenheit finden, diesen
Eindruck zu benutzen, und die Überraschte mit den Blu-
menketten der Liebe zu fesseln. Zu diesem Zweck lenkten sie
den Spaziergang ohne Weiteres aus dem Garten nach dem
sogenannten praktischen Abgrund hin. Und in der Tat, die
Schlauen wußten wohl, was sie taten. Denn schon im Hinabsteigen mußten der Gräfin sogleich einzelne Gestalten auf-

fallen, die gebückt, wie Eulen, in den Felsenritzen kauerten. –
»Künstler, Landschafter«, sagte Publikum, »die armen Teufel quälen sich vom frühesten Morgen für mich ab.« Hier
verbreitete er sich sofort gelehrt über die verschiedenen
Tinten der Landschafts-Malerei, wäre aber dabei mit seiner   5
Kunstkenntnis bald garstig in die Tinte gekommen, wenn
die aufmerksamen Novellisten nicht zu rechter Zeit ausge-
holfen hätten. Indes waren sie auf einen Felsenvorsprung aus
dem Gebüsch getreten – da lag in einem weiten Tale zu ihren
Füßen plötzlich ein seltsames Chaos: blanke Häuser, Ma-   10
schinen, wunderliche Türmchen und rote Dächer, zu beiden
Seiten einer Kunststraße an den Bergeshängen überein-
anderragend. Es war aus dieser Vogel-Perspektive, als überblickte man auf einmal eine Weihnachts-Ausstellung, Alles
rein und zierlich, Alles bewegte sich, klippte und klappte,   15
zuweilen ertönte ein Glöckchen dazwischen, zahllose Männchen eilten geschäftig hin und her, daß es Einem vor den
Augen flimmerte, wenn man lange in das bunte Gewirr
hineinsah.

Der junge Mann trat erklärend zu der erstaunten Gräfin.   20
»Der Puls dieses bewunderungswürdigen Umlaufs von
Kräften und Gedanken ist unser hochverehrter Herr Publikum«, – sagte er, während sie rasch herabstiegen – »um
seinetwillen, zu seinem Besten sind alle diese Anlagen entstanden.« Er begann nun eine wohlgedachte und herrlich   25
stylisierte Abhandlung über die ernste praktische Richtung
unserer Zeit, die wir aber leider nicht wiederzugeben vermögen, da man inzwischen den Grund erreicht hatte und vor
dem wachsenden Lärm, dem Hämmern und Klopfen kein
Wort verstehen konnte.   30

Aurora war ganz verblüfft, und wußte nicht, wohin sie in
dem Getöse sich wenden sollte, als eine, wie es schien, mit
Dampf getriebene ungeheure Maschine durch die Eleganz
ihres Baues ihre besondere Aufmerksamkeit auf sich zog. Sie
näherte sich neugierig, und bemerkte, wie hier von der einen 35
Seite unablässig ganze Stöße von dicken, in Schweinsleder
gebundenen Folianten in den Beutelkasten geworfen wur-

den, unter denen sie mit Verwunderung den Grafen Khevenhüller nebst andern Chroniken zu erkennen glaubte.
Eine große Menge zierlich gekleideter Herren, weiße Kü-
chenschürzen vorgebunden und die feinen Hemdeärmel
aufgestreift, eilten auf und ab, das Schroten, Mahlen und
Ausbeuteln zu besorgen, während armes, ausgehungertes
Volk gierig bemüht war, den Abfall aufzuraffen. – »Das will
wieder nicht vom Fleck!« rief Herr Publikum den Arbeitern
zu; »rasch, nur rasch!« – Darauf führte er die Gräfin in das
andere Ende der Maschine und es dauerte nicht lange, so
spuckte ein bronzener Delphin die verarbeiteten Folianten
als ein zierliches »Vielliebchen« in Taschenformat und in
Maroquin gebunden zu ihren Füßen aus. Publikum überreichte es, als das Neueste vom Jahre, galant der Gräfin.
Aurora wollte sich totlachen und steckte das niedliche Din-
gelchen in ihren Strickbeutel.

Sie hätte sich gern noch anderweit im Fabrikwesen näher
instruiert, aber das Treiben auf der Kunststraße, die sie so
eben betreten, nahm alle ihre Sinne in Anspruch. Das war ein
Fahren, Schnurren, Reiten und Drängen! Mitten durch das
Gewirr sahen sie einen Postillon mit flämischen Stiefeln, mit
einem großen Schnurrbart und von martialischem Ansehen,
in gestrecktem Galopp auf sich zufliegen. Er war ein literarischer Klatsch-Kurier. Er parierte sein schäumendes Roß
kunstgerecht grade vor Herrn Publikum, und überreichte
ihm seine Depesche. Die Novellisten standen in höchster
Spannung und murmelten geheimnisvoll unter einander. –
»Schon gut«, sagte Publikum, den Kurier mit einem leichten
Kopfnicken entlassend. Darauf überflog er das Schreiben für
sich, lachte einmal laut auf, rief dann: »Ha!« und steckte die
Papiere in die Tasche. Aurora aber sah ihn unverwandt an. –
Sie bekam eine große Idee von dem Manne.

Inzwischen hatten die Novellisten einen Fußpfad eingeschlagen, der seitwärts aus dem praktischen Abgrund ins
Gebirge führte. Der verworrene Lärm hinter ihnen vertos'te
mit jedem Schritte immer mehr und mehr und Aurora atmete
frisch auf, als sie nun wieder das Rauschen des Waldes und

einer einsamen Wassermühle vernahm, auf welche sie zugingen. Ermüdet von dem müßigen Umherschlendern, lagerte die bunte Gesellschaft sich fröhlich auf den Rasen. Es war ein schattenkühles, freundliches Tal, ringsum von Bergen und Wäldern eingeschlossen; der Mühlbach murmelte über das Gestein und blinkende Kiesel durch die schöne Abgeschiedenheit, über ihnen hin flogen schimmernde Tauben säuselnd der Mühle zu, die Novellisten rieben sich freudig die Hände und hofften das Beste.

Aber hier begegnete Herrn Publikum unerwartet etwas ganz Fatales. Mitten in diesem Succeß nämlich bekam er plötzlich einen Anfall seines alten Übels, der Langeweile. Er verbarg vergeblich sein wiederholtes Gähnen hinter dem seidenen Taschentuch, er versuchte etwas über die schöne Natur zu sagen, aber es wollte ihm gerade gar nichts einfallen. Endlich setzte er sich durchaus in den Kopf, auf diesem herrlichen Platze eine Kavatine zu singen, da er ein eifriger Dilettant in allen schönen Künsten war und sich besonders auf seine Stimme viel einbildete. Die Novellenmacher erschraken, denn er nahm sich beim Singen eben nicht vorteilhaft aus. Aber da half nun einmal Alles nichts. Ein Diener mußte ihm ein großes Notenblatt reichen, der kurze runde Mann stellte sich, das linke Bein ein wenig vorgeschoben, räuspernd zurecht, strich ein paar Mal seinen Backenbart, und sang eine italienische verliebte Arie, wobei er den fetten Mund nach der einen Seite wunderlich abwärts zog und von Zeit zu Zeit der Gräfin über das Blatt einen zärtlichen Blick zuwarf. – Aurora sah mit einem leisen schlauen Lächeln den Sänger unter ihren langen schwarzen Augenwimpern halb erstaunt, halb triumphierend an, und die Novelle schien sich in der Tat ihrer idyllischen Katastrophe zu nähern, als auf einmal Waldhornsklänge von den Bergen unwillkommen in die schönsten Koloraturen des Sängers einfielen. – Herr Publikum brach ärgerlich ab und meinte, es seien ohne Zweifel wieder Raubschützen von des Grafen Leontins Schlosse. Unterdes kamen die Klänge immer näher und näher, von Berg zu Berg einander rufend und Antwort

gebend, daß der muntere Widerhall in allen Schlüften erwachte. Plötzlich tat die Morgensonne oben im Walde einen
Blitz, und Aurora sprang mit einem freudigen: »Ach!« empor. Denn auf einem Felsen über ihnen wurde auf einmal
5 Prinz Romano in prächtiger Jagdkleidung zwischen den
Bäumen sichtbar, wie ein König der Wälder, malerisch auf
seine funkelnde Büchse gestützt.

Der Prinz nämlich, die sachte, rieselnde Manier der Novellenmacher gründlich verachtend, hatte bei seiner Rück-
10 kehr aus dem Walde kaum von dem Morgenspaziergange
der Schloßbewohner gehört, als er sich sogleich voll romantischer Wut in seine schönsten Jagdkleider warf, mit
Florentin und seinen Jägern von Neuem in den Wald lief,
und dort die Letztern geschickt auf den Bergen verteilte, um
15 die Gräfin, wie wir eben gesehen, in seiner Art würdig zu
begrüßen. So war er in dem günstigsten Moment der ersten
Überraschung oben auf dem Felsen hervorgetreten und betrachtete nun mit innerster Zufriedenheit die bunte Gruppe
der Erstaunten unten im Tale. – »Sieh nur« – sagte er zu
20 Florentin, der ihm schelmisch über die Achsel guckte – »sieh
nur die Gräfin, wie die zwei Sterne da aus der Waldesnacht zu
mir heraufunkeln! es kömmt überall nur darauf an, daß man
sich in die rechte, poetische Beleuchtung zu stellen weiß.« –
»In der Tat, gnädigster Herr«, erwiderte Florentin, »Sie
25 nehmen sich so stellweis vortrefflich aus, es ist ein rechtes
Vergnügen, Sie in der Ferne zu sehen – und wenn die Gräfin
nicht zu wild ist, so muß sie wohl ein Erbarmen fühlen.« –
»Ach, was wild da!« meinte der Prinz, »Cupido ist ein wacke-
rer Schütz, die Sprödeste guckt doch zwischen den Fingern
30 nach dem hübschen, nackten Bübchen hin. Laß mich nur
machen!« – Und hiermit stieg er rasch und wohlgemut den
Berg hinunter. Je tiefer er aber auf den abgelegenen Fuß-
pfaden in den Wald herabkam, je seltsamer wurde ihm zu
Mute. Wunderliche Erinnerungen flogen ihn an, er glaubte
35 die Bäume, die Felsen zu kennen, und blieb oft, sich besinnend, stehen. Jetzt wurde ein Kirchturm in der Ferne sichtbar, ein rotes Ziegeldach schimmerte plötzlich zwischen den

Wipfeln aus dem Grunde herauf. – »Wie ist mir denn!« rief er
endlich ganz verwirrt aus, »hier bin ich vor langer Zeit schon
einmal gewesen – gerade an einem solchen Morgen war es –
da muß ein Brunnen sein: da traf ich das schöne Müllermädchen zum ersten Mal – glückliche Jugendzeit! Wie manche
schöne Nacht schlich da der ungekannte Wanderer zur Mühle, bis er mit dem letzten Stern auf immer im Morgenrot
wieder verschwand. – Wahrhaftig, das ist der Grund, da ist
die Mühle – grade jetzt! Verdammter Zufall!« –

Währenddes ging er auf den altbekannten Pfaden immer
weiter und weiter; er war wie im Traum, bunte Schmetterlinge flatterten wieder über dem stillen Grunde, der Mühlbach rauschte, die Vögel sangen lustig, wie damals. Nun
kamen auch die hohen Linden, dann der Brunnen – da blieb
er auf einmal fast erschrocken stehen. Denn auch sein da-
maliges Liebchen kniete, Wasser schöpfend, wieder am
Brunnen. Als sie so plötzlich den Fremden erblickte, setzte
sie langsam den Krug weg, und sah ihn unter dem Strohhut
lange Zeit groß an. Es waren die alten, schönen Züge, aber
gebräunt, und von Sorge und Arbeit wunderbar verwandelt.

»Kann ich wieder mit Dir gehen?« redete sie Romano
endlich an.

»Nein«, erwiderte sie ruhig, »ich bin längst verheiratet. –
Wie ist es denn Dir seitdem gegangen?« fuhr sie fort, »es ist
lange her, daß Du mich verlassen hast.« – Darauf sah sie ihn
von Neuem aufmerksam an, und sagte: »Du bist heruntergekommen.«

»Und weiß doch selber nicht wie« – entgegnete der Prinz
ziemlich verlegen. Da bemerkte er, daß ihr Tränen in den
Augen standen, und faßte gerührt ihre Hand, die sich aber so
rauh anfühlte, daß es ihm recht in der Seele fatal war.

In demselben Augenblick trat die Gesellschaft vom
Schlosse, welche der Waldhornsklang weiter in das Tal verlockt hatte, unerwartet aus dem Gebüsch, und ein zweideu-
tiges Lachen, so wie das eifrige Hervorholen der Lorgnetten
zeigte, daß man die sonderbare Vertraulichkeit des verliebten
Prinzen gar wohl bemerkt hatte. Die schöne Müllerin warf,

indem sie sich wandte, einen stolzen Blick auf das vornehme
Gesindel, und alle Augen folgten unwillkürlich der hohen
schlanken Gestalt, als sie, den Krug auf dem Kopfe, langsam
zwischen den dunklen Schatten verschwand.

Dieses Ereignis an Amors falscher Mühle, das allerdings
nicht in Romano's Rechnung gelegen, hatte bei den verschiedenen Zuschauern einen sehr verschiedenen Eindruck
hinterlassen. Die Novellenmacher fühlten eine köstliche
Schadenfreude, etwa wie schlechte Autoren, wenn ein Rezensent einem berühmten Manne einen tüchtigen Tinten-
klecks anhängt. Herr Publikum, der überhaupt immer erst
durch Andere auf Gedanken gebracht werden mußte,
schmunzelte nur, und beschloß insgeheim, bei nächster
schicklicher Gelegenheit einmal selbst einen einsamen Spaziergang nach der Mühle zu unternehmen. – Gräfin Aurora
dagegen begegnete seitdem dem Prinzen überaus schnippisch, zeigte sich launenhaft, und begünstigte auf eine auffallende Weise den armen Publikum, der vor lauter Wonne
kaum zu Atem kommen konnte.

Romano aber benahm sich ganz und gar unbegreiflich.
Ohne die geringste Spur von Gram oder Scham, schien er die
Gräfin nicht mehr zu beachten, als der Anstand eben unaus-
weichlich erforderte, und trieb sich fortwährend wildlustig
unter den Jägern umher, mit denen er bald nach den
höchsten Wipfeln schoß, bald neue schöne Jagdlieder ein-
übte.

Aurora brachte einmal boshaft die Rede auf die schöne
Müllerin – der Prinz lobte sogleich enthusiastisch ihre Taille
und die antike Grazie, mit der sie den Krug getragen. – Die
Gräfin, als er gerade im Garten war, entwickelte, im Ballspiel
mit Herrn Publikum über den Rasen schwebend, die zierlichsten Formen – der Prinz ließ eben sein Pferd satteln und
ritt spazieren. – Das war ein Pfiffikus! Aurora hätte weinen
mögen vor verbissenem Ärger!

So war die Nacht herangekommen und versenkte Lust
und Not. Einzelne Mondblicke schossen durch das zerrissene
Gewölk, der Wind drehte knarrend die Wetterfahnen auf

dem Schlosse, sonst herrschte eine tiefe Stille im Garten, wo
Katzen und Iltis leise über die einsamen Gänge schlüpften.
Nur der dunkelmütige Engländer, den wir unter den Novellenmachern kennen gelernt, war noch wach und schritt
tiefsinnig auf und nieder. Er liebte es in solchen Nächten zu
wandeln, wo möglich ohne Hut, mit vom Winde zerworre-
nem Haar, um nach behaglich durchschwärmten Tagen seine
Seele in der Finsternis mit Verzweiflung aufzublasen, gleichsam einen melancholischen Schnaps zu nehmen. Heute aber
galt es eigentlich dem Prinzen Romano, der noch immer von
seinem Spazierritt nicht wiedergekommen war. Wie eine
Kreuzspinne lauerte er am Eingange des Gartens auf den
Zurückkehrenden, um ihm bei so gelegener Stunde einen
giftigen Stich von Eifersucht beizubringen, und ihn sodann,
der Exposition gemäß, als unglücklichen Liebhaber, in die
projektierte Novelle einzuspinnen.

Die Turmglocke im Dorfe unten schlug eben Mitternacht,
da hörte er endlich ein Roß schnauben, die Hufe im Dunkeln
sprühten Funken über das Gestein – es war Romano.

Kaum war er abgestiegen und in den Garten getreten, um
sich nach dem Schlosse zu begeben, als ihn der Engländer,
verstört und geheimnisvoll, bei beiden Händen faßte und
rasch in den finstersten Baumgang mit sich fortriß. Mit
schneidender Beredsamkeit verbreitete er sich hier über die
sichtlich wachsende Neigung der Gräfin Aurora zu Herrn
Publikum, tat Seitenblicke auf jeden ihrer verräterischen
Blicke und auf ihre Worte, zwischendurch wieder ihre schöne
Gestalt, ihr zauberisches Auge geschickt beleuchtend. Zu
seinem Befremden aber blieb der Prinz ganz gelassen, und
replizierte immer nur mit einem fast ironischen: »Hm – ha –
was Sie sagen!« – Schon gut, eben die rechte Stimmung dieses
sich selbst zerknirschende Verstummen! dachte der Engländer, und fuhr nur um so eifriger fort, mit häufigem teuflischen Hohnlachen, über Liebe, Treue, Glück und Welt. –
Inzwischen hatte Romano in einem entfernten Gebüsch ein
leises Flüstern vernommen. Er glaubte die Stimme zu kennen und stand wie auf Nadeln, denn der Engländer wurde
immer pathetischer.

»Sie sind mir langweilig, Herr!« wandte sich da der Prinz
plötzlich zu ihm. Der Überraschte starrte ihn in höchster
Entrüstung an. – Währenddes aber waren sie eben an die
Schwelle eines Pavillons gekommen, der Engländer trat
hinein. Romano warf schnell die Tür hinter ihm zu und
verschloß sie, ohne auf das Toben des melancholischen Ko-
bolds zu achten, das nur die Fledermäuse und Krähen in den
nächsten Wipfeln aufscheuchte.

Jetzt folgte der erlöste Prinz rasch den Stimmen in der
Ferne. Sie schienen sich, zu seinem Erstaunen, an dem Flügel
des Pallastes zu verlieren, wo Aurora schlief. Ein Licht
schimmerte noch aus ihrem Fenster, und säumte das Laub
der nächsten Bäume mit leisem Glanz. Romano stellte sich
ins Gebüsch und wartete lange, bald an den Baum gelehnt,
bald sich ungeduldig auf den Zehen erhebend. Manchmal
war es ihm, als höre er eben lachen, oft glaubte er, die
Schatten zweier Gestalten im Zimmer deutlich zu unterscheiden. Dann verlosch auf einmal das Licht, und es wurde
oben und unten so still, daß er das Bellen der Hunde aus den
fernen Dörfern hören konnte. Da ging plötzlich ein Pförtchen unten, das zu Aurora's Gemächern führte, sachte auf,
eine männliche Gestalt schlüpfte daraus hervor, flog eilig
über die Rasenplätze und Blumenbeete, und war in demselben Augenblick in der Nacht wieder verschwunden. – »Was
ist das?!« rief der Prinz verwundert aus – er glaubte in der
flüchtigen Gestalt seinen Jäger Florentin erkannt zu haben. –
Noch lange stand er nachdenklich still. Dann schien ihm auf
einmal ein neuer Gedanke durch die Seele zu schießen.
»Prächtig! herrlich! nun wird die Sache erst verwickelt und
interessant!« rief er, indem er hastig tiefer in den einsamen
Garten hineinschritt und sich eifrig die Hände rieb, wie
Einer, der plötzlich einen großen Anschlag gefaßt hat.

Auf dem Schlosse war ein bunter, lebhafter Tag vorüber
gezogen. Gräfin Aurora, von Romano's Waldhornsgruß
aufgeregt, war in ihrer Launenhaftigkeit plötzlich auf die
Weidlust verfallen, und der galante Publikum hatte nicht

versäumt, sogleich auf Morgen eine große Jagd in dem nahen Waldgebirge anzuordnen. Erst spät vertos'te im Dorf und auf den Gartenplätzen die fröhliche Wirrung der Zurüstungen, und noch bis tief in die Nacht hörte man einzelne Waldhornsklänge und den Gesang der vorausziehenden Jäger über den stillen Garten herüber klingen. Da saß Aurora in einem abgelegenen Gemache am halbgeöffneten Fenster, und freute sich der schönen sternklaren Nacht über den Wäldern und Bergen draußen, die für Morgen das herrlichste Jagdwetter zu verkünden schien. Sie hatte sich hinter die Fenstergardine verborgen, sehr leise mit ihrer Kammerjungfer plaudernd. Sie schienen noch Jemand zu erwarten und blickten von Zeit zu Zeit ungeduldig in den Garten hinaus. – »Horch«, sagte die Gräfin, »ist das der Wald, der so rauscht? Es ist recht verdrießlich, ich hatte mir schon Alles so lustig ausgesonnen für Morgen, und nun wird mir ordentlich angst; die dummen alten Bäume vor dem Hause, die finstern Berge, die stille Gegend: es sieht Alles so ernsthaft und anders aus, als man sich's bei Tage denkt – wo er auch gerade heute bleibt!« – »Wer denn?« fragte die Kammerjungfer schalkhaft, »der spröde Prinz?« – »Hm, wenn ich just wollte« – erwiderte Aurora.

Hier wurden sie durch eine Stimme unter dem Fenster unterbrochen. Es war ein Jäger, der so spät noch seine Flinte zu putzen begann und fröhlich dazu sang:

> Wir waren ganz herunter,
> Da sprach Diana ein,
> Die blickt so licht und munter,
> Nun geht's zum Wald hinein!

»Da meint er mich!« flüsterte die Gräfin. – Der Jäger aber sang von Neuem:

> Im Dunklen Äuglein funkeln,
> Kupido schleichet leis,
> Die Bäume heimlich munkeln –
> Ich weiß wohl was ich weiß!

»Was will der davon wissen, der Narr!« sagte Aurora erschrocken; »kommen wir fort, ich fürchte mich beinah.« – Die Kammerjungfer schüttelte bedenklich ihr Köpfchen, indem sie vorsichtig oben das Fenster wieder schloß.

Währenddes ritt der Prinz Romano – wir wissen nicht weshalb – beim hellsten Mondschein ganz allein mitten durch die phantastische Einsamkeit des Gebirges dem Schlosse des Grafen Leontin zu. Vor Heimlichkeit und Eile hatte er, ohne einen Führer mitzunehmen, nach den Beschreibungen der Landleute den nächsten Waldpfad eingeschlagen. Die Wälder rauschten durch die weite Stille, aus der Ferne hörte man nur den dumpfen Schlag eines Eisenhammers, von Zeit zu Zeit stutzte sein Pferd schnaubend. Bald aber teilten sich die Wege in den verschiedensten Richtungen, die betretenen schienen weit abzuführen, die wilderen verloren sich ganz und gar im Gestein. Manchmal glaubte er Hundegebell aus den Tälern zu vernehmen, aber wenn er hinablenken wollte, stand er plötzlich vor jähen, finsteren Abgründen, bis er zuletzt sich selbst eingestehen mußte, sich gänzlich verirrt zu haben.

»Desto schöner!« rief er aus, stieg ab, band sein Pferd an einen Baum, und streckte sich auf den Rasen hin, um die Morgendämmerung abzuwarten. Wie manche schöne Sommernacht, dachte er, habe ich auf meinen Jugendfahrten schon so verbracht und in der dichterischen Stille, heimlich bildend, den grauen Vorhang angestarrt, hinter dem die frischen Morgen, blitzenden Ströme und duftigen Täler des reichen unbekannten Lebens vor mir aufsteigen sollten. – Ein naher Bach plauderte verwirrend in seine Gedanken herein, die Wipfel über ihm rauschten einförmig immer fort und fort, so schlummerte er endlich ein, und der Mond warf seine bleichen Schimmer über die schöne wüste Gestalt, wie über die Trümmer einer zerfallenen verlornen Jugend.

Da träumte ihm, er stände auf dem schönen Neckargebirge von Heidelberg. Aber der Sommer war vorbei, die Sonne war lange untergegangen, ihn schauerte in der herbstlichen Kühle. Nur das Jauchzen verspäteter Winzer verhallte

noch, fast wehmütig, in den Tälern unten, von Zeit zu Zeit
flogen einzelne Leuchtkugeln in die stille Luft. Manche zerplatzte plötzlich in tausend Funken und beleuchtete im Nie-
derfallen langvergessene, wunderschöne Gegenden. Auch
seine ferne Heimat erkannte er darunter, es schien schon
Alles zu schlafen dort, nur die weißen Statüen im Garten
schimmerten seltsam in dem scharfen Licht. Dann verschlang die Nacht auf einmal Alles wieder. Über die Berge
aber ging ein herrlicher Gesang, mit wunderbaren, bald
heiteren, bald wehmütigen Tönen. Das ist ja das alte, schöne
Lied! dachte er, und folgte nun Berg auf, Berg ab den
Klängen, die immerfort vor ihm herflohen. Da sah er Dörfer,
Seen und Städte seitwärts in den Tälern liegen, aber Alles so
still und bleich im Mondschein, als wäre die Welt gestorben.
So kam er endlich an ein offenes Gartentor, ein Diener lag auf
der Schwelle ausgestreckt wie ein Toter. – Desto besser, so
schleich' ich unbemerkt zum Liebchen, sagte er zu sich selbst,
und trat hinein. Dort regte sich kein Blättchen in allen
Bäumen den ganzen weiten Garten entlang, der prächtig im
Mondschein glänzte, nur ein Schwan, den Kopf unter dem
Flügel versteckt, beschrieb auf einem Weiher, wie im Traume, stille, einförmige Kreise; schöne, nackte Götterbilder
waren auf ihren Gestellen eingeschlafen, daß die steinernen
Haare über Gesicht und Arme herabhingen. – Als er sich
verwundert umsah, erblickte er plötzlich Ihre hohe anmutige
Gestalt, verlockend zwischen den dunkeln Bäumen hervor.
Geliebteste! rief er voll Freude, Dich meint' ich doch immer
nur im Herzensgrunde, Dich mein' ich noch heut! – Wie er sie
aber verfolgte, kam es ihm vor, als wäre es sein eigener
Schatten, der vor ihm über den Rasen herfloh, und sich
zuletzt in einem dunkeln Gebüsch verlor. Endlich hatte er sie
erreicht, er faßte ihre Hand, sie wandte sich. – Da blieb er
verstarrt stehen – denn er war es selber, den er an der Hand
festhielt. – Laß' mich los! schrie er, du bist's nicht, es ist ja
Alles nur ein Traum! – Ich bin und war es nimmer, antwortete sein gräßliches Ebenbild, du wachst nur jetzt, und
träumtest sonst. – Nun fing das Gespenst mit einer grinsen-

den Zärtlichkeit ihn zu liebkosen an. Entsetzt floh er aus dem
Garten, an dem toten Diener vorüber; es war, als streckten
und dehnten sich hinter ihm die erwachten Marmorbilder,
und ein widerliches Lachen schallte durch die Lüfte. – Als er
atemlos wieder im Freien anlangte, befand er sich auf einem
sehr hohen Berge unter dem unermeßlichen Sternenhimmel.
Aber die Sterne über ihm schienen sich sichtbar durcheinander zu bewegen; allmählich wuchs und wuchs oben ein
Brausen, Knarren und Rücken, endlich flog der Mond in
einem großen Bogen über den Himmel, die Milchstraße
drehte sich wie ein ungeheures Feuerrad, erst langsam, dann
immer schneller und wilder in entsetzlichem Schwunge, daß
er vor Schwindel zu Boden stürzte. Mitten durch das schnei-
dende Sausen hörte er eine Glocke schlagen, es war, als
schlüg' es seine Todesstunde. Da fiel ihm ein, daß es eben
Mitternacht sei. Das ist's auch, dachte er, da stellt ja der liebe
Gott die Uhr der Zeit. – Und als er wieder aufblickte, war
Alles finster geworden, nur das Rauschen eines weiten Ster-
nenmantels ging noch durch die Einsamkeit des Himmels,
und auch den Gesang, als sängen Engel ein Weihnachtslied,
hörte er wieder hoch in den Lüften so über alle Beschreibung
freudig erklingen, daß er vor tiefer Lust und Wehmut aufwachte.

Er konnte sich zwischen den Bäumen und Bergen gar
nicht wieder zurecht finden und blickte verstört in der fremden Gegend umher. Da lag weit und breit Alles so still im
schönsten Mondglanz. Zu seinem großen Erstaunen aber
glaubte er auf der Waldwiese unter sich den Jäger Florentin
zu bemerken. Er schien an einem Bache sich zu waschen,
seine dunklen Locken verschatteten sein Gesicht, der Mondschein spielte, wie liebestrunken, über den schönen entblößten Nacken und die Schultern des Jünglings. Dann horchte
Florentin plötzlich auf, denn von den Bergen ließ sich derselbe Gesang wieder vernehmen, den der Prinz schon im
Traum gehört hatte.

Romano schloß verwirrt die Augen, um die lieblichen
Traumbilder nicht zu verscheuchen. Da war es ihm, als hörte

er durch die Stille der Nacht den jungen Jäger zwischen dem
Flüstern der Wipfel und Blätter unten mit Jemand sprechen.
Als er die Augen wieder aufschlug, sah er, wie so eben ein
fremder Mann, mit langem weißen Bart und weitem, faltigen
Mantel, von dem Jüngling fortschritt. Ihn graute fast, denn 5
der Alte kam ihm bekannt vor, er glaubte den alten wahnsinnigen Harfner aus »Wilhelm Meister« zu erkennen. Betroffen
und erschüttert sprang er nun auf. Da flog auch Florentin
schon über die tauige Wiese, und Alles war, wie ein Elfen-
spuk, auf einmal zerstoben. Nur der Gesang verhallte noch 10
in der weitesten Ferne, und aus dem Zwielicht des anbrechenden Morgens ragten die Türme eines alten Schlosses
traumhaft über den Wald hervor.

»Was für ein Phantast ist doch die Nacht!« – sagte der Prinz
zu sich selbst, noch immer in das mondbeglänzte Tal hinab- 15
starrend. »Und das ist wohl gar schon Leontins ver-
wünschtes Schloß!« rief er dann freudig aus, schüttelte
schnell die schwülen Träume ab, schwang sich wieder auf sein
Roß und ritt wohlgemut der neuen Erscheinung zu.

Die Wälder in der Runde rauschten noch verschlafen, in 20
den Tälern aber krähten die Hähne, und hin und her blitzten
schon Ströme und einzelne Dächer im Morgenlicht auf. So
war er lange, in sich selbst versunken, den alten Türmen
entgegen geritten, die sich immer höher aus dem stillen Grau
erhoben, als er plötzlich hinter einem dichten unzugängli- 25
chen Gebüsch vor sich sehr heftig reden hörte. Er hielt einen
Augenblick an, und vernahm deutlich die Worte:

»Wo führst du mich hin, aus Grau durch Nacht zur Hölle?!
Ich geh' nicht weiter – hier endest du, und Alles bricht
zusammen!« – Eine andere Stimme, wie es schien, rief nun, 30
wie aus tiefstem Weh: »Erbarmen!«

Romano stutzte. Verwirrt noch, wie er war, von der
schlaflosen träumerischen Nacht, schien ihm dies ein unver-
hofftes preiswürdiges Abenteuer. Er faßte sich ein Herz, und
rief in das Gebüsch hinein: »Zurück, Vermessener, wer Du 35
auch seist! Die mordbrütende Nacht schlägt über Dir ihren
dunklen Mantel auseinander und das Auge Gottes blickt
wieder durch die Welt!«

Hierauf wurde auf einmal Alles still, und der Prinz, dadurch ermutigt, wiederholte seinen Donnerruf.

Der Unbekannte hinter dem Busch aber schien inzwischen durch die Zweige die Gestalt des Reiters ins Auge gefaßt zu haben, die in ihrem überwachten Zustande auf dem müden Roß allerdings an Don Quixote gemahnte. Dies mochte ihm Mut einflößen, und er erwiderte plötzlich mit kecker gewaltiger Stimme: »Verwegener! greife nicht in das Rad fremder Verhängnisse! Weiche von mir, so Dir Dein Leben teuer ist!«

Nach dieser Stimme schien es ein grober massiver Kerl zu sein. Der Prinz geriet in einige Verlegenheit, er war unbewaffnet und auf keine Weise auf solche unerwartet entschlossene Antwort gefaßt gewesen. Während er aber noch so nachsann, was hier zu tun oder zu lassen, erhob der Unsichtbare schon wieder seine Stimme. »Hoho!« rief er, »Morgenstunde hat Blut im Munde. Das Messer ist gewetzt, das Wild umsetzt, ein reicher Fang, Hussa zum letzten Gang!«

Jetzt schien er durch das Gebüsch hervorbrechen zu wollen. Romano wandte sein Pferd, aber es verwickelte sich zwischen Wurzeln und Sträuchern, er konnte weder vornoch rückwärts. Zum Glück bemerkte er so eben in der Nähe einige Hirten, und schrie aus Leibeskräften: »Zu Hülfe! zu Hülfe! Räuber, Mörder! Faßt den Kerl, bindet ihn!«

Die Hirten, junge fröhliche Burschen, ließen sich das nicht zwei Mal sagen; sie sprangen rasch herbei, und es entspann sich hinter dem Gebüsch ein verworrenes Trampeln, Balgen und Schimpfen. Als der Prinz sich nun vorsichtig wieder näherte, hatten sie den Wilden schon beim Kragen: einen kurzen dicken Mann, der in größter Wut mit den Beinen nach allen Seiten um sich stieß.

»Nun, das ist gar das Unglaublichste! Herr Faber!« – rief Romano voller Erstaunen aus. Es war in der Tat Niemand anders, als der alte Dichter. – »Das kommt von Euren tollen Streichen!« schrie er dem Prinzen entgegen; »schon vom nüchternen Morgen seid Ihr im romantischen Tran!« – In dem Getümmel flogen seine Manuskripte auf dem Rasen

umher. Da verstand er keinen Spaß; außer sich vor Zorn,
versetzte er mit unglaublicher Behendigkeit dem Einen eine
tüchtige Ohrfeige. Aber die Hirten ließen sich nicht irre
machen. Sie hatten lange genug auf eine Gelegenheit gewartet, an dem Poeten einmal ihr Mütchen zu kühlen, der ihnen
in seinem vornehmen, gelehrten Müßiggange von jeher ein
Ärgernis war. Und so schleppten sie ihn denn, trotz aller
Gegenrede, in einem Anfall handgreiflichen Humors als
Arrestanten nach dem Schlosse zu.

Es war ein wunderlicher Zug. Faber, da er sich überwältigt sah, erschöpfte sich in wütenden Vergleichungen zwischen jungen Sauschlingeln und alten Hauklingen, die Beide
ungeschliffen seien, zwischen Bauern und Walnußbäumen,
die am besten gediehen, wenn man mit Knitteln nach ihnen
schmisse. Dazwischen rief er wieder lachend dem Prinzen zu:
»Aber Ihr habt Euch trefflich gefürchtet vor mir!« – »Ja
wohl, schon gut, mein Lieber!« erwiderte Romano, und hielt
jedesmal sein Pferd an, wenn der Gefangene sich umwandte;
denn er hatte insgeheim die Meinung gefaßt, daß Herr Faber
an periodischem Wahnsinn leide, und eben seinen Anfall
habe.

Über dem Lärm und Gezänk in der frühen Morgenstille
wurde Alles wach, wo sie vorüberzogen. Hunde bellten,
Bauernköpfe fuhren verschlafen und verwundert aus den
kleinen Fenstern.

So waren sie, um eine Bergesecke tretend, plötzlich an eine
hohe Felsenwand gekommen, von der Leontin's alte Burg
fast senkrecht herabschaute. In dem einen Erker flog rasch
ein Fenster auf. Eine wunderschöne Frauengestalt, noch halb
entkleidet wie es schien, den Busen von den herabringelnden
Locken verhüllt, bog sich neugierig über den Abgrund hinaus und bedeckte mit der kleinen, weißen Hand die Augen
vor der Morgensonne. Die Hirten schienen sich auf einmal
ihres Unterfangens zu schämen, und hatten bei der schönen
Erscheinung ihren Gefangenen blöde losgelassen. – »Ich
appelliere, als ein Dichter, von dem Gericht der Pairs und
vom Haus der Gemeinen an den hohen Minnehof!« rief der

befreite Faber zu seiner Retterin hinauf. – »Aber was brecht
ihr denn so wütend den Tag an? ist denn ein ganzer Som-
mertag nicht lang genug zu Narrenstreichen?« schallte die
lieblichste Stimme, wie aus Morgenlüften, zu ihnen hernieder. – Faber aber trat vor die gewaltigen Schranken, sich
feierlich verteidigend, und es kam nun heraus, daß er, von
Hundegetön und Hörnergeheul aus Schlaf und Schloß vertrieben, in der Morgen-Einsamkeit des Waldes an seinem
neuen Trauerspiele habe weiter dichten wollen und eben eine
Stelle daraus rezitierte, als der Prinz ankam, den er sogleich
erkannt, und das Mißverständnis bemerkend, ihn mit treff-
lichem Erfolge in's Bockshorn zu jagen versucht habe.

Darüber wurde die Dame erst den Fremden gewahr. Sie
warf erschrocken einen fragenden Blick auf ihn, schloß dann
schnell das Fenster, und die freudige Erscheinung, deren
Züge Romano aus dem blendenden Sonnenglanze nicht zu
erkennen vermochte, war plötzlich, wie ein Morgentraum,
wieder verschwunden. – Auch die Hirten hatten sich währenddes im Grünen verlaufen; Herr Faber dagegen war
schon weit fort, und haschte eifrig die verlornen Blätter
seines Trauerspiels, die der Morgenwind, wie Schmetterlinge, mutwillig umhertrieb. Und so sah sich denn Romano in
der feierlichen Morgenstille auf einmal wieder einsam vor
dem fremden, rätselhaften Schlosse, noch immer in das funkelnde Fenster hinauf starrend, als plötzlich einer seiner
vertrautesten Jäger in gestrecktem Galopp über den Waldgrund daher geflogen kam. »Was bringst du?« rief ihm Romano gespannt entgegen. – »Sie haben sich nach der andern
Seite des Gebirges gewandt, es ist Alles verloren!« erwiderte
der Jäger atemlos. – »Wissen es die Andern? Rücken deine
Gesellen nach?« – »Nein, denn der Graf Leontin ist nicht im
Schloß.« – »Nicht zu Hause?!« rief der Prinz, »so führe mich
rasch zu ihm!«

Hiermit setzte der Jäger die Sporen wieder ein, Romano
sprengte nach, und der Wächter, der eben von der Schloß-
warte den Tag anblies, sah verwundert die beiden fremden
Reiter unten in die beglänzte Landschaft hinausjagen.

Schöne, fröhliche Jugendzeit, was tauchst Du, wie ein wunderbares Land im Traume, wieder vor mir auf! Die Morgenglocken tönen von Neuem durch die weite Stille, es ist als hört' ich Gottes leisen Tritt in den Fluren, und ferne Schlösser erst und Burgen hängen glühend über dem Zauberduft. Wer ahnt, was das geheimnisvolle Rauschen der verträumten Wälder mir verkünden will? – ich höre die Ströme unten gehen, und weiß nicht, wohin sie ziehn, ich bin so voller Glanz und Klang und Liebe, und weiß noch nicht, wo mein künftiges Liebchen wohnt! – Da über die Berge, zwischen den ersten Morgenlichten, sehe ich einen jungen rüstigen Gesellen wandern, einen grünen Eichenzweig auf dem Hut, die braunen Locken vom Tau funkelnd, so frisch und keck, als ging's in's Paradies. Und mir ist, als müßt' ich Alles liegen lassen und wieder mitreisen, als nun die Sonne plötzlich die schimmernden Abgründe aufdeckt, und der Gesell im Wandern in die Täler hinaussingt:

Vom Grund bis zu den Gipfeln,
So weit man sehen kann,
Jetzt blüht's in allen Wipfeln,
Nun geht das Wandern an:

Die Quellen von den Klüften,
Die Ström' auf grünem Plan,
Die Lerchen hoch in Lüften,
Der Dichter frisch voran.

Und die im Tal verderben
In trüber Sorgen Haft,
Er möcht' sie Alle werben
Zu dieser Wanderschaft.

Und von den Bergen nieder
Erschallt sein Lied in's Tal,
Und die zerstreuten Brüder
Faßt Heimweh allzumal.

> Da wird die Welt so munter
> Und nimmt die Reiseschuh,
> Sein Liebchen mitten drunter
> Die nickt ihm heimlich zu.

5
> Und über Felsenwände
> Und auf dem grünen Plan
> Das wirrt und jauchzt ohn' Ende –
> Nun geht das Wandern an!

Nun aber war es wirklich, als würde das Lied auf einmal
10 lebendig; denn Stimmen ließen sich plötzlich im Walde vernehmen, einzelne Jäger erschienen bald da, bald dort, im
Morgenglanz an den Klippen hängend und wieder verschwindend, dazwischen lange gezogene Waldhornsklänge
bis weit in die fernsten Schlüfte hinein, lustiges Hussa,
15 Roßgewieher, Schüsse und Hundegebell, und über den grünen Plan unten sprengte eine Frauengestalt in prächtigem
Jagdkleid, mit den hohen Federn ihres grünsamtnen Baretts
sich in den heitern Morgenlüften zierlich auf dem Zelter
wiegend, und fröhlich nach der glänzenden Reiterschar ihrer
20 Begleiter zurückgewandt, von der bei jedem ihrer Worte ein
beifälliges, entzücktes Lachen heraufschallte. – Dem Wandrer aber flog bei dem unerwarteten Anblick eine leuchtende
Erinnerung durch die Seele, die ganze Erscheinung war ihm
wie eine wunderbare Verheißung; er schwenkte jauchzend
25 seinen Hut über den Vorüberziehenden und blickte ihnen
nach, bis sie alle im Walde wieder verschwunden waren.
»Seht ihr ihn?« sagte Gräfin Aurora heimlich vergnügt zu
Herrn Publikum – denn Niemand anders waren die Jagen-
den unten – »seht ihr den Prinzen Romano oben? Ich wußt'
30 es wohl, daß er nicht lange wegbleiben wird. Aber was geht
es mich an! wir tun, als hätten wir ihn nicht bemerkt.« –
»Vortrefflich, Göttliche! – gewiß romantische Flausen wieder – verdammtes Beest!« – erwiderte Publikum in tausend
Nöten, ängstlich den straubigen Hals seines unruhigen Klep-
35 pers streichelnd, der so eben zum Schrecken des furchtsamen

Reiters mit weit vorgestreckten Nüstern in die frische Morgenluft hinauswieherte.

So waren sie von Neuem auf einen freien grünen Platz gekommen, als plötzlich vor ihnen ein verworrenes Geschrei aus dem Walde brach; mehrere Schüsse fielen auf einmal, und ein wütender Eber, von wilden Rüden gehetzt, mit den gefletschten Hauern Schaum und Blut und Überreste des durchbrochenen Netzes nach allen Seiten um sich schleudernd, stürzte gerade auf die Reiter los. Nun war es nicht anders, als ob ein Wirbelwind durch einen Trödelmarkt führe; Hüte, Tücher und Federn flatterten auf einmal über dem Rasen umher, die scheu gewordenen Pferde drängten und bäumten, Hallo und Angstgeschrei dazwischen; Aurora war mit ihrem Gewande in einen mutwilligen Strauch geraten, das schönste Knie blitzte blendend durch das Getümmel. Vor Allen aber sah man Herrn Publikum wie einen zusammengerollten dicken Knäul, den Hals seines Pferdes umklammernd, weithin über den Anger fliegen; die kecken Novellisten feuerten tapfer drein, aber jeder Schuß klatschte so wunderlich in der Luft, daß jedesmal die Jäger in der Runde laut auflachten.

Unterdes war das Ungetüm, mit der verbissenen Meute an den Fersen, pfeilschnell vorübergeschossen. Die Zersprengten sammelten sich wieder, man atmete tief auf, lachte und scherzte; Jeder wollte zum Schutz der Damen besondern Mut bewiesen haben. Auch den unaufhaltsamen Publikum hatten die Wildtreiber im Gehölz wieder aufgefangen. Er war ganz außer sich vor Zorn, mit nie gesehener Beweglichkeit bald sein Halstuch lüftend, bald nach allen Seiten schnell ausspuckend, schimpfte er auf seine Leute, die ihm so ein tolles unbändiges Roß gegeben, auf das liederliche Zaumzeug und das ganze dumme, rohe Jagdvergnügen. »Wer tat das?« rief er endlich, rot und blau im Gesicht wie ein kalkutischer Hahn. »Wer tat das?« gellerten die, nun aus Gefälligkeit gleichfalls entrüsteten Novellisten nach. Und so mit Hall und Widerhall, dem keine Antwort folgte, vertoste endlich der ganze Schwarm im Walde wieder.

Die Jäger wußten recht gut, wer es getan, sie mochten's
aber nicht verraten. Florentin hatte die Flinten für die Literatoren blind geladen, und so eben den umstellten Eber
heimlich aus dem Garne grade auf die Herrschaft losgelas-
5 sen. –

Weit davon fanden späterhin Einige von ihnen das mut-
willige Jägerbürschchen mitten im wildesten Gebirge, Pferd
und Reiter atemlos und fast taumelnd vor übergroßer Ermüdung. Er hörte kaum auf ihre Erzählung von dem Er-
10 folge seines Schwanks. »Was kümmert's mich!« unterbrach er
sie heftig, wie ein übellaunisches Kind; »es ist mir Alles
verdreht und verdrießlich, ich mag nicht mehr jagen! ich mag
nicht mehr reiten! ich will allein sein! Ich bitt' euch, ihr lieben,
närrischen, langweiligen Leute, laßt mich allein!« – Und
15 kaum hatten die Jäger kopfschüttelnd ihn wieder verlassen,
so warf er sich in der Einsamkeit vom Pferde in das hohe
Gras, und weinte bitterlich – leichte Wolken flogen eilig über
das stille, enge Waldtal fort, in weiter Ferne verhallte noch
das Lied des fremden Wanderers auf den Höhen.
20

———

Es war schon dunkel geworden, da schritt der wandernde
Sänger noch immer rüstig durch den Wald. Er blieb so eben
ungewiß an einem Kreuzwege stehen, als er plötzlich Stimmen und Pferdetritte in der Ferne hinter sich vernahm. Sie
25 schienen sich in stolpernder Eile zu nähern, und bald konnte
er deutlich unterscheiden, was sie sprachen. – »Das kommt
bei den Schnurren heraus«, sagte der Eine; »Zeit und Mühe
verloren, und wenn es lange so dauert, verlier' ich meine
Beine dazu, denn sie hängen mir nur noch wie ein Paar
30 ausgestopfte Lederhosen am Leibe.« – »Du hast sonst einen
feinen Verstand«, entgegnete der Andere; »aber wenn Du
einmal hungrig wirst, bist Du ganz gemein und unerträglich.
Da wirst du ganz Magen mit einigen schlottrigen Darmka-
nälen von Gedanken, die von keinem Dufte träumen, als
35 dem eines Schweinebratens, und von keinem Innerlichen, als
dem einer dicken Blutwurst.«

Jetzt kamen – als ob sie den verlornen Tag suchten – zwei

Männer, Jeder sein Pferd hinter sich am Zügel führend, zum
Vorschein, in denen wir sogleich den Prinzen Romano und
seinen Jäger wieder erkennen. Sie hatten im blinden Eifer
immer über das Ziel hinausgeschossen, den Grafen Leontin
überall verfehlt, und kehrten nun ermüdet und verdrießlich
von der vergeblichen Irrfahrt zurück. – Kaum erblickte
Romano den Fremden, als er ihm mit übertriebener Tapferkeit, womit Erschrockene wieder erschrecken wollen, ein
furchtbares Halt! zurief. Dann, nach und nach näher tretend
und ihn vom Kopf bis zu den Füßen betrachtend, fragte er
ihn endlich gelassener: ob er den Grafen Leontin kenne, und
ihm vielleicht in diesem Walde begegnet sei? – »Ich kenne ihn
nicht«, erwiderte der Wanderer, »aber ich möchte ihm wohl
begegnen. Im letzten Dorfe unten sagte man mir, er sei so
eben von einer Jagd heimgekehrt, und ich gedenke noch
heut auf seinem Schlosse, von dem ich schon viel Seltsames
gehört, einzusprechen.«

   Das wollte eben Romano auch, und sie beschlossen nun,
die Fahrt gemeinschaftlich fortzusetzen. – Die Pferde waren
müde, der Weg uneben, so wanderten denn Alle zu Fuß
nebeneinander hin; der Tritt der Rosse an den Steinen und
Wurzeln schallte durch die weite Stille, über ihnen blitzten
die Sterne im dunklen Laub, oft sahen sie einander von der
Seite schweigend an, um die Signatur der unbekannten Gesichter bei flüchtigem Mondblick zu erraten. – Der heitere
fremde Wanderer brach zuerst das Schweigen. Mit der glücklichen Unbefangenheit der Jugend erzählte er, während sie
so durch die Nacht fortzogen, mancherlei aus seinem früheren Lebenslauf. Er nannte sich Willibald. Der Sturm der Zeit,
der so viele Sterne verlöscht und neue entzündet, hatte auch
den Stammbaum seines alten berühmten Geschlechts zerzaust; seine Eltern starben an gebrochenem Stolz, ihre Güter
und seine Heimat waren längst an andre Besitzer gekommen,
die er nicht einmal dem Namen nach kannte. Aber Unglück
gibt einen tiefen Klang in einem tüchtigen Gemüt, und hatte
auch ihn frühzeitig durch den tragischen Ernst des Lebens
der Poesie zugewendet. Mit freudigem Schauer fühlte er sich

bald einer andern, wunderbaren Adelskette angehörig, über
welche die Zeit keine Gewalt hat, und rasch Konnexionen,
Brot-Perspektiven und allen Plunder, der das Gemeine bändigt, von sich abschüttelnd, zog er nun eben arm, aber frei
5 und vergnügt, in die Welt, wie in sein weites, fröhliches
Reich hinaus. Nur seine schöne Heimat, die am Ausgange
dieses Gebirges lag, und an der seine Seele mit aller Macht
jugendlicher Erinnerungen hing, wollte er noch einmal wiedersehen und dann sich nach Italien wenden.

10   Während dieser Mitteilungen hatten die Wanderer kaum
bemerkt, daß ein furchtbares Gewitter im Anzuge war. Bald
aber hallte der Donner immer vernehmlicher zwischen den
dunkeln Bergen herauf, ferne Blitze erleuchteten oft plötzlich wunderbare Abgründe neben ihnen, die sich sogleich
15 wieder schlossen. Willibald schaute freudig in die prächtige
Nacht. Romano dagegen, der von frühester Jugend an seine
Katzennatur bei Gewittern nicht überwinden konnte, wurde
immer unruhiger. Er drückte bei jedem Blitze die Augen fest
zu, er versuchte ein Paar Mal zu singen, aber es half Alles
20 nichts; er mußte sich endlich entweder der Länge nach auf die
Erde hinstrecken, oder unausgesetzt laut reden. Glücklicherweise fiel ihm so eben ein seltsames Abenteuer ein, das
ihm früher einmal in solcher Gewitternacht begegnet. Und
ohne darnach zu fragen, ob Willibald auf ihn höre, ging er so
25 dicht als möglich neben ihm her und hub, schnell fortschrei-
tend und sich nach und nach immer mutiger sprechend,
sogleich folgendermaßen zu erzählen an:

»Als ich nach den unglücklichen Kriegen meinem heimkehrenden Regimente nacheilte, erlebte ich eine ähnliche
30 Nacht, und in dieser Nacht wunderbare Dinge, vor denen
uns heute der Himmel bewahren möge! Ich hatte nämlich
damals, um sicherer und fröhlicher zu reisen, mich einem,
desselben Weges ziehenden Reiterhäuflein angeschlossen,
mit dem ich an einem heitern Sommerabend auf einem von
35 Bergen eingeschlossenen Wiesental anlangte. Ein Dorf war
in dem nächsten Umkreise nicht zu erblicken, dagegen hatte
ein altes, schwerfälliges Schloß, das ganz einsam auf einem

der Hügel emporragte, schon in der Ferne meine Aufmerksamkeit auf sich gezogen. Da die Nacht bereits hereingebrochen und in dem Schlosse schwerlich für so viele Pferde
gehöriges Unterkommen zu finden war, so beschloß der
Trupp, die schöne Nacht im Freien zuzubringen. Mir aber   5
war ein unnützer Biwak mit seinen, alle Glieder durch-
rieselnden Morgenschauern eben nicht sehr gelegen, außerdem hätte ich gern die nähere Bekanntschaft des Schlosses
gemacht, das recht geheimnisvoll durch die Nacht herschau-
te. Ich ritt daher mit mehr abenteuerlicher Neugier, als   10
Vorsicht, nur von meinem Bedienten begleitet, nach der
Burg hin.

Das Tor war geschlossen. Wir klopften lange vergeblich.
Endlich, als mein sonst phlegmatischer Bediente, dem überhaupt dieses Abenteuer nicht willkommen war, sich erboste   15
und mit seinem Säbelgriff so unermüdlich anhammerte, daß
es dumpf durch das alte Gemäuer widerhallte, knarrte eine
Tür, und wir sahen den Schein eines sich von Innen nahenden Lichtes über die Mauern schweifen. Das Tor wurde,
nicht ohne große Anstrengung, geöffnet, und ein alter Mann,   20
der das Ansehen eines Dieners hatte, trat mit weit vorge-
steckter brennender Kerze hastig hervor, beschaute uns in
höchst gespannter, fast trotziger Erwartung von oben bis
unten, und fragte dann sichtbar beruhigter und mit einem
Gemisch von Verlegenheit und Ironie: was diesem Schlosse   25
die Ehre eines so späten Besuches verschaffe? Ich eröffnete
ihm meinen Wunsch, hier zu übernachten. – »Das wird nicht
gut angehen«, sagte der Alte. »Die Herrschaft«, setzte er mit
einer seltsamen Miene hinzu, »die Herrschaft schläft schon
lange.« – »Nun, so laß sie schlafen«, erwiderte ich, »wir sind   30
genügsam, und es gilt auch nur bis zu Tages Anbruch.«

Der Alte schien sich einen Augenblick zu besinnen, maß
uns noch einmal mit scharfen Blicken, und wies dann endlich
meinem Bedienten einen vom Tore weit abgelegenen Stall
an, wo der übelgelaunte Knappe, etwas von elendem Hunde-   35
loch u. s. w. unter dem Bart murmelnd, die ermüdeten Pferde
hineinzog. Darauf führte mich unser Schloßwart, still-

schweigend voranleuchtend, über den weiten gepflasterten
Hof, eine steinerne Treppe hinauf, welche, wie ich bei dem
flüchtigen Scheine der Kerze bemerken konnte, nicht im
besten Stande zu sein schien. Wir traten in ein altes Gemach,
5 worin, zu meinem Erstaunen, ein fertiges Bett und Alles zum
Empfang eines Gastes eingerichtet war. »Ihr seid nicht un-
vorbereitet, wie ich sehe«, sagte ich lächelnd zu dem Alten. –
»Das bringen die häufigen Durchmärsche so mit sich«, erwiderte dieser und entfernte sich schnell, kehrte aber bald mit
10 einer Flasche Wein und einem kalten, ziemlich knappen
Imbiß wieder zurück. Ich wollte nach dem Namen und
sonstigen näheren Verhältnis der Schloßbewohner fragen;
aber der Alte entschlüpfte mir gewandt mit einem tiefen
Bückling und ließ sich nicht wieder sehen.

15 Ich hatte nun Muße genug, mich in meiner sonderbaren
Behausung genauer umzusehen. Das einfache Feldbett, ein
altmodischer, mit Leder überzogener und mit kleinen gelben
Zwacken verzierter, ziemlich wackliger Lehnstuhl, und ein
ungeheurer Tisch von gleicher Beschaffenheit machten das
20 ganze Stubengerät aus. In dem hohen Bogenfenster schienen
oben mehrere kleine Scheiben zu fehlen. Die Wände waren
nur noch zum Teil mit schweren, an manchen Stellen von
oben bis unten aufgerissenen Tapeten bedeckt, von denen
mich halb verblichene lebensgroße Bilder bei dem ungewis-
25 sen Licht der Kerze fast schauerlich anblickten. Alles erregte
das wehmütige Gefühl vergangener Herrlichkeit. – Ich legte
mich in das Fenster, das auf das Tal hinausging, aus welchem
ich gekommen war. Es blitzte von fern, unten sah ich die
Feuer des Biwaks und konnte in der grellen Beleuchtung die
30 Gestalten der darum gelagerten Reiter unterscheiden, von
denen von Zeit zu Zeit ein fröhliches Lied und das Wiehern
einzelner Rosse durch die mondhelle Nacht herüberschallte.

Da fiel es mir auf's Herz, daß ich heut, wider meine
sonstige Gewohnheit, vergessen hatte, vor allem Andern
35 nach meinen Pferden zu sehen. Ich ging daher noch einmal
in den Hof hinunter. In dem unwirtlichen halbverfallenen
Stalle fand ich meinen Bedienten im tiefsten Schlafe, und die

Pferde so sicher und gut aufgehoben, als es hier die Umstände erlaubten. Ich lehnte die alte Tür wieder an, konnte
aber auf dem Rückwege nicht unterlassen, einen Augenblick
in dem geräumigen Hofe zu verweilen, und den wunderlichen Bau genauer zu betrachten, dessen Umrisse im Mondschein nur um desto schärfer hervortraten. Das Schloß
bildete ein vollständig geschlossenes Viereck, an dessen innerer Seite eine, von mancherlei kleinen Treppen und Erkern
verworren unterbrochne steinerne Galerie herumlief, auf
welche die Türen, zum Teil auch einzelne Fenster der Gemächer hinausgingen. Eine Totenstille herrschte in dem ganzen finstern Bau, nur die verrosteten Wetterhähne drehten
sich knarrend im Winde, der sich jetzt heftiger erhoben hatte,
und schwere, dunkle Wolken über den einsamen Hof hin-
wegtrieb. Indem ich eben wieder die große Treppe hinauf-
steigen wollte, bemerkte ich einen schwachen flüchtigen
Lichtschimmer, der von dem entgegengesetzten Flügel des
Schlosses herüber zu kommen schien. Ich scheute nicht die
Mühe, auf kleinen, zum Teil schwankenden Stiegen zu jenem
Teile der Galerie zu gelangen, und überzeugte mich nun
bald, daß das Licht aus einem, zwar ängstlich, aber doch nicht
sorgsam genug verhangenen Fenster hervorbrach, welches
auf die Galerie hinaussah. Ich blickte durch die kleine Öffnung und sah mit Entsetzen mitten im Gemach auf einem
köstlichen Teppich einen schönen, mit einem langen grünen
Gewande und blitzenden Gürtel geschmückten weiblichen
Leichnam ausgestreckt, die Hände über der Brust gefaltet,
das Gesicht mit einem weißen Tuche verdeckt. Der alte
Schloßwart, den Rücken nach dem Fenster gewendet, war im
Hintergrunde beschäftigt, eine mattlodernde Lampe in Ordnung zu bringen, während er, wie es schien, Gebete leise vor
sich hermurmelte. Mich schauerte bei diesem unerwarteten
Anblick, mir fielen die Worte des Alten wieder ein: die
Herrschaft schläft.⟨«⟩ –

»Wahrhaftig!« unterbrach hier Willibald lächelnd den Erzähler; »Sie Hoffmannisieren recht wacker.« – Indem aber
blitzte es so eben wieder. Romano blieb die Antwort schul-

dig, drückte die Augen ein, und fuhr eifrig und überlaut zu
erzählen fort:

»Ich eilte nun in der ersten Bestürzung fort nach meinem
Schlafgemach, um meine Waffen zu holen und hier vielleicht
5 ein schauderhaftes Verbrechen an das Tageslicht zu bringen.
Indes, noch ehe ich über die verschiedenen Treppen und
verwickelten Gänge den andern Schloßflügel erreichte, besann ich mich, wie nutzlos mein Unternehmen jetzt im Finstern, in einem mir gänzlich unbekannten Hause sein müßte,
10 dessen vielfache Ausgänge und Erker den kundigen Bewohnern tausend Schlupfwinkel darboten. Ich beschloß daher
nach einigem Nachdenken den Tag abzuwarten, und bis
dahin ein wachsames Auge auf Alles zu haben, was in dem
Schlosse vorgehen möchte.

15 Zu diesem Behuf ließ ich die Tür meines Gemaches offen,
aus welchem ich einen Teil der Galerie und den ganzen Hof
übersehen konnte. – Draußen im Felde waren die Stimmen
der Reiter verschollen und die Wachtfeuer ausgelöscht. Der
Sturm erhob sich immer stärker und ging mit entsetzlichen
20 Jammertönen durch das alte Gemäuer. Auch meine Kerze
war unterdes ausgebrannt. – Gespannt und auf jeden Laut
aufhorchend, setzte ich mich daher völlig angekleidet auf
mein Bett und malte mir auf den dunklen Grund der Nacht
wilde phantastische Bilder aus.

25 Eine schauerliche Vorstellung reihte sich verworren an die
andere, bis ich endlich, der Ermüdung erliegend, in unruhigen Träumen einschlummerte. Plötzlich fuhr ich von meinem Lager auf, von einem heftigen Donnerschlage aufgeschreckt. Ich sprang an die Stubentür, von der mich ein kalter
30 Wind anblies. Es war ein furchtbares Gewitter, so recht
ingrimmig, ohne Regen. Eine dicke Finsternis verhüllte
Schloß, Hof und Himmel.« – Hier zuckte von Neuem ein
Blitz leuchtend über die ganze Gegend, und Leontins
Schloß, wie in Feuer getaucht, stand auf einmal vor ihnen
35 über dem Walde. – »In der Tat«, sagte Romano erstaunt,
»wüßte ich nicht – grade so sah damals das Spukschloß aus! –
Doch eilen wir, unser Weg und meine Geschichte sind gleich
zu Ende.« Er fuhr wieder fort:

»Wie ich nun so aus der Tür in das Dunkel hinausstarre, schlängelt sich plötzlich ein Blitz über den Zinnen und ich erblickte mit Grausen in der Tür, welche aus dem gegenüberstehenden Schloßflügel auf den Hof hinausführte, das tote Fräulein mit demselben grünen Gewande und funkelndem Gürtel, wie ich sie in jenem Gemache gesehen, stumm und regungslos aufgerichtet, das Gesicht leichenweiß und unbeweglich; über den Rücken wallte ein langer dunkler Mantel herab. Neben ihr stand eine hohe Gestalt, in einen, gleichfalls dunklen weiten Mantel tief verhüllt.

Die Finsternis verschlang sogleich wieder die flüchtige Erscheinung. Ich heftete meine Blicke durchdringend und unausgesetzt auf den grauenvollen Punkt, als nach einer geraumen Pause abermals einer von jenen langen, oder vielmehr sich unaufhörlich wiederholenden Blitzen erfolgte, wo sich gleichsam der ganze Himmel wie ein rotes Auge aufzutun scheint und eine gräßliche Beleuchtung über die stille Erde umherwirft.

Da sah ich, wie das Fräulein mit dem entsetzlich starren Gesicht, die andre dunkle Gestalt und noch ein dritter Vermummter, in welchem ich den alten Schloßwart zu erkennen glaubte, sich im Hofe, ohne ein Wort mit einander zu wechseln, feierlich auf drei schwarze Rosse erhoben, deren Mähnen, so wie die Enden der weiten faltigen Mäntel in dem Gewitterwinde wild umherflatterten. Lautlos, wie ein Leichenzug, bewegte sich darauf die seltsame Erscheinung durch das geöffnete Schloßtor, den Hügel hinab, immer tiefer, weiter.

Was ist das!« schrie hier Romano plötzlich voll Entsetzen auf. Auch Willibald stutzte, betroffen in die Ferne hinausstarrend. Das wilde Wetterleuchten hatte das Schloß vor ihnen wieder grauenhaft erhellt, und im Tore erblickten sie deutlich die Leichenbraut mit dem grünen Gewande und funkelnden Gürtel, zwei dunkle Gestalten neben ihr, lautlos auf drei schwarzen Rossen, die faltigen Mäntel im Winde flatternd, als wollten sie eben wieder ihren nächtlichen Auszug beginnen.

»Nun, das ist der wunderlichste Ausgang Ihrer Geschichte!« sagte Willibald, sich schnell fassend, als die zurückkehrende Finsternis auf einmal Alles wieder bedeckt hatte. – »Ausgang?« rief Romano ganz verstört, »sahen Sie denn nicht, wie sie entsetzlich immer fortspielt?« – »Aber erfuhren Sie denn damals nicht –?« – »Nein, nein«, erwiderte der Prinz hastig; »kehrte ich doch am Morgen das ganze Haus um, Alles leer, wüst, verfallen, ohne Fenster und voll Schutt, hohes Gras auf dem gepflasterten Hofe; die Bauern sagten nachher, das Schloß sei seit hundert Jahren nicht mehr bewohnt.«

Währenddes hatte Willibald den Prinzen unter den Arm gefaßt, und riß ihn über Stock und Stein durch die Finsternis mit sich fort. Der heftige Gewitterwind blies an den Felsennasen um sie her, zwischendurch hörten sie ein verworrenes Gemurmel, wie von vielen Stimmen, und immer stärker, je näher sie dem Schloß kamen; zuweilen war es ihnen als schweife der Widerschein einer Fackel flüchtig über das alte Gemäuer der Burg.

So standen sie, eh' sie's dachten, vor dem Tor. Die gespenstischen Reitergestalten waren verschwunden. Der Erste aber, der ihnen entgegentrat, war der alte geheimnisvolle Diener, eine brennende Kerze vorhaltend und die Eindringenden trotzig betrachtend. – Da hielt sich Romano nicht länger, seine Einbildung war von dem raschen Gange, dem Sturm und den wilden Erscheinungen bis zum Wahnsinn empört. »Schläft Deine Herrschaft noch immer, verfluchter alter Daniel!« rief er außer sich, den Alten an der Brust fassend. Dieser, voll Zorn über den unerwarteten Überfall, faßte ihn sogleich wieder und rang mit ihm. Willibald sprang erschrocken dem bedrängten Prinzen zu Hülfe, große Hunde schlugen an, eine wachsende Bewegung erwachte tief in dem dunklen Torwege.

»Was macht ihr wieder für höllischen Lärm, ihr Phantasten!« donnerte da eine Stimme aus dem Hintergrunde dazwischen. Ein hoher schöner Mann im langen faltigen Reitermantel, die von allen Seiten an ihn heraufspringenden

Doggen beschwichtigend, trat plötzlich hervor. – »Graf
Leontin!« rief Romano aus, seinen Daniel schnell loslassend –
Beide sahen einander eine Zeitlang erstaunt an.

Endlich nahm der ganz verwirrte Prinz wieder das Wort.
»Wer«, fragte er, »ritt vor Kurzem hier in's Tor?« – »Ich, von
der Jagd, wo uns die Nacht und das greuliche Wetter überraschte!« erwiderte Leontin. – »Aber ich sah doch Alles eben
so vor langer Zeit im wüsten Schloß an der Donau, diesen
Alten, beim Widerschein der Blitze die vermummten Reiter
im Tor.« – Hier brach Leontin plötzlich in ein unmäßiges
Gelächter aus. »Wie!« rief er, »Sie waren es? Wer konnte auch
in dem verrufenen Schloß so spät noch Gäste erwarten! Die
Verlegenheit war groß, Sie nahmen das Zimmer ein, das der
Alte heimlich für uns bereitet hatte.« – »Und das Fräulein in
der Mitte«, fuhr Romano fort, »mit dem totenbleichen, schönen, starren Gesicht.« – »Freilich«, versetzte Leontin, noch
heftiger lachend; »wir trauten dem unbekannten Gaste nicht,
und hatten Larven vorgesteckt, denn ich entführte eben
damals meine Julie.«

Das hatte der wundersüchtige Romano am allerwenigsten
erwartet, er verachtete im Herzen diese nüchterne Auflösung, und folgte schweigend dem heiteren Leontin, der nun
die unverhofften Gäste, als eine köstliche Ausgeburt dieser
kreisenden Nacht, in seine Burg führte. Der alte Diener ging
mit seiner Kerze voran, leise etwas von verrückten Prinzen
in den Bart murmelnd und manchmal noch einen wütenden
Blick auf Romano zurückschleudernd. So schritten sie durch
einen ganz wüsten Schloßflügel, die hohen Fensterbogen
standen leer, der flackernde Schein der Kerze schweifte flüchtig über die Stukkatur an den Decken der verfallenen Gemächer; zwischen zerrissenen Fahnen, die im Zugwinde flatterten, starrten ganz gewappnete Ritterbilder die Vorüber-
eilenden gespenstisch aus den geschlossenen Visieren an.
Über eine enge Wendeltreppe gelangten sie dann auf eine
steinerne Galerie, die am Innern des Schlosses fortzulaufen
schien, und von der man den Burghof überblicken konnte.
Dort sah es wie ein Schlupfwinkel von Räubern oder

Schmugglern aus: verworrene Stimmen durcheinander,
Windlichter in dem steinernen Springbrunnen sich spiegelnd, Rosse, lechzende Hunde, Jäger und Waffen, Alles von
Zeit zu Zeit vom bleichen Widerschein der Blitze, wie in
wilden Träumen, wunderbar erleuchtet.

Endlich traten sie in einen ungeheuern Saal, in dessen
Mitte Herr Faber ganz allein an einem großen runden Tische
saß und unmäßig speiste, ohne aufzusehen und die Kommenden sonderlich zu beachten. Ein Fenster mußte irgendwo schlecht verwahrt sein, denn das einzige Licht auf
dem Tische wehte und warf ungewisse Scheine über die
Ahnenbilder an den Wänden und in den hintern, dämmernden Raum des Saales, wo eine unkenntliche Gestalt auf der
Erde zu liegen schien; mit Erstaunen glaubte Romano, als er
genau hinblickte, den wahnsinnigen Harfner wieder zu erkennen, der dort über seiner Harfe eingeschlafen war. – In
einer Fenster-Nische aber saß eine junge schöne Frau, mit
einer Guitarre im Arm in die vom Gewitter beleuchtete
Gegend hinausschauend. Sie hörten sie, im Eintreten, eben
noch singen:

> Aus der Heimat hinter den Blitzen rot
> Da kommen die Wolken her,
> Aber Vater und Mutter sind lange tot,
> Es kennt mich dort keiner mehr.
> Wie bald, wie bald kommt die stille Zeit,
> Da ruhe ich auch, und über mir
> Rauschet die schöne Waldeinsamkeit
> Und keiner mehr kennt mich auch hier.

»Schon wieder das Lied!« rief ihr Leontin zu, seine Brauen
finster zusammenziehend. Da sprang sie schnell auf. »Es ist
schon wieder vorüber«, sagte sie, und fiel ihm heiter um den
Hals. – »Das ist die Leichenbraut mit dem funkelnden Gürtel!« – so stellte Leontin seine Gemahlin Julie lächelnd dem
Prinzen vor. Sie errötete, und Romano erkannte sogleich die
schlanke Gestalt wieder, die er schon heute am frühen Mor-

gen im Erker erblickt hatte. Mit romanesker Galanterie sagte
er, fein auf ihr wehmütiges Lied anspielend: sie sei ein zarter
Waldhornslaut, berufen, weithin in den Tälern den Frühling
zu wecken, nicht aber an den finstern Tannenwipfeln dieser
starren Waldeinsamkeit ihren melodischen Zauber zu ver-
hauchen. – Sie sah ihn mit den frischen klaren Augen groß
an, lachte ihm, als er fertig war, geradezu in's Gesicht und
wandte sich dann ohne Weiteres, um in der verworrenen
Wirtschaft zur Aufnahme der späten Gäste das Nötigste zu
besorgen.

Romano sah ihr nicht ohne einige Empfindlichkeit nach,
als seine Blicke zufällig an der gegenüberstehenden Wand auf
ein Portrait fielen, das seine ganze Aufmerksamkeit in Anspruch nahm. Es war ein überaus schönes Mädchengesicht,
mutwillig aus einer seltsamen phantastischen Tracht hervor-
guckend, als fragt' es ihn neckend: kennst du mich? – Er
wußt' es, er hatte diese wunderbaren Züge oft gesehen, und
konnte sich doch durchaus nicht besinnen. Voll Neugierde
fragte er endlich den Grafen Leontin. – »Weitläuftige Verwandtschaft«, erwiderte dieser flüchtig, mit sichtbarer Verlegenheit. Er schien die Fremden von dem Bilde ablenken zu
wollen, und nötigte sie eilig zum Niedersetzen; aber jeder der
altväterischen Stühle, so wie er ihn ergriff, ließ, der eine die
Lehne, der andere ein Bein fahren. –»Ich sitze auf dem guten«
– sagte Faber, ruhig weiter essend, und Leontin bat nun
lachend seine Gäste, lieber mit ihm auf die Galerie hinauszu-
kommen, wo es an handfesten steinernen Bänken nicht fehle.

So lagerte sich denn die ganze Gesellschaft abenteuerlich
genug unter den Spitzbogen des alten Altans; ein schwerfälliger Tisch, Weinflaschen und Gläser wurden mit bedeutendem Lärm herbeigeschafft, auch Julie und Faber – Letzterer
zu Romanos großem Verdruß mit einer langen qualmenden
Tabakspfeife – fanden sich wieder ein, und ein vielfach be-
wegtes Gespräch belebte bald den wunderlichen Kreis. Unten im Hofe aber war währenddes schon Alles still geworden, auch das Gewitter hatte sich verzogen, es blitzte nur
noch in weiter Ferne, und über dem verfallenen Schloßflügel

sah man von allen Seiten die wunderbare Gegend im Mondschein wieder heraufglänzen.

Leontins unverwüstliche Heiterkeit und sein guter Wein,
der nicht geschont wurde, überwanden bald alle Müdigkeit,
und man beschloß einmütig, den kurzen noch übrigen Teil
der schönen Nacht hier zusammen zu bleiben. Ein Jeder
mußte nun eine Novelle aus seinem Leben zum Besten
geben. Die Reihe traf zuletzt Willibald, der von dieser märchenhaften Umgebung tief aufgeregt schien. Mit besonderem Behagen setzten sich die Andern den schönen klaren
Augen des Wanderdichters gegenüber, als dieser endlich
folgendermaßen zu erzählen begann:

»In den Herbstferien wanderte ich als Student mit mehreren fröhlichen Gesellen aus Halle nach dem Harzgebirge.
Ich gedenke noch heut mit eigenem Vergnügen des frischen
kühlen Morgens, wie wir vor Tagesanbruch durch die alten
stillen Gassen zogen, und hinter den noch fest zugezogenen
Fenstervorhängen unsern eingebildeten Liebchen, die wir
kaum einmal im Leben von fern gesehen hatten, unser Ade
zuriefen. Die Jugend, sagt man, blicke die Welt anders an als
andere vernünftige Leute, sehe im funkelnden Wald Diana
vorübersprengen, und aus den Strömen schöne Nixen
wunderbar grüßend auftauchen. Ich aber bilde mir ein, aus
jungen Philistern werden alte Philister, und wer dagegen
einmal wahrhaft jung gewesen, der bleibt's Zeitlebens. Denn
das Leben ist ja doch nur ein wechselndes Morgenrot, die
Ahnungen und Geheimnisse werden mit jedem Schritt nur
größer und ernster, bis wir endlich von dem letzten Gipfel
die Wälder und Täler hinter uns versinken und vor uns im
hellen Sonnenschein das andere Land sehen, das die Jugend
meinte.

Diesmal war es indes nur der kurze bunte Reisetag, der
dämmernd hinter uns versank, als wir fröhlich auf dem
heiteren Stufenberge rasteten. Die Abendsonne funkelte
noch in den Fenstern des Wirtshauses, vor welchem wir über
die Buchenwipfel die glänzende Landschaft und weiterhin
das Vorgebirge des Harzes überschauten, das sich schon

rätselhaft mit Abendnebeln zu bekränzen anfing. Mir fielen alle alten schönen Sagen dieser romantischen Gegend ein, und ich dichtete die wunderlichsten Reiseabenteuer in das wachsende Dunkel hinein. Auf dem grünen Rasenplatze vor dem Wirtshause sang ein Mädchen, wie ein Waldvöglein, zur Harfe, fremde Wanderer kamen und schieden; wir aber hatten uns dicht am Abhange um einen, mit Weinflaschen wohlbesetzten Tisch gelagert, und meine Gefährten ermangelten nicht, ihre Schätzchen, die sie zu Hause hatten oder nicht hatten, hoch leben zu lassen. Mir kam das in diesem Augenblick unbeschreiblich abgeschmackt vor, in meiner Seele leuchtete auf einmal ein Bild wunderbarer Schönheit wieder auf, das ich oft im Traume gesehen, und seitdem auf manchem alten schönen Bilde wieder zu erkennen geglaubt hatte. Vom Wein und dem Rauschen der Wälder und Täler unter uns wie von unsichtbaren Flügeln gehoben, sprang ich plötzlich auf; die untergehende Sonne warf eben ihr purpurnes Licht über die Gegend: ich trank aus voller Seele auf das Wohl meiner künftigen Geliebten, warf meinen Ring in das leere Glas, und schleuderte Glas und Ring in funkelndem Bogen weit in das Abendrot hinaus.

Da aber begab sich's wunderbar. Denn in demselben Augenblick sahen wir unten eine Dame auf einem jener rehfüßigen arabischen Zelter über den grünen Plan sprengen, als flöge eine reizende Huri, im Abendwinde von bunten Shawls und reichen, schwarzen Locken umflattert, über die Oase der beglänzten Landschaft. Sie wandte sich lautlachend nach zwei jungen Reitern zurück, vor denen sie, wie zum Scherz, nach dem Saum des Waldes entfloh, wo eine andere Dame die Flüchtigen zu erwarten schien.

Da bemerkte sie den Blitz meines Ringes in der Luft. Sie schaute erstaunt zu mir herauf; im selben Moment tat die untergegangene Sonne noch einen feuerroten Blick über die ganze Gegend, und wir sahen die Reitergestalten nur noch wie bunte, sich jagende Schmetterlinge über den stillen, ernsten Grund dahin schweben.

Meine Reisegesellen feuerten der schönen Reiterin munter

gute und schlechte Witze nach, verglichen sie mit einer
Bacchantin, mit Luna und Fortuna, bis sie zuletzt darüber
untereinander in ein gelehrtes, mythologisches Gezänk gerieten. Mich ärgerte das Geschwätz, aber ich hütete mich
5 wohl, mit darein zu reden, denn mein Anschlag war gefaßt.
Und als sie sich Alle endlich zur Ruhe begeben hatten,
bezeichnete ich ihnen mit Kreide auf der Tür den Ort, wo ich
Morgen Abend wieder mit ihnen zusammentreffen wollte,
und stieg bei'm prächtigsten Mondschein den Berg hinab.

10 Ich hatte mir den Platz genau gemerkt, wo die Reiterin mit
ihrem Gefolge verschwunden war; es gab nur *einen* Weg, ich
schritt bald in tiefem Waldesdunkel, bald über hellbe-
schienene Wiesen frisch und fröhlich fort, und kam endlich an
ein einsames Gasthaus, das im klaren Mondschein am Aus-
15 gange des Waldes lag. Es war Alles unendlich still ringsumher, doch glaubte ich unten im Hause noch Stimmen zu
vernehmen. Ich klopfte an, die Wirtsleute waren noch wach,
und ich erfuhr zu meiner unbeschreiblichen Freude, daß
wirklich zwei Damen zu Pferde, die eine jung, schön, mit
20 langen, wallenden Locken, nebst ihren Begleitern hier eingekehrt, und in den oberen Zimmern übernachteten, wo sie
sich aber bereits der Ruhe überlassen hätten, um Morgen mit
Tagesanbruch den Roßtrapp zu besteigen.

Bei dieser Nachricht blitzte mir ein Gedanke durch die
25 Seele. Ich erkundigte mich sogleich nach dem, für die Damen
bestimmten Führer, einem jungen, schlanken Burschen von
meiner Größe, und überredete ihn mit Hülfe eines großen
Teils meiner kleinen Barschaft, mir auf einen halben Tag
seinen Kittel und Wanderstecken abzutreten. Ich kannte den
30 Weg nach dem Roßtrapp von einer früheren Reise sehr
genau, und beschloß in dieser Verkleidung Morgen die Damen zu führen.

Die Stuben im Hause waren Alle besetzt, ich bestieg daher
ohne Weiteres den Heuboden für die wenigen Stunden der
35 warmen Nacht. Aber ich hatte keine Rast vor fröhlichen
Gedanken, und setzte mich, wie ein träumender Vogel, auf
die obersten Sprossen der Leiter in das Dachfenster. Da lag

der weite, stille Kreis von Bergen im hellen Mondschein vor
mir, zahllose Sterne flimmerten, und das Zirpen der Heimchen schallte von den fernen Wiesen durch die große Einsamkeit herüber.

Endlich hielt ich's nicht länger aus, ich stieg wieder herab, 5
wandelte eine Zeitlang hinter dem Gebüsch vor den beglänzten Fenstern des Wirtshauses auf und nieder, und begann
zuletzt mit großer Lust ein Ständchen zu singen, das ich vor
mehreren Jahren an meine künftige Geliebte gedichtet hatte.
Es dauerte auch nicht lange, so glaubte ich oben einige 10
Bewegung zu bemerken. Aber wer beschreibt meinen
Schrecken, als sich nun plötzlich leise das Fenster öffnete, und
eine gar nicht mehr junge dickliche Dame, mit zahllosen
Papilloten um den Kopf, breit und behaglich sich heraus-
lehnte! 15

»Ei, ei«, lispelte sie, ohne mich zu sehen, mit fetter Stimme
herab; »ist das wohl fein, müde Reisende in der süßesten
Ruhe zu stören?« – »Ei, ei, daß Dich –!« dachte auch ich
unten, und sang in meiner Herzensangst nur um so lauter
fort. – Die Dame hustete oben ein paar Mal heimlich genug. 20
»Man will sich nicht zeigen, wie's scheint!« sagte sie dann
empfindlich. Hinter den Gardinen aber glaubte ich noch eine
andere weibliche Gestalt lachend und lauschend zu gewahren. – Voller Ärger sang ich nun mein langes Lied bis zu
Ende, und verzweifelt wieder vom Anfang an. – »Ach, das ist 25
ja ennuyant, das ewige Gesinge!« rief jetzt die Dame, da das
Ding kein Ende nehmen wollte, und schmiß mir droben das
Fenster vor der Nase zu.⟨«⟩

Hier wurde der Erzähler durch ein lautes Auflachen der
Gräfin Julie unterbrochen, die schon vorhin einige Mal 30
heimlich gekichert hatte. – »Was haben Sie denn?« fragte er
die Schöne, »mir war es eben nicht sonderlich zum Lachen.« –
»Nichts, nichts«, entgegnete Julie errötend und beschwichtigend, »nur weiter, weiter!« – Willibald sah sie erstaunt an
und fuhr nach einer Pause wieder fort: 35

»Es war und blieb nun auf einmal Alles mäuschenstill im
ganzen Hause. – »Und ich bekomme dich doch zu sehen,

mein sprödes Lieb!« sagte ich zu mir selbst, bestieg halb
lachend, halb ärgerlich über das verunglückte Ständchen,
meinen Heuboden wieder, wickelte mich vergnügt in das
Heu und meine verliebten Gedanken, und war bald fest
eingeschlafen.

Aber wie erschrak ich, als ich erwachte und mir durch alle
Luken und Ritzen des Daches die Morgensonne schon hell in
die Augen schien. Ich fuhr hastig in meine geborgten Bauer-
kleider, und eilte hinunter. Die Wirtsleute lachten mich über
meine städtische Langschläferei tüchtig aus, und erzählten,
wie sie Mühe gehabt, die, wegen der Saumseligkeit des
Führers unwilligen Fremden zu begütigen. Während der
Wirt mich endlich wecken wollte, seien die Damen bereits
aufgebrochen; wenn ich aber auf den Fußsteigen, wie ich
behauptete, genau Bescheid wisse, könne ich sie sehr bald
noch einholen. Hier war keine Zeit zu verlieren, ich ergriff
meinen langen Stab, und kletterte, ohne mich erst auf die
Fußsteige einzulassen, den steilen Berg gerade hinan. Bald
hörte ich auch wirklich Stimmen in der Ferne, sie schienen
eine andere Richtung genommen zu haben, als die Reisenden
gewöhnlich einzuschlagen pflegen. Ich sprang, glitt und
schurrte über Stock und Stein, nur eine jähe Kluft trennte
mich noch von ihnen, ich setzte meinen Stecken ein, und
schwang mich mit einem gewaltigen Satze über Kluft und
Gebüsch auf den Rasen-Abhang hinaus, wo die Wanderer
eben zu rasten schienen.

Alle fuhren mit einem Schrei auf, als ich so plötzlich, wie
vom Himmel, unter sie niederfuhr. Die schöne Reiterin
stand zunächst, und betrachtete mich lange schweigend von
oben bis unten. Fast hätte ich sie nicht wiedererkannt, so gar
nicht bacchantisch oder amazonenhaft, so milde, still und
über alle Beschreibung schön erschien sie heut. Auch die
ältere Dame ruhte, sehr erhitzt und pustend, auf einem
Baumstamme, und rief mir zu: wenn ich hier die Wege
kennte, sollte ich bei ihnen bleiben und sie auf dem aller-
nächsten hinaufführen. Beide schienen in mir den nächtlichen Sänger nicht zu ahnen, und ich hütete mich, wie ihr
wohl denken könnt, mich zu verraten.

Ich werde es niemals vergessen, wie heiter die schlanke Gestalt meiner jungen Dame, die jetzt dicht am grünen Abhange stand, sich auf dem himmelblauen Hintergrunde abzeichnete, und als sie darauf, zweien neben ihr stehenden jungen Männern die fernen Städte und Dörfer nennend, in 5 die unermeßliche Aussicht hinauswies, da war es, als zöge ihr Rosenfinger eben erst die silbernen Ströme, die duftigen Fernen und die blauen Berge dahinter, und vergolde Seen, Hügel und Wälder, und alle rauschten und jauchzten, wie frühlingstrunken, zu der Zauberin herauf. 10

Ich aber jauchzte am fröhlichsten in mich hinein, als sich der bunte Zug nun endlich in Bewegung setzte. Ich schritt voran, und hinter mir in der morgenheitern Einsamkeit die Schöne, zwischen dem Waldesrauschen und Vogelschall mit der lieblichsten Stimme plaudernd und scherzend. Nun wa- 15 ren mir zwar die beiden jungen Begleiter gleich von Anfang gar nicht recht gewesen, aber ich bemerkte bald, wie sie mit ihnen nur wunderlich spielte und häufig auf die zierlichste Weise ihr Pantöffelchen über sie schwang. Ja, als das ältere Frauenzimmer von Neuem ausruhen mußte, gab sie ihnen 20 geradezu auf, bei der Dame zurückzubleiben, sie selbst wollte unterdes voraus. Hiermit flog sie wie ein Reh über den grünen Plan, und eh sie im Gebüsch verschwand, wandte sie sich noch einmal zurück und streifte mich mit einem flüch-tigen Blick, daß es mir recht durch die Seele drang. 25

So rasch ich nachfolgte, konnte ich sie doch erst am Gipfel des Roßtrapps wieder erreichen. Hier fand ich sie, zu meinem Entsetzen, auf dem letzten, überhangenden Felsen sitzen, vergnügt mit den roten Reiseschuhen über dem schwindeler-regenden Abgrunde baumelnd. Wie einen Nachtwandler auf 30 dem Rande der Zinne, wagte ich sie nicht anzureden. Sie aber hatte mich kaum erblickt, als sie, die reichen Locken aus der Stirn schüttelnd, mir zurief: »Da möcht' ich gern hinunter. Ein rechter Führer muß jeden Steg kennen, führ' mich geschwind hinab, ehe die Andern nachkommen.« 35

Ich kannte in der Tat einen Pfad zu den Schlünden, und, ohne das Wagstück zu bedenken, nickte ich ihr zu, und

machte mich auf den Weg. Das schien ihr zu gefallen, sie sah
mich einen Augenblick überrascht und verwundert an, dann
sprang sie schnell auf und folgte. – Nun aber war mir's wie im
Traume, als so auf einmal das wunderschöne Mädchen, allein
mit mir, an jähen Abgründen vorüber von Fels zu Fels in die
lautlose Öde hinabstieg, und wie in einem Zauberbrunnen
das Himmelblau über uns immer dunkler wurde, immer
finsterer das wilde Grün, immer vernehmlicher von unten
das Brausen der Bäche in der endlosen Einsamkeit. – Einmal
reichte ich ihr helfend die Hand, sie wollte mich erst mit der
rechten fassen, zog sie aber, errötend, schnell wieder zurück
und gab die andere. »Du magst mir auch der rechte Arbeiter
sein«, sagte sie; »hast ja Hände wie ein Mädchen.« – Jetzt
sprang ich über einen tiefen Felsen auf die gegenüberste-
hende Klippe, sie mußte mir nach. Der Platz war eng, ich
breitete beide Arme ihr entgegen, und als sie mir so an die
Brust flog, daß mich ihr Atem berührte und ihre Locken
mich verhüllten, da umschlang ich sie fest, und drückte einen
brennenden Kuß auf ihren schönen Mund.

»Pfui!« rief sie, sich hastig losmachend und den Mund
wischend; »siehst du, mit deinen dummen Flausen hast du
den rechten Weg verfehlt! Dort geht's hinaus!« – Hiermit war
sie mir lachend auf einmal in dem verworrenen Gebüsch
verschwunden. Mit Erstaunen glaubte ich, als sie schnell die
Zweige auseinanderbog, an ihrer rechten Hand meinen Ring
zu bemerken, den ich vom Stufenberge hinabgeworfen
hatte.

Verblüfft, ratlos, recht im innersten Herzen verirrt, stand
ich nun in der Wildnis. Vergebens suchte ich meine Schöne
wieder zu erhaschen, oft glaubte ich ihr schon ganz nahe zu
sein, da tauchte sie mit unbegreiflicher Kühnheit plötzlich
fern über den Wipfeln auf, um sich, wie ein Waldvöglein,
gleich wieder in dem Grün zu versenken. Dann hörte ich ihr
liebliches Lachen herüberschallen, sie winkte und rief mich,
immerfort neckend, bald da bald dort, bald unter mir, bald
über mir. Dazwischen rauschten die verborgenen Wasser,
verirrte glänzende Schmetterlinge flatterten, wie abgewehte

Blütenflocken, taumelnd an meinem Hute vorüber zum Abgrund, nur zuweilen noch klang Vogelschall von dem morgenhellen Bord der Felsen herunter – es war mir, als sei ich in dieser Abgeschiedenheit in ein wahnsinniges Märchen wunderbar verstrickt. 5

Endlich glaubte ich meine Schöne wieder in der Tiefe zu vernehmen, als ich sie plötzlich mit lautem Lachen, wie einen Elfen hoch über mir schwebend, auf der obersten Zinne des Berges erblickte, die wir vorhin verlassen. Da erwachte in mir der ganze herbe Jünglings-Stolz verschmähter Liebe, ich 10 warf meinen Wanderstecken weit von mir, daß er an den Felsen zersprang, und wandte mich zürnend völlig in den Abgrund.

Das schien sie nicht erwartet zu haben. Wenigstens kam sie mir, als ich noch einmal hinaufblickte, auf einmal bleich und 15 erschrocken vor, ja im eiligen Niedersteigen, zwischen dem Rauschen der Wipfel und Bäche, war es mir zu meinem größten Erstaunen, als nannte sie wiederholt meinen eigenen wirklichen Namen, als riefe sie mir, wie aus tiefster Seele nach: mein lieber, lieber Willibald! – 20

So töricht ist ein Verliebter! Dieser vertrauliche Ruf wandte mir ganz das Herz um. Ich erklomm von Neuem mühselig den Berg, ich suchte, rief nach allen Weltgegenden hinaus, aber es blieb Alles still in der Runde, und nirgends war eine Spur von der wunderlichen Gesellschaft mehr wieder 25 zu finden. – Ermüdet kam ich am Ende auf den abenteuerlichsten Umwegen unerwartet zu demselben einsamen Wirtshause, von dem ich am Morgen ausgegangen: über dem Walde war wieder der ferne Kirchturm zu sehen, rechts der Stufenberg in stillem Abendschein; und ganz verwirrt wußte 30 ich nicht wie mir geschehen, als nun die Leute im Hause, da ich nach der Schönen fragte, mich groß und verwundert ansahen. Eine Gesellschaft, wie ich sie beschrieb, hatte hier gar nicht übernachtet; eine ältliche etwas starke Dame, sagten sie, und ein hübsches blondhaariges Mädchen seien zwar, 35 bloß in Begleitung eines Reitknechts, heute früh von hier weiter gewandert, aber mein wunderbares Waldlieb mit den

reichen schwarzen Locken wollte kein Mensch gesehen haben. –

Ich fand sie niemals wieder. Ihr Bild aber blieb seitdem
leuchtend in meiner Seele, und als ich nun einsam heim-
wanderte, hatte der Herbst schon seine Sommerfäden über
die Felder gespannt, wie goldene Saiten im Morgenglanz, die
bei jedem Windeshauch einen wehmütigen Klang über die
Erde gaben.« –

Hier endigte Willibald seine Erzählung, und bemerkte erst
jetzt, daß alle seine Zuhörer, von der Anstrengung des
vorigen Tages überwältigt, fest eingeschlafen waren. Wie
Tote lagen die Männer mit den bleichen, scharfgezeichneten
Gesichtern umher, Julie war auf Leontin's Schoß gesunken,
seine Knie mit ihren herabwallenden Locken verhüllend.
Draußen aber glänzte herrlicher Mondschein über der leise
rauschenden Gegend, nur einzelne Damhirsche weideten
unten am Fuße des alten Schlosses. Willibald blickte wunderbar bewegt in die weite Einsamkeit hinaus, es war ihm Alles
wie ein Zaubermärchen hier, als müßte sein verlornes Lieb
ihm wieder irgend ein Zeichen geben in dieser prächtigen
Mondnacht.

————

Als der Turmwächter bei Anbruch des Tages hoch über den
Schlummernden sein geistliches Lied durch die stillen Lüfte
sang, erhob sich unten allmählich Einer nach dem Andern, in
die falbe Morgenkühle schauend.

Romano aber sprang verstört und erschrocken auf, plötzlich des eigentlichen Zweckes seines Besuchs gedenkend, den
er über den nächtlichen Erzählungen gänzlich vergessen
hatte. Ohne Zeitverlust führte er nun den Grafen Leontin in
den entlegensten Teil der Galerie, wo Beide lange Zeit sehr
lebhaft mit einander sprachen und endlich in größtem Eifer
nach dem Hofe eilten. Niemand wußte, was sie vor hatten,
aber im ganzen Hause entstand auf einmal ein verworrenes
Durcheinanderrennen, Briefe wurden geschrieben, Boten zu
Pferde abgeschickt, und bald darauf sah man den Prinzen
und Leontin selbst, Jeden in verschiedenen Richtungen, in

den Wald hinaussprengen. – Auch Willibald, den die
Sehnsucht nach seiner Heimat aus diesem unbehaglichen
Rumor forttrieb, hatte sich währenddes wieder aufgemacht.
Julie sah ihn aus ihrem Fenster schon in der Ferne wandern.
Sie hätte ihm so gern noch gesagt, daß sie selbst es war, die
mit ihrer Begleiterin in dem einsamen Wirtshause sein Ständ-
chen belauscht, und daß sie gar wohl wisse, wer und wo seine
Schöne vom Roßtrapp sei. Aber sie winkte ihm vergeblich
mit dem Schnupftuche nach, er war schon in dem taufunkeln-
den Morgenschimmer versunken.

Wir aber lassen den Glücklichen wandern und wenden uns
aus dem Morgenrot nach dem dunkeln Gebirge zurück, wo
wir Publikum's Jagd verlassen haben. Der Abend sinkt
schon wieder auf die stillen Schlüfte, da finden wir den Troß
in einem abgelegenen Tal, ein altes Jägerhaus, wie Bienen im
Abendgold, mit verworrenem Gesumse umschwärmend.
Drin wird tüchtig gekocht, denn so oft die Tür sich öffnet,
sieht man eine große Flamme lodern, und dicken Bratenduft
herausqualmen. Vor der Tür aber sitzen Aurora und Herr
Publikum einträchtig beisammen, über dessen Haupte sich
das Hirschgeweih am Gesims des Hauses recht stattlich aus-
nimmt. Er hat Aurora's Hand gefaßt, sie läßt sie ruhig in der
seinen, da es schon kühl wird, aber ihre Gedanken sind
offenbar nicht bei der Hand, sie schaut halb langweilig, halb
verdrießlich vor sich hin. Währenddes sind die besorgten
Novellenmacher fleißig bemüht, den Honigseim poetischer
Reden zu ihrem Hochzeitsfladen zusammen zu kneten. Am
zierlichsten unter ihnen drückt sich dabei der schwungreiche,
junge Mann aus. Aber da begegnet ihm unerwartet etwas
Außerordentliches. Denn indem er zur Gräfin von der Liebe
spricht und immer wieder spricht, hat er sich auf einmal
unversehens selbst in sie verliebt: von unmerkbarem Hän-
dedrücken, worüber sie jedesmal mit leisem Lächeln quittiert, durch das allmählich wachsende Feuerwerk loser
Schwärmereien und brünstiger Blicke gerät er endlich ganz
in den holden Wahnsinn. Vergebens treten die Novellisten,
denen er wie eine tolle Hummel ihr Novellengespinst zu

zerarbeiten droht, ihm heimlich auf die große Zehe, der
Schrei des Schmerzes macht seinen sentenziösen Paroxysmus
nur noch pikanter; der erschrockene Publikum, der gar nicht
weiß was los ist, fängt an sich vor ihm zu fürchten, da ergreift
5 endlich der Graue den Rasenden ohne Weiteres beim Kragen, und der ganze Haufe wälzt sich mit ihm in das Jägerhaus, wo man durch die heftig hinter ihnen zugeworfene Tür
noch einen bedeutenden Lärm vernimmt.

Unterdes aber hatte ein Jäger vor Herrn Publikum und
10 der Gräfin ein wohlbesetztes Tischchen hingestellt. Da war es
um Publikum geschehen. Er band sich feierlich eine große
Serviette wie zum Rasieren unter das Kinn, stülpte die Ärmel
auf, setzte sich, ein paar Mal beide Ellbogen erhebend, breit
und behaglich zurecht, und begann sogleich mit eben so viel
15 Ernst als Fertigkeit mit den Kinnbacken zu mahlen. Aurora
versuchte mehrere Mal ein witziges Gespräch anzuknüpfen.
Aber bei'm Essen verstand er keinen Spaß; unaufhörlich
nach allen Seiten hin Fleisch, Pfeffer, Salz zulangend, gab er
nur halbe oder gar keine Antwort. Er schien ganz eine dicke,
20 fette Zunge voll Wohlgeschmack geworden zu sein, und
bemerkte nicht einmal, wie die Gräfin, das gerümpfte Näschen vornehm aufwerfend, endlich rasch aufstand, und empfindlich sich allein in den nahen Wald begab, um hier auf
einem kurzen Spaziergange ihren Verdruß abzukühlen.

25 Die Dämmerung war schon hereingebrochen, nur einzelne Vögel sangen noch tiefer im Gebirge, die Abendluft
spielte leise in allen Blättern. Da hörte sie auf einmal ein
Geräusch, und bald darauf Gesang in der Ferne. Sie trat
neugierig näher und wurde endlich eine dunkle Gestalt ge-
30 wahr, halb versteckt hinter Felsen und Gebüsch. »Wußt'
ich's ja doch!« sagte sie, heimlich in sich hineinlachend. – Und
sie irrte sich wirklich nicht in dem Karbonaro-Mantel, an
dem sie sogleich den Prinzen Romano wieder erkannte.

Der anschlägische Prinz umkreisete schon lange das Jäger-
35 haus, wie der Fuchs den Taubenschlag. Da er aber von den
Strapazen der vergangenen Nacht plötzlich heiser geworden,
so hatte sich Leontin hinter ihm unter den Mantel verborgen

und sang und agierte nun für ihn aus dem faltigen Karbonaro
heraus. Bald aber fand Romano die Aktion übertrieben, das
Lied nicht zart genug. Leontin verteidigte sich, darüber
bekamen sie unter dem Mantel Händel und gerieten mit
einander, erst leise dann immer heftiger, in einen lebhaften
Wortwechsel über das schicklichste Metrum für ein Ständchen. – Aurora stutzte, als sie aber auf einmal vier Arme aus
dem Mantel sich hervorarbeiten sah, ergriff sie ein Grauen
und sie stürzte unaufhaltsam nach dem Jägerhause zurück.
Da brach Romano plötzlich hervor, Leontin hatte kaum
Zeit, in größter Eile zu entfliehen.

Die atemlose Gräfin schrie laut auf, da der Prinz, der mit
seinen langen Beinen ihr den Vorsprung abgewonnen hatte,
auf einmal zierlich auf einem Knie vor ihr lag. »Mit wem
sprachen sie so eben?« fragte die Erschrockene, noch immer
ängstlich um sich her blickend. – »Mit mir selbst im Traume
von Dir!« – »Es lief doch aber Jemand fort von Ihnen?« –
»Mein Schatten wahrscheinlich.« – »Ach, es scheint ja weder
Sonne noch Mond!« – »Desto besser, so belauscht uns nur
die Venus vom Himmel.« – »Und vier Arme leibhaftig!« –
»Oh, hätt' ich deren Viertausend vierhundert und vier und
vierzig, Dich zu umschlingen!«

Das klang der Gräfin denn doch gar zu appetitlich. Sie hob
mit einem zärtlichen Blick den Prinzen vom Rasen auf, der
nicht versäumte, sogleich seine Kniescheibe sorgfältig ab-
zustäuben. Er bat die Reizende, sich noch ein Weilchen im
Walde zu ergehen, sie nickte schlau mit dem schönen Köpfchen, und so wandelten denn die Glücklichen unbelauscht
neben einander her.

Romano hatte mit malerischer Nachlässigkeit seinen Mantel halb über die Achsel zurückgeschlagen, er sprach von dem
Bad in den kosenden Abendlüften, von den Dämmerlauben
des Gemüts, von den nackten Bübchen, die in dem duftigen
Laube zielen. Aber die nackten Bübchen guckten schon aus
Aurora's Augen, sie ging so unbedenklich in alle diese Dämmerlauben ein, und wenn es so fortwährte, blieb fast nichts
mehr zu erobern an ihr. – Das war dem Prinzen gar nicht

recht; er hatte sich's so schön ausgesonnen, allen Aufwand
steigender Verführungskünste, die Schnöde allmählich poetisch zu verlocken – er war ganz verstimmt.

Auf einmal stand Aurora still. »Ich höre keine Stimmen
mehr vom Jägerhause«, sagte sie, nach allen Seiten umschauend, »wir haben uns verirrt.« – »Hat keine Not«, erwiderte Romano, »mir leuchten zwei helle Sterne auf dem
stillen Meer der Nacht.« – Hiermit bog er schnell vom Wege
auf einen freien Platz hinaus, wo Aurora mit Erstaunen einen
Reitknecht mit zwei zierlich aufgezäumten Pferden erblickte.
»Mein Bursch kann zu Fuß wandern«, sagte der Prinz, »und
wenn Sie sich meines Rößleins bedienen wollen, so besteig'
ich das seinige, und führe Sie bequem und luftig heim.«

Die ermüdete Gräfin, um bei längerem Ausbleiben Aufsehen im Jägerhause zu verhüten, nahm den Vorschlag an
und so ritten sie bald vertraulich-plaudernd in die warme
Nacht hinein. Aber die Venus ging unter, der Mond ging auf,
und sie ritten noch fort und immer fort.

»Wo führen Sie mich hin?« sagte endlich die Gräfin wieder;
»da hör' ich einen Eisenhammer in weiter Ferne.« – »Wird
Amors Mühle sein«, meinte der Prinz, »die arbeitet am
lustigsten in solcher Stunde.« – Mein Gott, ich glaube gar,
der will mich entführen, dachte Aurora bei sich, senkte
nachdenklich das Köpfchen und wiegte sich mit einem angenehmen schauerlichen Gefühl in der Erinnerung aller nächtlichen Entführungsgeschichten, die sie in den schmierigen,
halbzerlesenen Romanen aus der Leih-Bibliothek so oft in
Gedanken mitgemacht hatte.

Unterdes wechselten neben ihnen unbekannte Gegenden
und Abgründe rätselhaft im dämmernden Mondlicht, da
stutzten plötzlich ihre schnaubenden Rosse; vor ihnen schoß
auf einmal eine wunderliche Gestalt Burzelbäume quer über
den Weg, eine zweite folgte, und noch eine, andere standen
seitwärts am Wege auf den Köpfen, und verschwanden
schnell, wie sich die Reiter nahten. – »Das kommt bei dem
dummen Zeug heraus!« brach da die heftig erschrockene
Gräfin plötzlich los; »ich möcht' auch in aller Welt nur

wissen, was es hier zu entführen gibt! Ich habe weder einen
tyrannischen Vater noch eine geizige Tante, ich bin ganz frei,
ich kann jeden Augenblick heiraten!« – Romano schwieg
ganz still, denn ihm fing selbst an Angst zu werden vor den
unerklärlichen Erscheinungen. War ihm bei hellem Tage ein
gewöhnliches Rendezvous zu gemein gewesen, so verwünschte er nun insgeheim seine unüberwindliche Sucht
nach genialen Abenteuern und wäre am liebsten wieder
umgekehrt.

In großer Verlegenheit spähte er so eben nach allen Seiten
umher, als sich plötzlich eine Rakete prasselnd und sprühend
über dem dunkeln Walde emporriß. »Dorthin, dorthin!« rief
Romano voll Freude, und drückte die Sporen ein, daß die
erstaunte Gräfin kaum folgen konnte.

Wie im Fluge erreichten sie nun bald einen einsamen, rings
von Felsen eingeschlossenen Platz, von dessen anderem
Ende ihnen ein Gemäuer entgegen schimmerte. Es war eine
Waldkapelle, das verabredete Ziel Romano's, wo er seine
schöne Beute einstweilen verbergen und mit Leontin das
Weitere beraten wollte. – Mehrere Windlichter bewegten
sich an der Klause und beleuchteten wunderbar den Rasen,
die Steine und Felsen in der nächtlichen Einsamkeit. Da
schoß der Gräfin auf einmal das Blut – mit klopfendem
Herzen sah sie unverwandt in das Spiel der wandelnden
Lichter. Romano aber stutzte, er konnte durchaus nicht
begreifen, wozu Leontin, allem Geheimnis zum Trotz, so
viele Personen hier versammelt hatte. Und als er nun, indem
er näher kam, immer mehr fremde Gesichter erblickte, lauter
festlich geschmückte Leute, als er dann auch Leontin darunter erkannte, einen Klapphut unter dem Arm und einen
dicken Blumenstrauß vor der Brust, ja als endlich gar ein
Geistlicher mit einer Kerze in der Hand majestätisch den
Haufen teilte, da wurde Romano's Gesicht immer länger und
länger vor wachsendem Grausen.

Unterdes hatte Leontin schon die Gräfin vom Pferde
gehoben, die sehr heiter und gemütlich war, und sich hier
sogleich recht wie zu Hause zu befinden schien. Auch Ro-

mano stieg verwirrt und zögernd ab. Da trat der Geistliche, von dem er kein Auge verwandte, feierlich hervor und redete die Neuangekommenen folgendermaßen an:

»Hochverehrte! Sie stehen hier so eben in dem tugend-haften Begriff, das angenehme Bündnis ihrer Herzen mit dem süßen Mundlack des Jaworts zu versiegeln. Indem wir daher, Vielverliebte, in diesem feierlichen Augenblick gleich-sam mit einem Fuß schon das Bett der Ehe bestiegen, lassen Sie uns dasselbe noch ein Mal mit gebührendem Ernste betrachten! – Es ist ein Himmelbett – denn die schönsten Engel predigen hinter seiner Gardine. Es ist ein Thronbett – denn gekrönte Häupter ruhen darauf. Es ist ein Paradebett, auf dem verblichene Junggesellen im erhabensten Schmuck stiller Männerwürde, will sagen: in langem damastenen Schlafrock und blendendweißer Zipfelmütze ausgestellt werden, zum Hohn und heimlichen Neid jener schäbigen Rotte von verwegenen Hagestolzen und Familienglücksver-ächtern. – Ja Du, vergangener Junggesell, gerührter Bräu-tigam! über dessen ehrwürdigem Scheitel endlich die Aurora Deiner letzten Liebe aufgegangen, der –.«

Hier stockte er plötzlich – seine Augen suchten rings in dem Kreise umher, Romano war nirgends zu sehen. – Ein verworrenes Gemurmel ging bei dieser unerwarteten Ent-deckung durch die ganze Versammlung, Leontin wurde un-ruhig, man suchte in der Kapelle, man rief laut nach den verschiedensten Richtungen, Alles vergeblich. Endlich hör-ten sie von einem Jäger, daß der Prinz gleich zu Anfang der Rede, während alle Blicke auf den Prediger und die schöne Braut gerichtet waren, unbemerkt fortgeschlichen, im nahen Gebüsch sich in verstörter Hast auf ein Pferd geworfen, und wie besessen in den Wald hinausgesprengt sei. – Späterhin erfuhr Leontin, wie er mitten in derselben Nacht, ganz verwirrt, auf Publikums Schloß angekommen, seine Leute eilig geweckt, und, in unaufhaltsamem Entsetzen vor dem Ehestande, zu allgemeinem Erstaunen noch vor Tages-Anbruch abgereist, ohne daß Jemand erraten konnte, wohin er sich gewendet. –

Das war ein Strich durch die ganze Narren-Rechnung. Die
Gäste sahen in ihren feierlichen Hochzeitskleidern einer den
andern spöttisch an, Leontin lachte unmäßig, mehrere er-
bosten sich über die Mücken, die sie durch ihre ganz unnützen Eskarpins stachen. Am ungebändigsten aber war der
Geistliche, der in dieser Verwirrung Bart, Kappe und Sal-
bung verloren hatte. Er beteuerte, es sei unter solchem Volk
leichter pokulieren als kopulieren, und schwur, seine Rede,
die eben erst witzig werden sollte, bis zu Ende zu halten, und
wenn er sie an die Bäume richten müßte. Bei diesen Worten
blickte ihn Aurora schärfer an – sie traute ihren Augen nicht:
es war der ihr wohlbekannte Poet Faber! – Da brach plötzlich
ihre bisher nur mit Mühe verhaltene übelste Laune los. Sie
schimpfte, ohne weiter mehr nach Grazie zu fragen, auf die
Phantasten, die ihr durch ihre Tollheiten die Haube dicht
über'm Kopfe wegpariert hatten, aber sie frage, meinte sie,
wenig darnach, sie wolle auch ohne solche Flausenmacher
doch unter die Haube kommen, es gebe noch andere, reiche
und würdige Leute, die sie besser zu schätzen wüßten.

Sie war noch lange nicht mit Allem fertig, was sie auf dem
Herzen hatte, als sie zu ihrem Erstaunen sich auf einmal allein
auf dem Platz erblickte. Hochrot vor Ärger, ließ sie sich mit
erzwungenem Stolz auf der Rasenbank vor der Klause nieder, sie konnte nicht begreifen, welche neue Narrheit plötzlich wieder in die wunderliche Gesellschaft gefahren. Sie sah
Leontin und seine Spießgesellen in großem Eifer durcheinanderrennen, die Herren gürteten ihre Hirschfänger um,
Leontin schien heimlich und leise Befehle zu erteilen, und in
wenigen Minuten hatte sich Alles in den nahen Wald verlaufen. Jetzt hörte sie nur noch hin und her Gewisper unter den
dunkeln Bäumen, manchmal war es ihr, als vernähme sie von
Ferne Pferdegetrappel, dann wieder Alles totenstill – fast
fing sie sich im Ernste zu fürchten an.

Plötzlich geschieht ein Schrei im Walde, mehrere Pistolen
werden abgefeuert, zwischen dem Geknatter: Degengeklirr
und fremde Stimmen, immer näher und näher, und mit
großem Lärm stürzt endlich der ganze verworrene Haufen
vom Walde grade auf die Klause her.

Aurora, die sich erschrocken in die Kapelle zurückgezogen hatte, bemerkte durch das Fenstergitter, daß Leontin
und die Seinigen mehrere Gefangene einbrachten; aber wie
groß war ihr Erstaunen, als sie mitten darunter einen Mann
⁵ zu gewahren glaubte, der, außer sich vor Zorn, schimpfend
und vergeblich mit Arm und Beinen zerrend, von vier handfesten Jägern auf den Schultern wie im Triumphe einherge-
tragen wurde. – »Er räsoniert noch, bindet ihn, knebelt ihn!«
rief der nacheilende Faber, der jetzt ein besonders martiali-
¹⁰ sches Ansehen hatte. Über den Spektakel kam auch Leontin
mit einer Fackel herbei, beleuchtete den geängstigten Gefangenen, und prallte bei seinem Anblick erschrocken zurück. –
»Unmöglich!« rief er aus, »Sie sind es, Herr Publikum?
mitten in der Nacht ohne Schlafrock! ich hoffe doch nicht,
¹⁵ daß einen so soliden Mann etwa gar der Klang zierlicher
Pantöffelchen verlockt hat – wir glaubten uns hier in der
Geisterstunde plötzlich von Räubern überfallen.« – »Pantöffelchen! Räuber! Das ist es grade!« erwiderte der noch
atemlose Publikum, den die Jäger unterdes respektvoll los-
²⁰ gelassen hatten; »der Prinz Romano hat die Gräfin Aurora
entführt, wir setzen so eben dem Räuber nach.« – Aber
Leontin, der, durch einen Jäger von der unerwarteten Ankunft Publikums benachrichtigt, den ganzen Rumor ange-
zettelt hatte, hörte auf nichts, sondern rannte in einem Anfall
²⁵ wütender Courtoisie bald zu den gleichfalls eingefangenen
Novellisten, bald zu ihrem dicken Meister, überall das räu-
berische Mißverständnis entschuldigend, und stülpte zuletzt,
gegen plötzliche Erkältung, dem letztern die weiße Nachtmütze eines Jägers auf den Kopf. Der schlaue Publikum ließ
³⁰ Alles geduldig über sich ergehen, denn er hatte insgeheim
eine eben so große Abneigung als unüberwindliche Furcht
von der phantastischen Grobheit des Grafen, er lobte und
belachte jeden seiner Einfälle, und schrie ihn, in seiner Herzensangst, vor den empörten Novellenmachern als ein echtes
³⁵ Kunstgenie aus.

Währenddes aber war auch Aurora aus ihrer Klause gebrochen, und erschien plötzlich, wie eine Fee die Menge

teilend, in dem Kreise der Fackeln. – »Auf ewig!« sagte sie
feierlich zu dem überraschten Publikum, ihm die schöne
Hand reichend, die dieser mit inbrünstigen Küssen bedeckte.
Ein freudiges Ach! ging durch die Runde der erstaunten
Novellisten. Aurora aber blickte triumphierend über den
breiten Rücken des küssenden Publikums nach Leontin und
seinen Gesellen hin, als wollte sie sagen: »Nun, seht ihr
wohl?!« –

Jetzt hatte auch Publikum wieder Mut gewonnen, und
befahl sogleich nach den ersten Verständigungen mit einem
vornehmen Ton, nach seinem Schlosse aufzubrechen. Vergebens versprach Leontin, zum Polterabend Herrn Publikum mit einem Pistol den Zipfel seiner Schlafmütze vom
Kopfe zu schießen, den Wald anzuzünden, ja sie Alle mit
einander betrunken zu machen.

Der glückliche Bräutigam, der in seiner Seligkeit ganz
vergaß, seine Nachthaube abzunehmen, bedauerte mit
hoffärtiger Herablassung Leontins Einsamkeit, die zu solchem Feste keine passenden Mittel böte; wenn es aber der
Gräfin Julie an irgend einem Agrément fehlen sollte, so
möge sie sich nur immer nachbarlich und vertrauensvoll an
seine künftige Gemahlin, die Gräfin Aurora wenden. –
»Köstlich!« entgegnete Leontin, »meiner Julie kommt
manchmal der Einfall, in vollem neumodischen Kopfputz
auf die Jagd zu reiten, sie wird sich dann, wenn Sie erlauben,
von der Gräfin Aurora frisieren lassen, ich weiß, die versteht
das wie keine andere. Nadeln mit doppelten Spitzen will ich
schon selbst dazu mitbringen.« – Da wandte sich Herr Publikum mit einer kalten Verbeugung, schlug im Weggehn auf
seinem Bauche dem Leontin noch heimlich und vorsichtig,
damit er's nicht bemerkte, ein Schnippchen, und bestieg mit
seinem Gefolge die bereits vorgeführten Rosse.

Leontin sah ihnen lange kopfschüttelnd nach. Plötzlich
schien ihm ein Gedanke zu kommen, er verfolgte pfeilschnell
die Reiter. »Aber hör't doch!« rief er, »seid ihr denn wirklich
toll? ihr seid ja abscheulich angeführt. So hör't doch!«

Die Glücklichen hörten jedoch nicht mehr. – Faber hatte

unterdes eine Violine ergriffen, und geigte dem Zuge lustig nach, Raketen wurden geworfen, die Jäger lösten die, für Romano's Kopulation herbeigeschafften Kanonen, die ein entsetzliches Geböller in den nächtlichen Schlüften machten. – Herr Publikum aber mit seiner Schlafmütze, Aurora und die Novellisten zogen Alle vergnügt von dannen, um ihre Novelle mit einer weitläufigen Hochzeit zu beschließen.

In derselben angenehmen Jahreszeit hatte Schreiber dieses das Glück, mehrere der denkwürdigen Personen dieser Geschichte selbst kennen zu lernen. Als nämlich die Kunde von der eben so unglaublichen als für uns Poeten erwünschten Verbindung zwischen Herrn Publikum und der berühmten Gräfin Aurora von Stadt zu Stadt erscholl, war auch ich aufgebrochen, um zum Hochzeitsfeste dem Herrn Publikum eine mit besonderm Fleiße von mir ausgearbeitete Novelle persönlich zu verehren. In meinem neuen engen Frack, der meiner sonst ganz hübschen aber etwas langen und schmalen Figur ein noch knapperes Ansehen gab, mein Manuskript fest unter den Arm geklemmt, strich ich zufrieden über Land, und memorierte unterweges laut die recht schön ausgedachte Anrede, womit ich das Werkchen überreichen wollte.

Aber wie es den Dichtern oft zu gehen pflegt, daß sie überall zu spät kommen, wo es was Gutes gibt, so gewahrte ich auch, mit nicht geringem Schrecken, als ich bei einbrechender Nacht an Publikums Pallast anlangte, daß die Hochzeit eben schon in vollem Gange war. Das ganze Schloß flimmerte von Kronleuchtern, Trompeten raseten, Tanzende schleiften in wechselndem Glanze an den Fenstern vorüber, während andere Paare, heimlich plaudernd, sich in die stille Nachtluft hinauslehnten. Unten rannten viele Bediente mit prächtig duftenden Gerichten an mir vorbei, und mochten mich, mit einem Paket unter'm Arme, wohl für einen vazierenden Musikanten halten. Die Musik aber schlang sich immer wehmütiger durch die schirmenden Wipfel über mir, ich lehnte mich an einen Baum, und gedachte der bessern

Tage meiner fröhlichen Jugendzeit; neue Gedichte tauchten aus den Klängen in meiner Seele auf, und ich war im besten Zuge, mein Manuskript, Publikum und Alles zu vergessen, weshalb ich eigentlich hierher gewandert war.

Da hörte ich plötzlich in einiger Entfernung ein leises Geräusch unten am Schloß, und bald darauf sagte eine liebliche Stimme: »Aber wenn mich die ganze gebildete Welt so findet, so muß es doch auch wirklich sein! Und ich brauche Sie nun nicht weiter mehr, und verbitte mir von nun an alle Hofmeisterei.« – »O Du Verblendete!« entgegnete eine andere Stimme; »so fahre denn hin! ich wende meine Hand von Dir, und lasse Dich in der Gewalt der Philister.« – Hier streifte ein Lichtstrahl aus dem Fenster über das Gebüsch, ein wunderschönes Frauenbild mit Diadem und funkelndem Geschmeide blitzte plötzlich aus der Nacht auf, und war in demselben Augenblick auch wieder verschwunden.

Geblendet starrte ich noch hin, als sich auf einmal in derselben Gegend ein großer Lärm erhob. »Dort lief er hin!« rief eine zornige Stimme. Es war der junge Mann von den Novellenmachern, wie ich späterhin erfuhr. Er hatte einen verliebten jungen Fant das Haus umschleichen gesehen, den er so eben mit gezogenem Degen zu verfolgen schien. Aber in seiner moralischen Wut rannte der Tugendheld bei der Dunkelheit einen Bedienten mit einer großen Pastete über den Haufen, und hatte gleich darauf sich selbst mit dem Degen am eignen Rockschoß an einem Baume festgespickt.

Indem ich ihm eilig zu Hülfe springen will, bricht plötzlich ein feines Jägerbürschchen, wie ein gehetztes Reh, durch das Gebüsch und stürzt atemlos gerade in meine Arme. Und eh' ich mich noch besinnen kann, drängt er mich, öfters scheu zurückblickend, in wunderlichem Ungestüm über Beete und Blumen mit sich fort. – »Aber was soll's denn?!« rief ich endlich tiefer im Garten aus. – Da stutzte das Bürschchen, das mich wahrscheinlich verkannt hatte, und sah mich von oben bis unten verwundert an. »Wer bist Du denn eigentlich?« fragte er dann, »und was wolltest Du hier?« – Ich berichtete ihm nun mit kurzen Worten meinen Namen, Metier, und den

Zweck meiner Reise. Darüber wollt' er sich auf einmal tot lachen, und lachte immer unvernünftiger, je mehr ich meine gerechte Empfindlichkeit zeigte. »Die Anrede«, sagte er, »mußt Du an mich halten, ich werde Dir zeigen, wie Du dazu agieren sollst. – Aber die Hochzeit! – Ich will ja eben auch heiraten.«

Unterdes waren wir an den Ausgang des Parks gekommen, zwei gesattelte Pferde standen dort am Zaun. »Nur schnell, schnell!« rief er wieder, »Du kannst doch reiten? Ich muß rasch fort, und fürcht' mich so allein.« – Ich wußte in der Eile gar nicht, wie mir geschah, er schob mich geschwind auf das eine Pferd hinauf, schwang sich auf das andere, und, eh' ich mich's versah, ging's pfeilschnell in die weite Nacht hinaus.

Draußen klang die Tanzmusik uns noch lange über die stillen Felder nach, das Schloß lag wie eine feurige Insel über dem dunklen Walde. Ich betrachtete öfters den lustigen Jäger von der Seite, und verwunderte mich über seine große Schönheit. Da hört' ich auf einmal aus dem fernen Gebüsch im Vorüberreiten einen überaus lieblichen Gesang erschallen, es war als ob der Mondschein klänge:

> Bleib' bei uns! wir haben den Tanzplan im Tal
> Bedeckt mit Mondesglanze,
> Johanniswürmchen erleuchten den Saal,
> Die Heimchen spielen zum Tanze.

Ich konnte durchaus Niemanden erblicken. Aber Florentin – so nannte sich das Jägerbürschchen – antwortete ihnen zu meinem Erstaunen, und zankte sich ordentlich mit den wunderlichen Musikanten. »Warum nicht gar!« rief er fast unwillig nach dem Walde gewendet aus; »jetzt hab' ich keine Zeit, heut laßt mich in Frieden. Was wißt ihr von meiner Not!« – Wälder, Wiesen und Dörfer flogen unterdes im hellen Mondschein vorüber, aus den Gebüschen sang es von Neuem hinter uns drein:

Stachelbeer' weiß es und stichelt auf Dich –
Will – Wili – wir verraten es nicht –
Sie sagt' es dem Bächlein im Grunde,
Das hörten die Bäume und wundern sich,
Das Bächlein macht' auf sich zur Stunde   5
Und plaudert' es aus durch den ganzen Wald:
Wil – Wili – Wilibald! –

————

Die Sterne fingen schon an zu verlöschen, als wir nach dem
tollen Ritt an einem Schloß im Gebirge endlich Halt mach-   10
ten. Ein Brunnen plätscherte verschlafen vor dem stillen
Hause, auf dem steinernen Geländer schlief ein Storch auf
einem Beine, und fuhr über dem Geräusch, das wir machten,
erschrocken mit dem Kopf unter den Flügeldecken hervor,
uns mit den klugen Augen verwundert ansehend. Florentin   15
aber tat hier sogleich wie zu Hause. »Ach nein, lieber Adebar,
es ist noch lange Zeit, uns was zu bringen!« sagte er, den
Vogel streichelnd, der vergnügt seine Federn aufschüttelte
und mit den Flügeln schlug. Dann klopfte er eilig an ein
Fenster des Schlosses. Es wurde von innen geöffnet, ein   20
hübsches Mädchen steckte erstaunt das Köpfchen hervor. –
»War er hier?« fragte Florentin hastig. – »Niemand!« war die
Antwort. – Da wandte sich Florentin wieder zu mir, er schien
sehr bestürzt. Das Mädchen schloß, mit einem Seitenblick
nach mir herüber, ihr Fenster, mein Begleiter aber zog rasch   25
einen Schlüssel aus der Tasche, und öffnete die Haupttür des
Schlosses. – Wir betraten schweigend eine unabsehbare
Reihe prächtiger Gemächer, wo die durch rotseidene Gardinen brechende Dämmerung kaum noch die Schildereien
erraten ließ, die in vergoldeten Rahmen an den Wänden   30
umherhingen, der getäfelte Fußboden glänzte in dem ungewissen Schimmer, eine Flötenuhr in einem der letzten
Zimmer begann ihr Spiel und schallte fast geisterartig durch
diese Einsamkeit.
    Da stieß Florentin in einem der Säle eine Mitteltür auf; sie   35
schien nach dem Garten zu gehn, denn eine duftige Kühle

quoll uns plötzlich erfrischend entgegen. Jenseits ging so
eben der Mond hinter den dunklen Bergen unter, von der
andern Seite flog schon eine leise Röte über den ganzen
Himmel, die geheimnisvolle Gegend aber lag unten wunderbar bleich in der Dämmerung, nur im Tale fern blitzte
zuweilen schon ein Strom auf. Vor uns schienen verborgene
Wasserkünste zu rauschen, eine Nachtigall tönte manchmal
dazwischen wie im Traume. –

Florentin hatte sich auf die Schwelle des Schlosses gesetzt,
schaute, den Kopf in die Hand gestützt, in die Gegend hinaus
und sang:

> Es geht wohl anders, als Du meinst,
> Derweil Du rot und fröhlich scheinst
> Ist Lenz und Sonnenschein verflogen,
> Die liebe Gegend schwarz umzogen;
> Und kaum hast Du Dich ausgeweint,
> Lacht Alles wieder, die Sonne scheint –
> Es geht wohl anders als man meint.

Hier brach er plötzlich selbst in Weinen aus. Ich wußte mir
gar keinen Rat mit ihm, er war ganz untröstlich, und lachte
doch wieder dazwischen, so oft ich ihn mit angemessenen
Worten zu beruhigen suchte. »Nein, nein«, rief er dann von
Neuem schluchzend, »es ist Alles vorbei, ich hätte ihn über
den Possen nicht so gehn lassen sollen, nun ist er auf immer
verloren!« – »Aber wer denn?« fragte ich schon halb unwillig.
– Da hob er auf einmal, gespannt in die Ferne hinaushor-
chend, das Köpfchen, daß ihm die Tränen wie Tau von den
schönen Augen sprühten, sprang dann rasch auf und war, eh'
ich's mich versah, in dem Garten verschwunden.

Betroffen folgte ich seiner Spur im tauigen Grase; einzelne
Schlaglichter fielen schon durch die Wipfel, von fern hörte
ich zwischen dem Schwirren früherwachter Lerchen einen
schönen Gesang durch die stille Luft herübertönen. Endlich
nach langem Umherirren vernahm ich ganz in der Nähe
Florentins munteres Geplauder wieder. Aber wie erstaunte

ich, als ich, plötzlich aus dem Gebüsch hervortretend, einen
fremden Mann am Abhang des Gartens vor mir ruhen sah.
Auf seinem Ränzel ihm zu Füßen saß Florentin, er hatte das
Köpfchen vor sich auf den Wanderstab des Fremden gestützt, und sah diesem überaus fröhlich in's Gesicht. Bunte
Vögel pickten vor ihnen auf dem Rasen und guckten aus
allen Zweigen, und machten lange Hälse, um den Fremden
zu sehen. Hinter den fernen blauen Bergen aber ging so eben
die Sonne auf, und blitzte so morgenfrisch über die Landschaft und den Garten, daß die Wasserkünste sich, wie jauchzend, aus den Gebüschen emporschwangen.

Jetzt erst in der Blendung besann ich mich recht. »Willibald!« rief ich voller Erstaunen. – Er war der Fremde, ich
kannte ihn noch von Halle her, und hatte einmal mit ihm eine
Fahrt nach dem Harz gemacht, von der er nachher viel
Wunderbares zu erzählen wußte. – Er wandte sich bei dem
Klang meiner Stimme schnell herum. »Auch Du! – – und hier
mein liebes Liebchen vom Roßtrapp!« sagte er, auf Florentin
weisend.

»Wie! dieser – diese – dieses Florentin? wessen Geschlechts eigentlich –?«

»Gräflichen mein Guter, Namens Aurora.«

»Was! die hält ja eben Hochzeit mit Herrn Publikum!« –

»Ach, das ist meine gewesene Jungfer«, lachte der nunmehr gewesene Florentin; »ich gab sie für mich aus, um die
tollen Freier zu foppen, und nun haben sie sie wahrhaftig
geheiratet! Mich merkte Keiner, nur der spitzige Romano
hätte mich bald an meinem Bilde erkannt, das der unvorsich-
tige Leontin in seinem alten Rittersaale hängen ließ.« – »Aber
sieh nur, wie schön!« – wandte sie sich wieder zu Willibald,
bald ihn bald die Gegend betrachtend, daß man nicht wußte,
wen sie eigentlich meine. »Ich kaufte das Gut nur für Dich,
nun ist Alles wieder Dein – und ich dazu«, fuhr sie errötend
und ihr Gesicht an seiner Brust verbergend leise fort; »und
nun brechen wir bald zusammen nach Italien auf, ich sehne
mich schon recht nach meiner Heimat!«

Hier hob mir plötzlich der Morgenwind ein gut Teil

meiner Novelle aus der Rocktasche. Sie hatte sogleich die
flatternden Papiere erhascht, und blätterte auf ihrem Knie,
bald lachend, bald kopfschüttelnd darin. »Nein, nein«, sagte
sie dann zu mir, »das ist nichts, schreibe lieber unsere Geschichte hier auf, die Bäume blühen ja grade, und alle Vögel
singen, so weit man hören kann.« –

Und nun ging es lustig her auf dem Schlosse. Gräfin
Aurora erzählte mir Alles, wie es sich begeben, von Anfang
bis zu Ende. Ich aber sitze vergnügt in dem prächtigen
Garten, einen Teller mit frischen Pfirsichen neben mir, die sie
zum Andenken mit ihren kleinen weißen Zähnchen angebis-
sen; die Morgenluft blättert lustig vor mir in den Papieren,
seitwärts weiden Damhirsche im schattigen Grunde, und
indem ich dieses schreibe, ziehn unten Aurora und Willibald
so eben durch die glänzende Landschaft nach Italien fort, ich
höre sie nur noch von ferne singen:

> Und über die Felsenwände
> Und auf dem grünen Plan
> Das wirrt und jauchzt ohn' Ende,
> Nun geht das Wandern an!

⟨»AUCH ICH WAR IN ARKADIEN!«⟩

Da säß' ich denn glücklich wieder hinter meinem Pulte, um
dir meinen Reisebericht abzustatten. Es ist mir aber auf
dieser Reise so viel wunderliches begegnet, daß ich in der Tat
nicht recht weiß, wo ich anfangen soll. Am besten, ich hebe,
wie die Rosine aus dem Kuchen, ohne weiteres sogleich das
Hauptabenteuer für dich aus.

Du weißt, ich lebte seit langer Zeit fast wie ein Einsiedler
und habe von der Welt und ihrer Juli-Revolution leider
wenig Notiz genommen. Als ich meinen letzten Ausflug
machte, war eben die Deutschheit aufgekommen und stand
in ihrer dicksten Blüte. Ich kehrte daher auch diesmal nach
Möglichkeit das Deutsche heraus, ja ich hatte mein geschei-
teltes Haar, wie Albrecht Dürer, schlicht herabwachsen lassen und mir bei meinem Schneider, nicht ohne gründliche
historische Vorstudien, einen gewissen germanischen Reise-
Schnitt besonders bestellt. Aber da kam ich gut an! Schon auf
dem Postwagen – dieser fliegenden Universität – in den
nächsten Kaffeehäusern, Konditoreien und Tabagien konnte
ich mit eben so viel Erstaunen als Beschämung gewahr
werden, wie weit ich in der Kultur zurück war.

Die Deutschen, fand ich, waren unterdes französisch, die
Franzosen deutsch, beide aber wiederum ein wenig polnisch
geworden; jeder wenigstens verlangt das liberum veto für
sich und möchte in Europa einen großen polnischen Reichstag stiften. Ich gestehe, daß mir weder das Polnische noch das
Französische so gar geläufig ist, und ich stand daher ziemlich
verblüfft da in meinem altdeutschen Rocke. Doch zur Sache:

Eines Tages nun kehrte ich in dem, dir wohl noch bekannten, großen Gasthofe »Zum goldenen Zeitgeist« ein. Das war,
wie du dich erinnern wirst, zu unserer Zeit die ästhetische
Börse der Schöngeister, wo wir bei einem Schoppen saueren
Landweines gemütlich die Valuta und den täglichen Kurs der
Poeten notierten. Da ging es damals ziemlich still her, denn
wir hatten alle mehr Witz als Geld. Höchstens einige Gui-

tarrenklänge, ein Paar Toasts, oder ein leidlicher Lärm, wenn
wir um Schlegel's Luzinde zankten, oder einen zufällig verlaufenen Kotzebuaner herausschmissen. Ich frug sogleich
eifrig nach den alten Gesellen. Aber sie waren wie verschollen, man wollte sich nicht einmal ihrer Namen mehr zu
entsinnen wissen. Einen nur wies mir der Kellner mit ironi-
schem Lächeln nach: vom goldenen Zeitgeiste links ab, die
erste Quergasse rechts, dann in's nächste Sackgäßchen wieder halb links bis an's Ende – ich glaube, der ironische
Kellner wollte mich zur Welt hinausweisen. Nun ist es allerdings richtig: Einige hat seitdem der Pegasus abgeworfen,
andere haben ihn selbst abgeschafft, weil er Futter braucht
und keines gibt. Genug, auch hier war alles verwandelt.

Dagegen verspürte ich jetzt im Hause eine wunderliche
Unruhe; ein scharfer Zugwind pfiff durch alle Gänge, die
Türen klappten heftig auf und zu, fremde Leute mit sehr
erhitzten Gesichtern rannten hin und her, besprachen sich
heimlich miteinander und rannten wieder, kurz: ein Rumoren, Gehen und Kommen, Treppauf, Treppab, als wollte der
ganze Zeitgeist plötzlich mit der Schnellpost aufbrechen.

Noch mehr aber stieg meine Verwunderung, als ich des
Abends mich zu der Fremden-Tafel begab. Schon beim Eintritt in den langen, gewölbten Eß-Saal fiel mir eine Reihe
hoher Bet-Pulte auf, die an den Wänden aufgestellt waren.
Vor den Pulten knieten viele elegant gekleidete Herren jedes
Alters und beteten mit großer Devotion aus aufgeschlage-
nen Folianten, in denen sie von Zeit zu Zeit geräuschvoll
blätterten. Andere schritten eifrig im Saale auf und nieder,
und schienen das eben Gelesene mit vieler Anstrengung zu
memorieren. Ich hielt jene Folianten für Evangelienbücher
oder Missalien, mußte aber, da ich an den Pulten einmal
näher vorüberzustreifen wagte, zu meinem Erstaunen bemerken, daß es kolossale Zeitungen waren, englische und
französische.

Als mich endlich einige dieser Devoten gewahr wurden,
kamen sie schnell auf mich zu und begrüßten mich mit einer
sonderbaren kurzen Verneigung nach der linken Seite hin,

wobei sie mich scharf ansahen und irgend eine Erwiderung
zu erwarten schienen. Diese linkische Begrüßung wiederholte sich, so oft ein Neuer ankam, worauf, wie ich bemerkte,
jeder Eintretende sogleich ernst und stolz mit einem kurzen:
»Preßfreiheit«, »Garantie« oder »Konstitution« antwortete. –   5
Ich muß gestehen, mir war dabei ein wenig bang zu Mute,
denn, je mehr der Saal sich allmählich füllte, je mehr wuchs
ein seltsames, geheimnisvolles Knurren und Murmeln unter
ihnen, allerlei Zeichen und Gewirre. Ja der Kellner selbst, als
er mir den Speiszettel reichte, kniff mich dabei so eigen in   10
die Finger, daß ich in der Angst unwillkürlich mit einem
Freimaurer-Händedruck replizierte; aber weit gefehlt! Der
Kerl wandte schon wieder mit seinem fatalen ironischen
Lächeln mir verächtlich den Rücken.

Bei Tische selbst aber präsidierte ein großer, breiter, star-   15
ker Mann mit dickem Backenbart und Adlernase, den sie den
Professor nannten. Nachdem er gleich beim ersten Nie-
dersitzen einen Sessel eingebrochen und mit den Ellenbogen
einige Gläser umgeworfen hatte, streifte er sich beide Ärmel
auf, und begann mit einem gewissen martialischen Anstande   20
den Braten zu zerlegen. Nichtsdestoweniger harangierte er
zu gleicher Zeit die Gesellschaft in einer abstrakten Rede
über Freiheit, Toleranz, und wie das alles endlich zur Wahrheit werden müsse. Dabei langte er über den halben Tisch
weg bald nach dem Salzfaß, bald nach der Pfefferbüchse, und   25
schnitt und trank und sprach und kaute mit solchem Nachdruck, daß er ganz rotblau im Gesichte wurde. Aller Augen
hingen an seinem glänzenden Munde, nicht ohne schmach-
tende Seitenblicke auf den Braten, denn er aß beim Vorschneiden in der Tat nicht nur das beste, sondern fast alles   30
allein auf. Einige benutzten die Momente, wo er den Mund
zu voll genommen hatte, um selbst zu Worte zu kommen; sie
gaben von dem vorhin Memorierten, wie ich leicht bemerken konnte, da ich selbst vor dem Essen auf meiner Stube im
Moniteur geblättert hatte. Nur ein einziger, ein neidgelber   35
schlanker Mensch, der bei dem Vorschneiden des Professors
so seine eigenen Gedanken zu haben schien, unternahm es,

dem letzteren mit scheuer, dünner Stimme zu widersprechen. Die Toleranz, wagte er zu meinen, könne nur dann eine
Wahrheit werden, wenn beim Essen wie im Staat, jeder Gast
und jedes Volk seinen Braten und seine Freiheit apart für sich
habe u.s.w. Der Unglückselige! Erschrocken sahen die Anderen den Professor an, wie er es aufnähme. Dieser aber
geruhete, zwischen den Weinflaschen hindurch einen zorni-
gen, zerschmetternden Blick auf den Sprecher zu schleudern.
Da sprang sogleich die ganze Gesellschaft von den Stühlen
auf, nahm den Dünnen ohne weiteres in ihre Mitte, und, eh
ich mich besinnen konnte, war er zum Saale hinaus, ich sah
nur seine Rockschöße noch um den Türpfosten fliegen. –
Darauf ergriff jeder sein volles Glas, drängte sich um den
Professor und trank ihm, mit einer tiefen Verbeugung, auf
die untertänigste Gesundheit der Freiheit zu.

Jetzt wurde, mit nicht geringem Lärm, noch eine Menge
anderer Toasts ausgebracht, die ich dir nicht zu nennen
vermag; es schienen sämtliche Begriffe aus des Professors
Kompendium des Naturrechts zu sein. Ich weiß nur, daß
nach und nach die Zungen, dann die Köpfe schwer und
immer schwerer wurden, bis zuletzt alle, wie nasse Kleidungsstücke, rings über den Stühlen umherhingen. Die Kerzen flackerten verlöschend durch den weiten, stillen Saal und
warfen ungewisse Scheine über die bleichen, totenähnlichen
Gesichter der Schlafenden. Mir ward ganz unheimlich; ich
sah unwillkürlich in meinen Taschenkalender und gewahrte
mit Schauern, daß heute Walpurgis war. –

Nur der Professor allein hatte sich aufrecht erhalten, der
konnte was vertragen. Er schritt mächtig im Saale auf und
nieder, seine Augen rollten, sein Kopf dampfte sichtbar aus
den emporgesträubten Haaren. Aufeinmal blieb er dicht vor
mir stehen, und maß mich mit den Blicken vom Scheitel bis
zur Zehe. Sie gefallen mir, sagte er endlich, solche Leute
können wir brauchen. Sehen Sie hier in die Runde: die
matten Wichte da sind von dem bißchen Patriotismus schon
umgefallen. – Ich wußte nicht, was ich entgegnen sollte. – Er
aber schritt noch einmal den Saal entlang, dann sagte er

plötzlich: Kurz und gut, solche Stunde kehrt so leicht nicht wieder. Wollen Sie mit mir auf den Blocksberg? – Ich sah ihn groß an, da er aber noch immer fragend vor mir stand, wandte ich im höchsten Erstaunen meine Aufklärung ein, schon Nicolai und Biester hätten ja längst bewiesen – Ach, dummes Zeug!, erwiderte er, das ist ja eben die Aufklärung.

Hier wurden wir durch ein schallendes Gewieher von draußen unterbrochen. Ich trat an das Fenster und bemerkte – obgleich wir uns im zweiten Stockwerk befanden – dicht vor den Scheiben ein gewaltiges, störriges und sträubiges Roß, das mit flatternder Mähne in der Luft zu schweben schien. Der Kellner, in einen roten Karbonaromantel gehüllt, hielt das Pferd mit großer Anstrengung an einer langen Leine fest. Ich hätte es ohne Bedenken für den Pegasus gehalten, wenn es nicht Schlangenfüße und ungeheuere Fledermaus-Flügel gehabt hätte. – Jetzt nur nicht lange gefackelt, es ist die höchste Zeit!, rief der Professor, schlug mit *einem* Ruck die Scheiben ein, schob mich durch's Fenster auf das Roß, schwang sich hinter mich, und, wie aus einer Bombe geschossen, flogen wir plötzlich zwischen den Giebeln und Schornsteinen in die stille Nacht hinaus.

Mir vergingen Atem und Gedanken bei diesem unverhofften Ritt; ich war es ganz ungewohnt, mich so ohne weiteres über alles Bestehende hinwegzusetzen und zwischen Himmel ⟨und⟩ Erde im leeren Nichts zu schweben. Mein Begleiter dagegen, wie ich wohl bemerken konnte, schien sich hier erst recht zu Hause zu befinden. Zwischen Schlaf und Wachen die Marseillaise sumsend, schmauchte er behaglich eine Zigarre, und bollerte nur von Zeit zu Zeit ungeduldig mit seinen Stiefeln an die Rippen unserer geflügelten Bestie. Da hatte ich denn Muße genug, mich nach allen Seiten hin umzusehen. Tief unter uns lag es wie eine Länder-Charte: Städte, Dörfer, Hügel und Wälder flogen wechselnd im Mondschein vorüber. Nur an manchen einzelnen Flecken schien die Nacht wunderlich zu gären. Ungeheuere Staubwirbel schlangen sich durcheinander, und so oft der Wind den Qualm auf Augenblicke teilte, erschien es darunter wie kochende Schlamm-Vulkane.

Vor uns aber im Grau der Nacht stand, allmählich wachsend, eine große, dunkele Wolke; ich erkannte bald, daß es der Blocksberg war, auf den wir zuflogen. Je näher wir kamen, je mehr füllte die Luft sich ringsumher mit seltsamem Sausen, fernem Rufen und dem Geheul vaterländischer Gesänge. Zahllose Gestalten huschten überall durch den Wind, an denen wir aber, da sie schlechter beritten waren, pfeifend vorüberrauschten. Mit Verwunderung bemerkte ich unter ihnen bekannte Redakteurs liberaler Zeitschriften, sie ritten auf großen Schreibfedern, welche manchmal schnaubend spritzelten, um den guten Städten unten, die rein und friedlich im Mondglanze lagen, tüchtige Dintenkleckse anzuhängen.

Bald konnten wir nun auch die einzelnen Konturen und Felsengruppen des Berges selbst deutlich unterscheiden. Sehen Sie nur, wie es da wimmelt! rief mir mein Professor zu, indem er endlich den Schlaf aus den Augen wischte und sich auf dem Rücken des Tieres vergnügt zurechtrückte. Und in der Tat, aus allen Stein-Ritzen und Felsenspalten unten sah ich unabsehbare Scharen aufducken, klettern und steigen, oft plötzlich über das lockere Gerölle hinabschurrend und immer wieder unverdrossen emporklimmend. Mein Gott, wo kommt alle der Plunder her!, dachte ich bei mir. Da hörte ich aufeinmal Gesang erschallen. Es war eine Prozession weißgekleideter liberaler Mädchen, die sich abquälten, einen gestickten Banner zu dem Feste hinaufzutragen. Der Wind zerarbeitete gar wacker die große Fahne, in deren flatternde Zipfel, so oft sie die Erde streiften, sich Eidechsen und dicke Kröten anhingen. Noch schlimmer schien es weiter unten mehreren anständig gekleideten Männern zu ergehen, die sich vergeblich dem andern luftigen Gesindel nachzukommen bemühten. Der Professor rieb sich lustig die Hände. Es geschieht ihnen schon recht, sagte er, das sind die Doktrinärs, halb des Himmels und halb des Teufels, sie wollen es mit keinem verderben. – Ich konnte nun deutlich vernehmen, wie diese Unglücklichen jede, an ihnen vorüberhuschende Gestalt mit weitläufigen Demonstrationen beredt

harangierten. Aber, ehe sie sich's versahen, kehrte ein fliegender Besen sich schnell in der Luft um und schlug ihnen die
Hüte vom Kopf, oder ein Bock, den sie eben überzeugt zu
haben glaubten, stieß sie plötzlich von der mühsam erklom-
menen Höhe kopfüber wieder hinab. Noch lange hörte ich   5
sie aus ferner Tiefe kläglich rufen: nehmt uns mit, nehmt uns
doch mit!, worauf jedesmal ein schadenfrohes Gelächter aus
allen Schlüften erschallte.

Lärm, Gewirre, Drängen, Fluchen und Stoßen nahmen
jetzt mit jeder Minute betäubend zu. Von Zeit zu Zeit aber   10
schoß zwischen dem Gestrüpp und Geklüfte eine ungeheure
goldflammende Schlange, wie glühende Lava das unermeßliche Getümmel plötzlich beleuchtend, den ganzen Berg hinunter, und ein allgemeines Hurra begrüßte sie vom Gipfel
bis in die tiefsten Gründe hinab. Ich glaubte, das gölte   15
unserer Ankunft, und dankte, mit gebührender Höflichkeit
mein Haupt entblößend. – Aber sind Sie toll?, fuhr mich der
Professor zornig an, indem er mir den Hut bis über die
Augen wieder aufstülpte – solche servile Gewohnheiten
deutschen Knechtsinns!   20

Hier stießen wir, etwa in der Mitte des Berges, plötzlich
an's Land. Unser Roß wälzte sich sogleich zur Seite und
nahm, nach dem ermüdenden Fluge, ein Schlamm-Bad. Wir
aber drangen weiter vor. Halten Sie sich nur an meinen
Rockschoß, rief mir der Professor zu, und machte ohne   25
Umstände mit beiden Ellenbogen Platz. Da konnte ich bemerken, in welchem Ansehen der starke Mann hier stand.
Von allen Seiten wichen die Wimmelnden, so gut es gehen
wollte, ehrerbietig aus, obgleich es mir vorkam, als zwickten
sie, so oft er sich wandte, mich hinterrücks heimlich in die 30
Waden.

Unter solchen Gewaltstreichen erreichten wir endlich eine
Restauration, die, ziemlich geschmacklos, sich unter einem
dreifarbigen Zelte befand, auf welchem ein fuchsroter alter
Hahn saß und unaufhörlich krähte. *Sieben Pfeifer* saßen zur 35
Seiten auf einem Stein und bliesen das ça ira von Anfang bis
zu Ende und wieder und immer wieder von vorn, so lang-

weilig, als bliesen sie schon auf dem letzten Loche. Auf der
Tribüne der Restauration aber stand der *Wirt* und schrie
mitten durch das Geblase mit durchdringender Stimme seine
Wunderbüchsen und Likör-Flaschen aus: Konstitutionswas-
5 ser, doppelt Freiheit! u. s. w. Unten schossen Kinder Burzelbäume und warfen jauchzend ihre roten Mützchen in die
Luft, das Volk war wie besessen, sie würgten einander
ordentlich, jeder wollte sein Geld zuerst los sein.

Hatte ich nun aber den Professor schon im goldenen
10 Zeitgeist bewundert, so mußte ich ihn jetzt fast vergöttern.
Stürzte er doch fünf, sechs Flaschen abgezogener Garantie
hinunter, ohne sich zu schütteln, und fand zuletzt alle das
Zeug noch nicht scharf genug! Auch ich mußte davon kosten, konnte es aber nicht herunterbringen, so widerlich
15 fuselte der Schnaps. Alles Pariser Fabrikat!, rief mir der
Professor zu. – Muß auf dem Transport ein wenig gelitten
haben, erwiderte ich bescheiden. – Kleinigkeit!, mengte sich
der Wirt herein, man tut etwas gestoßenen Pfeffer daran, die
Leute mögen's nicht, wenn es sie nicht in die Zunge beißt.

20 Währenddes war der Professor schon mit beiden Füßen in
ein Paar dicke Schmierstiefeln gefahren; ich mußte eiligst
desgleichen tun. Wir müssen nun immer weiter hinauf, sagte
er, wer mit der Zeit fortgehn will, der muß sich vorsehn, da
geht's durch Dick und Dünn. In der Tat begann nun auch
25 von allen Seiten ein allgemeiner Aufbruch, als wenn man
kochenden Brei im Kessel umrührte. Bald darauf aber schien
der ganze Zug an der Spitze aufeinmal wieder in Stocken zu
geraten. Es entstand vorn ein Drängen und Wogen, dann ein
heftiges Gezänk, das sich nach und nach, wie ein Lauffeuer,
30 nach allen Richtungen hin verbreitete; man konnte zuletzt
durch den Lärm nur noch einzelne grobe Stimmen deutlicher
unterscheiden, die beinah wie Rebellion klangen. – Was
gibt's denn?, schrie der Professor voller Ungeduld. Da kamen mehrere junge Doktoren plötzlich herangestürzt,
35 Schreckensbleich und mit allen Zeichen der Verzweiflung,
der eine hatte seinen Hut, der andere seinen Rockschoß in
dem Getümmel verloren. Alles aus!, riefen sie atemlos, sie

wollen hier bei der Schnapsbude bleiben, es geht *Ein* Schrei
durch's ganze Volk nach Braten und Likör, sie mögen nichts
von Freiheit und Prinzipien mehr wissen, sie wollen durchaus nicht weiter fortschreiten! – So fraternisiert doch mit dem
Lumpengesindel, riet der Professor. – Zu spät!, entgegneten
Jene, sie sind alle schon betrunken. O unsere Reputation!
Was wird die öffentliche Meinung sagen? wir kommen um
ein Dezennium zurück! – Nun so soll sie doch!, donnerte der
Professor mit seiner Stentorstimme ganz wütend in das
dickste Getümmel hinein, wollt ihr wohl frei und patriotisch
und gebildet sein in des Teufels Namen! Hiermit stemmte er
mit hinreißender Gewalt seinen breiten Rücken gegen die
rebellische Masse, die entlaufenen Doktoren und andere
Honoratioren folgten mutig seinem Beispiel, die liberalen
Mädchen mit ihrer Fahne wallten singend voran, die sieben
Pfeifer spielten auf und so rückte über lüderliche Handwerker und betrunkene alte Weiber hinweg, die noch auf dem
Boden keiften, die ganze Konfusion unter dem ungeheuersten Lärm und Gezänke langsam der Höhe zu.

Mir klopfte das Herz, als wir uns endlich der Stelle näherten, wo der berühmte Hexen-Altar steht; ich blickte nach
allen Seiten, ob nicht bald eine Teufelsklaue aus den Nebeln
langte, die, wie Drachenleiber, vor uns den Boden streiften.
Aufeinmal tat es einen kurzen matten Blitz, als wenn es dem
Himmel von der Pfanne gebrannt wäre. Was auch der Professor sagen mag, ich lass' es mir nicht ausstreiten, ich sah
damals einen Kerl mit Kolophonium und Laterne schnell
hinter den einen Felsen huschen. Eh' ich indes noch darüber
reiflich nachdenken konnte, erfolgte ein zweiter, ordentlicher Blitz, das Nachtgewölk teilte sich knarrend – und auf
dem Hexen-Steine vor uns, in bläulicher bengalischer Beleuchtung, stand plötzlich ein ziemlich leichtfertig angezo-
genes Frauenzimmer zierlich auf einem Bein, beide Arme
über sich emporgeschwungen, zu ihren beiden Seiten zwei
elegant gekleidete junge Männer in Schuh und Strümpfen
und Klapphüte unter den Armen, mit den beiden anderen
Armen über dem Haupte der Dame in malerischer Stellung
einen lustigen Schwibbogen bildend.

In demselben Augenblick lag auch die ganze Schar der
Wallfahrer, mit den Angesichtern auf den Boden gestreckt, in
tiefster Anbetung versunken. Ich erschrak, als ich fragend
um mich her schaute und mich aufeinmal als den einzigen
5 Aufrechtstehenden befand in der kuriosen Gemeine. – Die
öffentliche Meinung!, rief da leise eine Stimme hinter mir,
und zugleich fühlte ich ein Paar Fäuste so derb in beiden
Kniekehlen, daß ich gleichfalls auf meine Knie hinstürzte.

Als ich einigermaßen wieder zur Besinnung gekommen
10 war, stand mein Professor schon vor dem Altar und hielt eine
gutgesetzte Rede an die öffentliche Meinung. Er sprach und
log wie gedruckt: von ihren außerordentlichen Eigenschaften, dann von den Volkstugenden, von Preßfreiheit und
dem allgemeinen Schrei darnach. Ich aber wußte wohl, was
15 sie geschrien hatten und wer eigentlich gepreßt worden
war.

Die Rede dauerte erstaunlich lange. Die arme öffentliche
Meinung konnt' es kaum mehr aushalten, sie stellte sich bald
auf dieses bald auf jenes Bein, das andere vor sich in die Luft
20 streckend, wie eine Gans, die Langeweile hat. Da hatte ich
denn Zeit genug, sie mir recht genau zu betrachten. Sie trug
ein prächtiges Ballkleid von Schiller-Taft, der bei der ben-
galischen Beleuchtung wechselnd in allen Farben spielte, ihre
Finger funkelten von Ringen, von der Stirn blitzte ein un-
25 geheures regardez moi, aber alles, wie mir schien, von böhmischen Steinen. Übrigens war sie etwas kurzer, derber
Konstitution, daher stand sie auf dem Kothurn, während
dicke Sträuße hoher Pfauenfedern von ihrer Turmähnlichen
Frisur herabnickten. Ein leises Bärtchen auf der Oberlippe
30 stand ihr gar nicht übel; dabei aber hatte sie ein gewisses air
enragé, ich weiß nicht, ob von Schminke, oder von der
gezwungenen Stellung, oder ob sie gleichfalls gegen die
Nachtluft einen Schnaps genommen hatte.

Währenddes war der Professor allmählich in seiner Rede-
35 Wut fast außer sich geraten. »Triumph! Triumph!,« schrie er
ganz rotblau im Gesicht, »das Volk hat sich selbst geistig
emanzipiert! Die Augen Europa's – was sag ich Europas! –

des Weltbaues, sind in diesem hochwichtigen Augenblick auf uns gerichtet. Ja, wenn man mich hier niederwürfe und knebelte, die Gewalt der Wahrheit würde den Knebel aus dem Munde speien, und gefesselt von dem Boden noch würde himmelwärts ich schreien: es werde Licht, es weiche die Finsternis, nieder mit der Zensur!«

Ein ungeheueres Bravo-Gebrüll donnerte den ganzen Berg hinab und wieder herauf. Einige Stimmen riefen: Da capo!, der Professor, der sich unterdes ein wenig erholt hatte, schickte sich auch unverdrossen an, von neuem loszulegen, und ich glaube in der Tat, er spräche noch heut, wenn die öffentliche Meinung, die sich seit geraumer Zeit schon zu ennuyieren schien, nicht schnell vom Altar herabgesprungen wäre, sein Haupt mit ihrem Fächer berührend, als wollte sie ihn zum Ritter schlagen.

Darauf rauschte sie in ihrem Taftgewande wohlgefällig durch die Reihen ihrer Getreuen. Da entstand aber bald ein außerordentliches Gedränge um sie her. Jeder wollte wenigstens den Saum ihres Kleides küssen, wobei sie denn Manchem mit ihrem Pantöffelchen unversehens einen derben Tritt versetzte, oder wohl auch ihr Schnupftuch fallen ließ und sich dann totlachen wollte, wenn sie sich darum rissen, um es ihr zu apportieren. Viele junge Autoren umschwärmten sie von allen Seiten und suchten sich durch elegante Konversation und politische Witze bei ihr zu insinuieren, während sie jeden Laut aus dem Munde der Angebeteten eifrig in ihre Etuikalender notierten. Mehrere ernstere Männer dagegen schritten nebenher und lasen ihr mit lauter Stimme die schönsten Paragraphen ihrer neuen Kompendien vor. Sie aber ließ ihre spielenden Augen durch die Scharen ergehen, und hatte gar bald einen Studenten erspäht, der, unablässig nach Freiheit schreiend, sich mit Ziegenhainer und Kanonen in dem Gedränge Bahn machte. Er war auf seinem Stiefelknecht hergeritten, ein junger Bursch von kräftigem Gliederbau, mehr Bart als Gesicht, mehr Stiefel als Mann. Sie winkte ihn heran, hing sich ohne weiteres an seinen Arm und, eh' ich's mich versah, war sie mitten durch das Ge-

tümmel im Dunkel der verschwiegenen Nacht mit ihm verschwunden.

Ich schaute dem Paar, ganz erstaunt, noch lange nach, wäre
aber dabei um ein Haar umgerannt worden. Denn die Anderen schienen eben nicht viel aus dem Verschwinden zu
machen, vielmehr sah ich sie nun, mit einer mir unerklärlichen Geschäftigkeit, plötzlich in großer Eile hin und herlaufen, den Professor mitten unter ihnen, voller Eifer anordnend, rufend und treibend. Einige hatten sich an den Zipfel
eines vorüberfliegenden Nebelstreifs gehängt und bogen ihn
herunter, andere rollten ein leichtes Gewölk wie einen Vorhang auf, während wieder andere sich wunderlich in eine
schwere dicke Wolke hineinarbeiteten, die sich auch wirklich
nach und nach in Bäume, Felsen und Häuser zu gestalten
anfing. Im Hintergrunde aber schien sich ein seltsames Wol-
kengerüst mit Logen und Galerien langsam aufzubauen,
alles Grau in Grau; dazwischen pfiff ein heftiger Zugwind,
daß ich meinen Hut mit beiden Händen auf dem Kopfe
festhalten mußte, und die Fackeln warfen wilde rote Streiflichter zwischen die Wolkengebilde, überall ein chaotisches
Dehnen und Wogen, als sollte die Welt von neuem erschaffen
werden. – Vom Professor erfuhr ich endlich im Fluge, daß
man in aller Geschwindigkeit eine Bühne einrichte, um vor
den Augen der öffentlichen Meinung sich die Zukunft ein
wenig einzuexerzieren.

In der Tat, ich bemerkte nun auch bald, wie jene Galerien
sich allmählich mit Zuschauern füllten, aber lauter nur halb-
kenntliche Gestalten, deren Gliedmaßen nebelhaft ausein-
anderzufließen schienen; ich glaube, es war auch ein zukünftiges Publikum, das in der Eile noch nicht ganz fertig geworden war, aber doch schon sehr laut plauderte. Nur die
Haupt-Loge stand noch leer; sie war prächtig ausgeschmückt, über ihr funkelte eine Sonne im Brillantfeuer,
deren Gesicht, zu meinem großen Erstaunen, grauenhaft die
Augen rollte und bald schmunzelte, bald gähnte. – Endlich
erschien die öffentliche Meinung mit bedeutendem Geräusch
in der Loge, das ganze Publikum stand auf und verneigte

sich ehrerbietig. In demselben Augenblick wurde ein Böller gelöst und, ohne Ouvertüre, Prolog oder anderen Übergang, ging unten sogleich die Zukunft los.

Zuerst kam ein langer Mann in schlichter bürgerlicher Kleidung plötzlich dahergestürzt, ein Purpurmantel flog von seiner Schulter hinter ihm her, eine Krone saß ihm in der Eile etwas schief auf dem Haupt; dabei die Adlernase, die kleinen blitzenden Augen, die flammendrote Stirn: er war offenbar seines Gewerbes ein Tyrann. Er schritt heftig auf und ab, sich manchmal mit dem Purpurmantel den Schweiß von der Stirn wischend, und studierte in einem dicken Buche über Urrecht und Menschheitswohl, wie ich an den großen goldnen Buchstaben auf dem Rücken des Buches erkennen konnte. Ein Oberpriester im Talar eines ägyptischen Weisen schritt ihm mit einer brennenden Kerze feierlich voran. Ich hätte beinah laut aufgelacht: es war wahrhaftig niemand anders, als mein Professor! Er hatte nicht geringe Not hier, denn, um immer in gehöriger Distanz voranzubleiben, suchte er, halb rückwärts gewendet, Schnelligkeit und Richtung in den Augen des Tyrannen vorauszulesen, der oft anhielt, oft plötzlich wieder rasch vorschritt und dem Professor unverhofft auf die Fersen trat. Aufeinmal blieb der Tyrann mit über der Brust verschränkten Armen, wie in tiefes Nachsinnen versunken, stehen. Dann, nach einer Gedankenschweren Pause, rief er plötzlich: Ja, seid umschlungen, Millionen! Es weiche die Finsternis, nieder mit der Zensur! – Da klatschte die öffentliche Meinung, von neuem, die andern folgten, der Tyrann verneigte sich, die Krone vom Kopfe lüftend, und verschwand mit Würde hinter den Wolkenkulissen.

Jetzt blieb der Professor in seinem Priester-Talar allein zurück. Er schien die Exposition des Ganzen machen zu wollen und freute sich in einem salbungsreichen Monologe weitläufig über die gute Applikation des Tyrannen, wie er schon seit geraumer Frist sich auf den Patriotismus lege und es sich recht sauer werden lasse, mit der Zeit fortzuschreiten u. s. w. Während er so deklamierte, traten noch andere und

immer mehrere Oberpriester von allen Seiten herzu, jeder
von ihnen hatte gleichfalls ein brennendes Licht in der Hand.
Sie verneigten sich erst verbindlich einer vor dem anderen
und drückten dann ihr gerechtes Erstaunen aus, wie sie in
5 Behandlung des Tyrannen und sonst im Fache der Vaterländerei bereits so Großes vollbracht, wobei sie sich wech-
selseitig auf das vergnüglichste lobten. Das schien aber nicht
ernstlich gemeint, denn jeder Lobende wandte sich jedesmal
mit einem verächtlichen Achselzucken von dem eben Belob-
10 ten und suchte ihm heimlich von seinem tropfenden Lichte
einige Kleckse auf den weißen Talar beizubringen, bei welcher Gelegenheit ich denn bemerkte, daß ihre Kerzen bloße
Talglichter waren und einen üblen Dunst verbreiteten.

Zwei von den Oberpriestern schienen besonders ihr ver-
15 trauliches Stündchen zu haben. Sie nahmen eine Prise Tabak
zusammen und beklagten sich, daß es so langsam ginge in der
Welt. Sie würden endlich auch alt und schäbig, und ihre
Kerzen brennten sie bald auf die Finger. Das Volk werde es
am Ende noch merken, daß sie den Tyrannen nur darum in
20 solchen Edelmut und Resignation brächten, um dann selber
auf seinem Throne Platz zu nehmen und kommode zu regieren, wie es ihnen eben konveniere. Jeder von ihnen habe
doch unten, der eine sein Schätzchen, die durchaus Königin,
der andere einen lüderlichen Vetter, der Minister werden
25 wolle. – Vergeblich hustete der Professor immer lauter und
lauter, vergebens schimpfte er halb leise: seid ihr betrunken,
daß ihr das alles hier vor dem Volke ausplaudert! – Endlich
erscholl ein Schrei des einen plauderhaften Oberpriesters;
der Professor hatte dem Unglücklichen insgeheim auf sein
30 bestes Hühnerauge getreten.

Glücklicherweise indes war das ganze Gespräch nicht bis
zu den Ohren der öffentlichen Meinung gekommen. Diese
hatte schon lange nicht mehr aufgepaßt, sie schwatzte mit
ihren Nachbarn, bog sich weit aus der Loge hervor und
35 musterte das Publikum durch ihr Opernglas. Der Schrei des
Getretenen erregte endlich ihre Aufmerksamkeit. Sie meinte, sie hätten da unten wieder einen philosophischen Zank,

was sie jederzeit gewaltig langweilte. Sie ergriff daher rasch
ihre Papageno-Flöte, die sie beständig am Halse trug, und
fing in ihrer Launenhaftigkeit einen Contre-Tanz zu blasen
an. Umsonst protestierten die erschrockenen Oberpriester,
das liege ja gar nicht im Plane des Stückes, es half alles nichts, 5
sie mußten, ohne alles vernünftige Motiv, nach ihrer Pfeife
tanzen. Das war wie ein Fackeltanz betrunkener Derwische,
die langen Habite flogen, bläuliche Irrlichter, wie sie sprangen, schlugen foppend zwischen ihnen aus dem Boden auf,
sie betropften sich mit den Talglichtern von oben bis unten, 10
daß es eine Schande war, und der Schweiß strömte von ihren
Angesichtern, bis sie endlich in verwegenen Luftsprüngen
plötzlich nach allen Seiten auseinanderstoben. Mein armer
Professor war dabei unversehens in einen Sumpf geraten; ich
sprang herbei und half ihm heraus, aber den einen Schmier- 15
stiefel mußte er doch drin stecken lassen.

  Die hurtige Zukunft inzwischen ging über umgefallene
Oberpriester und Schmierstiefeln unaufhaltsam ihren Gang
weiter fort. Ein Mittelgewölk wurde schnell aufgerollt und
man übersah aufeinmal einen weiten Marktplatz voll der 20
lebhaftesten Geschäftigkeit, von den schönsten Palästen umgeben. Aber die Besitzer der letzteren schienen ausgezogen
oder verstorben zu sein; wenigstens erblickte man überall
nur Tagelöhner und Fabrikarbeiter, die sich selbst ihre Stiefel
putzten, ihre Frauen hingen durchlöcherte Wäsche über die 25
marmornen Fensterbrüstungen zum Trocknen aus, mit den
offnen Fenstern klappte der Wind, und von Zeit zu Zeit
flogen die Scherben einer zerbrochenen Scheibe den Vor-
überwandelnden an die Köpfe. Anderes Volk, als hätte man
einen Sack voll Lumpen ausgeschüttet, sonnte sich, behag- 30
lich über die Marmortreppen der Paläste hingestreckt. Eine
prächtige, mit vier Pferden bespannte Staats-Karosse rollte
über den Platz; mit Erstaunen sah ich am Wagenfenster den
nackten Ellenbogen eines Handwerkers, der aus dem zerrissenen Ärmel sich in der Sonne spiegelte. Hinten auf dem 35
Wagentritt aber standen zwei Kavaliere und blickten im
Bewußtsein aufgeklärten Edelmuts stolz von der Höhe herab, zu der ihre starken Seelen sich zu erheben gewußt.

Das Patriarchalische dieses rührenden Völkerglücks wurde nur durch einen betäubenden Lärm auf dem Platze selbst unterbrochen. Da gab's ein Heben, Messen, Hämmern und Klappern. Es waren die Oberpriester und andere Gelehrte, sie bauten eine große Regierungs-Maschine nach der neuesten Erfindung des Professors, der sich darauf ein Patent erteilen zu lassen im Sinne führte.

Mitten durch dieses Getümmel aber sah man den Tyrannen in Pantoffeln und Schlafrock, als Landesvater unter seinen Kindern, mit einer langen Pfeife auf und nieder wandeln. Krone und Mantel hatte er unterdes an einen Türpfosten an den Nagel gehängt, mit dem Szepter rührte eine rüstige Schneiderfrau im Kessel den Brei für ihre Gesellen um. Er selbst hatte, des Budgets eingedenk, sogar den Gebrauch eines Hutes verschmäht, um ihn nicht durch vieles Grüßen abzunutzen. Überhaupt schien er es in der Popularität schon ziemlich weit gebracht zu haben, nur faßte er es offenbar noch etwas ungeschickt an. So kostete er z.B. unnützerweise von dem Brei im Kessel und verbrannte sich den Mund, ja alle zehn Schritte rief er wiederholt: ou peut, on être mieux, qu'au sein de sa famille!, was die Kerls, die kein Französisch verstanden, für eine jesuitische Zauberformel hielten.

Dazwischen gähnte er dann zuweilen wie eine Hyäne, als wollte er seine Untertanen verschlingen. Da wurde dem Professor, der es bemerkte, ein wenig angst. Er suchte seine Aufmerksamkeit auf die neue Regierungsmaschine zu lenken. Aber der Tyrann konnte sich durchaus nicht darein verstehen, die Pfeife ging ihm aus, sein Verstand stand ihm still dabei. Vergeblich sprachen die Oberpriester, erklärend, von Intelligenz, Garantien, Handels-, Rede-, Gedanken-, Gewerbe-, Preß- und anderer Freiheit. Ja, wenn ich nur etwas davon hätt', entgegnete der Tyrann, kaltblütig seine Pfeife ausklopfend. Man sah es ihm an, wie er sich bezwang und abstrapazierte, human zu sein, er sah schon ordentlich angegriffen aus von den Bürgertugenden.

Bis hierher war nun alles ganz vortrefflich gegangen.

Aber, wie es wohl im Leben geschieht, es gehört oft nur ein kleiner Stein dazu, um in den weisesten Kopf ein Loch zu schlagen. So begab sich's nun auch hier. Der Tyrann, an nichts als seine Fortschritte denkend, war eben bescheiden zur Seite getreten, um seine Tabakspfeife von neuem zu stopfen, als er plötzlich mit langen Schritten und allen Symptomen langverhaltener Wut, wie ein leuchtendes Ungewitter, wieder hervorstürzte; seine Stirn glühte aus dem bleichen Gesicht, die Augen funkelten, der Schlafrock rauschte weit im Winde – das Volk hatte ihm seinen Tabaksbeutel gestohlen! Der Professor, als er ihn so daherfliegen sah, erschrak sehr. Um Gotteswillen!, rief er ihm entgegen, wie wird Ihnen? woher dieser unverhoffte Rückfall? Sie bringen uns das ganze Stück ins Wackeln! – Die öffentliche Meinung pfiff aus Leibeskräften, das gebildete Publikum pochte in gerechtem Unwillen, die Oberpriester langten in der Angst eine Konstitution nach der anderen aus den Taschen und warfen sie dem Wüterich zwischen die langen Beine, um ihn zum Stolpern zu bringen. Alles vergebens! Er wollte von Bürgertugend, Popularität und Völkerglück nichts mehr hören, und nahm, wie ein Stier, einen entsetzlichen Anlauf, um die ganze Zukunft umzurennen.

Doch die Konfusion sollte noch immer größer werden. Den Faulenzern auf dem Platze, die sich hier eigentlich durch Selbstdenken hatten emanzipieren sollen, war inzwischen auch die Zeit lang geworden. Was haben sie zu tun? Während die Anderen an der Regierungsmaschine arbeiten, nehmen sie, ganz wider den Plan des Stückes, heimlich Krone und Purpurmantel vom Nagel, holen den Szepter dazu und begeben sich damit ohne weiteres nach der Restauration. Unterweges kriegen sie Händel untereinander, zerreißen sich und ihre Beute, und lassen sich für die Stücke in der Restauration Schnaps geben. Der Wirt, ein anschlägischer Kopf, wie er diese unerwartete Wendung der Staats-Aktion sieht, besinnt sich nicht lange, zapft und läßt laufen was er hat, leimt und flickt die Stücke schnell wieder zusammen, legt selber Kron' und Mantel an, nimmt das Szepter in die Rechte

und führt die Freudetrunkene Bande, wie einen Kometenschweif, nach der Bühne zurück.

Krieg nun die Zukunft vorhin schon im Wackeln, so schien
sie jetzt ganz und gar in Stücke gehn zu wollen. Derweil die
5 Oberpriester und Schriftgelehrten noch immer beflissen waren, den empörten Tyrannen wieder zu zähmen, ging aufeinmal ein Mittelvorhang auf und man erblickte im Hintergrunde den Thron selbst, auf dem so eben der Wirt aus der
Restauration sich breit und vergnüglich zurechtsetzte, wie
10 einer, der mit seiner eigenen Pfiffigkeit wohl zufrieden war.
Seine ganze Nation drängte sich, taumelte, lag und hing über
Stufen und Lehne des Throns um ihn her, so daß er gleich
zum Anfang von seinem Szepter einen nachdrücklichen Gebrauch machen mußte.

15 Der Professor und die Seinigen aber standen unten wie
angedonnert, sie trauten sich nicht an den unerwarteten
Usurpator und feuerten nur aus der Ferne mit wütenden
Blicken. Dann traten sie schnell auf die Seite, steckten die
Köpfe zusammen und schienen zu konspirieren. Mit Erstau-
20 nen glaubte ich dabei einigemal meinen Namen nennen zu
hören, und konnte wohl bemerken, daß sie mich öfters
bedeutungsvoll ansahen. Mein Gott, dachte ich, nun
kommst du am Ende noch selbst mit in das Stück hinein, und
ein heimliches Entsetzen rieselte mir durch alle Glieder. Es
25 dauerte auch nicht lange, so kam der Professor auf mich
zugeflogen, riß mir meinen Oberrock vom Leibe und zog
mir rasch ein prächtiges Hofkleid an, ein anderer rasierte
mich, ein dritter steckte mir einen dicken Blumenstrauß vorn
in's Knopfloch – ich wußte nicht wie mir geschah. In der Eile
30 erfuhr ich dann: wie sie der Meinung seien, ich als Unein-
geweihter bringe hier alles in solche Unordnung durch meine
kritische Gegenwart; auch könnte ich wohl, wenn ich morgen vom Blocksberg käme, unten alles ausplaudern. Um-
bringen wollten sie mich nicht, weil ich der öffentlichen
35 Meinung ausnehmend gefalle; ich müsse mich daher mit der
letzteren sogleich vermählen, um ganz der ihrige zu werden.
– Aber das ist ja ein Vergnügen zum Tollwerden!, rief ich auf

das heftigste erschrocken aus. – Bah, Kleinigkeit, fiel mir der Professor in die Rede, wir alle, die Sie hier sehen, sind schon mit ihr verheiratet. – Mich schauerte bei dem Gedanken dieser ungeheueren Schwägerschaft!

Unterdes waren die anderen Gelehrten dennoch mit dem Volke um den Besitz des Thrones handgemein geworden; darüber bekamen die Prinzipien Luft, die sie in die Regierungsmaschine verbaut hatten. Eins nach dem andern streckte neugierig den Kopf hervor, und da es so lustig herging draußen, rüttelten und schüttelten sie und brachen den ganzen Plunder entzwei. Da sah man dort einen dünnen Paragraphen, dort ein schweres Korollarium, hier einen luftigen Heischesatz aus den Trümmern steigen, und kaum fühlten sie sich frei, so lagen sie einander auch schon wieder in den Haaren und stürzten raufend in das dickste Getümmel.

Nun entstand eine allgemeine Schlägerei, da wußte keiner mehr, wer Freund oder Feind war! Dazwischen raste der Sturm, Besen flogen, tiefer unten krähte der rote Hahn wieder, bliesen die sieben Pfeifer, schrie der Wirt, die Bühne suchte die alte Freiheit und rührte und reckte sich in wilde Nebel-Qualme auseinander, ein entsetzliches übermenschliches Lachen ging durch die Lüfte, der ganze Berg schien aufeinmal sich in die Runde zu drehen, erst langsam, dann geschwinder und immer geschwinder – mir vergingen die Gedanken, ich stürzte besinnungslos zu Boden.

Als ich die Augen wieder aufschlug, lag ich ruhig in dem Gasthofe zum goldenen Zeitgeist im Bett. Die Sonne schien schon hell in's Zimmer, der fatale Kellner stand neben mir und lächelte wieder so ironisch, daß ich mich schämte, nach dem Professor, dem Pegasus und dem Blocksberg zu fragen. Ich griff verwirrt nach meinem Kopf: ich fühlte so etwas von Katzenjammer. Und in der Tat, da ich's jetzt recht betrachte, ich weiß nicht, ob nicht am Ende alles bloß ein Traum war, der mir, wie eine Fata Morgana, die duftigen Küsten jenes volksersehnten Eldorados vorgespiegelt. Dem aber sei nun wie ihm wolle, genug: auch ich war in Arkadien!

DICHTER UND IHRE GESELLEN

NOVELLE

ERSTES BUCH

ERSTES KAPITEL

In den letzten Strahlen der Abendsonne wurde auf der grünen Höhe ein junger Reiter sichtbar, der zwischen dem Jauchzen der Hirten und heimkehrenden Spaziergänger fröhlich nach dem freundlichen Städtchen hinabritt, das wie in einem Blüten-Meere im Grunde lag.

Er sann lange nach, was ihn hier mit so altbekannten Augen ansah, und sang immerfort ein längstverklungenes Lied leise in sich hinein, ohne zu wissen, woher der Nachhall kam. Da fiel es ihm plötzlich auf's Herz: wie in *Heidelberg* lagen die Häuser da unten zwischen den Gärten und Felsen und Abendlichtern, wie in Heidelberg rauschte der Strom aus dem Grunde, und der Wald von allen Höhen! *So* war er als Student manchen lauen Abend sommermüde von den Bergen heimgekehrt, und hatte über die Feuersäule, die das Abendrot über den Neckar warf, in die duftige Tal-Ferne gleich wie in sein künftiges noch ungewisses Leben hinausgeschaut. –

Mein Gott, rief er endlich, da in dem Städtchen unten muß ja *Walter* wohnen, mein treuer Heidelberger Kamerad, mit dem ich manchen stillen fröhlichen Abend auf den Bergen verlebt! Was muß der wackere Gesell nicht alles schon wissen, wenn er fortfuhr, so fleißig zu sein, wie damals! – Er gab ungeduldig seinem Pferde die Sporen, und hatte bald das dunkle Tor der Stadt erreicht. Walters Wohnung war in dem kleinen Orte leicht erfragt: ein buntes freundliches Häuschen am Markte, mit hohen Linden vor den Fenstern, in denen unzählige Sperlinge beim letzten Abendschimmer einen gewaltigen Lärm machten. Der Reisende sprang eilig die enge, etwas dunkle Treppe hinan, und riß die ihm bezeichnete Tür

auf, die Abendsonne, durch das Laub vor den Fenstern
zitternd, vergoldete so eben die ganze, stille Stube, Walter
saß im Schlafrock am Schreibtische neben großen Akten-
Stößen, Tabaksbüchse, Kaffeekanne und eine halbgeleerte
5 Tasse vor sich. Er sah den Hereintretenden erstaunt und
ungewiß an, seine Gipspfeife langsam weglegend. Baron
Fortunat! rief er dann, mein lieber *Fortunat*! und beide
Freunde lagen einander in den Armen.

Also so sieht man aus in Amt und Brot? sagte Fortunat
10 nach der ersten Begrüßung, während er Waltern von allen
Seiten umging und betrachtete; denn es kam ihm vor, als
wäre seit den zwei Jahren, daß sie einander nicht gesehen, die
Zeit mit ihrem Pelzärmel seltsam über das frische Bild des
Freundes dahingefahren, er schien langsamer, bleicher und
15 gebückter. Dieser dagegen konnte sich gar nicht satt sehen an
den klaren Augen und der heiteren schlanken Gestalt Fortunats, die in der schönen Reisetracht an Studenten, Jäger,
Soldaten und alles Fröhliche der unvergänglichen Jugend
erinnerte. – Fragen und Gegenfragen kreuzten sich nun
20 rasch, ohne eine Antwort abzuwarten. Walter pries vor allem
sein Glück, das ihn hier so schnell eine leidliche Stelle hatte
finden lassen, es fehlte nicht an größeren Aussichten, und so
sehe er einer heiteren sorgenlosen Zukunft entgegen. –
Dazwischen hatte er in seiner freudigen Unruhe bald noch
25 einen Brief zusammenzufalten, bald ein Paket Akten zu
binden, bald draußen etwas zu bestellen, beide konnten den
alten, vertraulichen Ton gar nicht wiederfinden.

Unterdes war eine alte Frau hereingetreten, und fing an,
eine altmodische Kaffee-Serviette zierlich auszubreiten und
30 Teller, Gläser und Weinflaschen aufzustellen, wobei sie von
der Seite ehrerbietige Blicke auf den vornehmen fremden
Herrn warf, der eine solche Revolution in der einförmigen
Junggesellenwirtschaft verursachte. Fortunat aber überschaute am Fenster den heitern Markt, und eine leise Weh-
35 mut flog durch seine Seele über die langsam zersetzende und
zerstörende Gewalt der Verhältnisse, wie sie ihm auf Walters
treues Gemüt wirksam zu sein schien. – Laß' uns nach guter

alter Art im Freien trinken! rief er, sich schnell umwendend
aus, da er die Zurüstungen hinter sich erblickte. Walter hatte
Bedenken: das sei hier nicht gewöhnlich, man werde in
kleinen Städten zu sehr bemerkt. Fortunat aber hatte unterdes schon unter jeden Arm eine Flasche genommen, und
wanderte damit die Treppe hinunter. Walter folgte verlegen
lachend, die Alte brachte voll Verwunderung Tisch und
Gläser nach, und bald war die ganze fröhliche, funkelnde
Wirtschaft unter den Bäumen vor der Tür aufgeschlagen.

Die Sonne war indes untergegangen, und die Dächer und
die Gipfel der Berge über der Stadt glühten noch, von denen
ein erquickender Strom von Kühle durch alle Straßen und
Herzen ging. Kinder jagten sich, und schwärmten in den
Gassen, die Vornehmen, ihre Hüte nachlässig in der Hand,
und sich den Schweiß abtrocknend, kehrten, von allen Seiten
ehrerbietig begrüßt, von ihren Spaziergängen zurück. Andere traten in bequemen Nachtkleidern mit den Pfeifen vor
die Türen, und plauderten mit dem Nachbar, während junge
Mädchen, kichernd und in lebhaftem Gespräch, Arm in Arm
über den Platz schlenderten und neugierig an dem Fremden
vorüberstrichen.

Waltern ging bei den Erinnerungen an die fröhliche Studentenzeit und bei dem langentbehrten weiteren und reichen
Gespräch recht das Herz auf, er hatte gar bald alle Scheu und
blöde Rücksicht abgeschüttelt. – Wie glücklich bist Du zu
preisen, rief er seinem Freunde zu, daß Dir vergönnt ist, so
mit den Vögeln durch den Frühling zu ziehn, und die Reise
nach Italien nun wirklich anzutreten, die wir in den heitersten Stunden in Heidelberg so oft mit einander besprachen.
Das waren schöne Jugendträume! –

Das verhüte Gott! versetzte Fortunat lebhaft, warum
denn Träume? Die Ahnung war es, der erste Schauer des
schönen überreichen Lebens, das gewißlich mit aller seiner
geahnten und ungeahnten herrlichen Gewalt über uns kommen wird, wenn wir nur fröhlich Stand halten. Wo wären wir
denn aufgewacht von den sogenannten Träumen? Was hätte
sich denn seitdem verändert? Aurora scheint noch so jung

über die Berge wie damals, die Erde blüht alljährlich wieder
bis in's fernste tiefste Tal – warum sollte denn unsere unsterbliche Seele, die alle den Plunder überdauert, allein alt
werden? Was hindert denn zum Exempel Dich, alle den
5 Ballast von Vor-, Neben- und Rücksichten frisch wegzuwer-
fen, und frei mit mir in das offene Meer zu stechen? – Reise
mit, alter Kumpan!

Walter faßte lächelnd die ihm dargebotene Rechte. Was
mich eigentlich zwischen diesen Bergen festhält, sagte er, das
10 sollst Du künftig erfahren. – Doch – Du magst immerhin
lachen – das kann ich außerdem ehrlich sagen: es wäre mir
schwer, ja gewissermaßen unmöglich, den einmal mit Ernst
und Lust begonnenen Geschäften zu entsagen, die wie ein
stiller klarer Strom in tausend unscheinbaren Nebenarmen
15 das Land befruchten, und mich so von meiner stillen Stube
aus in immer wechselndem lebendigen Verkehr mit den
entferntesten Gegenden verbinden.

Fortunat sah ihn nachdenklich an. Du meinst es immer
brav, sagte er nach einer Pause, darum glaube ich Dir, wo ich
20 Dich auch nicht recht verstehe. Aber in welchem gräulichen
Rumor lebt ihr Beamte dabei! Keiner hat Zeit zu lesen, zu
denken, zu beten. Das nennt man Pflichttreue; als hätte der
Mensch nicht auch die höhere Pflicht, sich auf Erden auszu-
mausern und die schäbigen Flügel zu putzen zum letzten
25 großen Fluge nach dem Himmelreich, das eben auch nicht
wie ein Wirtshaus an der breiten Landstraße liegt, sondern
treu und ernstlich und mit ganzer ungeteilter Seele erstürmt
sein will. Ja, ich habe schon oft nachgedacht über den Grund
dieser zärtlichen Liebe so Vieler zum Staatsdienst. Hunger ist
30 es nicht immer, noch seltener Durst nach Nützlichkeit. Ich
fürchte, es ist bei den Meisten der Reiz der Bequemlichkeit,
ohne Ideen und sonderliche Anstrengung gewaltig und mit
großem Spektakel zu arbeiten, die Satisfaktion, fast alle
Stunden etwas Rundes fertig zu machen, während die Kunst
35 und die Wissenschaften auf Erden niemals fertig werden, ja
in alle Ewigkeit kein Ende absehen. Da rührst Du, entgegnete Walter, an den wunden Fleck, wenigstens bei mir. Daß

ich, aus Mangel an Zeit, zu beiden Seiten die schönen Fernen
und Tiefen, die uns sonst so wunderbar anzogen, liegen
lassen muß, das ist es, was mich oft heimlich kränkt, und was
ich hier nicht einmal einem Freunde klagen kann. Dazu
kommt die Abgelegenheit des kleinen Orts, wo alle Gele- 5
genheit und aller Reiz fehlt, der neuesten Literatur zu folgen.

Ist auch nicht nötig, versetzte Fortunat. Was willst Du
jedem Phantasten in seine neumodischen Park-Anlagen
nachschreiten! Das rechte Alte ist ewig neu, und das *rechte*
Neue schafft sich doch Bahn über alle Berge, und – wie ich 10
oben bemerkt – auch in diesen Gebirgskessel. Denn, wenn
ich nicht irre, sah ich vorhin bei Dir neben dem Corpus juris
die neuesten poetischen Werke des Grafen Victor stehen.
Nun, sagte Walter, meinen großen Landsmann muß ich doch
in Ehren halten, seine Heimat liegt ja kaum eine Tagereise 15
von hier. – Fortunat sprang überrascht auf. Da reit ich hin,
rief er, den muß ich sehen. – Geduld, erwiderte Walter
lächelnd, er ist schon seit mehreren Jahren auf Reisen. Und
ich reite doch hin! entgegnete Fortunat fröhlich, wer einen
Dichter recht verstehen will, muß seine Heimat kennen. Auf 20
ihre stillen Plätze ist der Grundton gebannt, der dann durch
alle seine Bücher wie ein unaussprechliches Heimweh fort-
klingt. Walter schien einem Anschlage nachzudenken. Wohlan, sagte er endlich, wenn Du durchaus hin willst, so begleite
ich Dich, ich bin dort wohlbekannt, und wir bleiben dann um 25
so länger beisammen. Ich muß Dir nur gestehen, ich hatte
mich eigentlich schon selbst darauf eingerichtet, in diesen
Tagen hinzugehen. Hier kann ich Dir nicht viel Ergötzliches
bieten, und wenn's Dir recht ist, so reisen wir morgen. –
Fortunat schlug freudig ein. 30

Walter aber fing nun an, einige Lieblingsstellen aus Victors Werken zu rezitieren, was Fortunaten immer störte, weil
ein gutes Gedicht keine Stellen, sondern eben nur das ganze
gute Gedicht gibt, gleichwie eine abgeschlagene Nase oder
ein paar abgerissene Ohren der mediceischen Venus für 35
Kenner recht gut, aber sonst ganz nichtswürdig sind.

Du kennst doch Victors Werke? Du liebst ihn doch auch?

unterbrach sich endlich Walter selbst, da Fortunat schweigend ein Glas nach dem andern hinunterstürzte. – Ich liebe
ihn, sagte dieser, wie ich ein nächtliches Gewitter liebe, das
alles Grauen und alle Wunder in der Brust regt, ich kenne
ihn, weil er von den geheimnisvollsten, innersten Gedanken
meiner Seele, ja ich möchte sagen, von dem Waldesrauschen
meiner Kindheit wunderbaren Klang gibt. – Friede dem
großen dunklen Gemüt, fuhr er sein Glas erhebend fort, und
freudiges Begegnen mit ihm!

Die Freunde hatten über dem lebhaften Gespräch gar
nicht bemerkt, daß unterdes der Platz allmählich öde geworden war. In der wachsenden Stille hörte man nur noch eine
Geige aus einiger Entfernung, und dann das einförmige
Stampfen von Tanzenden dazwischen herüberschallen. Beides klappte so wenig zusammen, und die Geige wurde so
unaufhörlich und entsetzlich schnell gestrichen, daß Fortunat laut auflachte, und ungeachtet Walters Einwendungen
sogleich dem Tanzplatze zueilte. Der verworrene Klang kam
aus einem niedrigen Häuschen, über dessen Türe ein Stroh-
büschel als Wahrzeichen eines Weinschanks im Nachtwinde
hin und her baumelte. Walter war in anständiger Ferne
stehen geblieben, während Fortunat durch das Fenster in die
seltsame Tanz-Grube hineinblickte. Ein langes dünnes Licht,
das wie ein Peitschenstiel aus einem eisernen Leuchter hervorragte, warf ungewisse Scheine über das dunkle Gewölbe
eines Kellers, an dessen Seitenwänden eingeschlafene Trin-
ker über den langen plumpen Tischen umherlagen. In der
Mitte tanzten eifrig mehrere Paare lustigen Gesindels, bald
mit den zierlich gebogenen Armen wie zum Fliegen aus-
holend, bald in den auserlesensten Figuren und Windungen
sich nähernd und wieder trennend, bevor sie einander endlich zum Walzer umfaßten. Der dicke Weinschenk ging mit
aufgestreiften Hemdärmeln dazwischen herum, ahmte mit
dem Munde den Wachtelschlag nach, schnitt den vorübertan-
zenden Frauenzimmern lächerliche Gesichter, oder wagte
zuweilen selbst einen künstlichen Sprung. Am auffallendsten
aber war der Musikant: ein anständig gekleidetes lebhaftes

Männchen mit einem scharfen geistreichen Gesicht, emsig in den wunderlichsten Laufern die Geige spielend, während seine Augen mit unverkennbarem Wohlbehagen die Tanzenden verfolgten. Vergebens riefen diese ihm zu, sich zu moderieren, der Unaufhaltsame drehte mit wahrem Virtuosen-Wahnsinn die Töne, wie einen Kreisel, immer schneller und dichter, die Tanzenden gerieten endlich ganz außer Takt und Atem, es entstand ein allgemeines Wirren und Stoßen, bis zuletzt alle zornig auf den Musikus eindrangen. Dieser erhob sich nun, und retirierte besonnen in künstlichen Fechtparaden nach der Tür, immerfort mit dem Fiedelbogen in den dicksten Haufen stoßend. So kam er glücklich auf die Straße heraus, die Schlafmütze des Wirts, die er im Getümmel aufgespießt, hoch auf seinem Bogen. Der lustige Wirt folgte schimpfend, und vermehrte den Lärm von Zeit zu Zeit durch das Prasseln von Feuerwerk, das er täuschend mit dem Munde nachmachte.

Jetzt bemerkte der Musikus plötzlich die beiden Freunde auf der Gasse, und sah sie mit seinen klugen Augen durchdringend an, während der Wirt, mit der einen Hand seine wilden Gäste in den Keller zurückdrängend, mit der andern ruhig die ihm zugeworfene Schlafmütze wieder auf den Kopf stülpte. Walter war einen Augenblick in Verlegenheit, ob und wie er den ihm unbekannten Fremden anreden sollte, und äußerte endlich seine Verwunderung über diese heillose Fertigkeit auf der Geige. – Kleinigkeit! Kleinigkeit! erwiderte der Musikus, nichts als Taranteln, womit ich die Leute in die Waden beiße und den St. Veits-Tanz erfinde. Mit diesen Worten empfahl er sich, nahm die Geige unter den Arm, und schlenderte, noch einigemal furchtsam nach dem Keller zurückblickend, rasch durch die Nacht über den Marktplatz fort.

Fortunat, der bisher kein Auge von ihm verwendet hatte, trat nun schnell auf den Wirt zu, um etwas Näheres über das wunderbare Männchen zu erfahren. Ein Fremder, sagte der Wirt, ein Partikülier, wie er sich nennt, mit dem ich schon manchen Verdruß gehabt habe. Er kommt zuweilen in die

Stadt, aber immer nur grade zu mir, und wenn ich reelle
Gäste habe, die nach getaner Arbeit ihr Gläschen trinken und
vernünftig diskurrieren wollen, setzt er sich zu ihnen, und,
eh' ich's mich versehe, hat er Händel unter ihnen angestiftet,
und hat dann keine Courage sie auszufechten. Wenn er recht
vergnügt ist, zieht er gar seine verfluchte Geige hervor, und
spielt tolles Zeug auf. Hol' der Teufel alle Phantasten!

Hiermit kehrte der Wirt wieder in seine Höhle zurück, und
die beiden Freunde bemerkten bei dem hellen Mondschein,
wie der unbekannte Musikus so eben zum Stadttor hinaus-
wanderte. Ein herrlicher Narr! rief Fortunat aus, dem
Wanderer noch immer nachsehend. Laß' die Fledermäuse,
erwiderte Walter, sie geraten uns sonst noch in die Haare.
Komm' nun nach Haus, es ist schon spät, und ich habe noch
alle Hände voll zu tun für morgen.

Auf Walters Stube ging nun ein fröhliches Rumoren an.
Die alte Aufwärterin wurde herbeigerufen, Befehle wurden
erteilt, Briefe versiegelt, und Akten und Wäsche gepackt,
wobei Fortunat, in der Vorfreude der bevorstehenden unerwarteten Fahrt, zur Verwunderung der Alten wütend half.
Der weitgestirnte Himmel sah indes durch die offenen Fenster herein, der Brunnen rauschte vom einsamen Markte,
während die Nachtigallen in den Gärten schlugen, und
Fortunaten war es dazwischen, als ginge draußen das Geigenspiel des wunderlichen Musikanten noch einmal fern
über die stillen Höhen.

ZWEITES KAPITEL

Bei dem schönsten Frühlingswetter zogen die beiden Freunde, auf ihren Pferden fröhlich von den alten Zeiten mit
einander schwatzend, in das morgenrote Land hinein. Sie
hatten den weiteren, aber anmutigern Weg durch das Gebirge eingeschlagen, auf welchem sie Hohenstein, den Sitz
des Grafen Victor, nach Walters Versicherung noch vor
Nacht bequem erreichen konnten. Das Städtchen mit seiner

grünen Stille lag schon weit hinter ihnen, ein frischer Wind
ging durch alle Bäume, und Walter fühlte sich recht wie ein
Vogel, der aus dem Käfig entflohen. Er war fast ausgelassen
heiter, schwenkte den Hut in der Luft, und stimmte alte
Studentenlieder an, so daß es den beiden Reitern vorkam, als
wären sie nie getrennt gewesen, und zögen nur eben wieder
aus dem Tor von Heidelberg den grünen Bergen zu. In dieser
Stimmung ließ er sich gern von dem unruhigen Fortunat
verlocken, der bald dem fremden Schall eines unbekannten
Gebirgsvogels folgte, bald mit den Hirten plauderte, dann
wieder einen schönen Berggipfel oder eine reizendgelegene
Ruine zu erklettern hatte. So waren sie lange auf's Gerate-
wohl umhergeschweift, als Walter endlich zu seinem
Schrecken bemerkte, daß schon die Abendsonne schräg
durch den Wald funkelte. Jetzt fand er auch, daß sie alle
Richtung verloren hatten, er wußte nicht, wo er war. Vergebens schlug er den ersten besten Pfad ein, die Wege teilten
sich bald von neuem wieder, kein Dorf war ringsumher zu
sehen, je tiefer sie in den Wald kamen, je ungeduldiger wurde
er, er wollte durchaus noch heut nach Hohenstein. Unterdes
war die Nacht völlig hereingebrochen, sie mußten absteigen,
und ihre Pferde hinter sich herführen, da der Holzweg sich
nach und nach in einen verwachsenen Fußsteig verlor.

Walter war verdrießlich, und sprach wenig. Fortunat aber
wurde immer vergnügter, je weiter sie fortschritten, und
blickte recht mit frischem Herzen in die wunderbaren Mond-
lichter und die rätselhaften Abgründe, an denen sie vorüberzogen. Oft hielten sie horchend still, denn es war ihnen,
als hörten sie aus weiter Ferne Hunde bellen, und den dumpfen Takt eines Pochhammers dazwischen; aber das einförmige Rauschen der Wälder verschlang immer alles wieder.

Walter schwor endlich, nicht einen Schritt mehr weiter-
zugehen, er band sein Pferd an, und setzte sich maulend
daneben. Fortunat hatte sich gleichfalls auf den Rasen hingestreckt, während sein Gefährte nun allerlei Reden über unzeitige Romantik und verlorene Zeit verlauten ließ. Fortunat
antwortete nicht darauf, und da es gar nicht enden wollte,

zog er seinen Mantel über den Kopf, und schlummerte bald
vor Ermüdung ein.

Als er wieder aufwachte, war Walter unterdes vor Ärger
fest eingeschlafen. Er sah freudig rings um sich her, die tiefe
Einsamkeit, die unbekannte Gegend, der Schlafende, und
die Pferde im Mondschein, alles war ihm so neu und wunderbar; er ging unter den Bäumen auf und nieder, und sang halb
für sich:

> Wie schön hier zu verträumen
> Die Nacht im stillen Wald,
> Wenn in den dunklen Bäumen
> Das alte Märchen hallt.
>
> Die Berg' im Mondesschimmer
> Wie in Gedanken stehn,
> Und durch verworrne Trümmer
> Die Quellen klagend gehn.
>
> Denn müd ging auf den Matten
> Die Schönheit nun zur Ruh,
> Es deckt mit kühlen Schatten
> Die Nacht das Liebchen zu.
>
> Das ist das irre Klagen
> In stiller Waldespracht,
> Die Nachtigallen schlagen
> Von ihr die ganze Nacht.
>
> Die Stern' gehn auf und nieder –
> Wann kommst du, Morgenwind,
> Und hebst die Schatten wieder
> Von dem verträumten Kind?
>
> Schon rührt sichs in den Bäumen,
> Die Lerche weckt sie bald –
> So will ich treu verträumen
> Die Nacht im stillen Wald.

Und wie er aufblickte, hörte er wirklich schon den Klang
einer früherwachten Lerche durch den Himmel schweifen.
Frisch auf! rief er fröhlich Waltern zu, frisch auf, ich wittre
Morgenluft! Walter erhob sich taumelnd, und konnte sich
lange nicht in dem wunderlichen Schlafsaal zurechtfinden.
Der kurze Schlummer hatte ihn neu gestärkt und verwandelt, er schämte sich seines gestrigen Mißmuts, und bald
saßen die beiden Freunde wieder rüstig zu Pferde, um, wo
möglich, noch vor Tagesanbruch aus dem Labyrinth der
Wälder herauszukommen.

Nach einem kurzen Ritt hatten sie die Freude, unerwartet
wieder einen ordentlichen Weg zu erreichen. Land! Land! rief
endlich Walter vergnügt aus, dorthin zu liegt Hohenstein! –
Sie verdoppelten nun ihre Eile, und gelangten bald völlig aus
dem Walde in das weite, geheimnisvolle Land hinaus. Immer
tiefer und freudiger stiegen sie von den Bergen in das
Blütenmeer, schon hörten sie von fern eine Turmuhr schlagen, zahllose Nachtigallen schlugen überall in den Gärten.
Am Ausgang des Gebirges schien ein großes Dorf zu liegen,
zerstreute Hügel, dunkele Baumgruppen, und ein hohes
prächtiges Schloß hoben sich nach und nach aus der verworrenen Dämmerung, alles noch unkenntlich und rätselhaft,
wie in Träumen. So waren sie in eine hohe Kastanienallee
gekommen, als Walter plötzlich an einem zierlichen Gittertor
still hielt. Sie schlafen noch alle, sagte er, wir wollen indes
hier in den gräflichen Garten gehen, und die Erwachenden
überraschen.

Sie banden nun ihre Pferde an den Zaun, und schwangen
sich von den steinernen Sphinxen, die den Eingang bewachten, über das Gitter in den Garten hinein. Da war noch alles
still und duftig, einzelne Marmorbilder tauchten eben erst
aus den lauen Wellen der Nacht empor. Das alte finstere
Schloß im Hintergrunde mit seinen dichtgeschlossenen Jalousien stand wie eine Gewitterwolke über einem freundlichen Nebengebäude, von dem man vor lauter Weinlaub fast
nur das rote Ziegeldach sah. Unter den hohen Bäumen vor
dem letztern fanden sie einen Tisch und mehrere Stühle, als

wären sie eben erst von einer Gesellschaft verlassen worden.
– Da hat sie schon wieder ihre Guitarre draußen vergessen,
sagte Walter kopfschüttelnd. – Wer denn? fragte Fortunat,
die schöne Amtmannstochter, von der du mir erzählt hast? –
Ja, Florentine, erwiderte Walter; das ist des Amtmanns
Wohnung, und dort oben nach dem Garten hinaus ihre Schlaf-
stube. – Du weißt hier gut Bescheid, entgegnete Fortunat. –
Walter wurde rot und schwieg verlegen. Fortunat aber ergriff ohne weiteres die auf dem Tisch liegende Guitarre,
stellte sich vor das bezeichnete Fenster und sang:

> Zwei Musikanten ziehn daher
> Vom Wald aus weiter Ferne,
> Der eine ist verliebt gar sehr,
> Der andere wär' es gerne.

Ich bitte dich, unterbrach ihn Walter, was singst du da für
dummes Zeug! – Wart' nur, 's kommt gleich klüger, erwiderte Fortunat und sang weiter:

> Die stehn allhier im kalten Wind
> Und singen schön und geigen:
> Ob nicht ein süßverträumtes Kind
> Am Fenster sich wollt' zeigen?

Sein Wunsch ging wirklich in Erfüllung. Ein schönes Mädchen, noch ganz verschlafen, wie es schien, fuhr oben an's
Fenster, schüttelte die Locken aus dem Gesichtchen und sah
neugierig mit großen, frischen Augen durch die Scheiben.
Als sie aber unten einen unbekannten, wohlgekleideten
Mann erblickte, war sie eben so schnell wieder verschwunden. – Walter wurde nun in der Tat unwillig, Fortunat aber
griff immer lustiger in die Saiten, und sang wieder:

> Mein Herz ist recht von Diamant,
> Eine Blum' von Edelsteinen,
> Die funkelt fröhlich über's Land,
> In tausend bunten Scheinen!

> Und durch das Fenster steigen ein
> Waldsrauschen und Gesänge,
> Da bricht der Sänger mit herein
> Im seligen Gedränge.

Unterdes war es im Hause nach und nach lebendig geworden, Türen gingen auf und zu, im Innern hörte man dazwischen das kräftige Lachen eines Mannes, das immer näher zu
kommen schien. Endlich wurde die Haustür von Innen
geöffnet, und, mit einer langen Pfeife im Munde, stand ein,
schon völlig angekleideter, großer, starker Mann vor ihnen,
dessen gebräuntes, lebenslustiges Gesicht von der Morgensonne hell beschienen wurde. Es war der Amtmann
selbst. Er war voller Freude, Walter'n so unerwartet wiederzusehen, und konnte gar nicht aufhören, über das lustige
Ständchen zu lachen, durch das sich Fortunat sogleich in
seine entschiedene Gunst gesetzt zu haben schien. Mit schal-
lender Stimme rief er nun alles im Hause wach, es mußten
eilig Kaffee und Pfeifen in's Freie herausgebracht werden, sie
lagerten sich um den Tisch auf dem grünen Platz vor der Tür,
den die beiden Gäste noch vor Kurzem so einsam gesehen
hatten, und Walter mußte ausführlich ihre nächtlichen Irr-
fahrten vortragen.

Unterdes war auch die Frau Amtmannin dazugekommen.
Sie hatte sich vor dem unbekannten Gaste sorgfältig und
beinah festlich angetan und empfing Fortunaten mit um-
ständlicher, wortreicher Feierlichkeit. Fortunat, dem bei solcher Gelegenheit unwillkürlich alle Bewillkommungskom-
plimente einfielen, die er in seinem ganzen Leben gehört
oder auch nicht gehört hatte, konnte nicht widerstehen, mit
einem unerschöpflichen Schwalle der auserlesensten Redensarten zu entgegnen, und erweckte dadurch bei der Dame
eine nicht geringe Meinung von sich und seiner feinen Lebensart.

Das ist heute ein rechter Freudentag! sagte der Amtmann,
da soll es auch einmal hoch hergehen. Er erzählte nun, wie sie
heut gegen Abend auch noch ihren jungen Neffen Otto hier

erwarteten, der von der fernen Universität zurückkehre, um
sich zu seiner Anstellung vorzubereiten. Die Amtmannin
ließ mit zufriedener Miene noch einfließen, daß Otto, der
Sohn ihrer verstorbenen Schwester, aus Herrn Walters Städtchen sei, daß er schon auf der Schule immer für den stillsten
und geschicktesten galt, und nun ein wahrer Gelehrter geworden sei.

Fortunat bemerkte während dieses Gesprächs, daß sich
Walter unterdes verloren hatte. Der Garten, der nun in voller
Morgenpracht herüberfunkelte, lockte auch ihn schon lange,
und er sagte endlich dem Amtmann, wie er Walter'n vorzüglich in der Absicht hierherbegleitet habe, um die Heimat
des berühmten Grafen Victor einmal in der Nähe zu sehen.
Der Amtmann lächelte. Ich weiß nicht, sagte er, ob Sie auch
solcher Meinung sind, aber wenn die Andern von dem
berühmten gelehrten Grafen sprechen, denken sie sich ihn
immer mit der Zipfelperücke, wie den Hilmar Curas vor
seiner Grammatik. Das kann mich immer ärgern. Was da
Gelehrter! Zu Pferde muß man den Grafen Victor sehen, im
Walde auf der Jagd, auf den Felsen, wo allen Andern schwin-
delt – mit einem Wort: das ist ein rechter Mann! Das Be-
rühmtsein und Versemachen ist nur so Lumpenzeug daneben, wie eine Schabracke auf einem schönen Roß, und er gibt
selber nichts darauf. Doch wir sprechen ein andermal mehr
davon. – Er stand nun auf und beschrieb Fortunaten die
Gänge, die er im Garten einschlagen sollte, um zu den
schönsten Punkten zu gelangen, da ihn selbst die Wirt-
schaftsanordnungen für den anbrechenden Tag in das Haus
hineinriefen.

Fortunat wandte sich nun allein in den Garten, wo er zu
seinem Erstaunen ringsumher nur architektonische Formen
altmodischer Gänge, hohe, feierliche Buchenalleen, Springbrunnen und künstliche Blumenbeete erblickte, von denen
dunkelglühende Päonien und prächtige Kaiserkronen glänzten. Es war, als hätte ein wunderlicher Zauberer über Nacht
seine bunten Signaturen über das Grün gezogen, und säße
nun selber eingeschlummert in dem Labyrinth beim Rau-

schen der Wasserkünste und träumte von der alten Zeit, die
er in seine stillen Kreise gebannt.

Schon waren Schloß und Amtmannswohnung hinter
Fortunaten versunken, als er plötzlich einen wohlgekleideten jungen Mann bemerkte, der an den Marmorstufen
eines einsamen Gartenhauses eingeschlafen war. Er wollte
umkehren, aber der Schläfer, von dem Geräusch erweckt,
fuhr so eben rasch auf, blickte verworren ringsumher, und
fragte Fortunaten, wer er sei? Dieser erzählte nun sein nächtliches Abenteuer und seinen langgehegten Wunsch, diese
Gegend einmal zum Angedenken des Dichter-Grafen Victor
zu durchstreifen. – Vortrefflich, erwiderte der Andere, so
will ich Sie sogleich herumführen! – Kennen Sie den Grafen
Victor? fragte Fortunat. – Nicht sonderlich, erwiderte jener,
doch weiß ich eben genug von ihm, um Ihnen hier überall
genügende Auskunft zu geben.

Fortunat nahm das unerwartete Anerbieten dankbar an,
und betrachtete, als sie nun mit einander weiter gingen, mit
freudiger Überraschung das schöne, aber etwas bleiche und
wüste Gesicht des Unbekannten, über das die Morgenlichter
durch das Laub wunderlich wechselnde Scheine warfen. Er
äußerte endlich seine Verwunderung über die, wie es schien,
absichtlich und sehr sorgfältig festgehaltene Altmodigkeit
dieses Gartens. – Der Graf, entgegnete sein Begleiter, will es
so haben. Buchsbaumene Kindlichkeit! Wie es in seiner
Kindheit gewesen, so soll es hier ferner verbleiben, selbst
dieselben Blumen müssen jährlich an denselben Plätzen wieder gepflanzt werden, wie damals. – Er hat Recht, sagte
Fortunat, was soll ein Garten, wenn er nicht ein Gedicht von
ganz bestimmtem Klange ist! In diesem einförmigen Plätschern der Wasserkünste, in dieser geisterhaften Symmetrie
der Laubwände und stummen Marmorbilder ist eine Wehmut, die einen wahnsinnig machen könnte.

Jetzt standen sie an dem Abhang des Berges, dessen obere
Fläche das Schloß und der eigentliche Ziergarten einnahmen.
Von der, mit Efeu umrankten Felswand sah man hier plötz-
lich in tiefe Schluchten und Wiesenplätze hinab, wo im küh-

len Schatten uralter Bäume Rehe und Damhirsche weideten, die scheu die Köpfe nach ihnen emporhoben, und dann pfeilschnell im tieferen Dunkel verschwanden. – Sehen Sie da, rief Fortunats Begleiter aus, das Großartige und Kühne
5 dieser Komposition. Ich betrete diesen Ort nie ohne Ehrfurcht vor dem seltenen Genius dieses Dichter-Grafen – oder sagen wir es nur lieber gerad' heraus: Dichterkönigs! besonders muß ich Sie hier auf jene leichtgeschwungenen Brücken aufmerksam machen. Sie führen, wie Sie sehen, über die
10 Wipfel der Bäume hinweg nach einzeln stehenden hohen, abgerissenen Felsen hinüber, die, mit ihren bunten Gärtchen auf den Gipfeln, wie funkelnde Blumenzinnen über die Waldeseinsamkeit emporragen. Diesen Einfall hat der liebenswürdige Graf vor dem lieben Gott voraus, er legte diese
15 hängenden Gärten an; das waren die Blocksberge seiner Phantasie. Hier pflegte er als Knabe, wenn ein Gewitter heraufzog, und im Schlosse alles ängstlich durcheinander lief, vor der unermeßlichen Aussicht zu sitzen, mit den Beinen über dem Abgrunde baumelnd, bis ihm die ersten
20 dicken Regentropfen an die seidenen Strümpfe klatschten. – Es freut mich – erwiderte Fortunat, der ganz in den Anblick des wunderbaren Grundes versunken, die letzten Worte fast überhört hatte – es freut mich recht, daß Sie Victors poetische Erscheinung so hoch halten.
25   Der Begleiter sah ihn aus den schönen Augen scharf und zweifelhaft an. – Ich bedaure ihn aufrichtig, sagte er dann, denn ich halte die Anstellung als Genie für eine der epinösesten in der Welt. Ein Anderer stopft sich seine Pfeife, zieht seinen Schlafrock an, setzt sich auf dem Schreibesel zurecht,
30 und macht seine Arbeiten ab, und geht dann zufrieden in die Ressource, wo er wieder ganz Mensch sein kann. Aber so ein Genie, zumal ein Dichter, kann das Genie gar nicht los werden; wie ein Spaziergänger, der im Herbst über Feld gegangen, schleppt er die Sommerfäden seiner Träume an
35 Hut und Ärmeln bis auf die Ressource nach. Ist dort gar das Fenster offen, so sind die Nachtigallen und Lerchen draußen recht wie versessen auf ihn, und rufen ihn ordentlich bei

Namen, ja zuweilen spielt ihm seine kaum halbfertig gedich-
tete Geliebte den fatalen Streich, und blickt ihn plötzlich aus
den Augen irgend einer albernen Dame an. – Hier stand er
plötzlich selber überrascht still. Sie waren in das Felsental
hinabgestiegen, und an einen einsamen Weiher gelangt, in
dessen Mitte sich eine, wie es schien, unzugängliche Insel im
frischen Schmuck des Morgentaues spiegelte. Spuren ehemaliger Gänge und Blumenplätze waren von hohem Grase
und Unkraut überwachsen, fremde Blütengewächse schlangen sich an den Baumstämmen empor, nur einzelne hohe
Blumen funkelten noch hier und da aus der bunten Verwilderung, in der unzählige Vögel sangen. Das war sonst
Victors Lieblingsplatz, sagte der Fremde nach einem Weilchen, hier hat er den Namen seines ersten Liebchens in die
Bäume geschnitten. Das Mädchen ist tot, der Nachen zu der
Insel lange zertrümmert und versenkt, und Wipfel und Zweige, Unkraut und Blüten schlingen sich drüben verwildert
durch einander, und können doch nicht in den Himmel
wachsen. – Ein seltsames Leuchten flog bei diesen Worten
über sein geistreiches Gesicht. Dann auf einmal zu Fortunaten gewandt, sagte er: aber Sie sind am Ende selbst der
Graf Victor – leugnen Sie nur nicht! – Fortunat brach in
lautes Lachen aus, und bat den Unbekannten, der ihm wohl
behagte, zu wechselseitiger näherer Bekanntschaft sogleich
mit zum Amtmann hinauf zu kommen. Der Fremde besann
sich einen Augenblick, und fragte dann, ob noch mehrere
Gäste dort wären? Da er hörte, daß auch Walter droben sei,
entschuldigte er sich, er habe zu lange am Brunnen geschlafen, und müsse nun schnell wieder weiter. – Sind Sie denn
nicht hier aus dem Hause? fragte Fortunat erstaunt. – Aber
Jener eilte schon fort, winkte noch einmal mit dem Hute, und
war bald zwischen den Bäumen verschwunden.

DRITTES KAPITEL

Als Fortunat wieder die Anhöhe erreichte, traute er seinen
Augen kaum. Der schönste Morgenglanz blitzte jetzt über
die gezirkelten Rasen-Figuren und Tulpenbeete, an den Statüen hingen Mieder, Poschen und Schleier umher, ein frischer Wind ging durch den Garten, und ließ, die Zweige
teilend, bald ein paar bloße Mädchenarme, bald ein ganzes
zierliches Bildchen flüchtig erblicken. Und so glich der Garten mit den bunten Tüchern, die wie Frühlingsfahnen von
den Büschen flatterten, mit den funkelnden Strahlen der
Wasserkünste und dem heiteren Sonnenhimmel darüber, auf
einmal jenen alten Landschaften, wo alle Hecken von
schwärmenden Nymphen wunderbar belebt sind. Erstaunt
drang er weiter vor, da sah er eine junge Dame in wunderlichem Schmuck, mit Reifrock, Mieder und gesticktem Fächer vor einem Springbrunnen stehen, sie bespiegelte sich,
fröhlich plaudernd, im Wasser, schüttelte lachend die schweren blitzenden Ohrgehänge und sah wieder hinein. Auf
einmal wandte sie sich, er glaubte in dem frischen Gesichtchen Florentine, die Amtmannstochter, zu erkennen, die er
vorhin am Fenster gesehen. Aber nun erschallte ein lauter
Schrei, und aus allen Hecken, in Taft und Seide rauschend,
fuhren erschrocken fliehende Mädchen-Gestalten durchs
Grüne, als hätte der Wind Aprikosenblüten umhergestreut.

Fortunat folgte ihnen zu der Amtmannswohnung, wo sie
verschlüpft waren. Aber hier hielt ihn neue Verwirrung fest,
er fand auch dort alles in lebhafter Bewegung. Aus dem
Mörserstampfen im Hause und dem ernstwichtigen Durcheinanderrennen der Mägde, zwischen dem man von Zeit zu
Zeit die Kommandostimme der Amtmannin vernahm,
schloß er sogleich auf ein großes Kuchenbacken im Innern.
Draußen aber auf dem Rasen sah man große Teppiche ausbreiten, Sofas und Polsterstühle ausklopfen, überall wurden
die verdunkelnden Doppelfenster ausgehoben, die Morgensonne schien lustig durch das ganze Haus, und einzelne
Schwalben kreuzten jauchzend über dem Platze.

Ein langer, hagerer Mann, mit dünnem Hals und hervorstehenden Augen schien besonders selig in dem Rumor, man sah ihn überall im dicksten Haufen schreiend, helfend und anordnend. Von diesem erfuhr Fortunat endlich, nicht ohne Müh' und wiederholte Fragen, daß die Pachterstöchter aus der Nachbarschaft angekommen, und mit Florentinen im Garten den alten gräflichen Hofstaat anprobiert hätten, und daß alle diese Anstalten auf den feierlichen Empfang des heute erwarteten Studenten Otto zielten, der nach den eingelaufenen Nachrichten früher hier eintreffen könnte, als man Anfangs glaubte. Der Mann aber war der Förster des Orts, der früher selbst das Gymnasium frequentiert, und seitdem eine wütende Vorliebe für Studenten hatte. – Fortunaten war diese unverhoffte Wirtschaft ein willkommenes Fest. Er mischte sich ohne Verzug in das bunte Getümmel, um den Lärm, wo möglich, noch größer zu machen. Dem Förster stellte er vor, wie unerläßlich es sei, den Gefeierten durch ein Triumphtor einzuführen, worauf beide sogleich voll Eifer forteilten, um die nötigen Materialien zu dem neuen Werke herbeizuschaffen. Unterwegs begegneten sie Walter'n, der so eben mit einem Buche in den Garten ging. Ich muß mich ein wenig sammeln, sagte er flüchtig zu Fortunat, ich freute mich so auf den stillen Tag im Freien, und nun bricht aller Plunder herein, es ist mir einmal nicht gegeben, mit den Leuten über Nichts zu schwatzen, es ist unleidlich!

Inzwischen verzögerte sich Otto's Ankunft von Stunde zu Stunde. Walter hatte nicht lange gelesen, sondern revidierte in seiner praktischen Lust mit dem Amtmann die Höfe, Scheunen und Ställe. Im Garten wurden die Vögel schon still, Florentine und ihre jungen Freundinnen, wieder bequem in ihren gewöhnlichen Kleidern, flüchteten vor der steigenden Sonne aus einem Schatten zum andern, die immer kürzer wurden, jede hatte ein Stück frischen Kuchen in der Hand, sie wußten nicht, was sie in der Hitze anfangen sollten mit der langen Zeit. Auch ein junger Wirtschaftsschreiber mit Sporen und neuem Frack hatte sich eingefunden. Er trug den Mädchen die Tücher nach, focht mit seiner Reitgerte

galant in die Luft, und wußte durch Schnalzen auf Linden-
blättern und andere artige Kunststücke sich bei den Frauenzimmern angenehm zu machen.

Plötzlich versetzte der Knall eines Böllers alles in die
größte Verwirrung, aus allen Hecken und Türen stürzten die
Erwartenden nach der Richtung hin, wo die Explosion erfolgt war. Dort gewahrten sie schon von fern den Förster am
Abhange des Gartenberges, wie er so eben durch ein altes
Perspektiv, das er wütend immer länger und länger hervor-
schob, in die Gegend hinausblickte. Als die Andern endlich
atemlos und fragend anlangten, warf er auf einmal das Fernrohr fort, ergriff eine neben ihm stehende Lunte, und löste,
zum Schrecken der lautschreienden Damen, einen zweiten
Böller. Und in der Tat, in demselben Augenblick wurde
durch den sich teilenden Pulverdampf zwischen den Kornfeldern am blaugewundenen Strom im Tal ein Reiter in
bunter studentischer Tracht sichtbar, der nun auch seinerseits
die Harrenden auf dem Berge erblickte, und, freudig seinen
Hut schwenkend, die Sporen einsetzte. Otto! Otto! rief alles
fröhlich durcheinander, und winkte ihm mit den Schnupftüchern entgegen. Der Reiter hatte unterdes den Fuß des
Berges erreicht, schwang sich vom Pferde, und auf dem
nächsten Wege zwischen den grünen Rebengeländern auf-
steigend, erschien ein schöner Jüngling von etwas kleiner,
zierlich schlanker Gestalt mit einem feinen Gesicht und fast
träumerischen Augen.

Aber am Eingang zur ersten Allee wurde er plötzlich
durch eine seltsame Erscheinung aufgehalten. Ein schöner
Tannenbaum stand dort am Abhang von Alters her, wie ein
dunkler Ritter auf der Wacht, und ragte mit dem Wipfel bis
über die Anhöhe hinauf. Auf einmal rauschte er mit den
grünen Kronen und zeigte sein Riesenhaupt mit rotbraunem
Gesicht und langem Schilfbart, das Haar phantastisch von
wilden Blumen und Eichenlaub umkränzt. Salve! redete das
Haupt, die Augen sichtbar bewegend, den erstaunten Studenten an:

Salve! Herr Doktor oder Magister!
Bin ein alter Bursch' und hass' die Philister,
Bin der Waldmann aus dem Gebirge hier,
Darf nicht näher treten zu Dir,
Kann nicht zu Dir kommen in Haus und Zimmer,   5
Trät' dort alle den Plunder in Trümmer,
Drum schau ich über die Wipfel hier hinaus;
Und bist Du der Alte noch immer,
So lad' ich Dich wieder in mein grünes Haus!
Da gehn, wie damals, noch mit Gefunkel   10
Die Quellen verworren durch's kühle Dunkel,
Waldhornsklänge und Vögelschall,
Von fern dazwischen der Wasserfall,
Und über uns rauschend die Buchen und Fichten,
Erzählen Dir wieder die alten Geschichten. –   15
Doch hast Du über Pandekten und Latein
Seitdem vergessen die Sprache mein,
So magst Du über Deinem Buche hocken und lesen!
Das meine ist doch gescheuter gewesen!
Dann halt' ich auf ewig meinen großen Mund,   20
Wir sehen uns nimmermehr wieder – und –

Und – hier blieb der Gebirgsgeist plötzlich stecken, man
hörte eine andere Stimme immer lauter, aber vergeblich
soufflieren. Darüber geriet das Haupt nach und nach ins
Wackeln, auf einmal kollerte es zwischen den Zweigen auf   25
die Anhöhe herunter und prasselnd hinterdrein der Förster
und Fortunat zu großem Gelächter und Ergötzen der Umstehenden.

Otto stürzte dem schimpfenden, sich abstäubenden Waldmann herzlich in die Arme, dann sah er mit den schönen   30
Augen Fortunaten nachdenklich an. Gott weiß es, sagte er,
ich verstehe die Waldessprache noch immer, und was ich auch
seitdem hinzugelernt habe, sie ist und bleibt doch meine
rechte Muttersprache! – Nun bemerkte er erst die Andern in
der Allee, und fiel jubelnd dem Amtmann und seiner Frau   35
und endlich auch den Mädchen in die Runde um den Hals, die

errötend und verlegen sich des Ungestümen nicht erwehren
konnten. Aber kein Mensch konnte zu Worte kommen, denn
der unermüdliche Förster, der in seinem Eifer gar keine
Notiz von der Rührung nahm, hatte insgeheim Pauken und
Trompeten herbestellt, die jetzt furchtbar in die Ohren der
Damen schmetterten, Böller auf Böller wurde dazwischen
gelöst, er selbst aber rührte sehr künstlich die Pauken, auf die
er zuletzt hinaufsprang, und Schlägel und Hut hoch über sich
in die Luft werfend, unaufhörlich Hurra schrie. Die Amtmannin wurde ganz zornig in dem Lärm, auch Otto schien
verlegen und gestört. Da war der tolle Förster endlich mit
seinem Empfange fertig geworden, und, noch ganz erhitzt
von dem pappenen Riesenkopfe, in dem er vorhin gesteckt,
führte er nun mit einer wunderlichen ungelenken Grandezza
die fremden Mädchen nach der Amtmannswohnung hin.

Hier unter den Bäumen standen auf einer altmodischen
Kaffeeserviette, in welche verschiedene Städte und Hirsch-
jagden rotgewirkt waren, unzählige kleine chinesische Tassen aufgepflanzt, ein ungeheurer Kaffeekrug dampfte einladend dazwischen, die junge Dienstmagd im Sonntagsputz
brachte eine Schüssel mit den in Kuchen gebackenen Na-
menszügen Otto's herbei, und küßte dem neuangekommenen jungen Herrn hocherrötend die Hand. Der Förster, der
alte Junggesell, war inzwischen in den vollen Redestrom
seiner Feiertagslaune geraten, und brachte alle seine alten
Jagdspäße und lateinische Brocken wieder aufs Tapet, worüber die Pachterstöchter, die ihn insgeheim für einen gewandten Weltmann und Gelehrten hielten, jedesmal in ein
unmäßiges Lachen ausbrachen. Bald aber nahm Otto die
Aufmerksamkeit ausschließlich in Anspruch, noch in der
vollen Heimatsfreude des ersten Wiedersehens erzählte er
von seinem Studentenleben in Halle, er sprach so frisch, und
als nun gar der Amtmann die funkelnden Weinflaschen auf
den Tisch setzte, glitten alle Gedanken fröhlich mit dem
bunten Studentenschifflein am Gibichenstein und den
blühenden Kirschgärten die Saale hinab in das gelobte Land
der Jugend.

So war unvermerkt der Abend herangekommen, der Förster und die Mädchen hatten sich heimlich ins Haus geschlichen, Otto erzählte noch immer, als plötzlich die Tür sich weit auftat, und bei dem Geschwirr einer Geige ein ganzer Hofstaat von Damen und Herren in Reifröcken, Haarbeuteln und altfranzösischen Fräcken sich rauschend herausbewegte. Man erkannte sogleich den Förster unter ihnen, er führte feierlich die jungen Leute vom Tisch den verlegen knicksenden Damen auf, die Geige schwirrte von neuem, und so entspann sich unversehens ein Tanz auf dem Rasen. Waltern wollt' es gar nicht gelingen, er wurde immer verlegener, je mehr die andern über ihn lachten, auch die beiden Pachterstöchter konnten sich in ihrem Staat nicht finden, in dem sie sich, wie in einem Gehäuse, nur schwerfällig bewegten und alle Augenblick verwickelten. Jeder sprang so gut er konnte, und als nun vom Schwung der Reifröcke die Lichter verlöschend flackerten, ergriff der Wirbel endlich auch die Alten am Weintisch, der Förster führte die, sich vergebens sträubende Amtmannin zu einer Sarabande, jeder der übrigen wählte gleichfalls seine Dame, und es entstand eine wundersame, künstliche Verschlingung, wobei der Förster durch kühne Schwenkungen alles in Erstaunen setzte.

Auf einmal fuhr Florentine aus dem leuchtenden Kreise wie eine Sternschnuppe in den finstern Garten hinaus. Ihre Brust flog über dem knappen, seidenen Mieder, sie atmete erschöpft in der kühlen Nachtluft, dabei blickte sie immerfort nach den Bäumen zurück, als erwartete sie noch jemand. Fortunat bemerkte sie, ihn hatte unter den abenteuerlichen Gestalten nach und nach die Hoflust der alten Zeit unwiderstehlich ergriffen, er folgte rasch dem Mädchen nach, faßte sie zierlich an den äußersten Fingerspitzen, und promenierte so feierlich mit ihr auf den geschnörkelten Gängen. Sie ließ ihm lachend die Finger, sah aber immer ungeduldiger zurück. So waren sie in galantem Discours an eine einsame Grotte gekommen, noch ein Überbleibsel jenes grillenhaften Schmuckes altmodischer Gärten. Bunte Muscheln blitzten

im Mondschein von Decke und Wänden, ausgestopfte Reiher und Wasservögel standen mit weitaufgesperrten Schnäbeln auf Kristallriffen umher. – Süßer Gott der Liebe, sagte
Fortunat, das ist recht eine Grotte zum Schnäbeln, o wären
wir doch jetzt zwei Turteltäubchen! – Sie sah ihn einen
Augenblick verschmitzt an, dann drehte sie leise einen verborgenen Kran, auf einmal sprützten alle Schnäbel funkelnde Wasserstrahlen grade auf Fortunat, und eh' er sich
noch besinnen konnte, war seine wilde Taube in dem Sprüh-
regen verflogen.

　Er schüttelte sich lachend ab, und als er zu der Gesellschaft
zurückkam, stand Florentine schon wieder am Tisch vor der
Mutter, die ihr besorglich die Locken aus der heißen Stirn
strich. Sie hatte die langen Augenwimpern tief gesenkt, denn
es tat ihr nun heimlich leid um Fortunats neuen Frack, die
flackernden Lichter spielten auf ihrem Gesicht und dem
glitzernden Mieder, so sah sie in den rauschenden Wogen
von Taft und bunten Schleifen wie ein Elfchen aus, das aus
einer Tulpe guckt. – Walter sah sie lange unverwandt an,
dann faßte er Fortunaten unter dem Arm und führte ihn
rasch in den Garten. Ist sie nicht wunderschön? o wie bin ich
doch glücklich! rief er aus, und erzählte nun dem Freunde,
daß er seit längerer Zeit mit Florentinen verlobt sei, daß sie,
auf den Rat der Eltern nur noch eine bevorstehende Gehaltserhöhung Walters abwarteten, und dann in dem Städtchen Haus und Garten mit der Aussicht auf Hohenstein
kaufen und dort im Grünen sich für die ganze Lebenszeit
miteinander einrichten wollten. –

　Kaum eine Stunde darauf aber war alles verklungen, aus
den Tälern schallte das Zirpen der Heimchen herauf, man
hörte nur noch die Kalesche der Pachterstöchter auf dem
steinigen Wege durch die Nacht fortrumpeln, in der Ferne
zerplatzten einige Leuchtkugeln, die der unermüdliche Förster noch aus seinem Gärtchen warf. – O glückselige,
bangsame Einsamkeit, dachte Fortunat, wer es wie Walter
über sich gewönne, sich ganz darin zu versenken!

VIERTES KAPITEL

Schöne stille Zeit, du liebste Heimatsgegend mit deinen frischen Morgen und mittagschwülen Tälern, und ihr rüstigen, nun nach allen Weltgegenden hin zerstreuten Jugendgesellen, die damals von den Bergen so ernst und fröhlich mit mir in das Leben hinausgesehen – ich grüß' euch alle aus Herzensgrund! Denn alles wird mir wieder lebendig hier auf den kühlen Waldbergen, wie ich den Amtmann zwischen den Kornfeldern wandern sehe und Florentinen bald oben am Fenster beim ersten Morgenlicht singend und ihre Haare flechtend und sich streckend und putzend um die Wette mit den erwachenden Vögeln in den Bäumen vor dem Hause, bald wieder im Garten über einer französischen Grammaire eingeschlafen, die Walter ihr gegeben, um sich für das Stadtleben auszubilden. Vor allen aber hat Fortunat, der seine Abreise von einem Tage zum andern verschiebt, sich behaglich im Garten eingerichtet. Im Grün zwischen hohen Blumen, die weite Landschaft unter sich, und über ihm die rauschenden Wipfel, setzt er sich jeden Morgen mit dem Schreibzeug an dem steinernen Fußgestell eines etwas verwitterten Apollo's zurecht, um einige Novellen, die er in glücklichen Reisestunden auf seinem Pferde ersonnen, endlich einmal recht in Ruhe zu Papier zu bringen. Aber da geht es ihm wunderlich. Der lustige Morgenwind wirft ihm die Blätter ins Gras, wo sich die Hühner drum raufen, hinter ihm aber stimmen die Wipfel ihr uraltes Lied wieder an, das in keine Novelle paßt, die Waldvögel singen ganz fremde Noten dazwischen und Wolken fliegen über das Land und rufen ihm zu: Menschenkind, sei doch kein Narr! Und zog dann gar der Förster unten zur Jagd, und schwenkte seinen Hut, und rief Hurra hinauf, da warf er gewiß Feder und Papier fort, und schwang sich auf seinem Pferde mit in den frischen, glänzenden Morgen hinaus. –

Auf einem solchen Morgenritt tröstete er sich einmal mit folgendem Liedchen:

Ich wollt' im Walde dichten
Ein Heldenlied voll Pracht,
Verwickelte Geschichten
Recht sinnreich ausgedacht.
Da rauschten Bäume, sprangen
Vom Fels die Bäche drein
Und tausend Stimmen klangen
Verwirrend aus und ein.
Und manches Jauchzen schallen
Ließ ich aus frischer Brust,
Doch aus den Helden allen
Ward nichts vor tiefer Lust.

Kehr ich zur Stadt erst wieder
Aus Feld und Wäldern kühl,
Da kommen all' die Lieder
Von fern durch's Weltgewühl,
Es hallen Lust und Schmerzen
Noch einmal leise nach,
Und bildend wird im Herzen
Die alte Wehmut wach,
Der Winter auch derweile
Im Feld die Blumen bricht –
Dann gibt's vor Langerweile
Ein überlang Gedicht!

Bei seiner Rückkehr fand er im Hause alles ausgeflogen, und
streckte sich ermüdet im Garten an dem hohen Bogengange
in's Gras. Er hatte aber noch nicht lange geruht, als er
Stimmen neben sich vernahm, an denen er die Amtmannin
und Waltern erkannte, die ohne ihn zu bemerken in dem
Gange auf und nieder wandelnd, in lebhaftem Gespräch
begriffen schienen. – Das kommt bei dem Überstudieren
heraus, sagte so eben die Amtmannin, nichts als Verse im
Kopf, Reisen und dergleichen unkluges und kostspieliges
Zeug. – Ich glaube gar, rief Fortunat, die spricht von mir! –
Beruhigen Sie sich, hörte er nun Waltern entgegnen, ich

werde versuchen, die eigentlichen Absichten dieses verschlossenen, rätselhaften Gemüts zu erforschen. – Bei Nacht
möchte er spazieren gehen, fing die Amtmannin wieder an,
den Tag verträumt er! Und warum verbirgt er sich vor uns? –
Hier verlor sich der Discours in der Ferne. Fortunat sprang
hastig auf. Sie reden von meinem unbekannten Führer im
Garten an jenem ersten Morgen, dachte er, und es fiel ihm
auf's Herz, daß er ihn in der Zerstreuung so ganz vergessen
hatte.

Als am Abend alle unter den Linden vor der Haustüre sich
wieder versammelten, beschloß er, der Sache näher auf den
Grund zu kommen. Der Amtmann war der erste auf dem
Platz, er erzählte ihm sogleich das ganze Begegnis, wie er
damals den Unbekannten schlafend am Springbrunnen getroffen, und was sie mit einander gesprochen hatten. Dieser
hörte sehr aufmerksam zu, er mußte ihm Größe, Kleidung,
Haar und Stimme des Fremden ausführlich beschreiben, aber
der Amtmann wußte alles besser, als er, alle seine Fragen
trafen wunderbar ein. So kennen Sie ihn also? fragte Fortunat. – Der Amtmann schüttelte nachdenklich den Kopf. Ich
weiß nicht, wer es war, sagte er, und darf nicht sagen, was ich
vermute. – Unterdes war seine Frau herausgekommen, er bat
Fortunaten schnell, vor den Weibern nichts von der Geschichte zu erwähnen. Jetzt trat auch der Student Otto, der
von einem weiten Spaziergange zurückzukommen schien, zu
der Gesellschaft. Als er sich bei ihnen niederließ und in der
warmen Luft seinen Rock schnell öffnete, fiel ein sauber
eingebundenes Buch daraus zu Boden; es war des Grafen
Victors neuestes poetisches Werk, das er bisher noch nicht
gekannt und heute früh unter den zerworfenen Büchern des
Amtmanns gefunden hatte. – Ach, ich dachte, es wäre dein
juristisches Handbuch, sagte die Amtmannin, indem sie das
Buch aufnahm und Otto'n zurückgab. Dann, sich gemächlich auf ihren Lehnstuhl zurücklehnend, fuhr sie nach einer
kurzen Pause fort: hab' ich doch heute von Tagesanbruch in
Haus und Hof zu schaffen gehabt, daß mir ordentlich alle
Glieder wehtun. Nun dafür schmeckt auch am Abend die

Ruhe, wenn man sich wacker gerührt und seine Pflichten
erfüllt hat. – Otto errötete flüchtig, ohne etwas darauf zu
erwidern. – Fortunaten aber fiel es bei diesen Worten erst auf,
wie sonderbar allerdings Otto seit einiger Zeit erschien. Alle
Morgen zog er ganz allein in den Wald hinaus, und kam
selten vor Mittag wieder zum Vorschein. Dann war er ein-
silbig, schüchtern, zerstreut, und oft mitten in den heitersten
Augenblicken flog es über sein freundliches Gesicht, wie ein
Wolkenschatten über eine schöne sonnenhelle Gegend.

Man hatte unterdes das Abendessen aufgetragen, und die
rüstige Amtmannin, die es nun heut einmal auf Otto'n
abgesehen zu haben schien, begann, indem sie den Braten
zerschnitt und jeden reichlich davon beteilte, sich mit allerlei
weisen Redensarten und spitzigen Ausfällen über die teuren
Zeiten zu verbreiten, und wie notwendig es sei, daß ein
junger Mensch jetzt frühzeitig darauf denke, dereinst ein
sicheres Brot zu haben. Da seien noch immer Toren genug in
der Welt, um reichen Leuten die Zeit zu vertreiben mit
schönen Bildern, Komödienspielen oder Versemachen – das
sei ein bloß herrschaftliches Vergnügen, setzte sie schnell
verbessernd hinzu, indem ihr dabei Graf Victor einfallen
mochte. – Der Amtmann hatte die Salatschüssel vor sich
geschoben und aß hastig, man konnte nicht erraten, ob er
sich über Otto oder über seine Frau ärgerte. – Da fällt mir
immer mein seliger Bruder ein, hub die letztere wieder an; er
hat auch studiert, aber das war ein gescheuter Kopf, der ließ
die Phantasten ablaufen, setzte sich auf seine Brotwissenschaften, heiratete eine gebildete, vernünftige Frau, und
Gott hat seinen Ehestand gesegnet. Nun du kannst es ja
selber bezeugen – fuhr sie zu dem Amtmann gewendet fort,
empfindlich, daß er ihr gar nicht beistimmte – der ließ sich zu
seiner Hochzeit von den besten Poeten Schäfergedichte machen, Gott weiß, wo die nun selber die Schafe hüten. – Hier
brach Otto, der bis jetzt sichtbar mit sich selbst kämpfte,
plötzlich mit verbissener Bitterkeit und einem höhnischen
Stolze los, den niemand dem sanften Jünglinge zugetraut
hatte. Lieber Schweine hüten, sagte er, als so Zeitlebens auf

der Treckschuite gemeiner Glückseligkeit vom Buttermarkt
zum Käsemarkt fahren. Der liebe Gott schafft noch täglich
Edelleute und Pöbel, gleichviel, ob sie Adelsdiplome haben,
oder nicht. Und ich will ein *Herr* sein und bleiben, weil ich's
bin, und jene Knechte sollen mich speisen und bedienen, wie
es ihnen zukommt! – Das war der bestürzten Amtmannin zu
toll. Unsinniger, aufgeblasener Mensch! rief sie hochrot vor
Zorn; so iß meinetwegen trockenes Brot, wenn du Butter
und Käse verachtest! Aber wir wissen's wohl, wo du die
Komödianten-Sprüche gelernt hast. Denke nur nicht, in
unser ehrliches Haus einmal eine Theaterprinzessin heim-
zuführen, die nicht so viel hat, um die Löcher zu flicken, die
sie in ihre Lappen gerissen, so eine, von aller Welt ausge-
klatschte Kreatur!

Aber Otto hörte nicht mehr, er war rasch aufgestanden,
und schritt zürnend in den nächtlichen Garten hinein. Walter, in sichtbarer Verlegenheit, wollte ihm folgen, wurde aber
von Fortunat aufgehalten, der ihn schnell in einen Sei-
tengang führte. Sage doch nur, fragte er Waltern, was gibt's
denn eigentlich hier, und wo willst du hin? – Den Gekränk-
ten trösten, erwiderte Walter, und – vermag ich's sonst – ihm
auch den Kopf ein wenig zurechtsetzen. Komm' mit! – Das
lass' ich wohl bleiben, rief Fortunat aus, ich bin froh, wenn
mir mein eigner Kopf zuweilen noch so leidlich sitzt. – Mein
Vorhaben, sagte Walter, ist wahrhaftig edler, als es dir, nach
deinem ironischen Gesicht, auf den ersten Blick vielleicht
erscheinen mag. Denke dir nur recht diesen stillbeschränk-
ten, heiteren Familienkreis, dessen ganzes Trachten und
Hoffen auf den einzigen Jüngling gerichtet ist, der auf der
Schule immer für den aufgewecktesten und geschicktesten
galt. Und nun kehrt er von der Universität zurück, verwandelt, träumerisch in sich gekehrt, unlustig zu jeder tüchtigen
Arbeit, und einer verworrenen Welt von ausschweifenden
Gedanken und Wünschen nachhängend, um – wie ich
fürchte – dereinst zu spät von der grausamsten Täuschung zu
erwachen, und ein verlornes Leben zu bereuen. Nein, ich will
es endlich versuchen, ihn auf das Gefährliche eines Pfades

aufmerksam zu machen, der einsam über die Köpfe der
anderen Menschen weggeht, und immer nur für sehr wenige
bestimmt scheint. – Fortunat war über diese Worte ernst und
nachsinnend geworden. Du ehrliche Seele! sagte er endlich,
dem Freunde herzlich die Hand schüttelnd, so versuche dich
denn an ihm. Ist der junge Mensch ein halber Philister, so hilf
ihm völlig aus dem tollen Poetenmantel heraus, und ist es
rechter Ernst mit seinem Talent, so muß er ja doch weiter,
und rennt dich über, wärst du auch der weise Salomo selber.

Alle vor dem Hause waren durch den Vorfall gestört, die
kleine Gesellschaft sah stumm und kopfhängend auf die
Teller. Draußen über den Tälern war es indes schon stiller
und dunkler geworden, nur in weiter Ferne sah man zuweilen leichte Blitze über den Bergen schweifen. Die Amtmannin blickte mit heimlicher Besorgnis, wie es schien, bald in
das Wetterleuchten, bald nach der Richtung hin, wo Otto
verschwunden war, und ging dann, ohne ein Wort zu sagen,
in das Haus hinein. Endlich brach der Amtmann ärgerlich die
unheimliche Stille. Es geht auch alles konfus jetzt, sagte er zu
Fortunat, im Frühling Gewitter, im Sommer kalt, in der
Jugend alt und im Alter närrisch! Glauben Sie mir, unsere
ganze Zeit jetzt ist gerade wie dieses verrückte Frühlingswetter, die Schwüle brütet und treibt alles vorzeitig hervor,
und ich fürchte, es schießt mehr in's Kraut, als in die Blüte.
Unsere Jungens wissen schon jetzt mehr, als wir jemals
erfahren haben, und recken und sehnen sich aus allen Gelen-
ken heraus, während wir in unserer lustigen und gesunden
Jugendzeit ohne besondere Sehnsucht hinreichend dumme
Streiche machten, und erst die fatalen Lümmeljahre über-
stehen mußten. Ja, es ist recht verdrießlich! Man möchte sich
gern bequem, fröhlich und auf die Dauer einrichten, wie in
der guten alten Zeit, aber der ferne Donner verkündigt
überall den unheimlichen Ernst, und so sitzen wir verwirrt,
ungewiß und in banger Erwartung vor dem dunklen Vorhang, hinter dem fortwährend Gott weiß, was! unruhig und
feurig zuckt. – Unterdes hatte Walter den verscheuchten Otto
im Garten aufgefunden. Empört und in innerster Seele ver-

letzt, saß er wie eine Nachteule mitten im Gestrüpp. Als er
Waltern erblickte, sprang er rasch auf und kam ihm mit
erzwungener, gleichgültiger Höflichkeit entgegen. Die Tante, sagte er, ist gewiß schon besorgt, daß ich draußen nicht
den Schnupfen bekomme. Freilich die Nase ist ein empfind-
licher Teil, da sitzt die Seele schon tiefer und wärmer, die
ficht so leicht nichts an. – Walter stand einen Augenblick
verblüfft, denn es war ihm als säh er auf einmal sich selber als
Studenten vor sich stehn, er war ganz aus seinem Konzept
gebracht und ergriff gerührt die Hand des aufgeregten Jünglings. Ich komme keineswegs, sagte er endlich, um das harte,
heftige Wesen der Amtmannin zu verteidigen, obgleich es
auch nur eine andere, ungeschickte Form der Liebe ist. Das
Angedenken meiner eigenen Jugend ist es, was mich her-
führt, der aufrichtige Schmerz um ein junges heitres Gemüt,
das auf diesem Wege sich immer tiefer und tiefer in der
blühenden Einsamkeit verirrt und verwildert. Ich kenne
diese trostlose Öde junger Seelen gar wohl, das Heimweh
ohne Heimat, diese labyrinthische Selbstquälerei. Sie stehn
verlassen auf der Welt, ohne Vater und Mutter – verlangt Sie
in dieser Einsamkeit nach einem Freunde, und wollen Sie's
mit mir versuchen, so biete ich Ihnen meine Hand bis in den
Tod, und will raten, schützen, helfen wo ich kann! – Otto sah
ihn erstaunt an, denn in Walters Worten war jener wunderbare Klang ernster Güte, der überall unmittelbar zum Herzen geht. – Sie sind im Amte, angesehen, ruhig – sagte er
dann nach einer kurzen Pause. Und wenn ich Ihnen nun auch
erzählen wollte von dem zauberischen Spielmann, der jeden
Frühling, wenn der Sonnenschein sich munter über die Felder ausbreitet, aus dem Venusberge kommt mit neuen
wunderbaren Liedern, und die Seelen verlockt, von dem in
schwüler Mittagsstunde der einsame Vogelsang schallt, von
dem die Ströme und Quellen verworren rauschen im Mondschein, und die badenden Nixen wie im Traume singen durch
die stille, goldne Nacht – Sie würden mich ja doch nur für
verrückt halten! – Walter erschrak fast, so irr und fremd
leuchteten die Augen des Jünglings im Streiflicht des Mon-

des. – Und ich bin es ja auch in der Tat! fuhr dieser fort,
bildete mir da ein, dem Zauberstrom von Klängen unversehrt folgen zu dürfen, und ein Dichter zu sein, der die
Zauber regiert! Aber nun weiß ich's besser. Alle Engel, die
durch die erste Dämmerung meiner Kindheit zogen, was ich
oft betend heimlich ersehnte, und immer und immer vergeblich auszusprechen versuchte: ich fand es heut auf einmal mit
freudigem Erschrecken in des Grafen Victors Buch, er hat es
kühn, frisch und jung wie eine Zauberinsel entdeckt – und
ich weiß nicht mehr, was ich will. – Aber es ist noch immer
Zeit, ich bin noch jung. Und wie ich das Buch hier vom Berge
in den Fluß hinunterschleudere, so entsag' ich von heut ab
der fröhlichen Dichtkunst, der Metze! Und gleich den anderen, die ich verachtet und die so unsäglich besser sind als
ich, will ich von heut an allein und ganz der Rechtswissen-
schaft leben, und von den Büchern nicht wieder aufsehen! –
hier brach er plötzlich in Weinen aus und stürzte wie vernichtet an Walters Brust.

Beide neuen Freunde schritten nun durch den stillen Garten, nur eine Nachtigall tönte schluchzend in der Ferne. Otto
schwieg und schien gefaßter. Walter sagte: er brauche ja
darum die Poesie nicht ganz aufzugeben, es bedürfe eines des
andern, die Poesie des strengen, ernsten Lebens und das
Leben der heiteren Dichtkunst. Aber er fühlte bald, wie
albern solcher Trost in solcher Stunde war, und schwieg
endlich auch still.

So kamen sie an das Haus, wo sie die Amtmannin in Angst
und Tränen fanden. Sie hatte zuletzt gefürchtet, daß Otto in
seiner Heftigkeit sich selbst ein Leids angetan, und fiel nun
dem Geretteten mit großer Freude um den Hals, die dieser
herzlich erwiderte. Es ist vorbei, rief Otto in seiner seltsamen
Hast, ihr habt mich nun ganz wieder, und nächstens, will's
Gott, ist Examen! – Du bist ein braver Junge, rief der
Amtmann, stoß' an. – Die Gläser gaben einen hellen Klang,
und so endigte der Abend noch in Freuden; die fernen
Gewitter hatten sich auch verzogen, und der Himmel glänzte
mit tausend Sternen über den Versöhnten.

FÜNFTES KAPITEL

Aber es blieb nicht lange so ungestört; ein Zufall, Mißverständnis, oder wie sonst der Mensch des Himmels Führung oder sein eignes Ungeschick benennen mag, stellte unerwartet alles anders auf Hohenstein.

Es war ein schwüler Nachmittag, die Blätter im Garten rührten sich kaum, der Amtmann war auf der Bank vor der Haustür eingeschlummert, Walter schrieb Briefe im Hause, Fortunat hatte sich mit einem Buche in's Gras gestreckt, und ließ es sich vor der weiten Aussicht gern gefallen, daß die leise Luft ihm das Buch verblätterte. Florentinen wurde ganz wehe in dieser Stille, sie mußte immer etwas zu schaffen haben; so schlich sie sich heimlich nach dem Wald, um für den Abend Erdbeeren zu pflücken, die Walter für sehr gesund hielt, weil er sie gern aß. Fortunat sah sie mit ihrem Körbchen unten aus dem Dorfe gehen, er warf sein Buch weg, und folgte ihr, konnte sie aber im Walde nicht wiederfinden.

Florentine war unterdes, bald sammelnd, bald naschend, von Strauch zu Strauch geschlendert, und so unvermerkt an die Ruine der gräflichen Stammburg gekommen. Überrascht sah sie in der Einsamkeit an den halbzerfallenen Mauern, Toren und Fensterbogen empor; steinernes Bildwerk, das von der ehemaligen Pracht zeugte, lag im hohen Grase zerstreut, aber der Frühling hatte den verlassenen Berg wieder bestiegen, und spielte fast wehmütig in dem stillen Hause. Seltsame Sagen gingen in der Gegend von diesem einsamen Ort. Die Hirten hörten oft bei Nacht fremde Stimmen in der Burg, eine wunderschöne bleiche Frau sollte sich manchmal dort in dem ausgebrochenen Fenster sehen lassen. – Florentine war noch nie allein hier gewesen, jetzt verlockte sie der eigene Reiz des Grauens, sie betrat erst vorsichtig und zaudernd, dann immer kecker die kühlen, von oben verschatteten Hallen. Durch die Mauerlücken blickten zuweilen die Täler schillernd aus der sonnenhellen Tiefe herauf, nur hin und her sang ein Gebirgsvogel mit fremdem Schall, und

verstörte Eidechsen fuhren raschelnd unter das Unkraut, daß
sie unwillkürlich zusammenschrak.

Jetzt kam sie in den innern Burghof, da stand ein wilder
Kirschbaum in voller Blüte, dunkelrote Blumen glühten
zwischen den Steinen, einzelne Schmetterlinge flatterten ungewiß in der trüben, brütenden Schwüle; und als sie plötzlich
um den Pfeiler trat, sah sie eine schöne bleiche Frau in einem
seltsamen himmelblauen Gewande mitten im Hof auf dem
Rasen sitzen, die wandte sich nicht, und kämmte schweigend
ihr lang herabwallendes rabenschwarzes Haar. – Florentine
blickte noch einmal scharf hin, dann, vom Entsetzen überwältigt, ergriff sie die Flucht.

Aber wie es oft in ängstlichen Träumen geht, sie verfehlte
in der Hast die rechte Pforte; aus einem Zwinger in den
andern rennend, glaubte sie sprechen zu hören, die Stimmen
kamen immer näher, sie konnte den Ausgang nicht finden.
Auf einmal standen zwei fremde Männer vor ihr in abge-
tragenen Ritterwämsern, Pickelhauben auf den Köpfen. Der
eine wollte sie am Körbchen festhalten, in der Todesangst
ließ sie ihm fliehend die Beeren, und hörte sein schallendes
Lachen hinter sich.

Wie atmete sie tief auf, als sie endlich Gottes freien Himmel wiedersah! Der erste, der ihr begegnete, war Fortunat.
Atemlos, mit heftig klopfendem Herzen flog sie an seine
Brust, er drückte das schöne Kind fester an sich, und fühlte
einen flüchtigen, brennenden Kuß auf seinen Lippen. – In
demselben Augenblick aber war auch Walter, der sie zu
suchen schien, neben ihnen aus dem Gebüsch hervorgetreten. Florentine besann sich schnell wieder, strich die Locken
aus der heißen Stirn und reichte ihm die Hand hin, um ihr
über die letzten Trümmer herabzuhelfen.

Nun erzählte sie in lebhafter Aufregung, und oft noch
scheu zurückblickend, ihr wundersames Abenteuer. Walter
war still und schien nur halb hinzuhören. Fortunat wollte
sogleich in die Burg zurück, um die bleiche Frau zu sehen,
aber Florentine gab es durchaus nicht zu. Während sie aber
noch so stritten, stutzte sie plötzlich und wies dann ganz

erstaunt nach dem Tale hinaus. Dort wurde fern am Saume
des Waldes ein abenteuerlich bepackter, langsam einherzie-
hender Wagen sichtbar, ihm folgte ein seltsam gekleidetes
Mädchen zu Pferde in blauem Gewand, mit dunkelem, fliegenden Haar, mehrere Männer, grüne Zweige auf ihren   5
Hüten, schritten rüstig nebenher; unter ihnen erkannte man
sogleich die beiden Burgkobolde wieder, deren Pickelhauben weit in der Sonne funkelten. Ein fröhlicher Chorgesang
schallte von dem Zuge durch das Grün herauf. – Reisende
Komödianten! rief Fortunat lachend, nun bedarf es keiner   10
Untersuchung weiter, das waren die Spukgeister, der Weg
kommt gerade von der Burg.

  So traten sie nun alle beruhigter den Rückweg nach Hohenstein an. Florentine, die sich völlig wieder erholt hatte,
lachte jetzt selber mit; dann wandte sie sich noch einmal nach   15
den Blütentälern, in die sich die künstlerischen Wandervögel
gesenkt. Es geht doch nichts über's Reisen, rief sie fröhlich
aus, wenn ich so manchmal im Sommer recht früh erwache,
und höre unten aus den Dörfern die Hähne krähen, oder ein
Posthorn von fern über den Garten herüber, da wünsch' ich   20
mir oft, ich wäre ein Mann und könnte auch so mit in die
Welt hinaus. – Ich meine, fiel hier Walter etwas grämlich ein,
man müsse erst sich selbst und die kleine Welt um sich herum
recht verstehen gelernt haben, ehe man sich weiter umsieht,
und das Reisen zieme überhaupt nur dem reiferen Alter. –   25
Fortunaten ärgerte der Schulmeisterton. Gerade umgekehrt,
rief er aus, nur die Jugend versteht recht aus Herzensgrunde
die Schönheit der Welt mit ihren morgenroten Gipfeln und
kühlen Abgründen und funkelnden Auen im Grün, und malt
es alles fresko nach, daß das Alter einst sich daran erfrische,   30
wenn draußen die Blätter fallen und die sinkende Herbstsonne die Schildereien noch einmal wunderbar beleuchtet.
Während dein sogenanntes reifes Alter vom Schifflein
sorgsam die Tiefe mit dem Senkblei mißt, sitzt die Jugend
über Bord geneigt, und sieht ihr eignes weinbekränztes   35
Haupt in der klaren Flut und hört die Glocken der versunkenen Stadt aus der Tiefe heraufklingen. Ja, glaubt nur, die

Welt ist wie eine eigensinnige Schöne, die nur in jungen Augen sich mit ihrem fröhlichsten Schmucke spiegeln mag, für Klugheit und Kenntnisse gibt sie nur Brot, für Liebe und rechte Freude an ihr aber wieder Freude und Liebe.

So waren sie vor der Amtmannswohnung angelangt. Die letzten Strahlen der untergehenden Sonne vergoldeten bereits die Bäume vor dem Hause, unter denen die Amtmannin schon wieder den Tisch gedeckt hatte. Ein jeder machte sich's in der Abendkühle behaglich bequem, und Florentine mußte, ausruhend, ihre Burggeschichte nochmals umständlich erzählen. Nur Walter fehlte. Auf einmal trat er, ganz reisefertig, mit dem Amtmann aus dem Hause. Schlechte Neuigkeit, sagte der letztere, Walter hat dringende Briefe bekommen, er muß in die Stadt, und will noch heut reisen, um die nächtliche Kühle zu benutzen. – Die Amtmannin machte besorgt Einwendungen gegen das gefährliche Reisen in der Nacht, Florentine ereiferte sich über die Geschäfte, die sie von jeher als eine unbekannte feindliche Macht betrachtete, aber Walter blieb unerschütterlich, und nahm, auch von Fortunaten, schnell und kurz Abschied. Ganz zuletzt wandte er sich noch einmal zu diesem, als wollt' er ihm etwas sagen, schüttelte ihm aber nur rasch die Hand und ging schweigend fort. – Fortunat begleitete ihn noch heraus bis zu seinem Pferde, dem Florentine den Hals streichelte, und, als es dann beim Aufsteigen unruhig wurde, schnell nach der Haustür zurücksprang. Herr Je! sagte er heimlich zu Waltern, was machst du da für ein langes Gesicht! Und überhaupt, warum willst du gerade heut noch fort? die Geschäfte sind's ja doch nicht. – Ich will nicht stören, entgegnete Walter empfindlich, du bleibst ja doch noch längere Zeit hier, ich sag' dir's vielleicht ein andermal, leb' wohl! – Hiermit gab er seinem Pferde die Sporen, und war bald zwischen den Bäumen verschwunden. – O langweilige Welt! rief Fortunat ihm nachsehend aus, wie glücklich könnte er sein mit seinem schlanken Reh im schönen grünen Wald, wenn er frisch vom Herzen wegliebte, anstatt den Talar von Melancholie, Eifersucht und anderen hergebrachten Liebes-Tücken durch alle Paradiese jämmerlich hinter sich nachzuschleppen!

Als er in den Garten zurückkam, bemerkte er auf der Linde vor dem Hause zwei zierlich beschuhete Füßchen zwischen den Zweigen. Es war Florentine; sie saß im Baume, mit den Füßchen baumelnd, während sie Waltern nachschaute, der sich so eben in der Dämmerung zwischen Wiesen und Kornfeldern verlor. Das heitere Mädchen schien in ihrer Unbefangenheit von seinem Mißmute gar nichts zu ahnen.

Fortunat aber ging allein und unruhig durch den Garten. Ich werde doch kein Narr sein und mich verlieben? sagte er zu sich selbst. Und doch bin ich auf dem nächsten Wege dazu. Und hinter mir langsam und feierlich der abgemagerte Geist des sich selbst erschossenen Walters, und vor mir ein Zug von Tanten und Basen, und gute Wirtschaft, und Kindergeschrei, und ein Haus machen. –

Der Angstschweiß trat ihm ordentlich bei diesen Gedanken vor die Stirn. Er rannte eiligst nach dem Hause zurück und eröffnete dort ohne weiteres der erstaunten Familie, wie er zwar heute gerade keine Briefe aus der Stadt bekommen habe, aber eigentlich ebenfalls schleunigst fortreisen müsse; daß er daher für Speis' und Trank und alle die schöne, stille, herrliche Zeit aus Herzensgrund Dank sagen, und hiermit sogleich schon heut Abschied nehmen wolle, da er noch vor Tagesanbruch weiterzuziehen gedenke. Florentine wurde bei diesen Worten ganz rot, sie setzte sich schmollend auf eine entfernte Bank, und Fortunat glaubte zu bemerken, daß ihre abgewendeten Augen von Tränen glänzten. Auch die Andern machten ihm durch ihre aufrichtige Trauer das Herz schwer, denn sie hatten sich alle in der kurzen Zeit schon an seine fröhliche Weise verwöhnt. Er mußte versprechen, wiederzukommen, und ihnen noch ausführlich von den Ländern und Städten erzählen, wohin seine Reise ging; so saßen sie noch lange plaudernd vor der Haustür beisammen. Beim Schlafengehen endlich flüsterte ihm Florentine noch heimlich zu: Und ich werde doch auf sein, eh' Sie wegreiten! –

Er hatte alle Fenster des Schlafzimmers offen gelassen, um den Morgen nicht zu verschlafen. Da war es ihm, als gingen draußen fröhliche Stimmen unter den Fenstern auf und

nieder, und riefen immerfort in seinen Schlummer hinein:
Frisch auf, schlafe nicht mehr! Wunderbare Berge und Gründe, schimmernde Fernen, frisch auf! und schöne, helle, fröhliche Zeit! – Er sprang endlich empor, und blickte durchs
5 Fenster. Es war noch Nacht; dennoch kleidete er sich in
langentbehrter Reiselust sogleich an, ging durch das stille
Haus an Florentinens Schlafkammer vorüber, und machte
noch schnell einen Gang durch den Garten. Es war in der
Nacht ein warmer Regen gefallen, die Nachtigallen schlugen
10 überall aus den erfrischten Büschen, hin und her bellten
Hunde fern in den Dörfern, sonst lag alles noch still im
prächtigen Mondschein unter dem weiten, gestirnten Himmel. – Als er zurückkehrte, hörte er unten im Hause leise ein
Fenster öffnen, es war Florentine, die sich in leichter Mor-
15 genkleidung hinauslehnte. Zisch aus! zisch aus! rief sie ihm
entgegen, ich bin früher wach gewesen, als Sie! Dann, sich im
Garten umsehend, sagte sie: das ist gerade wie damals, da Sie
hier das Ständchen brachten, und wir Sie zum erstenmal
sahen. – Nun wird es hier wieder recht einsam sein, und ich
20 wollte Sie eben nur noch bitten, daß Sie auf Ihrer Reise von
sich hören lassen, und manchmal an Waltern schreiben, der
Ihnen außerordentlich gut ist, und gern von fremden Ländern hört. – Fortunat versprach es, und bat sie um einen Kuß
zum Abschiede. – Warum nicht gar! rief das Mädchen la-
25 chend, indem sie ihm schnell die Hand hinausreichte, dann
schloß sie geschwind das Fenster, und er sah sie nicht wieder.
Fortunat warf sich nun ungesäumt auf sein Pferd, und ritt
durch die hohe, dunkle Allee an dem Gittertor des Gartens
und dem stillen Dorfe vorüber. Draußen auf dem Berge aber
30 wandte er sich noch einmal zurück. Gesegnet, rief er, du
schönes Waldtal, in deiner glückseligen Abgeschiedenheit,
möge der Sturm der Welt dich nie verstören!

SECHSTES KAPITEL

Ein schweres Gewitter zog eben an dem Gebirge hin, und
sandte seine Regenschauer in die Ebenen hinaus, während
Fortunat, durchnäßt und lange vom Wege abgekommen,
über ein weites, in Regen und Abenddunkel verhülltes Feld   5
dahin trabte. Da hörte er unerwartet den Gesang einer
schönen Männerstimme von fern herüberschallen, wovon er
nur folgene Worte verstehen konnte:

> Bei dem angenehmsten Wetter
> Singen alle Vögelein,   10
> Klatscht der Regen auf die Blätter,
> Sing' ich so für mich allein.

> Denn mein Aug' kann nichts entdecken;
> Wenn der Blitz auch grausam glüht,
> Was im Wandeln könnt' erschrecken   15
> Ein zufriedenes Gemüt.

Er gab seinem Pferde die Sporen, und erreichte in kurzer
Zeit ein Häufchen Wanderer, die neben einem Paar Pferde
einherschritten, auf denen zwei junge Frauenzimmer saßen.
Mit freudiger Überraschung erkannte er sogleich die aben-   20
teuerlichen Gestalten der Schauspieler wieder, die an Victors
Stammburg vorübergezogen waren, von denen aber jetzt die
Dunkelheit nur die ungefähren Umrisse erraten ließ.

Fortunats Gruß fand nur eine halbe Erwiderung, die
Gesellschaft schien in üblem Humor zu sein, und langsam   25
und schweigend, wie ein schwerer Traum, bewegte sich das
Ganze weiter. Endlich unterbrach der Voranschreitende,
welcher so eben gestolpert war, die Stille mit einem derben
Fluche, prustete und glitt gleich wieder aus, und kam gar
nicht aus der Wut. – Das haben wir davon, hub die eine Dame 30
zu Pferde zu der anderen Reiterin an, das haben wir nun von
eurer schönen Natur! Brächen die Herren nicht ihren Fla-

schen auf das Wohlsein jeder alten Burg die Hälse, so wäre
uns allen jetzt wohler und wir säßen im Trocknen, denn
unser Wagen ist gewiß längst in der Stadt. – Dabei breitete sie
mühsam einen, wie es schien, nicht sonderlich konditionierten Regenschirm über sich aus. Aber der Wind verarbeitete ihn sogleich mit solcher Fertigkeit, daß ihre berittene
Nachbarin laut auflachte, und die Dame ihre Segel erbost
wieder einziehen mußte. Fortunat, welcher hier heimlich auf
ein ergötzliches Gezänk hoffte, ermahnte die Gesellschaft,
den beiden Damen in diesem Kampfe mit den Elementen
durch ein gemeinschaftliches, angenehmes Gespräch galant
unter die Arme zu greifen. Die Männer antworteten gar
nicht darauf, die Dame mit dem Regenschirm aber fragte: ob
er vielleicht auch ein Künstler sei und es so gut haben wolle
wie sie? Oh, setzte sie spitzig nach ihrer Nachbarin gewendet
hinzu, Liebhaberrollen sind hier jederzeit zu haben. – Bitte
sehr, erwiderte die Nachbarin mit einer wohlklingenden
Stimme, bei Ihnen ist ja diese Stelle seit geraumer Zeit
vakant. – Ein plötzlicher Blitz beleuchtete hier auf einen
Augenblick ein schönes, feines, aber bleiches Gesichtchen,
über welches zu beiden Seiten lange schwarze Haare triefend
herabhingen. – Mein Gott, was ist das für eine Wirtschaft um
das bißchen Regen! rief einer der jungen Männer aus, quamquam sint sub aqua, sub aqua maledicere tentant! – Sparen
Sie doch ihr Latein, sagte die Dame mit dem Schirm, Sie
memorieren wohl eben den Bettelstudenten? Sie wollte noch
mehr sprechen, aber der Literatus fiel schnell in das Lied
wieder ein, das Fortunat schon vorhin von fern gehört hatte,
und übersang sie lustig:

> Frei von Mammon will ich schreiten
> Auf dem Feld der Wissenschaft,
> Sinne ernst und nehm' zu Zeiten
> Einen Mund voll Rebensaft.

> Bin ich müde vom Studieren,
> Wann der Mond tritt sanft herfür,

Pfleg' ich dann zu musizieren
Vor der Allerschönsten Tür.

Land! Land! schrie hier plötzlich der Voranschreitende dazwischen, und man erblickte zu allgemeiner Freude von
weitem Mauern und Türme, die sich wie dunkle Riesen
immer deutlicher aus dem trüben Grau aufrichteten. Einzelne Lichter schimmerten schon den Reisenden trostreich
entgegen, ein jeder strengte neubelebt seine letzten Kräfte
an, und so waren sie bald an dem Tore eines kleinen Städtchens angelangt. – Wie Zugvögel mit begossenen, hängenden Flügeln strichen sie stumm durch die engen finsteren
Gassen, wo sich die Lichter aus den Fenstern blendend und
verwirrend im Wasser spiegelten, während der Regen von
allen Dächern aus abenteuerlich vorgestreckten Drachen-
köpfen auf sie herabstürzte.

So kamen sie endlich in den Hof eines Wirtshauses. Hier
war der Reisewagen der Gesellschaft, den man unterweges
umgeworfen hatte, auch so eben erst angelangt. Der
Theaterprinzipal Sorti, ein kleines fixes Männchen, rannte
eifrig hin und her, vom Wagen wurden Burgen, Drachen und
lange Kamelhälse eilig über den Hof getragen, die Hofhunde
bellten, überall war ein Rufen, Drängen und Schimpfen in
der undurchdringlichen Finsternis, die nur von einzelnen
Blitzen manchmal durchkreuzt wurde. Mitten aus diesem
Rumor hob der Literatus die jüngere Reiterin schnell vom
Pferde und trug sie auf seinem Arme in das Haus. Das
Mädchen war arg durchnäßt, mit dem dünnen, vom Regen
knapp anliegenden Kleide, mit den langherabhängenden,
tröpfelnden Locken sah sie wie ein Nixchen aus, das eben den
Wellen entstiegen. Sie hielt beide Hände vor das Gesicht, um
sich vor dem, plötzlich aus dem Hause dringenden Lichte zu
schützen, aber zwischen den kleinen Fingern funkelten zwei
schwarze Augen hindurch, die Fortunaten im Vorüberfluge
durchdringend anblickten.

Dieser konnte nur mit Mühe ein besonderes Stübchen
gewinnen, wo er schnell seine Kleider wechselte, während

draußen nach und nach ein gewaltiges Türzuwerfen, Streiten und Lachen, von einzelnen Opern-Trillern und Laufern durchschwirrt, das ganze Haus erfüllte. Unterdes hatte auch das Wetter sich wieder verzogen, und der Mond trat klar
5 zwischen dem zerrissenen Gewölk hervor. Er verließ daher gar bald seine enge schwüle Kammer wieder, und eilte zwischen den Reifröcken, Rüstungen, Fahnen und Miedern, die über dem Treppengeländer zum Trocknen ausgehängt waren, in den Garten hinab. Ein einsames Frauenzimmer saß
10 dort vor der Haustür auf der Bank, an dem etwas verbrauchten Federhut, dem hohen Kragen und der ganzen Haltung erkannte er die Dame mit dem Schirme wieder. – Ich bin mir selbst noch Genugtuung schuldig, hub sie sogleich an, als sie Fortunaten bemerkte, Sie werden vielleicht eine ungünstige
15 Meinung von mir gefaßt haben; aber sie glauben nicht, welche Verleugnung es einem zarteren Gemüt kostet, mit den rohen Scherzen dieser Menschen, wenn auch nur zum Schein, gleichen Schritt zu halten. – In der Tat, erwiderte Fortunat, der Lateiner schritt wacker und lustig aus. – Lu-
20 stig? sagte die Dame, Sie kennen diesen Wilden noch nicht, er hat keine Ahnung von jener geistigen Seelenlust, die schon diesseits die Gipfel der Menschheit erklimmt – Und jenseits rücklings wieder herunterschurrt, fiel hier der feindliche Literatus ein, der, eben mit einer Guitarre aus dem Hause
25 tretend, das letzte Kapitel von der Lust mit angehört hatte, und, einzelne Akkorde anschlagend, sich nun weiterhin auf dem Platze im Dunkel verlor. Fortunat lachte, denn ein leiser Zornesblitz zuckte plötzlich über das Gesicht der Dame und brachte die ganze Muskeldekoration in eine augenblickliche
30 widerliche Unordnung, zumal da gleich darauf auch die andere hübsche Reiterin aus der Tür guckte, ihr Näschen rümpfte, da sie die beiden beisammen erblickte, und dann gleichfalls in den Garten an ihnen vorüberschlenderte. – Die arme Kleine! sie hat keinen ganzen Strumpf, bemerkte die
35 Dame hämisch. Und in der Tat, auch der Mond hatte das schon bemerkt, und beleuchtete wohlgefällig ein Streifchen des zierlichsten Beinchens, das blendend über dem Schuhe

hervorblickte, während die hochgeschürzte Kleine unbefangen unter den Linden bemüht schien, Blüten von den herabhängenden Zweigen zu streifen.

Unterdes ging ein frisches Wehen durch die Wipfel, die letzte Wolkendecke zerriß, und die alte Stadtmauer und die Waldberge darüber standen plötzlich wunderbar beglänzt. Die Dame hatte sich erhoben und unter der Linde vor der Bank eine malerische melancholisch-heroische Stellung genommen. Das Haupt in die rechte Hand an den Baum gestützt, sah sie eine Zeit lang, wie in Gedanken verloren, nach den Höhen – Tiedge! – sagte sie endlich bedeutungsvoll, und drückte Fortunaten leise die Hand. – Fortunat, den die ganze wunderliche Wirtschaft dieses Polterabends schon lange innerlichst aufgeregt hatte, sprang rasch auf. O Gott, wahrhaftig! rief er, ihre Hand festhaltend, aus, da schwebt er dahin als ein Veilchenduft, die Sterne scheinen ihm durch den Leib – o hören Sie nichts? – nun lispelt er mit jemand, wie gedämpfte Musik der Sphären, es ist Lafontaine, mit dem er kost, der hat einen Perlen durchwirkten Schlafrock an, aber die Perlen alle sind Tränen – sie wandeln mit einander auf der Milchstraße – aber was ist das! – Wo? sagte die Dame erschrocken, und versuchte vergeblich, ihm ihre Hand zu entwinden. – Sehen Sie die bärtige Wolke dort, fuhr er fort, da kommt ihnen Kotzebue auf einem Ziegenbock entgegen, ach Lafontaine weint, daß ihn der Bock stößt – o es ist keine Tugend mehr auf der Welt! – Hier hatte die Dame sich endlich losgemacht, sie hielt ihn längst für betrunken oder wahnsinnig, stammelte verlegen eine kurze Entschuldigung, und stürzte in das Haus zurück. Er aber sprach noch immer fort, bis sie ihr Zimmer erreicht und die Türe eilfertig hinter sich abgeschlossen hatte.

Lachend warf er sich nun wieder auf die Bank hin, die Wälder rauschten in der plötzlichen Stille von den Bergen herüber, hin und her erwachten einzelne Nachtigallen, in einiger Entfernung hörte man den Literatus singen:

> Die fernen Heimatshöhen,
> Das stille hohe Haus,
> Der Berg, von dem ich gesehen
> Jeden Frühling in's Land hinaus,
> Mutter, Freunde und Brüder,
> An die ich so oft gedacht,
> Es grüßt mich alles wieder
> In stiller Mondesnacht.

Die zierliche Reiterin hatte sich bald nach den ersten Klängen dem Sänger genähert. Du, du – sagte sie mit dem Finger drohend, du hast heute wieder deine melancholische Stunde! – Ach, erwiderte der Literatus, halb unwillig abbrechend, was weißt du davon, wie einem Gelehrten manchmal zu Mute ist!

Ein plötzliches Getümmel an der Haustür verhinderte hier Fortunaten, mehr von dieser Unterredung zu vernehmen. Ein ganzer heller Haufe von Schauspielern kam nämlich samt einem langen, mit Weinflaschen und Gläsern besetzten Tische, den sie alle mühsam trugen, zum Hause heraus, der Gastwirt, voll Besorgnis um seine Gläser, ihnen auf dem Fuße nach. Der liebe Gott hat hier draußen den Vorhang wieder aufgezogen, sagte der eine zum Wirt, seht da, Menschenkind, den prächtigen Saal! Ein Reverbère, der bis auf einige verjährte Rostflecke ziemlich blank ist, eine Unzahl von Lichtern, die sich selber putzen, an allen Wänden ganze Mondlandschaften al fresco. – Die Gesellschaft hatte sich unterdes nicht ohne bedeutenden Tumult um den Tisch gelagert. Ein starker, wohlleibiger Mann von gesetzten Jahren zündete qualmend seine lange Pfeife an dem flackernden Lichte an, das in einer Glaskugel auf dem Tische stand, und in dessen Widerschein sein vom Wein und Wetter verbranntes Gesicht sich noch dunkelroter ausnahm, es schien derselbe, der vorhin, im Regen der Gesellschaft voranschreitend, verschiedentlich gestolpert und geflucht hatte. – Sie sollten auch Komödie spielen, mein Herr Wirt, sagte er, mit der Pfeife in breiter Behaglichkeit auf dem Stuhle zurückgelehnt. – Der

Wirt äußerte Bedenklichkeiten gegen seine Geschicklichkeit.
– Ach, Flausen! fiel ihm der Schmauchende in die Rede, sehen
Sie, so wie ich hier vor Ihnen sitze, so sitz' ich auch auf dem
Theater als Oberförster, als gutmütig polternder Alter
u. s. w., ich rauche, ich plaudere und trinke mein Gläschen
Wein so gut, wie hier. – Das würd' ich allenfalls wohl auch
treffen, meinte der Wirt. – Nun, so seid kein Tor! fuhr jener
fort, wollt ihr gratis eure Schlafmütze aufsetzen, euer Abend-
pfeifchen schmauchen, euren Kindern rührende Ermahnungen geben? Laßt's euch bezahlen, Mensch!

Fortunat, dem der Mann gar nicht übel dünkte, verließ
hier seine Bank. Aber mein Bester – sagte er, sich mit an den
Tisch setzend – wird euch denn nicht manchmal Angst, daß
die neuere Poesie eure Oberförstereien aufhebt, und euch
eure häuslichen Vergnügungen legt? – Keineswegs, entgegnete der Oberförster sehr ruhig, im Gegenteil, die neuesten
kurzen Dramen machen sich wieder ganz vernünftig und
familiär. Und wenn ich auch in Versen spreche, oder vielleicht gar ein Ritterwams anlege, ich bleibe doch der Alte.
Oh, mein Herr, so lange noch deutsche Biederkeit waltet,
und Bier getrunken und Tabak geraucht wird, steht mein
Charakter unerschütterlich wie auf Elefantenfüßen. – Hier
mischte sich ein junger, blasser Schauspieler mit in das Gespräch, der bisher für sich allein an dem Stümpfchen Licht in
einem Buche gelesen hatte, ohne an dem Lärm der Anderen
Teil zu nehmen. Bester Herr Ruprecht, redete er den Oberförster an, wer Sie so zum erstenmal schwatzen hört, könnte
leicht an Ihnen irre werden. Ich aber weiß es wohl, wie Sie,
gleich jenem Herrn, in der Kunst nur das Edlere, das Ideale
schätzen. – Ruprecht, der sich nicht wenig damit wußte, daß
er in seiner Jugend die Kantische Philosophie gehört hatte,
räusperte und rückte sich so eben wohlgefällig in seinem
Stuhle zurecht, als plötzlich die kleine Reiterin herbeisprang,
und ihm von hinten den Mund zuhielt. Um Gottes willen,
rief sie, fangt nicht wieder von dem langweiligen Zeuge an,
ihr guten Leute und schlechten Philosophen! – Armer Shakspeare! entgegnete der Blasse, mit einem unsäglich verach-

tenden Blicke. – Oh, fiel ihm Kordelchen – so hieß die
Reiterin – in die Rede, der Ruprecht ist ein eingefleischter
Shakspeare, hat er sich nicht schon allmählich Bardulphs
feurige Nase anstudiert? – Und in der Tat, seine stolze Nase
leuchtete immer schöner, je trüber das Licht in der Glaskugel
zu verlöschen begann. Er begab sich für einen Augenblick
der feierlichen Gravität, in die ihn die Erinnerung an seine
akademischen Studien versetzt hatte, und, täppisch Kordelchen zu sich zerrend, rief er: So komm und gib Deinem
Bardulph einen Kuß, du süße Dortchen Lakenreißer! – Da
gab ihm Kordelchen, durch diese unzeitige Vergleichung
beleidigt, geschwind eine derbe Ohrfeige, Ruprecht aber
sprang zornig auf sie los, während seine nächsten Nachbarn
bemüht waren, ihn festzuhalten. Bei der allgemeinen Bewegung warfen sie mit ihren Ellbogen einige Stühle und mehrere volle Gläser um, der Blasse, der ganz entrüstet sein Buch
retten wollte, fiel über ein Stuhlbein, der hinzugesprungene
Wirt über den Blassen, Ruprecht mit seinen Verfolgern über
den Wirt, und so war auf einmal alles wie ein Rattenkönig
von wundersam durcheinanderarbeitenden Armen und Beinen. In diesem Augenblick hörte man Säbelscheiden über die
Hausschwelle klirren, und zwei bärtige Polizeidiener traten
in den Garten. Was für eine skandalöse Aufführung! rief der
eine die Erschrockenen an, ist das jetzt die Zeit, durch
schnöden Lärm eine gesittete Bürgerschaft zu turbieren, die,
nach sauer erfüllter Berufspflicht, so eben schon den einen
Fuß in das Bett gesetzt hat – Und die durchreisenden Herrschaften! da fährt eben eine ehrwürdige Matrone erschrocken empor, fiel sein Gefährte ein, indem er auf ein
Fenster wies, wo die Dame mit dem Schirm neugierig hervorguckte, bei dieser Apostrophe aber schnell wieder verschwand. – Nur nicht noch gar räsoniert! – fuhr der andere
zornig fort, da die Schauspieler reden wollten. – wir kennen
uns, wir sind verwegene Schuldenmacher, denen kein Gläubiger mehr glauben will. – Rasch an das Licht tretend und ein
Papier entfaltend, las er: da ist Herr *Ruprecht* – feurig von
Nase, erhaben von Nase, blühend von Nase – was? nichts als

lauter Nase! – Herr *Lothario* dann, auch Literatus genannt. –
Charakter: erster Tenor; besondere Kennzeichen: verdrehte
Schleife am Halstuch, ungekämmtes Haar, spricht am ver-
nünftigsten, wenn er betrunken ist, in Summa: großes Genie. – Aber der Teufel mag aus der Beschreibung klug
werden, ich verhafte in dem Klumpen da die ersten besten
Beine. – Greif' zu! – Sein Gefährte packte nun ohne weiteres
den Ruprecht an den Füßen, der in dem Gedränge vergeblich
bemüht war, seine Stiefeln in den Händen des Häschers zu
lassen und sich auf die Strümpfe zu machen. Unterdes hatten
sich endlich auch die anderen eiligst vom Boden aufgerafft,
der Direktor Sorti, schon halb entkleidet, flog in größter
Bestürzung herzu, der Hofhund dicht an seinen Waden hinter ihm drein, Kordelchen lachte, der Wirt schimpfte, der
Blasse deklamierte fortwährend von persönlicher Freiheit
und unverletzlichen Menschenrechten.

Seid ihr nicht rechte Narren! rief da auf einmal der Polizeidiener dazwischen, und warf Bart, Hut und Rock von sich
– es war der Literatus Lothario. Sein Gefährte aber verwandelte sich eben so rasch in Herrn Fabitz, den Komikus
der Bande.

Ich wußt' es lange – sagte Ruprecht, der sich zuerst von
dem Schreck erholt hatte – indem er ruhig seine Pfeife
ausklopfte. Die Übrigen aber konnten den Scherz nicht so
schnell verwinden, dem einen hatten sie auf das Hühnerauge
getreten, ein anderer fuhr wütend mit dem Ellbogen aus dem
Ärmel und behauptete, das Loch sei erst von jetzt, alle
keiften auf Lothario los, während ihnen Fabitz unvermerkt
ihr Bier austrank. Lothario aber hatte unterdes vom Reisewagen schnell eine Trommel geholt, setzte sich damit auf den
Tisch, und begann lustig zu wirbeln, bald piano bald cre-
scendo, nach der jedesmaligen Stimmung des Redenden.
Kein Mensch konnte sein eigenes Wort verstehen, die Zän-
ker schrien sich ganz heiser, und verloren die Geduld, einige
lachten, Lothario trommelte immerfort, bis alle nach und
nach den Platz geräumt, und der Letzte zornig die Haustür
hinter sich zugeschmissen hatte. Nur Kordelchen war zu-

rückgeblieben. Sie setzte sich trotzig neben Lothario auf den
Tisch. Und ich bleibe grade noch draußen, sagte sie, mir
gefällt die Nacht. Überhaupt, fuhr sie fort, ich habe dir's
schon oft gesagt, dieses stolze, herrische, hochfahrende Wesen sollst du mir endlich einmal ganz lassen! – Ich bitte dich,
erwiderte Lothario die Trommel weglegend, du bist sonst
gescheut, und ich kann dich wohl leiden, aber mit dem
Lassen und Anderswerden, Kind, da ist gar nicht die Rede
davon bei mir! – Kordelchen sah ihn eine Weile an, dann
brach sie plötzlich in lautes Lachen aus. Das wollt' ich nur,
sagte sie, es steht dir gar zu schön, wenn du zornig bist. Gute
Nacht! hiermit gab sie ihm einen Kuß, und war schnell im
Hause verschwunden.

Fortunat aber, der unterdes an einem entfernteren Tisch
sein Abendessen verzehrte, war nicht wenig erstaunt, als er
in Lothario, da er vorhin seine Polizeimaske abwarf, und in's
volle Licht getreten war, auf einmal den wunderlichen Ci-
cerone wieder erkannt hatte, der ihn am ersten Morgen in
Hohenstein durch den Garten begleitet. Er benutzte die
plötzliche Stille, um den alten Bekannten zu begrüßen, Lothario schien überrascht, und sah Fortunaten einen Augenblick durchdringend an. – Hat mich sonst noch jemand dort
gesehen? fragte er endlich, und als Fortunat es verneinte,
schien er noch viele Fragen auf dem Herzen zu haben, besann
sich aber schnell wieder. Ich liebe Hohenstein, sagte er nach
einer kurzen Pause, vor allen andern Orten und mache, so oft
wir in der Nähe vorüberziehen, einen Abstecher nach dem
Garten. – Doch heut ist's schon zu spät, wir sprechen wohl
noch morgen mehr davon. – Hiermit schüttelte er Fortunaten die Hand, und ging nach dem andern Flügel des Hauses
hin.

Fortunat konnte in seiner Kammer lange nicht einschlafen. Im Hause und unter den Fenstern war alles still geworden, nur die Bäume neigten sich rauschend im Winde, während ferne Blitze zuweilen noch eine plötzliche, gespensti-
sche Helle über den Garten warfen. Da war es ihm, als nahten
sich zwei Gestalten von ferne dem Hause. Er erkannte Lo-

thario'n, der mit einem fremden Manne, den er bisher in der
Gesellschaft nicht bemerkt hatte, in lebhaftem Gespräch
begriffen schien. Sie verloren sich bald wieder zwischen den
Bäumen, nach einem Weilchen kam Lothario allein zurück,
dann wurde alles wieder still.   5

SIEBENTES KAPITEL

Noch war keine Spur des Morgens am Himmel, da lagen
mehrere der jüngeren Schauspieler, denen es zu schwül im
Hause geworden war, in ihre Mäntel gehüllt schlafend auf
den Stühlen und Bänken unter den Linden umher. Fabitz,   10
der Komikus, welcher sich über den langen Tisch hingestreckt hatte, erwachte zuerst. Er blickte erschrocken in den
Himmel, und da er an dem Stand der Gestirne bemerkte, daß
es lange nach Mitternacht war, sprang er sogleich auf den
Tisch hinauf, und fing wie ein Hahn zu krähen an.   15
   Da fuhr eine dunkle Gestalt nach der andern fröhlich in die
dämmernde Nacht empor, schaurend und sich schüttelnd in
der kühlen Luft. Lothario aber kam, schon ganz reisefertig,
tiefer aus dem Garten und pochte lustig an die Haustür.
Glück auf! rief er, fröhliche Botschaft! heraus da! ich habe 20
Fortunam beim Schopf! – Nun fuhren schlaftrunkene Mäd-
chengesichter neugierig aus den Fenstern, immer mehr Stimmen wurden nach und nach drinnen wach, Türen flogen
heftig auf und zu, und bald glich das ganze Haus einem
Bienenstocke, der schwärmen will.   25
   Fortunat, von dem wachsenden Lärm aufgeschreckt, eilte
gleichfalls hinab, und fand schon die ganze Gesellschaft in
der liebenswürdigsten Laune um Lothario versammelt. Dieser hatte nämlich in der Nacht durch einen Freund die Nachricht erhalten, daß der Fürst auf seinem, eine Tagereise von 30
hier belegenen Jagdschlosse angekommen, wo er jeden Sommer einige Wochen hindurch sich den Freuden der Jagd und
allerlei wunderlichen romantischen Einfällen zu überlassen
pflege. Dem Briefe lag zugleich eine Einladung des Fürsten

an Herrn Sorti bei, mit seiner Truppe so schnell als möglich
sich auf dem Schlosse einzufinden. – Dieser unerwartete
Glücksfall verbreitete einen allgemeinen Jubel. Ein jeder
schnürte eiligst sein Bündel, alle versprachen sich goldene
Berge von dem reizenden Aufenthalt, die Männer Ruhm und
gutes Leben, die Mädchen vornehme Liebschaften und Geschenke. Fortunat selbst, den sein Weg ohnedies an dem
fürstlichen Schlosse vorbeiführte, beschloß, die Fröhlichen
bis in die Nähe desselben zu begleiten.

Die aufgehende Sonne traf die muntere Karawane schon
draußen auf den Bergen. Kamilla – so wurde die Dame mit
dem Schirm genannt – schien Fortunaten ausweichen zu
wollen, und war daher mit Herrn Sorti auf dem Packwagen
vorausgefahren. Die Andern hatten in dem Städtchen einen
Burschen gedungen, der sie auf den Fußsteigen durch den
schönen Wald führen mußte, alle waren freudig aufgeregt,
und sprachen viel von den Festen auf dem fürstlichen Schlosse, und den schönen Tagen, denen sie entgegenwanderten.
Ruprecht schritt Tabakrauchend wieder voraus, und into-
nierte an den schönsten Waldstellen zuweilen: »In diesen
heiligen Hallen«, oder eine andere würdige Baßarie, während Fabitz unermüdlich die mannigfaltigsten Vögelstim-
men nachahmte. Lothario schweifte unterdes, seine Flinte
auf dem Rücken, allein auf den Bergen umher, von Zeit zu
Zeit hörte man ihn fern im Walde schießen, was jedesmal von
der Gesellschaft mit einem lauten Hurra erwidert wurde. –
Fortunaten aber war wunderlich zu Mute in der un-
gebundenen Freiheit. Er atmete fröhlich die kühle Waldluft,
sich oft zurückwendend und des munteren Zuges erfreuend,
wie die heiteren Gestalten mit ihren bunten Tüchern und
phantastischen Reise-Trachten, bald über ihm auf überhängenden Felsen erschienen, bald tief im dunklen Grün wieder
verschwanden.

Als die Sonne schon hoch stand, ruhte die Truppe auf einer
schönen Waldwiese aus. Da kam plötzlich auch Lothario aus
dem Walde zu ihnen. Wer ist der fremde Herr hier in den
Bergen? fragte er rasch den Führer, – da ist so ein Kerl im

Frack, der schlüpft schon die ganze Zeit über von Strauch zu
Strauch, sieht sich manchmal nach euch um, und flieht dann
von neuem vor eurem Singsang und Geschnatter, wie ein
Hase auf der Klapperjagd. – Das ist gewiß der Doktor,
erwiderte der Führer lachend, der kam einmal mitten in
einem Platzregen ins Dorf, wie vom Himmel gehagelt. Die
Gegend gefiel ihm, es war grade ein Haus droben leer, da
wohnt er seitdem darin, eine alte Frau aus dem Dorfe besorgt
ihm das Essen. Am Abend aber, wenn die jungen Burschen
und Mädchen vor den Haustüren sitzen, kommt er auch
herab, und sie müssen ihm Lieder singen und Märchen
erzählen, da hat er schon manche Maulschelle bekommen,
wenn er die Mädchen heimlich in die Arme kniff. Aber es ist
ihm nicht zu trauen, fuhr der Führer fort, er hat droben
kuriose Bücher, da ist kein christlicher Buchstabe drin, lauter
Zirkumflexe, wie wenn eine Spinne über's Blatt gelaufen
wäre, und so oft er aus den Büchern murmelt, zieht sich an
den Bergkoppen ein Wetter zusammen, dann hört man ihn
drinnen im Hause laut sprechen und schimpfen, und ist doch
kein Mensch bei ihm.

In demselben Augenblick erblickten sie auch den Zauberer selbst in der Ferne, wie er so eben hastig den Berg
hinanklomm, daß die Steine hinter ihm herabkollerten. –
Den muß ich doch sprechen! rief Lothario, dem Fliehenden
sogleich rasch nachsetzend. Fortunat und noch einige andere
von der Gesellschaft schlossen sich neugierig an.

So verfolgten sie rasch die Spur des Fremden, der unterdes
schon den Gipfel des nächsten Hügels erreicht hatte; nur
seine Rockschöße sahen sie noch manchmal zwischen den
Gebüschen fliegen, bis sie ihn zuletzt ganz aus den Augen
verloren. Nach mühsamem Umherirren gelangten sie endlich an ein halbverfallenes, rings von hohem Unkraut um-
gebenes Haus, dessen Türen und Fenster festverschlossen
waren. – Da ist er gewiß hineingeschlüpft, sagte Lothario
und klopfte an die alte Tür. Es erfolgte keine Antwort, aber
im Innern des Hauses hörten sie ein gewaltiges Gepolter, als
würden Tische und Bänke hastig an die Türe geschoben.

Lothario pochte von neuem, stärker und immer stärker. Da flog plötzlich oben eine Dachluke auf, und mit zornblitzenden Augen erschien in der Öffnung ein kleiner lebhafter Mann, in dem Fortunat zu seinem Erstaunen sogleich den nächtlichen, seltsamen Geiger aus dem Weinkeller in Walters Städtchen wieder erkannte. – Doktor! – Dryander! riefen die Schauspieler überrascht aus.

Was wollt ihr? fuhr sie der Musikus von oben sehr heftig an. Denkt ihr, ich werde aus den frischen Berglüften zu eurem dicken Lampendunst hinabkommen und das Volk lassen um das Publikum, und das Rauschen der Wälder um eure Triller und Sentenzen? Geht hinunter und weint um Hekuba, wenn ihr nicht über eure eigne Misere weinen könnt! – Hier sah er erst seine Zuhörer einen nach dem andern genauer an. Entsetzlich, sagte er nach einer kurzen Pause zu Ruprecht, du schaust wie ein brennender Busch aus – Und du, idealer, blaßverwaschener Musen-Bräutigam, redest du jede Magd noch Jungfrau an, und forderst den Stiefelknecht in Jamben? – Aber dich, Barbar, der in Blut watet, und von den Tränen des Publikums lebt, dich erkannt' ich gleich an der roten, tyrannischen Stirne wieder! – Jetzt wurde er plötzlich auch Lothario'n gewahr, er stutzte, und wie ein Morgenleuchten überflog es sein ganzes Gesicht, dann warf er schnell das Dachfenster zu. – Lothario aber hatte unterdes schon die morsche Tür eingerannt, und über die umgeworfenen Stühle, womit sie verrammelt war, das Zimmer erreicht.

Als die Übrigen eintraten, fanden sie Beide in einem leisen, heftigen Gespräch, das Laub vor dem Hause verbreitete eine wunderbare grüne Dämmerung über die kleine Stube, durch's offene Fenster hörte man den mehrstimmigen Gesang der zurückgebliebenen Schauspieler von unten heraufschallen:

> Wir wandern wohl heut noch weit.
> Wie das Waldhorn schallt!
> O grüner Wald,
> O lustige, lustige Sommerzeit!

Dryander war auf einmal wie verwandelt. Das ist noch das
alte Lied, sagte er, und schob ein Paar Bücher in seine
Rocktasche, das hab' ich euch damals komponiert, um eure
Affekte von den Wirtshäusern auf die schöne, erhabene Natur zu lenken. Seid ihr noch immer so durstig? Und lebt   5
Kordelchen noch, den Kennern zur Freude und den Frauen
zum Trotz? –

> O lustige, lustige Sommerzeit!

klang es wieder herauf. Da hatte der Doktor hastig wieder
ein Paar Bücher eingesteckt, nahm die Geige unter den Arm,   10
und setzte seinen Hut auf. Lothario stopfte ihm schnell noch
ein Bündel Wäsche nach, die Andern drängten ihn schon zur
Tür hinaus, und so stiegen sie eilig mit dem Doktor die Höhe
hinab.

Unten auf der Waldwiese fanden sie alles so eben schon im   15
Begriff, wieder aufzubrechen. Ein allgemeiner Jubel begrüßte die Ankommenden, und alle umringten den wieder-
gefundenen Doktor, der früher einmal als Musikdirektor die
Gesellschaft eine Zeitlang begleitet hatte. Dieser embrassierte die alten Kameraden nach der Reihe durch, küßte dann   20
der Dame Kamilla, die eben nicht sehr erfreut schien ihn
wiederzusehen, zierlich die Hand, und half ihr, da Herr Sorti
ängstlich zur Fortsetzung der Reise trieb, mit ausnehmen-
dem Anstande auf den Rüstwagen.

Unter diesem Bewillkommnungs-Getümmel bewegte   25
sich endlich der Zug langsam weiter. Dryander aber mit
seinen dickangeschwollenen Rocktaschen setzte sich an die
Spitze desselben, ergriff seine Geige, und spielte und sang,
daß es weit durch den Wald erschallte:

> Mich brennt's an meinen Reiseschuh'n,   30
> Fort mit der Zeit zu schreiten –
> Was wollen wir agieren nun
> Vor so viel klugen Leuten?

Es hebt das Dach sich von dem Haus
Und die Kulissen rühren
Und strecken sich zum Himmel raus,
Strom, Wälder musizieren!

Und aus den Wolken langt es sacht,
Stellt alles durcheinander,
Wie sich's kein Autor hat gedacht:
Volk, Fürsten und Dryander.

Da gehn die einen müde fort,
Die andern nah'n behende,
Das alte Stück, man spielt's so fort
Und kriegt es nie zu Ende.

Und keiner kennt den letzten Akt
Von allen, die da spielen,
Nur der da droben schlägt den Takt,
Weiß, wo das hin will zielen.

Die Sonne stand schon tief, und warf ihre letzten Strahlen
zwischen den Baumstämmen schimmernd über die Wanderer, als diese durch die zierlichen Jägerhäuser und die im
Walde sich kreuzenden Alleen daran erinnert wurden, daß sie
dem Ziel ihrer Reise nicht mehr fern sein konnten. Von
weitem vernahm man nun auch Waldhorn-Signale, einzelne
Schüsse und Rufen dazwischen, wie das letzte Verhallen einer
großen, weitverbreiteten Jagd. Die Gesellschaft wurde nun
nach und nach stiller, jeder rückte sorgsam seine Kleidung
zurecht und blickte erwartungsvoll vor sich in die Ferne
hinaus. Fortunat aber fühlte sich unbehaglich überrascht, da
nun das bisherige fröhliche Reiseleben plötzlich zum förm-
lichen Metier werden sollte.

Jetzt senkte sich der Weg allmählich in's Tal hinab, da
sahen sie eine luftige Säulenhalle, rote Ziegeldächer und stille
Wasserspiegel wechselnd aus der Tiefe aufblicken, immer
geheimnisvoller, je weiter sie kamen, schimmerte es bald da,

bald dort zwischen dem Grün herauf, durch die Wipfel aber
leuchtete ein Gewitter, das sie im Walde nicht bemerkt hatten. Auf einmal schrien die Frauenzimmer kreischend auf,
denn grade über ihnen, wie aus den Lüften, ließen sich
plötzlich fremde Stimmen vernehmen und auf der, in viele   5
Klüfte zerspaltenen, fast unzugänglichen Felsenwand erblickte man zwei Schützen, die sich offenbar dort zwischen
den Steinen verstiegen hatten. Der eine, ein kleiner, dicker
runder Mann, der immer da, wo man ihn am wenigsten
vermutete, wie ein Kürbis vom Felsen hing, trat beständig   10
zu kurz, während sein überlanger hagerer Begleiter jederzeit
über sein Ziel hinausschritt. Dieser gab sich, zum Ärger des
andern, das Ansehn ihm beizustehn, obgleich er selbst jeden
Augenblick das Gleichgewicht verlor und so den Dicken erst
recht mit in's Unglück brachte. Endlich konnten beide weder 15
vor, noch zurück mehr, und begannen aus Leibeskräften um
Hülfe zu schreien. Da erschallte vom höchsten Gipfel ein
mutwilliges Lachen. Die Abendsonne warf unter der
schwarzen Gewitterwolke einen dunkelroten Glanz über die
ganze Gegend, und in der scharfen Beleuchtung erschien   20
droben plötzlich eine schöne, hohe Mädchengestalt zu Pferde, ein grünsamtenes Jagdkleid umschloß die schlanken
Glieder, lange weiße Federn wogten vom Barett über ihre
Schultern hinab. Während ihr Pferd ungeduldig den Boden
scharrte, betrachtete sie mit großen dunklen Augen die Er- 25
staunten, die unwillkürlich die Unbekannte ehrfurchtsvoll
begrüßten. Sie nickte mit dem schwarzgelockten Köpfchen
kaum einen flüchtigen Dank, wandte sich dann rasch und war
bald in den Abendgluten wieder verschwunden.

　　Herrlich! riefen mehrere von der Gesellschaft aus. – Bei 30
Gott, sagte Lothario die Reiterin mit durchdringenden
Blicken verfolgend, die haben gewiß heut wieder einmal
ihren romantischen Tag! – Unterdes waren die Andern schon
mit langen Stangen, Stricken und Leitern herbeigeeilt, und
es gelang ihnen endlich, unter größerem Lärm, als eben nötig 35
war, die beiden verirrten Schützen glücklich auf die Ebene zu
bringen. Diese waren indes übel zugerichtet, der eine hatte

den Hut, der andere den Rockschoß droben gelassen, am
abenteuerlichsten sah der Lange aus mit knappen, grauen
Kamaschen und modernem Jagdkleid, halb Überrock halb
Frack, fast lauter Tasche. Kaum aber sahen sie sich unten in
Sicherheit, als sie, Gefahr und Dank vergessend, sogleich mit
spitzigen Worten aufeinander losgingen. Jeder schob dem
andern die Schuld zu, es schien, als habe die schöne Jägerin,
der sie in verliebter Galanterie nachgesetzt, sie absichtlich in
dieses Klippen-Labyrinth verlockt. – So schritten beide,
ohne sich um die Schauspieler weiter zu bekümmern, eilend
dem Schlosse zu, und man hörte sie noch weit durch die
Dämmerung zanken.

Jetzt aber fegte der Sturm alles zusammen, von allen
Seiten sah man einzelne Jäger an den einsamen Waldesab-
hängen herniedersteigen. Da begann es auch im Schlosse sich
wundersam zu rühren, Türen wurden geöffnet und geschlossen, Bediente in bunten reichen Livereien liefen die
Marmortreppen auf und ab, die hellerleuchteten Fenster,
hinter denen sich in prächtigen Gemächern einzelne Frauengestalten bewegten, warfen einen magischen Schein weit
über den dunkeln Garten. Dann wurde auf einmal alles still
in der ganzen weiten Runde, die Nacht und das Gewitter zog
immer tiefer herein, Fortunat, der keine Lust hatte, wieder
naß zu werden, war bereits allein nach der Dorfschenke
geritten, die Schauspieler schimpften, sie hatten zu ihrem
Empfange sich Triumphbogen geträumt, einholende Kam-
merjunker und den Fürsten von hohem Balkone ihnen ent-
gegenwinkend. – Endlich sahen sie vom Schlosse her sich
Fackeln durch den Waldgrund bewegen, und erkannten bei
den wirren Scheinen mit klopfenden Herzen die bunten
Livereien der fürstlichen Bedienten. Heda ihr Herren Komödianten! rief der eine, wo Teufel steckt ihr denn? – Nun
Gott behüt' uns! – sagte ein anderer im Kreise umherleuch-
tend – das hängt ja wie Meltau an allen Sträuchern, als hätt' es
Plunder geregnet! – Kamilla, höchst entrüstet, rauschte mit
ihrem vornehmsten Anstande daher, und ließ Einiges von
impertinenten Domestiken fallen. Da war aber nicht lange

Zeit zum Ärgern und Händelmachen. Denn der Gewitterwind wühlte schon in den Flammen der Fackeln und in den
Tüchern der Damen, die Bedienten trieben zur Eile, Mäntel
und Regenschirme flogen verworren durcheinander, und so
wälzte sich alles in unordentlicher Flucht dem Schlosse zu.

Nur Lothario war zurückgeblieben, denn die schöne Jägerin mußte noch in den Bergen sein. Und er irrte sich nicht.
Zwischen den Blitzen von Fels zu Fels, daß ihm schwindelte,
lenkte sie mit kühner Gewandtheit ihr Pferd langsam den
schmalen Steg hinab. Von dem letzten Abhange endlich
wagte es einen verzweifelten Sprung, und stürzte unten samt
der Reiterin auf dem Rasen zusammen. In demselben Augenblick riß sie es gewaltsam wieder empor, beide hatten
keinen Schaden genommen, nur der Zaum war entzwei. Da
sprang Lothario rasch hinzu, ein langer Blitz beleuchtete
plötzlich die ganze schöne Gestalt. Wie das blendet! rief er,
während er, auf den Nacken des Pferdes gelehnt, ihr lächelnd
unter dem Barett in die Augen blickte. – Sie sah ihn groß an –
da, die Kinnkette noch, erwiderte sie kurz und stolz, dann,
als er den Zaum in Ordnung gebracht, drückte sie rasch die
Sporen ein, und zwischen den roten Scheinen der Windlichter sah er ihren weißen Federschmuck, wie einen Schwan,
durch die finstere Nacht dahinziehn.

ACHTES KAPITEL

Als Fortunat erwachte, blickte er erstaunt in einem hohen
vom Morgenrot schimmernden Gemache umher. Nach und
nach erst besann er sich auf alles: wie er gestern noch vor
Ausbruch des Gewitters aus der Dorfschenke in das fürstliche Schloß geladen worden, wie wunderbar da beim Widerschein der Blitze das Schloß in der Nacht aussah, das Getümmel dann im Hofe, und wie darauf ein Bedienter ihn mitten
aus dem Gewirre in dieses Gemach gewiesen. Hier hatte er
durch das Fenster bemerkt, daß die übrigen Schauspieler
nochmals weiterziehen mußten, und beim trüben Schein

einiger Windlichter einen dunklen Baumgang hinabgeführt
wurden, bis zuletzt die Lichter, das Rumpeln des Reisewa-
gens und die wohlbekannten Stimmen sich in dem Plätschern des Regens verloren, der nun plötzlich in Strömen
5 herabstürzte.

Jetzt aber regte sich noch kein Laut, nur draußen blickten
einzelne Flüsse und Landschaften mit funkelnden Kirchtür-
men schon geheimnisvoll zwischen den hohen Bäumen herauf. Da kleidete Fortunat sich schnell an, und eilte durch das
10 stille Haus die breiten, dämmernden Marmortreppen hinab.
Unter einer luftigen Säulenhalle, die von beiden Seiten mit
hohen, ausländischen Blumen besetzt war, trat er in den
prächtigen Garten. Hier war nach dem erfrischenden Regen
der Morgen wie ein bunter Teppich ausgebreitet, auf dem das
15 Schloß gleich einer schlummernden Sphinx noch rätselhaft
ruhte. – Er wollte eben tiefer in das Grün hineingehen, als er
überrascht in einiger Entfernung folgendes Lied singen
hörte:

> Aus Wolken, eh' im nächt'gen Land
> 20 Erwacht die Kreaturen,
> Langt Gottes Hand,
> Zieht durch die stillen Fluren
> Gewaltig die Konturen,
> Strom, Wald und Felsenwand.
>
> 25 Wach' auf, wach' auf! die Lerche ruft,
> Aurora taucht die Strahlen
> Verträumt in Duft,
> Beginnt auf Berg und Talen,
> Ringsum ein himmlisch Malen
> 30 In Meer und Land und Luft.
>
> Und durch die Stille, Lichtgeschmückt,
> Aus wunderbaren Locken
> Ein Engel blickt. –
> Da rauscht der Wald erschrocken,

Da gehn die Morgenglocken,
Die Gipfel stehn verzückt.

O lichte Augen, ernst und mild,
Ich kann nicht von euch lassen!
Bald wieder wild
Stürmt's her von Sorg' und Hassen –
Durch die verworrnen Gassen
Führ mich, mein göttlich Bild!

Fortunat folgte dem Gesange, der von einem entfernten
Flügel des Schlosses herzukommen schien. Die hohe Tür
war nur angelehnt, er trat hinein, und befand sich in einer
schönen, großen Kapelle, die durch eine Kuppel erleuchtet
wurde. Auf einem Gerüste stand dort ein Maler, welcher in
dieser stillen, kühlen Einsamkeit, zwischen den von oben
einfallenden Morgenlichtern und den halbvollendeten be-
tenden Gestalten mit ihren reichen, leuchtenden Gewändern,
wie in dem Kelch einer wunderbaren Blume schwebte. Er
hörte auf zu singen, als er unten den Fremden gewahrte, und
wandte schnell ein munteres Gesicht zwischen umwallenden
braunen Locken aus seinem Himmel hinab. – Glück auf! rief
ihm Fortunat, überrascht von der ganzen, unerwarteten Erscheinung, fröhlich zu, das ist eine herrliche Werkstatt! – Der
Maler nickte lächelnd und fuhr in seiner Arbeit fort, kehrte
sich dann aber, plötzlich abbrechend, wieder zu Fortunat:
Sind Sie nicht gestern Abend mit den Schauspielern gekommen? – Ja, und zugleich von ihnen abgekommen, ich weiß
nicht wie, erwiderte Fortunat. – O die sind gar nicht weit,
sagte der Maler. Und eigentlich ist auch heut Aurora zu
schön, um ihr hier in's Gesicht zu klecksen, ich will Sie lieber
gleich zu Ihren Kameraden führen. – Bei diesen Worten hatte
er rasch Pinsel und Palette weggelegt, und kam die Leiter
herab. Er war ein kecker, vollwangiger Jüngling mit bloßem
Hals und knappem, sehr zierlichen deutschen Rock. Er verschloß die Tür, da sie hinaustraten, und führte Fortunaten
eilig durch den Baumgang, in welchem gestern Nacht die

Schauspielergesellschaft verschwunden war. Das muß ein
glückliches Leben sein, sagte er, wie oft hab' ich mir schon
gewünscht, so mit fröhlichen Gesellen in's Blaue hineinzu-
ziehen! Wir Maler sind überall an Ort und irdisches Material
gebunden. Da sind die andern Künstler besser dran, zumal
der Dichter. Die ganze schöne Welt ist sein Revier, und wo er
singt, ist der Himmel. – Aber da sind wir schon! unterbrach
er sich hier. Sehn Sie dort. Es ist eigentlich ein altes Garten-
palais, das lange wüst und verlassen stand. Ich wohne auch
drin, seit ich hier male, nun hat der Fürst auch die Gesellschaft mit hineinquartiert. Hören Sie doch, was für ein
Rumor darin! Das ist ja wahrhaftig wie eine Menagerie, wo
unzählige Loris und Papageien durch einander kreischen
und manchmal eine alte Hyäne dazwischen gähnt.

Fortunat erblickte nun am Ende des Baumganges einen
weiten grünen Platz, wo mehrere Figuren von Buchsbaum,
halbzertrümmerte Statüen und vertrocknete Wasserkünste
einen ehemaligen französischen Garten andeuteten, der jetzt
nur noch durch einzelne Kaiserkronen und dunkelglühende
Päonien seltsam an die alte Herrlichkeit erinnerte. Im Hintergrunde stand ein alter, schwerfälliger, von der Zeit ge-
bräunter Palast, dessen vornehme Gesimse mit Verachtung
auf die aus den Fenstern flatternde Wäsche und auf Kamilla's
Regenschirm herabzublicken schienen, den sie vor ihrem
Schlafzimmer als Markise ausgespannt hatte.

Fortunat trat mit dem Maler hinein, und begrüßte seine
lustigen Reisegefährten, die vor Freuden auch nicht mehr
schlafen konnten und sich hier nach jahrelangem dunklen
Umhertreiben in den Dachstübchen kleiner Städte, sehr behaglich und laut in dem ungewohnten Glanze sonnten. Ein
großer Saal mit Stuckverzierungen, verblichenen Tapeten
und einem altväterischen Billard in der Mitte, diente ihnen
zum Versammlungsplatz, und wenn gleich die Boursen des
Billards zum Teil vom Zahn der Zeit schon abgenagt waren,
so hatten die erfindsamen Geister doch sogleich ihre eigenen,
ohnedies ziemlich überflüssigen Geldbeutel daran geheftet,
und schnitten ihre Karoline mit mehr Behagen als Geschick-

lichkeit. Nur Kordelchen erwies sich als Meisterin, wobei sie, in gewandten Stellungen über der grünen Tafel schwebend, ihr zierliches Figürchen zu zeigen willkommene Gelegenheit hatte.

Der enthusiastische Maler begann sogleich eine Partie mit ihr, und Fortunat wollte eben Lothario'n aufsuchen, den er in der Gesellschaft vermißte, als der, sonst friedfertige Komiker Fabitz plötzlich mit einem seltsamen jungen Manne, mit welchem er draußen in Zank geraten, in den Saal hereinstürzte. Der junge Mensch trug die altdeutsche Tracht, deren verschossenes Schwarz aber schon bedeutend in's Gräuliche spielte; lange, grobe Haare hingen ihm von beiden Seiten bis über die Schultern herab, und gaben dem langen, eckigten Gesicht ein gewisses antiquitätisches Ansehen. Es ergab sich, daß es gleichfalls ein Maler, Namens Albert war, der auf seiner Rückreise von Rom hier seit einiger Zeit Beschäftigung und günstige Aufnahme gefunden. Dieser hatte nun kaum in Erfahrung gebracht, daß bei der eben angekommenen Gesellschaft ein Herr Fabitz den Kasperl zu spielen pflege, als er sogleich mit wahrem Missionarien-Eifer auf den Unglücklichen losging, und ihm über das Unwürdige, Verkehrte und daher Unhaltbare seines Kunstgewerbes die gemessensten Vorstellungen machte. Er sprach viel vom ernsten Norden, wo die edlen Eichen höherer Bildung solch niederes Unkraut gar nicht aufkommen ließen, ja eine norddeutsche Zunge, wie die seinige, entsetzte sich schon vor dem barbarischen Laute: Kasperl! Fabitz dagegen meinte, er kenne zwar von den nordischen Zungen bloß die geräucherten, die langen, norddeutschen Kaspar's aber seien wahrscheinlich nur zu langweilig, um auf das Theater gebracht zu werden. – Zuletzt aber, da ihm die ganze Erscheinung des Norddeutschen etwas Neues war, überwältigte ihn sein Naturell. Unwillkürlich nahm er nach und nach, Zorn und Streitpunkt vergessend, die wunderliche Haltung, Gesicht und Stimme seines Gegners, der in seinem fanatischen Eifer nichts davon merkte, selber an, und focht so verzweifelt in aufgeschnappten hochtrabenden Sentenzen, daß

sein Gegner ganz konfus wurde. – Kordelchen hatte schon
lange vom Billard zugehorcht. Allerliebster Narr, rief sie
nun, hinzuspringend aus, und gab ihm einen herzhaften
Kuß. Pfui! wenn er nur nicht so häßlich wäre! sagte sie dann,
5 sich den Mund schnell abwischend.

Währenddes hatte sich, ohne von dem Streit Notiz zu
nehmen, ein kurzer, runder Mann zu Fortunaten gesellt, der
sich ihm als den fürstlichen Schulrat vorstellte, und in welchem er sogleich den dicken Schützen wieder erkannte, dem
10 sie gestern vom Felsen geholfen. Fortunat wußte gar nicht,
wie ihm geschah, da der Kleine auf einmal sehr gelehrt von
Poesie, Kunst und Religion zu sprechen anfing, und sich
endlich angelegentlichst erbot, ihn in den wenigen Augenblicken der Muße, die ihm blieben, mit den mancherlei
15 Merkwürdigkeiten des Orts bekannt zu machen. Kaum hatte
der kämpfende Maler Albert den Schulrat erblickt, als er
vornehm den Streit abbrach und sich zu ihnen wandte. –
Vortrefflich, sagte der Schulrat, sich an Fortunats Arm hängend, so geleite ich Sie gleich zu einem Götter-Frühstück,
20 womit ich mich jeden Morgen für meine Berufsgeschäfte zu
stärken pflege. – So schritten sie eilig durch einen langen
Korridor zu einer schweren eichenen Tür, die Albert mit
einer gewissen Feierlichkeit öffnete. Es war sein Atelier, ein
hohes, ritterliches Gemach, an dessen schmuckloser Haupt-
25 wand ein großes, mit der Jahreszahl 1813 bezeichnetes
Schwert hing, um das sich ein verwelkter Eichenkranz wand.
Das ist mein treuer Reisegefährte, sagte Albert zu Fortunat,
und wenn mich schlaffe Ruh oder weichliche Lust überschlei-
chen wollen, blick ich die Eisenbraut an, und gedenke der
30 ernsten, großen Zeit. – Ach, das ist schon eine alte Geschichte! entgegnete Fortunat lachend. – Sind Sie damals mit zu
Felde gewesen? fragte der Maler etwas spitzig. – Freilich,
erwiderte jener, das versteht sich ja aber ganz von selbst.

Inzwischen befand sich der Schulrat schon mitten unter
35 Alberts Arbeiten, die in dem Gemach umherstanden und
von dem erstaunenswerten Fleiße des Malers zeugten. Da
waren die ungeheuersten Anstalten zur Kunst: Gliederpup-

pen, sorgfältig gefaltete Mäntel, Modelle und Büsten, dazwischen mehrere vollendete Bilder, Historienstücke aus der antiken Heroenzeit, von sehr zusammengesetzter, studierter und nicht leicht faßlicher Komposition. Göttlich! rief der Schulrat einmal über das andere aus, während er mit Kennermiene beschäftigt war, jedes Bild genau in das rechte Licht zu stellen. Sehen Sie den ätherischen Hauch des Inkarnats, die Perspektive, diesen klassischen Ausdruck! – In der Tat, ein philosophischer Pinsel, erwiderte Fortunat. Denn diese anmaßlichen, affektierten Heldengestalten voll Männerstolz und Männerwürde wollten ihm nicht im mindesten behagen, und die Jungfrauen mit ihrer langgestreckten anmutlosen Tugendlichkeit kamen ihm gar wie gemalte Begriffe der Jungferschaft vor.

Nun, ich muß mich nur wieder mit Gewalt losreißen, sagte endlich der Schulrat, seinen Hut ergreifend, ernstere Geschäfte rufen mich. – Ein Genie! flüsterte er, im Fortgehen auf Albert deutend, Fortunaten zu. – Ein tiefer, umfassender Geist! sagte Albert, als der Schulrat verschwand.

Fortunaten aber hatte unterdes eines von den kleineren Bildern angezogen. Man sah' Rom in der Ferne mit seinen phantastischen Trümmern und Palästen in der vollen Glut des südlichen Abendhimmels. Im Vorgrunde, von Rom fort, schritt einsam durch das schon dunkelnde öde Feld ein einzelner Mann mit antikem Faltenwurf des Mantels und feierlich ernster Miene, an der Fortunat sogleich den Maler selbst erkannt hätte, wenn er auch nicht zum Überfluß noch mit dem obengedachten Schwerte vom Jahre 1813 umgürtet gewesen wäre. – Aber warum in aller Welt kehren Sie dieser leuchtenden Wunderpracht hier so eilfertig den Rücken? fragte er erstaunt. – Dieses Bild, erwiderte Albert, mit seinem allerlängsten Gesicht, bezeichnet eigentlich die dunkle Führung überhaupt, die in meinem Leben waltet. Rom ist herrlich, und ich nahte voll Ehrfurcht den alten Heldenmalen. Aber das leichtsinnige Geschlecht und das Klingeln der Bonzen über den Gräbern versunkener Größe störte und empörte mich. Ich konnte mich den Anmutungen des Aber-

glaubens, auch nur zum Scheine, nicht gefällig erweisen, und
hatte beständig Verdruß. Dazu kam, daß das Geschick meines deutschen Vaterlandes, wo eine neue große Zeit sich
ausgebärt, heimlich an meinem Herzen fraß, ich hatte nirgends Ruhe. Meine Kameraden gefielen sich dort bald höch-
lichst – ich aber ermannte mich zur rechten Zeit und flüchtete
vor den gleißenden Schlingen doppelter Knechtschaft nach
dem ernsten, heimatlichen Norden. –

Norden?! – rief Fortunat erschrocken über dieses plötzlich
wiederkehrende Lieblingsthema des Malers aus, und griff
hastig nach seinem Hute. Albert, welcher dies für eine Auf-
wallung übereinstimmender Empfindung halten mochte,
drückte ihm stumm die Hand, aber mit so seltsamer Kreuzung der Finger, daß es Fortunat sogleich für das heimliche
Zeichen irgend eines ihm fremden Bundes erkannte. Fortunat besann sich nicht lange, sondern erwiderte den Druck, zu
Alberts Verwunderung, mit noch abenteuerlicheren Hand-
griffen und stürzte dann in's Freie hinaus.

Verdammte Wirtschaft! rief er draußen, durch den Baumgang eilend, überall vertreten einem solche lange Gesichter
das Morgenlicht! Lassen sich da von irgend einem kritischen
Kleinmeister eine angeräucherte Brille aufheften, womit sie
dann in alle Welt gehen, die Völker zu richten. So zieht das
Geschmeiß, wie die Wander-Raupen durch den Glanz der
Länder in stillem Wahnwitz fort, wenn es sonst Wahnsinn ist,
die Dinge anders anzusehen, als sie wirklich sind! – Zuletzt
mußte er selbst laut auflachen über den wunderlichen Zorn,
in den ihn das Larven-Kunstkabinett des Malers versetzt
hatte. Die Morgensonne spielte golden durch die Wipfel der
Bäume und unzählige Vögel sangen. Er blickte fröhlich
umher und fand, daß die Welt, trotz allen Narren, so schön
und lustig blieb, wie sie war.

NEUNTES KAPITEL

Es war schön anzusehen, wie auf der luftigen Rampe des
Schlosses, die gleich einer Blumenzinne weit über die Wälder
hinausragte, schlanke Frauengestalten und bunte Uniformen
zwischen den dunklen Orangenbäumen hervorschimmer-
ten. Oben saßen die Fürstin, Herren und Damen in der
heiteren Morgenkühle auf buntgestickten Feldstühlen umher, die Abenteuer der gestrigen Jagd besprechend. Mehrere
Bände von Shakespeare mit funkelndem Goldschnitt lagen
auf einem zierlichen Tischchen, Notenhefte und eine Guitarre daneben; der Morgenwind blätterte lustig darin, und
ging durch die Saiten, daß es von Zeit zu Zeit zwischen dem
Plaudern und Lachen einen fröhlichen Klang gab. – Weiter
zurück aber standen die zur Musterung heraufbeschiedenen
Schauspieler in ihren besten Feierkleidern, ganz verwirrt
unter den Fürsten und Grafen, die sie doch so oft auf ihren
Brettern gespielt hatten. Vergebens suchten sie unter den
fremden Gesichtern den geraden Kriegshelden, den schlauen
Beichtvater, den falschen Minister, Herr Sorti vergaß darüber ganz seine wohlersonnene, altmodische Anrede, sie
fanden alles anders, als sie sich's unten eingebildet hatten.
Mit ehrerbietiger Neugier blickten sie zuweilen seitwärts
durch die offene Tür in die prächtigen Gemächer hinein, aus
denen der glatte Fußboden, hohe Spiegel und Statüen zwischen bronzenen Kandelabern geheimnisvoll glänzten. Manches junge Herz aber wünschte sich hundert Meilen von hier,
denn unter der Terrasse pfiffen die Vögel lustig in der alten
Freiheit und zwischen den Wipfeln blickte die Landschaft so
heiter herauf, als rief es: kommt nur wieder hinunter, da
draußen ist's doch viel schöner!
    Der Fürst, ein junger, schöner Mann in bequemer Jagd-
kleidung, war unterdes zu ihnen getreten, und entschuldigte
seine gestrige Vergeßlichkeit so leicht und vornehm, daß sie
ihm für ihren schlechten Empfang noch danken mußten. Er
belobte Herrn Sorti über die Eile, mit der er seiner Einla-

dung gefolgt, und wußte in aller Geschwindigkeit durch
Andeutungen seltener Belesenheit und Sachkenntnis allen zu
imponieren. Dazwischen blickte er manchmal verstohlen
nach Kordelchen, die das auch sogleich bemerkte und, schlau
ihre Augen niederschlagend, die Verwirrte spielte. Kammerherren, junge Offiziere und Jagdjunker mischten sich
nun mit in die Unterhaltung, die Schauspieler wollten in
auserlesenen Redensarten ihren Weltton zeigen, die Mädchen waren naiv, die Junker charmant, zwischen ihnen und
den Feldstühlen der Damen flogen häufig französische Witz-
worte, wie zierliche Pfeile, über den glatten Boden hin und
her, deren Zielscheibe eben nicht zweifelhaft war. Unter
ihnen fiel der lange Schütz von gestern am meisten auf, ein
reisender Lord, der überall wie ein Kamelhals mit seiner
Lorgnette über die andern hervorragte. Er versicherte jeden
seiner Protektion und sprach immerfort von Kunst und
dramatischer Kunst und mimischer Kunst in so wunderlichem Deutsch, daß einer den andern nicht verstand.

Die Konfusion aber wurde noch immer größer. Denn
seitwärts hinter einer phantastischen Palme, auf deren breiten Blättern ein Papagei linkisch auf und nieder kletterte,
stand die kühne Reiterin von gestern, und neckte, wie es
schien, recht absichtlich, den Vogel, dessen durchdringendes
Gekreisch jeden Augenblick den galanten Discours verstörte. Sie beachtete die Komödianten nicht, aber zuweilen funkelten ihre Blicke zwischen den Zweigen nach Fortunaten
und Lothario herüber, welche den ersteren mit heraufge-
schleppt und so eben der Fürstin als einen geistreichen, nur
erst kürzlich zu ihnen gestoßenen Volontär vorgestellt hatte.
Die Fürstin, eine junge schmächtige Dame mit schwarzem
Haar, bleichem Gesicht und feurigen Augen, in graziöser
Lebhaftigkeit bald zu diesem, bald zu jenem Herrn ihres
Gefolges plaudernd zurückgewandt, nun witzig, dann sinnig, dann wieder gelehrt, wechselte in wenigen Minuten
verschwenderisch alle Farben der neuesten Bildung. Dazwischen blickte sie oft Fortunaten fast lauernd an, als wollte
sie prüfen, welchen Ton sie ihm gegenüber eigentlich an-

schlagen sollte. Sie schien es wunderbarer Weise recht ausschließlich auf den Beifall des unbekannten jungen Mannes
abgesehen zu haben, der sich, wie in einem plötzlichen Feuerwerk, vor den Raketen und steigenden Leuchtkugeln dieser
Unterhaltung gar nicht zu fassen und zu retten wußte. – Dem
Fürsten aber waren die Blicke der Gräfin Juanna – so nannte
man die schöne Jägerin – nicht entgangen, er wurde auf
einmal verstimmt, und entließ schnell die Schauspielergesellschaft. Das ist ein lustiges Metier, sagte er dabei noch mit
besonderem Nachdruck zu Fortunaten, sich so täglich in
einen andern zu verwandeln, gestern ein Graf, heute ein
Schauspieler und immer ein Poet. – Ganz interessant, meinte
die Fürstin, die Exposition ist romantisch, die Motive lassen
sich ahnen, ich bin nur auf den letzten Akt begierig. –
Fortunat war ganz verwirrt, noch mitten in dem Getümmel
des Abschiednehmens konnte er bemerken, wie die Fürstin
der unterdes hinzugetretenen Gräfin Juanna sehr lebhaft
etwas zuflüsterte, das ihm zu gelten schien. Also dieser? –
sagte die Gräfin, den schönen Mund spöttisch aufwerfend. –
Und wie sie so fortgingen, und die Terrasse hinter ihnen
versank, und nur noch Juanna an dem marmornen Geländer
hoch über dem schönen, weiten Kreise der Wälder stand, da
war es, als sei sie die Fürstin hier, der alle andern dienten. –

Die Schauspieler schritten nun eifrig schwatzend durch
den Garten, die meisten waren ganz begeistert und wie
berauscht, andere, die sich zurückgesetzt glaubten, sprachen
von drückender Hofluft und dem schlüpfrigen Boden der
vornehmen Welt. Fortunaten aber fiel nun erst alles auf: seine
gestrige Aufnahme im Schloß, vorhin die Dienstfertigkeit
des Schulrats, die Reden der Fürstin und Juanna's letzter
Ausruf. – Sollten sie den reisenden *Baron* in mir wittern?
dachte er, kennen mich doch die Schauspieler selbst nicht,
wie sollten die droben es wissen! –

Am Abend desselben Tages ruhte er mit Lothario'n auf
dem grünen Abhange einer Höhe und schaute fröhlich über
die Wälder in die weite, fruchtbare Gegend hinaus, in die er
nun bald selbst mit dem blauen Strome hineinziehen sollte.

Lothario, immer rastlos umherschweifend, hatte in der kurzen Zeit alle verworrenen Verhältnisse ihres neuen Aufent-
halts schnell überblickt, und entwarf nun in seiner Art eine
Musterkarte davon. Der Fürst, sagte er, ist ein erstaunlicher
Virtuos, er spielt die schwierigste Romantik vom Blatt weg,
ohne eben selbst zu komponieren. Die Fürstin ist ganz und
gar sinniger Roman, durch viele Hände gegangen, schon
sehr zerlesen; ich glaube, der lange Lord studiert sie jetzt.
Diese wilde, schöne Gräfin dann, die ihnen wie ein Hirsch
durch alle ihre künstlichen Gehege bricht, und die Meute
Liebhaber hinter sich für Hunde hält – wahrlich, so scheues
Wild weckt recht das Jagdgelüste! – Nimm dich in Acht,
entgegnete Fortunat; was mich betrifft, so kümmert's mich
wenig, wie sie sind, das Ganze zusammen macht sich doch
schön, und mehr verlang' ich nicht von ihnen. – Lothario sah
ihn ein Weilchen fast ärgerlich an. Ich begreif's nicht, sagte er
dann, wie ihr Dichter es vor Langerweile aushaltet, so ein
dreißig bis funfzig Jahr auf der ästhetischen Bärenhaut rücklings über zu liegen, und Kriegstrouble, Philosophie, wilde
Jäger und singende Engel, wie ein Wolkenspiel, über euch
dahinziehen zu lassen, um daraus ganz gemächlich ein Paar
dicke Romane zusammenzuschreiben, die am Ende niemand
liest. Zum Teufel, ich bin keine Äolsharfe, die nur Klang
gibt, wenn ein Poet ihr Wind vormacht! Ist das Leben schön,
so will ich auch schön leben, und selber so verliebt sein wie
Romeo, und so tapfer wie Götz und so tiefsinnig wie Don
Quixote. Um die Schönheit will ich freien, wo ich sie treffe,
und mich mit den Philistern drum schlagen, daß die Haare
davon fliegen. Warum sollte man so ein lumpiges Menschenleben nicht ganz in Poesie übersetzen können? – Du bist ein
wunderlicher Mensch, unterbrach ihn Fortunat, ich glaube,
du könntest ein großer Dichter sein, wenn du nicht so stolz
wärest. – Ich? – erwiderte Lothario fast betroffen, und sah
einen Augenblick nachdenklich vor sich hin.

Hier wurden sie auf einer weiter ins Land hinausgelegenen
Anhöhe mehrere der Schauspieler gewahr, die so eben zwischen den Gebüschen emporstiegen und sich gleichfalls an

der schönen Aussicht zu ergötzen schienen. Sie konnten deutlich unterscheiden, wie Herr Ruprecht sein altes Perspektiv gemächlich aus dem Futteral nahm, es wie ein Fühlhorn bald weit ausstreckte, bald wieder einzog und damit in die Ferne zielte. Bald aber schienen sie unten etwas Besonderes auf dem Korn zu haben, das Fernrohr ging eilig aus Hand in Hand, und Fortunat bemerkte nun auch seinerseits einen Fußgänger im Tal, welcher bequem zwischen Wiesen und Büschen daherkam, zuweilen stehen blieb und sich nach den schönen, abendroten Gründen heiter zurückwandte, dann zufrieden wieder weiter schlenderte. Auf einmal erhoben die Schauspieler ein wütendes Freudengeschrei, und winkten mit Perspektiv und Hüten und Schnupftüchern. Jetzt schien auch der Wanderer sie zu erkennen, er warf jubelnd seinen Hut hoch in die Luft und schritt dann eilig den Berg hinan. – Wahrhaftig, den sollt' ich kennen! rief Fortunat ganz erstaunt aus. – Gott schütz', gewiß noch ein Dichter! entgegnete Lothario, indem er aufsprang und ohne weiteres in den Wald hineinging.

Fortunat eilte sogleich zu den Schauspielern hinüber. Aber eine tiefe Kluft lag dazwischen; er verlor sie im Walde bald aus dem Gesicht, und wußte nicht, wo er war, als auf einmal der Wanderer, der gleichfalls den nächsten Weg gesucht, und den rechten verfehlt hatte, sich mühsam neben ihm durch das Gestrüpp hervorarbeitete. Fortunat! rief er höchst überrascht und sichtbar verlegen aus, da er den alten Bekannten erblickte. – Mein Gott! Otto! erwiderte jener, wie kommen Sie hierher? – Ich? – sagte der Student ganz verwirrt – ist denn das nicht der fürstliche Park, wo die Schauspielergesellschaft des Herrn Sorti –

Fortunat aber hatte keine Zeit mehr zu antworten, denn um eine Waldecke sahen sie plötzlich einen ganzen Haufen Lumpengesindel von weitem auf sich zuwanken, das sie im ersten Augenblick für Zigeuner erkannten. Sie schienen unter einander in Händel geraten zu sein, und kamen in vollem Zanke daher, einige von ihnen waren bemüht, von hinten einen widerspenstigen Esel vorzuschieben, auf dem eine

seltsame, phantastisch geschmückte Weibergestalt saß, die
voll Zorn nach den ungestümen Treibern zurückschimpfte.
Wie eine Zigeunerkönigin hatte sie ihr langes zottiges Haar
mit einer Schnur von Gold und Edelsteinen oben in ein
Krönchen zusammengefaßt, in den Ohren trug sie schwere
Gehenke von geschmelzter Arbeit, ihre Schabracke war von
Scharlach, das grüne Kleid mit silbernen Posamenten ver-
brämt, und ihr schneeweißes Hemd an den Nähten mit
schwarzer Seide nach böhmischer Art ausgenäht, woraus sie
hervorschien, wie eine Heidelbeere aus der Milch. – Jetzt erst
erkannte Fortunat in dem Gesindel nach und nach die Gesichter der Schauspieler, ohne zu begreifen, wie sie zu dem
Narrenstreiche kamen. Seitwärts bemerkte er nun auch Kamilla, welche die Rolle der Preziosa übernommen zu haben
schien, wozu sie ihre große, noble Figur besonders geeignet
glaubte. Sie schwärmte abgesondert von den andern, eine
Guitarre im Arm, und sang: »Einsam bin ich nicht alleine.«
Aber sie blieb doch allein, denn alles lief einer jungen,
schönen Zigeunerin nach, die plötzlich wie ein wildes Reh
aus dem Walde brach. Die pechschwarzen Haare hingen
glänzend über Stirn und Wangen, ihr Gesicht war wie eine
schöne Nacht. Sie blieb dicht vor Otto stehen und funkelte
ihn neugierig mit den Augen von oben bis unten an. Wußt'
ich's doch, sagte sie dann, daß es so kommen wird. – Es war
Kordelchen. Silentium! hörte man nun auf einmal die abenteuerliche Gestalt durch das Getümmel rufen, die unterdes
auf ihrem Esel herangekommen war. Ei, mein schöner,
weißer, junger Gesell, redete sie Otto'n an, was machst du
hier? wo kommst du so allein daher? – Der Esel, der unterwegs ein Maul voll Gras genommen, sah die Gesellschaft,
seine lange Ohren schüttelnd, ruhig an, und hieb mit dem
einen Hinterfuß nach den Komödianten, die ihn heimlich
zwickten. Otto aber, von der allgemeinen Lust mit angesteckt, antwortete: meine großmächtige Frau Libuschka, ich
komme von Haus und bin Willens, in der Welt ein mehreres
zu studieren, oder einen Dienst zu bekommen, denn ich bin
ein armer Schüler. – Daß dich Gott behüte, mein Kind!

versetzte die alte Zigeunerin – aber zum Teufel! laßt die
Faxen, ich falle wahrhaftig herunter! rief sie dazwischen den
Schauspielern plötzlich mit grober Stimme zu, an der Fortunat sogleich Herrn Ruprecht erkannte. Dieser aber ließ sich
dadurch nicht irre machen. Wann du Lust hast, bei uns zu   5
bleiben, fuhr er fort, so ist der Sache bald abgeholfen. – Ich
will noch ein Paar Tage mit mir selbst zu Rate gehen, erwiderte Otto, des Studierens und Tag und Nacht über den
Büchern zu hocken, bin ich schon vorlängst müd worden. –
Du hast einen weisen Menschensinn, mein Sohn, versetzte   10
hier Ruprecht, und kannst hierbei leicht abnehmen und
probieren, was unsere Manier vor anderer Menschen Leben
für einen Vorzug habe, wenn du nämlich siehst, wie wir hier
in unserer Freiheit auf den alten Kaiser leben, wie die Marder
und Füchse. Was ist Reichtum, was ist Geld, Habe? Wenn   15
ich's nicht habe, acht' ich's für gar nichts, und wenn ich's
habe, schmeiß' ich's gleich wieder weg. Man muß immer als
Philosoph denken, glaube einem alten Genie, mein Sohn,
und werden die Lichter ausgeputzt, und es kommt die Nacht
und die Schlafenszeit, so sind doch alle wieder gleich, Zigeu-   20
ner und andere Leut'!

Oho! riefen hier die Anderen darein! denen der Sermon
schon zu lang wurde, eine moralische Libuschka! eine phi-
losophische Zigeunerin! Ruprecht schimpfte sie ganz erbost
Ignoranten, die wie die Ochsen mit eingelegten Hörnern ins   25
Blaue hineinrennten. Aber sie hörten nicht auf ihn. Ein Paar
rüstige Gesellen erwischten Otto'n bei beiden Beinen, und
schwangen ihn vor die Frau Libuschka auf den Esel, den
Kordelchen unterdes mit bunten Bändern ausgeschmückt
hatte; andere faßten die Zügel, und so wälzte sich der ganze   30
tolle Zug nach dem Gartenpalaste hin.

Hier aber wurden sie selbst überrascht, die Zurückgebliebenen hatten sich schnell verkleidet und unter den Bäumen
bunte Zelte aufgeschlagen, so lagen sie an lustigen Feuern
umher, und zu Fortunats Verwunderung kam es nun nach   35
und nach heraus, daß sie Otto'n als ein neues Mitglied ihrer
Truppe heute hier erwartet hatten. Unter ihnen erwies sich

Guido besonders geschäftig, der junge hübsche Maler aus
der Kapelle, der in seiner sorgfältigen Zigeunertracht sich
selbst sehr hübsch zu finden schien und, von Zeit zu Zeit
Kordelchen feurige Blicke zuwerfend, wohlgefällig sein
5 Schnurrbärtchen strich. Er hatte brennende Pechkessel besorgt, und war eifrig bemüht, die phantastischen Gestalten
malerisch um die Flammen zu gruppieren und überall die
rechten Lichteffekte anzubringen. Er mußte indes gar bald
alles gehen lassen, es war schlechterdings keine Ordnung
10 und kein künstlerisches Motiv hineinzubringen. Über dem
dunkelen Berge aber trat plötzlich der Mond aus einer Wolke
und beschien die stillen Wälder und Gründe; da war auf
einmal alles in der rechten, wunderbaren Beleuchtung: das
öde Haus, der altmodische, halbverfallene Garten, die wild-
15 verwachsenen Statüen und die abenteuerlichen Gestalten,
die auf den Bassins der vertrockneten Wasserkünste um-
hersaßen, wie eine Soldaten-Nacht im dreißigjährigen Kriege. – Preciöschen! rief Fortunat Kordelchen zu, bellt von
fern ein Hund, liegt ein Dorf im Grund, schläft Bauer und
20 Vieh, gibt was zu schnappen hie! – Kordelchen antwortete
munter: heult der Wolf in der Heid', ist mein Schatz nicht
mehr weit; stellt aus die Wacht, gibt heut eine gute Zige-
unernacht. – Willewau, wau, wau, witohu! riefen die andern
jauchzend dazwischen. Kordelchen aber schwang plötzlich
25 ein Tambourin, daß es schwirrte, tanzte mit ihren roten
polnischen Stiefeln auf Zigeunerisch und sang dazu:

> Am Kreuzweg, da lausche ich, wenn die Stern'
> Und die Feuer im Walde verglommen,
> Und wo der erste Hund bellt von fern,
30 > Da wird mein Bräut'gam herkommen.

Fortunat antwortete lustig:

> Und als der Tag graut' durch das Gehölz,
> Sah ich eine Katze sich schlingen,
> Ich schoß ihr auf den nußbraunen Pelz,
35 > Die macht' einmal weite Sprünge!

Kordelchen sang wieder:

> 's ist Schad' nur um's Pelzlein, du kriegst mich nit!
> Mein Schatz muß sein wie die andern:
> Braun und ein Stutzbart auf ungrischen Schnitt
> Und ein fröhliches Herze zum Wandern.   5

Hier schlug sie das Tambourin dem Ruprecht, der ihrem Tanze verliebt zusah, dröhnend an den Kopf und setzte sich, in der Tat wie ein Kätzchen, dem träumerischen Otto auf den Schoß.

Weißt du – sagte sie, ihre Haare aus dem erhitzten Gesicht   10
schüttelnd – weißt du noch, wie wir uns zum erstenmal sahen? Du kamst vom Gibichenstein herab mit einem studentischen Helm, daß der Federbusch dir in die Augen hing; damals gefielst du mir besser, als jetzt so mit dem närrischen Frack. – Otto'n war's bei diesen Worten, als tauchte seine   15
ganze, schöne Jugendzeit wieder vor ihm auf, das Mädchen war nur so wild, das störte ihn heimlich. – Es war in den ersten Frühlingstagen, sagte er, überall zogen Studenten durch's Grün, du saßest auf der Bank vor dem Wirtshause unter den Linden und spieltest die Harfe. – Ja, ja, fiel ihm   20
Kordelchen in die Rede, und du glaubtest, ich spielte für Geld, und setztest dich neben mich und drücktest mir einen Taler in die Hand. – Und du, versetzte Otto, besahst verwundert das Geld, dann stecktest du's lachend ein, gabst mir schnell einen Kuß und verschwandst im Hause, und ich sah'   25
dich nicht mehr wieder. Ach Kordelchen! nun ist ja alles, alles wieder gut, und – Nun und was denn?! rief Kordelchen lustig, sprang schnell auf und verlor sich in dem dicksten Haufen.

Kamilla, die es mit angesehen, ging eben vornehm vor-   30
über und sprach halbleise von wilden Waldbeeren, womit man Gimpel fange. Otto aber hielt sich nun nicht länger und fiel ganz glückselig dem Fortunat um den Hals. Ach, rief er aus, ich bin so von Grund der Seele vergnügt, wie ein Vogel in der Luft! – Sie gingen mit einander auf den mondbe-   35

schienenen Gängen weit fort, daß sie die Stimmen der Schauspieler kaum mehr vernahmen, und Otto erzählte nun, wie
entsetzlich einsam es nun auf Hohenstein geworden, nachdem Walter und Fortunat fortgezogen. Er habe sich gleich
5 nach ihrer Abreise mit redlichem Ernst und Eifer ganz auf
die Bücher geworfen, nichts anderes gedichtet und getrachtet
und selbst jede Erinnerung an sein früheres Leben gewis-
senhaft vermieden. Aber, fuhr er fort, die Seele des Dichters
ist wie eine Nachtigall, je tiefer man ihren Käfig verhängt, je
10 schöner schlägt sie, und ich hörte sie oft in Träumen wunderbar klagen, aber ich hütete mich wohl, wenn ich erwachte,
dem weiter nachzuhängen. Und wie nun so der Amtmann
täglich um dieselbe Stunde auf das Feld hinausritt und wieder zurückkehrte, und Florentine ihre Tauben fütterte und
15 ihre Blumen band, und ringsum in der ländlichen Stille
allmählich alles wuchs und wuchs, als wollte das Grün die
Menschen begraben – es war mir nicht anders, als säß' ich viel
hundert Klaftern tief im Meer und hört die Abendglocken
meiner Heimat von weitem über mir. So verzehrte ich mich
20 sichtbar selbst, der gute Amtmann sah mich oft insgeheim
bedenklich an, die Amtmannin steckte mir die besten Lecker-
bissen zu, sie dachte, wenn ich nur erst fetter wäre, so würde
schon alles gut werden. – In einer schönen Nacht aber
träumte mir von Halle, ich stand auf dem Gibichenstein, die
25 Kirschgärten unten blühten wieder, und lustige Kähne mit
Studenten glitten die Saale hinab, da erklang ein Lied aus
dem Tale, das ich damals gehört, auf das ich mich aber
seitdem durchaus nicht wieder besinnen konnte. Ich wachte
vor Freude darüber auf, das Fenster stand noch offen, und als
30 ich mich hinauslehnte, klang das Lied wirklich draußen
durch die stille Nacht herüber. – Seht, ein solcher Lufthauch
wendet oft das Narrenschiff des Menschen! Ohne selber recht
zu wissen, was ich tat oder wollte, kleidete ich mich rasch an,
schnürte mein Bündel, im Hause schliefen noch alle, und ehe
35 eine Viertelstunde verging, wanderte ich schon durch die
dunkle Kastanienallee das stille Dorf entlang. Als ich ins
Freie kam, tönte das Lied noch immerfort, aber sehr fern. –

Hier hielt er plötzlich erschrocken inne, man hörte tief im Garten singen; die Luft kam von dort herüber; sie konnten deutlich folgende Worte vernehmen:

> Hörst du nicht die Bäume rauschen
> Draußen durch die stille Rund'?   5
> Lockt's dich nicht hinabzulauschen
> Von dem Söller in den Grund,
> Wo die vielen Bäche gehen
> Wunderbar im Mondenschein
> Und die stillen Schlösser sehen   10
> In den Fluß vom hohen Stein.

Das ist das Lied! – rief Otto, und eilte ganz verwirrt den Berg hinab. Unten aber sang es von neuem:

> Kennst du noch die irren Lieder
> Aus der alten schönen Zeit?   15
> Sie erwachen alle wieder
> Nachts in Waldeseinsamkeit,
> Wenn die Bäume träumend lauschen
> Und der Flieder duftet schwül
> Und im Fluß die Nixen rauschen –   20
> Komm herab, hier ist's so kühl.

Fortunat glaubte jetzt in dem Grunde, woher der Gesang kam, Kordelchen zwischen den mondbeglänzten Gebüschen zu erkennen. – Dann wurde auf einmal alles still, es war eine verlockende Nacht, das Wetter leuchtete von ferne und die   25
wechselnden Schatten der Bäume schwankten verwirrend über den Steinen und Klüften.

ZEHNTES KAPITEL

Fern von diesem Weltgetümmel, mitten zwischen den Wald-bergen lag in stiller Abgeschiedenheit ein altes Schloß mit   30

wunderlichen kleinen Fenstern, halbverfallenen Söllern und
Türmchen, alles ganz verwildert und grün überwachsen.
Zwischen den Tannenwipfeln qualmten die weißen Schornsteine des freundlichen Dorfes lustig herauf, sie schienen das
Schloß schon lange einzuräuchern, denn es sah ganz braun
aus, und zahllose Sperlinge lärmten und nisteten in dem
Helm des steinernen Wappenschildes über dem Tor. Aus den
alten Wallgräben war früher ein Garten, und aus dem Garten
mit der Zeit eine grüne Wildnis von Stachelbeeren und
Haselnußsträuchern geworden, in der jetzt einige Ziegen
ruhig weideten.

Dort saßen an einem schwülen Nachmittage mehrere
Jagdhunde unter einer Weinlaube und unter ihnen der Guts-
herr, Baron Eberstein, mit dem jungen Prediger des Orts
schwatzend, der zum Besuch heraufgekommen war, um dem
Baron seine neuen Meerschaumköpfe anrauchen zu helfen.
Sie freuten sich beide des allmählich aufsteigenden Gewitters, denn die schillernden Täler unten lechzten nach Regen,
es rührte sich kein Lüftchen in der ganzen Gegend, nur die
Bienen summten um die hohen Sonnenblumen vor dem
Schlosse. Seitwärts aber sah man bald einen roten Schuh,
bald ein zierliches Füßchen aus dem Laube eines Kirsch-
baums schimmern, zwischen dem manchmal ein Paar schöne
dunkle Augen herausfunkelten. Es war Fräulein Gertrud,
des Barons Tochter, die im Wipfel Kirschen naschte und die
Kerne mutwillig nach den Hunden schnellte; eigentlich aber
hatte sie's auf des Predigers neue, geschniegelte Weste abgesehen.

Der Prediger aber merkte nichts davon, so vertieft war er
in den Diskurs. Ja, sagte er, diese Gewitterschwüle ist ein
bedeutungsvolles Bild der Gegenwart, alles liegt in banger
Erwartung, daß man fast den leisen Schritt der Zeit hört,
Gedankenblitze spielen auf dem dunklen Grunde – Ah bah!
erwiderte der Baron, sich eine neue Pfeife stopfend, Gewitter
ist Gewitter, und dummes Zeug ist dummes Zeug! – Der
Prediger, ein wenig pikiert, rückte sich vornehm zurecht und
sprach von der unaufhaltsamen Intelligenz, von der Mün-

digkeit der Zeit und der unsichtbaren Gewalt unverjährbarer
Wahrheit. Da wurde der Baron ganz hitzig. Was ist wahr?
was ist wahr? rief er dicht heranrückend aus. Dem Prediger,
erschrocken und verblüfft wie er war, wollte gerade in diesem kritischen Moment keine passende Antwort einfallen. –   5
Na seht, fuhr der Baron fort, ihr wißt's nicht, und ich weiß es
auch nicht, das weiß der liebe Gott allein. Aber mein Jagd-
revier hier das kenn' ich ganz genau, und wer mir in meine
Wildbahn bricht, mündig oder unmündig, den schieß ich vor
den Kopf, wie einen tollen Hund, und damit Basta! Und   10
wenn jeder so täte in seinem Revier, so hätten wir bald Ruhe
vor der verjährten Intelligenz und der unsichtbaren Wahrheit und alle dem Plunder. Glaubt einem altgedienten Offizier, Prediger, die Zeit will nur Prügel haben, weiter ist's
nichts!   15

Gäste kommen! Gäste kommen! rief hier auf einmal das
Fräulein im Kirschbaum. Und in der Tat, kein Schiffer vom
Mastkorb blickt so scharf in die Ferne, als ein Landfräulein in
der Meeresstille ihrer einförmigen Einsamkeit, denn kaum
noch schimmert' es flüchtig von dem Gipfel des gegenüber   20
liegenden Berges herüber. Das Gewitter lag schwer über
dem Berge und verdunkelte schon die ganze Gegend, nur der
grüne Abhang nach dem Schlosse zu war von der Abendsonne noch hell beschienen. Da sah man auf einmal Feder-
büsche aus dem Grün nicken, einzelne Reiter flogen über den   25
Plan, immer mehre folgten, Jäger und Frauengestalten auf
zierlichen Zeltern, wie wenn der Herbstwind farbige Blätter
verstreut; der eine der Reiter schien eine Guitarre im Arm zu
haben, man hörte seine Stimme durch die stille Luft bis
herüberschallen, andere bliesen auf dem Waldhorn dazu und   30
schossen ihre Flinten ab; so bewegte sich der bunte Zug in
der wunderbaren Beleuchtung heiter und eilig den Abhang
hinunter – das Fräulein konnte sich nicht satt seh'n daran.

Wahrhaftig, Seine Durchlaucht mit Ihrer ganzen Litera-
tur! rief der erstaunte Baron aus, indem er die Pfeife schnell   35
weglegte. Jetzt biegen sie in den Hohlweg, es kommt alles
hierher. He, Johann! meinen Hut, meine Uniform! Was das

lateinische Reiter sind! Wo bleibt der Schlingel! Das wollen
Jäger sein, die Juanna, das Blitzmädel, ist noch der beste
Schütz unter ihnen. – Sie soll immer mitten in's Herz treffen,
versetzte der ästhetische Prediger. – Prediger! sagte der
Baron, ihn bei der Hand festhaltend, ich bitt' euch um
Gotteswillen, lauft mir jetzt nicht davon, ihr müßt gelehrt
sprechen mit den Leuten, mir ist's immer, wie Chaldäisch im
Halse unter ihnen. – Nun, nun, wir wollen schon machen,
erwiderte der Prediger, zufrieden schmunzelnd.

Fräulein Trudchen aber war schon wie ein Reh über Wallgraben und Sträucher nach dem Schlosse gesprungen. Da
gab's ein wahres Volksfest, die Türen flogen krachend auf
und zu, die Hunde bellten, die alten Sofas und Stühle wurden
ausgeklopft, daß es rauchte, zuweilen hörte man das lustige
Lachen des Fräuleins dazwischen. Zuletzt band sie nur noch
schnell ihre neue Schürze um; sie wußt' es wohl, sie war
hübsch genug, so wie sie war.

Nun aber begann auch schon draußen der Lärm. In hastiger Flucht brachen Gewitter und Gäste zusammen herein;
der kleine Hof füllte sich plötzlich mit Glanz und Getümmel
von eleganten Uniformen, Reitern und Rossen, der Regen
fiel schon in einzelnen großen Tropfen, Tücher, Mäntel und
Schleier flatterten im Sturm durcheinander, und bunte
Jockeys flogen von den Pferden, um in der Verwirrung den
Herrschaften herabzuhelfen, während die Mägde und
Knechte des Barons, ihre Mützen in der Hand, ganz verwirrt
in den Türen standen. Der Fürst war der erste, der sich aus
dem Knäul herauswickelte. Er befahl seinen Leuten, mit
Pferden und Hunden im Dorf ein Unterkommen zu suchen,
so gut es gehe; dann entschuldigte er verbindlich beim Baron
den plötzlichen Überfall, das Unwetter habe sie überrascht;
er bat um Schutz für die Nacht; wo könne er diesen besser
finden, setzte er hinzu, als bei den alten Häusern des Landes. –
Alt und wackelig in der Tat, sagte die Fürstin leise zu ihrem
Nachbar, das Schloß bedenklich betrachtend. – Es sieht aus,
erwiderte dieser, wie ein altes Rolandsbild, dem der Zahn der
Zeit den Kopf abgebissen. – Nein, wie ein einzeln ste-

hengebliebener Backzahn der Zeit selbst, meinte ein anderer.
– Der Baron aber, in dem beim Anblick von Damen jederzeit
die Ritterlichkeit seines ehemaligen Offizierlebens wieder
erwachte, hatte mit scharfem Jägerblick sogleich die Fürstin
auf's Korn genommen. Er half ihr kunstgerecht aus dem
Sattel, bot ihr mit altmodischer Galanterie den Arm, und
führte sie über den Hof, immerfort französisch mit ihr sprechend, obgleich sie ihm deutsch antwortete. Aber schon am
Eingang gab es unverhofften Aufenthalt. Die fürstlichen
Jagdhunde schnupperten überall vornehm umher, da ge-
brauchten die Hunde des Barons ihr Hausrecht und eh' man
sich's versah, gerade in der Türe entstand plötzlich ein Balgen und Würgen, daß die Haare davonflogen. Mit gewaltiger Stimme, mit Stock und Stiefeln stiftete der Baron endlich
wieder Frieden, und wandte sich dann entschuldigend zur
Fürstin. Die Fürstin aber kam darüber in ein unaufhaltsames
Lachen, das steckte die Andern mit an, und so zog alles
fröhlich ein.

Dieser konfuse Anfang hatte die ganze Feierlichkeit verstört, welche der Baron im Schilde führte. Er brachte die
Gesellschaft in ein großes Zimmer, das nicht zum gewöhnlichen Gebrauche bestimmt schien, wie man an der verstaubten Pracht der damastenen Gardinen abnehmen konnte. Anstatt aber Platz zu nehmen, eilte die Fürstin, nach einer
leichten Verbeugung, sogleich mit Kennermienen zu einer
alten, sehr kunstreich mit Elfenbein ausgelegten Kommode.
In demselben Augenblick fing eine vergoldete Stutzuhr auf
dem Schrank mit heiseren Absätzen zu spielen an. Mein
Gott, noch aus cosa rara! rief die Fürstin überrascht aus. – Ich
weiß wirklich nicht – erwiderte der Baron, der es für Spott
hielt, und zog die Augenbrauen finster zusammen. Aber er
irrte sich. Cosa rara war die erste Oper, welche die Fürstin
noch als Kind gehört; jetzt überwältigte sie die Erinnerung,
sie hütete sich aber, es zu sagen, damit niemand die Jahre
nachzählte. Unterdes hatte der Fürst auch ein Klavier entdeckt, und mit der Unbarmherzigkeit der großen Welt wurde
Fräulein Trudchen ohne weiteres, wie zur Schlachtbank, zum

Spielen gedrängt. Der Prediger, der sich gern merklich machen wollte, brachte ein Pack Noten herbei, und stellte sich
geschäftig hinter den Stuhl, um die Blätter umzuschlagen.
Dem Fräulein ging es aber wie der Spieluhr, rot bis an die
Ohrläppchen, konnte sie keinen vernünftigen Ton hervorbringen. Da warf sie plötzlich das Stutznäschen stolz in die
Höh, schob die Noten zur Seite, und sang herzhaft eines von
den Volksliedern, wie sie damals noch auf den Bergen im
Schwange waren. Da ging, zur Verwunderung des erschrockenen Barons, auf einmal eine freudige Bewegung
durch die ganze Gesellschaft, man verglich sie einem Waldvöglein, sie mußte mehr und immer noch mehr solche Lieder
singen. Dazu kam die Neuheit der ganzen Umgebung, das
heimliche Gefühl der Sicherheit in der stillen Burg, während
draußen schon der Sturm den Regen an die Fenster peitschte.
Die Fürstin fand das altertümliche Kamin, die tiefen Fensterbogen und Erker entzückend, während der Fürst in dem
einen Fenster sich nicht satt sehen konnte an dem tiefen
Waldgrund unter dem Schlosse, den die Blitze von Zeit zu
Zeit seltsam erleuchteten, so daß der Baron, der lange dort
nicht hinausgesehen, endlich selbst neugierig mit hinunter-
blickte. So war alles in der heitersten Stimmung, als nun
noch in dem Kamin ein lustiges Feuer angezündet wurde;
der Prediger konnte mit seiner Gelehrsamkeit gar nicht
aufkommen, und der Baron fand mit Erstaunen, daß es doch
eigentlich gar nicht so übel leben sei unter diesen Leuten.

Es war noch zu früh zum Schlafengehen, die Fürstin
schlug vor, Geschichten zu erzählen, jeder was ihm eben
einfiele. Der Prediger räusperte sich, eine Novelle, die er
neulich für ein Taschenbuch geschrieben, steckte ihm schon
im Halse. Aber zu aller Verwunderung bat der lange Lord
vorweg um das Wort, der Baron brachte alten Ungarwein,
wovon er ein Glas der Fürstin zierlich auf einem silbernen
Teller präsentierte, alles setzte sich um das Kaminfeuer zurecht, und der Lord begann ohne weiteres folgende

Geschichte der wilden Spanierin

In dem Kriege Napoleons gegen Spanien diente ich in der Englischen Armee, welche damals den Spaniern zu Hülfe zog. Ich war Husaren-Offizier, da hatt' ich vielen Ärger mit der unvernünftigen hohen Bärenmütze, die alle Augenblick das Gleichgewicht verlor, während ich mich täglich ein Paarmal in dem sarmatischen Gehänge und Gebommel von Säbeltasche, Dolman und Fangschnüren mit meinen langen Beinen verwickelte. Einmal waren wir versprengt und rasteten im Freien. Es regnete in einem fort, ich stand melancholisch mitten im Felde unter meinem Regenschirm, in jeder Hand, wie ich aus Vorsicht immer zu tun pflegte, eine Pistole mit gespanntem Hahn. Auf einmal heißt's: die Franzosen! Wir waren unserer nur wenige, der Feind in hellen Haufen. Meine Kameraden zerstoben im Nu nach allen Seiten. Ich aber fasse mein Pferd, fahre in der Eil mit dem Bein in den Pelzärmel des Dolmans, mit einem Arm in die Säbeltasche, mit dem andern in die verfluchte Takelage von Schnüren und Troddeln, so daß ich mich nicht rühren, vielweniger die Zügel erlangen konnte; mein Pferd erschrickt vor meiner Positur und rennt grade auf den Feind los und so, mit ausgespreizten Armen, den Säbel zwischen den Zähnen, während meine Pistolen losgehen, wie eine wahnsinnige Fledermaus, fliege ich mitten unter die Franzosen hinein, daß ein lustiges Hussa! durch ihr ganzes Geschwader erscholl. Ich war nun in ihre Gefangenschaft geraten, sie hatten Mühe, mich aus meiner verwickelten Lage zu bringen und nannten mich den tollsten Kerl, den sie jemals gesehen. Da ich aber französisch sprach und Gold in der Börse hatte, so wurden wir bald gute Kameraden. Sie wollten mich nach Burgos führen in ihr Depot, das war aber nicht so leicht gemacht, denn bewaffnete Banden spanischer Bauern verrannten uns überall den Weg, und so zogen wir geraume Zeit miteinander im Lande umher.

Auf diesem Zuge lagerten wir einmal in einer schönen Sommernacht an einem großen Schlosse, das schon seit langer Zeit nicht mehr bewohnt schien. Die alten zackigen

Türme warfen im Mondschein lange Schatten über den wüsten Schloßgarten, wo wir lagen und unsere Pferde an die verwilderten Hecken angebunden hatten. Es war alles still in der ganzen Gegend, von Zeit zu Zeit nur hörte man die Pferde schnauben und die Wachen anrufen aus der Ferne, im Walde schlugen die Nachtigallen, als gäb' es keinen Krieg in der Welt. – Der Rittmeister, der den Zug führte, ein heiterer Gaskogner, lag rücklings auf seinen Mantel ausgestreckt, ich glaubte er schliefe, er hatte aber, wie er mir nachher sagte, an seine ferne, schöne Heimat gedacht. Auch richtete er sich gleich darauf schnell und rüstig wieder auf. Hier ist nicht Zeit zum träumen, meinte er, wir müssen auf unserer Hut sein heut' Nacht, denn das ist das Schloß der wilden Spanierin. Und als ich fragte, wer die sei, benutzte er gern die Gelegenheit, sich munter zu erhalten, und erzählte mir alles ausführlich.

»In diesem Schlosse, sagte er, wohnte ehedem ein Graf aus uraltem Stamm, der nach und nach wohl sich zu beugen verlernt haben mochte. Wenigstens soll der Graf früher den Anforderungen des alten Hofes jederzeit trotzigen Stolz entgegengesetzt haben bis zu wechselseitiger, bitterer Verstimmung; um so mehr durfte man voraussetzen, daß er der neuen Ordnung der Dinge geneigt sei. Auch fanden ihn die Unsrigen, als sie das Land überzogen, einsam auf seinem Schlosse, höflich, aber finster und, wie es schien, ohne alle Teilnahme an dem, was hinter seinen Bergen vorging. Seine größte Freude war ein Töchterchen, sein einziges Kind, bei dessen Geburt die Mutter gestorben. Mit ihr pflegte er, wenn alles schon schlief, die Zinne des Schlosses zu besteigen, und zeigte ihr das Land, das ehemals ihre Ahnen beherrscht, so weit der Mond die Wälder beleuchtete, und erzählte ihr halbe Nächte hindurch von der alten großen Zeit und der fürstlichen Freiheit, die sich dem Zwang der Städte nicht unterwerfe. Unter solchen Träumen wuchs das Fräulein auf, und da der Krieg alles vereinzelte, so sah sie fast kein anderes Frauenzimmer, als ihre alte Amme, ein hexenhaftes Weib, das von ihrem Vater, einem Zigeuner, und ihrer Mutter einer

gefangenen Araberin, manch Zauberstückchen ererbt hatte,
woran die Tradition dieser Stämme so reich ist.

Aber unseren Leuten blieb die junge Gräfin nicht lange
verborgen, und die sie sahen, konnten nicht genug erzählen,
wie wunderbar schön sie war: schwarze Locken, bleich mit
brennendrotem Munde, die Augen wie ein dunkeler Abgrund. Täglich nun flimmerte es von französischen Offizie-
ren auf dem Schlosse. Das gefiel ihr wohl, sie ritt und focht
mit ihnen, und war der beste Schütz auf der Jagd, so oft aber
einer näher trat mit verliebten Blicken oder Worten, sah sie
ihn verwundert an, und wußte nicht was er wollte, allen
gleich fern und fremd, wie ein Stern in kalter Winternacht.
Das verlockte aber die lustigen Gesellen nur noch immer
mehr aufs Glatteis, und ein hübscher junger Unterlieutenant
– St. Val war sein Name – der so eben erst aus der Militär-
schule von Paris angekommen war und davon hörte, verschwor sich mörderlich, sie müßte sein werden, oder er
wollte des Teufels sein!

Unterdes wurden die Plänkeleien in der Gegend immer
ernster, die Offiziere hatten vollauf zu tun und blieben aus,
da konnte sich die Gräfin gar nicht wiederfinden in die alte
Einsamkeit und das einförmige Rauschen der Wälder. – So
stand sie auch eines Abends allein mit der Amme vor dem
Schloß. Der Krieg ging unten wie eine lustige Jagd durch die
Berge, zuweilen sah sie fern in der Abendsonne ein Geschwader von Reitern aufblitzen, einzelne Trompeten klangen herüber, dann verhallte und verdunkelte nach und nach
alles wieder, nur die Flammen brennender Dörfer blieben am
Horizonte stehn. Die Gräfin sah lange stumm und unverwandt in das ferne Feuer, dann brach sie still in Weinen
aus und sagte für sich: wie ist das herrlich! ach, daß ich kein
Mann geworden bin! ihnen gehört alles, sie regieren die
Welt. – Die kluge Amme erwiderte: desto besser, Kind, desto
besser, denn die Frauen regieren wieder die Männer. – Wie
so? – sagte die Gräfin und sah sie groß an, daß ihr die Tränen
funkelnd in den schönen Augen stockten. – Nun, nun, antwortete die Alte, kein schlanker Tiger verwundet so tief, als

wenn ihr lacht und ihnen die weißen Zähnchen weist oder
einen beim Küssen heimlich damit beißt; keine buntgefleckte
Schlange ist so schön und stark, als eure Arme, wenn ihr
einen umschlingt. – Die Gräfin hörte nur halb darauf und
sagte wie in Gedanken: darum habe ich immer in den alten
Büchern meines Vaters gelesen, wie Fürsten und Könige vor
Mädchen knieten, und ihnen treu und gehorsam waren bis in
den Tod. – Ach, liebe Amme, du weißt so viele Künste von
deinem Vater, kannst du denn nicht machen, daß alle Männer, die mich sehen, in Liebe entbrennen, und mir folgen
müssen? – Hm, entgegnete die Amme zögernd, wenn nur –
ich wüßte wohl –

Die Gräfin aber, deren Seele ganz erfüllt war von dem
Gedanken, hatte sie schon am Arm gefaßt, und drängte sie
ungeduldig fort: die Nacht sei dunkel und schwül, alles
schlafe schon im Schloß, es sei eben die rechte Zeit. – So
gingen sie weiter den stillen Garten entlang bis an's einsam-
ste Ende. Unterwegs sagte die Amme: es ist nichts Geringes,
dem Freier, den ich euch zuerst zeigen werde, müßt ihr den
Ring vom Finger ziehn – aber laßt's euch nicht anfechten,
wann er etwas bleich und wirre sieht – den Ring drückt ihr
an's Herz bis es blutet, dann ist euer Herz Liebefest, und eure
Augen werden schön funkeln wie der Stein im Ringe, der
arme Junge aber muß sterben. – Hier waren sie an altes
zerfallenes Gemäuer gekommen, die Amme holte ein weißes
Stäbchen aus einem hohlen Baumstamme, da schwirrten
plötzlich Fledermäuse hervor und schlugen mit den Flügeln
in den Zweigen, eine Schlange fuhr rasch zwischen das
Gestein, unter dem sie eine dicke Kröte mit großen rötlichen
Augen ansah. Hoho, bist du auch da, Großmutter, lachte die
Alte und schien lustig auf zigeunerisch mit den Tieren zu
sprechen. Darauf tauchte sie Hände und Stab in einen Topf,
daß sie hell leuchteten, und beschrieb unverständlich murmelnd einen feurigen Kreis, bei dessen grüngoldenem Glanz
die Eidechsen neugierig im Grase hervorschlüpften. Die
Gräfin stand mitten drin, es war ihr wie im Traume, als
fingen die Blumen, Büsche und Wälder in der stillen Runde

leise zu singen an, Johanniswürmchen zogen leuchtend um
ihr Haupt, so sah sie mit tiefer, tiefer Lust vom Berg über die
mondbeschienene Gegend und in den weiten, gestirnten
Himmel hinein. – Die Amme aber schien in großer Unruhe,
die Schweißtropfen standen auf ihrer Stirn. Siehst du noch
immer nichts? fragte sie manchmal leise dazwischen. Aber
nur ein Hund bellte aus dem fernen Dorf, dann war alles
wieder still, die Gräfin hielt den Atem an vor Erwartung.
Auf einmal fuhren beide zusammen – ein fremder Mann,
dicht im Mantel verhüllt, trat plötzlich in der Ferne zwischen
den Bäumen hervor. Um Gotteswillen! rief die Amme und
flüsterte noch etwas in der höchsten Angst. Aber die Gräfin,
wie ein Falk in den Lüften hängend, stürzte mit unmensch-
licher Lust schon auf ihre Beute. Der Fremde erschrak heftig,
erholte sich aber, da er ein Weib vor sich erblickte. Sie sah ihn
groß an, sie kannte ihn nicht. Auf ihre Frage: wo er hin wolle,
erwiderte er zögernd und sichtbar verwirrt, er wolle der
schönen jungen Gräfin ein Ständchen bringen. Der Wind
schlug ein wenig seinen Mantel auf, da fiel es ihr seltsam auf's
Herz, daß es ein französischer Offizier, doch sagte sie nichts,
aber ihre Blicke gingen scharf seitwärts in die Dunkelheit,
denn es war ihr, als hörte sie etwas heimlich durch den
Garten huschen und Pferde schnauben in der Ferne. –
Kannst du mir die Fenster zeigen, wo sie schläft? sagte der
Fremde wieder, und da sie ihm gefiel, umschlang er sie mit
einem Arme. Die Gräfin besann sich einen Augenblick.
Warum nicht! sagte sie dann schnell, wenn ihr mir euren
schönen Ring gebt zum Lohne; aber euren Mantel müßt ihr
mir borgen, damit man mich nicht erkennt. Der verliebte
Offizier hing ihr selbst den Mantel um, und meinte dabei,
ihre aufgeringelten Locken sähen wie Schlangen aus bei
Nacht. Sie aber hatte schon ganz andere Gedanken, und als er
eben den Ring vom Finger zog, ergriff sie rasch ein Pistol,
das er unter dem Rock auf der Brust trug, und stieß ihn damit
rücklings von der Rampe auf der sie standen. – Sie ist im
Garten, greift die kleine Hexe! rief jetzt eine Stimme tiefer
unten. Da drückte sie schnell ihr Pistol ab und: Herr Jesus!

hörte man unten dieselbe Stimme verhallen. Dann, sich in
den Mantel wickelnd, rief sie hinab: »Mir nach, sonst seid ihr
alle verloren!«

Aber es war alles schon zu spät. Die Unsrigen, die unerwartet erfahren, daß der Graf es heimlich mit dem Feinde
halte, hatten die dunkle Nacht benutzt, das Schloß ohne
Geräusch beschlichen und den Grafen bereits gefangen in
ihrer Mitte. Dieser nun, als er die Tochter an der Stimme
erkannte, glaubte sich von seinem eigenen Kinde verraten, in
dieser Verblendung entriß er wütend einem der Soldaten den
Degen, um sie selbst zu richten. Sein Leben war ihm nichts
gegen die Ehre und Freiheit; so ward ihm schnell die letzte zu
Teil, indem die anderen Soldaten, da sie ihn nicht mehr
aufhalten konnten, ihn von hinten mit vielen Stichen durch-
bohrten. – Unterdes aber war, wie die Gräfin vorausgesehen,
durch den Schuß alles munter geworden. Gleichwie die
Krähen, wenn man Nachts in die Wipfel schießt, sich mit
wildem Geschrei in die Lüfte stürzen, so brachen bewaffnete
Jäger, Bediente und Bauern, die damals einen leisen Schlaf
hatten, plötzlich aus allen Türen, Hecken und Mauerritzen
hervor. Die Unsrigen, als sie sich so umgeben sahen, folgten
blindlings der Gräfin, die sie in dem Offiziermantel für ihren
Kapitän hielten. Sie wollte ihrem Vater, den sie noch im
Schlosse glaubte, Zeit lassen sich zu retten, und führte,
immerfort winkend, die verstörten Soldaten bis in den äu-
ßeren Hof, wo sie dem wilden Haufen grade in die Hände
rannten. Da rangen sie, still und grimmig in der Dunkelheit
Mann gegen Mann, die einen ums Leben, die andern um den
Leichnam ihres Herrn; die Gräfin hatte unterdes eine Meute
grausamer Hunde losgelassen, welche in der Verwirrung die
Fliehenden zerrissen, es war eine schreckliche Nacht. – Der
Offizier aber, den die Gräfin durch den Pistolenschuß so still
gemacht, war derselbe junge St. Val, der damals sie zu fangen
geschworen, und sich nun vermessen zu dem gefährlichen
Kommando gedrängt hatte. Er war aber nur verwundet und
betäubt, und als er auf dem stillen Platze einmal die Augen
aufschlug, sah er wie im Traum zum erstenmal das Gesicht

der Gräfin zwischen den schwarzen, herabwallenden Locken beim Widerschein einer Fackel über sich geneigt – er mußte die Augen wieder schließen, so furchtbar schön war der Anblick.« –

Hier wurde der Lord plötzlich von der Fürstin unterbrochen, die schon während der ganzen Erzählung eine seltsame Unruhe gezeigt und öfters ängstlich nach der Türe gesehn hatte. Nein, das ist gar zu traurig vor dem Schlafengehen, rief sie mit einem bedeutenden Blick auf den Fürsten, und schien aufbrechen zu wollen. Dieser aber, ganz vertieft in die Geschichte, merkte nicht darauf; so blutigrot also war ihr Aufgang – sagte er in Gedanken, und wollte durchaus noch das Ende wissen. Der Lord stutzte, da aber der Fürst von neuem in ihn drang und die andern mit Blicken und Kopfnicken beistimmten, erzählte er ruhig wieder weiter:

»Seit dieser Stunde – so fuhr mein Rittmeister fort – steht das Schloß wüst und verlassen, aber die wilde Gräfin geht wie ein wunderbarer Spuk durchs Gebirge. Oft nach nächtlichen Biwaks, wenn die Sonne über der prächtigen Gegend aufgeht, erscheint sie am Saume des Waldes zu Pferd im vollen Glanze der Schönheit; da schwingt sich manch fröhlicher Reiter auf, sie zu fangen, aber keiner von allen kehrte noch jemals wieder zurück. – Seltsam! es ist ja doch nur ein Weib. Seht, ich habe mein Liebchen in Frankreich, mir soll sie nur kommen, ich spüre eine rechte Lust, ihr einmal zu begegnen! –

Dem armen St. Val aber ging es am schlimmsten. Das Bild der Gräfin stand seit jener Nacht unaufhörlich vor seiner Seele, der lustige Bursch wurde ganz schwermütig, und eines Abends war er plötzlich verschwunden, wir wußten lange nicht wohin er gekommen. Er aber war an diesem Abend, wie er damals oft zu tun pflegte, einsam in der Gegend herumgeschweift. Da hörte er wunderschönen Klang in der Abendluft, wie eine Kriegs-Musik aus der Ferne – man sagt, daß es in der Morgendämmerung vor großen Schlachten so in den Lüften musiziert – es waren die Guerillas, die im Gebirge sangen. Die Klänge verlockten ihn, er ging wie im

Traume immerfort, so kam er in den Wald, wo damals die
Gräfin hauste. Die Abendsonne leuchtete durch's Gebirge
als stände alles in Feuer, die Vögel sangen den funkelnden
Wald entlang, dazwischen hörte er immerfort Stimmen bald
da, bald dort, darunter eine wie ein Glöckchen bei Nacht, es
klang ihm, als müßt' es die Gräfin selber sein. Ihm graute,
und doch mußt' er der Stimme folgen. So war er schon lange
gegangen, als er, plötzlich um einen Felsen tretend, auf
einem stillen Rasenplatz über den Wipfeln eine weibliche
Gestalt, wie eingeschlummert sitzen sah, die Stirn über beiden Armen auf die Knie gesenkt, daß die herabgefallenen
reichen Locken sie wie ein dunkler Schleier umgaben. Sie
hielt ein Roß am Zügel, das weidete ruhig neben ihr, von
allen Seiten rauschten die Wälder herauf, sonst war's so still
daneben, daß man die Quellen gehen hörte. Und wie er noch
so staunend stand in dieser Einsamkeit, erblickte er seitwärts
in der Ferne einen Offizier von der deutschen Legion, der
unten zwischen dem Gebüsch seine Büchse angelegt hatte, er
wußte nicht, ob er auf ihn oder auf die Schlummernde ziele,
und machte erschrocken eine heftige Bewegung. Da schüttelte die Schlafende die Locken aus den Augen und richtete
sich, in der Abendglut mit den Steinen ihres Gürtels leuchtend, plötzlich auf. Der Deutsche, wie geblendet, ließ seine
Büchse sinken und verschwand zwischen den Bäumen; St.
Val aber erkannte mit Schauern die Gräfin, denn ihm fiel die
Soldaten-Sage ein, daß es jedem den Tod bedeute, der sie
unversehens im Walde erblickt. – Die Gräfin aber sah scharf
nach allen Seiten, dann ihn durchdringend an. Ihr seid sehr
vorwitzig, sagte sie darauf, doch es wird schon spät, ich bin
so müde und verirrt, zeigt mir den Weg aus dem Walde. Da
fiel es St. Val plötzlich auf's Herz; er wußte, daß die Franzosen den Wald umzingelt hatten und in welcher Gefahr sie
war, er wollte sie retten, es koste was es wolle, und dann noch
diese Nacht zu seinem Regiment zurück und sich zu anderen
Truppen versetzen lassen, weit von diesen Wäldern. – Während diese Gedanken verworren durch seine Seele gingen,
hatte sie schon ihr Pferd gezäumt; sie befahl ihm unterdes zu

satteln und lachte ihn aus, als er damit nicht zurecht kommen
konnte, dann schwang sie sich hinauf, er mußte das Pferd am
Zügel führen. Sie saß seitwärts auf einem Frauensattel, auf
ihrem Arm über den Hals des Pferdes gelehnt, und plauderte
im Waldesgrün unbekümmert wie ein Kind in ihrer schönen
melodischen Sprache, daß es St. Val war, als hörte er die ferne
Musik wieder in der stillen Abendluft, die ihn vorhin verlockt hatte. – Auf einmal richtete sie sich lauschend auf, man
hörte französisch sprechen dicht unter ihnen. Sie lenkte
vorsichtig hin nach den Stimmen, und durch das Gebüsch
sahen sie einen Trupp Reiter in ihren weißen Mänteln, die in
der Dunkelheit leuchteten, langsam vorüberziehen – nur ein
Laut von St. Val, und die Gräfin war verloren. – Sie aber
schaute mit kühner Lust hinab, wie man Nachts in ein
Gewitter sieht, dann, plötzlich sich selbst unterbrechend,
streckte sie den Fuß gegen St. Val: er sollt' ihr das Schuhband
binden, und lächelte spöttisch, da er's tat. –

Von diesem Augenblick war er ganz in ihrer Macht. Sie
sagte: sie hätte ihn nur versuchen wollen, ob er's ehrlich
meine, sie wisse den Weg besser als er, sie wolle ihn heim-
führen. Mit diesen Worten lenkte sie rasch herum, und in den
Klüften bald hernieder bald wieder aufwärts, an schwindeln-
den Abgründen vorüber, ging es immer tiefer in die Nacht
und die Wälder hinein – er konnte kaum folgen durch das
Gesträpp wie ein getreuer Hund, und als sie endlich unerwartet in's Freie kamen, sah der Entsetzte eine Guerilla-
bande vor sich im Waldgrund gelagert. Unzählige Röhre, da
sie die französische Uniform erkannten, waren plötzlich auf
ihn gerichtet, aber ein zorniger Blick der Gräfin bändigte
alle; die grimmigen Bestien, ihre schwarzen Mähnen schüttelnd, zogen sich knurrend zurück und wärmten wieder ihre
Tatzen an den Wachtfeuern. Nun bemerkte St. Val mit Erstaunen, wie diese wilden Männer die Gräfin, gleich einer
Königin, verehrten und bedienten. Ein junger Bursch hob
sie aus dem Sattel, einige breiteten einen bunten Teppich
über den Rasen, während andere rasch ein lustiges Zelt
darüber aufschlugen, dann war auf einmal alles wieder still

und feierlich. Unterdes war auch der Mond aufgegangen und
beleuchtete die Wälder. Die Gräfin saß unter ihrem Zelt und
spielte auf einer Zither, St. Val lag gedankenvoll zu ihren
Füßen, ihm war noch nie so himmlisch wohl gewesen. – Es
war eine von den prächtigen Sommernächten jenes Landes,
die alles wunderbar in Traum verwandeln. Die Gräfin hatte
sich bald mit einem Teil der Bande wieder entfernt, nur
wenige bewaffnete Bauern bewachten den Gefangenen, die
Luft kam von der Ebene und wehte Wohlgerüche aus den
blühenden Gärten herauf, die unter den Bergen lagen. Da
hörte St. Val die Trompeten seines Regiments durch die
weite Stille herüberklingen, sie bliesen ein fröhliches Reiter-
lied aus der alten guten Zeit. Das wandte ihm das Herz, er
war wieder ganz Franzose, der die Ehre über alles stellt. Er
merkte gar wohl an der geheimnisvollen Geschäftigkeit der
Abenteurer, daß sie einen Hauptstreich vorhatten, da war
kein Augenblick zu verlieren. So, in höchster Angst vor dem
Zelt sitzend und umherspähend, sann er eben, heimlich zu
entfliehen und die Seinigen zu warnen, als auf einmal die
ganze Bande mit Windlichtern wieder aus dem Walde zurückkehrte. Die Gräfin, mitten unter ihnen, tritt rasch hervor
und, zwischen den schweifenden Lichtern mit den losgegan-
genen Locken wieder über ihn geneigt, wie in jener Nacht am
Schloß, blickt sie ihn streng an in ihrer ganzen furchtbaren
Schönheit. Da springt er auf, entreißt einem Bauer die Fackel
und, ganz verblendet und verwirrt, führt er selber den Haufen zum Überfall gegen seine Landsleute! – So, rasch und
schweigend gehen sie durch den stillen Wald –«

Kaum hatte der Rittmeister diese Worte ausgesprochen,
als plötzlich ein Schuß hinter uns fiel, und bald ein zweiter
und noch einer. Teufel! da ist St. Val! schrie der Rittmeister
aufspringend, und ich erblickte in einem Erker des Schlosses
einen schönen jungen Mann, todbleich beim Fackelschein,
ohne Hut in einer halbzerrissenen französischen Uniform,
hinter ihm im roten Widerschein der Windlichter, der seltsam
über die vergüldeten Wände der Säle schweifte, wurden
wilde, trotzige Gestalten mit Dolchen und langen Vogelflin-

ten sichtbar, wie sie der Rittmeister vorhin beschrieben. Sie
schossen aus allen Fenstern auf uns, und mancher Franzose
sank in's Gras, eh sich unser Häuflein nur besinnen konnte.
Unterdes hatte sich das Gerücht verbreitet, die wilde Gräfin
sei im Schlosse; der Rittmeister verlor keinen Augenblick
den Kopf, er traute mir nicht mehr in solcher Gefahr und ließ
mich tiefer in den Wald zurückbringen, dann erbrachen sie
mit gewaltiger Anstrengung Tor und Riegel und drangen in
die Burg hinein. Der erste, der ihnen dort begegnete, war St.
Val, er focht wie ein Rasender und stürzte sich zuletzt in
wildem Wahnsinn selbst in die französischen Klingen.

Über seinen Leichnam nun ging der Kampf von Treppe zu
Treppe entsetzlich durch alle Gänge. Die Franzosen waren
kriegsgewandter und zahlreicher, als ihre Gegner, die Gräfin
und die Ihrigen wurden immer höher hinaufgetrieben – es
war keine Rettung mehr für sie. Da schlug plötzlich aus dem
einen Fenster ein heller Schein hervor, dann wieder aus
einem andern, immer mehr rötliche Flammen züngelten
schnell an allen Ecken auf, der Sturm faßte die wachsenden
Lohen und wildkühn kletterte das Feuer an den Gebälken
empor, wie ein prächtiges Laubgewinde in der Nacht, mitten
in der Glut sah man die dunklen Gestalten noch ringen. In
dieser Not erblickte der Rittmeister auf einmal die Gräfin
hoch über sich wie den Todesengel zwischen den Flammen.
Ihm vergingen die Sinne bei dem Anblick, er vergaß Heimat,
Liebchen und Ruhm, er wollte nur sie retten oder sterben.
Vergebens riefen ihm die Seinigen nach, er hörte nicht mehr
und drang verblendet die brennende Treppe hinan, unter
sich in der wilden Beleuchtung sah er den Garten, die
Schlüfte und den Strom, der wie eine glühende Schlange an
dem Schlosse vorüberschoß – schon langte er nach ihr, sie zu
umschlingen und hinabzutragen, da stieß sie ihn mächtig von
der Zinne hinab, daß die Flammen wie fliegende Fahnen den
braven Soldaten bedeckten.

Bald darauf stürzte der ganze Bau donnernd über Freund
und Feind zusammen – man hat seitdem die Gräfin nicht
wieder gesehen.

Alles schwieg, als der Lord endigte, nur der Baron, der während der Erzählung eingeschlummert war, fuhr auf seinem Stuhle erschrocken auf über die plötzliche Stille. – Nun und weiter? sagte endlich der Fürst ganz zerstreut. – Der Lord sah ihn verwundert an. Was wollen Sie noch weiter in der spanischen Nacht, nachdem dieser schöne Stern gesunken? Das Andere lohnt nicht mehr: da der Rittmeister tot war, ergriffen die wenigen, noch übrig gebliebenen Franzosen voll Entsetzen die Flucht, auch meine Wächter waren verschwunden. Ich eilte nun in der neuen Freiheit sogleich zum Schloß, um die Gräfin, von der ich so viel gehört, wo möglich mit eigenen Augen zu schauen – es war zu spät. – Als ich aber an die Brandstätte kam, da war's, als wüchsen dunkle Reitergestalten aus dem feurigen Boden, die wühlten mit ihren Degen in den Trümmern, daß überall blaue Flämmchen aufschlugen. Sie ist mitverbrannt, hört' ich einen von ihnen sagen. – So war denn alles nur ein prächtiger Traum! rief ein Anderer schmerzlich aus; dann stürzten sie in den Wald, den Flüchtlingen nach. – Später hörte ich, daß die schwarzen Gesellen von der englisch-deutschen Legion gewesen, welche das Schloß hatten entsetzen wollen.

Und sahen Sie den Offizier nicht, der sie anführte? fragte der Fürst wieder. – Ich erblickte ihn nur fern und flüchtig in der wilden Nacht, erwiderte der Lord, bei meinem Regiment aber nannten sie nachher einen deutschen Grafen: Victor von Hohenstein. –

Nun wahrhaftig, ihr werdet uns am Ende gar noch überreden wollen, daß die Novelle wahr ist, sagte hier die Fürstin, indem sie sich erhob und das Signal zum allgemeinen Aufbruch gab. Man vermißte jetzt erst die Gräfin Juanna. Der Baron sagte, sie promeniere schon seit länger als einer Stunde mit seiner Tochter durch alle Winkel des Schlosses und sei dadurch um die ganze spanische Reitergeschichte gekommen. Er ergriff nun eine seidene Klingelschnur und zog erst gelassen, dann immer heftiger, aber der Draht war durch den langen Nichtgebrauch verrostet, es wollte durchaus nicht klingen, bis er endlich ganz zornig zur Tür hinausschrie. Mehrere Bedienten, in alten, verschossenen Livreien stürzten herein, und setzten sich mit massiven Armleuchtern an die Spitze des Zuges, den der Baron, die Fürstin an den Fingerspitzen haltend, feierlich eröffnete, in der Perspektive erblickte man durch die offenen Flügeltüren ein mächtiges Himmelbett mit schwerseidenen Gardinen und einem Federbusch darüber. Nun verliefen sich auch die andern mit ihren Lichtern auf den verwirrten Gängen; es sah von draußen aus, wie ein verbranntes Blatt Papier, wo die Funken geschäftig durcheinander irren, bis endlich der letzte plötzlich verlischt.

Und als nun alles ruhig geworden im ganzen Hause, stand der Fürst noch immer allein mit dem Lord am offenen Fenster eines dunklen Saals und konnte nicht aufhören, ihn über die erzählte Begebenheit immer genauer auszufragen. Das Gewitter draußen war vorüber, es blitzte nur noch von fern, einzelne zerrissene Wolken flogen eilig über den stillen Hof. Da fuhr plötzlich der Lord auf: Seht da, wahrhaftig die wilde Gräfin! – der Mond war auf einmal zwischen den Wolken hervorgetreten und beleuchtete flüchtig Juanna, die jenseits noch auf dem Balkon stand. – Der Fürst aber schloß schnell das Fenster. Still, still, sagte er zu dem erstaunten Lord, der diesen Ausruf nur so gedankenlos hingeworfen, verratet es niemand, daß Ihr sie kennt. –

EILFTES KAPITEL

Ein prächtiges Schloß über schimmernden Fernen, ein bunter, fürstlicher Hofhalt, Komödianten und ein Liebchen im Grün – was Wunder, daß Otto's fröhliches Studentenherz wie eine Lerche singend über dem phantastischen Herbstschmuck der Wälder hing! – Auch Fortunat verschob seine Abreise von einem Tag zum andern, die geheimnisvolle Aufmerksamkeit, womit man ihn hier unbegreiflicherweise auszeichnete, wurde immer auffallender. Er glich einem Fremden, der auf der Durchreise, bevor der Postillon wieder

blies, sich auf einige Minuten im Theater an einen Pfeiler
gelehnt und nun auf einmal gewahr wird, daß droben auf den
Brettern von ihm selber die Rede sei und alle Blicke sich
unheimlich auf ihn heften. Das Rätsel, meinte er, müsse jeden
Augenblick sich lösen, er wollte wenigstens den ersten Akt
noch abwarten.

Am wunderlichsten aber war es Dryandern ergangen. Sein
Dichterruf öffnete ihm alle Flügeltüren des Schlosses, da
hatte ihn aber der Hofwind so wacker gefaßt, daß er bald den
Hut samt dem Kopfe darüber verloren hätte. Die unverschämte Art, mit der er sich selbst vergötterte, sein Witz und
poetisches Wetterleuchten dazwischen, blendete, verwirrte
und belebte alles, und eh' man sich dessen versah, hatte der
Fürst ihn bei Hofe angestellt; die Schauspieler meinten: als
lustigen Rat. Er selbst aber nahm die Sache sehr ernst, hielt
einen Bedienten, mit dem er sich täglich zankte, kleidete sich
sorgfältig nach der neuesten Mode, sprach nur französisch zu
den Komödianten, die es nicht verstanden, und wies Lothario's Gelächter mit gründlicher Verachtung zurück.

Währenddes hatte auch der junge, schöne Maler Guido
sich immermehr in Kordelchens feingeschlitzte Augen vertieft, und entdeckte in dem mutwilligen Mädchen täglich
neue, unerhörte, nur von der Gemeinheit ihrer Umgebung
verschüttete Talente, von denen sie selber nichts wisse. Strot-
zend von guten Vorsätzen, voll Selbstvertrauens und jugendlichen Glaubens an Tugend und Liebe, ging er mutig
darauf los, sie aus ihrer Verwilderung mit sich emporzuflügeln. – Eines Nachmittags saßen beide zusammen in dem
altmodischen Ziergarten, der die Wohnung der Schauspieler
umgab. Sie strickte einen Strumpf, er las ihr Goethe's Tasso
vor. Zwischen den grünen Taxuswänden schillerten von fern
die reichen Täler herauf, bunte Schmetterlinge flatterten auf
den halbverwilderten Blumenbeeten; die feierliche Pracht
der Gänge, die Hermen römischer Dichter, die in der Einsamkeit umherstanden, weiterhin über den Buchenwipfeln
das heitere fürstliche Schloß – alles versetzte ihn recht mitten
in das schöne Gedicht, er las sich immer mehr in's Feuer. –

Wie schön sie ist! rief da auf einmal Kordelchen fast traurig
aus. Guido glaubte: die Prinzessin im Stück. Kordelchen
aber meinte die Gräfin Juanna, die so eben, eine Laute im
Arm, durch den oberen Schloßgarten ging. Er sah ihr selber
nach, bis sie zwischen den Orangenbäumen wieder verschwunden war, dann fuhr er, etwas gestört, weiter fort.
Aber seine Schülerin war heute ganz zerstreut. Haben Sie
gestern, Abends, Lothario'n droben gesehen? unterbrach sie
ihn von neuem, ich glaube, er wollte ein Ständchen bringen. –
Guido wollte aus der Haut fahren, er nickte ihr nur flüchtig
zu, er war eben an einer Lieblingsstelle und deklamierte
so eifrig fort, daß ihm die Stirn davon rot wurde. Als er aber
einmal über das Buch hinwegsah, hatte Kordelchen gar ihr
Strickzeug weggelegt und den ganzen Schoß voll Sternblu-
men. – Sie liebt ihn – sie liebt ihn nicht – sagte sie leise in
Gedanken vor sich hin, eine Blume nach der andern zer-
pflückend. – Guido stand auf, klappte das Buch heftig zu und
schob es in die Tasche, seine begeisterten Augen leuchteten
im Zorne so schön unter den herabwallenden braunen
Locken. Du närrischer Junge! rief Kordelchen, ihn mit einem herzhaften Kuß festhaltend. Da wanderte eben Otto
vorüber, und warf ihr einen verächtlichen Blick zu. Sie warf
ihm dagegen lachend alle ihre Blumen nach, und sprang dann
selber schnell in den Garten fort.

Ungünstigeres aber hätte Otto'n in diesem Augenblick
nicht begegnen können, als der unerwartete Anblick dieser
Vertraulichkeit. Denn er ging so eben, das Manuskript eines
Trauerspiels unter dem Arme, mit klopfendem Herzen nach
dem alten Palast der Schauspieler, um es ihnen Behufs einer
zu verhoffenden Darstellung vorzulesen. – Er fand Herrn
Sorti und die übrigen Stimmführer der Gesellschaft bereits
vor dem Hause in einer Wolke von Tabaksrauch zwischen
hohen Biergläsern um einen runden Tisch versammelt. Zerstreut und in Gedanken noch halb bei Kordelchen, begann er
mit unsicherer, fast schüchterner Stimme die Vorlesung.
Doch bald faßte ihn der rasche Strom der eigenen Dichtung,
heiter glitt er an den duftigen Gestaden, Rebengeländern

und Burgen hinab, und das stille Glück der Stunden, ja die
Gegenden und Plätze, wo er damals gedichtet, wehten ihn
wieder erfrischend an. So las er immer schöner und mächtiger, und bemerkte nicht, wie die Gesichter seiner Zuhörer
nach und nach immer länger wurden, dort einer heimlich
durch die Nase gähnte, da ein anderer mit vornehmem
Lächeln unverwandt sein Bierglas ansah. Und als er endlich
schloß, erfolgte eine allgemeine Stille, daß man das Laub im
Baume sich bewegen hörte – ein Zustand, wobei einem
jungen Autor die Gedanken plötzlich zu Eiszapfen gefrieren
können.

Schön – recht poetisch, nahm endlich Sorti das Wort, aber
aufführen – Keine Drucker, platzte Ruprecht heraus. – Zuviel Verwandlungen, meinte ein anderer – Kein einziger
brillanter Abgang. – Aber was hat denn alle das Teufelszeug
mit meinem Gedicht zu schaffen? fragte der erstaunte Otto in
seiner poetischen Unschuld. – Wird sich schon geben, mein
Liebster, entgegnete Sorti gelassen, wird sich nach und nach
schon geben mit der zunehmenden Bühnenkenntnis. – Nun
steckten alle die Nasen in das Heft, und ein jeder fing an, nach
seiner Art daran zu mäkeln. Der Dialog war zu phantastisch,
er sollte noch einmal überarbeitet, herabgestimmt und natürlicher gemacht werden. Der Held dagegen erschien allen
zu einfach, die Dame gar zu verliebt. – Da hielt sich Otto
nicht länger, diese Mädchengestalt war ihm gerade die
schönste, er hatte sich, wie es jungen Dichtern wohl begegnet, nach und nach im Schreiben selber in sie verliebt. – Das
Lieblichste, rief er aus, das Heimlichste, Wahrste und Beste,
was ich wußte, hab' ich gegeben, und nicht einen Buchstaben
ändere ich an dem ganzen Stück! – Hiermit schleuderte er das
Manuskript zornig auf den Tisch und ging rasch in den
Garten fort, und es war ihm in einiger Entfernung, als hörte
er die Schauspieler hinter sich lachen.

In diesem heftig bewegten Zustande begegnete er Lothario'n, der ihm sehr bald die ganze Geschichte abgefragt
hatte und darauf in ein tolles Gelächter ausbrach. Darf man
erfahren, worüber Sie lachen? fragte Otto empfindlich. Weil

Sie, erwiderte Lothario, durch diese glückliche Begebenheit hoffentlich auf den nächsten Weg geraten sind, sich der theatralischen Flausen gänzlich zu entschlagen. Otto sah ihn verwundert an. Aber Lothario ließ sich nicht irre machen. Überlegt doch nur selbst, fuhr er fort, was wollen sie denn eigentlich! Ein großer, starker Kerl, der plötzlich herausstürzt und rezitativisch schreit: ich fürcht' mich vor dem Tode nicht! ein Posaunenstoß oder ein Paar Striche über die große Baßgeige dazu – das ist ein Held. Ein zimperlich Ding, etwas verliebt und etwas tugendhaft und sehr geschnürt, das in Jamben spricht und mit den Logen kokettiert – das ist eine Jungfrau. Ein Korb voll Kaldaunen, der nach Tische zur Verdauung Poesie treibt und in Romeo und Julie eines gemalten Pomeranzenbaums bedarf, um sich nach Italien zu versetzen: das ist das Publikum. – Und dennoch, erwiderte Otto nach einer kurzen Pause, wenn alle so dächten, so müßte die dramatische Poesie in der Luft spielen und die Bühne zu Grunde gehen. – Ja, das hoff' ich auch! sagte Lothario, die Dichter müssen nur nicht nachgeben, sondern die Theater poetisch aushungern, sie an ihrer eigenen Misere und Langweiligkeit allmählich verschmachten lassen und unterdes draußen frisch und keck die Welt auf ihre eigne Hand dramatisieren. Das Publikum ist so dumm gerade nicht, wie es aussieht. Ist es erst im Buch an die ursprüngliche Schönheit wieder gewöhnt, so wird es auch die Bühnen schon zwingen, sich zu akkommodieren. Aus der alten guten Poesie kann sich ein neues Theater bilden, nimmermehr aber eine neue Poesie aus den kranken Gelüsten des Publikums und der Pedanterei der Theatermaschinisten. Und überhaupt, junger Mensch, fuhr er fort, wollt Ihr ein Dichter werden – und ich meine, Ihr habt die unglückliche Disposition dazu – so müßt Ihr Euch ein für allemal daran gewöhnen, für die Handvoll Gescheuter im Lande zu dichten und nach den andern nicht zu fragen. Vor allem aber müßt Ihr Euch hier von uns Komödianten und Frauenzimmern losmachen, denn wer sich so in der Rumpelkammer des Lebens herumtreibt, dem fliegen die Fledermäuse an den Kopf, und es wäre Schade um Euer weiches Flachshaar.

Otto zürnte wie ein Mädchen. Lothario aber, in seinem kühnen Wesen, griff wie ein eisiger Morgenwind durch alle Saiten seiner wunden Seele. Auch hatte es Otto ja mit eigenen Augen gesehen: Kordelchen war treulos, das Brettergerüst seines geträumten Bühnenruhms zertrümmert, er kam sich nach den heutigen Erfahrungen nun selbst hier kahl und erbärmlich vor. Und so geschah es, daß er, ehe sie noch das Ende des Gartens erreichten, dem harten Freunde mit dem Ungestüm eines frischen Entschlusses die Hand darauf gab, sogleich weiter zu reisen, um ungestört und mit strengem Ernste ganz der Dichtkunst zu leben. – Nun fehlte es aber wieder am nötigen Reisegeld zur Ausführung eines so löblichen Vorsatzes. – Lothario machte bei dieser Bemerkung eine lebhafte Bewegung und schien einen raschen Vorschlag auf dem Herzen zu haben, schwieg aber plötzlich. – Da standen sie so eben vor Dryanders Tür. Halt! sagte er, hier wohnt Fortuna's Hofnarr, da wollen wir anklopfen, kommen Sie nur geschwind.

Mit diesen Worten drängte er den Zögernden in das Haus hinein. Ein Bedienter empfing sie in der Vorstube und wollte anmelden. Der Schauspieler schob ihn aber lächelnd zur Seite und trat ohne weiteres in das Zimmer. Hier war durch tief herabhängende, grünseidene Gardinen ein künstliches Halblicht verbreitet, ein zierlicher, bronzener Opferaltar auf dem Mahagonitisch erfüllte das Gemach mit Wohlgerüchen, Dryander selbst, in einem feinperkalenen Negligé, ruhte mit einem Papier in der Hand nachlässig auf einer Ottomane. Er blinzelte die Eintretenden vornehm an, als könnte er sie nicht gleich erkennen, faltete und versiegelte erst den Brief und klingelte nach dem Bedienten: An Se. Durchlaucht, aber sogleich. – Dann sprang er auf und nötigte die Gäste verbindlich auf das Sofa. – Lothario, als sie sich feierlich niedergelassen, drückte mit devoter Stimme ihre langverhaltene Freude über seinen sehr ergötzlichen Glückswechsel aus. Mich hat es nicht im geringsten überrascht, verehrter Hofrat, sagte er, du strebtest von jeher oben hinaus: keine Dachstube war dir zu hoch, du hattest schon damals immer die besten

Aussichten. – Dryander, hofmännisch überhörend, wandte sich, ohne darauf zu antworten, zu Otto, ihn seiner besonderen Teilnahme an seinem schönen Talent versichernd, doch müsse er ihm als Freund raten, seinen Umgang sorgfältiger zu wählen. – Eben darum, unterbrach ihn Lothario, hat dieser junge Mann einen festen Entschluß gefaßt. Du hast gestern dein Gehalt bezogen und brauchst es nicht; wir wollten daher gehorsamst bitten, ob du vielleicht die Güte haben möchtest, ihm unter die Arme zu greifen – ein kleines Darlehn – auf kurze Frist – er will nach Italien. – Nach Italien? rief Dryander aus, in das göttliche Land – Ja, wo, nach Göthe, die Zitronen blühn, fiel Lothario ein. – Meine Verbindungen hier bei Hofe, ich kann Ihnen vielleicht nützlich sein, fuhr Dryander fort, auch kenne ich mehrere Personen von Rang in Rom, Neapel, mein Freund der Duca – Degli Lazzaroni, meinte Lothario, eine alte Familie, ich glaube, ihr seid verwandt. – Otto stand hochrot und entrüstet auf. – Ich bedaure nur, sagte Dryander, gleichfalls aufbrechend, daß in diesem Augenblick dringende Amtsgeschäfte – es wird mir aber sehr erfreulich sein, Sie vor Ihrer Abreise – Allerliebster Hofrat! rief hier plötzlich Lothario, seine Hand fassend: jetzt tanz' noch eine Menuett mit mir. – Dryander maß ihn mit verächtlichen Blicken. – Oder soll ich dich morgen vor dem ganzen Hofe auffordern? Du kennst ja meine Kuchenreuter, sagte Lothario. – Der Hofrat wollte hastig klingeln. – Tanz' – wiederholte Lothario warnend. – Da stellte sich Dryander mit teuflischem Lächeln in Positur, Lothario sang vergnügt die Menuett à la Vigano, so führten sie auf dem bunten Teppich graziös mehrere Touren aus, und es war wunderlich anzusehen, wie Dryander seinen Gegner mit den Augen erstechen wollte, so oft sie feierlich an einander vorbeischwebten. Dann geleitete ihn Lothario an den Fingerspitzen bis zum Sofa, machte eine tiefe Verbeugung und entfernte sich mit dem verlegenen Otto, der gar nicht wußte, wie ihm geschehen.

Das war eine gesunde Motion – sagte Lothario lachend – als sie draußen waren – aber Mensch, sehen Sie nicht so trübe aus! Schreiben Sie noch heut nach Hohenstein um Geld, treu, klar und aufrichtig; Sie kriegen des Plunders genug; wer ehrlich will, was er soll, der kann auch, was er will! – Mit diesen Worten wandte er sich wieder in den Garten. Otto stand noch lange zweifelnd still, dann aber eilte er auf sein einsames Stübchen, um sogleich den guten Rat zu befolgen. – Als er oben am offenen Fenster saß, tanzte schon das Abendgold durch das Weinlaub so lustig über das reine Blatt vor ihm. Er stand oft im Schreiben auf und lehnte sich zum Fenster hinaus. Die Abendsonne beschien draußen die herbstliche Gegend, die Wandervögel zogen über das Haus fort, seine ganze Seele war voll fröhlicher Verheißung und zog mit ihnen in die schöne, wunderbare Ferne hinaus.

Währenddes kehrte unten der Fürst mit mehreren Begleitern von einem Ausfluge heim. Sie ritten zwischen den einsamen Felsenwänden den kühlen Strom entlang, die Wälder glühten im buntfarbigen Herbstschmuck. Da erblickten sie hoch über sich auf einem überhangenden Felsen die Gräfin Juanna, unter wilden Waldblumen nach dem Strome hinabgebeugt, daß die dunklen Locken Stirn und Wangen bedeckten. – Lureley! – sagte der Fürst wie in Gedanken zu seinen Begleitern, die geblendet hinaufschauten. –

Aber er selber war schon in ihrem Bann, und als sie am Schlosse angekommen, hatte er sich unbemerkt entfernt und stieg allein hastig und verwirrt durch die schöne Einsamkeit hinauf. Er kannte von seinen Jagden den wenig betretenen Fußsteig zur Höh', Juanna fuhr erschrocken auf, als er so eben plötzlich durch das Gebüsch brach und neben ihr auf die Knie sank, ihre Hand mit glühenden Küssen bedeckend. Sie schwieg und sah ihn lange durchdringend an. Still, still – sagte sie dann, hier kann man uns vom Schloß aus sehen. – Hiermit ergriff sie seine Hand und führte ihn rasch durch die Hecken, über schmale Felsrücken an jähen Abgründen vorbei. Durch seine Seele gingen wechselnd Furcht und Hoffnung, wie die Schatten im Walde. Wo wandern wir hin? fragte er endlich betroffen, denn die grünen Plätze kamen ihm so bekannt vor, das Abendrot spielte, wie die alte schöne

Zeit, darüber. So traten sie auf einmal zwischen den Bäumen
heraus und erblickten unter einzelnen Tannen ein kleines
Haus mit einem stillen, zierlichen Gärtchen davor. – Der
Fürst drängte erschrocken weiter. Hier wollen wir ausruhen,
sagte Juanna, ihn festhaltend. Er schaute nun unverwandt   5
hinüber, wie in einen Traum. Eine alte, blinde Frau saß in der
Abendsonne vor der Tür, ein schönes bleiches Mädchen ging
singend vor ihr im Garten auf und nieder. Da erblickte sie auf
einmal den Fürsten, und floh wie ein erschrecktes Kind zu
der Mutter und setzte sich zu ihren Füßen in's Gras. – Was   10
hast du denn? fragte die Blinde. Das Mädchen sagte: es gehe
ein Engel im Abendscheine durch den Wald, ein anderer
stehe neben ihm, der werfe einen langen Schatten weit über
den Wald und die Täler, ach es dunkelt schon, und er kommt
noch immer nicht wieder! – Sie drückte ihr Gesicht in den   15
Schoß der Mutter und weinte bitterlich.

   Der Fürst wandte sich ab. Es war das Jägermädchen, das
er so oft in früheren Jahren heimlich besucht. Ihr Herz war
gebrochen, da sie in ihrem Liebsten den Fürsten erkannt,
nun war sie lange wahnsinnig, er hatte sie fast vergessen. –   20
Die Abendglut blickte noch einmal durch den Wald herauf,
daß die Gegend plötzlich ganz fremd und wie verwandelt
erschien, Juanna's Augen funkelten beinah tödlich, er hielt
sie nicht länger aus, und floh tief erschüttert von dem entsetzlichen Ort.   25

   Sie aber war unterdes in das Gärtchen getreten und sprach
trostreich zu der Blinden und ihrem armen Kind, und warf
ihr, ehe sie weiterging, einige Goldstücke in den Schoß. Da
betete die Alte still vor sich, denn nun glaubte sie's selbst
auch, daß in der Abendstille ein Engel an ihrem Hause   30
vorübergegangen. – Währenddes stieg der Maler Albert, bis
an die Zähne bewaffnet, still und ernst den Waldberg hinan.
Er hatte vorhin die Gräfin auf dem Felsen, dann den Fürsten
heimlich hinaufschleichen gesehen und in seiner Tugendhaftigkeit sogleich beschlossen, mit Gut und Blut die Unschuld   35
zu beschützen. Die Nacht war schon hereingebrochen, die
ganze Gegend stand wie in Gedanken im Mondglanz umher,

und als Juanna wieder im Schloß an ihrem Fenster stand,
hörte sie unter sich den Strom aufrauschen, wie von Ru-
derschlägen. Es war Lothario, der unten auf einem Nachen
vorüberfuhr und sang, sie konnte durch den Nachtwind nur
folgende Worte verstehen:

> Wetterleuchten fern im Dunkeln,
> Wunderbar die Berge stehn,
> Nur die Bäche manchmal funkeln,
> Die im Grund verworren gehn,
> Und ich schaue froherschrocken
> Wie in eines Traumes Pracht –
> Schüttle nur die dunklen Locken,
> Deine Augen sind die Nacht!

Der Nachtwächter unter den Fenstern aber schüttelte den
Kopf und sah zu seiner Verwunderung auf dem Felsen
drüben eine lange Gestalt, auf ihr Schwert gestützt, die halbe
Nacht hindurch gleich einer verlornen Schildwacht stehen.

ZWÖLFTES KAPITEL

Es kann ein Mensch lange Zeit in den besten Grundsätzen
wie ein Schneemann eingefroren sitzen, aber die lustigen
Frühlingsbäche unterwaschen schon heimlich plaudernd und
neckend den Sitz unter ihm – ein Laut, der leise Flug eines
Vogels: und er stürzt kopfüber und verschüttet alle guten
Vorsätze wieder. – So erging es Dryandern.
    Es war ein schöner, stiller Abend, da ging die Fürstin
allein in einem entlegenen Teile des Gartens spazieren, sie
schien unruhig, oft blieb sie stehen und hörte zu, wie die
Schauspieler unten sangen. Aber die kluge Kordelchen hatte
sie schon aus der Ferne bemerkt, Lothario fehlte heut wider
seine Gewohnheit bei dem Gesange – sie hatte ihre eignen
Gedanken. So begegnete sie Dryandern am Eingange des
Parks, da flog ihr plötzlich ein Anschlag durch den Kopf.

Endlich finde ich Sie! flüsterte sie ihm geheimnisvoll zu, die
Fürstin, dort, sie erwartet sie. Aber still – sagte sie, den
Finger auf den Mund legend, und verschlüpfte schnell wieder zwischen den Bäumen. – Eitelkeit macht dumm. Der
überraschte Dryander überblätterte geschwind das Glücks-   5
buch seiner hiesigen Anstellung, jedes Blatt rauschte ihm
plötzlich wie die Schleppe der Fürstin, nun verstand er erst
alles, ja er überredete sich in allem Ernste selber längst in die
Fürstin sterblich verliebt zu sein. So, im Garten fortrennend,
umspann er sich immer hitziger mit dem tollsten Roman,   10
und als nun die schlanke Gestalt in einem dunkelen Bogengange auf einmal vor ihm stand, überschüttete er sie atemlos,
ohne Eingang und Vorbereitung, verworren mit der
glühendsten Liebeserklärung. Die Fürstin, da er so auf sie
losstürmte, stand erst verwundert, dann lächelte sie fein und   15
still, es fiel ihr nicht ein, daß er sich einbilden könnte, sie
meine ihn. – Tasso! sagte sie scherzhaft warnend, wir sind
hier nicht in Belriguardo. – Indem sie aber den Handschuh
ausziehen wollte, um ihm ihre weiße Hand zum Kuß zu
reichen, fiel ein Mondstrahl durch das Laub auf Stirn und   20
Mund. Da kam sie Dryandern schon eigentlich etwas alt vor,
sie gefiel ihm auf einmal gar nicht, und seine Gedanken
schlugen ihm unwillkürlich um, wie Milch beim Wetterleuchten. O Gott, Fürstin! rief er aus, die Nacht ist eine wilde,
phantastische Blume, berauschenden Duft verstreuend,   25
schöne gefallene Engel wiegen sich auf den Blättern und
singen im Traume von den Sternen, wo sie sonst gewohnt,
und zwischen den träumenden Kaiserkronen und Blüten-
glocken flüsternd, ringelt die alte Schlange sich leise empor
und von ihrem Krönlein lösen sich grüngoldene Funken und   30
schwärmen durch das Blütengeflecht, und in ihrem streifen-
den Widerschein sehen die Gesichter leichenblaß, wie Sie
jetzt, Fürstin, im Mondlicht. – So redete er sich nach und
nach in die Tugend und tragisches Wesen hinein, sprach
entsetzlich von der Sünde, immer begeisterter, wilder und   35
herzzerschneidend. Die Fürstin überlief es heimlich eiskalt
dabei. Aber sie bezwang sich und unterbrach ihn lachend:

Der Duft der Nachtblume ist Ihnen zu Kopfe gestiegen, gehen Sie nach Hause und nehmen Sie ein Fußbad. – Dann wandte sie sich stolz nach dem Schlosse.

Dryander stand wie vom Donner gerührt. Jetzt wollte er ihr nach, sie festhalten, rannte aber in der Verwirrung mit der Stirn an einen Baum, daß er den Hut verlor. Er schimpfte sich selbst einen gefallenen Engel, der gotteslästerlich die Unschuld an die Wand male, die ihn verführt. So eilte er wie besessen quer durch den Wald, in der Ferne verklang eben noch die letzte Abendglocke, die Mädchen im Dorfe unten sangen vor den Haustüren. Und als er am Ende des Parks plötzlich heraustrat, erblickte er vor der letzten Hütte des Dorfs beim hellsten Mondschein eine schöne Jungfrau, die er noch niemals gesehen, in reichem Gewand unter einer Linde sitzend. Sie hatte ein blondgelocktes Kind auf dem Schoß, ein anderes stand auf ihr Knie gestützt und sah an ihr empor, alle von einem weiten Schleier umgeben, durch den die Sterne flimmerten, als wären sie drein gewirkt. Da war's ihm, als hätte der Himmel sich barmherzig auf diesen Hügel herabgeneigt, todmüde, außer sich, warf er sich zu ihren Füßen auf den Rasen hin, vor den unschuldigen Augen. O heilige Jungfrau, bitte für mich! redete er sie aus tiefstem Grund der Seele an, beschütze mich vor der wilden Jagd – ich selber Hund und Wild – erlöse mich von der inneren Lüge! – Sie sah ihn ernsthaft an, sie konnte vor den Kindern nicht aufstehen. – Er aber achtete nicht darauf; wie ein Kranker, der einen seligen Traum hat, sprach er immerfort zu ihr und bot ihr endlich gerührt seine Hand an. Er wollte sie mit den Kindern auf einen Esel setzen, so wollten sie ziehen durchs einsame Gebirg die Klippen hinab in der schattigen Kühle, alles hinter sich lassen und vergessen, fort nach der blauen Ferne, bis in das stille Himmelreich. – Was sind das für Bälger? unterbrach er sich hier plötzlich selbst, das Kind hastig abwehrend, das mit den schmutzigen Händen zu ihm wollte. – Ich brachte ihnen Speise und Medizin, erwiderte das Fräulein, ihre Mutter liegt drin krank – – Krank?! rief Dryander schnell aufspringend und bedenklich nach der

Hütte blickend, denn er hatte eine abergläubische Furcht vor
Ansteckung. – Ein Bedienter mit einem Handkörbchen war
unterdes aus dem Hause dazugetreten, das Fräulein erhob
sich, wie erlöst, von dem Rasen, und entfernte sich rasch,
noch öfters furchtsam zurückblickend. – In dem Gebüsch
daneben aber hörte er ein feines Lachen, er glaubte ein
Frauenkleid durch die Zweige schimmern zu sehen.

Es war Kordelchen, die ihm heimlich gefolgt. Aber es
bekam ihr schlimm. Denn sie hatte sich kaum in ihrem
Versteck zurechtgesetzt, da stürzte Dryander, wie ein Rasender, schreiend und tobend daher und fuhr mit dem Kopf
gerade in ihre Röcke. Sie sprang erschrocken auf – eine
Fledermaus, da er seinen Hut im Wald gelassen, war ihm
unversehens in die Haare geflogen und blickte, dort fest-
genestelt, mit stieren Augen vom Kopfe des Dichters. Dieser
schrie, Kordelchen schimpfte, keines mochte anfassen, darüber fuhren Köpfe, Mägde und Kinder aus allen Fenstern
und Türen, die Hunde im Dorfe schlugen an, Dryander
nahm ganz verblüfft Reißaus, der Nachtwächter, der eben
blasen wollte, mit langen Schritten ihm nach – so kam er
atemlos nach Hause, wo er, endlich von dem gespenstischen
Untier befreit, sogleich zu Bett ging und sich einbildete,
todkrank zu sein.

Feine Lebensart ist wie ein guter Firnis, den die gemeine
Luft nicht angreift; so war auch die Fürstin seit jenem Abend
ganz unverändert; sie erwähnte des Vorfalls mit keinem
Wort, sie mochte wohl ihre Gründe dazu haben. Dryander,
da es ihn nicht mehr interessierte, hatte längst alles wieder
vergessen, bis auf die schöne, mildtätige Jungfrau vor der
Hütte. Diese aber war niemand anders, als Fräulein Trudchen von dem wüsten Schlosse des Barons. Die leichte,
heitere Art der vornehmen Gäste bei dem fürstlichen Besuche hatte sie ganz verblendet; wie nach Sonnenuntergang
flimmerte es noch lange in ihrer Einsamkeit nach, und sie
hörte nicht auf zu bitten und zu schmollen, bis der Vater sie
endlich auf mehrere Wochen zu dem fürstlichen Forstmeister, ihrem Verwandten, hinüberschickte, um sich zu bilden. –

Dryander besuchte nun regelmäßig jeden Abend den Forstmeister, disputierte mit den dort häufig versammelten Guts-
besitzern, trank viel, und verfolgte das Fräulein mit wahrhaft
poetischer Wut. Er schleppte ihr unermüdlich Bücher zu:
Goethe, Shakespeare, Calderon, Cervantes, sie mußte geschwind lesen, ihre Unwissenheit reizte ihn nur immermehr.
Es war ihr alles so neu, im Hause hatten alle großen Respekt
vor seiner Gelehrsamkeit, er umstrickte sie ganz mit seinem
leidenschaftlichen Wesen. – Die Schauspieler hatten insgeheim ihre große Freude daran, und eines Abends kamen die
Schalksnarren, Ruprecht, Kordelchen, Fabitz, eins nach dem
andern, feierlich zu ihm, der eine brachte ein Gedicht, der
andere einen dicken Blumenstrauß, und gratulierten zu seiner morgigen Vermählung mit dem Fräulein. Er stutzte, und
lief sogleich noch zum Forstmeister hinüber. – Es war schon
spät, er fand einen seltsamen Rumor im Hause, Spiegel und
Kronleuchter wurden geputzt, Gäste vom Lande waren
angekommen, andere wurden noch erwartet. Im Garten aber
sah er unter den Pflaumenbäumen ein trübes Feuer glühen,
vor dem sich dunkle Gestalten seltsam hin und her bewegten. Er eilte hin, und fand sein Trudchen, eine Schürze
vorgebunden und die Ärmel aufgestreift, in voller Arbeit
vor dem Backofen, in welchen so eben Kuchen geschoben
wurden. Neugierig und diensteifrig wollte er ihr helfen, um
etwas Näheres zu erfahren. Aber sie hatte nicht viel Zeit, er
war ihr überall im Wege, sie streifte ein Paarmal dicht an ihn
an, daß er auf der einen Seite ganz weiß von Mehl wurde.
Nun, nun, sagte sie, da er sich eifrig abstäubte, es ist ja nicht
Ihr Hochzeitsfrack. – Wahrhaftig, rief er, wo soll ich bis
morgen einen bessern hernehmen? – Kommen Sie nur in
dem, erwiderte sie, und bringen Sie ein hübsches Gedicht
mit. – Er wollte sie, da die Mädchen eben in den Ofen sahen,
schnell haschen und küssen. Aber sie hatte gerade den Kochlöffel in einen Topf voll Pflaumenmus getunkt und fuhr ihm
fix damit über den Mund. Morgen! sagte sie lachend, und lief
nach dem Hause. Er sah ihr nach – es war ihm, als führe sie
unter den Bäumen wie eine kleine Hexe auf dem Kochlöffel
davon.

Am folgenden Morgen war er schon frühzeitig auf dem Platz, in Schuh und Strümpfen, einen Klapphut unter dem Arm. In des Forstmeisters Hause schien noch alles zu schlafen; er trat unbemerkt in den stillen Gartensaal. Dort war eine lange Tafel schon festlich gedeckt, buntes Naschwerk schimmerte zwischen den künstlich gefalteten Servietten, in der Mitte ein prächtiger altmodischer Aufsatz mit Pomeranzenbäumchen von Wachs und porzellanenen Götterfiguren, die sich in dem Spiegelboden, wie in einem Weiher verdoppelten. Er schritt neugierig auf und nieder und kostete alle Teller durch. Dann ging er in den Garten, um in der Geschwindigkeit noch die Rede zu memorieren, die er an der Hochzeitstafel halten wollte. Da sangen aber die Vögel so spöttisch und die schlanken Pappeln im Morgenwind verneigten sich vor ihm, als wollte ihm Alles gratulieren. Von einem umwachsenen Hügel konnte er gerade ins Haus seiner Liebsten sehen. Dort war es unterdes auch schon lebendig geworden, er sah, wie sich Vettern und Basen im festlichen Staate versammelten, immer neue Gestalten erschienen an den Fenstern, ein galantes Wirren, Scharren und Knicksen flimmernd durch einander, draußen wurden Pasteten und ein hoher Baumkuchen ins Haus getragen, vom Jubel der Dorfjugend begleitet, die eben zur Schule ging. – Er hatte sich das alles noch niemals so recht voraus überlegt, jetzt aber befiel ihn, allmählich wachsend, eine unwiderstehliche Angst vor dem Heiraten, und als er eben in eine Allee hineinbiegen wollte, erblickte er am anderen Ende gar zwei alte Damen, die in taftenen Kleidern feierlich auf ihn dahergerauscht kamen. Da wandte er sich schnell, und entfloh in langen Sätzen unaufhaltsam durch den Garten, am Dorfe vorüber in die Berge hinein, es war ihm, als verfolgte ihn Gott Hymen und klopfte seine Fackel an seinem Kopfe aus, daß ihm die Funken knisternd um die Augen sprühten.

In dem Hause ging es unterdes schon hoch her, es war des Forstmeisters Geburtstag, kein Mensch dachte an Hochzeit. Trudchen trat oft an's Fenster und ging immer wieder ganz böse fort, daß Dryander noch nicht kam. Auch der Baron,

der sich wie gewöhnlich zu dem Feste mit eingefunden, war
begierig, ihn zu sehen, denn der Forstmeister hatte ihm
schon von seiner Liebschaft, seiner einträglichen Stelle und
seinen bedeutenden Verbindungen am Hofe erzählt, und der
Baron in seinen verzweifelten Vermögensumständen dachte
sogleich daran, seine Tochter unter die Haube und sich unter
Dach zu bringen, ehe sein eignes ihm über dem Kopf zusam-
menstürzte. Aber vergeblich war mehreremal nach Dryanders Wohnung geschickt worden, man hatte sich endlich zu
Tisch gesetzt, die Unterhaltung wurde immer lauter, in dem
Lärm flogen schon Bonbons und bedeutende Blicke zwischen den jungen Leuten hin und her, vom Knall der Cham-
pagnerflaschen salutiert, als sich auf einmal durch die Diener
vom Schloß her das Gerücht verbreitete, der Hofrat sei
entsprungen und fern im Walde in vollem Staat gesehen
worden. Niemand wußte sich's zu erklären, denn die Schauspieler, die einen solchen Ausgang nicht erwartet hatten,
hüteten sich wohl zu verraten, was sie Dryandern eingeredet.
– Trudchen aber stand plötzlich auf und ging hochrot hinaus.
Da wurde die Sache erst recht auffallend, alle Blicke waren
auf die Fortgehende gerichtet, die Mädchen zischelten einander heimlich in die Ohren, der Baron eilte ihr nach, denn es
sollte noch getanzt werden. Aber das Fräulein war wie
ausgewechselt, schmollend und trotzig, und wollte durchaus
nicht mehr zur Gesellschaft zurück. Sie wisse es am besten,
sagte sie, die Alltäglichkeit dieser prosaischen Menschen
habe den Hofrat vertrieben, sie frage gar nicht mehr nach den
unwissenden Leuten, sie kenne nun eine ganz andere Welt! –
Der Baron aber schalt sie eine verdrehte Närrin. Dann ließ er
voller Zorn mitten in der allgemeinen Verwirrung anspan-
nen, schob sie in den Wagen und verschwor sich: der Kerl der
Hofrat solle sie nehmen, oder er jage ihm eine Kugel durch
den Kopf!

Keinem war der Vorfall fataler als Lothario'n, denn der
Doktor war ihm lange wie ein Blitzableiter, in den sein Witz
und Ärger lustig einzuschlagen pflegte. Er ging so eben, die
seltsame Flucht besprechend, mit Fortunaten durch den Gar-

ten, als ihnen plötzlich Otto mit leuchtenden Augen entgegenkam. Gute Nachrichten aus Hohenstein! rief er schon von weitem, einen Brief emporhaltend. Er hatte, über alle Erwartung, nicht nur die Zustimmung des Amtmanns in seine Pläne, sondern auch eine bedeutende Summe erhalten, die mehr als zureichend schien, die Reise durch Italien behaglich zu vollenden. Auch ein Brief von Walter an Fortunat war beigeschlossen, den dieser mit großer Freude sogleich erbrach.

»Unser Otto, schrieb der wackere Freund, hat uns von eurem seltsamen Zusammentreffen und dem poetischen Leben an dem Hoflager des Fürsten ausführlichen Bericht erstattet. Er schreibt überaus lebendig, und es ist uns allen, als wären wir in den Palästen und grünen Gängen mitten unter euch und sähen und hörten jeden nach seiner Weise sich bewegen und sprechen, diesen Lothario, Kordelchen, und dich selbst nicht ausgenommen. Da sitzen wir dann in Hohenstein, wenn im Feld und Haus alles besorgt ist, jeden Abend wieder unter den Linden vor der Haustür zusammen, und ich muß den Brief immer wieder von Anfang bis zu Ende laut und deutlich vorlesen, bis der Mond über uns aufgeht. So bist du auch in der Ferne bei uns, wie denn überhaupt eine stille, mondhelle Nacht schon an sich etwas traumhaftes hat, und entfernte, geliebte Gegenden und Personen der Seele wunderbar näher bringt.

Wie glücklich seid ihr Dichter! Euerem zauberischen Sinne erschließt sich überall, wo ihr wandelt, wie dem Geliebten, willig und vertraulich die verborgene Schönheit der Welt, mit jedem Schritt erweitern sich die Kreise, das Entfernte, Dunkele rückt verständlich in freundliche Nähe und neue Fernen heben sich wieder wunderbar immer weiter und schöner. Was ist dir nicht alles wieder begegnet, seit wir uns trennten! – Mit mir geht es gerade umgekehrt. Je weiter ich komme, je enger wird der Kreis, und die Fernen, die mich in der Jugend entzückten, verbleichen und versinken mir allmählich. – Doch ich denke, das muß wohl so sein. Ruhiger, als du dir vielleicht einbilden magst, habe ich endlich meine

Stellung in der Welt erkannt, und von den vornehmen Täu-
schungen Abschied genommen. Ich lerne mich bescheiden
und beschränken, und mir ist wohl. Euere Aufgabe ist unübersehbar, verwickelt und selten recht in eurer eigenen
Gewalt. Mein Beruf dagegen ist einfach und mir jederzeit
klar, und, glaube nur, es ist auch was wert, mit sich selbst im
Reinen zu sein.

   Kann ich nun nicht selbst, wie ich früher wohl träumte,
mit hinaus in das schöne Land der Poesie, so will ich wenigstens den Dichtern redlich helfen, wie und wo ich's vermag.
So ist es mir denn auch endlich gelungen, den Otto mit seinen
Pflege-Eltern zu versöhnen, denn ich meine, es stand da ein
bedeutendes Talent auf dem Spiele. Glaube aber nur nicht
etwa, daß das so schwer hielt. Ein rechter fester Wille tut
überall Wunder, Otto's plötzlicher Entschluß, die Heimat zu
verlassen, hat die bisherige Ansicht der Sache, ich möchte
sagen, auf den Kopf gestellt, und der Einbildungskraft der
Hohensteiner eine ganz neue Richtung gegeben. Dem Amtmann gefällt Otto's Mut, um so mehr, je weniger er ihn dem
sanften Stillen zugetraut hatte. Die gute Mutter aber freut
sich nun heimlich darauf, Otto's Namen gedruckt, oder gar
sein Bild vor einem Buche zu sehen.

   Du wirst dich wahrscheinlich über das viele Geld wundern, das wir schicken. Aber es kommt nicht von uns. Otto
hat hohe Gönner – mehr darf ich für jetzt davon nicht
verraten.

   Das ist jetzt eine glückliche Zeit. Kaum war diese Angelegenheit wegen Otto nach Wunsch beseitigt, so erhielt ich
aus der Stadt die Nachricht, daß mir das einträgliche Amt
eines Gerichtsverwalters hier in Hohenstein, das ich so lange
zwischen Hoffnung und Zweifeln ersehnt, zu Teil geworden.
Nun steht unserer Verheiratung nichts mehr im Wege. – So
eben guckt mir Florentine über die Schulter in's Blatt und
hält mir schnell mit der Hand den Mund zu, damit ich nicht
alles ausplaudern soll. Da ich aber unterdes fortfuhr zu
schreiben, so läuft sie nun gar fort, und läßt dich nicht einmal
grüßen. – Ich schreibe im Garten auf demselben Platz mit der

großen Aussicht, wo du alle Morgen zu lesen oder zu dichten
pflegtest. Aber die Felder unten sind schon leer, auf den
Beeten neben mir prangen nur noch die Astern, und die
Blätter auf den Bäumen färben sich und fallen. Das ängstigte
mich sonst immer, diesmal ist mir gar wunderlich zu Mute   5
dabei, denn im Hause durch die offenen Fenster sehe ich die
Mutter emsig Federn schütten zu den Brautbetten, der
Tischler hat seine muntere Werkstatt vor der Haustür aufgeschlagen und schnitzt die Doppelfenster für unsere künftige
Wohnung, und ich richte mich mit innigem Behagen in   10
Gedanken für den Winter ein – da mögen draußen Sturm und
Schnee an die Fenster schlagen! doch dieses Gefühl verstehst
du wohl nicht? – Nun, Gott sei mit dir, lieber Bruder, und
führe dich auf deinen weiten Wegen zu solchem Glück und
solcher Herzensfreude, als ich auf dem nächsten hier gefun-   15
den habe.«

Fortunat legte den Brief mit ganz eignen Empfindungen
zusammen, es war ihm, als stände er tief im stillen Abendrot.
Vor ihm aber stand Otto mit Lothario'n an dem Abhang und
schaute trunken in die Ferne, in die er nun bald hinausziehen   20
sollte.

DREIZEHNTES KAPITEL

Und wo noch kein Wandrer gegangen,
Hoch über Jäger und Roß
Die Felsen im Abendrot hangen   25
Als wie ein Wolkenschloß.

Dort zwischen den Zinnen und Spitzen
Von wilden Nelken umblüht,
Die schönen Waldfrauen sitzen
Und singen im Wind ihr Lied.   30

Der Jäger schaut nach dem Schlosse:
Die droben das ist mein Lieb! –

Er sprang vom scheuenden Rosse,
Weiß keiner, wo er blieb.

So sang Lothario, auf einer Waldhöh' auf seine Büchse
gestützt. Fortunat trat zu ihm herauf, da sahen sie jenseits
den Wald schon von Jägern und Reitern blitzen, der Fürst
hatte zum Valet noch eine große Jagd veranstaltet, bevor
alles vor dem Winter wieder in die Stadt flüchte.

Hast du die Braut nicht gesehen? fragte Lothario unruhig
umherspähend. – Du meinst die Gräfin Juanna, so hörtest du
auch davon? erwiderte Fortunat, sie halten's so geheim vor
mir, und alle Jäger wissen's. Erst diesen Morgen hört' ich,
daß der Bräutigam, ein Baron Manfred, noch heut zur Jagd
erwartet wird. – Das ist ein prächtiges Wetter zum Heiraten,
sagte Lothario, der Alteweiber-Sommer fliegt, als hätten sich
alle alte Jungfern das Haupthaar ausgerauft und in die Lüfte
umhergestreut, da bleibt mancher Ritter noch mit den Sporen drin hängen. Gebt Acht, es gibt eine köstliche Verwickelung! – Hiermit schüttelte er Fortunaten heftig die Hand,
und ging schnell in's Tal hinunter.

Fortunat sah ihm verwundert nach, dann folgte er der
Jagd, die jetzt immer lustiger durch die Berge ging. So verlor
er sich bald in das Labyrinth der Wälder, und kam zuletzt in
eine grüne Schluft, über deren Felsenwände von allen Seiten
Efeu verwildert hinabstieg. Auf einmal brach ein Hirsch
durch das Dickicht, eine Meute Hunde an seinen Fersen und
hinter ihnen Juanna. Das edle Tier bei seinem Anblick stutzte
schnaubend und stürzte sich seitwärts in den Abgrund,
Hunde und Reiterin konnten ihm dorthin nicht folgen. Da
hielt Juanna plötzlich über Fortunaten in der wilden Einsamkeit, die Hunde streckten sich lechzend zu ihren Füßen. Seht,
der ist frei – sagte sie, die schwarzen Locken aus dem erhitzten Gesicht schüttelnd – und eher fangt Ihr mit verliebten
Blicken einen Hirsch im Walde, als mich! Was wollt Ihr von
mir? Laßt das Werben um mich, mir ist wohl in meiner
Freiheit. Was auch die Fürstin für Anschläge hat, ich werde
nie die Eurige und keines Mannes Weib – hütet Euch, es wäre

unser beider Tod! – Hierauf wandte sie ihr Roß, die alten
Bäume schüttelten sich und streuten ihre gelben Blätter wie
einen Goldregen über die schöne Gestalt. Fortunat stand
ganz verwirrt, ihm war, als sprächen ringsum die Quellen
irre den Wald entlang, Unerhörteres konnte ihm nicht begegnen, als daß er nun am Ende selbst der Bräutigam sein
sollte! – Unterdes hatte sich Juanna wieder höher in das
Gebirge gewendet, ein plötzlicher Anschlag schien ihre
ganze Seele zu bewegen. Sie kannte den Waldweg nach einem
Nonnenkloster, das jenseits des Gebirges lag und dessen
Äbtissin ihr verwandt war. Dort wollte sie noch heute hin
und abwarten, bis der Winter Gebirge, Freier und Verliebte
verschüttet. Aber mitten in diesen Gedanken erblickte sie auf
einmal eine Gemse über sich, die sich hoch über den Wipfeln
von Klippe zu Klippe schwang. Das war ihr ganz neu, sie
konnte der gefährlichen Lust nicht widerstehen. Ein alter
Jäger, der sich bis in diese Öde verstiegen hatte, arbeitete
sich eben durch das Gesträuch, sie übergab ihm ihr Pferd, er
sollte es hüten, bis sie wiederkäme, und eh' er sie noch
warnen konnte, war sie schon zwischen den Felsen verschwunden.

Nun kletterte sie wie ein schlanker Panther über die Klippen, das scheue Wild verlockte sie immer höher hinauf, die
Lust wuchs mit der Gefahr, sie hatte sich lange nicht so wohl
gefühlt, und erstaunte, da sie plötzlich eine Felsenwand über
sich, wie in Feuer, erblickte, es war der Widerschein der
Abendsonne, die so eben jenseits hinter den schwarzen Wäldern versank. Mit der einen Hand sich an einen Strauch
haltend, sah sie über den Felsenrand hinab: die Täler unten
dunkelten schon, aus weiter Ferne hörte sie noch eine
Abendglocke heraufschallen, sie meinte, es komme von dem
Kloster herüber. Eilig schlug sie nun die Richtung ein, aber
sie konnte sich in dem wilden Gewirre nicht zurechtfinden,
wohin sie sich wandte, taten sich neue Abgründe auf; so
stand sie in der entsetzlichen Einsamkeit wie einer, der
Nachts zwischen den Zacken und Steinbildern eines unbekannten Münsters vergessen worden. In dieser Not verfiel

sie darauf, ihr Gewehr zum Signal abzuschießen. Zu ihrer
Freude gab sogleich ein Schuß ganz nahe Antwort. Bald
darauf hörte sie Fußtritte auf dem lockeren Gerölle, eine
hohe, schlanke Gestalt trat plötzlich zwischen den Steinen
hervor – es war Lothario. Das ist ein gefährliches Revier,
sagte er, und die Nacht bricht schon herein, doch ich bin hier
der Pfade kundig, und meiner Richtung gewiß. – Die Gräfin
aber hatte bei seinem Anblick ein seltsamer Eigensinn ergriffen, gerade ihm dachte sie hier am wenigsten zu begegnen, und eh' er's verhindern konnte, schwang sie, ihn abwehrend, sich auf einen einzelnen, senkrecht über die Tiefe
hinausragenden Fels, daß ihm in innerster Seele graus'te –
nur ein Fehltritt und sie glitt in den Abgrund hinunter. – Da
hatte Lothario mit sicherem Blick seinen Vorteil abgesehen.
In raschem Entschluß umfaßte er sie plötzlich und schwang
die Sträubende auf seinen Arm. Erschrocken, überrascht,
wußte sie nicht, wie ihr geschehe, und sah ihm verwundert
und zornig in die Augen. Er aber trug sie grauenhaft an jähen
Schlünden vorüber durch die Dämmerung von Klippe zu
Klippe hinab, daß sie, vor Entsetzen mit dem einen Arm
seinen Nacken umklammernd, ihn rings mit ihren aufgeringelten Locken umgab. So schwiegen sie beide lange Zeit.

Jetzt ging der Mond prächtig über den Wäldern auf.
Lothario schaute in die wunderbare Einsamkeit und sagte
halb für sich: So hab' ich's manchmal im Traume gesehen. –
Juanna aber blickte spähend umher, die Gegend war ihr ganz
fremd, einzelne Wolkenschatten flogen darüber, tiefer schimmerten die Gründe fast heimatlich herauf, wie die Täler in
Spanien, sie gedachte der schönen Sommernächte unter den
Guerillas. – Auf einmal stutzte sie, zwei gesattelte Pferde
standen dicht vor ihnen im Walde, und ehe sie sich besinnen
und fragen konnte, hob sie Lothario schon auf das eine Roß,
schwang sich selbst auf das andere, und über den mondhellen
Waldgrund nun ging es rasch fort durch die stille, sternklare
Nacht.

Hier blitzte plötzlich eine furchtbare Ahnung durch Juanna's Seele, sie konnte kein Wort hervorbringen, dem Un-

glaublichen finster nachsinnend, während Büsche, Täler und ferne Dörfer geheimnisvoll an ihnen vorüberflogen. Lothario war wie verwandelt. Juanna! rief er ihr aus Herzensgrunde zu, blick' um dich, die Erde ist so still und schön wie eine Brautnacht! Frei sollst du wohnen auf hohem Schloß, wo die Rehe an den Abhängen einsam grasen, dort will ich unter deinem offenen Fenster ruhen in den Sommernächten und dich in Traum singen, bis die Sterne verlöschen und die erste Lerche mich ablöst hoch in der stillen Luft. Und fallen die Blätter und die Vögel ziehen fort, und dich befällt Heimweh, wenn du vom Schloß über die einsamen Wälder siehst: ich führe dich weit über die Berge fort, du arme Fremde! Auf dem Meere wollen wir fahren an glänzenden Küsten vorüber, bis die Laute deiner Muttersprache gleich bunten Wundervögeln herschweifen und deine ernste, schöne Heimat emportaucht, duftige Gärten, Gebirge und maurische Schlösser in den trunkenen Fluten spiegelnd – o Juanna, mir ist's, wie von einem hohen Berg in's Morgenrot zu sehen! –

So sprach er voll Freude, während sie ritten, Juanna war immerfort still, in der Tiefe neben ihnen rauschte ein Strom, sie horchte manchmal hinunter. Auf einmal blinkte das Wasser zwischen den dunklen Bäumen hinauf, da warf sie ihr Roß gewaltsam zur Seite, setzte die Sporen ein und schwang es mit sich in den Fluß hinab. Erschrocken stürzte Lothario nach, er sah sie mit dem weitaufgelösten Haar gleich einer Nixe in klarem Mondlicht über die Flut dahinschweben, sinken und wieder emportauchen. Endlich hatte er sie gefaßt, sie ruhte an seiner Schulter, ihre feuchten Locken verdunkelten ihm Stirn und Augen. So sank er mit seiner Beute erschöpft am jenseitigen Ufer auf den Rasen hin und lauschte in der entsetzlichen Stille kniend über ihr – aber sie atmete nicht mehr, stumm und bleich in strenger Todesschönheit.

Das hatte alles anders gestellt, als die lustigen Jäger sich's dachten. Fortunat war damals noch vor Abend von der Jagd abgekommen und mehrere Tage allein im Walde umhergeschweift, um recht nach Herzenslust das schöne Gebirge zu durchforschen. Als er zurückkehrte, fand er zu seinem Er-

staunen alles leer, das Abendrot schien über Schloß und
Garten, aus dem einen Flügel klang eine Spieluhr noch in
einzelnen, langgezogenen Tönen herüber. Bei seinen Tritten, die in dem trockenen Laube raschelten, fuhr der alte
Schloßwart erschrocken empor, der auf den Marmorstufen
vor dem Schlosse eingeschlummert war. Von diesem hörte er
nun, die Gräfin Juanna habe sich auf der Jagd in den Klippen
verstiegen, so sei sie im Fluß verunglückt, zwei Hirten hätten
sie im Mondschein auf dem Strome schwimmen gesehen und
mit dem Wassermann ringen. Da wäre der Fürst sogleich am
andern Morgen mit seinem ganzen Gefolge nach der Residenz aufgebrochen, auch die Schauspielertruppe sei wieder
weiter gezogen; von Lothario wußte er nichts. – Fortunaten
aber befiel ein tiefes Grauen in der plötzlichen Einsamkeit, er
beschloß, noch heut bis in das nächste Städtchen zu reisen
und sich dann ohne weiteren Aufenthalt nach Italien zu
wenden. – Als er fortritt, dunkelte es schon, fern an den
Bergen sah er einen stillen Fackelzug, es war Juanna's Leiche, die sie nach der Residenz brachten. So geht oft ein
Schauer mahnend durch die Lust der Menschen, damit sie
sich erinnern, daß ihnen die schöne Erde nur geliehen sei.

ZWEITES BUCH

VIERZEHNTES KAPITEL

Über einer der verborgensten Schlüfte der Schweiz rauschte leise die Nacht, nur ein Bach stieg zwischen den Felsen hernieder und plauderte, da die Menschen schliefen, heimlich mit der Wetterfahne auf der ärmlichen Waldherberge, die in dem stillen Grunde lag. Da fuhr auf dem Heuboden des Hauses ein Gesell verwirrt aus dem Schlafe empor. Es war Fortunat, der auf seiner Reise nach Italien spät des Abends das Wirtshaus erreicht, und gern das luftige Nachtlager bestiegen hatte, da die wenigen Fremdenstuben schon von anderen Reisenden besetzt waren. Dort hatte ihn ein Traum erweckt, es war ihm plötzlich, als hätte eine altbekannte Stimme unten seinen Namen genannt. Er lauschte hinab, es rührte sich kein Laut. Draußen aber flimmerten noch die Sterne, da setzte er sich in das offene Dachfenster auf die obersten Sprossen der Leiter, und sah den weiten, stillen Kreis von Gletschern im hellsten Mondscheine über den Wäldern, nur der dumpfe Donner einer Lawine hallte von Zeit zu Zeit durch die große Einsamkeit herüber.

Jetzt erst fiel ihm der grillenhaft verworrene Bau des Hauses auf, er betrachtete schläfrig die kleinen hölzernen Galerien, Winkel und Erker, als auf einmal in dem alten Seiten-Anbau sich ein Laden öffnete und eine Dame, dicht in einen langen Schleier gehüllt, am Fenster erschien. Fortunat, scharf hinblickend, schauerte innerlichst zusammen – es war der Hut, das Reitkleid, Gestalt und Art der Gräfin Juanna! – Der Mond funkelte über ihren Gürtel, wie damals auf der Jagd, dann wurde das Fenster schnell wieder geschlossen. Gleich darauf aber sah er den Wirt zwei gesattelte Pferde auf den Hof führen, die Dame trat mit einem fremden Mann aus

dem Hause, alles ganz sacht und leise, wie Wolken in der
Nacht, sie flüsterten heimlich untereinander und mit dem
Wirt, der ihm auf einmal selbst gespenstisch vorkam, und eh'
er sich noch besinnen konnte, war die ganze Erscheinung,
5 wie ein Zug Verstorbener, im wechselnden Mondlicht zwischen den Felsen und Bäumen verschwunden.

Fortunat war geblendet, wie einer, der Nachts in den Blitz
gesehen; er eilte nun die Leiter hinab, der Hof war leer, als
wäre nichts geschehen, aber zu seinem Erstaunen hörte er
10 nun in einiger Entfernung Waffenklang durch die Stille.
Fechten die Toten in der Luft? dachte er, und verfolgte rasch
die Richtung. Da erblickte er bald durch das auseinander-
gebogene Gesträuch zwei Männer, die auf einer mondhellen
Wiese in heftigem Zweikampf begriffen waren. Gestalt,
15 Tracht und Haltung, je länger er hinsah, schien ihm nicht
fremd. – Um Gott, ihr Phantasten, rief er endlich aus, was
habt ihr wieder vor! denn jetzt erkannte er deutlich den
langen Lord und den Maler Albert aus dem fürstlichen
Jagdschloß.

20 Als die Kämpfenden ihn bemerkten, traten sie, die Spitzen
ihrer Degen senkend, jeder feierlich einen Schritt zurück und
verneigten sich kurz und ernst vor einander, dann stürzte der
erhitzte Lord, der vor Eifer keine Zeit zum Verwundern und
Begrüßen hatte, sogleich auf Fortunaten los. Entscheiden Sie
25 selbst, rief er, und ich behaupt' es nochmals und tausendmal:
es gibt keinen kategorischen Imperativ, die Tugend ist nur
der Flügelschlag der primitiven Freiheit der Seele, die Ahnung des geistigen Urstoffs und dieser endlose Urstoff läßt
sich so wenig durch Großmut, Keuschheit, definieren, daß –
30 Keineswegs! entgegnete Albert ganz empört, es gibt ein
absolutes Sittengesetz, die Tugend, sie ist kein leerer Schall! –
Aber, so sagt doch nur, was denn? was gibts denn? unterbrach sie endlich Fortunat höchst erstaunt, und erfuhr nun
nach und nach abgebrochen in einzelnen verworrenen Sätzen
35 von den Heftigen, daß sie beide, in der festen Überzeugung
von einer Entführung Juanna's durch Lothario, an jenem
unglücklichen Abend, sobald die Gräfin vermißt wurde, die

Jagd mit dem Schwure verlassen hatten, sie zurückzubringen oder niemals wiederzukehren. Sehr bald, so behaupteten sie, seien sie auch wirklich den Flüchtlingen auf die Spur gekommen, die sie bis zu diesem einsamen Wirtshause verfolgt hätten. Und nun, da wir am Ziele sind, fuhr der Maler fort, läßt dieser Herr da plötzlich seine großmütige Larve fallen, und will die Gräfin als seine eigne Beute entführen. Aber mit diesem Schwerte, das in dem großen Kriegesjahre Dreizehn geweiht ist, bewahre ich die Unschuld jener Dame gegen jeden Verführer, er mag ein deutscher Komödiant oder ein englischer Lord sein! – Und hiermit gingen sie von neuem aufeinander los, und führten ihre Schulterquarten und Schlenkerprimen mit einer bewundernswürdigen Künstlichkeit und Pedanterie aus.

Da fuhr auf einmal der dicke Wirt aus der Haustür wütend zwischen die Fechtenden hinein, er hatte einen umgekehrten Tisch über dem Kopfe, wie ein Stier mit vier Hörnern, die schon gezückten Schwerter klatschten flach auf seinen rindsledernen Schlafpelz. Tausend Parlament, schrie er, Schändlichmens, Lord-Majors oder Oberstlieutenant, ich frage den Teufel darnach! ich nehme nicht tausend Pfund Sperling für den Skandal, verjagt mir da mit eurem Geklimper die besten Gäste, ist das ein Ständchen für eine schöne, ausländische Gräfin! – Gräfin! ist sie schon fort? wohin? unterbrachen ihn hier die Duellanten, ihre Degen rasch einsteckend. – Ausländisch? stotterte Albert vor Eifer, was für eine Sprache redete sie? – Wahrhaftig, mir kam's ganz spanisch vor, erwiderte der Wirt, und schien nun, indem er die Beiden geheimnisvoll nach dem Stalle führte, mit ihnen angelegentlich von der Fremden zu sprechen, Fortunat konnte nur noch bemerken, daß der Schalk ihnen eine ganz andere Richtung wies, als die Dame vorhin eingeschlagen hatte. – Als er zurückkam, wollte ihn Fortunat selbst über die Gräfin näher ausfragen. Aber der dicke schlaue Mann war nicht zu haschen, er sprach von tollen Nächten, Spukgeistern und fahrenden Hexen, und brach mit solchem Lärmen den Tag an, daß der Hofhund anschlug und Knechte und Mägde aus allen Winkeln herausfuhren. Mitten in dieser Konfusion hörte Fortunat plötzlich den Lord und den Maler von der andern Seite durch die Dämmerung miteinander disputieren, und ehe er ihnen noch nachrufen konnte, hatten sie in ihren langen, bis an die Knöchel herabhängenden Wachstaft-Mänteln, aus denen die englischen Pferde ihre dünnen Hälse seltsam hervorsteckten, sich zwischen den fliegenden Morgennebeln schon verloren.

So stand er noch ein Weilchen ganz verwirrt, dann berichtigte auch er schnell seine Zeche, schwang sich auf sein Pferd und schlug den Waldpfad ein, den die geheimnisvolle Erscheinung vor Tagesanbruch genommen. Er ritt den ganzen Morgen fort: aber er fand sie nicht mehr wieder.

FÜNFZEHNTES KAPITEL

Die Sonne war eben über Rom untergegangen, als Fortunat von den Bergen mit der Abendkühle in die Stadt einzog. Nur ein Streifen des Meeres in der Ferne und das Kreuz der Peterskuppel brannten noch im Widerschein, dazwischen der Klang unzähliger Abendglocken, und Gärten, Paläste und einsames Gebirg unten wunderbar zerworfen – es war ihm, als zöge er in ein prächtiges Märchen hinein. – Ecco là! rief auf einmal sein Vetturin und hielt still. Sie standen vor einem großen, altmodischen Palast, welcher zum Teil unbewohnt schien und in der Dämmerung melancholisch auf den einsamen Platz herniederschaute, wo hohes Gras aus dem Pflaster drang und ein Springbrunnen einförmig rauschte. Es war das Haus des Marchese A., in welchem befreundete Reisende für Fortunaten die Wohnung besorgt hatten.

Ein alter Diener, mit klugen, kurzen Blicken das geringe Gepäck des genügsamen Reisenden musternd, führte diesen die breiten Marmortreppen hinan, während er in großem Wortschwall die Abwesenheit des Marchese entschuldigte, welcher erst heut vom Lande zurückkehre und nicht ermangeln werde, den schuldigen Empfang morgen nachzuholen.

Die ersten Stunden in einer großen, unbekannten Stadt

gehören zu den einsamsten im Leben, auch Fortunaten
überflog das Gefühl, als sei er jetzt erst in der Fremde. Er
verlor sich ganz in den hohen Gemächern und betrachtete,
als der Diener sich entfernt hatte, vor Langerweile die Stuckverzierungen an den Decken, die schweren altmodischen
Stühle, die hohen Spiegel mit goldenen Rahmen, so wie die
umherhängenden Jagdbilder, Kavaliere in seltsamen Trachten vorstellend, halb Ritter halb Gecken, einen Hirsch mit
galanter Reiterkühnheit verfolgend, und junge schöne Damen in Reifröcken unter einem prächtigen Zelt im Walde,
Jagdhörner in den Händen, denen der glückliche Jäger seine
Beute ehrfurchtsvoll zu Füßen legte. – Draußen schien ein
großer Garten zu liegen, weit über den Garten her schlugen
viele Uhren in der Ferne, es war ihm, als sei er schon
gestorben und hörte die Totenglocke über sich.

In diesen Betrachtungen unterbrach ihn das Rasseln eines
Wagens, der vor dem Schlosse zu halten schien. Er sah
durch's Fenster und konnte bei dem Schein einer Fackel nur
noch bemerken, wie eine schlanke Mädchengestalt aus der
altmodischen Karosse behende in das Haus schlüpfte. Im
anderen Flügel des Palastes hörte man nun Türen auf und
zuwerfen, gehen und lachen, dann war plötzlich alles wieder
still. – Bald darauf aber vernahm er im Garten einzelne,
langgezogene Klänge einer weiblichen Stimme, wie eine
Nachtigall, durch das Rauschen der Wipfel, durch welche die
Glühwürmer leuchtend hinzogen. Der Mond trat eben hervor und verwandelte alles in Traum. Da öffnete Fortunat alle
Flügeltüren, ergriff seine Guitarre und schritt durch die lange
Reihe der Gemächer singend auf und nieder:

> Es rauschen die Wipfel und schauern.
> Als machten zu dieser Stund'
> Um die halbversunkenen Mauern
> Die alten Götter die Rund'.
>
> Hier hinter den Myrtenbäumen
> In heimlich dämmernder Pracht,

Was sprichst du wirr wie in Träumen
Zu mir, phantastische Nacht?

Es funkeln auf mich alle Sterne
Mit glühendem Liebesblick,
Es redet trunken die Ferne
Wie von künftigem großen Glück! –

————

Der schönste Frühlings-Morgen funkelte vor dem Palast
über den Garten, da grünte und sang schon alles in der
reizenden Verwilderung, in den ausgetrockneten Becken der
Wasserkünste jagten sich jubelnd bunte Vögel, üppig
blühende Ranken umschlangen mutwillig die Marmorstatüen, als wollte der Frühling sie mit Küssen ersticken. Arglos
zwischen den nackten Götterbildern stand Fiametta, die vier-
zehnjährige Tochter des Marchese, mit ihrer Kammerjungfer
Lenore plaudernd, die ihr die schönen, dunklen Haarflechten
aufsteckte. Sie war ihr heute ungeduldig entsprungen, beide
waren neugierig, ihren Gast, den gestern angekommenen
Engländer, zu sehen, wofür sie jeden reisenden Fremden
hielten. Mir träumte heut von ihm, sagte Fiametta, er sah aus
wie die jungen deutschen Maler mit den langen blonden
Locken, und stand in einer unbekannten, prächtigen Gegend, die schimmerte und blitzte, daß ich vor Blendung gar
nicht hinsehen konnte. Ich wußt' es wohl, es war der Morgen, der schon durch die roten Gardinen schimmerte, aber
ich drückte die Augen fest zu – hier hielt sie ein und lachte in
sich. – Lenore sah sie fragend an. – Nein, nein, meinte
Fiametta leicht errötend, was er mir da ins Ohr sagte, sag' ich
nicht wieder – ob er noch jung sein mag? – Lenore erzählte,
daß sie gestern Abends noch im Garten gewesen, da habe sie
seinen Schatten im Zimmer auf und nieder schwanken gesehen, lang und dünn wie der Perpendikel einer Turmuhr. –
Oder einer Spieluhr, denn ich hört' es wohl herüberklingen,
fiel ihr Fiametta ins Wort, während sie ihr Füßchen auf den
Nacken eines umgestürzten Apollos stellte und sich die zier-

lichen Schuhe festband. Jetzt sahen sie auf einmal zwischen
den Zweigen hindurch den besprochenen Gast selbst, sich
streckend und dehnend, aus der Schloßtür treten und verschlüpften, wie Lazerten, schnell zwischen Blumen und Unkraut hinter ein halbverfallenes Gemäuer, wo er vorüber 5
mußte, und durch dessen Ritze sie ihn ungesehen betrachten
konnten. Lenore fand ihn sehr schön. Fiametta dagegen
kritisierte, heimlich flüsternd, sein schlichtes braunes Haar,
seinen dreisten Gang und seltsamen Anzug. – Als er an die
Mauer kam, sagte sie leis: ich schreck' ihn. Lenore fuhr 10
abwehrend nach ihrer Hand, aber die kleine Marchesin hatte
schon den, über die Mauer herüberlangenden Ast eines
blühenden Apfelbaumes gefaßt und schüttelte kurz und
rasch, daß Fortunat von den Blütenflocken ganz verschneit
war; dann liefen sie beide schnell davon. 15

Fortunat aber war heute längst über alles Verwundern
hinaus. Schon beim Erwachen in den hohen Trumeau
blickend, der Himmel und Bäume abspiegelte, hatte er geglaubt, so entkleidet mitten im Garten zu liegen und war
erschrocken aufgesprungen; da hörte er draußen Lachen und 20
Mädchenstimmen in den schönen fremden Lauten, wie
Glöckchen, verlockend durch die morgenfrische Wildnis gehen. So war er die helle, stille Marmortreppe hinabgeeilt, um
Rom, den Garten, den jungen Frühling und den alten Marchese zu begrüßen. 25

Nach allen Seiten fröhlich umschauend, wurde er in einiger Entfernung vor sich einen stattlichen Herrn mit gepudertem Haar, Schnallenschuhen und einem alten hofmäßigen
Kleide gewahr, welcher ein junges Frauenzimmer am Arm
führte, während ein Bedienter in verschossener Livrei mit 30
einem Sonnenschirm und in sichtbarer Langeweile ihnen
langsam nachschlenderte. Seine Vermutung bestätigte sich
bald, es war der alte Marchese A., welcher seinen Gast kaum
bemerkt hatte, als er ihn in französischer Sprache sehr feierlich willkommen hieß und ihm in seiner Begleiterin seine 35
Tochter Fiametta vorstellte, die errötend ihre langen schwarzen Augenwimpern senkte, da sie auf Fortunats Rock noch

einige Apfelblüten erblickte. Dann lud er den Fremden ein,
an ihrer Morgenpromenade Teil zu nehmen. Fortunaten war
es, da sie nun in künstlicher Verschlingung zierlicher Redensarten an den Buchsbaumwänden durch die langen Alleen mit perspektivischen Aussichten gemessen dahinschrit-
ten, als wüchse ihm langsam ein Haarbeutel im Nacken und
ein Stahldegen zwischen den Rockschößen heraus, und er
ginge immer tiefer und tiefer in jene gute alte wunderliche
Zeit hinein, wie er sie aus Büchern und Bildern wohl noch
kannte. Dazwischen machten ihn die dunklen funkelnden
Augen Fiametta's recht innerlichst vergnügt, und so kam er
selbst, eh' er's wußte, immer lustiger in die auserlesenste
Galanterie und es störte die Illusion kaum noch, als sich der
Marchese zuletzt ganz unerwartet nach einem seiner entfernten Verwandten in Deutschland, dem Grafen Victor von
Hohenstein, erkundigte. Fortunat nannte ihn einen homme
de lettres, der sein Siècle mache.

MARCHESE Er ist aus einem alten Hause.

FORTUNAT Bewohnt es aber wenig, sondern ist seit
geraumer Zeit auf den Parnaß verzogen, wo er sich seine
eigenen Luftschlösser baut.

MARCHESE Ein barocker Einfall für einen Kavalier.

FIAMETTA Ich möchte einmal einen Dichter sehen.

FORTUNAT Ihren Augen, meine Gnädigste, kann das
nicht schwer werden, wo der Frühling zaubert, muß selbst
der nordische Boreas durch die Blume sprechen.

FIAMETTA Haben Sie auch Blumen in Deutschland?

FORTUNAT *mit galantem Blick*: So *schöne* nicht. –

Während dieses Discourses hatten sie sich wieder bis an
den Palast herangeschlungen, man schied mit vielen Ver-
beugungen am Portal unter großem Geschrei der Sperlinge
in den zerbröckelten Säulenknäufen. Fortunaten war es, als
hätt' er in aller Frühe eine Menuett getanzt, im Garten aber
sangen die Vögel und rauschten die Bäume wieder, als sprächen sie noch immer von den funkelnden Augen der schönen
Marchesin.

SECHSZEHNTES KAPITEL

Die ersten Tage verstrichen Fortunaten wie im Rausche, alles schimmerte vor seiner Seele, er mochte in dem Glanze noch nichts deutlich unterscheiden. Der beste Führer durch Rom und der Plan der Stadt lagen auf dem Tische aufgeschlagen, jeden Morgen ging er mit dem festen Vorsatze aus, seinen regelmäßigen, auf dem Plane im Voraus rot punktierten Umlauf zu beginnen, aber eine überraschende Aussicht zog ihn an, ein Bänkelsänger, der einen Kreis von Lumpengesindel um sich versammelte, lenkte ihn von seinem Wege ab und hielt ihn lange auf, oft folgte er durch ganze Straßen ein Paar seltsamen Männergestalten, deren römische Nasen und ausdrucksvolle Gebärden ihm eben besonders auffielen, und wenn er dann ermüdet von dem müßigen Umherschlendern zurückkehrte, mußte er sich dennoch eingestehen, daß er in der kurzen Zeit mehr gesehen und erfahren hatte, als sein gedruckter Führer sich träumen ließ.

Auf einem solchen Streifzuge hatte er sich eines Abends in ein entlegenes Labyrinth kleiner Gassen verirrt, die Bewohner saßen plaudernd vor den Türen, schöne, halbnackte Kinder spielten und lärmten in dem Abendschimmer. Da hörte er unerwartet weiterhin ein lautes Gezänk in deutscher Sprache herüberschallen und eilte neugierig dem Hause zu, woher der Lärm kam. Auf einmal sprang die Haustür hastig auf, und ein wohlgekleideter, nicht mehr ganz junger Mann kam so unsanft herausgeflogen, daß er den Hut vom Kopf verlor. Mein Gott! du, *Grundling*! rief Fortunat überrascht aus – es war der deutsche Reisende, der ihm die Wohnung in dem Palast besorgt hatte. – Da bist du ja wie gerufen, sagte dieser ganz ruhig seinen Hut abstaubend, ich will dich sogleich bei Landsleuten einführen. Hiermit versuchte er den Drücker der Tür, fand sie aber hinter sich verschlossen. Hat nichts zu sagen, meinte er nun, winkte Fortunaten und führte den Erstaunten in das leerstehende Nebenhaus, im Dunkeln vorsichtig tappend, zwischen wüstem Gerülle hindurch.

Währenddes hörten sie im Innern nebenan eine männliche und eine weibliche Stimme immerfort lebhaft miteinander zanken. Das sind nun meine goldenen Träume! rief der Mann. – Träume? erwiderte das Mädchen schnippisch, so
5 zwick' dich in die Nase, damit du erwachst, ich glaube, du bist heut wirklich betrunken. – Was wußtest du je von der Trunkenheit der göttlichen Kunst! fiel er ihr wieder in's Wort, ich Tor, der ich meinte, dich mit emporzuheben! Nun zerrst du mich selbst mit hinab und machst mir die Welt so
10 gemein, daß ich ihr alle meine Farbentöpfe an den Kopf werfen möchte! – Nun, einen deiner Pinsel wenigstens hast du schon hinausgeschmissen, entgegnete das Mädchen lachend. – Da meint sie mich, sagte Grundling zu Fortunat, fideles, genialisches Volk!

15 Jetzt öffnete er am Ende eines schmalen finstern Ganges eine Hintertür, und sie traten in ein großes, wüstes, von einem Kaminfeuer zweifelhaft erleuchtetes Gemach, wo Fortunat zu nicht geringer Verwunderung in den Zankenden, Kordelchen und den Maler Guido erkannte. Die erstere
20 saß auf einem Koffer, wo sie Wäsche zu flicken schien. Kaum hatte sie Fortunaten erblickt, als sie, aufspringend, alles wegwarf, ihm mit großer Freude an den Hals flog, und ihn tüchtig abküßte. Guido, bleich und verstört, stand schweigend und schien einen Augenblick verlegen. Kordelchen
25 aber erzählte in aller Geschwindigkeit, Herr Grundling, der in Rom bekannt sei wie in seiner eigenen Tasche, habe Guido'n in den Bildergalerien und bei allen Malern herumgeführt, vor kurzem seien sie in einem großen philosophischen Disput über die Kunst zurückgekehrt, da habe Grund-
30 ling Guido's angefangene Bilder und Zeichnungen getadelt, daraus sei der ganze Spektakel entstanden. – Wie du alles wieder verdrehst! fiel ihr Guido heftig in's Wort, es ist nicht um den Plunder auf meiner Staffelei dort! Vor den übermächtigen alten Bildern in den Werkstätten unserer frommen,
35 ernsten deutschen Künstler, da tat es plötzlich einen langen Blitz über mein ganzes Leben von allen Decken, Wänden herab, und verbrannte, was hinter mir lag. Da wußt' ich's auf

einmal, wer ich bin, ein weinerlicher erbärmlicher Wicht, der noch nichts gemalt und erdacht hat! – Hier brach seine Stimme, er setzte schnell seinen Hut auf und stürzte, ohne jemanden zu begrüßen, trotzig zur Tür hinaus.

Es ist doch ein schöner Junge, besonders wenn er böse wird, sagte Kordelchen, ihm nachsehend. Grundling zündete unterdessen an dem Kamin, wo Überbleibsel vom Mittagessen aufgewärmt wurden, gelassen seinen Zigarren an, während Fortunat Guido'n nacheilen wollte. Aber Kordelchen vertrat ihm den Weg. Ich bitte Sie, lieber Baron, sagte sie, tun Sie ihm nicht den Gefallen, denn er will doch nur bedauert und widerlegt sein. Je mehr man ihn tröstet und streichelt, je ungebärdiger wird er, wie ein ungezogenes Kind, das sich selbst in die Zunge gebissen hat.

Sie fing nun, unbekümmert um die Gegenwart der beiden Fremden, vor den Trümmern eines zerbrochenen Spiegels sich schnell zu putzen an, wobei sie Fortunaten sehr lustig erzählte, wie sie nach Rom gekommen. Das fröhliche Mädchen, schon früh für die Bühne dressiert, hatte durch ihr Zusammentreffen mit Lothario zum erstenmale in ihrem Leben Lust und Leid in ihrer tieferen Gewalt erfahren, ohne sich weiter ihren Zustand klar zu machen. Als nun aber der unbeständige Freund so plötzlich verschwunden war, wurden ihr Theater, Sorti und alle die alten Gesichter langweilig, und der enthusiastische Guido beredete sie um so leichter, ihn nach Italien zu begleiten, als sie dadurch an Lothario's Untreue sich zu rächen und insgeheim diesen hier wieder zu finden meinte, was sie aber allen verschwieg. Unterweges hatte sie sich unzähligemal mit Guido entzweit und wieder versöhnt, sie galt für seine Frau, hier in Rom endlich zerstreute sie die neue Welt, und so führte sie gedankenlos ihr gewohntes, leichtfertiges Leben mit einer gewissen Unschuld fort, die dabei nichts Arges hatte. – Aber wie sind sie damals in der Schweiz den Lord und den Albert wieder losgeworden? fragte sie plötzlich Fortunaten. – Wie! sagte dieser erstaunt, so wart ihr es in jener Nacht? – Freilich, erwiderte sie lachend, ich kannte ihre Einbildung, und ritt und trug mich wie die arme Gräfin, um die irrenden Ritter zu foppen. –

Währenddes machte Grundling dem Mädchen bei ihrer Toilette auf seine schwerfällige Art den Hof, was sie sogleich zu benutzen wußte, indem sie beständig etwas zu kommandieren hatte, bald mußte er ihr ein Tuch holen, bald eine Nadel suchen, dann reichte sie ihm ihr Füßchen hin, um ihr den Schuh festzubinden, was der trockene Schalk mit ungeschickter Umständlichkeit ausführte. Darauf wollte sie ihre Gäste auf nordische Weise mit Tee bewirten, aber da waren die Teelöffel verlegt, die Tassen voll Farbenkleckse, zudem war es schon finster, und je mehr man suchte, je größer wurde die Verwirrung, bis Kordelchen endlich, den Einfall wieder aufgebend, die beiden Männer lustig zu einem Seitenpförtchen hinausschob, um ihnen ihren sogenannten Garten zu zeigen.

So gelangten sie durch das dunkelverbaute Hinterhaus auf einen kleinen grünen Platz, dessen Aussicht Fortunaten wunderbar überraschte. Denn hinter den Weingeländen und duftigen Gärten, die sich terrassenartig senkten, lag plötzlich die Nacht mit ihren Trümmern und zerbrochenen Säulen wie ein Buch der Vergangenheit unter ihnen aufgeschlagen, dessen Anfangsbuchstaben der Mond rätselhaft vergoldete. Da hörten sie von fern aus den Gärten einzelne Akkorde einer Laute, bald darauf sang eine schöne männliche Stimme:

> Jetzt wandr' ich erst gern!
> Am Fenster nun lauschen
> Die Mädchen, es rauschen
> Die Brunnen von fern.
> Aus schimmernden Büschen
> Ihr Plaudern so lieb
> Erkenn' ich dazwischen,
> Ich höre mein Lieb!

Kordelchen, die aufmerksam hinabgelauscht hatte, besann sich nicht lange und antwortete sogleich nach derselben Melodie:

Ich höre mein Lieb,
Beim wechselnden Scheine
Verläßt er die Seine
Und kommt wie ein Dieb.
Es hallt von den Steinen,   5
Die Wipfel wehn sacht
Und sagen's der Deinen –
Ja, hüt' dich bei Nacht!

Der Sänger unten schien es vernommen zu haben, er sang,
immer näher und näher kommend, lustig entgegen: 10

Ja hüt' dich! bei Nacht
Pflegt Amor zu wandern,
Ruft leise die andern,
Da schreiten erwacht
Die Götter zur Halle   15
In's Freie hinaus,
Es bringt sie dir alle
Der Dichter in's Haus.

Die Stimme schien Fortunaten bekannt, da rauschte es in
dem nächsten Gebüsch, und mit einem leichten Satze   20
schwang sich der Sänger zwischen dem alten Gemäuer zu
ihnen herauf, daß seine Laute an den Zweigen einen fröhlichen Klang gab. – *Otto!* rief Fortunat freudig aus, denn es
war niemand anders, als der poetische Student aus Hohenstein. Fast aber hätte er ihn nicht wieder erkannt, so verwan- 25
delt, von der Sonne gebräunt und rüstig erschien der Jüngling. Er hatte Fortunats Ankunft schon erfahren, und erzählte ihm nun sogleich voller Entzücken von seiner Reise
und dem hiesigen Aufenthalt, er war wie berauscht in den
fremden Lüften. Kordelchen neckte ihn mit seinem römi-   30
schen Liebchen, und Grundling schwor, das sei das schönste
Frauenzimmer, das er jemals gesehen, alle Maler stiegen ihr
nach, wenn sie, ihr Fruchtkörbchen auf dem Kopfe mit dem
einen Arm unterstützend, schlank und zierlich über den

Markt ging; einem Landsmann habe sie bei dieser Gelegenheit einmal eine Feige umsonst gereicht, nämlich hinter's Ohr.

Während sie noch so sprachen, hörten sie hinter sich im Hause heftig gehen und die Türen zuschlagen. Es war Guido, der, in der ungebärdigsten Laune zurückgekehrt, nach Licht rief und im Finstern mit den Stühlen umherwarf. – Heraus, du verstörter Poltergeist mit deinem dummen Künstler-Unglück! rief Grundling in das Haus hinein. – Laßt mich jetzt ungeschoren, das rat' ich euch, erwiderte Guido zornig von Innen, wem sein Himmel über dem Haupte zusammenbrach, dem kommts auf ein Paar Scherben mehr oder weniger nicht an. – Hier aber verwickelte er sich unter dem alten Gerümpel des Hausflurs mit den Füßen in umherliegende Schläuche, er zuckte ungeduldig, darüber geriet ein übereinandergeschichteter Turm von leeren Weintonnen in's Wanken und Fallen, bis auf einmal Schaffe, Tonnen und Maler, unaufhaltsam übereinanderkollernd, zum Hause herausgestürzt kamen. Grundling, der sich vorwitzig der Türe genähert hatte, konnte nicht so schnell entspringen, eine Tonne hüpfte ihm zwischen die Beine, er wollte sich an Otto'n festhalten, erwischte aber nur seine Laute, mit der er krachend niederfiel. Otto schalt auf Grundling, Grundling auf Guido, Guido auf mehrere alte Weiber, die über dem Lärm keifend aus allen Dachfenstern herausfuhren. Mitten aus dieser Verwirrung brach endlich das tiefe, weitschallende Lachen Grundlings mit solcher vehementen Herzlichkeit, daß es bald Handelnde und Zuschauer unaufhaltsam mit fortriß.

Diese unerwartete Explosion zerstreute die letzten Wölkchen an dem leichtbeweglichen Horizont. Auch Guido hatte darüber seine hochmütige Zerknirschung gänzlich wieder vergessen. Man holte Wein herbei, und Kordelchen forderte Grundlingen auf, da sie sich eben alle wie in der Arche Noah so fröhlich zusammengefunden hätten, bei der schönen, warmen Nacht seine Lebensgeschichte zum Besten zu geben, was von den andern mit großem Applaus aufgenommen wurde.

Grundling langte nun aus seinem tiefen Schubsack erst mehrere Stücke eines Pfeifenrohrs hervor, die er umständlich zusammensetzte, und einen ungeheuern Pfeifenkopf vollpfropfte, während er auf einem der umgestürzten Weinfässer Platz nahm. Die andern hatten sich, um dem Qualme des schlechten Tabaks zu entgehen, vorsichtig außer dem Winde um ihn her gesetzt, worauf derselbe endlich folgendermaßen begann:

Du wirst dich noch erinnern, Fortunat, wie ich in Heidelberg mich so in die Wissenschaften verbissen hatte, daß ich gar nicht mehr loskommen konnte. – Allerdings, erwiderte Fortunat, du und dein grüngräulicher Mantel hatten schon mehrere Studentengenerationen überlebt, als ich dort ankam. Du warst ein hartnäckiger Kantianer, und standst, noch immerfort nach der Aufklärung hinweisend, wie ein alter Meilenzeiger, den man mitten im Kornfelde vergessen, nachdem Fichte und Schelling längst andere Straßen gezogen hatten. Du verachtetest damals uns Jüngere unsäglich, die wir den neuen Weg eingeschlagen. – Nun bei Gott, das tu' ich auch jetzt noch, rief Grundling, indem er dicke Tabakswolken von sich stieß. – Auf einmal aber warst du in Heidelberg spurlos verschwunden, sagte Fortunat. Ein von den Ferien zurückkehrender Student hatte deinen Mantel mitten auf der Heerstraße gefunden, den wir sodann mit einem philosophischen Leichen-Sermon feierlich zur Erde bestattet haben. Wie ging das zu? – Das will ich euch wohl berichten, entgegnete Grundling.

Es trieb sich dazumal ein schlanker, junger Mensch in Heidelberg herum, den niemand näher kannte, er war nicht Student, nicht Philister, aber verdammt schlau. Das kam mir gleich verdächtig vor, denn ich habe in solchen Stücken eine feine Nase. Ich fühlte dem Patron bei schicklicher Gelegenheit auf den Zahn, da sprach er von Fürsten, Ministern und Bischöfen? – versteht ihr? Bischöfen – mit denen er oft in naher Berührung stände, von Rührung, Stimmung der Seelen u. s. w., aber alles glatt und durcheinandergeschlungen, wie ein Aal. Da schoß mir endlich ganz das Blatt. Ja, liebe

Freunde, es war niemand anders, als ein geheimer Jesuit, so
ein verdammter proselytenmacherischer Emissär! Nun, ihr
kennt mich, von Stund' an faßt' ich den Kerl scharf in's
Auge, sann und beobachtete ihn bei Tag und Nacht. Eines
Abends sehr spät wandle ich eben in meinem Mantel vor dem
Tore so für mich auf und nieder, als ich auf einmal den
Emissär sacht und vorsichtig in ein dunkles Gebüsch schlüpfen sehe. Ich, nicht zu faul, lenke sogleich meine Schritte
dahin, arbeite mich durch Strauch und Dorn immer tiefer
nach, und was erblick' ich?! – Unter einer hohen Linde im
dämmernden Mondschein steht der Emissär in erhabener
Stellung, neben ihm ein sehr junger Mensch, der so eben, die
rechte Hand zum Himmel gereckt, einen feierlichen Schwur
ablegt. Nun halt' ich mich nicht länger, ich stürze hervor und
donnere den Seelenverkäufer an, daß er sich unterfange,
diesen Sitz der Aufklärung mit der pestilenzialischen Finsternis des Mittelalters zu verdüstern et cetera. Unterdes fing
auch über meiner Rede ein Hund in der Nähe zu bellen an,
einige Personen bewegten sich von fern zwischen den Bäumen, die Überraschten wurden immer verlegener, ich fuhr in
meinen Ermahnungen immer nachdrücklicher fort. Aber
was geschieht? Der Kerl von Jesuit packt mich auf einmal
von hinten, der andere an den Füßen, daß ich die Balance
verliere, so werfen sie mich in eine verfluchte Kalesche am
Gebüsch, die ich vorher gar nicht bemerkt hatte, schwingen
sich mit herauf, der Kutscher peitscht in die Pferde und fort
geht es über Stock und Stein in die finstere Nacht hinein. –
Als ich wieder zu mir selbst kam, fand ich mit Vergnügen,
daß meine Pfeife in der Konfusion nicht ausgegangen war,
auch hatte ich den Tag über viel gesessen, etwas Motion
konnte nicht schaden, die Nacht war schön, kein Mensch
oder Dorf in der Runde – so dacht' ich denn: laß sie fahren!
und setzte meine Ermahnungen ruhig wieder fort. Aber es
dauerte nicht lange, so war der junge Proselyt darüber eingeschlafen. Der Jesuit dagegen, wie es die Art dieses schlauen
Ordens ist, wich mir mit sophistischen Redensarten bald
rechts bald links aus, dann zog er eine Flasche guten schwe-

ren Weines aus der Wagentasche und trank mir zu. Ich kam
immer mehr ins Feuer, wir disputierten und tranken, ich
verbreitete mich ausführlich über Aufklärung, Mönchtum,
dicke Finsternis et cetera, aber Gott weiß, wie das zuging, es
war mir, wie ich so fortsprach, als schritt' ich in der Rage
unserem Säkulum um einige Jahrhunderte so unaufhaltsam
vor, daß ich meine Gedanken gar nicht mehr halten konnte,
vergeblich blickte ich unverwandt auf den dreieckigen Hut
des Kutschers vor mir, Bäume und Dörfer und Wälder und
Gedanken flogen und verwickelten sich mir im Mondschein
durcheinander, nur manchmal hört' ich noch den Jesuiten
dazwischen schnarchen, bis mir zuletzt selbst alle Sinne vergingen. – Als ich wieder aufwachte, war der Jesuit und
Proselyt und Wagen und alles fort, und ich liege rücklings auf
einem Rasenkanapee an der Chaussee in der angenehmsten
Morgenkühle. Aber *wie* lieg' ich da! In einem kompletten
Jesuiter-Rokolor mit unzähligen Knöpfen vom Kinn bis an
die Fußspitzen, und ein kleines schwarzes Barett auf dem
Haupt!

Hier brachen sämtliche Zuhörer in ein lautes Gelächter
aus, nachdem Kordelchen schon während der ganzen Erzählung öfters heimlich gekichert hatte. Dummes Zeug! rief
Grundling ärgerlich, und stürzte zwei Gläser Wein hinter
einander aus, was ist da zu lachen? Das war kein Spaß. Vom
Felde glotzten mich ein Paar Bauern groß an, ich schämte
mich in dem Aufzuge, als ob ich nackt wäre, und sprang
geschwind in's Gebüsch. Aber die Bauern, wie sie das sehen,
fangen an zu schreien, und Hurra hinter mir drein! Ich
springe und schlüpfe und duck' mich in Gräben an Zäunen,
laufe in der Verwirrung gerade in's Dorf hinein, verwickle
mich mit dem langen Rokolor im Gesträuch, da fahren Euch
Hunde, Kinder und Weiber aus allen Löchern und alles
schreit Mordio. – So brachten sie mich ganz atemlos zum
Pastor. Da hatt' ich nun gut reden, daß ich kein Jesuit,
sondern eigentlich ein Philosoph sei, je mehr ich von Aufklärung sprach und auf die Jesuiten schimpfte, je schlauer und
verdächtiger lächelte der Pastor dazu. Endlich gab er zu

essen, ich hatte einen erstaunlichen Appetit. Über der Mahlzeit aber hör' ich draußen ein Pferd schnauben und scharren,
der Pastor geht hinaus, ich vernehme eine feine Silberstimme, die sich voller Verwunderung und sehr eifrig nach mir
erkundigt. Als ich an's Fenster trete, erblick' ich unter den
alten Linden vor dem Pfarrhause ein hohes, schlankes
Frauenzimmer zu Pferde, im Jagdhabit mit nickenden Federn auf dem Haupt. Sie ritt so eben wieder fort, ich konnte
ihr Gesicht nicht mehr sehen, aber sie machte von hinten
einen recht majestätischen Eindruck auf meine Sinne. – Nun
kam und ging der Pastor wieder hin und her und hatte
immerfort das fatale Lächeln im Gesicht, ich merkte, daß
Boten abgeschickt wurden, ich hörte insgeheim vom Ge-
richtshalter et cetera flüstern, da wurde mir zuletzt Angst,
und gegen Abend schlüpfte ich unvermerkt durchs Hinterpförtchen, um die Nacht über nach Heidelberg fortzuwan-
dern. Wie ich aber so vor dem Dorfe am Schloßpark vor-
überziehe, hör' ich drin dieselbe Silberstimme sehr angenehm zur Laute singen. Das ficht mich an, ich trete in den
Park, immer dreister und weiter – es war richtig die Reiterin.
Sie hatte mich schon erblickt. – O meine Ahnung! wußt' ich's
doch, daß du kommen würdest, frommer Vater, sagte sie, zu
mir tretend. Nun hätte das doch mit dem Teufel zugehen
müssen, wenn ich ihr Vater hätte sein sollen, denn sie war
älter als ich, und häßlich, lang und vertrocknet. Sie erzählte
mir nun in der Geschwindigkeit, daß sie Schriftstellerin sei,
unter dem Namen Blancheflour, ich würde ihre Schriften
wohl kennen, sie habe diesen wichtigen Moment in ihres
Herzens Herzen längst ersehnt. – Aber was wollen Sie denn
eigentlich? fragte ich ganz verblüfft. – Nun mein Gott! katholisch werden! Aber du kennst wohl meine geistlichen
Hymnen noch nicht, ehrwürdiger Vater? – Und nun fing sie,
eh' ich's mich versah, wütend zu deklamieren an, bei jedem
Vers trat sie in der Verzückung einen Schritt näher, ich einen
Schritt zurück, bis an eine Laube, wo ich geschwind entwischen will. Da brechen auf einmal zwei junge Leute aus dem
Buschwerk, und gerade auf mich los; es war der Bruder des

Fräuleins und sein akademischer Freund, ein durchreisender englischer Lord. Der Lord, der uns für verliebt hält, nimmt sich sogleich der verfolgten Unschuld der Jungfrau an, es werden Hieber angeschleppt und ich muß mich auf der Stelle mit ihm duellieren. Ihr wißt, ich führte eine gute Klinge, der Lord ebenfalls, wir konnten einander nichts anhaben. Nun ging's drauf – das Fräulein lag in Ohnmacht – Schlenker- primen und Schulterquarten, daß ich mein Barett vom Kopf verlor. Nur noch einen Gang! rief der Lord entzückt aus – meinetwegen! – und wieder einen, und noch einen! – Dar- über wird mir endlich der Lord ganz gewogen, wirft den Hieber weg und embrassiert mich. – Nun fand sich's, daß er auch ein heller, philosophischer Kopf, und eben so erpicht auf Menschenbildung war, als ich. Ich mußte mit ihm auf's Schloß, da hatte er alle Koffer voll neuer Konstitutionen, die er bei den verschiedenen Nationen anbringen wollte. Wir disputierten zusammen die ganze Nacht, wir werden ein Herz und ein Sinn, trinken Brüderschaft, und er proponiert mir, mit ihm zu reisen. Das Fräulein behandelte mich nun schnöde und verächtlich. Aber ich fragte nichts darnach, am folgenden Morgen saß ich mit dem Lord auf dem Wagen und wir fuhren durch die Schweiz über Rom, Neapel, zwischen Calabrien und Sicilien durch –

Halt! halt' ein! riefen hier die Andern lachend dazwischen, dein Lebenslauf kommt auf einmal so verteufelt in's Stürzen, daß einem ordentlich der Wind am Hute pfeift.

Was da Halt! erwiderte Grundling, trinkend und wieder einschenkend. Aber in Spanien ging's uns kurios. Das ist ein verteufelt hitziges Land, kaum hat man dort das Samenkorn der Weisheit in den Boden gelegt, so schießt's einem auch schon gleich unter den Beinen empor, Disteln und Unkraut, da ist kein Halten mehr, und eh' man sich's versieht, ist einem in dem verrückten Klima die ganze Vegetation über den Kopf gewachsen wie eine ungeheure Pelzmütze. Das haben wir dazumal wohl erfahren. Wir hatten uns durch Prozessio- nen, an Klöstern und Feudalsitzen vorüber, schon ziemlich tief in's Land hineingeärgert, und ritten eines Abends so

eben dem Gebirge zu, als sich ein Paar wackere Burschen zu
uns gesellten. Wem's Ernst ist, der feiert nicht gern. Wir
knüpften sogleich ein Gespräch aus dem Gebiet der praktischen Philosophie mit ihnen an, bald holten wir noch ein
Paar Wanderer ein, und wieder ein Paar, bis wir zuletzt am
Fuße des Berges auf einen großen, hellen Haufen stießen. Ich
besinne mich nicht lange und harangiere das Volk. Ich
sprach vom Aberglauben, von der Freiheit des Willens et
cetera, ich kam immer mehr in's Feuer mit donnernder
Stimme und zuckenden Gedankenblitzen, das zündet gleich
rechts und links, die Kerls jauchzen, schreien Bravi und
wieder Bravi, und eh' man die Hand umdreht, mitten in der
Rede heben sie mit Piken und Stangen ein altes abge-
brochenes Zelt hoch über ihre Köpfe, schwingen vor Entzücken mich und den Lord auf den Baldachin hinauf, und
tragen uns so im Triumph auf ein altes adeliges Schloß zu. Da
war's doch nicht anders, als wollten sie mit unseren Köpfen
die Mauern einrennen, denn in der Begeisterung fragten sie
den Teufel darnach, daß das Schloßtor viel zu niedrig war für
unseren Baldachin. Zum Glück erblick' ich nebst dem Lord
noch zu rechter Zeit einen Balkon gerade vor uns über dem
Tore, wir erfaßten schnell das Geländer, die Kerls schritten
wie toll unter uns weg, und so blieben wir draußen am
Balkon hängen mit den Beinen in der Luft. Jetzt aber entstand unter uns ein Spektakel, ein Gedränge und Gewürge –
denn die Kerls waren Guerillas – die vom Schloß fielen *aus*,
die Guerillas *ein* – zwischen unseren Beinen hindurch flogen
die Kugeln immerfort hin und her, der Lord verwünschte
unsere Philosophie, worüber wir noch heftig an einander
gerieten. Wie wir nun so bedenklich hängen und streiten,
stürzt plötzlich oben im prächtigen Mondschein zwischen
blühenden Pomeranzenbäumen das Schloßfräulein auf den
Balkon heraus, dunkle Locken, Alabaster-Hals und Busen,
und eine Laute im Schwanen-Arm. Die sieht mich penetrant
an, und bleibt wie verzaubert stehen, sie sieht mich noch
einmal an – und: »o mein Traum!« ruft sie, und läßt die Laute
fallen. Darauf, schnell wieder gefaßt, erwischt sie mich hin-

ten beim Kragen, und hilft erst mir, dann dem Lord rasch
über's Geländer auf den Balkon, in das Pomeranzengemach
hinein. Jetzt aber war guter Rat teuer; ich unbewaffnet, kein
Schwert in der Nähe, und von unten heult das Gedrossel, wie
ein versessener Sturmwind, durch das alte Haus immer höher und näher herauf. Der Lord wirft sich noch geschwind an
den Sekretär des Fräuleins hin, schreibt sein Testament, und
setzt mich zu seinem Universal-Erben ein. Unterdes aber –
ihr kennt die südliche Glut – verliebt sich die Prinzessin –

Prinzessin? rief Fortunat, du nanntest sie ja eben noch
schlechtweg Fräulein!

Verliebt sich die Prinzessin, fuhr Grundling immer schneller redend und trinkend fort, immer heftiger in mich, und
erzählt mir, wie sie mich schon früher einmal im Traume
gesehen, mit Uniform und dreieckigem Hut durch's Morgenrot auf Wolken schwebend, et cetera. Jetzt war auch der
Lord mit dem Petschieren des Testaments fertig, die Prinzessin wollte uns aus dem Schlachtgetümmel heimlich salvieren, wir retirierten durch Kammern und lange Gänge
unaufhaltsam immer höher hinauf, wobei uns noch der eigensinnige Lord gefährlich wurde, der niemals seine prallen
hirschledernen Hosen ablegen mochte, die nun in dem
Mondschein von weitem leuchteten. So kamen wir endlich
auf das flache Schloßdach hinaus, da standen wieder
blühende Granaten und Limonien, in der Mitte plätscherte
eine Wasserkunst sehr angenehm, in der Goldfischchen bei
dem klaren Mondschein lustig hin und her fuhren. Aber da
war nicht lange Zeit zur Ergötzlichkeit. Unter uns der
Kriegslärm, vor uns der nächtliche Abgrund, dazwischen die
schöne Herzogin mit der südlichen Glut immer dicht hinter
mir drein: ich soll katholisch werden und sie heiraten, oder
ich und sie müßten auf der Stelle sterben! Ich aber kann mich
in der Konfusion nicht gleich resolvieren, da zieht sie einen
unvernünftig langen Dolch aus dem Gürtel, preßt mich mit
dem linken Arm fest an ihre Brust, holt mit dem rechten
hinter meinem Rücken aus, und will mich und sich zugleich
durch und durch stechen. In demselben Augenblick platzt die

Falltür neben uns mit einem ungeheuren Knall, daß die
Stücke meilenweit auseinander fliegen. Sie hatten schon
lange darunter gestemmt, und nun, wie wenn ein Champa-
gnerstöpsel unverhofft losgeht, kamen auf einmal Guerillas,
Schloßsoldaten und Alguazils, die einen mit den Ellbogen,
die andern mit den Stiefeln voraus, mit unglaublicher Vehemenz aus dem Loche senkrecht emporgeflogen, und so wie
einer auf das Dach wieder niederfiel, fuhr er seinem Nachbar
gleich wieder in die Haare, so verbissen waren sie unter
einander. Die verliebte Königin, da sie nun alles verloren
sieht, faßt mich beim Arme und rasch mit mir fort an den
Rand der Zinne; aber Ihr wißt, ich hielt niemals viel auf
Kleider, mein ganzer Ärmel läßt oben in der Naht los, und
die Königin stürzt sich mit meinem Ärmel in den Abgrund
hinab, in der Luft noch: Don Grundlinghio! rufend. – Unterdes bekommt mein Lord plötzlich seinen englischen
Spleen. Eh' ich's mich versehe, duckt er sich kopfüber in das
Bassin der Wasserkunst. Das war nun aber so klein und
seicht, daß ihm die Lederhosen oben trocken heraushingen.
Ich schreie, die gestörten Goldfische stoßen wütend auf
seinen Backenbart, alles umsonst! er stampft und stopft sich
selber immer tiefer hinein, und ersäuft sich so mit aller
Gewalt. Es war ein kritischer Moment, Feinde ringsum, ich
ziehe schnell mein Schwert und mähe mich von Etage zu
Etage hinunter, ein umgefallener Alguazil beißt mich in dem
Gemetzel noch in die Wade, ich spick' ihn fest an den Boden –
    Aber was Teufel! fuhr Grundling hier plötzlich mit sicht-
barem Schrecken von seinem Sitze auf, stehen denn die
Toten wieder auf? da geht wahrhaftig der Lord vorüber! –
Und in der Tat, durch die offenen Türen des Hauses sah man
draußen auf der Gasse beim hellsten Mondschein die gelben
Lederhosen eines rasch vorübergehenden Mannes deutlich
schimmern. Überrascht sprangen nun auch die Andern auf,
denn sie glaubten in der Figur flüchtig ihren langen Lord
vom fürstlichen Hofe wiederzuerkennen. Eine schlanke
Mädchengestalt, mit welcher die Eile des Fremden vielleicht
in einigem Zusammenhang stehen mochte, schlüpfte unter-

des, noch einmal zurückblickend, schnell um die dunkle Straßenecke. Grundling aber hatte den Engländer schon erreicht, und sie sahen nun beide in der Dämmerung wie zwei Schatten im Reiche der Toten dahin schweben.

Laßt die Phantasten laufen! sagte Kordelchen in der Haustür. Wißt ihr denn nun aber auch, wer den Grundling eigentlich aus Heidelberg fortgeschafft hat? Der vermeintliche Proselytenknabe war ich selbst, und der sogenannte Jesuit niemand anders als ein junger Schauspieler, der mich damals heimlich von Heidelberg entführte. Wir mußten wohl den tollen Kauz über Hals und Kopf mit auf den Wagen packen, wenn er mit seinem Lärm nicht alles verraten sollte; mein Freund hatte in seiner kleinen Theatergarderobe zufällig eine Jesuitenkleidung, in die wir dann den Trunkenen hineinknöpften, und des Nachts auf der Landstraße wieder aussetzten. – Nun wahrlich, rief Fortunat lachend aus, das ist ja ein wahrer Sturmbeutel voll Lügen!

Währenddes ruhte Guido, der nach den heftigen Gemütsbewegungen über Grundlings Erzählung eingeschlummert war, draußen im Gärtchen, noch im Schlafe malerisch über einen zertrümmerten Säulenknauf hingestreckt. Otto aber blickte immerfort unverwandt in die Straße hinaus, auch er hatte vorhin jene flüchtige Mädchengestalt bemerkt, und schien zerstreut und unruhig. Endlich hielt er sich nicht länger, und schlug Fortunaten hastig noch einen Streifzug durch die Stadt vor, was dieser mit Freuden annahm. Kordelchen blickte beide listig an: felicissima notte! sagte sie dann mit einem ganz besonderen schelmischen Nachdruck, und als sich Otto unwillig darüber zu ihr wandte, war das wilde Mädchen schon im Hause, und hatte die Tür laut lachend hinter sich verschlossen.

Sie eilten nun aus dem Gewirre der kleinen, engen Gäßchen in's Freie hinaus, Zithern schwirrten von fern durch die stille Luft, die Straßen waren noch voll Menschen, die fröhlich plaudernd und singend, in der erquickenden Kühle auf und nieder schwärmten. Otto war still und schritt in Gedanken immer schneller und schneller, bis sie zuletzt an einen

einsamen Platz kamen, wo er sogleich auf ein kleines, un-
ansehnliches Haus zueilte. Er fand die Tür verschlossen, und
klopfte leise an; es blieb alles still drin, er klopfte noch einmal
lauter. Da ließ sich eine überaus anmutige Stimme im Hause
5 vernehmen: Mein Herr, ich kann den Schlüssel im Dunkeln
nicht finden, auch wacht die Mutter noch, aber habt die Güte,
rechts die Straße hinabzugehen, dann links um die Ecke,
über die Brücke fort, dann wieder rechts, das vierte Gäßchen
links hinein, so kommt Ihr in einen kleinen Hof, und wenn
10 Ihr dort nicht auf den Kettenhund stoßt und die Leiter
findet, so könnt Ihr mir von dem Dache unseres Hinterhau-
ses noch eine gute Nacht sagen; aber sputet euch und fallt
nicht, denn ich bin schon sehr schläfrig. Und kaum hatte sie
ausgeredet, so hörten sie sie schon, leise lachend, die Treppe
15 hinanspringen. – Annidi! rief nun Otto höchstverwundert
hinauf. Auf diesen Ton öffnete sich schnell ein Fenster über
ihnen, und eine Mädchengestalt von überraschender Schönheit mit rabenschwarzem Haar und Augen erschien im hellsten Mondglanz. Bist du es! rief sie erstaunt aus, ich meinte,
20 es wäre der lange Engländer, der mir vorhin wie auf hohen
Stelzen nachkam. Jetzt bemerkte sie auch Fortunaten, stutzte
und war bemüht, ihr loses Halstuch vor dem Fremden rasch
in Ordnung zu bringen. Otto hatte sich unterdes auf einen
Stein gestellt, und reichte so bis an's Fenster. Das Mädchen
25 legte den schönen Arm vertraulich um seinen Nacken, sich
hinausbeugend, daß ihre dunklen Locken aufgingen und den
Freund von allen Seiten umgaben; dabei sah sie unverwandt
Fortunaten an, dem sie nicht recht zu trauen schien. Nein!
nein! rief sie endlich, nicht ohne Koketterie ihre Locken
30 wieder aus der Stirn schüttelnd, was fragt ihr fremden Herren nach dem Ruf eines armen römischen Mädchens! Die
Nachbaren wachen noch und alle Fenster sehen im Mondschein wie glänzende Augen her, gute Nacht! Hiermit warf
sie noch unversehens jedem einen frischen Blumenstrauß in's
35 Gesicht, und schloß schnell das Fenster.

Währenddes waren zwei Frauenzimmer, dicht in seidene
Mäntel verhüllt, eilig über den Platz gegangen. Fortunaten

kam es vor, als hätten sie ihn im Vorüberstreifen scharf und
verwundert angesehen. Er hörte sie darauf leise und eifrig
mit einander sprechen, die eine sah noch einmal zurück, dann
waren beide schnell verschwunden.

O wie wunderschön sie ist! rief Otto, noch immer nach
dem Fenster schauend, aus, und erzählte nun begeistert, wie
er sein Liebchen auf einem ländlichen Feste zum erstenmale
gesehen, wie sie mit ihren armen Eltern eingezogen aber
fröhlich lebe, wie sie von ihm Deutsch und er von ihr Poesie
lerne, weil ihre Gegenwart, gleich der Morgenröte, alles
verzaubere und verwandle. So gingen sie langsam durch die
verlockende Nacht, die Nachtigallen schlugen aus allen Gärten und zahllose Brunnen rauschten von fern.

SIEBENZEHNTES KAPITEL

Die Villa des Marchese A. mit ihren kühlen Schatten, hohen
ausländischen Blumen und weißen Marmorbildern lag wie
eine Insel in dem Weltgewühl, auf die sich Fortunat einsam
verschlagen fühlte. Oft tönte es wunderlich in seine Mor-
genträume hinein, wie wenn eine Hochzeit in weiter Ferne
schwirrend durch eine anmutige Landschaft ginge; wenn er
erwachte, erkannte er Fiametta's liebliche Stimme, die
Trepp' auf Trepp' ab singend, plaudernd und lachend, das
ganze Haus schon mit fröhlichem Klang erfüllte. Eines Morgens fand er sogar einen frischen vollen Blumenstrauß auf
seinem Tischchen am Bett, er begriff nicht, wie er über Nacht
dahingekommen, und da er der kleinen Marchesin dafür
danken wollte, schob sie's lachend auf ihre Kammerjungfer
Lenore, die ihn gestern dort vergessen, aber sie wurde über
und über rot dabei. – Einmal kam er spät des Abends von
einer Wanderung zurück, als er im Garten noch singen hörte,
er meinte Fiametta's Stimme zu erkennen und wollte ihr
noch eine gute Nacht sagen. Da war's ihm, als säh' er ihr
Figürchen, verstohlen winkend und flüsternd, bald hier bald
dort durch das Gebüsch schimmern, er folgte immer eifriger

durch Hecken und Dorn in eine ganz unbekannte Gegend
des Gartens hinein, die schadenfrohen Nesseln stichelten auf
seine seidenen Strümpfe, Eidechsen schlüpften überall neugierig durch das Gestrüpp. Plötzlich stand er vor einem
Gartenhause, die Tür war fest zu, durch die geschlossenen
Jalousien aber glaubte er im Mondschein flüchtig zwei frische Augen funkeln zu sehen. Sonst war alles still im ganzen
Garten und beschämt und verdrießlich wanderte er wieder
nach dem alten Schlosse zurück. – Aber es half ihm nichts, der
Morgen kam doch wieder und das liebliche Stimmchen mit
ihm wie ein Zaubervogel im Walde, der ihn neckend immer
tiefer in das grüne Labyrinth verlockte, von dem kein Ende
abzusehen war.

So waren mehrere Wochen vergangen, Fortunat hatte, um
sich alle Liebestorheit aus dem Sinn zu schlagen, sich endlich
mit einer Art von Wut auf die Sehenswürdigkeiten der Stadt
geworfen, mancherlei Studien und Ausflüge in die Umgegend gemacht, und darüber seine deutschen Freunde fast
ganz vernachlässigt. Er freute sich daher recht, als eines
Tages Otto unerwartet gegen Abend zu ihm in's Zimmer
trat, und bestürmte ihn sogleich mit Fragen nach Hohenstein, dessen grüne Stille mit allen ihren geliebten Personen
ihm bei des Studenten Anblick wieder einmal ganz lebendig
wurde. Aber zu seiner Verwunderung beantwortete Otto
alles nur obenhin, ausweichend und beinahe verlegen. Dagegen schien ihn irgend eine gegenwärtige große Freude zu
drängen, seinem Herzen Luft zu machen. Gegen seine sonstige, zurückhaltende Gewohnheit teilte er unaufgefordert
mehrere so eben vollendete Gedichte mit, sprach voll fröhlicher Zuversicht von seinen Plänen zu künftigen großen
Arbeiten, und entwickelte einen solchen bunten Reichtum
der Seele, daß Fortunat wie in ein Kaleidoskop hineinzusehen glaubte.

Draußen wehte es unterdes schon wieder kühl über die
Stadt, sie machten noch einen Gang in's Freie und Otto, sein
Gespräch leidenschaftlich fortsetzend, führte den Freund
zwischen kleinen Häusern und Weinbergen unvermerkt in

eine schöne, abgelegene Gegend hinaus, die Fortunat noch nicht kannte. Garten stieß an Garten, ein unübersehbares blühendes Paradies mit zierlichen Villen und Balkonen, auf denen manche schlanke Gestalt zwischen den Wipfeln erschien, alles von der untergehenden Sonne zauberhaft durchblitzt und beleuchtet. – Wenn ich, sagte Otto, die Gegend überschauend, wenn ich jemals aus diesem Glanze wieder in die dumpfe Enge meines deutschen Gebirgsstädtchens zurück müßte, wo sie jetzt wohl vor den Türen unter ihren hölzernen Lauben sitzen, die Hände vor Kälte fest eingewickelt, und nichts vernehmen, als das Glöcklein der Bergleute und den Schlag des Eisenhammers von fern, und die Berge sehen von allen Seiten finster auf den stillen Markt herein, und der feuchte Wind schlägt den Kohlenrauch nieder und verhüllt alles wie ein Grab – mich schauert ordentlich bei dem Gedanken! – Hüt' dich wohl, entgegnete Fortunat, es ist ein wunderbares Lied in dem Waldesrauschen unserer heimatlichen Berge; wo du auch seiest, es findet dich doch einmal wieder, und wär' es durch's offene Fenster im Traum, keinen Dichter noch ließ seine Heimat los. – Otto schwieg nachsinnend – es war heut fast etwas Freudeverstörtes in seinem ganzen Wesen.

Auf einmal bog er rasch mitten in das Blütenmeer von Gärten hinein. Sie kamen an ein kleines, aber wohlgebautes reinliches Haus, von Efeu, Weinlaub und blühenden Bäumen reizend überwachsen und verdeckt; die Tauben, die sich auf dem Dache in der Abendsonne spiegelten, die offenstehenden Fenster und Türen, wo bunte Schmetterlinge flimmernd ein und aus flatterten, alles gab ein wunderliches Bild südlicher Häuslichkeit. Otto führte seinen Begleiter ohne weiteres gerade durch das Haus in ein dahintergelegenes einsames Gärtchen, umgeben von Nachbargärten, die von allen Seiten blühend hereinhingen und jede Aussicht verschlossen.

Wo sind wir denn hier? fragte endlich Fortunat erstaunt. Indem aber erschien ein Mädchen in der Haustür, er erkannte sogleich die schöne Annidi wieder. Sie begrüßte ihn etwas

verwirrt und beschämt, dann trat sie unter eine Weinlaube
und begann aus ihrem Handkörbchen einen Tisch reinlich zu
decken, Gläser und Teller aufzustellen. Draußen im Nach-
bargarten hörten sie einen Knaben fröhlich singen:

5   Es sang ein Vöglein hier jedes Jahr:
         Wie schön das Kränzlein im dunklen Haar!
         Heuer ist's Vöglein nicht wiederkommen;
         Wer hat dir das schöne Kränzlein genommen?

Nun hielt sich Otto nicht länger, es kam alles heraus: daß
10 Annidi's Eltern seine Besuche ohne bestimmte Erklärung
nicht weiter dulden wollten, daß er seit einigen Tagen mit
dem Mädchen verheiratet, und sich nun samt den Ihrigen
hier eingenistet habe. Fortunat erschrak über diese ganz
unerwartete Entdeckung und überdachte schnell die
15 wunderlichen Folgen, die diese Übereilung für Otto herbei-
führen mußte. Doch wurde er bald durch die liebliche Erscheinung der jungen Frau wieder beschwichtigt, die sich,
ihrer neuen Lage noch ungewohnt, fortwährend mehr zierlich dienend als mitgenießend erwies, als sie sich nun fröhlich
20 unter der Laube um den Tisch setzten. Auch ihre Eltern
gesellten sich jetzt zu ihnen, zu Fortunats heimlichem Un-
behagen, den die gewöhnlichen, welschgekniffenen Gesichter störten. Sie mischten sich öfters ungeschickt mit in das
Gespräch, redeten viel von guter Wirtschaft und dem nöti-
25 gen Fleiße ihres Schwiegersohnes im Büchermachen, und
Fortunat konnte wohl bemerken, daß sie ihn selbst als einen
Zeitverderber und zweideutigen Kameraden Otto's scheel
ansahen. – Unbekümmert saß und schmauste unterdes das
glückliche Ehepaar, Annidi, auf einem Fußbänkchen mit
30 beiden Armen auf Otto's Knie gestützt und die gebratenen
Kastanien ausschälend, die sie jede zur Hälfte mit einander
teilten. Der Mond schimmerte schon durch das Weinlaub,
Otto war seligstill, die junge Frau überaus schön, drüben
sang der Knabe wieder:

35   Wer hat dir das Kränzlein genommen?

Fortunaten aber überwältigte mitten in dieser Stille eine unwiderstehliche Wehmut, als sei Otto nun hier in der Fremde märchenhaft verzaubert. Es wollte ihm das Herz zersprengen, er schützte ein dringendes Geschäft vor, ergriff schnell seinen Hut und nahm tief gerührt Abschied von dem Freunde, wie von einem Verstorbenen. Als er zurückblickte, standen Otto und Annidi noch in der Haustür. Glühwürmchen schwärmten leuchtend durch das Rebengelände, er sah von der schönen Frau nur noch die glänzenden Augen und Schultern, Otto erschien todbleich im Mondschein.

In wirren Gedanken war Fortunat hastig nach Hause geeilt. Der Mond schien prächtig über den alten Garten, er lauschte, ob er Fiametta nicht wieder singen hörte, doch alles blieb still. Als er aber um den Pfeiler des Schlosses trat, fuhr er heftig zusammen, denn in einer der Alleen glaubte er plötzlich sich selber zu erblicken. Unverwandt starrte er hin, die Gestalt zeigte sich noch einmal im hellsten Mondlicht, es war seine Kleidung, sein Gang, seine Haltung, und doch schien es wieder ein ganz fremder junger Mann. Jetzt blieb der Unbekannte lauernd hinter einer Hecke stehen. Da kam auf einmal Fiametta aus dem Gebüsch hervorgesprungen, besah ihn lachend rundum, dann gingen sie Arm in Arm tiefer in den Garten hinein. Mitten im fröhlichen Plaudern aber schienen sie plötzlich Fortunats Schatten auf dem Rasen zu bemerken, er sah sie erschrocken entfliehen, und bald war die ganze Erscheinung im Dunkel wieder verschwunden.

Fortunat aber hatte sich in's Schloß gewandt und ging heftig in seinem Zimmer auf und nieder. Also diesem galt das Abendliedchen letzthin, o ich Tor! sagte er mit einem bittern Gefühl, das er sich selbst nicht eingestehen mochte. Es war fest beschlossen, er wollte sogleich morgen weiter nach Neapel reisen, ohne Fiametta noch einmal wiederzusehen. Noch in der Nacht schrieb er sein Vorhaben dem Marchese, der eben auf dem Lande war, und packte, in geheimer Wut lustige deutsche Lieder singend, seinen Koffer. Dabei schwirrten ihm die Worte aus einem alten Liede:

>>Das Kränzlein ist herausgerissen,
Ganz ohne Scheu sie mich anlacht:
Geh' du vorbei: sie wird dich grüßen,
Winkt dir zu einer schönen Nacht.<<

immerfort durch den Sinn, daß er darüber aus Herzensgrunde hätte weinen mögen.

Am folgenden Morgen hatte er noch einige weitläufige
Gänge, um das nötige Reisegeld zu erheben; so war die
Mittagsstunde herangekommen, die Zeit der zauberischen
Schwüle, die im Süden alles Lebendige überwältigt. Dennoch wollte er nicht abreisen, ohne vorher noch einen Streifzug durch den Garten zu machen. Da rührte sich jetzt kein
Blättchen in der weiten, träumerischen Stille, die Vögel
schwiegen, nur einzelne Schlangen sonnten sich ringelnd auf
den einsamen Gängen, alle Menschen lagen wie tot. Es war
das erstemal, daß er hier zu dieser Stunde wach war, und
dieses Schlafen der Natur mit offenen Augen erschreckte ihn
gespenstisch. Er flüchtete nach einem kühlen Gartenhause,
blieb aber überrascht im Eingange stehen, da er Fiametta,
gleichfalls schlummernd, drin erblickte. Sie ruhte auf dem
rechten Arme, das Gesicht von den losgelösten Locken halb
verdeckt, heiter atmend, wie ein schönes Kind. Einige abgebrochene Worte hielten ihn fest. Sie sprach im Schlaf, immer
deutlicher und zusammenhängender, aber zu seinem Erstaunen ganz in der ausländischen Weise, wie er selbst das Italienische zu sprechen pflegte. In wunderlichem Dialog hörte
er nun, wie er aus ihrem eigenen Munde ihr gestand, daß er
sich nur so kalt stelle, daß er sie aber eigentlich herzlich liebe.
– Er erschrak, daß sie so aus seiner Seele redete. – Nun lachte
sie in sich, und entgegnete fröhlich: das wisse sie ja lange
schon! – Dann sprach sie leise, immer leiser, als spräch' sie
ihm in's Ohr, er konnte nichts verstehen, bis sie zuletzt, tief
aufseufzend, sich zu regen begann.

Fortunat eilte ganz verwirrt nach dem Schlosse zurück,
schon rührte sich's wieder in allen Straßen, der Postillon
draußen mahnte zur Abreise, er warf sich schweigend in den

Wagen, und das lieblichste Rätsel, das er nicht zu lösen wußte, erfüllte seine ganze Seele.

ACHTZEHNTES KAPITEL

Mehrere Monate sind seitdem verflossen, die Sonne glüht auf den Quadern der öden Paläste und die Reichen sind längst auf ihre Villen geflüchtet, denn auf den Trümmern der alten Stadt sitzt die Aëra cattiva schon wie ein verhülltes Gespenst, Fieber und Wahnsinn brütend. Wie ist Otto's Einsiedelei seitdem so seltsam verwildert! Die Ranken an der Haustür wuchern bis über das Dach hinaus, in dem Gärtchen hat üppiges Unkraut, in roten und gelben Blüten brennend, Beete und Gänge verschlungen. – Da kehrte Otto eines Tages ermüdet von einem weiten Spaziergang zurück, er fand im Hause alles ausgeflogen, nur die Bienen summten einförmig in dem stillen Garten, er fühlte sich unbeschreiblich verlassen, Hausflur, Stuben und Bäume kamen ihm in der ungewohnten Einsamkeit auf einmal so fremd vor, daß er erschrak. Er ging einigemal im Garten auf und nieder, dann setzte er sich zwischen den tief herabhängenden Zweigen an den Tisch, und schrieb folgende Zeilen:

> Die Nachtigall schweigt, sie hat ihr Nest gefunden,
> Träg zieh'n die Quellen, die so kühle sprangen,
> In trüber Schwüle liegt die Welt gefangen,
> So hat den Lenz der Sommer überwunden.

> Noch nie hat es die Brust so tief empfunden,
> Mir war's, als ob viel' Stimmen heimlich sangen:
> Auch *dein* Lenz, froher Sänger, ist vergangen,
> Auf welkem Laub nun liegst du selbst gebunden.

> O komm, Geliebte, komm zu mir zurücke!
> Daß ich in deinen Augen wieder lesen
> Mein Hoffen kann, mein Singen und mein Lieben!

Doch weh! wie fremd sind plötzlich deine Blicke,
Als wärst du's, die ich meinte, nie gewesen –
Wie einsam bin ich in der Welt geblieben.

———

5   Mein Weib, das schwärmt beständig,
Und Deutschland liegt so weit,
Das Dichten geht elendig
In meiner Einsamkeit.

Ich dehne alle Glieder
10   Aus dieser schwülen Gruft,
O Herr, gib Frühling wieder,
Luft, frische freie Luft!

Als er von dem Blatt aufsah, hörte er draußen Vorübergehende reden in der fremden Sprache, aber ein Vogel über ihm
15 sang wie ehemals in Hohenstein – er drückte die Stirn über
beide Arme auf den Tisch und weinte aus Herzensgrunde.

Da hörte man plötzlich im Hause eine liebliche Stimme
einzelne Klänge aus Opern-Arien theatralisch anschlagen.
Eine junge Dame in reicher, eleganter Kleidung trat in den
20 Garten, und hob den seidenen Hut vom Köpfchen, die
reichen Locken ringelten über den schönen, vollen Nacken
hinab – es war Annidi, wie war sie seitdem so prächtig
geworden! Sie warf ihre Handschuh der dienstfertig herbei
eilenden Mutter nachlässig zu, während ihr Vater, der sie als
25 Bedienter begleitet zu haben schien, im Hause Shawl und
Sonnenschirm niederlegte. Der Graf Archimbaldi läßt dich
grüßen, sagte sie zu Otto, aber die ganze Noblesse wundert
sich, lieber Mann, daß du so menschenscheu bist und immerfort studierst, der lustige Duca sagte, Weisheit mache
30 weiße Köpfe. Auch die junge Malerfrau war heute dort, mein
Gott, wie war die angezogen! Der junge Mensch flüsterte mir
heimlich in's Ohr, sie sei wahrscheinlich, erst halb schraffiert
und grundiert, ihrem Pinsel von Mann entlaufen. –

Hier aber brach sie plötzlich erschrocken ab, da Otto

endlich aufsah und ihr das bleiche, wüste Gesicht zuwandte.
Sie hielt ihn für krank, sie ließ es sich nicht ausreden. Die
Mutter mußte sogleich nach der Küche laufen, es wurde Tee
gekocht, herzstärkende Tropfen geholt und Kräuter ge-
stampft mit großem Geräusch. – Mir geschieht schon recht,
rief Otto mit schneidender Bitterkeit aus, ihr habt ganz recht,
mit den Fingern nach mir zu weisen. Doch ich will einen
Strich durch die Rechnung meines Lebens machen, o ja, ich
will ja auch lustig sein, daß mir das Herz zerspringt! – Aber
wie es in solchen Fällen wohl geht, Annidi hatte ihn ganz
mißverstanden. – Wahrhaftig – sagte sie, vertraulich näher
tretend – du magerst mir ganz ab bei dem Leben, und ich
wollt' es dir schon lange einmal sagen: so fleißig wie du bist,
es kann dir ja doch am Ende einerlei sein, was du schreibst.
Da ist der junge Schreiber uns gegenüber, du schreibst eine
bessere Hand, als er, das sagen alle, und was verdient der, wie
lebt der gegen uns! –

Da kam die Mutter mit dem Tee, Otto wies sie so heftig
von sich, daß Kanne und Tassen übereinanderstürzten. Das
kommt von dem ewigen Sitzen und Brüten, sagte der erstaunte Vater in der Haustür. – Ja, und jede Henne brütet
doch mehr aus für's Haus als er, brummte die Mutter. Otto
aber, um nur aus alle dem Plunder herauszukommen, war
schon aus dem Garten und Hause fort und schweifte, so
müde er war, in der Abendkühle durch die Gassen und
dunkelnden Felder, bis die Nacht völlig hereinbrach.

Als er zurückkehrte, war schon alles still im Hause, es
ärgerte ihn heimlich, daß Annidi nicht besorgter war um ihn.
Er fand sie droben eingeschlafen, der Mondschein machte
ihre Züge so mild, ach und sie war so schön! Da blickte er
durch's offene Fenster über die Dächer in die mondbeglänzten Abgründe der Stadt hinab, einzelne Wolken flogen darüber nach seiner fernen Heimat zu. – Wunderbar, sagte er zu
sich selbst, schon in meiner Kindheit, wie oft bei stiller Nacht
im Traume, hört' ich der fernen Roma Glocken schallen, und
nun da ich hier bin, hör' ich sie wie damals wieder aus weiter,
weiter Ferne, als gäb' es noch eine andere Roma weit hinter
diesen dunkelen Hügeln. –

In dieser Zeit traf es sich, daß in der Nähe von Rom auf dem Lande eine Kirchweihe gefeiert wurde. Annidi dünkte sich zu vornehm, um an dem Feste Teil zu nehmen. Otto aber, den es heimlich verdroß, warf einmal alle Papiere und Bücher bei Seite und eilte hinaus in's Freie. Es war in den ersten linden Herbsttagen, ein warmer Regen hatte die Gegend erfrischt, Otto atmete tief auf, es war ihm, als wanderte er wieder nach Hohenstein. Je tiefer er in's Tal hinabstieg, je belebter wurden allmählich Busch und Felder, bunte Züge von Reitern und Spaziergängern schlangen sich wie Blumenkränze durch's Grün, von den Waldeswiesen schimmerten farbige Zelte, zwischen denen zerstreute Gruppen fröhlich lagerten, während luftige Gestalten im Ballspiel über den Rasen hin und her schwebten. Mitten in dieser Wirrung aber bemerkte Otto einen schlanken Zitherbuben, der auf seinem geschmückten Pferde langsam über die beglänzte Au dahinritt. Ein voller Kranz von frischem Weinlaub umschloß seinen Hut, von dem bunte Bänder in der Abendluft flatterten, von Zeit zu Zeit gab er einen vollen Klang auf der Zither. – Otto folgte der zierlichen Erscheinung, erstaunte aber nicht wenig, als der Knabe auf einmal deutsch zu singen begann:

> Die Lerch', der Frühlingsbote,
> Sich in die Lüfte schwingt,
> Eine frische Reisenote
> Durch Wald und Herz erklingt!

Mein Gott, rief Otto sich besinnend aus, das ist ja das Reiselied, das ich so oft in Deutschland gesungen habe. – Er trat näher, der Zitherbube sang wieder:

> Die Wolken zieh'n hernieder,
> Die Lerche senkt sich gleich –
> Gedanken geh'n und Lieder
> In's liebe deutsche Reich.

»Aber eh' ich ihnen selbst nachreite, muß ich vorher trinken, denn ich bin beinah erdurstet,« unterbrach sich hier plötzlich der Knabe, während er vor einer Laube anhielt und lachend von seinem Pferdchen dem Otto fast in die Arme sprang. Dieser erkannte nun Kordelchen, die ihn schon längst in der Menge hinter sich bemerkt hatte.

Sie zog ihn in die Laube, Guido und ihre anderen Begleiter, sagte sie, kauerten so eben wie Nachteulen in Ruinen und Felsenritzen, um zu zeichnen, überdies habe sie sich auch mit ihnen verzankt. – Aber wie siehst du aus! rief sie dann, Otto'n genauer betrachtend, nüchtern und blaugrün, wie eine leere Weinflasche! Das kommt vom Ehestande. Armer Junge! bliebst du mir treu, so wärest du nicht in das Unglück geraten. – Sie bestellte nun Wein, und sie setzten sich zusammen in die Laube. Otto hatte seit Monaten keinen Bekannten gesehen, nun war ihm nach der langen Einsamkeit wie einem Genesenen, der zum erstenmal wieder in die frische Luft kommt. Sieh, Kordelchen, sagte er fröhlich, gerade in solchen linden Tagen war es auch, als wir uns zum erstenmal in Deutschland sahen. – Ganz recht, erwiderte sie mit leuchtenden Augen, wir rasteten eben unter einer alten Burg im Grün, da kam er aus dem Walde und sagte, er wollte mit uns ziehen. – Sie meinte Lothario'n, Otto dachte, sie spräche von ihm. Wahrhaftig, fuhr er fort, mir ist heute ganz zu Mute, wie damals, als käme der Frühling wieder. – Ach nein, nein, sagte sie traurig, der kommt nicht mehr wieder. – Sie nippte schnell am Weinglas, um die Augen zu verbergen, die von Tränen glänzten, dann wandte sie das schöne, von Locken und Weinlaub verhängte Gesichtchen wieder heiter nach Otto herum. Da bemerkte sie, daß er auf beiden Armen über den Tisch gelehnt, sie mit einem langen, wirren Blick ansah, den sie gar wohl verstand; sie schien davon überrascht, beugte sich plötzlich vor ihn, und sah ihm halbfragend in die Augen. Da hielt er sich nicht länger, er drückte sie mit glühenden Küssen an sich. Sie erwiderte flüchtig den Kuß, und sprang dann rasch auf. Ei Ehemann! rief sie mit dem Finger drohend, schwang sich behend auf ihr Pferdchen, und

war im Augenblick zwischen den Zelten und Büschen verschwunden.

Otto hatte nun den Wein zu bezahlen, die Neige kam ihm
jetzt schal vor, da Sie die brennendroten Lippen nicht mehr
drin kühlte. Draußen aber war unterdes der Abend verklungen und verblüht, nur von den Bergen sah man noch
einzelne Leuchtkugeln aufsteigen. Wie im Taumel wanderte
er zwischen den Guitarrenklängen, dem Singen und Plaudern der Heimschwärmenden durch die laue Nacht, als mitten in dem Jubel eine dunkle Gestalt an ihm vorüberstreifte,
dann aber plötzlich zurückgewandt, ihm fest in's Auge blickte. Mit Erstaunen sah er den Maler Albert vor sich stehen:
ganz bleich, verwildert und abgerissen. – Mein Gott! wie
kommen Sie nach Rom, und in diesem Zustande? rief der
Überraschte aus. – Verloren, alles verloren! erwiderte Albert
finster und mit solchem Ausdruck des tiefsten Grams, daß
Otto'n schauderte. Aber hier belauscht uns der Mond noch,
auch er ist falsch in diesem Lande, fuhr er fort, indem er
Otto's Hand faßte und ihn tiefer in den Wald hineinzog.
Rasch und unzusammenhängend erfuhr nun Otto, daß sein
wunderlicher Landsmann, von heimlich aufschlagenden
Freiheitsflammen von neuem auf diesen vulkanischen Boden
verlockt, schon seit längerer Zeit hier heimlich mit wenigen
Gleichgesinnten seine Kunst, Gut und Leben an eine Toll-
heit gesetzt, daß aber jetzt alle Pläne gescheitert, und er selbst
als Karbonaro verfolgt werde. – Der gutmütige Otto bot
sogleich alle seine Kräfte, Geld und Verbindungen zur Hülfe
an, er wollte den Unglücklichen zunächst in seinem Hause
verbergen, bis sich Gelegenheit fände, ihn heimlich aus dem
Lande zu schaffen. Aber Albert schüttelte mit dem Kopf, daß
ihm die langen struppigen Haare Augen und Wangen bedeckten. Nicht um mich handelt sich's hier, sagte er, sondern
um die Schmach der Zeit. Horch, wie sie draußen jauchzen
und mit den Sklavenketten lustig klingeln – das ist's, was mir
das Herz frißt! Hier hörte man verworrene Männerstimmen
weiter unten im Walde, die sich zu nähern schienen. Albert
blickte wild um sich, und zog einen Degen unter seinem

Mantel hervor. Otto erkannte sogleich das Schwert vom großen Kriegsjahre Dreizehn wieder. Die Sbirren sind mir auf der Spur, flüsterte er, eilen Sie fort, es ist gefährlich, die Bahn eines tragischen Geschickes zu kreuzen. Aber Otto war fest entschlossen, lieber das Äußerste zu wagen, als den Verwirrten in dieser Not zu verlassen. Rasch und geräuschlos schritten sie unterdes immer höher in's Gebirge hinauf, Albert hieb sich mit seinem Schwerte Bahn durch das Gestrüpp, aus welchem verstörte Schlangen nach den Steinritzen schlüpften. So waren sie auf einen Felsen gekommen, der Schwindel erregend über eine unermeßliche, dämmernde Tiefe hinüberhing. Albert stand am äußersten Rande und wies mit seinem Schwerte schweigend in die Ferne. – Großer Gott, wie herrlich! rief Otto überrascht aus – Rom lag da unten still und feierlich im Mondglanz. – Da hörte er auf einmal ein Geräusch, er sah Albert plötzlich wanken, sinken. Der Unglückliche hatte sich mit heidnischer Tugend in sein eignes Schwert gestürzt. – Grüße das Vaterland – ich sterbe – frei, sagte er ohne Zeichen des Schmerzes, wehrte die Hand des hinzugesprungenen Otto kräftig ab, und glitt, eh' ihn dieser wieder fassen konnte, rettungslos in den Abgrund hinab.

Entsetzt beugte sich Otto über die Felsenwand, es war alles still unten, nur der Strom rauschte zornig herauf – da faßte ihn ein unwiderstehliches Grauen, halbbewußtlos schwang er sich von Klippe zu Klippe den Berg hinunter. Im Fliehen bemerkte er seitwärts in dem Abgrunde mehrere dunkle bewaffnete Gestalten mit Fackeln, die den Toten in ihrer Mitte gräßlich beleuchteten. Nun schlugen hin und wieder Hunde an, einzelne Stimmen wurden in dem Tale wach, der Widerschein der Windlichter spiegelte sich wild im Flusse. Otto wagte nicht mehr zurückzublicken, schauernd flog er über die stillen Felder, durch die leeren Gassen fort zu seiner einsamen Wohnung.

Hier fiel es ihm erst ein, daß er bei den Seinigen hinterlassen, diese Nacht auf dem Lande zubringen zu wollen. Er fand nun die Türen verschlossen, alles im Hause schien längst zu

schlafen. Unmutig stieg er daher über den Zaun in den
Garten, wo er sich sogleich auf die Bank in der Laube
hinwarf. Das leise Rauschen in den Zweigen sang gar bald
den Ermüdeten ein. Da träumte ihm, er läge in dem schönen
Garten zu Hohenstein und sähe die steinernen Götterbilder
vor sich im hellen Mondschein auf den Gängen stehen. Es
war, als flüsterten sie in der Stille heimlich untereinander,
und als er recht hinsah, regte sich das Venusbild und stieg
langsam von dem marmornen Fußgestell herab. Mit Grauen
erkannte er seine Annidi, sie kam gerade auf ihn zu, eine
Marmorkälte durchdrang plötzlich alle seine Glieder, daß er
erschrocken aufwachte. Als er aber noch ganz verwirrt um-
herblickte, stand wirklich die weiße Gestalt in der Haustür,
leise flüsternd nach Jemand zurückgewandt, den er nicht
sehen konnte. Auf einmal schlug sie einen weiten Mantel
auseinander, und Annidi trat aus den Falten hervor. Ein
junger, hoher Mann umschlang und küßte sie, dann warf sie
ihm lachend den Mantel zu und schlüpfte in's Haus, der
Fremde schwang sich rasch über den Gartenzaun – und alles
war wieder totenstill.

Otto starrte lange regungslos auf den dunklen Fleck wo
der furchtbare Spuk zerronnen. Darauf stürzte er aus dem
Garten in die Nacht hinaus, ohne zu wissen wohin – er hatte
ja nun keine Heimat mehr auf Erden! – Die Straßen waren
öde, die Wasserkünste im Mondschein, die ihm sonst so
bräutlich rauschten, kamen ihm jetzt gespenstisch vor wie
verschleierte Nixen, im Winde sich beugend und neigend, als
flüsterten sie heimlich von ihm und seiner Schande. Unwillkürlich hatte er den Weg zu Guido's Wohnung eingeschlagen, er wollte ihn wecken, er mußte in dieser Stunde Jemand
haben, dem er alles sagte. Zu seinem Erstaunen fand er die
Tür nur leicht angelehnt, ein Licht brannte drin. Als er in die
Stube trat, sah er Kordelchen auf der Erde knien zwischen
Wäsche und Kleidern, die sie eifrig in einen Mantelsack
packte. Sie blickte erstaunt, fast erschrocken nach ihm herum. Was willst du denn jetzt hier? sagte sie, Guido ist noch
auf dem Lande, und kommt erst in einigen Tagen zurück. –

Otto'n aber wollte das Herz zerspringen, er warf sich auf das
Sofa und brach, sein Gesicht mit beiden Händen bedeckend,
in ein unaufhaltsames Weinen aus. Da stutzte Kordelchen, sie
ließ alles liegen, setzte sich zu ihm und tröstete und
streichelte ihn neugierig und mit herzlicher Teilnahme, bis   5
sie nach und nach sein ganzes Unglück erfahren. Sie hörte
alles still und nachdenklich an. Als er aber schwieg, sprang sie
plötzlich fröhlich auf. Wir reisen zusammen! rief sie aus, das
ist eine langweilige Wirtschaft hier, und ich und Guido, wir
paßten eigentlich niemals zusammen. Wenn er sich betrinkt,   10
so ist das genial, wenn er sich verliebt, so ist's Andacht, und
wenn ich ihn darüber auslache, so wird er wütend, und will
mich durchaus mit sich emporflügeln, wie er's nennt. Ich
hab's schon seit einigen Wochen beschlossen, ich reise heimlich fort und zurück nach Deutschland, ich habe so eben Geld   15
genug, die Pferde sind bestellt – kurz: wir reisen noch heute! –
Dabei wartete sie gar keine Antwort ab, sondern rumorte
und packte dazwischen immer lustig fort, Otto wußte nicht,
wie ihm geschah, durch das offene Fenster wehte frische
Reiseluft herein, der Morgen dämmerte schon leise über der   20
stillen Stadt.

Wer dem Teufel läßt ein Haar, den faßt er ganz und gar. So
brannte der Kuß von gestern noch immer heimlich fort auf
Otto's Lippen, über den Trummern seines Glücks war über
Nacht eine üppig blühende Wildnis schimmernder Erinne-   25
rungen und Hoffnungen giftig aufgeschossen. – Und als die
ersten Streiflichter des Morgens über die Berge flogen und
die früherwachten Lerchen noch halbverträumt in den Lüften hingen, da zogen Otto und Kordelchen schon durch die
stillen Felder nach Deutschland zu, und sahen Rom, wie in   30
einem Feuermeer, langsam hinter sich versinken.

Währenddes war Fortunat in Neapel und Sizilien umher-
gestreift. In seiner poetischen Behaglichkeit hatte er sich alles
aus dem Sinn geschlagen, und machte überhaupt aus seiner   35
Liebe gar nichts, als ein langes Gedicht in vielen Gesängen
und verschiedenen Silbenmaßen, worin ein schönes, schlan-

kes italienisches Mädchen die Hauptfigur spielte. Da begab
sich's aber, daß er im Schreiben sich nach und nach in diese
Figur selbst verliebte, und je verliebter er wurde, je ähnlicher
wurde sie unvermerkt der kleinen Marchesin, als ob Fiametta
oft plötzlich zwischen den Blütengewinden der Verse hervorguckte und, ihn auslachend, ausrief: Siehst du, ich hab'
dich doch! – Ja als er in Sizilien eines Abends auf einem
hohen, senkrechten Felsen über dem Meere eingeschlummert war, träumte ihm, die blaue Flut teile sich leise, und mit
langem grünen Haar und glänzenden Schultern tauche Fiametta unten empor, in irren Tönen wehmütig klagend. – Als
er erwachte, war der Mond schon über dem Meere aufgegangen, in der Ferne aber sah er ein Segel schwellend durch
die weite Stille nach dem jenseitigen Ufer Italiens hinüber-
gleiten. – Da faßte ihn eine unwiderstehliche Sehnsucht, und
schon die folgende Nacht segelt' er selber hinüber. Und so
geschah es, daß aus demselben Morgenrot, in welchem Rom
hinter Otto versank, die Gärten, Trümmer und Kuppeln vor
dem glückseligen Fortunat duftig wieder emporstiegen.

Sein erster Gang war zu dem Palast des Marchese, mit
klopfendem Herzen betrat er den stillen Hof. Er horchte, ob
sich nicht irgendwo Fiametta's heitere Stimme vernehmen
ließe, doch alles blieb lautlos, wie ausgestorben. So ging er
durch die offene, luftige Säulenhalle in den Garten. Da
sangen die Vögel und rauschten die Brunnen noch immer
wie damals. Aber an der Hauptallee sah er Wäsche zum
Trocknen aufgehängt, einzelne Ziegen weideten ungestört
zwischen den verwilderten Blumenbeeten. Endlich glaubte
er in einiger Entfernung Deutsch reden zu hören. Er ging
dem Klange nach, und begegnete einem alten, unbekannten,
etwas schäbigen Diener. Hastig fragte er nach dem Marchese
A. und seiner Tochter. Der Alte sah ihn von oben bis unten
an, und sagte dann verdrießlich: dieser Palast sei von einem
deutschen Kavalier bewohnt. Fortunat war wie im Traum. –
Er verlangte nun, den Herrn zu sprechen. Der Bediente wies
schweigend nach einer Laube, und ging fort, ohne sich weiter
um den Gast zu bekümmern.

Hellen Halses aber mußte nun Fortunat auflachen, als er in die bezeichnete Laube trat und in dem deutschen Kavalier unseren Freund Grundling erkannte: in dem geblümten Schlafrock des Marchese auf einem halbzerrissenen damastenen Sofa ausgestreckt, eine lange Tabakspfeife und ein Buch in der Hand, Talglicht, Fidibus und Kaffeekanne vor sich. Der Vielgereiste, an das wechselnde Kommen und Gehen in Rom längst gewöhnt, schien nicht im mindesten erstaunt, Fortunaten wiederzusehen. Mir ist's eben recht, sagte er, daß der alte Marchese bankerutt gemacht – Was! der Marchese A.? rief Fortunat höchst überrascht aus.

Ja, eben recht, sag' ich, daß er seinen Palast und Rom verlassen mußte, so konnt' ich mich hier in der liederlichen Wirtschaft seiner Gläubiger ziemlich wohlfeil einmieten. – Wenn nur, fuhr er, seine Pfeife plötzlich grimmig wegsetzend, fort, in der unvernünftigen Hitze der Tabak nicht so in die Zunge bisse!

Hier verlor endlich Fortunat alle Geduld. Nun rede zum Teufel einmal ordentlich! rief er, Grundlingen rasch an der Brust fassend, wo ist Fiametta? was macht sie? – In Deutschland wahrscheinlich, und weint, erwiderte Grundling gelassen. – Warum weint sie? – Weil sie ein junges albernes Ding ist, dem ein konfuser Wein, der noch moussiert, lieblicher in die Nase sticht, als ein würdiges, abgelegenes Gewächs; das will heißen: die einen brutalen Phantasten, der sein Liebchen verläßt und seine Freunde drosselt, charmanter findet, als – Und wem gehört jetzt dieser Palast? unterbrach ihn Fortunat ungeduldig wieder. – Einem filzigen Kaufmann, der ihn, seiner Entlegenheit wegen, abtragen lassen und die Steine verkaufen will. – So führ' mich gleich zu ihm! – Das war Grundlingen, der sich gern umhertrieb, eben recht. Wenige Minuten nach diesem Verhör waren sie schon auf der Straße, und Fortunat erfuhr nun noch unterwegs, daß Fiametta unmittelbar nach seiner Abreise aus Rom bedeutend erkrankt, und bald darauf mit ihrem Vater plötzlich abgereist sei. Weder er, noch der Kaufmann wisse, wohin sie sich gewendet. Auch Otto's und Kordelchens Flucht hatte der

Müßiggänger schon erfahren. Der Otto, sagte er, war beständig in poetischem Tran, das mußte ein Ende mit Katzenjammer nehmen.

Während dieses Berichts waren sie bei dem Kaufmann angelangt. Dieser war, gleich Grundlingen, nicht wenig erstaunt, als nun Fortunat den alten, verfallenen Palast und Garten des Marchese zu kaufen verlangte. Die Hast und Jugend des Fremden weckte in dem Italiener merkantilische Gelüste und abenteuerliche Forderungen, da kam er aber bei Grundling übel an, welcher sogleich ein so heftiges Gezänk darüber anfing und mit solchem Geschrei fortsetzte, daß sie in einigen Stunden, ganz erschöpft, endlich doch noch um einen leidlichen Kaufpreis einig wurden. Fortunat hatte erst kürzlich bedeutende Wechsel aus Deutschland bezogen, sie reichten eben hin, die Summe und eine genügsame Weiterreise notdürftig zu decken. Mit bewundernswürdiger Beharrlichkeit und Resignation trieb er nun das Geschäft, wie einen Kreisel, unausgesetzt zum Ausgange, und endigte damit, den hocherfreuten Grundling zum Schloßwart seines neuen Besitztums einzusetzen.

Kaum aber hatten sie den Garten wieder erreicht, da erscholl im Hofe schon der fröhliche Klang eines Posthorns. Fortunat hatte seinen Wagen hierherbestellt, aus den früheren Gesprächen mit dem alten Marchese glaubte er zu ahnen, wohin er sich gewendet. Und als er nun endlich tiefaufatmend draußen in den prächtigen Abend hineinfuhr, blühten alle Gärten und ein Regenbogen stand über der Gegend, als müßte nun alles, alles wieder gut werden.

DRITTES BUCH

NEUNZEHNTES KAPITEL

Auf dem fürstlichen Jagdschlosse, wo im vorigen Jahre alles so bunt und fröhlich war, sieht es jetzt ganz anders aus. Die Vögel picken frühmorgens auf der marmornen Treppe zwischen den Säulen, ein lässiger Gärtnerbursch dehnt sich in der Morgenkühle und schickt sich an, die verschlungenen Gänge notdürftig in Ordnung zu bringen, die überall blühend verwildern. In der alten Pracht funkeln die Sommernächte wieder über den stillen Grund, aber keine Guitarren erklingen mehr, nur die getreuen Nachtigallen schlagen wie damals in den Gebüschen, als klagten sie noch um Juanna's verlorene Schönheit.

Der Fürst gedachte nicht mehr des Schlosses, er war selber lange verwildert. Zwischen Genuß und Reue, Lust und Grauen war er allmählich immer tiefer hinabgestiegen in die schimmernden Abgründe, wo mit verlockendem Gesang die Nixen im Mondschein auf den Klippen ihr feuchtes Haar kämmen, das ferne Wetterleuchten der Religion verwirrte ihn nur noch mehr; so hatte er sich im schönen Leben verirrt und konnte nicht wieder nach Hause finden. Da schlug die himmlische Liebe ihren Sternenmantel um den Todmüden. Er verfiel in eine schwere Krankheit, und als er wieder genas, war auf einmal alles vorbei. Die Leute nannten ihn wahnsinnig, er aber war vergnügt und blätterte Tag für Tag mit stiller, herzlicher Lust in den alten Bilderbüchern, die er als Kind gelesen; alles andere hatte er vergessen. Sie hatten ihn endlich in einem entlegenen Flügel des Schlosses absondern müssen von der Welt, die er nur noch wie im Traum von ferne sah, nur die unschuldigen Vögel sangen alle Morgen vor seinen Fenstern von der alten Zeit, daß er oft er-

schrocken von seinen Bildern aufhorchte. – Aus seiner Hand
aber hatte die Fürstin rasch die Zügel des Regiments ergriffen, und lenkte keck, die Rosse peitschend, in die neue
Freiheit hinaus.

In dieser Zeit kam Lothario eines Abends einsam von dem
Gebirge herab. Wir wissen nicht, wohin er wanderte, sein
Weg führte ihn durch die Stadt. Der Mond trat manchmal
heimlich lauernd zwischen den Wolken hervor, da lag die alte
Residenz unten wie eine Ruine phantastisch in der schwülen
Nacht umher, es war schon alles still, nur ein Mädchen sang
noch zur Guitarre aus einem Garten drüben und die Nach-
tigallen schlugen von den Bergen.

Er kehrte in einem wenig besuchten Gasthause ein, das
draußen auf einer Anhöhe lag und eine weite Aussicht über
die Stadt hatte. Dort mußte er lange pochen, eh' jemand
erschien. Ein alter Diener sagte ihm endlich, es sei alles in die
Stadt gezogen, wo heute zum Geburtstag der Fürstin ein
großes Fest gegeben werde. – Lothario nahm nun im oberen
Stockwerk einen Saal in Besitz, und öffnete rasch alle Fenster.
Die prächtige Nacht duftete fast berauschend herauf. Er ließ
Licht und Wein bringen, er fühlte seit langer Zeit wieder
einmal eine rechte Lust zu dichten. – Als er sich aber so
einsam hinsetzte und hastig trank und schrieb, da war's ihm,
als riefe es durch die Stille seinen Namen, erst leise, dann
lauter, und der Teufel sähe ihm beim Schreiben über die
Schulter und flüsterte zu ihm: nur zu, nur zu! die unschuldig
Welt mit vornehmen Worten belogen und verführt, ich will
dich dafür auf die Zinnen des Ruhms stellen und die Welt
soll dir huldigen! –

Er sprang auf und erschrak, als er sich flüchtig in einem
Wandspiegel erblickte, so bleich und wüst sah er aus. Da
streifte der Wind klingend die Saiten einer Guitarre, die am
offenen Fenster lag. Der Mond aus blassen Wolken beschien
so eben wieder die stillen Bäume und unten die alte Stadt. Er
trat mit der Guitarre an's Fenster und sang:

Lieder schweigen jetzt und Klagen,
Nun will ich erst fröhlich sein,
All' mein Leid will ich zerschlagen
Und Erinnern – gebt mir Wein!
Wie er mir verlockend spiegelt   5
Sterne und der Erde Lust,
Stillgeschäftig dann entriegelt
All' die Teufel in der Brust,
Erst der Knecht und dann der Meister
Bricht er durch die Nacht herein,   10
Wildester der Lügengeister,
Ring' mit mir, ich lache dein!
Und den Becher voll Entsetzen
Werf' ich in des Stromes Grund,
Daß sich nimmer dran soll letzen   15
Wer noch fröhlich und gesund!

Lauten hör' ich ferne klingen,
Lust'ge Bursche ziehn vom Schmaus,
Ständchen sie den Liebsten bringen,
Und das lockt mich mit hinaus.   20
Mädchen hinter'm blüh'den Baume
Winkt und macht das Fenster auf
Und ich steige wie im Traume
Durch das kleine Haus hinauf.
Schütt'le nur die dunklen Locken   25
Aus dem schönen Angesicht!
Sieh, ich stehe ganz erschrocken:
Das sind *ihre* Augen licht,
Locken hatte sie wie deine,
Bleiche Wangen, Lippen rot –   30
Ach, du bist ja doch nicht meine,
Und *mein* Lieb ist lange tot!

Hättest du nur nicht gesprochen
Und so frech geblickt nach mir,
Das hat ganz den Traum zerbrochen   35
Und nun grauet mir vor dir.

Da nimm Geld, kauf Putz und Flimmern,
Fort und lache nicht so wild!
O ich möchte dich zertrümmern,
Schönes, lügenhaftes Bild!

Spät von dem verlornen Kinde
Kam ich durch die Nacht daher,
Fahnen drehten sich im Winde,
Alle Gassen waren leer.
Oben lag noch meine Laute
Und mein Fenster stand noch auf,
Aus dem stillen Grunde graute
Wunderbar die Stadt herauf.
Draußen aber blitzt's von weiten,
Alter Zeiten ich gedacht',
Schauernd reiß' ich in den Saiten
Und ich sing' die halbe Nacht.
Die verschlaf'nen Nachbarn sprechen,
Daß ich nächtlich trunken sei –
O du mein Gott! und mir brechen
Herz und Saitenspiel entzwei! –

Es blitzte wirklich von weitem, aber es waren nur einzelne
Raketen, die von Zeit zu Zeit fern über dem dunklen, fürstlichen Parke lustig aufstiegen. Da fiel ihm das Fest wieder
ein, von dem der alte Diener vorhin sprach, er beschloß,
selbst noch hinzugehn.

Lässig schlenderte er durch die lange Vorstadt; bis dorthin
war das Fest nicht gedrungen, die kleinen Häuser standen
still und dunkel, nur wenige Laternen flackerten im Winde,
der Nachtwächter schickte sich eben an, die zehnte Stunde
auszurufen; von fern aber über die hellbeleuchteten Dächer
und Schornsteine qualmte ihm schon der trübrote Schein der
Illumination entgegen wie die aufgehende Sonne an einem
nebligen Herbstmorgen. So war er an's Theater gekommen.
Durch ein hohes, verhangenes Fenster glaubte er drin die
Schauspieler mit aller Gewalt der Leidenschaft pathetisch

deklamieren zu hören, ihn schauerte, so kühl und nüchtern
war es dagegen hier draußen. Eine lange Reihe von Wagen,
auf ihre Herrschaften wartend, stand an der finsteren Mauer,
die Kutscher schlummerten auf ihren hohen Kutschböcken,
der eine zog gähnend seine Taschenuhr heraus und hielt sie
an den ungewissen Schein der Laterne. Was Teufel spielen sie
denn heut so lange? fragte er einen Kerl, der eben an einem
Eckpfeiler seine Fackel putzte, daß die Funken auf einen
Augenblick das ganze langweilige Chaos wunderlich beleuchteten. Dieser nannte ein bekanntes Stück vom Grafen
Victor von Hohenstein. – Da fuhr Lothario unwillkürlich
zusammen. Er ging rasch hinein, ein gutes Trinkgeld ver-
schaffte ihm von dem verwunderten Logendiener noch einen
Platz in der Fremdenloge.

Das Haus war prächtig erleuchtet und zum Erdrücken
voll, aus der fürstlichen Loge zwischen den reichen Vorhängen blitzt' und schimmerte es von Sternen, Lichtern und
schönen Frauen-Augen blendend herüber. Das Stück war
fast zu Ende. Es war, seltsam genug, eben Juanna's frühere
Geschichte in Spanien, alle wilden Waldbäche der Leidenschaft stürzten in dieser letzten Szene wie in einen mächtigen
Strom zusammen. Die Schauspielerin, welche Juanna vorstellte, hatte, vielleicht bewußtlos, nach und nach das ganze
Wesen der Gräfin angenommen: ihre frische Waldkühle, ihre
Stimme, das strenge schöne Gesicht, so funkelte sie mit den
dunkelen Augen grade auf Lothario herüber. – Lothario
sprang erschüttert auf, eine Totenstille herrschte im ganzen
Hause. Da auf einmal beginnt ein Flüstern unten, es wächst
und steigt allmählich durch alle Reihen der Zuschauer, viele
Köpfe und immer mehrere wenden sich erstaunt nach Lothario herum. – Was gibt's da? frägt die Fürstin, sich weit aus
ihrer Loge hervorlehnend. – Ein Kammerherr drängt sich
eilig vor, auf Lothario deutend: Dort, der Dichter selbst, sie
haben ihn erkannt, Graf Victor von Hohenstein. – Der?! –
entgegnet die Fürstin und sinkt verwirrt auf ihren Sessel
zurück.

Unterdes war der Vorhang gefallen, ein wütender Applaus

brach plötzlich los, sich immer wieder erneuernd. Den Grafen Victor aber, – denn er war es wirklich – erfaßte ein
seltsames Grauen vor dem hohlen Sturm des Beifalls, er sah
noch einmal dazwischen einen sengenden Blick der Fürstin
nach ihm herüberschießen, dann stürzte er entsetzt über die
noch leeren Treppen in's Freie hinaus.

Mit welchen Gedanken sah er nun den weiten, gestirnten
Himmel wieder! Die plötzliche Erinnerung an die Zeit, wo er
das Stück geschrieben, versenkte seine ganze Seele wie in ein
Meer von Wehmut. Auf dem Gebirge in Spanien, als er an
jenem stillen Abend, im Wald auf den Franzosen St. Val
zielend, zum erstenmale Juanna erblickte, da war's ihm, wie
in die Sonne zu sehen – sie war schon lange untergegangen,
aber Wald und Berge schimmerten und sprühten noch in
wunderbaren Funken – damals dichtete er das Schauspiel
von der wilden Gräfin. Da dachte er nicht, daß es *so* kommen
würde! Und als es dann Friede und alles wieder still und
nüchtern wurde, kehrte auch er nach Deutschland zurück,
und der Frühling und das Grün der wechselnden Landschaften breiteten sich wie ein Schleier milde über das schöne
Bild im Herzen. Aber nach der ernsten, bewegten Zeit, in der
er ehrlich gerungen, kam ihm zu Hause nun alles so klein und
unbedeutend vor, ihm war wie einem Schiffer nach langer
stürmischer Fahrt, der den Boden unter sich noch immer
wanken fühlt und aus dem Wirtshaus am Ufer sehnsüchtig
wieder in den kühlen Wogenschlag hinaussieht. In solcher
Laune war er nach kurzem Umhertreiben, um sich von der
guten Gesellschaft zu erholen, zum Teil auch aus grillenhafter, flüchtiger Neigung zu Kordelchen, unerkannt unter dem
Namen Lothario mit der Schauspielerbande ausgezogen, wo
wir ihn in jener regnerischen Nacht zum erstenmale trafen. –
Hier hörte er plötzlich, daß die verlorengeglaubte Gräfin
Juanna noch lebe und zu der ihr verwandten fürstlichen
Familie geflüchtet, mit der sie auf dem nahen Jagdschlosse
sich aufhalte. Da gab's auf einmal frischen Klang! Sein Plan
war gleich gemacht. Durch seine geheime Vermittelung erfolgte die Einladung der Schauspielergesellschaft nach dem

Jagdschloß, er begleitete sie in seiner Verkleidung, denn es schien ihm lächerlich, ja sinnlos, um diese märchenhafte Diana auf dem gewöhnlichen Paradepferde gräflicher Galanterie zu freien. – Bei seiner eignen, sorglosen Unvorsichtigkeit konnte indes die Sache nicht ganz verborgen bleiben, der Fürst und seine Gemahlin wenigstens hatten unbestimmte Kunde von seinem Vorhaben, noch ehe die Truppe bei ihnen ankam. Insbesondere hatte die Fürstin, mit dem den Frauen in solchen Dingen eigentümlichen Scharfsinn, die eigentliche Absicht gar wohl erraten. Zwar erwarteten sie täglich den Baron Manfred auf dem Schloß, den sie insgeheim zu Juanna's Bräutigam ausersehen. Dennoch konnten sie's nicht lassen, die interessante Genialität einer so romantischen Maskerade um so leichtsinniger zu begünstigen, da im schlimmsten Falle Victor noch immer als eine bessere Partie für die unbemittelte Gräfin erschien, als der etwas unscheinbare Manfred. So schwiegen sie recht mit innerlicher Lust und spielten die Getäuschten, täuschten aber unbewußt nur sich selbst, indem sie den zufällig dazwischengekommenen Fortunat, da er gleich von Anfang so rätselhaft auftrat, für den heimlich erwarteten Grafen hielten. – Victor'n aber verlockte indes Juanna's Schönheit nach und nach immer tiefer in das wildeste Labyrinth ausschweifender Wünsche, er gab ihren herausfordernden Blicken eine Deutung, die sie selber niemals kannte. Da hörte er auf der Jagd zum erstenmal von der nahen Ankunft des unbekannten Bräutigams – es war ihm unerträglich: er entschloß sich rasch, Juanna zu entführen, nur so, meinte er, könne diese wilde Nymphennatur bezwungen werden, gleichwie eine stillaufsteigende Flamme sich plötzlich entfaltet, wenn der Sturm sie zerwühlt. – Ja, kühne, schlanke Flamme! sagte er nun tausendmal zu sich selbst, wie griffst du plötzlich zornig in die Waldesnacht und klettertest furchtbar schön die Felswand auf und nieder, daß alle Wipfel donnernd in die Gluten sanken! Die lust'gen Wälder meiner Jugend sind verbrannt.

In solchen Gedanken war Victor jetzt durch mehrere Straßen fortgeschritten. Die Wagen rasselten aus dem Theater,

der hoffärtige Patriotismus kokettierte aus tausend geputzten Fenstern, Kinder zogen in dem magischen Licht lärmend
durch die Gassen und brachten jedem brennenden Teertopf
ein Vivat. Wohin er sich wandte, immer neue Feueralleen
zogen sich durch die Nacht, bis er endlich unerwartet an den
fürstlichen Garten kam. Ein Feuerwerk, wie es schien, war
eben abgebrannt, nur einzelne Schwärmer stiegen noch empor und erleuchteten im Zerplatzen seltsam die Gegend und
die verworrene Menge, die sich nun jauchzend nach allen
Seiten verlief. Bei dem flüchtigen Widerschein glaubte Victor
auf einen Augenblick sein Wirtshaus jenseits auf der stillen
Anhöhe gesehen zu haben. Der Wege unkundig an dem
fremden Ort, schlägt er die nächste Richtung ein und tritt
durch ein Pförtchen, das er nur angelehnt findet, zwischen
die Bäume hinein, verschlungene Gänge führen ihn immer
weiter, auf einmal sieht er sich mitten im fürstlichen Park.
Der Himmel ist schwül bezogen, zahllose Glühwürmchen
schweifen in den dunklen Gängen, die weißen Statuen stehen
einsam im Mondschein umher; da ist's, als hört' er leise
seinen Namen nennen, ein Flüstern geht seitwärts durch's
Gebüsch, dann alles wieder still. – Jetzt schimmern auch die
hohen Schloßfenster schon herüber, drin sieht er im hellen
Glanz sich Masken wundersam bewegen, die eine Saaltür
öffnet sich, ein Schwall von Licht und Klängen schlägt heraus
– da fährt er innerlichst zusammen, denn bei dem brennenden Streiflicht sieht er plötzlich Juanna's Gestalt zwischen den Bäumen entschlüpfen. Außer sich folgt er nach, er
erblickt sie von neuem: Reitkleid, Gürtel und Hut, wie sie in
Spanien getragen, endlich erreicht er sie, sie wendet sich
rasch, mit Grauen sieht er in die dunklen Augenhöhlen einer
Larve.

   Er steht wie eingewurzelt vor ihr, während sie ihn schweigend zu betrachten scheint. – Du fernes Wetterleuchten, sagt
er endlich ganz verwirrt, ich folge dir, und wär' es in den
Wahnsinn! – Da erhebt sich auf einmal tiefer im Garten ein
wunderbarer Gesang, fast ohne Melodie, in wenigen herzzerreißenden Tönen. Sie schauert, als bräch' der Tag an, ihre

schwarzen Locken ringeln sich von beiden Seiten herab, er
sieht die dunklen Augen aus der Larve funkeln. – Morgen!
flüstert sie dann kaum hörbar und verschwindet schnell
zwischen den wechselnden Schatten.

Victor aber flieht entsetzt durch den Garten, der Mondschein wiegt sich träumend auf dem Gebüsch, seitwärts
schwanken Wasserkünste im Wind, wie Feen in langen, wallenden Schleiern. Plötzlich hört er den Gesang wieder erschallen. Auf dem steinernen Rande des Springbrunnens
sieht er einen eingeschlummerten Mann sitzen, ohne Hut,
mit dem Haupt vornüber nickend, der singt im Schlaf. Bei
einem flüchtigen Mondblick glaubt er den bleichen kranken
Fürsten zu erkennen.

So kommt er ganz verstört in die Stadt zurück. Dort hat
sich unterdes alles verwandelt. Nur einzelne Menschen irren
noch beim ungewissen Schein der Laternen, die verlöschend
flackern, zerrissene Wolken fliegen über die Dächer, die
Nacht war finster und stürmisch geworden. Da schweiften
zwei weibliche Gestalten eilig durch das Dunkel. Wo
schleppst du mich hin? fragte die eine. – Sah'st du ihn nicht
vorhin? entgegnete die andere, ich muß ihn haschen! –

Kordelchen! Du? rief Victor plötzlich vor ihnen stehend
aus – du siehst ja so blaß im Laternenschein, wie eine Leiche
mit spielenden, funkelnden Augen. – Ach, dummes Zeug,
red' nicht so graulich, sagte die Komödiantin. – Er wollte
fort, aber sie hatte sich schon fest in seinen Mantel verwickelt.

Sie standen an der offenen Tür eines kleinen Hauses. Ihre
leichtfertige Begleiterin, die zu ihrem Verdruß noch gar nicht
beachtet worden, wünschte schnippisch viel Vergnügen, und
verließ sie empfindlich. Kordelchen aber hatte ihren späten
Gast bereits hineingedrängt. Ein schwüler Duft von halb-
vertrockneten Blumensträußen, die an den Fenstern standen,
quoll ihnen aus der kleinen Stube entgegen. Das tief-
heruntergebrannte Licht, dem eine leere Flasche zum Leuchter diente, verbreitete eine ungewisse Dämmerung über ärm-
liches Hausgerät, zerbrochene Spiegel, Notenbücher und

Kleidungsstücke, die überall unordentlich umherlagen. Mitten in dieser Verwirrung war ein wohlgekleideter Mann am Tische fest eingeschlafen, die Feder lag umgefallen noch zwischen seinen Fingern auf dem halbbeschriebenen Blatte
5 vor ihm.

Still, still, der wird ein Paar Augen machen! sagte Kordelchen, indem sie Victor'n leise an der Hand in einen entfernten Winkel führte und ihn dabei, eh' er sich's versah, herzhaft in den Finger biß. Dann setzte sie sich auf einen Reisekoffer,
10 öffnete ihre Schürze, die voll Knackmandeln war, und fing vergnügt an zu naschen und zu plaudern, man sah ihr recht die Freude aus den muntern Augen glänzen. So in aller Geschwindigkeit erzählte sie ihm, daß sie mit Otto'n aus dem langweiligen Italien entflohen, seit einigen Tagen hier sei,
15 und wieder auf's Theater wolle. Auf einmal sah sie Victor'n lange in's Gesicht. Armer Lothario, sagte sie, du sieh'st schlecht aus. Dacht' ich's doch gleich, als du damals die Augen so hoch warfst, siehst du, wer hieß dich Gemsen jagen! – Aber so iß doch mit – und hast du die Fürstin heut
20 gesehen? – sie ist als Gräfin Juanna maskiert. – Dazwischen warf sie wieder Mandelschalen nach dem Schreiber hinüber, der noch immer schlief.

Da fuhr dieser erschrocken auf – es war Otto – sie wollte sich tot lachen, wie er so wild aus dem Schlaf umherstierte.
25 Aber Victor, bisher wie in Gedanken verloren, hatte sich bei dem unerwarteten Anblick des wüsten Gesichts plötzlich aufgerichtet. Um Gotteswillen, Otto! rief er mit tief erschütterter Stimme, flieh, flieh in die Nacht hinaus, in den Krieg, bau' das Feld, spalte Holz, bettle von Haus zu Haus –
30 nur fort von hier! – Geh, geh! sagte Kordelchen, von ihrem Koffer springend, du bist ja so pathetisch wie der steinerne Komtur aus dem Don Juan. – Otto, den Kopf auf beide Arme gestützt, ahnet heimlich, was Jener meint. Lothario's Urteil gilt ihm alles, seine ganze Seele hängt lauschend wie an
35 einem jähen Absturz. – Aber Victor's Sinn war heut wie ein schneidendes Schwert. – Und red' mir nicht von Poesie, von Dichterberuf, fuhr er fort, du hast nicht mehr davon als ein

verliebtes Mädchen. Es gibt nur wenige Dichter in der Welt,
und von den wenigen kaum einer steigt unversehrt in diese
märchenhafte, prächt'ge Zaubernacht, wo die wilden, feurigen Blumen stehen und die Liederquellen verworren nach
den Abgründen gehen und der zauberische Spielmann zwischen dem Waldesrauschen mit herzzerreißenden Klängen
nach dem Venusberg verlockt, in welchem alle Lust und
Pracht der Erde entzündet und wo die Seele, wie im Traum,
frei wird mit ihren dunkelen Gelüsten –

Hier hielt sich Otto nicht länger. Es überlief ihn eiskalt, als
zuckte ein Blitz durch die Nacht und erleuchtete auf einmal
gräßlich sein ganzes verlorenes Leben. Noch ganz verwirrt,
im Innersten getroffen, ergriff er wie ein Rasender einen nahe
gelegenen Theaterdegen und drang sinnlos auf Victor'n ein.
Dieser schleuderte den Wütenden weit von sich, daß ihm der
Degen entfiel. Ruhig! rief er, und bedenke meine Worte, ehe
alles zu spät! Mich aber laß', ich habe mit mir selbst zu
fechten, Gott gnad' uns beiden! – So eilte er aus dem Hause
fort.

Draußen auf der leeren Gasse hörte man noch Kordelchen
klagen, die ihm betroffen nachgestürzt. Lothario! rief sie
außer sich, lieber, schöner, verrückter Lothario! ich bitt' dich
um Gotteswillen, kehre um, nur noch ein einzigesmal komm
zurück! Es ist ja alles nicht wahr, was die Leute sagen, ich war
dir immer im Herzen treu, was kann ich dafür, daß ich arm
und schön bin? Ach verlaß' mich nicht, ich habe sonst niemanden auf der Welt! Wickle mich in's Schnupftuch, steck'
mich in deine Rocktasche, wenn du mir nicht traust, ich will
still sitzen und dich ansehen, wenn du mich nur wieder lieb
hast, du wilder, abscheulicher Kerl! – So bat sie rührend,
lachte und schimpfte, bis sie zuletzt unaufhaltsam in heftiges
Weinen ausbrach.

Aber Victor hörte sie nicht mehr. Er trat aus dem dunklen
Stadttor, einzelne Morgenstreifen zuckten schon über die
stille Gegend. – Durch seine Seele gingen übermächtige
Gedanken. Aus der tiefen Nacht seines Grams stieg allmählich Stern auf Stern, ihm war, als müßt' nun alles anders
werden.

ZWANZIGSTES KAPITEL

Zu Weinsheim klangen die Abendglocken über die anmutige
Gegend, das reiche Dorf mit seinen frischen kühlen Gärten
und dem weißen herrschaftlichen Schlosse darüber lag schon
vom Gebirge verschattet, während die Abendsonne weiterhin die fruchtbare Ebene und den gewundenen Strom noch
heiter beleuchtete. Auf allen Feldern war ein fröhliches Ern-
te-Gewimmel, bis weit hinaus hörte man singen, rufen und
jauchzen und das Rasseln der Wagen dazwischen. Mitten
durch die bunte Wirrung ritt ein schöner schlanker Mann mit
gebräuntem Gesicht langsam dem Schlosse zu, nach allen
Seiten für den folgenden Tag Befehle erteilend, und manchem scheuen, glänzenden Blick der Bauermädchen begeg-
nend. Es war der junge Baron Manfred, dem diese Landschaft in doppeltem Sinne angehörte, denn er hatte sie wüst
ererbt, und durch Umsicht und verständige Anregung in
einen blühenden Garten verwandelt.

In solcher Erntezeit haben die Landschlösser etwas unbeschreiblich Einsames. Auch Manfred fand Hof und Haus
noch leer, alle Diener schwärmten noch draußen im Tale, nur
die gegenüberstehenden Waldberge schauten ernst durch die
offenen Fenster herein. – Ermüdet setzte er sich auf das
Fenstergeländer, um sich in der Abendkühle zu erfrischen,
als er auf der Straße, die vom Gebirge kam, einen wunderlichen Zug sich zwischen den Walnußbäumen langsam her-
anbewegen sah. Ein elegantes Kabriolett, das aber der Stein-
weg übel zugerichtet zu haben schien, wurde auf drei Rädern
von einem Pferde mühsam fortgeschleppt. Ein Mann in
seltsamer Reisetracht führte das Pferd am Zügel, eine junge
Dame, mit einem Kornblumenkranze im Haar, schlenderte
daneben, das Ganze gemahnte an ziehende Komödianten.
Einige verspätete Jäger des Barons hatten sich dazugesellt,
die Krüppelfuhre, wie es schien, mit derben Witzen geseg-
nend. Der Reisende aber blieb keine Antwort schuldig.
Manfred konnte, da sie eben unter seinen Fenstern vorüber-

zogen, deutlich vernehmen, wie er den Jägern sehr eifrig demonstrierte, bei ihrer Kunst sei, außer den Frischlingen, nichts Frisches mehr, das Elend hätten sie aus den Wäldern verjagt und hegten's zu Hause, von der Blume des Ganzen dürfe man vor gebildeten Löffeln gar nicht mehr sprechen, überdies sei Diana längst eine alte Jungfer geworden, es lohne nicht mehr, Hörner zu tragen. – So kamen sie alle mit großem Rumor und Gelächter oben an.

Hier warf der Fremde dem Jäger die Zügel zu, und befahl ihm ohne weiteres alles auf's beste unterzubringen, das Wägelchen wieder herzustellen und das Pferd reichlich zu füttern, das heute mehr die Sonne als der Hafer gestochen habe. Das sieht hier gar nicht schlecht aus, sagte er dann, sich zufrieden nach allen Seiten umsehend, wem gehört das Schloß? – Die Antwort des Jägers aber schien ihn auf's höchste zu überraschen. Was! dem Baron Manfred? rief er aus, und flog sogleich nach dem Schlosse, wo er den eben heraustretenden Baron beinah übergerannt hätte. – Waren Sie, sagte er hastig und ohne alle Einleitung, waren Sie nicht vor einiger Zeit auf Reisen? So sind Sie ohne Zweifel der gewesene Bräutigam der ehemaligen Gräfin Juanna, der damals auf dem fürstlichen Schlosse erwartet wurde! – Manfred bejahte kurz und trocken. – Aber heiraten! rief der Reisende aus, wer wird eine wildschöne Diana gleich heiraten wollen! – Wer sind Sie? unterbrach ihn hier Manfred, den Aufdringlichen mit etwas ernsten Blicken messend. – Ja so! – erwiderte dieser – haben Sie vielleicht schon einmal von einem gewissen Dryander gehört? – Dem bekannten Dichter? – Der bin ich, ich reise eben auf Volkslieder, und jenes Frauenzimmer dort ist meine Frau.

Nun stellte er die junge Dame mit dem Kornblumenkranze vor, die so eben an einem Ecksteine noch ihre Schuhe festband, und ihnen, als sie sich nennen hörte, ein munteres, etwas trotziges Gesichtchen zuwandte, in dem wir sogleich Fräulein Gertrud als alte Bekannte vom fürstlichen Schlosse wieder begrüßen. Die Kleine begann unmittelbar nach der ersten Verständigung, mit der Lebhaftigkeit eines jungen

Sinnes, dem alles noch neu ist, von ihrer romantischen Fahrt
durch's Gebirge, von dem Unfall mit dem Wagen und andern
Abenteuern zu erzählen, wobei sie deutlich merken ließ, daß
dem Baron eigentlich ein unverdientes Glück widerfahre,
den berühmten Dichter Dryander bei sich beherbergen zu
können. Der Letztere aber, dem die Beschreibung zu schön
und zu lang zu werden schien, war schnell wieder in den Hof
zurückgeeilt, um Pfeife und Tabaksbeutel aus dem Wagen zu
holen. – Und so sah sich denn Manfred allein mit der hübschen jungen Frau in einer seltsamen Lage; denn wenn er sie,
nach ihrer ganzen Erscheinung, als ein lebenslustiges, verliebtes Landfräulein zu nehmen geneigt war, so wandelte sie
nun auf einmal die Farbe, und brach, zu seiner Verwunderung, ästhetische Diskurse vom Zaun. Und je länger er
schwieg, je fröhlicher geriet sie, in der sichtbaren Lust, dem
Landjunker zu imponieren, wie ein munterer Wasserfall
unaufhaltsam in eine plauderselige Gelehrsamkeit, unbekümmert Zeiten, Autoren und Bücher durcheinander ver-
mengend.

Ein Lachen hinter ihnen unterbrach hier plötzlich die
sonderbare Unterhaltung. Es war Dryander, der sich unterdes wieder eingefunden, und eine Zeit lang ungesehen alles
mit angehört hatte. Trudchen, Trudchen! rief er immerfort
lachend, was geschieht dir? ich erkenne dich ja gar nicht
wieder – dieses charmante Wesen und angenehme Klugspre-
chen, Attitüden und romantischer Shawltanz. – Das resolute
Weibchen aber schien nicht einen Augenblick betreten. Mit
veränderter Stimme, die plötzlich wie der Absatz eines Pan-
töffelchens klang, erwiderte sie: solche Faxen leid' ich nun ein
für allemal nicht von dir! Willst du ein Philister sein, so ist's
gut, ich werde auch sein, wie ich Lust habe! – Dryander hatte
sie unterdes umfaßt und walzte mit ihr auf dem Rasen herum.
Sie aber schrie auf einmal laut auf, und riß sich mit mehr
Heftigkeit als Grazie von ihm los. Du bist immer so ungeschickt, sagte sie, du trittst mir auf den Fuß. – Das ist nicht
wahr, rief Dryander. – Wahr oder nicht wahr! – entgegnete
sie, ich bin todmüde von deinem Herumziehen in dem dum-

men Gebirge, und ich will schlafen gehn, und das jetzt gleich!
– Nun geriet Dryander seinerseits in eine wunderliche Wut.
Um Gotteswillen, nur keine Launen! rief er aus, Weiberlaune
ist mir zuwider, wie das Pech am Pfropfen einer Champa-
gner-Flasche, ein ekelhafter Meltau auf Blumen, da ist offen- 5
barer Wahnsinn noch herrlich dagegen mit seinem Abgrunde
bodenloser Gedanken. – Und ich gehe doch schlafen! –
unterbrach ihn Gertrud trotzig, machte Manfreden eine
kurze Verbeugung und ging nach dem Schlosse, wo die alte
Haushälterin des Barons, die den Spektakel in der Haustür 10
verwundert mit angehört hatte, die Erhitzte aufnahm und in
ihre Zimmer führte.

Ist sie nicht zum Küssen schön, wenn sie böse wird? sagte
Dryander zu Manfred gewandt. Manfred, ganz entrüstet
über diese verkehrte, nichtsnutzige Wirtschaft, stellte ihn 15
ernstlich zur Rede, daß er durch solche Tollheiten die Frau
geistig vernichte. – Ganz und gar nicht, erwiderte Dryander,
faule Staturen werden erst in der Leidenschaft bedeutend
und reizend, sie ist eigentlich sehr dumm. –

Unterdes war ein Tisch mit Erfrischungen im Garten 20
aufgeschlagen worden. Dryander nahm ohne weiteres Platz,
band sich eine Serviette unter'm Kinne wie zum Rasieren
vor, und begann so eifrig zu essen, wie Manfred noch niemals gesehen. Dazwischen erzählte er, von allen Schüsseln
zugleich zulangend, wie in seinem Bräutigams-Stande auf 25
dem fürstlichen Jagdschlosse seine Aversion gegen eine
feierliche Hochzeit ein unübersteigliches Hindernis geworden, wie er sodann einmal plötzlich vor dem hochaufgesta-
pelten Hochzeitsbette erschrocken und davongegangen,
Gertrud aber bald darauf aus Melancholie gleichfalls von 30
dem Schlosse verschwunden sei.

Aber auf dieser außerordentlichen Flucht, fuhr er fort,
setzte mir die Liebe nicht wenig zu, ich kam ganz herunter,
ich war fast nichts als Seele. In diesem Zustande hatte ich
mich einmal des Abends im Gebirge verirrt, ich wußte 35
durchaus nicht wo ich mich befand, und war endlich, wie es
mir vorkam, über die Trümmer eines umgefallenen Zauns in

einen ehemaligen französischen Garten geraten. Durch die schnell vorüberfliegenden Wolken fielen nur einzelne Mondblicke zwischen finstern Laubwänden und künstlich verschnittenen Taxusbäumen über zerbrochene Statüen, die im hohen Grase lagen, aus dem Walde schlugen unzählige Nachtigallen. Nur eine Statüe in einiger Entfernung von mir schien noch wohlerhalten, es war eine sitzende Najade an einem steinernen Bassin, dessen klare Flut ihre Füße umspülte. – Ich bin eigentlich ein Schwärmer, mit über der Brust gekreuzten Armen lehnte ich mich nachlässig an einen neben mir stehenden antiken Opferaltar, und sah eben unverwandt in den Mond, als der morsche Altar, den ich für Stein gehalten, hinter mir zusammenbrach. Daß ich mit umfiel, war das Geringste dabei. Aber denkt Euch mein Entsetzen! Über dem Gepolter wendet die Najade auf einmal den Kopf, richtet sich hoch auf, und entflieht in den dunklen Garten. Trotz meiner Gänsehaut schreite ich doch auf das Bassin los, und finde zwei der zierlichsten Pantöffelchen auf dem steinernen Rande. Ich lege sie sogleich an mein Herz zwischen Frack und Weste, und komme, beim weiteren Vordringen, an einen, von hohen Bäumen tiefverschatteten Platz. Auf dem Platze war ein Schloß, und an dem Schlosse ein Altan und auf dem Altan sehe ich, wie hinter einem Schleier von Mondschein, Blüten und Laubgewinden, das weiße Gewand der Najade wieder hervorschimmern. Das kam mir auf einmal ganz spanisch vor mit dem Balkone, ich redete sie erst zierlich in Assonanzen an, sie verbarg sich halb furchtsam, halb neugierig, bald sah ich eine Locke, bald ein bloßes Füßchen, bald einen Arm, bald wieder gar nichts. Ich wurde immer verliebter, die Reime flossen mir wie Lavendelwasser, ich sprach von des Mondes Zaubermacht, der das Lieben hat erdacht, von einer süßvalenz'schen Nacht, vom Kosen und vom Flüstern sacht, bis daß die erste Lerche erwacht! Sie schwieg immerfort, und, wie auf der Himmelsleiter meines eigenen Wohllauts, stieg ich endlich ohne weiteres auf den nächsten Baum, schwang mich mit der einen Hand auf den Balkon, und hielt mit der anderen der Erstaunten ihre Pan-

töffelchen entgegen. In demselben Augenblick aber entriß sie
mir's plötzlich und schlug mir damit tüchtig um beide Ohren. Also das ist deine Treue! rief sie, ich erkannte dich gleich
anfangs, o ich unglückseliges Mädchen! – es war Gertrud
selbst. Ich stand ganz verblüfft. Vergeblich sagte ich, daß ich
sie eigentlich auch gleich Anfangs erkannte hätte, und beschwor sie, nur jetzt das Maul zu halten. Aber sie glaubte und
hörte nichts, sie schimpfte und weinte dazwischen immerfort. Über dem Lärm und Gezänke steckte die alte Amme,
die ich noch vom fürstlichen Schlosse her kannte, ihr Gesicht
aus der Schloßtüre, und verschwand sogleich wieder, ein
großer Hund schlug im Garten ein Paarmal an, und eh' ich
mich noch besinnen kann, tut sich die Balkontüre weit auf,
und ein verworrener Haufe von Vettern, Lichtern und Dienern stürzt plötzlich hervor, voran ein großer, starker Mann
in einem damastenen Schlafrock, mit kleinem dreieckigen
Hut und langem Haarzopf, in der einen Hand eine Pistole, in
der andern einen bloßen Degen. Die alte Amme, der vor den
Folgen ihres Verrats bange wurde, wollte den Wütenden von
hinten am Zopf aufhalten, darüber ringelte sich das Band los,
und die langen Haare umflatterten ihn wunderlich wie ein
phantastisches Hirngespinst. Kopuliert sie in drei Teufels
Namen! donnerte er, mit dem Pistol nach mir zielend, denn
es war niemand anders, als Gertruds Vater. Ein alter Geistlicher, der nicht wußte wie ihm geschah, trat aus dem Gefolge, und ich und Gertrud wurden auf der Stelle kopuliert. –

Hier stand Manfred, der schon mehreremal den beredten
Dichter unterbrechen wollte, entrüstet auf. Schändlich! sagte
er, mich friert innerlichst bei der Geschichte. – Dryander sah
ihn mit den geistvollen Augen ein Weilchen groß an, dann
sprang er plötzlich auf und fiel dem Baron um den Hals. Sie
haben ganz Recht, rief er aus, das ist die verruchte Doppelgängerei in mir, ich kann nichts Großes ersinnen, ohne ihm
sogleich von hinten einen Haarbeutel anzuhängen, ein tra-
gischer, wahnsinniger König und ein Hanswurst, der ihm fix
ein Bein unterstellt, die hetzen und balgen sich Tag und
Nacht in mir, daß ich zuletzt nicht weiß, welcher von beiden
Narren ich selber bin.

Manfred schwieg unwillig, Dryander aber war an den Abhang des Gartens getreten, und schaute in das dunkle Tal hinaus; man unterschied nur noch einzelne Massen von Wald, Feldern und Dörfern, durch die weite Stille kam der dumpfe Schlag eines Eisenhammers herüber. – Das ist schön! sagte er, es ist mir, als hört' ich den Pendul der Zeit einförmig picken. – Ich bleibe hier, wandte er sich dann schnell zu Manfred: ich habe das wüste Treiben satt; Profession vom Dichten machen, das ist überhaupt lächerlich, als wenn einer beständig verliebt sein wollte und noch obendrein auf öffentlicher Straße – ich will hier bei Euch die Landwirtschaft lernen! – Sie? – erwiderte Manfred erstaunt, das gäbe eine schöne Wirtschaft! – Aber Dryander hörte nicht darauf. Ich will mich, fuhr er fort, ich will mich hier wie auf den Grund des Meeres versenken, daß ich von der Welt nichts mehr höre – aber Ihr müßt mir die Hand darauf geben, daß Ihr so lange kein Wort von Literatur mit mir reden wollt.

Er sprach so eifrig, daß er endlich auch den ungläubigen Manfred um so mehr mit sich fortriß, als dieser selbst überzeugt war, daß nur die Einsamkeit und eine eisern geregelte Tätigkeit den wirren Geist heilen könnte. Und mehr bedurfte es nicht, um ihn mit Leib und Seele für den Gedanken zu gewinnen.

Sie besprachen nun noch bei einer Bowle Punsch ausführlich den neuen Plan. Dryander faßte alles begeistert auf, richtete sich in Gedanken schon völlig hier ein, war beruhigt, fast weich, und in diesem ungewohnten Zustande unwiderstehlich liebenswürdig; und als sie endlich schieden, begab sich Manfred mit dem Gefühle eines begonnenen guten Werkes zur Ruhe, und überdachte noch lange, wie er es am besten vollführen und gestalten wollte.

Wie sehr war er daher erstaunt, als er am folgenden Morgen vernahm, daß Dryander, der von dem übermäßig genossenen Punsch vor Hitze nicht schlafen konnte, noch lange vor Tages-Anbruch die Frau und den ganzen Hof aufrumort habe, und so eben schon wieder abgereist sei. – In des Dichters Stube fand er mehrere vergessene Kleinigkeiten,

Tücher und Strümpfe auf allen Stühlen zerstreut, das offene
Fenster klappte im Winde, auf dem Tische lag ein, wie es
schien, vor kurzem von Dryander beschriebenes Blatt. Er
nahm es auf und las:

> Vor dem Schloß in den Bäumen es rauschend weht,   5
> Unter den Fenstern ein Spielmann geht,
> Mit irren Tönen verlockend den Sinn –
> Der Spielmann aber ich selber bin.
>
> Vorüber jag' ich an manchem Schloß,
> Die Locken zerwühlet, verwildert das Roß,   10
> Du frommes Kindlein im stillen Haus,
> Schau' nicht nach mir zum Fenster hinaus!
>
> Von Lüsten und Reue zerrissen die Brust,
> Wie rasend in verzweifelter Lust,
> Brech' ich im Fluge mir Blumen zum Strauß,   15
> Wird doch kein fröhlicher Kranz nicht daraus!
>
> Wird aus dem Schrei doch nimmer Gesang,
> Herz, o mein Herz, bist ein irrer Klang,
> Den der Sturm in alle Lüfte verweht –
> Leb't wohl, und fragt nicht, wohin es geht!   20

Sollte man nicht wirklich denken, er sei durch und durch
verzweifelt, sagte Manfred, indem er das Blatt mitleidig
lächelnd weglegte, und ich wette, da hat er in der Zerstreuung alles wieder rein vergessen, was wir gestern verabre-
det. – Und als er hinausblickte, sah er draußen im   25
Morgenblitzen das Wägelchen des Dichters, über dem ein
durchlöcherter Sonnenschirm aufgespannt war, wie ein
Schattenspiel zwischen den grünen Bäumen dahinschwan-
ken.

EINUNDZWANZIGSTES KAPITEL

Wir finden den Baron Manfred fern von seinem stillen, grünen Revier wieder, aus dem ihn eine Familienangelegenheit von besonderer Dringlichkeit verlockt hatte. Das Geschäft, das er heiter zu ordnen gedacht, war indes durch Mißverständnisse unerwartet verwickelt geworden, und unruhig, ja ernstlich besorgt verließ er so eben das Schloß einer, ihm verwandten Dame, bei der er mehrere Tage verweilt.

Schon auf dem Schlosse hatte ihn ein verworrenes Gerücht interessiert, das sich weiterhin in den Dörfern immer wunderbarer ausschmückte. Es war die fast märchenhafte Sage von der Einsamkeit eines aufgehobenen Klosters im benachbarten Gebirg und von einem Mönch, der seit kurzer Zeit dort umgehe, während Andere ihn wieder für einen wahnsinnigen Einsiedler hielten. Aber auch diese wußten nicht, wann und woher er gekommen; man nannte ihn nur den Waldbruder Vitalis. – Da Manfred's Weg ihn durch das Gebirge führte, beschloß er endlich den geheimnisvollen Eremiten in seiner eigenen Klause aufzusuchen.

Es war ein schöner Sommerabend, als er zwischen Wiesen und nickenden Kornfeldern den bezeichneten Bergen zuritt. Ein Gewitter war über das Gebirge fortgezogen und blitzende Tropfen hingen noch in Zweigen und Gras, aus dem ein erquickender Wohlgeruch emporstieg. Ein Holzhauer hatte ihm den Pfad nach der Einsiedelei gewiesen, die Gegend wurde immer höher, kühler und stiller, nur die Abendglocken schallten noch durch das feierliche Rauschen des Waldes aus den Tälern herauf. – In dieser kräftigen Einsamkeit konnte er sich eines zürnenden Mißtrauens gegen den Einsiedler nicht erwehren, den er so eben kennen lernen sollte. Es kam ihm kleinlich, ja verrucht vor, inmitten allgemeiner Lust und Not sich so in hochmütiger Selbstliebe abzusondern und über die andern zu stellen. Der Mensch, sagte er zu sich selbst, der Mensch allein verwirrt alles mit seiner Leidenschaft und Affektation!

Durch solche Betrachtungen war er nach und nach ganz in Eifer geraten und nahm sich eben ernstlich vor, den Einsiedler durch vernünftige Überredung, wo möglich der Welt wieder zuzuwenden, als sein Pferd plötzlich scheute und heftig zur Seite sprang. Denn eine wundersame Gestalt war auf einmal zwischen den Bäumen hervorgetreten, unter denen nun auch die in den Fels gehauene, von wilden Weinranken kühl verhangene Einsiedelei nebst einem sorgfältig umzäunten Gärtchen sich zeigte. Der Eremit trug einen breiträndigen Pilgerhut, ein ungeheurer alter Schlafpelz, der ihm überall zu weit war, rauschte im Grase hinter ihm her, während er aus einer langen Pfeife Tabak rauchte. Manfred traute seinen Augen nicht. Wie! rief er, Herr *Dryander* – Sie also sind der Vitalis!? – Vitalis? warum denn nicht? erwiderte Dryander gelassen, aber bleiben Sie mir mit dem dummen, wilden Pferde ein wenig vom Leibe.

Manfred band sein Pferd an einen Baum und folgte dem Doktor, der sich fast bei jedem Schritt auf den Pelz trat, zu der Klause. Dort fehlte nichts zum Hausrat eines vollkommenen Waldbruders, ein weißer Totenschädel glänzte aus der Grotte, an deren hinteren Felswand ein großes schmuckloses Kruzifix aufgerichtet war, ein Brevier lag auf der Bank vor der Klause, noch aufgeschlagen. Manfred sah lange finster umher, endlich brach er los. Das ist kein bloßer Scherz, sagte er, es wäre zu frevelhaft. Aber auch der bitterste Ernst ist hier ein Frevel. Armer, grillenhafter, wetterwendischer Mensch, gehe erst zu den Einfältigen in die Lehre, erkenne erst unten im Gedränge das unsichtbare Kreuz, das der Herr mitten im Leben aufgerichtet, eh' du es selbst zu fassen und in Seinem Namen die Welt zu belehren und zu richten wagst! – Amen, mein Sohn! unterbrach ihn hier Dryander mit milder Stimme, aber nimmermehr wird es dir gelingen, durch lose Worte mir das Rauhe meines Eremitenpelzes herauszukehren, denn mich erbarmt in tiefster Seele deine Verblendung. Also von der Welt Rumor, mein Sohn, hoffst du noch immer zu lernen, was nicht von dieser Welt ist? Ich aber sage dir: da ist nichts zu lernen, sondern niederzustürzen auf die Knie, denn mit-

ten in der Stille der Waldes-Einsamkeit, plötzlich und von
Waffen blitzend, kommt der Engel des Herrn! – Hier zog und
qualmte der Zelot so heftig aus seiner Tabakspfeife, die ihm
über dem Reden ausgehen wollte, daß Manfred mitten in
seinem Ärger in ein lautes Gelächter ausbrach. Das steckte
Dryander'n an, er stimmte unaufhaltsam mit ein. Beide aber
wandten sich erschrocken, als plötzlich hinter ihnen das
herzhafte Lachen noch eines Dritten dareinschallte.

Ein großer, starkknochiger Mann mit gebräuntem Gesicht und wildherabhängendem Haar, eine grobe Kutte mit
einem Strick um den Leib gebunden, trat aus dem Gebüsch
hervor, und konnte sich, noch immer lachend, gar nicht satt
sehen an dem abenteuerlichen Aufzuge des Doktors. Es
ergab sich nun, daß der Neuangekommene der eigentliche
Besitzer der Klause sei, und daß Dryander erst vor wenigen
Stunden, auf seiner Fußreise vom Gewitter überrascht und
ganz durchnäßt, sich hierher geflüchtet und, während der
Eremit in den Wald nach Holz gegangen, es sich in dessen
trockenem Pelze bequem gemacht hatte.

Der Einsiedler machte sich nun sogleich mit Manfred's
Pferde zu schaffen, er zäumte es ab, warf ihm Heu vor,
streichelte und betrachtete es mit großem Wohlgefallen. Eine
saubere Kreatur! sagte er, da versteh' ich mich noch drauf aus
meinen jungen Jahren, als ich bei dem löblichen Kürassierregiment stand. – Darauf traf er mit gleichem Eifer Anstalten, seine Gäste zu bewirten, die unterdes einige nähere
Blicke in die kleine Wirtschaft tun konnten. Im Garten hatten
Kartoffeln und Kohl fast alle Blumen verdrängt; am Eingange desselben aber fiel ihnen ein frisch gegrabenes Grab
auf. Das ist nur so gegen die überflüssigen Weltgedanken,
sagte der Einsiedler – succumbit humi bos et Caesar. Quer
über dem Grabe waren zwei große Speckschwarten auf Stangen befestigt. Der Einsiedler meinte, in der Hütte kämen
ihm sonst die Ratten darüber.

Er setzte nun Weinflaschen und Gläser auf den steinernen
Tisch vor der Klause, die Gäste mußten sich auf der Bank
herumsetzen, er wollte einmal etwas Neues aus der Welt

hören. Dryander, den der viele Kohl im Garten ärgerte,
nannte ihn einen Canonicus in herbis und sprach wütend das
tollste Küchenlatein, der Einsiedler antwortete eben so, und
schien erst recht vergnügt in dieser barbarischen Sprachverwirrung. Dazwischen rauchte er, heftig dampfend, stinken-
den Tabak aus einer kurzen ungarischen Pfeife, im Wein aber
tat er wenig Bescheid, er mache ihn, sagte er, aufgeblasen und
zänkisch. Er erzählte ihnen, daß er Frater Sammler in dem
Kloster oben gewesen, nach dessen Aufhebung aber sich hier
angesiedelt habe und bei den Bauern in der Runde, die ihn
aus alter Bekanntschaft mit allem, was er brauche, reichlich
versähen, sehr gut seine Rechnung finde. Überhaupt sei es
ihm im Leben immer gut gegangen. Schon als Kind habe er
mit seinem alten Vater, einem blinden Geiger, so viel erbet-
telt, daß er die Schulen besuchen konnte. Später sei er zum
Kürassierregiment eingezogen, aber gleich in der ersten Ba-
taille so übel zugerichtet worden, daß sie ihn doch wieder
hätten laufen lassen müssen. Als er darauf in sein Dorf
zurückgekommen, habe seine Braut unterdes einen Andern
geheiratet, den sie nun halb tot keife. Laus Deo! schloß er,
mit seinem Glase lustig anstoßend.

Manfred betrachtete, nicht ohne tiefe Wehmut, den fidelen
Einsiedler, den das Leben mit allen seinen Stößen nicht hatte
unterkriegen können, und der nun die Frömmigkeit
frischweg wie ein löbliches Handwerk trieb. – Es ist ganz
unmöglich, rief er endlich nach einigem Nachsinnen aus,
auch Sie sind nicht der Vitalis! –

Oho! erwiderte der Waldbruder, ich und Herr Vitalis! wo
denkt Ihr hin, nicht seine Schuhriemen aufzulösen, bin ich
würdig, und ich tät's ihm gern heut und allezeit, wenn er es
litte! Nein, nein, der wohnt dort im ehemaligen Konvente. –
Als Nachteule, sagte Dryander, um die Mäuse wegzuschnappen, die nach deinen Speckschwarten gehen. – Still,
fiel ihm der Einsiedler mit überfliegender Röte schnell in's
Wort, schnattert nicht so ungewaschen in's Zeug hinein,
wenn Ihr nichts von der Geistlichkeit versteht. Contenti
estote, sagte einmal ein Kapuziner in einer Komödie, die ich

noch als Soldat gesehen habe, das heißt: begnügt euch mit
eurem Kommißbrote, wenn ihr das Himmels-Manna nicht
vertragen könnt! – Na, seid nur nicht gleich so grob, lachte
Dryander, den der Vorwurf heimlich wurmte.

5   Abgemacht! rief der gutmütige Klausner. Aber vom
Herrn Vitalis muß ich Euch noch erzählen. – Er rückte voll
Eifer näher und dampfte so hastig aus der ungarischen Pfeife,
daß Dryander sich an das andere Ende des Tisches setzte. –
Seht, sagte er, es war gerade eine so schöne, sternklare
10 Sommernacht, wie Anno 1814, da wir über den Rhein rückten. Ich hatte meinen Rosenkranz eben abgebetet und stand
auf und zog, wie ich alle Mitternacht zu tun pflege, die
Glocke über meiner Hütte, denn den Kranken unten in den
Dörfern, wenn alles schläft, ist es tröstlich, das Glöcklein von
15 den Bergen zu hören. Auch das Wild ist's schon gewöhnt, ich
hab' jedesmal meine Freude daran, wie die Rehe dann im
Mondschein dort auf die Wiese herauskommen und das
Weiden vergessen und die Köpfe hoch nach dem Klange
wenden, als wollten die armen Dinger auch Gott loben. Nun
20 jedes tut, was es kann. Aber diesmal schnaubten sie auf
einmal, und eh' ich's mich versah, waren sie plötzlich nach
allen Seiten zerstoben. Ich tret' heraus, da steht ein schöner,
wilder Jägersmann dicht vor mir. Laudetur Jesus Christus,
sage ich. Er aber, ohne Amen zu sagen: was machst du da? –
25 Wie Ihr seht, Herr, ich bin ein Einsiedler und bete, wenn die
Andern schlafen. – Und schläfst, wenn die Andern beten, das
ist alles Eins! – Gewiß, so lösen wir einander ab auf der
himmlischen Schildwacht. – Der Jäger darauf stöbert mir in
der Hütte herum, sieht mein Moosbett, das Kreuz, den
30 Totenkopf. Vollständige Dekoration, sagt er, bist du so faul,
daß dich der Kahlkopf da mit seinen gefletschten Zähnen erst
jeden Abend in's Gewissen beißen muß, um zu beten? –
Herr, erwidere ich, Ihr werdet mir nichts weis machen, ich
bin Soldat und Mönch in dem Kloster da droben gewesen,
35 und weiß wohl, daß es leichter ist, eine Festung, als das
Himmelreich zu erobern. Nun möcht' ich doch den Prahlhans sehen, der eine Festung ohne Bajonett, Leiter und

Handwerkszeug nehmen wollte! Und Ihr wollt den Himmel,
der höher liegt, stürmen nackt und erbärmlich wie Ihr seid,
ohne Wehr und Rüstung und tägliche Übung in den Waffen?
Ich sage Euch: Demut ist der Anfang und das Ende, hochmütiger Mensch! – Der Fremde sah mich groß an mit funkelnden Augen, dann stützte er auf dem Tische den Kopf in
die Hand, ich meint', er betrachtete den Totenkopf, der vor
ihm lag, aber er mochte wohl andere Gedanken haben. Sitz'
du so lange du willst, dachte ich, ich fürcht' dich nicht, ich
trau' dir nicht. Damit streckt' ich mich auf meine Streu und
behielt ihn in den Augen, bis sie mir am Ende zufielen.

Als ich aufwachte, waren meine Augen noch immer auf
den Tisch gerichtet, aber der Jäger saß nicht mehr auf dem-
selbigen Punkt. Als ich aber vor die Klause trat, sah ich ihn in
der Morgendämmerung schon von dem alten Kloster herabkommen. Es war ein prächtiger Morgen, die Hähne krähten
unten in den Dörfern, hin und her klang schon eine Mor-
genglocke durch die stille Luft. Auch der Fremde, nachdem
er mich freundlich gegrüßt hatte, blieb stehen und sah lange
in's Tal hinaus. Sieh, sagte er, das ist ein Friede Gottes
überall, als zögen die Engelscharen singend über die Erde!
die armen Menschenkinder! sie hören's nur, wie im Traum.
Müde da unten, verirrt in der Fremde und Nacht, wie sie
weinend rufen und des Vaters Haus suchen, und wo ein Licht
schimmert, klopfen sie furchtsam an die Tür, und es wird
ihnen aufgetan, aber sie sollen den Fremden dienen um das
tägliche Brot; darüber werden sie groß und alt und kennen
die Heimat und den Vater nicht mehr. O wer ihnen allen den
Frieden bringen könnte! Aber wer das ehrlich will, muß erst
Frieden stiften in sich selbst und wenn er darüber zusam-
menbräche, was tut's! – Sieh, Gesell, und das ist geistliches
Recht und Tagewerk.

Ich alter Kerl stand ganz verblüfft vor ihm, denn ich
verstand schon gleich damals so viel davon, daß ich bisher
eigentlich noch gar nichts verstanden hatte von meinem
Metier. Vor meiner eigenen Tür wollt' ich kehren und die
ewige Seligkeit für mich allein zusammenknickern, wie ein

filziger Schuft, als wär's dem lieben Gott um mich allein zu tun in der Welt. – Und seht, von der Stund' ab blieb der Jäger hier auf den Bergen und wohnte im Kloster droben und machte sich gemein mit mir, wie ein getreuer Kamerad, und ist doch ein grundgelehrter Herr. Denn du gefällst mir, sagt er, du machst keine Flausen mit deiner Frömmigkeit. Und wenn ich faste, so hungert er, und wenn ich aufwache, so hat er die ganze Nacht gewacht und gebetet, und trinkt keinen Wein und mag keinen Speck, und will ich alter Narr manchmal verzagen, so singt er ein schönes Lied, und – kurz, das ist der Herr *Vitalis*, von dem ihr unten gehört habt.

Der Einsiedler wandte sich hier und machte sich etwas mit dem Tische zu tun, denn er schämte sich, weil ihm die Tränen in den Augen standen. Manfred aber stand auf, ein überraschender Gedanke schien durch seine Seele zu fliegen. Führt mich zu Vitalis hinauf, sagte er, ich muß ihn durchaus sprechen! Der Einsiedler schüttelte bedenklich den Kopf. Ich will's wohl tun, meinte er, aber seht Euch vor, wenn Euch bloß die Neugier treibt. – Da war erst neulich Einer, ein junges Blut, der wollte durchaus mit Einsiedler werden. – Aber ich dacht' mir's gleich – denn zum gottseligen Leben gehört eine gute, feste Natur – wenn er Nachts mit mir im Walde stand, da schauerte ihn, wie ein Mädchen, unsere alten Gebete waren ihm noch nicht schön genug, er setzte sie in künstliche Verse, dann weinte er auch zuviel und hatte so allerhand Sehnsuchten. Zuletzt hatte er gar ein junges, hübsches Hirtenmädchen aufgespürt, die wollt' er mit Gewalt bekehren, aber sie war schon frömmer, als er, und, eh' er sich's versah, verliebt' er sich in sie, da wurde er ganz traurig – und kurz, wie ich's vorausgesagt hatte, mit dem Herrn Vitalis ist nicht zu spaßen, der jagt' ihn wieder fort –

Hieß der junge Mann nicht *Otto*? fragte Dryander. – Wahrhaftig, so nannte er sich, erwiderte der Einsiedler verwundert. –

Die Nacht war indes völlig hereingebrochen, als sich alle drei auf den Weg nach dem Kloster machten. Der Eremit schritt mit einer Fackel auf einem schmalen, halbverwach-

senen Fußsteige voran, die Andern folgten schweigend und
erwartungsvoll. Unterwegs fragte Manfred den Doktor, wo
er denn seine kleine Frau gelassen? – Sie ist unter die Husaren
gegangen, sagte Dryander trocken und mochte durchaus
nicht nähere Auskunft geben.

So waren sie, nach einem mühseligen Gange, zu der Ruine
gekommen, der Widerschein der Fackel, als sie durch das Tor
gingen, beleuchtete den stillen Klosterhof mit seinen alten
Bäumen und dem verfallenen Brunnen in der Mitte. Ihr
Führer sah sich nach allen Seiten um. Sollte er noch im
Gebirge sein? sagte er und öffnete knarrend eine eichene Tür.
Sie kamen in eine kleine Halle, aber auch dort war Niemand
zu finden. Nur ein Strohsack auf dem Boden, ein Kreuz auf
dem Tisch und einige Bücher bezeichneten Vitalis Wohnung,
durch das verfallene Fenster aber sah wunderbar die Nacht
herein. Als sie an die Öffnung traten, flatterte verstörtes
Nachtgevögel scheu aus den Mauerritzen empor, einzelne
Mauerstücke hatten unter ihren Füßen sich abgelöst, sie
lauschten, wie es schallend tiefer und immer tiefer hinabroll-
te. Da trat auf einmal der Mond drüben zwischen den Wolken hervor, sie sahen nichts als stille Schlünde unter sich und
das dunkle Chaos uralter Wipfel. – Entsetzlich! rief Manfred,
in Gedanken hinabschauend.

Hier aber wurden sie plötzlich durch Dryanders Geschrei
unterbrochen. Er war neugierig vorgetreten, da hatte ihn der
Schwindel gefaßt, er griff krampfhaft in des Einsiedlers
Kutte. Sagt' ich's doch, rief dieser, ist dir wohl, so bleibe
unten, arbeite und lobe Gott, und laß allen Vorwitz! Damit
packte er den Doktor beim Kragen und schleuderte ihn von
dem Abgrund zurück und zur Zelle hinaus.

Indem sie aber nun in's Freie wieder heraustraten, sahen
sie auf einmal zu ihrem Erstaunen zwei fremde Gestalten
erschrocken über den Klosterhof hinwegstreichen. Er ist's,
um Gotteswillen nur schnell! flüsterte der eine, und in demselben Augenblick waren beide zwischen dem alten Gemäuer
in der Nacht wieder verschwunden. Bei dem Klang der
Stimme fuhr Manfred sichtbar zusammen, er hatte die

Flüchtlinge in der scharfen Beleuchtung der Fackel unausgesetzt mit den Augen verfolgt; jetzt stürzte er ihnen selbst nach. Aber der Einsiedler schritt mit seinen langen Beinen aus, daß die Kutte rauschte, und faßte ihn mächtig am Arm.
5 Seid Ihr toll, rief er, ich weiß nicht, wer es war, aber das weiß ich, daß Ihr bei Nacht im unbekannten Gebirge das Gesindel nicht fangt, sondern den Hals brecht, wenn Ihr kein Gemsbock seid! – Manfred mußte ihm nach kurzem Besinnen Recht geben, dann aber trieb er plötzlich mit auffallender
10 Hast zur ungesäumten Rückkehr, und blieb still und nachdenklich, während sie vorsichtig zwischen den Felsen hinabstiegen.

Ich muß noch diese Stunde fort, suche aber bald noch einmal den Vitalis auf, sagte er, als sie endlich bei der Ein-
15 siedelei wieder ankamen, schüttelte seinem Wirt herzlich die Hand und schwang sich sogleich auf sein Pferd. – Der Einsiedler hatte kaum die Zeit, ihm den nächsten Weg zu bezeichnen, und sah ihm dann ganz verwundert lange nach. – Daß ich ein Narr wäre, in dieser Spuknacht weiterzuziehen,
20 meinte Dryander, und bat sich noch eine lange Pfeife Tabak aus, er freute sich darauf, die ganze Nacht einmal das Einsiedlerleben recht gemächlich mit durchzumachen, auch wollte er noch einige von den Nachtliedern des Eremiten abschreiben.

Manfred aber ritt eifrig den Tälern zu, da hörte er nach
25 einiger Zeit, wie im Traum, oben noch des Einsiedlers Glöcklein schallen, die Rehe weideten wieder zur Seite, seine ganze Seele fühlte sich von der Todesstille wie in ein Grab verschüttet. Die Mitternacht aber hatte unterdes den Himmel weit aufgetan und ihre wunderbaren Schleier über die
30 Erde geworfen. So immer tiefer und freudiger stieg er eratmend in die träumende Sommernacht hinunter, schon hörte er unten von fern die Ströme wieder rauschen und die Nachtigallen schlugen, von einem einsamen Schlosse klang noch eine Guitarre herüber und Düfte wehten erquickend
35 aus den blühenden Gärten herauf. Von dem letzten Abhang des Berges rief er, wie erlöst, hinab: Gegrüßt, du schönes Leben, ja ich spür's, ich habe dich wieder!

ZWEIUNDZWANZIGSTES KAPITEL

Auf der Donau glitt bei dem heitersten Wetter ein Schiff zwischen den schönen waldigen Bergen und Burgen hinab. Von Zeit zu Zeit erschallte ein so herzhaftes Lachen von dem Schiffe, daß die Vorübergehenden am Ufer stehen blieben und vor Lust mitlachen mußten, ohne zu wissen warum. Es waren reisende Kaufleute, Studenten und Jäger, die auf dem Verdeck im Kreise umherlagen, in ihrer Mitte ein kleiner stämmiger Mann mit Reisetasche und breitkrempigem Pilgerhut, der ihnen aus seinem eigenen Leben die unerhörtesten Abenteuer erzählte und jedesmal ganz entrüstet war, wenn sie lachten und ihm nicht glauben wollten. Abgesondert aber von dem lustigen Häuflein stand mitten im Schiff ein wunderschöner Jüngling in zierlicher Jägertracht an den Mast gelehnt, er hatte eine Zither im Arm, die er in der Kajüte gefunden, ihm zu Füßen saß ein anderer hübscher Junge. Beide konnte man für Schüler halten, die zur Vakanz reisten, und es war anmutig zu sehen, wie die fröhlichen Bilder, bald im kühlen Schatten der Felsen, bald von der Abendsonne hellbeschienen, zwischen den wechselnden Landschaften dahinflogen. Der eine am Mast blickte frisch unter seinem Reisehut in das Grün hinaus und sang:

> Sie stand wohl am Fensterbogen
> Und flocht sich traurig ihr Haar,
> Der Jäger war fortgezogen,
> Der Jäger ihr Liebster war.
>
> Und als der Frühling gekommen,
> Die Welt war von Blüten verschneit,
> Da hat sie ein Herz sich genommen
> Und ging in die grüne Heid.
>
> Sie legt das Ohr an den Rasen,
> Hört ferner Hufe Klang –

Das sind die Rehe, die grasen
Am schattigen Bergeshang.

Und Abends die Wälder rauschen,
Von fern nur fällt noch ein Schuß,
5   Da steht sie stille, zu lauschen:
»Das war meines Liebsten Gruß!«

Da sprangen vom Fels die Quellen,
Da flogen die Vöglein in's Tal.
»Und wo ihr ihn trefft, ihr Gesellen,
10   Grüßt mir ihn tausendmal!«

Die Gesellschaft war längst auf den schönen Gesang aufmerksam geworden; der abenteuerliche Pilger trat vor den
Sänger und sang ihm sogleich nach derselben Melodie zu:

Das klingt wie ein Waldhorn in Träumen,
15   Was irrst du durch das Gestein,
Mein Rehlein, unter den Bäumen?
Ich will dein Jäger sein!

Der Sänger sah ihn einen Augenblick von der Seite an, und
antwortete, ohne sich lange zu besinnen:

20   Sie aber lachte im Wandern:
»Du hast einen kecken Mund,
Ich aber mein' einen andern,
Du bist mir zu kurz und zu rund!«

Hier erschallte ein allgemeines Gelächter, der Sänger er-
25   schrak darüber, warf schnell die Zither fort und setzte sich zu
seinem Gesellen. Der Runde aber war nicht so leicht aus dem
Felde zu schlagen, er machte sich, sehr vergnügt, sogleich mit
Witzen an die Beiden und wollte sie in's Bockshorn jagen.
Mein zärtlicher Herr Jäger, sagte er, mir scheint, Ihr seid
30   vielmehr geschossen, als Ihr jemals geschossen habt. – Und

Ihr, scheint mir, habt Euch verschossen, versetzte das muntere Jägerbürschchen, denn der Witz brennt Euch von der Pfanne. – Wird euch wenigstens kein Härchen über der Oberlippe versengen! Wett' ich doch, Ihr hättet gar zu gern einen Schnauzbart an Eurem Mund. – Wenn die Schnauze darunter hübscher wär' als Euere! – Ich bitt' Euch, schnauzt mich nur nicht so an. Aber, Bart bei Seite, ich fürcht', er wird gleich grau sprossen, denn nach Eurem verliebten Liede macht Euch ein Mädchen viel Not. – Nein, zwei, so närrisch sie sind, ich hab' sie schon ganz müde gejagt. – Daß die Jungfern nur dabei nicht fallen! wo jagt Ihr sie hin? – Unter die Haube. – Was! führt Ihr Hauben mit Euch? – Gewiß, da guckt her! – Hier lüftete der Jäger ein Felleisen, das hinter ihm lag. Der Pilgrim, der etwas kurzsichtig war, fuhr neugierig mit der Nase hinzu, und eh' er sich's versah, hatte ihm das Bürschchen von hinten eine schneeweiße Schlafmütze über den Kopf gestülpt.

Nun aber war der aufrechtstehende Zipfel der Nachtmütze nicht anders, als wie ein Blitzableiter, in den plötzlich von allen Seiten alle Witze, matte und feurige, durcheinander einschlugen. Darüber wurde der Pilger ganz hirnschellig, man wußte bei seinem wunderlichen Wesen nicht recht, ob es ihm Ernst oder Spaß war mit der Wut. Der junge Jäger, da er unverhofft solche Wirtschaft angerichtet, saß unterdes mäuschenstill und blickte nur ein paarmal scheu herüber. Als er aber den Pilger so auf das allerlustigste schimpfen hörte und unter seiner Schlafhaube wohl die Hasenohren sah, konnt' er's doch nicht lassen; er sprang von neuem auf, schnalzte mit seiner Reitgerte und parlierte immerfort keck mit drein. Die lustigen Vögel im Schiff hetzten: sie sollten sich mit einander schießen, der Abend brach auch herein und vermehrte die Verwirrung, der Pilger schwor, er wolle noch heut mit der Degenspitze aus dem schönen Jungen eine junge Schöne herauskitzeln! Das Jägerbürschchen aber flüsterte heimlich seinem Gesellen zu: was fangen wir nun an? ich bitt' dich, Hänschen, rat' mir! – Da stieß das Schiff an's Land.

Während die Anderen nun ihre Bündel, Tabakspfeifen

und Feldflaschen noch zusammenrafften, eilte Dryander –
denn Niemand anders war der abenteuerliche Pilgrim –
schon voraus und flog in größter Hast nach dem Wirtshaus
an dem breiten Gastwirt vorüber, der das Schiff gemächlich
an der Tür erwartete und ihm verwundert nachsah. In der
Gaststube fand er einen jungen Mann, der auf der Brüstung
des offenen Fensters saß und in das fröhliche abendliche
Getümmel hinausschaute; dieser wandte sich schnell – er
erkannte seinen Fortunat. Ohne in der Konfusion sich zu
verwundern oder ihn erst zu begrüßen, rief ihm Dryander
sogleich entgegen: Verfluchte Teufelsgeschichte! hast du
deine Kuchenreiter mit? So ein Mädchen von Junge! Aber
ich will ihm den Bart unter der Nase wegputzen, wenn er nur
einen hätt'! Da ist nichts zu lachen dabei! Er hat gut treffen,
ich bin wie ein Bienenkorb gegen seine Taille, und – Halt'
ein! unterbrach ihn Fortunat, immer heftiger lachend, du
zerplatzest ja wie eine Bombe, was gibt's denn da auf einmal?
– Aber Dryander war zu erbost, er schimpfte unaufhaltsam
über die Albernheit der Ritterlichkeit, der Duelle, der Ehre,
die, wie eine Regimentsfahne, erst von Kugeln zerfetzt und
lumpig sein sollte, um ein Ansehen zu haben. Indem er sich
aber so in Vergleichungen erschöpfte, kam das Getümmel
draußen wachsend immer näher und näher. Dummes Zeug!
schloß er endlich, und entwischte mit solcher Geschwindigkeit aus der Tür, daß er seinen Hut im Zimmer vergaß.

Fortunat ließ ihn laufen. Was wird es sein! dachte er, die
alte Posse: Sorgen ohne Not und Not ohne Sorgen. Die
Rakete wird draußen verprassen, ohne eben den Erdkreis in
Brand zu stecken. – Unterdes hatte die Stube sich nach und
nach lärmend gefüllt, Felleisen, Mäntel und Tabaksbeutel
lagen auf Stühlen und Tischen umher, die muntere Schiffsgesellschaft machte sich behaglich breit, der eine schrie nach
Wein, der andere nach Kaffee, alle waren noch ganz voll von
den lustigen Händeln, und da sie vom Wirt erfuhren, daß die
beiden Jäger ein eigenes Zimmer bezogen, beredeten sie
sich, wie sie morgen zum Duell die Pistolen blind laden, dem
Pilger Knallkugeln unter die Füße legen wollten u. s. w. Als

aber nun allmählich aus mehreren Schlünden dicker Tabaksqualm emporzuwirbeln begann, zog Fortunat, nachdem er in
dem Lärm vergeblich nach einem Leuchter gerufen, auch
über Dryander keine nähere Auskunft erhalten hatte, sich
ohne Licht in sein Zimmer zurück, da er morgen mit Son-   5
nenaufgang wieder aufzubrechen gedachte.

Seine Stube ging nach dem Garten hinaus, die Glastür
stand noch weit offen, wie er sie vor einigen Stunden verlassen. Alle Bewohner des Hauses hatten mit den Gästen vollauf zu tun, es war so still draußen, daß man den Ruderschlag   10
einzelner Fischer aus der Ferne hören konnte. Ermüdet
setzte er sich auf die Schwelle hin. Da hörte er Stimmen im
Garten, in einer fremden Sprache, wie es ihm schien. Bald
bemerkte er beim hellen Mondschein zwei unbekannte Gestalten, die sich hier wohl für unbelauscht halten mochten.   15
Der Eine, wie ein Jäger gekleidet, saß mit untergeschlagenen
Beinen auf dem Rasen, er hatte den Hut abgenommen und in
der Kühle sein Wämschen gelüftet, sein wunderschönes
Haar floß in reichen Locken herab; der Mond glänzte blendend auf seiner entblößten Schulter. Der Andere kniete   20
hinter ihm und schien die Locken zu ordnen, während sie
leise und lebhaft mit einander schwatzten. Ein Brunnen, den
Fortunat vor dem Gebüsch nicht sehen konnte, plauderte um
die Wette mit ihnen und, je nachdem die Luft sich bewegte,
klang bald das Plätschern, bald die liebliche Stimme wie ein   25
Glöcklein aus der stillen Mondnacht herüber. Die Nacht aber
hatte unterdes die Gegend draußen wunderbar verwandelt,
zwischen den alten Bäumen hindurch sah man weit in die
Täler hinaus, da lag es verworren im Mondschein, wie glänzende Kuppeln, Trümmer und prächtige Gärten, in dem   30
nahen Städtchen unten sang ein Student noch vor seiner
Liebsten Tür, dazwischen immerfort wieder das Rauschen
des Brunnen – Fortunat saß wie im Traum, er dachte an
Italien, an Rom, und unwillkürlich in Gedanken rief er –
Fiametta!   35

Bei dem Klange reckten die beiden, wie Rehe, wenn das
Laub raschelt, plötzlich die Köpfchen in die Höh, sprangen

scheu auf und flogen dem Hause zu. Fortunat trat ihnen
erstaunt entgegen, da stutzte das Jägerbürschchen plötzlich
und sah ihn einen Augenblick durchdringend an, dann aber
warf es sich auf einmal atemlos an seinen Hals, ihn fest
umklammernd und schluchzend, er fühlte des Jünglings
Tränen unaufhaltsam über seine Wangen rinnen; seine
Locken rollten rings um ihn her, es war, als würde er in
seinen Armen ganz und gar vergehen. Nun aber wußt' er's
wohl, wen er im Arme hielt. Meine liebe, liebe *Fiametta*! rief
er aus tiefstem Herzensgrunde. Da ließ das schöne verkleidete Mädchen los, stellte sich, ihre Locken aus dem Gesicht
schüttelnd, dicht vor ihn und blickte ihn aus den Tränen so
fröhlich an, daß es ihm recht durch die Seele ging. Darauf
schnell wieder besonnen, zog sie ihn schweigend mit sich in
sein Zimmer hinein. Er sah im Vorüberschweifen dem andern Gesellen in's Gesicht und erkannte seines Liebchens
Kammerjungfer, die über und über rot wurde. In der Stube
aber steckte Fiametta ihr Haar wieder auf, während sie die
Kammerjungfer mit einem heimlichen Auftrage fortschick-
te. Dann trieb sie Fortunaten, in sichtbarer Furcht, geheimnisvoll und ohne ihm Rede und Antwort zu stehen, zur
unverzüglichen Abreise, half ihm unter tausend Späßen mitten in ihrer Angst und Hast, seine Sachen rasch in ein Bündel
schnüren und drängte ihn fort, fort, aus dem Hause, aus dem
Garten und immer weiter. Draußen auf einem abgelegenen
Platz fanden sie Fortunats Diener mit seinen beiden gesat-
telten Pferden, die Kammerjungfer hatte ihn hergeführt. Sie
sollte mit dem Diener auf dem Schiffe weiterreisen, Fiametta
selbst aber schwang sich schnell auf das eine Pferd. Fortunat
wußte nicht wie ihm geschah, und ehe er sich fassen konnte,
waren Kammerjungfer und Wirtshaus schon hinter ihnen
verschwunden.

   Als sie im Freien waren, fragte Fiametta mit tief gesenkten
Augen kaum hörbar: was macht denn Annidi? Fortunat
mußte sich fast auf den Namen besinnen. Annidi? – sagte er,
sie hat in Rom den Studenten Otto geheiratet. Aber wie
kommst du auf die? – Fiametta sah ihn groß an: ist sie denn

nicht deine Liebste gewesen? Mein Gott, erwiderte Fortunat
nach einigem Nachdenken, so warst du es wohl, die an jenem
Abend im schwarzen Mäntelchen an mir vorüberstreifte, als
mich Otto zu seinem Mädchen führte, das ich damals noch
gar nicht kannte. – Ja freilich, entgegnete Fiametta lebhaft,   5
und ich spielte dann einmal des Abends die Annidi in unserem Garten, die Kammerjungfer mußte deine Kleider anziehen und so über den Gartenzaun zu mir kommen, da kamst
du auf einmal selber, wir hatten dich nicht so früh zurücker-
wartet. – O vernagelter Kopf, der ich war! rief Fortunat, sich   10
vor die Stirn schlagend aus, hätt' ich das damals gewußt! – Sie
lachte seelenvergnügt und ihre Augen glänzten von Tränen.

   Währenddes ritten sie eilig an dem Städtchen vorüber,
zwischen den schlafenden Gärten und Landhäusern immer
tiefer in die weite, sternhelle Nacht hinein. Die Nachtigallen   15
schlugen von den waldigen Bergen, über das stille Feld hörte
man die Hunde von ferne bellen, Fiametta sah sich öfters
ängstlich um. Sieh, sagte Fortunat, mir ist wie einem Vogel in
der Luft, ich folge dir über die ganze Erde! Jetzt aber sage
mir auch, warum blickst du so scheu zurück? wie kamst du   20
vorhin auf das Schiff? was in aller Welt hast du vor? – Ach das
ist eine lange, traurige Geschichte, entgegnete Fiametta, die
muß ich von Anfang anfangen. – Sie ritt dicht neben ihm
und, selbst wie in Träumen in der träumerischen Nacht, halb
an ihn gelehnt, begann sie folgendermaßen zu erzählen: 25

   Als du in Rom auf einmal verschwunden warst und nun
der Winter kam, und es regnete Tag und Nacht, und der
Vater saß Abends in dem großen Saale am Kaminfeuer und
sprach kein Wort und alles war so still im ganzen Hause, daß
man die Turmuhr gehen hörte, da wurde ich plötzlich krank. 30
Da träumte mir, ich wäre auf einer Anhöhe über Rom im
Abendglanze eingeschlafen. Als ich aber erwachte, war es
schon finstere Nacht, mich fror und ich kannte die Gegend
nicht wieder. Da kam durch das Dunkel ein Jäger vom Berge
herab. Ach, führ mich zur Stadt hinunter, rief ich, horch, da   35
klingt in der Ferne noch die Glocke vom Kapitol. – Das ist
die Turmuhr, die schlägt auf meinem Schloß im Walde, sagte

der Jäger. – Kennst du denn nicht das Schloß des Marchese A.? fragte ich wieder – Wo Fiametta wohnt? ach das ist lange her, sagte der Jäger, dann wandt' er sich plötzlich – du selbst warst der Jäger, aber du kanntest mich nicht mehr. – Nun stiegst du weiter den Berg hinab, ich rief voll Angst und konnte dir so schnell nicht folgen. Da ging gegenüber der Mond auf und auf einmal, so weit ich sehen konnte, lag die ganze fremde Gegend tief verschneit und flimmerte im hellen Mondschein, als sollt' ich sterben vor Wehmut.

Als ich mich von der Krankheit wieder erholte, stand eines Morgens der Vater vor meinem Bett, das Fenster stand offen, die Bäume draußen waren schon wieder grün und die Vögel sangen. Steh' nur auf, sagte mein Vater, wir reisen nach Deutschland! – Er hatte sein Vermögen verloren, das Haus, unser Garten sollten verkauft werden, er mochte das nicht mit ansehen. So fuhren wir in einer schönen Frühlingsnacht von Rom fort, die Brunnen rauschten auf den stillen Gassen, in unserem Garten schlugen die Nachtigallen, als wüßten sie's auch, und als die Paläste und Kuppeln allmählich hinter uns im Mondglanz versanken, sah ich meinen Vater zum erstenmal weinen.

Wo ist der Vater jetzt? unterbrach sie Fortunat hier. Fiametta aber ritt ein Weilchen schweigend vor sich hin, er merkte, daß sie selber weinte. Dann sah sie sich plötzlich wieder nach allen Seiten um, und fuhr gefaßter fort:

Mein armer Vater fand's in Deutschland nicht so, wie er sich's gedacht. Die mächtigen Verwandten, auf die er gerechnet hatte, weil sie in der Jugend brüderlich zusammen gelebt, waren seitdem alt und anders geworden, die meisten lange tot, ihre Kinder, die ihn nicht mehr kannten, sahen ihn verwundert und neugierig an, er konnte sich in der verwandelten Welt nicht zurechtfinden und starb vor Gram. – Das war eine furchtbare Nacht, ich erinnere mich nur der schwarzverhangenen Pferde und Gestalten und des Fackelscheins zwischen den dunklen Bäumen – und als die Glockenklänge allmählich verhallten, saß ich allein mit einer alten schwarzgekleideten Dame im Wagen, wir fuhren rasch

durch unbekannte Gegenden, sie sprach immerfort französisch zu mir, aber ich hörte nur das dumpfe Rasseln des
Wagens in der Nacht, mir war's, als führen wir selber in's
Grab. Die Dame aber war eine reiche kinderlose Tante, die
mich nun zu sich genommen hatte. Sie wohnte auf einem
großen Schloß, das einsam am Abhange des Gebirges mitten
in einem prächtigen Parke lag, der wimmelte von seltsamen
Tauben und Pfauen, in dem klaren Bassin vor dem Schloß
spielten bunte ausländische Fische wie Vögel in der Luft,
weiterhin in einem zierlich vergitterten Wäldchen weidete
ein schöner Goldfasan. Die Tante hatte ihre Freude daran,
mich recht auszuputzen, obgleich wir nur selten Besuch
hatten, da ging ich denn in prächtigen Kleidern, und wenn
ich manchmal so allein im Garten stand, kam ich mir selber in
der Einsamkeit wie ein verzauberter Goldfasan vor. An den
Sommernachmittagen aber pflegte die Tante mit mir im
Garten auf einem schattigen Hügel zu sitzen, von dem man
weit hinaussehen konnte, wie der Strom und die Straßen
glänzend durch's Land gingen, Reiter und Wagen zogen da
wie in einem Schattenspiel rasch vorbei, manchmal kam der
Klang eines Posthorns aus der Ferne herüber. Dort geht es
nach Italien hinaus, sagte die Tante – mir war zum Sterben
bange.

Eines Abends saßen wir auch dort, ich zerpflückte in
Gedanken eine Sternblume: ob du kommst oder nicht
kommst? Er kommt! rief ich auf einmal erschrocken aus,
warf die Blume fort und flog vom Hügel, am Schloß vorüber, immerfort in's Tal hinab. Denn zwei Reiter kamen
unten vom Wald, der eine im grünen Reiserock, gerade wie
du! Als ich atemlos unten anlange, stutzt sein Pferd – es war
ein ganz fremdes Gesicht. Er mocht' es wohl erraten, wer ich
bin, er schwang sich schnell vom Pferde, und, indem er die
Zügel seinem Bedienten zuwarf, reichte er mir höflich den
Arm und führte mich wie eine Gefangene zurück. Ich glaubte, die Tante würde schmälen, aber sie besorgte nur, daß mir
die Erhitzung nicht schade, strich mir die Locken aus der
Stirn und nannte mich ein artiges Kind, daß ich ihren Vetter,

den sie viele Jahre nicht gesehen, so freundlich empfangen. Sie nannte ihn Baron *Manfred*.

Manfred? sagte Fortunat erstaunt, den Namen habe ich oft von Lothario gehört. Doch den kennst du ja nicht. – Fiametta schüttelte das Köpfchen und fuhr weiter fort:

Bisher hatte ich fast wie im Traume gelebt, mit dem Fremden aber kam auf einmal Hast und Unruhe in unsere ländliche Stille. Nichts war ihm recht in unserer Wirtschaft, alles wollte er gescheuter einrichten, und sah mich dabei oft so sonderbar an, daß ich erschrak, denn er schaute so klug drein, als könnte er meine Gedanken lesen. Vor Verdruß darüber hatte ich mich eines Tages in der schwülen Mittagszeit mitten in's tiefste Gras gelegt, alle Vögel schwiegen, nur die Bienen summten, einzelne Wolken flogen über die stille Gegend fort, ich dachte an die alten Zeiten, an dich, an unseren Garten in Rom. Da kam auf einmal die Tante mit ihrem Vetter im Buchengang herunter. Ich hob mich im Grase halb empor, sie bemerkten mich nicht. Ich habe auch schon daran gedacht, sagte die Tante, so kann es mit Fiametta nicht länger bleiben, sie vergeht mir hier in der Einsamkeit wie eine Blume. – Abgesehen selbst von allem, was ich Ihnen eben erzählt habe, erwiderte der Vetter, so wüßte ich in der Tat keine bessere Partie für das Fräulein, als den Baron, jung, reich, unabhängig. – Und Sie übernehmen es also, fragte die Tante wieder, ihn zu uns zu bringen? –

Ich konnte seine Antwort nicht mehr verstehen. Aber, wie wenn der Blitz neben mir eingeschlagen hätte, sprang ich schnell auf und flog zu meiner italienischen Kammerjungfer und erzählte ihr alles. Da war nicht lange Zeit zum Besinnen, ihr war hier so bang auf dem Schlosse wie mir, sie wollte unter dem Vorwande einer Maskerade Jägerkleider für uns beide herbeischaffen, und wir beschlossen, zu einer jungen, fröhlichen Tante in Wien zu entfliehen, die ich noch aus Rom kannte, und die mich vor der dummen Partie beschützen sollte.

Seitdem sahen mich die Tante und der Vetter noch häufiger geheimnisvoll und schmunzelnd an. Besonders aber ganz abscheulich war mir nun der kluge Vetter, wenn er mit seinen spitzigen Blicken, wie eine Spinne mit ihren langen Beinen, nach mir zielte. Ja, spinne und laure du nur! dachte ich. Und als er nun wirklich abreiste, um den Bräutigam zu holen, da fuhren wir, während alles schon schlief, in unsere Jägerkleider und stiegen in der schönsten Sommernacht mit klopfenden Herzen sacht die Treppen hinab durch's leere Schloß, den stillen Garten entlang, bis wir endlich im freien Felde tief aufatmeten. Da sah's draußen so frisch und waldkühl aus! – Noch dieselbe Nacht aber hatten wir uns im Gebirge verirrt. Fragen mochten wir nicht, so kamen wir zuletzt gar an ein verfallenes Schloß. Mich schauerte und fror, die Jungfer weinte, da tat sich plötzlich eine Türe auf, drei Männer mit Windlichtern traten heraus – der eine war der Vetter, verwildert und bleich im Widerschein der Fackeln – ich glaube, er geht um bei Nacht, was hatt' er sonst zu tun da droben? Aber erkannt hat er mich und setzt mir sicherlich nach. Wie wir da heruntergekommen, weiß ich nicht mehr, aber als der Tag endlich anbrach, sahen wir die Donau im Tale funkeln, ein Schiff wollt' eben abgehn, wir stiegen mit ein, und so fuhr ich in Lust und Angst und bekam Händel und sollte mich duellieren und – Und ich, fiel Fortunat ein, habe den verflogenen Goldfasan wieder eingefangen und laß' ihn nun nimmermehr los!

Fortunat war voller Freude und doch verwirrt, er wußte gar nicht, was er mit dem lieblichen Kinde nun anfangen sollte, das sich so ganz in seine Arme geworfen, auch war die Angst vor dem Erwischen nicht gering.

Unterdessen flogen schon einzelne Streiflichter durch die stille Luft. Wie bist du schön geworden! sagte Fortunat, sie fast erstaunt betrachtend. Da wurde sie über und über rot, jetzt dachte sie erst daran, daß sie so ganz allein mit ihm war. Aus den fernen Dörfern aber hörte man schon einzelne Stimmen, über die wogenden Kornfelder schossen ihnen die ersten Sonnenstrahlen blitzend entgegen – so ritten sie fröhlich in den prächtigen Morgen hinein.

DREIUNDZWANZIGSTES KAPITEL

Als Otto – von dem strengen Vitalis verstoßen – so einsam von dem Gebirge der Einsiedler hinabstieg, weinte er sich recht von Herzensgrunde aus. Dann wurde ihm erst leichter.
Er fühlte wieder einen rechten Trieb und Mut, nach dem Höchsten in der Welt zu streben, er wollte endlich ehrlich Frieden stiften in seiner Seele, und so neugeboren zu dem Einsiedler zurückkehren, ja es kam ihm in diesen glücklichen Stunden gering vor, selbst sein Dichten zu lassen, wenn es ihn wieder in Eitelkeit verstricken wollte. Die stille Nacht sah ihn dabei von den Bergen, wie eine milde Mutter, fast wehmütig an. – Indessen verloschen nach und nach die Sterne am Himmel, und wie nun die Morgenkühle über die Felder kam, und unten der Strom und von drüben die Spiegelfenster eines Schlosses lustig aufblitzten: da erschien dem Verweinten die Erde wieder so jung und frisch wie nach einem Gewitterregen, in den tröpfelnden Bäumen über ihm dehnten die Vögel erwachend die Flügel und sahen ihn neugierig an, als wollten sie fragen: Gesell, wo bist du so lange gewesen? – Er wanderte fröhlich den ganzen Tag, und als er endlich auf dem letzten Berge aus dem Walde trat, erblickte er auf einmal in der Ferne mitten zwischen Gärten die alte braune Stadt, wie eine von Efeu übergrünte Ruine. Ermüdet streckte er sich unter den Bäumen hin, er sah Handwerksbursche, Reiter und schlanke Bauermädchen heiter durch's Grün auf dem Gebirgspfade hinabziehn, die Vögel sangen im Walde, einzelne Wolkenschatten flogen wechselnd über die glänzende Landschaft – so schlummerte er ein, und träumte von der schönen, waldkühlen Jugendzeit.

Er mußte lange geschlafen haben, denn als er erschrocken wieder um sich blickte, ging die Sonne schon unter und vergoldete die Giebel und Türme der Stadt. Voll Erstaunen sah er sich ganz von Blumen bedeckt, als hätt' es Rosen geregnet. Da hörte er eine schöne Stimme lustig durch die

Abendluft klingen. Ein eleganter Reisewagen stand tiefer am
Saume des Waldes, zwei junge Damen, die, wie es schien, den
steilen Berg zu Fuß herabgekommen, stiegen so eben wieder
ein. Die eine wandte sich noch einmal und blickte nach ihm
herüber, er mußte verwirrt und geblendet niedersehen, so
schön war sie. Nach der Berg-Vorstadt! rief sie dem Postillon
zu – da flog der Wagen in den duftigen Abend hinein, er
hörte das Posthorn noch lange aus der Ferne schallen.

In der Stadt fand er seine Wohnung bereit: ein kleines,
freundliches Stübchen im dritten Stock, alte Kupferstiche an
den Wänden, der Boden neu mit Sand bestreut, ein Glas mit
frischen Blumen unter dem Spiegel. Eine alte Frau empfing
ihn sehr gesprächig und händigte ihm ein Briefchen ein. Sein
Jugendfreund, der hier alles für ihn besorgt hatte, meldete
ihm, daß ihn leider unvorhergesehene Geschäfte über Land
geführt, in wenigen Wochen hoffte er wieder zurück zu sein –
so befand sich denn Otto unerwartet ganz allein in der
fremden Stadt. Er konnte sich, nach der langen Gebirgs-
Einsamkeit, gar nicht wieder zurechtfinden, alles kam ihm
neu und wunderbar vor, der heitere Reisetag hallte noch in
seiner Seele nach, und als er das Fenster öffnete, dämmerte
die unbekannte Gegend so seltsam über die Dächer herauf, es
war ihm, als hörte er noch immer das Posthorn fern aus der
Frühlingsnacht herübertönen. Er konnte nicht widerstehen,
er mußte noch einen Streifzug durch die Stadt machen.

Unten erkundigte er sich nach der Berg-Vorstadt, er hatte
sich geschämt die Alte danach zu fragen. Man wies ihn nach
einer entfernten Anhöhe, die mit einzelnen Villen und weitläuftigen Gärten geheimnisvoll in die Straße hereinsah. Das
nächtliche Wandern in einer unbekannten großen Stadt hat
etwas Märchenhaftes, die Häuser und Türme stehn wie im
Traum im Mondschein, auf den Straßen schwärmt es noch
laut und behaglich in der Maskenfreiheit der lauen Nacht,
dann plötzlich alles wieder still im engen dunklen Gäßchen,
nur die Dachluken klappen im Wind, eine Nachtigall schlägt
wehmütig am Fenster. – Otto schlenderte in Gedanken
immer fort, alte Reiselieder fielen ihm ein, er sang leise vor

sich hin, er wußte selbst nicht, was er draußen wollte. Endlich hatte er die Höhe erreicht, je weiter er kam, je stiller und
ländlicher wurde die Straße, seitwärts schienen sich prächtige
Gärten hinabzusenken. Oft blieb er stehn und sah zurück
über die Stadt hin, zwischen den vielen verworrenen Lichtern ging das dumpfe Rasseln der Wagen wie ein ferner
Sturm, zuweilen brach ein Schwarm verstörter Dohlen aus
einem alten Kirchendach und durchkreiste schreiend die
Nacht, eine Spieluhr vom Turm sang ihr frommes Lied in der
Einsamkeit der Lüfte. Von der andern Seite aber war die
Gasse schon offen, ein frischer Hauch wehte herüber, er hörte
eine Mühle gehn, die er nicht sah, dann Hundegebell von
fern und da und dort noch Stimmen im dunkeln Feld.

Auf einmal erklang eine Guitarre und einzelne Töne eines
wunderschönen Gesangs, träumerisch vom Winde verweht,
wie wenn die Nachtluft durch die Saiten einer Harfe geht. Er
eilte zu dem Garten, woher die Töne kamen, das Pförtchen
war nur angelehnt, er trat hinein. Da stutzte er, denn es war
als flöge der Schatten einer fliehenden Gestalt heimlich zwischen den Gebüschen hin, sonst war alles still. Neugierig
ging er weiter in die dunklen Schatten der alten Bäume
hinein, der Mondschein glänzte seitwärts über die Rasenplätze. Da bemerkte er einen Weiher, von Trauerweiden
umhangen, eine weiße Statue schimmerte durch die Zweige
herüber: eine Nymphe, die halbabgewandt am Weiher auf
ihrem Arme ruhte, den andern verschlafen über das Haupt
gelehnt. – Er wollte eben näher hinzutreten, als plötzlich
tiefer aus dem Garten ein heller Lichtschimmer durch die
Bäume funkelte und eben so schnell wieder verschwand.
Erschrocken, zögernd, wandte er sich zurück, er suchte das
Pförtchen wieder, aber die Streiflichter des Mondes und die
schwankenden Schatten der Bäume dazwischen verwirrten
ihn ganz, und eh' er sich besinnen konnte, stand er vor den
Marmorstufen eines hohen, altertümlichen Palastes. In demselben Augenblick schüttelt sich der Fliederstrauch über ihm,
daß er ganz von Tau und Blüten verschneit wird, er hört ein
heimliches Kichern hinter sich, eine schlanke, weiße Mäd-

chengestalt guckt verstohlen durch die Zweige und faßt ihn schnell an der Hand. Siehst du, das ist der Willkomm, weil du mich überrascht hast, flüstert sie mit der lieblichsten Stimme, das ist ja prächtig, daß du schon heute kommst. So führt sie, vorangehend, den Erstaunten über die Stufen durch eine dunkle Halle, plötzlich treten sie in ein erleuchtetes Gemach, sie wendet sich rasch herum – er erkennt mit freudigem Schrecken die reisende Dame von heut Abend im Walde.

Sie sah ihn erstaunt an, indem sie seine Hand losließ. Dann bemerkte sie eine ihrer Rosen, die er noch im Knopfloch trug, eine flüchtige Röte flog über ihr schönes Gesicht. Aber, sagte sie kopfschüttelnd, wie haben Sie mich denn so bald aufgefunden? Er erzählte nun sein Erwachen auf dem Berge, seine Unruhe darauf, und den Streifzug durch die schöne Nacht. Aber sie war ganz zerstreut, sie schien auf etwas zu sinnen. Dann sprang sie schnell zur Tür hinaus, er hörte sie draußen lebhaft mit Jemand sprechen.

In dieser seltsamen Lage schaute er betroffen im Zimmer umher. Eine Alabaster-Lampe beleuchtete wunderbar das kostbarste Gerät, auf dem eine Guitarre und aufgeschlagene Notenhefte unordentlich herumlagen. Hohe, ausländische Gewächse rankten sich schlangenartig an den Wänden empor und hingen mit ihren glühenden Blüten in die träumerische Dämmerung herein, als spiegelten sie sich in dem reichen Teppich am Boden.

Armer Junge! du wirst recht müde sein, sagte jetzt die Unbekannte, indem sie fröhlich wieder hereintrat und ihn auf den Diwan niederzog. Sie setzte sich dicht neben ihn, ein Bein über das andere geschlagen, er mußte ihr erzählen, woher er gekommen, wer er sei, und was er hier treibe. – Also so sieht ein Dichter aus! – rief sie erstaunt, als sie seinen Namen hörte, dabei wandte sie ihn an beiden Achseln zu sich herum und sah ihm mit den großen schönen Augen gerade in's Gesicht, er mußte die seinen errötend niederschlagen. Come è bello! sagte sie kaum hörbar für sich. Darauf nahm sie eine Pfirsich aus der Kristallschale vor ihnen, biß mit ihren weißen Zähnchen herzhaft hinein und reichte sie ihm

hin. Aber Otto war ganz verwirrt, aus ihren Augen leuchtete
zuweilen eine irre, wilde Flamme, die ihn schreckte, in dieser
seltsamen Verstimmung konnte er durchaus den rechten Ton
nicht finden und saß blöde und unbeholfen neben der vornehmen schönen Frau. Da lachte sie plötzlich mutwillig auf,
er wußte nicht worüber, dann sprang sie auf und brachte aus
einem verborgenen Wandschrank ein zierlich gebundenes
Buch hervor. Kennst du das? fragte sie, ihm den funkelnden
Goldschnitt vorhaltend; es waren seine Gedichte. – Ich kenn'
sie noch nicht, sagte sie, lies mir was vor daraus.

Sie setzten sich wieder, er blätterte unentschlossen und
begann endlich eines seiner liebsten Gedichte von der schönen Meerfei Melusina. – Und daß du's nur weißt, unterbrach
ihn die Dame, ich bin eigentlich selbst die Melusina; du darfst
nur in den Nächten vom Montag und Donnerstag in den
Garten kommen. Frag' nicht nach mir, und plaudre nicht
davon; wenn du mich ein einzigesmal bei Tage erblickst, sehn
wir uns niemals mehr wieder. – Otto sah sie verwundert an,
dann las er wieder weiter. Es war ein langer Romanzenzyklus, er hatte ihn in der glücklichsten Jugendzeit gedichtet
und seitdem nicht wieder gesehn; jetzt nach so langer Zeit, in
der märchenhaften Umgebung, ergriff es ihn selber wunderbar, er las aus ganzer Seele fort und immer fort. Zuletzt beim
Umschlagen des Blattes blickte er einmal flüchtig zur Seite –
die schöne Frau lag fest eingeschlafen neben ihm. – Er
schwieg, ihn schauerte heimlich, denn die schlanke Gestalt in
dem weißen Nachtgewand ruhte halbabgewendet, den einen
Arm nachlässig über ihr Haupt geschlagen, gerade wie die
Statue vorhin am Weiher. In dieser plötzlichen Stille öffnete
sich auf einmal leise die Tür, ein schwarzgelocktes Mädchen-
köpfchen guckte herein, überblickte spöttisch den Schauplatz dieser tiefen Ruhe und winkte ihm dann, ihr zu folgen.
Still, still – sagte sie, als er heraustrat, ihn an der Hand schnell
fortführend – jetzt müssen Sie sacht fort, der Mond ist eben
untergegangen vor Langerweile. Draußen sang sie halb für
sich:

> Ein Fink saß schlank auf grünem Reis:
>   Pink, Pink!
> Der Jäger da mit rechtem Fleiß
> Zu zielen an und messen fing
> Und zielt' und dacht': jetzt bist du mein –
> Fort war das lust'ge Vögelein:
> Pink, pink! mußt flinker sein!

Was singst du da so lustig? fragte Otto. – Ich pink' nur ein wenig Feuer an im Dunkeln, entgegnete das Mädchen, wollen Sie sich vielleicht ein Pfeifchen dran anstecken und noch etwas lesen von den zwölf schlafenden Jungfrauen? – Sie plauderte mutwillig noch vielerlei in den Wind hinein – so gingen sie rasch durch den stillen Garten. Otto blickte im Vorbeigehn noch einmal nach dem Weiher hinüber, dort ruhte die Statue wieder auf ihrem Marmorpfühl, ein eingeschlummerter Schwan fuhr bei ihren Tritten mit dem Kopf aus den Flügeldecken hervor, sah sie schlaftrunken an und träumte dann weiter. – Gute Nacht, Herr Morpheus! sagte das Mädchen an der Gartentür mit einem schnippischen Knicks und schob ihn lachend hinaus.

Er hörte das Pförtchen hinter sich zuklappen, es war ihm wunderbar, so plötzlich allein unter dem stillen weiten Sternenhimmel. In der ganzen Gegend regte sich kein Laut mehr, nur die Uhren schlugen fern in der Stadt, es war lange Mitternacht vorüber.

Seit dieser Zeit war es um ihn geschehn, die schönen Mondnächte beleuchteten noch oft seinen einsamen Gang zu dem stillen Zaubergarten. Das geheimnisvolle Grauen in der Lust verlockte ihn nur noch mehr, er mochte nicht nach dem Namen der schönen Frau fragen, ja er hütete sich, ihr Revier bei Tage zu betreten – war sie ja doch sein mit Leib und Seele! Aber in seiner stillen Stube dann, nach solchen durchschwelgten Nächten, überkam es ihn oft wie Alphornsklänge den Schweizer in der Fremde. Da befiel ihn eine tiefe Angst, er dichtete hastig oft ganze Nächte hindurch, er wollte mit Poesie sich selber überflügeln – als wäre das Talent ein Ding

für sich ohne den ganzen Menschen! – So, zwischen halber
Lust und Reue, versank er nach und nach immer tiefer in
Melancholie, Verzagen an sich selbst, in Liederlichkeit und
Armut, bis zuletzt ein zehrendes Fieber die müde Seele in
seinen Traummantel einhüllte: da hörte er in seinen Phantasien das Posthorn wieder durch die Frühlingsnacht, dazwischen Waldesrauschen und das Glöcklein des Einsiedlers aus
der Ferne. –

Er hatte mehrere Wochen krank gelegen. Als er endlich
wieder zu sich kam, konnte er sich gar nicht besinnen, wo er
war. Die Sonne schien über die Dächer freundlich durch das
kleine Zimmer, eine Katze nickte auf dem Fensterbrett,
nebenan hörte er einen Kanarienvogel singen, dann wieder
eine Wanduhr dazwischen picken, seine alte Wirtin saß auf
einem Lehnstuhl neben ihm am Bett und war über ihrem
Strickzeug eingeschlummert. Er sah lange verwirrt in dieser
Stille umher, eh' er sie weckte. Nun fuhr sie freudig empor,
und erzählte ihm, wie sie schon für seine Seele gebetet, wie er
irre geredet im Fieber, daß sein Freund noch immer nicht
zurück sei, aber ein unbekanntes junges Mädchen sei vor
langer Zeit einmal in's Haus gekommen und habe nach ihm
gefragt. – Da dämmerte ihm allmählich alles wieder auf. Kam
das Mädchen nicht aus der Berg-Vorstadt? fragte er, und
beschrieb ausführlich Schloß und Garten. Aber die Alte
schüttelte den Kopf, der Palast, sagte sie, ist ja schon seit
vielen Jahren unbewohnt – sie glaubte, er phantasiere wieder. Otto fuhr mit der Hand über seine Stirn, er war wie im
Traume.

Eines Abends aber, als die Alte ausgegangen war, hatte er
sich rasch angekleidet und ging heimlich die Treppe hinab,
über die wohlbekannten Gassen und Plätze in die Vorstadt
hinaus. Die Abendsonne funkelte lustig durch die Straße,
Kinder spielten vor den Toren, die Mädchen plauderten an
den Brunnen und Lerchen hingen jubelnd hoch im rötlichen
Duft, er taumelte, wie berauscht, in der ungewohnten Luft.
So kam er an den Garten der Geliebten, das Pförtchen war
zu, aber er hatte den Schlüssel noch seit dem letzten Gange in

der Rocktasche. Er schloß hastig auf und trat mit klopfendem Herzen hinein. Unterdes war die Sonne untergegangen, es war schon tiefes Abendrot. In der wunderbaren Beleuchtung kam ihm alles wie verwandelt vor; die Gänge, die er bisher nur bei Nacht flüchtig gesehen, schienen wüst und verwildert, und mit Schrecken fielen ihm die Worte der Alten wieder ein, als er endlich den Palast erblickte, denn kein Laut regte sich im ganzen Hause. Das Gras wuchs aus den Ritzen der Marmorstufen, die Türen und Fenster waren alle festverschlossen, nur der Wind klappte eben mit einer halbzerbrochenen Lade, seitwärts schlug eine Nachtigall im Gebüsch, er hatte sie oft gehört, wenn er in den schwülen Sommernächten hier zum Liebchen schlich. – Mein Gott, wo bin ich denn so lange gewesen! sagte er in Gedanken versunken. – Da hörte er plötzlich in einiger Entfernung ein wohlbekanntes Lied aus alter Zeit:

> Jetzt wandr' ich erst gern!
> Am Fenster nun lauschen
> Die Mädchen, es rauschen
> Die Brunnen von fern –

Voll Freude antwortete er sogleich mit den folgenden Worten desselben Liedes:

> Aus schimmernden Büschen
> Dein Plaudern so lieb
> Erkenn' ich dazwischen –
> Ich höre mein Lieb!

Barmherziger Gott – Kordelchen! rief er auf einmal erschrocken aus. Die Schauspielerin stand vor ihm, sorgfältig geschmückt, frischgepflückte, bunte Blumen im Haar. – Ist er noch immer nicht zu Hause? fragte sie, nach dem Palast schauend. – Wer denn? entgegnete Otto ganz verwirrt. – Bei dem Klang seiner Stimme horchte sie hoch auf und sah ihn lange unverwandt an. Ich kenn' dich recht gut, sagte sie dann

mit einem schlauen Lächeln, weißt du noch, wie du uns in
jener regnigten Nacht zum erstenmal trafst, als wir nach
einem kleinen Städtchen zogen? Damals hatt' ich ein Loch im
Strumpf, Kamilla stichelte darauf, denn Kamillen sind bitter
– ach nein, du bist's nicht! schloß sie traurig. Dann hing sie
sich in seinen Arm und flüsterte ihm geheimnisvoll zu: ich
weiß wohl, wie er eigentlich heißt, aber ich verrat's nicht,
sag' du's auch nicht weiter, denn die Nacht hat Ohren –
Ohren –

> Und Augen verstohlen,
> Wenn alles im Schlaf,
> Da kommt er mich holen –
> S' ist ein vornehmer Graf.

Kordelchen! Kordelchen! rief jetzt eine Stimme außerhalb
des Gartens. Das Mädchen riß sich schnell los und verschwand wie ein aufgescheuchtes Reh zwischen den Bäumen.
– Otto sah ihr lange nach, dann, plötzlich vom Entsetzen
ergriffen, floh er unaufhaltsam über die öden Gänge, aus dem
Garten, durch die einsame Vorstadt fort. Es war indes schon
völlig dunkel geworden, die Sterne spielten munter am
Himmel, von dem fernen Turm in der Stadt sang die Spieluhr
wieder ihr frommes Lied; er mußte sein Gesicht mit beiden
Händen verdecken, es war, als zögen Engel über ihn singend
durch die stille Nacht.

Zu Hause aber schnürte er hastig sein Reisebündel; noch
denselben Abend, ungeachtet der Vorstellungen der besorgten Alten, verließ er die Stadt.

Der Eilwagen rollte auf der glänzenden Straße in die schöne
Sommernacht hinaus, der Postillon knallte lustig, daß es weit
über die stillen Felder schallte. Vorn im Kabriolett plauderte
ein Knabe, der zum erstenmal von Hause fuhr, munter mit
dem Konducteur, dann sah er wieder lange stumm in die
Gegend, wie da die dunklen Schatten der Pappeln und seitwärts Büsche, Wälder und Dörfer im Mondschein vorüber-

flogen, und wenn das Posthorn erklang, stiegen allmählich
prächtige Schlösser und wunderbare Gärten und Gebirge
mit Wasserfällen in der dämmernden Ferne vor ihm auf.
Dann dachte er nach Hause, wie die Seinigen jetzt alle ruhig
schlafen, der Mond scheint durchs Fenster über die Bilder an
der Wand, nur eine Fliege summt tönend durch die stille
Stube – da kam er sich auf einmal so verlassen vor hier
draußen, und doch so tapfer und frei in der Fremde. – So
reisefrisch war auch Otto'n früher gar manche schöne Frühlingsnacht zu Mute gewesen, heute saß er still vor sich
hinbrütend im dunklen Wagen, es war ihm bei dem einförmigen schlaftrunkenen Rasseln, als ging es immerfort berg-
unter, unaufhaltsam einem unbekannten Abgrunde zu. Zuweilen blitzte der Mond oder das vorüberfliegende Licht
eines Bauerhauses durch den Wagen und streifte flüchtig bald
eine bleiche Nase, bald einen martialischen Schnurrbart, bald
die Glasaugen einer Brille. Sie schwatzten viel von einer
wunderschönen Opersängerin und einem reichen Grafen S.,
einem lockeren Zeisig. – Nein, ein Dompfaff, rief der Eine,
denn sie hat ihn pfeifen gelehrt. – Vogel ist Vogel, meinte ein
Anderer kurz: sie hat ihn tüchtig gerupft, nun ist sie selber
davongeflogen. – Eine barocke Idee, sagte der mit der Brille,
sich da in dem verfallenen Palast in der Vorstadt einzunisten!
– Otto, aus seinen Gedanken auffahrend, horchte plötzlich
auf. – Nisten! fiel der Schnurrbart ein, Turteltauben nisten
grade am liebsten in alten Ruinen, da ist's hübsch düster und
nachtigallenhaft. Ja mein Lieber, das hatte alles seine guten
Wege, nämlich so unter den Bäumen sacht fort, die plaudern
nichts aus. Konnte man wohl diskreter handeln, als der Graf?
er ließ ihrer Treue ein Hinterpförtchen offen. Nun, nun, er ist
ein Mann von kostbaren Erfahrungen, sie war wenigstens
nicht seine *prima* Donna, und, ich denke, er hatte eben auch
keine Solo-Partie bei ihr. – Ein schallendes Gelächter erfolgte hier, Otto'n schnitt es durch die Seele, sie sprachen
offenbar von seiner wundersamen Melusina! Es war ihm, als
hätten die Gesellen mit ihren schmutzigen Reisestiefeln auf
einmal einen köstlichen Teppich umgeschlagen und er sähe

nun die groben, rohen Fäden der glühenden Traumblumen –
ihm graute recht vor dieser faden Kehrseite des Lebens.

Hier hielt der Wagen plötzlich vor einem Hause mitten im
Felde, ein Mann in Nachtmütze und Pelz trat verschlafen mit
einer Laterne heraus, um einige Packete zu übergeben, und
andere in Empfang zu nehmen. Währenddes öffnete sich
hinter ihm leise der Schieber des kleinen Fensters, der Widerschein der Laterne beleuchtete flüchtig ein wunderschönes
Mädchengesicht, das schnell wieder zurückfuhr. Otto erschrak, die Züge waren ihm bekannt, er konnte sich aber
durchaus nicht besinnen. Da gähnte der Mann im Pelz. Friß
mich nicht, Mauschel! rief ihm der lustige Kondukteur vom
Kutschbock zu. – Ich esse kein Schweinefleisch, entgegnete
der Jude trocken. Die Passagiere lachten, der Postillon knallte, und rasselnd flog der Wagen wieder in die stille Nacht
hinaus.

Auf der nächsten Mittags-Station verließ Otto seine Reisegesellschaft, die jetzt schlummernd in allen Winkeln der
Passagierstube umherlag, während die Rüstigeren, überwacht und verdrießlich, nach Kaffee, Rum und Butterbroten
durcheinanderschrien. Von hier aus gingen Seitenwege nach
Hohenstein, dort im schattigen Grün wollte er ausruhen; er
hofft' es noch vor Nacht zu erreichen, so matt und krank er
sich auch fühlte. Er fragte nach dem nächsten Wege, man
wies ihn auf einen Fußsteig, der grade durch die Wälder
führen sollte. Einsam schritt er nun zwischen die Berge
hinein; wie so anders, dachte er, als ich vor vielen Jahren hier
auswanderte! Nun ist es Schlafenszeit, und alles ist vorüber. –
Die schleichende Gewalt der Krankheit, von der durchwach-
ten Nacht und Anstrengung neu geschürt, brach und reckte
und dehnte ihn heimlich in allen Gliedern, er mußte öfters
rasten, und verließ endlich vor Ermüdung den Fußsteig, um,
wo möglich, ein Dorf zu erlangen. Aber kein Haus wollte
sich zeigen, es war so still den Wald entlang, daß man die
Spechte picken hörte. So hatte er Zeit und Weg verloren; der
Abend funkelte schon durch die Wipfel, die Gegend wurde
ihm immer fremder, je weiter er fortging.

Da erblickte er seitwärts ein kleines Mädchen, das im Walde Blumen pflückte. Als er hinzutrat, wandte sie sich schnell herum, es war ihm plötzlich vor den klaren, unschuldigen Augen wie in den Himmelsgrund zu sehen. Die Abendsonne schimmerte durch die blonden Locken, er streichelte und küßt' es herzlich auf die blanke Stirn.

Das schien dem armen Kinde selten zu begegnen, es suchte emsig in seiner Schürze und reichte ihm eine wilde weiße Rose, und als er fragte, ob es ihm den Weg aus dem Walde weisen könne, gab es ihm vertraulich die Hand, während es mit der andern sorgfältig das Schürzchen zusammenhielt, um seine Blumen nicht zu verlieren. Wie sie so mit einander fortgingen, wurde das schöne Kind immer vergnügter und gesprächiger. Es erzählte, es wäre gar nicht mehr so lange hin, da käme wieder Weihnachten, wo die vielen Lichter in den vornehmen Häusern brennten, dann säß es in der Kammer auf seinem Bettchen am Fenster, da flimmerten draußen die Sterne so schön über dem Schnee und das Christkindlein flöge durch die Nacht über den stillen Garten hin und bräch' ihm von seinen Eltern viele kostbare Sachen: neue rote Schuh, und ein Mützchen. – Wo wohnen denn deine Eltern? fragte Otto. – Die Kleine sah ihn erstaunt an, dann wies sie nach dem Himmel. – Aber wo führst du mich denn jetzt hin? fragte er fast betroffen wieder. – Nach Hause – entgegnete das Kind. – Ihn schauerte unwillkürlich bei dem Doppelsinn der Antwort.

Auf einmal traten sie an einem Abhange aus dem Walde heraus, Otto stand wie geblendet. Denn tief unter ihm lag plötzlich seine Heimatsgegend im stillen Abendglanze ausgebreitet: das schattige Städtchen, jenseits seiner Eltern Garten und Haus, der vergoldete Strom dann im Wiesengrund und die fernen blauen Berge dahinter – alles wie er's in der Fremde wohl manchmal im Traume gesehen. Ganz erschöpft sank er unter dem Baume hin. O stille, alte Zeit, rief er aus, wie liegst du so weit, weit von hier! – Die Kleine hatte sich zu seinen Füßen in's Gras gesetzt. Nein, nein, sagte sie, so ist es nicht, ich will dich's lehren. Und bei dem Vogel-

schall, selbst wie ein Waldvöglein, sang sie mit dem kindischen Stimmchen:

> Waldeinsamkeit,
> Du grünes Revier,
> Wie liegt so weit
> Die Welt von hier!
> Schlaf' nur, wie bald
> Kommt der Abend schön,
> Durch den stillen Wald
> Die Quellen gehn,
> Die Mutter Gottes wacht,
> Mit ihrem Sternen-Kleid
> Bedeckt sie dich sacht
> In der Waldeinsamkeit,
> Gute Nacht, gute Nacht! –

Otto'n dunkelte es vor den Augen, da ging auf einmal ein
Leuchten über die Gegend wie ein Blitz in der Nacht: stille
Abgründe fernab, Gärten und Paläste wunderbar im Mondglanz, er erkannte unten die goldenen Kuppeln und hörte
durch die stille Luft herüber die Glocken wieder gehen und
die Brunnen rauschen in Rom, und das Kind sang wieder
dazwischen:

> O du stille Zeit!
> Kommst, eh' wir's gedacht,
> Über die Berge weit
> Nun rauscht es so sacht
> In der Waldeinsamkeit,
> Gute Nacht –

Still, still, lachte die Kleine, er schläft – aber der müde
Wandersmann wachte nimmermehr auf.

VIERUNDZWANZIGSTES KAPITEL

Wir aber, da es nun so still geworden im Tal und auf den Höhen, lassen die Blicke weit über das schöne Land hinschweifen, um nicht in Wehmut zu vergehen. Da rauschen die Wälder so frisch über Lust und Not, als rief es: Menschenkind! blick auf zum weiten Sternenhimmel, da ist ja doch alles eitel und nichts dagegen! – Und fern im Gebirg, wo der Mond so hell über die Waldwiese scheint, gewahren wir plötzlich zwei Wanderer, die fröhlich niedersteigen: es sind die beiden Liebesleute auf ihrer abenteuerlichen Fahrt. Fortunat hat so eben die Pferde in einem Dörfchen untergebracht, und wendet sich mit Fiametta auf einem Fußsteig zwischen die leisebewegten Kornfelder hinein, die Nacht kühlt sich am Horizont mit Wetterleuchten, eine Wachtel schlägt fern im Feld. Vor ihnen aber breiten sich dunkle Höhen aus, der Mond beleuchtet nur einzelne Abhänge, da erkennt er nach und nach Lauben und Gänge, zuweilen blitzt ein Springbrunnen auf, aus den duftigen Gebüschen hören sie schon die Nachtigallen über das Feld herübertönen. Auf einmal hält Fortunat still und schwenkt voll Freuden seinen Hut. Grüß dich Gott, du kühler Wald! ruft er aus Herzensgrunde. Fiametta sieht ihn einen Augenblick fragend an, dann schwenkt auch sie jubelnd ihr Hütchen, ohne zu wissen warum. – Es ist Hohenstein, das vor ihnen liegt.

Fortunat wußte, daß Walter jetzt ganz hier wohne; zu dem Hülfreichen, Besonnenen, Ratvollen wollte er zunächst das Mädchen bringen. Er hatte gehofft, die Berge noch am Abend zu erreichen, nun aber mochte er kein Aufsehen machen, sie beschlossen, die kurze Sommernacht im Garten zu verweilen, um sogleich am frühesten Morgen dem alten Freunde alles zu vertrauen.

Er kannte noch aus alter Zeit den Steg im Gartenzaun, sie schwangen sich hinüber und stiegen mit klopfenden Herzen den Waldberg hinan. Fortunat blickte oft seitwärts zwischen die Bäume hinein nach den stillen Gängen, wo er so oft

gewandelt, es war alles so fremd und unheimlich im Mondschein. Das ist Jacobs Traumleiter, sagte er fröhlich, wie sie
der liebe Gott zuweilen in solchen Frühlingsnächten her-
unterläßt, nur frisch! wir steigen in's Himmelreich, ich seh'
schon die Sterne durch die Wipfel flimmern. – Jetzt hatten sie
die letzten Stufen erreicht, auf einmal traten sie zwischen dem
dunklen Laub, wie Bergleute aus einem Schacht, in's Freie
hinaus. Da sahen sie rechts das alte Schloß, und vor ihm die
weiten duftigen Blumenplätze, stille Lauben und Büsche, ein
Springbrunnen plätscherte schläfrig dazwischen, weiterhin
dämmerte eine unermeßliche Aussicht im Mondglanz durch
die wunderbare Einsamkeit herauf. Fortunat schaute schweigend in die Runde, und eh' die kleine Marchesin sich noch
besinnen konnte, hatte er schon eine weitgebreitete Linde
bestiegen, die am äußersten Abhang über den schimmernden
Abgrund hinaushing. Fiametta! rief er von oben, wär's nicht
um dich, ich möchte alles wachschreien vor Freude! Sieh, da
unten blickt der Strom manchmal so heimlich auf, drüben
grasen Damhirsche am mondbeschienenen Abhang, nun seh'
ich auch das Dorf, wo die lustigen Mädchen wohnen, mit
denen ich hier oben getanzt, das schläft nun alles, alles – nur
eine Turmuhr schlägt dort von fern herüber, ich hört' sie
damals oft bei stiller Nacht. Und Gott Vater fährt über die
Saiten seiner Harfe, wie eine leise Musik ziehts gnadenreich
über die stille Gegend.

Fiametta aber sah sich nach allen Seiten um wie ein scheues
Reh, in dem dunklen Buchengange, der vom Schloß herabkam, schwankte das Mondlicht, als bewegten sich bleiche
Gestalten, sie fürchtete sich so allein da unten. Fortunat
bemerkte es endlich, er reichte ihr die Hand, sie stieg schnell
auf die Bank, die unter dem Baume stand, und schwang sich
so lachend mit hinauf. Dort setzten sie sich nun zusammen in
dem dämmernden Laube bequem zwischen die Äste zurecht,
vor ihnen schossen Sternschnuppen über das Land, manchmal bellte ein Hund fern in den Dörfern, Fiametta baumelte,
in Erwartung der Dinge, zufrieden mit den Beinchen. Nun
erzähle was, sagte sie. Und Fortunat besann sich nicht lange,

die alte phantastische Nacht flüsterte verworren durch die
Zweige, er fing sogleich aus dem Stegreif an, als spräch' er im
Traum:

Es waren einmal zwei Kinder, Kasperl und Annerl, die
hatten einander sehr lieb. Die saßen einmal vor dem Hause
und besahen schöne Bilder in einem großen Bilderbuch, das
die Annerl mitgebracht hatte, die Vögel sangen im Walde,
und das Abendrot ging über die Berge vor ihnen. Auf dem
Bilde war eine sehr schöne Gegend zu sehen, fruchtbare
Auen, Flüsse, Dörfer und Schlösser, dahinter ein wunderbar
gezacktes Gebirg mit einsamen Kapellen und Wäldern, an
deren Saum eine Prozession mit bunten Fahnen dahinzog.
Das Abendrot schien über das Bild, und wie sie es so mit
rechtem Fleiß betrachteten, da fingen auf einmal die gemalten Bäume an leise zu rauschen, schöne bunte Vögel flogen
über die Landschaft, die Brünnlein glitzerten im Gebirg, die
Fahnen wehten, sie hörten die Prozession aus weiter Ferne
singen. Und eh' sich der Knabe noch besinnen konnte, sah er
zu seinem Erstaunen auch das kleine Annchen schon mitten
drin, sie winkte ihm fröhlich, er faßte sich endlich ein Herz
und sprang ihr nach, so liefen sie beide voller Freuden in das
Buch und die Landschaft hinein. – Als Kasperl einmal zu-
rücksah, war ihr Haus und die Gegend, wo es stand, schon
hinter ihnen verschwunden, von der Prozession hörten sie
nur noch manchmal den Gesang herübertönen, die Sonne
war lange unter, je weiter sie kamen, je einsamer und prächtiger wurde alles. Auf einmal, da sie eben durch einen Felsenbogen traten, erblickten sie ein himmelhohes Gebirge vor
sich, daß es ihnen ordentlich den Atem verhielt. Auf dem
höchsten Berge stand ein herrliches Schloß, das war von
lauter Silber, mit Gold gedeckt, vor dem Schloßtor aber saß
eine wunderschöne Frau, die war über einer Harfe eingeschlummert. Aus ihren langen Locken und Gewändern kam
ein prächtiger Mondschein und beleuchtete die Alpen und
die wundersamen Klüfte, Wälder und Abgründe ringsumher. Unten, wo die Strahlen nicht mehr hinlangen konnten,
sahen sie kleine bucklichte Männchen in der Dämmerung

lustig von den Felsenzacken Purzelbäume schießen, von fern
klang das Glöcklein eines Einsiedlers, ein Jäger, der sich
verirrt hatte, stand auf dem Felsen gegenüber, und gab
zuweilen mit seinem Waldhorn Antwort. Oben aber am
Schlosse weideten weiße Schäfchen auf den Abhängen, hoch
vom Turm der Burg bliesen Engel auf silbernen Zinken
wunderschön über die stillen Gründe. –

Ach, da möcht' ich auch einmal hin! rief hier Fiametta
freudig aus. – Es ist nur gar zu weit von hier, erwiderte
Fortunat – aber wackle nicht so mit den Beinchen, wir fallen
sonst beide vom Baum. – Sie rückte sich nun näher zum
Hören zurecht und Fortunat fuhr wieder fort:

Das ist die Göttin Luna, sagte nun Annerl, auf die Frau
vom Schlosse weisend. – Kennst du sie denn, fragte Kasperl
verwundert. – Sie lachte: du bist doch noch sehr dumm für
dein Alter, bleib' jetzt nur dicht bei mir, sonst verirrst du
dich hier. – Kasperl aber sah nun einen alten, großen geduck-
ten Mann seitwärts am Wege sitzen, der hatte einen Sack voll
prächtiger Äpfel umhängen. Da wurde er ganz genaschig, er
wollte nur geschwind noch ein Paar Äpfel auf den Weg
kaufen, wie er aber in den Sack hineinguckt, erwischt ihn der
Mann schnell bei den Füßen, wippt ihn so hinein und schnürt
den Sack über ihm fest zu. Aha, nun hab' ich dich! sagte er,
und streckte zufrieden die Beine aus, um ein wenig auszu-
ruhen.

Pfui, der abscheuliche Kerl! unterbrach ihn hier Fiametta
von neuem, ich möchte so einen Menschenfresser am liebsten
gleich zerpflücken! Nun kommen gewiß die armen Kinder
auseinander.

Ja freilich, entgegnete Fortunat. In der Angst und Finsternis arbeitete Kasperl wütend mit seinen Ellbogen in den
Äpfeln herum. Aber sein Sie doch nicht so sackgrob, Sie
erdrücken mich ja, wisperte da plötzlich ein feines Stimmchen neben ihm. – Bist du's, fragte er leise. Ja wohl, antwortete das Stimmchen, ich bin auch gefangen, und nage
schon lange an dem Sack, daß mir die Zähne weh tun. Jetzt
ist der Alte eingeschlafen, hören Sie nur, wie er schnarcht. Sie

haben so starke, dicke Finger, sein Sie doch so gütig und helfen Sie mir ein wenig reißen. – Es war ein allerliebstes, kleinwinziges Mäuschen, das so artig sprach. Kasperl riß nun ganz vorsichtig an dem Sack, das Mäuschen wischte hinaus, biß ihn im Fortspringen noch schelmisch in den Finger und verschlüpfte dann schnell im Mondschein, er hörte es noch fern zwischen den Steinen kichern. Jetzt kroch er selber sacht hervor, steckte noch geschwind einen hübschen Apfel in die Tasche, und nahm dann eilig Reißaus. – Aber, Gott weiß, der Alte mußte einen groben Flausrock anhaben, denn Kasperl geriet auf einmal in ein verworrenes, ungebürstetes Gestrüpp, in der Eile hatte er den Weg verloren und war, anstatt herabzuklettern, an dem alten Rockärmel gerade hinaufgelaufen. Als er aber oben stand, erstaunt' er erst recht! Da war der Morgen schon angebrochen, der Menschenfresser unter ihm war nichts anders, als der alte graue Fels vor seines Vaters Haus, und wo er das prächtige Schloß gesehen hatte und die wunderbaren Klüfte im Mondschein, da lagen jetzt fahle, dicke Wolken übereinander und dehnten sich noch halb im Schlaf. Er sah die Schornsteine in seinem Dorfe rauchen, der Nachbar trat gähnend in die Tür. Kikeriki! rief er, Kasperl, du willst wohl den Tag auskrähen, daß du dich da so früh auf den alten Stein-Jürgen gestellt hast. –

Aber das arme Annerl? fiel Fiametta wieder ein. – Wart' nur, es wird gleich noch viel schöner kommen, erwiderte Fortunat: Das schöne Annerl war fort und kam nicht wieder, und Niemand wußte was von ihr, denn sie war immer nur gegen Abend heimlich aus dem Walde mit ihm spielen gekommen. Da war Kasperl ganz traurig, er mußte viel lernen, und sehnte sich sehr und wurde darüber nach und nach groß und stark. Einmal des Nachts aber, als der Mondschein über die Wälder glänzte, da kam es ihm vor, als säße die wunderschöne Frau draußen auf dem Berg vor dem Hause und blätterte in dem alten Bilderbuch, daß der Goldschnitt beim Umwenden zuweilen seltsam über die Bäume am Fenster funkelte. Da wurde er sehr unruhig, und als kaum noch der Morgen dämmerte, saß er schon ganz angezogen in seiner

Kammer am Tisch, den Kopf in die Hand gestützt. Da fiel es
ihm erst ein, daß er den Apfel, den er damals aus dem Sacke
mitgenommen, noch immer in ⟨der⟩ Tasche hatte. Er nahm
ihn heraus und biß vor Schwermut drein, um ihn aufzuessen.
Da schreit auf einmal etwas drin, und ein Köpfchen streckt
und zwingt sich hervor, und wie er endlich verwundert den
Apfel aufbricht, steigt ein kleines, braunes Kerlchen mit
Wanderstab und Tasche aus dem Kernhaus. – Wer bist du? –
Der Äpfelmann. Adieu! – Das Männchen ging über den
Tisch fort, blieb aber plötzlich am Rande stehen, weil er nicht
herunterkonnte. – Ich will dir wohl herunterhelfen, du armer
Wicht, sagte Kasperl, aber du mußt mir dagegen etwas
versprechen. Kannst du mich zu der Göttin Luna führen? –
Warum nicht? erwiderte das Kerlchen. Da nahm er es sauber
zwischen die Finger und setzte es draußen auf den Rasen.
Nun traten sie sogleich ihre Wanderschaft an. Der Kleine
hinkte, denn Kasperl hatte ihn vorhin im Apfel in die große
Zehe gebissen. Kaum aber waren sie weiter in die Heide
gekommen, so humpelte das Kerlchen so ungeheuer fix fort,
wie ein Grashüpfer, und lachte und rief immer zurück:
komm mir doch nach, komm mir doch nach, hast ja so lange
Beine! und ehe sich's Kasperl versah, hatt' er das Kerlchen in
dem hohen Grase verloren. Da war er nun wieder so klug
wie vorher. – Es war aber gerade ein schöner Sonntagsmorgen. Ein Birnbaum ging eben über's Feld zur Kirche, und
rauschte Gottes Lob. Gelobt sei Jesus Christ! grüßte ihn
Kasperl, habt Ihr nicht so einen kleinen, braunen Pilgrim
gesehen? – In Ewigkeit, entgegnete der Birnbaum, ich glaube, ich habe vorhin so was im Grase zertreten. – Ach Gott,
klagte Kasperl, der hat mich irre geführt, nun weiß ich nicht,
wo ich bin! wenn ich nur einen Felsen oder Turm wüßte, um
mich ein wenig umzusehen in der Welt. – Jetzt hab' ich keine
Zeit zu Narreteien, meinte der Birnbaum; da aber Kasperl
betrübt weitergehen wollte, tat es ihm leid. Nun, komm nur
schon, komm, was man auch für Not hat mit euch Kindern,
sagte er, und stieg schnaufend und ächzend auf einen hohen
Berg hinauf, wo er sich breit zurechtstellte und seine grünen

Äste lustig in die blaue Luft hinausstreckte. Das ließ sich
Kasperl nicht zweimal sagen, er kletterte schnell bis zum
Wipfel hinan – da aber warf er plötzlich seinen Hut hoch in
die Luft und schrie Hurra! aus Leibeskräften, denn jenseits
erblickte er auf einmal das wunderbare Gebirge wieder, daß
ihn ordentlich schwindelte vor großer Freude. – Nun zaus'
mich doch nicht so grob, das tut ja weh, sagte der Baum.
Aber Kasperl schwang sich schon hastig wieder hinab;
Gott's Lohn, Gott's Lohn! rief er einmal über's andre. Der
gute Birnbaum aber schüttelte sich zum Valet im Morgen-
hauch, daß der ganze Rasen voll schöner, goldener Früchte
lag, die kollerten und hüpften lustig über den grünen Abhang hinunter, und Kasperl sprang ihnen nach zwischen den
Morgenlichtern in die prächtige Gegend hinein. – War nun
das Gebirge beim Mondglanz schön gewesen, so war jetzt
alles noch viel tausendmal schöner im funkelnden Morgenlicht. Das prächtige Schloß mit seinen stillen Türmen stand
ganz in rosenroter Glut, die Bäche waren von purem Gold,
die Wälder rauschten und blitzten von Rubinen und Smaragden, auf den Alpen standen Engel umher und fachten mit
ihren langen, regenbogenfarbenen Flügeln das Morgenrot
an. Und als er endlich zum Walde kam, da erblickte er auf
einmal ein wunderschönes Mädchen auf einem weißen
Hirsch, die hatte ein lustiges, funkelndes Krönlein im Haar.
Mein Gott! die sollt' ich ja kennen, dacht' er bei sich – und es
war sein liebes Annerl! – Sie hielt lachend still und sagte: die
schöne Frau Luna ist verwichene Nacht untergegangen, sie
läßt dich noch grüßen, ich aber bin ihre Tochter Aurora, die
Königin der Wälder. – So will ich König sein, rief Kasperl,
und schwang sich hinter sie auf den Hirsch, und hui! ging's
nun durch die Waldesnacht unter einsamen Burgen, an kühlen Strömen und Gärten und schimmernden Fernen vorüber, und jedem ging das Herze auf, der sie von fern vorüberfliegen sah. – So hausten sie fortan mit einander in
freudenreichem Schalle, und da sie nicht gestorben sind, so
leben sie noch heute – denn ich bin der verliebte Kasperl, und
du die Waldkönigin Aurora, mein liebes, liebes Dichterweib-
chen!

So schloß Fortunat und küßte herzlich Fiametta auf die verschlafenen Augen. Da stieß sie ihn leise an und wies in das Land hinaus. Ein leiser Schimmer flog über die Gegend, wie wenn ein Kind im Traum lächelt, eine früherwachte Lerche hing schon liedertrunken über ihnen hoch in der Dämmerung. Grüß dich Gott, du schöne, wunderbare Welt! rief Fortunat, jetzt frisch an's Werk! – Sie schüttelten sich schauernd in der Morgenkühle, er sprang schnell vom Baum, Fiametta folgte, er fing sie unten in seine Arme auf. Dann gingen sie schweigend mit einander durch den dämmernden Garten.

Fortunat hatte sich schon im voraus alles klug ausgesonnen. Fiametta sollte für's Erste sich in der Nähe der Amtmannswohnung noch im Grün verborgen halten, er selber wollte unterdes in der Morgenluft wie ein Falk das Haus umkreisen und auf Waltern, den er als einen frühen Vogel kannte, wo er sich blicken ließe, sogleich niederstoßen, um mit ihm das Weitere zu verabreden, bevor die Andern dazukämen.

Aber der Mensch denkt und Gott lenkt. Als sie so unter den feierlich rauschenden Wipfeln des Buchwaldes fortgingen, zupfte und rückte Fiametta mit klopfendem Herzen ihr Wämschen zurecht wie ein Vöglein, das sich im Morgenschein die Flügel putzt, und fing italienisch zu plaudern an, das klang wie ein Glöckchen durch die Stille. Fortunat aber gedachte des schönen Frühlingsmorgens, als er mit Waltern zum erstenmal hier eingestiegen. Da war alles wieder so kühl und frisch wie damals. Bald erblickte er seitwärts die duftigen Blumenplätze, den Sitz unter der Linde, lauter alte Bekannte, nun guckten auch schon die weißen Schornsteine herüber – auf einmal standen sie unter den hohen Bäumen vor dem Hause. Da lag noch alles in tiefer Ruh, durch das Weinlaub am Fenster konnte er die untere Stube übersehen, den bunten Teppich im ungewissen Schimmer und die vergoldeten Rahmen der Bilder gegenüber an der Wand, die alte Stockuhr schlug drin so eben Vier. Unter den Bäumen aber stand noch der große runde Tisch mit den Stühlen umher,

wie in der alten Zeit, der Amtmann hatte sein Pfeife draußen
vergessen, auch Florentinens Guitarre hing wieder über dem
Stuhl. Da überkam Fortunaten unwiderstehlich seine alte
Reise-Lustigkeit, der kluge Plan, Vorsicht, Geheimnis und
alles war vergessen, er ergriff die Guitarre, sprang auf den   5
Tisch hinauf und sang recht aus Herzensgrunde:

> Wer steht hier draußen? – Macht auf geschwind!
> Schon funkelt das Feld wie geschliffen,
> Es ist der lust'ge Morgenwind,
> Der kommt durch den Wald gepfiffen.   10
>
> Ein Wandervöglein, die Wolken und ich
> Wir reis'ten um die Wette,
> Und jedes dacht': nur spute dich,
> Wir treffen sie noch im Bette!
>
> Da sind wir nun, jetzt alle heraus,   15
> Die drin noch Küsse tauschen!
> Wir brechen sonst mit der Tür in's Haus:
> Klang, Duft und Waldesrauschen.

Bei den letzten Klängen öffnete sich oben leise ein Fenster.
Florentine fuhr mit dem verschlafenen Köpfchen hervor, er   20
hätte sie beinah nicht wieder erkannt, so prächtig, voll und
blühend war sie geworden. Herr Jesus! sind Sie's, Herr
Baron? rief sie ganz erschrocken, und schlug schnell das
Fenster wieder zu, denn der Morgenwind wollte ihr das
leichte Halstuch nehmen. Nun hörte er im Hause die Türen   25
gehen, rufen und rumoren. Draußen aber kletterte das Morgenrot fix über die Spaliere und Weinranken das stille Haus
bis zu den Schornsteinen hinan und guckte neugierig über
die Bäume, und Fortunat sang von neuem:

> Ich komme aus Italien fern   30
> Und will Euch alles berichten,
> Vom Berg Vesuv und Roma's Stern
> Die alten Wundergeschichten.

> Da singt eine Fei auf blauem Meer,
> Die Myrten trunken lauschen –
> Mir aber gefällt doch nichts so sehr,
> Als das deutsche Waldesrauschen!

5 Als Walter von Italien hörte, zweifelte er nicht länger. Eilig
in hohen Schmierstiefeln, die er gegen den beißenden Tau zu
gebrauchen pflegte, kam er atemlos aus dem Hause gestürzt.
Mein Gott! du, Herzensbruder! rief er schon von weitem und
flog, außer sich vor Freude, in Fortunats Arme und stach ihn
10 tüchtig mit seinem schlecht rasierten Bart. Fortunat war im
ersten Augenblick ganz verblüfft, denn Walter kam ihm so
verbauert vor, altmodisch, beim Reden schreiend und gebräunt im Gesicht; aber die treuen Augen machten gleich
alles wieder gut, man sah bis in den Grund der Seele, er war
15 doch durch und durch noch der alte. Jetzt fiel plötzlich ein
Schuß hinter ihnen, daß alle zusammenfuhren. Auf der Anhöhe wurde der tolle Förster sichtbar, der von dem Besuche
schon Wind bekommen. Er drehte den dünnen, flechsenrei-
chen Hals weit aus der schmalen, engen Binde, und als er nun
20 wirklich Fortunaten recht erkannt hatte, feuerte er aus seiner
Doppelbüchse geschwind noch einmal über ihre Köpfe weg
und stürzte mit großem Vivatgeschrei zu ihnen herab. Dann
erwischte er unversehens Fiametta, die gar nicht wußte, wie
ihr geschah, und walzte wütend mit ihr unter den Bäumen
25 herum, seine langen Rockschöße, die weit im Rade umher-
flogen, schleuderten einen von den Gartenstühlen so eben in
die Haustür, als die Frau Amtmannin feierlich heraustreten
wollte. Nun Gott behüt' uns, Herr Nachbar, rief sie empfindlich, was ist das wieder für eine Aufführung! – Einführung,
30 Frau Muhme, entgegnete der Förster, hohe Reisende, bal à la
fourchette, St. Veitstanz, Apfelsinen und Italien! da hat mich
so eine verfluchte Tarantul in die Füße gebissen. – Nun
schwenkte auch der Amtmann seine schneeweiße Schlafmütze, hinter der das hübsche Gesichtchen Florentinens
35 hervorguckte, alle schrien und fragten durcheinander, die
Amtmannin knickste unter vielen Redensarten, die niemand

hörte, ein aus dem Schlaf verstörter kalekutischer Hahn hatte
sich schon während des Walzers in des Försters fliegende
Schöße verbissen – man konnte gar nicht zu Worte und in's
rechte Geschick kommen. – Und der junge Herr? – mit wem
hab' ich die Ehre? – sagte endlich die Frau Amtmannin, mit   5
einem halben ungewissen Knicks gegen die hocherrötende
Fiametta gewendet. – Himmeltausend! da hab' ich nun was
Schönes angerichtet! dachte Fortunat. Er besann sich nicht
lange. Ein junger Vetter von mir aus Italien, sagte er. – Ah –
rief der Förster erstaunt, und entschuldigte nun mit aben-   10
teuerlicher Galanterie die ganz ergebenste Erdreistung seiner nicht wissenden Keckheit. Er mühte sich sichtbar ab, in
seinen überaus höflichen Diskurs eine Menge italienischer
Worte zu mischen, so glaubte er verständlicher zu werden,
kam wieder auf die Taranteln zu sprechen, die eigentlich in   15
Italien ansässig seien, ging dann auf die Skorpionen über, auf
die er einen ganz besonderen Haß geworfen zu haben schien,
und bot ihr endlich eine lange, frischgestopfte Pfeife an. –
Nicht doch, die Herren Italiener pflegen nicht zu rauchen,
rief die Amtmännin vermittelnd herüber. – Nun, so tu' ich's   20
selbst mit Erlaubnis, erwiderte der Förster und fing in
schnellen Zügen heftig an zu dampfen, während die allezeit
heitere Fiametta, in dem dicken Tabaksqualm sich manchmal
verhustend, ihm in aller Geschwindigkeit die ungeheuersten
Geschichten erzählte von geflügelten Skorpionen und einer   25
wahnsinnigen Tarantul, die den St. Veitstanz erfunden.

   Der Amtmann, als sich endlich der erste Jubellärm ein
wenig gelegt hatte, blickte vergnügt in die Runde. Im Ka-
lender, sagte er, ist heute kein Feiertag angemerkt, aber der
liebe Gott hat ihn draußen rot angestrichen, so weit man nur   30
sehen kann. Und in der Tat, das alte Schloß, die Wälder,
Strom und Täler glühten nun ringsum im schönsten Morgenrot. Die Frauen hatten unterdes den Tisch gedeckt, die
Vögel sangen über ihnen im Walde, und die Morgenlichter
funkelten lustig über die Weinflaschen und Gläser auf dem   35
blendend weißen Tischzeug. Walter legte in seiner Fröhlichkeit die Guitarre in Florentinens Arm, sie mußte, nicht ohne

häufiges Erröten, gleich zum Willkomm alle Lieblingslieder
des Hauses durchsingen. Eine tiefe Wehmut flog dabei durch
Fortunat's Seele: es waren noch immer dieselben Lieder, die
er damals hier gesungen und gedichtet – so lange hatten sie
nachgeklungen in dieser Einsamkeit! – Dann mußte er selbst
ihnen von seinen Reisen, von Rom und Sizilien erzählen,
dazwischen kamen immer wieder hiesige Geschichten auf's
Tapet von alten Bekannten, und von den hübschen Mädchen, mit denen er damals im Garten getanzt, sie zeigten ihm
die Dörfer in der Ferne, wo sie nun glücklich verheiratet
waren, da ein grünverschattetes Pfarrhaus, dort ein Paar
Schornsteine einsam über dem Wald. Der nach literarischen
Neuigkeiten ausgehungerte Walter versuchte mehreremal
vergeblich, ein wissenschaftliches Gespräch mit Fortunaten
anzuknüpfen. Er hatte noch immer die alte Angst, mit der
Bildung fortzuschreiten, und hielt eine Menge Journale, die
aber meist ungelesen blieben und von seiner hübschen Frau
zum Kuchenbacken verbraucht wurden. Diese hatte sich
jetzt mit ihrem Kinde an der Brust vor die Haustür gesetzt,
die Morgensonne spielte zwischen dem Weinlaub lieblich
über Mutter und Kind. Zuweilen blickte sie unter ihren
langen, dunklen Augenwimpern scharf nach Fiametta hinüber, die unterdes, das Köpfchen auf beide Arme gelegt,
über dem Schwirren und Summen der Gläser, Teller und
Reden am Tische eingeschlafen war.

So war es unter den munteren Gesprächen fast völlig Tag
geworden, als auf einmal Walter, einen erbrochenen Brief in
der Hand, eilig aus dem Hause trat. Das ist heut ein wahrer
Wundermorgen! rief er lachend aus, denkt euch, da schreibt
mir eben unser Rechtsfreund aus der Stadt, ich möchte ihm
kollegialisch beistehen, eine junge, adelige Dame auszukundschaften, die mit ihrer Kammerzofe ihrer alten Tante
entflohen und deren Spur zwischen unsern Bergen verloren
gegangen sein soll. – Kurios, sagte der Amtmann, ja, wilde
Wasser lieben die Berge. – Was! – rief der Förster, der eben
eine neue Pfeife gestopft und nur halb hingehört hatte – eine
alte wilde Tante ist im Wasser verloren gegangen? – Ja, fiel

Fortunat ein, und der Rechtsfreund mit ihrer Kammerjungfer entflohen. – Walter hatte Mühe, die Konfusion zu
berichtigen. Ein angesehener Mann, fuhr er dann fort, verfolgt nun die Flüchtlinge im Auftrag der Tante und hat in der
Stadt amtliche Hülfe in Anspruch genommen. Da bist du uns
eben zur rechten Stunde gekommen, Fortunat. – Ich? wie so?
fragte dieser betroffen. – Ich meine, als Dichter in solchen
romantischen Fällen. – Ach teurer Freund, entgegnete
Fortunat, ich wollte, die Romantik wäre lieber gar nicht
erfunden worden! Solche romantische Verliebte – und das ist
die adlige Dame gewiß samt der alten Tante und dem Rechtsfreund und seiner Kammerjungfer – die machen zusammen
an einem Morgen mehr dumme Streiche als ein gesetzter
Autor im letzten Kapitel jemals wieder gut machen kann! –
Da hatte er nun eben recht das Kapitel der Frau Amtmannin
getroffen. Sie nickte ihm freundlich zu, klagte über den
jetzigen Leichtsinn der Jugend und schob alles auf die Poesie. Fortunat stimmte ihr in seiner Not gern bei und hetzte
noch immer mehr gegen die Poeten. Der Förster aber, nachdem er endlich alles begriffen, saß währenddes wie in Kon-
vulsionen des heftigsten Nachdenkens, bald starrte er in den
Himmel, bald wieder in die dicken Tabakswolken vor sich
hin. – Topp, Sie ist's, rief er plötzlich aufspringend aus und
schlug mit der Hand auf den Tisch, daß die Gläser klirrten.
Wer?! – wandte sich Fortunat erschrocken herum. Über den
Lärm war Fiametta aus dem Schlafe aufgefahren, Florentine
sah ihr wieder scharf in die verträumten Augen – es hing alles
an einem Haar.

Aber der Förster legte schnell die Pfeife hin und setzte
martialisch seinen dreieckigen Hut auf. Jetzt kommt nur mit,
sagte er, alle, die ihr hier seid, zur Mühle dort am Wald, aber
sogleich, damit wir die Vögel noch im Nest erwischen. –
Fortunat atmete wieder leichter auf. – Vergebens drang man
nun in den Geheimnisvollen, sich näher zu erklären. Ich will
die alte Tante sein, sagte er nur, wenn ich euch nicht das
Fräulein schaffe, und sollte sie wie ein Eichhörnchen von
Baum zu Baum springen. – Die Amtmannin mochte von dem

Abenteuer nichts wissen und blieb mit Florentinen zurück, die Andern aber wanderten erwartungsvoll dem Walde zu. In dem allgemeinen Aufruhr konnte Fortunat durchaus keinen Augenblick gewinnen, Waltern auf die Seite zu nehmen,
5 so oft er ihm auch heimlich zuwinkte.

Nach einem kurzen Gange erblickten sie die Mühle in einer einsamen Waldschlucht. Von einem Bergeshange tief verschattet, war in dem kühlen Grunde kaum noch der Tag angebrochen, die Vögel erwachten eben erst in dem stillen
10 Gärtchen, nur die Tauben schimmerten vom Dach, das schon von der Morgensonne beleuchtet war. Hier verteilte der Förster seine Begleiter vorsichtig an allen Ausgängen, und gebot ihnen sich still zu halten, er selbst aber ging eilig in die Mühle. Da sahen sie, wie sich im Hause ein Dachfenster halb
15 und leise öffnete, sie glaubten oben ein junges Mädchen zu bemerken, das bei ihrem Anblick schnell den Laden wieder zuschlug. Was ist denn das? – flüsterte Fiametta ängstlich Fortunaten zu. – Ich glaube, erwiderte dieser, der ganze Morgen ist toll geworden und spiegelt unsere eigne Ge-
20 schichte närrisch in der Luft. – Jetzt entstand ein Tumult im Hause, der Waldbach stürzte plötzlich brausend über das Mühlrad, zwischen dem Rauschen hörten sie rennen, klappen und zanken. Auf einmal sprang die Haustür auf und der Förster trat mit triumphierendem Anstande hervor, er führte
25 feierlich eine fremde, wohlgekleidete Dame am Arm, der Morgenwind schlug ihren grünen Schleier zurück und zeigte ein junges, schönes Gesicht. – Da besann sich Fortunat nicht lange. Welche Überraschung, mein Fräulein! – rief er schnell hinzuspringend aus – als ich das Glück hatte, Sie bei Ihrer
30 verehrungswürdigen Tante zu sehen, wer hätte da an diese verwünschte Mühle gedacht! Ich bedaure nur, wenn dieser vorwitzige Morgenwind zu früh den Schleier gelüftet und das harte Gebirg manchen Stein des Anstoßes – Nun war auch Fiametta dazugekommen und drückte die Hand der
35 Dame zärtlich an ihr Herz. Himmlisches Mädchen, sagte sie, und das alles um mich! – Aber wie war es möglich? wie erfuhrst du, wo ich Unglücklicher umherschweife? Ja, leugne

nur nicht länger, ich weiß es ja doch, du Liebe, Arme! um
mich verließest du Schloß und Tante – o es geht mir alles wie
ein Mühlrad im Kopfe herum! – Die Dame sah in höchster
Verwirrung bald den einen, bald den andern an, und wußte
nicht, was sie erwidern sollte. Die beiden ließen sie aber nicht
mehr los, sie führten sie in ihrer Mitte so rasch der Amtmannswohnung zu, daß die Andern kaum folgen konnten,
dabei sprachen sie unterwegs oft heimlich unter einander.
Walter war ganz verdutzt, auch der Amtmann schüttelte
bedenklich den Kopf, der Förster aber schimpfte voller
Zorn. So eine schöne Dame, sagte er, und einem solchen
welschen Milchbart nachzulaufen, dem die Eierschalen noch
am Schnabel hängen! Da ist keine Gerechtigkeit in dem
Handel, eben so gut könnte sich der Herr Amtmann da in
mich verlieben. Dann pfiff er mit großem Lärm auf dem
Finger nach seinen Hunden, warf die Büchse auf den Rücken
und schritt ohne Abschied in den Wald.

Unterdes waren die Andern zu Hause angelangt, wo Fiametta sehr fröhlich den erstaunten Frauen ihre unverhofft
wiedergefundene Freundin vorstellte. Walter wollte folgen,
aber Fortunat faßte ihn am Arm und führte ihn rasch in den
Garten hinein. Nun hilf aus der Konfusion! rief er aus, da sie
allein waren, denn die gefangene Dame ist eigentlich die
Kammerjungfer meines Vetters, und mein Vetter ist meine
Geliebte, und meine Liebste ist die entsprungene Nichte der
alten Tante. Er erzählte nun kurz den ganzen Hergang der
Sache, und wie die Kammerjungfer, plötzlich so verlassen in
der Fremde, heimlich ihre Spur im Gebirge verfolgt und
gestern Abends – was der Förster zufällig erfahren haben
müsse – in der Waldmühle eingekehrt sei, um erst das Terrain
auszuforschen und sich des Morgens auf eine geschickte Art
wieder mit ihnen zu vereinigen. –

Als er geendigt hatte, hüllte er sich in sich selbst, um den
Hagelschauer freundschaftlicher Vorwürfe geduldig abzuwarten. Walter aber, aus seiner einförmigen Einsamkeit so
auf einmal mitten in das romantischste Abenteuer mit hinein-
geworfen, rief zu seinem Erstaunen: Deine kleine Marchesin

will ich mit Gut und Blut wie meinen Augapfel beschützen,
und rannte dann voll Begeisterung sogleich nach dem Hause
zu. Unterwegs begegnete ihnen Florentine und fragte, was
sie vorhätten? Walter in seiner Freude erwischte sie bloß
beim Kopf, küßte sie tüchtig ab und wollte weiter. Aber sie
hielt ihn fest. Tut mir nur nicht so wichtig und geheimnisvoll, sagte sie, merkt' ich's doch längst! – Walter sah sie groß
an. – Dieser Herr Vetter aus Italien – fuhr sie fort – wie er sich
gleich Anfangs vorsichtig auf den Stuhl setzte, als wollt' er
sich die Röcke nicht zerknittern – sein Gang, die Stimme –
dann – hier stockte sie plötzlich – Nun? fragte Fortunat. –
Dann sah er *Sie* einmal lange, lange an, als Sie eben mit den
Andern sprachen und Niemand Acht gab. – Jetzt standen sie
eben auf einer freien Anhöhe. Jenseits von den Waldbergen
leuchtete die alte Burg in der Morgensonne herüber, wo
Florentine ihm auf jener Spazierfahrt einmal flüchtig einen
Kuß gegeben hatte – sie dachten beide daran. Die schöne
Frau schlug verwirrt und errötend die Augen nieder – dann
reichte sie ihm freundlich lächelnd ihre Hand, in die er recht
herzlich einschlug. Währenddes ging Walter eifrig auf und
nieder und zerbrach sich den Kopf. Wär' nur der fremde
Herr nicht, der euch verfolgt! rief er ärgerlich aus. – Ei was!
entgegnete Fortunat lustig, ich hab' das Mädchen und er die
Tante, laß ihn die heiraten!

Sie setzten sich nun auf die Bank unter der Linde und
beratschlagten mit einander, was jetzt zunächst zu tun sei.
Nach vielem Hin- und Hersinnen wurde endlich einmütig
beschlossen, vor dem Förster und den Andern das einmal
eingeleitete Mißverständnis zu benutzen und die Kammerjungfer für die entflohene Geliebte des Vetters auszugeben,
beide aber einstweilen im Hause zu verwahren. Fortunat
dagegen sollte schleunigst zu der Tante aufbrechen und dort,
bevor er ihr den Aufenthalt Fiametta's entdeckte, nach den
Umständen alles selbst vorsichtig in's rechte Geleis zu bringen suchen. Du hast Rang, Vermögen, sagte Walter, und bist
eine so gute Partie für die Marchesin, als irgend eine im
Lande, es müßte wahrlich mit dem Eigensinn eines Roman-

schreibers zugehen, wenn ihr euch zuletzt nicht noch kriegtet.

Währenddes hörten sie Fiametta im Hause lustig plaudern und lachen. Der Förster, den sie weit im Walde wähnten, hatte nämlich sorgfältig seinen neuen Frack und eine lange, weiße Busenkrause angelegt, und wandelte unter allerlei aus der Luft gegriffenen Vorwänden um das Haus, den Hals nach den oberen Fenstern verdrehend. Ich glaube wahrhaftig, sagte die Amtmannin, der alte Narr ist in das gnädige Fräulein geschossen. Fiametta aber hatte geschwind die Kammerjungfer beredet, an's offene Fenster zu treten, warf ihr einen großen Shawl um, und fing hinter derselben an zu agieren, und den Förster anzureden, indem sie ihm gerührt für seine Mühwaltung dankte, wodurch er ein von der Tarantel der Liebe gebissenes Herz so frühzeitig von den Holzwegen des Leichtsinns zurückgeführt. – Als er nun seinerseits sich anschickte, verbindlich zu antworten, konnte sie vor Lachen nicht weiter, winkte ihn geheimnisvoll fort, als ob sie belauscht würden, und schlug schnell das Fenster wieder zu. – Florentine schüttelte bedenklich den Kopf und konnte sich durchaus in das buntfarbige Wesen nicht finden.

Fiametta aber, da die Männer ihr jetzt ihren Plan mitteilten, war von der Aussicht einer endlichen, baldigen Entscheidung ihres verwickelten Liebeshandels wie berauscht. Und als nun Florentine noch in aller Eile anfing Kuchen zu backen, die sie morgen Fortunaten auf die Reise mitgeben wollten, half sie ihr mit großer Geschäftigkeit und naschte die schönsten Rosinen weg. Zuletzt aber, da sie selbst den Teig angefaßt, mußte auf ihr klägliches Geschrei alles zu Hülfe eilen, um ihre Finger wieder rein zu machen. – Nun ließ sie das Backen ganz und gar, und zeigte Fortunaten die Wohnung, die sie ihr oben angewiesen hatten. Es war die schönste Stube im ganzen Hause, sie lag nach dem Walde zu, der durch alle Fenster hereinsah. Da ging es nun lustig an's Einpacken für morgen, die Vögel sangen draußen in den Wipfeln, Fiametta kniete in der grünen Dämmerung vor Fortunats Felleisen und plauderte vergnügt von den schö-

nen Bergen, über die er kommen würde, von dem prächtigen
Schloß und dem Garten der Tante, dabei packte sie heimlich
allerlei Kleinigkeiten von sich unter seine Wäsche und wurde
über und über rot, als er's bemerkte.

So war unter munteren Verabredungen und Vorbereitungen der Tag verflossen. Walter hatte, die Müdigkeit seiner
Gäste vorschützend, für den Abend jeden Besuch entfernt
gehalten, die Hausgenossen selbst, nach der halbdurchwach-
ten Nacht, waren schon früh zur Ruh gegangen. Nur Fortunat und Fiametta saßen noch vor der Haustür und hörten zu,
wie die Mädchen unten im Dorf vor dem Johannesbilde und
die Heimchen von der fernen Wiese sangen. Fiametta saß zu
seinen Füßen im Gras, sie hatte die Guitarre auf ihren Knien
und sah still in die mondbeschienene Gegend hinaus, er hatte
sie noch nie so nachdenklich gesehen. – Da erklang auf
einmal weiter oben ein Waldhorn. Es war der verliebte
Förster, der den Herrschaften ein Ständchen blies. Und als
nun allmählich Waldhorn und Johanneslieder verklangen
und alles still geworden war im Hause und im Tal, da nahm
Fiametta ihre Guitarre und sang:

> Es schienen so golden die Sterne,
> Am Fenster ich einsam stand
> Und hörte aus weiter Ferne
> Ein Posthorn im stillen Land.
> Das Herz mir im Leib entbrennte,
> Da hab' ich mir heimlich gedacht:
> Ach wer da mitreisen könnte
> In der prächtigen Sommernacht!

> Zwei junge Gesellen gingen
> Vorüber am Bergeshang,
> Ich hörte im Wandern sie singen
> Die stille Gegend entlang:
> Von schwindelnden Felsenschlüften,
> Wo die Wälder rauschen so sacht,
> Von Quellen, die von den Klüften
> Sich stürzen in die Waldesnacht.

> Sie sangen von Marmorbildern,
> Von Gärten, die über'm Gestein
> In dämmernden Lauben verwildern,
> Palästen im Mondenschein,
> Wo die Mädchen am Fenster lauschen,   5
> Wann der Lauten Klang erwacht,
> Und die Brunnen verschlafen rauschen
> In der prächtigen Sommernacht. –

Fiametta legte die Guitarre schnell weg, verbarg ihr Gesicht
an Fortunats Knien, und weinte bitterlich. – Wir reisen   10
wieder hin! flüsterte ihr Fortunat zu. Da hob sie das Köpfchen und sah ihn groß an. Nein, sagte sie, betrüg' mich
nicht! –

FÜNFUNDZWANZIGSTES KAPITEL

Zur Mittagszeit des folgenden Tages war Fortunat auf seiner   15
Reise schon fern von Hohenstein und rastete vor der Tür
einer Dorfschenke. Die Bienen summten in der blühenden
Linde am Haus, vor ihm über den niedrigen Zäunen und
Gärten bezeichnete ein blauer Duftstreif kaum noch die
Berge, wo er sein Liebchen zurückgelassen. Ein Mädchen   20
mit frischen Augen brachte Wein und Brot heraus, stutzte
aber, da sie ihn erblickte, und sprang schnell wieder in das
Haus zurück. Drin hörte er sie lebhaft reden und zu seinem
Erstaunen seine Haare, Rock und Stiefeln ausführlich beschreiben. Nun trat auch der Wirt heraus, nickte ihr zu, und   25
Fortunat erfuhr endlich, daß vor Kurzem zwei fremde Herren zu Pferde hier nach einem Reiter von seinem Aussehen
sich angelegentlich erkundigt und dann sehr eilig, der eine
diese, der andere jene Straße eingeschlagen hätten. Vergebens fragte er nach Namen und näheren Kennzeichen, er   30
konnte aus der konfusen Personbeschreibung durchaus nicht
klug werden, die eine hätte gar beinah auf Waltern gepaßt. –
Ihr fangt mich doch nicht! dachte er, als es ihm plötzlich auf's

Herz fiel, daß er jedenfalls freiwillig und aus eigenem Entschluß vor Fiametta's Tante erscheinen müsse, wenn sein
ganzer Plan nicht scheitern sollte. – In dieser Unruhe trank er
noch rasch des Wirts Gesundheit, schwang sich wieder auf
5 sein Pferd und sprengte durch's Dorf den fremden Herren
nach. Draußen aber nahm er sogleich die entgegengesetzte
Richtung und atmete erst wieder frei auf, als ein Bauer im
Felde ihm einen näheren Holzweg gerade durch's Gebirge
bezeichnete, auf dem er jene Reiter zu vermeiden, ihnen wohl
10 gar zuvorzukommen hoffen durfte.

Die Luft war schwül, er ritt lange am Rande eines waldigen Bergrückens fort, an einsamen Klüften und melancholischen Tälern vorüber. Auf einmal leuchtete seitwärts ein
lustiger Grund zwischen den Bäumen herauf: rote Zie-
15 geldächer und Gärtchen im schillernden Sonnenschein an
den Felsen hängend, unten ein glitzernder Bach mit badenden Kindern und auf der Wiese daneben fröhlich Getümmel
der Heuernte, Lachen und das Klirren der Sensen dazwischen. Und wie er noch so freudig überrascht hinabschaut,
20 erschallt jenseits plötzlich ein Peitschenknall, und um die
Waldecke herum fliegt ein schöner Reisewagen über die
glänzende Landschaft. Eine Dame beugt sich aus dem Wagen – Fortunat fährt erschrocken zusammen, es ist offenbar
Fiametta, aber in Frauenkleidern, lustig schwatzend mit ei-
25 nem Unbekannten, der neben dem Schlage reitet. Jetzt senkt
sich der Weg plötzlich wieder in den Wald und zwischen den
dunklen Tannen ist alles verschwunden und verklungen.

Fortunat stand wie versteinert, im ersten Augenblick kam
ihm Fiametta fast wie ein lieblicher Kobold vor, der neckend
30 durch's Gebirge streifte. Dann dachte er sie sich wieder in
Hohenstein entdeckt und mit roher Gewalt fortgeführt; aber
wie konnte sie dann noch so fröhlich plaudern! – er war ganz
verwirrt. – So lenkte er rasch auf einem Fußsteig den Berg
hinab, über die Wiese dem Hohlweg zu, wo die Erscheinung
35 versunken. Bald teilten sich die Wege, auf dem einen glaubte
er eine frische Wagenspur zu bemerken und setzte munter die
Sporen ein.

Aber je weiter er kam, je wilder und einsamer wurde die Gegend. Sie konnten auf dem steinigen Wege unmöglich so rasch gefahren sein, als er ritt. Oft hielt er lauschend still, da glaubte er einmal wieder ihre Stimme zu hören, es war nur der fremde Schall eines Waldvogels aus der Ferne. Er sang laut alle Lieder, die er wußte, dann horchte er wieder, und lachte und schimpfte und ritt immer schneller fort, bis er zuletzt mit Entsetzen bemerkte, daß ein Unwetter rasch im Anzuge war, um die Verwirrung vollkommen zu machen. Schon durchkreuzten Möwen mit ihren weißen spitzigen Flügeln pfeilschnell die schwüle Stille. Vergeblich blickte er nach einem Obdach umher, nicht einmal der Klang einer Holzaxt ließ sich im Walde vernehmen. Nur einzelne Nebelgestalten stiegen nun langsam aus den Klüften empor, und setzten sich mit ihren langen, grauen Gewändern in die Wipfel der Tannen, über dem Berge vor ihm aber hatte das Gewitter allmählich sein bleifarbenes Dunkel ausgebreitet, in das die Mauerspitzen einer Ruine fast grauenhaft hineinragten. –

Indem er noch so zögernd stand und unentschlossen, wohin er sich wenden sollte, hörte er auf einmal den Schall einer Glocke weit aus der Höhe herüberklingen. O du göttlicher Aberglaube! rief er freudig aus, was sind alle Blitzableiter der Welt gegen diesen tröstlichen Klang, der wie ein singender Engel mit gefalteten Händen über die Wälder zieht und die Wetter wendet. Ja, die Erde ist noch immer voll schöner Wunder, wir beachten sie nur nicht mehr! – Er folgte nun eilig den Klängen, die bald schwächer, bald deutlicher durch den Gewitterwind von dem Berge herabzukommen schienen, wo er vorhin die Ruine erblickt. Ein wildverwachsener, wenig betretener Fußsteig schlang sich zwischen den Klippen gerade in der Richtung hinauf. Der Pfad wurde immer enger und steiler, bald hörte er auch die Glocke nicht mehr, er mußte endlich absteigen und, sein Pferd am Zügel fassend, mühsam von Stein zu Stein hinanklimmen. Manchmal wendete er sich rastend zurück und sah durch die Wolkenrisse tief unten die Landschaft vorüberfliegen.

So war es völlig Nacht geworden, als er atemlos droben in's Freie trat. Ein Licht schimmerte ihm aus der Ferne freundlich entgegen; indem er darauf losging, glaubte er im Dunkel ein großes Schloß zu erkennen mit Türmen, Zinnen und wunderlichen Erkern. Dann, je näher er kam, verwandelte sich allmählich alles wieder, es war wildumhergeworfenes Gestein und phantastische Baumgruppen, was ihm so prächtig erschienen, und voll Erstaunen stand er auf einmal vor einer Einsiedler-Klause, halb in den Felsen gehauen, ein Türmchen mit einer Glocke darüber. Eine Lampe von der Decke warf ungewiß flackernde Scheine über die leeren Wände und den hölzernen Tisch und Stuhl in der Mitte. Plötzlich fuhr sein Pferd schnaubend zusammen, aus einem Winkel der Halle blinkte ihnen ein hochaufgerichtetes, weißes Totengeripp entgegen. – Schauerlicher Gesell! sagte Fortunat, bist du der Einsiedler hier und ziehst bei Nacht heimlich die Glocke? – Er rief nun laut nach allen Seiten, aber nur seine eigene Stimme gab zwischen den Klüften Antwort. Da faßt' er sich ein Herz, band sein Pferd vor der Hütte an und trat hinein.

Er fand sie wohnlicher, als er erwartet hatte. Ein großes Buch lag auf dem Tisch, er schlug es auf, es war ein altes Brevier, zu seiner Verwunderung fand er eine kurze ungrische Tabakspfeife drin als Zeichen eingelegt. Nun, die Toten schmauchen doch nicht, dachte er, und spähte eifriger umher. Da entdeckte er in einer Ecke einen Vorrat köstlichen Heues, weiterhin auch einen vollen Weinkrug und Gläser daneben. Erfreut über den unverhofften Fund zäumte er vor allem sein müdes Pferd ab und versah es reichlich mit Futter. Das ungewohnte Hantieren in dieser Abgeschiedenheit, das Brausen der Wipfel, die ganze unerhörte Lage, in der er sich hier befand, versetzte ihn in eine seltsame Heiterkeit. Gute Nacht! rief er fröhlich vom Berge hinab, wie hat der Herr nun alles untergetaucht in den wunderbaren Strom der Träume! Was ist das für ein Traumlied in den Wäldern, gleichwie die Saiten einer Harfe, die der Finger Gottes gestreift. Wahrlich, wen Gott lieb hat, den stellt er einmal über allen Plunder auf die einsame Zinne der Nacht, daß er nichts als die Glocken von der Erde und vom Jenseits zusammenschlagen hört und schauernd nicht weiß, ob es Abend bedeute oder schon Morgen. –

Darauf setzte sich Fortunat zufrieden vor die Klause, doch so, daß er seitwärts die eine Wand im Auge behielt; er traute dem dürren Gesellen im Winkel doch nicht recht, daß er sich nicht unversehens erhübe und murmelnd am Tisch aus dem Buche zu lesen anfing. Draußen aber war es so endlos still, er hörte nur manchmal das Schnauben des Pferdes und den Schrei des Wildes tiefer im Wald, vor ihm streiften durchsichtige Wolken gespensterhaft-leise den Rasen wie Schleppen fliehender Feen.

In dieser Einsamkeit überwältigte endlich der Schlaf den Erschöpften, und als er mitten in der Nacht plötzlich wieder aufwachte, waren die Wetter unterdes verzogen, der Mond schien prächtig über die Wälder. Da war's ihm, als hörte er in einiger Entfernung zwei Männer eifrig mit einander sprechen, und im zitternden Mondlicht unter den Bäumen bemerkte er einen riesengroßen Mönch, der mit einem Unbekannten schnell durch den Wald fort ging. Vor dem Rauschen der Wipfel konnte er nur einzelne abgebrochene Laute vernehmen, er hörte aber deutlich, wie sie im Gespräch mehrmals seinen und Fiametta's Namen nannten. – Träume ich denn, oder träumt diese phantastische Nacht von mir? – rief er erschrocken aufspringend aus, aber die Stimmen waren schon weit, und auf der stillen Höh', wo sie sich endlich im Dunkel ganz verloren hatten, sah er nun plötzlich eine Fackel aufleuchten. Mehrere dunkle Gestalten folgten, sie trugen lautlos einen Sarg. Die roten Widerscheine schweiften wunderbar zwischen den Tannen über ein Felsentor, in welchem auf einmal alles wieder verschwand. – Da war's ihm, als trügen sie Fiametta fort, er stürzte hastig nach in den Wald. Aber vergebens suchte er einen Steg durch die Wildnis, in der flimmernden Dämmerung des Mondscheins starrten ihm überall zackige Klüfte entgegen, er mußte wieder umkehren. Nur zu, sagte er ganz verstört, nur immer zu! der Spuk und die Nacht müssen doch einmal ein Ende nehmen! – Dann lehnte er sich über den Hals seines schlummernden Pferdes und starrte gedankenvoll in die weite Einsamkeit hinaus.

So hatte er lange, halb im Traume gestanden, als er auf einmal von fern den lustigen Schrei eines Waldvogels zu hören glaubte. Erfreut blickte er umher, da schweifte wirklich schon ein ungewisser Morgenschein leise über den Himmel, wie ein Hauch über den Spiegel, seitwärts, als er sich bewegte, fuhr ein Reh auf und flog scheu durch die Dämmerung. Nun dacht' er dran, daß heute Sonntag war. Da rannte er schnell in die Klause. Schau nicht so grämlich in dieser gnadenreichen Stunde, rief er dem knöchernen Klausner zu, jetzt ist's ja licht und alles, alles wieder gut! Dann zog er fröhlich die Glocke, als wollt' er den Tag anbrechen, und das Herz wurde ihm still und weit, als der Schall so hell durch die Waldesnacht ging, er hatte schon lange nicht so fromm in Gedanken gebetet.

Jetzt fiel ihm erst ein, daß der Glockenklang wohl die rätselhaften Nachtwandler herbeigelockt haben könnte. Er trat hinaus, und spähte nach allen Seiten umher. Aber es rührte sich nichts, der Wind hatte die Klänge nach den Tälern geweht, die noch im tiefen Schatten lagen. Auf dem Gipfel des Berges aber, an dessen Lehne die Klause sich befand, bemerkte er jetzt im falben Zwielicht die Mauertrümmer wieder, die er gestern aus dem Tale gesehen. Dort zogen sie hinauf, dachte er, und schwang sich eilig auf sein Pferd. Bald hatte er nun auch den verschlungenen Pfad und das Felsentor entdeckt, das von der andern Seite nach der Höhe führte, und verfolgte unterdessen die Spur, um droben, wo möglich, nähere Auskunft über die Vorgänge der Nacht und die einzuschlagende Reiserichtung zu erhalten.

So ritt er wohlgemut in den wachsenden Morgen hinein, auf dem Berge vor ihm trat allmählich das alte Gemäuer immer deutlicher zwischen den Tannen hervor. Schon unterschied er eine halbverfallene Kirche, leere Fensterbogen und einzelnstehende Pfeiler, von Efeu üppig umrankt, Ziegen kletterten in der grünen Wildnis, alles von der Morgensonne wunderbar beleuchtet. Da erschien auf einmal ein hoher, schlanker Jäger auf der Wand, der Morgen funkelte glutrot darüber, es war, als stünd' er ganz im Feuer. Auf seine Büchse gelehnt, schaute er von der andern Seite in die Täler hinab, er hörte ihn oben singen:

> Hier steh' ich wie auf treuer Wacht,
> Vergangen ist die dunkle Nacht,
> Wie blitzt nun auf der Länder Pracht!
> Du schöne Welt, nimm dich in Acht!

Jetzt wandt' er sich herum – es war *Lothario*! Auch er hatte nun den Ankommenden bemerkt, sprang rasch herab, und die beiden Freunde lagen einander in den Armen. Der wilde Jäger sah bleich, gebräunt und dennoch schöner aus, als ehemals, Fortunat erschrak fast vor der wunderbaren Tiefe der dunklen Augen, in die er so lange nicht gesehen. – Aber wie kommst du hier herauf? fragte er endlich auf's höchste überrascht. – Ich spiele den letzten Akt, erwiderte Jener lächelnd, Gräber, Hochzeit, Gottes grüne Zinnen und die aufgehende Sonne als Schluß-Dekoration. – Hier waren sie am Gipfel bei den Trümmern angelangt, er band Fortunats Pferd an einen Baum. Laß unterdes hier alles stehen, und komm nur schnell mit mir. – Du bist nicht allein hier oben, meinte Fortunat, wen habt ihr heute Nacht im Wald begraben? – Den armen *Otto*. – O Gott! du fröhliches Liederherz, so früh wie eine Lerche singend aus der Luft zu fallen! mir ist's, als hört' ich's noch im Ohre klingen. – Wohl ihm, entgegnete der Begleiter, er hatte rasch gelebt und stand schon müd' und schlaftrunken im tiefen Abendrot, dort ruht er aus.

Sie traten durch ein halbverfallenes Bogentor auf einen freien grünen Platz, es schien ein ehemaliger Kloster-Kirchhof zu sein. Ein neues Grab, so eben erst mit schönem Rasen belegt, schimmerte ihnen taufrisch entgegen. Ein Mönch kniete betend daneben zwischen wilden, bunten Blumen, und Vögel flatterten und sangen lustig in dem jungen Grün, das aus allen Mauerritzen rankte, über die Gräber aber leuchtete auf einmal eine unermeßliche, prächtige Aussicht aus der rauschenden Tiefe herauf. – Gott gebe jedem Dichter solch ein Grab! rief Fortunat freudig überrascht.

5   Bei dem Klang seiner Stimme aber hob sich's plötzlich unter den Blumen, er stand wie im Traum – es war *Fiametta*. Ist er da! rief sie emporfahrend aus, schüttelte die Locken aus dem Gesicht und sprang fröhlich zu ihm. Nun kam zu seinem Erstaunen auch *Walter* eilig zwischen den Steinen hervor mit
10   einem Einsiedler und einem Fremden, der Fortunaten mit den klugen, scharfen Augen freundlich betrachtete. Wie haben wir dich gesucht, rief Walter schon von weitem, wer von uns hätte das gedacht! – Aber Fortunat konnte sich noch gar nichts denken, er blickte verwirrt in dem Kreise umher. Da
15   glänzten unten die Täler in der schönen Sonntagsstille und die Morgenglocken klangen von fern herauf. – Nun lobet alle Gott! sagte Lothario, faßte Fortunaten und Fiametta bei der Hand und führte sie in die alte Kirche neben dem grünen Platz, die Andern folgten schweigend. Der Mönch stand
20   schon vor dem Altar, zu dem Lothario sie brachte. Die Morgensonne schien seltsam durch das hohe, gemalte Bogenfenster, die Pfeiler waren mit frischen Birken verziert, durch die offene Türe rauschten die Bäume herein. Jetzt bemerkte Fortunat erst, daß Fiametta festlich geschmückt
25   war und ein Myrtenkränzchen im Haar hatte, er wußte nicht wie ihm geschah. Und als nun der Mönch sich zu ihnen wandte und fragte: ob sie als getreue Eheleute einander lieben wollten bis in den Tod, sagte Fiametta errötend aus Herzensgrunde: Ja, und er legte segnend ihre Hände zu-
30   sammen.

SECHSUNDZWANZIGSTES KAPITEL

Jungen Eheleuten kommt am Hochzeitsmorgen die Welt wie verwandelt vor, als wäre über Nacht alles schöner und jünger geworden, denn die Erde putzt und spiegelt sich gern in

fröhlichen Augen. Wie viel lustiger unserem Paar, gleich
Zugvögeln über der prächtigsten Gegend, da war des grünen Waldlebens genug, schattige Gründe, fliegende Schimmer über das Land und unabsehliche, selige Fernen! – Allmählich erst tauchte Fortunaten alles aus dem Morgenglanze
auf. Er erfuhr nun, daß der seltsame Lothario Graf Victor
selber war und seit geraumer Zeit hier oben als Vitalis lebe,
heiter und streng, ein Einsiedler ohne Kutte, ein Jäger, nach
höherem Wild gestellt. – Jetzt gab sich auch jener Fremde als
Baron Manfred kund, denselben Vetter, der damals Fiametta's Tante auf ihrem Schlosse besucht. Er hatte von ihrer
Liebe und ihrem Heimweh gehört und für Fortunaten um
ihre Hand bei der Tante geworben. Als aber darauf die
scheue Marchesin von dem vermeintlich unbekannten Bräutigam so plötzlich die Flucht ergriffen, verfolgte er unausgesetzt ihre Spur bis Hohenstein, wo er unmittelbar nach
Fortunats Abreise eintraf. Dort erfuhr Walter von ihm den
ganzen Zusammenhang, so wie den gegenwärtigen Aufenthalt des Grafen Victor, und voll Freude waren sie nun alle
noch denselben Morgen aufgebrochen, um Fortunaten eiligst einzuholen. So hatte also Fortunat sein Liebchen vor
sich selber entführt und ein Jeder vor lauter Klugheit die
möglichst größte Konfusion angerichtet, der liebe Gott aber
unversehens alles wieder gescheuter gemacht.

Morgen wollten die Gäste wieder weiterziehen. Unerwartet waren sie hier auf einer jener Zinnen des Lebens zusam-
mengekommen, die immer nur für wenige Raum hat – das
fühlten sie wohl. Was hatten die Freunde nun alles einander
zu erzählen in der kurzen Zeit, Lust und Leid, Vergangenes
und Künft'ges! So war ihnen der Tag in der schönen Einsamkeit schnell verflossen. Als es aber schon wieder abend-
kühl wurde, saßen sie alle zusammen vor der großen Aussicht unter den hohen Buchen, welche den Abhang an der
Klosterruine beschatteten. Spuren von Kiesgängen, sorgfältig mit Buchsbaum umzäunt, Lauben und halbzerworfene
Rasenbänke bezeichneten ringsumher den ehemaligen Klostergarten, nur einzeln zerstreute Blumen, wie verlorene

Kinder schimmerten noch aus der alten Zeit durch das wuchernde Unkraut. Hier hatte der geschäftige Einsiedler einen Tisch gedeckt und Stühle gesetzt, er ließ es sich durchaus nicht nehmen, die Herrschaften auf's Beste zu traktieren mit Wein, Obst, Honig und Nüssen, was er nur hatte. Für Fiametta aber hatte er einen Kranz von lustigen Waldnelken besorgt. Er blätterte emsig in seinem Brevier und schenkte ihr die schönsten Heiligenbilder daraus, dabei steckte er ihr immerfort das Beste von dem Naschwerk zu und hatte seine herzinnige Freude, wie sie so schön mit dem Kränzlein aussah und fröhlich plaudernd die Nüsse knackte. – Da hörten sie auf einmal in geringer Entfernung einige Saitenklänge. Dacht' ich's doch, fuhr der Einsiedler auf, da hat er mir doch meine alte Zither in der Klause aufgestöbert! – Im Gebüsch aber hörten sie singen:

> Wir zogen manchen Wald entlang,
> Viel fröhliche Gesellen,
> Und salutierten mit Gesang
> Die Burgen und die Quellen.

> Nun sang man den zu Grabe still,
> Dem sie zur Hochzeit geigen,
> Der andre in den Himmel will
> Auf wilde Felsen steigen.

> Von den einsamen Felsensteigen
> Schau ich in's Land so weit,
> Da dunkelt und rauscht's so eigen
> Von der alten schönen Zeit.

Da kriegen wir alle was ab, sagte Fiametta. – Nun, nun, wir wollens ihm schon zurückzahlen, meinte der Einsiedler, aber er singt eine schöne Note, es ist mir ganz wie in meiner Soldatenzeit, wenn ich so bei stiller Nacht mit der Zither im Biwak lag. – Es sang wieder:

Was das für ein Gezwitscher ist!
Durch's Blau die Schwalben zucken
Und schrei'n: »sie haben sich geküßt!«
Vom Baum Rotkehlchen gucken.

Der Storch stolziert von Bein zu Bein; 5
»Da muß ich fischen gehen –«
Der Abend wie im Traum darein
Schaut von den stillen Höhen.

Und wie im Traum von den Höhen
Seh' ich Nachts meiner Liebsten Haus, 10
Die Wolken darüber gehen
Und löschen die Sterne aus.

Fiametta flüsterte wieder: ist ihm denn seine Liebste gestorben? – Ach, das ist eine dumme Geschichte mit seiner Amour, erwiderte der Einsiedler, tut mir den Gefallen und 15
bedauert ihn nicht lange, das will er nur, sonst macht er noch immer mehr Flausen davon. Wer ist's denn? fragte Fiametta. Aber der Spielmann sang von neuem:

Im Schloß ihr wohl am Fenster steht
Und herzt euch nach Gefallen,
Der Herbst schon durch die Felder geht, 20
Da hört ihr's unten schallen.

»Das klingt ja wie vom Felsenrand
Einst bei des Klausners Buchen,
Ich glaub', das ist der Musikant,
Der kommt zum Kindtaufs-Kuchen.« 25

Und die Vögel zieh'n über die Buchen,
Der Sommer der ist vorbei,
Ich aber muß wandern und suchen,
Wo der ewige Frühling sei. 30

Hier entstand plötzlich ein heftiges Geräusch, und eh' sie
sich's versahen, kam der Sänger in hastiger Flucht durch
Laub und Äste geradezu über die alte Gartenmauer dahergeflogen, daß die losen Steine hinter ihm drein kollerten.
Fiametta drängte sich scheu an Fortunat, dieser erkannte zu
seinem Erstaunen in dem Flüchtling Dryandern. Der Doktor aber blickte noch immer wild zurück, setzte seinen Hut,
der vor Eile ganz schief saß, auf dem Kopfe zurecht und
schimpfte, außer sich vor Zorn und Schreck, über die dumme
Romantik: kaum beträte man das Revier eines Poeten, so
schössen verstorbene Doppelgänger, gleich wahnsinnigen
Pilzen, aus dem unvernünftigen Boden und säßen auf den
Klippen umher und wackelten mit den Köpfen. – Da erkannte er auf einmal in Fiametta's Augen das hübsche Jägerbürschchen vom Donauschiff, und seine ganze Gedan-
kenfolge bekam dadurch plötzlich einen anderen Zug. Fiametta errötete und fragte ihn lächelnd, ob er sich noch mit ihr
schlagen wolle? Er aber besann sich nicht lange. Oh, entgegnete er tapfer, ich habe damals auf dem Schiffe alles recht gut
gewußt, und wollte nur die Damen ein wenig schrecken. –
Ja, ja, das hat die Schiffsgesellschaft wohl gemerkt, sagte
Fortunat, denn sie haben deinen zurückgelassenen Hut über
der Tür des Wirtshauses angenagelt zum ewigen Gedächtnis
eines verwegenen Duellanten, der vor Zorn und Wut plötzlich die Verschwindsucht bekommen.

Unterdes hatte der Einsiedler das Gebüsch hinter der
Mauer untersucht und kam nun mit großem Gelächter zurück. Gerade in dem wildverwachsenen Versteck, wo Dryander das Ständchen gebracht, befand sich der zertrümmerte
Eingang zur Klostergruft; dort saß seit alter Zeit ein Toten-
gerippe, wie ein Wächter zwischen den Steinen, dem der
Einsiedler, als er vorhin Tisch und Stühle abräumte, in der
Eile des Doktors Schlafpelz umgehangen. Mitten im Gesange nun sich umwendend, hatte Dryander plötzlich sich
selbst zu erblicken geglaubt und so mit größter Behendigkeit
die Flucht ergriffen.

Jetzt erfuhr Fortunat auch, daß der Doktor schon seit

längerer Zeit in einem angeblichen Bußanfall bei dem Einsiedler sich aufgehalten, der ihm sehr gut war und immer
tausend Spaß und Händel hatte mit dem kuriosen Gesellen.
Heut noch vor Tagesanbruch aber war Dryander gleichfalls
voll Eifer ausgezogen, um Fortunaten aufzusuchen, ohne in
seiner Zerstreuung vorher erst die Braut zu betrachten.
Unterwegs aber hatte er bald die ganze Geschichte wieder
vergessen, und schlenderte wohlgemut nach dem nächsten
Städtchen, wo er sich im Gasthause tüchtig restaurierte. Das
gefiel ihm so wohl, daß er unverzüglich einen großen Ein-
kauf an Wein, Braten und Kuchen machte und einen Burschen zum Tragen mietete, der so eben zu allgemeinem
Ergötzen aus seinem Korbe den Markt hervorlangte und
sich dann ermüdet neben sie ins Gras setzte.

Wer Dryandern genau kannte, konnte bald bemerken, daß
er sich wieder einmal in jener phantastischen Faselei befand,
wo er sich und Andere überredete, ganz besonders unglücklich zu sein. Victor sah ihn scharf an. Nun beichte nur
gleich, sagte er, was ist wieder passiert? – Der Doktor
zögerte erst, dann begann er mit einer gewissen, weichen
Feierlichkeit: Ihr wißt alle, daß meine liebe kleine Frau mich
verlassen. – Sie mußte wohl, fiel ihm Victor in's Wort, du
wolltest ihre gesunde, herbe, klare Prosa durchaus auf die
poetische Lyra spannen, was Wunder, wenn endlich die Saite
sprang! – Und einem Husaren-Lieutenant an den Schnurrbart flog, sagte der Doktor ärgerlich über die Unterbrechung. Kurz, ich wußte wohl ein Jahr lang nicht, wohin sie
gekommen. Heute nun, als ich mit diesem guten Jungen da
so eben zu den Bergen zurückkehren will, sehen wir ein rotes
Ziegeldach durch's Grün schimmern. Wir traten näher, da
steht ein Brunnen unter einem blühenden Apfelbaum, die
Bienen summen drin in der schwülen Mittagstille, an dem
Brunnen aber sitzt ein junges Weib, ihr Kindlein auf dem
Arm – es war mein liebes Trudchen. Gott grüß' dich, schöne
Frau, sag' ich, und bitt' um einen frischen Trunk. Da blickt
sie erschrocken auf – sie kannte mich nicht mehr. – Nein,
Herr, fiel hier der Bursch mit dem Korbe ein, sie erkannte

Euch gleich und schrie: Herr Je, Fritz, komm geschwind, da
ist mein alter Mann! – Ganz recht, fuhr Dryander fort, und da
kommt ihr neuer Mann, der verabschiedete Husaren-Lieutenant, in hohen Schmierstiefeln und Hemdsärmeln, Heu und
Häcksel in den Haaren, und fährt in der Eile in seinem alten
Flauschrock mit der Faust zum Ellbogen heraus, ein Kern-
wirt, sonst ein guter Kerl. Wir gingen nun mit einander in's
Haus, ich lobte alles nach Kräften. – Ihr erzählt alles so
konfus, sagte der Bursch wieder, Ihr fragtet zuerst, was in
der Stadt der Spieß Lerchen koste, die draußen so hübsch
sängen? – Kann sein! – Nein, ich weiß noch alles ganz genau.
Und, einmal als Philosoph gesprochen, sagtet Ihr dann, was
braucht ein fühlendes Herz mehr: ein ländliches Schloß mit
wacklichten Mansarden, ein sanfter, unter dreijährigen Dün-
ger gesetzter Hügel daneben, ein schlängelnder Bach aus
dem Kuhstall nach der lachenden Wiese – Halt das Maul, fuhr
ihn Dryander an. Ich stand in der Haustür, mit tiefer Wehmut überblickte ich noch einmal den Apfelbaum, das stille
Gärtchen und Trudchens Gestalt – dann wandt' ich mich –
Hier konnte der Bursche das Lachen nicht halten. – Was hast
du? fragten die Andern. – Mit Erlaubnis, sagte er, und als der
Herr so von dem schlängelnden Bach sprach, erwischte ihn
der Herr Lieutenant am Flügel und schmiß ihn zum Hause
heraus, daß er mir bald in den Korb gefallen wäre. – Nun,
wenn Ihr's besser wißt, so ist mir's auch recht, entgegnete der
Doktor, ergriff eine Flasche und wollte fort, kehrte aber
wieder um, nahm noch eine zweite unter den Arm, und ging
eilig in die Ruine. Wahrhaftig, sagte Fortunat lachend, da ist
Lug und Einbildung, Wahrheit und Dichtung so durcheinander gefilzt und gewickelt, daß er selber nicht mehr heraus
kann! ich wette, er ist nun auf acht Tage in allem Ernst wieder
in seine kleine Frau verliebt!

Während dieser Gespräche war es völlig dunkel geworden. Für Fiametta hatte man unterdes zwischen den Trümmern eine Lagerstatt von duftendem Heu bereitet, und ihre
müden Augen waren schon untergegangen, als der Mond
über die stillen Wälder aufging. Der Einsiedler, über seinem

Rosenkranze nickend, bewachte sie von fern, die Andern saßen noch zusammen bis tief in die Nacht. – Dryander aber hatte mit großer Umständlichkeit Papier, Federn, Wein und gestopfte Pfeifen in eine Zelle zusammengeschleppt, wo man ihn öfters eifrig auf und niedergehen sah. Er wollte die schöne Nacht benutzen, um ein großes Gedicht, mit dem er sich schon lange in Gedanken herumtrug, endlich recht mit Ruhe niederzuschreiben. Da hatte er aber lauter Störungen. Erst nickte ihn aus irgend einem Mauerloch unaufhörlich ein melancholischer Schuhu an, gegen den er sich sehr erboste, weil er es für eine üble Vorbedeutung hielt. Dann erwachte eine Nachtigall und schmetterte gerade vor seinem Fenster. Er wollte sie mit dem Schnupftuch verjagen, darüber verlor er seine beste Feder hinter'm Ohr, die Zugluft durch's offene Fenster fuhr in die beschriebenen Blätter und als er um sich griff, schimpfte und haschte, löschte ihm gar der Wind das Licht aus. Da ballte er voller Zorn alle Papiere in seine Tasche zusammen, setzte den Hut auf den Kopf und nahm draußen, da alles schon schlief, mit wenigen Worten nur von dem Einsiedler Abschied, der, halb im Traum, nicht wußte, was geschah. Dann raffte er noch geschwind die Viktualien vom Tische in den Korb und rüttelte den Burschen auf. Der mußte ohne weiteres voraus, und so wanderte er mit langen Schritten den Wald hinab, um nie mehr auf diesen Berg zurückzukehren, wo ihm die ungeheure Tugendwirtschaft auf einmal unglaublich langweilig vorkam.

Wir aber lassen das Irrlicht wandern, und überschauen noch einmal das nächtliche Gebirge. Die Wälder und Abgründe liegen noch geheimnisvoll umher in der tiefen Stille, nur das ungewisse Flimmern der Sterne verkündet die Nähe des Morgens. Durch die weite Einsamkeit aber tönt ein Gesang, es ist Victor's Stimme:

> Nächtlich macht der Herr die Rund',
> Sucht die Seinen unverdrossen,
> Aber überall verschlossen
> Trifft er Tür und Herzensgrund,

Und er wendet sich voll Trauer:
Niemand ist, der mit mir wacht. –
Nur der Wald vernimmt's mit Schauer,
Rauschet fromm die ganze Nacht.

5 Waldwärts durch die Einsamkeit
Hört' ich über Tal und Klüften
Glocken in den stillen Lüften,
Wie aus fernen Morgen weit –.
An die Tore will ich schlagen,
10 An Palast und Hütten: Auf!
Flammend schon die Gipfel ragen,
Wachet auf, wacht auf, wacht auf!

Da regt sich's nach und nach immer lauter und lauter vor dem
verfallenen Kloster, gesattelte Pferde wiehern durch die
15 Dämmerung, Walter treibt geschäftig zur Eile, um noch vor
der Mittagshitze in's Tal zu kommen, Fiametta sitzt schon
auf ihrem Zelter, und schüttelt sich und plaudert reiselustig
in der Kühle. Jetzt tritt zu aller Erstaunen auch Victor mit
dem Einsiedler ganz wanderfertig aus dem Kloster.
20 Glückauf! ruft er ihnen fröhlich entgegen, indem er Fiametta's Pferd am Zügel faßt und den Zug beginnt, der wege-
kundige Einsiedler, eine Reisetasche umgehängt und einen
dicken Wanderstab in der Hand, schreitet im Zwielicht rüstig
voran.
25 Nun, das ist einmal ein Wort! rief Fortunat freudig aus,
während sie so langsam den Wald hinabzogen, du wanderst
also mit? – Was hast du vor? fragte Manfred fast betroffen. –
Beschlossen war es längst, sagte Victor, und heute leuchten
schöne, gute Sterne. Ihr wißt's noch nicht: ich bin auch
30 Bräutigam. – Hier öffnete er den Reiserock, unter dem die
Kleidung eines katholischen Priesters sichtbar wurde. –
Mein Lieb ist streng und ernst, fuhr er lächelnd fort, drum
wollt' ich hier oben mich erst zusammenraffen und innerlich
besinnen. Glaubt mir, ein herrlich Ding ist's um die Einsam-
35 keit auf hohen Bergen; das Buch des Lebens versteht doch

nur, wer um Gottes Willen lernt und nicht um der Welt Gunst. – Manfred sah ihn lange schweigend an. Nun wahrlich, sagte er dann, wenn ich dich auf dem Schlachtfelde wiedergefunden hätte, hoch zu Roß mit der Fahne voran! – Du sprichst ja wie ein Mädchen davon, entgegnete Victor, wie wenn es keinen Krieg gäbe, als den die schmucken Lieutenants führen. – Und dein großes poetisches Talent, unterbrach ihn Manfred wieder, du wirfst es fort, wie ein Verschwender? – Was wär' denn Poesie, meinte Victor unwillig, wenn sie in feinem Goldschnitt auf einer Morgentoilette durchzublättern wäre? Talent! das ist nur ein Blitz, den der Herr fortschleudert in die Nacht, um zu leuchten, und der sich selbst verzehrt, indem er zündet. Nein, Freunde, genug endlich ist des weichlichen Sehnens, wer gibt uns das Recht zu klagen, wenn Niemand helfen mag! Nicht morsche Mönche, Quäker und alte Weiber; die Morgenfrischen, Kühnen will ich werben, die recht aus Herzensgrund nach Krieg verlangt. Auch nicht über's Meer hinüber blick' ich, wo unschuldige Völker unter Palmen vom künftigen Morgenrot träumen, mitten auf den alten, schwülen, staubigen Markt von Europa will ich hinuntersteigen, die selbstgemachten Götzen, um die das Volk der Renegaten tanzt, gelüstet's mich umzustürzen und Luft zu hauen durch den dicken Qualm, daß sie schauernd das treue Auge Gottes wiedersehen im tiefen Himmelsgrund. – Manfred konnte sich lange nicht erholen. Ist mir's doch, sagte er endlich, wie von einem hohen Berg in's Meer zu sehen, wo mir dein Schiff in der Morgenglut verschwindet. Der Anblick schreckt und blendet mich, ich muß den festen Boden fühlen unter mir, ein nahes Ziel von Tag zu Tag im Auge haben. – Geht, geht, fiel Fortunat hier ein, über eueren Reden verlier' ich mich selber ganz. Du Victor zumal, verwirrst mir schon seit gestern, wie ein nächtliches Wetterleuchten, der Seele Grund: tiefe Klüfte mit kühnen Stegen darüber und manche alte, geliebte Gegend fernab, aber alles so fremd und wunderbar wie in Träumen. Zuletzt ist's doch dasselbe, was ich eigentlich auch meine in der Welt, ich habe nur kein anderes Metier dafür, als meine Dichtkunst, und bei der will ich leben und sterben!

Jetzt standen sie auf einem Abhang, von dem verschiedene Pfade auseinandergingen. Hier hielt Victor plötzlich an, sein Weg führte ihn noch weiter über den Gebirgskamm nach der Stadt, wo die neuen Gefährten seiner harrten. Er schien tief bewegt. – Wie's da unten nebelhaft sich durcheinanderschlingt – sagte er, in die Täler schauend – man hört schon Stimmen da und dort verworren aus dem Grund, Kommandoruf und Trompetenklänge durch die stille Luft und Morgenglocken dazwischen und den Gesang verirrter Wanderer. Und wo die Nebel auf einen Augenblick sich teilen, sieht man Engel ernst mit blanken Schwertern auf den Bergen stehen, und unten weite Geschwader still kampfbereit aufblitzend, und der Teufel in funkelndem Ritterschmuck reitet die Reihen entlang und zeigt den Völkern durch den Wolkenriß die Herrlichkeit der Länder und ruft ihnen zu: seid frei, und alles ist euer! – O Freunde, das ist eine Zeit! glückselig wer drin geboren ward, sie auszufechten! – Hier reichte er ihnen noch einmal die Hand und wandte sich schnell zum Walde.

Ade, du geistliches Soldatenherz! rief Fortunat erschüttert aus. Sie sahen ihm alle noch lange schweigend nach, dann schieden auch sie von einander. Manfred wollte dem Ruf zu einem bedeutenden Staatsdienste folgen, da hoffte er, wenn auch auf anderer Bahn, auf den frischen Gipfeln des Lebens mit Victor'n wieder zusammenzutreffen. Walter aber begleitete das junge Ehepaar zunächst noch nach Hohenstein; ihm war's, als sei seit seiner Jugendzeit die Welt zu groß und weit geworden für ihn, er sehnte sich recht aus Herzensgrunde nach seinem stillen, schattigen Gärtchen zurück. – Und so sehen wir denn die rüstigen Gesellen auf verschiedenen Wegen das Gebirge langsam hinabreiten, und eine tiefe Wehmut befällt uns unter den leise rauschenden Bäumen, da nun alle die lieben, langgewohnten Stimmen nach und nach verhallen, wie wenn wir im Herbst die bunten Wandervögel über uns fortziehen hören.

Fiametta aber ritt voll stiller Freude und Erwartung neben Fortunaten in den dämmernden Morgen hinein, denn er

hatte ihr nun entdeckt, daß er ihren Palast in Rom angekauft
habe, dort wollten sie wieder hin. – Vor ihnen glänzte schon
manchmal die Landschaft unermeßlich herauf, alle Ströme
zogen da hinaus, Wolken und Vögel schwangen sich durch's
heitere Blau ihnen nach, und die Wälder neigten sich im   5
Morgenwind nach der prächtigen Ferne. – Weißt du noch
dein Märchen im Baum? sagte Fiametta lachend, nun bin ich
wirklich Aurora. –

Und als Victor sich noch einmal auf der Höhe zurückwandte, waren schon Alle im Morgenrot verschwunden.   10
Durch eine Waldschlucht nur sah er unten einen schwerbe-
packten Rüstwagen und ein Häuflein Wanderer zu Fuß und
zu Roß am Walde vorüberziehen, er erkannte seine alten
Komödianten, Dryander schritt mit der Geige wieder voran.
– So stand er noch lange in Gedanken oben – da ging die   15
Sonne prächtig auf, die Morgenglocken klangen über die
stille Gegend, und der Einsiedler sang:

> Wir ziehen treulich auf die Wacht,
> Wie bald kommt nicht die ew'ge Nacht
> Und löschet aus der Länder Pracht,   20
> Du schöne Welt, nimm dich in Acht!

EINE MEERFAHRT

Es war im Jahre 1540, als das valenzische Schiff Fortuna die
Linie passierte und nun in den atlantischen Ozean hinaus-
stach, der damals noch einem fabelhaften Wunderreiche
glich, hinter dem Columbus kaum erst die blauen Berges-
spitzen einer neuen Welt gezogen hatte⟨.⟩ Das Schiff hatte
eben nicht das beste Aussehen, der Wind pfiff wie zum Spott
durch die Löcher in den Segeln, aber die Mannschaft, lumpig, tapfer und allezeit vergnügt, fragte wenig darnach, sie
fuhren immerzu und wollten mit Gewalt neue Länder entdecken. Nur der Schiffshauptmann Alvarez stand heute
nachdenklich an den Mast gelehnt, denn eine rasche Strö-
mung trieb sie unaufhaltsam ins Ungewisse von Amerika ab,
wohin er wollte. Von der Spitze des Verdecks aber schaute
der fröhliche Don Antonio tiefaufatmend in das fremde
Meer hinaus, ein armer Student aus Salamanka, der von der
Schule neugierig mitgefahren war, um die Welt zu sehen.
Dabei hatte er heimlich noch die Absicht und Hoffnung, von
seinem Oheim Don Diego Kunde zu erhalten, der vor vielen
Jahren auf einer Seereise verschollen war und von dessen
Schönheit und Tapferkeit er als Kind so viel erzählen gehört,
daß es noch immer wie ein Märchen in seiner Seele nachhall-
te. – Ein frischer Wind griff unterdes rüstig in die geflickten
Segel, die künstlich geschnitzte bunte Glücksgöttin am Vor-
derteil des Schiffes glitt heiter über die Wogen, den wandel-
baren Tanzboden Fortuna's. Und so segelten die kühnen
Gesellen wohlgemut in die unbekannte Ferne hinaus, aus der
ihnen seltsame Abenteuer, zackiges Gebirge und stille
blühende Inseln wie im Traume allmählich entgegendäm-
merten. Schon zwei Tage waren sie in derselben Richtung
fortgesegelt, ohne ein Land zu erblicken, als sie unerwartet in
den Zauberbann einer Windstille gerieten, die das Schiff fast
eine Woche lang mit unsichtbarem Anker festhielt. Das war
eine entsetzliche Zeit. Der hagere gelbe Alvarez saß unbeweglich auf seinem ledernen Armstuhle und warf kurze

scharfe Blicke in alle Winkel, ob ihm nicht jemand guten
Grund zu ordentlichem Zorne geben wollte, die Schiffsleute
zankten um nichts vor Langeweile, dann wurde oft alles auf
einmal wieder so still, daß man die Ratten im untern Raum
schaben hörte. Antonio hielt es endlich nicht länger aus und
eilte auf das Verdeck, um nur frische Luft zu schöpfen. Dort
hingen die Segel und Taue schlaff an den Masten, ein Matrose
mit offener brauner Brust lag auf dem Rücken und sang ein
valenzianisches Lied, bis auch er einschlief. Antonio aber
blickte in das Meer, es war so klar, daß man bis auf den
Grund sehen konnte, das Schiff hing in der Öde wie ein
dunkler Raubvogel über den unbekannten Abgründen, ihm
schwindelte zum ersten Mal vor dem Unternehmen, in das er
sich so leicht gestürzt. Da gedachte er der fernen schattigen
Heimat, wie er dort als Kind an solchen schönen Sommertagen mit seinen Verwandten oft vor dem hohen Schloß
im Garten gesessen, wo sie nach den Segeln fern am Horizonte aussahen, ob nicht Diego's Schiff unter ihnen. Aber die
Segel zogen wie stumme Schwäne vorüber, die Wartenden
droben wurden alt und starben, und Diego kam nicht wieder, kein Schiffer brachte jemals Kunde von ihm. – Das
Angedenken an diese stille Zeit wollte ihm das Herz abdrücken, er lehnte sich an den Bord und sang für sich:

> Ich seh' von des Schiffes Rande
> Tief in die Flut hinein:
> Gebirge und grüne Lande,
> Der alte Garten mein,
> Die Heimat im Meeresgrunde,
> Wie ich's oft im Traum mir gedacht,
> Das dämmert alles da drunten
> Als wie eine prächtige Nacht.
>
> Die zackigen Türme ragen,
> Der Türmer, er grüßt mich nicht,
> Die Glocken nur hör' ich schlagen
> Vom Schloß durch das Mondenlicht,

Und den Strom und die Wälder rauschen
Verworren vom Grunde her,
Die Wellen vernehmens und lauschen
So still übers ganze Meer.

Don Diego auf seiner Warte   5
Sitzet da unten tief,
Als ob er mit langem Barte
Über seiner Harfe schlief.
Da kommen und gehn die Schiffe
Darüber, er merkt es kaum,   10
Von seinem Korallenriffe
Grüßt er sie wie im Traum.

Und wie er noch so sann, kräuselte auf einmal ein leiser
Hauch das Meer immer weiter und tiefer, die Segel schwell-
ten allmählich, das Schiff knarrte und reckte sich wie aus dem   15
Schlaf und aus allen Luken stiegen plötzlich wilde gebräunte
Gestalten empor, da sie die neue Bewegung spürten, sie
wollten sich lieber mit dem ärgsten Sturme herumzausen, als
länger so lebendig begraben liegen. Auf einmal schrie es
Land! vom Mastkorbe, Land, Land! Antonio kletterte in   20
seinem buntseidenen Wams wie ein Papagei auf der schwankenden Strickleiter den Hauptmast hinan, er wollte das Land
zuerst begrüßen. Alvarez eilte nach seiner Karte, da war aber
alles leer auf der Stelle, wo sie soeben sich befinden mußten.
Bakkalaureus, Herzensjunge! schrie er herauf, schaff mir   25
einen schwarzen Punkt auf die Karte hier, ich mach dich zum
Doktor drin, was siehst du? – Ein blauer Berg taucht auf, rief
Antonio hinab, jetzt wieder einer – ich glaub' es sind Wolken, es dehnt sich und steigt im Nebel wie Turmspitzen. –
Nein, jetzt unterscheide ich Gipfel, o wie das schön ist! und   30
helle Streifen dazwischen in der Abendsonne, unten dunkelt's schon grün, die Gipfel brennen wie Gold. – Gold? rief
der Hauptmann und hatte sein altes Perspektiv genommen,
er zielte und zog es immer länger und länger, er schwor, es sei
das reiche Indien, das unbekannte große Südland, das damals   35
alle Abenteurer suchten.

In diesem Augenblicke aber waren plötzlich alle Gesichter erbleichend in die Höh gerichtet: ein dunkler Geier von riesenhafter Größe hing mit weit ausgespreizten Flügeln gerade über dem Schiff, als könnt' er die Beute von Galgen-
5 vögeln nicht erwarten. Bei dem Anblick ging ein Gemurmel, erst leise, dann immer lauter, durch das ganze Schiff, alle hielten es für ein Unglückszeichen. Endlich brach das Schiffs-volk los, sie wollten nicht weiter und drangen ungestüm in den Hauptmann, von dem verhängnisvollen Eiland wieder
10 abzulenken. Da zog Alvarez heftig seinen funkelnden Ring vom Finger, lud ihn schweigend in seine Muskete und schoß nach dem Vogel. Dieser, tödlich getroffen, wie es schien, fuhr pfeilschnell durch die Lüfte, dann sah man ihn taumelnd immer tiefer nach dem Lande hin in der Abendglut ver-
15 schwinden. Meld' dem Land, daß sein Herr kommt – sagte Alvarez nachschauend, auf seine Muskete gestützt – und wer mir den Ring wiederbringt, soll Statthalter des Reichs sein! – Hat sich was wiederzubringen, brummte einer, der Ring war nur von böhmischen Steinen!

20 Indem aber fing die Luft schon zu dunkeln an, man be-schloß daher, den folgenden Tag abzuwarten, bevor man sich der unbekannten Küste näherte. Die Segel wurden eiligst eingezogen, die Anker geworfen und auf Bord und Masten Wachen ausgestellt. Aber keiner konnte schlafen vor
25 Erwartung und Freude, die Matrosen lagen in der warmen Sommernacht plaudernd auf dem Verdecke umher, Alvarez, Antonio und die Offiziere saßen zusammen vorn auf Fortu-na's Schopfe, unter ihnen schlugen die Wellen leise ans Schiff, während fern am Horizont die Nacht sich mit Wet-
30 terleuchten kühlte. Der vielgereiste Alvarez erzählte ver-gnügt von seinen frühern Fahrten, von ganz smaragdenen Felsenküsten, an denen er einmal gescheitert, von prächtigen Vögeln, die wie Menschen sängen und die Seeleute tief in die Wälder verlockten, von wilden Prinzessinnen auf goldenen
35 Wagen, die von Pfauen gezogen würden. – Wer da! rief da auf einmal eine Wache an, alles sprang rasch hinzu. Wer da, oder ich schieße! schrie der Posten von neuem. Da aber alles

stille blieb, ließ er langsam seine Muskete wieder sinken und
sagte nun aus, es sei ihm schon lange gewesen, als hörte er in
der See flüstern, immer näher, bald da bald dort, dann habe
plötzlich die Flut ganz in der Nähe aufgerauscht. Alle lauschten neugierig hinaus, sie konnten aber nichts entdecken, nur
einmal war's ihnen selber, als hörten sie Ruderschlag von
ferne. – Unterdes aber war der Mond aufgegangen und sie
bemerkten nun, daß sie dem Lande näher waren, als sie
geglaubt hatten. Dunkle Wolken flogen wechselnd darüber,
der Mond beleuchtete verstohlen ein Stück wunderbares
Gebirge mit Zacken und jähen Klüften, immer höher stieg
eine Reihe Gipfel hinter der andern empor, der Wind kam
vom Lande, sie hörten drüben einen Vogel melancholisch
singen und ein tiefes Rauschen dazwischen, sie wußten nicht,
ob es die Wälder waren oder die Brandung. So starrten sie
lange schweigend in die dunkle Nacht, als auf einmal einer
den andern flüsternd anstieß. Syrenen! hieß es da plötzlich
von Mund zu Munde, seht da, ein ganzes Nest von Syrenen! – und in der Ferne glaubten sie wirklich schlanke weibliche Gestalten in der schimmernden Flut spielend auftauchen und wieder verschwinden zu sehen. – Die erwisch ich!
rief Alvarez, der sich indes rasch mit Degen, Muskete und
Pistolen schon bis an die Zähne bewaffnet hatte und eiligst
auf der Schiffsleiter in das kleine Boot hinabstieg. Antonio
folgte fast unwillkürlich. – Gott schütz', der Hauptmann
wird verliebt, bindet ihn! riefen da mehrere Stimmen verworren durcheinander. Alle wollten nun die tolle Abfahrt
hindern, da sie aber das Boot festhielten, zerhieb Alvarez
zornig mit seinem Schwerte das Tau und die beiden Abenteurer ruderten allein in den Mondglanz hinaus. Die zurückkehrende Flut trieb sie unmerklich immer weiter dem
Lande zu, ein erquickender Duft von unbekannten Kräutern
und Blüten wehte ihnen von der Küste entgegen, so fuhren
sie dahin. Auf einmal aber bedeckte eine schwere Wolke den
Mond und als er endlich wieder hervortrat, war See und Ufer
still und leer, als hätte der fliegende Wolkenschatten alles
abgefegt. Betroffen blickten sie umher, da hatten sie zu ihrem

Schrecken hinter einer Landzunge nun auch ihr Schiff aus dem Gesicht verloren. Die wachsende Flut riß sie unaufhaltsam nach dem Strande, das Ufer, wie sie so pfeilschnell dahin flogen, wechselte grauenhaft im verwirrenden Mondlicht, auf einsamem Vorsprunge aber saß es wie ein Riese in weiten grauen Gewändern, der über dem Rauschen des Meeres und der Wälder eingeschlafen. – Diego! sagte Antonio halb für sich. – Alvarez aber, in Zorn und Angst, feuerte wütend sein Pistol nach der grauen Gestalt ab. In demselben Augenblick stieß das Boot so hart auf den Grund, daß der weiße Gischt der Brandung hoch über ihnen zusammenschlug. Alvarez schwang sich kühn auf einen Uferfels, den erschrockenen Antonio gewaltsam mit sich emporreißend, hinter ihnen zerschellte das Boot in tausend Trümmer. Aber so zerschlagen und ganz durchnäßt, wie er war, kletterte der Hauptmann eilig weiter hinan, und auf dem ersten Gipfel zog er sogleich seinen Degen, stieß ihn in den Boden und nahm feierlich Besitz von diesem Lande mit allen seinen Buchten, Vorgebirgen und etwa dazu gehörigen Inseln. Amen! sagte Antonio, sich das Wasser von den Kleidern schüttelnd, nun aber wollt ich, wir wären mit Ehren wieder von dieser fürstlichen Höhe hinunter, ich gebe Euch keinen Pfeffersack für Euer ganzes zukünftiges Königreich! – Zukünftiges? erwiderte Alvarez, das ist mir just das liebste dran! Mit Kron und Szepter auf dem Throne sitzen, Audienz geben, mit den Gesandten parlieren: was macht unser Herr Vetter von England u. s. w.? Langweiliges Zeug! Da lob' ich mir einen Regenbogen, zweifelhafte Türme von Städten, die ich noch nicht sehe, blaues Gebirge im Morgenschein, es ist als ritt'st Du in den Himmel hinein; kommst Du erst hin, ist's langweilig. Um ein Liebchen werben ist scharmant; heiraten: wiederum langweilig! Hoffnung ist meine Lust, was ich liebe, muß fern liegen wie das Himmelreich.

> Soll Fortuna mir behagen,
> Will ich über Strom und Feld
> Wie ein schlankes Reh sie jagen
> Lustig, bis ans End' der Welt!

Eigentlich aber sang er mit seiner heisern Stimme nur, um sich selber die Grillen zu versingen, denn ihre Lage war übel genug. Zu den Ihrigen wieder zurückzufinden, konnten sie nicht hoffen, ohne sich ihnen durch Signale kund zu geben; Feuer anzünden aber, schießen oder sonstigen Lärm machen, wollten sie nicht, um das wilde Gesindel nicht gegen sich aufzustören, das vielleicht in den umherliegenen Klüften nistete. Da beschlossen sie endlich, einen der höhern Berggipfel zu besteigen, dort wollten sie sich erst umsehen und im schlimmsten Falle den Morgen abwarten. Als sie nun aber in solchen Gedanken immer tiefer in das Gebirge hineingingen, kam ihnen nach und nach alles gar seltsam vor. Der Mondschein beleuchtete wunderlich Wälder, Berge und Klüften, zuweilen hörten sie Quellen aufrauschen, dann wieder tiefe weite Täler, wo hohe Blumen und Palmen wie in Träumen standen. Fremde Rehe grasten auf einem einsamen Bergeshange, die reckten scheu die langen schlanken Hälse empor, dann flogen sie pfeilschnell durch die Nacht, daß es noch weit zwischen den stillen Felswänden donnerte.

Jetzt glaubte Antonio in der Ferne ein Feuer zu bemerken. Alvarez sagte: wo in diesen Ländern eine reiche Goldader durchs Gebirge ginge, da gebe es oft solchen Schein in stillen Nächten. Sie verdoppelten daher ihre Schritte, leis und vorsichtig ging es über mondbeglänzte Heiden, das Licht wurde immer breiter und breiter, schon sahen sie den Widerschein jenseits an den Klippen des gegenüberstehenden Berges spielen. Auf einmal standen sie vor einem jähen Abhange und blickten erstaunt in ein tiefes, rings von Felsen eingeschlossenes Tal hinab; kein Pfad schien zwischen den starren Zacken hinabzuführen, die Felswände waren an manchen Stellen wunderbar zerklüftet, aus einer dieser Klüfte drang der trübe Schein hervor, den sie von weitem bemerkt hatten. Zu ihrem Entsetzen sahen sie dort einen wilden Haufen dunkler Männer, Windlichter in den Händen, abgemessen und lautlos im Kreise herumtanzen, während sie manchmal dazwischen bald mit ihren Schilden, bald mit den Fackeln zusammenschlugen, daß die sprühenden Funken sie wie ein

Feuerregen umgaben. Inmitten dieses Kreises aber, auf einem Moosbette, lag eine junge schlanke Frauengestalt, den schönen Leib ganz bedeckt von ihren langen Locken, und Arme, Haupt und Brust mit funkelnden Spangen und wilden Blumen geschmückt, als ob sie schliefe, und so oft die Männer ihre Fackeln schüttelten, konnten sie deutlich das schöne Gesicht der Schlummernden erkennen.

Es ist Walpurgis heut, flüsterte Alvarez nach einer kleinen Pause, da sind die geheimen Fenster der Erde erleuchtet, daß man bis ins Zentrum schauen kann. – Aber Antonio hörte nicht, er starrte ganz versunken und unverwandt nach dem schönen Weibe hinab. Vermaledeiter Hexensabbat ist's, sagte der Hauptmann wieder, Frau Venus ist's! in dieser Nacht alljährlich opfern sie ihr heimlich, *ein* Blick von ihr, wenn sie erwacht, macht wahnsinnig. – Antonio, so verwirrt er von dem Anblick war, ärgerte doch die Unwissenheit des Hauptmanns. Was wollt Ihr? entgegnete er leise, die Frau Venus hat ja niemals auf Erden wirklich gelebt, sie war immer nur so ein Symbolum der heidnischen Liebe, gleichsam ein Luftgebild, eine Chimäre. Horatius sagt von ihr: Mater saeva cupidinum. – Sprecht nicht lateinisch hier, das ist just ihre Muttersprache! unterbrach ihn Alvarez heftig und riß den Studenten vom Abgrunde durch Hecken und Dornen mit sich fort. Der Teufel, sagte er, als sie schon eine Strecke fortgelaufen waren, der Teufel – Wollt sagen: der – nun, Ihr wißt schon, man darf ihn heut nicht beim Namen nennen – der hat für jeden seine besondern Finten, unsereins faßt er geradezu beim Schopf, eh' man sichs versieht, euch Gelehrte nimmt er säuberlich zwischen zwei Finger wie eine Prise Tabak.

Unter diesem Diskurs stolperten sie, von Schweiß triefend, im Dunkeln über Stock und Stein, einmal kam's ihnen vor, als flöge eine Mädchengestalt über die Heide, aber der Hauptmann drückte fest die Ohren an. So waren sie in größter Eile, ohne es selbst zu bemerken, nach und nach schon wieder tief ins Tal hinabgekommen, als ihn⟨en⟩ plötzlich ein: Halt, wer da! entgegenschallte. Da war es ihnen doch nicht anders, als ob sie eine Engelsposaune vom Himmel anbliese! – He Landsmann, Kameraden, Hollaho! schrie Alvarez aus vollem Halse; sie traten aus dem Wald und sahen nun die Schiffsmannschaft auf einer Wiese am Meere um Feldfeuer gelagert, die warfen so lustige Scheine über die Gestalten mit den wilden Bärten, breit aufgekrempten Hüten und langen Flinten, daß Antonio recht das Herz im Leibe lachte.

Alvarez aber, noch ganz verstört von der verworrenen Nacht, trat sogleich mitten unter die Überraschten und erzählte, wie sie eben aus dem Venusberge kämen und die Frau Venus auf diamantenem Throne gesehen hätten, was sie da erlebt, wollt' er Keinem wünschen, denn er müßte gleich toll werden darüber. – Kerl, warum senkst Du die Hellebarde nicht, wenn Dein Hauptmann vor Dir steht? fuhr er dazwischen die Schildwache an, die sich neugierig ebenfalls genähert hatte. Der Soldat aber schüttelte den Kopf, als kennte er ihn nicht mehr. Da trat der Schiffslieutenant Sanchez keck aus dem Gedränge hervor, er trug das Hauptmannszeichen an seinem Hut. Es sei hier alles in guter Ordnung, sagte er zu Alvarez, er habe sie verlassen in der Not und Fremde, auch hätten sie sein Boot zertrümmert gefunden, da habe die Mannschaft nach Seegebrauch einen neuen Anführer gewählt, *er* sei jetzt der Hauptmann! – Was, schrie Alvarez, Hauptmann geworden, wie man einen Handschuh umdreht, wie ein Pilz über Nacht? – Der schlaue Sanchez aber lächelte sonderbar. Über Nacht? sagte er, könnt Ihr etwa im Venusberg wissen, was es an der Zeit ist? Oho, wie lange denkt Ihr denn, daß Ihr fort gewesen, nun? – Alvarez war ganz betreten, die furchtbare Sage vom Venusberg fiel ihm jetzt erst recht aufs Herz, er traute sich selber nicht mehr. – Wißt Ihr denn nicht, sagte Sanchez, ihm immer dreister unter das Gesicht tretend, wißt Ihr nicht, daß mancher als schlanker Jüngling in den Venusberg gegangen und als alter Greis mit grauem Barte zurückgekommen, und meint doch, er sei nur ein Stündlein oder vier zu Biere gewesen, und keiner im Dorfe kannte ihn mehr, und – wie er aber dem Alvarez so

nahe trat, gab ihm dieser auf einmal eine so derbe Ohrfeige,
daß der Hauptmannshut vom Kopfe fiel, denn er hatte sich
unterdes rund umgesehen und wohl bemerkt, daß die andern
kaum um ein paar Stunden älter geworden, seitdem er sie
5 verlassen. Sanchez griff wütend nach seinem Degen, Alvarez
auch, die andern drängten sich wild heran, einige wollten
dem alten Hauptmann, andere dem neuen helfen. Da sprang
Antonio mitten in den dichtesten Haufen, die Streitenden
teilend. Seid ihr Christen? rief er, blickt um euch her, auf was
10 habt ihr eure Sach' gestellt, daß ihr so übermütig seid? Diese
alten starren Felsen, die nur mit den Wolken verkehren,
fragen nichts nach euch und werden sich eurer nimmermehr
erbarmen. Oder baut ihr auf die Nußschale, die da draußen
auf den Wellen schwankt? Der Herr allein tuts! Er hat uns mit
15 seinen himmlischen Sternen durch die Einsamkeit der
Nächte nach einer fremden Welt herüber geleuchtet und geht
nun im stillen Morgengrauen über die Felsen und Wogen,
daß es wie Morgenglocken fern durch die Lüfte klingt, wer
weiß, welchen von uns sie abrufen – und anstatt niederzu-
20 sinken im Gebet, laßt ihr eure blutdürstigen Leidenschaften
wie Hunde gegeneinander los, daß wir alle davon zerrissen
werden. Er hat Recht! sagte Alvarez, seinen Degen in die
Scheide stoßend. Sanchez traute dem Alvarez nicht, doch
hätte er auffahren mögen vor Ärger, und wußte nicht, an
25 wem er ihn auslassen sollte. Ihr seid ein tapferer Ritter
Rhetorio, sagte er, habt Ihr noch mehr so schöne Sermone im
Halse? – Ja, um jeden frechen Narren damit zu Grabe zu
sprechen, entgegnete Antonio. – Oho, rief Sanchez, so müßt
Ihr Feldpater werden, ich will Euch die Tonsur scheren, mein
30 Degen ist just heute haarscharf. Da fuhr Alvarez auf: wer
dem Antonio ans Leder wolle, müsse erst durch seinen
eignen Koller hindurch. Aber Antonio hatte schon seinen
Degen gezogen, trat mit zierlichem Anstande vor und sagte
zum Lieutenant, daß sie die Sache als Edelleute abmachen
35 wollten. Alvarez und mehrere andere begleiteten nun die
beiden weiterhin bis zum Saume des Waldes, die Schwerter
wurden geprüft und der Kampfplatz mit feierlichem Ernst

umschritten. Die Palmen streckten ihre langen Blätter und
Fächer verwundert über die fremden Gesellen hinaus. Gar
bald aber blitzte der Mond in den blanken Waffen, denn
Sanchez griff sogleich an und verschwor sich im Fechten,
Antonio solle seinen Degen hinunter schlucken bis an den
Griff. Der Student aber wußte schöne gute Hiebe und Finten
von der Schule zu Salamanka her, parierte künstlich, maß
und stach und versetzte dem Prahlhans, ehe er sich's versah,
einen Streich über den rechten Arm, daß ihm der Degen auf
die Erde klirrte. Nun faßte Sanchez das Schwert mit der
Linken und stürzte in blinder Wut von neuem auf seinen
Gegner; er hätte sich selbst Antonio's Degenspitze in den
Leib gerannt, aber die andern unterliefen ihn schnell und
warfen ihn rücklings zu Boden, denn jetzt erst bemerkten sie,
daß er schwer betrunken war. In der Hitze des Kampfes hatte
er völlig die Besinnung verloren, sie mußten ihn an die
Lagerfeuer zurück tragen, wo sie nun seine Wunde verbanden. Da hielt er sich für tot und fing sich selber ein Grablied
zu singen an, aber es wollte nicht stimmen, er sah ganz
unkenntlich aus, bis er endlich umsank und fest einschlief. –
Das ist gut, er hat die Rebellion mit seinem Blut wieder
abgewaschen, sagte Alvarez vergnügt, denn alle waren dem
Lieutenant gewogen, weil er Not und Lust brüderlich mit
seinen Kameraden teilte und in der Gefahr allezeit der erste
war.

Unterdes aber hatte die Schiffsmannschaft eilig bunte
Zelte aufgeschlagen und plauderte und schmauste vergnügt.
Antonio mußte auf viele Gesundheiten fleißig Bescheid tun,
sie erklärten ihn alle für einen tüchtigen Kerl. Dazwischen
schwirrte eine Zither vom letzten Zelte, der Schiffskoch
spielte den Fandango, während einige Soldaten auf dem
Rasen dazu tanzten. Von Zeit zu Zeit aber rief Alvarez den
Schildwachen zu, auf ihrer Hut zu sein, denn weit in der
Nacht hörte man zuweilen ein seltsames Rufen im fernen
Gebirge. Nach einer Stunde etwa erwachte der Lieutenant
plötzlich und sah verwirrt bald seinen Arm an, bald in der
fremden Runde umher, aber er verwunderte sich nicht lange,

denn dergleichen war ihm oft begegnet. Vom Meere wehte
nun schon die Morgenluft erfrischend herüber, ihn schauerte
innerlich, da faßte er einen Becher mit Wein und tat einen
guten Zug; dann sang er, noch halb im Taumel, und die
Andern stimmten fröhlich mit ein:

> Ade, mein Schatz, du mocht'st mich nicht,
> Ich war dir zu geringe,
> Und wenn mein Schiff in Stücken bricht,
> Hörst du ein süßes Klingen,
> Ein Meerweib singt, die Nacht ist lau,
> Die stillen Wolken wandern,
> Da denk an mich, 's ist meine Frau,
> Nun such' dir einen andern.

> Ade, ihr Landsknecht', Musketier'!
> Wir ziehn auf wildem Rosse,
> Das bäumt und überschlägt sich schier
> Vor manchem Felsenschlosse,
> Lindwürmer links bei Blitzesschein,
> Der Wassermann zur Rechten,
> Der Haifisch schnappt, die Möwen schrei'n –
> Das ist ein lustig Fechten!

> Streckt nur auf eurer Bärenhaut
> Daheim die faulen Glieder,
> Gott Vater aus dem Fenster schaut,
> Schickt seine Sündflut wieder.
> Feldwebel, Reiter, Musketier,
> Sie müssen all' ersaufen,
> Derweil auf der Fortuna wir
> Im Paradies einlaufen.

Hier wurden sie auf einmal alle still, denn zwischen den
Morgenlichtern über der schönen Einsamkeit erschien plötz-
lich auf einem Felsen ein hoher Mann, seltsam in weite bunte
Gewande gehüllt. Als er in der Ferne das Schiff erblickte, tat

er einen durchdringenden Schrei, dann, beide Arme hoch in
die Lüfte geschwungen, stürzte er durch das Dickicht herab
und warf sich unten auf seine Knie auf den Boden, die Erde
inbrünstig küssend. Nach einigen Minuten aber erhob er sich
langsam und überschaute verwirrt den Kreis der Reisenden,
die sich neugierig um ihn versammelt hatten, es war ein Greis
von fast grauenhaftem verwilderten Ansehn. Wie erschraken
sie aber, als er sie auf einmal spanisch anredete, wie einer, der
die Sprache lange nicht geredet und fast vergessen hatte. Ihr
habt euch, sagte er, alle sehr verändert in der einen langen
Nacht, daß wir uns nicht gesehen. Darauf nannte er mehrere
unter ihnen mit fremden Namen und erkundigte sich nach
Personen, die ihnen gänzlich unbekannt waren.

   Die Umstehenden bemerkten jetzt mit Erstaunen, daß
sein Gewand aus europäischen Zeugen bunt zusammengeflickt war, um die Schultern hatte er phantastisch einen
köstlichen halbverblichenen Teppich wie einen Mantel geworfen. Sie fragten ihn, wer er sei und wie er hierher gekommen? Darüber schien der Unbekannte in ein tiefes Nachsinnen zu versinken. In Valenzia, sagte er endlich halb für sich
leise und immer leiser sprechend, in Valenzia zwischen den
Gärten, die nach dem Meere sich senken, da wohnt ein armes
schönes Mädchen und wenn es Abend wird, öffnet sie das
kleine Fenster und begießt ihre Blumen, da sang ich manche
Nacht vor ihrer Tür. Wenn ihr sie wiederseht, sagt ihr – daß
ich – sagt ihr – Hier stockte er, starr vor sich hinsehend, und
stand wie im Traume. Alvarez entgegnete: Das Mädchen,
wenn sie etwa seine Liebste gewesen, müsse nun schon
hübsch alt oder längst gestorben sein. – Da sah ihn der
Fremde plötzlich mit funkelnden Augen an. Das lügt Ihr, rief
er, sie ist nicht tot, sie ist nicht alt! – Wer lügt? entgegnete
Alvarez ganz hitzig. – Elender, erwiderte der Alte, sie schläft
nur jetzt, bei stiller Nacht erwacht sie oft und spricht mit mir.
Ich dürfte nur ein einz'ges Wort ins Ohr ihr sagen und ihr
seid verloren, alle verloren. – Was will der Prahlhans? fuhr
Alvarez von neuem auf.

   Sie wären gewiß hart aneinander geraten, aber der Un-

bekannte hatte sich schon in die Klüfte zurückgewandt.
Vergeblich setzten ihm die Kühnsten nach, er kletterte wie
ein Tiger, sie mußten vor den entsetzlichen Abgründen still
stehen; nur einmal noch sahen sie seine Gewänder durch die
Wildnis fliegen, dann verschlang ihn die Öde.

Wunderbar – sagte Antonio, ihm in Gedanken nachsehend – es ist, als wäre er in dieser Einsamkeit in seiner
Jugend eingeschlummert, den Wechsel der Jahre verschla-
fend und spräch' nun irre aus der alten Zeit. – Hier wurden
sie von einigen Schiffssoldaten unterbrochen, die währenddes einen Berggipfel erstiegen hatten und nun ihren Kameraden unten unablässig zuriefen und winkten. Alles kletterte eilfertig hinauf, auch Alvarez und Antonio folgten und
bald hörte man droben ein großes Freudengeschrei und sah
Hüte, Degenkoppeln und leere Flaschen durcheinander in
die Luft fliegen. Denn von dem vorspringenden Berge sahen
sie auf einmal in ein weites gesegnetes Tal wie in einen
unermeßlichen Frühling hinein. Blühende Wälder rauschten
herauf, unter Kokospalmen standen Hütten auf luftigen
Auen, von glitzernden Bächen durchschlängelt, fremde
bunte Vögel zogen darüber wie abgewehte Blütenflocken. –
Vivat der Herr Vizekönig Don Alvarez! rief die Schiffsmannschaft jubelnd und hob den Hauptmann auf ihren Armen
hoch empor. Dieser, auf ihren breiten Schultern sich zurecht
setzend, nahm das lange Perspektiv und musterte zufrieden
sein Land.

Der Student Antonio aber saß doch noch höher zwischen
den Blättern einer Palme, wo er mit den jungen Augen weit
über Land und Meer sehen konnte. Es war ihm fast wehmütig zu Mute, als er in der stillen Morgenzeit unten Hähne
krähen hörte und einzelne Rauchsäulen aufsteigen sah. Aber
die Hähne krähten nicht in den Dörfern, sondern wild im
Walde und der Rauch stieg aus fernen Kratern, zur Warnung,
daß sie auf unheimlichem vulkanischen Boden standen.

Plötzlich kam ein Matrose atemlos dahergerannt und erzählte, wie er tiefer im Gebirge auf Eingeborene gestoßen,
die wären anfangs scheu und trotzig gewesen, auf seine

wiederholten Fragen aber hätten sie ihn endlich an ihren König verwiesen und ihm das Schloß desselben in der Ferne gezeigt. – Er führte die Andern sogleich höher zwischen den Klippen hinauf und sie erblickten nun wirklich gegen Osten hin wunderbare Felsen am Strande, seltsam zerrissen und gezackt gleich Türmen und Zinnen. Unten schien ein Garten wie ein bunter Teppich sich auszubreiten, von dem Felsen aber blitzte es in der Morgensonne, sie wußten nicht, waren es Waffen oder Bäche; der Wind kam von dort her, da hörten sie es zuweilen wie ferne Kriegsmusik durch die Morgenluft herüberklingen.

Einige meinten, man müsse den wilden Landsmann wieder aufsuchen, als Wegweiser und Dolmetsch, aber wer konnte ihn aus dem Labyrinth des Gebirges herausfinden, auch schien es töricht, sich einem Wahnsinnigen zu vertrauen, denn für einen solchen hielten sie alle den wunderlichen Alten. Alvarez beschloß daher, die Verwegensten zu einer bewaffneten feierlichen Gesandtschaft auszuwählen, er selbst wollte sie gleich am folgenden Morgen zu der Residenz des Königs führen, dort hofften sie nähere Auskunft von der Natur und Beschaffenheit des Landes und vielleicht auch über den rätselhaften Spanier zu erhalten.

Das war den abenteuerlichen Gesellen eben recht, sie schwärmten nun in aller Eile wieder den Berg hinab und bald sah man ihr Boot zwischen dem Schiffe und dem Ufer hin und her schweben, um alles Nötige zu der Fahrt herbeizuholen. Auf dem Lande aber wurde das kleine Lager schleunig mit Wällen umgeben, einige fällten Holz zu den Palisaden, andere putzten ihre Flinten, Alvarez stellte die Wachen aus, alles war in freudigem Alarm und Erwartung der Dinge, die da kommen sollten. – Mitten in diesen Vorbereitungen saß Antonio in seinem Zelt und arbeitete mit allem Fleiß eine feierliche Rede aus, die der Hauptmann morgen an dem wilden Hofe halten wollte. Der Abend dunkelte schon wieder, draußen hörte er nur noch die Stimmen und den Klang der Äxte im Wald, seine Rede war ihm zu seiner großen Zufriedenheit geraten, er war lange nicht so vergnügt gewesen.

———

Die Sonne ging eben auf, das ganze Land schimmerte wie ein
stiller Sonntagsmorgen, da hörte man ein Kriegslied von
ferne herüberklingen, eine weiße Fahne mit dem kastiliani-
schen Wappen flatterte durch die grüne Landschaft. Don
Alvarez war's, der zog schon so früh mit dem Häuflein, das
er zu der Ambassade ausgewählt, nach der Richtung ins
Blaue hinein, wo sie gestern die Residenz des Königs erblickt
hatten. Die Schalksnarren hatten sich zu dem Zuge auf das
allervortrefflichste ausgeputzt. Voran mit der Fahne schritt
ein Trupp Soldaten, die Morgensonne vergoldete ihnen lustig die Bärte und flimmerte in ihren Hellebarden, als hätten
sich einige Sterne im Morgenrot verspätet. Ihnen folgten
mehrere Matrosen, welche auf einer Bahre die für den König
bestimmten Geschenke trugen: Pfannen, zerschlagene Kessel und was sonst die Armut an altem Gerümpel zu-
sammengefegt. Darauf kam Alvarez selbst. Er hatte, um sich
bei den Wilden ein vornehmes Ansehen zu geben, den
Schiffsesel bestiegen, eine große Alongenperücke aufgesetzt
und einen alten weiten Scharlachmantel umgehängt, der ihn
und den Esel ganz bedeckte, sodaß es aussah, als ritt' der
lange hagre Mann auf einem Steckenpferde über die grüne
Au. Der dicke Schiffskoch aber war als Page ausgeschmückt,
der hatte die größte Not, denn der frische Seewind wollte
ihm alle Augenblick das knappe Federbarett vom Kopfe
reißen, während der Esel von Zeit zu Zeit gelassen einen
Mund voll frischer Kräuter nahm. Antonio ging als Dolmetsch neben Alvarez her, denn er hatte schon zu Hause die
indischen Sprachen mit großem Fleiße studiert. Alvarez aber
zankte in einem fort mit ihm; er wollte in die Rede, die er
soeben memorierte, noch mehr Figuren und Metaphern haben, gleichsam einen gemalten Schnörkel vor jeder Zeile.
Dem Antonio aber fiel durchaus nichts mehr ein, denn der
steigende Morgen vergoldete rings um sie her die Anfangsbuchstaben einer wunderbaren unbekannten Schrift, daß er
innerlich still wurde vor der Pracht.

Ihre Fahrt ging längs der Küste fort, bald sahen sie das
Meer über die Landschaft leuchten, bald waren sie wieder in

tiefer Waldeinsamkeit. Der rüstige Sanchez streifte unterdes
jägerhaft umher.

Kaum hatte der Zug die Gebirgsschluchten erreicht, als
ein Wilder, im Dickicht versteckt, in eine große Seemuschel
stieß. Ein zweiter gab Antwort und wieder einer, so lief der
Schall plötzlich von Gipfel zu Gipfel über die ganze Insel,
daß es tief in den Bergen widerhallte. Bald darauf sahen sie's
hier und da im Walde aufblitzen, bewaffnete Haufen mit
hellen Speeren und Schilden brachen in der Ferne aus dem
Gebirge wie Waldbäche und schienen alle auf einen Punkt
der Küste zuzueilen. Antonio'n klopfte das Herz bei dem
unerwarteten Anblick. Sanchez aber schwenkte seinen Hut
in der Morgenluft vor Lust. So rückte die Gesandtschaft
unerschrocken fort; die Hütten, die sie seitwärts in der Ferne
sahen, schienen verlassen, die Gegend wurde immer höher
und wilder. Endlich, um eine Bergesecke biegend, erblickten
sie plötzlich das Ziel ihrer Wanderschaft: den senkrechten
Fels mit seinen wunderlichen Bogen, Zacken und Spitzen,
von Bächen zerrissen, die sich durch die Einsamkeit herab-
stürzten, dazwischen saßen braune Gestalten, so still, als
wären sie selber von Stein, man hörte nichts, als das Rauschen der Wasser und jenseits die Brandung im Meere. In
demselben Augenblick aber tat es einen durchdringenden
Metallklang wie auf einen großen Schild, alle die Gestalten
auf den Klippen sprangen plötzlich rasselnd mit ihren Speeren auf und rasch zwischen dem Waldesrauschen, den Bächen
und Zacken stieg ein junger, hoher, schlanker Mann herab
mit goldenen Spangen, den königlichen Federmantel um die
Schultern und einen bunten Reiherbusch auf dem Haupt, wie
ein Goldfasan. Er sprach noch im Herabkommen mit den
Andern und rief den Spaniern gebieterisch zu. Da aber
niemand Antwort gab, blieb er auf seine Lanze gestützt vor
ihnen stehen. Alvarez's Perücke schien ihm besonders erstaunlich, er betrachtete sie lange unverwandt, man sah fast
nur das Weiße in seinen Augen.

Antonio war ganz konfus, denn zu seinem Schrecken hatte
er schon bemerkt, daß er trotz seiner Gelehrsamkeit kein

Wort von des Königs Sprache verstand. Der unverzagte
Alvarez aber fragte nach nichts, er ließ die Tragbahre mit
dem alten Gerümpel dem Könige vor die Füße setzen, rückte
sich auf seinem Esel zurecht und hielt sogleich mit großem
Anstande seine wohlverfaßte Anrede, während einige andere hinten feierlich die Zipfel seines Scharlachmantels hielten. Da konnte sich der König endlich nicht länger überwinden, er rührte neugierig mit seinem Speer an Alvarez's
Perücke, sie ließ zu seiner Verwunderung und Freude wirklich vom Kopfe des Redners los und, mit leuchtenden Augen
zurückgewandt, wies er sie hoch auf der Lanze seinem Volke.
Ein wildes Jauchzen erfüllte die Luft, denn ein großer Haufe
brauner Gestalten hatte sich unterdes nachgedrängt, Speer
an Speer, daß der ganze Berg wie ein ungeheurer Igel anzusehen war.

Der König hatte unterdes gewinkt, einige Wilde traten mit
großen Körben heran, der König griff mit beiden Händen
hinein und schüttete auf einmal Platten, Körner und ganze
Klumpen Goldes auf seine erstaunten Gäste aus, daß es
lustig durcheinanderrollte. Da sah man in dem unverhofften
Goldregen plötzlich ein Streiten und Jagen unter den Spaniern, jeder wollte alles haben und je mehr sie lärmten und
zankten, je mehr warf der König aus, ein spöttisches Lächeln
zuckte um seinen Mund, daß seine weißen Zähne manchmal
hervorblitzten, wie bei einem Tiger. Währenddes aber
schwärmten die Eingeborenen von beiden Seiten aus den
Schluchten hervor, mit ihren Schilden und Speeren die Rau-
fenden wild umtanzend.

Da war Alvarez der erste, der sich schnell besann. Ehre
über Gold und Gott über alles! rief er, seinen Degen ziehend
und stürzte in den dicken Knäuel der Seinigen, um sie mit
Gewalt auseinander zu wirren. Christen, schrie er, wollt ihr
euch vom Teufel mit Gold mästen lassen, damit er euch
nachher die Hälse umdreht, wie Gänsen? Seht ihr nicht, wie
er mit seiner Leibgarde den Ring um euch zieht? – Aber der
Teufel hatte sie schon verblendet; um nichts von ihrem
Golde zurückzugeben, entflohen sie einzeln vor dem Haupt-

mann, sich im Walde verlaufend mit den lächerlich vollge-
pfropften Taschen. Nur einige alte Soldaten sammelten sich
um Alvarez und den Lieutenant. Die Eingeborenen stutzten,
da sie die bewegliche Burg und die Musketen plötzlich
zielend auf sich gerichtet sahen, sie schienen den Blitz zu
ahnden, der an den dunkeln Röhren hing, sie blieben zaudernd stehen. So entkam der Hauptmann mit seinen Getreuen dem furchtbaren Kreise der Wilden, ehe er sich noch
völlig hinter ihnen geschlossen hatte.

In der Eile aber hatte auch dieses Häuflein den ersten
besten Pfad eingeschlagen und war, ohne es zu bemerken,
immer tiefer in den Wald geraten. Der nahm kein Ende, die
Sonne brannte auf die nackten Felsen und als sie sich endlich
senkte, hatten sie sich gänzlich verirrt. Jetzt brach die Nacht
herein, ein schweres Gewitter, das lange in der Ferne über
dem Meere gespielt, zog über das Gebirge; den armen Antonio hatten sie gleich beim Anbruch der Dunkelheit verloren. So stoben sie wie zerstreute Blätter im Sturme durch die
schreckliche Nacht, nur die angeschwollenen Bäche rauschten zornig in der Wildnis, dazwischen das blendende Leuchten der Blitze, das Schreien der Wilden und die Signalschüsse
der Verirrten aus der Ferne. – Horcht, sagte Sanchez, das
klingt so hohl unter den Tritten, als ging ich über mein Grab
und die Wetter breiten sich drüber wie schwarze Bahrtücher
mit feurigen Blumen durchwirkt, das wär' ein schönes Solda-
tengrab! – Schweig, fuhr ihn Alvarez an, wie kommst Du
jetzt darauf? – Das kommt von dem verdammten Trinken,
entgegnete Sanchez, da werd' ich zu Zeiten so melancholisch
darnach. Er sang:

> Und wenn es einst dunkelt,
> Der Erd bin ich satt,
> Durchs Abendrot funkelt
> Eine prächtige Stadt;
> Von den goldenen Türmen
> Singet der Chor,
> Wir aber stürmen
> Das himmlische Tor!

Was ist das! rief plötzlich ein Soldat. Sie sahen einen Fremden mit bloßem Schwerte durch die Nacht auf sich zustürzen, sein Mantel flatterte weit im Winde. – Beim Glanz der Blitze erkannten sie ihren wahnsinnigen Landsmann wieder. –
Hallo! rief ihm Sanchez freudig entgegen, hat dich der Lärm und das Schießen aus deinen Felsenritzen herausgelockt, kannst du das Handwerk nicht lassen? – Der Alte aber, scheu zurückblickend, ergriff hastig die Hand des Lieutenants und drängte alle geheimnisvoll und wie in wilder Flucht mit sich
fort. Noch ist es Zeit, sagte er halbleise, ich rette euch noch, nur rasch, rasch fort, es brennt, seht, wie die blauen Flämmchen hinter mir aus dem Boden schlagen, wo ich trete! – Führ' uns ordentlich und red' nicht so toll in der verrückten Nacht! entgegnete Alvarez ärgerlich. – Da leuchtete ein Blitz
durch des Alten fliegendes Haar. Er blieb stehen und zog die Locken über das Gesicht durch seine weitausgespreizten Finger. Grau, alles grau geworden in *einer* Nacht – sagte er mit schmerzlichem Erstaunen – aber es könnte noch alles gut werden, setzte er nach einem Augenblick hinzu, wenn sie
mich nur nicht immer verfolgte. – Wo? wer? fragte Sanchez. – Die grausilberne Schlange, erwiderte der Alte heimlich und riß die Erstaunten wieder mit sich durch das Gestein. Plötzlich aber schrie er laut auf: da ist sie wieder! – Alles wandte sich erschrocken um. – Er meinte den Strom,
der, soeben tief unter dem Felsen vorüberschießend, im Wetterleuchten heraufblickte. – Ehe sie sich aber noch besannen, flog der Unglückliche schon durch das Dickicht fort, die Haare stiegen ihm vor Entsetzen zu Berge, so war er ihnen bald in der Dunkelheit zwischen den Klüften verschwunden.

Währenddes irrte Antonio verlassen im Gebirge umher. In der Finsternis war er unversehens von den Seinigen abgekommen. Als er's endlich bemerkte, waren sie schon weit; da
hörte er plötzlich wieder Tritte unter sich und eilte darauf zu, bis er mit Schrecken gewahr wurde, daß es Eingeborene waren, die hastig und leise, als hätten sie einen heimlichen

Anschlag, vorüberstreiften, ohne ihn zu sehen. Ihn schauerte und doch war's ihm eigentlich recht lieb so. Er dachte übers Meer nach Hause, wie nun alle dort ruhig schliefen und nur die Turmuhr über dem mondbeschienenen Hof schlüge und die Bäume dunkel rauschten im Garten. Wie grauenhaft waren ihm da vom Balkon oft die Wolken vorgekommen, die über das stille Schloß gingen, wie Gebirge im Traum. Und jetzt stand er wirklich mitten in dem Wolkengebirge, so rätselhaft sah hier alles aus in dieser wilden Nacht! Nur zu, blas' nur immer zu, blinder Sturm, glühet ihr Blitze! rief er aus und schaute recht zufrieden und tapfer umher, denn alles Große ging durch seine Seele, das er auf der Schule aus den Büchern gelernt, Julius Cäsar, Brutus, Hannibal und der alte Cid. – Da brannte ihn plötzlich sein Gold in der Tasche, auch er hatte sich nicht enthalten können, in dem Goldregen mit seinem Hütlein einige Körner aufzufangen. – Frei vom Mammon will ich schreiten auf dem Felde der Wissenschaft, sagte er und warf voll Verachtung den Goldstaub in den Sturm, es gab kaum einen Dukaten, aber er fühlte sich noch einmal so leicht.

Unterdes war das Gewitter rasch vorübergezogen, der Wind zerstreute die Wolken wie weiße Nachtfalter in wildem Fluge über den ganzen Himmel, nur tief am Horizont noch schweiften die Blitze, die Nacht ruhte ringsher auf den Höhen aus. Da fühlte Antonio erst die tiefe Einsamkeit, verwirrt eilte er auf den verschlungenen Pfaden durch das Labyrinth der Klippen lange fort. Wie erschrak er aber, als er auf einmal in derselben Gegend herauskam, aus der sie am Morgen entflohen. Der Fels des Königs mit seinen seltsamen Schluften und Spitzen stand wieder vor ihm, nur an einem andern Abhange desselben schien er sich zu befinden. Jetzt aber war alles so stumm dort, die Wellen plätscherten einförmig, riesenhaftes Unkraut bedeckte überall wildzerworfenes Gemäuer. – Antonio sah sich zögernd nach allen Seiten um. Schon gestern hatten ihn die Mauertrümmer, die fast wie Leichensteine aus dem Grün hervorragten, rätselhaft verlockt. Jetzt konnte er nicht länger widerstehen, er zog heim-

lich seine Schreibtafel hervor, um den kostbaren Schatz von
Inschriften und Bilderzeichen, die er dort vermutete, wie im
Fluge zu erheben.

Da aber wurde er zu seinem Erstaunen erst gewahr, daß er
eigentlich mitten in einem Garten stand. Gänge und Beete
mit Buchsbaum eingefaßt, lagen umher, eine Allee führte
nach dem Meere hin, die Kirschbäume standen in voller
Blüte. Aber die Beete waren verwildert, Rehe weideten auf
den einsamen Gängen, an den Bäumen schlangen sich üppige
Ranken wild bis über die Wipfel hinaus, von wunderbaren
hohen Blumen durchglüht. Seitwärts standen die Überreste
einer verfallenen Mauer, die Sterne schienen durch das leere
Fenster, in dem Fensterbogen schlief ein Pfau, den Kopf
unter die schimmernden Flügel versteckt.

Antonio wandelte wie im Traum durch die verwilderte
Pracht, kein Laut rührte sich in der ganzen Gegend, da war es
ihm plötzlich, als sähe er fern am andern Ende der Allee
jemand zwischen den Bäumen gehen, er hielt den Atem an
und blickte noch einmal lauschend hin, aber es war alles
wieder still, es schien nur ein Spiel der wankenden Schatten.
Da kam er endlich in eine dunkle Laube, die der Wald sich
selber lustig gewoben, das schien ihm so heimlich und sicher,
er wollt' nur einen Augenblick rasten und streckte sich ins
hohe Gras. Ein würziger Duft wehte nach dem Regen vom
Walde herüber, die Blätter flüsterten so schläfrig in der leisen
Luft, müde sanken ihm die Augen zu.

Die wunderbare Nacht aber sah immerfort in seinen Schlaf
hinein und ließ ihn nicht lange ruhen, und als er erwachte,
hörte er mit Schrecken neben sich atmen. Er wollte rasch
aufspringen, aber zwei Hände hielten ihn am Boden fest.
Beim zitternden Mondesflimmer durchs Laub glaubte er eine
schlanke Frauengestalt zu erkennen: – Ich wußte es wohl,
daß Du kommen würdest, redete sie ihn in spanischer Sprache an. – So bist du eine Christin? fragte er ganz verwirrt. –
Sie schwieg. – Hast Du mich denn schon jemals gesehen? –
Gestern Nachts bei unserm Fest, erwiderte sie, Du warst
allein mit Euerm Seekönig. – Eine entsetzliche Ahnung flog

durch Antonio's Seele, er mühte sich in der Finsternis vergeblich, ihre Züge zu erkennen, draußen gingen Wolken
wechselnd vorüber, zahllose Johanniswürmchen umkreisten
leuchtend den Platz. – Da hörte er fern von den Höhen einen
schönen männlichen Gesang. Wer singt da? fragte er erstaunt. – Still, still, erwiderte die Unbekannte, laß den nur in
Ruh. Hier bist Du sicher, niemand besucht diesen stillen
Garten mehr, sonst war es anders – dann sang sie selber wie
in Gedanken:

> Er aber ist gefahren
> Weit übers Meer hinaus,
> Verwildert ist der Garten,
> Verfallen liegt sein Haus.
>
> Doch Nachts im Mondenglanze
> Sie manchmal noch erwacht,
> Löst von dem Perlenkranze
> Ihr Haar, das wallt wie Nacht.
>
> So sitzt sie auf den Zinnen,
> Und über ihr Angesicht
> Die Perlen und Tränen rinnen,
> Man unterscheid't sie nicht.

Da teilte ein frischer Wind die Zweige, im hellen Mondlicht
erkannte Antonio plötzlich die »Frau Venus« wieder, die sie
gestern Nachts schlummernd in der Höhle gesehen, ihre
eigenen Locken wallten wie die Nacht. – Ein Grauen überfiel
ihn, er merkte erst jetzt, daß er unter glühenden Mohnblu-
men wie begraben lag. Schauernd sprang er empor und
schüttelte sich ab, sie wollte ihn halten, aber er riß sich von
ihr los. Da tat sie einen durchdringenden Schrei, daß es ihm
durch Mark und Bein ging, dann hörte er sie in herzzerrei-
ßender Angst rufen, schelten und rührend flehen.
  Aber er war schon weit fort, der Gesang auf den Höhen
war verhallt, die Wälder rauschten ihm wieder erfrischend

entgegen, hinter ihm versank allmählich das schöne Weib,
das Meer und der Garten, nur zuweilen noch hörte er ihre
Klagen wie das Schluchzen einer Nachtigall von ferne durch
den Wind herüberklingen.

5

———

        Du sollst mich doch nicht fangen,
        Duftschwüle Zaubernacht!
        Es steh'n mit goldnem Prangen
        Die Stern' auf stiller Wacht
10   Und machen überm Grunde,
        Wo Du verirret bist,
        Getreu die alte Runde,
        Gelobt sei Jesus Christ!

        Wie bald in allen Bäumen
15   Geht nun die Morgenluft,
        Sie schütteln sich in Träumen,
        Und durch den roten Duft
        Eine fromme Lerche steiget,
        Wenn alles still noch ist,
20   Den rechten Weg Dir zeiget –
        Gelobt sei Jesus Christ!

So sang es im Gebirge, unten aber standen zwei spanische
Soldaten fast betroffen unter den Bäumen, denn es war
ihnen, als ginge ein Engel singend über die Berge, um den
25 Morgen anzubrechen. Da stieg ein Wanderer rasch zwischen
den Klippen herab, sie erkannten zu ihrer großen Freude den
Studenten Antonio, er schien bleich und zerstört. – Gott sei
Dank, daß Ihr wieder bei uns seid! rief ihm der eine Soldat
entgegen. Ihr hättet uns beinah konfus gemacht mit Eurem
30 Gloria, meinte der andere, Ihr habt eine gute geistliche
Kehle. Wo kommt Ihr her? – Aus einem tiefen Bergwerke,
sagte Antonio, wo mich der falsche Flimmer verlockt – wie
so unschuldig ist hier draußen die Nacht! – Bergwerk? wo
habt Ihr's gefunden? fragten die Soldaten mit hastiger Neu-

gier. – Wie, sprach ich von einem Bergwerk? erwiderte Antonio zerstreut, wo sind wir denn? – Die Soldaten zeigten
über den Wald, dort läge ihr Landungsplatz. Sie erzählten
ihm nun, wie die zersprengte Gesandtschaft unter großen
Mühseligkeiten endlich wieder das Lager am Strande erreicht. Da habe der brave Alvarez, da er den Antonio dort
nicht gefunden, sie beide zurückgeschickt, um ihn aufzusuchen und wenn sie jeden Stein umkehren und jede Palme
schütteln sollten. Antonio schien wenig darauf zu hören. Die
Soldaten aber meinten, es sei diese Nacht nicht geheuer im
Gebirge, sie nahmen daher den verträumten Studenten ohne
Weiteres in ihre Mitte und schritten rasch mit ihm fort.

So waren sie in kurzer Zeit bei ihren Zelten angelangt.
Dort stand Alvarez wie ein Wetterhahn auf dem frisch aufge-
worfenen Erdwall, vor Ungeduld sich nach allen Winden
drehend. Er schimpfte schon von weitem, da er endlich den
Verirrten ankommen sah. Ein Weltentdecker, sagte er, muß
den Kompaß in den Füßen haben, in der Wildnis bläst der
Sturm die Studierlampe aus, da schlägt ein kluger Kopf sich
Funken aus den eignen Augen. Was da Logik und Rhetorik!
Sie hätten Deinen Kopf aufgefressen mit allen Wissenschaften drin, aber ich hatt's ihnen zugeschworen, sie mußten
zum Nachtisch alle unsere bleiernen Pillen schlucken, oder
meine eignen alten Knochen nachwürgen. Du bist wohl
recht verängstigt und müde, armer Junge, Gott, wie Du
aussiehst! – Nun ergriff er den Studenten vor Freuden beim
Kopf, strich ihm die vollen braunen Locken aus der Stirn
und führte ihn eilig ins Lager in sein eignes Zelt, wo er sich
sogleich auf eine Matte hinstrecken mußte. Im Lager aber
war schon ein tiefes Schweigen, die müden Gesellen lagen
schlafend wie Tote umher. Nur der Lieutenant Sanchez
wollte diese Nacht nicht mehr schlafen noch ruhen, er saß auf
den zusammengelegten Waffen der Mannschaft; eine Flasche
in der Hand, trank er auf eine fröhliche Auferstehung, der
Nachtwind spielte mit der roten Hahnfeder auf seinem Hut,
der ihm verwegen auf einem Ohr saß; er war wahrhaftig
schon wieder berauscht. Antonio mußte nun seine Aben-

teuer erzählen. Er berichtete verworren und zerstreut, in
seinem Haar hing noch eine Traumblume aus dem Garten.
Alvarez blieb dabei, das Frauenzimmer sei die Frau Venus
gewesen und jene Höhle, die sie in der Walpurgisnacht
5 entdeckt, der Eingang zum Venusberge. Sanchez aber rückte
immer näher, während er hastig ein Glas nach dem andern
hinunterstürzte; er fragte wunderlich nach der Lage der
Höhle, nach dem Wege dahin, sie mußten ihm alles ausführlich beschreiben. – Auf einmal war er heimlich ver-
10 schwunden.

Der Abenteurer schlich sich sacht und vorsichtig durch die
schläfrigen Posten, über dem Gespräch hatte ihn plötzlich
das Gelüsten angewandelt, den dunkeln Vorhang der
phantastischen Nacht zu lüften – er wollte die Frau Venus
15 besuchen. Er hatte sich Felsen, Schlünde und Stege aus
Alvarez's Rede wohl gemerkt, es traf alles wunderbar zu. So
kam er in kurzer Zeit an das stille Tal. Ein schmaler Felsen-
pfad führte fast unkenntlich zwischen dem Gestrüpp hinab,
die Sterne schienen hell über den Klippen, er stieg im trun-
20 kenen Übermut in den Abgrund. Da brach plötzlich ein Reh
neben ihm durch das Dickicht, er zog schnell seinen Degen.
Hoho, Ziegenbock! rief er, hast du die Hexe abgeworfen, die
zu meiner Hochzeit ritt! Das ist eine bleiche schläfrige Zeit
zwischen Morgen und Nacht, da schauern die Toten und
25 schlüpfen in ihre Gräber, daß man die Leichentücher durchs
Laub streichen hört. Wo sich eine verspätet beim Tanz, ich
greif sie, sie soll meine Brautjungfer sein. – Zum Teufel, red'
vernehmlicher, Waldeinsamkeit! ich kann ja dein Lied aus
alter Zeit, wenn wir auf wilder Freite in Flandern Nachts an
30 den Wällen lagen vor mancher schönen Stadt, die von den
schlanken Türmen mit ihrem Glockenspiele durch die Luft
musizierte. Die Sterne löschen schon aus, wer weiß, wer sie
wiedersieht! – Nur leise, sacht zwischen den Werken, in den
Laufgräben fort! die Wolken wandern, die Wächter schlafen
35 auf den Wällen, in ihre grauen Mäntel gehüllt, sie tun, als
wären sie von Stein. – Verfluchtes Grauen, ich seh' dich
nicht, was hauchst du mich so kalt an, ich ringe mit dir auf der
Felsenwand, du bringst mich nicht hinunter!

Jetzt stand er auf einmal vor der Kluft, die Alvarez und Antonio in jener Nacht gesehen. Es war die erste geheimnisvolle Morgenzeit, in dem ungewissen Zwielicht erblickte er die junge schlanke Frauengestalt, ganz wie sie ihm beschrieben worden, auf dem Moosbett in ihrem Schmucke schlummernd, den schönen Leib von ihren Locken verdeckt. Alte halbverwitterte Fahnen, wie es schien, hingen an der Wand umher, der Wind spielte mit den Lappen, hinten in der Dämmerung, den Kopf vornüber gebeugt, saß es wie eine eingeschlafene Gestalt.

Es ist die höchste Zeit, flüsterte Sanchez ganz verblendet, sonst versinkt alles wieder, schon hör' ich Stimmen gehn. Wie oft schon sah ich im Wein ihr Bild, das war so schön und wild in des Bechers Grund. Einen Kuß auf ihren Mund, so sind wir getraut, eh' der Morgen graut. – So taumelte der Trunkene nach der Schlummernden hin, er fuhr schauernd zusammen, als er sie anfaßte, ihre Hand war eiskalt. Im Gehen aber hatte er sich mit den Sporen in die Trümmer am Boden verwickelt, eine Rüstung an der Wand stürzte rasselnd zusammen, die alten Fahnen flatterten im Wind, bei dem Dämmerschein war's ihm, als rührte sich alles und dunkle Arme wänden sich aus der Felswand. Da sah er plötzlich im Hintergrunde den schlafenden Wächter sich aufrichten, daß ihn innerlich grauste. An dem irren funkelnden Blick glaubte er den alten wahnsinnigen Spanier wiederzuerkennen, der warf, ohne ein Wort zu sagen, seinen weiten Mantel über die Schultern zurück, ergriff das neben ihm stehende Schwert und drang mit solcher entsetzlichen Gewalt auf ihn ein, daß Sanchez kaum Zeit hatte, seine wütenden Streiche aufzufangen. Bei dem Klange ihrer Schwerter aber fuhren große scheußliche Fledermäuse aus den Felsenritzen und durchkreisten mit leisem Fluge die Luft, graue Nebelstreifen dehnten und reckten sich wie Drachenleiber verschlafen an den Wipfeln, dazwischen wurden Stimmen im Walde wach, bald hier, bald dort, eine weckte die andre, aus allen Löchern, Hecken und Klüften stieg und kroch es auf einmal, wilde dunkle Gestalten im

Waffenschmuck, und alles stürzte auf Sanchez zusammen. Nun, nun, steht's so! rief der verzweifelte Lieutenant, laß mich los, alter Narr mit Deinem verwitterten Bart! Das ist keine Kunst, so viele über einen. Schickt mir euern Meister selber her, es gelüstet mich recht, mit ihm zu fechten! Aber der Teufel hat keine Ehre im Leibe. Ihr höllisches Ungeziefer, nur immer heraus vor meine christliche Klinge! nur immerzu, ich hau mich durch! – So, den Degen in der Faust, wich er, wie ein gehetztes Wild, kämpfend von Stein zu Stein, das einsame Felsental hallte von den Tritten und Waffen, im Osten hatte der Morgen schon wie ein lustiger Kriegsknecht die Blutfahne ausgehangen.

Im Lager flackerten unterdes nur noch wenige Wachtfeuer halberlöschend, eine Gestalt nach der andern streckte sich in der Morgenkühle, einige saßen schon wach auf ihrem Mammon und besprachen das künftige Regiment der Insel. Plötzlich riefen draußen die Schildwachen an, sie hatten Lärm im Gebirge gehört. Jetzt vermißte man erst den Lieutenant. Alles sprang bestürzt zu den Waffen, keiner wußte, was das bedeuten könnte. Der Lärm aber, als sie so voller Erwartung standen, ging über die Berge wie ein Sturm wachsend immer näher, man konnte schon deutlich dazwischen das Klirren der Waffen unterscheiden. Da, im falben Zwielicht, sahen sie auf einmal den Sanchez droben aus dem Walde dahersteigen, bleich und verstört, mit den Geistern fechtend. Hinter ihm drein aber toste eine wilde Meute, es war, als ob aller Spuk der Nacht seiner blutigen Fährte folgte. Sein Frevel, wie es schien, hatte das dunkle Wetter, das schon seit gestern grollend über den Fremden hing, plötzlich gewendet, von allen Höhen stürzten bewaffnete Scharen wie reißende Ströme herab, der Klang der Schilde, das Schreien und der Widerhall zwischen den Felsen verwirrte die Stille und bald sahen sich die Spanier von allen Seiten umzingelt. – Mach't dem Lieutenant Luft! rief Alvarez und warf sich mit einigen Soldaten mitten in den dicksten Haufen. Schon hatten sie den Sanchez gefaßt und führten den Wankenden auf einen freien Platz am Meer, aber zu spät, von vielen Pfeilen durchbohrt, brach er neben seinen Kameraden auf dem Rasen zusammen – sein Wort war gelöst, er hatte sich wacker durchgeschlagen.

Bei diesem Anblick ergriff alle eine unsägliche Wut, keiner dachte mehr an sich im Schmerz, sie mähten sich wie die Todesengel in die dunkeln Scharen hinein, Alvarez und Antonio immer tapfer voran. Da erblickten sie auf einmal ihren wahnsinnigen Landsmann, mitten durch das Getümmel mit dem Schwert auf sie eindringend. Vergebens riefen sie ihm warnend zu – er stürzte sich selbst in ihre Speere, ein freudiges Leuchten ging über sein verstörtes Gesicht, daß sie ihn fast nicht wiedererkannten, dann sahen sie ihn taumeln und mit durchbohrtem Herzen tot zu Boden sinken. – Ein entsetzliches Rachegeschrei erhob sich über dem Toten, die Wilden erneuerten mit verdoppeltem Grimm ihren Angriff, es war, als ständen die Erschlagenen hinter ihnen wieder auf, immer neue scheußliche Gestalten wuchsen aus dem Blut, schon rannten sie jauchzend nach dem Strand, um die Spanier von ihrem Schiffe abzuschneiden. Jetzt war die Not am höchsten, ein jeder befahl sich Gott, die Spanier fochten nicht mehr für ihr Leben, nur um einen ehrlichen Soldatentod. – Da ging es auf einmal wie ein Schauder durch die unabsehliche feindliche Schar, alle Augen waren starr nach dem Gebirge zurückgewandt. Auch Antonio und Alvarez standen ganz verwirrt mitten in der blutigen Arbeit. Denn zwischen den Palmenwipfeln in ihrem leuchtenden Totenschmucke kam die Frau Venus, die wilden Horden teilend, von den Felsen herab. Da stürzten plötzlich die Eingebornen wie in Anbetung auf ihr Angesicht zur Erde, die Spanier atmeten tief auf, es war auf einmal so still, daß man die Wälder von den Höhen rauschen hörte.

Indem sie aber noch so staunend stehn, tritt die Wunderbare mitten unter sie, ergreift Sanchez's Mantel, den sie seltsam um ihren Leib schlägt und befiehlt ihnen, sich rasch in das Boot zu werfen, ehe der Zauber gelöst. Darauf umschlingt sie Antonio'n, halb drängt, halb trägt sie ihn ins Boot hinein, die Andern, ganz verdutzt, bringen eiligst Sanchez's Leichnam nach, alles stürzt in die Barke. So gleiten

sie schweigend dahin, schon erheben sich einzelne Gestalten
wieder am Ufer, ein leises Murmeln geht wachsend durch die
ganze furchtbare Menge, da haben sie glücklich ihr Schiff
erreicht. Dort aber faßt die Unbekannte sogleich das Steuer,
die stille See spiegelt ihr wunderschönes Bild, ein frischer
Wind vom Lande schwellt die Segel und als die Sonne
aufgeht, lenkt sie getrost zwischen den Klippen in den Glanz
hinaus.

————

Die Spanier wußten nicht, wie ihnen geschehen. Als sie sich
vom ersten Schreck erholt, gedachten sie erst ihrer Gold-
klumpen wieder, die sie auf der Insel zurückgelassen. Da
fuhren sie dann wieder so arm und lumpig von dannen, wie
sie gekommen. – Der Teufel hat's gegeben, der Teufel hat's
genommen, sagte der spruchreiche Alvarez verdrießlich. –
Darüber aber hatten sie den armen Sanchez fast vergessen,
der auf dem Verdeck unter einer Fahne ruhte. Alvarez beschloß nun, vor allem Andern ihm die letzte Ehre anzutun,
wie es einem tapfern Seemann gebührte. Er berief sogleich
die ganze Schiffsmannschaft, die einen stillen Kreis um den
Toten bildete, dann trat er in die Mitte, um die Leichenrede
zu halten. Seh't da, den gewesenen Lieutenant, sagte er,
nehmt Euch ein Exempel dran, die ihr immer meint, Unkraut
verdürb' nicht. Ja, da seht ihn liegen, er war tapfer, oftmals
betrunken, aber tapfer – weiter bracht' ers nicht, denn die
Stimme brach ihm plötzlich und Tränen stürzten ihm aus den
Augen, als er den treuen Kumpan so bleich und still im
lustigen Morgenrot daliegen sah. Einige Matrosen hatten
ihn unterdes in ein Segeltuch gewickelt, andere schwenkten
die Flaggen über ihm auf eine gute Fahrt auf dem großen
Meere der Ewigkeit – dann ließen sie ihn an Seilen über Bord
ins feuchte Grab hinunter. So ist denn, sagte Alvarez, sein
Leiblied wahr geworden: »Ein Meerweib singt, die Nacht ist
lau, da denkt an mich, 's ist meine Frau.« Man soll den Teufel
nicht an die Wand malen. – Kaum aber hatte der Tote unten
die kalte See berührt, als er auf einmal in seinem Segeltuch
mit großer Vehemenz zu arbeiten anfing. Ihr Narren, ihr,

schimpfte er, was, Wein soll das sein? elendes Wasser ist's! –
Die Matrosen hätten vor Schreck beinah Strick und Mann
fallen lassen, aber Alvarez und Antonio sprangen rasch hinzu
und zogen voller Freuden den Ungestümen wieder über
Bord hinauf. Hier drängten sich nun die Überraschten von
allen Seiten um ihn herum und während die einen seine
Wunden untersuchten und verbanden, andere jauchzend ihre
Hüte in die Luft warfen, glotzte der unsterbliche Lieutenant
alle mit seinen hervorstehenden Augen stumm und verwo-
gen an, bis sein Blick endlich die wunderbare Führerin des
Schiffes traf. Da schrie er plötzlich auf: Die ist's! ich selber sah
sie in den Klüften auf dem Moosbett schlafen!

Aller Augen wandten sich nun von neuem auf die schöne
Fremde, die, auf das Steuer gelehnt, gedankenvoll nach der
fernen Küste hinübersah. Keiner traute ihr, Antonio aber
erkannte bei dem hellen Tageslicht das Mädchen aus dem
wüsten Garten wieder. Da faßte Alvarez sich ein Herz, trat
vor und fragte sie, wer sie eigentlich wäre? – Alma, war ihre
Antwort. – Warum sie zu ihnen gekommen? – Weil Ihr Euch
erschlagen wolltet, erwiderte sie in ihrem gebrochenen Spanisch. – Ob sie mit ihnen fahren und ihm als Page dienen
wolle? – Nein, sie wolle dem Antonio dienen. – Woher sie
denn aber Spanisch gelernt? – Vom Alonzo, den sie ersto-
chen hätten. – Den tollen Alten, fiel hier Sanchez hastig ein,
wer war er und wie kam er zu Dir? – Ich weiß nicht, entgegnete Alma. – Kurz und gut, hob Alvarez wieder an, war die
Frau Venus auf Walpurgisnacht auf eurer Insel? Oder bist Du
gar selber die Frau Venus? Habt ihr beide – wollt' sagen: Du
oder die Frau Venus – dazumal in der Felsenkammer geschlafen? – Sie schüttelte verneinend den Kopf. – Nun, so
mag der Teufel daraus klug werden! ich will mich heute gar
nicht mehr wundern, Frau Venus, Urgande, Megära, das
kommt und geht so, rief der Hauptmann ungeduldig aus und
benannte das Eiland, dessen blaue Gipfel soeben im Mor-
genduft versanken, ohne Weiteres die Venusinsel, von der
Frau Venus, die nicht da war.

Die darauffolgende Nacht war schön und sternklar, die
Fortuna mit ihren weißen Segeln glitt wie ein Schwan durch
die mondlichte Stille. Da trat Antonio leise auf das Verdeck
hinaus, er hatte keine Rast und Ruh, es war ihm, als müßte er
5 die schöne Fremde bewachen, die sorglos unten ruhte. Wie
erstaunte er aber, als er das Mädchen droben schon wach und
ganz allein erblickte, es war alles so einsam in die Runde, nur
manchmal schnalzte ein Fisch im Meer, sie aber saß auf dem
Boden mitten zwischen wunderlichem Kram, ein Spiegel,
10 Kämme, ein Tambourin und Kleidungsstücke lagen verworren um sie her. Sie kam ihm wie eine Meerfei vor, die bei
Nacht aus der Flut gestiegen, sich heimlich putzt, wenn alle
schlafen. Er blieb scheu zwischen dem Tauwerk stehen, wo
sie ihn nicht bemerken konnte. Da sah er, wie sie nun
15 einzelne Kleidungsstücke flimmernd gegen den Mond hielt,
er erkannte seinen eignen Sonntagsstaat, den er ihr gestern
gezeigt: die gestickte Feldbinde, das rotsamtne weißge-
stickte Wämschen. Sie zog es eilig an; Antonio war schlank
und fein gebaut, es paßte ihr alles wie angegossen. Darauf
20 legte sie den blendendweißen Spitzenkragen um Hals und
Brust und drückte das Barett mit den nickenden Federn auf
das Lockenköpfchen. Als sie fertig war, sprang sie auf, sie
schien sich über sich selbst zu verwundern, so schön sah sie
aus. Da stieß sie unversehens mit den Sporen an das Tam-
25 bourin am Boden. Sie ergriff es rasch, und den tönenden Reif
hoch über sich schwingend, fing sie mit leuchtenden Augen
zu tanzen an, fremd und doch zierlich, und sang dazu:

> Bin ein Feuer hell, das lodert
> Von dem grünen Felsenkranz,
30 > Seewind ist mein Buhl' und fodert
> Mich zum lust'gen Wirbeltanz,
> Kommt und wechselt unbeständig.
> Steigend wild,
> Neigend mild
35 > Meine schlanken Lohen wend' ich,
> Komm' nicht nah mir, ich verbrenn' Dich!

Wo die wilden Bäche rauschen
Und die hohen Palmen stehn,
Wenn die Jäger heimlich lauschen,
Viele Rehe einsam gehn.
Bin ein Reh, flieg durch die Trümmer   5
Über die Höh,
Wo im Schnee
Still die letzten Gipfel schimmern,
Folg' mir nicht, erjagst mich nimmer!

Bin ein Vöglein in den Lüften,   10
Schwing' mich übers blaue Meer,
Durch die Wolken von den Klüften
Fliegt kein Pfeil mehr bis hierher,
Und die Au'n und Felsenbogen,
Waldeseinsamkeit   15
Weit, wie weit,
Sind versunken in die Wogen –
Ach ich habe mich verflogen!

Bei diesen Worten warf sie sich auf den Boden nieder, daß das
Tambourin erklang, und weinte. – Da trat Antonio rasch   20
hinzu, sie fuhr empor und wollte entfliehen. Als sie aber seine
Stimme über sich hörte, lauschte sie hoch auf, strich mit
beiden Händen die aufgelösten Locken von den verweinten
Augen und sah ihn lächelnd an.

Antonio, wie geblendet, setzte sich zu ihr an den Bord und 25
pries ihren wunderbaren Tanz. Sie antwortete kein Wort
darauf, sie war erschrocken und in Verwirrung. Endlich
sagte sie schüchtern und leise: sie könne nicht schlafen vor
Freude, es sei ihr so licht im Herzen. – Gerade so geht mir's
auch, dachte er und schaute sie noch immer ganz versunken 30
an. Da fiel ihm eine goldne Kette auf, die aus ihrem Wämschen blinkte. Sie bemerkte es und verbarg sie eilig. Antonio
stutzte. Vom wem hast Du das kostbare Angedenken? fragte
er. – Von Alonzo, erwiderte sie zögernd. – Wunderbar, fuhr
er fort, gesteh' es nur, Du weißt es ja doch, wer der Alte war 35

und wie er übers Meer gekommen. Und du selbst – wir sahn
Dich schlummern in der Kluft beim Fackeltanz, und dann an
jenem blutigroten Morgen warf sich das Volk erschrocken
vor Dir hin – wer bist Du? – Sie schwieg mit tiefgesenkten
Augen und wie er so fortredend in sie drang, brach endlich
ein Strom von Tränen unter den langen schwarzen Wimpern
hervor. Ach, ich kann ja nicht dafür! rief sie aus und bat ihn
ängstlich und flehentlich, er sollt' es nicht verlangen, sie
könnt' es ihm nicht sagen, sonst würde er böse sein und sie
verjagen. – Antonio sah sie verwundert an, sie war so schön,
er reichte ihr die Hand. Als sie ihn so freundlich sah, rückte
sie näher und plauderte so vertraulich, als wären sie jahrelang
schon beisammen. Sie erzählte von der Nacht auf dem Gebirge, wo sie ihn beim flüchtigen Fackelschein zum erstenmal
gesehn, wie sie dann traurig gewesen, als er damals im
Garten sie so schnell verließ, sie meinte, die Wilden würden
ihn erschlagen.

Antonio'n aber war's bei dem Ton ihrer Stimme, als hörte
er zur Frühlingszeit die erste Nachtigall in seines Vaters
Garten. Die Sterne schienen so glänzend, die Wellen zitterten
unter ihnen im Mondenschein, nur von ferne kühlte sich die
Luft mit Blitzen, bis endlich Alma vor Schlaf nicht mehr
weiter konnte und müde ihr Köpfchen senkte.

Auch Antonio war zuletzt eingeschlummert. Da träumte
ihm von dem schönen verwilderten Garten, es war, als wollt'
ihm der Vogel in dem ausgebrochenen Fensterbogen im
Schlaf von Diego erzählen, der unter den glühenden Blumen
sich verirrt. Und als er so, noch halb im Traume, die Augen
aufschlug, flog schon ein kühler Morgenwind kräuselnd
über die See, er blickte erschrocken umher, da hörte er
wieder die Frau Venus neben sich atmen wie damals und von
fern stiegen die Zacken und Felsen der Insel allmählich im
Morgengraun wieder empor, dazwischen glaubte er wirklich
den Vogel im Gebirge singen zu hören. Jetzt ruft es auch
plötzlich: Land! aus dem Mastkorb; verschlafene Matrosen
erheben sich, im Innern des Schiffs beginnt ein seltsames
Murmeln und Regen. Nun fährt Alma verwirrt aus dem

Schlafe empor. Da sie die Wälder, Felsen und Palmen sieht, springt sie voller Entsetzen auf und wirft einen dunkeln tödlichen Blick auf Antonio. Du hast mich verraten, ihr wollt mich bei den Meinigen heimlich wieder aussetzen! ruft sie aus und schwingt sich behende auf den Bord des Schiffes, um sich ins Meer zu stürzen. Aber Antonio faßte sie schnell um den Leib, sie stutzte und sah ihn erstaunt mit ungewissen Blicken an. Unterdes war auch Alvarez auf dem Verdeck erschienen: still, still, rief er den Leuten zu, nur sacht, eh' sie uns drüben merken! Er ließ die Anker werfen, das Boot wurde leise und geräuschlos heruntergelassen, die Berge und Klüfte breiteten sich immer mächtiger in der Dämmerung aus. Da zweifelte Antonio selbst nicht länger, daß es auf Alma abgesehn. Ganz außer sich schwang er die arme Verratne auf seinen linken Arm, zog mit der rechten seinen Degen und rief vortretend mit lauter Stimme: es sei schändlich, treulos und undankbar, das Mädchen wider ihren Willen wieder auf die Insel zu setzen, von der sie alle eben erst mit Gefahr ihres Lebens gerettet. Aber er wolle sie bis zu seinem letzten Atemzuge verteidigen und mit ihr stehn oder fallen, wie ein Baum mit seiner Blüte!

Zu seiner Verwunderung erfolgte auf diese tapfere Anrede ein schallendes Gelächter. Was Teufel machst Du denn für ein Geschrei, verliebter Bakkalaureus! sagte Alvarez, wir wollen hier geschwind, eh' etwa noch die Wilden erwachen, frisches Wasser holen von den unverhofften Bergen, Du sieh'st ja doch, 's ist ein ganz anderes Land! Nun sah es Antonio freilich auch, freudig und beschämt, denn die Morgenlichter spielten schon über den unbekannten Gipfeln. Alma aber hatte ihn fest umschlungen und bedeckte ihn mit glühenden Küssen. – Die Sonne vergoldete soeben Himmel, Meer und Berge und in dem Glanze trug Antonio sein Liebchen hurtig in das Boot, das nun durch die Morgenstille nach dem fremden Lande hinüberglitt.

—————

Alma war die erste, die ans Land sprang, wie ein Kind lief sie erstaunt und neugierig umher. Es blitzte noch alles vom Tau,

Menschen waren nirgends zu sehen, nur einzelne Vögel sangen hie und da in der Frische des Morgens. Die praktischen Seeleute hatten indes gar bald eine Quelle, Kokos- und Brotbäume in Menge entdeckt, es ärgerte sie nur, daß die

5 liebe Gottesgabe nicht auch schon gebacken war.

Alvarez aber, da heute eben ein Sonntag traf, beschloß auf dem gesegneten Eilande einige Tage zu rasten, um das Schiff und die Verwundeten und Kranken wieder völlig in Stand zu setzen. Währenddes waren mehrere auf den nächsten Gipfel

10 gestiegen und erblickten überrascht jenseits des Gebirges eine weite lachende Landschaft. Auf ihr Geschrei kam auch der Hauptmann mit Antonio und Alma herbei. Das ist ja wie in Spanien, sagte Alvarez erfreut, hier möcht' ich ausruh'n, wenn's einmal Abend wird und die alten Segel dem Sturme

15 nicht mehr halten. – Sie konnten der Versuchung nicht widerstehen, die Gegend näher zu betrachten, sie wanderten weiter den Berg hinunter und kamen bald in ein schönes grünes Tal. Auf dem letzten Abhange aber hielten sie plötzlich erschrocken still: ein einfaches Kreuz stand dort unter

20 zwei schattigen Linden. Da knieten sie alle schweigend nieder, Alma sah sie verwundert an, dann sank auch sie auf ihre Knie in der tiefen Sonntagsstille, es war, als zöge ein Engel über sie dahin.

Als sie sich vom Gebet wieder erhoben, bemerkten sie erst

25 einen zierlichen Garten unter dem Kreuz, den die Bäume von oben verdeckt hatten. Voll Erstaunen sahen sie sehr sorgfältig gehaltene Blumenbeete, Gänge und Spaliere, die Bienen summten in den Wipfeln, die in voller Blüte standen, aber der Gärtner war nirgends zu finden. – Da schrie Alma auf einmal

30 erschrocken auf, als hätte sie auf eine Schlange getreten, sie hatte menschliche Fußtapfen auf dem tauigen Rasen entdeckt. – Den wollen wir wohl erwischen, rief Alvarez, und die Wanderer folgten sogleich begierig der frischen Spur. Sie ging jenseits auf die Berge, sie glaubten den Abdruck von

35 Schuhen zu erkennen. Unverdrossen stiegen sie nun zwischen den Felsen das Gebirge hinan, aber bald war die Fährte unter Steinen und Unkraut verschwunden, bald erschien sie

wieder deutlich im Gras, so führte sie immer höher und höher hinauf und verlor sich zuletzt auf den obersten Zacken, wie in den Himmel. – Es ist heut Sonntag, der Gärtner ist wohl der liebe Gott selber, sagte Alvarez, betroffen in der Wildnis umherschauend.

In dieser Zeit aber war die Sonne schon hoch gestiegen und brannte sengend auf die Klippen, sie mußten die weitere Nachforschung für jetzt aufgeben und kehrten endlich mit vieler Mühe wieder zu den Ihrigen am Strande zurück. Als sie dort ihr Abenteuer erzählten, wollte alles sogleich in das neuentdeckte Tal stürzen. Aber Alvarez schlug klirrend an seinen Degengriff und verbot feierlich allen und jedem, das stille Revier nicht anders als unter seinem eignen Kommando zu betreten. Denn, sagte er, das sei keine Soldatenspelunke, um dort Karten zu spielen, da stecke was Absonderliches dahinter. – Vergebens zerbrachen sie sich nun die Köpfe, was es mit dem Garten für ein Bewenden habe, denn ein Haus war nirgends zu sehen und so viel hatten sie schon von den Bergen bemerkt, daß das Land eine, wie es schien, unbewohnte Insel von sehr geringem Umfange war. Man beschloß endlich, sich hier an der Küste ein wenig einzurichten und am folgenden Tage gleich in der frühesten Morgenkühle die Untersuchung gemeinschaftlich fortzusetzen.

Unterdes hatten die Zimmerleute schon ihre Werkstatt am Meere aufgeschlagen, rings hämmerte und klapperte es lustig, einige schweiften mit ihren Gewehren umher, andere flickten die Segel im Schatten der überhängenden Felsen, während fremde Vögel über ihnen bei dem ungewohnten Lärm ihre bunten Hälse neugierig aus dem Dickicht streckten.

———

Mit dem herannahenden Abend versammelte sich nach und nach alles wieder unter den Felsen, die Jäger kehrten von den Bergen zurück und warfen ihre Beute auf den Rasen, da lag viel fremdes Getier umher, die Schützen an ihren Gewehren müde daneben. Indem kam ein Soldat, der sich auf der Jagd

verspätet, ganz erschrocken aus dem Walde und sagte aus, er
sei hinter einem schönen scheuen Vogel weit von hier zwischen die höchsten Felsen geraten und als er eben auf den
Vogel angelegt, habe er plötzlich in der Wildnis ein riesengroßes Heiligenbild auf einer Klippe erblickt, daß ihm die
Büchse aus der Hand gesunken. Die ersten Abendsterne am
Firmament hätten das Haupt des Bildes wie ein Heiligen-
schein umgeben, darauf habe es auf einmal sich bewegt und
sei langsam wie ein Nebelstreif mitten durch den Fels gegangen, er habe es aber nicht wieder gesehen und vor Grauen
kaum den Rückweg gefunden. – Das ist der Gärtner, den wir
heut früh schon suchten, rief Alvarez, hastig aufspringend.
Dabei traute er nun doch dem unschuldigen Aussehn der
Insel nicht und beschloß, noch in dieser Stunde selber auf
Kundschaft auszugehen, damit sie nicht etwa mitten in der
Nacht unversehens überfallen würden. Das war dem abenteuerlichen Sanchez eben recht, auch Antonio und Alma
erboten sich tapfer, den Hauptmann zu begleiten.

Alvarez stellte nun eilig einzelne Posten auf die nächsten
Höhen aus, wer von ihnen den ersten Schuß im Gebirge
hörte, sollte antworten und auf dieses Signal die ganze
Mannschaft nachkommen. Darauf bewaffnete er sorgfältig
sich und seine Begleiter, auch Alma mußte einen Hirschfänger umschnallen, jeder steckte aus Vorsicht noch ein Windlicht zu sich, der Soldat aber, der die seltsame Nachricht
gebracht, mußte voran auf demselben Wege, den er gekommen; so zog das kleine Häuflein munter in das wachsende
Dunkel hinein.

Schon waren die Stimmen unter ihnen nach und nach
verhallt, nur manchmal leuchtete das Wachtfeuer noch durch
die Wipfel, die Gegend wurde immer kühler und öder. Alma
war recht zu Hause hier, sie sprang wie ein Reh von Klippe
zu Klippe und half lachend dem steifen Alvarez, wenn ihm
vor einem Sprunge graute. Der Soldat vorn aber schwor, daß
sie nun schon bald in der Gegend sein müßten, wo er das Bild
gesehen. Darüber wurde Sanchez ganz ungeduldig. Heraus,
Nachteule, aus deinem Felsennest! rief er aus und feuerte

schnell sein Gewehr in die Luft ab. Die nahe hohe Felsenwand brach den Schall und warf ihn nach der See zurück, es
blieb alles totenstill im Gebirge. – Da glaubten sie plötzlich
eine Glocke in der Ferne zu hören, die Luft kam von den
Bergen, sie unterschieden immer deutlicher den Klang. Ganz 5
verwirrt blieben nun alle lauschend stehen, über ihnen aber
brach der Mond durch die Wolken und beleuchtete die unbekannten Täler und Klüfte, als sie auf einmal eine schöne
tiefe Stimme in ihrer Landessprache singen hörten:

Komm' Trost der Welt, du stille Nacht! 10
Wie steigst Du von den Bergen sacht,
Die Lüfte alle schlafen,
Ein Schiffer nur noch, wandermüd,
Singt übers Meer sein Abendlied
Zu Gottes Lob im Hafen. 15

Die Jahre wie die Wolken gehn
Und lassen mich hier einsam stehn,
Die Welt hat mich vergessen,
Da tratst Du wunderbar zu mir,
Wenn ich beim Waldesrauschen hier 20
In stiller Nacht gesessen.

O Trost der Welt, du stille Nacht,
Der Tag hat mich so müd' gemacht,
Das weite Meer schon dunkelt,
Laß' ausruhn mich von Lust und Not, 25
Bis daß das ew'ge Morgenrot
Den stillen Wald durchfunkelt.

Die Wandrer horchten noch immer voll Erstaunen, als der
Gesang schon lange wieder in dem Gewölk verhallt war, das
soeben vor ihnen mit leisem Fluge die Wipfel streifte. Al- 30
varez erholte sich zuerst. Still, still, sagte er, nur sachte mir
nach, vielleicht überraschen wir ihn. – Sie schlichen nun
durch das Dickicht leise und vorsichtig immer tiefer in den

feuchten Nebel hinein, niemand wagte zu atmen – als plötzlich der Vorderste mit großem Geschrei auf einen Fremden stieß, jetzt schrie wieder einer und noch einer auf, manchmal klang es wie Waffengerassel von ferne. Überwacht und aufgeregt wie sie waren, zog jeder sogleich seinen Degen. Indem sahen sie auch schon Mehre halbkenntlich zwischen den Klippen herandringen, die unerschrockenen Abenteurer stürzten blind auf sie ein, da klirrte Schwert an Schwert im Dunkeln, immer neue Gestalten füllten den Platz, als wüchse das Gezücht aus dem Boden nach. – In diesem Getümmel bemerkte niemand, wie ein fernes Licht, immer näher und näher, das Laub streifte, auf einmal brach der Widerschein durch die Zweige, den Kampfplatz scharf beleuchtend, und die Fechtenden standen plötzlich ganz verblüfft vor altbekannten Gesichtern – denn die vermeintlichen Wilden waren niemand anders, als ihre Kameraden von unten, die verabredetermaßen auf Sanchez's Schuß zu Hülfe gekommen.

Da ist er! schrie hier plötzlich der Soldat, der vorhin den Alvarez heraufgeführt. Alle wandten sich erschrocken um: ein schöner riesenhafter Greis mit langem weißen Bart, in rauhe Felle gekleidet, eine brennende Fackel in der Hand, stand vor ihnen und warf dem Sanchez die Fackel an den Kopf, daß ihn die Funken knisternd umsprühten. Ruhe da! rief er; was treibt euch, hier die Nacht mit wüstem Lärm zu brechen, das wilde Meer murrt nur von fern am Fuß der Felsen und alle blinden Elemente hielten Frieden hier seit dreißig Jahren in schöner Eintracht der Natur, und die ersten Christen, die ich wiedersehe, bringen Krieg, Empörung, Mord.

Hier erblickte er Alma, deren Gesicht von der Fackel hell beleuchtet war, da wurde er auf einmal still. – Die erstaunten Gesellen standen scheu im Kreise, sie hielten ihn insgeheim für einen wundertätigen Magier. Diese Pause benutzte Alvarez und trat, seinen Degen einsteckend, einige Schritte vor. Ihr sollt nicht glauben, sagte er, daß wir loses Gesindel seien, das da ermangelt, einem frommen Waldbruder die gebührende Reverenz zu erweisen; mit dem Lärm vorhin,

das war nur so eine kleine Konfusion. – Der Einsiedler aber
schien nicht darauf zu hören, er sah noch immer Alma an,
dann, wie in Gedanken in dem Kreise umherschauend, fragte
er, woher sie kämen? – Das wußte nun Alvarez selber nicht
recht und berichtete kurz und verworren von der Frau   5
Venus, von Händeln mit den Wilden, von einem prächtigen
Reich, das sie entdeckt, aber wieder verloren. – Der Alte
betrachtete unterdes noch einmal alle in die Runde. Nach
kurzem Schweigen sagte er darauf: es sei schon dunkle Nacht
und seine Klause liege weit von hier, auch habe er oben nicht 10
Raum für soviele unerwartete Gäste, am folgenden Tage
aber wollte er sie mit allem, dessen sie zur Reise bedürften,
aus dem Überfluß versehen, womit ihn Gott gesegnet. Der
Hauptmann solle jetzt die Seinen zum Ankerplatz zurück-
führen und morgen, wenn sie die Frühglocke hörten, mit   15
wenigen Begleitern wiederkommen.

Die Wandrer sahen einander zögernd an, sie hätten lieber
noch heut den Waldbruder beim Wort genommen. Aber in
seinem strengen Wesen war etwas Unüberwindliches, das
zugleich Gehorsam und Vertrauen erweckte. Er selbst ergriff   20
rasch die Fackel, an der die andern ihre Windlichter anzünden
mußten, und zeigte ihnen, voranschreitend, einen von Zweigen verdeckten Felsenweg, der unmittelbar zum Strande
führte. Als sie nach kurzem Gange zwischen den Bäumen
heraustraten, sahen sie schon das Meer wieder herauf-   25
leuchten, tief unter ihnen riefen die zurückgebliebenen Wachen einander von ferne an. – Mein Gott, sagte der Einsiedler fast betroffen, das habe ich lange nicht gehört, es ist doch
ein herrlich Ding um die Jugend. – Dann grüßt' er alle noch
einmal und wandte sich schnell in die Finsternis zurück.   30
Unten aber erschraken die Wachen, da sie ein Licht nach dem
andern aus den Klüften steigen und durch die Nacht schweifen sahen, als kämen die verstörten Gebirgsgeister den stillen
Wald herab.   35

Der folgende Tag graute noch kaum, da fuhr Alma schon
von ihrem bunten Teppich auf, sie hatte vor Freude auf die

bevorstehende Fahrt die ganze Nacht nur leise geschlummert und immerfort von dem Gebirge und dem Einsiedler
geträumt. Erstaunt sah sie sich nach allen Seiten um, Antonio
lag zu ihren Füßen im Gras. Es war noch alles still, die
5 Wachtfeuer flackerten erlöschend im Zwielicht. Da überfiel
Alma ein seltsames Grauen in der einsamen Fremde, sie
konnt' es nicht lassen, sie stieß Antonio'n leis und zögernd
an. Der verträumte Student richtete sich schnell auf und sah
ihr in die klaren Augen. Sie aber wies aufhorchend nach dem
10 Gebirge. Da hörte er hoch über ihnen auch schon die Mor-
genglocke des Einsiedlers durch die Luft herüberklingen
und bei dem Klange fuhren die Langschläfer an den Feuern,
einer nach dem andern, empor. Jetzt trat auch Alvarez schon
völlig bewaffnet aus dem Zelte und teilte mit lauter Stimme
15 seine Befehle für den kommenden Tag aus. Sanchez sollte
heute das Kommando am Strande führen, er mochte ihn
nicht wieder auf die Berge mitnehmen, da er ihm überall
unverhofften Lärm und Verwirrung anrichtete. Bald wimmelte es nun wieder bunt über den ganzen Platz und ehe
20 noch die Sonne sich über dem Meere erhob, brach der Hauptmann schon, nur von Alma und Antonio begleitet, zu dem
Waldbruder auf.

Alma hatte sich alle Stege von gestern wohl gemerkt und
kletterte munter voraus. Antonio trug mühsam ein großes
25 dickes Buch unter dem Arme, in welchem er mit jugendlicher
Wißbegierde und Selbstzufriedenheit merkwürdige Pflanzen
aufzutrocknen und zu beschreiben pflegte. Alma meinte, er
mache Heu für den Schiffsesel und brachte ihm Disteln und
anderes nichtswürdiges Unkraut in Menge. Das verdroß ihn
30 sehr, er suchte ihr in aller Geschwindigkeit einen kurzen
Begriff von dem Nutzen der Wissenschaft beizubringen.
Aber sie lachte ihn aus und steckte sich die schönsten frischen
Blumen auf den Hut, daß sie selbst wie die Gebirgsflora
anzusehen war. – Auf einmal starrten alle überrascht in die
35 Höh. Denn fern auf einem Felsen, der die andern Gipfel
überschaute, trat plötzlich der Einsiedler mitten ins Morgenrot, als wär' er ganz von Feuer; er schien die Wandrer kaum

zu bemerken, so versunken war er in den Anblick des Schiffs, das unten ungeduldig wie ein mutiges Roß auf den Wellen tanzte. Jetzt fiel es dem Alvarez erst aufs Herz, daß er ein verkleidetes Mädchen zu dem frommen Manne mit heraufbringen wolle. Er bestand daher ungeachtet Antonio's Fürbitten darauf, daß Alma zurückkehren und ihre Wiederkehr unten erwarten sollte. Sie war betroffen und traurig darüber; als sie aber endlich die Skrupel des Hauptmanns begriff, schien sie schnell einen heimlichen Anschlag zu fassen, sah sich noch einmal genau die Gegend an und sprang dann, ohne ein Wort zu sagen, wieder nach dem Lagerplatze hinab.

Unterdes hatte der Einsiedler oben die Ankommenden gewahrt und wies ihnen durch Zeichen den nächsten Pfad zu dem Gipfel, wo er sie mit großer Freude willkommen hieß. Laßt uns die Morgenkühle noch benutzen, sagte er dann nach kurzer Rast, und führte seine Gäste sogleich wieder weiter zwischen die Berggipfel hinein. Sie gingen lange an Klüften und rauschenden Bächen vorüber, sie erstaunten, wie rüstig ihr Führer voranschritt. So waren sie auf einem hochgelegenen freien Platze angekommen, der nach der Gegend, wo das Schiff vor Anker lag, von höhern Felsen und Wipfeln ganz verschattet war; von der andern Seite aber sah man weit in die fruchtbaren Täler hinaus, während zu ihren Füßen der Garten heraufduftete, den sie schon gestern zufällig entdeckt hatten. – Das ist mein Haus, sagte der Einsiedler und zeigte auf eine Felsenhalle im Hintergrund. Die Morgensonne schien heiter durch die offene Tür und beleuchtete einfaches Hausgerät und ein Kreuz an der gegenüberstehenden Wand, unter dem ein schönes Schwert hing. Die Ermüdeten mußten sich nun auf die Rasenbank vor der Klause lagern, der Einsiedler aber brachte zu ihrer Verwunderung Weinflaschen und köstliches Obst, schenkte die Gläser voll und trank auf den Ruhm Altspaniens. Unterdes hatte der Morgen ringsum alles vergoldet und funkelte lustig in den Gläsern und Waffen, ein Reh weidete neben ihnen und schöne bunte Vögel flatterten von den Zweigen und naschten vertraulich mit von dem Frühstück der Fremden.

Hier saßen sie lange zusammen in der erfrischenden Kühle. Der Einsiedler erkundigte sich nach ihrem gemeinschaftlichen Vaterlande, aber er sprach von so alten Zeiten und
Begebenheiten, daß ihm fast nur Antonio aus seinen Schul-
büchern noch Bescheid zu geben wußte. Da sie ihn aber so
heiter sahen, drangen sie endlich in ihn, ihnen seinen eigenen
Lebenslauf und wie er auf diese Insel gekommen, ausführlich
zu erzählen. Da besann er sich einen Augenblick. Es ist mir
alles nur noch wie ein Traum, sagte er darauf, die fröhlichen
Gesellen meiner Jugend, die sich daran ergötzen könnten,
sind lange tot, andere Geschlechter gehen unbekümmert
über ihre Gräber, und ich stehe zwischen den Leichensteinen
allein wie in tiefem Abendrote. Doch sei es drum, ich
schwieg so lange Zeit, daß mir das Herz recht aufgeht bei den
heimatlichen Lauten; ich will Euch von allem treulich Kunde
geben, vielleicht erinnert sich doch noch jemand meiner,
wenn Ihr's zu Hause wiedererzählt. So rückten sie denn im
Grünen näher zusammen und der Alte hub folgendermaßen
an:

GESCHICHTE DES EINSIEDLERS

Die letzte Macht der Mohren war zertrümmert, die Zeit war
alt und die Waffen verklungen, unsere Burgen standen einsam über wallenden Kornfeldern, das Gras wuchs auf den
Zinnen, da blickte Mancher vom Walle übers Meer und
sehnte sich nach einer neuen Welt. Ich war damals noch jung,
vor meiner Seele dämmerte bei Tag und Nacht ein wunderbares Reich mit blühenden Inseln und goldenen Türmen aus
den Fluten herauf – so rüstete ich freudig ein Schiff aus, um es
zu erobern.

Was soll ich Euch von den ersten Wochen der Fahrt
erzählen, von den vorüberfliegenden Küsten, von der Mee-
reseinsamkeit und den weitgestirnten prächtigen Nächten,
Ihr kennt's ja so gut, wie ich. Es sind jetzt gerade dreißig
Jahre, es war des Königs Namenstag, wir fuhren auf offner
unbekannter See. Ich hatte zur Gedächtnisfeier des Tages ein

Fest auf dem Verdeck bereitet, die Tische waren gedeckt, wir
saßen unter bunten Fahnen in der milden Luft, einige sangen
spanische Lieder zur Zither, glänzende Fische spielten neben
dem Schiff, ein frischer Wind schwellte die Segel. Da, indem
wir so der fernen Heimat gedachten, sahen wir auf einmal
verflogene Paradiesvögel über uns durch die klaren Lüfte
schweifen, alle hielten's für die Verheißung eines nahen
Landes. Und was für ein Land muß das sein, rief ich aufspringend, wo der Wind solche Blüten herüberweht! Wir
hofften alle das wunderbare Eldorado zu entdecken. Aber
mein Lieutenant, ein junger, stiller und finsterer Mann,
entgegnete in seiner melancholischen Weise: das Eldorado
liege auf dem großen Meere der Ewigkeit, es sei töricht, es
unter den Wolken zu suchen. – Das verdroß mich. Ich
schenkte rasch mein Glas voll. Wer's hier nicht sucht, der
findet's nimmer, rief ich, durch! und wenns am Monde hinge.
Aber wie ich anstieß, sprang mein Glas mitten entzwei, mir
graute – da rief's auf einmal vom Mastkorbe: Land!

Alles fuhr nun freudig erschrocken auf, wir waren fern
von allen bekannten Küsten, es mußte ein ganz fremdes
Land sein. Wir sahen erst nur einen Nebelstreif, dann allmählich wuchs und dehnte sichs wie ein Wolkengebirge.
Unterdes aber kam der Abend, die Luft dunkelte schläfrig
und verdeckte alles wieder. – Wir gingen nun so nah am
Strande als möglich vor Anker, um mit Tagesanbruch zu
landen. O der schönen erwartungsvollen Nacht! Es war so
still, daß wir die Wälder von der Küste rauschen hörten, ein
köstlicher Duft von Kräutern wehte herüber, im Walde sang
ein Vogel mit fremdem Schalle, manchmal trat der Mond
plötzlich hervor und beleuchtete flüchtig wunderbare Gipfel
und Klüfte.

Als endlich der Morgen anbrach, standen wir schon alle
wanderfertig auf dem Verdecke vor dem blitzenden Eilande.
Ich werde den Anblick niemals vergessen – mir war's als
schlüge die strenge Schöne, die ich oft im Traume gesehen,
ihre Schleier zurück und ich säh ihr auf einmal in die wilden
dunkeln Augen. – Wir landeten nun und richteten uns fröh-

lich am Fuß des Gebirges ein, ich aber machte sogleich mit
mehreren Begleitern einen Streifzug ins Land. Wir fanden
alles wild und schön, fremde Tiere flogen scheu vor uns in das
Dickicht, weiterhin stießen wir auf ein Dorf in einem fruchtbaren Felsentale, die Schmetterlinge flatterten friedlich in
den blühenden Bäumen, aber die Hütten waren leer und alles
so still in der Einsamkeit zwischen den Klüften und Wasserfällen, als wäre der Morgen der Engel des Herrn, der die
Menschen aus dem Paradiese gejagt und nun zürnend mit
dem Flammenschwerte auf den Bergen stände.

  Als ich zurückkehrte, ließ ich der Vorsicht wegen einige
Feldschlangen vom Schiffe bringen und unsern Lagerplatz
verschanzen, da ich beschlossen hatte, das Land genau zu
durchforschen. So war die Nacht herangekommen. Ich hatte
wenig Ruh vor schweren seltsamen Träumen und als ich das
eine Mal aufwachte, war unser Wachtfeuer fast schon ausgebrannt, es konnte nicht mehr weit vom Tage sein. Ich begab
mich daher zu den äußersten Posten, die ich am Abend
ausgestellt, die waren sehr erfreut, mich zu sehen, denn sie
hatten die ganze Nacht über eine wunderliche Unruhe im
Gebirge bemerkt, ohne erraten zu können, was es gebe. Ich
legte mich mit dem Ohr an den Boden, da war's zu meinem
Erstaunen, als vernähm' ich den schweren Marsch bewaffneter Scharen in der Ferne. Manchmal erschallte es weit in
den Bäumen wie Nachtgeflügel, das aufgeschreckt durch die
Zweige bricht, dann war alles wieder still. Indem ich aber
noch so lauschte, hör' ich auf einmal ein Flüstern dicht neben
mir im Dunkeln. Ich trat einige Schritte zurück, meine Jagd-
tasche war mit Feuerwerk wohl versehen, ich warf schnell
eine Leuchtkugel nach dem Gebirge hinaus. Da bot sich uns
plötzlich der wunderbarste Anblick dar: bei dem hellen Widerschein sahen wir einen furchtbaren Kreis bewaffneter
dunkler Gestalten, lauernd an die Palmen gelehnt, hinter
Steinen im Dickicht, Kopf an Kopf bis tief in den finstern
Wald hinein. Alle Augen folgten dem feurigen Streif der
Leuchtkugel, und als sie prasselnd in der Luft zerplatzte,
richteten sich mehre auf und betrachteten erstaunt die fun-

kelnden Sterne, die im Niedersinken die Wipfel vergoldeten.
Unterdes waren auf das Feuerzeichen die Unsrigen, die auf
meinen Befehl bekleidet und mit den Waffen geruht hatten,
erschreckt und noch halbverschlafen herbeigeeilt. Als nun
die Wilden das Wirren und ängstliche Hin- und Herlaufen   5
bemerkten, sprangen sie plötzlich aus ihrem Hinterhalt, ein
Hagel von Speeren und Steinen flog hinter ihnen drein, ich
hatte kaum Zeit, die Meinigen zu ordnen. Ich ließ fürs Erste
nur blind feuern, die Eingebornen stutzten, da sie sich aber
alle unversehrt fühlten, lachten sie wild und griffen nun um 10
so wütender an. Eine zweite scharfe Ladung empfing die
Verwegenen, wir sahen einige von ihnen getroffen sinken,
die Hintersten aber gewahrten es nicht und drängten immer
unaufhaltsamer über die Gefallenen vor. Mehrere von den
Unsrigen wollten unterdes mitten in dem Getümmel ein   15
Weib mit fliegendem Haar gesehen haben, die wie ein Würg-
engel unter ihren eigenen Leuten die Zurückweichenden mit
ihrem Speer durchbohrte, es entstand ein dumpfes scheues
Gemurmel von einer schönen wilden Zauberin, die Meinigen fingen an zu wanken. Jetzt zauderte ich nicht länger, ich 20
befahl unsere Feldschlange loszubrennen, der Schuß weckte
einen anhaltenden furchtbaren Widerhall zwischen den Bergen und riß eine breite Lücke in den dichtesten Haufen der
Wilden. Das entschied den Kampf; wie vor einer unbegreiflichen übermenschlichen Gewalt standen sie eine Zeit lang 25
regungslos, dann wandte sich auf einmal die ganze Schar mit
durchdringendem Geheul, durch den Pulverdampf sahen
wir sie ihre Toten und Verwundeten auf den Rücken eilig
fortschleppen und in wenigen Minuten war alles zwischen
dem Unkraut und den Felsenritzen wie ein Nachtspuk in der 30
Morgendämmerung verschlüpft, die nun allmählich wachsend das Gebirge erhellte.

Wir standen noch ganz verwirrt, wie nach einem unerhörten Traume. Ich ließ darauf die Verwundeten zurückbringen
und sammelte die Frischesten und Kühnsten, um den Saum 35
des Waldes von dem Gesindel völlig zu säubern. So schritten
wir eben vorsichtig in die Berge hinein, als plötzlich auf

einem Felsen über uns zwischen den Wipfeln eine hohe
schlanke Mädchengestalt von so ausnehmender Schönheit
erschien, daß alle, die auf sie zielten, ihre Arme sinken ließen.
Sie war in ein buntgeflecktes Pantherfell gekleidet, das von
einem funkelnden Gürtel über den Hüften zusammengehal-
ten wurde, mit Bogen und Köcher, wie die heidnische Göttin
Diana. Sie redete uns furchtlos und wie es schien, zürnend an,
aber keiner verstand die Sprache und der Klang ihrer Stimme
verhallte in den Lüften, bis sie endlich selbst zwischen den
Bäumen wieder verschwand.

Mein Lieutenant insbesondere war von der wunderbaren
Erscheinung ganz verwirrt. Er pflegte sonst nicht viel Worte
zu machen, jetzt aber funkelten seine Augen, ich hatte ihn
noch nie so heftig gesehn. Er nannte das Mädchen eine
teuflische Hexe, man müsse sie tot oder lebendig fangen und
verbrennen, er selbst erbot sich, sogleich Jagd auf sie zu
machen. Ich verwies ihm seine unsinnige Rede. Wir brauchten, sagte ich, vor allem einige Tage Ruh und frische Lebensmittel, dazu müßten wir jetzt Frieden halten mit den Eingebornen. Der Lieutenant aber war bei seinem stillen Wesen
leicht zum Zorne zu reizen, er hieß mich selber des Teufels
Zuhalter und verschwor sich, wenn ihm keiner beistehn
wollte, das christliche Werk allein zu vollbringen. Und mit
diesen Worten stieg er eilig das Gebirge hinan, ehe wir ihn
zurückhalten konnten. Vergebens riefen wir ihm warnend,
bittend und drohend nach, ich selbst durchschweifte mit
vielen Andern fruchtlos die nächsten Berge, es sah ihn niemand wieder.

Dieses ganz unerwartete Ereignis machte mir große Sorge, denn entweder wandte der Unglückliche durch sein Unternehmen das kaum vorübergezogene Ungewitter von
neuem auf uns zurück, oder ich verlor, was wahrscheinlicher
war, einen redlichen und tapfern Offizier. Das letzte schien
leider zutreffen zu wollen, denn alle unsere Nachforschun-
gen blieben ohne Erfolg, mehrere Tage waren seitdem vergangen, meine Leute gaben ihn schon auf. Da beschloß ich
endlich, mir um jeden Preis Gewißheit über sein Schicksal zu

verschaffen. Ich ließ unser Lager abbrechen, lichtete die Anker und segelte, mich immer möglichst dicht zum Lande haltend, weiter an der Küste herab.

Wir fuhren nun abwechselnd an wilden und lachenden Gestaden vorüber, aber, wo wir auch ans Land stiegen, sahen wir's verlassen, die Eingebornen flohen scheu vor uns in die Wälder, von dem Lieutenant war keine Spur zu entdecken. – So hatten wir uns einmal beim ersten Morgengrauen in einem von Bergen umgebenen Tale gelagert, das mir besonders anmutig und reich bevölkert schien, wie ich aus den vielen Stimmen abnahm, die wir Nachts von der Küste gehört hatten. Ich ließ unsern Lagerplatz sogleich mit Zweigen eines Baumes bestecken, von dem ich wußte, daß er in diesen Weltgegenden als Zeichen des Friedens und der Freundschaft angesehen wird, flatternde Bänder und bunte Teppiche wurden ringsum an Stangen ausgehängt, unsere Spielleute mußten dazu musizieren, das klang gar lustig in der Einsamkeit, die nun schon von der schönsten Morgenröte nach und nach erhellt wurde. Ich hatte mich in meiner Erwartung auch nicht getäuscht, denn es währte nicht lange, so erschienen einzelne Wilde neugierig hie und da wie Raben an den Klippen, jetzt erkannten wir auch im steigenden Morgen die Gegend ringsumher, fruchtbare Gründe, Wasserfälle und wunderbar gezackte Felsen, die wie Burgen über den Wäldern hingen.

Bald darauf aber sahen wir es fern am Saum des Waldes in der Morgensonne schimmern. Ein unübersehbarer Zug von Wilden bewegte sich jetzt unter den Bäumen die nachtkühlen Schlüfte herab, voran schwärmten hohe schlanke Bursche über den beglänzten Wiesengrund, die gewandt ihre blinkenden Speere in die Luft warfen und wieder auffingen. So im künstlichen Kampfspiel bald sich verschlingend, bald wieder auseinanderfliegend, nahten sie sich langsam unserm Lager, dazwischen sang der Zug dahinter ein rauhes aber gewaltiges Lied und so oft sie schwiegen, gaben andere von den Bergen Antwort.

Ich wußte nicht, was ich von dem seltsamen Beginnen

halten sollte. Mir war aber alles daran gelegen, mit ihnen in ein friedliches Verständnis zu kommen. Ich hieß daher meine Leute die Feldschlange laden und sich kampffertig halten, während ich selber allein den Ankommenden entgegenging, das grüne Reis hoch über meinem Hute schwenkend. Da gewahrte ich an der Spitze des Zuges mehrere schöne junge Männer in kriegerischem Schmuck, die über ihren Köpfen breite Schilde wie ein glänzendes Dach emporhielten. Auf diesen aber erblickte ich zu meinem Erstaunen das Wundermädchen wieder, die wir damals auf dem Felsen gesehn. Mit dem schlanken Pantherleib, zu beiden Seiten von den langen dunklen Locken umwallt, ruhte sie in ihrer strengen Schönheit wie eine furchtbare Sphynx auf den Schilden.

Kaum aber hatte sie mich erblickt, als sie sich rasch von ihrem Sitze schwang und auf mich zueilte, die turnierenden Bursche stoben zu beiden Seiten auseinander und senkten ehrerbietig die Lanzen vor ihr – es war die Königin des Landes.

Sie trat, während die Andern in einem weiten Halbkreise zurückblieben, mitten unter uns mit einem Anstande, der uns alle erstaunen machte, und betrachtete mich, als den vermeintlichen König der Fremden, lange Zeit mit ernsten Blicken. Ich ließ ihr einen bunten Teppich zum Sitze über den Rasen breiten und überreichte ihr dann ein Geschenk von Glaskorallen, Tüchern und Bändern. Sie nahm alles wie einen schuldigen Tribut an, ohne sich jedoch, nach einem flüchtigen Blick darauf, weiter darum zu bekümmern, ihre Seele schien von ganz andern Gedanken erfüllt. Unterdes war auch ihr Gefolge nach und nach vertraulicher geworden. Einzelne näherten sich den Unsrigen, einer von ihnen benutzte die Verwirrung, rollte schnell einen Teppich auf und entfloh damit nach dem Walde. Die Königin bemerkte es, rasch aufspringend zog sie einen Pfeil aus ihrem Köcher und durchbohrte den Fliehenden, daß er tot ins Gras stürzte; da hing die ganze Schar wie eine dunkle Wolke wieder unbeweglich am Saume des Waldes.

Mir graute, sie aber wandte sich von neuem zu uns, ihre

Blicke spielten umher, sie schien etwas mit den Augen zu suchen. Endlich erblickt sie's: es war unsere Feldschlange. Sie betrachtete sie mit großer Aufmerksamkeit, auf ihr Begehren mußte ich sie wenden und losbrennen lassen. Bei dem Knall stürzten die Eingebornen zu Boden, das Mädchen schauerte kaum und stand wie eine Zauberin in dem ringelnden Dampf. Dann aber flog sie pfeilschnell nach der Gegend, wohin der Schuß gefallen. Ich folgte ihr, denn es schien mir ratsam, ihr die unwiderstehliche Gewalt unseres Geschützes begreiflich zu machen. Es war ein abgelegener Ort tief im Walde, wo die Kugel einen Baum zerschmettert hatte; Stamm, Krone und Äste lagen zerrissen umher, wie vom Blitz gespalten. – Als sich die Königin von der furchtbaren Wirkung des Schusses überzeugt hatte, wurde sie ganz nachdenklich und traurig; wie vernichtet setzte sie sich auf den Rasen hin. So saß sie lange stumm, ich hatte sie noch nicht so nah gesehn, nun fesselte mich ihre Schönheit und ganz verwirrt und geblendet drückte ich flüchtig ihre Hand. Da wandte sie fast betroffen ihr Gesicht nach mir herum und sprang dann plötzlich wild auf, daß ich zusammenschrak. Sie eilte nach unserm Lagerplatz zurück, dort hatte sie, eh' ich's noch hindern konnte, unsere Schiffsfahne ergriffen und schwenkte sie hoch in der Luft, uns alle auf ihre Berge einladend. Ich hatte kaum noch Zeit genug, die nötigen Wachen am Strande anzuordnen, denn sie flog schon mit dem weißen flatternden Banner voran. Von Zeit zu Zeit, während wir vorsichtig folgten, erschien sie über den Wipfeln auf überhängenden Felsen, daß uns grauste, und so oft sie oben sichtbar wurde, jauchzten die Eingebornen ihr zu und ihre Hörner schmetterten dazwischen, daß es weit im Gebirg widerhallte.

Ich übergehe hier unsern Empfang und ersten Aufenthalt auf diesen Felsen, die scheue Gastfreundschaft der Wilden, unser Lagern über den Klüften, die herrlichen Morgen und die wunderbaren Nächte – es ist mir von allem nur noch das Bild der Königin in der Seele zurückgeblieben. Denn sie selber war wie das Gebirge, in launenhaftem Wechsel bald

scharf gezackt, bald sammetgrün, jetzt hell und blühend bis
in den fernsten tiefsten Grund, dann alles wieder grauenhaft
verdunkelt. Wie oft stand ich damals auf den Bergen und
schaute in das blaue Meer! Den Lieutenant hatte ich lange
aufgegeben, der Wind wehte günstig, alles war zur Abfahrt
bereit – und doch mußte ich mich immer wieder zurückwen-
den in jene wildschöne Einsamkeit.

   In dieser Zeit schweifte ich oft mit der Königin auf der
Jagd umher. Auf einem solchen Streifzuge war ich eines
Tages weit von ihr abgekommen. Vergebens rief ich ihren
Namen, die Täler unten ruhten schwül, nur der Widerhall
gab Antwort zwischen den Felsen. Auf einmal erblickte ich
sie fern im Walde, es war, als ginge jemand unter den Bäumen
eilig von ihr fort. Als ich aber hinaufkam, war alles wieder
still; dann aber hörte ich sie singen über mir, eine so wunderbare Melodie, daß es mir die Seele wandte. So verlockte sie
mich immer weiter in die Wildnis, ihr Lied war auch verklungen, kein Vogel sang mehr in dieser unwirtbaren Höhe –
da, wie ich mich einmal plötzlich wende, steht sie auf einer
Klippe in der Waldesstille, den Bogen lauernd auf mich
angelegt. – Ich starrte sie erschrocken an, sie aber lachte und
ließ den Bogen sinken, zwischen den Wasserfällen im Widerschein der Abendlichter zu mir herabsteigend. – Es war
eine öde Gebirgsebene hoch über allen Wäldern, der Abend
dunkelte schon. Sie setzte sich zu mir ins Gras, mir graute,
denn um ihren Hals bemerkte ich eine Perlenschnur von
Zähnen erschlagener Feinde. Und dennoch wandte ich keinen Blick von ihr, gleichwie man gern in ein Gewitter schaut.
So lag ich, den Kopf in meine Hand gestützt, ganz in den
Anblick ihrer wunderbaren Erscheinung versunken. Da sie's
aber gewahrte, wandte sie sich plötzlich von mir, schwenkte
aufspringend ihren Jagdspeer über sich und sang ein seltsames Lied, es waren in unserer Sprache etwa folgende Worte:

> Bin ein Feuer hell, das lodert
> Von dem grünen Felsenkranz,
> Seewind ist mein Buhl und fodert
> Mich zum lust'gen Wirbeltanz,

Kommt und wechselt unbeständig.
Steigend wild,
Neigend mild,
Meine schlanken Lohen wend' ich,
Komm' nicht nah' mir, ich verbrenn' dich! 5

Bei diesen Worten versank Antonio in Nachsinnen, es war
offenbar dasselbe Lied, das damals Alma tanzend auf dem
Schiffe gesungen. Er mochte aber jetzt den Einsiedler nicht
unterbrechen, der in seiner Erzählung folgendermaßen fortfuhr: 10

Dieser Abend gab den Ausschlag. Damals tat ich einen
heimlichen Schwur, mich selber für die Königin zu opfern.
Ich gelobte, Europa zu entsagen für immer, um sie und ihr
Volk zum Christentum zu bekehren und dann mit ihr das
Eiland zu regieren zu Gottes Ehre. – Ich Tor, ich bildete mir 15
ein, den Himmel zu erobern, und meinte doch nur das schöne
Weib! Mein Plan war bald gemacht. Erst mußt' ich sichern
Boden haben unter mir. Unter meinen Leuten befanden sich
geschickte Werkmeister aller Art; Holz, Steine und was zum
Bauen nötig, lag verworren umher, ich ließ rasch zugreifen 20
und auf dem Vorgebirg, welches das ganze Land beherrsch-
te, eine feste Burg errichten zu Schutz und Trutz, und
pflanzte einen Garten daneben nach unserer Weise.

Nur wenigen von den Meinen hatte ich das eigentliche
Vorhaben angedeutet, die Andern blendete das Gold, das 25
überall verlockend durch den grünen Teppich der Insel
schimmerte. Die Königin wußte nicht wie ihr geschah, erst
wollte sie's hindern, dann stutzte sie und staunte, und während sie noch so zögernd sann und schwankte, wuchsen die
Hallen und Bogen und Lauben ihr schon über dem Haupt 30
zusammen und alles schoß üppig auf und rauschte und
blühte, als sollt' es ein ewiger Frühling sein.

Dazumal an einem Sonntage besichtigte ich das neue
Werk, meine Leute waren lustig im Grünen zerstreut, ich
hatte Wein unter sie verteilen lassen, denn morgen sollten die 35
Kanonen vom Schiff auf die Mauern gebracht und die Burg

feierlich eingeweiht werden. Ich ging durch den einsamen
Hof und freute mich, wie die jungen Weinranken überall an
den Pfeilern und Wänden hinaufkletterten. Es war ein
schwüler Nachmittag, die Bäume flüsterten so seltsam über
die Mauer, die Arbeit ruhte weit und breit, nur manchmal
schlüpfte eine bunte Schlange durch das Gras, während
einzelne Wolken träg und müßig über die Gegend hinzogen.
Draußen aber schillerte der junge Garten im Sonnenglanze,
wie mit offnen Augen schlafend, als wollt' er mir im Traum
etwas sagen. Ich trat hinaus und streckte mich endlich er-
mattet vor dem Tor unter die blühenden Bäume, wo mich die
Bienen gar bald in Schlummer summten. – So mochte ich
lange geschlafen haben, als ich plötzlich Stimmen zu hören
glaubte.

 Ich bog die Zweige auseinander und erblickte wirklich
mehre Eingeborne im Burghof, sie strichen, heimlich und
scheu umherschauend, an den Mauern hin, ich erkannte die
Häuptlinge der Insel an ihrem Schmuck. Im ersten Augenblick glaubte ich, es gelte mir, aber sie konnten mich nicht
bemerken. Zu meinem Entsetzen aber gewahre ich nun auch
unsern Lieutenant mitten unter ihnen mit verworrenem
Bart, bleich und verwildert wie ein Gespenst, er redet geläufig ihre Mundart, sie sprechen leise und lebhaft untereinander. Darauf alles auf einmal wieder totenstill – da erblickte
ich die Königin am jenseitigen Tor, in ihrem Pantherkleid
mit dem Bogen, ganz wie ich sie zum ersten Mal gesehen. Sie
macht mit ihrem Pfeile wunderliche Zeichen in die Luft und
plötzlich, schnell und lautlos, ist alles wieder zerstoben. – Ich
rieb mir die Augen, die ganze Erscheinung war mir wie ein
Spuk.

 Als ich mich ein wenig besonnen, sprang ich hastig auf, da
ich aber an den Bergrand trat, stand schon der Abend dunkelrot über der Insel, aus dem Waldgrunde unter mir hörte
ich die Meinigen singen. Ich eilte sogleich nach der Gegend
des Gebirges hin, wo die Königin mit den Häuptlingen
verschwunden war. Da sah ich jemand fern unter den Bäumen sich ungewiß bewegen, bald rasch vortretend, bald

wieder zögernd und unschlüssig zurückkehrend. Auf einmal
kam er wie rasend auf mich hergestürzt – es war der Lieutenant. Fort, fort! schrie er, die Nacht bricht schon herein,
laßt alles stehn, werft euch auf euer Schiff und flieht, nur
fort! – Mir flog eine schreckliche Ahnung durch die Seele. 5
Überläufer! rief ich, meinen Degen ziehend, Du hast uns
verraten, das Kainszeichen brennt Dir blutrot an der Stirn! –
Wo, wo brennt's? entgegnete er erschrocken, sich wild nach
allen Seiten umsehend. – Aus Deinen Augen lodert es ver-
sengend, sagte ich; – das ist nicht wahr, erwiderte er, im 10
Walde brennt's unter meinen Füßen, in meinem Haar, in
meinen Eingeweiden brennt's! und mit diesen Worten ergriff
er sein Schwert und drang verzweifelt auf mich ein. Hier,
Aug' in Aug', sieh nicht so scheu hinweg! rief ich ihm zu. Ich
weiß nicht, täuschte mich die Dämmerung, aber mir war's, 15
als böt er recht mit Herzenslust die entblößte Brust oft
wehrlos meiner Degenspitze – mir graute, ihn zu morden.

Da, während wir so fechten, tritt auf einmal die Königin
aus dem Walde und mitten zwischen uns. Der Lieutenant, da
er sie erblickt, taumelt wie geblendet einige Schritte zurück. 20
Dann seinen Degen plötzlich zu ihren Füßen niederwerfend,
ruft er aus: Da nimm's, ich *kann* nicht! Und in demselben
Augenblick bricht er zusammen, auf den Boden schlagend. –
Die Königin aber neigte sich über ihn und nannte ihn beim
Namen so lieblich mit dem wunderbaren Klange ihrer Stim- 25
me, daß er verwirrt den Kopf erhob und lauschte. Da setzte
sie mutwillig ihren Fuß auf seinen Nacken; geh nur, geh,
sagte sie, und ein spöttisches Lächeln flog um ihren Mund.
Und zu meinem Erstaunen raffte nun der Lieutenant, seinen
Degen fassend, sich rasch wieder empor, seine Augen funkel- 30
ten irr über die hohe Gestalt, die er, ich sah's wohl, tödlich
haßte und rasend liebte, er konnte meinen Blick nicht ertragen, seine Kleider waren mit Blut bespritzt von einer leichten Wunde am Arm, aber er bemerkte es nicht. So stürzte er
von neuem fort in den Wald und ein blutiger Streif bezeich- 35
nete seine Spur im Grase.

Nun wandte sich die Königin wieder zu mir, ich fragte sie,

wo der Lieutenant so lange gewesen? Sie schien zerstreut und
gab verworren Antwort. Drauf fragte ich, wohin sie ging? –
Auf den Anstand, entgegnete sie lachend, der Wind weht
vom Gebirge, da wechselt das Wild, es gibt heut ein lustiges
5 Jagen! Jetzt traten wir droben aus dem Gestrüppe, da sah ich
tief unter uns meine gesamte Mannschaft, in buntem Gemisch mit vielen Eingebornen um Becher und Würfelspiel
gelagert. Von der einen Seite ragte meine halbfertige Burg
über die Wipfel, die Luft dunkelte schon, Vögel schwärmten
10 kreischend um die Mauern. – Ich hatte keine Ruh, es trieb
mich zu den Meinen, die Königin führte mich auf dem
nächsten Wege hinab. Sie lauschte oft in die Ferne, da hörte
ich Stimmen, bald da, bald dort ein Laut, dann sah ich
Rauchsäulen im Walde aufsteigen, ich hielt es für Höhen-
15 rauch nach dem schwülen Tage. Unterdes aber kam die Nacht
und der Mond, die Bäche rauschten im Dunkeln neben uns,
die Königin wurde immer schöner und wilder, sie riß am
Wege leuchtende Blumen ab und kränzte sich und mich
damit; so stieg sie mit mir von Klippe zu Klippe, selber wie
20 die Nacht. Nun standen wir am letzten Abhange, schon
konnte ich die Stimmen der Meinigen im Waldgrunde unterscheiden, da trat sie plötzlich vor mir auf den Fels hinaus
und schleuderte ihren Jagdspeer übers Tal. Kaum aber sahen
die unten zerstreuten Wilden ihn funkelnd blitzen über sich,
25 so sprangen alle jauchzend auf und warfen sich wie Tiger-
katzen über meine Leute, die sich der Tücke nicht versahen.
Jetzt wurde mir auf einmal alles schrecklich klar. Ich zog und
hieb voll Zorn erst nach der Königin, sie aber flog schon
ferne durch den Wald, so stürzt' ich nun den Meinigen zu
30 Hülfe. Diese waren hart bedrängt, nur wenige hatten so
schnell zu ihren Waffen gelangen können, ich sammelte, so
gut es ging, die Verwirrten, meine unerwartete Gegenwart
belebte alle und in kurzer Zeit war das verräterische Gesindel
wieder verjagt.
35 Aber rings am Saume des Waldes schwoll und wuchs nun
die Schar unermeßlich, zahllose dunkle Gestalten mit Feuer-
bränden wirrten sich kreuzend durch die Nacht und steckten

in grauenvoller Geschäftigkeit ringsum die Wälder an. Die
Sonne hatte wochenlang gesengt über dem Lande, da griff
das Feuer, an den Felswänden auf- und niedersteigend, lustig
in die alten Wipfel, der Sturm faßte und rollte die Flammen
auf, wie blutige Fahnen, in der entsetzlichen Beleuchtung sah   5
ich die Königin auf ihren Knien, als wollte sie die Lohen auf
uns wenden mit ihrem schrecklichen Gebet. Kaum noch
vermochten wir zu atmen in dem Rauch, der von Pfeilen
schwirrte, von allen Seiten rück' es rasch heran, das Schrein,
das sprühende Knistern und Prasseln, nur manchmal von   10
dem Donner stürzender Bäume unterbrochen; schon lief das
Feuer in dem verdorrten Heidekraut über den Waldgrund,
uns immer enger umzingelnd mit seinem furchtbaren Ringe.
Da in der höchsten Not teilte der Wind auf einen Augenblick
den Qualm und wir gewahrten plötzlich eine dunkle Furt in   15
den Flammenwogen. Ein reißender Waldstrom rang dort
mit dem wilden Feuermanne, der zornig Wurzeln, Stämme
und Kronen darüber geworfen hatte. Das rettete uns, wir
eilten über die lodernden Brücken und erreichten in der
allgemeinen Verwirrung glücklich das Meer, eh' uns der   20
große Haufen bemerkte.

Als wir aber an den Strand kamen, sahen wir zu unserm
Schrecken unser Boot schon von Eingebornen besetzt. Die
Königin war's mit vielen bewaffneten Häuptlingen, sie
schienen von unserm Schiffe herzukommen und sprangen   25
soeben leis und heimlich ans Land. Da sie uns erblickten,
nicht weniger überrascht als wir, umringten sie eiligst ihre
Königin und suchten uns in die Flammen zurückzutreiben.
Auf diesem einsamen Platze aber waren wir die Mehrzahl, es
entstand ein verzweifelter Kampf, denn unser Aller Leben   30
hing an einer Viertelstunde. Vergebens streckte die Königin
mit ihrem tödlichen Geschoß meine kühnsten Gesellen zu
Boden, die Häuptlinge fochten sterbend noch auf den Knien
und als der letzte sank, schwang ich die Schreckliche gewaltsam auf meinen Arm und stürzte mich mit ihr und den   35
Wenigen, die mir geblieben, in das Boot. – Es war die
höchste Zeit, denn schon drangen die Eingebornen aus allen

Felsenspalten und brennenden Waldtrümmern wie ein
Schwarm Salamander auf uns ein, und kaum hatten wir den
Bord des Schiffs erklommen, so wimmelte die See von unzähligen bewaffneten Nachen. Ich ließ schnell die Anker
5 lichten, ein frischer Wind schwellte die Segel, die Wilden
folgten und bedeckten das Schiff mit einem Pfeilregen.

Nun aber brach auf dem Schiffe selbst der rohe Grimm der
verwilderten Soldaten aus. Sie hatten, eh' ich sie zügeln
konnte, die Königin gebunden und verhöhnten sie mit ge-
10 meinen Spottreden; sie aber saß stolz und schweigend unter
ihnen, als wäre sie noch die Herrin hier und *wir* ihre Gefangenen. Auf einmal erkannte sie einen Häuptling, der sich auf
einem Kahne tollkühn genähert. Sich gewaltsam auf dem
Verdeck hoch aufrichtend, fragte sie: ob alle Weißen von der
15 Insel vertilgt seien? und da er's bejahte, winkte sie ihnen zu,
unser Schiff zu verlassen. Die Wilden zögerten erschrocken
und verwirrt, ein dunkles Gemurmel ging durch den ganzen
Schwarm. Da befahl sie ihnen noch einmal mit lauter Stimme, eiligst an den Strand zurückzukehren, und zu unserm
20 Erstaunen wandten sich alle, Boot auf Boot, aber ein weh-
klagender Abschiedsgesang erfüllte die Luft wie ein Grabes-
lied.

Mir war das Betragen der Königin unbegreiflich. Noch
einmal leuchtete mir die Hoffnung auf, sie wolle alles verlas-
25 sen und mit uns ziehn, als plötzlich der Schreckensruf: Feuer!
aus dem untern Schiffsraum erscholl. Todbleiche Gesichter,
auf das Verdeck stürzend, bestätigten das furchtbare Unheil.
Das Feuer hatte die Planken der Pulverkammer gefaßt, an
Löschen war nicht mehr zu denken, wir waren alle unrettbar
30 verloren. Mich überflog eine gräßliche Ahnung. Ich sah die
Königin durchdringend an; sie flüsterte mir heimlich zu: sie
selber habe das Schiff angesteckt, als sie vorhin am Bord
gewesen. – Jetzt züngelten die Flammen schon aus allen
Luken aufs Verdeck hinauf, da, mitten in der entsetzlichen
35 Verwirrung, zerriß sie plötzlich ihre Banden und freudig und
unverwandt nach den brennenden Wäldern schauend,
streckte sie beide Arme frei in die sternklare Nacht wie ein

Engel des Todes. In demselben Augenblick aber fühlte ich einen dumpfen Schlag, die Bretter wichen unter mir, meine Sinne vergingen, ich sah nur noch einen unermeßlichen Feuerblick, wie tief in die Ewigkeit hinein.

Als ich wieder zu mir selbst kam, war alles still überm Meer, nur dunkle Trümmer des Schiffs und zerrissene Leichname meiner Landsleute trieben einzeln umher. Ich hatte im Todeskampf einen Mastbaum fest umklammert. Jetzt bemerkte ich einen Nachen der Eingebornen, der verlassen sich neben mir auf den Wellen schaukelte. Verwundet und zerschlagen wie ich war, bot ich meine letzten Kräfte auf und warf mich todmüde hinein. Der Wind trieb mich dicht an dem umbuschten Gestade hin, der Mond schien blaß durch die Rauchwolken, auf der Insel aber hatte unterdes das Feuer auch meine Burg ergriffen, die Flammen schlugen aus allen Fenstern, langsam neigte sich der Turm, und Bogen auf Bogen stürzte alles donnernd in die Glut zusammen. Da sah ich im hellen Widerschein der Flammen fern die Leiche der Königin schwimmen in bleicher Todesschönheit, als schliefe sie auf dem Meere. Auf einem vorspringenden Felsen aber stand der Lieutenant, auf sein blutiges Schwert gestützt, ganz allein, vom Feuer verbrannt; er bemerkte mich nicht, mein Schifflein flog um die Klippe – ich sah ihn niemals wieder.

Hier schwieg der Einsiedler, seine Seele schien tief bewegt. Da ihn aber seine Gäste noch immer fragend ansahen, hub er nach einem Weilchen von neuem an: Was wäre nach jener Nacht noch weiter zu berichten! Ich rang mit Hunger, Sturm und Wogen, ich wünschte mir tausend Mal den Tod und haschte doch begierig die zerstreuten Lebensmittel, Werkzeuge und Gerätschaften auf, die der Wind von dem zertrümmerten Schiff an meinen Nachen spülte. So warf die See mich endlich am dritten Tage an dies Eiland. – Hier zwischen diesen Wäldern stieg ich in die Felseneinsamkeit hinauf: meine Jugend, mein Ruhm und meine Liebe waren hinter mir im Meere versunken und kampfesmüd hing ich mein Schwert an diesen Baum; da seht, da hängt's noch heut, von Blüten ganz verhüllt.

So seid Ihr Don Diego von Leon! fuhr hier Antonio
plötzlich auf, das Wappen seines Oheims auf dem Degengriff
erkennend.

Der war ich ehemals in der Welt, erwiderte der Einsiedler,
5 wie kennt Ihr mich?

Aber der überraschte Antonio lag schon zu seinen Füßen
und umklammerte seine Knie, daß ihn des Alten langer
weißer Bart wie Höhenrauch umwallte.

———

10 Noch bevor dies an der Klause vorging, war Alvarez unruhig aufgestanden und weiterhin unter die Bäume getreten,
denn er glaubte einen seltsamen Gesang im Walde zu hören.
Nun vernahm es auch der Einsiedler. Auf einmal richtete
dieser sich gewaltsam aus Antonio's Armen auf. Im Namen
15 Gottes, rief er nach dem Walde hin, wende dich ab und gehe
ein zur ewigen Ruh! Antonio und Alvarez schauten erschrocken nach dem Fleck, wohin er starrte und sahen mit
Grauen die Frau Venus von der andern Insel zwischen den
wechselnden Schatten über den Bergrücken schweifen. Der
20 Hauptmann zog seinen Degen, man hörte die Flüchtige
immer deutlicher und näher durch das Dickicht brechen.
Jetzt trat sie unter den Bäumen hervor – es war Alma in der
Tracht und dem Schmuck ihrer Heimat, so stand sie scheu
und atemlos, sie hatte es unten nicht länger ausgehalten und
25 schon lange Antonio'n zwischen den Felsen wieder aufgesucht.

Der Einsiedler verwendete keinen Blick von ihr. Wer bist
Du? sagte er endlich. Du schaust wie sie und bist es doch
nicht! – Alma aber war ganz verwirrt und sah ängstlich einen
30 nach dem andern an. Ich kann ja nichts dafür, erwiderte sie
dann zögernd, sie sagten's immer, daß ich aussäh wie meine
Muhme, die tote Königin. – Mein Gott, fiel hier Alvarez ein,
ihr macht mich ganz konfus; so war das also die Insel der
wilden Königin, von der wir hergekommen? – Alma nickte
35 mit dem Köpfchen. Auch die Meinigen, sagte sie, hielten
mich damals, als wir fortfuhren, für die verstorbene Königin, sonst hätten sie euch sicherlich erschlagen. – Da das

Mädchen sah, daß ihr niemand zürne, wurde sie wieder heiterer und gesprächiger. Sie erzählte nun, daß sie gar oft in ihrer Heimat von alten Leuten gehört, wie die tapfere Königin mit einem spanischen Schiff, das sie selber angezündet, in die Luft geflogen, in jener Schreckensnacht hätten sie dann ihren Leichnam aus dem Meere gefischt und mit den eroberten Fahnen und Waffen der Fremden in die Königsgruft gelegt, wo die besondere eisige Luft die Toten unversehrt erhalte. Nur Alonzo allein sei von den Spaniern zurückgeblieben. – Wie! rief Alvarez, so war der wahnsinnige Alte in seinem tollen Ornat derselbe gewesene Schiffslieutenant! – Alma aber fuhr fort: der arme Alonzo bewachte seitdem die tote Königin bei Tag und Nacht, und meint', sie schliefe nur, bis er bei unsrer Abfahrt selbst den Tod gefunden. – Der Einsiedler war während dieser Erzählung in tiefes Nachdenken versunken. Entsetzlich! sagte er dann halb für sich, nun ist er abgelöst von seiner schauerlichen Wacht – Gott sei ihm gnädig!

Unterdes war Alma in die Felsenhalle gegangen und untersuchte dort alles mit furchtsamer Neugier. Alvarez aber rief sie wieder heraus, sie mußte sich zu ihnen vor die Klause setzen und nun ging es an ein Fragen und Erzählen aus der alten Zeit, daß keiner merkte, wie die Nacht allmählich schon Berg und Tal verschattete.

Tiefer unten aber rumorte es noch immer im Walde, Sanchez machte eifrig die Runde, denn gab es hier auch nichts zu bewachen, den müßigen Gesellen war es in ihrer Langenweile eben nur um den Lärm zu tun. In einzelnen Trupps auf den waldigen Abhängen um die Wachtfeuer gelagert, sangen sie aus der Ferne schöne Lieder und so oft sie pausierten, hörte man Meer und Wald heraufrauschen. Das hatte die arme Alma lange nicht gehört; sie plauderte froh in ihrer fremden Sprache und sang und tanzte den Kriegstanz ihres Volks. Diego's Augen aber ruhten bald auf ihr, bald auf dem blühenden Antonio, ihm war, als spiegelte sich wunderbar sein Leben wie ein Traum noch einmal wider.

Die Spanier lagen noch mehrere Tage auf dieser Insel, um
günstigen Wind abzuwarten. Don Diego hatte, als er sein
Haus im Felsen baute, Gold in Menge gefunden, das lag
seitdem vergessen im Schutt. Jetzt fiel's ihm wieder ein, er
verteilte den Schatz nach Amt und Würden an seine armen
Gäste. Da war ein Jubilieren, Prahlen und Projektemachen
unter dem glückseligen Schwarm, jeder wollte was Rechtes
ausbrüten über seinem unverhofften Mammon und ließ allmählich die lustigen Reiseschwingen sinken in der schweren
Vergoldung. Den Studenten Antonio aber verlangte wieder
recht nach den duftigen Gärten der Heimat, um dort in den
blühenden Wipfeln mit seinem schönen fremden Wandervöglein sich sein Nest zu bauen. So beschlossen sie alle
einmütig, die neue Welt vor der Hand noch unentdeckt zu
lassen und vergnügt in die gute alte wieder heimzukehren. –
Diego schüttelte halb unwillig den Kopf. So, sagte er, hätte
ich nicht getan, als ich noch jung war.

   In dieser Zeit erwachte einmal Alma mitten in der schönsten Sommernacht, es war als hätte sie jemand im Schlafe auf
die Stirn geküßt. Sie fuhr erschrocken halb empor und sah
soeben Don Diego von dem Platze fortgehn, der zu ihrem
Erstaunen ganz still und verlassen war. Als sie sich aber
völlig ermunterte, vernahm sie tiefer unten ein verworrenes
Getümmel, es war als sei plötzlich über Nacht der Frühling
gekommen: ein Jubel und Rufen und Durcheinanderrennen
den ganzen Strand entlang.

   Jetzt kamen auch mehrere Soldaten mit gefüllten Schläu-
chen von den Quellen im Walde herab. Viktoria! riefen sie ihr
zu, der Wind hat sich gedreht, nun geht's nach Spanien. – Da
sprang Alma pfeilschnell auf, suchte emsig alles zusammen
und schnürte ihr Bündel und jauchzte in sich, sie meinte, sie
hätte den gestirnten Himmel noch niemals so weit und schön
gesehen!

   Indem sie aber noch so fröhlich handtierte, sah sie Antonio
mit Don Diego eilig und in lebhaftem Gespräch vom Strande
kommen. Auf der Klippe über ihr stand Diego plötzlich still.
Nun geh' hinab, sagte er zu Antonio, Du beredest mich
nicht, ich bleibe hier.

Mein Leben ist wie ein Gewitter schön und schrecklich
vorübergezogen und die Blitze spielen nur noch fern am
Horizont wie in eine andere Welt hinüber. Du aber sollst Dir
erst die Sporen verdienen, kehre zurück in die Welt und haue
Dich tüchtig durch, daß Du Dir einst auch solchen Fels   5
eroberst, der die Wetter bricht – weiter bringt es doch keiner.
Fahre wohl! – Hier umarmte er gerührt den Jüngling und
verschwand in der Wildnis. Antonio sah ihm lange in die
nachtkühle Einsamkeit nach. – Da erblickte er auf einmal
Alma dicht vor sich, schwang sie auf seinen Arm hoch in das   10
aufdämmernde Morgenrot und stürzte mit ihr hinab.

Und als die Sonne aufging, flog das Schiff schon übers
blaue Meer, der frische Morgenwind schwellte die Segel,
Alma saß vergnügt mit ihrem Reisebündel und schaute in die
glänzende Ferne, die Schiffer sangen wieder das Lied von der   15
Fortuna, auf dem allmählich versinkenden Felsen der Insel
aber stand Diego und segnete noch einmal die fröhlichen
Gesellen, denen auch wir eine glückliche Fahrt nachrufen.

DAS SCHLOSS DÜRANDE

NOVELLE

In der schönen Provence liegt ein Tal zwischen waldigen
Bergen, die Trümmer des alten Schlosses Dürande sehen
über die Wipfel in die Einsamkeit herein; von der andern
Seite erblickt man weit unten die Türme der Stadt Marseille;
wenn die Luft von Mittag kommt, klingen bei klarem Wetter 5
die Glocken herüber, sonst hört man nichts von der Welt. In
diesem Tale stand ehemals ein kleines Jägerhaus, man sah's
vor Blüten kaum, so überwaldet war's und weinumrankt bis
an das Hirschgeweih über dem Eingang; in stillen Nächten,
wenn der Mond hell schien, kam das Wild oft weidend, bis 10
auf die Waldeswiese vor der Tür. Dort wohnte dazumal der
Jäger Renald, im Dienst des alten Grafen Dürande, mit
seiner jungen Schwester Gabriele ganz allein, denn Vater und
Mutter waren lange gestorben.

   In jener Zeit nun geschah es, daß Renald einmal an einem 15
schwülen Sommerabend, rasch von den Bergen kommend,
sich nicht weit von dem Jägerhaus mit seiner Flinte an den
Saum des Waldes stellte. Der Mond beglänzte die Wälder, es
war so unermeßlich still, nur die Nachtigallen schlugen tiefer
im Tal, manchmal hörte man einen Hund bellen aus den 20
Dörfern oder den Schrei des Wildes im Walde. Aber er
achtete nicht darauf, er hatte heut ein ganz anderes Wild auf
dem Korn. Ein junger, fremder Mann, so hieß es, schleiche
Abends heimlich zu seiner Schwester, wenn er selber weit im
Forst; ein alter Jäger hatte es ihm gestern vertraut, der wußte 25
es vom Waldhüter, dem hatt' es ein Köhler gesagt. Es war
ihm ganz unglaublich, wie sollte sie zu der Bekanntschaft
gelangt sein? Sie kam nur Sonntags in die Kirche, wo er sie
niemals aus den Augen verlor. Und doch wurmte ihn das
Gerede, er konnte sich's nicht aus dem Sinn schlagen, er 30
wollte endlich Gewißheit haben. Denn der Vater hatte ihm,
sterbend, das Mädchen auf die Seele gebunden, er hätte sein
Herzblut gegeben für sie.

   So drückte er sich lauernd an die Bäume im wechselnden

Schatten, den die vorüberfliegenden Wolken über den stillen Grund warfen. Auf einmal aber hielt er den Atem an, es regte sich am Hause und zwischen den Weinranken schlüpfte eine schlanke Gestalt hervor; er erkannte sogleich seine Schwe-
5 ster an dem leichten Gang; o mein Gott dachte er, wenn Alles nicht wahr wäre! Aber in demselben Augenblick streckte sich ein langer dunkler Schatten neben ihr über den mondbeschienenen Rasen, ein hoher Mann trat rasch aus dem Hause, dicht in einen schlechten grünen Mantel gewickelt, wie ein
10 Jäger. Er konnte ihn nicht erkennen, auch sein Gang war ihm durchaus fremd; es flimmerte ihm vor den Augen, als könnte er sich in einem schweren Traume noch nicht recht besinnen.

Das Mädchen aber, ohne sich umzusehen, sang mit fröh-
15 licher Stimme, daß es dem Renald wie ein Messer durchs Herz ging:

Ein' Gems auf dem Stein,
Ein Vogel im Flug,
Ein Mädel, das klug,
20 Kein Bursch holt die ein!

Bist du toll! rief der Fremde, rasch hinzuspringend.
Es ist dir schon recht, entgegnete sie lachend, so werd' ich dir's immer machen; wenn du nicht artig bist, sing ich aus Herzensgrund. Sie wollte von neuem singen, er hielt ihr aber
25 voll Angst mit der Hand den Mund zu. Da sie so nahe vor ihm stand, betrachtete sie ihn ernsthaft im Mondschein. Du hast eigentlich recht falsche Augen, sagte sie; nein, bitte mich nicht wieder so schön, sonst sehn wir uns niemals wieder, und das tut uns Beiden leid. – Herr Jesus! schrie sie auf
30 einmal, denn sie sah plötzlich den Bruder hinter'm Baum nach dem Fremden zielen. – Da, ohne sich zu besinnen, warf sie sich hastig dazwischen, sodaß sie, den Fremden umklammernd, ihn ganz mit ihrem Leibe bedeckte. Renald zuckte, da er's sah, aber es war zu spät, der Schuß fiel, daß es tief durch
35 die Nacht widerhallte. Der Unbekannte richtete sich in dieser

Verwirrung hoch empor, als wär' er plötzlich größer geworden, und riß zornig ein Taschenpistol aus dem Mantel; da
kam ihm auf einmal das Mädchen so bleich vor er wußte
nicht, war es vom Mondlicht oder vor Schreck. Um Gottes
willen, sagte er, bist du getroffen?

Nein, nein, erwiderte Gabriele, ihm unversehens und
herzhaft das Pistol aus der Hand windend, und drängte ihn
heftig fort. Dorthin, flüsterte sie, rechts über den Steg am
Fels, nur fort, schnell fort!

Der Fremde war schon zwischen den Bäumen verschwunden, als Renald zu ihr trat. Was machst du da für dummes
Zeug! rief sie ihm entgegen, und verbarg rasch Arm und
Pistol unter der Schürze. Aber die Stimme versagte ihr, als er
nun dicht vor ihr stand und sie sein bleiches Gesicht bemerkte. Er zitterte am ganzen Leibe und auf seiner Stirn zuckte es
zuweilen, wie wenn es von ferne blitzte. Da gewahrte er
plötzlich einen blutigen Streif an ihrem Kleide. Du bist
verwundet, sagte er erschrocken, und doch war's, als würde
ihm wohler beim Anblick des Bluts; er wurde sichtbar milder
und führte sie schweigend in das Haus. Dort pinkte er schnell
Licht an, es fand sich, daß die Kugel ihr nur leicht den rechten
Arm gestreift; er trocknete und verband die Wunde, sie
sprachen Beide kein Wort mit einander. Gabriele hielt den
Arm fest hin und sah trotzig vor sich nieder, denn sie konnte
gar nicht begreifen, warum er böse sei; sie fühlte sich so rein
von aller Schuld, nur die Stille jetzt unter ihnen wollte ihr das
Herz abdrücken, und sie atmete tief auf, als er endlich fragte:
wer es gewesen? – Sie beteuerte nun, daß sie das nicht wisse,
und erzählte, wie er an einem schönen Sonntagsabend, als sie
eben allein vor der Tür gesessen, zum ersten Male von den
Bergen gekommen und sich zu ihr gesetzt, und dann am
folgenden Abend wieder und immer wieder gekommen, und
wenn sie ihn fragte, wer er sei, nur lachend gesagt: ihr
Liebster.

Unterdes hatte Renald unruhig ein Tuch aufgehoben und
das Pistol entdeckt, das sie darunter verborgen hatte. Er
erschrak auf das heftigste und betrachtete es dann auf-

merksam von allen Seiten. – Was hast du damit? sagte sie
erstaunt; wem gehört es? Da hielt er's ihr plötzlich funkelnd
am Licht vor die Augen: Und du kennst ihn wahrhaftig
nicht?

5   Sie schüttelte mit dem Kopf.

Ich beschwöre dich bei allen Heiligen, hub er wieder an,
sag mir die Wahrheit!

Da wandte sie sich auf die andere Seite. Du bist heute
rasend, erwiderte sie, ich will dir gar keine Antwort mehr
10 geben.

Das schien ihm das Herz leichter zu machen, daß sie ihren
Liebsten nicht kannte, er glaubte es ihr, denn sie hatte ihn
noch niemals belogen. Er ging nun einige Mal finster in der
Stube auf und nieder. Gut, gut, sagte er dann, meine arme
15 Gabriele, so mußt du gleich morgen zu unserer Muhme in's
Kloster; mach' dich zurecht, morgen, ehe der Tag graut,
führ' ich dich hin. Gabriele erschrak innerlichst, aber sie
schwieg und dachte: kommt Tag, kommt Rat. Renald aber
steckte das Pistol zu sich und sah noch einmal nach ihrer
20 Wunde, dann küßte er sie noch herzlich zur guten Nacht.

Als sie endlich allein in ihrer Schlafkammer war, setzte sie
sich angekleidet auf's Bett und versank in ein tiefes Nachsinnen. Der Mond schien durchs offne Fenster auf die Heiligenbilder an der Wand, im stillen Gärtchen draußen zitter-
25 ten die Blätter in den Bäumen. Sie wand ihre Haarflechten
auf, daß ihr die Locken über Gesicht und Achseln herabroll-
ten, und dachte vergeblich nach, wen ihr Bruder eigentlich
im Sinn habe und warum er vor dem Pistol so sehr erschrocken – es war ihr Alles wie im Traume. Da kam es ihr ein
30 paar Mal vor, als ginge draußen Jemand sachte um's Haus.
Sie lauschte am Fenster, der Hund im Hofe schlug an, dann
war Alles wieder still. Jetzt bemerkte sie erst, daß auch ihr
Bruder noch wach war; anfangs glaubte sie, er rede im Schlaf,
dann aber hörte sie deutlich, wie er auf seinem Bett vor
35 Weinen schluchzte. Das wandte ihr das Herz, sie hatte ihn
noch niemals weinen sehen, es war ihr nun selber, als hätte sie
was verbrochen. In dieser Angst beschloß sie, ihm seinen

Willen zu tun; sie wollte wirklich nach dem Kloster gehen,
die Priorin war ihre Muhme, der wollte sie Alles sagen und
sie um ihren Rat bitten. Nur das war ihr unerträglich, daß ihr
Liebster nicht wissen sollte, wohin sie gekommen. Sie wußte
wohl, wie herzhaft er war und besorgt um sie; der Hund   5
hatte vorhin gebellt, im Garten hatte es heimlich geraschelt
wie Tritte, wer weiß, ob er nicht nachsehen wollte, wie es ihr
ging nach dem Schrecken. – Gott, dachte sie, wenn er noch
draußen stünd'! – Der Gedanke verhielt ihr fast den Atem.
Sie schnürte sogleich eilig ihr Bündel, dann schrieb sie für   10
ihren Bruder mit Kreide auf den Tisch, daß sie noch heute
allein ins Kloster fortgegangen. Die Türen waren nur angelehnt, da schlich sie vorsichtig und leise aus der Kammer über
den Hausflur in den Hof, der Hund sprang freundlich an ihr
herauf, sie hatte Not, ihn am Pförtchen zurückzuweisen; so   15
trat sie endlich mit klopfendem Herzen ins Freie.

Draußen schaute sie sich tiefaufatmend nach allen Seiten
um, ja sie wagte es sogar, noch einmal bis an den Gartenzaun
zurückzugehen, aber ihr Liebster war nirgend zu sehen, nur
die Schatten der Bäume schwankten ungewiß über den Ra-   20
sen. Zögernd betrat sie nun den Wald und blieb immer
wieder stehen und lauschte; es war Alles so still, daß ihr
graute in der großen Einsamkeit. So mußte sie nun endlich
doch weiter gehen, und zürnte heimlich im Herzen auf ihren
Schatz, daß er sie in ihrer Not so zaghaft verlassen. Seitwärts   25
im Tal aber lagen die Dörfer in tiefer Ruh. Sie kam am Schloß
des Grafen Dürande vorbei, die Fenster leuchteten im
Mondschein herüber, im herrschaftlichen Garten schlugen
die Nachtigallen und rauschten die Wasserkünste; das kam
ihr so traurig vor, sie sang für sich das alte Lied: 30

> Gut Nacht, mein Vater und Mutter,
> Wie auch mein stolzer Bruder,
> Ihr seht mich nimmer mehr!
> Die Sonne ist untergegangen
> Im tiefen, tiefen Meer.   35

Der Tag dämmerte noch kaum, als sie endlich am Abhange
der Waldberge bei dem Kloster anlangte, das mit verschlossenen Fenstern noch wie träumend, zwischen kühlen, duftigen Gärten lag. In der Kirche aber sangen die Nonnen
soeben ihre Metten durch die weite Morgenstille, nur einzelne, früh erwachte Lerchen draußen stimmten schon mit
ein in Gottes Lob. Gabriele wollte abwarten, bis die Schwestern aus der Kirche zurückkämen, und setzte sich unterdes
auf die breite Kirchhofsmauer. Da fuhr ein zahmer Storch,
der dort übernachtet, mit seinem langen Schnabel unter den
Flügeln hervor und sah sie mit den klugen Augen verwundert an; dann schüttelte er in der Kühle sich die Federn auf
und wandelte mit stolzen Schritten wie eine Schildwacht den
Mauerkranz entlang. Sie aber war so müde und überwacht,
die Bäume über ihr säuselten noch so schläfrig, sie legte den
Kopf auf ihr Bündel und schlummerte fröhlich unter den
Blüten ein, womit die alte Linde sie bestreute.

Als sie aufwachte, sah sie eine hohe Frau in faltigen Gewändern über sich gebeugt, der Morgenstern schimmerte
durch ihren langen Schleier, es war ihr, als hätt' im Schlaf die
Mutter Gottes ihren Sternenmantel um sie geschlagen. Da
schüttelte sie erschrocken die Blütenflocken aus dem Haar
und erkannte ihre geistliche Muhme, die zu ihrer Verwunderung, als sie aus der Kirche kam, die Schlafende auf
der Mauer gefunden. Die Alte sah ihr freundlich in die
schönen, frischen Augen. Ich hab dich gleich daran erkannt,
sagte sie, als wenn mich deine selige Mutter ansähe! – Nun
mußte sie ihr Bündel nehmen und die Priorin schritt eilig ins
Kloster voraus; sie gingen durch kühle dämmernde Kreuz-
gänge, wo soeben noch die weißen Gestalten einzelner Nonnen, wie Geister vor der Morgenluft, lautlos verschlüpften.
Als sie in die Stube traten, wollte Gabriele sogleich ihre
Geschichte erzählen, aber sie kam nicht dazu. Die Priorin, so
lange wie auf eine selige Insel verschlagen, hatte so viel zu
erzählen und zu fragen von dem jenseitigen Ufer ihrer Jugend, und konnte sich nicht genug verwundern, denn alle
ihre Freunde waren seitdem alt geworden oder tot und eine

andere Zeit hatte Alles verwandelt, die sie nicht mehr verstand. Geschäftig in redseliger Freude strich sie ihrem lieben Gast die Locken aus der glänzenden Stirn wie einem kranken Kinde, holte aus einem altmodischen, künstlich geschnitzten Wandschrank Rosinen und allerlei Naschwerk, und fragte und plauderte immer wieder. Frische Blumensträuße standen in bunten Krügen am Fenster, ein Kanarienvogel schmetterte gellend dazwischen, denn die Morgensonne funkelte draußen schon durch die Wipfel und vergoldete wunderbar die Zelle, das Betpult und die schwergewirkten Lehnstühle; Gabriele lächelte fast betroffen, wie in eine neue ganz fremde Welt hinein.

Noch an demselben Tage kam auch Renald zum Besuch; sie freute sich außerordentlich, es war ihr, als hätte sie ihn ein Jahr lang nicht gesehn. Er lobte ihren raschen Entschluß von heute Nacht und sprach dann viel und heimlich mit der Priorin; sie horchte ein paar Mal hin, sie hätte so gern gewußt, wer ihr Geliebter sei, aber sie konnte nichts erfahren. Dann mußte sie auch wieder heimlich lachen, daß die Priorin so geheimnisvoll tat, denn sie merkt' es wohl, sie wußt' es selber nicht. – Es war indes beschlossen worden, daß sie für's erste noch im Kloster bleiben sollte. Renald war zerstreut und eilig, er nahm bald wieder Abschied und versprach, sie abzuholen, sobald die rechte Zeit gekommen.

Aber Woche auf Woche verging und die rechte Zeit war noch immer nicht da. Auch Renald kam immer seltener und blieb endlich ganz aus, um dem ewigen Fragen seiner Schwester nach ihrem Schatze auszuweichen, denn er konnte oder mochte ihr nichts von ihm sagen. Die Priorin wollte die arme Gabriele trösten, aber sie hatt' es nicht nötig, so wunderbar war das Mädchen seit jener Nacht verwandelt. Sie fühlte sich, seit sie von ihrem Liebsten getrennt, als seine Braut vor Gott, der wolle sie bewahren. Ihr ganzes Dichten und Trachten ging nun darauf, ihn selber auszukundschaften, da ihr Niemand beistand in ihrer Einsamkeit. Sie nahm sich daher eifrig der Klosterwirtschaft an, um mit den Leuten in der Gegend bekannt zu werden; sie ordnete Alles in Küche,

Keller und Garten, Alles gelang ihr, und, wie sie so sich selber half, kam eine stille Zuversicht über sie wie Morgenrot, es war ihr immer, als müßt' ihr Liebster plötzlich einmal aus dem Walde zu ihr kommen.

Damals saß sie eines Abends noch spät mit der jungen Schwester Renate am offenen Fenster der Zelle, aus dem man in den stillen Klostergarten und über die Gartenmauer weit in's Land sehen konnte. Die Heimchen zirpten unten auf den frischgemähten Wiesen, über'm Walde blitzte es manchmal aus weiter Ferne. Da läßt mein Liebster mich grüßen, dachte Gabriele bei sich. – Aber Renate blickte verwundert hinaus; sie war lange nicht wach gewesen um diese Zeit. Sieh nur, sagte sie, wie draußen Alles anders aussieht im Mondschein, der dunkle Berg drüben wirft seinen Schatten bis an unser Fenster, unten erlischt ein Lichtlein nach dem andern im Dorfe. Was schreit da für ein Vogel? – Das ist das Wild im Walde, meinte Gabriele. –

Wie du auch so allein im Dunkeln durch den Wald gehen kannst, sagte Renate wieder; ich stürbe vor Furcht. Wenn ich so manchmal durch die Scheiben heraussehe in die tiefe Nacht, dann ist mir immer so wohl und sicher in meiner Zelle wie unter'm Mantel der Mutter Gottes.

Nein, entgegnete Gabriele, ich möcht' mich gern einmal bei Nacht verirren recht im tiefsten Wald, die Nacht ist wie im Traum so weit und still, als könnt' man über die Berge reden mit Allen, die man lieb hat in der Ferne. Hör nur, wie der Fluß unten rauscht und die Wälder, als wollten sie auch mit uns sprechen und könnten nur nicht recht! – Da fällt mir immer ein Märchen ein dabei, ich weiß nicht, hab ich's gehört, oder hat mir's geträumt.

Erzähl's doch, ich bete unterdes meinen Rosenkranz fertig, sagte die Nonne, und Gabriele setzte sich fröhlich auf die Fußbank vor ihr, wickelte vor der kühlen Nachtluft die Arme in ihre Schürze und begann sogleich folgendermaßen:

Es war einmal eine Prinzessin in einem verzauberten Schlosse gefangen, das schmerzte sie sehr, denn sie hatte einen Bräutigam, der wußte gar nicht, wohin sie gekommen

war, und sie konnte ihm auch kein Zeichen geben, denn die
Burg hatte nur ein einziges, festverschlossenes Tor nach
einem tiefen, tiefen Abhang hin, und das Tor bewachte ein
entsetzlicher Riese, der schlief und trank und sprach nicht,
sondern ging nur immer Tag und Nacht vor dem Tore auf   5
und nieder wie der Perpendikel einer Turmuhr. Sonst lebte
sie ganz herrlich in dem Schloß; da war Saal an Saal, einer
immer prächtiger als der andere, aber Niemand drin zu sehen
und zu hören, kein Lüftchen ging und kein Vogel sang in den
verzauberten Bäumen im Hofe, die Figuren auf den Tapeten   10
waren schon ganz krank und bleich geworden in der Einsamkeit, nur manchmal warf sich das trockne Holz an den
Schränken vor Langeweile, daß es weit durch die öde Stille
schallte, und auf der hohen Schloßmauer draußen stand ein
Storch, wie eine Vedette, den ganzen Tag auf einem Bein.   15

Ach, ich glaube gar, du stichelst auf unser Kloster, sagte
Renate. Gabriele lachte und erzählte munter fort:

Einmal aber war die Prinzessin mitten in der Nacht aufgewacht, da hörte sie ein seltsames Sausen durch das ganze
Haus. Sie sprang erschrocken an's Fenster und bemerkte zu   20
ihrem großen Erstaunen, daß es der Riese war, der eingeschlafen vor dem Tore lag und mit solcher grausamer Gewalt
schnarchte, daß alle Türen, so oft er den Atem einzog und
wiederausstieß, von dem Zugwind klappend auf und zu
flogen. Nun sah sie auch, so oft die Türe nach dem Saale   25
aufging, mit Verwunderung, wie die Figuren auf den Tapeten, denen die Glieder schon ganz eingerostet waren von
dem langen Stillstehen, sich langsam dehnten und reckten;
der Mond schien hell über den Hof, da hörte sie zum ersten
Mal die verzauberten Brunnen rauschen, der steinerne Nep-   30
tun unten saß auf dem Rand der Wasserkunst und strählte
sich sein Binsenhaar; Alles wollte die Gelegenheit benutzen,
weil der Riese schlief; auch der steife Storch machte so
wunderliche Kapriolen auf der Mauer, daß sie lachen mußte,
und hoch auf dem Dach drehte sich der Wetterhahn und   35
schlug mit den Flügeln und rief immerfort: kick, kick dich
um, ich seh ihn gehn, ich sag' nicht wen! Am Fenster aber

sang lieblich der Wind: komm mit geschwind! und die Bächlein schwatzten draußen untereinander im Mondglanz, wie
wenn der Frühling anbrechen sollte, und sprangen glitzernd
und wispernd über die Baumwurzeln: bist du bereit? wir
haben nicht Zeit, weit, weit, in die Waldeinsamkeit! – Nun,
nun, nur Geduld, ich komm' ja schon, sagte die Prinzessin
ganz erschrocken und vergnügt, nahm schnell ihr Bündel
unter den Arm und trat vorsichtig aus dem Schlafzimmer;
zwei Mäuschen kamen ihr atemlos nach und brachten ihr
noch den Fingerhut, den sie in der Eile vergessen. Das Herz
klopfte ihr, denn die Brunnen im Hofe rauschten schon
wieder schwächer, der Flußgott streckte sich taumelnd wieder zum Schlafe zurecht, auch der Wetterhahn drehte sich
nicht mehr; so schlich sie leise, leise die stille Treppe hinab. –

Ach Gott, wenn der Riese jetzt aufwacht! sagte Renate
ängstlich.

Die Prinzessin hatte auch Angst genug, fuhr Gabriele fort,
sie hob sich das Röckchen, daß sie nicht an seinen langen
Sporen hängen blieb, stieg geschickt über den einen, dann
über den andern Stiefel, und noch einen herzhaften Sprung –
jetzt stand sie draußen am Abhang. Da aber war's einmal
schön! da flogen die Wolken und rauschte der Strom und die
prächtigen Wälder im Mondschein, und auf dem Strom fuhr
ein Schifflein, saß ein Ritter darin. –

Das ist ja grade wie jetzt hier draußen, unterbrach sie
Renate, da fährt auch noch einer im Kahn dicht unter unserm
Garten; jetzt stößt er ans Land –

Freilich, – sagte Gabriele mutwillig und setzte sich in's
Fenster, und wehte mit ihrem weißen Schnupftuch hinaus –
und grüß dich Gott, rief da die Prinzessin, grüß dich Gott in
die weite, weite Fern', es ist ja keine Nacht so still und tief, als
meine Lieb!

Renate faßte sie lachend um den Leib, um sie zurückzuziehen. – Herr Jesus! schrie sie da plötzlich auf, ein fremder
Mann, dort an der Mauer hin! – Gabriele ließ erschrocken ihr
Tuch sinken, es flatterte in den Garten hinab. Ehe sie sich
aber noch besinnen konnte, hatte Renate schon das Fenster

geschlossen; sie war voll Furcht, sie mochte nichts mehr von
dem Märchen hören und trieb Gabrielen hastig aus der Tür,
über den stillen Gang in ihre Schlafkammer.

Gabriele aber, als sie allein war, riß noch rasch in ihrer
Zelle das Fenster auf. Zu ihrem Schreck bemerkte sie nun, 5
daß das Tuch unten von dem Strauche verschwunden war,
auf den es vorhin geflogen. Ihr Herz klopfte heftig, sie legte
sich hinaus, so weit sie nur konnte, da glaubte sie draußen
den Fluß wieder aufrauschen zu hören, drauf schallte Ruderschlag unten im Grunde, immer ferner und schwächer, 10
dann Alles, Alles wieder still – so blieb sie verwirrt und
überrascht am Fenster, bis das erste Morgenlicht die Berges-
gipfel rötete. –

Bald darauf traf der Namenstag der Priorin, ein Fest,
worauf sich alle Hausbewohner das ganze Jahr hindurch 15
freuten; denn auf diesen Tag war zugleich die jährliche Weinlese auf einem nahgelegenen Gute des Klosters festgesetzt,
an welcher die Nonnen mit Teil nahmen. Da verbreitete sich,
als der Morgenstern noch durch die Lindenwipfel in die
kleinen Fenster hineinfunkelte, schon eine ungewohnte, leb- 20
hafte Bewegung durch das ganze Haus, im Hofe wurden die
Wagen von dem alten Staube gereinigt, in ihren besten,
blütenweißen Gewändern sah man die Schwestern in allen
Gängen geschäftig hin und her eilen; einige versahen noch
ihre Kanarienvögel sorgsam mit Futter, andere packten Ta- 25
schen und Schachteln, als gälte es eine wochenlange Reise. –
Endlich wurde von dem zahlreichen Hausgesinde ausführlich Abschied genommen, die Kutscher knallten und die
Karawane setzte sich langsam in Bewegung. Gabriele fuhr
nebst einigen auserwählten Nonnen an der Seite der Priorin 30
in einem, mit vier alten dicken Rappen bespannten Staats-
wagen, der mit seinem altmodischen, vergoldeten Schnitzwerk einem chinesischen Lusthause gleich sah. Es war ein
klarer, heiterer Herbstmorgen, das Glockengeläute vom
Kloster zog weit durch's stille Land, der Alteweibersommer 35
flog schon über die Felder, überall grüßten die Bauern ehrerbietig den ihnen wohlbekannten geistlichen Zug.

Wer aber beschreibt nun die große Freude auf dem Gratialgute, die fremden Berge, Täler und Schlösser umher, das stille Grün und den heitern Himmel darüber, wie sie da in dem mit Astern ausgeschmückten Gartensaal um eine reichliche Kollation vergnügt auf den altfränkischen Kanapees sitzen und die Morgensonne die alten Bilder römischer Kirchen und Paläste an den Wänden bescheint und vor den Fenstern die Sperlinge sich lustig tummeln und lärmen im Laub, während draußen weißgekleidete Dorfmädchen unter den schimmernden Bäumen vor der Tür ein Ständchen singen.

Die Priorin aber ließ die Kinder hereinkommen, die scheu und neugierig in dem Saal umherschauten, in den sie das ganze Jahr über nur manchmal heimlich durch die Ritzen der verschlossenen Fensterladen geguckt hatten. Sie streichelte und ermahnte sie freundlich, freute sich, daß sie in dem Jahre so gewachsen, und gab dann jedem aus ihrem Gebetbuch ein buntes Heiligenbild und ein großes Stück Kuchen dazu.

Jetzt aber ging die rechte Lust der Kleinen erst an, da nun wirklich zur Weinlese geschritten wurde, bei der sie mithelfen und naschen durften. Da belebte sich allmählich der Garten, fröhliche Stimmen da und dort, geputzte Kinder, die große Trauben trugen, flatternde Schleier und weiße schlanke Gestalten zwischen den Rebengeländern schimmernd und wiederverschwindend, als wanderten Engel über den Berg. Die Priorin saß unterdes vor der Haustür und betete ihr Brevier und schaute oft über das Buch weg nach den vergnügten Schwestern; die Herbstsonne schien warm und kräftig über die stille Gegend und die Nonnen sangen bei der Arbeit:

> Es ist nun der Herbst gekommen,
> Hat das schöne Sommerkleid
> Von den Feldern weggenommen,
> Und die Blätter ausgestreut,
> Vor dem bösen Winterwinde
> Deckt er warm und sachte zu

> Mit dem bunten Laub die Gründe,
> Die schon müde gehn zur Ruh.

Einzelne verspätete Wandervögel zogen noch über den Berg
und schwatzten vom Glanz der Ferne, was die glücklichen
Schwestern nicht verstanden. Gabriele aber wußte wohl, was
sie sangen, und ehe die Priorin sich's versah, war sie auf die
höchste Linde geklettert; da erschrak sie, wie so groß und
weit die Welt war. – Die Priorin schalt sie aus und nannte sie
ihr wildes Waldvöglein. Ja, dachte Gabriele, wenn ich ein
Vöglein wäre! Dann fragte die Priorin, ob sie von da oben
das Schloß Dürande über'm Walde sehen könne? Alle die
Wälder und Wiesen, sagte sie, gehören dem Grafen Dürande;
er grenzt hier an, das ist ein reicher Herr! Gabriele aber
dachte an *ihren* Herrn, und die Nonnen sangen wieder:

> Durch die Felder sieht man fahren
> Eine wunderschöne Frau,
> Und von ihren langen Haaren
> Goldne Fäden auf der Au
> Spinnet sie und singt im Gehen:
> Eia, meine Blümelein,
> Nicht nach andern immer sehen,
> Eia, schlafet, schlafet ein.

Ich höre Waldhörner!, rief hier plötzlich Gabriele; es verhielt
ihr fast den Atem vor Erinnerung an die alte schöne Zeit. –
Komm schnell herunter, mein Kind, rief ihr die Priorin zu.
Aber Gabriele hörte nicht darauf, zögernd und im Hinabsteigen noch immer zwischen den Zweigen hinausschauend,
sagte sie wieder: Es bewegt sich drüben am Saum des Waldes; jetzt seh' ich Reiter; wie das glitzert im Sonnenschein! sie
kommen grad auf uns her.

Und kaum hatte sie sich vom Baum geschwungen, als
einer von den Reitern, über den grünen Plan dahergeflogen,
unter den Linden anlangte und mit höflichem Gruß vor der
Priorin stillhielt. Gabriele war schnell in das Haus gelaufen,

dort wollte sie durch's Fenster nach dem Fremden sehn.
Aber die Priorin rief ihr nach: der Herr sei durstig, sie solle
ihm Wein herausbringen. Sie schämte sich, daß er sie auf dem
Baume gesehn, so kam sie furchtsam mit dem vollen Becher
vor die Tür mit gesenkten Blicken, durch die langen Augenwimpern nur sah sie das kostbare Zaumzeug und die Sticke-
rei auf seinem Jagdrock im Sonnenschein flimmern. Als sie
aber an das Pferd trat, sagte er leise zu ihr: er sehe *doch* ihre
dunkeln Augen im Wein sich spiegeln wie in einem goldnen
Brunnen. Bei dem Klang der Stimme blickte sie erschrocken
auf – der Reiter war ihr Liebster – sie stand wie verblendet.
Er trank jetzt auf der Priorin Gesundheit, sah aber dabei über
den Becher weg Gabrielen an und zeigte ihr verstohlen ihr
Tuch, das sie in jener Nacht aus dem Fenster verloren. Dann
drückte er die Sporen ein und, flüchtig dankend, flog er
wieder fort zu dem bunten Schwarm am Walde, das weiße
Tuch flatterte weit im Winde hinter ihm her.

Sieh nur, sagte die Priorin lachend, wie ein Falk', der eine
Taube durch die Luft führt!

Wer war der Herr? frug endlich Gabriele tiefaufatmend. –
Der junge Graf Dürande, hieß es. – Da tönte die Jagd schon
wieder fern und immer ferner den funkelnden Wald entlang,
die Nonnen aber hatten in ihrer Fröhlichkeit von Allem
nichts bemerkt und sangen von neuem:

> Und die Vöglein hoch in Lüften
> Über blaue Berg' und Seen,
> Zieh'n zur Ferne nach den Klüften,
> Wo die hohen Zedern stehn,
> Wo mit ihren goldnen Schwingen
> Auf des Benedeiten Gruft
> Engel Hosianna singen,
> Nächtens durch die stille Luft.

–––––––

Etwa vierzehn Tage darauf schritt Renald eines Morgens still
und rasch durch den Wald nach dem Schloß Dürande, dessen

Türme finster über die Tannen hersahen. Er war ernst und
bleich, aber mit Hirschfänger und leuchtendem Bandelier
wie zu einem Feste geschmückt. In der Unruhe seiner Seele
war er der Zeit um ein gut Stück vorausgeschritten, denn als
er ankam, war die Haustür noch verschlossen und Alles still,
nur die Dohlen erwachten schreiend auf den alten Dächern.
Er setzte sich unterdes auf das Geländer der Brücke, die zum
Schlosse führte. Der Wallgraben unten lag lange trocken, ein
marmorner Apollo mit seltsamer Lockenperücke spielte dort
zwischen gezirkelten Blumenbeeten die Geige, auf der ein
Vogel sein Morgenlied pfiff; über den Helmen der steinernen
Ritterbilder am Tor brüsteten sich breite Aloen; der Wald,
der alte Schloßgesell, war wunderlich verschnitten und zer-
quält, aber der Herbst ließ sich sein Recht nicht nehmen und
hatte Alles phantastisch gelb und rot gefärbt, und die Waldvögel, die vor dem Winter in die Gärten flüchteten, zwit-
scherten lustig von Wipfel zu Wipfel. – Renald fror, er hatte
Zeit genug und überdachte noch einmal Alles: wie der junge
Graf Dürande wieder nach Paris gereist, um dort lustig
durchzuwintern, wie er selbst darauf mit fröhlichem Herzen
zum Kloster geeilt, um seine Schwester abzuholen. Aber da
war Gabriele heimlich verschwunden, man hatte einmal des
Nachts einen fremden Mann am Kloster gesehn; Niemand
wußte, wohin sie gekommen. –

Jetzt knarrte das Schloßtor, Renald sprang schnell auf, er
verlangte seinen Herrn, den alten Grafen Dürande, zu sprechen. Man sagte ihm, der Graf sei eben erst aufgewacht; er
mußte noch lange in der Gesindestube warten zwischen
Überresten vom gestrigen Souper, zwischen Schuhbürsten,
Büchsen und Katzen, die sich verschlafen an seinen blanken
Stiefeln dehnten, Niemand fragte nach ihm. Endlich wurde
er in des Grafen Garderobe geführt, der alte Herr ließ sich so
eben frisieren und gähnte unaufhörlich. Renald bat nun
ehrerbietig um kurzen Urlaub zu einer Reise nach Paris. Auf
die Frage des Grafen, was er dort wolle, entgegnete er
verwirrt: seine Schwester sei dort bei einem weitläuftigen
Verwandten – er schämte sich herauszusagen, was er dachte.

Da lachte der Graf. Nun, nun, sagte er, mein Sohn hat wahrhaftig keinen übeln Geschmack. Geh Er nur hin, ich will Ihm an seiner Fortune nicht hinderlich sein; die Düran- des sind in solchen Affären immer splendid; so ein junger wilder Schwan muß gerupft werden, aber mach' Er's mir nicht zu arg. – Dann nickte er mit dem Kopfe, ließ sich den Pudermantel umwerfen und schritt langsam zwischen zwei Reihen von Bedienten, die ihn im Vorüberwandeln mit gro- ßen Quasten einpuderten, durch die entgegengesetzte Flügeltür zum Frühstück. Die Bedienten kicherten heimlich – Renald schüttelte sich wie ein gefesselter Löwe.

Noch an demselben Tage trat er schon seine Reise an.

Es war ein schöner blanker Herbstabend, als er in der Ferne Paris erblickte; die Ernte war längst vorüber, die Felder standen alle leer, nur von der Stadt her kam ein verworrenes Rauschen über die stille Gegend, daß ihn heim- lich schauerte. Er ging nun an prächtigen Landhäusern vor- über durch die langen Vorstädte immer tiefer in das wach- sende Getöse hinein, die Welt rückte immer enger und dunk- ler zusammen, der Lärm, das Rasseln der Wagen betäubte, das wechselnde Streiflicht aus den geputzten Laden blendete ihn; so war er ganz verwirrt, als er endlich im Wind den roten Löwen, das Zeichen seines Vetters, schwanken sah, der in der Vorstadt einen Weinschank hielt. Dieser saß eben vor der Tür seines kleinen Hauses und verwunderte sich nicht we- nig, da er den verstaubten Wandersmann erkannte. Doch Renald stand wie auf Kohlen. War Gabriele bei dir? fragte er gleich nach der ersten Begrüßung gespannt. – Der Vetter schüttelte erstaunt den Kopf, er wußte von nichts. – Also doch! sagte Renald, mit dem Fuß auf die Erde stampfend; aber er konnte es nicht über die Lippen bringen, was er vermute und vorhabe.

Sie gingen nun in das Haus und kamen in ein langes wüstes Gemach, das von einem Kaminfeuer im Hinter- grunde ungewiß erleuchtet wurde. In den roten Wider- scheinen saß dort ein wilder Haufe umher: abgedankte Soldaten, müßige Handwerksbursche und dergleichen

Hornkäfer, wie sie in der Abendzeit um die großen Städte schwärmen. Alle Blicke aber hingen an einem hohen, hagern Manne mit bleichem, scharfgeschnittenem Gesicht, der, den Hut auf dem Kopf und seinen langen Mantel stolz und vornehm über die linke Achsel zurückgeschlagen, mitten unter ihnen stand. – Ihr seid der Nährstand, rief er soeben aus; wer aber die Andern nährt, der ist ihr Herr; hoch auf, Ihr Herren! – Er hob ein Glas, Alles jauchzte wild auf und griff nach den Flaschen, er aber tauchte kaum die feinen Lippen in den dunkelroten Wein, als schlürft' er Blut, seine spielenden Blicke gingen über dem Glase kalt und lauernd in die Runde.

Da funkelte das Kaminfeuer über Renald's blankes Bandelier, das stach plötzlich in ihre Augen. Ein starker Kerl mit rotem Gesicht und Haar wie ein brennender Dornbusch, trat mit übermütiger Bettelhaftigkeit dicht vor Renald und fragte, ob er dem Großtürken diene? Ein Anderer meinte, er habe ja da, wie ein Hund, ein adeliges Halsband umhängen. – Renald griff rasch nach seinem Hirschfänger, aber der lange Redner trat dazwischen, sie wichen ihm scheu und ehrerbietig aus. Dieser führte den Jäger an einen abgelegenen Tisch und fragte, wohin er wolle. Da Renald den Grafen Dürande nannte, sagte er: Das ist ein altes Haus, aber der Totenwurm pickt schon drin, ganz von Liebschaften zerfressen. – Renald erschrak, er glaubte, Jeder müßte ihm seine Schande an der Stirn ansehn. Warum kommt Ihr grade auf die Liebschaften? fragte er zögernd. – Warum? erwiderte Jener, sind sie nicht die Herren im Forst, ist das Wild nicht ihre, hohes und niederes? Sind wir nicht verfluchte Hunde und lecken die Schuh, wenn sie uns stoßen? – Das verdroß Renald; er entgegnete kurz und stolz: der junge Graf Dürande sei ein großmütiger Herr, er wolle nur sein Recht von ihm und weiter nichts. – Bei diesen Worten hatte der Fremde ihn aufmerksam betrachtet und sagte ernst: Ihr seht aus wie ein Scharfrichter, der, das Schwert unter'm Mantel, zu Gerichte geht; es kommt die Zeit, gedenkt an mich, Ihr werdet der Rüstigsten einer sein bei der blutigen Arbeit. – Dann zog er ein Blättchen hervor, schrieb etwas mit Bleistift darauf, ver-

siegelte es am Licht und reichte es Renald hin. Die Grafen
hier kennen mich wohl, sagte er; er solle das nur abgeben an
Dürande, wenn er einen Strauß mit ihm habe, es könnte ihm
vielleicht von Nutzen sein. – Wer ist der Herr? fragte Renald
seinen Vetter, da der Fremde sich rasch wieder wandte. – Ein
Feind der Tyrannen, entgegnete der Vetter leise und geheimnisvoll.

Dem Renald aber gefiel hier die ganze Wirtschaft nicht, er
war müde von der Reise und streckte sich bald in einer
Nebenkammer auf das Lager, das ihm der Vetter angewie-
sen. Da konnte er vernehmen, wie immer mehr und mehr
Gäste nebenan allmählich die Stube füllten; er hörte die
Stimme des Fremden wieder dazwischen, eine wilde Predigt,
von der er nur einzelne Worte verstand, manchmal blitzte das
Kaminfeuer blutrot durch die Ritzen der schlechtverwahrten
Tür; so schlief er spät unter furchtbaren Träumen ein.

Der Ball war noch nicht beendigt, aber der junge Graf
Dürande hatte dort so viel Wunderbares gehört von den
feurigen Zeichen einer Revolution, vom heimlichen Aufblitzen kampffertiger Geschwader, Jakobiner, Volksfreunde
und Royalisten, daß ihm das Herz schwoll wie im nahenden
Gewitterwinde. Er konnte es nicht länger aushalten in der
drückenden Schwüle. In seinen Mantel gehüllt, ohne den
Wagen abzuwarten, stürzte er sich in die scharfe Winternacht
hinaus. Da freute er sich, wie draußen fern und nah die
Turmuhren verworren zusammenklangen im Wind, und die
Wolken über die Stadt flogen und der Sturm sein Reiselied
pfiff, lustig die Schneeflocken durcheinander wirbelnd:
Grüß' mir mein Schloß Dürande! rief er dem Sturme zu; es
war ihm so frisch zu Mut, als müßt' er, wie ein lediges Roß,
mit jedem Tritte Funken aus den Steinen schlagen.

In seinem Hotel aber fand er Alles wie ausgestorben, der
Kammerdiener war vor Langeweile fast eingeschlafen, die
jüngere Dienerschaft ihren Liebschaften nachgegangen, Niemand hatte ihn so früh erwartet. Schauernd vor Frost, stieg
er die breite, dämmernde Treppe hinauf, zwei tief herabge-

brannte Kerzen beleuchteten zweifelhaft das vergoldete
Schnitzwerk des alten Saales, es war so still, daß er den
Zeiger der Schloßuhr langsam fortrücken und die Wetterfahnen im Winde sich drehen hörte. Wüst und überwacht
warf er sich auf eine Ottomane hin. Ich bin so müde, sagte er,
so müde von Lust und immer Lust, langweilige Lust! ich
wollt', es wäre Krieg! – Da war's ihm, als hört' er draußen
auf der Treppe gehn mit leisen langen Schritten, immer näher
und näher. Wer ist da? rief er. – Keine Antwort. – Nur zu,
mir eben recht, meinte er, Hut und Handschuh wegwerfend,
rumor' nur zu, spukhafte Zeit, mit deinem fernen Wetterleuchten über Stadt und Land, als wenn die Gedanken auf-
stünden überall und schlaftrunken nach den Schwertern
tappten. Was gehst du in Waffen rasselnd um und pochst an
die Türen unserer Schlösser bei stiller Nacht; mich gelüstet
mit dir zu fechten; herauf, du unsichtbares Kriegsgespenst!

Da pocht' es wirklich an der Tür. Er lachte, daß der Geist
die Herausfoderung so schnell angenommen. In keckem
Übermut rief er: herein! Eine hohe Gestalt im Mantel trat in
die Tür; er erschrak doch, als diese den Mantel abwarf und er
Renald erkannte, denn er gedachte der Nacht im Walde, wo
der Jäger auf ihn gezielt. – Renald aber, da er den Grafen
erblickte, ehrerbietig zurücktretend, sagte: er habe den Kammerdiener hier zu finden geglaubt, um ihn anzumelden. Er
sei schon öfters zu allen Tageszeiten hier gewesen, jedesmal
aber, unter dem Vorwand, daß die Herrschaft nicht zu Hause
oder beschäftigt sei, von den pariser Bedienten zurückge-
wiesen worden, die ihn noch nicht kannten; so habe er denn
heut auf der Straße gewartet, bis der Graf zurückkäme.

Und was willst du denn von mir? fragte der Graf, ihn mit
unverwandten Blicken prüfend.

Gnädiger Herr, erwiderte der Jäger nach einer Pause, Sie
wissen wohl, ich hatte eine Schwester, sie war meine einzige
Freude und mein Stolz – sie ist eine Landläuferin geworden,
sie ist fort.

Der Graf machte eine heftige Bewegung, faßte sich aber
gleich wieder und sagte halb abgewendet: Nun, und was geht
das mich an?

Renald's Stirn zuckte wie fernes Wetterleuchten, er schien mit sich selber zu ringen. Gnädiger Herr, rief er darauf im tiefsten Schmerz, gnädiger Herr, gebt mir meine arme Gabriele zurück!

Ich? fuhr der Graf auf, zum Teufel, wo ist sie?

Hier – entgegnete Renald ernst.

Der Graf lachte laut auf und, den Leuchter ergreifend, stieß er rasch eine Flügeltür auf, daß man eine weite Reihe glänzender Zimmer übersah. Nun, sagte er mit erzwungener Lustigkeit, so hilf mir suchen. Horch, da raschelt was hinter der Tapete, jetzt hier, dort, nun sage mir, wo steckt sie?

Renald blickte finster vor sich nieder, sein Gesicht verdunkelte sich immer mehr. Da gewahrte er Gabrielens Schnupftuch auf einem Tischchen; der Graf, der seinen Augen gefolgt war, stand einen Augenblick betroffen. – Renald hielt sich noch, es fiel ihm der Zettel des Fremden wieder ein, er wünschte immer noch, Alles in Güte abzumachen, und reichte schweigend dem Grafen das Briefchen hin. Der Graf, an's Licht tretend, erbrach es schnell, da flog eine dunkle Röte über sein ganzes Gesicht. – Und weiter nichts? murmelte er leise zwischen den Zähnen, sich die Lippen beißend. Wollen sie mir drohen, mich schrecken? – Und rasch zu Renald gewandt, rief er: Und wenn ich deine ganze Sippschaft hätt', ich gäb' sie nicht heraus! Sag deinem Bettler-Advokaten, ich lachte sein und wär zehntausendmal noch stolzer als er, und wenn ihr Beide euch im Hause zeigt, lass' ich mit Hunden euch vom Hofe hetzen, das sag' ihm; fort, fort, fort! – Hiermit schleuderte er den Zettel dem Jäger in's Gesicht, und schob ihn selber zum Saal hinaus, die eigene Tür hinter ihm zuwerfend, daß es durch's ganze öde Haus erschallte.

Renald stand, wild um sich blickend, auf der stillen Treppe. Da bemerkte er erst, daß er den Zettel noch krampfhaft in den Händen hielt; er entfaltete ihn hastig und las an dem flackernden Licht einer halbverlöschten Laterne die Worte: »Hütet Euch. Ein Freund des Volks.« –

Unterdes hörte er oben den Grafen heftig klingeln; mehre

Stimmen wurden im Hause wach, er stieg langsam hinunter
wie in's Grab. Im Hofe blickte er noch einmal zurück, die
Fenster des Grafen waren noch erleuchtet, man sah ihn im
Saale heftig auf und nieder gehen. Da hörte Renald auf
einmal draußen durch den Wind singen:

> Am Himmelsgrund schießen
> So lustig die Stern',
> Dein Schatz läßt dich grüßen
> Aus weiter, weiter Fern!
>
> Hat eine Zitter gehangen
> An der Tür unbeacht,
> Der Wind ist gegangen
> Durch die Saiten bei Nacht.
>
> Schwang sich auf dann vom Gitter
> Über die Berge, über'n Wald –
> Mein Herz ist die Zitter,
> Gibt einen fröhlichen Schall.

Die Weise ging ihm durch Mark und Bein; er kannte sie
wohl. – Der Mond streifte soeben durch die vorüberfliegenden Wolken den Seitenflügel des Schlosses, da glaubte er
in dem einen Fenster flüchtig Gabrielen zu erkennen; als er
sich aber wandte, wurde es schnell geschlossen. Ganz erschrocken und verwirrt warf er sich auf die nächste Tür, sie
war fest zu. Da trat er unter das Fenster und rief leise aus
tiefster Seele hinauf, ob sie drin wider ihren Willen festgehalten werde? so solle sie ihm ein Zeichen geben, es sei keine
Mauer so stark als die Gerechtigkeit Gottes. – Es rührte sich
nichts als die Wetterfahne auf dem Dach. – Gabriele, rief er
nun lauter, meine arme Gabriele, der Wind in der Nacht
weint um dich an den Fenstern, ich liebte dich so sehr, ich
lieb' dich noch immer, um Gottes willen komm herab zu mir,
wir wollen miteinander fortziehen, weit, weit fort, wo uns
Niemand kennt, ich will für dich betteln von Haus zu Haus,

es ist ja kein Lager so hart, kein Frost so scharf, keine Not so
bitter als die Schande.

Er schwieg erschöpft, es war Alles wieder still, nur die
Tanzmusik von dem Balle schallte noch von fern über den
Hof herüber; der Wind trieb große Schneeflocken schräg
über die harte Erde, er war ganz verschneit. – Nun, so gnade
uns Beiden Gott! sagte er, sich abwendend, schüttelte den
Schnee vom Mantel und schritt rasch fort.

Als er zu der Schenke seines Vetters zurückkam, fand er zu
seinem Erstaunen das ganze Haus verschlossen. Auf sein
heftiges Pochen trat der Nachbar, sich vorsichtig nach allen
Seiten umsehend, aus seiner Tür, er schien auf des Jägers
Rückkehr gewartet zu haben und erzählte ihm geheimnisvoll: das Nest nebenan sei ausgenommen, Polizeisoldaten
hätten heute Abend den Vetter plötzlich abgeführt, Niemand
wisse wohin. – Den Renald überraschte und verwunderte
nichts mehr, und zerstreut mit flüchtigem Danke nahm er
Alles an, als der Nachbar nun auch das gerettete Reisebündel
des Jägers unter dem Mantel hervorbrachte und ihm selbst
eine Zuflucht in seinem Hause anbot.

Gleich am andern Morgen aber begann Renald seine
Runde in der weitläuftigen Stadt, er mochte nichts mehr von
der Großmut des stolzen Grafen, er wollte jetzt nur sein
Recht! So suchte er unverdrossen eine Menge Advokaten
hinter ihren großen Dintenfässern auf, aber die sahen's
gleich alle den goldbortenen Rauten seines Rockes an, daß sie
nicht aus seiner eigenen Tasche gewachsen waren; der eine
verlangte unmögliche Zeugen, der andere Dokumente, die
er nicht hatte, und alle foderten Vorschuß. Ein junger reicher
Advokat wollte sich totlachen über die ganze Geschichte; er
fragte, ob die Schwester jung, schön, und erbot sich, den
ganzen Handel umsonst zu führen und die arme Waise dann
zu sich ins Haus zu nehmen, während ein andrer gar das
Mädchen selber heiraten wollte, wenn sie fernerhin beim
Grafen bliebe. – In tiefster Seele empört, wandte sich Renald
nun an die Polizeibehörde; aber da wurde er aus einem
Revier ins andere geschickt, von Pontius zu Pilatus, und

Jeder wusch seine Hände in Unschuld, Niemand hatte Zeit, in dem Getreibe ein vernünftiges Wort zu hören, und als er endlich vor das rechte Bureau kam, zeigten sie ihm ein langes Verzeichnis der Dienstleute und Hausgenossen des Grafen Dürande: seine Schwester war durchaus nicht darunter. Er habe Geister gesehen, hieß es, er solle keine unnützen Flausen machen; man hielt ihn für einen Narren, und er mußte froh sein, nur ungestraft wieder unter Gottes freien Himmel zu kommen. Da saß er nun todmüde in seiner einsamen Dachkammer, den Kopf in die Hand gestützt; seine Barschaft war mit dem frühzeitigen Schnee auf den Straßen geschmolzen, jetzt wußt' er keine Hülfe mehr, es ekelte ihm recht vor dem Schmutz der Welt. In diesem Hinbrüten, wie wenn man beim Sonnenglanz die Augen schließt, spielten feurige Figuren wechselnd auf dem dunkeln Grund seiner Seele: schlängelnde Zornesblitze und halbgeborne Gedanken blutiger Rache. In dieser Not betete er still für sich; als er aber an die Worte kam: »vergib uns unsere Schuld, als auch wir vergeben unseren Schuldnern,« fuhr er zusammen; er konnte es dem Grafen nicht vergeben. Angstvoll und immer brünstiger betete er fort. – Da sprang er plötzlich auf, ein neuer Gedanke erleuchtete auf einmal sein ganzes Herz. Noch war nicht Alles versucht, nicht Alles verloren, er beschloß, den König selber anzutreten – so hatte er sich nicht vergeblich zu Gott gewendet, dessen Hand auf Erden ja der König ist.

Ludwig XVI. und sein Hof waren damals in Versailles; Renald eilte sogleich hin und freute sich, als er bei seiner Ankunft hörte, daß der König, der unwohl gewesen, heute zum ersten Male wieder den Garten besuchen wolle. Er hatte zu Hause mit großem Fleiß eine Supplik aufgesetzt, Punkt für Punkt, das himmelschreiende Unrecht und seine Foderung, Alles wie er es dereinst vor Gottes Thron zu verantworten gedachte. Das wollte er im Garten selbst übergeben, vielleicht fügte es sich, daß er dabei mit dem König sprechen durfte; so, hoffte er, könne noch Alles wieder gut werden.

Vielerlei Volk, Neugierige, Müßiggänger und Fremde

hatten sich unterdes schon unweit der Türe, aus welcher der König treten sollte, zusammengestellt. Renald drängte sich mit klopfendem Herzen in die vorderste Reihe. Es war einer jener halbverschleierten Wintertage, die lügenhaft den Sommer nachspiegeln, die Sonne schien lau, aber falsch über die stillen Paläste, weiterhin zogen Schwäne auf den Weihern, kein Vogel sang mehr, nur die weißen Marmorbilder standen noch verlassen in der prächtigen Einsamkeit. Endlich gaben die Schweizer das Zeichen, die Saaltür öffnete sich, die Sonne tat einen kurzen Blitz über funkelnden Schmuck, Ordensbänder und blendende Achseln, die schnell, vor dem Winterhauch, unter schimmernden Tüchern wiederverschwanden. Da schallt' es auf einmal: Vive le roi! durch die Lüfte und im Garten, so weit das Auge reichte, begannen plötzlich alle Wasserkünste zu spielen, und mitten in dem Jubel, Rauschen und Funkeln schritt der König in einfachem Kleide langsam die breiten Marmorstufen hinab. Er sah traurig und bleich – eine leise Luft rührte die Wipfel der hohen Bäume und streute die letzten Blätter wie einen Goldregen über die fürstlichen Gestalten. Jetzt gewahrte Renald mit einiger Verwirrung auch den Grafen Dürande unter dem Gefolge, er sprach so eben halbflüsternd zu einer jungen schönen Dame. Schon rauschten die taftenen Gewänder immer näher und näher. Renald konnte deutlich vernehmen, wie die Dame, ihre Augen gegen Dürande aufschlagend, ihn neckend fragte, was er drin sehe, daß sie ihn so erschreckten? –

Wunderbare Sommernächte meiner Heimat, erwiderte der Graf zerstreut. Da wandte sich das Fräulein lachend, Renald erschrak, ihr dunkles Auge war wie Gabrielens in ihren fröhlichen Tagen – es wollte ihm das Herz zerreißen.

Darüber hatte er alles Andere vergessen, der König war fast vorüber; jetzt drängte er sich nach, ein Schweizer aber stieß ihn mit der Partisane zurück, er drang noch einmal verzweifelt vor. Da bemerkt ihn Dürande, er stutzt einen Augenblick, dann, schnell gesammelt, faßt er den Zudringlichen rasch an der Brust und übergibt ihn der herbeieilenden Wache. Der König über dem Getümmel wendet sich fragend. Ein Wahnsinniger, entgegnet Dürande. –

Unterdes hatten die Soldaten den Unglücklichen umringt, die neugierige Menge, die ihn für verrückt hielt, wich scheu zurück, so wurde er ungehindert abgeführt. Da hörte er hinter sich die Fontänen noch rauschen, dazwischen das Lachen und Plaudern der Hofleute in der lauen Luft; als er aber einmal zurückblickte, hatte sich Alles schon wieder nach dem Garten hingekehrt, nur ein bleiches Gesicht aus der Menge war noch zurückgewandt und funkelte ihm mit scharfen Blicken nach. Er glaubte schaudernd den prophetischen Fremden aus des Vetters Schenke wiederzuerkennen.

Der Mond bescheint das alte Schloß Dürande und die tiefe Waldesstille am Jägerhaus, nur die Bäche rauschen so geheimnisvoll in den Gründen. Schon blüht's in manchem tiefen Tal und nächtliche Züge heimkehrender Störche hoch in der Luft verkünden in einzelnen halbverlornen Lauten, daß der Frühling gekommen. Da fahren plötzlich Rehe, die auf der Wiese vor dem Jägerhaus gerastet, erschrocken ins Dickicht, der Hund an der Tür schlägt an, ein Mann steigt eilig von den Bergen, bleich, wüst, die Kleider abgerissen, mit wildverwachsenem Bart – es ist der Jäger Renald.

Mehre Monate hindurch war er in Paris im Irrenhause eingesperrt gewesen; je heftiger er beteuerte, verständig zu sein, für desto toller hielt ihn der Wärter; in der Stadt aber hatte man jetzt Wichtigeres zu tun, Niemand bekümmerte sich um ihn. Da ersah er endlich selbst seinen Vorteil, die Hinterlist seiner verrückten Mitgesellen half ihm treulich aus Lust an der Heimlichkeit. So war es ihm gelungen, in einer dunkeln Nacht mit Lebensgefahr sich an einem Seil herabzulassen und in der allgemeinen Verwirrung der Zeit unentdeckt aus der Stadt durch die Wälder, von Dorf zu Dorfe bettelnd, heimwärts zu gelangen. Jetzt bemerkte er erst, daß es von fern überm Walde blitzte, vom stillen Schloßgarten her schlug schon eine Nachtigall, es war ihm, als ob ihn Gabriele riefe. Als er aber mit klopfendem Herzen auf dem allbekannten Fußsteig immer weiter ging, öffnete sich bei dem Hundegebell ein Fensterchen im Jägerhaus. Es gab ihm

einen Stich ins Herz; es war Gabrielens Schlafkammer, wie
oft hatte er dort ihr Gesicht im Mondschein gesehen. Heut
aber guckte ein Mann hervor und fragte barsch, was es
draußen gäbe. Es war der Waldwärter, der heimtückische
Rotkopf war ihm immer zuwider gewesen. Was macht Ihr
hier in Renalds Haus? sagte er. Ich bin müde, ich will hinein.
Der Waldwärter sah ihn von Kopf bis zu den Füßen an, er
erkannte ihn nicht mehr. Mit dem Renald ists lange vorbei,
entgegnete er dann, der ist nach Paris gelaufen und hat sich
dort mit verdächtigem Gesindel und Rebellen eingelassen,
wir wissens recht gut, jetzt habe ich seine Stelle vom Grafen. – Drauf wies er Renald am Waldesrand den Weg zum
Wirtshause und schlug das Fenster wieder zu. – Oho, steht's
so! dachte Renald. Da fielen seine Augen auf sein Gärtchen,
die Kirschbäume, die er gepflanzt, standen schon in voller
Blüte, es schmerzte ihn, daß sie in ihrer Unschuld nicht
wußten, für wen sie blühten. Während des hatte sein alter
Hofhund sich gewaltsam vom Stricke losgerissen, sprang
liebkosend an ihm herauf und umkreiste ihn in weiten Freu-
densprüngen; er herzte sich mit ihm wie mit einem alten
treuen Freunde. Dann aber wandte er sich rasch zum Hause;
die Tür war verschlossen, er stieß sie mit einem derben
Fußtritt auf. Drin hatte der Waldwärter unterdes Feuer ge-
pinkt. Herr Jesus! rief er erschrocken, da er, entgegentre-
tend, plötzlich beim Widerschein der Lampe den verwilderten Renald erkannte. Renald aber achtete nicht darauf, sondern griff nach der Büchse, die überm Bett an der Wand hing.
Lump, sagte er, das schöne Gewehr so verstauben zu lassen!
Der Waldwärter, die Lampe hinsetzend und auf dem Sprunge, durch's Fenster zu entfliehen, sah den furchtbaren Gast
seitwärts mit ungewissen Blicken an. Renald bemerkte, daß
er zitterte. Fürcht' dich nicht, sagte er, dir tu' ich nichts, was
kannst du dafür; ich hol mir nur die Büchse, sie ist vom
Vater, sie gehört mir und nicht dem Grafen, und so wahr der
alte Gott noch lebt, so hol ich mir auch mein *Recht*, und wenn
sie's im Turmknopf von Dürande versiegelt hätten, das sag
dem Grafen und wer's sonst wissen will. – Mit diesen Wor-

ten pfiff er dem Hunde und schritt wieder in den Wald hinaus, wo ihn der Waldwärter bei dem wirren Wetterleuchten bald aus den Augen verloren hatte.

Während des schnurrten im Schloß Dürande die Gewichte der Turmuhr ruhig fort, aber die Uhr schlug nicht, und der verrostete Weiser rückte nicht mehr von der Stelle, als wäre die Zeit eingeschlafen auf dem alten Hofe beim einförmigen Rauschen der Brunnen. Draußen, nur manchmal vom fernen Wetterleuchten zweifelhaft erhellt, lag der Garten mit seinen wunderlichen Baumfiguren, Statuen und vertrockneten Bassins wie versteinert im jungen Grün, das in der warmen Nacht schon von allen Seiten lustig über die Gartenmauer kletterte und sich um die Säulen der halbverfallenen Lusthäuser schlang, als wollt' nun der Frühling Alles erobern. Das Hausgesinde aber stand heimlich untereinander flüsternd auf der Terrasse, denn man sah es hier und da brennen in der Ferne; der Aufruhr schritt wachsend schon immer näher über die stillen Wälder von Schloß zu Schloß. Da hielt der kranke alte Graf um die gewohnte Stunde einsam Tafel im Ahnensaal, die hohen Fenster waren fest verschlossen, Spiegel, Schränke und Marmortische standen unverrückt umher wie in der alten Zeit, Niemand durfte, bei seiner Ungnade, der neuen Ereignisse erwähnen, die er verächtlich ignorierte. So saß er, im Staatskleide, frisiert, wie eine geputzte Leiche am reichbesetzten Tisch vor den silbernen Armleuchtern und blätterte in alten Historienbüchern, seiner kriegerischen Jugend gedenkend. Die Bedienten eilten stumm über den glatten Boden hin und her, nur durch die Ritzen der Fensterladen sah man zuweilen das Wetter leuchten, und alle Viertelstunden hackte im Nebengemach die Flötenuhr knarrend ein und spielte einen Satz aus einer alten Opernarie.

Da ließen sich auf einmal unten Stimmen vernehmen, drauf hörte man Jemand eilig die Treppe heraufkommen, immer lauter und näher. Ich muß herein! rief es endlich an der Saaltür, sich durch die abwehrenden Diener drängend, und bleich, verstört und atemlos stürzte der Waldwärter in den

Saal, in wilder Hast dem Grafen erzählend, was ihm so eben im Jägerhaus mit dem Renald begegnet. –

Der Graf starrte ihn schweigend an. Dann, plötzlich einen Armleuchter ergreifend, richtete er sich zum Erstaunen der Diener ohne fremde Hülfe hoch auf. Hüte sich, wer einen Dürande fangen will! rief er, und gespenstisch wie ein Nachtwandler mit dem Leuchter quer durch den Saal schreitend, ging er auf eine kleine eichene Tür los, die zu dem Gewölbe des Eckturms führte. Die Diener, als sie sich vom ersten Entsetzen über sein grauenhaftes Aussehen erholt, standen verwirrt und unentschlossen um die Tafel. Um Gottes willen, rief da auf einmal ein Jäger herbeieilend, laßt ihn nicht durch, dort in dem Eckturm habe ich auf sein Geheiß heimlich alles Pulver zusammentragen müssen; wir sind verloren, er sprengt uns Alle mit sich in die Luft! – Der Kammerdiener, bei dieser schrecklichen Nachricht, faßte sich zuerst ein Herz und sprang rasch vor, um seinen Herrn zurückzuhalten, die Andern folgten seinem Beispiel. Der Graf aber, da er sich so unerwartet verraten und überwältigt sah, schleuderte dem Nächsten den Armleuchter an den Kopf, darauf, krank wie er war, brach er selbst auf dem Boden zusammen.

Ein verworrenes Durcheinanderlaufen ging nun durch das ganze Schloß; man hatte den Grafen auf sein seidenes Himmelbett gebracht. Dort versuchte er vergeblich, sich noch einmal emporzurichten, zurücksinkend rief er: Wer sagte da, daß der Renald nicht wahnsinnig ist? – Da Alles still blieb, fuhr er leiser fort: Ihr kennt den Renald nicht, er kann entsetzlich sein, wie fressend Feuer – läßt man denn reißende Tiere frei aufs Feld? – Ein schöner Löwe, wie er die Mähnen schüttelt – wenn sie nur nicht so blutig wären! – Hier, sich plötzlich besinnend, riß er die müden Augen weit auf und starrte die umherstehenden Diener verwundert an.

Der bestürzte Kammerdiener, der seine Blicke allmählich verlöschen sah, redete von geistlichem Beistand, aber der Graf, schon im Schatten des nahenden Todes, verfiel gleich darauf von neuem in fieberhafte Phantasien. Er sprach von einem großen prächtigen Garten, und einer langen, langen

Allee, in der ihm seine verstorbene Gemahlin entgegenkäme immer näher und heller und schöner. – Nein, nein, sagte er, sie hat einen Sternenmantel um und eine funkelnde Krone auf dem Haupt. Wie rings die Zweige schimmern von dem Glanz! – Gegrüßt seist du, Maria, bitt' für mich, du Königin der Ehren! – Mit diesen Worten starb der Graf.

Als der Tag anbrach, war der ganze Himmel gegen Morgen dunkelrot gefärbt; gegenüber aber stand das Gewitter bleifarben hinter den grauen Türmen des Schlosses Dürande, die Sterbeglocke ging in einzelnen, abgebrochenen Klängen über die stille Gegend, die fremd und wie verwandelt in der seltsamen Beleuchtung heraufblickte – da sahen einige Holzhauer im Walde den wilden Jäger Renald mit seiner Büchse und dem Hunde eilig in die Morgenglut hinabsteigen; Niemand wußte, wohin er sich gewendet.

Mehre Tage waren seitdem vergangen, das Schloß stand wie verzaubert in öder Stille, die Kinder gingen Abends scheu vorüber, als ob es drin spuke. Da sah man eines Tages plötzlich droben mehre Fenster geöffnet, buntes Reisegepäck lag auf dem Hofe umher, muntere Stimmen schallten wieder auf den Treppen und Gängen, die Türen flogen hallend auf und zu und vom Turme fing die Uhr trostreich wieder zu schlagen an. Der junge Graf Dürande war, auf die Nachricht vom Tode seines Vaters, rasch und unerwartet von Paris zurückgekehrt. Unterweges war er mehrmals verworrenen Zügen von Edelleuten begegnet, die schon damals flüchtend die Landstraßen bedeckten. Er aber hatte keinen Glauben an die Fremde und wollte ehrlich Freud und Leid mit seinem Vaterlande teilen. Wie hatte auch der erste Schreck aus der Ferne Alles übertrieben! Er fand seine nächsten Dienstleute ergeben und voll Eifer und überließ sich gern der Hoffnung, noch Alles zum Guten wenden zu können.

In solchen Gedanken stand er an einem der offenen Fenster, die Wälder rauschten so frisch herauf, das hatte er so lange nicht gehört, und im Tale schlugen die Vögel und

jauchzten die Hirten von den Bergen, dazwischen hörte er
unten im Schloßgarten singen:

> Wär's dunkel, ich läg' im Walde,
> Im Walde rauscht's so sacht,
> Mit ihrem Sternenmantel
> Bedecket mich da die Nacht,
> Da kommen die Bächlein gegangen:
> Ob ich schon schlafen tu?
> Ich schlaf' nicht, ich hör' noch lange
> Den Nachtigallen zu,
> Wenn die Wipfel über mir schwanken,
> Es klinget die ganze Nacht,
> Das sind im Herzen die Gedanken,
> Die singen, wenn Niemand wacht.

Ja wohl, gar manche stille Nacht, dachte der Graf, sich mit
der Hand über die Stirn fahrend. – Wer sang da? wandte er
sich dann zu den auspackenden Dienern; die Stimme schien
ihm so bekannt. Ein Jäger meinte, es sei wohl der neue
Gärtnerbursch aus Paris, der habe keine Ruh gehabt in der
Stadt; als sie fortgezogen, so sei er ihnen zu Pferde nachge-
kommen. Der? – sagte der Graf – er könnte sich kaum auf
den Burschen besinnen. Über den Zerstreuungen des Win-
ters in Paris war er nicht oft in den Garten gekommen; er
hatte den Knaben nur selten gesehn und wenig beachtet, um
so mehr freute ihn seine Anhänglichkeit.

Indes war es beinahe Abend geworden, da hieß der Graf
noch sein Pferd satteln, die Diener verwunderten sich, als sie
ihn bald darauf so spät und ganz allein noch nach dem Walde
hinreiten sahen. Der Graf aber schlug den Weg zu dem nahen
Nonnenkloster ein, und ritt in Gedanken rasch fort, als gölt'
es, ein lange versäumtes Geschäft nachzuholen; so hatte er in
kurzer Zeit das stille Waldkloster erreicht. Ohne abzustei-
gen, zog er hastig die Glocke am Tor. Da stürzte ein Hund
ihm entgegen, als wollt' er ihn zerreißen, ein langer, bärtiger
Mann trat aus der Klosterpforte und stieß den Köter wütend

mit den Füßen; der Hund heulte, der Mann fluchte, eine Frau zankte drin im Kloster, sie konnten lange nicht zu Worte kommen. Der Graf, befremdet von dem seltsamen Empfang, verlangte jetzt schleunig die Priorin zu sprechen. – Der Mann sah ihn etwas verlegen an, als schämte er sich. Gleich aber wieder in alter Roheit gesammelt, sagte er, das Kloster sei aufgehoben und gehöre der Nation; er sei der Pächter hier. Weiter erfuhr nun der Graf noch, wie ein pariser Kommissär das Alles so rasch und klug geordnet. Die Nonnen sollten nun in weltlichen Kleidern hinaus in die Städte, heiraten und nützlich sein; da zogen alle in einer schönen stillen Nacht aus dem Tal, für das sie so lange gebetet, nach Deutschland hinüber, wo ihnen in einem Schwesterkloster freundliche Aufnahme angeboten worden.

Der überraschte Graf blickte schweigend umher, jetzt bemerkte er erst, wie die zerbrochenen Fenster im Winde klappten; aus einer Zelle unten sah ein Pferd schläfrig ins Grün hinaus, die Ziegen des Pächters weideten unter umgeworfenen Kreuzen auf dem Kirchhof, Niemand wagte es, sie zu vertreiben; dazwischen weinte ein Kind im Kloster, als klagte es, daß es geboren in dieser Zeit. Im Dorfe aber war es wie ausgekehrt, die Bauern guckten scheu aus den Fenstern, sie hielten den Grafen für einen Herrn von der Nation. Als ihn aber nach und nach Einige wiedererkannten, stürzte auf einmal Alles heraus und umringte ihn, hungrig, zerlumpt und bettelnd. Mein Gott, mein Gott, dachte er, wie wird die Welt so öde! – Er warf alles Geld, das er bei sich hatte, unter den Haufen, dann setzte er rasch die Sporen ein und wandte sich wieder nach Hause.

Es war schon völlig Nacht, als er in Dürande ankam. Da bemerkte er mit Erstaunen im Schloß einen unnatürlichen Aufruhr, Lichter liefen von Fenster zu Fenster, und einzelne Stimmen schweiften durch den dunkeln Garten, als suchten sie Jemand. Er schwang sich rasch vom Pferde und eilte ins Haus. Aber auf der Treppe stürzte ihm schon der Kammerdiener mit einem versiegelten Blatte atemlos entgegen: es seien Männer unten, die es abgegeben und trotzig Ant-

wort verlangten. Ein Jäger, aus dem Garten hinzutretend,
fragte ängstlich den Grafen, ob er draußen dem Gärtnerburschen begegnet? der Bursch habe ihn überall gesucht, der
Graf möge sich aber hüten vor ihm, er sei in der Dämmerung
verdächtig im Dorf gesehen worden, ein Bündel unterm
Arm, mit allerlei Gesindel sprechend, nun sei er gar spurlos
verschwunden.

Der Graf, unterdes oben im erleuchteten Zimmer angelangt, erbrach den Brief und las in schlechter, mit blasser
Dinte mühsam gezeichneter Handschrift: Im Namen Gottes
verordne ich hiermit, daß der Graf Hippolyt von Dürande
auf einem, mit dem gräflichen Wappen besiegelten Perga-
ment die einzige Tochter des verstorbenen Försters am
Schloßberg, Gabriele Dübois, als seine rechtmäßige Braut
und künftiges Gemahl bekennen und annehmen soll. Dieses
Gelöbnis soll heute bis elf Uhr Nachts in dem Jägerhause
abgeliefert werden. Ein Schuß aus dem Schloßfenster aber
bedeutet: Nein. Renald.

Was ist die Uhr? fragte der Graf. – Bald Mitternacht,
erwiderten Einige, sie hätten ihn so lange im Walde und
Garten vergeblich gesucht. – Wer von euch sah den Renald,
wo kam er her? fragte er von Neuem. Alles schwieg. Da warf
er den Brief auf den Tisch. Der Rasende! sagte er, und befahl
für jeden Fall die Zugbrücke aufzuziehen, dann öffnete er
rasch das Fenster, und schoß ein Pistol, als Antwort in die
Luft hinaus. Da gab es einen wilden Widerhall durch die stille
Nacht, Geschrei und Rufen und einzelne Flintenschüsse bis
in die fernsten Schlünde hinein, und als der Graf sich wieder
wandte, sah er in dem Saal einen Kreis verstörter Gesichter
lautlos um sich her.

Er schalt sie Hasenjäger, denen vor Wölfen graute. Ihr
habt lange genug Krieg gespielt im Walde, sagte er, nun
wendet sich die Jagd, wir sind jetzt das Wild, wir müssen
durch. Was wird es sein! Ein Tollhaus mehr ist wiederauf-
geriegelt, der rasende Veitstanz geht durchs Land und der
Renald geigt ihnen vor. Ich hab' nichts mit dem Volk, ich tat
ihnen nichts als Gutes, wollen sie noch Besseres, sie sollen's

ehrlich fodern, ich gäb's ihnen gern, abschrecken aber laß ich mir keine Hand breit meines alten Grund und Bodens; Trotz gegen Trotz!

So trieb er sie in den Hof hinab, er selber half die Pforten, Luken und Fenster verrammen. Waffen wurden rasselnd von allen Seiten herbeigeschleppt, sein fröhlicher Mut belebte Alle. Man zündete mitten im Hofe ein großes Feuer an, die Jäger lagerten sich herum und gossen Kugeln in den roten Widerscheinen, die lustig über die stillen Mauern liefen – sie merkten nicht, wie die Raben, von der plötzlichen Helle aufgeschreckt, ächzend über ihnen die alten Türme umkreisten. – Jetzt brachte ein Jäger mit großem Geschrei den Hut und die Jacke des Gärtnerburschen, die er zu seiner Verwunderung, beim Aufsuchen der Waffen im Winkel eines abgelegenen Gemaches gefunden. Einige meinten, das Bürschchen sei vor Angst aus der Haut gefahren, Andere schworen, er sei ein Schleicher und Verräter, während der alte Schloßwart Nicolo, schlau lächelnd, seinem Nachbar heimlich etwas ins Ohr flüsterte. Der Graf bemerkte es. Was lachst du? fuhr er den Alten an; eine entsetzliche Ahnung flog plötzlich durch seine Seele. Alle sahen verlegen zu Boden. Da faßte er den erschrockenen Schloßwart hastig am Arm und führte ihn mit fort in einen entlegenen Teil des Hofes, wohin nur einige schwankende Schimmer des Feuers langten. Dort hörte man Beide lange Zeit lebhaft mit einander reden, der Graf ging manchmal heftig an dem dunkeln Schloßflügel auf und ab, und kehrte dann immer wieder fragend und zweifelnd zu dem Alten zurück. Dann sah man sie in den offenen Stall treten, der Graf half selbst eilig den schnellsten Läufer satteln, und gleich darauf sprengte Nicolo quer über den Schloßhof, daß die Funken stoben, durchs Tor in die Nacht hinaus. Reit zu, rief ihm der Graf noch nach, frag', suche bis ans Ende der Welt.

Nun trat er rasch und verstört wieder zu den Andern, zwei der zuverlässigsten Leute mußten sogleich bewaffnet nach dem Dorf hinab, um den Renald draußen aufzusuchen; wer ihn zuerst sähe, solle ihm sagen: er, der Graf, wolle ihm

Satisfaktion geben wie einem Kavalier und sich mit ihm
schlagen, Mann gegen Mann – mehr könne der Stolze nicht
verlangen.

Die Diener starrten ihn verwundert an, er aber hatte
unterdes einen rüstigen Jäger auf die Zinne gestellt, wo man
am weitesten ins Land hinaussehen konnte. Was siehst du?
fragte er, unten seine Pistolen ladend. Der Jäger erwiderte:
die Nacht sei zu dunkel, er könne nichts unterscheiden, nur
einzelne Stimmen höre er manchmal ferne im Feld und
schweren Tritt, als zögen viele Menschen lautlos durch die
Nacht, dann Alles wieder still. Hier ist's lustig oben, sagte er,
wie eine Wetterfahne im Wind – was ist denn das? –

Wer kommt? fuhr der Graf hastig auf.

Eine weiße Gestalt, wie ein Frauenzimmer, entgegnete
der Jäger, fliegt unten dicht an der Schloßmauer hin. – Er
legte rasch seine Büchse an. Aber der Graf, die Leiter hinan-
fliegend, war schon selber droben und riß dem Zielenden
heftig das Gewehr aus der Hand. Der Jäger sah ihn erstaunt
an. Ich kann auch nichts mehr sehen, sagte er dann halb
unwillig und warf sich nun auf die Mauer nieder, über den
Rand hinausschauend: Wahrhaftig, dort an der Gartenecke
ist noch ein Fenster offen, der Wind klappt mit den Laden,
dort ist's hereingehuscht.

Die Zunächststehenden im Hofe wollten eben nach der
bezeichneten Stelle hineilen, als plötzlich mehre Diener, wie
Herbstblätter im Sturm über den Hof daherflogen; die Rebellen, hieß es, hätten im Seitenflügel eine Pforte gesprengt,
Andere meinten, der rotköpfige Waldwärter habe sie mit
Hülfe eines Nachschlüssels heimlich durch das Kellergeschoß hereingeführt. Schon hörte man Fußtritte hallend auf
den Gängen und Treppen und fremde, rauhe Stimmen da
und dort, manchmal blitzte eine Brandfackel vorüberschwei-
fend durch die Fenster. – Hallo, nun gilt's, die Gäste kommen, spielt auf zum Hochzeitstanze! rief der Graf, in niege-
fühlter Mordlust aufschauernd. Noch war nur erst ein geringer
Teil des Schlosses verloren; er ordnete rasch seine kleine
Schar, fest entschlossen, sich lieber unter den Trümmern

seines Schlosses zu begraben, als in diese rohen Hände zu fallen.

Mitten in dieser Verwirrung aber ging auf einmal ein Geflüster durch seine Leute: der Graf zeige sich doppelt im Schloß, der Eine hatte ihn zugleich im Hof und am Ende eines dunkeln Ganges gesehen, einem Andern war er auf der Treppe begegnet, flüchtig und auf keinen Anruf Antwort gebend, das bedeute seit uralter Zeit dem Hause großes Unglück. Niemand hatte jedoch in diesem Augenblick das Herz und die Zeit, es dem Grafen zu sagen, denn soeben begann auch unten der Hof sich schon grauenhaft zu beleben; unbekannte Gesichter erschienen überall an den Kellerfenstern, die Kecksten arbeiteten sich gewaltsam hervor und sanken, ehe sie sich draußen noch aufrichten konnten, von den Kugeln der wachsamen Jäger wieder zu Boden, aber über ihre Leichen weg kroch und rang und hob es sich immer von neuem unaufhaltsam empor, braune verwilderte Gestalten, mit langen Vogelflinten, Stangen und Brecheisen, als wühlte die Hölle unter dem Schlosse sich auf. Es war die Bande des verräterischen Waldwärters, der ihnen heimtückisch die Keller geöffnet. Nur auf Plünderung bedacht, drangen sie sogleich nach dem Marstall und hieben in der Eile die Stränge entzwei, um sich der Pferde zu bemächtigen. Aber die edeln schlanken Tiere, von dem Lärm und der gräßlichen Helle verstört, rissen sich los und stürzten in wilder Freiheit in den Hof; dort mit zornigfunkelnden Augen und fliegender Mähne, sah man sie bäumend aus der Menge steigen und Roß und Mann verzweifelnd durcheinander ringen beim wirren Wetterleuchten der Fackeln, Jubel und Todesschrei und die dumpfen Klänge der Sturmglocken dazwischen. Die versprengten Jäger fochten nur noch einzeln gegen die wachsende Übermacht; schon umringte das Getümmel immer dichter den Grafen, er schien unrettbar verloren, als der blutige Knäuel mit dem Ausruf: dort, dort ist er! sich plötzlich wieder entwirrte und Alles dem andern Schloßflügel zuflog.

Der Graf, in einem Augenblick fast allein stehend, wandte

sich tiefaufatmend und sah erstaunt das alte Banner des
Hauses Dürande drüben vom Balkon wehen. Es wallte ruhig
durch die wilde Nacht, auf einmal aber schlug der Wind wie
im Spiel die Fahne zurück – da erblickte er mit Schaudern
sich selbst dahinter, in seinen weißen Reitermantel tief gehüllt, Stirn und Gesicht von seinem Federbusch umflattert.
Alle Blicke und Röhre zielten auf die stille Gestalt, doch dem
Grafen sträubte sich das Haar empor, denn die Blicke des
furchtbaren Doppelgängers waren mitten durch den Kugel-
regen unverwandt auf ihn gerichtet. Jetzt bewegte es die
Fahne, es schien ihm ein Zeichen geben zu wollen, immer
deutlicher und dringender ihn zu sich hinaufwinkend.

Eine Weile starrt' er hin, dann von Entsetzen überreizt,
vergißt er alles Andere und unerkannt den Haufen teilend,
der wütend nach dem Haupttor dringt, eilt er selbst dem
gespenstischen Schloßflügel zu. Ein heimlicher Gang, nur
Wenigen bekannt, führt seitwärts näher zum Balkon, dort
stürzt er sich hinein; schon schließt die Pforte sich schallend
hinter ihm, er tappt am Pfeiler einsam durch die stille Halle,
da hört er atmen neben sich, es faßt ihn plötzlich bei der
Hand, schauernd sieht er das Banner und den Federbusch im
Dunkeln wieder schimmern. Da, den weißen Mantel zurück-
schlagend, stößt es unten rasch eine Tür auf nach dem stillen
Feld, ein heller Mondenblick streift blendend die Gestalt, sie
wendet sich. – Um Gottes willen, *Gabriele*! ruft der Graf und
läßt verwirrt den Degen fallen.

Das Mädchen stand bleich, ohne Hut vor ihm, die schwarzen Locken aufgeringelt, rings von der Fahne wunderbar
umgeben. Sie schien noch atemlos. Jetzt zaudere nicht, sagte
sie, den ganz Erstaunten eilig nach der Tür drängend, der
alte Nicolo harrt deiner draußen mit dem Pferde. Ich war im
Dorf, der Renald wollte mich nicht wiedersehn, so rannte ich
ins Schloß zurück, zum Glück stand noch ein Fenster offen,
da fand ich dich nicht gleich und warf mich rasch in deinen
Mantel. Noch merken sie es nicht, sie halten mich für dich;
bald ist's zu spät, laß mich und rette dich, nur schnell! – Dann
setzte sie leiser hinzu: und grüße auch das schöne Fräulein in
Paris, und betet für mich, wenn's euch wohlgeht.

Der Graf aber, in tiefster Seele bewegt, hatte sie schon fest in beide Arme genommen und bedeckte den bleichen Mund mit glühenden Küssen. Da wand sie sich schnell los. Mein Gott, liebst du mich denn noch, ich meint', du freitest um das Fräulein? sagte sie voll Erstaunen, die großen Augen fragend zu ihm aufgeschlagen. – Ihm war's auf einmal, wie in den Himmel hineinzusehen. Die Zeit fliegt heut entsetzlich, rief er aus, dich liebte ich immerdar, da nimm den Ring und meine Hand auf ewig, und so verlaß mich Gott, wenn ich je von dir lasse! – Gabriele, von Überraschung und Freude verwirrt, wollte niederknien, aber sie taumelte und mußte sich an der Wand festhalten. Da bemerkte er erst mit Schrecken, daß sie verwundet war. Ganz außer sich riß er sein Tuch vom Halse, suchte eilig mit Fahne, Hemd und Kleidern das Blut zu stillen, das auf einmal unaufhaltsam aus vielen Wunden zu quellen schien. In steigender, unsäglicher Todesangst blickte er nach Hülfe rings umher, schon näherten sich verworrene Stimmen, er wußte nicht, ob es Freund oder Feind. Sie hatte während des den Kopf müde an seine Schulter gelehnt. Mir flimmert's so schön vor den Augen, sagte sie, wie dazumal, als du durchs tiefe Abendrot noch zu mir kamst; nun ist ja Alles, Alles wieder gut.

Da pfiff plötzlich eine Kugel durch das Fenster herein. Das war der Renald! rief der Graf, sich nach der Brust greifend; er fühlte den Tod im Herzen. – Gabriele fuhr hastig auf. Wie ist dir? fragte sie erschrocken. Aber der Graf, ohne zu antworten, faßte heftig nach seinem Degen. Das Gesindel war leise durch den Gang herangeschlichen, auf einmal sah er sich in der Halle von bewaffneten Männern umringt. – Gute Nacht, mein liebes Weib! rief er da; und mit letzter, übermenschlicher Gewalt das von der Fahne verhüllte Mädchen auf den linken Arm schwingend, bahnt' er sich eine Gasse durch die Plünderer, die ihn nicht kannten und verblüfft von beiden Seiten vor dem Wütenden zurückwichen. So hieb er sich durch die offene Tür glücklich ins Freie hinaus, keiner wagte ihm aufs Feld zu folgen, wo sie in den schwankenden Schatten der Bäume einen heimlichen Hinterhalt besorgten.

Draußen aber rauschten die Wälder so kühl. Hörst du die Hochzeitsglocken gehn? sagte der Graf; ich spür schon Morgenluft. – Gabriele konnte nicht mehr sprechen, aber sie sah ihn still und selig an. – Immer ferner und leiser verhallten unterdes schon die Stimmen vom Schlosse her, der Graf wankte verblutend, sein steinernes Wappenschild lag zertrümmert im hohen Gras, dort stürzt' er tot neben Gabrielen zusammen. Sie atmete nicht mehr, aber der Himmel funkelte von Sternen, und der Mond schien prächtig über das Jägerhaus und die einsamen Gründe; es war, als zögen Engel singend durch die schöne Nacht.

Dort wurden die Leichen von Nicolo gefunden, der vor Ungeduld schon mehrmals die Runde um das Haus gemacht hatte. Er lud Beide mit dem Banner auf das Pferd, die Wege standen verlassen, Alles war im Schloß, so brachte er sie unbemerkt in die alte Dorfkirche. Man hatte dort vor Kurzem erst die Sturmglocke geläutet, die Kirchtür war noch offen. Er lauschte vorsichtig in die Nacht hinaus, es war Alles still, nur die Linden säuselten im Wind, vom Schloßgarten hörte er die Nachtigallen schlagen, als ob sie im Traume schluchzten. Da senkte er betend das stille Brautpaar in die gräfliche Familiengruft und die Fahne darüber, unter der sie noch heut zusammen ausruhn. Dann aber ließ er mit traurigem Herzen sein Pferd frei in die Nacht hinauslaufen, segnete noch einmal die schöne Heimatsgegend und wandte sich rasch nach dem Schloß zurück, um seinen bedrängten Kameraden beizustehen; es war ihm, als könnte er nun selbst nicht länger mehr leben.

––––––

Auf den ersten Schuß des Grafen aus dem Schloßfenster war das raubgierige Gesindel, das durch umlaufende Gerüchte von Renald's Anschlag wußte, aus allen Schlupfwinkeln hervorgebrochen, er selbst hatte in der offenen Tür des Jägerhauses auf die Antwort gelauert und sprang bei dem Blitz im Fenster wie ein Tiger Allen voraus, er war der Erste im Schloß. Hier, ohne auf das Treiben der Andern zu achten, suchte er mitten zwischen den pfeifenden Kugeln in allen

Gemächern, Gängen und Winkeln unermüdlich den Grafen
auf. Endlich erblickt' er ihn durch's Fenster in der Halle, er
hört' ihn drin sprechen, ohne Gabrielen in der Dunkelheit zu
bemerken. Der Graf kannte den Schützen wohl, er hatte gut
gezielt. Als Renald ihn getroffen taumeln sah, wandte er sich   5
tiefaufatmend – sein Richteramt war vollbracht.

Wie nach einem schweren, löblichen Tagewerke durch-
schritt er nun die leeren Säle in der wüsten Einsamkeit
zwischen zertrümmerten Tischen und Spiegeln, der Zugwind strich durch alle Zimmer und spielte traurig mit den   10
Fetzen der zerrissenen Tapeten.

Als er durchs Fenster blickte, verwunderte er sich über das
Gewimmel fremder Menschen im Hofe, die ihm geschäftig
dienten wie das Feuer dem Sturm. Ein seltsam Gelüsten
funkelte ihn da von den Wänden an aus dem glatten Getäfel,   15
in dem der Fackelschein sich verwirrend spiegelte, als äugelte
der Teufel mit ihm. – So war er in den Gartensaal gekommen. Die Tür stand offen, er trat in den Garten hinaus. Da
schauerte ihn in der plötzlichen Kühle. Der untergehende
Mond weilte noch zweifelnd am dunkeln Rand der Wälder,   20
nur manchmal leuchtete der Strom noch herauf, kein Lüftchen ging, und doch rührten sich die Wipfel, und die Alleen
und geisterhaften Statuen warfen lange, ungewisse Schatten
dazwischen, und die Wasserkünste spielten und rauschten so
wunderbar durch die weite Stille der Nacht. Nun sah er   25
seitwärts auch die Linde und die mondbeglänzte Wiese vor
dem Jägerhause; er dachte sich die verlorne Gabriele wieder
in der alten unschuldigen Zeit als Kind mit den langen
dunkeln Locken, es fiel ihm immer das Lied ein: »Gute
Nacht, mein Vater und Mutter, wie auch mein stolzer Bru-   30
der,« – es wollte ihm das Herz zerreißen, er sang verwirrt vor
sich hin, halb wie im Wahnsinn:

> Meine Schwester, die spielt an der Linde. –
> Stille Zeit, wie so weit, so weit!
> Da spielten so schöne Kinder   35
> Mit ihr in der Einsamkeit.

Von ihren Locken verhangen,
Schlief sie und lachte im Traum,
Und die schönen Kinder sangen
Die ganze Nacht unter'm Baum.

Die ganze Nacht hat gelogen,
Sie hat mich so falsch gegrüßt,
Die Engel sind fortgeflogen
Und Haus und Garten stehn wüst.

Es zittert die alte Linde
Und klaget der Wind so schwer,
Das macht, das macht die Sünde –
Ich wollt', ich läg' im Meer. –

Die Sonne ist untergegangen
Und der Mond im tiefen Meer,
Es dunkelt schon über dem Lande;
Gute Nacht! seh' dich nimmermehr.

Wer ist da? rief er auf einmal in den Garten hinein. Eine
dunkle Gestalt unterschied sich halb kenntlich zwischen den
wirren Schatten der Bäume; erst hielt er es für eins der
Marmorbilder, aber es bewegte sich, er ging rasch darauf los,
ein Mann versuchte sich mühsam zu erheben, sank aber
immer wieder ins Gras zurück. Um Gott, Nicolo, du bist's!
rief Renald erstaunt; was machst du hier? – Der Schloßwart
wandte sich mit großer Anstrengung auf die andere Seite,
ohne zu antworten.

Bist du verwundet? sagte Renald, besorgt näher tretend,
wahrhaftig an dich dacht' ich nicht in dieser Nacht. Du warst
mir der Liebste immer unter Allen, treu, zuverlässig, ohne
Falsch; ja, wär' die Welt wie du! Komm nur mit mir, du sollst
herrschaftlich leben jetzt im Schloß auf deine alten Tage, ich
will dich über Alle stellen.

Nicolo aber stieß ihn zurück: Rühre mich nicht an, deine
Hand raucht noch von Blut.

Nun, entgegnete Renald finster, ich meine, Ihr solltet mir's Alle danken, die wilden Tiere sind verstoßen in den wüsten Wald, es bekümmert sich Niemand um sie, sie müssen sich ihr Futter selber nehmen – bah, und was ist Brot gegen Recht!

Recht? sagte Nicolo, ihn lange starr ansehend, um Gottes willen, Renald, ich glaube gar, du wußtest nicht –

Was wußt' ich nicht? fuhr Renald hastig auf.

Deine Schwester Gabriele –

Wo ist sie?

Nicolo wies schweigend nach dem Kirchhof; Renald schauderte heimlich zusammen. Deine Schwester Gabriele, fuhr der Schloßwart fort, hielt schon als Kind immer große Stücke auf mich, du weißt es ja; heut' Abend nun in der Verwirrung, eh's noch losging, hat sie in ihrer Herzensangst mir Alles anvertraut.

Renald zuckte an allen Gliedern, als hinge in der Luft das Richtschwert über ihm. Nicolo, sagte er drohend, belüg' mich nicht, denn dir, grade dir glaube ich.

Der Schloßwart, seine klaffende Brustwunde zeigend, erwiderte: Ich rede die Wahrheit, so wahr mir Gott helfe, vor dem ich noch in dieser Stunde stehen werde! – Graf Hippolyt hat deine Schwester nicht entführt.

Hoho, lachte Renald, plötzlich wie aus unsäglicher Todesangst erlöst, ich sah sie selber in Paris am Fenster in des Grafen Haus.

Ganz recht, sagte Nicolo, aus Lieb' ist sie bei Nacht dem Grafen heimlich nachgezogen aus dem Kloster. –

Nun siehst du, siehst du wohl? ich wußt's ja doch. Nur weiter, weiter, unterbrach ihn Renald; große Schweißtropfen hingen in seinem wildverworrenen Haar.

Das arme Kind, erzählte Nicolo wieder, sie konnte nicht vom Grafen lassen; um ihm nur immer nahe zu sein, hat sie verkleidet als Gärtnerbursche sich verdungen im Palast, wo sie Keiner kannte.

Renald, aufs äußerste gespannt, hatte sich unterdes neben dem Sterbenden, der immer leiser sprach, auf die Knie hin-

geworfen, beide Hände vor sich auf die Erde gestützt. Und
der Graf, sagte er, der Graf, aber der Graf, was tat der? Er
lockte, er kirrte sie, nicht wahr?

Wie sollt' er's ahnen! fuhr der Schloßwart fort; er lebte wie
ein loses Blatt im Sturm von Fest zu Fest. Wie oft stand sie
des Abends spät in dem verschneiten Garten vor des Grafen
Fenstern, bis er nach Hause kam, wüst, überwacht – er wußte
nichts davon bis heute Abend. Da schickt' er mich hinaus, sie
aufzusuchen; sie aber hatte sich dem Tode schon geweiht, in
seinen Kleidern Euch täuschend wollte sie eure Kugeln von
seinem Herzen auf ihr eigenes wenden – o jammervoller
Anblick – so fand ich Beide tot im Felde Arm in Arm – der
Graf hat ehrlich sie geliebt bis in den Tod – sie Beide sind
schuldlos – rein – Gott sei uns Allen gnädig!

Renald war über diesen Worten ganz still geworden, er
horchte noch immer hin, aber Nicolo schwieg auf ewig, nur
die Gründe rauschten dunkel auf, als schauderte der Wald.

Da stürzte auf einmal vom Schloß die Bande siegestrun-
ken über Blumen und Beete daher, sie schrien Vivat und
riefen den Renald im Namen der Nation zum Herrn von
Dürande aus. Renald, plötzlich sich aufrichtend, blickte wie
aus einem Traum in die Runde. Er befahl, sie sollten schleunig alle Gesellen aus dem Schlosse treiben und keiner, bei
Lebensstrafe, es wiederbetreten, bis er sie riefe. Er sah so
schrecklich aus, sein Haar war grau geworden über Nacht,
Niemand wagte es, ihm jetzt zu widersprechen. Darauf sahen
sie ihn allein rasch und schweigend in das leere Schloß
hineingehen, und während sie noch überlegen, was er vorhat
und ob sie ihm gehorchen oder dennoch folgen sollen, ruft
Einer erschrocken aus: Herr Gott, der rote Hahn ist auf dem
Dach! und mit Erstaunen sehen sie plötzlich feurige Spitzen,
bald da bald dort, aus den zerbrochenen Fenstern schlagen
und an dem trocknen Sparrwerk hurtig nach dem Dache
klettern. Renald, seines Lebens müde, hatte eine brennende
Fackel ergriffen und das Haus an allen vier Ecken angesteckt. – Jetzt, mitten durch die Lohe, die der Zugwind
wirbelnd faßte, sahen sie den Schrecklichen eilig nach dem

Eckturme schreiten, es war, als schlüge Feuer auf, wohin er trat. Dort in dem Turme liegt das Pulver, hieß es auf einmal, und voll Entsetzen stiebte Alles über den Schloßberg auseinander. Da tat es gleich darauf einen furchtbaren Blitz und donnernd stürzte das Schloß hinter ihnen zusammen. Dann wurde Alles still; wie eine Opferflamme, schlank, mild und prächtig stieg das Feuer zum gestirnten Himmel auf, die Gründe und Wälder ringsumher erleuchtend – den Renald sah man nimmer wieder.

Das sind die Trümmer des alten Schlosses Dürande, die weinumrankt in schönen Frühlingstagen von den waldigen Bergen schauen. – Du aber hüte dich, das wilde Tier zu wecken in der Brust, daß es nicht plötzlich ausbricht und dich selbst zerreißt.

DIE ENTFÜHRUNG

EINE NOVELLE

Der Abend senkte sich schon über der fruchtbaren Landschaft, welche die Loire durchströmt, als ein junger Mann, jagdmüde und die Büchse über dem Rücken aus dem Walde tretend, unerwartet zwischen den grünen Bergen in der schönsten Einsamkeit ein altes Schloß erblickte. Er konnte durch die Wipfel nur erst Dach und Türme sehen, von Efeu überwachsen, mit geschlossenen Fenstern, halb wie im Schlafe. Neugierig drang er durch das verworrene Gebüsch die Anhöhe hinan, es schien der ehemalige Schloßgarten zu sein, denn künstliche Hecken durchschnitten oben den Platz, weiterhin schimmerte noch eine weiße Statue durch die Zweige, aber rings aus den Tälern ging der Frühling, mit Waldblumen funkelnd, lustig über die gezirkelten Beete und Gänge, alles prächtig verwildernd.

Jetzt, um eine Hecke biegend, sah er auf einmal das ganze Schloß vor sich, mitten im Grün, als wollt's in alle Fenster steigen; auf der steinernen Rampe vor der Saaltüre, vom Abendrot beschienen, saßen eine ältliche Dame und eine schlanke Mädchengestalt am Stickrahmen, ein zahmes Reh graste neben ihnen in der schönen Wildnis, alle Drei den Ankommenden erstaunt betrachtend.

Dieser stutzte überrascht, aber schnell entschlossen, näherte er sich den Frauen und entschuldigte mit vielem Anstand seinen unwillkürlichen Überfall, er kenne hier die Waldgrenzen noch zu wenig, so sei er in dies fremde Revier geraten und lege nun als Wildschütz sein Geschick in ihre Hände. Die alte Dame, ohne seine Entschuldigung besonders zu beachten und ihn vom Kopf bis zu den Füßen mit den Blicken messend, bat ihn, da er fein gekleidet erschien, ziemlich kalt, neben ihnen Platz zu nehmen, indem sie auf einen Lehnstuhl wies, den auf ihren Wink ein bejahrter Diener in etwas verschossener Livree soeben aus dem Gartensaal brachte.

Die Unterhaltung stockte einen Augenblick, aber der

Fremde, der sich in der maskenhaften Freiheit eines Unbekannten zu gefallen schien, wußte bald mit großer Gewandtheit das Gespräch zu ergreifen und zu beleben. Sie sprachen
demnächst von der Räuberbande, die sich in diesem Frühjahr
5 hier zwischen den Bergen eingenistet und durch ihre verwegenen Züge die ganze Gegend in Furcht und Schrecken
setzte. Der Gast sagte lachend, das komme von der langen
Friedenszeit, da spiele der Krieg, der sich sein Recht nicht
nehmen lasse, auf seine eigne Hand im Lande. Der Mensch
10 verlange immer etwas Außerordentliches, und wenn es das
Entsetzlichste wäre, um nur dem unerträglichsten Übel, der
Langenweile, zu entkommen. – Die neueste Zeitung lag
soeben auf dem Tischchen vor ihnen, sie enthielt eine unge-
fähre Personbeschreibung des vermutlichen Hauptmannes
15 der Bande. Der Fremde las sie mit großer Aufmerksamkeit,
und es fiel der Dame auf, da er darauf um die Erlaubnis bat,
das Blatt mitzunehmen, und es hastig einsteckte.

Währenddes war Frenel, der alte Diener, mit sichtbaren
Zeichen von Bestürzung wieder hinzugetreten. Er schien aus
20 dem Hofe zu kommen, und, der Dame einen heimlichen
Wink gebend, sprach er lange leise und lebhaft mit ihr im
Hintergrunde des Saales. Er meldete, daß sich im Walde
unweit des Schlosses unbekannte, bewaffnete Männer zu
Pferde gezeigt, sie hielten ein lediges Roß, das schöner und
25 kostbarer gezäumt als die andern. Der Waldhirte, der unbemerkt in ihrer Nähe gewesen, habe deutlich vernommen, wie
sie von ihrem Herrn geredet, mehrmals ungeduldig nach
dem Schlosse schauend, als ob sie Jemanden von hier erwarteten. – Die alte Dame, bei dieser seltsamen Nachricht
30 einen Augenblick nachsinnend, überflog unwillkürlich in
Gedanken die Beschreibung des Räuberhauptmannes aus
der Zeitung, er war als ein junger, schöner, weltgewandter
Mann geschildert – es fuhr ihr auf einmal wie ein Blitz durch
die Seele, wie Alles gar wohl auf ihren rätselhaften Gast
35 bezogen werden konnte.

Indem sie so in großer Bewegung mit sich selber schnell
beriet, wie sie in dieser sonderbaren Lage sich zu benehmen

habe, schien der Fremde von alle dem nichts zu bemerken. Er
unterhielt sich heiter und angelegentlich mit dem Fräulein,
während der Abend über dem wilden Garten schon immer
tiefer hereindunkelte. Da fiel plötzlich ein Schuß unten im
Walde. Die Dame trat entschlossen einige Schritte auf den
Fremden zu. Das sind meine Leute, sagte dieser, rasch aufspringend. – Ihre Leute? – Gewiß, erwiderte er. – Da er aber
auf einmal den Schreck der erbleichten Dame bemerkte,
entschuldigte er sich abermals wegen dieser Unruhe, versprach den Frevler ernstlich zu bestrafen und nahm sogleich
Abschied, indem er, flüchtig seinen Namen nennend, noch
um die Erlaubnis bat, wiederkommen zu dürfen. Aber Niemand hörte oder antwortete ihm in der Verwirrung; so flog
er den Schloßberg hinab. Der Abend tat noch einen roten,
falschen Blick über die Bergkuppen, unten war schon alles
finster und still, man hörte nur den Hufschlag von mehren
Rossen den Waldgrund entlang. Das Fräulein, das nun auch
den entsetzlichen Verdacht vernommen, rief aufs tiefste erschrocken: o Gott, o Gott, er kommt gewiß wieder!

Wirklich konnte die Lage der verwitweten Marquise
Astrenant – so hieß die Dame – gerechte Besorgnis erregen.
Die Erinnerung an den alten Glanz und den verschwenderi-
schen Aufwand ihres verstorbenen Gemahls war in der Gegend noch frisch genug, um die Anschläge des Raubgesin-
dels auf das abgelegene Schloß zu lenken, und doch war sie in
der Tat so verarmt, daß sie nicht daran denken konnte, in
diesem Augenblick mit ihrer Tochter Leontine diese gefährliche Einsamkeit zu verlassen. In dieser Not fiel ihr ein, daß
der Graf Gaston, wie sie von ihren Leuten gehört, soeben auf
kurze Zeit auf einem seiner benachbarten Jagdschlösser
angekommen war. Diesen glücklichen Umstand benutzend,
stellte sie dem Grafen, obgleich sie ihn noch nicht persönlich
kannte, schriftlich in wenigen Worten ihre Abgeschiedenheit
und Gefahr vor und beschwor ihn, als Nachbar sie in ihrer
hülflosen Lage zu beschützen. Mit diesem Briefe wurde noch
denselben Abend ein reitender Bote nach dem Jagdschlosse
gesandt.

So war die Nacht Allen unter mancherlei Vorsichtsmaß-
regeln schlaflos vergangen. Schon am folgenden Morgen
aber erhielten sie die Antwort: der Graf werde nicht ermangeln, ihren Wünschen nach Kräften zu entsprechen und wo
möglich heute noch selbst seine Aufwartung machen. Diese
Zusage und das tröstliche Morgenlicht hatten alle Sorge
gewendet. Sie schämten sich fast und lachten über die übertriebene Furcht und Besorgnis, womit die Wälder rings
umher im Dunkeln sie geschreckt hatten. Und wie nach
Gewittern oft ein heiterer Glanz über die Landschaft fliegt,
so brachte auch hier der angekündigte Besuch des Grafen
Gaston sehr bald das ganze stille Haus in eine ungewohnte
fröhliche Bewegung. Die gläsernen Kronleuchter, die so
lustig funkelten, wurden sorgfältig geputzt, die verstaubten Tapeten ausgeklopft und Teppiche gelüftet, der Morgen glänzte durch die verbleichten, rotseidenen Gardinen
seltsam auf den getäfelten Boden der Zimmer, während
draußen über dem sonnigen Rasenplatz vor dem Hause die
Schwalben jauchzend hin- und herschossen. Leontine erschien besonders fleißig, sie war aufgewachsen zwischen
diesen Trümmern des früheren Glanzes, nun schien ihr Alles
so prächtig, weil es ins Morgenrot ihrer Kindheit getaucht.
Die Marquise lächelte schmerzlich, aber sie mochte die
Freude der Tochter nicht stören.

Die Sonne stieg indes und senkte sich schon wieder nach
den Tälern, und der Graf war zu ihrem Befremden noch
immer nicht angekommen, noch hatte er den ganzen Tag
über etwas von sich hören lassen. Sie mußten seinen Besuch
für heute schon aufgeben, und als endlich der Abend von
Neuem die Wälder färbte, saßen beide Frauen, durch die
Geschäftigkeit des Tages zerstreut und zuversichtlicher geworden, wie sonst wieder auf der steinernen Rampe vor dem
Garten an ihrer Arbeit, als wäre eben nichts vorgefallen.
Leontine, in vergeblicher Erwartung des Grafen, war geschmückt wie eine arme Braut, die nicht weiß, wie schön sie
in ihrer Armut ist. Aber die Abendsonne blitzte über ihre
frischen Augen und hüllte sie ganz in ihr schönstes, goldnes

Kleid, und ihr Reh sah von fern verwundert nach der prächtigen Herrin, es war, als hätt' es alle seine Spielkameraden
mit herbeigerufen, so neugierig wimmelten die Waldvögel
im Garten und guckten durch die Zweige und schwatzten
vergnügt untereinander. Vor dem Hause aber ging die
Abendluft lind durch die Blumen unter ihnen. Leontine sah
oft in Gedanken über ihre Arbeit in's Tal hinaus und sang:

> Über'm Lande die Sterne
> Machen die Runde bei Nacht,
> Mein Schatz ist in der Ferne,
> Liegt am Feuer auf der Wacht.

Die Marquise sagte: Das hast du von unserm alten Frenel, da
er noch Soldat war; sollte man doch glauben, du hätt'st einen
Offizier zum Liebsten. Leontine lachte und sang weiter:

> Über's Feld bellen Hunde,
> Wenn der Mondschein erblich,
> Rauscht der Wald auf im Grunde:
> Reiter, jetzt hüte dich!

Ist's denn schon so spät? unterbrach sie sich selbst, sie läuten
ja schon die Abendglocken, der Wind kommt über den Wald
her, wie schön das klingt aus der Ferne herüber. Sie sang von
neuem:

> Um das Lager im Dunkeln
> Jetzt schleichen sie sacht,
> Die Gewehre schon funkeln –
> So falsch ist die Nacht!

Was steigt denn da für ein Rauch auf im Walde? fragte hier die
Mutter. – Es wird wohl der Köhler sein, erwiderte Leontine,
aber sie sah doch gespannt hin und sang zögernd:

> Ein Gesell durch's Gesteine
> Geht sacht in ihrer Mitt',

Es rasseln ihm die Beine –
Hat einen leisen, leisen Tritt –

Nein! sprang sie auf, das ist ein Brand, da schlägt ja die helle
Flamme auf, horch, sie läuten die Sturmglocken drüben!
Indem nun Beide sich erhoben, hörten sie in derselben
Richtung ein Paarmal schießen, dann war Alles wieder still.
Da haben gewiß die Nachbarn wieder großes Jagen, sagte
die Marquise, sie können nun einmal nicht fröhlich sein ohne
Lärm. Da sie aber jetzt das Schloßgesinde am Abhange des
Gartenberges versammelt sah, in großer Aufregung untereinander redend und nach jener Gegend hinausschauend, rief
sie hinab: was es gebe? – Blutige Köpfe! hieß es zurück, der
Waldwärter sei eben aus den Bergen gekommen, der Graf
Gaston habe vor Tagesanbruch heimlich alle seine Bauern
und Jäger bewaffnet und die Räuberbande aufgespürt und
treibe sie von einem brennenden Schlupfwinkel zum andern
durch den Wald, es gehe scharf her da drüben! – Da wandte
sich Leontine, die bisher wie im Traume gestanden, plötzlich
herum, sie sagte: es sei schändlich und gottlos, die Schlafenden zu überfallen und Menschen zu hetzen wie die wilden
Tiere! – Die Mutter sah sie erstaunt an. Aber sie hatte keine
Zeit, dem sonderbaren Betragen der Tochter nachzudenken,
denn der alte Frenel trat soeben voll Eifer aus dem Hause, er
hatte hastig seine Büchse geladen und wollte mit hinunter.
Die Marquise beschwor ihn, zum Schutze bei ihnen zu bleiben, wenn etwa einzelne versprengte Räuber hier vor-
überschweiften, die Andern sollten das Hoftor schließen,
sich mit Beilen und Sensen versehen und den offenen Garten
umstellen.
Leontine aber war indes schon in das obere Stockwerk des
Schlosses gestiegen, die Fledermäuse in den wüsten Sälen
schossen verstört aus den offenen Fenstern, sie schaute aus
einem Erker angestrengt in die Waldgründe hinaus, als
wollte sie durch die Wipfel sehen. Es dunkelte schon über
den Tälern, die Schüsse schienen näher zu kommen, manchmal brachte der Wind einen wilden Schrei aus der Ferne

herüber, vom Walde sah sie ein Reh von dem Lärm erschrocken unten über die Wiese fliegen. O wäre ich doch ein Mann! dachte sie tausendmal; dazwischen betete sie wieder still im Herzen vor der aufsteigenden Nacht, dann lehnte sie sich weit aus dem Fenster und winkte mit ihrem weißen Schnupftuch über die dunkeln Wälder, sie wußte selbst nicht, was sie tat.

Jetzt hörte sie, wie unten im Garten nach und nach mehre Boten zurückkamen, die die Mutter auf Kundschaft ausgeschickt; sie konnte in der Stille jedes Wort vernehmen. Die Bande, hieß es, sei völlig geschlagen, gefangen oder zerstreut. Ein Anderer erzählte von der außerordentlichen Kühnheit des Grafen Gaston, wie er, überall der Erste voran, den Hauptmann selber aufs Korn genommen. Auf der Felsenkante im Walde seien sie endlich aneinandergeraten, da habe der Graf ihn, immerfort fechtend, samt dem Pferde über den Abhang hinabgestürzt. Aber Unkraut verdirbt nicht, unten sich überkugelnd, seien Roß und Reiter, wie die Katzen, wieder auf die Beine gekommen; nun jagten sie Alle den Räuber hier nach dem Schlosse zu, aber er sei ganz umzingelt, er könne nicht mehr entwischen. – Gott segne den tapfern Grafen! rief die Marquise bei diesem Berichte aus, er hat ritterlich sein Wort gelöst.

Leontine aber sah wieder unverwandt nach dem Walde, denn draußen hatte die wilde Jagd sich plötzlich gewendet, ein Schuß fiel ganz nah, darauf mehre, immer näher und näher, man sah die einzelnen Schüsse blitzen im Dunkeln. Auf einmal glaubte sie einen Reiter in verzweifelter Flucht längs dem Saume des Waldes flimmern zu sehen, die Jäger des Grafen, eine andere Fährte einschlagend, schienen ihn nicht zu bemerken, er flog grade nach dem Schlosse her. Da, in wachsender Todesangst sich plötzlich aufraffend, stürzt sie pfeilschnell über die steinernen Treppen durch das stille Haus hinab und unten an dem alten Walle durch eine geheime Pforte, den Riegel sprengend, in's Freie. Als sie aber am Fuß des Schloßberges atemlos anlangt, vor Ermattung fast in die Knie sinkend, kommt auch der Reiter schon durch die dunkelnde Luft daher – es war, wie sie geahnt, der Fremde von gestern, verstört, mit fliegenden Haaren, sein Pferd ganz von Schaum bedeckt.

Was wollen Sie hier? rief sie ihm schon von ferne entgegen. – Er, bei ihrem Anblick stutzend, hielt schnell an und, sich vom Pferde schwingend, erwiderte er höflich: er wolle, seinem Versprechen gemäß, Sie und die Marquise noch einmal begrüßen. – Um Gotteswillen, sind Sie rasend! heut, in dieser Stunde? – Der Reiter entschuldigte sich, der Kampf sei ernster geworden und habe ihn länger aufgehalten, als er gedacht, es sei der einzige noch übrige Augenblick, er müsse sogleich wieder weiter. – O Gott, ich weiß, fiel Leontine ein. – Sie wissen? –

Leontine schauderte, da er, dicht vor ihr, sie auf einmal so durchdringend ansah. – Sie bluten, sagte sie dann erschrocken. – Nur ein Streifschuß, entgegnete er; doch Sie haben Recht, fuhr er lächelnd fort, es ziemt sich nicht, in diesem Zustande bei Damen Besuche abzustatten. Aber Leontine hörte kaum mehr, was er sprach, sie stand in tiefen Gedanken. Ich wüßte wohl einen verborgenen Ort für diese Nacht, sagte sie darauf schnell und leise, wenn nur – nein, nein, es ist unmöglich! Das Schloß ist voll Leute, vielleicht kommt der Graf selbst noch. – Und den Fremden in steigender, höchster Angst fortdrängend, wies sie ihm einen abgelegenen Fußsteig, der führe zu einer Furt des Flusses, da solle er hinüber, dann den Pfad rechts einschlagen – nur schnell, schnell, flehte sie, da kommen schon Leute zwischen den Bäumen, sie suchen – Wen? fragte der Reiter, sich rasch umsehend. – O mein Gott, rief Leontine fast weinend, Sie selbst, den unglücklichen Hauptmann! – Der Fremde, bei diesen Worten plötzlich wie aus einem Traume erwachend, schlug schnell den Mantel zurück und nahm sie in beide Arme: Kind, Kind, wie liebst du mich so schön! Das werde ich dir gedenken mein Lebenlang, du sollst noch von dem Räuberhauptmann hören. – Jetzt drängt die Zeit. Grüße die Mutter oben, sag ihr, das Land sei frei, sie könne ohne Sorgen schlafen, leb wohl! – Noch vom Pferde aber bat er sie um ihr weißes Tuch, sie reicht' es ihm zögernd; das wollte er um seine Wunde schlagen, da heilt' es über Nacht. – So ritt er fort.

Jetzt bemerkte sie erst, daß ihr Handschuh blutig geworden von seinem Arm, sie verbarg ihn, heftig an allen Gliedern zitternd. Im Walde indes und droben im Schlosse gingen verworrene Stimmen, sie sah noch immer dem Reiter nach und atmete tief auf, als er endlich in der schirmenden Wildnis verschwunden. Dann setzte sie sich auf den Rasen, den Kopf in beide Hände gestützt, und weinte bitterlich.

Noch in derselben Nacht brach auch Graf Gaston von seinem Jagdschlosse wieder auf, wohin er nur erst vor wenigen Tagen mit dem Ruhme eines ausgezeichneten Offiziers aus fremdem Kriegsdienste zurückgekehrt, um sich in der Einsamkeit zu erholen. Aber der Ruf seiner Tapferkeit war ihm längst nach Paris vorangeeilt, und fast gleichzeitig mit der Bitte der Marquise um seinen Schutz vor den Räubern erhielt er den unerwarteten Befehl des Königs, sich unverzüglich an den Hof zu begeben, wo man, bei den damaligen heimlichen Kriegsrüstungen, seine Erfahrung benutzen wollte. So war es gekommen, daß er, um sein Wort gegen die besorgte Dame zu lösen, die Räuberjagd auf das Gewaltsamste beschleunigt, dann aber keine Zeit mehr übrig hatte, bei der Marquise noch den versprochenen Besuch abzustatten.

In Paris zog er wie im Triumphe ein. Der frische Lorbeerkranz stand der hohen, schlanken Gestalt gar anmutig zu dem gebräunten Gesicht. Nun folgte ihm auch noch das vergrößernde Gerücht der Kühnheit, womit er soeben die lange vergeblich aufgesuchte Räuberbande wie im Fluge zwischen den Bergen vernichtet. Der König selbst hatte ihn ausgezeichnet empfangen, Jedermann wollte ihn kennen lernen und die Damen sahen scheu und neugierig durch die Fenstergardinen, wenn er im vollen Schmuck soldatischer Schönheit die Straßen hinabritt. – Unter ihnen aber zog nur *Eine* seine Aufmerksamkeit auf sich und diese hatte er bis jetzt noch nirgend erblickt.

Ganz Paris sprach damals von der jungen, reichen Gräfin Diana, einer amazonenhaften, spröden Schönheit mit rabenschwarzem Haar und dunkeln Augen. Einige nannten sie ein prächtiges Gewitter, das über die Stadt fortzöge, unbekümmert, ob und wo es zünde; Andere verglichen sie mit einer zauberischen Sommernacht, die, Alles verlockend und verwirrend, über seltsame Abgründe scheine. So fremd und märchenhaft erschien diese wilde Jungfräulichkeit an dem sittenlosen Hofe.

Über ihr früheres Leben konnte Graf Gaston nur wenig erfahren. Schon als Kind elternlos und auf dem abgelegenen Schlosse ihres Vormunds ganz männlich erzogen, soll sie diesen in allen Reiter- und Jagdkünsten sehr bald übertroffen haben. Da verliebte sich, so hieß es, der unkluge Vormund sterblich in das wunderbare Mädchen, dem schon längst der benachbarte junge Graf Olivier mit aller schüchternen Schweigsamkeit der ersten Liebe heimlich zugetan war. Um den Vormund zu vermeiden, hatte er, wie von einem Spazierritt oder vom Jagen zurückkehrend, sich fast jeden Abend, wenn im Schlosse schon Alles schlief, unter ihren Fenstern eingefunden, wo sie in der Stille der Nacht, da sie seine zärtlichen Blicke nicht verstand, sorglos und fröhlich mit ihm zu plaudern pflegte. – Jetzt aber, da er eines Abends spät wiederkommt, trifft er zu seinem Erstaunen die Gräfin reisefertig draußen im Garten. Sie verlangt ein Pferd von ihm, sie könne mit dem Vormund nicht länger zusammen wohnen. Überrascht und einen Augenblick ungemessenen Hoffnungen Raum gebend, bietet er ihr sein eigenes Roß an und schwingt sich freudig auf das seines Dieners, der unter den hohen Bäumen am Garten hielt. So reiten sie lange schweigend durch den Wald. Da öffnet ihm die schöne Einsamkeit das Herz, er spricht zum ersten Mal glühend von seiner Liebe zu ihr, während sie eben an einem tiefen Felsenriß dahinziehn. Diana, bei seinen Worten erschrocken auffahrend, sieht ihn verwundert von der Seite an, drauf, nach kurzem Besinnen plötzlich ihr Pferd herumwerfend, setzt sie grauenhaft über die entsetzliche Kluft – sein störrisches

Pferd bäumt und sträubt sich, er kann nicht nach. Drüben aber hört er sie lachen und eh' sie im Walde verschwunden, blitzt noch einmal die ganze Gestalt seltsam im Mondlicht auf; es war ihm, als hätt' er eine Hexe erblickt. – So kam sie mitten in der Nacht ohne Begleitung auf dem Landhaus ihrer Tante bei Paris an. Olivier aber hatte wenige Tage darauf seine Güter verlassen und fiel im Auslande im Kriege; man sagt, er habe sich selbst in den Tod gestürzt.

Der Tor! dachte Gaston, wer schwindelig ist, jage nicht Gemsen! Es war ihm recht wie Alpenluft bei der Erzählung von der schönen Gräfin, und er freute sich auf das bevorstehende Hoffest, wo er ihr endlich einmal zu begegnen hoffte.

Der Ball bei Hofe war halb schon verrauscht, als Gaston, den Besuche, Freunde und alte Erinnerungen auf jedem Schritte aufgehalten, in seinen Domino gewickelt, die Treppen des königlichen Schlosses hinaufeilte. Betäubt, geblendet trat er mitten aus der Nacht in das erschreckende Gewirr der Masken, die sich gespenstisch schrillend kreuzten, durchblitzt vom grünen Gefunkel der Kronleuchter und in den Spiegelwänden tausendfach verdoppelt, wie wenn das heidnische Gewimmel von den gemalten Decken der Gemächer plötzlich lebendig geworden und herabgestiegen wäre.

Als er, sich mühsam durchdrängend, endlich den großen Saal erreicht, fiel eben die Musik majestätisch in eine Menuett ein, die tanzfertigen Paare, einander an den Fingerspitzen haltend, verneigten sich feierlich gegen den Eingang, als wollten sie den Eintretenden bewillkommnen, der sich nicht enthalten konnte, die Begrüßung mit einem tiefen Kompliment lustig zu erwidern. Da schwang der Kapellmeister auf dem goldverschnörkelten Chor seine Rolle wieder: ein neuer Akkord, und wie auf einen Zauberschlag mit den taftenen Gewändern auseinanderrauschend, auf den Zehen sich zierlich wendend und wieder verschlingend, wogt' es auf einmal melodisch den ganzen, kerzenhellen Saal entlang.

Gaston aber sah wie ein Falk durch die duftende Tanz-

wolke, denn so oft sie sich teilte, erblickte er im Hintergrunde mitten zwischen den fliegenden Schößen und
Reifröcken, gleich einer Landschaft durch Nebelrisse, eine
prächtige Zigeunerfürstin, hoch, schlank, mit leuchtendem
5 Schmuck, die Locken aufgeringelt über die glänzenden
Schultern.

Und wie er noch so hinstarrend stand, kam sie selber quer
durch den Saal und ein Kometenschweif galanter Masken
hinter ihr, die ihr eifrig den Hof zu machen schienen. Sie war
10 in seltsamer Geschäftigkeit. Aus ihrem Handkörbchen ein
Band aufrollend, schwang sie es plötzlich wie einen Regenbogen über die Verliebten, Jeder griff und haschte graziös
darnach. Drauf hier und dort durch den Haufen sich schlin-
gend und Alle wie mit Zaubersprüchen rasch umgehend, das
15 eine Ende des Bandes fest in der Hand, schlang sie's behend
dem Einen um den Hals, dem Andern um Arm und Füße,
immer schneller, dichter und enger. Die überraschten Liebhaber, Ritter, Chinesen und weise Ägyptier, als sie die unverhoffte Verwickelung gewahr wurden, wollten nun schnell
20 auseinander, aber je zierlicher sie sich wanden und reckten, je
unauflöslicher verwirrte sich der Knäul; auf dem glatten
Boden ausglitschend, verloren sie Larven, Helme und phry-
gische Mützen, daß die Haarbeutel zum Vorschein kamen
und der Puder umherstob, die Menuett selbst kam aus ihrer
25 Balance, man hörte im Saale ein kurzes, anständiges Lachen –
die Zigeunerin aber war unterdes in dem Getümmel verschlüpft.

Gaston aber, eh' sich die Andern besannen, flog ihr schon
nach, aus dem Saal, durch mehre anstoßende Zimmer. Dort
30 in den Spiegeln ihn hinter sich gewahrend, wandte sie sich
einmal nach ihm herum, daß er vor den Augen erschrak, die
aus der Larve funkelten. Dann sah er sie durch den
Gartensaal schweifen, jetzt trat sie aus der Tür auf die Terrasse und schien plötzlich draußen in der Nacht zu ver-
35 schwinden, wie ein Elfe, der nur neckend zum flüchtigen
Besuch gekommen.

Gaston wollte dennoch seine Jagd nicht aufgeben, wurde

aber durch einen ungewöhnlichen Aufruhr der Gesellschaft
aufgehalten. Die Masken traten rasch auseinander, ehrfurchtsvoll eine Gasse bildend; der König mit seiner vertrautesten Umgebung nahte, nach allen Seiten sprechend und
lachend, unmaskiert in bürgerlicher Kleidung, ein schöner   5
Jüngling voll lebensfrohen Mutwillens, wie damals Ludwig
der Funfzehnte war. Hütet Euch, Gaston – sagte er, diesen
sogleich an Größe und Haltung erkennend – dies ist eine
gefährliche Räubernacht, es wird mit Augen um Herzen
gefochten.   10

Alle Blicke waren auf den Grafen gerichtet, der nun, die
Larve abnehmend, dem König folgen mußte. Sie traten, um
sich zu erfrischen, vor den Gartensaal hinaus. Es war eine
schwüle Sommernacht, der Himmel halbverdunkelt von finstern Wolken, aus denen sich die weißen Statuen fast ge-   15
spenstisch abhoben, tiefer im Garten hörte man eine Nachtigall schlagen, zuweilen blitzte es von fern über den hohen
schwarzen Bäumen.

Der König, indem er sich tanzmüde und gähnend unter
den Orangenbäumen auf der Terrasse niederließ, wollte zur   20
Unterhaltung von Gaston irgend ein Abenteuer seiner Fahrten hören. Diesem, der noch immer zerstreut und unruhig in
den Garten schaute, wo die Zigeunerin verschwunden, war
bei dem plötzlichen Anblick der stillen Nacht soeben ein
seltsamer Vorfall wieder ganz lebendig geworden und ohne   25
sich lange zu besinnen, erzählte er, wie er auf seiner jetzigen
Reise hierher eine alte verfallene Burg, in der es der Sage
nach spuken sollte, aus Neugier besucht und, da es grade
schwüle Mittagszeit, unter den Trümmern im hohen Grase
rastend eingeschlummert.   30

Gute Nacht, gute Nacht! unterbrach ihn der König, das ist
ein schläfriges Abenteuer.

Es wird gleich wieder munter, Sire, entgegnete Gaston,
denn auf einmal, mitten in dieser Einsamkeit, fiel ein Schuß
ganz in der Nähe, traumtrunken seh ich ein Reh getroffen vor   35
mir in den Abgrund stürzen, und wie ich erschrocken auf-
springe, steht über mir zwischen den wilden Nelken im

zerbrochenen Fensterbogen der Burg eine unbekannte, wunderschöne Frauengestalt auf ihr Gewehr gestützt, die wandte sich nach mir – den Blick vergesse ich nimmer, gleichwie das Wetterleuchten überm Garten dort!

Der König lachte: das sei eine Waldfrau gewesen mit dem Zauberblick, von dem die Jäger sprechen, die hab' es ihm angetan.

Und Sie setzten ihr nicht nach? riefen die Andern.

Wohl tat ich das, erwiderte Gaston, aber ich konnte so bald über das Gemäuer und Geröll nicht den Eingang finden, und als ich endlich in die Hallen eintrat, war alles still und kühl, nur ein wilder Apfelbaum blühte im leeren Hofe, die Bienen summten drin, kein Vogel sang den weiten Wald entlang – Herr Gott, das ist sie!

Wie, unsere Amazone? rief der König überrascht herumgewendet.

Die Zigeunerin, ihre Larve am Gürtel und vom Streiflicht der Fenster getroffen, trat aus einer der Alleen zu ihnen auf die Terrasse. Gaston war ganz verwirrt, da sie ihm gleich darauf als die Gräfin Diana vorgestellt wurde.

Sie aber, als sie seinen Namen nennen hörte, der so tapfern Klang hatte, sah ihn mit großer, fast scheuer Aufmerksamkeit an. Wenn ich nicht irre, sagte sie, so traf ich schon letzthin auf der alten Burg –

Ein edles Wild mit Zauberblicken, fiel rasch der König ein. –

Also auch schon lahm! erwiderte sie halb für sich und wandte plötzlich dem Grafen verächtlich den Rücken. – Die Umstehenden blickten ihn schadenfroh an, Gaston aber lachte wild und kurz auf und verschwor sich innerlich, die Stolze zu demütigen, und sollt' er auf den Zinnen von Notre Dame mit ihr den Tanz wagen!

Über des Königs Stirne aber flog eine leichte Röte, denn er hegte seit Gaston's Anwesenheit in Paris insgeheim den Wunsch, ihn mit Diana zu verbinden. Etwas verstimmt, um nur die plötzlich eingetretene peinliche Stille zu unterbrechen, fragte er Diana: ob sie denn so allein im Garten nicht

fürchte, daß sie entführt werde? – Sie lachte: der König habe
Alles zahm gemacht, sie hätte nur Grillen gefunden in den
Hecken, die zirpten lieblich, dort wie hier. – Gaston meinte:
die Gräfin habe ganz Recht, solche Grillenhaftigkeit sei nicht
gefährlich, und mache auch manche noch so weite Sprünge,
jeder wackere Bursch überholte sie leicht. – Diana schüttelte
die Locken aus der Stirn; es verdroß sie doch grade von ihm,
daß er ihr so trotzte. Und da einer der Kammerherren, um
wieder einzulenken, soeben zirpte: selbst die Heimchen
brächten ihr Ständchen, wenn sie träumend durch den nächtlichen Garten ging, erwiderte sie rasch in heimlicher Aufregung: wahrhaftig, mir träumte, der Tag mache der Nacht den
Hof, er duftete nach Jasmin und Lavendel, blond, artig, lau,
etwas lispelnd, mit kirschblütenen Manschetten und Hirten-
flöte, ein guter, langweiliger Tag. – Man lachte, keiner bezog
es auf sich; ein Vicomte, als Troubadour die Zither im Arme,
sagte zierlich: aber die keusche Nacht wandelte unbekümmert fort, ihren Elfenreihen ätherisch dahinschwebend. –
Nein, entgegnete Diana, indem sie ihm in ihrer wunderlichen Laune die Zither nahm und, sich auf das Marmorgelän-
der der Terrasse setzend, zur Antwort sang:

> Sie steckt' mit der Abendröte
> In Flammen rings das Land
> Und hat samt Manschetten und Flöte
> Den verliebten Tag verbrannt.

> Und als nun verglommen die Gründe:
> Sie stieg auf die stillen Höh'n,
> Wie war da rings um die Schlünde
> Die Welt so groß und schön!

> Waldkönig zog durch die Wälder
> Und stieß in's Horn vor Lust,
> Da klang über die stillen Felder,
> Wovon der Tag nichts gewußt. –

Und wer mich wollt' erwerben,
Ein Jäger müßt's sein zu Roß,
Und müßt' auf Leben und Sterben
Entführen mich auf sein Schloß!

5 Hier gab sie lachend die Zither zurück. Gaston aber bei der
plötzlichen Stille erwachte wie aus tiefen Gedanken. Und
wenn es wirklich einer wagte? sagte er rasch in einem seltsamen Tone, daß es Allen auffiel. – Wohlan, es gilt, fiel da der
junge König ein, ich trete der Herausfoderung der Gräfin als
10 Zeuge und Kampfrichter bei, ihr Alle habt's gehört, welchen
Preis sie dem Entführer ausgesetzt.

Diana stand einen Augenblick überrascht. Und verspielt
der Vermessene? fragte sie dann ernst. – So wird er tüchtig
ausgelacht, erwiderte der König, wie ein Nachtwandler, der
15 bei Mondschein verwegen unternimmt, wovor ihm bei Tage
graut.

Mit diesen Worten erhob er sich und im Vorbeigehen dem
Grafen noch leise zuflüsternd: wenn ich nicht der König
wär', jetzt möcht' ich Gaston sein! wandte er sich, wie über
20 einen herrlich gelungenen Anschlag lebhaft die Hände reibend, durch den Gartensaal in die innern Gemächer. – Diana
aber schien Anderes bei sich zu beschließen, sie folgte zürnend.

Jetzt umringten die Hofleute von allen Seiten den Grafen,
25 ihm zu dem glänzenden Abenteuer, wie einem verzauberten
Prinzen und Feenbräutigam, hämisch Glück wünschend. Die
übrige Gesellschaft unterdes, da der König sich zurückgezogen, strömte schon eilig nach den Türen, die Masken
hatten ihre Larven abgenommen und zeigten überwachte,
30 nüchterne Gesichter, durch die Säle zwischen den wenigen
noch wankenden Gestalten strich die Langeweile unsichtbar
wie ein böser Luftzug.

Gaston blieb nachdenklich am offenen Fenster, bis Alles
zerstoben. Er sah sich hier unerwartet durch leichtsinnige
35 Reden, die anfänglich nur ein artiges Spiel schienen, plötzlich
seltsam und unauflöslich verwickelt. Es war ihm wie eine

prächtige Nacht, vor der eine marmorkalte Sphinx lag, er mußte ihr Rätsel lösen oder sie tötete ihn.

Währenddes war Diana schon in ihrem Schlafgemache angelangt. Als sie in dem phantastischen Ballschmuck eintrat, erstaunte die Kammerjungfer von neuem und rief fast erschrocken aus: wie sie so wunderschön! Die Gräfin verwies es ihr unwillig, das sei ein langweiliges Unglück. Und da das Mädchen drauf ihr Befremden äußerte, daß sie durch solche Härte so viele herrliche Kavaliere in Gefahr und Verzweiflung stürze, erwiderte Diana streng: wer nimmt sich meiner an, wenn diese Kavaliere bei Tag und Nacht mit Listen und Künsten bemüht sind, mich um meine Freiheit zu betrügen? –

Draußen aber rollten indes die Wagen noch immer fort, jetzt flog das rote Licht einer Fackel über die Scheiben, in dem wirren Widerschein der Windlichter unten erblickte sie noch einmal flüchtig den Gaston, wie er eben sein Pferd bestieg, die Funken stoben hinter den Hufen, sie sah ihm gedankenvoll nach, bis er in der dunkeln Straße verschwunden. Dann, vor den Wandspiegel tretend, löste sie die goldne Schlange aus dem Haar, die schwarzen Locken rollten tief über die Schultern hinab, ihr schauerte vor der eigenen Schönheit.

Kurze Zeit nach diesem Feste war der Hof fern von Paris zum Jagen versammelt. Da ging das Rufen der Jäger, Hundegebell und Waldhornsklang, wie ein melodischer Sturmwind, durch die stillen Täler, breite, ausgehauene Alleen zogen sich geradlinig nach allen Richtungen hin, jede an ihrem Ende ein Schloß oder einen Kirchturm in weiter Ferne zeigend. Jetzt brachte die Luft den verworrenen Schall immer deutlicher herüber, immer näher und häufiger sah man geschmückte Reiter in Grün aufblitzen, plötzlich brach ein Hirsch, das Geweih zurückgelegt, aus dem Dickicht in weiten Sätzen quer über eine der Alleen und ein Reiter leuchtend hinterdrein mit hohen, steifen Jagdstiefeln, einen kleinen dreieckigen Tressenhut über den gepuderten Locken, in

reichgesticktem grünen Rock, dessen goldbordierte Schöße
weit im Winde flogen – es war der junge König. – Das ist
heute gut Jagdwetter, man muß es rasch benutzen! rief er
flüchtig zurückgewandt zu Gaston herüber, der im Gefolge
ritt. Gaston erschrak, er wußte wohl, was der König meinte.

Diana aber fehlte im Zuge, sie war zuletzt auf einer der
entfernteren Waldhöhen gesehen worden. Des Treibens
müde und ohne Jemanden von ihrem Vorhaben zu sagen,
hatte sie sich mitten aus dem Getümmel nach einem nahgelegenen, ihr gehörigen Jagdschloß gewendet; denn sie
kam sich selber als das Wild vor auf dieser Jagd, auf das sie
Alle zielten. Es war das Schloß, wo sie als Kind gelebt, sie
hatte es lange nicht mehr besucht. Die Nacht war schon
angebrochen, als sie anlangte, Niemand erwartete sie dort,
alle Fenster waren dunkel im ganzen Hause, als ständ' es
träumend mit geschlossenen Augen. Und da endlich der
erstaunte Schloßwart, mit einem Windlicht herbeigeeilt, die
alte schwere Türe öffnete, gab es einen weiten Schall durch
den öden Bau, draußen schlug soeben die Uhr vom Turme,
als wollte sie mit dem wohlbekannten Klange grüßen.

Diana, fast betroffen oben im Saale umherblickend, öffnete rasch ein Fenster, da rauschten von allen Seiten die
Wälder über den stillen Garten herauf, daß ihr das Herz
wuchs. Mein Gott, dachte sie, wo bin ich denn so lange
gewesen! o wunderschöne Einsamkeit, wie bist du kühl und
weit und ernst, und versenkst die Welt, und baust dir in den
Wolken drüber Schlösser kühn wie auf hohen Alpen. Ich
wollt', ich wäre im Gebirg, ich stieg' am liebsten auf die
höchsten Gipfel, wo ihnen Allen schwindelte nachzukommen – ich tu's auch noch, wer weiß wie bald!

Unterdes war das Nötigste zu ihrer Aufnahme eingerichtet, jetzt wurde nach und nach auch im Schlosse Alles wieder
still, sie aber konnte lange nicht einschlafen, denn die Nacht
war so schwül, und in den Fliederbüschen unter den Fenstern
schlugen die Nachtigallen und das Wetter leuchtete immerfort von fern über dem dunkeln Garten.

Als Diana am folgenden Morgen erwachte, hörte sie draußen eine kindische Stimme lieblich singen. Sie trat rasch ans Fenster. Es war noch alles einsam unten, nur des Schloßwarts kleines Töchterchen ging schon geputzt den stillen Garten entlang, singend, mit langem, blondem Haar, wie ein Engel, den der Morgen auf seinem nächtlichen Spielplatz überrascht. Bei diesem Anblick flog eine plötzliche Erinnerung durch ihre Seele, wie einzelne Klänge eines verlorenen Liedes, es hielt ihr fast den Atem an, sie bedeckte die Augen mit beiden Händen und sann und sann – auf einmal rief sie freudig: Leontine!

Da sprang sie schnell auf, es fiel ihr ein, daß die Marquise Astrenant mit ihrer Tochter ja nur wenige Meilen von hier wohnte. Sie setzte sich gleich hin und schrieb an Leontinen. Sie erinnerte sie an die schöne Morgenstille ihrer gemeinschaftlichen Jugendzeit, wo sie immer die kleine Elfe genannt wurde wegen ihrer langen blonden Locken, wie sie da in diesem Garten hier als Kinder wild und fröhlich mit einander gespielt und seitdem Eines das Andere nicht wiedergesehen. Sie werde sie auch nicht mehr schlagen oder im Sturm auf dem Flusse unterm Schlosse mit ihr herumfahren wie damals. Sie solle nur eilig herüberkommen, so wollten sie wieder einmal ein Paar Tage lang zusammen sich in's Grüne tauchen und nach der großgewordenen Welt draußen nichts fragen. – Diese Aussicht hatte sie lebhaft bewegt. Sie klingelte und schickte noch in derselben Stunde einen Boten mit dem Brief nach dem Schlosse der Marquise ab.

Darauf ging sie in den Garten hinab. Sie hätte ihn beinahe nicht wieder erkannt, so verwildert war Alles, die Hecken unbeschnitten, die Gänge voll Gras, weiterhin nur glühten noch einige Päonien verloren im tiefen Schatten. Da fiel ihr ein Lied dabei ein:

> Kaiserkron und Päonien rot,
> Die müssen verzaubert sein,
> Denn Vater und Mutter sind lange tot,
> Was blüh'n sie hier so allein?

Jetzt sah sie sich nach allen Seiten um, sie kam sich selbst wie
verzaubert vor zwischen diesen stillen Zirkeln von Buchsbaum und Spalieren. Die Luft war noch immer schwül, in der
Ferne standen Gewitter, dazwischen stach die Sonne heiß,
von Zeit zu Zeit glitzerte der Fluß, der unten am Garten
vorüberging, heimlich durch die Gebüsche herauf. Es war
ihr, als müßte ihr heut' was Seltsames begegnen, und die
stumme Gegend mit ihren fremden Blicken wollte sie warnen. Sie sang das Lied weiter:

> Der Springbrunnen plaudert noch immerfort
> Von der alten schönen Zeit,
> Eine Frau sitzt eingeschlafen dort,
> Ihre Locken bedecken ihr Kleid.

> Sie hat eine Laute in der Hand,
> Als ob sie im Schlafe spricht,
> Mir ist, als hätt' ich sie sonst gekannt –
> Still, geh' vorbei und weck sie nicht!

> Und wenn es dunkelt das Tal entlang,
> Streift sie die Saiten sacht,
> Da gibt's einen wunderbaren Klang
> Durch den Garten die ganze Nacht.

Ich weckte sie doch, sagte sie, wenn ich sie so im Garten
fände, und spräch' mit ihr.

Unterdes aber waren die Wolken von allen Seiten rasch
emporgestiegen, es donnerte immer heftiger, die Bäume im
Garten neigten sich schon vor dem voranfliegenden Gewitterwinde. Die schwülen Traumblüten schnell abschüttelnd,
blickte sie freudig in das Wetter. Da gewahrte sie erst dicht
am Abhang den alten Lindenbaum wieder, auf dem sie als
Kind so oft gesessen und vom Wipfel die fernen, weißen
Schlösser weit in die Runde gezählt. Er war wieder in voller
Blüte, auch die Bank stand noch darunter, deren künstlich
verflochtene Lehne fast bis an die ersten Äste reichte. Sie

stieg rasch hinauf in die grüne Dämmerung, der Wind bog die Zweige auseinander. Da rollte sich plötzlich rings unter ihr das verdunkelte Land auf, der Strom, wie gejagt von den Blitzen, schoß pfeilschnell daher, manchmal klangen von fern die Glocken aus den Dörfern, alle Vögel schwiegen, nur die weißen Möwen über ihr stürzten sich jauchzend in die unermeßliche Freiheit – sie ließ vor Lust ihr Tuch im Sturme mit hinausflattern.

Auf einmal aber zog sie es erschrocken ein. Sie hatte einen fremden Jäger im Garten erblickt. Er schlich am Rande der Hecken hin; bald sachte vorgebogen, bald wieder verdeckt von den Sträuchern, keck und doch vorsichtig, schien er Alles rings umher genau zu beobachten. Sie hielt den Atem an und sah immerfort unverwandt hin, wie er, durch die Stille kühn gemacht, nun hinter dem Gebüsch immer näher und näher kam; jetzt, schon dicht unter dem Baume, trat er plötzlich hervor – sie konnte sein Gesicht deutlich erkennen. In demselben Augenblick aber hörte er eine Türe gehn im Schlosse und war schnell im Grünen verschwunden.

Diana aber, da Alles wieder still geworden, glitt leise vom Baume; darauf, ohne sich umzusehen, stürzte sie durch den einsamen Garten die leeren Gänge entlang nach dem Schlosse, die eichene Türe hinter sich zuwerfend, als käme das Gewitter hinter ihr, das nun in aller furchtbaren Herrlichkeit über den Garten ging.

Sie achtete aber wenig darauf. In großer Aufregung im Saale auf- und niedergehend, schien sie einem Anschlage nachzusinnen. Manchmal trat sie wieder an's Fenster und blickte in den Garten hinab. Da sich aber unten nichts rührte als die Bäume im Sturm, nahm sie ein Paar Pistolen von der Wand, die sie sorgfältig lud; dann setzte sie sich an den goldverzierten Marmortisch und schrieb eilig mehre Briefe. Und als das Wetter draußen kaum noch gebrochen, wurden im Hofe gesattelte Pferde aus dem Stalle geführt, und bald sah man reitende Boten nach allen Richtungen davonfliegen.

Gleich darauf aber rief sie ihr ganzes Hausgesinde zusammen. Sie mußten schnell herbeischaffen, was die Vorräte

vermochten, Wild, Früchte, Wein und Geflügel. Einer der
Jäger, dessen Vater einst Küchenmeister gewesen, verstand
sich noch am besten unter ihnen auf den guten Geschmack
und mußte, zu allgemeinem Gelächter, eine weiße Schürze
vorbinden und den Kochlöffel statt des Hirschfängers führen. Bald loderte ein helles Feuer im Kellergeschoß, die
halbverrosteten Bratspieße drehten sich knarrend in der alten verödeten Küche, überall war ein lustiges Plaudern und
Getümmel. Alle guten Stühle und Kanapees aber ließ die
Gräfin oben in den großen Saal zusammentragen, Spieltische
wurden zurechtgerückt und in der Mitte des Saales eine lange
Tafel gedeckt. Die feierlichen Anstalten hatten fast etwas
Grauenhaftes in dieser Einsamkeit, als sollten die Ahnenbilder, die mit ihren Kommandostäben ernst von den Wänden
schauten, sich zu Tische setzen, denn Niemand wußte sonst,
wer die Gäste sein sollten.

So war in seltsamer Unruhe der Abend gekommen und
das Gewitter lange vorbei, als Diana allein mit ihrer Kammerjungfer unten in das Gartenzimmer trat, die sich beim
Hereintreten rasch und verstohlen nach allen Seiten umsah.
Sie hatte, ohne zu wissen zu welchem Zweck, das schöne
Kleid anziehen müssen, das die Gräfin heute getragen, das
hinderte sie, es war ihr überall zu knapp und zu lang. Sie ging
vor den Spiegel, als wollte sie sich's zurechtrücken, ihre
Blicke aber schweiften seitwärts durch's Fenster, und als
Diana sich einmal wandte, benutzte sie's schnell und schien
zornig Jemanden in dem Garten hinauszuwinken. Die Gräfin, sie an ihre Verabredung erinnernd, hieß sie vom Fenster
wegtreten, ordnete rasch noch die Locken des Mädchens und
setzte ihr ihren eigenen Jagdhut auf. Dann, die Verkleidete
von allen Seiten zufrieden musternd, schärfte sie ihr nochmals ein, sich in diesem Zimmer still zu verhalten und nicht
in den Garten zu gehen, bis sie draußen dreimal leise in die
Hände klatschen höre, denn es dunkele schon und die Nacht
habe wilde Augen. — Wo? rief das ganz zerstreute Mädchen
heftig erschrocken. — Aber Diana, eilig wie sie war, bemerkte
es nicht mehr; heftig einen Jägermantel umwerfend, der über

dem Stuhle lag, und einen Männerhut tief in die Augen drückend, flog sie in den dämmernden Garten hinaus.

Kaum aber war sie verschwunden, so sprang die Kammerjungfer geschwind an's Fenster. Aber, Robert, bist du denn ganz toll! rief sie einem fremden Jäger entgegen, der schon längst draußen im Gebüsch steckte und nun rasch hinzutrat. – I Gott bewahre, hast du mich doch erschreckt! entgegnete dieser, sie erstaunt vom Kopf bis zu den Füßen betrachtend, das ist ja ganz wie deine Gräfin! – Das Mädchen aber nannte ihn einen Unverschämten, daß er sie hier auf dem Lande besuche; wenn die Gräfin ihn sähe, sei es um ihren Dienst geschehen, er solle auf der Stelle wieder fort. – Nicht eher, erwiderte der eifersüchtige Liebhaber, bis ich weiß, wer der Mann war, der soeben von dir ging. – Da lachte sie ihn tüchtig aus: er sei ein rechter Jäger, der auf dem Anstand das Wild verwechsele, es sei ja die Gräfin selber gewesen. – So? – sagte Robert sehr überrascht und einen Augenblick in Nachsinnen versunken. Dann plötzlich mit leuchtenden Blicken fragte er hastig: warum denn die Gräfin sich verkleidet, wohin sie ginge, ob sie diesen Abend in dem Mantel bleibe? Aber das ungeduldige Mädchen, in wachsender Furcht, drängte ihn statt aller Antwort schon von der Schwelle über die Stufen hinab. Er gab ihr noch schnell einen Kuß, dann sah sie ihn freudig über Beete und Sträucher fortspringen.

Als sie wieder allein war, fiel ihr erst die seltsame Hast und Neugierde des Jägers auf's Herz, es überflog sie eine große Angst, daß sie in der Verwirrung die Verkleidung der Gräfin ausgeplaudert. Auch schreckte sie nun in dieser Stille die aufsteigende Nacht im Garten, es war ihr, als blickten wirklich überall wilde Augen aus dem Dunkel auf sie, manchmal glaubte sie gar Stimmen in der Ferne zu hören. Sie konnte durchaus nicht erraten, was es geben sollte, und verwünschte tausendmal ihre Liebschaften und die unbegreiflichen Einfälle der Gräfin und das ganze dumme Landleben mit seiner spukhaften Einsamkeit.

Ein tiefes Schweigen bedeckte nun schon alle Gründe, nur
fern im Garten war noch ein heimlich Knistern und Wispern
überall zwischen den Büschen, als zög' eine Zwerghochzeit
unsichtbar über die stillen Beete hin, von Zeit zu Zeit funkelte es aus den Hecken herüber wie Waffen oder Schmuck.
Dann hörte man von der andern Seite eine Zither anschlagen
und eine schöne Männerstimme sang:

> Hörst du die Gründe rufen
> In Träumen halb verwacht?
> O von des Schlosses Stufen
> Steig' nieder in die Nacht! –

Drauf Alles wieder still, nur eine Nachtigall schlug in dem
blühenden Lindenbaum am Abhange. Auf einmal raschelt
was, eine schlanke Gestalt schlüpft droben aus dem Gebüsch.
Es war Diana, in ihren Jägermantel dicht verhüllt, die über
den Rasen nach dem Schlosse ging. Tiefer im Garten sang es
von neuem:

> Die Nachtigallen schlagen,
> Der Garten rauschet sacht,
> Es will dir Wunder sagen
> Die wunderbare Nacht.

Jetzt stand Diana vor der Tür des Gartenzimmers und
klatschte dreimal leise in die Hand. In demselben Augenblick
aber sieht sie auch schon zwei dunkle Gestalten zwischen den
Bäumen vorsichtig hervortreten. – Bist du es, Robert? und
wo ist sie? flüstert der Eine dem Andern leise zu.

Sie zog sich tiefer in den Garten zurück. Da sah sie, wie die
Kammerjungfer auf das verabredete Zeichen oben aus dem
Hause getreten, die eine Gestalt schien sich ihr zu nähern. –
Diana triumphierte schon im Herzen, als jetzt plötzlich der
Andre grade auf ihren Versteck losschritt. Bei dieser uner-
warteten Wendung flog sie erschrocken über den Rasenplatz
den Gartenberg hinab, seitwärts sah sie den Fremden bei

ihrem Anblick rasch durch die Hecken brechen, als wollt' er
ihr den Vorsprung abgewinnen, sie verdoppelte ihre Eile,
schon glaubte sie unten Bekannte zwischen den Bäumen zu
erblicken, jetzt trat sie atemlos am Fuß des Berges aus dem
Garten, zu gleicher Zeit aber war auch der Fremde angelangt
und vor ihr stand Graf Gaston.

Hut und Mantel waren ihr im Gebüsch entfallen, Gaston,
rasch die Zither wegwerfend, blickte ihr lächelnd in die
Augen. – Ihr seid der kühnste Freier, den ich jemals sah,
sagte sie nach einem Weilchen finster. Gaston küßte feurig
ihre Hand, die er nicht wieder losließ. Vor ihnen aber, vom
Gesträuche halb verdeckt, stand ein leichter Wagen mit vier
Pferden, die Kutscher in den Sätteln, die Pferde schnaubend,
scharrend, alles wie ein Pfeil auf gespanntem Bogen, der eben
losschnellen will.

Indem aber, wie Gaston den Kutschern winkend und ihr
ehrerbietig den Arm reichend, sie in den Wagen heben will,
sieht er, daß sie, einige Schritte zurückgetreten, mit einem
Pistol nach ihm zielt. Er stutzt, sie aber lacht und feuert das
Pistol in die Luft. Da bei dem Knall, wie ein Schwarm
verstörter Dohlen, brechen plötzlich seitwärts aus allen
Hecken Gestalten mit Haarbeuteln, Staubmänteln und gezückten Stahldegen. Gaston erkennt sogleich mit Erstaunen
die alten Gesichter aus der Residenz, alles jubelfröhlich,
siegsgewiß.

Fahrt zu! ruft er da, ohne sich zu bedenken, den Kutschern
zu, die nun, ihre Peitschen schwingend, grade in den glänzenden Schwarm hineinjagen, der sogleich von allen Seiten
lachend den Wagen umringt, um die vermeintlich Entführte
daraus zu erlösen. Gaston und Diana aber standen währenddes dicht am Bergstrom, der unter dem Garten vorüberschoß, ein Kahn lag dort am Ufer angebunden. Der Graf, eh'
Diana sich besinnt, schwingt sie hoch auf dem Arm in den
Nachen, zerhaut mit seinem Hirschfänger das Tau und lenkt
rasch mitten in's Fahrwasser; so flogen sie, bevor noch die am
Wagen es gewahr wurden, in der entgegengesetzten Richtung pfeilschnell den Fluß hinab.

Er selbst war es gewesen, den Diana am Morgen vom Lindenbaum umherspähend erblickt. Da zweifelte sie keinen Augenblick länger, daß er sein verwegenes Vorhaben in der folgenden Nacht auszuführen gedenke. Ihr Anschlag war
5 schnell gefaßt. Voll Übermut lud sie durch vertraute Boten sogleich das ganze Hoflager zu Entführung und Abendbrot herüber, die einzeln und ohne Aufsehen eingetroffenen Hofleute wurden am Wege versteckt, Gaston in der Verwirrung und Dunkelheit sollte, statt ihr, das verkappte Kam-
10 mermädchen entführen und so vor den Augen des hervorbrechenden Hinterhalts doppelt beschämt werden. – Nun aber hatte die unzeitige Liebschaft des Mädchens und Diana's eigene Unbesonnenheit im entscheidenden Augenblick plötzlich Alles anders gewendet!

15   Schon waren Schloß und Garten hinter den Fortschiffenden dämmernd versunken, immer ferner und schwächer nur hörte man von dorther noch verworrenes Rufen, Schüsse und Hörnersignale der bestürzten Hofleute, die sich wie durch eine unbegreifliche Verzauberung auf einmal in allen
20 Plänen gekreuzt sahen und nun die auf Gaston geladenen Witze verzweifelt gegen einander selbst abschossen.

Der Fluß indes ging rasch durch wüsten Wald, Diana wußte recht gut, daß hier kein Haus und keine menschliche Hülfe in der Nähe war; so saß sie still am Rand des Kahnes
25 und schaute vor sich in die Flut, die von Zeit zu Zeit in Wirbeln dunkel aufrauschte. Gaston aber wohl fühlend, daß in dieser unerhörten Lage alle gewöhnliche Galanterie und Entschuldigung nur lächerlich und in den Wind gesprochen sei, blieb gleichfalls stumm und so glitten sie lange Zeit
30 schweigend zwischen stillen Wäldern und Felsenwänden durch die tiefe Einsamkeit der Nacht, während der Graf immerfort Diana's Spiegelbild im mondbeschienenen Wasser vor sich sah, als zöge eine Nixe mit ihnen neben dem Schiff.

35   Endlich, um nur die unerträgliche Stille zu brechen, sagte er, als wäre nichts geschehen: alles hier erinnere ihn wunderbar an eine Sage seiner Heimat. Da stehe im Schloßgarten ein

marmornes Frauenbild und spiegele sich in einem Weiher. Keiner wage es, in stiller Mittagszeit vorbeizugehen, denn wenn die Luft linde kräuselnd über's Wasser ging' und das Spiegelbild bewegte, da sei's, als ob es sachte seine Arme auftät.

Diana, ohne ein Wort zu erwidern, fuhr unwillig mit der Hand über das Wasser, daß alle Linien ihres Bildes drin durcheinanderlaufend im Mondesflimmer sich verwirrten.

Von diesem Bilde, fuhr Gaston fort, geht die Rede, daß es in gewissen Sommernächten, wenn alles schläft und der Vollmond, wie heut, über die Wälder scheint, von seinem Steine steigend, durch den stillen Garten wandle. Da soll sie mit den alten Bäumen und den Wasserkünsten in fremder Sprache reden, und wer sie da zufällig erblickt, der muß in Liebesqual verderben, so schön ist die Gestalt.

Was ist das für ein Turm dort über'm Walde? rief hier Diana, sich plötzlich aufrichtend, daß er zusammenschrak, als hätt' er selbst das Marmorbild erblickt, von dem er sprach – es waren ihre ersten Worte. Er sah sich verwundert nach allen Seiten um, weiterhin schien sich die Schlucht zu öffnen, durch eine Waldlichtung erblickte er wirklich schon flüchtig den Turm seines Jagdschlosses, tiefer unten den Fahrweg, der in weiten Umkreisen um das Gebirge ging; dort hatte er seine Leute vom Schloß zum Empfange hinbestellt. Gleich darauf aber verdeckten Felsen und Bäume alles wieder und der Fluß wandte sich von Neuem. Gaston, der das abgelegene Schloß selten besucht, kannte die Umgebung nur wenig, er stand einen Augenblick verwirrt und wußte nicht, an welchem Ufer er landen sollte.

Da bemerkte er rechts den Schimmer eines kleinen Feuers ungewiß durch die Büsche. Das sind sie, dachte er, und lenkte darauf hin. Der Kahn stieß hart an's Land, indem er aber, schon am Ufer, das Gestrippe auseinanderbog, um der Gräfin Platz zu schaffen, stieß diese, eh' er's hindern konnte, im Heraussteigen den Nachen weit hinter sich, der nun unwiederbringlich mit dem reißenden Strome forttrieb. Gaston sah sie überrascht an, sie blickte funkelnd nach allen Seiten in der schönen Nacht umher.

So standen sie an einem wildumzirkten Platz, Bäume, Fels und altes Bauwerk wirr durch einander gewachsen. Es war, wie er beim Mondlicht erkannte, eine verfallene, unbewohnte Wassermühle, hinten, wie ein Schwalbennest, an die hohe, unersteigliche Felsenwand gehängt, von zwei andern Seiten vom schäumenden Fluß umgeben. Von dort zwischen Unkraut und Gebälk kam der Lichtschein her, den er vom Strom gesehen, er trat eilig mit Diana in das wüste Gehöft, voll Zuversicht, die Seinigen zu treffen. Wie groß aber war sein Erstaunen, da er den Platz leer fand, nur einzelne blaue Flämmchen zuckten noch aus der halb verloschenen Brandstätte, als wäre sie eben von Hirten verlassen worden. –

Ist das Ihr Schloß? fragte Diana höhnend. Gaston aber, der eine zerbrochene Fensterlade im Winde klappen hörte, war schon in's Haus gegangen. Dort durch die Öffnung schauend, gewahrte er zu seinem Schrecken erst, daß er auf dem falschen Ufer gelandet, drüben hinter den dunkeln Wipfeln lag sein Jagdschloß im prächtigen Mondschein – nun wußt' er's auf einmal, warum Diana vorhin den Nachen zurückgestoßen!

In dieser Verlegenheit zog er schnell ein Pistol unter seinem Mantel hervor und feuerte es in die Nacht ab, ein Reh fuhr nebenan aus dem Dickicht, man konnte seinen Hufschlag noch weit durch den stillen Waldgrund hören. Zugleich aber gab zu seiner großen Freude ein Schuß drüben Antwort, bald wieder einer, und drauf ein Schreien und Rufen vom Felde, daß fern in den Dörfern die Hunde anschlugen. Schon glaubte er einige der Stimmen zu erkennen und wollte eben ein zweites Pistol abschießen, als er auf einmal ein seltsames Knistern und Blinken in allen Ritzen des alten Hauses bemerkte. Um Gotteswillen, da schlagen Flammen auf! schrie er entsetzt hinausstürzend, der einzige Ausgang zum Walde brannte schon lichterloh – Diana, da sie bei dem Herannahen der Signale und Stimmen keine Rettung mehr sah, hatte das Haus an allen vier Ecken angezündet. Jetzt erblickte er die Schreckliche selbst hoch auf dem hölzernen Balkon der Mühle, grade über dem Strom. Da sie ihn gewahrte, wandte sie sich schnell herum, es war wieder jenes Wetterleuchten des Blicks, das ihn schon einmal geblendet. – Komm' nun und hol' die Braut! rief sie ihm wild durch die Nacht zu, das Brautgemach ist schon geschmückt, die Hochzeitsfackeln brennen.

Unterdes aber züngelten einzelne Flammenspitzen schon hier und da durch die Fugen, der heiße Sommer hatte alles gedörrt, das Feuer, im Heidekraut fortlaufend, kletterte hurtig in dem trocknen Gebälk hinauf und der Wind faßte lustig die prächtigen Lohen, und von drüben kam das Rufen und Schießen rasch immer näher und lauter, und: »hol' deine Braut!« frohlockte Diana wieder dazwischen. – Da, ohne hinter sich zu blicken, stürzte Gaston durch den wirbelnden Rauch die brennende Treppe hinan. Zurück, rühr' mich nicht an! rief ihm Diana entgegen, wer hieß dich mit Feuer spielen, nun ist's zu spät, wir Beide müssen drin verderben!

Aber die Funken von den Kleidern stäubend, stand er schon droben dicht bei ihr; am Ufer brannte ein schlanker Tannenbaum vom Wipfel bis zum Fuß, die schöne Gestalt und die stille Gegend beleuchtend. Gaston blickte ratlos in der Verwüstung umher, es schien keine Hülfe möglich, die Balken stürzten rings schon krachend in die Glut zusammen, hinten die steile Felsenwand und unter ihnen der Strom, in dem der Brand sich gräßlich spiegelte.

Indem aber hat das Feuer die dürren Wurzeln der Tanne zerfressen und, wie das Gerüst eines abgebrannten Feuerwerks allmählich verdunkelnd und sich neigend, sinkt der Baum prasselnd quer über den wütenden Felsbach. Da faßt Gaston, der Alles ringsher scharf beachtet, plötzlich Diana's Hand, schwingt sie selbst, eh' sie sich des versieht, auf seinen Arm, und, seinen Mantel um sie schlagend, mit fast übermenschlicher Gewalt, trägt er die Sträubende mitten durch die Flamme über die grauenvolle Brücke, unter der der Fluß wie eine feurige Schlange dahinschoß.

Jetzt hat er, aus dem furchtbaren Bezirk tretend, glücklich das jenseitige Ufer erreicht und schleudert den brennenden

Mantel hinter sich in den Fluß. Diana, plötzlich Stirn und
Augen enthüllt, wandte sich von ihm ab in die Nacht. Sieh
mich nicht so an, sagte sie, du verwirrst mir der Seele
Grund. – Da hörte er auf einmal auch die Stimmen wieder im
Felde, mehre Gestalten schwankten fern durch den Mondschein; es waren seine Leute, die, der Verabredung gemäß,
am Fahrwege auf ihn gewartet und nun ganz erstaunt her-
beieilten, da sie den Herrn auf dem Wege vom Fluß erkannten. Zum Schloß! rief ihnen Gaston zu, und alle Kräfte noch
einmal zusammenraffend, trug er seine Beute rasch den
Gartenberg hinan; schon schimmerten rechts und links ihm
altbekannte Plätze entgegen, jetzt teilten sich die alten
Bäume und vor ihnen ernst und dunkel lag das stille Haus; da
ließ er erschöpft die Gräfin auf den steinernen Stufen vor der
Schloßtüre nieder. Von drüben aber beleuchtete der Brand
taghell Garten und Schloß und Diana's grausame Schönheit;
Gaston schüttelte sich heimlich vor Grausen.

Indem waren auch die Diener, entschuldigend, fragend
und erzählend, von allen Seiten herbeigekommen. Der Graf,
ohne ihrer Neugier Rede zu stehen, befahl ihnen, rasch die
Türen zu öffnen und die Kerzen anzuzünden, er schien in
seinem ganzen Wesen auffallend verändert, daß sie sich fast
vor ihm fürchteten. Darauf der Gräfin seinen Arm reichend,
indem er sie in das unterdes geöffnete Schloß führte, sagte er
mit glatter, seltsamer Kälte zu ihr: die Aufgabe sei gelöst und
die wunderliche Wette entschieden, sie möge nun ausruhen
und Schloß, Garten, Diener und Wildbahn hier ganz als die
ihrigen betrachten. Und so, ohne ihre Antwort abzuwarten,
ließ er sie im kerzenhellen Saale allein.

Draußen aber, in großer Aufregung, hieß er schnell alle
Gemächer reinigen und schmücken, und ordnete, zu allgemeiner Verwunderung der Diener, sogleich Alles zu einem
glänzenden Feste an. Die Jäger flüsterten mit verbissenem
Lachen heimlich untereinander, der eine winkte schlau mit
den Augen nach der schönen Fremden im Saale. Gaston, der
es bemerkte, faßte ihn zornig an der Brust und schwor Jedem
den Tod, der der Gräfin drin, als ihrer Herrin, nicht ehrfurchtsvoll und pünktlich wie ihm selber diente.

Drauf ließ er ein Pferd satteln und ritt noch dieselbe Stunde fort, Niemand wußte wohin.

———

Auf dem Schlosse der Marquise Astrenant ging seit jener Räuberjagd gar mancherlei Gerede. Den Anführer der Räuber, hieß es, habe von dem Augenblick, da Graf Gaston ihn vom Fels gestürzt, Niemand mehr wiedergesehen, nur eine blutige Fährte hätten sie beim Verfolgen bemerkt, die führte endlich zwischen ungangbaren Klippen in einen Abgrund, wo Keiner hinabgekonnt, da habe er ohne Zweifel in dem Felsstrom unten seinen wohlverdienten Tod gefunden. – Leotine wußt' es wohl besser, aber das Geheimnis wollt' ihr das Herz abdrücken.

In den Wäldern war es unterdes schon lange wieder still geworden, über den wilden Garten vor dem Schlosse schien soeben die untergehende Sonne, die Luft kam vom Tal, man hörte die Abendglocken weither durch die schöne Einsamkeit herüberklingen. Da stand Leontine, wie damals, zwischen den Hecken und fütterte wieder ihr Reh und streichelt' es und sah ihm in die klaren, unschuldigen Augen. Deine Augen sind ohne Falsch, sagte sie schmeichelnd zu ihm, du bist mir treu, wir wollen auch immer zusammenbleiben hier zwischen den Bergen, es fragt ja doch Niemand draußen nach uns. Und da die Vögel so schön im Walde sangen, fiel ihr dabei ein Lied wieder ein, an das sie lange nicht gedacht, und sie sang halbtraurig:

> Konnt' mich auch sonst mit schwingen
> Über's grüne Revier,
> Hatt' ein Herze zum Singen
> Und Flügel wie ihr.
>
> Flog über die Felder,
> Da blüht' es wie Schnee,
> Und herauf durch die Wälder
> Spiegelt' die See.

Ein Schiff sah ich gehen
Fort über das Meer,
Meinen Liebsten drin stehen –
Dacht' meiner nicht mehr.

Und die Segel verzogen
Und es dämmert das Feld,
Und ich hab' mich verflogen
In der weiten, weiten Welt. –

Leontine! rief da die Marquise an der Gartentür des Schlosses, sieh doch einmal, was wirbelt denn dort für Staub auf
vom Wege? Leontine trat an den Abhang des Gartens und,
die Hand vor dem Glanz über die Augen haltend, sagte sie:
ein Reiter kommt, die Sonne glitzert nur zu sehr, ich kann
nichts deutlich erkennen. – Gott, dachte sie heimlich, wenn
Er es wäre! – jetzt beugt er schon um den Weidenbusch, wie
das fliegt! – ach nein, ein fremder Jäger ist's, was der nur
noch bringen mag.

Die Mutter aber, voll Neugier und Verwunderung, war
dem Reiter schon entgegengegangen und kam gleich darauf
mit einem geöffneten Briefe zurück. Es war Diana's Einladung; sie beschwor das Fräulein in wenigen Zeilen herzlich
und ungestüm, doch ja sogleich zu ihr hinüberzukommen, da
sie nur eben ein Paar Tage für sich habe und sich selbst dort
nicht losmachen könne. – Die Marquise stand einen Augenblick nachsinnend. Daran hatt' ich am wenigsten gedacht,
sagte sie dann, Diana ist übermütig, herrisch und gewaltsam,
ihre Art ist mir immer zuwider gewesen, aber sie hat wie ein
prächtiges Feuerwerk mit ihren Talenten, die sie selbst nicht
kennt, den Hof und ganz Paris geblendet, du mußt ja doch
endlich auch in die Welt hinaus, es ist wie ein Fingerzeig
Gottes, sein Wille geschehe. – Leontinen aber flimmerten die
Zeilen lustig im Abendrot, es blitzte ihr plötzlich Alles
wieder auf daraus: die schöne Jugendzeit, die wilden Spiele
und kindischen Zänkereien mit Diana, alle ihre Gedanken
waren auf einmal in die schimmernde Ferne gewendet, die
sich so unerwartet aufgetan.

Es wurde nun nach kurzer Beratung beschlossen, daß sie, um keine Zeit zu verlieren und die angenehme Kühle zu benutzen, noch heute abreisen und die schöne Sommernacht hindurch fahren sollte; der alte Frenel sollte sie begleiten. Und nun ging es sogleich herzhaft an die nötigen Vorbereitungen, Trepp auf, Trepp ab, die Türen flogen, Frenel klopfte seine alte Staatslivree aus, aus dem Schoppen wurde der verstaubte Reisewagen geschoben, der Hund bellte im Hofe und der Truthahn gollerte in dem unverhofften Rumor.

Oben aber in der Stube saß Leontine mit untergeschlagenen Beinen fröhlich plaudernd auf dem glänzenden Getäfel des Fußbodens vor ihrem Koffer, Kleider und Schuhe und Shawls in reizender Verwirrung um sie her, und die Mutter half ihr einpacken, das Schönste, das sie hatt'. Dann brachte sie ihr das Reisekleid und strich ihr die Locken aus der Stirn und putzte sie auf vor dem Spiegel. Und von draußen sah der Abend durch's offene Fenster herein und füllte das ganze Zimmer mit Waldhauch, und unten sangen die Vögel wieder so lustig zum Valet und Leontine war so schön in ihrem neuen Reisehut; es war lange nicht solche Freude gewesen in dem stillen Hause.

Endlich fuhr unten der Wagen vor, es war Alles bereit, vor der Haustüre stand das ganze Hofgesinde versammelt, um ihr Fräulein fortfahren zu sehen. Beim Hinabsteigen sagte die Marquise: ich weiß nicht, jetzt ängstigt mich ein Traum von heute Nacht, ich sah dich prächtig geschmückt die große Allee hinuntergehen, da war's, als würde sie immer länger und länger und hinten eine ganz fremde Gegend, ich rief dir nach, aber du hörtest mich nicht mehr, als wärst du nicht mehr mein. – Leontine lachte: der Schmuck bedeute große Ehre und Freude, wer weiß, was für ein Glück sie in der Fremde erwarte. Damit küßte sie noch einmal herzlich die Mutter und sprang in den Wagen. Aber es war ihr doch wehmütig, als nun die Wagentür wie ein Sargdeckel hinter ihr zuschlug und die Mutter, die ihr immer noch mit dem Tuche nachwinkte, im Dunkel verschwand und Schloß und Garten allmählich hinter den schwarzen Bäumen versanken.

Jetzt rollten sie schon im Freien durch die einsame Gegend
hin, der Mondschein wiegte sich auf den leise wogenden
Kornfeldern, der Kutscher knallte lustig, daß es weit in den
Wald schallte, manchmal schlugen Hunde an fern in den
Dörfern und Frenel's Tressenhut blinkte immerfort vom
hohen Kutschbock. Leontine hatte das Wagenfenster geöffnet, sie war noch niemals zu dieser Stunde im Felde gewesen,
nun war sie ganz überrascht, so wunderbar ist die ernste
Schönheit der Nacht, die nur in Gedanken spricht und das
Entfernteste wie im Traum zusammenfügt. Sie hatte auch
Leontinen gar bald in sich versenkt. Im Fahren durch die
stille Einsamkeit dachte sie sich den Räuberhauptmann hoch
im Gebirge am Feuer zwischen Felsenwänden, wie sie neben
ihm auf dem Rasen schlief und er sie bewachte, tief unten
aber durch den Felsenriß die Täler unermeßlich im Mondschein heraufdämmernd, Städte, Felder, gewundene Ströme
und ihrer Mutter Schloß weit in der Ferne, und das Feuer,
mit dem die Luft spielte, spiegelte sich flackernd an den
feuchten Felsenwänden und die Nachtigallen schlugen tief
unten in den stillen Gärten, wo die Menschen wohnten, und
die Wälder rauschten darüber hin, bis allmählich Wald und
Strom und Flammen sich seltsam durcheinanderwirrten und
sie wirklich einschlummerte.

Sie mochte lange geschlafen haben, denn als sie erwachte,
hielt der Wagen still mitten in der Nacht, Frenel und der
Kutscher waren fort, seitwärts stand eine einzelne Hütte,
man sah das Herdfeuer durch die kleinen Fenster schimmern,
im Hause hörte sie den Frenel sprechen, er schien nach dem
Wege zu fragen. Sie lehnte sich in das Kutschenfenster, ein
finstrer Wald lag vor ihnen und drüben auf einer Höhe ein
Schloß im Mondschein. Wie sie aber so, nicht ohne heimliches Grauen, mit ihren Augen noch die Öde durchmißt, hört
sie auf einmal Pferdetritte fern durch die Stille der Nacht. Es
schallt immer näher und näher, jetzt sieht sie einen Reiter, in
seinen Mantel gehüllt, im scharfen Trabe auf demselben
Wege vom Walde rasch daherkommen. Sie fährt erschrocken
zurück und drückt sich in die Ecke des Wagens. Der Reiter
aber, da er den verlassenen Wagen bemerkt, hält plötzlich an.

Wer ist da, rief er, wo wollen Sie hin? – Nach St. Lüc, erwiderte Leontine, ohne sich umzusehen. – St. Lüc? das ist das Schloß der Gräfin Diana, sagte der Reiter; wenn Sie die Gräfin sehen wollen, die ist seit einigen Stunden schon auf des Grafen Gaston Schloß dort über'm Wald. – Unmöglich, versetzte das Fräulein, sich lebhaft aufrichtend bei der unerwarteten Nachricht.

Leontine! – rief da auf einmal der Fremde, ganz dicht an den Wagenschlag heranreitend, daß sie zusammenfuhr, ein Mondblick durch die Wipfel der Bäume funkelte über Reiter und Roß – es war der Räuberhauptmann.

Er zog, da er sie nun erkannte, schnell das weiße Tuch hervor, das sie ihm damals gegeben, und es ihr vorhaltend, fragte er: ob sie das kenne und seiner manchmal noch gedacht? – Leontine, auf das Heftigste erschrocken und an allen Gliedern zitternd, hatte doch die Besinnung, nicht um Hülfe zu schreien. Um Gottes willen rief sie, nur jetzt nicht, reiten Sie fort! – Er aber, sich vorbeugend in sichtlicher Spannung, als hing' die Welt an ihrer Antwort, fragte noch einmal dringender: ob sie ihn und jene wildschöne Nacht vergessen oder nicht? – Rasender, was tun Sie! erwiderte sie mit einiger Heftigkeit, meine Leute sind nur wenige Schritte von hier, verlassen Sie mich auf der Stelle! – Da ließ er langsam Arm und Tuch sinken und vor sich sehend, sagte er finster: was tut's, ich bin des Lebens müde. –

Jetzt hörte sie plötzlich die Türe gehen im Hause und Frenel's Stimme. Sie kommen, rief sie in Todesangst und fast in Weinen ausbrechend, o ich beschwöre dich, reit eilig fort, sie fangen dich, ich überlebt' es nicht!

Das war der alte Klang, du liebst mich noch! jubelte da plötzlich der Reiter auf, sein Pferd lustig herumwerfend. Nun traten auch Frenel und der Kutscher wieder aus dem Hause. Dort hinaus, immer den Wald entlang! rief er ihnen im Vorübersprengen zu und verschwand im Dunkel vor ihnen.

Wer war denn das? fragte Frenel, ihm erstaunt nachsehend. Aber Leontine, noch ganz verwirrt, atmete erst tief

auf, als die letzten Roßtritte verhallt und sie den Reiter in der
Freiheit der Nacht wieder geborgen wußte. Darauf befahl
sie, sogleich nach dem Schloß des Grafen Gaston zu fahren,
das sie dort über dem Walde sähen, die Gräfin Diana sei dort,
sie habe es soeben von jenem Reiter gehört, einem reisenden
Herrn, setzte sie zögernd hinzu, der von dorther gekommen. – Frenel, sehr verwundert, wollte noch mancherlei
fragen, aber sie trieb ihn in großer Hast. – Nun, nun, es wird
auch ganz finster, der Mond geht schon unter, wir mußten
ohnedies an dem Schlosse vorüber, sagte er, mühsam seinen
Sitz besteigend, der Kutscher schwang die Peitsche und sie
flogen dem Walde zu; es war derselbe Weg, den ihnen der
Reiter gewiesen.

So fuhren sie rasch an den Tannen hin, von der andern
Seite schwebten Wiesen, Felder und Hecken leise wechselnd
vorüber, das Schloß trat immer deutlicher über den Wipfeln
heraus, man hörte fern schon Nachtigallen in den Gärten
schlagen. Leontine, in Nachsinnen versunken, sah sich noch
manchmal scheu nach allen Seiten um, es war ihr alles wie ein
Traum.

Da blitzt es von weitem, sagte sie nach einem Weilchen zu
Frenel, um in der Angst nur etwas zu sprechen. Aber Frenel,
der von seiner hohen Warte freier in's Land schauen konnte,
schüttelte den Kopf: er sehe schon lange hin, das sei kein
Wetterleuchten, sondern Raketen oder Leuchtkugeln, die sie
vom Schlosse würfen, jetzt hab' er's ganz deutlich gesehen,
sie müßten droben heut ein Fest haben.

Während sie aber noch so sprachen, kam plötzlich ein
Lakai zu Pferde, in prächtiger Liverei und vom Golde flimmernd, ihnen durch die Nacht entgegen. Frenel ganz überrascht, zog ehrerbietig seinen Tressenhut. Jener aber ritt
dicht an den Wagen, das Fräulein begrüßend, indem er sich
als einen Diener aus dem Schlosse ankündigte, wohin er die
Herrschaft geleiten solle. Und mit diesen Worten, ohne eine
Antwort abzuwarten, drückte er die Sporen wieder ein und
setzte sich rasch an die Spitze, in der hohen dunkeln Kastanienallee dem Wagen vorreitend. – Frenel hatte sich von

seinem Bocke ganz zurückgebogen und sah durch die Scheiben erstaunt und fragend das Fräulein an. Leontine zuckte
nur mit den Achseln, sie wußte durchaus nicht mehr, was sie
davon denken sollte. Ihre Verwirrung wurde aber noch
größer, als sie bald darauf an mehren kleinen Häusern vor-
überkamen, wo ungeachtet der weitvorgerückten Nacht Alles noch in seltsamer Erwartung und Bewegung schien.
Überall brannte Licht, daß man weit in die reinlichen Zimmer hineinsehen konnte, Mädchen und Frauen lagen neugierig in den offenen Fenstern. Da kommt sie, das ist sie!
hörte Leontine im Vorüberfahren ausrufen. Mein Gott, sagte
sie zu Frenel, das muß hier irgend ein Mißverständnis sein.

In diesem Augenblick aber bogen sie rasch um eine Ecke,
der Wagen rollte über eine steinerne Brücke und gleich
darauf in das hohe, dunkle, lange Schloßtor hinein. Jetzt flog
rotes Licht spielend über die alten Mauern und Erker,
Leontine, als hätte sie plötzlich ein Gespenst erblickt, starrte
mit weit offnen Augen in die Blendung, denn der ganze Hof
wimmelte von Windlichtern und reichgeschmückten Dienern, und auf den Stufen des Schlosses mitten im wirren
Widerschein der Fackeln stand schon wieder der Räuberhauptmann!

Er schien selbst auch erst angelangt, sein Pferd, noch
rauchend, wurde eben abgeführt. Als der Wagen anhielt,
stieg er rasch hinab, Alles wich ihm ehrerbietig aus. Er hob
die ganz Verstummte aus dem Wagen und führte sie, wie
einen längst erwarteten Besuch, durch die Reihe von Dienern
mit höfischem Anstand die Treppe hinan, ohne mit Wort
oder Mienen anzudeuten, was zwischen ihnen vorgefallen.
So gingen sie durch mehre Gemächer, alle waren hell erleuchtet, eine seltsame Ahndung flog durch Leontinens Seele, sie wagt' es kaum zu denken. Jetzt traten sie in den Saal.
Mein Gott, sagte sie, Sie sind –

Graf Gaston, erwiderte ihr Begleiter, vergeben Sie die
Täuschung, sie war so schön!

Drauf blickte er rasch im Saal umher. Wo ist die Gräfin
Diana? fragte er die Diener. Man sagte ihm, die Gräfin habe

gleich, nachdem er das Schloß verlassen, Pferd und Wagen
verlangt, so sei sie mitten in der Nacht fortgefahren, der
Kutscher selbst habe noch nicht gewußt, wohin es ginge. –
Gaston's Stirne verdunkelte sich bei dieser Nachricht, er sah
nachsinnend vor sich nieder.

Leontine aber hatte unterdes schnell noch einmal Alles
überdacht: den ersten Besuch des Unbekannten, seine flüchtige Erscheinung, dann unten vor dem Schloß die verworrenen Gerüchte von dem Tode des Räubers – wie hatte
Schreck und Zufall Alles wunderbar verwechselt! Sie stand
verwirrt mit niedergeschlagenen Augen, tiefbeschämt, daß
er nun Alles, Alles wußte, wie sehr sie ihn geliebt.

Da wandte sich Gaston, nach kurzem Überlegen, lächelnd
wieder zu ihr. Das Spiel ist aus, sagte er, ein todwunder
Räuber steht vor Ihnen und gibt sich ganz in Ihre Hand.
Morgen geleit' ich Sie zurück zur Mutter, da sollen Sie
richtend entscheiden über ihn auf Leben oder Tod. –

Drauf, als wollte er schonend die Überraschte heut nicht
weiter drängen, klingelte er rasch; weibliche Dienerschaft
trat herein zu des Fräuleins Aufwartung. Und ihre Hand
küssend, eh er schied, flüsterte er ihr noch leise zu: ich kann
nicht schlafen, ich zieh' heut mit den Sternen auf die Wacht
und mach' die Runde um das Schloß die ganze schöne Nacht,
es ist ein heimlich Klingen draußen in der stillen Luft, als
zög' eine Hochzeit ferne an den Bergen hin. –

Leontine stand noch lange am offnen Fenster über dem
fremden Garten, Johanneswürmchen schweiften leuchtend
durch Blumen und Sträucher, manchmal schlug eine Nachtigall fern im Dunkel. Es ist nicht möglich, sagte sie tausendmal still in sich, es ist nicht möglich! –

Unten im Hofe aber erkundigte sich Gaston jetzt noch
genauer, wiewohl vergeblich, nach der Richtung, die Diana
genommen. Verblendet wie er war von ihrer zauberischen
Schönheit, hatte sich, als er in den Flammen dieser Nacht sie
plötzlich in allen ihren Schrecken erblickt, schaudernd sein
Herz gewendet, und, wie eine schöne Landschaft nach einem
Gewitter, war in seiner Seele Leontinens unschuldiges Bild

unwiderstehlich wieder aufgetaucht, das Diana so lange wetterleuchtend verdeckt. Dieser hatte er nun auf dem Schlosse hier Leontinen als seine Braut vorstellen wollen; das sollte seine Rache sein und ihre Buße. Nun aber war unerwartet Alles anders gekommen.

———

Wenige Wochen darauf ging an dem Schloß der Marquise ein fröhliches Klingen durch die stille Morgenluft, eine Hochzeit zog an den Waldbergen hin: glänzende Wagen und Reiter, Leontine als Braut auf zierlichem Zelter voran, heiter plaudernd an Gaston's Seite. Die Vögel sangen ihr nach aus der alten schönen Einsamkeit, das treue Reh folgte ihr frei, manchmal am Wege im Walde grasend. Sie zogen nach Gaston's prächtigem Schloß an der Loire.

Hier lebte er in glücklicher Abgeschiedenheit mit seiner schönen Frau. Nur manchmal überflog ihn eine leise Wehmut, wenn bei klarem Wetter die Luft den Klang der Abendglocken von dem Kloster herüberbrachte, das man aus dem stillen Schloßgarten fern über'm Walde sah. Dort hatte Diana in der Nacht nach ihrer Entführung sich hingeflüchtet und gleich darauf, der Welt entsagend, den Schleier genommen. Als Oberin des Klosters furchtbare Strenge gegen sich und die Schwestern übend, wurde sie in der ganzen Gegend fast wie eine Heilige verehrt. Den Gaston aber wollte sie nie wiedersehen.

DIE GLÜCKSRITTER

NOVELLE

I. SUPPIUS UND KLARINETT

Der Abend funkelte über die Felder, eine Reisekutsche fuhr rasch die glänzende Straße entlang, der Staub wirbelte, der Postillon blies; hinten auf dem Wagentritt aber stand vergnügt ein junger Bursch, der im Wandern heimlich aufgestiegen, bald auf den Zehen langgestreckt, bald sich duckend, damit Die im Wagen ihn nicht bemerkten. Und hinter ihm ging die Sonne unter und vor ihm der Mond auf, und manchmal, wenn der Wald sich teilte, sah er von ferne Fenster glitzern im Abendgold, dann einen Turm zwischen den Wipfeln und weiße Schornsteine und Dächer immer mehr und mehr: es mußte eine Stadt ganz in der Nähe sein. Da zog er geschwind die Ärmel seines Rocks tiefer über die Handgelenke, denn er hatte ihn ausgewachsen, auch war er schon etwas dünn und spannte über dem Rücken. Im Walde neben ihm aber war ein großes Gefunkel und Zwitschern und Hämmern von den Spechten, bald da, bald dort, als wollten sie ihn necken, und die Eichkätzchen guckten um die Stämme nach ihm, und die Schwalben kreuzten jauchzend über den Weg: kiwitt, kiwitt, was hat dein Rock für einen schönen Schnitt!

So ging es wie im Fluge fort; es wurde allmählich dunkel, jetzt klangen schon deutlich die Abendglocken über den Wald herüber. Sind wir bald dort? fragte eine wunderliebliche Stimme aus dem Wagen. – Gleich, gleich, antwortete rasch der Bursch, der sich in der Freude vergessen; da bemerkten sie ihn erst alle. Wart, ich will dir herunter helfen! rief der Postillon, und hieb mit der Peitsche zurück nach ihm; eine Hand haspelte eifrig von innen am Wagenfenster. Indem aber fuhren sie eben an einer Gartenmauer hin, über die der Ast eines Apfelbaumes weit herauslangte; der Bursch hatte ihn schon gefaßt und schwang sich behend auf die Mauer und von der Mauer auf den Baum. Darüber öffnete sich das

Glasfenster der Kutsche, ein junges Mädchengesichtchen guckte neugierig hervor. Gott, wie ist die schön! rief der Bursch, und schüttelte aus Leibeskräften den Baum vor Lust, daß der Wagen im Vorbeifliegen ganz von Blüten verschneit war. Über dem Schütteln aber flog ihm droben der Hut vom Kopf; er wollte ihn haschen, darüber verlor er sein Bündel, und eh' er sich's versah, fuhren Hut und Bündel und Bursch prasselnd zwischen den Zweigen in den fremden Garten hinab.

Jetzt tat's plötzlich unten einen lauten Schrei; er aber erschrak am allermeisten, denn als er aufblickte, bemerkte er in der Dunkelheit eine Dame und einen Herrn dicht vor sich, die dort zu lustwandeln schienen. Da ruft ihm aber zu seinem großen Erstaunen auch schon der Herr lachend entgegen: »Nun, endlich, endlich, willkommen!« und »Wir haben schon recht auf Sie gewartet,« sagt die Dame. Der Bursch, ohne sich in der Konfusion lange zu besinnen, macht ein Kompliment und erwidert: sein Kurier wäre an Allem Schuld, der hätte zur Unzeit mit der Peitsche geschnalzt, da habe sein Roß einen erstaunlichen Satz gemacht, daß er mit der Frisur am Aste hangen geblieben; so habe er in der Geschwindigkeit die Gartentür verfehlt – und den rechten Ton getroffen, meinte die Dame, Sie spielen zum Entzücken. – Bloß das Klarinett ein wenig, sagte der Bursch verwundert. – Aber wo bleibt denn dein Schatz? fragte der Herr wieder. – Schatz? – entgegnete der Bursch – oh, die kommt mir mit Extrapost nachgefahren, wie eine Ananas im Glaskasten. – Und wahrhaftig, als er unter den dunkeln Bäumen umherschaute, sah er seitwärts am Gartentor den Wagen, den er kaum verlassen, so eben im hellen Mondschein stillhalten. Aber die Andern bemerkten es nicht mehr, sie waren schon lachend vorausgeeilt. Er ist da, Herr Klarinett ist da! riefen sie und sprangen nach dem Hause im Garten, daß der taftene Reifrock der Dame im Winde rauschte.

Indem aber hüpfte auch das hübsche Frauenzimmer am Tor schon aus dem Wagen, und gleich hinter ihr ein junger Mensch, schlank, gesellenhaft, ein Bündel auf dem Rücken;

die streichen im Dunkeln an dem Burschen, der nicht weiß,
wie ihm geschieht, schnell vorüber, gerade nach dem Hause
hin, und wie sie ankommen, geht eben die Haustür auf, ein
Glanz von Lichtern schlägt blendend heraus, drin sumst und
wimmelt es ordentlich vor Gesellschaft. Da, Herr Klarinett 5
und sein Schatz, und superb und tausend Willkommen, hört
der Bursch von dem Hause, drauf noch ein großes Scharren
und Komplimentieren auf der Schwelle, dann klappt auf
einmal die Saaltür hinter dem ganzen Jubel zu, und der
Bursch stand wieder ganz allein draußen in der Nacht. 10

Das ärgerte ihn sehr; denn wußt' er gleich in der Finsternis
nicht recht, wo eigentlich Fortuna's Haarzopf hier flatterte,
so hatte er ihn doch fast schon erwischt und sah nun unschlüssig zwischen einem Holunderstrauch hervor. Da eilt
plötzlich ein gallonierter Bedienter dicht an ihm vorüber, 15
und in demselben Augenblick öffnet sich leise seitwärts ein
Fensterchen, und: »Pst, pst, bist du's?« reicht ein weißer Arm
fix eine Flasche Wein heraus. Der Bursch, nicht zu faul, langt
schnell nach der Flasche; der Bediente, der so eben der
prächtigen Felsentorte, die er nach dem Hause trug, heimlich 20
zugesprochen, hatte beide Backen voll und konnte weder
gleich reden noch zugreifen. Und eh' er sich noch besinnt, hat
der Bursch auch schon der Torte das Dach eingeschlagen und
schiebt sie zur Flasche in den Schubsack; das ging alles so still
und rasch hinter einander, daß man's nicht so geschwind 25
erzählen kann. Nun aber bekam der Bediente endlich Luft
und schrie: Diebe, Spitzbuben! Das Frauenzimmer am Fensterchen kreischte, ein Hund schlug im Garten an, mehre
Türen im Hause flogen heftig auf. Der Bursch indes war quer
durchs Gesträuch schon am andern Ende des Gartens. Kaum 30
aber hatte er beide Beine über den Zaun geschwungen, so
schreit's schon wieder draußen: Wer da! neben ihm. Er, ohne
Antwort zu geben, mit den dickgeschwollenen Rocktaschen
über ein frisch geackertes Feld immer fort, daß der Staub
flog; zwei Kerls mit langen Stangen hinter ihm: Hallo, und 35
fangt den Schnappsackspringer! und Gärten rechts und Gärten links, so stürzten endlich Alle mit einander durch ein altes
Tor unverhofft mitten in eine Stadt hinein.

Hier wäre er ihnen um ein Haar entwischt, denn er hatte einen guten Vorsprung und flog eben in ein abgelegenes Seitengäßchen; aber das war zum Unglück eine Sackgasse: dort trieben sie ihn hinein und warfen ihm ihre Stangen nach den Füßen, worüber in der ganzen Gegend ein großes Verwundern und Tür- und Fensterklappen entstand. Da trat aber plötzlich ein langer Mann in einem zottigen Mantel um die Ecke, wie ein Tanzbär in Stiefeln; der faßte, ohne ein Wort zu sagen, den einen Häscher am Genick, den andern an der Halsbinde, warf Den dahin, Den dorthin, riß dem Dritten seine Stange aus der Hand und versetzte damit dem Vierten, der etwas dick war und nicht so geschwind entspringen konnte, einen Schlag über den breiten Rücken, und in einem Augenblick war Alles aus einander gestoben und der Platz leer. Nun wetzte er die eroberte Stange, die unten mit Eisen beschlagen war, kreuzweise auf dem Pflaster, daß es Funken gab, und rief zu wiederholten Malen: Hoho! sind noch mehre da, die Prügel haben wollen? Da sich aber Niemand weiter meldete, so nahm er die Stange, die er einen Bleistift nannte, unter den einen Arm und den Burschen unter den andern, und führte ihn über die Straße fort. Unterweges, als dieser sich wieder etwas erholt und nach allen Seiten umgesehen hatte, fragte er endlich, was denn das für eine Stadt sei. – Das wird Halle geheißen, erwiderte Jener.

So kamen sie an ein kleines Haus und über eine enge Treppe, wo der Graumantel mit seinen ungeheuren Reiterstiefeln mehrmals stolperte, in eine große, wüste Stube, in der eine Öllampe verwirrte Scheine über die kahlen Wände und in die staubigen Winkel umherwarf. Der alte Student (denn das war der im Mantel) warf, wie er eintrat, seinen Bleistift mitten in die Stube und zog mühsam den Docht der halbverloschenen Lampe zurecht; da tauchte nach und nach allerlei Gerümpel ringsher aus der Dämmerung: ein ausgetrocknetes Dintenfaß, leere Bierflaschen, die als Leuchter gedient, Rapiere und ein alter Stiefel daneben, da hatt' er seine Wäsche drin. Er selbst aber nahm sich, so bei Licht besehen, ziemlich graulich aus: große, weit herausstehende

Augen, eine lederne Kappe auf dem zerzaus'ten Kopf, einen Strick um den Leib und lauter Bart, wie ein Eremit.

Als er mit der Lampe fertig war, reckte er sich zufrieden, daß ihm alle Glieder knackten. Ach, sagte er, solche Motion tut not, wenn man so den ganzen Tag über den Büchern hockt. – Der Bursch sah sich überall um, aber es war kein Buch zu sehen. – Darauf wandte der Student sich zu ihm: Aber, Fuchs, bist du denn des Teufels, sagte er, gleich zwischen Spießen und Stangen hier mit der Tür ins Haus zu brechen! – Zerbrochen? entgegnete der Bursch, erschrocken nach seinem Schubsack greifend: nein, da ist die ganze Bescherung.

Mit diesen Worten brachte er Flasche und Torte aus den Taschen hervor. Als der Student das sah, fragte er nicht weiter nach dem Herkommen, sondern verbiß sich, obgleich es fast über Mitternacht war, sogleich mit so erstaunlichem Appetit in die Felsentorte, daß ihm die Trümmer über den Bart herabkollerten. Wie heißt du denn? fragte er dazwischen. – Der Bursch, ohne sich lange zu bedenken, erwiderte: Klarinett. – Hm, ein guter Klang, meinte der Student. Dann griff er nach dem Wein, und da kein Glas da war, trank er ihm aus der Flasche zu: Daß dich der Donner erschlag', Klarinett, wenn du nicht ein ordentlicher Kerl wirst! Überhaupt, fuhr er, sich den Bart wischend, fort, wenn du studieren willst, da mußt du die Bücher in die Nase – wollt' sagen: in die Bücher stecken und dem Cajus, Cujacius und allen den schweinsledernen Kerls auf den Leib gehen, und wenn sie noch so dick wären!

Aber, fiel ihm hier der Bursch ins Wort, ich bin ja gar kein Student, sondern eigentlich ein wandernder Musikus.

Was! ein Musikant? rief der Student: was spielst du? – Das Klarinett. – Oho! sagte er, du pfeifst also deinen eigenen Namen wie der Kuckuck. Hier ging er, wie in reiflicher Überlegung, mit langen Schritten ein paar Mal im Zimmer auf und nieder, dann blieb er plötzlich vor dem Burschen stehen, und vertraute ihm, wie er eine große heimliche Lieb' gefaßt hätte seit langer Zeit zu einer vornehmen Dame hier

im Orte; er wüßte aber nicht, wie sie hieße, sondern ginge
nur zuweilen an ihrem Hause vorüber, wo sie mit ihrem
dicken Kopfzeug wie eine prächtige Hortensia am Fenster
säße; aber so oft er unter die Fenster käme, hörte er bloß ein
angenehmes Flüstern droben und sähe nichts als weiße Arme
flimmern und Augen funkeln durch die Blumen.

Der Bursch versetzte darauf, er sollte sich nur etwas besser
herausputzen bei solchen Gelegenheiten. – Der Student sah
an sich herunter, schüttelte den Kopf und schien ganz zufrieden mit seinem Aufzuge. Dann sagte er, er hätte schon
lange die Intention gehabt, vor ihren Fenstern eine Serenade
aufzuführen, aber seine Kommilitonen könnte er dazu nicht
brauchen, die würden ihn auszustechen suchen bei ihr; nun
aber wolle er ihr morgen Abends das Ständchen bringen, da
sollte der Bursch mit blasen helfen.

Dieser war damit zufrieden, und nun sollte auch sogleich
die Serenade eingeübt werden. Der Student nahm voller
Eifer ein Waldhorn von der Wand, staubte es erst sorgfältig
ab, setzte ein wackeliges Notenpult unter Zorn und Fluchen,
weil es nicht fest stehen wollte, mitten in die Stube zurecht,
legte die Notenbücher drauf, und beide stellten sich nun
einander gegenüber und fingen mit großer Anstrengung ein
sehr künstliches Stück zu blasen an. Darüber aber war bei der
nächtlichen Stille nach und nach die ganze Nachbarschaft in
Aufruhr geraten. Ein Hund fing im Hofe zu heulen an, drauf
tat sich erst bescheiden ein Fenster gegenüber auf, dann
wieder eins und endlich unaufhaltsam immer mehre vom
Keller bis zum Dach, und dicke und dünne Stimmen durch
einander: Alles schimpfte und zankte auf die unverhoffte
Nachtmusik. Zuletzt wurde es doch dem Studenten zu toll,
er warf voller Wut das Horn weg, ergriff ein altes, verrostetes
Pistol vom Tisch und drohte zum offenen Fenster hinaus, den
Zipfel von jeder Schlafmütze herabzuschießen, die sich ferner am Fenster blicken ließe. Da duckten auf einmal alle
Mausköpfe unter, und es wurde wieder still draußen; nur der
Hund bellte noch ein Weilchen den Mond an, der prächtig
über die alten Dächer schien.

Der Student aber, sich den Schweiß von der Stirn wischend, streckte sich nun ganz ermüdet der Länge nach auf das zerrissene Sofa hin; Klarinett sollte sich's auch commode machen, aber es war nur ein einziger Stuhl in der Stube, und als er ihn angriff, ging die Lehne aus einander. Da wies der Student auf einen leeren Koffer neben dem Kanapee, dann verlangte er gähnend, Klarinett sollte ihm seinen Lebenslauf erzählen, damit er ihm danach gute Ratschläge für sein weiteres Fortkommen erteilen könnte.

Der Bursch schoß einen seltsamen scharfen Blick herüber, als wollt' er erst prüfen, wie viel er hier vertrauen dürfte, dann rückte er sich auf seinem Koffer zurecht und begann nach kurzem Besinnen:

Ich weiß nicht, ob mein Vater ein Müller war, aber er wohnte in einer verfallenen Waldmühle; da rauschten die Wasser lustig genug, aber das Rad war zerbrochen und das Dach voller Lücken; in den klaren Winternächten sahen oft die Wölfe durch die Löcher ins Haus herein.

Was lachst du denn? unterbrach ihn hier der Student. – Wahrhaftig, erwiderte der Bursch, Ihr gemahnt mich heute ganz an meinen seligen Vater, wie ihn mir die Mutter einmal beschrieben hat. – Was geht mich dein seliger Vater an! meinte der Student. Aber der Bursch fuhr, von Neuem lachend, fort: Es war nämlich gerade den Abend nach einer Schlacht, man hatte den ganzen Tag in der Ferne schießen hören, da ging mein seliger Vater eilig ins Feld hinaus, denn die Mühle lag seitwärts im Grunde tief verschneit; so war der Krieg darüber weggegangen. Draußen aber hatte er mancherlei Plunder im Schnee verstreut, zerhauene Wämser, Fahnen, Pickelhauben und Waffen; mein Vater konnte Alles brauchen, er fuhr sogleich in ein Paar ungeheure Reiterstiefeln hinein, zog hastig pappenheim'sche Küratsse, schwedische Koller und Kroatenmäntel an, Eins über das Andere, dabei war er in der Geschwindigkeit mit beiden Armen in ein Paar spanische Pluderhosen geraten, der Wind blies den Kroatenmantel im Freien weit auf; je mehr er zuckte und reckte, je verwickelter wurde die Konfusion von Schlitzen,

Falten, flatternden Zipfeln und Quasten, und als nun meine
Mutter, die eben guter Hoffnung war, ihn so haspelnd und
fluchend mit ausgespreizten Armen wie einen fliegenden
Wegweiser daherstreichen sah, mußte sie so darüber lachen,
daß sie plötzlich meiner genas. Und in demselben Augenblick, wo ich zur Welt kam, ging draußen klingendes Spiel
durch die stille Luft, die Kaiserlichen bliesen noch im Fortziehen Viktoria weit auf den Bergen, daß es lustig über den
Schnee herüberklang; mein Vater meinte, das wäre ein gutes
Zeichen, ich würde ein glücklicher Soldat werden. Ich selbst
aber weiß mich von allem dem nur noch dunkel so viel zu
erinnern, daß ich so recht still und warm in der wohlge-
heizten Stube in meinem Kissen lag und verwundert die
spielenden Ringe und Figuren betrachtete, welche die Nacht-
lampe an der Stubendecke abbildete. Das zahme Rotkehlchen war von dem ungewohnten Licht und Nachtrumor
aufgewacht, schüttelte die Federn, wie wenn es auch sein
Bettlein machen wollte, setzte sich dann neugierig auf die
Bettlade vor mir und sang ganz leise, als wollt' es mir zum
Geburtstag gratulieren. Meine Mutter aber neigte sich mit
ihrem schönen bleichen Gesicht und den großen Augen
freundlich über mich, daß ihre Locken mich ganz umgaben,
zwischen denen ich draußen die Sterne und den stillen
Schnee durchs kleine Fenster hereinfunkeln sah. Seitdem, so
oft ich eine klare, weitgestirnte Winternacht sehe, bin ich
immer wieder wie neugeboren.

　　Hier hielt er plötzlich inne, denn er hörte so eben Herrn
Suppius (so hieß der Student) auf dem Kanapee schon tüch-
tig schnarchen. Der Mondschein lag wie Schnee auf den
Dächern; da war's ihm in dieser Stille, wie der Lampenschein
so flatternd an der Decke spielte, als hörte er draußen die
Wasser und den Wind wieder gehen durch die Wipfel im
Walde, und das Rotkehlchen wieder dazwischen singen.

2. DIE SERENADEN

Am folgenden Tage durchstrich Klarinett neugierig alle Gassen und Plätze, die der dreißigjährige Kriegssturm übel zugerichtet. Aber es gefiel ihm doch sehr, denn die ganze Stadt war jetzt wie ein lustiges Feldlager: die Studenten in schönen, unerhörten Trachten schwärmten plaudernd durch die Straßen, überall Lachen, Waffengeklirr und der fröhliche Klang der Jugend, als hätte sich mitten aus dem neuen Frieden, der nun allmählich draußen die müde Welt überzog, ein Haufen holk'scher Jäger hiehergeworfen, um die Wissenschaften zu erstürmen.

Als er endlich, nach vielem Umherirren und Fragen, ziemlich spät die Sackgasse wiedergefunden, traf er Herrn Suppius schon unten an der Haustür voller Unruhe wegen der verabredeten Serenade. Er hätte ihn beinahe nicht wieder erkannt, denn er hatte einen gestickten Modefrack mit steifen Schößen angezogen und eine große Wolkenperücke auf dem Kopf, wie ein Gesandter. Er quälte sich so eben voll Zorn und Eifer, einen alten Degen, der nicht passen wollte, galant anzustecken; darüber waren mehre Locken der Perücke aufgegangen, da und dort kam sein eigenes struppiges Haar darunter hervor, aber er fragte nichts danach, und stülpte einen dreieckigen Tressenhut drauf, daß es staubte, der saß ihm ganz hintenüber recht im Genick. Klarinett mußte nun auch geschwind seine besten Kleider anlegen, und als die balsamische Nacht über die verräucherten Dächer daher kam, wanderten schon Beide vergnügt mit ihren Instrumenten durch die finstere Stadt. Ihre Tritte hallten in der abgelegenen Einsamkeit, nur ein Student sang noch am offenen Fenster zur Zither, mehre Uhren schlugen verworren durch den Wind, der Nachtwächter rief eben die eilfte Stunde, einige Stimmen ahmten ihn verhöhnend nach, man hörte Lärm und Gezänke in der Ferne, dann plötzlich Alles wieder still. Auf einmal winkte Suppius, sie schlüpften durch eine Lücke der Stadtmauer ins Freie, und standen vor einem schönen, großen Hause.

Klarinett betrachtete verwundert Dach, Äcker und den mondbeschienenen Garten zur Seite: er glaubte nach und nach dieselbe Villa wieder zu erkennen, wo er gestern Abends angekommen; da dacht' er sich's gleich, daß es wieder nicht gut ablaufen würde.

Aber Alles erschien heute von einer andern Seite. Sie waren in einen kleinen, winkeligen Hof geraten, voll Gerümpel und alter Tonnen; die Fenster im Hause waren fest verschlossen, nur die Wetterfahne drehte sich manchmal knarrend auf dem Dach, eine Katze unten funkelte sie mit ihren grünfeurigen Augen an und wand sich mit gebogenem Buckel spinnend um ihre Stiefeln. Hier heraus muß sie schlafen, halt' dich nur dicht hinter mich, sagte Suppius, sein Waldhorn leise zurechtsteckend.

Kaum aber hatten sie sich zwischen den Tonnen zum Blasen zurecht gestellt, so war's ihnen, als hörten sie von der einen Seite draußen ein Pferd schnauben. Sie setzten die Instrumente ab und horchten ein Weilchen, da ließ sich gleich darauf ein heimliches Knistern im Hause vernehmen, in demselben Augenblick tat sich ein Hinterpförtchen leise auf, ein Mann, vorsichtig nach allen Seiten umschauend, trat hervor und führte ein Frauenzimmer, die zögernd folgte, schnell bei der Hand an den blühenden Sträuchern fort. Der Mond schien bald hell, bald dunkel zwischen wechselnden Wolken, da sahen sie deutlich, wie der Mann jetzt unter den hohen Bäumen die Dame auf ein Pferd hob, sich selbst hinter ihr hinaufschwang, einen weiten weißen Mantel um Beide schlug und sacht und lautlos davonritt. Da warf Suppius plötzlich die leeren Tonnen aus einander, und mit Einem Satz sich über den Zaun schwingend, rannte er unaufhaltsam mit entsetzlichem Geschrei übers Feld an den letzten Häusern vorüber, daß alle Hunde erwachten und die Leute erschrocken an die Fenster fuhren. Der Herr auf dem Pferde aber, da er ihn unverhofft mit seinen großen Stiefeln hinter sich so hohe, weite Sprünge machen sah, setzte die Sporen ein, und es dauerte nicht lange, so waren Roß und Reiter verschwunden.

Der Student nun, als er sie im Dunkel verloren, blieb atemlos mitten im Felde stehen und schimpfte auf die Nacht, die Alles bemäntelte, und auf den Mond, der wie eine Spitzbubenlaterne dazu leuchtete, und auf den Wind, der ihm die Wolkenperücke zerzaus't, und auf Klarinett, der darüber lachte. – Aber um Gottes willen, was gibt's denn eigentlich? fragte dieser endlich ganz erstaunt. – Was es gibt? erwiderte Suppius zornig, Mord, Totschlag, Entführung gibt's! hast du nicht den Reiter gesehen? – Ja, und eine Dame. – Und das war just meine Liebste! rief Suppius.

Klarinett aber, da er diese unerwartete Nachricht vernommen, lag schon der Länge nach im Grase und legte das Ohr an den Boden. Die Luft kommt von dort her, sagte er eifrig, ich höre noch den Klang der Huftritte von fern, jetzt schlagen die Hunde an drüben im Dorfe, dort sind sie hin. – Gut, so steh nur rasch wieder auf, sagte Suppius und beschloß sogleich, dem Entführer weiter nachzusetzen. Klarinett sollte auch mit, er selber habe Alles von Wert bei sich und in der Stadt nichts zurück gelassen, als ein paar lumpige Schulden; den Weg aber, den der Räuber eingeschlagen, kenne er wie seine Tasche, und wisse recht gut, wohin er führe; sie brauchten nur schnell auf der Saale sich in einen Kahn zu werfen, so kämen sie ihnen noch vor Tagesanbruch ein gut Stück voraus.

Das war dem Klarinett eben recht, und so gingen sie rasch mit einander nach dem Ufer zu. Dort fanden sie bald unter dem Weidengebüsch einen angebundenen Nachen, ein Fischer lag drin voller Gedanken auf dem Rücken; der machte große Augen, als er Herrn Suppius, den hier in der Gegend Alle kannten, so martialisch auf sich zukommen sah. Suppius sagte ihm, wo sie hinaus wollten, der Fischer griff stumm und verschlafen nach den Rudern, und nach einigen Minuten fuhren sie alle schon lustig die Saale hinunter. Der Wind hatte unterdes die Wolken zerstreut, da legte Suppius, der sich in der Nachtkühle wieder ein wenig beruhigt, dem Fischer gelehrt den ganzen Himmelsplan aus mit lateinischen Skorpionen, Krebsen und Schlangen, und geriet, da der ungläu-

bige Fischer von dem allem nichts wissen wollte, immer
tiefer und eifriger in den Disput. Klarinett aber saß in der
Einsamkeit ganz vorn im Kahn; das war eine prächtige
Nacht! Sternschnuppen am Himmel, und Berge, Wälder und
Dörfer am Ufer flogen wie im Traume vorüber; manchmal
rauscht' es leise im Wasser auf, als wollte eine Nixe auftau-
chen in der großen Stille, von beiden Seiten hörte man
Nachtigallen fern in den Gärten. Da sang Klarinett:

> Möcht' wissen, was sie schlagen
> So schön bei der Nacht,
> 'S ist in der Welt ja doch niemand,
> Der mit ihnen wacht.

> Und die Wolken, die reisen,
> Und das Land ist so blaß,
> Und die Nacht wandert leise,
> Man hört's kaum durchs Gras.

> Nacht, Wolken, wohin sie gehen,
> Ich weiß es recht gut,
> Liegt ein Grund hinter den Höhen,
> Wo meine Liebste jetzt ruht.

> Zieht der Einsiedel sein Glöcklein,
> Sie höret es nicht,
> Es fallen ihr die Löcklein
> Übers ganze Gesicht.

> Und daß sie Niemand erschrecket,
> Der liebe Gott hat sie schier
> Ganz mit Mondschein bedecket,
> Da träumt sie von mir.

Jetzt glitt der Nachen durch das säuselnde Schilf ans Ufer, ein
erleuchtetes Fenster spiegelte sich im Fluß, Klarinett erkannte nach und nach alte Mauern und Türme und eine Stadt

im Mondschein. Suppius aber hatte ihn schon am Arme
gefaßt und sprang mitten aus seinem Diskurse ans Land.
Dort am Galgen geht der Feldweg vorbei, den sie kommen
müssen, sagte er, und bezahlte rasch den Schiffer, der gähnend wieder in die schöne Nacht hinaus stieß. Die Beiden
aber schritten nun sogleich durch das alte Tor; da hatte der
Krieg das Stadtwappen ausgebissen, bei der angenehmen
Friedenszeit lag der Nachtwächter schnarchend auf der
steinernen Bank daneben, der Mond beschien hell die stille
Straße mit ihren spitzen, finstern Giebeln, draußen vom
Felde hörte man fern eine Wachtel schlagen. Als sie auf den
Markt kamen, machte Suppius plötzlich Halt. Die Stadt hat
nur zwei Tore, sagte er, von dem Brunnen hier kann man von
einem Tor zum andern sehen; die Nacht ist klar, sie mögen
nun erst ankommen oder schon drin sein, hier können sie uns
nicht entwischen. Mit diesen Worten postierte er den Klarinett an die eine Seite des Brunnens und setzte sich selbst von
der andern auf die steinerne Rampe, die Arme über der Brust
verschlungen und unverwandt in die Straße hinausschauend.
Indem bemerkte Klarinett noch Licht in einem schönen,
großen Hause, ein tief herunter gebrannter Kronleuchter
drehte sich, wie verschlafen, hinter den Scheiben, man schien
so eben nach einem Tanze die Kerzen auszuputzen von einem
Fenster zum andern, und bald war das ganze Haus ebenfalls
dunkel bis auf ein einziges Zimmer. Da tat sich plötzlich
unten eine Tür auf, und laut plaudernd, scherzend und
lachend brach ein dunkles Häuflein in die kühle Stille heraus;
es waren Schüler oder Musikanten mit überwachten Gesichtern, ihre Instrumente unter den Mänteln. Als sie noch das
Licht oben sahen, traten sie schnell wieder zusammen, stellten sich unter das erleuchtete Fenster und fingen sogleich ein
Ständchen zu blasen an, das zog wie ein goldener Traum über
die schlafende Stadt. Auf einmal aber öffnete sich oben das
Fenster, zwischen den rotseidenen Gardinen erschien eine
schöne, schlanke Mädchengestalt und bog sich weit heraus in
den Mondschein, als wollte sie zu ihnen sprechen.

Da ist sie! rief hier plötzlich Suppius, von dem Rande des

steinernen Brunnens aufspringend. In demselben Augenblick aber faßte von hinten ein dunkler Arm das Mädchen
schnell um den Leib, zog sie in das Zimmer zurück und warf
hastig das Fenster zu; dann sah man noch drinnen an den
Wänden lange Schatten wie Windmühlflügel verworren
durch einander arbeiten, und gleich darauf war auch das
Licht oben ausgelöscht und Alles wieder still.

Das brachte die erschrockenen Musikanten unten ganz aus
dem Konzept; Einer sah den Andern verwundert an, nur
hier und da fuhr noch ein verlegener Ton aus, wie bei einer
Orgel, welcher der Wind ausgegangen.

Die Musikanten, bei seiner unverhofften Erscheinung zu
beiden Seiten ehrerbietig ausweichend, antworteten alle
eifrig durch einander: »Wir sind's, wir sind's! wir wollten
ihnen, da sie oben noch Licht hatten, einen Willkommen
blasen.« – Wem denn? – »Nun, Ihr wißt's ja, die vorhin
ankamen, als wir drinnen zum Tanze aufspielten, der fremde
Herr mit der Dame.« – Zu Pferd, in langem Mantel? – »Ja,
die Euch so höflich grüßten, Ihr saht eben auch zum Fenster
heraus.« – Ich? – »Freilich, und: Ha, das faule Hofgesind! rief
der fremde Kavalier im Hofe, wo bleibt meine Leibkarosse?
und als Ihr eben droben den Kehraus tanztet« – Da möcht'
man ja gleich des Teufels werden! – »kam auch die Karosse
wirklich nach; Ihr rieft noch dem Kutscher aus dem Fenster
zu, er sollte nach dem Hof fahren.« – Wer ist hier betrunken,
ich oder Ihr? – »Ich und Ihr und wir alle für unsern Herrn
Bürgermeister, vivat hoch!« schrien da auf einmal die be-
rauschten Musikanten, und wollten nun den Suppius, den sie
in seinen höfischen Staatskleidern im Dunkeln für den Bürgermeister hielten, durchaus mit Musik nach Hause bringen.
Vergebens sträubte sich der entrüstete Student; sie ließen
sich's nicht nehmen, und ehe er sich's versah, setzten sie sich
paarweise in Ordnung und schritten, einen feierlichen
Marsch spielend, quer über den Markt voran, als wollten sie
die Sterne am Himmel ausblasen. In ihrem Eifer merkten sie
es gar nicht, daß Suppius an einer Straßenecke hinter ihnen
entwischt war; immerfort blasend, bogen sie in die finstere

Gasse hinein; da wurden von allen Seiten über dem Lärm die
Hunde wach, dann hörte man sie noch mit dem Nachtwächter um den verlorenen Bürgermeister zanken, immer weiter
und weiter, bis endlich Alles zwischen den dunkeln Häusern
nach und nach vertos'te.

Unterdessen aber hatten Suppius und Klarinett, der Eine
schimpfend, der Andere lachend, schon den offenen Hof des
Wirtshauses erreicht, als ihnen eine ausgespannte Reisekutsche mit Glasfenstern und vergoldeten Schnörkeln im
Mondscheine prächtig entgegen glitzerte. Suppius, bei dem
erfreulichen Anblick ohne ein Wort zu sprechen, öffnete
sogleich die Tür der verlassenen Kutsche, schob den verwunderten Klarinett in den Wagen und schwang sich selber
hurtig nach. So, sagte er, nachdem er das Glasfenster hinter
ihnen behutsam wieder geschlossen hatte, jetzt sitzen wir
mitten in der Entführung drin, wie der fromme Aeneas im
hölzernen Pferde, um die geraubte Helena zu retten; der
Kavalier kann nicht fahren ohne Wagen, der Wagen nicht
ohne mich, und ich nicht, ohne den Kavalier und den Wagen
und ganz Troja umzuwerfen. – Amen! Gott weiß, wer dabei
zu oberst oder zu unterst zu liegen kommt, erwiderte Klarinett, dem die Bündigkeit des trojanischen Anschlages noch
nicht recht einleuchten wollte. Eigentlich aber freute er sich
selber sehr auf die Konfusion, die nun jeden Augenblick
ausbrechen konnte.

Suppius hatte sich indessen in der Finsternis des Wagens
unverhofft in die seidenen Franzen und Quasten, die überall
herumbommelten, verhaspelt und kam nicht aus dem Ärger.
Dabei unterließ er aber doch nicht, von Zeit zu Zeit die
Gardinen am Wagenfenster zurückzuschlagen und aus seinem Kastell Beobachtungen anzustellen. Das ganze Haus lag
in tiefem Schlaf, nur von der einen Seite stand die Stalltür
halb offen; sie hörten drinnen zuweilen Pferde stampfen und
schnauben und einzelne Fußtritte; der Kutscher schien schon
wach zu sein. Auf einmal stieß er Klarinetten an. Sieh doch,
sagte er, was ist das für ein großer Pilz da auf der Hofmauer?

Das wackelt ja! entgegnete Klarinett scharf hinblickend:

ein breiter Klapphut ist's, den Wind und Wetter so zerknattert haben; seht Ihr nicht die Augen darunter hervorfunkeln?

Wahrhaftig, bemerkte Suppius wieder, nun hampelt's und hebt's sich, Haar, Bart und Mantel verworren durch einander gefilzt; jetzt kommt ein Bein über die Mauer.

Und ein Ellbogen aus dem Ärmel, meinte Klarinett.

Indem aber schwang sich die ganze Figur plötzlich von der Mauer in den Hof hinab, eine zweite folgte – lange, bärtige, soldatische Gesellen.

Beide, erst nach allen Seiten umherspähend, schlichen an die Haustür und versuchten vorsichtig zu öffnen, fanden aber Alles fest verschlossen. Suppius und Klarinett verwandten kein Auge von ihnen. Jetzt bemerkten sie, wie die Fremden, an der Stalltür vorbei, quer über den Hof gingen und in der Gaunersprache mit einander redeten. Schau, sagte der Eine, haben schöne Klebis (Pferde), werden Sontzen (Edelleute) sein, oder vornehme Kummerer (Kaufleute), die nach Leipzig schwänzen (reisen). – Eine gute Schwärze (Nacht), versetzte der Andere, es schlunt (schläft) noch Alles im Schöcherbeth (Wirtshaus), kein Quin (Hund) bellt, und kein Strohbohrer (Gans) raschelt. Alch' (troll dich), wollen die Karosse zerlegen, hat vielleicht Messen (Gelder) in den Eingeweiden.

Das sind verlaufene Lenninger (Soldaten), flüsterte Klarinett, die kommen bracken (stehlen); ich wollt', ich könnt' den Mausköpfen grandige Kuffen stecken (schwere Schläge geben)! – Was Teufel, verstehst du denn auch das Rotwelsch? fragte Suppius erstaunt.

Aber da war keine Zeit mehr zu Erklärungen, denn die Lenninger kamen jetzt gerade auf den Wagen los; der Eine schnupperte rings herum, ob er nicht einen Koffer oder Mantelsack fände, der Andere aber griff geschwind, damit es sein Gesell nicht merken sollte, nach der Wagentür. Suppius und Klarinett hielten sie von innen fest, er konnte sie mühsam nur ein wenig öffnen, wunderte sich, daß es so schwer ging, und tappte sogleich mit der Hand hinein. Aha, ein Paar Stiefeln! sagte er vergnügt in sich, des überraschten

Suppius Füße fassend. Indem aber schnappt Klarinett die
Tür, wie eine Auster, rasch wieder zu, der Dieb hatte kaum
so viel Zeit, die gequetschte Hand zurückzuziehen, er meinte
in der Finsternis nicht anders, als sein Kamerad hätt' ihn
geklemmt, weil er ihm den ersten Griff nicht gönnte. Was ist
das! rief er zornig und böse diesem zu, bist ein Hautz (Bauer)
und kein ehrlicher Gleicher (Mitgesell), möchtst Alles allein
schöchern (trinken) und mir den leeren Glestrich (Glas)
lassen! – Der Andere, der gar nicht wußte, was es gab,
erwiderte eben so: Was barlest (sprichst) du so viel, wenn wir
eben was auf dem Madium (Ort) haben! Komm nur her,
sollst mir den Hautz wie gefunkelten Johann (Branntwein)
hinunterschlingen! – Da trat plötzlich der Mond aus den
Wolken und der Kutscher in die Stalltür, und die erschrockenen Schnapphähne flogen, wie Eidechsen, unter
dem Schatten des Hauses zwischen Steinen und Ritzen durch
den Hof und über die Mauer wieder in die alte Freiheit
hinaus.

   Nun, die bleiben auch noch draußen am Galgen hangen,
meinte Suppius aufatmend. Der schlaftrunkene Kutscher
aber, der von Allem nichts bemerkt hatte, siebte im Mondschein den Hafer für seine Pferde, gähnte laut und sang:

> Wann der Hahn kräht auf dem Dache,
> Putzt der Mond die Lampe aus,
> Und die Stern' ziehn von der Wache,
> Gott behüte Land und Haus!

Darauf ging der Knecht an den Brunnen im Hofe, pumpte
Wasser in den Eimer und kämmte und wusch sich umständlich mit vielem Gegurgel und Geräusch, zu großem Ärger
des Suppius, der gern gesprochen hätte. Endlich kehrte er in
den Stall zurück, auch die Schnapphähne ließen sich nicht
wieder blicken, und da nun Alles still blieb, sagte Suppius
ernst, zu Klarinett gewendet: Hör, junger Geselle, es ist ein
löblicher Brauch, Verirrte auf den rechten Weg zu weisen. Du
redetest vorhin ziemlich geläufig eine gewisse Sprache – Ex
ungue leonem –. Also glaube ich –.

Was denn? unterbrach ihn Klarinett etwas betroffen; unter den Römern gab es Schnapphähne genug, und Ihr redet doch auch Lateinisch. Aber Suppius, den der Tiefsinn der Nacht angeweht, ließ sich nicht aus seiner feierlichen Verfassung bringen. Er hatte sich in das Wagenfenster gelehnt, den Kopf in die rechte Hand gestützt; die Sterne funkelten durch den Lindenbaum vor dem Hause, von den Bergen rauschte der Wald über die Dächer herein. Da nimm dir ein Exempel dran, fuhr er fort, Wälder und Berge stehen Nachts in Gedanken, da soll der Mensch sich auch bedenken. Alle weltliche Lust, Hoheit und Pracht, die Nacht hat Alles umgeworfen, die wunderbare Königin der Einsamkeit, denn ihr Reich ist nicht von dieser Welt. Sie steigt auf alle Berge und stellt sich auf die Zinnen der Schlösser und schlägt mahnend die Glocken an, aber es hört es Niemand, als die armen Kranken, und Niemand hört die Gewichte der Turmuhr schnurren und den Pendel der Zeit gehen in der stillen Stadt. Der Schlaf probiert heimlich den Tod und der Traum die Ewigkeit. Da hab' ich immer meine schönsten –.

Hier überwältigte ihn unversehens der Schlaf, er nickte ein paar Mal mit seinem dreieckigen Tressenhut; dann plötzlich ein Weilchen wieder hinausstarrend, in abgebrochenen Sätzen wie eine abgelaufene Spieluhr: meine schönsten Gedanken, hub er noch einmal an – in der Nacht, wo Laub und Fledermaus und Igel und Iltis verworren mit einander flüstern – und der Mensch – im Traume – ihre Sprache versteht –.

Jetzt aber hatte die Nacht ihn selber umgeworfen. Klarinett horchte noch immer hin, denn es war ihm wirklich bei den Worten, als hört' er des Einsiedels Glöcklein fern überm Wald. Er zog, da Suppius nun fest schlief, das Wagenfenster vorsichtig wieder auf; dann lehnt' er in Gedanken die Stirn an die Scheibe, da hörte er vom Stalle her wieder das einförmige Schnurren der Pferde beim Futter, und über ihm rauschte der Baum und seitwärts die Saale hinter dem Hause fort und immer fort, bis auch er endlich vor großer Ermüdung einschlummerte.

Ruck! – stießen da auf einmal Beide so hart mit den Köpfen an einander, daß es dröhnte. Suppius blickte wild nach allen Seiten um sich, und wußte durchaus nicht, wo er war. Als er sich aber endlich auf seine Liebste und die ganze Entführungsgeschichte wieder besonnen hatte, sagte er verwirrt: Was ist das, Klarinett? wir fahren ja! ich glaube gar, nun werden wir selbst entführt. – Ja, und gerade in einen Wald hinein, erwiderte Klarinett nicht weniger verwundert, seht nur, vier prächtige Rosse vor dem Wagen und der fromme Kutscher drauf. – Mit einem goldbordierten Hut, sagte Suppius wieder, und hinter uns aus der Stadt krähen uns die Hähne nach, als wollten sie uns foppen; mir scheint, ich wittre schon Morgenluft. – Freilich, aber die Fledermäuse schwirren noch durch die Dämmerung, versetzte Klarinett plötzlich, aufmerksamer zur Seite blickend; da schaut nur zwischen die Bäume, da noch Einer, dort wieder Einer: bei Gott, das sind die Bärenhäuter von heute Nacht, die halten Euch gewiß für den reisenden Kavalier.

Indem aber fiel auch schon ein Schuß aus dem Walde und gleich darauf noch ein zweiter. Der Kutscher duckte sich, die Kugel pfiff über ihn weg, er peitschte heftig in die Pferde, Suppius schrie voll Wut aus dem Wagen: Fehlgeschossen, ihr Narren! ich bin's ja nicht! Der Kutscher, da er zu seinem großen Erstaunen auf einmal fremde Leute im Wagen bemerkte, die er gleichfalls für Strauchdiebe hielt, warf sich ohne Weiteres aus dem Sattel, überkugelte sich ein paar Mal im Graben und war dann schnell im Dickicht verschwunden. Über dem Lärm aber wurden die ledigen Pferde ganz wild, die Räuber fluchten, die Kugeln pfiffen, Suppius drohte: so saus'ten sie unaufhaltsam dahin, man hört' es noch lange durch die heitere Morgenstille rumpeln und schimpfen.

3. WALDESRAUSCHEN

In einer warmen Sommernacht schlief ein Mädchen im Walde; sie hatte den Kopf über den rechten Arm auf ihr Tam-

bourin gelegt und das Gesicht gegen den Tau mit der
Schürze bedeckt; ein Pferd weidete daneben, weiterhin lag
ein junger Bursch, der wendete sich manchmal und redete
unverständlich im Schlaf. Zwischen den Bäumen aber flog
das erste falbe Morgenlicht schon schräg über den luftigen
Rasen, ein paar Rehe, die in der Nacht mit dem Pferde
geweidet, schlüpften raschelnd durch die Dämmerung tiefer
in den Wald zurück; sonst war noch Alles still.

Auf einmal ertönte ein gellender Wachtelschlag, das Mädchen hob sich rasch, daß die Glöckchen am Tambourin
klangen. Es war der Vater, der mit seinem Pfeifchen die
Schlafenden weckte. Er stand schon in voller Reisetracht:
knappe blaue Beinkleider mit rotem Paß und eine grüne
unger'sche Jacke mit gelben Schnüren und blinkenden
Knöpfen nachlässig über die Schulter geworfen, ein ehemaliger Soldat, der nun als Puppenspieler und starker Mann mit
den Kindern durchs Land zog.

Horch, sagte er, da krähen Hähne in weiter Ferne nach
jener Seite hin, die Luft kommt von drüben, da muß ein Dorf
sein; der Wald liegt hoch, besteig einmal den Tannbaum,
Seppi, und sieh dich um! Der Bub reckte und dehnte sich mit
beiden Armen in die ungewisse Luft und schüttelte die
Locken aus der Stirn; dann kletterte er schnell in den
höchsten Wipfel hinauf. Nach einem Weilchen rief er herab:
Da unten ist noch Alles nachtkühl und still, es liegt Alles
durch einander im tiefen Grund, da haben sie wieder ein
Dorf verbrannt. – Ja, ja, versetzte der Vater, der große
Schnitter Krieg mäht uns tapfer voran, man hört seine Sense
bei Tag und bei Nacht klirren durchs Land; wir geringen
Leute haben die Nachlese auf den Stoppeln. Siehst du sonst
nichts? – In der Ferne ein schönes Schloß überm Wald, die
Fenster glitzern herüber. – Raucht der Schornstein? – Ja,
kerzengerad aus den Wipfeln. – Gut, versetzte der Vater, so
komm nur wieder herunter, da wollen wir hin. – Aber im
Herabsteigen zögernd rief der Bursch noch einmal: Ach, aber
da drüben, da liegt das ganze Tal schon im Sonnenschein,
jetzt blitzen drunten Hellebarden aus den Kornfeldern,

Landsknechte ziehn nach dem Walde zu, wie schön sie singen! – Da ist der Siglhupfer dabei, sagte das Mädchen freudig. – Der Vater blickte rasch nach ihr hinüber, man wußte
niemals recht, ob er lächelte oder heimlich schnappen und
beißen wollte, so scharf blitzten manchmal seine Zähne unter
dem langen, gewichsten Schnurrbart hervor. Rauch und
Wind, sagte er, wer weiß, wo der Siglhupfer schon zerhauen
im Graben liegt! – Das Mädchen aber lachte: Ihr sprecht
immer so barsch, er denkt doch an mich, er ist ein Soldat von
Fortüne und kommt wohl wieder, eh' wir's denken, als
Offizier zu Pferde mit hohen Federn auf dem Hut.

Während des hatte sie ein Stück von einem zerschlagenen
Spiegel vor sich an den Baum gelehnt, setzte sich davor ins
Gras und flocht ihr langes schwarzes Haar auf Zigeunerisch
in zierliche Zöpfchen; dabei biß sie von Zeit zu Zeit in eine
Wecke und streute einzelne Krümchen über den Rasen für
die Vögel, die ihr neugierig aus dem Laube zusahen. Der
Vater und Seppi aber zäumten und packten schon das Saumroß, unverdrossen bald einen König, bald einen Judenbart
zurückschiebend, die, in schmählicher Gleichheit durch einander geworfen, aus dem löcherigen Puppensack heraus-
drängten. Dann hauchte der Vater ein paar Mal auf ein
großes schwarzes Pflaster, das er über das linke Auge und
Backe legte, damit er martialischer aussäh' und die Leute sich
vor ihm fürchteten. Und als endlich Alles reisefertig war,
schwang er die Tochter in den Sattel, Seppi mußte vorausgehen; er aber führte das Pferd über die Wurzeln und Steine
vorsichtig hinter sich am Zügel, und droben auf ihrem
luftigen Sitze, das Tambourin neben sich gehängt, baumelte
das Mädchen vergnügt mit den Füßchen und freute sich über
ihre neuen roten Halbstiefeln; manchmal streifte ihr ein
Zweig Stirn und Wange, daß sie wie eine Blume ganz voll
Tauperlen hing. Da stimmte Seppi vorne lustig an:

Der Wald, der Wald, daß Gott ihn grün erhalt',
Gibt gut Quartier und nimmt doch nichts dafür!

Und das Mädchen antwortete sogleich:

> Zum grünen Wald wir Herberg halten,
> Denn Hoffart ist nicht unser Ziel;
> Im Wirtshaus, wo wir nicht bezahlten,
> Es war der Ehre gar zu viel,
> Der Wirt, er wollt’ uns gar nicht lassen,
> Sie ließen Kann’ und Kartenspiel,
> Die ganze Stadt war in den Gassen,
> Und von den Bänken mit Gebraus
> Stürzt’ die Schule heraus,
> Wuchs der Haufe von Haus zu Haus,
> Schwenkt’ die Mützen und jubelt’ und wogt’,
> Der Hatschier, die Stadtwacht, der Bettelvogt,
> Wie wenn ein Prinz zieht auf die Freit’,
> Gab Alles, Alles uns fürstlich Geleit.
> Wir aber schlugen den Markt hinab
> Uns durch die Leut’ mit dem Wanderstab
> Und hoch mit dem Tambourin, daß es schallt’.

Und der Puppenspieler und Seppi fielen jubelnd ein:

> Zum Wald, zum Wald, zum schönen grünen Wald!

Das Mädchen sang wieder:

> Und da nun Alle schlafen gingen,
> Der Wald steckt’ seine Irrlicht’ an,
> Die Frösche tapfer Ständchen bringen,
> Die Fledermaus schwirrt leis voran,
> Und in dem Fluß auf feuchtem Steine
> Gähnt laut der alte Wassermann,
> Strählt sich den Bart im Mondenscheine
> Und fragt ein Irrlicht, wer wir sind.
> Das aber duckt sich geschwind;
> Denn über ihn weg im Wind

Durch die Wipfel der wilde Jäger geht,
Und auf dem alten Turm sich dreht
Und kräht der Wetterhahn uns nach:
Ob wir nicht einkehr'n unter sein Dach?
O, Gockel! verfallen ist ja dein Haus,   5
Es sieht die Eule zum Fenster heraus,
Und aus allen Toren rauschet der Wald.

Der Wald, der Wald, der schöne grüne Wald!

Und wenn wir müd' einst, sehn wir blinken
Eine goldne Stadt still überm Land,   10
Am Tor Sankt Peter schon tut winken:
»Nur hier herein, Herr Musikant!«
Die Engel von den Zinnen fragen,
Und wie sie uns erst recht erkannt,
Sie gleich die silbernen Pauken schlagen,   15
Sankt Peter selbst die Becken schwenkt,
Und voll Geigen hängt
Der Himmel, Cäcilia an zu streichen fängt,
Dazwischen Hochvivat! daß es prasselt und pufft,
Werfen die Andern vom Wall in die Luft   20
Sternschnuppen, Kometen,
Gar prächtige Raketen,
Versengen Sankt Peter den Bart, daß er lacht,
Und wir ziehen heim, schöner Wald, gute Nacht!

Und zum Chor machte der Puppenspieler mit dem Munde   25
prasselnd das Feuerwerk nach, und Seppi schmetterte mit
einem Pfeifchen wie eine Nachtigall, und die Tochter
schwang ihr Tambourin schwirrend dazwischen; so zogen sie
wie eine Bauernhochzeit durch den Wald in den aufblitzen-
den Morgen hinunter, als zögen sie schon ins Himmelreich   30
hinein.
    Als sie aber am Rand des Waldes zu sein vermeinten, fing
jenseits der Wiese schon wieder ein anderer an; die Heiden
waren ohne Weg, die Bäche ohne Steg, manchmal war's

ihnen, wie wenn sie Hunde bellen hörten aus der Ferne und
Stimmen gehn im Grund; das Schloß aber, wohin sie zielten,
stand bald drüben, bald dort, immer neue Schluchten dazwischen, als wollt' es sie foppen. Und so war es fast schon
wieder Abend geworden, als sie endlich, aus einem verworrenen Gebüsch tretend, auf einmal die Burg ganz nahe vor
sich sahen.

Sie schauten sich erst nach allen Seiten um: eine Allee von
wilden Kastanien führte nach dem Tor, man konnte bis in
den gepflasterten Hof und im Hofe einen Brunnen und
Galerien rings an dem alten Hause sehen; es rührte sich aber
nichts darin. Ich weiß nicht, Denkeli, sagte der Puppenspieler nach einem Weilchen zur Tochter, das kommt mir doch
kurios vor mit dem Schloß, das hängt ja alles so liederlich, die
Sparren vom Dach und die Läden aus den Fenstern, als wär'
auch schon der Kriegsbesen darüber gefahren. – Indem
schlug die Uhr vom Turme langsam durch die große Einsamkeit. – Da muß aber doch Jemand wohnen, der die Uhr
aufzieht, sagte Denkeli. – Das tun die Toten bei Nacht in
solchen Schlössern, erwiderte der Vater verdrießlich.

Darüber waren sie an ein altes Gittertor gekommen und
blickten durch die ehemals vergoldeten Stäbe in den Schloßgarten hinein. Da lag Alles einsam und schattig kühl; Regen,
Wind und Sonnenschein waren, wie es schien, schon lange
die Gärtner gewesen, die hatten einen steinernen Neptun
aufs Trockne gesetzt und ihm eine hohe grüne Mütze von
Ginster bis über die Augen gezogen, wilder Wein, Efeu und
Brombeer kletterten von allen Seiten an ihm herauf, eine
Menge Sperlinge tummelte sich lärmend in seinem Bart, er
konnte sich mit seinem Dreizack des Gesindels gar nicht
mehr erwehren. Und wie er so sein Regiment verloren,
reckten und dehnten sich auch die künstlich verschnittenen
Laubwände und Baumfiguren aus ihrer langen Verzauberung phantastisch mit seltsamen Fühlhörnern, Kamelhälsen
und Drachenflügeln in die neue Freiheit hinaus, und mitten
unter ihnen auf dem Dach eines halbverfallenen Lusthauses
saß melancholisch ein Pfau noch aus der vorigen Pracht, und

rief der untergehenden Sonne nach, als hätte sie ihn hier in der Wildnis vergessen. Auf einmal aber tat es einen leuchtenden Blitz durchs Grün, eine wunderschöne Dame erschien tiefer im Garten, durch die stillen Gänge nach dem Schlosse zu wandelnd, ganz allein in prächtigem Gewande; ihr langes Haar wallte ihr wie ein goldener Mantel über die Schultern, die Abendsonne blitzte noch einmal leuchtend über das kostbare Geschmeide auf Stirn und Gürtel. Denkeli blickte sie scheu, doch unverwandt an, sie dachte an die vorigen Reden des Vaters; es war ihr, als ginge die Zauberin dieser Wildnis vorüber. Die Dame aber bemerkte die Wanderer nicht, sie sah ein paar Mal zurück nach ihrer taftenen Schleppe, die schlängelnd hinter ihr her rauschte, und verlor sich dann wieder zwischen den Bäumen.

Jetzt hörten sie zu ihrem Erstaunen plötzlich auch Stimmen am Schloß; sie gingen eilig hin und bemerkten nach langem Umherirren endlich einen Balkon zwischen den Wipfeln, der nach dem Walde herausging. Dort sahen sie einige Herren an dem steinernen Geländer stehen, die Dame aus dem Garten schien auch bei ihnen zu sein; aber sie konnten nichts deutlich erkennen; denn die Linde, die in voller Blüte stand, reichte bis an den Balkon, und die Abendsonne funkelte blendend dazwischen. Der Puppenspieler war auf alle Glücksfälle vorbereitet: er zog schnell eine Orgelpfeife, die er vor den Mund band, und eine Geige hervor, Seppi einen Triangel und Denkeli ihr Tambourin, und so stellten sie sich unter die Bäume und brachten gleich den Herrschaften ein Ständchen. Denkeli sah dabei öfters scharf hinauf; auf einmal ließ sie, mitten in dem Geschwirre abbrechend, Arm und Tambourin sinken: sie hatte in größter Verwirrung in dem einen Kavalier droben den Siglhupfer erkannt, sie sah, wie er galant und charmant sich neigte und beugte und mit der Dame parlierte, sie konnt' es gar nicht begreifen. Der Vater stieß sie ein paar Mal mit dem Ellbogen an, sie sollte zu singen anfangen; aber sie warf das Köpfchen trotzig empor und wollte durchaus nicht, und dem Vater mochte sie die Ursach nicht sagen, denn er lachte sie immer aus mit ihrer

Liebschaft. Während des Hin- und Herwinkens aber kam auch schon eine Kammerjungfer schnell aus dem Schloß herunter und brachte ihnen einen Krug Wein und Jedem einen Rosenobel, sauber in Papier gewickelt, mit der Botschaft, ihre Herrschaft sei heute gar nicht wohl und zu müde, um die Musik anzuhören, auch sei im ganzen Hause kein Unterkommen für sie zur Nacht.

Seht Ihr, sie mögen meinen Gesang ja nicht, sagte Denkeli zum Vater; sie dachte bei sich, Siglhupfer habe sie erkannt und wolle sie nur los sein, weil er sich ihrer schäme vor der vornehmen Dame.

Der Puppenspieler zuckte, ohne zu antworten, ein paar Mal zornig mit den buschigen Augenbrauen, trank aber doch auf die Gesundheit der Dame und reichte darauf den Krug der Tochter, die ihn mit der Hand von sich stieß. So stritten sie heimlich unter einander; der Vater zankte noch immer über Denkeli's Eigensinn, dann packte er heftig seine Instrumente zusammen, um weiter zu ziehen; sie wußten nicht, wohin in der fremden Gegend. Über ihnen aber summten die Bienen im Wipfel, und hinter den Blüten droben plauderten und lachten die Herrschaften in der schönen Abendkühle und machten sich lustig über die Bettel-Musikanten. Denkeli erkannte Siglhupfer's Stimme darunter recht gut, das schnitt ihr durch die Seele; manchmal sah sie auch seinen Federhut und die Locken und den Schmuck der Dame durch die Zweige schimmern – es war ihr Alles wie ein Traum. Im Weggehen fragte sie die Jungfer noch: Wer ist denn der junge Herr da droben?

Ei, Ihr kommt wohl von weit her? erwiderte diese: das ist ja der Herr Rittmeister von Klarinett, der Bräutigam des gnädigen Fräuleins.

4. DAS VERZAUBERTE SCHLOSS

Der Schall einer Trompete gab das Zeichen zur Tafel, eine Flügeltür tat sich plötzlich auf, und Suppius, in goldbroka-

tenem Staatskleid leuchtend, einen Federhut in der einen
Hand, führte an der andern eine prächtige Dame, von kostbaren Armbändern, Halsketten und Ohrgehängen umblitzt
und umbommelt, daß man nicht hinsehen konnte, wenn die
Sonne darauf schien. So stiegen Beide feierlich eine steinerne   5
Treppe in den großen, alten Gartensaal hinab; ein Hündchen
mit silbernen Schellen um den Hals trat oft der Dame auf die
schwere Schleppe, die von Stufe zu Stufe hinter ihnen her-
rauschte. Klarinett folgte in reicher Offizierkleidung: in dun-
kelgrünem Samt mit geschlitzten Ärmeln, einem Kragen   10
von brüsseler Kanten darüber und den Hut mit goldener
Spange und nickenden Federn schief auf den Kopf gedrückt;
es paßte ihm Alles prächtig. Er spielte vornehm mit einer
Reitgerte und nickte kaum, als ihm der Diener der Dame
meldete, daß sein Reisegepäck gehörig untergebracht sei.   15
    Im Saale aber war der Tisch schon gedeckt, sie nahmen mit
großem Geräusch und unter vielen Komplimenten Platz auf
den schweren rotamtnen Sesseln mit hohen, künstlich geschnitzten Lehnen. Klarinett überblickte unterdes erstaunt
die Tafel: da gab's so wunderliche Pracht, abenteuerlich   20
gehenkelte Krüge, hohe, altmodisch geschliffene Stengel-
gläser von den verschiedensten Farben und Gestalten,
seltsam getürmte Speisen und Schaugerichte und heidnische
Götter von Silber dazwischen, die Pomeranzen in den Händen hielten. Seitwärts aber stand die Tür auf, daß man weit in   25
den Garten sehen konnte; die Sonne funkelte in den Gläsern,
der Diener eilte mit Schüsseln und vergoldeten Aufsätzen
flimmernd hin und her, und draußen sangen die Vögel dazu,
und vor der Tür saß ein Pfau auf der marmornen Rampe und
schlug sein prächtiges Rad.   30
    So saßen sie lange in freudenreichem Schalle, da hub
Fräulein Euphrosyne (so war die Dame genannt) mit freund-
licher Gebärde an: sie könne sich noch immer nicht drein
finden; denn es käme selten ein Fremder in diese Einsamkeit,
und keiner so seltsam als ihre beiden Gäste, die, wie sie   35
versicherte, heute beim ersten Morgengrauen vom Walde
quer übers Feld plötzlich mit vier schäumenden Rossen ohne

Kutscher mitten in den Schloßhof, und gewiß auch am andern Ende wieder hinausgeflogen wären, hätten sie nicht am Torpfeiler Achse und Deichsel gebrochen. – Klarinett, mit zierlichen Reden den verursachten Schreck entschuldigend, erzählte nun, sie seien fremde Kavaliere, die, vom westfälischen Frieden nach ihren Herrschaften reisend, in jenem Walde von Räubern überfallen worden; Haushofmeister, Kutscher, Leibhusar, Alles sei erschossen, und da das Fräulein auf die Frage: ob sie in Tztschneß hinter Tzquali in Mingrelien bekannt, mit dem Kopf schüttelte, bedauerte er das sehr, denn gerade von dort seien sie her.

Suppius stürzte ein Glas Ungarwein so eilig aus, daß er sich den gestickten Zipfel seiner Halsbinde begoß; es war, als hätte Klarinett mit seinen Lügen ihn plötzlich in einen Strom gestoßen: nun mußte er mit durch oder schmählich vor den Augen der Dame untergehen. Dabei sah er oft das Fräulein bedenklich von der Seite an, sie kam ihm schon wieder auf ein Haar wie seine entführte Geliebte vor; aber er traute sich doch nicht recht, er hatte seine Liebste so selten und immer nur flüchtig am Fenster hinter den Blumen gesehen; so wurde er ganz konfus und wagte es nicht, von der Entführung zu reden. Und als er darauf dennoch mit großer Feinheit die Sommerkühle der vergangenen Nacht pries, gelegentlich einen Seitenblick über jenes mondbeschienene Städtchen warf, und endlich leise über den Marktplatz am steinernen Brunnen vorbei zu dem Wirtshaus kam, auf das Fenster zielend, wo ihnen damals der lieblichste Stern erschienen: sah die Dame ihn befremdet an und wußte durchaus nicht, was er wollte. Aber Suppius war einmal im Zuge ausbündiger Galanterie. Was frag' ich noch nach Sternen! rief er aus: flogen wir doch auf vergoldeten Rädern Fortuna's aus Nacht zu Aurora, daß ich vor Blendung noch nicht aufzublicken vermag. – Da schlug das Fräulein mit einem angenehmen Lächeln die schönen Augen nieder, Suppius, entzückt, griff hastig nach ihren Fingerspitzen, um sie zu küssen, warf aber dabei mit dem breiten Aufschlag seines Ärmels dem silbernen Cupido die Pomeranze aus der Hand, und wie er sie haschen wollte, verwickelte er sich mit Sporen und Degenspitze unversehens ins Tischtuch, alle Gläser stießen auf einmal klirrend an, als wollten sie seine Gesundheit ausbringen, der Cupido stürzte und riß einen Weinkrug mit, das Hündchen bellte, der Pfau draußen schrie. Euphrosyne aber mit flüchtigem Erröten stand rasch auf, die Tafel aufhebend, indem sie dem Klarinett ihren Arm reichte.

Sie traten vor die Saaltür auf die Terrasse, von der eine breite Marmortreppe nach dem Garten führte. Eine Eidechse, als sie herauskamen, fuhr erschrocken zwischen die Ritzen der Stufen, aus denen überall das Gras hervordrang; seitwärts stand ein alter Feldstuhl, eine Zither lehnte daran. Als Suppius, der noch immer den Aufruhr an der Tafel mit seinen weiten Alamode-Ärmeln ausführlich zu entschuldigen beflissen war, das Instrument erblickte, stockt' er auf einmal und entfernte sich schnell, wie einer, der plötzlich einen guten Einfall hat. Das Fräulein aber ließ sich in der Tür auf den Feldstuhl nieder; Klarinett, die Zither auf den Knien prüfend und stimmend, setzte sich auf die Stufen zu ihren Füßen, daß der Pfau von dem steinernen Geländer ihm mit seinem schlanken Hals über die Schulter sah. Draußen aber war es unterdessen kühl geworden, der ganze Garten stand tief in Abendrot, während die Täler schon dunkelten; auch der Pfau steckte jetzt den Kopf unter die Flügel zum Schlaf, die Luft kam über den Garten und brachte den Schall einer Abendglocke aus weiter Ferne. Da fiel dem Klarinett in dieser Abgeschiedenheit eine Sage ein, die er unten in den Dörfern gehört, und da das Fräulein sie wissen wollte, erzählte er von einem verzauberten Schlosse der Grafen Gerold; da wüchse auch das Gras aus den Steinen, da sänge kein Vogel ringsum, und kein Fenster würde jemals geöffnet; man höre nichts, als den Wetterhahn sich drehen und den Zugwind flüstern und zuweilen bei großer Trockne das Getäfel krachen im Schloß; so stünd' es öde seit hundert Jahren, als redet' es mit geschlossenen Augen im Traum. – Jetzt hatte er die Zither in Ordnung gebracht. – Es gibt auch eine Weise darauf, sagte er, und sang:

Doch manchmal in Sommertagen
Durch die schwüle Einsamkeit
Hört man Mittags die Turmuhr schlagen,
Wie aus einer fremden Zeit.

Und ein Schiffer zu dieser Stunde
Sah einst eine schöne Frau
Vom Erker schaun zum Grunde –
Er ruderte schneller vor Graun.

Sie schüttelt’ die dunkeln Locken
Aus ihrem Angesicht:
»Was ruderst du so erschrocken?
Behüt’ dich Gott, dich mein’ ich nicht!«

Sie zog ein Ringlein vom Finger,
Warf’s tief in die Saale hinein:
»Und der mir es wieder bringet,
Der soll mein Liebster sein!«

Hier gewahrte Klarinett auf einmal, daß das Fräulein, wie in
tiefes Nachsinnen versunken, aufmerksam den kostbaren
Demantring betrachtete, den er mit dem andern Staat in der
fremden Karosse gefunden und leichtsinnig angesteckt.
  Er stutzte einen Augenblick; das Fräulein aber, als hätte
sie nichts bemerkt, fragte mit seltsamem Lächeln nach dem
Ausgang der Sage. Klarinett, etwas verwirrt, erzählte weiter:
Und wenn nun der Rechte mit dem Ringe kommt, hört die
Verzauberung auf; aus den Winkeln der stillen Gemächer
erheben sich überall schlaftrunken Männer und Frauen in
seltsamen Trachten, das öde Schloß wird nach und nach
lebendig, Diener rennen, die Vögel singen wieder draußen in
den Bäumen, und dem Liebsten gehört das Land, so weit
man vom Turme sehen kann.
  Bei diesen Worten fiel auf einmal draußen ein Waldhorn
ein; der galante Suppius war es: er zog in seinem Goldbrokat
wie ein ungeheurer Johanniswurm durch den finstern Gar-

ten, als wollt' er mit seinen Klängen die Nacht anbrechen, die nun von allen Seiten prächtig über die Wälder heraufstieg. Schloß, Büsche und Garten wurden immer wunderbarer im Mondschein, und wenn die Luft die Zweige teilte, blinkte aus der Tiefe unterm Schloß die Saale herauf, und das Geschmeide und die Augen des Fräuleins blitzten verwirrend dazwischen – da hub plötzlich die Uhr vom Turme zu schlagen an. Klarinett fuhr unwillkürlich zusammen, in demselben Augenblick glaubte er einen flüchtigen Händedruck zu fühlen, und als er verwundert aufsah, traf ihn ein funkelnder Blick der Dame.

Indem aber trat der Diener mit einer Kerze hinter ihnen in den Saal, um die Fremden ins Schlafgemach zu geleiten; die Dame erhob sich, zierlich und gemessen wie sonst, und war nach einer freundlichen Verbeugung schnell durch eine innere Tür des Saales verschwunden. Doch als Klarinett sich betroffen wandte, ging eben der Mond aus einer Wolke und beschien hell das steinerne Bildwerk über der Tür: es war wirklich das ihm wohlbekannte Wappen der Grafen Gerold! – Was ist denn das? dachte er erschrocken: am Ende hab' ich da selber den Ring! –

Am folgenden Tage hielt er's fast für einen Traum, so ganz anders sah die Welt aus: der Morgen hatte Alles wieder mit Glanz und Vogelschall verdeckt, nur das unheimliche Wappen über der Tür blieb aus jener Nacht, und der Zauberblick der Dame. Er hatte sich in dem Wetterleuchten ihrer Augen nicht geirrt, sie spielten munter fort, ihre Liebe zu Klarinett brach rasch aus, wie der Frühling nach einem warmen Gewitterregen. Und so ließ er denn auch Alles gut sein und wollte mit Grübeln das Glück nicht versuchen, das ihm so unversehens über den Kopf gewachsen.

Dem Suppius aber ging es über den seinigen weg, ohne daß er's merkte. Jeden Morgen putzte er sich, mit Rat und Beistand des mutwilligen Klarinett, auf das sorgfältigste heraus, und probierte vor dem Wandspiegel insgeheim artige Stellungen. Aber bis zu Mittag war doch Alles wieder schief und verschoben, das vornehme Kleid der guten Lebensart

saß ihm, als wär' er in der Eile mit einem Arm in den falschen
Ärmel gefahren. Manchmal fielen ihm auch plötzlich die
Wissenschaften wieder ein; da erschrak er sehr und verwünschte alle Abenteuer, die er doch immer selbst wieder
anzetteln. Dann ergriff er hastig das dicke Buch, das in der
Tasche seines Serenadenrockes mitgekommen, damit setzte
er sich in die abgelegensten Winkel des Gartens ins Gras, und
schlug das Kapitel auf, wo er in Halle stehen geblieben. Aber
der alte Ungarwein aus dem Schloßkeller war stärker als er,
der ließ die Buchstaben auf Magyarisch vor ihm tanzen und
drückte ihm jedesmal die Augen zu und die Nase ins Buch.
Und wenn er aufwachte, steckte zu seinem Erstaunen das
Zeichen im Buch immer beim unrechten Paragraphen, auch
glaubte er auf dem Rasen Spuren von Damenschuhen zu
bemerken, als hätten ihn Elfen im Schlafe besucht; ja, das
eine Mal lag, statt des Zeichens, ein ganzer Strauß brennender Liebe zwischen den Blättern. Da steckt' er ihn triumphierend vorn an die Brust und sprach den ganzen Tag durch
die Blume zu Euphrosynen von heimlicher Lieb' und Hochzeit. Er zweifelte und verwunderte sich nicht im Mindesten,
daß sie in ihn verliebt, und ließ oft gegen Klarinett fallen, wie
er darauf bedacht sein werde, ihn hier als seinen Kapellmeister oder Fasanengärtner anzustellen.

Klarinett aber wußt' es wohl besser, es kam Alles bald zum
Ausgang. Denn als er eines Morgens bei einem Spaziergang
mit Euphrosynen und ihrem Diener auf eine Anhöhe gestiegen, von der man weit ins Land hinaus sehen konnte, wies
ihm der Diener rings in die Runde die Schlösser, Wälder,
Teiche, weidenden Herden und Untertanen, die alle seinem
Fräulein gehörten. Der Morgen funkelte drüber, die Teiche
blickten wie Augen aus dem Grün, alle Wälder grüßten
ehrerbietig rauschend herauf, Klarinett war wie geblendet.
Da sagte Euphrosyne rasch: Und Alles ist Dein – wenn Du
diese Hand nicht verschmähst, setzte sie mit gesenkten Augen kaum hörbar hinzu. Klarinett aber, ganz verblüfft,
stürzte auf ein Knie nieder und schwor, so wahr er Kavalier
und Rittmeister sei, wolle er sie nimmer verlassen, und ein

Kuß auf ihre Hand versiegelte den schönen Bund, und in dem Auge des grauen Dieners zitterte eine Freudenträne.

Nun aber lebten sie alle vergnügt von einem Tage zum andern; da war nichts als Schmausen und Musizieren und Umherliegen über Rasenbänken und Kanapees. Täglich zur selben Zeit lustwandelten sie rauschend in vollem Staate vor dem Schloß, gleichsam leuchtende Zirkel und Namenszüge durch den Garten beschreibend, der mit seinen Schnörkeln von bunten Scherben wie ein Hochzeitskuchen im Sonnenschein lag; im Hofe hatte der blühende Holunderbusch ihre Staatskarosse schon beinah ganz überwachsen, auf der Marmortreppe schlug der Pfau täglich dasselbe Rad, die Vögel sangen immer dieselben Lieder in denselben Bäumen. Und an einem prächtigen Morgen, den er halb verschlafen, dehnte sich Klarinett, daß ihm die Glieder vor Nichtstun knackten; nein, sagte er, nichts langweiliger, als Glück!

5. FORTUNA'S SCHILDKNAPPEN

Zur selben Zeit lag das Dorf, das einst zu dem Schlosse gehört, fern unterm Berg in Trümmern. Es war seit dem letzten Durchzug der Schweden zerstört und verlassen; nun rückte der Wald, den die Bauern so lange tapfer zurückgedrängt, über die verras'ten Beete unter Vogelschall mit Stacheln, Disteln und Dornen wieder ein, und hatte sich das verbrannte Gebälk schon mit Efeu und wilden Blumen prächtig ausgeschmückt und auf dem höchsten Aschenhaufen einen blühenden Strauch als Siegesfahne ausgesteckt; nur einzelne Schornsteine streckten noch, wie Geister, verwundert die langen weißen Hälse aus der verwilderten Einsamkeit. Heute aber fing auf einmal der eine Schornstein wieder zu rauchen an, ein helles Feuer knisterte unter demselben, und so oft der Wind den Rauch teilte, sah man in der Glut des Widerscheins wilde dunkle Gestalten, wie Arbeiter in einem Eisenhammer, mit aufgestreiften Ärmeln vor dem Feuer hantieren, kochen und Bratspieße drehn; Einer saß im Grase und flickte sein Wams, ein Anderer lag daneben und sah ihm verächtlich zu, den Arm stolz in die Seite gestemmt, daß ihm im Mondschein der Ellbogen aus dem Loch im Ärmel glänzte, während weiterhin zwei holk'sche Jäger so eben durch das Dickicht brachen und ein frisch geschossenes Reh herbeischleppten.

Es waren versprengte Landsknechte, die das Ende des dreißigjährigen Krieges plötzlich vom Pferd auf den Friedens- und Bettelfuß gesetzt. In solchem Schimpf hatten sie beschlossen, den Krieg auf ihre eigene Faust fortzusetzen und sich mitten durch ihren gemeinschaftlichen Feind, den Frieden, nach Ungarn durchzuschlagen, wo sie gegen den Türken neue Ehre und Beute zu gewinnen hofften.

Hartes Bett, gemeines Bett! sagte der Stolze mit dem Loch im Ärmel. Heute ist's gerade ein Jahr, es war auch so eine blanke Nacht, da hing es nur von mir ab, ich konnte auf kostbaren Teppichen liegen mit eingewirkten Wappen, in jedem Zipfel mein Namenszug in Gold.

Da kniff ein grauer Kerl seitwärts den neben ihm liegenden Dudelsack, der plötzlich schnarrend einfiel. – Ruhe da! rief ein breiter Landsknecht hinüber, und mehre Schalke rückten zum Feuer, um den Schreckenberger (so hieß der Stolze) besser zu hören. Dieser warf dem Dudelsack einen martialischen Blick zu und fuhr fort:

Denkt Ihr noch dran, nach der Schlacht bei Hanau, wie wir da querfeld mit der Regimentskasse retirierten, nichts als Rauchwirbel in der Ferne und Rabenzüge über uns? In den Dörfern guckten die Wölfe aus den Fenstern, und die Bauern gras'ten im Wald. – Freilich, versetzte der schlaue Landsknecht, und eine vornehme Dame auf kostbarem Zelter, einen Pagen hinter sich, retirierte immer neben uns her, und als wir am Abend an einem verbrannten Dorfe Halt machten, kehrte sie auch über Nacht ein in dem wüsten Gartenschloß daneben. – Ja, und die Augen, sagte Schreckenberger, spielten ihr wie zwei Spiegel im Sonnenschein; Dich und die Andern hat's geblendet, Ihr wart alle vernarrt in sie. Nun denk' ich an nichts und gehe Abends am Schloß vorüber, da schreibt sie euch aus dem Fenster ordentlich: Vivat Schreckenberger! mit den feurigen Blicken in die Luft, und wie ich mich wende, ruft sie: Ach! und fällt in Ohnmacht vor großer Lieb' zu mir. So was war mir schon oft passiert, ich fragte wenig danach; da ich aber tiefer im Garten bin, kommt plötzlich der Page im Dunkel daher mit einem Briefe an mich auf rosenfarbenem Papier.

Hier zog Schreckenberger ein Brieflein aus dem Wams und reichte es mit vornehm zugekniffenen Augen über die Achsel den Andern hin. Der Landsknecht nahm es hastig und las: »Im Garten bei Nacht – das Lusthaus ohne Wacht – Sturmleitern daran – Cupido führt an – Um Mitternacht Runde – Parol: Adelgunde.«

Das klappt ja wie ein Trommelwirbel, sagte der Landsknecht, indem er, den Brief zurückgebend, neugierig noch näher rückte. Ja, Cupido hat schon Manchen angeführt; nur weiter, weiter!

Kurz: um Mitternacht bin ich auf meinem Posten, hub Schreckenberger wieder an: im Garten nichts als Mondschein, große Stille, das Lusthaus, wie es im Briefe steht, droben ein offenes Fenster auf dem Dach, drunten eine Leiter, ich weiß nicht mehr, ob von Sandelholz oder Seide oder Frauenhaaren. Ich fackle nicht lange: die Büchse auf dem Rücken, in jeder Hand ein Pistol, den blanken Säbel zwischen den Zähnen, so klettre ich hinauf –.

Also Du warst es doch! fiel hier der Landsknecht verwundert ein.

Nun, wer denn sonst? erwiderte Schreckenberger, und Jasmin, wie ich hinaufsteige, Rose von Jericho, Holunder, Jelängerjelieber, alles umhalst und umschlingt mich vor Freuden, das riß sich ordentlich um mich, daß ich die Sporen nicht nachbringen konnte, und vom Fenster droben hoben mich plötzlich zwei alabasterne Schwanenarme aus dem Brunnen der Nacht, und über mir ein prächtiges Gewitter von schwarzen Locken, da blitzen Augen und Juwelen daraus, und in dem Brunnen gehen immerfort goldene Eimer auf und nieder mit Muskateller und Konfekt, und die Gräfin

Adelgunde sitzt neben mir auf einem mit Diamanten ge-
sprenkelten Kanapee, und: langen Sie zu, sagte sie, und: oh,
ich bitte sehr, sag' ich –. Da hör' ich auf einmal unter uns in
dem Lustpalaste inwendig ein Gesumse wie in einem Bie-
nenstock. Was war das? rufe ich –.

Jetzt brach plötzlich ein Lachen aus. *Wir* waren es, sagte
einer der Zuhörer, denn wir steckten ja alle drinnen, der Page
hatte uns alle nach einander auch ins Lusthaus geladen und
darauf die Tür hinter uns verriegelt.

Aber Schreckenberger, einmal im Strom der Erzählung,
ließ sich nicht irre machen: ich springe auf, fuhr er fort, ha,
Verrat! schreie ich –.

Nun sprachen Alle rasch durch einander: Ja, Du machtest
einen Teufelslärm auf dem Dache, denn sie hatten hinter Dir
die Leiter weggenommen, und das Fenster oben war verschlossen.

Und die Gräfin in dem einen Arm, den Säbel im andern,
und unter mir kocht es und zischt es und rumpelt es –.

Freilich, im dunklen Lusthause stießen wir Einer auf den
Andern, und Einer fragte den Andern trotzig, was er hier
suchte, und Jeder hatte seine Parole Adelgunde, bis wir
zuletzt alle an einander gerieten und aus der Parole ein
großes Feldgeschrei und Geraufe wurde.

Und ich steche links, steche rechts; die Gräfin, ohnmäch-
tig, ruft: Genug des Gemetzels! Aber ich lass' mich nicht
halten und feuere prasselnd alle meine Pistolen ab nach allen
Seiten wie ein Feuerwerk –.

Das hörten wir wohl, fiel nun der Landsknecht wieder ein,
und hielten es für einen feindlichen Überfall; da arbeiteten
wir und stemmten uns an die verriegelte Tür und die Wände,
bis das ganze morsche Lusthaus über uns in Stücken aus
einander ging. So kamst Du auch kopfüber mit herunter –
Du machtest einmal Sprünge quer über das Feld fort, ohne
Dich umzusehen! wir erkannten Dich nicht in der Verwirrung, und wußten dann gar nicht, wo Du auf einmal hin-
gekommen; später hieß es, Du wärst zu den Kaiserlichen
desertiert in dieser Nacht.

Nacht? fuhr der unverwüstliche Schreckenberger noch immer fort: ja recht mitten durch die Nacht auf einem schneeweißen Zelter, sich die Tränen wischend mit dem goldbordierten Schleier und mir zuwinkend, flog die dankbar gerettete Gräfin –.

Mit Eurer verlassenen Regimentskasse in die weite Welt, versetzte einer der holk'schen Jäger, denn es war unsere Marketenderin, die schöne Sinka, die hatt's Euch allen angetan, das merkte sie wohl und vexierte Euch von der Feldwacht fort.

Schreckenberger schwieg und warf wieder einen martialischen Blick rings in die Runde. Aber der Jäger fuhr fort: Und gleich am andern Morgen, da wir bei unserem Regiment sie alle kannten, wurden wir kommandiert, ihr nachzusetzen. Das war eine lustige Jagd; wir strichen wie die Füchse auf allen Diebswegen und schüttelten jeden Baum, ob das saubere Früchtchen nicht herabfiele. So kamen wir am folgenden Abend – es war gerade ein Sonntag – in ein kleines Städtchen; da war großes Gewirr auf dem Platz; ein Stoßen und Drängen und Lärm von Trommeln und Pfeifen, in allen Fenstern lagen Damen wie ein Blumengelände bis an die Dächer herauf, wo die Schornsteinfeger aus den Rauchfängen guckten und vor Lust ihre Besen schwangen. An des Bürgermeisters Hause aber war vom Balkon ein Seil gespannt über die Stadt und die Gärten weg bis zum Waldberg jenseits überm Fluß. Ein schlanker Bursch stand auf dem Geländer des Balkons in flimmernder spanischer Tracht mit wallenden Locken. Der alte Bürgermeister schien wie vernarrt in das blanke Püppchen, plauderte und nickte ihm freundlich zu, daß die Sonne in den Edelsteinen seines kostbaren Hutes spielte; der Bursch reckte ihm lachend den Fuß hin; er mußte ihm mit einem großen Stück Kreide die Sohlen einreiben. Auf einmal wendet er sich herum – das ist Sinka! rufe ich erstaunt meinen Kameraden zu. – Aber sie hatte uns auch schon bemerkt, und eh' wir uns durchdrängen können, nimmt sie rasch dem Bürgermeister den kostbaren Hut von der Glatze, drückt sich ihn auf die Locken, und zierlich mit

zwei bunten Fähnchen schwenkend und grüßend, schreitet
sie unter großem Jubelgeschrei über Köpfe, Dächer und
Gärten fort. Der Abend dunkelte schon; das Seil wurde
unkenntlich aus der Ferne; es war, als ginge sie durch die
leere Luft, die untergehende Sonne blitzte noch einmal in
den Steinen am Hut, so verschwand sie wie eine Sternschnuppe jenseits überm Walde; Niemand hat sie wiedergesehen.

Meinetwegen, Stern oder Schnuppe! fiel hier Schreckenberger ein, tat einen Zug aus seiner Feldflasche und sang:

> Aufs Wohlsein meiner Dame,
> Eine Windfahn' ist ihr Panier,
> Fortuna ist ihr Name,
> Das Lager ihr Quartier.
>
> Und wendet sie sich weiter,
> Ich kümmre mich nicht drum,
> Da draußen ohne Reiter,
> Da geht die Welt so dumm.
>
> Statt Pulverblitz und Knattern:
> Aus jedem wüsten Haus
> Gevattern sehn und schnattern
> Alle Lust zum Land hinaus.
>
> Fortuna weint vor Ärger,
> Es rinnet Perl' auf Perl'.
> »Wo ist der Schreckenberger?
> Das war ein andrer Kerl!«
>
> Sie tut den Arm mir reichen,
> Fama bläs't das Geleit,
> So zu dem Tempel steigen
> Wir der Unsterblichkeit.

Nun schwenkten die Andern die Hüte, und: Vivat das hohe
Brautpaar! schrien sie jubelnd, hoch lebe unser Tempelherr
der Unsterblichkeit! und der Dudelsack schnurrte wieder
einen Tusch dazu.

Da schlugen plötzlich die großen Hunde an, die jede
Nacht um ihr Lager die Runde machten; die Gesellen horchten auf, es war auf einmal Alles totenstill. Man hörte in der
Ferne Äste knacken, wie wenn Jemand durchs Dickicht
bräche; es kam immer näher; jetzt vernahmen sie deutlich
Fußtritte und Stimmen, die Wipfel der Sträucher bewegten
sich schon; Schreckenberger nahm schnell seine Muskete und
zielte nach der Gegend hin.

Plötzlich aber ließ er Arm und Flinte wieder sinken: I
Pamphil, wo kommst denn Du hergezigeunert? rief er ganz
verwundert aus. Der Puppenspieler trat aus dem Gebüsch,
Seppi und Denkeli hinter ihm; die großen Hunde, denen sie
Brocken zuwarf, gaben ihnen frei Geleit. Der Puppenspieler
visierte erst die ganze Gesellschaft rings im Kreise scharf mit
dem einen Auge, dann, da er lauter bekannte Gesichter
bemerkte, nahm er das schwarze Pflaster vom andern. Hast
Du wieder Mondfinsternis gemacht, um besser zu mausen?
fragte lachend der Landsknecht. – Wir sind alle im abneh-
menden Mond bei dem wachsenden Frieden, erwiderte
Pamphil, wir haben den faulen Bauern die Felder mit Blut
gedüngt, nun schießt Alles in Kraut und Rüben; die Welt
wird noch ersticken vor Langerweile. Aber was treibt Ihr
hier, Ihr alten Kriegsgurgeln? man hört Euch ja eine halbe
Meile weit durch die stille Nacht, ich konnt' nicht fehlen.

Nun raschelte es in allen Winkeln, immer mehr wilde
Gestalten richteten sich aus dem Dunkel empor; da war des
Begrüßens, Händeschüttelns und Fragens kein Ende. Wie sie
aber hörten, daß Pamphil so eben von dem Schlosse kam, das
sie unterweges von fern über dem Walde gesehn, trat Alles
um ihn herum, und da er von zwei Kavalieren droben
erzählte und von einem schönen Reisewagen im Hofe, mußte
er ihnen Alles ausführlich beschreiben; sie zweifelten nicht,
daß es die beiden Edelleute mit der Karosse seien, welche sie

vor einiger Zeit bei Nacht in dem Städtchen gesehen, und die ihnen dann im Walde mitten durchs Kreuzfeuer ihrer Pistolen so schnöde entwischt.

Unterdes saß Denkeli seitwärts auf einem Baumsturz, den Kopf in die Hand gestützt und ohne sich um die Andern zu bekümmern; man wußte nicht, ob sie müde oder traurig. Das stach die Gesellen in die Augen; einige wollten sich galant zeigen und scharrten und gollerten wie aufgeblasene Truthähne um sie herum. Der holk'sche Jäger, kecker als die Andern, schlich sich leis von hinten heran, um das Mädchen zu küssen; da wandte sie sich und gab ihm unversehens eine Ohrfeige, daß es laut klatschte. Der Überraschte griff wütend nach seinem Hirschfänger, aber der Puppenspieler, der Alles bemerkt, hatte ihn schon von unten an dem einen Bein gefaßt und hob ihn so, zu allgemeinem Gelächter, mit ausgestrecktem Arm hoch über sich in die Luft. Bleibt meiner Denkeli vom Leib, rief er mit martialischen Mienen, oder ich mache meine schönsten Kunststücke an euren eigenen Knochen durch. – Laßt sie nur, sagte Denkeli, ich werde schon allein mit ihnen fertig, heute kommen sie mir gerade recht. – Der Jäger, da er wieder auf dem Boden war, sah den Puppenspieler halb verwundert, halb trotzig vom Kopf bis zu den Füßen an, wie ein Mops, der unverhofft auf einen Bullenbeißer gestoßen.

Denkeli aber blickte scharf zur Seite zwischen die dunkeln Bäume; dort waren die Andern unterdes wieder zusammengetreten und redeten heimlich unter einander in der Spitzbubensprache. Eine entsetzliche Ahnung stieg plötzlich in ihrer Seele auf, denn sie hörte von Zeit zu Zeit des reichen Fräuleins auf dem Schloß und der beiden Kavaliere erwähnen. Ihr Herz klopfte; scheinbar gleichgültig am Feuer kauernd und die Flamme schürend, horchte sie mit wachsender Angst hinüber; da erfuhr und erriet sie nach und nach Alles: wie sie noch heute den Berg hinaufschleichen, das schlechtverwahrte Schloß im ersten Schlafe überfallen und die Beraubten auf ewig still machen wollten. Auch der Vater trat nun hinzu, und schien mancherlei guten Rat zu erteilen.

Denkeli dachte mit Schrecken an Siglhupfer, den sie oben gesehen. Sonst achtete sie wenig auf die Anschläge der Männer, sie war von Jugend daran gewöhnt; jetzt kam ihr auf einmal Alles ganz anders und unleidlich vor. Aber zu verhindern war es nicht mehr, das wußte sie wohl, eher hätte sie den Sturmwind im Fluge wenden können. So suchte sie nach kurzem Bedenken unbemerkt die Pistolen des Vaters hervor, lud sie und legte darauf hastig ihren schönsten Putz an; ihre Augen funkelten, und wie sie auf einmal, von den schwarzen Locken umringt, sich in ihrem Schmuck am Feuer aufrichtete, erschrak Alles, so prächtig war sie. Der Vater lobte sie, daß sie etwas auf sich hielt vor den Leuten. Sie erwiderte rasch: sie wisse schon Alles, sie habe sich die Gegend wohl gemerkt und wolle nach dem Schlosse vorausgehen, um auszukundschaften, ob der Wald sicher, ehe die Andern nachkämen. Es fiel dem Vater nicht auf; er kannte sie, wie beherzt sie war. Da stand sie noch einen Augenblick zögernd. Lebt wohl, sagte sie dann aus tiefstem Herzensgrund. Der Vater stutzte bei dem ungewöhnlich bewegten Klang der Stimme, und sah ihr in Gedanken nach; aber, ihr Tambourin schwingend, war sie schon im Wald verschwunden.

6. VIEL LÄRMEN UM NICHTS

Während des ruhte schon Alles im Schloß, nur Klarinett konnte vor den vielen schlagenden Nachtigallen im Garten nicht einschlafen. Der Mond schien hell durchs ganze Zimmer, manchmal bewegte die Zugluft die alten Tapeten, und wo sie zerrissen, waren auf den kahlen Wänden, dem Stammbuch müßiger Soldaten, überall Gesichter und Figuren ungeschickt mit Kohle gemalt. Seitwärts, in einen weiten damastenen Schlafrock gehüllt, saß er auf dem schweren Himmelbett, an dem Himmel und Betten fehlten, und dachte noch seiner, immer näher heraufrückenden, Vermählung nach. – Jetzt öffnete er ungeduldig ein Fenster, der frische

Waldhauch wehte ihn plötzlich über die Dächer an, da war's, als wollten die rauschenden Wipfel ihn an ein Lied erinnern, das er früher gar oft in solcher nächtlichen Einsamkeit gesungen. Er besann sich lange, dann stimmte er, halb singend, halb sprechend, leise vor sich an:

> Es ist ein Klang gekommen
> Herüber durch die Luft –

die Weise wollte ihm durchaus nicht einfallen –

> Der Wind hat's gebracht und genommen –

Er ärgerte sich, daß er hier alles verlernt, was ihm sonst lieb gewesen; es wurde ihm so heiß und angst, er schob es auf den ungewohnten Ungarwein und eilte endlich aus dem schwülen Gemach, die stille Treppe hinab, durch ein verborgenes Pförtchen ins Freie. Er ging so eilig durch den Garten, daß er sich alle Augenblicke in die weiten Falten des Schlafrocks verwickelte; die Mücken stachen ihn, die Gedanken jagten sich ihm durch die Seele, wie die Wolken am Himmel, er wußte sich gar nicht zu retten. Sei kein Narr, sei kein Narr! sagte er hastig zu sich selbst: ein Schloß, drei Weiler, vier Teiche und fette Karpfen und Untertanen und Himmelbett – und was macht die Frau Liebste? – Danke für höfliche Nachfrage, sie wiegt – ach, und die lieben Kleinen? – sie schreien, und die Wiegen rumpeln – und derweil rauscht der Wald draußen und schilt mich, und die Rehe gucken durch den Gartenzaun und lachen mich aus – ja, Wald und Rehe, als wenn das alles nur so zum Einheizen und Essen wäre! –

So war er in seinem Eifer mit dem langen Schlafrock mitten ins Dickicht zwischen Dornen und Nesseln geraten, und als er sich umsah, erblickte er wahrhaftig die wunderbare Fei in einem Fensterbogen über sich. Er starrte betroffen hin, denn dieser Teil des Schlosses war völlig wüst und unbewohnt, auch kam die Gestalt ihm jetzt schlanker und ganz anders vor, als Euphrosyne, sie bog sich weit herüber, als säh' sie nach Jemand aus, ihn schauerte – da schien sie ihn zu bemerken und verschwand schnell wieder am Fenster.

Jetzt aber hörte er zu seinem Erstaunen eine wunderschöne Stimme singen, bald näher, bald ferner, wie in goldnen Kreisen um das ganze stille Haus. Er stutzte und hielt den Atem an, das Herz wurde ihm so leicht und fröhlich bei dem Klange, die Luft kam vom Schloß, er meinte die Weise zu kennen aus alter Zeit. Da schlug er sich plötzlich vor die Stirn, jetzt wußt' er auf einmal das Lied, auf das er sich niemals besinnen konnte, und sang jauchzend aus frischer Brust:

> Es ist ein Klang gekommen
> Herüber durch die Luft,
> Der Wind hat's gebracht und genommen,
> Ich weiß nicht, wer mich ruft.
> Es schallt der Grund von Hufen,
> In der Ferne fiel ein Schuß –
> Das sind die Jäger, die rufen,
> Daß ich hinunter muß!

Und auf einmal ganz nahe unter dem Garten antwortete die Stimme:

> Das sind nicht die Jäger – im Grunde
> Gehn Stimmen hin und her,
> Hüt' Dich zu dieser Stunde!
> Mein Herz ist mir so schwer.
> Wer Dich lieb hat, macht die Runde,
> Steig' nieder und frag' nicht, wer!
> Ich führ' Dich aus diesem Grunde –
> Dann siehst Du mich nimmermehr.

Aber Klarinett hatte schon den Schlafrock abgeworfen, er fühlte sich auf einmal so leicht in dem alten Wanderkleid und schaute in das stille Meer der Nacht, als hört' er die Glocken gehn von den versunkenen Städten darunter, und aus dem Waldgrund tönte der Gesang immerfort dazwischen:

Ich weiß einen großen Garten,
Wo die wilden Blumen stehn,
Die Engel frühmorgens sein warten,
Wenn Alles noch still auf den Höh'n;
Manch zackiges Schloß steht darinne,
Die Rehe grasen ums Haus,
Da sieht man weit von der Zinne,
Weit, über die Länder hinaus. –

Klarinett erkannte die Stimme recht gut, und ganz verwirrt, zwischen den wankenden Schatten der Bäume, stieg er durch den Garten in die mondbeglänzte Einsamkeit hinab, immer tiefer, tiefer, das Schloß war hinter ihm schon versunken.

Nun wurde oben Alles wieder totenstill, nur der Wetterhahn auf dem Turm drehte sich unruhig im Winde hin und her, als traute er der falschen Nacht nicht und wollte die Schlafenden warnen. Da raschelt plötzlich etwas in der Ferne, lockeres Steingeröll, wie hinter Fußtritten, rollt schallend in den Abgrund, drauf wieder die alte unermeßliche Stille. Allmählich aber schien das heimliche Geknister ringsum sich zu nähern, manchmal fuhr ein verstörter Waldvogel aus dem Gebüsch, sich erschrocken in wildem Zickzack in die Nachtluft stürzend, da und dort blinkte es wie Stahl auf und funkelten wilde Augen durchs Gesträuch. Jetzt trat eine fremde Gestalt vorsichtig aus den Hecken hervor, ein Zweiter und Mehre folgten von allen Seiten, die ganze Bande mit Blendlaternen, Brecheisen, Stricken und Leitern schritt sacht und lautlos dem Schlosse zu. – Nur immer mir nach hier die Marmorstufen hinauf! flüsterte der Puppenspieler zurück. Sie arbeiteten nun, daß ihnen die Schweißtropfen aus dem struppigen Haar rannen, an der verschlossenen Tür, um sie unbemerkt zu öffnen. Andere hoben ungeduldig indes die Scheiben aus den Fenstern und legten die Leitern an, eifrig hinansteigend. Indem aber tut auch die Tür sich schon mit Krachen auf, und das ganze Gesindel durch Fenster und Tür stürzt auf einmal mitten in den Gartensaal. – Das Fräulein! schreit plötzlich der Puppenspieler: Euphrosyne, von ihrem

Diener begleitet, erschrocken, mit fliegendem Haar im Widerschein eines Windlichts tritt ihnen rasch entgegen. – Was
Teufel, die tolle Sinka! ruft da der holk'sche Jäger, und Alle
stehen wie verzaubert.

Pamphil war der erste, der sich von seinem Erstaunen
wieder erholte. Was ist das, wie kommt Ihr hieher? fragte er
den Diener: Ich traf Dich doch erst vor Kurzem in Halle, es
war gerade Geburtstag, glaub' ich, und Maskerade in des
Grafen Gerold Haus an der Stadtmauer; da sagtest Du, Du
hättest einen Schatz drin. – Und den hab' ich auch in der
folgenden Nacht gehoben aus der Jungfernkammer auf mein
Roß, entgegnete der Diener, denn Sinka war Kammerjungfer im Hause, und ich entführte sie die Nacht nach dem
Feste. – Wie die Andern so viel von Schätzen hörten, schrien
alle durch einander: da stecke was dahinter, sie wüßten's
wohl, Sinka hätte hier auf dem Schloß wie eine Prinzessin
gelebt und aus dem gräflichen Hause mehr als ihren Abschied genommen, auch sei sie ihnen noch ihre Regimentskasse schuldig, sie sollte ihnen zur Goldtruhe vorleuchten,
oder sie würden ihr das Schloß überm Kopfe anzünden.

Sinka blickte ratlos umher, wie nach einem guten Einfall,
denn sie gedachte des in Halle gestohlenen Schmuckkäst-
chens unter ihrem Bett, und verwünschte im Herzen die
beiden Kavaliere und ihr Heiratsprojekt, das sie so lange hier
im Schlosse aufgehalten. Doch die Gesellen ließen keine
Bedenkzeit; überwacht und in der übelsten Laune stürmten
die Einen schon die innere Saaltür, die Andern wollten das
Schlafzimmer der beiden Edelleute aufsuchen, wieder Andere verrannten diesen wie jenen den Weg, um die Ersten zu
sein beim Fange, und Jeder zankte auf den Puppenspieler,
daß er sie mit seinem falschen Schloßfräulein vexiert; so
gerieten endlich Alle, lärmend, stoßend und über die Marmorstufen sich wieder hinabdrängend, auf dem Gartenplatz
vor dem Schlosse wütend an einander. Vergebens warf sich
Sinka dazwischen und schimpfte sie wilde Gänse, die ihr ins
Netz fielen und alle Maschen zerrissen, da sie eben einen
jungen Goldfasan fangen wollte; morgen sei die Hochzeit

mit dem Rittmeister, sie wolle ehrlich mit ihnen teilen. Keiner hörte mehr, Alles stach, hieb und raufte in der stockfinstern Nacht, daß die Fetzen flogen und die Funken von den Klingen sprühten.

Da schrie plötzlich Sinka durchdringend auf, mit Entsetzen bemerken sie auf einmal mitten unter sich ein fremdes Gesicht, jetzt wieder eins, bald da, bald dort, beim Streiflicht des Mondes immer mehr unbekannte Gestalten, die schweigend mitkämpfen, die eine von furchtbarem Aussehen ingrimmig durch den dicksten Haufen mähend, als föchte der Teufel mit ihnen. Da faßt Alle ein unwiderstehliches Grauen, und, Sinka voran, stiebt plötzlich der ganze verbissene Knäul wie ein Nachtspuk in die Waldschluchten aus einander.

Nur der grimme Fechter, mit zerhauenem Hute blutend auf ein Knie gesunken, verteidigte sich noch immer gegen die geisterhafte Runde der Unbekannten, die nun allein auf dem Platz zurück geblieben. Der Eine leuchtete ihm mit seiner Fackel unter die herabhangende Hutkrempe. – Ei, Herr Suppius! was machen Sie denn hier? rief er erschrocken zurückprallend.

Suppius – der bei dem ersten Lärm sich sogleich aus seinem Schlafgemach in das Getümmel gestürzt hatte – blickte im Kreise herum und erkannte nun mit großem Erstaunen einige reichgekleidete Jäger des Grafen Gerold aus Halle, die er damals öfters gesehen, wenn er unter den Fenstern seiner eingebildeten Geliebten vorbeistrich. Sie halfen ihm sogleich wieder auf die Beine, und da sie seine umherschweifenden fragenden Blicke bemerkten, erzählten sie ihm in aller Geschwindigkeit, wie ihrem Herrn vor Kurzem, da er mit seiner Tochter im nächsten Städtchen übernachtet, eine Karosse nebst Effekten, die er auf der Reise vorausgeschickt, verwegen weggeschnappt worden; da seien sie endlich der Diebsbande auf die Spur gekommen und ihr immer dicht auf den Fersen bis hier zu des Grafen wüstem Jagdschloß gefolgt.

Des Grafen Schloß? fragte Suppius ganz verwirrt. Aber er

hatte nicht Zeit, sich lange zu verwundern. Wo ist der
Samson, der die Philister geschlagen? rief ein stattlicher Herr
im Garten. Es war Graf Gerold selbst, der, sich rasch vom
Pferde schwingend, herzutrat und den abenteuerlichen Studenten mit heimlichem Lächeln betrachtete. Hinter ihm hielt 5
seine Tochter, im ersten Morgenlicht mit den wallenden
Federn vom Zelter nickend. – Das ist sie wirklich und leibhaftig! dachte Suppius überrascht.

Nun war unter den Schälken ringsum viel Rühmens von
dem wütenden Studenten, der wie ein Sturmwind das Ge- 10
sindel aus einander geblasen. Indem hatten die Jäger im
Schloßhofe auch die verschwundene Karosse entdeckt, Andere brachten so eben den verlorenen Reisekoffer mit den
Staatskleidern und das gestohlene Schmuckkästchen herbei.
Der lustige Graf, ohne lange zu kramen, zog sogleich eine 15
schwere goldene Kette hervor, aus lauter St. Jürgen und
Lindwürmern künstlich zusammengefügt, und reichte sie
seiner Tochter, die mußte sie feierlich dem tapfern Retter des
Schlosses um den Hals hängen. Dann gab er seinen Leuten
einen Wink. Da setzten sie rasch die Trompeten an und 20
bliesen dem Suppius zu Ehren einen schmetternden Tusch,
während die Andern, eh' er sich's versah, ihn auf ihre Schultern schwangen und so im Triumph ins Schloß zum Frühstück trugen.

Unterdes war der Tag schon angebrochen, Suppius konnte 25
von seinem luftigen Sitz weit über die Hecken weg ins Tal
schauen. Da sah er, zu neuem Erstaunen, unten seinen Gefährten Klarinett zu Roß, seine Denkeli vor sich im Sattel,
wie einen Morgenblitz am Saum des Waldes dahin fliegen.
Siglhupfer (denn Niemand anders war Klarinett) hatte sich 30
nicht getäuscht: Denkeli, entschlossen, mit Gefahr ihres eigenen Lebens ihn zu warnen und zu retten, war die singende
Fei im Fenster gewesen – nun verstand er erst die Sage; so
weit man vom Turm des Schlosses sehen konnte, es war ja
Alles, Alles wieder sein! 35

Oben aber schmetterten jetzt von Frischem die Trompeten, Vivat und Jubelgeschrei, und hinter sich sah Suppius die

Hüte schwenken und Weinflaschen blinken und die schönen Augen der jungen Gräfin dazwischen funkeln. – So hatte er, wie man die Hand umdreht, sein Glück gemacht. – Siglhupfer aber blieb fortan in den Wäldern selig verschollen.

LIBERTAS UND IHR⟨E⟩ FREIER

EIN MÄRCHEN

Es war einmal ein Schloß in Deutschland mit dicken Pfeilern, Bogentor und Türmchen, von denen Wind und Regen schon manchen Schnörkel abgebissen hatten. Das Schloß lag mitten im Walde und war sehr verrufen in der ganzen Gegend, denn man wußte nicht, wer eigentlich darin wohnte. Jemand konnte es nicht sein, sonst hätte man ihn doch manchmal am Fenster erblicken müssen; und niemand auch nicht, denn in dem Schlosse hörte man bei Tag und Nacht beständig ein entsetzliches Rumoren, Seufzen, Stöhnen und Zischen, als würde drin die Welt von neuem erschaffen; ja des Nachts fuhr bald da bald dort ein Feuerschein aus einem der langen Schornsteine oder Fenster heraus, als ob gequälte Geister plötzlich ihre lechzenden Zungen ausstreckten. Über dem Schloßportal aber befand sich eine überaus künstliche Uhr, die mit großem Geknarre Stunden, Minuten und Sekunden genau angab, aber aus Versehen rückwärts fortrückte und daher jetzt beinah schon um fünfzig Jahre zu spät ging; und jede Stunde spielte sie einen sinnigen Verein gebildeter Arien zur Veredlung des Menschengeschlechts, z. B.:

> In diesen heil'gen Hallen
> Kennt man die Rache nicht –
> Und Ruhe ist vor allen
> Die erste Bürgerpflicht u. s. w.

Die benachbarten Hirten, Jäger und andere gemeinen Leute aber waren das schon gewöhnt und fragten nicht viel danach, denn sie wußten ohnedem von der Sonne schon besser, was es an der Zeit war, und sangen unbekümmert ihre eignen Lieder. Wer aber recht genau aufpaßte, der konnte wirklich zuweilen zur Nachtzeit oder in der schwülen Mittagstille den Schloßherrn aus dem großen Uhrportal hervortreten und auf den einsamen Kiesgängen des Ziergartens lustwandeln sehen; einen hagern, etwas schiefbeinigen Herrn mit geboge-

ner Nase und langem Schlafrock, der war von oben bis unten
mit allerlei Hieroglyphen und Zaubersprüchen verblümt
und punktiert, und hatte unten einige Zimbeln am Saume,
die aber immer gedämpft waren, um ihn nicht im Nachden-
5 ken zu stören. Das war aber niemand anders, als der Baron
Pinkus, der große Negromant, und die Sache verhielt sich
folgendermaßen:

    Vor geraumer Zeit und bevor er noch Baron war, hatte der
Staatsbürger Pinkus auf dem Trödelmarkt in Berlin den
10 ganzen Nachlaß des seligen Nicolai (der damals gerade altmodisch geworden, weil soeben die Romantik aufgekommen war) für ein Lumpengeld erstanden und machte in
Ideen. Er war ein anschlägiger Kopf und setzte die Ware ab,
wo sie noch rar war. So war er denn eines Tages an das
15 abgelegene Schloß eines gewissen Reichsgrafen gekommen.
Der Graf saß gerade in freudenreichem Schalle an der Mittagstafel mit seinem Stallmeister, Hofmarschall und dem
andern Hofgesind. Da riß es plötzlich so stark an der Haus-
glocke, daß die Kanarienvögel, Papageien und Pfauen vor
20 Schreck zusammenschrien und die Puthähne im Hofe zornig
zu gollern anfingen. Der Graf rief: wer ist da draußen vor
dem Tor? Der Page lief: was wollen Sie, mein Herr? – Menschenwohl, Jesuiten wittern und Toleranzen. – Der Page
kam: dem Menschen ist nicht wohl, er will einen Bittern oder
25 Pomeranzen. – Das verdenk ich ihm nicht, entgegnete der
Graf, aber geh' und frag' noch einmal genauer wer er sei. –
Der Page ging: Ihr Charakter, mein Herr? – Kosmopolit! –
Der Page kam: Großhofpolyp. – Das Brockhausische Kon-
versationslexikon war damals noch nicht erfunden, um darin
30 nachschlagen zu können, es entstand daher ein allgemeines
Schütteln des Kopfes und der Graf war sehr neugierig die
neue Hofcharge kennen zu lernen. So wurde nun Pinkus
eingelassen und trat mit stolzer Männerwürde in den Saal,
und nachdem die notwendigen Bewillkommnungskompli-
35 mente zu beiderseitiger Zufriedenheit glücklich ausgewechselt waren, begann er sogleich eine wohlstylisierte Rede von
der langen Nacht, womit die schlauen Jesuiten das Land

überzogen, kam dann auf den großen Nicolai, wie derselbe, da in dem Stichdunkel alle mit den Köpfen aneinanderrannten, in edler Verzweiflung seinen unsterblichen Zopf ergriff, ihn an seiner Studierlampe anzündete und mit dieser Fakkel das Volk der Tugendusen, die bloß von Moral leben, siegreich bis mitten in die Ultramontanei führte. – Hier nahm der Hofmarschall verzweiflungsvoll eine Prise, und verschiedene Kavaliere gähnten heimlich durch die Nase. Aber Pinkus achtete nicht darauf, sondern fing nun an, den besagten Nicolaischen Zopf ausführlich in seine einzelnen philosophischen Bestandteile zu entwickeln. Das ist ja nicht auszuhalten! rief der Oberstallmeister mit schwacher kläglicher Stimme, die Andern stießen schon schlummernd mit ihren Frisuren gegeneinander, daß der Puder stob, die Pfauen draußen hatten längst resigniert die Köpfe unter die Flügel gesteckt, im Vorzimmer schnarchte die umgefallene Dienerschaft fürchterlich auf Stühlen und Bänken. Es half alles nichts, der unaufhaltsame Pinkus zog immer neue, lange, vergilbte Papierstreifen aus dem erstandenen Nachlaß, rollte sie auf und murmelte fort und immerfort von Aufklärung, Intelligenz und Menschenbeglückung. – Sapperment! schrie endlich der Graf voll Wut und wollte aufspringen, aber er konnte nicht mehr, sondern versank mit dem ganzen Hofstaat in einen unauslöschlichen Zauberschlaf, aus dem sie alle bis heut noch nicht wieder erwacht sind.

Man muß nur haben Verstand! rief da der böse Negromant und rieb sich vergnügt die Hände, legte sie aber nicht müßig in den Schoß, denn durch die offenen Türen, da niemand mehr da war sie zuzumachen, kam der Wind dahergepfiffen und griff unverschämt nach seinen Papieren; aus der großen Kristallflasche, die der Hofmarschall beim Einschlafen umgeworfen, war ihm das Wasser in die Schnallenschuhe gestürzt und die Kerze, woran sie ihre Pfeifen anzuzünden pflegten, flackerte unordentlich und wollte durchaus die seidene Gardine anstecken. Pinkus aber hatte sie alle schon lange auf dem Korn und eine gründliche Verachtung vor der

Luft, dem landstreicherischen Windbeutel, sowie vor dem
Wasser, das keine Balken hat und immer nur von Stein zu
Stein springen, glitzern, schlängeln und die unnützen Ver-
gißmeinnichts küssen möchte, und vor dem Feuer, das nichts
tut, als vertun und verzehren. Er trat daher entrüstet in den
Garten hinaus, zivilisierte ohne Verzug jene ungeschlachten
Elemente durch seine weitschweifigen Zaubersprüche, die
keine Kreatur lange aushält, und stellte sie dann in dem
verstorbenen Schlosse an. In demselben Schlosse aber legte
er sofort eine Gedankendampffabrik an, die ihre Artikel zu
Benjowsky's Zeiten bis nach Kamtschatka absetzte und eben
den außerordentlichen Lärm machte, den sich die dummen
Leute in der Umgegend nicht zu deuten wußten.

So war also der Staatsbürger Pinkus ein überaus reicher
Mann und Baron geworden, und befand, daß alles gut war.

———

Seitdem waren viele Jahre vergangen, da gewahrte man in
einer schönen Nacht dort in der Gegend ein seltsames Zittern
und Blinkern in der Luft, als würde am Himmel ganz was
Absonderliches vorbereitet. Die Vögel erwachten darüber
und reckten und dehnten noch verschlafen ihre Flügel, da
sahen sie droben auch den Adler schon wach und fragten
erstaunt:

> Was gibt's, daß vom Horste
> An der zackigen Kluft
> Der Adler schon steigt
> Und hängt überm Forste
> In der stillen Luft,
> Wenn alles noch schweigt?

Der Adler aber vernahm es und rief hinab:

> Ich hörte in Träumen
> Ein Rauschen gehn,
> Sah die Gipfel sich säumen
> Von allen Höhn –

Ist's ein Brand, ist's die Sonne,
Ich weiß es nicht,
Aber ein Schauer voll Wonne
Durch die Wälder bricht.

Jetzt schüttelten die Vögel geschwind den Tau von den
bunten Wämschen und hüpften und kletterten nun selber in
ihrem grünen Haus bis in die allerhöchsten Wipfel hinaus, da
konnten sie weit ins Land hinaussehn, und sangen:

Sind das Blitze, sind das Sterne?
Nein, der Aar hat recht gesehn,
Denn schon leuchtet's aus der Ferne,
Daß die Augen übergehn.

Und in diesen Morgenblitzen
Eine hohe Frau zu Roß,
Als wär' mit den Felsenspitzen
Das Gebirge dort ihr Schloß.

Geht ein Klingen in den Lüften,
Aus der Tiefe rauscht der Fluß,
Quellen kommen aus den Schlüften,
Bringen ihr der Höhen Gruß.

Und die grauen Schatten sinken,
Wie sie durch die Dämm'rung bricht,
Und die Kreaturen trinken
Dürstend alle wieder Licht.

Ja, sie ist's, die wir da schauen,
Uns're Königin im Tal!
O *Libertas*! schöne Fraue,
Grüß dich Gott vieltausendmal!

Habt Dank, meine lustigen Kameraden! rief da eine wunderliebliche Stimme, die wie ein Glöcklein durch die Einsamkeit

klang, und die Lerche stieg sogleich kerzengerade in die
Höh' und jubilierte: die Libertas ist da, die Libertas ist da! –
es wollt's niemand glauben. Sie war's aber wirklich, die
soeben zwischen dem Gesträuch auf den Schloßberg heraustrat. Sie ließ ihr Rößlein frei neben sich weiden und schüttelte
die langen wallenden Locken aus der Stirn; die Bäume und
Sträucher hatten sie ganz mit funkelndem Tau bedeckt, daß
sie fast wie eine Kriegsgöttin in goldener Rüstung anzusehen
war. Hinter ihr aber, wo sie geritten, zog sich's wie eine
leuchtende Furt durch's Land, denn sie war über Nacht
gekommen, der Mond hatte prächtig geschienen und die
Wälder seltsam dazu gerauscht, in den Tälern aber schlief
noch alles, nur die Hunde bellten erschrocken in den fernen
Dörfern und die Glocken auf den Türmen schlugen von
selbst an, wo sie vorüberzog.

»Ich wollte doch auch wieder einmal meine Heimat besuchen«, sagte sie jetzt, »die schönen Wälder, wo ich aufgewachsen. Da ist viel abgeholzt seitdem, das wächst sobald
nicht wieder nach auf den kahlen Bergen.« Nun erblickte sie
erst das geheimnisvolle Schloß und den Ziergarten. »Aber
wo bin ich denn hier hingeraten?« fragte sie erstaunt. Es
schwieg alles; was wußten die Vögel von dem Baron Pinkus!
Es war ihr alles so fremd, sie konnte sich gar nicht zurechtfinden. »Das ist die Burg nicht mehr, wo sonst meine liebsten
Gesellen gewohnt. Mein Gott! wo sind die alten Linden hin,
unter denen wir damals so oft zusammengesessen?« – Darüber wurde sie auf einmal ganz ernsthaft, trat an den Abhang
und sprach laut in die Tiefe hinaus:

> Die gebunden da lauern,
> Sprengt Riegel und Gruft,
> Du ahnend Schauern
> Der Felsenkluft,
> Unsichtbar Ringen
> In der stillen Luft,
> Du träumend Singen
> Im Morgenduft!

> Brecht auf! schon ruft
> Der webende blaue
> Frühling durchs Tal.

Und die Vögel jubelten wieder:

> O Libertas, schöne Fraue,   5
> Grüß' dich Gott vieltausendmal!

Da ging erst ein seltsames Knistern und Flüstern durch die
Buchsbäume und Spaliere, fast grauenhaft, wie wenn sie
heimlich miteinander reden wollten in der großen Einsamkeit, drauf kam von den Waldbergen auf einmal ein Rau-   10
schen immerfort wachsend über den ganzen Garten, es war,
als stiege über die Hecken und Gitter von allen Seiten verwildernd der Wald herein, die Fontäne fing wie eine Fee mit
kristallenen Gewändern zu tanzen an, und Krokus, Tulipanen, Königskerzen und Kaiserkronen kicherten lustig un-   15
tereinander; im Schloß aber entstand zu gleicher Zeit ein
entsetzliches Krachen und Tosen, daß alle Türen und Fenster
aufsprangen. Da kam plötzlich Pinkus, ganz verstört und
zerzaust, aus dem Haupttor mit solcher Vehemenz dahergeflogen, daß die Schöße seines punktierten Schlafrocks weit   20
hinter ihm drein rauschten. Er wollte vernünftig reden, aber
der Frühlingssturm hatte ihn mit erfaßt, er mußte zu seinem
großen Ärger in lauter Versen sprechen und schrie ingrimmig:

> Bin ich selber von Sinnen?   25
> Im Schlosse drinnen
> Ein Brausen, Rumoren,
> Alles verloren!
> Die Wasser, die Winde,
> Das Feuer, das blinde,   30
> Die ich besprochen,
> Wild ausgebrochen,
> Die rasen und blasen

Aus feurigen Nasen,
Mit glühenden Blicken,
Brechen alles in Stücken!

Hier stutzte er auf einmal, er hatte die Libertas erblickt, da
schoß ihm plötzlich das Blatt. Er kannte sie zwar nicht von
Person, aber der schlaue Magier wußte nun sogleich, wer die
ganze Verwirrung angerichtet. Ohne Verzug schritt er daher
auf sie los und forderte ihren Paß. Sie betrachtete ihn von
oben bis unten, er sah vom Schreck so windschief und
verschoben aus; sie mußte ihm hellaut ins Gesicht lachen. Da
wurde er erst recht wild und rief die bewaffnete Macht
heraus, die sich nun von allen Seiten mit großer Anstrengung mobil machte, denn der Friedensfuß, auf dem sie so
lange gestanden, war ihr soeben etwas eingeschlafen. Libertas stand unterdessen wie in Gedanken und wußte gar nicht,
was die närrischen Leute eigentlich wollten. Doch sie sollte
es nur zu bald erfahren. Pinkus befahl, die gefährliche Landstreicherin im Namen der Gesittung zu verhaften. Sie ward
eiligst wie ein Wickelkind mit Stricken umwunden und ihr,
in gerechter Vorsicht, darüber noch die Zwangsjacke angelegt. Da hätte man sehen sollen, wie bei dieser Arbeit manchem würdigen Krieger eine Träne in den gewichsten
Schnurrbart herabperlte; aber der Patriotismus war groß und
Stockprügel tun weh. So wurde Libertas unter vielem Lärm
in das mit dem Schlosse verbundene Arbeitshaus abgeführt.

Pinkus aber, nachdem er sich von der Alteration einigermaßen wieder erholt hatte, schrieb sogleich ein großes Re-
naissancefest aus, das in einem feierlichen Aufzuge aus dem
chinesischen Lusthause nach dem Schloß bestand und wohl
einer würdigeren Feder wert wäre. Da sah man nämlich
zuerst zwölf weißgekleidete Mädchen, eine hinter der andern
vorschreitend, in den chinesischen Saal hereinschweben, sie
trugen auf ihren Achseln eine wunderliche Festgabe, die wie
eine lange Wurst oder wie ein gräulicher Wurm aussah.
Damit traten sie in einer Reihe vor Pinkus, stellten sich auf
das eine Bein und streckten das andere anmutsvoll in die

Luft, während eine jede die rechte Hand auf ihr Herz legte,
mit der linken aber das langschweifige Weihopfer hoch in die
Höhe hob und alle lieblich dazu sangen:

> Wir bringen dir der Treue Zopf
> Von eigner Locken Seide,
> Lang' trag' ihn dein erhabner Kopf
> Zu deines Landes Freude,
> Kopf, Zopf und Lockenseide!

Es war wirklich ein ungeheurer Zopf, den sie eiligst aus ihren
eigenen Locken zusammengewunden hatten. Der gerührte
Pinkus riß sich sofort den Haarbeutel vom Haupt, verehrte
ihn unter angemessenen Worten den Jungfrauen, um ihn als
teures Andenken in dem Prüfungssaale ihrer Pensionsanstalt
aufzuhängen und ließ sich dann den patriotischen Zopf am
Genick befestigen, was sich sehr feierlich ausnahm, denn er
schleppte ihn hinten etwas nach, sodaß ihm jeder drei Schritt
vom Leibe bleiben mußte, um nicht unversehens darauf zu
treten. Jetzt aber begann der Zug durch den Garten. Voran
schritten, wie eine Schar schneeweißer Gänse, die glücklichen Jungfrauen mit dem Haarbeutel auf samtnem Kissen,
ihnen folgte der Haushofmeister, an dessen Allongeperücke
in der feuchten Abendluft die Locken aufgegangen waren
und wie ein Fürstenmantel fast bis an die Fersen herabfielen,
endlich kam Pinkus selbst, dem der Kammerdiener den
Zipfel des Opferzopfes ehrerbietig nachtrug. Auch der Ziergarten, der seit Libertas gebunden war, hatte unterdes seine
vorige würdige Haltung wiedergewonnen, und wo Pinkus
vorüberschritt, präsentierte der marmorne Herkules mit seiner Keule, der geigende Apollo salutierte mit dem Fiedelbogen und die Tritonen in den steinernen Becken bliesen auf
ihren Muscheln aus Leibeskräften: Heil dir im Siegerkranz!

Die Geschichte machte damals großes Aufsehn in Deutschland. Die Schwalbe schoß ängstlich hin und her und
schwatzte und schrie von allen Dächern und Zäunen: weh,

weh, Frau Libertas ist gefangen! Die Lerche stieg sogleich
wieder kerzengerade in die Höh' und meldete es dem Adler,
die Nachtigall schluchzte und konnt' sich gar nicht erholen,
selbst der Uhu seufzte einigemal tief auf; der Rohrdrommel
aber trommelte sofort Alarm und der Storch marschierte im
Paradeschritt durch alle Wiesen und Felder und klapperte
unablässig zum Appell. Bald wurde es auch weiter im Walde
lebendig; der Hase duckte sich im Kohl und mochte von der
ganzen Sache nichts wissen, der Fuchs wollte erst abwarten,
welche Wendung sie nehmen würde; der biedere Bär dagegen ging schnaubend um und wurde immer brummiger, und
die Hirsche rannten verzweiflungsvoll mit ihren Geweihen
gegen die dicksten Eichen, oder fochten krachend miteinander, um sich in den Waffen zu üben.

Da kam zur selben Stunde der Doktor Magog daherge-
wandert, der seinen Verleger nicht finden konnte und daher
soeben in großer Verlegenheit war. Der hörte mit Verwunderung das ungewöhnliche Geschrei der Vögel; durch
einen entflogenen Star, der reden gelernt, erfuhr er alles, was
geschehen, und wollte aus der Haut fahren über diese Nachricht. Ha! rief er, und dabei fuhr ihm wirklich der Ellbogen
aus dem Ärmel. Aber sein Entschluß war sogleich gefaßt: er
wandte sich eiligst seitwärts nach dem Wald hin. Da erblickte
ihn ein Köhler von fern und rief ihm zu, wohin er ginge? –
Zum Urwald, erwiderte Magog. – Seid Ihr toll? schrie der
Köhler wieder herüber,

> Kehrt um auf der Stelle,
> Dort steht ein Haus,
> Da brennt die Hölle
> Zum Schornstein heraus,
> Und auf der Schwelle
> Tanzt der Teufel Kehraus.

Laßt ihn tanzen! entgegnete Magog und schritt stolz weiter.
Der fromme Köhler sah ihm nach, bis er im Walde verschwunden war. So gnad' ihm Gott, sagte er dann und

schlug ein Kreuz. Magog aber räsonierte noch lange innerlich: Abergläubisches Volk, das im Mittelalter und in der
Religion stecken geblieben! Darum wächst auch der Wald
hier so dumm ins Blaue hinein, daß man keinen vernünftigen
Fortschritt machen kann.

So war er eine Weile durch das Dickicht vorgedrungen, als
er unverhofft eine dünne Gestalt sehr eilfertig auf sich zukommen sah. Es war eine lange, hagere, alte Dame in ganz
verschossenem altmodischem Hofstaat, das graue Haar in
lauter Papilloten gedreht, wie ein gespickter Totenkopf, die
hatte unter jedem Arm eine große Pappschachtel, hielt mit
der einen Hand ein zerrissenes Parasol über sich und stützte
sich mit der andern auf einen Haubenstock. – »Ist das der
rechte Weg zum Urwald?« fragte Magog. – »Gewiß, leider,
mein Herr«, erwiderte die Dame, sich feierlich verneigend.
»Ja«, setzte sie dann mit außerordentlicher Geschwindigkeit
in *einem* Striche fortredend hinzu – »ja, diese bäuerische
ungesittete Nachbarschaft macht sich von Tag zu Tag breiter,
besonders seit einigen Tagen, man sagt, die famose Libertas
sei wieder einmal in der Luft, es ist nicht mehr auszuhalten in
dieser gemeinen Atmosphäre, keine Gottesfurcht mehr vor
alten Familien, aber ich hab' es meinem hochseligen Herrn
Neveu immer vorausgesagt, das war auch so ein herablas-
sender Volksfreund, wie sie es nennen, ja das eine Mal
embrassierte er sich gar mit dem Pöbel, da haben sie ihn
jämmerlich erdrückt, und nun gar wir Jungfrauen sind be-
ständigen Attacken ausgesetzt, und so sehe ich mich soeben
bemüßiget zu emigrieren; o Sie glauben gar nicht, mein
Herr, was so eine arme Waise von Distinktion sich zerärgern
muß in der gegenwärtigen Abwesenheit aller Tugenden von
Stande!« Hier kam sie vor großem Eifer ins Singen und
machte plötzlich einen langen feinen Triller wie eine verdor-
bene Spieluhr, bis sie sich endlich ganz verhustete. Magog,
der ihr voll Erstaunen zugehört, brach in ein schallendes
Gelächter aus. Darüber geriet die Dame in solchen Zorn, daß
sie verächtlich und ohne Abschied zu nehmen eiligst weiter
emigrierte. – »Ohne Zweifel die Urtante, da kann ich nicht

mehr weit haben«, dachte Magog und schritt getrost wieder
vorwärts.

Bald aber verlor sich der Fußsteig vor seinen Füßen, der
Forst wurde immer wilder und dichter, von fern nur sah er
eine seltsame Rauchsäule über die Wipfel aufsteigen; da
gedachte er der Warnung des Köhlers und des wüsten Hauses, aus dem die Hölle brennen sollte. Aber ein rauchender
Schornstein war ihm von jeher ein anziehender Anblick und
so klomm er mühsam eine Anhöhe hinan, um das ersehnte
Haus zu entdecken. Doch zu seinem Schrecken bemerkte er,
daß es ringsum bereits zu dunkeln anfing. Jetzt begann es
auch unten am Boden schon sich geheimnisvoll zu rühren,
Eidechsen raschelten durch das trockne Laub, die Fledermäuse durchkreuzten mit leisem Flug die Dämmerung, aus
den feuchten Wiesen krochen und wanden sich überall
trägringelnd lange Nebelstreifen und hingen sich an die
Tannenäste wie Trauerflöre, und als Magog endlich droben
ins Freie trat, stieg die kühle stille Nacht über die Wälder
herauf und bedeckte alles mit Mondschein. Auch die Rauchsäule konnte er nicht mehr bemerken, es war als hätte die
fromme Nacht die Hölle ausgelöscht. Da beschloß er, hier
oben den Morgen abzuwarten, streckte sich auf das weiche
Moos hin, schob sein mit Manuskripten vollgepfropftes
Reisebündel unter den Kopf, betrachtete dann noch eine Zeit
lang die zerrissenen Wolken, die über ihm dahinjagten und
manchmal wie Drachen nach dem Monde zu schnappen
schienen, und war endlich vor großer Müdigkeit fest eingeschlafen.

So mochte er eine geraume Zeit geruht haben, da meinte er
mitten durch den Schlummer ein Geflüster zu vernehmen
und dazwischen ein seltsames Geräusch, wie wenn ein Messer auf den Steinen gewetzt würde. Die Stimmen kamen
immer näher und näher. »Er schläft«, sagte die eine, »jetzt
ist's die rechte Zeit.« – »Ein schlechter Braten«, entgegnete
eine andere tiefe Stimme, »er ist sehr mager, hab' seinen
Futtersack untersucht, den er unterm Kopfe hat, er lebt bloß
von Papier.« – Nun schien es dem Magog, als hörte er auch

die emigrierte Tante leise und eifrig dazwischenreden in
verschiedenen unbekannten Sprachen, die Andern antworteten ebenso, die Wipfel rauschten verworren drein, auf
einmal schlug sie wieder ihren schrillenden Triller. Da sprang
Magog ganz entsetzt auf – es war ein heiserer Hahn, der fern
im Tale krähte. Verstört blickte er um sich, der Morgen
blitzte zu seinem Erstaunen schon über die Wälder, er wußte
nicht, ob ihm das Alles nur geträumt oder sich wirklich
ereignet hatte.

Jetzt sah er auch die Rauchsäule von gestern wieder em-
porwirbeln, er hielt es für einen unverhofften feuerspeienden
Berg. Als er indes näher kam, erkannte er, daß es nur eine
ungeheure Lehmhütte war, in welcher wahrscheinlich das
Frühstück gekocht wurde. In diesen tröstlichen Gedanken
ging er also unaufhaltsam darauf los. Auf einmal aber blieb er
ganz erschrocken stehen. Denn auf dem Rasenplatze vor der
Hütte war ein Riesenweib wahrhaftig soeben damit beschäftigt, ein großes Schlachtmesser zu wetzen. Sie schien ihn
nicht zu bemerken oder weiter nicht zu beachten, weil er so
klein war, und in demselben Augenblick brachen auch mehrere Riesenkinder mit großem Geschrei aus der Hütte und
zankten und würgten und rauften untereinander, daß die
Haare davonflogen. Über diesem Lärm aber erhob sich
plötzlich eine wunderbare baumlange Gestalt und gähnte,
daß ihm die Morgensonne bis tief in den Schlund hinein-
schien. Der Mann war greulich anzusehen, ungewaschen und
ungekämmt, wie ein zerzaustes Strohnest, und hatte eine
ungeheure Wildschur an, die war aus lauter Lappen und
Fetzen von Fuchsbalg, wilden Schweinshäuten und Bären-
fellen zusammengeflickt. – »Herr *Rüpel*?!« rief da Magog in
freudigem Erstaunen. – »Wer ruft mich?« erwiderte der
Riese noch halb im Schlafe und sah den Fremden verwundert
an. – »*Sie* eben hab' ich aufgesucht«, entgegnete Magog,
»eine höchst wichtige Angelegenheit.« – Aber Rüpel hatte
gerade mit der Kindererziehung zu tun. »Hetzoh!« schrie er
den Jungens zu, die noch immer fortrauften, »du da wirst
dich doch nicht unterkriegen lassen, frisch drauf!« Dann

streckte er unversehens sein langes Bein vor, da stürzten und
kollerten die Verbissenen plötzlich verworren übereinander,
während die Riesenmutter voller Zorn ihren Kehrbesen
mitten in den Knäuel warf. Darüber kamen alle in ein so
herzhaftes Lachen, daß der Wald zitterte.

Da nun Magog die Familie in so guter Laune sah, faßte er
sich ein Herz und rückte sogleich mit seinem eigentlichen
Plane heraus. »Herr Rüpel«, sagte er, »ich bin ein Biedermann und kenne kein Hofieren und keinen Hof, als den
Hühnerhof meiner Mutter, aber das muß ich Ihnen rund
heraussagen: Ihre Macht und Gesinnungstüchtigkeit ist
durch ganz Europa ebenso berühmt als geschätzt und ebenso
geschätzt als gefürchtet. Darum wende ich mich vertrauensvoll an Ihr großes Herz und rufe: wehe und abermals wehe!
die Libertas ist geknechtet! – wollen wir das dulden?« –
»Libertas? wer ist die Person?« fragte Rüpel. – »Libertas?«
erwiderte Magog, »Libertas ist die Schutzpatronin aller Ur-
wälder, die Patronin dieses langweiligen – wollt sagen: altheiligen Waldes.« – »I bewahre«, fiel ihm hier die Riesin ins
Wort, ⟨»⟩unsere Grundherrschaft ist das gnädige Fräulein Sy-
billa da draußen.« – »Was? die mit den Papilloten und großen
Haubenschachteln?⟨«⟩ rief Magog, den dieser unerwartete
Einwurf ganz aus dem Konzept gebracht hatte. Aber er faßte
sich bald wieder. »Grundherrschaft!« fuhr er fort, »schützt
die Grille Krokodille, der Frosch das Rhinozeros, der Weiß-
fisch den Haifisch? – Wer die Macht hat, ist der Herr und Ihr
habt die Macht, wenn die Libertas regiert, und habt die
Macht nicht, wenn die Libertas gefangen ist, und die Libertas
ist gefangen – ich frage also nochmals, wollen wir das dulden?«

Hier aber wurde er, da er eben im besten Zuge war, durch
einen seltsamen Auftritt unterbrochen. Ein Reiher kam nämlich pfeilschnell dahergeschossen, setzte sich gerade auf seinen zerknitterten Kalabreser, drehte ein paar Mal mit dem
dünnen Halse, verneigte sich dann feierlich vor der Gesellschaft und sagte: »Sie lassen alle ihren Respekt vermelden
und es tut ihnen sehr leid, aber sie können heut und morgen

nichts bringen, wir haben alle außerordentlich Wichtiges zu tun; schönen guten Morgen!⟨«⟩ Und damit sich abermals höflich verneigend, schwang er sich wieder in die Lüfte. – »Guten Morgen, Herr Fischer«, erwiderte Rüpel, ihm ganz verblüfft und mit einer verzweifelten Resignation nach- schauend. Jetzt sah man auf einmal auch einen ungeheuern Schwarm wilder Gänse über den Wald fortziehen, einen alten gewiegten Gänserich voran, alle die Hälse wie Lanzen weit vorgestreckt und in einem spitzen Keile dahinstürmend, als wollten sie den Himmel durchbrechen, und dabei machten sie ein so entsetzliches kriegerisches Geschrei, daß man sein eigenes Wort nicht hören konnte. Währenddes aber hatte der eine Riesenknabe sich mit dem Ohr auf den Boden gelegt und sagte: »Draußen im Grund hör' ich ein groß Getrampel, man kann die Tritte deutlich unterscheiden: Hirsche, Auer- ochsen, Bären, Damhirsche, Rehe, zieht alles wild durchein- ander den großen See entlang.« – »Die Tollköpfe!« rief die Riesenmutter aus, »da haben sie gewiß wieder Verdruß ge- habt mit dem gnädigen Fräulein und haben unsern guten Wald in Verruf getan und wandern aus; denn das Fräulein ist ihnen immer spinnefeind gewesen und ließ sie mit Hunden hetzen und schinden und braten obendrein.«

»Nein, nein, die alte Spinne ist ja selber ausgewandert, ich bin ihr gestern begegnet«, sagte Magog voll Verwunderung, »aber warum nehmen Sie sich denn die Sache so sehr zu Herzen, teuerste Frau von Rüpel?«

»Wie sollt' ich nicht!« erwiderte die Riesin, »ach wir armen Waldleute müssen uns gar kümmerlich durchhelfen mit der großen Familie. Sehen Sie, lieber Herr, ich und mein Mann arbeiten hier für die vornehmen Tiere: Hirsche, Rehe und anderes Hochwild um Tagelohn, den wir von ihnen in Na- turalien beziehen. Des Abends spricht mancher Edelhirsch bei uns ein, wenn er Nachts auf die Freite gehen will, da muß ihm mein Mann die Pelzstiefelchen putzen, dafür erhalten wir denn die Felle der verunglückten Kameraden und die abgeworfenen Geweihe in die Wirtschaft. Alle Morgen aber kommen die Bären und lassen sich ihre Pelze ausklopfen und

bringen uns große Honigfladen, oder ein paar wilde
Schweine lassen sich ihre Hauer schleifen und werfen uns
zum Dank einen fetten Frischling auf die Schwelle, denn die
Zeiten sind schlecht, da kommt es ihnen auf ein Kind mehr
5 oder weniger nicht an. Ich aber flechte Nester für die Adler,
Habichte und Auerhühner und die lassen uns dann im Vorüberfliegen einen Hasen oder ein Zicklein herunterfallen,
oder legen uns Nachts einige Schock Eier vor die Tür, wenn
sie eben nicht Lust haben, alle auszubrüten. Und nun – ach
10 das große Unglück! jetzt haben wir unsere Kundschaft verloren und stehen ganz verlassen in der Welt, oh! oh!« – Und
hier fing sie jämmerlich zu heulen an und der Riese, der sich
lange gehalten, stimmte plötzlich furchtbar mit ein.

Da trat Magog mannhaft mitten unter sie. »Das soll bald
15 anders werden!« rief er; »kennt Ihr das Schloß des Baron
Pinkus?« Der Riese entgegnete, er habe es wohl von fern
gesehen, wenn er manchmal zur Unterhaltung bis an den
Rand des Waldes gegangen, um die Köhler und andere kleine Leute zu schrecken. – »Nun gut«, fuhr Magog fort, »dort
20 eben sitzt die Libertas gefangen. Seht, mich hat auch die Welt
nur auf elende Lorbeeren gebettet, daß ich mir an dem
stacheligen Zeug schon den ganzen Ärmel am Ellbogen
durchgelegen; darum habe ich ein Herz für das arme Riesen-
volk. Die Libertas ist eine reiche Partie, wir müssen sie be-
25 freien! Dabei kann es vielleicht einige Püffe setzen, was frag'
ich danach! Ihr habt ja ein dickes Fell, alles für meine leiden-
den Brüder! Mit *einem* Wort: Ihr befreit sie und ich heirate
sie dann und Ihr seid auf dem Schlosse Portier und Schloßwart und Haushofmeister, eh' man die Hand umdreht.
30 Topp, schlagt ein – aber nicht zu stark, wenn ich bitten darf.«

Darüber war Rüpel ganz wild geworden und schritt, ohne
ein Wort zu sagen, so eilig in die Hütte, daß Magog nur
mühsam und mit vorgehaltenen Händen tappend folgen
konnte. Denn sie stiegen über viele ungeschickte Felsenstu-
35 fen in eine große Höhle hinab, über welcher der Berg, den
Magog für die Hütte gehalten, nur das Dach und den
Schornstein bildete. Im Hintergrunde der Höhle hing ein

Kessel über dem Feuer, ein zahmer Uhu mit großen funkelnden Augen saß in einem Felsenspalt daneben und fachte mit
seinen Flügeln die Flamme an und schnappte manchmal nach
den Fledermäusen, die geblendet nach dem Feuer flogen. Die
Flamme warf ein ungewisses Licht über die rauhen und
wunderlichen Steingestalten umher, die bei den flackernden
Widerscheinen sich heimlich zu bewegen schienen, und
mächtige Baumwurzeln drängten sich überall wie Schlangen
aus den Wänden, in der Tiefe aber hörte man ein Picken und
Hämmern und unterirdische Wasser verborgen gehen, und
dazwischen rauschte der Wald immerfort durch die offene
Tür herein. Rüpel aber rumorte eifrig in der Höhle herum, er
schien Allerlei zusammenzusuchen. Auf einmal wandte er
sich zu Magog: »Und damit Punktum, ich geh' mit auf die
Befreiung!«

Da nun die Riesin merkte, wo das Alles eigentlich hinaus-
wollte, wurde sie plötzlich ganz empfindlich und nannte
ihren Mann einen alten Bummler und den Magog einen
verlaufenen Schnappsackspringer, der nur gekommen, das
häusliche Familienglück zu stören. Vergebens hielt ihr Magog den Patriotismus und den gebieterischen Gang der
neuen Weltgeschichte entgegen. Sie behauptete, sie hätten
schon hier im Hause Geschichten genug und nicht nötig,
noch neue zu machen, und die ganze Geschichte ging die
Welt gar nichts an! So entspann sich unversehens ein bedenk-
licher Streit. Rüpel fluchte, die Riesin zankte, die Kinder
schrien und draußen war von dem Lärm das Echo aus dem
Morgenschlummer erwacht und schimpfte immerfort mit
drein, man wußte nicht, ob auf Rüpel, auf Magog oder auf
die Riesin.

Da hob sich auf einmal im Boden ein Stein dicht neben
Magog, der erschrocken die Beine einzog, denn er meinte, es
wollte ihn ein Riesenmaulwurf in die Zehen beißen. Es war
aber nur eine heimliche Falltür und aus dieser fuhr mit
halbem Leibe ein winziges Kerlchen mit altem Gesicht und
spitzer Mütze zornig empor: »Was macht Ihr heute hier oben
wieder für ein greuliches Spektakel«, sagte er mit seiner

dünnen Stimme, »wenn Ihr nicht manierlicher seid, kündigen wir Euch die Miete auf!« Dabei tat es einen glühenden Blick aus der Tiefe herauf und Magog konnte durch die Öffnung weit hinabschauen. Da sah er unzählige kleine Wichte, jedes eine Grubenlampe auf dem Kopf, in goldnen Eimern wundersam singend auf und niederschweben, und ganz unten blitzte und funkelte es bei den vielen irrenden Lichtern von Diamanten, Kristallen und Saphiren wie ein prächtiger Garten. – »Um Gotteswillen«, rief die Riesin ihm leise und ängstlich zu, ⟨»⟩schaut nicht so hin, man wird wahnsinnig, wenn man lange da hinuntersieht; das sind unsere Hausherren, die Zwerge und Grubenleute, die unter uns wohnen und uns diese Dachkammer für ein Billiges überlassen haben.⟨«⟩ Aber Rüpel, dem noch der vorige Zank in den Gliedern steckte, hatte schon mit dem Fuße nach dem Zwerglein gestoßen und hätte es sicherlich zertreten, wenn es nicht fix wieder untergeduckt und den Stein hinter sich zugeklappt hätte.

Sodann ergriff Rüpel rasch seinen knotigen Wanderstab, warf einen Sack über die Schultern und stand in seinen Pelzhäuten wie eine Kürschnerbude reisefertig in der Tür. Da hätte man nun die feierliche Abschiedsszene sehen sollen, die wohl geeignet war, ein fühlendes Herz mit den sanftesten Regungen zu erfüllen! Die Riesin hing mit aufgelöstem Haar am Halse des geliebten Mannes und schluchzte außerordentlich: auch von *seinem* gerechten Schmerze zeugte eine ungeheuere Träne im Auge, die lieben Kleinen umklammerten kindlich lallend die Knie ihres verehrten Erzeugers, da hörte man nichts, als die süßen Namen: Papa und teurer Gatte und treue Lebensgefährtin! Aber Rüpel zerdrückte die Träne und riß sich los wie ein Mann. »Weib, du sollst von mir hören!« rief er und schritt majestätisch in den Wald hinein und Magog versäumte nicht, ihm auf das allereilfertigste nachzufolgen, denn hinter ihnen hörte er noch immer die Stimme der verwaisten Familienmutter und konnte nicht recht unterscheiden, ob sie noch immer weinte oder etwa von neuem schimpfte.

Endlich war alles verhallt, man vernahm nur noch den Tritt
der einsamen Wandrer. Magog bemerkte mit vieler Genugtuung den langen Fortschritt seines Reisekumpans, und da er
seinen Rücken recht betrachtete, freute er sich dieser breite-
sten Grundlage und lud ihm auch noch sein eigenes Ränzel   5
mit auf, das freilich nicht sonderlich schwer war. Durch die
Wildnis aber wehte ihnen ein kräftiger Waldhauch entgegen,
da wurden beide ganz lustig. Rüpel erzählte, wie er eigentlich von dem berühmten deutschen Bärenhäuter abstamme,
Magog aber stimmte sein Lieblingslied an: 10

> Von des Volkes unverjährbaren Rechten
> Und der Tyrannen Attentaten,
> Die die Völker verdummen und knechten,
> Fürsten und Pfaffen und Bürokraten.

»Und Bier und Braten!« fiel hier Rüpel jubelnd mit ein. –   15
»Haben Sie etwas mit?« wandte sich Magog rasch herum.
Rüpel schüttelte mit dem Kopfe. – »Ha, also nur immer
vorwärts, vorwärts!« ermutigte Magog.

Über dem Singen und den vergnügten Gesprächen aber
hatte Rüpel unvermerkt den rechten Weg verloren. Verge-   20
bens bestieg er nun jeden Berg, dem sie begegneten, um sich
wieder zurechtzufinden; man sah nichts als Himmel und
Wald, der wie ein grünes Meer im frischen Winde Wellen
schlug, so weit die Blicke reichten. Und fragen konnten sie
auch niemand. Denn der Lärm, den sie unterwegs machten,   25
war groß, und wo sie etwa ein einsamer Hirt oder Jäger hörte
und des erschrecklichen Riesen ansichtig wurde, entfloh er
sogleich oder verbarg sich im dicksten Gebüsch, bis sie
vorüber waren. So irrten sie den ganzen Tag umher.

Des Abends, da sie schon sehr hungrig waren, kamen sie   30
endlich an eine anmutige Anhöhe, an der unten ein Fluß
vorüberging. Jenseits des Flusses aber lag ein weiter wüster
Platz, rings vom finstern Walde eingeschlossen, und auf dem
Platze lagen einzelne große Felsblöcke zerstreut, wie Trümmer einer verfallenen Stadt, was sehr einsam anzusehen war. 35

Auf dieser Höhe machte Rüpel plötzlich halt und ließ den
Magog seitwärts zwischen das Gebüsch treten und sich dort
ganz still verhalten. Er selbst aber setzte sich mitten auf die
Höhe, zog sein haariges Wams, gleich einer Nebelkappe, aus
5 der nur seine großen Augen hervorfunkelten, bis über den
Kopf herauf, kniff aus den Fellen ein Paar seltsame Ohren
darüber und breitete mit beiden Armen den Pelzmantel aus
wie zwei Flügel, sodaß er wie eine ungeheuere Nachteule
aussah. Es dauerte auch nicht lange, so kamen von allen
10 Seiten die schreckhaftesten Vögel, wilde Auerhühner, Birk-
hähne und Fasanen mit großem Geschrei herbei und stießen
und hackten auf das Ungetüm; und als der Schwarm am
dicksten, schlug er rasch beide Pelzflügel über ihnen zusammen und schob alles in seine weitläufigen Manteltaschen. –
15 »Das hab' ich von meinem Urgroßvater Kauzenweitel gelernt«, rief er sehr zufrieden aufstehend zu Magog hinüber.
Dann ging er zu dem Fluß hinab und streckte sich unter dem
hohen Schilfe platt auf den Leib am Ufer hin. Magog meinte,
er sei durstig und wolle den Fluß austrinken; aber Rüpel ließ
20 bloß seinen verworrenen Bart ins Wasser gleiten, den hielten
die klügsten Hechte und die breitmauligsten Karpfen für
spielendes Gewürm und so oft sie danach schnappten,
schnappte Rüpel auch nach ihnen und hatte gar bald mehrere
Mundvoll auserlesene Fische aufs Trockne gebracht. Darauf
25 kehrte er wieder zu Magog zurück, holte aus seinem Reise-
sack einen Feldkessel, Bratspieß, Messer und Gabeln hervor
und schlug sich mit der Faust auf beide Augen, daß es
Funken gab. Daran zündete er ein großes Feuer an und fing
sogleich mit vielem Eifer zu kochen und zu braten an; und
30 eh' es noch dunkel wurde, saßen beide Wanderer um die
lustige Flamme gelagert und schmausten in freudereichem
Schalle.

Unterdes war die Nacht herangekommen, in dem Feuer
neben ihnen flackerte nur noch manchmal ein blaues Flämm-
35 chen auf; sie richteten sich daher in dem trocknen Laube, so
gut es gehen wollte, zur Ruhe ein und waren auch beide sehr
bald eingeschlafen. Es mochte aber noch lange nicht Mitter-

nacht sein, als Magog, wie in seiner ersten Reisenacht, wieder
ein seltsames Rauschen und Murmeln vernahm, das bald
schwächer, bald wieder lauter wurde, fast wie das verworrene Brausen einer fernen Stadt. Er richtete sich mit halbem
Leibe auf, aber diesmal war es kein bloßer Traum. Denn   5
obgleich der Mond zwischen vorüberjagendem Gewölk den
wüsten Platz jenseits des Flusses nur flüchtig beleuchtete, so
konnte er doch zu seinem Erstaunen deutlich bemerken, daß
der Platz jetzt ganz belebt war. In einem weiten Halbkreise
am Waldrande drüben lagen nämlich, dicht Kopf an Kopf   10
gereiht, zahllose Auerochsen, zunächst hinter ihnen standen
Rehe und Damhirsche, über diese hinweg starrte dann ein
ganzer Wald von Hirschgeweihen und weiterhin noch bis tief
in die Schatten des Waldes schien es verworren zu wimmeln
und zu drängen, denn so oft ein Mondstrahl das Dunkel   15
streifte, sah man da und dort den Kopf eines Einhorns oder
bärtigen Elends sich abenteuerlich hervorstrecken, und zwischen ihren Beinen Marder, Iltis und andere geringe Tiere
geschäftig hin und herschlüpfen. Selbst die Bäume, die den
Platz von der einen Seite umschlossen, waren von allerlei   20
großen und kleinen Vögeln bedeckt, daß sie aussahen wie
Weinstöcke im Herbst und man nicht wußte, was Blatt oder
Vogel war, rings um den Platz aber machten Störche ernsthaft die Runde und hoben die langen Schnäbel gegen den
Wind, ob etwa von fern ein Feind nahe.   25
    »Aha, das sind gewiß die Tiere, die der Riesenknabe schon
heute früh in der Ferne hat marschieren gehört«, dachte
Magog und wollte, als er sich vom ersten Erstaunen ein
wenig erholt, geschwind den Rüpel wecken und rüttelte und
schüttelte ihn mit großer Anstrengung aus Leibeskräften.   30
Der tat aber nach der guten Mahlzeit einen schweren Schlaf,
er hob bloß den Kopf in die Höh' und glotzte ihn an, ohne
etwas zu sehen, dann wälzte er sich auf die andere Seite und
schnarchte so schrecklich weiter, daß von dem Atem die
nächsten Bäume sich auf und niederbogen.   35
    Nun schaute Magog still und unverwandt nach dem Platze
hinüber, denn er war sehr neugierig, was die Tiere in dieser

Einsamkeit eigentlich vorhätten. Da sah er, wie ein Auerochs plötzlich aus der vorderen Reihe brach, mit einem
gewaltigen Satze auf einen der umherliegenden Steinblöcke
sprang und, nachdem er mit seinem zottigen Haupte sich
dreimal vor der Versammlung verneigt, sofort eine donnernde Rede begann. Dabei brüllte er mitten im Sprechen oft
plötzlich furchtbar auf, scharrte mit dem einen Vorderfuß,
ringelte wütend den Schweif in die Luft und schüttelte die
Mähne, daß man beim Mondschein seine rotglühenden Augen rollen sah. Magog konnte nichts davon verstehen, aber
die Rede mußte sehr hinreißend sein, denn als er endlich von
dem Steine wieder zu seinen Kameraden zurücksprang, ging
ein freudiges Brüllen, Schnurren und Scharren durch die
ganze Versammlung und alle Hirsche schlugen mutig mit
ihren Geweihen zusammen. Darauf hatte ein Bär das Wort
erhalten. Auch dieser kletterte bedächtig auf einen der Steine
herauf, stellte sich auf die Hinterbeine und streckte während
seiner Ansprache bald das eine, bald das andere Vorderbein
weit vor sich aus, dann legte er die eine Tatze an sein Herz – er
konnte vor Rührung nicht weiter und mußte abtreten. Jetzt
ließ sich unerwartet aus irgend einem dunkeln Winkel ein
Uhu auf dem Steine nieder. Das wollten die andern Vögel
durchaus nicht leiden, ja ein kecker Nußhäher schoß plötzlich hervor und hackte nach ihm, aber die wachthabenden
Störche stellten klappernd sogleich die Ruhe wieder her.
Nun schüttelte der Uhu seine Federn auf, daß er aussah wie
eine Allongeperücke, klappte zum Gruß dreimal mit dem
Schnabel, setzte eine Brille auf und fing aus einem Blatte, das
er mit der einen Klaue vor sich hielt, zu lesen an. Er schien
alles sehr weitläufig und gründlich auseinanderzusetzen,
denn die ganze Gesellschaft hörte dem gelehrten Redner so
aufmerksam zu, daß man dazwischen das Wiederkäuen der
Ochsen vernehmen konnte; nur die ungeduldigen Vögel in
den Bäumen, die nun einmal ärgerlich geworden, störten
leider zuweilen die feierliche Stille durch plötzliches unge-
bührliches Schreien und Raufen. Unterdes aber ging die
Vorlesung ohne Komma und ohne Punktum in *einem* Tone

immer fort und fort, wie murmelnde Bäche und spinnende
Kater, und Magog wußte nicht, wie lange die Rede gedauert,
denn ehe sie noch ihr Ende erreicht hatte, war er über dem
einförmigen Gemurmel, so sehr er sich auch dagegen sträubte, unaufhaltsam eingeschlummert.   5

Er hätte auch wahrscheinlich bis in den Tag hinein geschlafen, wenn ihn nicht mitten in der Nacht Rüpel auf
einmal durch unablässiges Rufen geweckt hätte. Sein erster
Blick fiel auf den geheimnisvollen Platz drüben, der war
aber, als wäre eben nichts geschehen, wieder so still und   10
einsam wie gestern. Rüpel aber verzehrte bereits mit großem
Appetit die Überbleibsel vom gestrigen Mahle und hatte
auch ein gut Stück davon für Magog zurückgelegt. Da dieser
ihm nun erzählte, was er in der Nacht jenseits des Flusses
gesehen, gab Rüpel wenig darauf und meinte, das sei ohne   15
Zweifel eine geheime Verschwörung, da kümmere er sich
nicht darum, wenn er nur sein Auskommen habe. Mit dem
Auskommen aber stehe es heute gerade sehr schlimm. Er
habe nämlich jetzt erst an den Gestirnen die rechte Richtung
erkannt, sie seien ganz auf den Holzweg geraten und hätten   20
noch weit zu gehen. In dieser Richtung gebe es jedoch keinen
Fluß, um darin zu fischen, und mit dem vom seligen Kauzenweitel ererbten Kunststück sei es auch nichts, weil die
verschwornen Vögel heut alle nicht zu Hause seien. Sie
mußten daher eilen, um womöglich noch in der Nacht ihr   25
Ziel zu erreichen.

So geschah es also, daß sie noch zur selben Stunde, nachdem sie sich gehörig gestärkt hatten, ihren Befreiungszug
unverdrossen wieder fortsetzten. War aber schon der Anfang
dieser Nacht schön gewesen, so war sie jetzt noch viel tau-   30
sendmal schöner. Die Sterne blinkten durch das dunkle
Laub, als ob die Bäume silberne Blüten trügen und der Mond
ging wie ein Einsiedler über die stillen Wälder und spielte
melancholisch mit der schlummernden Erde, indem er bald
einen Felsen beleuchtete, bald einen einsamen Grund in   35
tiefen Schatten versenkte und Berg und Wald und Tal verworren durcheinander stellte, daß alles fremd und wunder-

bar aussah. Auf einmal blieb Rüpel stehen, denn ein seltsam
schweifendes Licht streifte die Spitzen des Gebüsches vor
ihnen. Sie bogen die Zweige vorsichtig auseinander und
erblickten nun mehrere schöne schlanke Mädchengestalten
in leuchtenden Gewändern, die sich bei den Händen angefaßt
hatten und dort einen Ringeltanz hielten. Ihre langen blonden Haare flogen in der leisen Luft, daß es wie ein Schleier
von Mondschein um sie her wehte, und doch sahen sie aus
wie Kinder und berührten mit den zierlichen Füßchen kaum
den Boden, und wo sie ihn berührten, schimmerte das Gras
von goldnem Glanze. Dabei sangen sie überaus lieblich:

> Luft'ge Kreise, lichte Gleise
> Von Gesang und Mondenschein
> Zieh'n wir leise dir zur Reise,
> Kehre bei uns Elfen ein!

Das ließen sich die Reisenden nicht zweimal sagen und eilten
sehr erfreut über die große Höflichkeit aus ihrem Versteck
hervor. Kaum waren sie indes auf den freien Platz herausgekommen, so war plötzlich die ganze Erscheinung lautlos
verschwunden und sie schwankten auf einem mit trügeri-
schem Rasen bedeckten Moorgrund, in welchem Rüpel sogleich bis über die Knie versank. Dabei glaubten sie hie und
da heimlich lachen zu hören, konnten jedoch durchaus niemand mehr entdecken. Rüpel aber, um sich zu helfen, griff
wütend um sich, erwischte den Magog, der soeben schon
wieder aufs Trockne sprang, beim Rockzipfel und riß ihm
einen Schoß seines alten Frackes glatt weg, worüber der
Doktor höchst entrüstet wurde und beide in einen sehr
unangenehmen und lauten Wortwechsel gerieten.

Nachdem sie sich endlich herausgearbeitet und an dem
Moose möglichst wieder gesäubert hatten, sagte Rüpel: »Ja,
in dieser Gegend ist's nicht recht geheuer, hier nahebei muß
auch der stille See liegen mit dem versunknen Schlosse; man
kann, wenn's windstill ist, tief im Grunde noch die Türme
sehen und manchmal in schönen Sommernächten taucht es

herauf, bis die ersten Hähne krähen.« Und in der Tat, der
unheimliche Spuk wollte gar nicht aufhören, je weiter sie
in der verrufenen Gegend fortschritten. Irrlichter hüpften
überall über den Weg vor ihnen und spielten und wanden
sich untereinander wie junge Kätzchen; dann fuhren sie
neckend nach Rüpel's Bart; setzten sich auf Magog's Hut
oder haschten von hinten nach ihm, als wollten sie ihm den
noch übriggebliebenen Frackschoß abreißen. Rüpel sagte:
»Die närrischen Dinger werden mir noch meine Wildschuhe
anzünden«, und suchte immerfort eines zu greifen und da es
jedesmal mißlang, brach er endlich in ein so herzhaftes Lachen aus, daß es weit durch den Wald schallte und die
Irrlichter erschrocken nach allen Seiten auseinanderfuhren.

»Hab' ich's nicht gesagt?!« rief dann Rüpel, indem er
plötzlich ganz erschrocken stillstand und mit dem Finger in
die Nacht hinauswies. Magog wandte sich rasch herum und
erblickte in der Waldeinsamkeit einen großen klaren See, und
mitten in dem See ein schneeweißes Schloß mit goldenen
Zinnen, das sich wie ein schlummernder Schwan im Wasser
spiegelte, und rings um das Schloß herum schien ein Garten
mit Myrten, Palmen und andern wunderbaren Bäumen
gleichfalls zu schlummern, so still war es dort. Jetzt aber
erhoben sich auf einmal einige Elfen, die unter den Palmen
geschlafen hatten, dann immer mehrere, und gleich darauf
sah man sie alle wie Johanniswürmchen geschäftig hin und
her irren, als würde dort ein großes Fest vorbereitet. Dabei
streiften sie im Vorüberschweben mit ihren Fingerspitzen
Bäume, Blumen und Sträucher, die von der flüchtigen Berührung allmählich in hundertfarbigem Glanze, wie lauter
Bergkrystalle, Rubinen, Smaragden und Saphire zu leuchten
anfingen, und wenn die Luft durch den Garten ging, gab es
einen wunderbaren Klang, als ob der Mondschein selber
sänge. – »Das ist ihr Traumschloß«, flüsterte Rüpel dem
Magog zu und wandte kein Auge von der prächtigen Illumination. Magog aber warf stolz den Kopf zurück. »Einfältiges Waldesrauschen, alberne Kobolde, Mondenschein und
klingende Blumen«, sagte er mit außerordentlicher Verach-

tung, »nichts als Romantik und eitel Märchen, wie sie müßige Ammen sonst den Kindern erzählten. Aber der Men-
schengeist ist seitdem mündig geworden. Vorwärts! die
Weltgeschichte wartet draußen auf uns.⟨«⟩ Mit diesen Worten drängte er den kindischen Riesen fort zu verdoppelter
Eile und ruhte nicht, bis der Blumengesang und der schimmernde Garten hinter ihnen verklungen und versunken.

Das war aber nun einmal eine wahre Hexennacht, denn sie
mochten kaum noch eine Stunde lang gegangen sein, so
hörten sie schon wieder ein seltsames Geräusch vor sich, ein
Schwanken und Knistern in den Zweigen und Hufklang
dazwischen, immer näher und näher, wie wenn jemand rasch
und heimlich durch das Dickicht bräche. Und es war auch
wirklich ein flüchtiger Zug, der gerade auf sie zukam. Voran
eilten viele Irrlichter in luftigen Sprüngen, um unter den
Eichenschatten den Weg zu zeigen, dann folgte ein Hirsch
und auf dem Hirsche saß eine sehr schöne Dame, von ihren
Locken, wie von einem goldnen Mantel, durch den die
Sterne schienen, rings umwallt und einen Kranz ums Haupt,
der in grüngoldenem Feuer funkelte. Als sie die beiden
Wanderer gewahrte, stutzte sie und auf einen Wink von ihr
hielten Hirsch und Irrlichter plötzlich an. Rüpel verneigte
sich so tief er's vermochte und wagte kaum verstohlen auf-
zublinzeln, während die Irrwische, die keinen Augenblick
ruhig bleiben konnten, sich schon wieder mit Magog's ver-
witwetem Rockschoß zu schaffen machten. »Was sucht Ihr
hier?« fragte die Reiterin, die Fremden mit einem strengen
und durchdringenden Blick betrachtend. – »Die Libertas«,
entgegnete Magog stolz. Da lachte die Dame und winkte
wieder, und wieder eilten die Irrlichter voran und flog der
Hirsch mit seiner schönen Herrin über den Rasen fort – sie
schienen nach dem Traumschlosse hinzuziehen.

Jetzt erst richtete sich Rüpel mühsam aus seiner Devotion
wieder auf; »gewiß Ihre Majestät die Elfenkönigin«, rief er,
dem Zuge noch lange nachsehend. »Das wäre mir eine
schöne Königin«, erwiderte Magog, »ihr Diadem war nicht
einmal echt, nichts als leuchtende Johanneswürmchen.«

Der Morgen fing endlich an zu dämmern, in der Ferne krähte
schon ein Hahn; da bog Rüpel bald da, bald dort die Wipfel
auseinander und spähte unruhig nach allen Seiten umher.
»Jetzt hab' ich's!« rief er auf einmal, »dort ist das Schloß des
Baron Pinkus.« – »Das trifft sich ja vortrefflich«, entgegnete   5
Magog, »es scheint noch alles zu schlafen droben, wir müssen
das Schloß überrumpeln. Der Star hat mir alles ausführlich
beschrieben; dort in dem Eckturm sitzt die Libertas gefangen. Sie, lieber Herr Rüpel, haben gerade die gehörige
Leibeslänge, Sie langen also ohne weiteres in das Turm-   10
fenster hinein und heben die Gefangene in meine Arme. Ja,
jetzt gilt's: Entführung, Hochzeit, Tod oder Haushofmeister!« Nun aber hatte er seine Not mit dem Riesen, der nicht
so leise auftreten konnte, wie es die Wichtigkeit des entscheidenden Augenblicks erheischte und überdies bald Ei-   15
cheln knackte, bald wieder einen Ast abbrach, um sich die
Zähne zu stochern. Jetzt glaubten sie in dem Schloßhofe
einen Hund anschlagen zu hören. »Um des Himmels willen«,
flüsterte Magog seinem Gefährten zu, »nur still jetzt, sachte,
sachte!« – So zogen sie sich vorsichtig am Rande des Waldes   20
hin, als ob sie ein Eulennest beschleichen wollten.

   Da sahen sie zu ihrer nicht geringen Verwunderung auf
einmal einen glänzenden Punkt sich wie eine Sternschnuppe
übers Feld bewegen. Es kam immer näher und bald konnten
sie deutlich unterscheiden, daß es eine Frauengestalt und die   25
Sternschnuppe eine glimmende Zigarre war, die sie im
Munde hielt. Sie kam, wie es schien, in großer Angst vom
Schlosse gerade auf sie dahergeflogen: eine prächtige Amazone mit Schärpe, Reitgerte und klingenden Sporen, ein
zierliches Reisebündel unter dem Arm. Jetzt stand sie atem-   30
los dicht vor Magog, den sie beinah umgerannt hätte. –
»Mein Ideal!« rief sie da plötzlich aus, und »Libertas!«
schallte es aus Magog's entzücktem Munde herüber. Sie
hatten einander im Augenblick erkannt, ein geheimnisvoller
Zug gleichgestimmter Seelen riß Herz an Herz, und in einer   35
langen stummen Umarmung ging ihnen die Welt unter und
die Ewigkeit auf. – Unterdes war auch Rüpel neugierig

zwischen den Bäumen hervorgetreten, da erschrak die Dame
sehr und sah ihn scheu von der Seite an. Rüpel aber, dem ihr
neckisches Wesen gefiel, wurde auf einmal sehr galant, wollte
ihr seine Bärenhaut unterbreiten und sie in seinem Fut-
5 tersack durch den Wald tragen, ja er versuchte sogar in seiner
Lustigkeit auf dem Rasen eine Menuett auszuführen, die er
einst die alte Urtante hatte tanzen gesehen. Nun wurde auch
die Dame wieder ganz vertraulich und erzählte, wie sie es auf
dem barbarischen Schlosse nicht länger habe aushalten kön-
10 nen; dann geriet sie immer mehr in sichtbare Begeisterung
und sprach von Tyrannenblut, von Glaubens-, Rede-, Preß-
und allen erdenklichen Freiheiten. Da hielt sich Magog nicht
länger, reckte zum Treuschwur den Arm hoch zu den Göttern empor, reichte ihr darauf die Rechte und verlobte sich
15 sogleich mit ihr, und Rüpel schrie in einem fort Vivat! dazu.
Über diesem Freudengeschrei aber entstand nach und
nach ein bedenkliches Rumoren im Schlosse. Die Verliebten
draußen merkten es gar nicht, wie erst einzelne Wachen
verdächtig über das stille Feld fast bis zum Walde streiften
20 und dann eiligst wieder zum Schlosse zurückkehrten. Auf
einmal aber tat sich das Schloßtor auf und die ganze bewaffnete Macht schritt mit dem Feldgeschrei: »die Libertas ist
entwischt!« todesmutig daraus hervor. Dazwischen konnte
man deutlich die Stimme des Baron Pinkus unterscheiden,
25 der entrüstet gegen das Dasein von Riesen und dergleichen
abergläubischen Nachtspuk, wovon die Streifwachen gefa-
belt, im Namen der Aufklärung protestierte. Jetzt aber erblickten sie den Rüpel, den sie anfangs für einen knorrigen
Baumstamm angesehen hatten, und hielten plötzlich an. Nie-
30 mand wagte sich zu regen, es war so still, daß man fast die
Gedanken hören konnte; überall nichts als ein irres Flüstern
mit den Augen, todbleiche Gesichter und fliegende Röte
dazwischen, kurz, alle Symptome einer allgemeinen Verschwindsucht. Bei Pinkus endlich kam sie zum Ausbruch.
35 Erst ganz leise mit langen langen Schritten, den Kopf noch
immer zurückgewendet, dann unaufhaltsam in immer weitern Sprüngen, daß ihm der Opferzopf hoch in der Luft

nachflog, stürzte er nach dem Schlosse und die bewaffnete Macht in wildester Flucht ihm nach. Rüpel hatte eben nur noch Zeit genug, den behenden Pinkus mit ein paar gewaltigen Sätzen am Zipfel seines Zopfes zu erfassen, aber er behielt den Zopf allein in der Hand und damit hieb er wütend 5 rechts und links und trieb sie alle vor sich her; ja, er wäre ohne Zweifel mit ihnen zugleich in das Schloß gedrungen, wenn er nicht in der Hitze des Gefechts an den Schwibbogen des Tores mit solcher Vehemenz mit dem Kopfe angerannt wäre, daß er unversehens rücklings zu Boden fiel, was den 10 empfindlich Geschlagenen notdürftigen Vorsprung gewährte, sich in das Schloß zu salvieren und, ehe Rüpel sich wieder aufraffte, die eisernen Torflügel dicht vor ihm krachend zuzuwerfen.

Nun wandte sich Rüpel sehr vergnügt um, mit Magog 15 weitern Kriegsrat zu pflegen. Aber wie erstaunte er, als er niemand hinter sich erblickte. Vergebens ging und rief er am Rande des Waldes auf und nieder, die beiden Liebenden waren spurlos verschwunden. Die Libertas mag sich wohl vor dem Schlachtlärm etwas tiefer in den Wald zurückgezo- 20 gen haben, dachte er; er hoffte noch immer sie wiederzufinden und ging und rief von neuem immer weiter fort, worüber er aber mit dem Echo, das ihm lauter unvernünftige Antworten gab, in einen ebenso heftigen als fruchtlosen Wortwechsel geriet. Und so hatte er denn von der ganzen 25 großen Unternehmung nichts als ein paar neuer Löcher in seiner alten Wildschur gewonnen und schritt endlich voller Zorn und so eilfertig wieder in den Urwald zurück, daß wir ihm unmöglich weiter nachgehen können. 30

Wie aber war die Libertas so unverhofft aus ihrem Turme entkommen?

Wir haben schon früher gesehen, daß seit ihrer Gefangenschaft im Pinkus'schen Schlosse und Garten die gute alte Zeit wieder repariert und neu vergoldet worden, wo sie durch 35 ihre impertinente Einmischung etwa gelitten hatte. Alles schämte sich pflichtschuldigst der augenblicklichen Verfüh-

rung und Verwilderung; in der schillernden Mittagsschwüle
plätscherten die Wasserkünste wieder wie blödsinnig immerfort in endloser Einförmigkeit; die Statuen sahen die
Buchsbäume, die Buchsbäume die Statuen an und die Sonne
vertrieb sich die Zeit damit, auf den Marmorplatten vor dem
Schlosse glitzernde Schnörkel und Ringe zu machen; es war
zum Sterben langweilig. Libertas hatte daher schon lange
nachgedacht, wie sie sich befreien könnte, und sann und
sann, bis endlich die Nacht der ganzen Industrie im Schloß
das Handwerk gelegt und draußen die Welt ungestört wieder
aufatmete. Auch der Schwan auf dem Wallgraben unter dem
Turm war nun eingeschlummert und drüben standen die
Wälder im Mondschein. Da trat Libertas an das offene Fenster und sprach:

> Wie rauscht so sacht
> Durch alle Wipfel
> Die stille Nacht,
> Hat Tal und Gipfel
> Zur Ruh gebracht.
> Nur in den Bäumen
> Die Nachtigall wacht
> Und singt, was sie träumen
> In der stillen Pracht.

Die Nachtigall aber antwortete aus dem Fliederbusche unten:

> In der stillen Pracht,
> In allen frischen Büschen, Bäumen flüstert's in Träumen
> Die ganze Nacht,
> Denn über den mondbeglänzten Ländern
> Mit langen weißen Gewändern
> Ziehen die schlanken
> Wolkenfrauen, wie geheime Gedanken,
> Senden von den Felsenwänden herab die behenden
> Frühlingsgesellen: die hellen Waldquellen,

Um's unten zu bestellen
An die duftigen Tiefen,
Die tun, als ob sie schliefen,
Und wiegen und neigen in verstelltem Schweigen
Sich doch so eigen mit Ähren und Zweigen,   5
Erzählen's den Winden,
Die durch die blühenden Linden,
Vorüber an den grasenden Rehen
Säuselnd über die Seen gehen,
Daß die Nixen verschlafen auftauchen   10
Und fragen,
Was sie so lieblich hauchen?
Ich weiß es wohl, dürft' ich nur alles, alles sagen.

Hier kam plötzlich ein Storch aus dem Gesträuch und klapperte zornig nach dem Fliederbusche hin, und die Nachtigall 15
schwieg auf einmal. – Was hat nur der Storch mit der Nachtigall zu so später Zeit? er ruht doch sonst auch gern bei
Nacht, sagte Libertas zu sich selbst und wußte gar nicht, was
sie davon denken sollte.

   Aber die Nachtigall wußte es recht gut, und daß sie in der 20
Nähe des Schlosses nicht so viel ausplaudern sollte; denn
unter den freien Tieren des Waldes war in jener großen
nächtlichen Versammlung, die Magog auf seiner Wanderschaft von ferne mit angesehen hatte, eine geheime Verschwörung gemacht worden und sollte eben in der heutigen 25
Nacht zum Ausbruch kommen. Schon am vorigen Abend
war es den Landleuten, die vor Schlafengehen noch ihre
Saaten in Augenschein nahmen, sehr aufgefallen, wie da über
der Au im Tale, wo die glänzenden Sommerfäden an den
Gräsern hingen, so viele Schwalben emsig hin und   30
herschweiften und mit ihren Schnäblein die Fäden aufrafften,
so viel eine jede im Fluge erhaschen konnte, daß sie, als sie
damit durch die Luft flogen, wie in langen silbernen
Schleiern dahinzogen. Dieses feine Gespinst aber breiteten
die Schwalben sodann auf einer einsamen Waldwiese im   35
Mondschein aus; da kamen hurtig unzählige kleine Spinnen,

die schon darauf gewartet, rote, braune und grüne, und
drehten die Fäden fleißig zusammen und woben, damit es
besser aussähe, auch etwas Mondschein darein, während die
Johannesfünkchen ihnen dabei leuchteten und die Heimchen
dazu sangen. Kaum aber hatten sie die letzten Maschen
geknüpft, so säuselte es leise leise durch die Stille, von allen
Seiten kamen Bienen, die heute Schlaf und Honig vergaßen,
dicke Päckchen an ihren Füßen, die streckten und steiften mit
dem Wachs das ganze Gespinst gar kunstreich zu einer langen Strickleiter. Unterdes sah man bei dem klaren Mondlicht
bald da, bald dort am Waldessaume ein Reh mit den klugen
Augen hervorgucken und schnell wieder im Dickicht verschwinden, denn das wachsame Wild machte die Runde, um
sogleich zu warnen, wenn etwa Verrat drohte. Der getreue
Storch aber, der vorher die Nachtigall wegen ihrer Plauder-
haftigkeit ausgescholten, stand die ganze Zeit hindurch, nur
ein paar Mal wider Willen einnickend, unbeweglich auf einem Beine bei den Spinnen und Bienen, um auf ihr Werk
aufzupassen und ohne Nachsicht jeden wegzuschnappen, der
sich bei der Arbeit saumselig zeigte. Und als die Leiter fertig
war, prüfte er sie bedächtig, hing sie dann an den Ast des
nächsten Baumes und stieg selbst daran hinauf, um zu versuchen, ob sie fest genug, wobei er sich aber so ungeschickt
und seltsam anstellte, daß die kleinen behenden Kreaturen
ringsumher einigemal heimlich kichern mußten und die
Heimchen neckend: Storch, Storch Steiner, hast so lange
Beine! zu ihm hinüberriefen, worüber er jedesmal sehr böse
wurde und mit seinem langen Schnabel nach ihnen hackte.
   Als er nun aber sah, daß alles gut war, nahm er das eine
Ende der luftigen Leiter in den Schnabel, flog damit zu dem
Fenster der Libertas hinan und schlang es fest um das Fen-
sterkreuz. Zu gleicher Zeit schlug die Wachtel gellend in dem
nahen Kornfelde; das war das verabredete Zeichen. Da erwachten alle Waldvögel draußen, die ohnedies nicht fest
geschlafen vor Freude und Erwartung und weil die Nachtigall die ganze Nacht so laut geschmettert hatte. Die flogen
nun alle nach dem Turmfenster droben, pickten an die Scheiben und sangen ganz leise:

Frau Libertas, komm heraus!
Denn der liebe Gott hat lange
Draußen unser grünes Haus
Schon geschmückt dir zum Empfange,
Hat zur Nacht die stillen Tale   5
Rings mit Mondenschein bedeckt,
Und in seinem Himmelssaale
Alle Lichter angesteckt.
Horch, das rauscht so kühl herauf,
Frau Libertas, wache auf!   10

Aber Libertas, die an dem heimlichen Treiben draußen längst
alles gemerkt, hatte schon ihr Bündel geschnürt und betrat,
die treuen Vögel freundlich grüßend, die Strickleiter, und
wie sie so in die Nacht hinabstieg, boten ihr die kleinen
Birken, die aus den Mauerritzen des alten Turmes wuchsen,   15
überall helfend die grünen Hände, und von unten wehte ihr
der Duft der Wälder und Wiesen erfrischend entgegen. Als
sie aber an den breiten Wallgraben kam, war schon der
Schwan am Ufer und schwellte stolz seine Flügel wie zwei
schneeweiße Segel. Da setzte sich Libertas dazwischen und er 20
glitt mit ihr hinüber und betrachtete voll Entzücken ihr
schönes Bild, das auf dem Spiegel des Weihers neben ihm
dahinschwebte. Unterdes hatte aber der Kettenhund im
Hofe schon lange die Ohren gespitzt und weckte jetzt laut
bellend seinen Nachbar, den boshaften Puter, der hätte bald   25
alles verraten, er gollerte so heftig, daß er ganz rot und blau
am Kragen wurde vor Zorn und Hoffart, darüber wachten
auch die Gänse im Stalle auf und schrien Zeter und abermals
Zeter, denn sie hatten die rechte Witterung von den heimlichen Umtrieben am Turme und fürchteten alle, wenn die   30
Libertas entwischte, aus dem guten Futter zu kommen und
zu den andern gemeinen Vögeln in die Freiheit gesetzt zu
werden. Aber ihr Lärm und Ärger kam zu spät, Libertas war
schon jenseits des Wallgrabens. Drüben aber stand ein
Hirsch am Waldessaume und neigte die Knie und sein Ge-   35
weih vor ihr bis auf den Rasen. Da schwang sie sich rasch

hinauf und fort ging es durch Nacht und Wald, und der
Storch mit den andern Vögeln, um ihr das Geleit zu geben,
stürzte sich hinterdrein vom Turme in die Luft, in stillen
Kreisen über den mondbeglänzten Gärten, Wäldern und
Seen schwebend. Die im Schlosse merkten es erst bei Tagesanbruch, wo sie, wie wir gesehen, zu ihrem Unglück auf
ihre Verfolgung ausrückten. Nur die Hirten, die an den
Bergeshängen bei ihren Herden wachten, hörten erstaunt
den Gesang in den Lüften und die geheimnisvolle Flucht im
Waldesgrund an den einsamen Weilern vorüberziehn. Und
das war eben die schöne Frauengestalt auf dem Hirsch, die in
derselben Nacht Rüpel und Magog auf ihrer Wanderschaft
im Urwald gesehen, ohne die Libertas zu erkennen, auf deren
Befreiung sie so schlau und vorsichtig ausgezogen.

Die Amazone aber, die sie gerettet hatten, war niemand
anders als die Pinkus'sche Silberwäscherin Marzebille, ein
herzhaftes Frauenzimmer, die schon früher als Marketenderin mit den Aufklärungstruppen durch Dick und Dünn mit
fortgeschritten und nirgends fehlte, wo es was neues gab.
Die hatte nun seit der Libertas Erscheinung eine inkurable
Begeisterung erlitten und sich daher an jenem denkwürdigen
Morgen kurz resolviert, aus dem Schloßdienst in die Freiheit
zu entlaufen. Der Dr. Magog aber war damals vor dem
unverhofften Schlachtgetümmel am Schlosse so heftig erschrocken, daß er mit seiner glücklich emanzipierten Braut,
die hier alle Schliche und Wege kannte, unaufhaltsam sogleich quer durch Deutschland und übers Meer bis nach
Amerika entfloh, wo er wahrscheinlich die Marzebille noch
heut für die Libertas hält.

Da konnte sie denn Rüpel freilich nicht mehr errufen. Und
das schadet auch nichts, denn Magog hatte schon während
der feierlichen Verlobung hin und her gesonnen, auf welche
Weise er den Riesen, da er ihn nun nicht mehr brauchte,
wieder loswerden könnte; er dachte gar nicht daran, einen so
ungeschlachten Gesellen zu seinem Haushofmeister zu machen, dessen große Familie ihm wohl bald Haus und Hof
verzehrt hätte. Dafür haben ihn, gleichwie die Menschen

Vogelscheuchen aufzurichten pflegen, die dankbaren Vögel in Erwägung seiner vor dem Schlosse bewiesenen Bravour als Hüter des Urwalds angestellt, mit der einzigen Verpflichtung, von Zeit zu Zeit mit den schrecklichsten Tierfellen, Mähnen und Auerochsenhörnern sich am Rande des Waldes zu zeigen. Dort also hat der Biedermann endlich sein sicheres Brot.

Die emigrierte Urtante ist gänzlich verschollen. Von der Libertas dagegen sagt man, daß sie einstweilen bei den Elfen im Traumschlosse wohne, das aber seitdem niemand wieder aufgefunden hat.

KOMMENTAR

THEMEN UND STIL VON EICHENDORFFS EPIK

BEWÄHRUNG DER ROMANTIK UM 1830 ALS THEMA

Die ›Formelhaftigkeit‹ von Eichendorffs Stil ist zunächst bei der Prosa beobachtet worden (vgl. Werner Kohlschmidt, *Die symbolische Formelhaftigkeit von Eichendorffs Prosastil*, in: W. K., *Form und Innerlichkeit*, Bern 1955, S. 177-209) und in jüngster Zeit erneut an dieser Gattung demonstriert worden, (Stefan Nienhaus, *Eichendorffs Wiederholungsstil*, Münster 1991). Tatsächlich läßt sich unschwer eine Reihe von Bildern und sprachlichen Wendungen auflisten, die sich in den Texten des Dichters mit nur geringer Varianz wiederholt. Seine Prosa unterscheidet sich darin wesentlich von den Texten der anderen Romantiker: Eine vergleichbare Liste von ›Formeln‹ läßt sich weder für Ludwig Tieck (1773-1853) noch für Clemens Brentano (1778-1842), Achim von Arnim (1781-1831) oder E. T. A. Hoffmann (1776-1822) zusammenstellen. Nur wenige Situationen – wie etwa der berühmte Gipfel- oder Fensterblick – gehören zu dem ›gemeinromantischen‹ Bilderschatz, den Eichendorff bereits vorfindet und in seinen ›Vorrat‹ aufnimmt. Der gesamte Schatz an Topoi seiner epischen (und lyrischen) Werke ist so charakteristisch, daß ein Eichendorff-Text innerhalb der romantischen Epik sofort zu identifizieren ist.

Die Beobachtung der Formelhaftigkeit ist meist verbunden mit der These der geringen Entwicklung des Dichters Eichendorff. Wie selbstverständlich werden bei den Interpretationen die charakteristischen Formeln aus ihrem Kontext gelöst, und kein Interpret käme auf die Idee, hier streng nach ›frühem‹ und ›spätem‹ Eichendorff zu sondern. Allzu dicht liegen die Themen und Motive, die Formeln und Bilder in den Werken aller Lebensphasen beieinander: Die Obses-

sion durch eine dämonisch anmutende Geliebte steht im
Zentrum der ersten Erzählung (der *Zauberei im Herbste*
[1808/09]) und spielt auch noch in der *Entführung* (1837) und
der letzten Erzählung *Libertas und ihr⟨e⟩ Freier* (1849) eine
Rolle. Die märchenhaft verwunschenen Schlösser und Park-
anlagen mit den antiken Gottheiten – in keiner Erzählung
Eichendorffs fehlen sie. Die scheinbare Gleichförmigkeit, die
bereits von den zeitgenössischen Rezensenten beobachtet
und teils als Treue zum eigenen Stil, teils als Mangel an
Einfallsreichtum oder Epigonentum gedeutet wurde, setzt
sich bis in die einzelnen Bildkomponenten und -deutungen
fort: Der Wald mit seinem Rauschen, die Lerche mit ihrem
jubelnden Gesang, der Sonnenauf- und -untergang, das
ferne Gewitter (Wetterleuchten) – wir kennen diese Bilder
aus sämtlichen Prosawerken und einer Reihe von Liedern
des Dichters, ob sie nun 1808 oder 1849 entstanden sind.

Wie unterschiedlich diese Form- und Bilderwelt jedoch zu
deuten ist, wird schon bei dem Blick auf die zeitgenössischen
Rezensionen deutlich. Immer wieder beobachten die Rezensenten, daß diese Prosa das Lebensgefühl einer längst
vergangenen Epoche widerspiegelt. Die Verhöhnung als
»letzter Ritter der Romantik«, die Eichendorff in seinen autobiographischen Entwürfen zum positiven Topos vom Zuspätgeborenen umformt (vgl. Band V dieser Ausgabe, S. 352
und 360), durchzieht die Kritiken. Dabei weisen einige Rezensenten jedoch zugleich darauf hin, daß Eichendorff in
seinen in den 30er und 40er Jahren entstandenen Erzählungen die Gegenwart ›mitdenkt‹ (vgl. S. 631-633, 724 und 728-
733). Das eigentliche Thema dieser Werke ist die Frage: Wie
kann die Welt von 1830, 1840 oder 1848 mit den romantischen Idealen, mit der romantischen Dichtung und mit den
Dichtern, die sich dieser Utopie immer noch oder wieder
verschrieben haben, umgehen? Haben die Leitbilder noch
etwas zu sagen? Sind es wirklich veraltete, überholte Denk-
muster?

Die Antwort der Kritiker fällt nur in wenigen Fällen zu-
ungunsten von Eichendorff aus. Gerade die Dichter, die sich

einer neuen Ästhetik verschrieben haben – die Jungdeutschen wie Heinrich Laube (1806-1884) und Karl Gutzkow (1811-1878) – müssen fast wider Willen anerkennen, daß Eichendorff mit großer Überzeugungskraft etwas vorträgt, was seine Aktualität noch keineswegs verloren hat, was auch die junge Generation anrührt und ›einfängt‹. Eichendorffs *Dichter und ihre Gesellen* evoziert, schreibt Gutzkow, »nichts als Erinnerung, Ahnung, eine Zeit, die vielleicht noch gar nicht geboren ist, oder jene geheimnißvolle Vergangenheit, wo wir noch im Schooße des Weltgeistes, in einer verklungenen Offenbarung lebten.« Eichendorff zeigt »uns Jüngern recht lebhaft ⟨...⟩, wie man die Weise seiner Schule mit Göthe's Classizität verbinden muß« (vgl. S. 724). Laube bemerkt zum gleichen Roman: »⟨...⟩ was kann denn der Dichter mehr, als die Welt aufsingen mit seinen Tönen, die Welt mit ihren unabsehbaren Knospen und Reizen, mit all ihrer Möglichkeit und Ewigkeit. Und das hat mir das Eichendorffsche Buch gethan« (vgl. S. 734). Diese überraschende Wirkung beruht unter anderem darauf, daß die Texte sich eben nicht darauf beschränken, die alte romantische Utopie unreflektiert zu wiederholen, sondern sie unter den jeweils neuen Zeitbedingungen überprüfen, diskutieren und variieren. Der Utopie (und ihrem Formelschatz) bleibt Eichendorff treu, aber er sieht selbst, daß sie sich unter jeweils neuen Zeitumständen bewähren und neu rechtfertigen muß. Das heißt, die Auseinandersetzung um die Verbindlichkeit und den Sinn der romantischen Ideen, nur indirekt auch diese selbst, sind das Thema der reiferen Prosaarbeiten Eichendorffs.

Am deutlichsten wird dies in der Satire *Viel Lärmen um Nichts* (1832), die man seit einer zeitgenössischen Rezension und der Arbeit von Reinhold Wesemeier (*Joseph von Eichendorffs satirische Novellen*, Marburg 1915) primär als kritische Auseinandersetzung mit den oberflächlichen Literaten der Zeit und ihrer Novelleneuphorie verstanden hat (vgl. S. 620 f.). Dabei führt sie zugleich eine Bewährungsprobe für die Dichter und Dichtungstheorien der Romantik vor. Drei

Figuren aus dem 1815 veröffentlichten Roman *Ahnung und Gegenwart* haben sich in der Gegenwart zu bewähren, und ihre Auseinandersetzung mit der neuen Zeit, deren Distanz zum romantischen Jahrzehnt der Jahrhundertwende Eichendorff nur allzu deutlich ist, wird zum Thema der satirischen Novelle.

Der Roman *Dichter und ihre Gesellen* (1834) greift diese Thematik auf und stellt eine Reihe von Dichtern, die alle einzelne Ideen der Romantik zu verwirklichen trachten, auf die Probe. Die Frage Eichendorffs lautet: Wie kann das einstmals projektierte ›poetische Leben‹ unter den Bedingungen von 1830 verwirklicht werden? Viele der romantischen Ideen erweisen sich dabei als trügerisch. Der Versuch, einem Leben als Philister auszuweichen und sich nach Abschluß des Studiums ganz auf das spontane Dichten zu verlassen – ein Weg, den Otto in bester Absicht, Dichter und ›poetischer Mensch‹ zu werden, einschlägt –, führt ins Verderben. Trotz allen guten Willens und allerbester Chancen im Kreise einer Schauspielgesellschaft à la *Wilhelm Meister* und einer Italienreise (auf den Spuren Mignons): Otto findet nicht zu sich selbst, er scheitert restlos, verliert sich selbst – gerade weil er das Dichten als einziges Lebensziel, als Alternative zum philiströsen Berufsleben betrachtet. Alles, was er ohne Rücksicht auf die Resonanz beim Publikum dichtet und den Schauspielern zur Aufführung anbietet, gerät zum langweiligen, stammelnden Erguß, der niemanden interessiert.

Eichendorffs Roman setzt sich zugleich mit dem klassischen und romantischen Bildungsroman auseinander. Otto verhält sich zunächst so wie Wilhelm Meister (in seiner ersten Lebensphase) und folgt dann den Spuren von Franz Sternbald und Heinrich von Ofterdingen (aus den 1798 und 1802 veröffentlichten Romanen von Tieck und Novalis [1772-1801]), indem er wie ein romantischer Künstler ganz auf sich selbst gestellt die Natur und die eigenen Emotionen auf sich wirken läßt. Beim Umsetzen in Kunst scheitert er dennoch: Die Sehnsucht, sich selbst in dieser Lebensform zu finden, reicht nicht aus, und die künstlerische Betätigung führt weder zu überzeugenden, verantwortlichen Kunstwerken noch zur Überwindung seiner inneren Leere. Das heißt, um 1830 bewährt sich weder das klassische noch das romantische Bildungskonzept für den Künstler.

Der patriotische Maler des Romans, der mit einem Schwert aus den Befreiungskriegen kämpft, führt eine andere Variante romantisch inspirierter ›Lebenskunst‹ vor. Albert ist ein Vertreter der patriotischen Romantik, er steht für die kämpferische Linie, für das politische Engagement, das von der romantischen Bewegung ausgegangen war. Eichendorff steht dieser Bewegung grundsätzlich positiv gegenüber und hatte sich 1813 in Wien selbst den Freikorps angeschlossen. Umso überraschender scheint es auf den ersten Blick, daß der Maler, der sich als konsequenter Kämpfer aus dieser Generation und Tradition versteht, im Roman so kläglich scheitert. In *Ahnung und Gegenwart* war dieser Weg von Eichendorff noch als mögliche Bewährung und Alternative zum Klosterleben am Schluß des Romans (in der Person von Leontin) vorgeführt worden. Nach 1830, dem Jahr der französischen Julirevolution und den nachfolgenden Entwicklungen in Deutschland gibt Eichendorff eine andere Antwort, die lautet: Die zeitgenössischen Studenten, die sich mit Freiheitsparolen zu Wort melden und in den Burschen- und Turnerschaften scheinbar an die Tradition der Befreiungskriege anknüpfen, verraten deren Ziele. In der Romanhandlung wird dies dadurch deutlich, daß sich der Maler einem dubiosen Geheimbund anschließt. Er wird zum Carbonaro und gehört damit zu einer Gruppe von Verschwörern, die sich von Italien über Europa ausbreiten und ihren Einfluß unter anderem in Frankreich ausüben (vgl. Anm. 89,12). Damit verhält er sich so, wie sich – nach Eichendorffs Auffassung – die liberalen Studenten und ›Demagogen‹ verhalten, die im Hambacher Fest das Fanal einer neuerlichen Befreiung Deutschlands sehen.

So zeigt Eichendorff im Roman selbst, daß eine ungebrochene Umsetzung der romantischen Ideale im zweiten Drittel des 19. Jahrhunderts nicht mehr möglich ist. Die romantische Begeisterung ist unter den Bedingungen von 1831 nicht unreflektiert umzusetzen: Der Maler endet mit einem pseudo-heroischen Selbstmord, den er einer Verhaftung vorzieht.

Auch der Lebensweg des zunächst erfolgreichen Dichters Victor, der im Stile der Romantik dichtet und auf ästhetischem Gebiet die alte Lehre aufnimmt, zeigt die Schwierigkeiten bei der Umsetzung der romantischen Vorstellungen. Victor ist mit seinen Erfolgen nicht zufrieden. Er erkennt, daß er im Grunde nur einer Mode gefolgt ist bzw. seine Werke nur oberflächlich modisch konsumiert werden. Während das Publikum noch begeistert applaudiert, wenn seine Stücke gegeben werden, ist er bereits inkognito unterwegs, erprobt das Theater- und Vagantenleben und entscheidet sich schließlich, Eremit zu werden. Von vorneherein bewegt er sich dabei auf einer höheren Bewußtseinsstufe als Otto, der in seiner Unreife und weltschmerzlichen Gefühligkeit in einer bestimmten Lebensphase den gleichen Weg wählen will. Der Mönch Vitalis – alias Victor – versperrt ihm buchstäblich den Weg in die Einsiedelei. Victor nimmt im Roman zeitweise die Aufgabe der Turmgesellschaft aus dem *Wilhelm Meister* wahr und greift erzieherisch in den Lebensweg der ›Dichter‹ und ihrer ›Gesellen‹ ein. Auch diese Eingriffe, die Eichendorff als notwendig und für den Adepten hilfreich darstellt, gehören zur Bewährung der zentralen Figur, die erst nach einem Prozeß der Läuterung aus Überzeugung den Weg des Priesters wählt.

Eichendorff demonstriert mit diesem Lebensweg, daß ausschließlich eine tief religiöse Auseinandersetzung mit der Welt und mit dem Abgrund in der eigenen Persönlichkeit den Menschen zum verantwortlichen Dichter reifen läßt. Das bedeutet nicht, daß primär Themen der Religion, der Kirche oder der Konfession in der Dichtung selbst diskutiert werden müßten. Eichendorffs Dichtung kennt die radikale Neuorientierung und Umkehr zur katholischen Erbauungsliteratur oder Kirchenpredigt nicht, die bei Clemens Brentano oder Zacharias Werner (1768-1823) für einen Teil des Werkes charakteristisch ist. Die Dichtung eines Victor, Vitalis – oder eben eines Eichendorff – wählt die Natur als bedeutendsten Gegenstand eines hochartifiziellen, ›schönen‹ Werkes. Allerdings gelingt diese (scheinbar kirchenferne) Dichtung nur, wenn der Dichter es versteht, in der Natur die göttlichen Gesetze und die göttliche Fügung sichtbar zu machen, was wiederum voraussetzt, daß der Dichter von tiefem Glauben und Selbstdisziplin erfüllt ist. Der Schluß des Romans *Dichter und ihre Gesellen* mit Victors Bekenntnis zum Missionieren ist nicht als Aufforderung gedacht, eine »Zweckliteratur« im Dienste der katholischen Kirche zu schaffen oder gar dem Schreiben im Kloster ganz zu entsagen. Es geht Eichendorff vielmehr darum, zu zeigen, daß nur der im Glauben Gefestigte die Anfechtungen und Aufgaben des verantwortlichen und zukunftsweisenden Dichters bewältigen kann, und nur die Dichtung, die auf dieser Grundlage der Religion entsteht und indirekt für sie wirkt, über die modische Literatur der Gegenwart triumphieren kann.

Der Roman wird damit – wie alle Schriften Eichendorffs, die sich mit der romantischen Ästhetik und Ethik beschäftigen (vgl. Band VI dieser Ausgabe, S. 1088-1090) – zur Auseinandersetzung mit dem eigenen Lebensweg und der eigenen Dichtung. Eichendorff hatte sich nach dem Studium aus persönlicher Verantwortung für den bürgerlichen Lebensweg entschieden und *nicht* wie Otto gehandelt. Die Entscheidung mag ihm schwer gefallen sein, da er während des Studiums in Wien schon ein erstes großes Werk geschaffen hatte und von einem der erfolgreichsten Autoren der Zeit, von Friedrich de la Motte Fouqué (1777-1834), nachhaltig gefördert wurde. Der befreundete Fouqué beförderte Eichendorffs Roman *Ahnung und Gegenwart* zum Druck und nahm Lyrik und Erzählungen in sein ›Frauentaschenbuch‹ auf. Eichendorff entschloß sich trotz dieser Erfolge – vermutlich primär, weil er seine Pflichten als Familienvater nicht vernachlässigen wollte und nicht genügend Grundbesitz oder Kapital besaß, um zu leben wie Clemens Brentano –, das Dichten nicht zu seiner Profession zu machen. Mit dem

demonstrativen Scheitern der Romanfigur Otto rechtfertigt
er indirekt die Entscheidung für den selbstgewählten Lebensweg in den bürgerlichen Beruf.

Auch der Aktionismus des freiwilligen Kämpfers der Befreiungskriege, den der Maler Albert unter den veränderten
Zeitumständen der 30er Jahre weiterverfolgt, wird nicht
zum Muster einer erneuerten romantischen Bewegung erhoben. Eichendorff selbst hat sein politisches Engagement in
den Befreiungskriegen nie bereut, ist jedoch der Meinung,
daß die Zeitgenossen, die in verbotenen Organisationen weiterhin für die alten Ideale der Einheit und – in seiner Sicht
vermeintlichen – Freiheit Deutschlands kämpfen, den falschen Weg gewählt haben. Wieder rechtfertigt er die eigene
Entscheidung, indem er die liberale Bewegung mit der seiner
Auffassung nach platten und gefährlichen Aufklärung in
Verbindung bringt und zugleich als Verschwörung denun-
ziert. Der Sinn dieser Argumentation ist es, den alten ›richtigen‹ Freiheitsbegriff, den Eichendorff aus Friedrich Schlegels publizierter Wiener Vorlesung von 1810 (*Über die neuere
Geschichte*; KA VII, S. 125-407, besonders 2. u. 3. Vorlesung,
S. 145-172) gewonnen hatte (vgl. Anm. 103,20), von den
Parolen der Gegenwart scharf abzugrenzen. Zugleich rechtfertigt Eichendorff seine eigene politische Position, die es
ihm erlaubt, im preußischen Staatsdienst zu bleiben. Ausführlich setzt er sich in seinen satirischen Erzählungen und
den politischen Schriften mit den Positionen der radikalen
Liberalen auseinander (vgl. S. 661-666 sowie Band V dieser
Ausgabe, S. 599-677).

Die satirische Auseinandersetzung mit dem Hambacher
Fest – *Auch ich war in Arkadien!* (1832) – ordnet sich in diesen
Kontext ebenso ein wie die späten Erzählungen *Das Schloß
Dürande* (1837), *Die Entführung* (1839) und *Libertas und ihr⟨e⟩
Freier* (1849). Wesentliche Ideale der Romantik – das Ziel
eines unentfremdeten Lebens im Einklang mit der Natur
und die Überwindung des philiströsen Zweckdenkens – blei-
ben die gleichen. Es ist immer noch jene »alte Freiheit«, die
Eichendorffs Helden wiedergewinnen wollen – insofern ha-

ben die zeitgenössischen Rezensenten recht, wenn sie den Dichter als Vertreter der vorhergehenden Generation und Verfechter ›altromantischer‹ Ideen verstehen. Doch die Protagonisten der epischen Werke erreichen dieses Ziel nicht mehr, sie finden ihre Aurora und ihre Libertas nicht mehr oder verwechseln sie mit anderen. In Deutschland – so ist das Fazit – halten sich beide zur Zeit gar nicht mehr auf, weil sie, verfolgt durch die Eiferer verschiedener politischer und ästhetischer Richtungen, keinen Lebensraum mehr finden.

Angesichts dieses radikalen Pessimismus nimmt es wunder, daß die Epik Eichendorffs als Widerspiegelung der immer gleichen romantischen ›Kulisse‹ oder ›Stimmung‹ gedeutet wurde und noch heute gelegentlich als Appell zur Flucht aus der Wirklichkeit verstanden wird. Mißverständnisse verdunkeln hier – ebenso wie bei der Lyrik (vgl. Band I dieser Ausgabe, S. 798-800) – die ernsthafte Beschäftigung mit den Texten. Die Beschwörung der ähnlichen Bilder und Situationen bedeutet nicht die bruchlose Umsetzung romantischer Vorstellungen. Alle idyllischen Bilder erweisen sich in diesen Werken der reifen Phase als trügerisch, gefährdet oder gefährlich. Es sind keine Darstellungen der Lebenswirklichkeit (oder einer greifbaren, ›konkreten‹ Utopie), sondern nur noch Wahrheiten, die in Träumen aufscheinen, die als Obsession die Menschen irritieren und zugleich die Erinnerung an dringende und notwendige Korrekturen des Lebensalltags wachhalten.

So unternimmt Eichendorff immer neue Ansätze, um die aus der Romantik gewonnenen Ideen seiner Helden in der Dichtung selbst zu diskutieren und auf die Probe zu stellen. Die Formeln und Bilder gewinnen in diesem Kontext jeweils neue Funktionen und können nicht mehr als ungebrochene Umsetzung der Vorstellungen aus der ersten Generation der Romantik verstanden werden.

VENUS UND MARIA

Eichendorffs gelungenste Erzählungen werden von einem
Leitbild beherrscht, das den Autor und seine Helden wie ein
Alptraum zu verfolgen scheint. Es ist die Gestalt der Venus,
die als marmornes Abbild oder Reinkarnation die Protagonisten seiner Prosa beherrscht und sie vom rechten Lebensweg abbringt. Die geheimnisvolle Gewalt einer dämonischen Frauengestalt steht nicht nur im Zentrum der berühmten Erzählung vom Marmorbild und bestimmt die Bildungs-
geschichte Florios, sondern beeinflußt auch Raimund in der
Zauberei im Herbste, den Studenten Don Antonio in der *Meerfahrt*, Gaston in der *Entführung* und die Helden der *Glücksritter*, Klarinett und Suppius. Selbst der Taugenichts wird
vorübergehend von der geheimnisvollen Venusgestalt be-
droht. Die Bilder dieses weiblichen Dämons tragen verschiedene Namen, und neben der Venus finden wir die römische Göttin der Jagd, Diana, und selbsterfundene Namen:
Eine der eindrucksvollsten Gestaltungen dieser dämonisier-
ten Frau ist die Gräfin Romana in dem Roman *Ahnung und
Gegenwart*. Eichendorff läßt sie wie eine Hexe im Feuer untergehen, hat ihr jedoch seine schönsten Lieder in den Mund
gelegt.

Es ist Eichendorffs Intention, aus christlicher Sicht die
Überwindung der gefährlichen Obsession zu zeigen: Nicht
nur die Gräfin Romana verschwindet aus dem Blickfeld der
Helden, die sich nun dem Kloster oder einer bürgerlich-
harmlosen Partnerin zuwenden können; die Diana der *Entführung* entscheidet sich selbst für den Lebensweg der Nonne
und ermöglicht damit Gaston, »Leontinens unschuldiges
Bild«, das sie »so lange wetterleuchtend verdeckt« hatte, wiederzufinden. »Hier lebte er in glücklicher Abgeschiedenheit
mit seiner schönen Frau«, heißt es am Schluß. Im *Marmorbild*
wird diese Wendung in zwei allegorischen Gedichten dargestellt, die Eichendorff später unter dem Titel *Götterdäm-
merung* veröffentlichte. Das Venusbild wird in einem dieser
Texte von dem Bild der christlichen Maria abgelöst:

Da will sich's unten rühren,
Im stillen Göttergrab,
Der Mensch kann's schauernd spüren
Tief in die Brust hinab.
⟨...⟩
Frau Venus hört das Locken,
Der Vögel heitern Chor,
Und richtet froherschrocken
Aus Blumen sich empor.
⟨...⟩
Doch öd sind nun die Stellen
Stumm liegt ihr Säulenhaus,
⟨...⟩
Sie selbst muß sinnend stehen
So bleich im Frühlingsschein,
Die Augen untergehen,
Der schöne Leib wird Stein. –

Denn über Land und Wogen
Erscheint, so still und mild,
Hoch auf dem Regenbogen
Ein andres Frauenbild.

Ein Kindlein auf den Armen
Die Wunderbare hält,
Und himmlisches Erbarmen
Durchdringt die ganze Welt.
(Band I dieser Ausgabe, S. 230 f.)

Die verführerische Kraft sinnlicher Lust, die Eichendorff als
heidnisch »einordnet« und damit intellektuell »bewältigt«,
wird durch die Kraft der christlichen Lehre gebrochen. Das
Bild der Gottesmutter, in dem nicht nur das Ideal der unschuldigen, ungeschlechtlich-platonischen Liebe, sondern
zugleich die vorbildliche Mutterliebe und Opferbereitschaft
sowie (im Jesuskind) auch die Idee der christlichen
Nächstenliebe aufscheinen, lösen das aus der Antike stam-

mende Venus-Bild und die damit symbolisierte »sinnliche«
Liebe, den Kult des Eros ab. Dementsprechend wenden sich
die Helden der Erzählungen von den dämonischen Frauen
ab. Die dämonischen, hexengleichen Frauen dagegen gehen
unter oder läutern sich.

Erklärungen und Deutungen zu dieser Bild-Obsession,
die in den Gedichten zur Loreley, zur Waldfrauensage und
auch in den frühen Mariengedichten Eichendorffs hervortreten, haben die Eichendorff-Forschung schon Jahrzehnte
beschäftigt. Die Quellenforschung konnte die Nähe zu
Tiecks Aufarbeitung der Sage vom Venusberg im *Tannhäuser*
(1799) aufweisen. Auch die von Brentano im *Godwi* (1801)
zuerst entfaltete Geschichte von der Zauberin Loreley und
seine ersten Entwürfe zu den *Romanzen vom Rosenkranz*, die
er den Brüdern Eichendorff 1810 in Berlin vortrug (vgl.
Anm. 309,19 f.), spielen eine wesentliche Rolle bei der Darstellung der geheimnisvoll anziehenden Frauengestalt. Beim
Marmorbild kommt eine Quelle aus dem 17. Jahrhundert
hinzu: Happels *Lucenser-Gespenst* (vgl. Band II dieser Ausgabe, S. 758-770).

Für das Venus-Motiv haben Lothar Pikulik (im ›Eupho-
rion‹ 71 [1977]) und Marlies Janz (*Marmorbilder*, Königstein
1986) den psychoanalytischen Ansatz mit Gewinn verfolgt,
und Hans Eichner ist es gelungen, Eichendorffs Darstellung
von Liebe und Sexualität, die sich in diesen Figuren zeigt, in
überzeugender Weise in die Geschichte der Liebes- und
Eheauffassungen des 18. und 19. Jahrhunderts einzuordnen
(*Zur Auffassung der Sexualität in Eichendorffs erzählender Prosa*,
in: *Eichendorffs Modernität*, hg. v. Michael Kessler und Helmut Koopmann, Tübingen 1989). Auf seiner Deutung der
Lucinde (in der Einleitung zu Band V der kritischen Friedrich
Schlegel-Ausgabe) fußend, stellt Eichner dar, wie Eichendorffs dämonische Frauengestalten mit diesem frühromantischen Modell in Verbindung zu bringen sind.

Eine neue Variante des Venus-Maria-Themas entwickelt
Eichendorff in der Erzählung *Eine Meerfahrt* (1835/36). Hinweise in einem erhaltenen Entwurf, der nach einer Hand-

schrift im Freien Deutschen Hochstift (Frankfurt am Main) in diesem Band zum erstenmal veröffentlicht wird, belegen, daß es eine Figur aus Cervantes' *Don Quixote* ist, die Eichendorff für seine Insel-Königin als Vorbild wählt. Er benutzt die Ausgabe *Leben und Thaten des scharfsinnigen Edlen Don Quixote von la Mancha* von Miguel de Cervantes Saavedra übersetzt von Ludwig Tieck (Berlin 1799) und stattet seine Diana-Figur der Erzählung mit Zügen der amazonenartigen Marcella aus. Die Königin der *Meerfahrt* hält sich stolz von den Männern fern, fühlt sich in ihrer makellosen, verführerischen Schönheit allen Bewerbern überlegen und macht sie sich untertan. Die Männer verfallen ihr mit Haut und Haar, sie finden keinen Ausweg und verfallen in ihrer Hörigkeit dem Wahnsinn. Marcella wird jedoch im Kontext des *Don Quixote* vom Helden selbst als tugendhaft und vorbildlich gelobt und vor Verleumdung und Verfolgung der Männer in Schutz genommen (vgl. Zitat S. 807). Sie ist nicht die heidnische Gottheit, die aus der Perspektive des Christen die Sünde verkörpert, sondern verteidigt ihre Keuschheit mit Erfolg gegen die verblendeten Männer, die ihr nicht gewachsen sind. Eichendorff folgt dieser ›Aufwertung‹ der stolzen, männerverachtenden Frau in der *Meerfahrt* und überwindet damit das Venus-Maria-Schema. Trotz aller Bezüge auf die Venus- und Diana-Tradition schildert er die Königin nicht als antik-heidnische Gottheit, nicht als Verkörperung sinnlicher Sündigkeit. Es sind vielmehr die Verehrer, die ihre Wünsche auf die makellos schöne und keusche Frauengestalt projizieren. Folgerichtig wendet der Held sich nicht von ihr ab, sondern lernt, mit seinen Begierden umzugehen und die Königin als Persönlichkeit anzuerkennen. Nach einem vergeblichen Rettungsversuch und einer Art Opfertod kann er sie weiter verehren und widmet als Eremit sein Leben Gott. Alle Kraft Diegos wird – wie es in einem Entwurf heißt – »in der Liebe zur Königin konzentrirt u. d⟨urch⟩ deren Tod p. eben so entschieden nach dem Himmel gerichtet« (S. 803). Deutlicher kann nicht gesagt werden, daß diese keusche, hohe Frau, die sich auf der Flucht vor den Gelüsten der

Männer selbst opfert, keine Verkörperung niederer Sinnlichkeit ist, sondern Elemente von Venus *und* Maria in sich trägt.

Ihre Geschichte setzt sich in einer Verwandten der nächsten Generation fort. Auch diese Frauengestalt (Alma) repräsentiert nicht Sündigkeit und Fleischeslust, sondern trägt alle Kennzeichen eines liebenswürdigen Mädchens, das zur Gespielin des Neffen Diegos (Don Antonio) wird und mit nach Europa segelt. Die Venus-Diana-Figur ist damit ›entdämonisiert‹. Ob diese Verharmlosung – wie Nienhaus (S. 57) annimmt – mit kritischer Intention erfolgt und Eichendorff »der neuen Zeit den spöttisch-satirischen Spiegel vorhält«, steht dahin. Mag die Spiegelung der Königin-Figur in der verbürgerlichten Verwandten Alma diesem Ziel dienen, so zeigt die Annäherung der Venus-Figur an die Mariengestalt bei der Darstellung der Insel-Königin doch eine tiefgreifende Wandlung in Eichendorffs Denken.

TRAUM UND TRAUMA: DER WIEDERHOLUNGSSTIL EICHENDORFFS

Zum tieferen Sinn der formelhaften Wiederholungen in Eichendorffs Erzählungen faßt Stefan Nienhaus zusammen:

> Wollte man ⟨...⟩ spekulativ das Wesen der Wiederholung im Werk Eichendorffs auf den einen bestimmenden Grundgedanken reduzieren, so bliebe als Kern das bei allem Scheitern aktiven Handelns hervorschimmernde Hoffnungsprinzip, das wiedererkennende Wiederholen in der Erinnerung an die Kindheit und das darin erneuerte Heilsversprechen.

(Nienhaus, S. 7)

Tatsächlich erinnern zahlreiche Bilder und ›Formeln‹ in Eichendorffs Texten an Kindermärchen und -bilder. Das verwunschene Schloß mit geheimnisvollen Gestalten, der tiefe, dunkle Wald, die singenden Vögel, ja selbst die wandernden Gesellen sind Motive, die wir auch in den Märchen der Brüder Grimm finden. Die Verklärung der Kindheit, die zugleich etwas mit Gotteskindschaft und Wiederentdeckung des verlorenen Paradieses zu tun hat, gehört zu den Vorstellungen der Romantik, die sich sowohl in der Sammlung der Brüder Grimm wie in den Texten Eichendorffs widerspiegeln und in der triadisch strukturierten Geschichtsphilosophie der Romantik ihren tieferen Grund haben. Wie sich im volksliedhaften Kunstlied des 19. Jahrhunderts bestimmte metrische, rhythmische und syntaktische Formen wiederholen, die (scheinbare) Simplizität und volkstümliche Sangbarkeit evozieren, so dringen in die Erzählungen der Romantiker Märchenelemente ein. Die Wiederholung von formelhaften Bildern und Redewendungen gehört zu den Stilkennzeichen der deutschen, »romantisierten« Märchen der Grimms ebenso wie zu den verwandten Texten Eichendorffs.

Die Verdichtung derartiger Wendungen zu einem »Wiederholungsstil« ist jedoch einzig bei Eichendorff zu beobachten und kann nicht allein aus der Verwandtschaft mit dem romantischen Kunstkindermärchen erklärt werden. Voraussetzung für die Formelbildung ist, daß einfache, überschaubare Bilder wiederholt werden. Es ist oft beschrieben worden, wie Eichendorff seine Landschaften und Motive mit wenigen, oft repetierten Worten kennzeichnet. Bereits Richard Alewyn beobachtete, »daß Eichendorffs Landschaften nur aus wechselnden Kombinationen einer beschränkten Zahl von Elementen bestehen« (Alewyn, S. 198). Krabiel spricht von einem »stereotypen Blick von der Anhöhe in die Weite der Landschaft mit immergleichen oder leicht variierten Requisiten« (Krabiel, Tradition, S. 8). Differenzierende Beschreibungen von Wald, Feld und Schloß fehlen (vgl. Band I dieser Ausgabe, S. 745-757). Feststehende Adjektive, die eher werten als detailliert beschreiben, werden den Begriffen zugeordnet. Aus den Texten läßt sich kaum Genaueres über die Individualität einer Landschaft, die Art der Bäume, die Bauweise eines Schlosses erfahren. Die Beschreibung bleibt ganz allgemein. Dennoch meint der Leser äußerst plastische Bilder wahrzunehmen, und dem Laien fällt

es viel leichter, ein Eichendorffsches Schloß in ein gemaltes
Bild umzusetzen als das Bauwerk irgendeines anderen Romans des 19. Jahrhunderts. Was der Text nicht beschreibt,
imaginiert der Leser, und die wenigen Kennzeichen, die
Eichendorff fixiert, versichern dem Leser: Es ist ein Mär-
chenschloß, ein Traumschloß, ein Märchenwald, ein »prächtiger« Morgen, wie man ihn sich schöner nicht vorstellen
kann. Die Kargheit der Beschreibung führt dazu, daß der
Leser seine eigenen Phantasien in die Texte Eichendorffs
projiziert. Gerade die Offenheit und Allgemeinheit der De-
skription eröffnet diese Möglichkeit.

Damit ist über die Funktion stereotyper Wiederholungen
noch wenig gesagt. Alewyn hat zu Recht darauf hingewiesen, daß die Wiederholung bestimmter Formeln etwas mit
Magie zu tun hat. Tatsächlich erreicht Eichendorff mit seiner
Technik nicht nur, daß der Leser sich an Wunschträume der
Kindheit erinnert, sondern daß er als Erwachsener erneut
spürt: Hier steckt etwas Geheimnisvolles, Bedeutungsvolles,
dem es lohnt nachzugehen. Diese Wirkung entspricht
Eichendorffs Ziel, denn es kommt ihm auf den tieferen Sinn
jener geheimnisvollen Vorgänge und Bilder an. Es gehört zu
seiner Erzählstrategie, den Leser zu ›bannen‹, ihn zu verzau-
bern, um ihn auf die Bedeutung der Bilder aufmerksam zu
machen. Wiederholung ist in diesem Zusammenhang ein
›wieder-holen‹ (vgl. Peter Horst Neumann in W V, S. 620).

Die singenden Lerchen, der junge Morgen, die aufblü-
hende Natur im Frühling: Sie sollen als Zeichen, als Hinweise auf die geheimnisvollen Gesetze Gottes verstanden
werden, die überall in der Natur abzulesen und wie Hieroglyphen zu entziffern sind. Die Landschaften Eichendorffs
sind daher von Alewyn nicht ohne Grund als theologische
Landschaften gedeutet worden.

Die Magie der Zauberformeln Eichendorffscher Dichtung
(von der auch Alewyn spricht) führt jedoch nicht nur in die
Bereiche des Glaubens. Mit den gleichen Mitteln der formelhaften Wiederholung arbeitet die schwarze Magie, und
die heidnisch-dämonischen Gestalten Venus und Diana ge-

hören zu Eichendorffs Wäldern und Schlössern und beeindrucken die Protagonisten und Leser mehr als die tugendhaften Gestalten und das »ernste Wort«, das »im Wald geschrieben« steht (vgl. das Gedicht *Abschied* [Band I dieser Ausgabe, S. 346 f.]).

Die Welt von Eichendorffs Epik ist deshalb am treffendsten beschrieben, wenn sie wertneutral als archetypische Welt bezeichnet wird. »Das Traummotiv und in damit zusammenhängender Entsprechung die auffällige Rekurrenz des Wortes ›Traum‹ und seiner Abwandlungen hebt sich über alle anderen Wiederholungsformen heraus«, beobachtet Nienhaus (S. 53). Dabei sind es nicht nur die Wunschträume mit dem »hervorschimmernde⟨n⟩ Hoffnungsprinzip«, sondern Lust- und Alpträume, die diese Welt bestimmen. Dämonische Gewalten und Obsessionen, die durchaus nicht primär christlich sind, weil sie sich mit Wollust und Venus verbinden, Angstträume, die gerade in der penetranten Wiederholung bedrücken, prägen schon die Erzählung *Das Marmorbild*. Eichendorff weiß, daß der Mensch – und gerade der dichtende Mensch – sich in dieser Welt von Traum und Alptraum, Lust und Angst, verlieren kann. Er weiß aber auch, daß die Auseinandersetzung mit diesen Schichten der eigenen Persönlichkeit notwendig ist – gerade für den verantwortlichen Dichter. In diesem Sinne erläutert Victor im Roman *Dichter und ihre Gesellen*:

> Es gibt nur wenige Dichter in der Welt, und von den wenigen kaum einer steigt unversehrt in diese märchenhafte, prächt'ge Zaubernacht, wo die wilden, feurigen Blumen stehen und die Liederquellen verworren nach den Abgründen gehen und der zauberische Spielmann zwischen dem Waldesrauschen mit herzzerreißenden Klängen nach dem Venusberg verlockt, in welchem alle Lust und Pracht der Erde entzündet und wo die Seele, wie im Traum, frei wird mit ihren dunkeln Gelüsten –
> (S. 275,1-9)

Die Qualität der Eichendorffschen Prosa beruht auf der raffinierten Freisetzung dieser archetypischen Welt, die innerhalb

der Erzählung nicht als illusionär von einer realen Welt abge-
grenzt wird, sondern eben ihren eigentlichen Kern ausmacht. Schauer und Faszination haben bei ihm eine völlig
andere Qualität als bei E. T. A. Hoffmann, Achim von Arnim
oder Clemens Brentano. Überwirkliches, Bedrängendes,
Schauerliches ist so in den Text verwoben, daß auch die oft
am Schluß der Erzählung gebotene ›Bewältigung‹ der dämonischen Bedrohung den Leser kaum beeindruckt (vgl.
Erzählungen, Nachwort, S. 639 f.). Eichendorff geht es nicht
um differenzierte Psychologisierung, um nachträgliche Aufklärung geheimnisvoller Zeichen, wie wir sie von E. T. A.
Hoffmann kennen. Die geheimnisvolle Welt ist ihm – in ihrer
theologischen Symbolik ebenso wie in ihrer traumatischen
Struktur als dämonische Obsession – Realität, und er sorgt
mit scheinbar einfachen, äußerst effektiven Mitteln (wie der
formelhaften Wiederholung) dafür, daß die im Menschen
selbst steckenden Erinnerungen und Träume dieser Welt des
Unbewußten beim Leser wachgerufen werden.

Die Beschreibungen der Texte sind im Grunde nichts anderes als Kristallisationskerne für die Phantasie des Lesers,
sie evozieren die schlummernden Träume und Traumata, die
Ängste, Lüste und Hoffnungen, die jeder Mensch kennt. Der
Rückgriff auf diese archetypische Welt erklärt, warum
Eichendorffs Dichtung – anders als die der anderen Erzähler
der Romantik – so wenig quellenorientiert ist. Während Arnim und Brentano die Weltliteratur durchforsten, um neue
Handlungsgerüste und phantastische Details für ihr Erzähl-
werk zu finden, verfährt Eichendorff nur beim *Marmorbild*
nach diesem Muster. Erhaltene Handschriften mit Entwürfen zu anderen Erzählungen belegen, daß er seine Texte –
von wenigen Ideen ausgehend – sozusagen ›auf eigene Faust‹
immer weiter ausspinnt. Sich ausschließlich auf die eigene
Phantasie verlassend gerät er dabei immer wieder in ähnliche
Handlungs- und Motivmuster. Hatte er noch bei seinem
Roman *Ahnung und Gegenwart* und der ersten gedruckten Erzählung intensives Quellenstudium getrieben (vgl. Nienhaus, S. 11-19), so wiederholt er später bewußt und unbe-

wußt die Muster der eigenen Produktion (ebd., S. 20-24).
Das Verfahren hat mit Phantasielosigkeit (oder Redundanz)
wenig zu tun. Die Evokation der phantastischen Traumwelt
gerät bei ihm viel eindrucksvoller als bei den wortgewaltigen
Romantikern wie Hoffmann oder Brentano, der in seinen
italienischen Märchen die Vorlage an barocker Vielfalt zu
übertreffen sucht. Träume sind in ihrer Wirkung jedoch viel
nachhaltiger und gewaltiger, wenn sie von wenigen, emotio-
nal angereicherten Bildern geprägt sind. Die eindring-
liche Wiederholung von Grundsituationen, festgefügten
Bildkomplexen und immer gleicher Erinnerungsmuster ist
ein wesentliches Kennzeichen tiefer, bedeutungsschwerer
Träume. Eichendorff gewinnt aus dieser Welt seine sprachlichen Mittel, er wiederholt, um zu beschwören und zu evozieren. Die Form seiner Prosa, der »Wiederholungsstil«,
hängt mit dem ›Inhalt‹ der Erzählungen, mit ihrem tieferen
Sinn, eng zusammen.

ZU TEXTGESTALT UND KOMMENTARANLAGE

Für den Textteil des Bandes zeichnet Brigitte Schillbach verantwortlich, für den Kommentarteil Hartwig Schultz.

Von den Erzählungen Eichendorffs ist nur die Satire *Auch ich war in Arkadien!* nach der Handschrift wiedergegeben. Reinschriften zu den anderen Erzählungen haben sich nicht erhalten; diesen Werken liegt der jeweilige Erstdruck zugrunde. Die für Eichendorffs handschriftliche Aufzeichnungen typischen Kürzel werden im Textteil wie folgt aufgelöst:

u.	und
o.	oder
d:	durch
d: aus	durchaus
u: s: w:	u. s. w.
p:	p. (für »usw.«)
kirchl:	kirchl⟨ichen⟩ (und entsprechende Kürzel für Suffixe)
|: :|	( )

Im übrigen bestimmen die Editionsprinzipien des Deutschen Klassiker Verlags die Textgestalt: Unter Wahrung des Lautstandes, der Interpunktion und der Groß- und Kleinschreibung, Getrennt- und Zusammenschreibung sowie sprachlich-stilistischer Besonderheiten werden die Texte behutsam orthographisch modernisiert.

Für die im Kommentar wiedergegebenen Entwürfe gelten andere Prinzipien. Orthographie und charakteristische Zeichen wie der Abkürzungsdoppelpunkt und die Kennzeichnung der Einklammerung durch \|: und :\| oder doppelte Klammern (( )) werden beibehalten, Verweiszeichen, wenn irgend möglich, berücksichtigt. Der besondere Charakter der oft mehrfach überarbeiteten und erweiterten, schwer lesbaren Entwürfe erlaubt es nicht, einen »glatten« Texte ohne jegliche Zeichen zu bieten. So verwendet Eichendorff senkrechte Striche (|), um Alternativvarianten zu kennzeichnen, und er schreibt Textpassagen in eine zweite Spalte neben den Grundtext, die er nur zum Teil durch eindeutige Verweiszeichen zuordnet. An manchen Stellen stehen Gleichheitszeichen (die einen Bezug auf das Thema oder einen Absatz herstellen) oder gar keine Verweiszeichen. Wir benutzen in diesen Fällen nach dem Muster Eichendorffs senkrechte Striche, um die betroffenen Passagen, deren Zuordnung nicht eindeutig ist, einzugrenzen.

Die weiteren verwendeten Siglen und Abkürzungen werden in einem eigenen Verzeichnis aufgelöst. Ergänzungen des Herausgebers erscheinen in Winkelklammern ⟨ ⟩; Auslassungen werden durch ⟨…⟩ gekennzeichnet. Vom Autor gestrichene Passagen, die ausnahmsweise in den Text einbezogen sind, erscheinen in eckigen Klammern [ ].

Für die Genehmigung zum Abdruck der Erzählung *Auch ich war in Arkadien!* und der Entwürfe zu den *Glücksrittern* danke ich der Handschriftenabteilung der Staatsbibliothek Berlin (Unter den Linden), für die Erlaubnis, weitere Entwürfe (zur *Meerfahrt* und zu den *Glücksrittern*) im Kommentar nach den Handschriften im Freien Deutschen Hochstift (Frankfurter Goethe-Museum) zu veröffentlichen, Herrn Prof. Dr. Christoph Perels.

Fachkundige Hinweise verdanke ich Frau Dr. Sibylle von Steinsdorff (München) und Frau Marianne Friemel (Hofheim). Für die Hilfe beim Zusammenstellen von Zitaten und Korrekturlesen danke ich besonders Frau Regina Seidler.

VIEL LÄRMEN UM NICHTS

DRUCKVORLAGE

Der Gesellschafter oder Blätter für Geist und Herz, hg. v. Friedrich Wilhelm Gubitz, Nr. 54-69 (2.-28. 4. 1832).
Ein Jahr später folgte die unveränderte Buchfassung:

> Viel Lärmen um Nichts. Von Joseph Freiherrn von Eichendorff und Die mehreren Wehmüller und ungarischen Nationalgesichter von Clemens Brentano. Zwei Novellen, Berlin 1833 (Eichendorffs Novelle: S. 1-82)

ENTSTEHUNG UND ASPEKTE DER DEUTUNG

Die Erzählung ist eng verwandt mit den dramatischen Satiren Eichendorffs, die wiederum dem Vorbild von Tiecks Märchensatiren aus frühromantischer Zeit (*Der gestiefelte Kater* [1797], *Prinz Zerbino oder die Reise nach dem guten Geschmack* [1799], *Die verkehrte Welt* [1799]) verpflichtet sind: *Krieg den Philistern!* (1824) und *Meierbeth's Glück und Ende* (1827). Eichendorff versucht in diesen Dramen – ebenso wie in der Novelle –, die Positionen der Romantik mit den literarischen Strömungen der Gegenwart zu konfrontieren. Er kritisiert die Entwicklung der romantischen Bewegung – wie später noch differenzierter in den literarhistorischen Schriften – und setzt sich mit dem zeitgenössischen Literaturbetrieb auseinander.

Die literarische Fehde zwischen der »Mittwochsgesellschaft«, der Eichendorff selbst angehörte, und der 1827 von Moritz Gottlieb Saphir (1795-1858) gegründeten »Berliner Sonntagsgesellschaft« (später »Tunnel über der Spree«), die bislang als Anlaß für die Darstellung der ästhetischen

Grundpositionen in der Satire gesehen wurde (vgl. Wesemeier sowie W II, S. 969 f. und Erzählungen, S. 565), spielt dabei nur am Rande eine Rolle. Wie Marianne Friemel in einer Mainzer Magister-Arbeit überzeugend belegen konnte, geht es Eichendorff vielmehr darum, die Möglichkeiten romantischen Dichtens Anfang der dreißiger Jahre darzustellen. Er führt dazu drei Personen aus seinem Roman *Ahnung und Gegenwart* ein (Leontin, Faber und Julie, die Frau Leontins), die nun mit der Situation von 1830 konfrontiert werden. Ihr Lebenslauf aus dem Roman wird nicht einfach fortgesetzt – denn von der Auswanderung des Ehepaars Leontin nach Amerika, mit dem der Roman schließt, ist beispielsweise an keiner Stelle der Satire die Rede –, sondern sie erscheinen als Protagonisten eines bestimmten Lebens- und Dichtungsverständnisses: Der gelehrte Berufsdichter Faber und der aristokratische Naturpoet Leontin, der Dichtung und Leben in Einklang zu bringen sucht, müssen sich einer neuen Situation stellen. Sie ist bestimmt von einem veränderten Publikumsgeschmack, von der Entwicklung der romantischen Bewegung, die sich seit der Jenaer Frühzeit und den Befreiungskriegen gründlich gewandelt hat, und – last, not least – von der Erfindung der Schnellpresse.

Außer den drei Figuren aus *Ahnung und Gegenwart* führt Eichendorff weitere Dichter ein, die sich auf ihre Weise bewähren müssen. Graf Romano, der meist als Widerspiegelung von Hermann Fürst von Pückler-Muskau (1785-1871) gedeutet wurde, vertritt die modisch-romantisierende Dichtung, die Eichendorff als »Afterromantik« abqualifiziert; er steht für die ›falsche Romantik‹, die nach Eichendorff von Eitelkeit und Hybris geprägt ist und in seiner Sicht die ursprünglichen (religiösen) Intentionen der Romantik verraten hat. Einige Textpassagen deuten darauf hin, daß Eichendorff bei der Figur des Romano eher an E. T. A. Hoffmann dachte als an Pückler, der 1830 erst zu publizieren begann und nicht derart unmittelbar mit den Ursprüngen der Romantik verknüpft ist wie die Romano-Figur der Satire in ihren Heidelberg-Phantasien.

In den literarhistorischen Schriften faßt Eichendorff die Entwicklung der romantischen Bewegung, die an der Figur von Romano gezeigt werden soll, so zusammen:

So sehen wir jetzt die Romantik, nach ihrem geistigen Abfall, ihren Flug von der erstrebten und zum Teil wirklich erschwungenen Höhe unaufhaltsam immer rascher und tiefer bis zum Gemeinen wieder hinabsenken. Immer deutlicher und entschiedner löst sich das religiöse Element von der Phantasie, und weil diese, so isoliert, notwendig in leere Spielerei oder Verzerrung verfliegt, so zieht das religiöse Gefühl sich immer scheuer in sich selbst zurück, bis beide allmählich einander fremd und daher unbequem und störend, ja zuletzt feindlich gegenüberstehen. Die daraus entspringende innere Ungenüge ⟨...⟩ wird nun ⟨...⟩ gar bald zur Zerrissenheit, bis ⟨...⟩ diese endlich nur noch als ein bloßes ästhetisches Kunststück wohlgefällig sich selbst bespiegelt.

Das treffendste Bild dieses Ausganges bietet *Hoffmann* dar. (*Über die ethische und religiöse Bedeutung der neueren romantischen Poesie in Deutschland* [1847], Band VI dieser Ausgabe, S. 247)

Nicht von dieser Fehlentwicklung der Romantik geprägt sind in der Satire Willibald und der Ich-Erzähler. Beide müssen als Spiegelungen Eichendorffs verstanden werden. Willibald hat – ebenso wie Eichendorff – auf einer Harzwanderung entscheidende Impulse für die Dichtung erhalten. Die Begegnung mit der Muse (Aurora) auf dem Roßtrapp reflektiert Eichendorffs Erlebnisse, die er im Tagebuch festgehalten hat (vgl. Anm. 58,14). Bei der Beschreibung der engen Täler und der Verlorenheit der Wanderer taucht in seinem Tagebuch zum ersten Mal die Bezeichnung »romantisch« auf, die dann rückblickend auch auf die Lubowitzer Erinnerungen angewandt wird (vgl. Band V dieser Ausgabe, S. 883 f.). Indem Willibald mit der Muse vom Gipfel in die Abgründe steigt (vgl. S. 63,33-64,6 mit Anm.) und dabei den gefährlichen Verlockungen erotischer Abenteuer widersteht, wird er reif für die Hochzeit mit der Muse einer erneuerten Dichtkunst, mit der Aurora-Figur der Satire.

Der Prozeß der Läuterung, die Bewältigung der grund-
stürzenden erotischen Verlockungen, ist Gegenstand meh-
rerer früher Erzählungen Eichendorffs (*Die Zauberei im
Herbste* [1808/09], *Das Marmorbild* [1819]) und wird hier
nicht im einzelnen dargestellt. Über einen »brennenden
Kuß«, den die Muse mit der Flucht quittiert, kommt das
Abenteuer Willibalds nicht hinaus. Er hat offensichtlich die
Kraft, dem Sog des Venusbergs zu entkommen, läßt sich von
den Freuden der sinnlichen Liebe nicht gefangennehmen
und kann deshalb ungefährdet den Weg in die Tiefe riskie-
ren. Damit qualifiziert er sich – nach der Auffassung von
Eichendorff – zum Dichter: »Es gibt nur wenige Dichter in
der Welt, und von den wenigen kaum einer steigt unversehrt
in diese märchenhafte, prächt'ge Zaubernacht, wo die wilden, feurigen Blumen stehen und die Liederquellen verworren nach den Abgründen gehen«, formuliert der reife, zum
Eremiten geläuterte Dichter Victor/Vitalis (S. 275,1-5), der
im Roman *Dichter und ihre Gesellen* aufgrund eigener Erfahrungen diese Erkenntnis formuliert und damit den Studenten und Möchtegerndichter Otto, der diesen Kräften nicht
gewachsen ist, völlig aus der Fassung bringt. Im *Marmorbild*
ist es Fortunato, der dem gefährdeten Florio eine ähnliche
Lehre erteilt:

⟨…⟩ ein redlicher Dichter kann viel wagen, denn die
Kunst, die ohne Stolz und Frevel, bespricht und bändigt
die wilden Erdengeister, die aus der Tiefe nach uns langen.
(Band II dieser Ausgabe, S. 426)

Willibald und seine Muse, die als androgynes, naturverbun-
denes Wesen mit Mignon in Goethes *Wilhelm Meister* (und
deren Abbild Erwin in Eichendorffs Roman *Ahnung und Gegenwart*) verwandt ist, können allerdings in Deutschland – so
ist das Fazit der satirischen Erzählung – keine gemeinsame
Heimat finden. Sie brechen – ähnlich wie der Taugenichts –
nach Italien auf, wo die romantisch inspirierte Dichtkunst
auch im Jahre 1830 noch Chancen hat, sich zu entwickeln.
Eichendorff, der Italien nie bereist hat, nimmt dabei nicht nur
die traditionelle Italien-Sehnsucht der deutschen Künstler

auf (oder orientiert sich an Goethe), sondern sieht dieses
Land – ähnlich wie die Nazarener – primär als Heimat einer
christlich inspirierten Kunst. In diesem Sinne wird Italien als
Heimatland der Aurora bezeichnet.

Der Ich-Erzähler der Satire bleibt jedoch in Deutschland
und demonstriert, daß auch im Norden noch Entfaltungs-
möglichkeiten für den konsequenten Künstler gegeben sind:
Als »Schreiber dieses« (S. 76,9), der von der Muse selbst
beauftragt ist, ihre Geschichte niederzuschreiben, führt sich
dieser Erzähler ein. Durch die Niederschrift wird er selbst
erneut inspiriert (vgl. S. 76,9-25 mit Anm.). Das heißt, die
kritische Auseinandersetzung mit den Voraussetzungen und
Möglichkeiten einer erneuerten Dichtkunst in Form einer
Satire ist sein neues Betätigungsfeld. Von der Muse selbst hat
er immerhin einen angebissenen Pfirsich und damit Duft und
Geschmack zurückbehalten (vgl. S. 82,10 mit Anm.) – ein
selbstironisches Bild des Poeten Eichendorff, der seine Aufgabe immer mehr als Schreiber kritisch-kämpferischer Essays sieht, aber doch den »frische⟨n⟩ Hauch der Poesie« spürt
(vgl. Zitat S. 627) und dann »frisch und keck« in altem Stile
der ursprünglichen Romantik zu dichten versteht.

Seinem zweiten Ich, dem Vertreter der nächsten Generation, läßt der bescheidene Dichter den Vortritt, ohne allerdings selbst zu resignieren.

Die anderen Kameraden aus der Frühzeit der Romantik –
Leontin, Faber und Romano – werden mit der neuen Situation nicht fertig, ohne sich und der Sache der Dichtung zu
schaden. Leontin hat sich mit seiner Frau in das abgelegene
und halb zerstörte Schloß zurückgezogen. Es ist eine Art
innere Emigration, bei der er in Gefahr steht, sich in Selbstbespiegelung zu verlieren (vgl. Anm. 20,5-7 und 21,21-32).
Leontin vermeidet es, die alten Ideale der romantischen Bewegung zu verraten, aber er spielt innerhalb der Literatur
der Gegenwart auch keine führende Rolle mehr.

Faber und Romano lassen sich täuschen und gehen Bünd-
nisse mit dem Publikum und einer falschen Aurora ein. Der
philiströse, dickleibige Herr Publikum gehört zu den Haupt-

gestalten der Satire und demonstriert, wie mächtig er gerade durch die Erfindung der Schnellpresse geworden ist. Das Ziel seiner Begierden ist jedoch nicht die wirkliche Muse, die sich in dem Jägerbürschchen Florentin verbirgt, sondern deren Zofe. Diese bevorzugt als Lektüre Trivialromane aus der Leihbibliothek (S. 70,26 f.) und kann als Muse der modischen Trivialdichtung verstanden werden, mit dem sich Herr Publikum verbindet, weil er annimmt, es sei Aurora selbst.

Als Vertreter einer neuen Dichtkunst erscheinen in der Satire die Novellendichter. Besonders hervorgehoben werden in dieser Gruppe ein »Grauer« (S. 24,19), ein Engländer (S. 25,35) sowie eine »Dichterin« (S. 24,26) und ein »blonder, junger Mann« (S. 24,4). Mit dem Engländer und dem »Grauen« (vgl. Anm. 25,14 f. und 26,2) wird auf die Einflüsse der englischen Literatur im 19. Jahrhundert angespielt. »Scottomanie«, Byronismus und die verballhornten Shakespeare-Übersetzungen hatte Eichendorff bereits in seiner dramatischen Satire *Meierbeth's Glück und Ende* (1827) aufs Korn genommen (vgl. Band IV dieser Ausgabe, S. 869-881). Die »Dichterin« ist Vertreterin einer neuen Literatur, die Eichendorff in seinem Aufsatz *Die deutsche Salon-Poesie der Frauen* (vgl. Band VI dieser Ausgabe, S. 291-308) eigens angreift. Auch in den dramatischen Satiren treten Dichterinnen auf, die als Blaustrümpfe karikiert sind und Züge von Rahel Varnhagen, Bettina von Arnim und George Sand tragen (vgl. Band IV dieser Ausgabe, S. 832 f., 843, 1044 und 1050-1056). Die Identität des »blonden, jungen Mannes«, der zu den aufkommenden Talenten des Jungen Deutschland gehört und mit Begriffen Gutzkows argumentiert (vgl. Anm. 24,6-13), ist nicht sicher zu bestimmen. Die Anspielungen sind hier (wie in den satirischen Dramen) so allgemein gehalten, daß sie sich grundsätzlich gegen die modernen Dichter bzw. gegen die schreibenden Frauen richten. Eichendorff hat sich zur Frage der Gleichstellung der Frau in seinem Essay zur Salonpoesie ebenfalls recht pauschal geäußert, wobei er seine kompromittierenden Vorstellungen wenig überzeugend als weisen Richterspruch kaschiert:

Es besteht ein eben so alter, als wunderlicher Streit über den Bildungsberuf der Frauen. Die Einen wollen sie nur mit der Spindel und dem rasselnden Schlüsselbund, nur im Wochenbett und in der Kinderstube dulden, während die Andern, auch hier dem planierenden Prinzipe unbedingter Freiheit und Gleichheit huldigend, ihnen Tribünen, Katheder, ja Schlachtfelder öffnen und die ganze Flut der Zeitbildung gegen sie loslassen möchten, um den mittelalterlichen Rost, wie sie es nennen, von ihnen abzuwaschen. ⟨...⟩ Das Großsprechen, und Reiten und Zigarrenrauchen tut's nicht, und macht die freie Frau eben so wenig, als die Schnurr- und andern Bärte den Nebeljungen zum Weltweisen oder Helden. ⟨...⟩ Das wahre Verhältnis der Frauen ist vielleicht niemals richtiger aufgefaßt worden und schöner dargestellt worden, als im Mittelalter ⟨...⟩. Wenn ⟨...⟩ heutzutage jedoch in diesem Kampf ⟨...⟩ die Dichter ⟨als »Ritter von der Feder«⟩ ihre bedeutende Stelle einnehmen, so steht eine dichtende Frau allerdings schon an den äußersten Grenzen ihres natürlichen Berufes. ⟨...⟩ Und wenn Rousseau einmal sagt: »Nicht Einem Weibe, aber den Weibern spreche ich die Talente der Männer ab«, so erinnert uns dies *Eine* Weib an Sophiens Enkelin *Bettina.*

(*Die deutsche Salon-Poesie der Frauen* [1847], Band VI dieser Ausgabe, S. 291-294)

Wenn bei den Diskussionen um neue Formen und ästhetische Ansätze der Literatur die »Novellendichter« im Vordergrund stehen, so können die Angriffe Eichendorffs in zwei Richtungen gehen. Zum einen gelten sie Ludwig Tieck, der in der Einleitung seiner Schriften Ansätze zu einer Definition der Novelle unternommen hatte (vgl. Band VI dieser Ausgabe, Anm. 596,19 f.). Eichendorff greift diese Theorie später in seinen literarhistorischen Schriften an:

In der Novelle ist der Rückzug vom Romantischen noch augenfälliger als bei dem Geschichtsromane; hier wird die Darstellung schon ganz entschieden aus der Vergangenheit in die allerneueste Gegenwart übersiedelt. ⟨...⟩

Tieck ⟨...⟩ gilt bei uns mit Recht als der eigentliche Meister dieses Fachs, in den Novellen vornehmlich, die er seit seinem Abfalle von der Romantik, also etwa seit 1823 geschrieben. ⟨...⟩ Irgend ein Einfall, ein Urteil, eine Kunstansicht, oder auch Grille des Autors soll durch einige Figuren, die untereinander geistreich darüber debattieren, verkörpert und ins rechte Licht gesetzt werden. ⟨...⟩ Aber die rechte Poesie fängt niemals damit an, für einen im voraus normierten und zu gelegentlichem Gebrauche in Bereitschaft gehaltenen Gedanken willkürlich erst den passenden Stoff zu suchen; ihr erster und letzter Zweck ist nicht die Konstruktion einer Idee, sondern die Schönheit, die immer schon von selbst ideal ist. Sie sieht und gibt in unmittelbarer Anschauung die Idee gleich im fertigen Bilde ⟨...⟩ wie eine schöne Gegend ihre angeborene geistige Signatur, deren Deutung unbekümmert der Kritik des Reisenden überlassend. Jener absichtsvolle Calcul ist demnach nicht mehr der frische Hauch der Poesie, dem, weil er unbefangen durch die Wipfel weht, Blüten und Früchte von selbst zufallen; es ist vielmehr die Dichtkunst im Dienste der modernen Konversations-Geistreichigkeit.

(*Der deutsche Roman des achtzehnten Jahrhunderts in seinem Verhältnis zum Christentum* [1851], Band VI dieser Ausgabe, S. 596-598)

Nach Eichendorffs Auffassung hat Tieck – ähnlich wie E. T. A. Hoffmann – die Ideen der Romantik verraten und sich dem zeitgenössischen Trend angepaßt.

Bei der Schilderung dieser modischen Tendenz zur Novelle, die auf eine stärker realistische Orientierung der Dichtung zielt, dürfte die von Wesemeier dargestellte Auseinandersetzung der beiden literarischen Gesellschaften dann als zweiter Angriffspunkt von Eichendorffs Satire eine Rolle spielen. Zwar sind Faber und Leontin nicht als Karikaturen von Karl von Holtei (1798-1880) und Karl Schall (1780-1833) zu verstehen (so Wesemeier, S. 16 und HKA III, S. 380; vgl. Anm. 16,23 f. und 16,27), doch hinterläßt die Diskussion der Gattung Novelle und das Auftreten der Jungdeutschen in der Satire ihre Spuren. Die Mitglieder der bereits 1814 von J. E. Hitzig (1780-1849) gegründeten »Mittwochsgesellschaft« – neben Eichendorff u. a. die Dichter Adelbert von Chamisso (1781-1838) und Friedrich de la Motte Fouqué (1777-1843) – orientierten sich an den Vorstellungen der Romantik. Zu den Vertretern des jüngeren Kreises, der sich um die Konzeption einer eher realistisch orientierten Ästhetik bemühte, gehörte neben Saphir auch Karl Gutzkow (1811-1878), der die Diskussionen 1831 im 2. Heft seines ›Forum der Journalliteratur‹ wieder aufnahm (Wesemeier, S. 3; W II, S. 970).

Die modernen Novellendichter, die auf der Jagd nach geeigneten, lebensnahen Stoffen sind, beteiligen sich in der Satire kaum an den Bemühungen um Aurora. Sie sind nach Eichendorffs Auffassung auf der falschen Fährte, wenn sie sich ausschließlich am Publikum orientieren und der tieferen Wahrheit, die der gläubige, gereifte Dichter aus seiner Begegnung mit der Natur gewinnen kann, keine Bedeutung beimessen.

Der im Titel und Motto gegebene Hinweis auf Shakespeares Komödien hat in den vielfachen Verkleidungen und Verwechslungen der Satire seinen Sinn. Eichendorff gelingt es, sich ohne Verbitterung oder Resignation über seine Kollegen lustig zu machen und selbst in die Satire einzuführen. Er versucht auch nicht, ein »Rezept« zur Überwindung der literarischen Orientierungslosigkeit vorzulegen, sondern führt uns in einem literarischen Reigen die mehr oder minder komischen Bemühungen um die Göttin der Dichtkunst vor.

Dabei hat auch das positive Fazit mit der Liebesbeziehung Willibald – Aurora und der erneuten Inspiration des Ich-Erzählers sein Pendant in den literarhistorischen Schriften. Eichendorff sieht durchaus Möglichkeiten, an die Tradition der romantischen Ästhetik (die bei ihm allerdings eine primär religiös geprägte Ethik ist) anzuknüpfen. Es sind Emanuel Geibel (1815-1884), Adalbert Stifter (1805-1868) und Annette von Droste-Hülshoff (1797-1848), die er später als neue Sterne am Himmel einer erneuerten deutschen Romantik ausmacht:

> Bei dem unverwüstlichen Ernste der Nation wird in Deutschland über kurz oder lang eine, der Romantik *in ihren ursprünglichen Hauptrichtungen* mehr oder minder verwandte Reaktion sich geltend machen, nachdem jene Revolution ⟨...⟩ einstweilen die Romantiker übergerannt ⟨...⟩ hat. ⟨...⟩ Tröstlich aber und als Pfand der Zukunft bedeutungsvoll ist es, ⟨...⟩ schon jetzt immer mehreren Dichtern zu begegnen, die das Herz haben, mitten in dieser Verwirrung einen *andern* Banner zu entfalten. Wir nennen hier nur *Emmanuel Geibel's* »Gedichte«, *Adalbert Stifters* »Studien« und *Annette von Droste-Hülshoff* ⟨...⟩.
>
> ⟨...⟩ was die Romantik Großes und Edles angeregt ⟨...⟩, ist ein bedeutendes Vermächtnis, das der neuerstarkten katholischen Gesinnung allein zu Gute kommt, um daraus jener lügenhaften Phantasterei eine wahrhafte Poesie wieder entgegenzusetzen. Nicht durch juvenile Wiedererweckung der Romantik, wie die süßlichen »Amaranthen« und »Sieglinden« vergeblich versucht, noch durch absichtsvolle Kontrovers- und Tendenznovellen, womit die Gegner ihrerseits alle heitere Poesie hinwegdisputieren, sondern einzig durch die stille, allmächtige Gewalt der Wahrheit und unbefleckten Schönheit ⟨...⟩. Es sei mit Einem Wort: eine der Schule entwachsene Romantik, welche ⟨...⟩ aus den Trümmern jener Schule nur die religiöse Weltansicht, die geistige Auffassung der Liebe und das innige Verständnis der Natur sich herübergerettet hat. ⟨...⟩ Wandeln doch die alten Sterne noch heut, wie sonst, die alten Bahnen und weisen noch immer unverrückt nach dem Wunderlande, das jeder echte Dichter immer wieder neu entdeckt. Wo daher ein tüchtiger Schiffer, der vertraue ihnen, und fahr' in Gottes Namen!
>
> (Schluß der *Geschichte der poetischen Literatur Deutschlands* [1857], Band VI dieser Ausgabe, S. 1072-1074; fast wörtlich, jedoch ohne Nennung der Droste, bereits am Schluß der Schrift *Über die ethische und religiöse Bedeutung der neueren romantischen Poesie in Deutschland* [1847], ebd., S. 275-280)

Die überlieferten Rezensionen, die von der Doppelpublikation mit den *Mehreren Wehmüllern* Clemens Brentanos überliefert sind, lassen erkennen, daß die Resonanz auf Eichendorffs Novelle nicht groß, aber durchweg positiv war. Amalie von Voigt (1778-1840), die Ehefrau des Weimarer Regierungsrats Christian Gottlob von Voigt, schreibt in der ›Jenaische⟨n⟩ Allgemeine⟨n⟩ Literatur Zeitung‹ (Nr. 233, Sp. 424 [20. 12. 1832]):

> Heiter, drollig, witzig, voll Leben und Geist, auf eine orginelle Weise, Phantastisches in wirkliche, wenn auch ungewöhnliche Erscheinungen des Lebens lösend, gefallen beide Novellen, und unterhalten aufs Anmuthigste. Die Anspielungen in der ersten, die Figuren, denen wahrscheinlich eine bestimmte Persönlichkeit unterliegt, mögen die Kundigen in ein unauslöschliches Gelächter, gleich Homers Göttern, versetzen, aber auch die Unkundigen werden sich an den fröhlichen Neckereyen, dem mehr lustigschalkhaften, als bittern und spöttischen Scherz erfreuen, der nie in gemeine Spaßhaftigkeit ausartet, der in Wort und That sich darstellt. Der Satyr, welcher mit Herrn Publicum, der falschen Aurora, den unächten Enthusiasten, philisterhaften Prosaikern und anderen individualisirten Gattungen sein Wesen treibt, hat den Schalk im Nacken; aber er ist nicht unartig, nicht hämisch und wüthender als die, deren Wüthen er persiflirt, er dürfte sich in guter Gesellschaft mit dem besten Erfolg sehen lassen, wenn von dieser der Begriff farbloser Zahmheit ganz auszuscheiden wäre.

(vgl. HKA XVIII, S. 222 f.)

In der Rezension, die anonym in den ›Schlesische⟨n⟩ Provinzial-Blätter⟨n⟩‹ (97. Bd., Breslau) im Februar 1833 (Literarische Beilage, S. 62 f.) erschien, heißt es:

> ⟨...⟩ zwei Novellen, welche verschwistert in einem Bande auftreten, haben uns mit der innigsten Freude erfüllt und

lange hat uns die Muse keinen so fein gewürzten Genuß geboten. Es würde zu weit führen, wenn wir die reiche Fülle der feinsten Ironie, der glänzenden Einbildungs-kraft, der reizenden Darstellung erörtern wollten, mit welchen der ausgezeichnete Dichter *Viel Lärmen um Nichts* ausgestattet und darin das heutige falsche Treiben im Ge-biete der schönen Literatur, der wahren Poesie gegenüber, aufs Geistreichste verspottet hat. Wir begnügen uns zu bemerken, daß sein beißender Scherz aus der Seele jedes Freundes des Wahren, Guten und Schönen geschrieben ist und in die Seele eines solchen wieder eingehen muß. *Herr Publikum* spielt freilich in dieser Dichtung eine sonderbare Rolle, da er es indeß selbst nicht merkt und mit seinen Schmarozzern und Speichelleckern trefflich zufrieden ist, steht ihm nicht zu helfen, sofern ihm nicht von selbst die Schuppen von den Augen fallen und er merkt, daß er nicht die schöne Gräfin Aurora (die wahre Poesie), sondern ihre gewesene Jungfer, welche sich für sie ausgegeben, gehei-rathet. Die Gräfin selbst weiß sich standesmäßiger zu ver-ehlichen.

(vgl. HKA XVIII, S. 223)

Im ›Literatur-Blatt‹ (Stuttgart und Tübingen) schreibt Wolf-gang Menzel (1798-1873) am 21.4.1834 (Nr. 41, S. 161):

Bei Darstellungen, wie die vorliegende des Herrn von Eichendorff ist, begreift man den Werth des Einfachen in der Poesie. Kommt zu der phantastischen Schwelgerei der modernen Romantik noch die Vexirkunst der Ironie hinzu, daß der Leser möglichst wenig weiß, woran er ist, daß er gezwungen wird, hinter dem Unbedeutenden etwas Bedeutendes zu suchen, und dann wieder mit dem Bedeu-tenden spielen sieht, so wird aus der Poesie, die immer nur wohlthun soll, ein marternder Kitzel und man bekommt einen wahren Heißhunger nach der ordinärsten Prosa.

(vgl. HKA XVIII, S. 224)

Der Verfasser der Rezension in den Leipziger ›Blätter‹n‹ für literarische Unterhaltung‹ (Nr. 182, S. 755 f. [1.7.1834]) ist unbekannt. Ganz im Sinne von Eichendorff polemisiert er gegen die »vielbeliebten modernen Erzählungen mit ihren sogenannten historischen Hintergründen und endlos breiten Localitätsmalereien« und hebt dagegen die Novellen von Eichendorff und Brentano ab:

Diese beiden Novellen, die schon vor längerer Zeit im »Gesellschafter« erschienen sind, gehören zu dem Besten, was unsere novellenreiche Literatur in dieser Gattung aufzuweisen hat, und die Verlagshandlung hat sich daher kein geringes Verdienst durch den besondern Abdruck derselben erworben, der sie vor dem, allen ältern Journalblättern fast unvermeidlich drohenden Untergange schützt. Auch daß sie durch den Druck vereinigt sind, erscheint sehr passend, denn es ist nicht blos der Band, der sie verbindet, sondern auch das Band, das helle, farbig glänzende jener muthwilligen, launigen und launischen Phantasie, die diese in ihrem schwerfälligen Ernst oft so komische Welt mit zierlichem Spott umflattert. Dessenungeachtet stehen diese einem und demselben Gebiet der Poesie entkeimte Dichtungen gegen einander in einem vollkommenen Gegensatz. Die Eichendorff'sche Novelle neigt sich, indem sie die allgemeinen Erscheinungen und Verhältnisse der heutigen Poesie in phantastische Personen und Begebenheiten verwandelt, mehr zu einer märchenhaften Gestaltung. Die wahre Poesie, als Gräfin Aurora erscheinend, durchzieht in der Verkleidung eines schalkhaften Jägerburschen die Welt und wird zuletzt dem echten Dichterjüngling Willibald zu Theil, während Herr Publicum, der reiche dickköpfige Philister, dem die Schar der unechten Dichterlinge aller Farben in sklavischer Unterwürfigkeit schmeichelt, sich mit ihrer Kammerjungfer, der Pseudogräfin Aurora, vermählt. Tausend abenteuerlich phantastische Bilder und Scenen führen, immer bestrahlt vom hellsten Farbenglanz der Poesie, durch ein vielfach verschlungenes Labyrinth romantischer Begebenheiten zuletzt zu diesem Ziele, und Alles, wenn schon so leicht und durchsichtig gehalten, wie goldbeglänzte Morgenwölkchen, hat doch so sichere Gestaltung, so vollkom-

mene Gegenständlichkeit, daß man in der üppig geistigen
Märchenwelt wie in der realsten Wirklichkeit sich hei-
misch fühlt. Man glaubt in einem plötzlich zur Wahrheit
gewordenen Wundergarten zu wandeln, von reizenden
Elfen geliebkost und geneckt, angeweht vom Hauch der
Poesie, der bald in süßer Schwermuth, bald in frischen
Scherzen durch die Saiten gleitet. Jede Gattung der heu-
tigen Afterpoesie und alle Arten und Abarten unserer
unklaren Poesiefreunde finden ihre Repräsentanten in die-
sem Zauberhain der Dichtung, wo frischer harmloser
Witz, wie glänzende Tropfen des Morgenthaus auf allen
Blättern schimmert.

⟨...⟩ Vor solchen aus der Tiefe dichterischen Sinnes ei-
genkräftig emporgetriebenen Novellenblumen treten alle
unsere vielbeliebten modernen Erzählungen mit ihren sogenannten historischen Hintergründen und endlos breiten
Localitätsmalereien erbleichend zurück. Es ist wirklich
tief zu bedauern, daß Brentano's vollkräftiges Talent sich,
der Himmel weiß, durch welche trübselige Geistesrich-
tung, der deutschen Kunst so ganz entzogen hat. Ueber-
haupt aber ist es niederschlagend, daß Männer wie
Brentano und Eichendorff in unserem jetzigen literarischen Gewühl und Gewimmel so ganz überschrien, so
wenig gekannt, so selten genannt werden, was denn wirklich, wenn irgend etwas, den Verfall bekundet, in den
unsere poetische Kunst immer tiefer und tiefer hinabsinkt.
Wir unsererseits müssen mit wahrem Kummer gestehen,
daß es jetzt in ganz Deutschland nur Einen noch gibt, der
im Stande ist, in dieser Gattung etwas noch Besseres als die
beiden vorliegenden Novellen hervorzubringen.
(vgl. HKA XVIII, S. 224-226)

Sören Kierkegaard (1813-1855) stellt in seinem Tagebuch
allgemeine Überlegungen zum Eskapismus der Romantik an
und bemerkt beim Humor der Novelle eine Affinität zu
E. T. A. Hoffmann, die Eichendorffs Intentionen mit Sicherheit entgegensteht. Im März 1836 notiert er:
Die erste dieser Novellen gehört zu der Entwicklung, die

mit den Schlegels an der Spitze, ihre Wirksamkeit begann, die Ritterzeiten des Mittelalters zurückzuführen suchte. Indem diese Richtung darauf ausging das wirkliche Leben zu verlassen um sich in eine entschwundene ⟨Zeit⟩ hinein-zuträumen, wurde diese Situation noch beengter und be-klommener (statt, daß sie dem Leben gerade Frische und Stärke hätte geben sollen) dadurch, daß sich in der Zeit eine reaction gegen sie erhob, sodaß das sich Losreißen von der Welt noch größer wurde, zuerst durch eine Rich-tung, die darauf ausging das Gegenwärtige zu vergessen; worauf doch aber die Zeit gerade ihren Druck ausübte. Recht merkwürdig ist auch die Ironie ganz durchgehalten, die sich als über die einzelnen Individuen od. größere Massen derselben spottend überall zeigt wo eine gewisse Sentimentalität kommt, wo also der eine od. andere äu-ßere Umstand in seiner wahren prosaischen Nacktheit ge-rade durch seinen Gegensatz das comische hervorruft. Es ist die Art Humor, die in so hohem Grade bei Hoffmann entwickelt ist, wo er mit der größten Unbarmherzigkeit die hinter der Sentimentalität sich verbergende Nichtig-keit entschleiert.

(zit. nach HKA XVIII, S. 301)

9,1 *VIEL LÄRMEN UM NICHTS]*　Shakespeares Ver-wechslungskomödie *Much Ado about Nothing* trug in der Übersetzung von Wolf Heinrich Graf von Baudissin (1789-1878) diesen Titel. Die Übertragung von Schle-gel/Tieck mit der substantivierten Form »Lärm« (statt »Lär-men«) im Titel war 1832 noch nicht erschienen.

11,1-7 *Wenn wir Schatten ⟨...⟩ Shakspeare's Sommernachts-traum]*　Dieses Werk lag bereits in A. W. Schlegels Übersetzung vor und wird von Eichendorff im Motto nach der Schlegel/Tieckschen Edition (Epilog; V 1) zitiert, die Eichendorff in seiner Satire *Meierbeth's Glück und Ende* vehement gegen die zeitgenössische Massenware der 1824 begonnenen Übersetzung von Joseph Meyer verteidigte (vgl. Band IV dieser Ausgabe, S. 869-876).

11,8 f. *Prinz Romano*] Der Name klingt an die dämonische Figur der Gräfin Romana in *Ahnung und Gegenwart* an (vgl. Band II dieser Ausgabe, S. 181-185). Man könnte den exzentrischen Prinzen, der romantisches Wesen nur spielt, als einen dilettierenden Nachkömmling dieser wilden Gestalt des Romans auffassen, zumal eine Reihe von Gestalten aus *Ahnung und Gegenwart* in der Satire wiederaufleben. Der Prinz hat jedoch nicht die dämonisch-genialen Qualitäten der Gräfin Romana, sondern ist vielmehr oberflächlich und selbstgefällig, was zu der These geführt hat, daß Eichendorff auf den Fürsten Hermann von Pückler-Muskau anspielt. 1831 waren dessen *Briefe eines Verstorbenen* (5 Bde.) erschienen, in denen er seine Reise nach England beschrieb. Dort wollte er – nicht zuletzt wegen der Überschuldung seiner Güter – eine reiche Braut finden. Die geplante Verbindung kam jedoch nicht zustande, und der Fürst lebte weiter freundschaftlich mit seiner geschiedenen Frau zusammen. – Nach Friemel (S. 93-102) stellt Eichendorff in der Figur des Prinzen grundsätzlich die »selbstverliebte Afterromantik« dar, und Romano repräsentiert demnach den Typ des Dichters, der mit seiner Reduktion auf romantische Gefühligkeit und äußerliche Formen zum Niedergang der Romantik beigetragen hat. Die Romantik sieht Eichendorff in seiner Schrift *Der deutsche Roman des achtzehnten Jahrhunderts in seinem Verhältnis zum Christentum* (1851) »in raschem Absturz vom Katholizismus zum ästhetischen Katholisieren, von diesem aus natürlicher Unbefriedigtheit zur philosophischen Umdeutung der Religion, und sofort durch das Medium des modernen Pantheismus ins Leere wieder zur alten Aufklärung und Vergötterung des Subjekts zurücksinken ⟨...⟩. Die Romantik hatte sonach sich selbst gerichtet.« (Band VI dieser Ausgabe, S. 616) In der Schrift *Über die ethische und religiöse Bedeutung der neueren romantischen Poesie in Deutschland* heißt es entsprechend: »Indem ⟨...⟩ die Romantik ⟨...⟩ mit dem Unglau-

ben, dem modernen Aberglauben an die Allmacht des Subjekts, und allen den weltlichen Mächten, gegen die sie ja eben
zu Felde lag, so mattherzig zu kapitulieren, ja zu kokettieren
begann, hatte sie auch schon sich selbst säkularisiert.«
(Band VI dieser Ausgabe, S. 267 f.) Als bedeutendsten Vertreter dieser Gruppe sieht Eichendorff E. T. A. Hoffmann an
(vgl. Zitat S. 622 sowie Anm. 51,26-52,5).

11,12 *Publikum*] Der Auftritt des Publikums gehört zu
den illusionsbrechenden Mitteln der frühromantischen Satiren. Eichendorff läßt auch in seinen dramatischen Literatursatiren Personen aus dem Publikum auftreten, um den
irregeleiteten Geschmack der Literaturkonsumenten zu charakterisieren. Der *Herr Publikum* der Novelle trägt eine
Reihe von Kennzeichen des Philisters (vgl. Anm. 18,2 f.) und
steht für das bürgerliche Publikum und seine Wünsche, die
durch die Erfindung der Schnellpresse (vgl. Anm. 27,26-34)
nun viel unmittelbarer und effektiver in der Literaturpro-
duktion umgesetzt werden können.

11,13-12,10 *schöner Jüngling ⟨...⟩ als ausgelernter Jäger aus der
Fremde*] Der Jägerbursche entpuppt sich am Schluß der
Novelle als die gesuchte Aurora. Das Auftreten in Männer-
kleidern kennzeichnet das Idealbild einer jugendlichen An-
drogynität, wie sie auch Mignon (im *Wilhelm Meister*) und
Erwin (in *Ahnung und Gegenwart*) auszeichnet. Der Jägerbursche zeigt mit seinen »herrlichsten Jagdlieder⟨n⟩«, die spontan entstehen und nicht fixiert werden können (vgl.
S. 12,18-22), zugleich die romantische Vorstellung der »Naturpoesie«. Einige Figuren wissen, andere ahnen, wer der
Jägerbursche ist. An ihren Reaktionen ist frühzeitig erkennbar, wer Zugang zur wahren Literatur gewinnt, denn Florentin verkörpert die Muse der (erneuerten) romantischen
Poesie: Aurora (vgl. folgende Anmerkung).

12,26 *Aurora ⟨...⟩ poetischen Natur*] Die römische Göttin
der Morgenröte gewinnt in der Romantik durch die Rezeption der Texte des Mystikers Jakob Böhme eine besondere
Deutung. Sie erscheint als Repräsentantin einer neuen Zeit,
in der sich die romantischen Hoffnungen auf eine Wieder-

geburt der goldenen »alten« Zeit erfüllen, und wird hier als Sinnbild der wahren Poesie eingeführt. Die vorgestellte Gräfin ist jedoch nicht die wirkliche Aurora, sondern deren Zofe. Ihrer Lektüre nach ist sie im Kontext der Satire die Muse der Trivialliteratur (vgl. Anm. 70,26 f.). Bezeichnenderweise machen ihr Herr Publikum und Romano den Hof (vgl. S. 12,30 f. und 69,12-22).

13,8-11 *»Meine Nähe ⟨...⟩ verraten ⟨...⟩ Dichterruhm!«*] Fürst Pückler reiste des öfteren inkognito, genoß dann aber doch die Privilegien des bekannten Literaten und Adligen und kokettierte so mit einem scheinbaren Inkognito. In den *Briefen eines Verstorbenen* berichtet er, wie seine Heiratspläne bereits in der englischen Presse besprochen wurden und sein Ruf ihm trotz aller Vorsichtsmaßnahmen bis in die entlegensten Orte vorauseilte. Die Anspielungen könnten darauf hindeuten, daß Eichendorff in die Figur des selbstgefälligen oberflächlich romantisierenden Grafen bewußt Anspielungen auf Pückler einarbeitete.

13,32 *bocken*] Nach der Buchausgabe von 1833; 1832: lokken

15,6 *zu früh abgefeuert*] Die Schilderung des vorzeitig abgefeuerten Feuerwerks erinnert an den ersten Abschnitt von E. T. A. Hoffmanns *Lebensansichten des Katers Murr* (1820). Während bei Hoffmann »der Namenszug der Fürstin ⟨...⟩ nebst der fürstlichen Krone darüber« durch Lichteffekte aufscheinen soll (Hoffmann, Werke III, Frankfurt 1967, S. 140), ist es hier »eine goldene Lyra, von einem Lorbeerkranz umwunden«, die zum Empfang der erwarteten Aurora durch Illumination der Gartenanlagen erscheint.

15,17-24 *Rausch einer wüst durchlebten Jugend ⟨...⟩ fataler Katzenjammer ⟨...⟩ Glatze eines Dichters nicht zu verbergen*] Fürst Pückler hatte seine *Jugendwanderungen* (1835 erschienen) noch nicht veröffentlicht, aber die *Briefe eines Verstorbenen* waren 1831 erschienen und informierten über das exzentrische Reiseleben des Fürsten, der 1828 zu seinen großen Reisen aufbrach, die ihn nach England, Frankreich, Nordafrika, Griechenland und Kleinasien führten. Um seine Chancen bei der Brautschau zu vergrößern (vgl. Anm. 11,8 f.), versuchte er die Spuren seines Alters durch alle möglichen kosmetischen Mittel zu vertuschen.

15,31-35 *die frühesten Jugend-Erinnerungen ⟨...⟩ poetischer Kameradschaft*] Die Nähe Romanos zu Leontin und die Jugenderinnerungen, die später in seinen Träumen von Heidelberg Gestalt gewinnen (S. 36,35-37,34), zeigen, daß die Parallelen zum Leben Pücklers nur bedingt tragen. Eichendorff charakterisiert Romano als kameradschaftlichen Freund aus der Gruppe der Romantiker, der sich von den ursprünglichen Ideen im Laufe des Lebens entfernt hat. Zu dieser Gruppe gehörte Pückler nicht. Abtrünnige der ersten Generation waren – im Sinne Eichendorffs – Tieck und Hoffmann (vgl. Zitate S. 622 und 626 f.).

16,17 f. *ich trage die rechte Himmelsleiter allezeit bei mir*] Hinweis auf die Distanz Fabers zur ursprünglichen Romantik, die ihre »Himmelsleiter« in den Erscheinungen der Natur fand.

16,23 f. *Graf Leontin – aus »Ahnung und Gegenwart«*] Die Figur aus Eichendorffs frühem Roman stellt sich hier selbst vor. Leontin ist der Typ des Naturdichters, der spontan zu dichten versteht und aus seiner Beschäftigung keinen Beruf gemacht hat. Eichendorff stattet ihn mit Zügen des verehrten Clemens Brentano (1778-1842) aus (vgl. Band II dieser Ausgabe, S. 75,24 mit Anm.). In der Satire stellt er sich später als Vertreter der kleinen erlesenen Schar von Rittern vor, die das Fähnlein der Romantik noch verteidigen, aber gesellschaftlich ins Abseits geraten sind (vgl. S. 20,5-7 mit Anm.). – Der Schauspieler und Theaterdichter Holtei, den Wesemeier (S. 16) mit Leontin in Verbindung bringt, besitzt einige Charakterzüge der Eichendorffschen Figur, kann jedoch kaum als Muster gedient haben, weil alle diese Charakterzüge bereits in *Ahnung und Gegenwart* geschildert werden (Friemel, S. 48 f.).

16,27 *Dichter Faber*] Verkörpert im gleichen Roman Eichendorffs (vgl. Band II dieser Ausgabe, S. 73,7 f. mit Anm.) den ungeschickten, schulmäßigen Berufsschriftsteller, der sein mangelndes Genie durch gelehrtes Bemühen wettzumachen sucht (vgl. Anm. 16,17 f.). Muster von Eichendorffs Romangestalt ist der Dichter Haber in Brentanos *Godwi* (1801), der sein Vorbild wiederum im Tasso-Übersetzer Johann Diederich Gries (1775-1842) hatte, den Brentano und Eichendorff persönlich kannten. Als dicke Person, die gerne speist, wird Faber bereits in *Ahnung und Gegenwart* vorgestellt, weshalb die These, Faber verkörpere den »dicke⟨n⟩ Breslauer Stadtpoet⟨en⟩ und Redakteur der Breslauer Zeitung«, Karl Schall (Wesemeier, S. 4), von vornehein unwahrscheinlich ist (Friemel, S. 48 und 50). »Leontin und Faber werden ⟨...⟩ nicht als Individuen ⟨...⟩ in das neue Werk übernommen, sondern als Träger bestimmter Eigenschaften und als Personifizierungen romantischer Dichtertypen. ⟨...⟩ ⟨sie⟩ haben sich gegenüber *Ahnung und Gegenwart* ⟨...⟩ nicht verändert. Sie leben aber in einer veränderten Zeit ⟨...⟩ ⟨und haben⟩ sich nicht der neuen Zeit angepaßt« (Friemel, S. 52 und 54).

17,13-28 *In den Wipfeln frische Lüfte* ⟨...⟩ *Lust und Leid*] Den Text der Gedichteinlage veröffentlichte Eichendorff in seiner Gedichtsammlung von 1837 unter dem Titel *Morgenständchen* (vgl. Band I dieser Ausgabe, S. 280). – Vgl. Anm. 17,34-18,17.

17,29 *scharmantes*] Eingedeutschtes »charmant«.

17,34-18,19 *Dicke Liederknospen* ⟨...⟩ *manchen Plunder*] Die Fortsetzung des Gedichts gerät wegen der Störung recht platt und fällt aus dem Ton. Während der erste Teil (vgl. S. 17,13-28) alle wesentlichen Merkmale der romantischen Dichtung aufweist und belegt, daß die Stimmen der Natur wie ehedem vom Dichter zum Klingen gebracht werden können, so wird im zweiten Teil die aufgebaute ›Stimmung‹ wieder zerstört. Die Bemerkung des Prinzen Romano, dies sei ein »scharmantes Lied« (S. 17,29), und der Auftritt von Herrn Publikum zeigen das gebrochene Verhältnis zur Romantik und die mangelnde Sensibilität von Publikum und Romano. Leontin kann nun nicht mehr im alten Stil weitersingen.

18,4 f. *schneeweiße Schlafmütze* ⟨...⟩ *behaglich*] Die Schlafmütze gehört seit Brentanos *Philistersatire* (erschienen 1811)
zu den Kennzeichen des Philisters. Als Philister wurden im
18. Jahrhundert die Nicht-Studenten der Universitätsstädte
bezeichnet. In der Romantik wird (schon bei Tieck) der poetische, den Ideen der Romantik aufgeschlossene Mensch zum
Gegenbild des bürgerlich-spießigen Philisters. Eichendorffs
Philister zeichnen sich in der Regel durch eine sympathische,
familiäre Behaglichkeit aus; er versucht, die Konfrontation
Bürger/Poet schon in der Satire *Krieg den Philistern!* aufzulösen (vgl. Band IV dieser Ausgabe, S. 805-812), sieht jedoch
die Gefahr der Verkrustung aller kreativen Fähigkeiten in
der bürgerlich-behaglichen Enge (vgl. die Gedichte *Die zwei
Gesellen* und *Von Engeln und von Bengeln*; Band I dieser Ausgabe, S. 224 und 251). – Die Affinität des Herrn Publikum
zum Philiströsen (die in der Abbildung des schlafmützigen
»geehrten Publikum⟨s⟩« in der ›Zeitung für Einsiedler‹
[1808] bereits ähnlich dargestellt wird) zeigt, daß Eichendorff das bürgerliche Lesepublikum und seinen Geschmack
kritisch darstellt. Im Vergleich zu den Philistern des Dramas
ist Herr Publikum äußerst unsympathisch, grobschlächtig
und banal. Die Vertreter der alten Romantik necken den
behäbigen, primitiven Patron (vgl. S. 19,16 f.), und die In-
tegration Fabers in seinen Hofstaat erweist sich rasch als
Fehler.

18,9 *Mäcenas*] Freund und Förderer der Künste, Mäzen;
nach dem römischen Ritter Gajus Maecenas (1. Jahrhundert
v. Chr.) benannt.

19,9 *Florentin's*] Der Name des vermeintlichen Jägerburschen (in dem sich Aurora versteckt) klingt an den Künst-
lernamen Florens an, den Eichendorff selbst nach einer Figur
aus Tiecks *Kaiser Octavian* von seinem Freund Otto Heinrich
Graf von Loeben (1786-1825) erhalten hatte. Die ersten Ge-
dichtpublikationen Eichendorffs erschienen unter diesem
Namen. *Florentin* ist jedoch auch der Titelheld eines Werkes
von Dorothea Schlegel (1801). Der Roman und seine Au-
torin hatten auf Eichendorffs *Ahnung und Gegenwart* großen
Einfluß.

19,21 f. *als Volontär die Retirade mitgemacht*] Als Freiwilliger den Rückzug mitgemacht.

19,23 *Freiersfüße*] Möglicherweise Anspielung auf Pücklers Werbungen (vgl. Anm. 15,17-24). Innerhalb der Satire wirbt Romano »um die Hand der schönen Gräfin Aurora« (S. 19,27 f.), deren wahre Identität er jedoch verkennt.

19,34 *Diana*] Römische Göttin der Jagd, die Keuschheit schwor.

19,34 *Thetis*] Auch die griechische Meernymphe wehrte sich heftig gegen ihre Vermählung (mit Peleus).

20,1 *Lorgnette*] Stielbrille.

20,5-7 *in diesem wunderlichen, altmodischen Aufzuge ⟨...⟩ wie die Trümmer eines reduzierten Freikorps*] Hinweise auf das Unzeitgemäße der romantischen Dichter. Leontin (und Eichendorff selbst) sind sich dieser isolierten Situation der romantischen Gruppe um 1830 bewußt und versuchen, das beste aus dieser Lage zu machen, in die sie nach eigenem Verständnis durch die Ungunst des Publikums (nach Eichendorffs Hinweisen auch durch die innere Aushöhlung des romantischen Ethos) geraten sind. – Vgl. auch die folgenden Anm.

20,9 f. *das fliegende Korps der Jugend ⟨...⟩ aufgelöst*] Von der Jugend, namentlich von der studentischen Jugend, die sich der Romantik verschrieben hatte, erwartete Eichendorff erneuernde Impulse für die Entwicklung in Deutschland, wie er am Schluß seines Essays *Halle und Heidelberg* ausführt (vgl. Band VI dieser Ausgabe, S. 452). Von der Generation seiner Studienzeit sind jedoch um 1830 nur noch wenige literarisch tätig, und einige haben die Ideen der Romantik nach Eichendorffs Auffassung verraten.

20,11 f. *diese ästhetischen Grafen und Barone*] Die Kritik gilt hier weniger dem Fürsten Pückler als den Weggenossen Eichendorffs, die er zunächst verehrte, dann immer kritischer sah: dem Grafen Loeben, dem Dichterfreund aus der Heidelberger Studienzeit, der sich den Beinamen Isidorus orientalis zugelegt hatte, und dem Baron de la Motte Fouqué, der zahlreichen Dichtungen Eichendorffs zur Publikation verholfen hatte. Beide sind bereits in den dramatischen Literatursatiren Zielscheibe von Eichendorffs Spott und verkörpern wie Romano in der Satire die abgesunkene, falsche, oberflächliche Romantik ohne religiöses Fundament.

20,12 *diese langhaarigen reisenden Maler*] Eichendorff charakterisiert die Schule der Nazarener, deren Anhänger nach Rom reisten und dort ihre Vorbilder fanden.

20,12 f. *die genialen Frauen*] Die starken Persönlichkeiten der Frühromantik (wie Dorothea und Caroline Schlegel) sieht Eichendorff hier positiv. Später hat er sich über die »Salon-Poesie der Frauen« lustig gemacht und dabei grundsätzlich die schriftstellerischen Fähigkeiten der Frauen angezweifelt (vgl. Zitat S. 626).

20,14 f. *unsere tapfersten Anführer hat der Himmel quiesziert*] Die Bemerkung ist nicht ohne Hintersinn. Quieszieren bedeutet beruhigen, in den Ruhestand versetzen. Die romantische Bewegung war um 1832 in mehrfachem Sinne vom Himmel »quiesziert«. Heinrich Wackenroder, Novalis, Friedrich Schlegel und auch Achim von Arnim waren gestorben. Einige andere hatten sich so radikal dem Dienst der Kirche verschrieben, daß sie in der literarischen Welt keine Rolle mehr spielten. Zacharias Werner und Clemens Brentano wären als derart »quieszierte Dichter« zu nennen.

20,15 *ein neues, aus unserer Schule entlaufenes Geschlecht*] Die Bezeichnung zielt auf die oberflächlich romantisierenden Mode-Dichter (die Schreiber der Almanach-Literatur etwa) und die ›Abtrünnigen‹ Tieck und E. T. A. Hoffmann sowie deren Schüler und Nachahmer. Dazu paßt, daß auch Romano noch ein »Gefühl von Kameradschaft mit diesem verunglückten Freikorps« aufbringt (S. 20,20) und sich damit der romantischen Schule ausdrücklich zuordnet.

20,32 *Tabakschmauchen*] Nach Brentanos *Philistersatire* Charakteristikum des Philisters.

21,2 *Hofdichter bei'm Herrn Publikum*] Faber hat es offenbar geschafft, sich dem herrschenden Geschmack bis zu einem gewissen Grade anzupassen (»die Damen rissen sich ordentlich um seine Romantik«, S. 21,5). Damit verdeutlicht

Eichendorff, daß auch Faber die Ideen der Romantik verraten hat, zu denen er als gelehrter Berufspoet allerdings bereits in *Ahnung und Gegenwart* ein gestörtes Verhältnis hatte. – In welcher Situation sich der Berufsdichter befindet, beschreibt Eichendorff sehr drastisch in der *Geschichte der poetischen Literatur Deutschlands* (1857):

> Der arme Poet, wenn er wenigstens auf ein Dezennium unsterblich werden will, muß unausgesetzt seine Rivalen in der Gunst der chaotischen Menge durch immer neue Knalleffekte auszustechen suchen; und so erzeugt sich fortwährend ein ekelhaft zärtliches Verhältnis und Liebäugeln zwischen Dichterpöbel und Lesepöbel.
>
> (Band VI dieser Ausgabe, S. 893)

21,4 *in Stein und Kupfer]*   Die Porträts bekannter Dichter wurden in Kupferstichen und Steindrucken in ihren Werkausgaben oder den jährlich erscheinenden Taschenbüchern abgebildet. Eichendorff spielt auch im *Unstern* darauf an (vgl. Band V dieser Ausgabe, S. 360,33-361,1). Sein eigenes Porträt erschien im ›Deutschen Musenalmanach für 1841‹ (vgl. Abb. 9 in Band I dieser Ausgabe, nach S. 736).

21,5 *Damen ⟨...⟩ Romantik]*   Die Erfolgsschriftsteller der Zeit publizierten in kleinformatigen »Taschenbüchern«. Fouqués ›Frauentaschenbuch‹, in dem zahlreiche Gedichte Eichendorffs im Erstdruck erschienen, gehörte zu den bekanntesten (vgl. auch Anm. 21,4).

21,8 *die neumodische klassische Toga]*   Anspielung auf die klassizistische Attitude von Dichtern wie August Graf von Platen (1796-1835). Platen versuchte, die griechischen und römischen Versformen in Deutschland wieder heimisch zu machen.

21,10 *schottischen Plaids]*   Mit der Erwähnung des schottischen Kleidungsstücks (plaid: wollner Umhang) spielt Eichendorff auf die in ganz Europa grassierende »Scottomanie« an. In seiner Satire *Meierbeth's Glück und Ende* hatte er sich ausführlich mit der literarischen Mode der historischen Romane Walter Scotts (1771-1832) befaßt, die in Deutschland an der großen Zahl von Übersetzungen und Imitationen in Scotts Manier erkennbar wurde (vgl. Band IV dieser Ausgabe, S. 877 f.).

21,21-32 *Die spröde Welt* ⟨...⟩ *hat uns* ⟨...⟩ *bis auf ein einsames Waldschloß zurückgedrängt* ⟨...⟩. *Dort rumoren wir* ⟨...⟩ *gefallen uns selbst, und ignorieren das Andre.* ⟨...⟩ *von Zeit zu Zeit besucht uns* ⟨...⟩ *Waldlieb]* Als Ursache für die Isolation der Romantiker wird hier neben dem Publikumsgeschmack auch die Selbstgefälligkeit der Romantiker genannt. »Subjektivismus« und Eitelkeit sind nach Eichendorff Hauptursachen für das Scheitern der romantischen Bewegung (vgl. Anm. 11,8 f.). – Die Tatsache, daß die Wälder »noch immerfort wie in der Jugend« rauschen und singen und »die alten Gesellen« diese Naturlaute noch wahrnehmen und zu deuten verstehen (S. 21,28-30), läßt jedoch erkennen, daß eine Erneuerung der Romantik in Eichendorffs Augen möglich ist (vgl. Zitate S. 629). Auch die gelegentlichen Besuche der Aurora (hier als »Waldlieb« bezeichnet) deuten darauf hin.

22,1-12 *Lindes Rauschen in den Wipfeln* ⟨...⟩ *Traum]* In der Gedichtsammlung von 1837 unter dem Titel *Morgenständchen* (vgl. Band I dieser Ausgabe, S. 280).

22,21 f. *Florentin* ⟨...⟩ *faßte Leontin und Faber, wie alte Bekannte]* Erster deutlicher Hinweis auf die Identität Florentins: Die romantisch geprägten Dichter haben ein vertrautes Verhältnis zu ihrer Muse (Aurora), die sich im Jägerburschen verbirgt.

23,21 f. *das verworrene Geschnatter verschiedener Menschenstimmen]* Ähnlich charakterisiert Eichendorff die neue Literatur in der *Geschichte der poetischen Literatur Deutschlands* (1856): Unsere neueste Poesie ist also im Grunde nur die Reaktion gegen die Romantik ⟨...⟩. Da laufen alle Elemente und Richtungen gleichzeitig zusammen und prallen oft hart aneinander ⟨...⟩. Sie haben die Romantik überwunden, aber noch nichts Neues an deren Stelle gesetzt ⟨...⟩. Es ist eine bloße Übergangsperiode, alles noch im Kreißen und Gären begriffen, ⟨...⟩ es ist ganz unmöglich, ein Chaos zu umschreiben, die Geschichte einer Literatur auch nur anzudeuten, die sich noch keine bestimmte Physiognomie herausgebildet hat und in jedem Meßkatalog eine andere Miene macht.

(Band VI dieser Ausgabe, S. 1062; vgl. auch das Zitat hier S. 627)

In der Art der Beschreibung des Getümmels (S. 23,16-32) nimmt Eichendorff den Stil der neuen, ›chaotischen‹ Literatur parodierend auf.

23,35-24,1 *Vornehmtun jener literarischen Aristokratie*] Eichendorff spielt auf die Goethe-Kritik von Wolfgang Menzel (1798-1873) im ›Literaturblatt‹ des Cottaschen ›Morgenblatts‹ (Nr. 1-5 [1830]) an.

24,6-13 *poetische Vornehmheit* ⟨...⟩ *Indifferentism* ⟨...⟩ *göttlicher Objektivität*] Zum Chaos der zeitgenössischen Literatur, das Eichendorff hier schildert, vgl. Anm. 23,21 f. sowie die Zitate aus den literarhistorischen Werken S. 622 und 626 f. – Mit einzelnen Begriffen spielt Eichendorff in der Szene auf Karl Gutzkows (1811-1878) Goethe-Kritik an (›Forum der Journalliteratur‹). Er verteidigt indirekt den klassischen Dichter, der für die romantische Bewegung anfangs das leuchtende Vorbild war, gegen die Angriffe der Jungdeutschen. Zum Geburtstag Goethes hatte er 1831 ein Gedicht für die »Mittwochsgesellschaft« verfaßt (*Der alte Held*; Band I dieser Ausgabe, S. 279).

24,15 f. *VIELE* ⟨...⟩ *JUNGER MANN*] Der Text nimmt mit den hervorgehobenen Sprecherbezeichnungen die Formen des Dramas auf und folgt damit einer zentralen Forderung der frühromantischen Poetik nach Vermischung der Gattungen. Ähnliche Publikumsdiskussionen, in denen Fragen der Ästhetik angesprochen werden, finden sich in den Literatursatiren von Tieck, Brentano und Eichendorff. Die Anpassung an diesen Stil der revolutionären Frühromantik ist jedoch nur äußerlich: In der gänzlich unsachlichen Diskussion wird das Chaos des zeitgenössischen Literaturbetriebs und die Primitivität des Publikumsgeschmacks offenbar. – Vgl. die Zitate in Anm. 23,21 f. und S. 626 f.

24,18 f. *Natur! – Edelmut – gerührtes Familienglück*] Bei der

Mehrheit des Publikums (»Viele«) kommen die Rührstücke von August Wilhelm Iffland (1759-1814) und August von Kotzebue (1761-1819) und die Erzählungen von Clauren (Karl Heun; 1771-1854) am besten an. Alle genannten Autoren gehörten zu den Bestsellern der Zeit, die Eichendorff auch in seinen literarhistorischen Schriften scharf kritisiert (vgl. Zitat in Anm. 149,11-24).

24,30-32 *wir Dichterinnen schwärmen* ⟨...⟩ *über die engen Zwinger der Alltagswelt hinaus*] Die Anspielung könnte auf Rahel Varnhagen von Ense (1771-1833) zielen, die Eichendorff bereits in *Krieg den Philistern!* angegriffen hatte (vgl. Band IV dieser Ausgabe, S. 836). Ansgar Hillach vermutet eine Anspielung auf die »Autorinnen von Familien- und Entsagungsromanen wie Fanny Tarnow (1779-1862), Caroline Pichler (1769-1843) und Johanna Schopenhauer (1766-1838)« (W II, S. 971). Bettine von Arnim, die Eichendorff später als schwärmerische Dichterin angreift, kann noch nicht gemeint sein, da sie erst 1835 (mit *Goethes Briefwechsel mit einem Kinde*) als Schriftstellerin in Erscheinung trat. – Vgl. das Zitat zur Salon-Poesie der Frauen S. 626.

25,12 f. *zur Wirklichkeit zurückkehren*] Forderung der anti-romantischen Jungdeutschen.

25,14 f. *Grauer* ⟨...⟩ *wir machen hier so eben Novelle*] Mit der Aufforderung: »Frisch, Novellisten! Auf zum Heldenpressen!« tritt der »große Unbekannte« in *Meierbeth's Glück und Ende* (Band IV dieser Ausgabe, S. 191,33) hervor. In beiden Fällen ist Scott gemeint, der zunächst anonym veröffentlichte.

25,19-26 *unmittelbar aus dem Leben gegriffen* ⟨...⟩ *einfach, natürlich*] Forderungen der Jungdeutschen an die neue Dichtkunst.

25,33 f. *Gespräche über Liebe, Schönheit, Ehe* ⟨...⟩ *ich bin so voller Abhandlungen*] Belehrende Exkurse gehörten zu den Kennzeichen der jungdeutschen Dichtung. Daß Dichtung nicht als Vehikel für solche Argumentationen taugt, erläutert Eichendorff in seinen literarhistorischen Schriften (vgl. Zitat S. 627).

26,2 *wild zerrissenes Gemüt]*   Die Rede des Engländers ist mit Anspielungen auf Lord Byron (1788-1824) durchsetzt, der den »Weltschmerz« in seiner Dichtung zum Ausdruck brachte. Eichendorff kritisierte besonders seine Nachahmung bei den jüngeren Romantikern (wie Heinrich Heine [1797-1856]). In seiner Schrift *Der deutsche Roman des achtzehnten Jahrhunderts* (1851) heißt es:

> Die Zerrissenheit der Romantik war noch der nachtönende Schmerz getäuschter Sehnsucht ⟨...⟩. Die moderne Zerrissenheit dagegen hatte keine innere Notwendigkeit ⟨...⟩ und hat in ihrem Grundwesen etwas Lächerliches ⟨...⟩.

(Band VI dieser Ausgabe, S. 620)

26,6 f. *auf Freiersbeinen ⟨...⟩ den englischen Sturm]*   Vgl. Anm. 15,17-24 und 19,21.

26,29 f. *Herr Publikum ⟨...⟩ mit seiner Weltmacht]*   Hinweis auf die Macht des bürgerlichen Lesepublikums, die durch die neuen Reproduktionsmöglichkeiten des Buchmarktes (vgl. Anm. 27,26-34) und Eröffnung von Leihbibliotheken gewachsen war.

26,34 f. *nach dem sogenannten praktischen Abgrund]*   Vgl. Anm. 27,26-34.

27,2-5 *Landschafter ⟨...⟩ Tinten der Landschafts-Malerei]*   Eine Landschaftsmalerei neuen Stils hatte sich auf der Berliner Kunstausstellung 1830 durchgesetzt. Die Wendung zu einer realistischen Darstellung vollzog sich in Dichtkunst und bildender Kunst. – Für den Dilettantismus von Herrn Publikum ist es charakteristisch, daß er primär auf Form und Technik der Kunst zu sprechen kommt, die Eichendorff für sekundär hält.

27,26-34 *praktische Richtung ⟨...⟩ mit Dampf getriebene ungeheure Maschine ⟨...⟩ die Eleganz ihres Baues]*   Die Boten des neuen Maschinenzeitalters wurden – besonders in Berlin – als Ausstellungsobjekte und ästhetische Glanzleistungen einer neuen Zeit bestaunt. Die Bewunderung gilt hier einer speziellen Maschine, die im Auftrag des »hochverehrten Herr⟨n⟩ Publikum« einen bewunderungswürdigen Umlauf

»von Kräften und Gedanken« hervorruft (S. 27,21-23), der Schnellpresse. 1811 war sie von Friedrich König entwickelt worden, 1823 lieferte er erste Exemplare an die Verlage Spener und Decker. Die Buchproduktion in Deutschland stieg rapide an: 1811 wurden 3176 Bücher und Zeitschriftenartikel produziert, 1843 zehntausend mehr (13 664). Von 1821 bis 1825 erschienen 1576 Romane, zehn Jahre später (1831 bis 1835) 2710 (Friemel, S. 80).

28,1 f. *den Grafen Khevenhüller*] Warum Eichendorff hier gerade das 12bändige Werk *Annales Fernandei* des Franz Christoph von Khevenhüller (1588-1650) nennt, das 1716-26 in zweiter Auflage erschien, ist nicht klar. Das umfangreiche Werk findet offenbar nur als Altpapier Verwendung, die »verarbeiteten Folianten« werden eingestampft, bzw. ›verwandelt‹ in kleine Almanache (S. 28,11 f.).

28,12 f. *»Vielliebchen« in Taschenformat und in Maroquin gebunden*] Um die Massenproduktion unterhaltender Taschenbücher zu kennzeichnen, läßt Eichendorff die Schnellpresse (vgl. Anm. 27,26-34) einen Almanach produzieren, den Karl August Friedrich von Witzleben (1773-1839) unter dem Pseudonym A. v. Tromlitz 1827-41 herausgab. Taschenbücher dieses Typs waren in erster Linie für das weibliche Publikum bestimmt und wurden oft in kostbaren Einbänden aus Seide oder Maroquin (Ziegenleder) verkauft. Der Titel ›Vielliebchen‹ deutet zugleich auf die Beliebtheit und Beliebigkeit des produzierten Almanachs hin.

28,23 f. *literarischer Klatsch-Kurier*] Der ›Berliner Courier, ein Morgenblatt für Theater, Mode, Eleganz, Stadtleben und Lokalität‹ (1827-29) und die ›Berliner Schnellpost für Literatur, Theater und Geselligkeit‹ (1826-29) waren zwei von Moritz Gottlieb Saphir (1795-1858) herausgegebene Klatsch-Kuriere, auf die Eichendorff anspielt.

29,10-18 *Publikum ⟨…⟩ Anfall ⟨…⟩ der Langeweile ⟨…⟩ eifriger Dilettant in allen schönen Künsten*] Über die Langeweile des bürgerlichen Lesers machte sich bereits das Organ der Heidelberger Romantik, die ›Zeitung für Einsiedler‹ lustig. Das Dilettieren (hier als Sänger) gehört zu den weiteren, vielfach verhöhnten Kennzeichen der bürgerlichen Konsumenten.

29,11 *Succeß*] (Lat.) Fortschritt, Erfolg.

29,17 *Kavatine*] Kurze Opernarie.

29,32 *Waldhornsklänge*] Das Instrument, das Tieck in *Sternbalds Wanderungen* als geheimnisvolles, seelenvolles Instrument in die Literatur eingeführt hatte, galt seither als Instrument, das die romantische Sehnsucht zum Ausdruck brachte. Die frühe Lyrik Eichendorffs und Loebens benutzt es als Leitmotiv. – Herr Publikum kann mit den Klängen nichts anfangen und bricht seinen Gesang verärgert ab (S. 29,33-35).

30,5-23 *Romano* ⟨...⟩ *wie ein König der Wälder* ⟨...⟩ *daß man sich in die rechte, poetische Beleuchtung zu stellen weiß*] Romano setzt sich hier effektvoll von den Novellenmachern ab (S. 30,8 f.). Indem er sich »voll romantischer Wut« selbst stilisiert und selbstgefällig zur Schau stellt, gibt er sich jedoch als Vertreter einer ›falschen‹, äußerlichen Romantik zu erkennen. »Der Hochmut des Subjekts, der einst schon die Engel stürzte, hat auch die Romantik gestürzt«, notiert Eichendorff in den literarhistorischen Schriften (Band VI dieser Ausgabe, S. 272). – Vgl. auch Anm. 11,8 f.

30,28 *Cupido*] Römische Gottheit der Liebe (Gehilfe Amors).

31,4-7 *das schöne Müllermädchen* ⟨...⟩ *Mühle*] Populäre Motive der romantischen Kunstvolksliedlyrik der *Wunderhorn*-Tradition. In seinem berühmten Gedicht »In einem kühlen Grunde« nahm Eichendorff selbst die Thematik auf (vgl. Band I dieser Ausgabe, S. 84 mit Anm.). – Der Traum Romanos zeigt, daß er in der Erinnerung die ursprüngliche Romantik noch bewahrt. Das »damalige Liebchen« erkennt jedoch, daß der Graf »heruntergekommen« ist (S. 31,26 f.), was auf die hohle, falsche Romantik des Romano anspielt.

31,19 f. *die alten, schönen Züge, aber gebräunt*] Die von der Sonne gebräunte Hautfarbe galt als Makel und deutete auf niedere Arbeiten im Freien hin. Das Schönheitsideal des 19. Jahrhunderts verlangte – anders als heute – weiße, blasse

Haut. Das Liebchen mit seinen rauhen Händen und gefärbten Haut scheint Romano abgearbeitet und häßlich, so daß er nur Mitleid fühlen kann (S. 31,30 f.).

32,5 *Ereignis an Amors falscher Mühle*] Graf Romano gelingt es nur im Traum, zu den »Quellen« der Romantik zurückzukehren und an seine Jugenderlebnisse anzuknüpfen. Die Beobachter vermuten ein amouröses Abenteuer und verhöhnen ihn. Ähnliche Szenen der Wiederbegegnung schildert Eichendorff in *Ahnung und Gegenwart* (vgl. Band II dieser Ausgabe, S. 241 f.) und in *Dichter und ihre Gesellen* (S. 207). Die Vertreter der neuen Dichtkunst, die »Novellenmacher«, empfinden darüber Schadenfreude, weil sie die romantischen Bilder für überlebt halten (S. 32,8 f.).

33,3-9 *der dunkelmütige Engländer* ⟨...⟩ *seine Seele* ⟨...⟩ *mit Verzweiflung aufzublasen* ⟨...⟩ *einen melancholischen Schnaps*] Erneute Anspielung auf den Weltschmerz der Byronisten (vgl. Anm. 26,2).

33,25 *Neigung der Gräfin Aurora zu Herrn Publikum*] Es ist immer noch die falsche Aurora, die sich hier dem Publikum zuwendet.

35,26-35 *Wir waren ganz herunter* ⟨...⟩ *Ich weiß wohl was ich weiß*] Den Text der beiden Strophen veröffentlichte Eichendorff in der Gedichtsammlung von 1837 unter dem Titel *Die Jäger* (Band I dieser Ausgabe, S. 281).

36,12 f. *Schlag eines Eisenhammers*] Die Hämmer zur Eisenbearbeitung wurden häufig mit Wasserkraft betrieben und befanden sich daher in abgelegenen Tälern. Die Eisenhütte mit dem mechanischen Schlag des Hammers löst das leise Klappern der Mühlräder ab. Brentano führt die Eisenhütte bereits in seiner Erzählung *Der Sänger* (1801) als Gegenbild der romantischen Mühle ein (FBA 19, S. 76). Eichendorff erwähnt im Tagebuch zur Harzwanderung (September 1805) das weit hörbare Geräusch (vgl. Band V dieser Ausgabe, S. 131,30 f.) und beschreibt es auch in *Ahnung und Gegenwart* (Band II dieser Ausgabe, S. 67,20).

36,29 f. *Bach plauderte verwirrend in seine Gedanken herein*] Die Natur hat nach Eichendorffs Auffassung eine normsetzende, göttliche Kraft, sie belehrt den Menschen, ist ihm Vorbild. So enthält der Wald ein »stilles ernstes Wort| Von rechtem Tun und Lieben| Und was des Menschen Hort« (*Abschied* [Band I dieser Ausgabe, S. 346]). Von den Bächen heißt es schon im *Wunderhorn*: »Und keines sich verirrt« (*Laß rausche Lieb, laß rauschen*; FBA 7, S. 50), ein Motiv, das Eichendorff vielfach aufgreift, um die tiefe Symbolik und göttliche Gesetzlichkeit der Natur zu zeigen.

36,33 *die Trümmer einer zerfallenen verlornen Jugend*] Erneuter Hinweis auf den Verrat Romanos an den Idealen der ursprünglichen Romantik, die sich im folgenden Traum in Erinnerung bringt.

36,35-37,34 *Heidelberg ⟨...⟩ er war es selber, den er an der Hand festhielt*] In Heidelberg hatte Eichendorff mit seinem Bruder 1807/08 studiert und dabei (vermittelt durch seinen Freund Loeben) Anschluß an die Romantik gewonnen. »Heidelberg ist selbst eine prächtige Romantik«, heißt es in *Halle und Heidelberg* (Band V dieser Ausgabe, S. 430). Prinz Romano kehrt nur im Traum nach Heidelberg zurück und kann das Geträumte nicht mehr mit der Realität der Gegenwart von 1830 vermitteln. Als er träumend die Geliebte berührt und ausruft: »Dich mein' ich noch heut!« (S. 37,28), erkennt er, daß er sich selbst anfaßt (und liebt).

37,35 f. *antwortete sein gräßliches Ebenbild*] Die schauerlichen Traumbilder mit der Selbstbegegnung (Doppelgängermotiv) deuten auf die »Schauerromantik« E. T. A. Hoffmanns (vgl. Anm. 51,26-52,5 und S. 622).

38,3 *die erwachten Marmorbilder*] Anspielung auf das zentrale Motiv der Novelle *Das Marmorbild*.

38,6-22 *unter dem unermeßlichen Sternenhimmel ⟨...⟩ ungeheures Feuerrad ⟨...⟩ da stellt ja der liebe Gott die Uhr der Zeit ⟨...⟩ so über alle Beschreibung freudig*] In seinem kosmologischen Traum beschreibt Romano visionär die Erneuerung von Zeit und Dichtung aus dem Geist des Christentums. Erneut zeigt sich, daß Romano – trotz aller Verblendung und Eigenliebe – im Traum die Wahrheit zu erkennen vermag. Er gleicht damit der Figur des Uhrmachers BOGS, der trotz aller philiströsen Eigenschaften in visionären kosmologischen Träumen zum romantischen, schöpferischen Menschen wird (Brentano, Werke II, S. 873-907).

39,6 f. *den alten wahnsinnigen Harfner aus »Wilhelm Meister«*] Anspielung auf den Roman Goethes, der von den Romantikern zunächst als vorbildliches Werk einer neuen Dichtkunst gefeiert wurde.

39,14 *Was für ein Phantast ist doch die Nacht*] Seit der Rezeption von Youngs *Nachtgedanken* und den *Hymnen an die Nacht* von Novalis entwickelt sich in der Romantik ein Kult der Nacht, der als Gegenstück zur Lichtsymbolik der Aufklärung gelten kann. Die Wahrheit erschließt sich für Romano ausschließlich im Bereich des Traumes.

39,28-35 *Wo führst du mich hin ⟨...⟩ Erbarmen ⟨...⟩ Zurück, Vermessener*] Dem Helden geht es hier wie den Protagonisten in der *Zauberflöte* Mozarts, die durch ähnliche Rufe zur Umkehr bewogen werden. Eichendorff spielt vielfach in seinen Dichtungen auf diese populäre Oper an. Die »mordbrütende Nacht« (S. 39,36) dürfte in diesem Zusammenhang auf die bösartige Königin der Nacht mit ihrer Rachearie hinweisen.

40,16 *Morgenstunde hat Blut im Munde*] Abwandlung des geläufigen Sprichworts »Morgenstund hat Gold im Mund« (Wander III, Sp. 733).

41,36 f. *Gericht der Pairs ⟨...⟩ Haus der Gemeinen ⟨...⟩ Minnehof*] Drei verschiedenartige Institutionen werden hier in einem Atemzug genannt: Das Gericht für Adelige (franz. pair: gleich), das Unterhaus der konstitutionellen englischen Monarchie und der »Minnehof« der Troubadours, wo »Streitfragen um die Liebe vor fingierten Gerichtshöfen mit allegorischem Aufwand entschieden« wurden (W I, S. 973).

43,1-15 *Schöne, fröhliche Jugendzeit ⟨...⟩ Und mir ist, als müßt' ich Alles liegen lassen*] Hier wird zum erstenmal deutlich, daß der Ich-Erzähler eine eigenständige Person ist, die in das Geschehen der Handlung eingewoben ist. Als auktorialer Erzähler blieb er bisher im Hintergrund, nun wird er von der Erinnerung an die Jugendzeit, die er zum Teil gemeinsam mit Willibald (vgl. S. 81,12-15) durchlebt hat, überwältigt. – Zur Bedeutung des Ich-Erzählers vgl. S. 624.

43,6 f. *das geheimnisvolle Rauschen der verträumten Wälder*] Das Waldesrauschen vermittelt bei Eichendorff die Werte der »alten Zeit«. Nur der Eingeweihte (wie der Dichter) kann diese Sprache »verstehen« und die geheime Botschaft aus der goldnen Urzeit (mit ihrer Harmonie von Mensch und Natur, Menschlichem und Göttlichem) entschlüsseln. Die Begeisterung des Ich-Erzählers (vgl. vorige Anm.) und das folgende Lied und seine Wirkung (vgl. S. 44,9 f.) verdeutlichen, daß die Fähigkeit, die Zeichen der Natur im Sinne der Romantik zu deuten, auch in der Gegenwart von 1830 grundsätzlich nicht verloren ist.

43,18-44,8 *Vom Grund bis zu den Gipfeln ⟨...⟩ geht das Wandern an!*] Unter dem Titel *Wanderlied* erschien das Gedicht 1831 im ›Berliner Musen-Almanach‹, in der Gedichtsammlung von 1837 unter dem Titel *Allgemeines Wandern* (vgl. Band I dieser Ausgabe, S. 274).

44,18 *Zelter*] Ein besonders zahmes Pferd, das vornehmlich von Damen geritten wurde.

44,33 *Beest*] Biest. Das englische Wort (für: wildes Tier) wurde zu Eichendorffs Zeit noch als Fremdwort empfunden.

45,6 *ein wütender Eber*] Eine Szene, die Eichendorff nach den Erlebnissen bei der Harzreise gestaltet (vgl. Anm. 58,14).

45,19 f. *Novellisten ⟨...⟩ Schuß ⟨...⟩ in der Luft*] Deutlicher Hinweis auf die nach Meinung Eichendorffs substanzlose Dichtung der neueren Schule.

45,33 f. *kalkutischer Hahn*] Puter.

46,2 f. *Literatoren*] (Lat.) Eigentlich Sprachlehrer, dann auch Literaten, Kritiker. Schon in Goethes Satire *Götter, Helden und Wieland* (1744) (HA III, S. 204) und in *Meierbeth's Glück und Ende* treten Literatoren auf.

46,12-17 *ich mag nicht mehr jagen ⟨...⟩ laßt mich alleine ⟨...⟩ weinte bitterlich*] Es ist bezeichnend, daß Aurora gerade die vermeintlichen Kenner der Literatur, die Literatoren, mit ihrem mutwilligen Streich an der Nase herumgeführt hatte

(S. 46,2-5). Ihr Weinen und die Unlust am Jagen verraten nun, daß sie in ihrer Funktion als Jägerbursche nicht auf Dauer glücklich sein kann.

47,29 *Willibald*] Der folgende Bericht läßt erkennen, daß Willibald autobiographische Züge trägt: Die Güter der Eltern Eichendorffs waren (wegen Spekulationsverlusten des Vaters) »an andre Besitzer gekommen« (S. 47,33); Eichendorff hatte sich »frühzeitig« (beim Studium in Heidelberg) »der Poesie zugewendet« (S. 47,36 f.). Weitere Anspielungen auf Eichendorffs Jugend enthält Willibalds Bericht über die Harzreise (vgl. Anm. 58,14).

48,1 *einer andern, wunderbaren Adelskette angehörig*] Im Gegensatz zum Geburts- und Geldadel ist hier der Geistesadel gemeint.

50,18 *Zwacken*] Zwecken, Reißnägel mit verziertem Kopf, wie sie beim Polstern Verwendung finden.

51,26-52,5 *weiblichen Leichnam ⟨...⟩ eine mattlodernde Lampe ⟨...⟩ Hoffmanisieren ⟨...⟩ schauderhaftes Verbrechen*] Die Schauergeschichte mit ihren charakteristischen Requisiten und der späteren Aufklärung des Spuks (S. 55,10-19) erinnert an die Erzählungen des genannten E. T. A. Hoffmann, dem Eichendorff kritisch gegenüberstand (vgl. S. 622). Die Darstellung spielt vermutlich auf *Die Räuber. Abenteuer zweier Brüder auf einem Schloß in Böhmen* (1822) an.

54,28 *Daniel*] Der Name kommt (ebenso wie Willibald) in der genannten Erzählung Hoffmanns vor. Für Eichendorff war er aus der Lubowitzer Kindheit als Name eines Dieners geläufig (vgl. Band V dieser Ausgabe, Register).

55,19 *meine Julie*] Die Hochzeit Leontins mit Julie, der Eichendorff Züge seiner Braut Luise verlieh, steht am Ende von *Ahnung und Gegenwart* (vgl. Band II dieser Ausgabe, S. 131,18 mit Anm. und S. 367-369). Bei der Entführung handelt es sich um einen Spaß. Zur Bedeutung der Julie vgl. Anm. 56,33-57,6.

56,7 f. *Herr Faber ⟨...⟩ unmäßig speiste*] Diese Eigenart wird bereits in *Ahnung und Gegenwart* beschrieben und kann daher kaum als Beleg für eine Anspielung auf Holtei gelten (vgl. Anm. 16,23 f.).

56,21-28 *Aus der Heimat* ⟨...⟩ *kennt mich auch hier*]   In der
Gedichtsammlung von 1837 unter dem Titel *In der Fremde*
(Band I dieser Ausgabe, S. 281). – Vgl. folgende Anm.

56,33-57,6 *Julie* ⟨...⟩ *ein zarter Waldhornslaut* ⟨...⟩ *in den
Tälern den Frühling zu wecken*]   Als »Allegorie der Poesie im
Volksliedton«, die mit der Heidelberger Romantik in Verbindung zu bringen ist, versteht Friemel (S. 89) die Julie der
Satire. Unter den Umständen der neuen Zeit (1830) kann sie
ihre Wirkung nicht mehr entfalten, die »starre« Waldeinsamkeit (in frühromantischer Zeit ein positiver Begriff) mit den
»finstern Tannenwipfeln« (S. 57,4 f.) ist für sie eine Ort der
Verbannung. Das Gedicht von der Heimat hinter den Blitzen
(vgl. vorige Anm.) mit der Klage darüber, daß keiner sie
kennt, entfaltet durch die Bemerkungen Romanos seinen
tieferen Sinn.

57,13-20 *Portrait* ⟨...⟩ *Weitläuftige Verwandtschaft*]   Die
portraitierte Muse der erneuerten romantischen Poesie (Aurora), die auf dem Bild zu sehen ist, wird verkannt.

57,29 *Altans*]   Altan: balkonartige Galerie.

58,6 f. *Jeder* ⟨...⟩ *eine Novelle aus seinem Leben*]   Eichendorff knüpft an die Erzähltradition mit Rahmenhandlung an,
in der die Novellentexte nacheinander von verschiedenen
Personen erzählt werden (vgl. etwa Boccaccios *Decamerone*).
Den modernen Novellenerzählern kann dies nach Eichendorff jedoch kaum gelingen, zumal sie sich auf eine Darstellung des eigenen Lebens beschränken (vgl. S. 25,33 f. mit
Anm. sowie Eichendorffs vernichtende Kritik der modernen
Novellistik S. 627). Die Erzählungsfolge reißt deshalb nach
dem Bericht Willibalds ab.

58,14 *aus Halle nach dem Harzgebirge*]   Von Halle unternah-
men die Brüder Eichendorff im September 1805 eine Fuß-
wanderung, die sie über den Harz nach Norddeutschland
führte. Die Besteigung des Roßtrapp »auf einem steilen gefährlichen Pfade« (vgl. Band V dieser Ausgabe, S. 132,20),
das Erlebnis, »sich gäntzlich verirrt zu haben« (ebd.,
S. 131,24 f.), der weithin hörbare »Hammerschlag der Drath-
mühle« (ebd., S. 131,31), die »schwebende⟨n⟩ Schmetter-

linge« über dem Abgrund (ebd., S. 132,34) und der plötzliche
Durchbruch eines Ebers (ebd., S. 131,13) werden im Tagebuch beschrieben. Auch die Begleitung durch zwei Führerin-
nen, die sich dann verirren, ist bemerkenswert (ebd.,
S. 131,23 f.).

58,26-30 *das Leben ⟨…⟩ wechselndes Morgenrot ⟨…⟩ das
andere Land]* Deutlicher Hinweis auf das Ziel der Lebens-
wanderung, die transzendente Heimat.

59,2 *alle alten schönen Sagen dieser romantischen Gegend]* Die
Romantiker begannen mit dem Sammeln der deutschen Sagen, um die Relikte der »alten Zeit« zu bewahren. Bekannt
wurde die Sammlung der Brüder Grimm von 1816.

59,12-19 *ein Bild wunderbarer Schönheit ⟨…⟩ meiner künftigen
Geliebten]* Es ist die Begegnung mit der Muse (die später als
Aurora identifiziert wird), die hier geschildert wird. Die Episode hat insofern einen biographischen Hintergrund, als
Eichendorff bei seiner Harzwanderung die Landschaft zum
erstenmal mit dem Blick des Romantikers wahrnimmt und
im Tagebuch auch mit dem Wort »romantisch« bezeichnet
(vgl. Band V dieser Ausgabe, S. 883-885).

59,20 f. *schleuderte Glas und Ring ⟨…⟩ in das Abendrot]* Bei
Eichendorff eine Geste, die einer Vermählung mit überirdi-
schen, in der Regel dämonischen Mächten gleichkommt und
meist im Zusammenhang mit dem Venus-Motiv steht. Die
große Gefahr, in die Willibald gerät, wird durch dieses Symbol deutlich. – Vgl. Anm. 62,28-63,10 und 63,33-64,6.

59,25 *Huri]* Bei den Mohammedanern gebräuchlicher
weiblicher Vorname, der auf die so bezeichneten Gefährtin-
nen der Seligen im Paradies zurückgeht.

60,2 *Bacchantin, mit Luna und Fortuna]* Figuren der römischen Mythologie. Die wilde Gefährtin der Saufgelage erscheint hier gemeinsam mit der Göttin der Nacht (Mond-
göttin) und der Glücksgöttin.

61,14 *Papilloten]* (Franz.) Haarwickler (aus Papier).

61,26 *ennuyant]* (Franz.) Langweilend, langweilig.

61,30 f. *Julie ⟨…⟩ heimlich gekichert]* Julie weiß, daß Willibald seine Begegnung mit ihr und Aurora schildert. Vgl. die
Aufklärung der Situation, S. 67.

62,28-63,10 *schöne Reiterin* ⟨...⟩ *nicht bacchantisch oder amazonenhaft* ⟨...⟩ *als zöge ihr Rosenfinger* ⟨...⟩ *die duftigen Fernen* ⟨...⟩ *alle rauschten* ⟨...⟩ *frühlingstrunken, zu der Zauberin herauf*] Der Auftritt der schönen Reiterin läßt zunächst an die in Eichendorffs Erzählungen häufig auftauchenden dämonischen Venus- und Diana-Gestalten denken. Die Tatsache, daß sie mild, still (S. 62,31) und rosenfingrig wie Eos ist (vgl. Band II dieser Ausgabe, S. 103,1 f. mit Anm.) und den weiten romantischen Gipfelblick eröffnet, verdeutlicht jedoch, daß es sich um Aurora handelt, die Göttin der Morgenröte und Muse einer erneuerten romantischen Poesie.

63,33-64,6 *Da möcht' ich gern hinunter* ⟨...⟩ *in einem Zauberbrunnen*] Mit dem symbolischen Abstieg in die Tiefe setzt eine Bewährungsprobe für den werdenden Dichter Willibald ein. Er darf der sinnlichen Schönheit der Begleiterin nicht verfallen, muß die geheimen Wünsche im eigenen Innern bändigen, und gewinnt damit erst die notwendige Reife (vgl. S. 622 f.).

64,26 *vom Stufenberge*] Vgl. die Schilderung im Tagebuch: »Zu Mittag ⟨langten wir⟩ in *Gernrode* an, das an dem Fuße des herrlichen *Stufenberges* liegt« (Band V dieser Ausgabe, S. 130,7 f.).

64,18-22 *einen brennenden Kuß* ⟨...⟩ *den rechten Weg verfehlt*] Allzu vorschnell und nicht ohne sinnliche Begierde küßt Willibald Aurora. Deshalb hat er seine Prüfung vorerst nur zum Teil bestanden, und die Muse entzieht sich ihm wieder.

64,37 *verirrte glänzende Schmetterlinge*] Vgl. Anm. 58,14.

65,4 f. *in ein wahnsinniges Märchen wunderbar verstrickt*] Erst jetzt wird Willibald bewußt, daß er mit seinem Abstieg in die Tiefe großen Gefahren ausgesetzt war. Die Helden der »wahnsinnigen Märchen« des jungen Tieck und jungen Eichendorffs (*Die Zauberei im Herbste* [1808/09], *Das Marmorbild* [1819]) entgehen nur mit knapper Not den Verlockungen der Tiefe, die vom Venusberg und seinen dämonischen Frauengestalten ausgehen. Im Roman *Dichter und ihre Gesellen* sind es Otto und der Fürst, die von der magischen Kraft angezogen werden und untergehen. Sie verlieren das Zeitbewußtsein, werden wahnsinnig oder verschwinden auf Nimmerwiedersehen im »Schlund«, wie einer der beiden Gesellen in Eichendorffs programmatischem Gedicht von den zwei Gesellen.

66,5 f. *Sommerfäden über die Felder gespannt*] Vgl. Anm. 218,14-16.

66,26 *falbe*] Falb: dichterisch für fahl, bleich.

67,19-35 *Aurora und Herr Publikum einträchtig 〈...〉 Hirschgeweih 〈...〉 in sie verliebt 〈...〉 brünstiger Blicke*] Das Geweih über dem Haupt des Herrn Publikum deutet an, daß die wirkliche Aurora ›fremdgeht‹; Publikum ist mit der Muse der Trivialliteratur einig geworden, die inzwischen auch von dem »schwungreiche〈n〉 junge〈n〉 Mann«, einem der modernen Novellenmacher, begehrt wird, sich wenig später vom Grafen Romano entführen läßt und schließlich doch den biederen Publikum heiratet. Motive und Verwicklungen entsprechen hier dem Muster der Trivialromane (vgl. Anm. 70,26 f.).

68,2 *Paroxysmus*] Heftiger Anfall einer Krankheit.

68,32 *Karbonaro-Mantel*] Vgl. Anm. 89,12.

70,26 f. *Entführungsgeschichten 〈...〉 in den schmierigen 〈...〉 Romanen aus der Leih-Bibliothek*] Sophie von La Roche (1731-1807) Roman *Geschichte des Fräuleins von Sternheim* (1771), in dem die Heldin gleich zweimal entführt wird, gilt als Vorbild der verbreiteten Trivialromane des 19. Jahrhunderts. Auch die ›Heiratshindernisse‹ in Gestalt eines »tyrannischen Vater〈s〉« oder einer »geizige〈n〉 Tante« (vgl. S. 71,2) und der falsche Geistliche bei der heimlichen Hochzeit (vgl. S. 73,6 f.) gehören zum Personal dieser Romane. – Mit den Hinweisen auf ihre Lektüre gibt sich die falsche Aurora als Muse der Trivialliteratur zu erkennen. Eichendorff ordnet diese Literatur hier dem niederen Stand zu, denn die vermeintliche Aurora ist von Beruf Kammerdienerin (Zofe).

71,22 f. *Da schoß der Gräfin auf einmal das Blatt*] Da gingen ihr die Augen auf.

71,30 *Klapphut*] Zusammenschiebbarer Zylinder, der bei festlichen Anlässen getragen wurde.

72,4-19 *Hochverehrte* ⟨...⟩ *vergangener Junggesell, gerührter Bräutigam*] Es ist der Poet Faber, der hier mit der Parodie einer Hochzeitsrede glänzt. Er durchsetzt sie mit schlüpfrigen Anspielungen auf das Ehebett.

73,5 *Eskarpins*] (Franz.) Tanzschuhe.

73,8 *leichter pokulieren als kopulieren*] Leichter zechen als ehelichen.

73,27 *Hirschfänger*] Großes Messer, das bei der Hirschjagd Verwendung findet.

74,14/29; 75,13 *Schlafrock* ⟨...⟩ *Nachtmütze* ⟨...⟩ *Schlafmütze*] Kennzeichen des Philisters; der Bräutigam vergißt sogar, sie am Tage der Hochzeit abzunehmen.

74,25 *Courtoisie*] (Franz.) (Übertriebene) Höflichkeit.

74,29-35 *Publikum* ⟨...⟩ *hatte* ⟨...⟩ *große Abneigung* ⟨...⟩ *Furcht* ⟨...⟩ *echtes Kunstgenie*] Publikum hat vor dem Dichter der Romantik (Leontin) Angst, weil dieser ihm innerlich überlegen ist und das Philiströse des Bürgers durchschaut und kritisiert. Der schwankende Geschmack wendet sich daher der neuen Literatur, den Novellenmachern, zu, die er für genial erklärt.

75,20 *Agrément*] (Franz.) Bequemlichkeit.

76,3 *Kopulation*] Hochzeit.

76,9-77,2 *Schreiber dieses* ⟨...⟩ *wie es den Dichtern oft zu gehen pflegt* ⟨...⟩ *zu spät* ⟨...⟩ *neue Gedichte* ⟨...⟩ *aus den Klängen in meiner Seele*] Mit einem Kürzel der Beamtensprache (»Schreiber dieses«) meldet sich hier erneut der Ich-Erzähler (vgl. Anm. 43,1-15), um im Nachhinein seine Rolle in der Erzählung darzustellen. Als Hochzeitsgast der (für die Gegenwart von 1830) bezeichnenden Ehe von Publikum und falscher Muse tritt er auf und kommt scheinbar zu spät. Eichendorff selbst hat sich in seinen autobiographischen Dichtungen als Zuspätkommender, Zuspätgeborener stilisiert (vgl. Band V dieser Ausgabe, S. 352 und 360). Das Verhalten des Ich-Erzählers in der Satire reflektiert erneut die eigene Situation. Am Schluß der Satire wird demonstriert, daß die Verspätung ihre Vorzüge hat und dazu führt, daß der Dichter die Wahrheit erfährt. Er gehört zu den wenigen, die

die echte Muse erkennen und kennenlernen. Damit gewinnt er zugleich seine dichterische Kraft wieder. »Aus dem Zuspät ⟨...⟩ wird ein kairós« (Friemel, S. 172).

76,34 f. *einen vazierenden Musikanten*] Herumziehenden Musikanten.

78,22-25 *Bleib' bei uns ⟨...⟩ zum Tanze*] Der vierzeilige Text bildet in der Gedichtsammlung von 1837 die erste Strophe des Liedes *Elfe* (vgl. Band I dieser Ausgabe, S. 282). Das Motiv nimmt die Tradition von Tiecks 1812 publiziertem Märchen *Die Elfen* auf (*Phantasus*, S. 306-327). Die tanzenden Elfen fordern die Muse zum Bleiben auf – wie sie (in Tiecks Märchen) – ihre Spielgefährtin aus dem Menschenreich zunächst zurückhalten.

79,1-6 *Stachelbeer' weiß es ⟨...⟩ Wald*] Der Text spielt auf Novalis' Märchen von *Hyazinth und Rosenblüt* an (in: *Die Lehrlinge zu Sais*; 1798 entstanden).

80,12-18 *Es geht wohl anders ⟨...⟩ als man meint*] Der erste der *Wandersprüche* in der Gedichtsammlung von 1837 (Band I dieser Ausgabe, S. 282).

81,12-15 *Willibald ⟨...⟩ Halle ⟨...⟩ mit ihm eine Fahrt nach dem Harz gemacht*] Als Studienkamerad und Reisegefährte des Dichters einer erneuerten Romantik (Willibald) gibt sich hier der Ich-Erzähler zu erkennen. Willibald und der Ich-Erzähler stellen beide so etwas wie geistige ›Brüder‹ des Dichters Eichendorff dar. Sie repräsentieren den romantischen Dichter Eichendorff, der sich verjüngt hat und auch in der nachromantischen Zeit an seinen Zielen festhält.

81,35 f. *nach Italien ⟨...⟩ meiner Heimat*] Vgl. S. 623 f.

82,10 *Teller mit frischen Pfirsichen*] Es sind Duft und Geschmack sowie die Symbolik des (morgenroten), in südlicher Sonne reifenden Pfirsichs, die hier eine Rolle spielen. Der Ich-Erzähler und Eichendorff selbst können weiterhin aus der Inspiration der Aurora schöpfen, obwohl sie nach Italien geflüchtet ist.

82,17-20 *Und über die Felsenwände ⟨...⟩ geht das Wandern an!*] Letzte Strophe des Gedichts *Allgemeines Wandern*, das vollständig S. 43,18-44,8 gesungen wird.

⟨»AUCH ICH WAR IN ARKADIEN!«⟩

Hs. der Staatsbibliothek Berlin (Eichendorff-Nachlaß 90r-95r, Döhn Nr. 166), ohne Titel.

Der aktuelle politische Bezug der aus dem Nachlaß veröffentlichten Satire war lange Zeit nicht deutlich, weil Eichendorffs Sohn Hermann im Erstdruck (SW VII, S. 221-244) einschneidende Textveränderungen vornahm: Die ersten drei Absätze ließ er bei der Veröffentlichung von 1866 weg; der (aus dem letzten Satz des Textes gewonnene) Titel und der irreführende Untertitel *Eine Phantasie* stammen von ihm. Durch diese Eingriffe erhielt der Text den Anstrich einer unverbindlichen Phantasterei ohne konkreten politischen Bezug.

Die erste politische Satire Eichendorffs entstand in einer Zeit, als sich der Dichter von Amts wegen intensiv mit der politischen Entwicklung in Deutschland befaßte: »meine letzte Beschäftigung bei dem auswärtigen Ministerium ⟨hat mich⟩ recht speziell mit den politischen Kämpfen der gegenwärtigen Zeit vertraut gemacht«, schreibt er an Freiherrn von Altenstein am 16. 10. 1832 (HKA ²XII, S. 125). Dafür gab es mehrere Anlässe. Der Wunsch, aus der ostpreußischen »Provinz« wieder in die geistige Metropole Preußens zu gelangen, hatte ihn dazu geführt, mit einem »Urlaub« von Königsberg nach Berlin zu gehen (6. 6. 1831), um sich persönlich um eine Versetzung zu bemühen. Es gelang ihm, dort – wie er im oben zitierten Brief erwähnt – vorüber-

gehend im Außenministerium Fuß zu fassen; zwischen dem
1. 10. 1831 und dem 30. 6. 1832 war Eichendorff dort als
»Hilfsarbeiter« beschäftigt. Der Referent der Deutsch-
landabteilung, der Eichendorff wohlgesonnene Geheimrat
Johann Albrecht Friedrich Eichhorn (1779-1856), gab ihm
den Auftrag, ein Gutachten zur »konstitutionellen Preßgesetzgebung« in Deutschland und den Entwurf eines Pressegesetzes zu formulieren (vgl. Band V dieser Ausgabe,
S. 1118-1126 sowie Krabiels Beitrag *Zwischen Liberalismus und
Restauration* im Kat., S. 297-320). Der Auftrag kam in einer
Zeit politischen Umbruchs: Die Julirevolution in Frankreich
(1830) hatte zu einer Belebung der liberalen Strömungen in
Deutschland geführt und die Diskussion über die Pressefreiheit erneut entfacht. In dieser Situation bemühte man
sich in Preußen, Kompromißformeln zu finden, um die un-
terschiedliche Zensurpraxis in den Ländern Deutschlands
durch ein Mustergesetz zu vereinheitlichen. Ungeachtet der
Karlsbader Beschlüsse vom 20. 9. 1819, in denen die scharfe
Anwendung aller Zensurbestimmungen grundsätzlich beschlossen worden war, gab es in den einzelnen Ländern
differierende Pressegesetze und in der Praxis keine einheit-
liche Handhabung der Zensur. Im süddeutschen Raum (besonders in Baden) wurden nach der Julirevolution in Frankreich – kaum von der Obrigkeit behelligt – zahlreiche liberale
Zeitschriften publiziert, die auch in die Länder mit restrik-
tiverer Auslegung der Zensurbestimmungen, nach Österreich und Preußen, gelangten. Der von Eichhorn bei Eichendorff in Auftrag gegebene Gesetzentwurf sollte einen Kompromiß für Preußen formulieren, der – nach den Vorstellungen Eichhorns – durch seine liberale Richtung die reaktionäre Metternichsche Linie in Österreich ablösen sollte. Ein
Gesetz mit richtungsweisender Kompromißformel, die jedoch einer politischen »Gratwanderung zwischen liberalen
und reaktionären Optionen« gleichkam (Kat., S. 306), wurde
gesucht. Am 24. 10. 1831 gab der preußische König
Friedrich III. an die drei betroffenen Ministerien den Auftrag, einen entsprechenden Entwurf zu erarbeiten.

Eichendorffs Schriftsatz ging von der grundsätzlichen Freiheit der Presse aus, formulierte jedoch für die Tagespresse und politische Publikationen gravierende Ausnahmen. Sein Entwurf, der nicht für die Publikation gedacht war, erregte bei den Regierungsstellen Aufsehen, wurde aber rasch als zu liberal ad acta gelegt. Eine mächtige Demonstration der liberalen Kräfte, das Hambacher Fest vom 28.-30. 5. 1832, auf dem Handwerker und Studenten gemeinsam für ein geeintes Deutschland und eine freie Presse demonstrierten, lehrte die Regierenden das Fürchten und stärkte die Reaktion. Im sogenannten Maßregeln-Gesetz vom 5. 7. 1832 wurde die Vereins-, Versammlungs- und Pressefreiheit noch stärker eingeschränkt. Die liberalen badischen Pressegesetze wurden revidiert. Auch in Berlin gewannen die restaurativen Kräfte wieder die Oberhand. Der Entwurf aus dem Außenministerium, dessen Autor Eichhorn offensichtlich geheimhalten konnte, hatte keine Chance. Der preußische König hatte ihn auch am 27. 5. 1832 bereits ausdrücklich verworfen (Kat., S. 312). Eichendorff konnte bei seinen Bewerbungen um eine Position in Berlin darauf keinen Bezug nehmen, so daß lange Zeit unklar war, daß die unter den politischen Schriften Eichendorffs veröffentlichten Entwürfe im Auftrag eines Ministeriums entstanden waren. Erst der Beitrag von Krabiel (Kat., S. 297-320) klärt den Sachverhalt.

In enger Nachbarschaft zu dem Gutachten und dem Gesetzentwurf entstanden weitere politische Schriften Eichendorffs. In einem *Politischen Brief* und in den Aufsätzen *Preußen und die Verfassungsfrage*, *Über Garantien* und *Preußen und die Konstitutionen* stellt Eichendorff die politischen Grundfragen aus der Sicht von 1831/32 erneut dar (vgl. Band V dieser Ausgabe, S. 599-677). In anderer Form, jedoch zum Teil mit den gleichen Worten und Bildern, erläutert er die zentralen Probleme der zeitgenössischen Diskussion: die Frage der konstitutionellen Monarchie und deren Garantien sowie die Forderungen nach freier Presse und die daraus erwachsende Macht der öffentlichen Meinung. Der *Politische Brief* richtet sich an einen fiktiven Freund und steht vermutlich ebenso wie die anderen Aufsätze in Zusammenhang mit einem anderen Projekt Eichendorffs. Vorübergehend schien sich die Chance aufzutun, Redakteur von Rankes ›Historisch-politischer Zeitschrift‹ zu werden (ebd., S. 1142-1149). Diese Zeitschrift, die ebenfalls vom preußischen Außenministerium unter Federführung Eichhorns geplant war, sollte als Staatszeitschrift fungieren, um »Preußen in die Lage zu versetzen, seine Position öffentlich erläutern und den sich verstärkenden Presseangriffen publizistisch entgegentreten zu können«. (vgl. W V, S. 453-460, hier S. 454). Die Mitarbeit Eichendorffs an dieser Zeitschrift kam – u. a. wegen zu hoher Gehaltsansprüche – nicht zustande; Eichendorffs Beiträge wurden in der Zeitschrift, deren erster Jahrgang 1832 erschien, nicht veröffentlicht.

Am 16. 10. 1832 bewarb sich Eichendorff – ohne Bezug auf den eigenen Entwurf eines Pressegesetzes – um eine Anstellung im Oberzensurkollegium in Preußen, um doch noch eine Beamten-Position in Berlin zu gewinnen. Diese Bemühungen waren jedoch – nach den Hambacher Ereignissen und dem Scheitern der Kompromißformeln – nur halbherzig. Bewußt scheint er seine Gehaltsforderungen erneut so hoch getrieben zu haben, daß eine Anstellung nicht in Frage kam. Damit hatten sich seine Hoffnungen auf eine ›politische‹ Beamten-Karriere – sei es als Mitarbeiter des Außenministeriums, sei es als Zensor oder Redakteur – zerschlagen. Alle politischen Texte Eichendorffs blieben in der Schublade und wurden erst postum veröffentlicht.

Die Satire steht in engem Zusammenhang mit den politischen Schriften und ist vermutlich im Sommer 1832 entstanden. Sie nimmt unmittelbar Bezug auf das Hambacher Fest, das am 28.- 30. 5. 1832 stattfand und in der Presse überall in Deutschland große Resonanz fand. Wenig später dürfte der Text entstanden sein.

ASPEKTE DER DEUTUNG

Eichendorff vergleicht das Hambacher Fest mit einer Walpurgisnacht und läßt die Veranstaltung der liberalen Bewegung als Hexenspuk auf dem Blocksberg erscheinen – ein Vergleich, der schon zuvor in einer konservativen Zeitung auftaucht (vgl. Anm. 88,27). Die Rahmenerzählung deutet die Ereignisse nachträglich als Alptraum des fiktiven Erzählers im Gasthof »Zum goldenen Zeitgeist«.

Als Quelle stand Eichendorff vermutlich neben den Zeitungsberichten der Berliner Presse die Publikation *Das Nationalfest der Deutschen zu Hambach. Unter Mitwirkung eines Redaktions-Ausschusses beschrieben von J. G. A. Wirth*, Neustadt 1832, zur Verfügung. Sie enthält die Reden des Festes – mit Ausnahme einiger besonders radikaler (vgl. Hamb. Fest, S. 157 f.). Möglicherweise kannte er auch eine der zahlreichen Illustrationen und Karikaturen, die zu dem Hambacher Fest kursierten. Das Spiel mit dem Namen eines der Hauptredner – Wirt(h) – beispielsweise gehört zu den viel benutzten Elementen der Hambach-Satire. Eine Karikatur der Zeitschrift ›Deutscher Horizont‹ (hg. von Saphir; vgl. Hamb. Fest, S. 159 f.) zieht Parallelen zur Oper *Der Freischütz* von Carl Maria von Weber und stellt Wirth in einem von einer Schlange umkreisten Platz dar, der die Bezeichnung »Teufels Wirth-schaft« trägt. Hier ist ganz ähnlich wie in Eichendorffs Satire sowohl die Verbindung zum Reich der Hexen und Teufel als auch zur Wirtschaft (Gasthof) hergestellt.

Auch ein zeitgenössisches Neustädter Wirtshausschild machte sich den Namen Wirth zu Nutze (vgl. Hamb. Fest, S. 165) – Eichendorff kann es allerdings nicht gesehen haben.

Die politische Position, die Eichendorff in dieser Satire bezieht, deckt sich weitgehend mit der in den politischen Aufsätzen, und ist als gemäßigt konservativ zu umschreiben. Die radikalen Redner stellt er – ähnlich wie die Pariser Revolutionäre im *Schloß Dürande* – als Chaoten und Egoisten dar, denen es gar nicht um Volkswohl und Meinungsfreiheit, sondern um die Befriedigung eigener Bedürfnisse geht. Der satirische Charakter und das zugrundeliegende Ereignis bedingen jedoch, daß die Wendung gegen den Liberalismus hier noch wesentlich schärfer hervortritt als in den ›diplomatisch‹ formulierten Aufsätzen und Schriftsätzen für das Ministerium. Für politische Nuancen bietet die Gattung keinen Raum. Dennoch verwendet Eichendorff eine Reihe von Formulierungen und Bildern in beiden »Textsorten«: in den politischen Essays und in der Satire. Insbesondere der stark satirisch gefärbte fiktive *Politische Brief* (Band V dieser Ausgabe, S. 648-663) weist zahlreiche Parallelen auf.

Mit den dramatischen Satiren, die Eichendorff in der Tradition der satirischen Märchenspiele der Frühromantik schrieb, gibt es wenige Berührungspunkte, wie etwa die Aufklärungskritik und die Vorstellung, daß die liberale Bewegung eine Art Wiederauferstehung der Aufklärung darstellt. Die Satire ist jedoch selbst eine Form der Aufklärung, und einmal mehr zeigt sich, daß Eichendorff ein ›Opfer‹ der Aufklärungsdialektik ist. So sehr er auch gegen die Vorherrschaft des Verstandes polemisiert: Er selbst bedient sich eines scharfen Intellekts und hat bei der benutzten Form der Satire auch gar keine Möglichkeit, seine Kritik mit Mitteln einer antirationalistischen Ästhetik zu formulieren. Das heißt, *Auch ich war in Arkadien!* ist – trotz der konservativen Elemente und der eingestreuten Polemik gegen Rationalismus – ein Plädoyer für die Vernunft. Eichendorffs Hauptvorwurf gegen die politischen Gegner ist nicht, daß sie rational argumentieren – was er ja selbst ständig tut und in der politischen Diskussion auch tun muß –; es ist der Vorwurf, daß die linken Intellektuellen unredlich sind, weil sie wider besseres Wissen unter Vorspiegelung falscher Tatsachen aus egoistischen Motiven das Volk verführen und manipulieren.

STELLENKOMMENTAR

85,7 *Einsiedler*] In die Rolle des Einsiedlers – die sich aus der Leitfigur der Romantik ableitet (vgl. Tiecks *Sternbalds Wanderungen* [1797] und die ›Zeitung für Einsiedler‹ Arnims [1808]) – schlüpft Eichendorff selbst in seinen autobiographischen Entwürfen: »Ich sitze hier auf den Trümmern meines Geburtsortes (Lubowitz = Tost)«, heißt es in den *Papieren eines Einsiedlers* (Band V dieser Ausgabe, S. 1061; zum Einsiedler-Motiv, ebd., S. 907-911).

85,8 *Juli-Revolution*] Der Sturz von Karl X. von Frankreich brachte am 28./29. 7. 1830 den »Bürgerkönig« Louis-Philippe, Herzog von Orleans (1773-1850) an die Macht. In Deutschland gab diese Revolution Anstöße für eine kritische Diskussion der restaurativen Verhältnisse und für vereinzelte Aufstände. Im Hambacher Fest (28. - 30. 5. 1832), das Eichendorff als Zielscheibe seiner Satire wählt, kulminierten zwei Jahre nach der Julirevolution die deutschen Bestrebungen, demokratische Verhältnisse durchzusetzen.

85,10 *Deutschheit*] Mit Begriffen wie »Deutschheit«, »Vaterländerei« und »Deutschtümelei« kritisiert Eichendorff einen nach außen gekehrten, modischen Patriotismus, der sich in Kleidung und Phrasen äußert (vgl. das Gedicht *Herrmanns Enkel*; Band I dieser Ausgabe, S. 244). In den Befreiungskriegen hatte sich – nach Ideen der Romantik – eine Rückbesinnung auf die »altdeutsche« Literatur und Geschichte vollzogen, die mit der Wendung gegen die napoleonische Herrschaft politische Aktualität und antifranzösische Züge gewann. Nach der Entmachtung Napoleons wurden die Hoffnungen auf ein geeintes und freies Deutschland auf dem Wiener Kongreß begraben; die nationale Bewegung verlor immer mehr an politischer Bedeutung. Übrig blieben die Turner- und Burschenschaften und eine modische Beschäftigung mit dem »Altdeutschen«.

85,13 *Haar, wie Albrecht Dürer*] Altdeutsche Kleider- und Haartracht orientierten sich an den Bildern Dürers. 1820 wurde die Kleidertracht, die Ernst Moritz Arndt 1814 in seiner Schrift *Ein Wort aus der Zeit über Sitte, Mode und Kleidertracht* beschrieben hatte, in Preußen verboten.

85,18 *Tabagien*] Franz. tabagie: verrauchtes Zimmer; Schenkstube, Wirtshaus.

85,22 f. *ein wenig polnisch geworden*] Im Gefolge der Julirevolution kam es 1830/31 auch in Polen zu einem Aufstand gegen die russische Herrschaft. Während sich die Herrschenden in Deutschland (besonders in Preußen) mit dem russischen Zaren solidarisch erklärten, wurde der Aufstand von den Liberalen in Deutschland gefeiert. Polnische Lieder und Fahnen spielten bei den liberalen und radikal-demokratischen Versammlungen und Aufzügen eine große Rolle und waren auch beim Hambacher Fest präsent. »Nach Ankunft des Festzuges wurden auf der Ruine die deutsche und die polnische Flagge gehißt« (Hamb. Fest, S. 126). – Eichendorff spielt auf diese aktuellen Ereignisse an, ruft jedoch zugleich die Aversionen wach, die sich mit den Begriffen »polnische Wirtschaft« und »polnische Verhältnisse« (für Chaos und Unordnung) in Deutschland verbinden (vgl. Band V dieser Ausgabe, S. 726,4 mit Anm.).

85,23 *liberum veto*] (Lat.) Freies Veto. Fachausdruck für ein besonderes Recht im polnischen Reichstag, das jedem Adligen ermöglichte, Veto einzulegen, um damit die Beschlußfassung zu blockieren. Nach Eichendorff führt dieses Recht zu einem unregierbaren Chaos.

85,27 *altdeutschen Rocke*] Vgl. Anm. 85,13.

85,29 *Zeitgeist*] Der »Zeitgeist« ist für Eichendorff ein negativ belasteter Begriff. »Mäkeln und leichtfertige⟨s⟩ Vornehmtun gegen den ewigen Geist aller Zeiten« nennt er ihn in den literarhistorischen Schriften (Band VI dieser Ausgabe, S. 609). Im Sprachgebrauch der Liberalen allerdings hat das Wort einen positiven Klang, und der »Anti-Zeitgeist« wird als Esel dargestellt, der das »Uralte Recht« unter dem Arm trägt und im Stile des 18. Jahrhunderts höfisch gekleidet ist. Tiere der Dunkelheit, Echsen, Kröten und Nachtvögel sind ihm zugeordnet, um die Anti-Aufklärung zu bezeichnen (vgl. die Karikatur in: Hamb. Fest, S. 42).

86,2 *Schlegel's Luzinde*] Friedrich Schlegels Roman *Lucinde* von 1799, der heute meist als Darstellung einer ›emanzipierten‹, gleichberechtigten Geschlechterbeziehung gelesen wird, wurde von den Zeitgenossen überwiegend verhöhnt und als autobiographischer Bericht (über die Beziehung Dorothea Veit-Schlegel/Friedrich Schlegel) gedeutet. Eichendorff ist sich mit Heinrich Heine (vgl. *Die romantische Schule*) in der Ablehnung dieses Werkes einig.

86,3 *Kotzebuaner*] August von Kotzebue, der mit seinen Stücken große Theatererfolge feiern konnte, wurde von den Romantikern als oberflächlicher Vertreter der Spätaufklärung verspottet. Den Angriffen von Tieck, den Brüdern Schlegel und Brentano schloß sich Eichendorff in seinen Satiren und literarhistorischen Schriften an (vgl. Anm. 24,18 f.). Kotzebue wurde von dem radikalen Burschenschaftler K. L. Sand 1819 ermordet, was eine reaktionäre Wendung in der Politik auslöste. Im Kontext der Satire können diese Ereignisse keine Rolle spielen, weil Eichendorff sowohl gegen Kotzebue als auch gegen die demokratische Bewegung eingestellt ist.

86,7 *links ab*] Die noch heute geläufige politische Bedeutung der Richtungsbezeichnungen spielt hier durchaus eine Rolle. Als »links« werden die Fortschrittlichen, »Liberalen« bezeichnet. Eichendorff benutzt die Vokabeln auch in seinen Sonetten zur Revolution von 1848: »Das Roß riß plötzlich aus zur Linken | Ihr müßt zur Rechten hinterdrein jetzt hinken« (Band I dieser Ausgabe, S. 450).

86,11 *Pegasus*] In der antiken Mythologie das geflügelte Roß der Dichter. Eichendorff beschreibt hier die Entwicklung einiger Dichter der romantischen Schule. Ansgar Hillach sieht eine Anspielung auf Friedrich de la Motte Fouqué (1777-1843), dessen oberflächliche Ritterromane Eichendorff an anderer Stelle scharf kritisiert, und Ludwig Uhland (1787-1862), der als Professor der Literatur zu dichten aufhörte.

86,31 *Missalien*] Meßbücher.

86,33 f. *Zeitungen* 〈...〉 *englische und französische*] Die von

Eichendorff kritisierten Liberalen fanden ihre Vorbilder in
Frankreich und England, wo die gesellschaftlichen Probleme
offen in den Zeitungen diskutiert werden durften. Die Lektüre der ausländischen Journale war in der Regel auch in
Deutschland möglich.

87,5 *»Preßfreiheit«, »Garantie« oder »Konstitution«*] Die
drei Begriffe kennzeichnen die Hauptforderungen der liberalen Bewegung. Außer der Pressefreiheit werden Garantien einer schriftlich fixierten Verfassung gefordert. Eichendorff steht diesen Forderungen ablehnend gegenüber und
hat sie in seinen politischen Schriften ausführlich diskutiert.
In *Preußen und die Verfassungsfrage* heißt es: »Eine Verfassung
kann nicht *gemacht* werden. ⟨...⟩ Mit und in der Geschichte
der Nation muß daher die Verfassung, wenn sie nicht ein
bloßes Luftgebilde bleiben will, organisch emporwachsen
wie ein Baum« (vgl. Band V dieser Ausgabe, S. 609). In anderen Aufsätzen führt er aus: »So mochte unter anderen, in
Spanien der Allerwelts-Baum der konstitutionellen Freiheit,
den man dort in der Eile gleich mit der Krone einsenken
wollte, in dem spröden Boden keineswegs Wurzel fassen,
und mit jener allzeit fertigen Verfassungs-Fabrikation daher,
welche die Konstitutionen dutzendweis aus der Tasche langt,
verhält es sich fast wie mit dem Märchen vom Wünschhüt-
lein.« (vgl. Band V dieser Ausgabe, S. 624,6-13). Das Scheitern konstitutioneller Herrschaftsformen meint er an der
englischen Geschichte und ihren »Katastrophen« (ebd.,
S. 638,33) belegen zu können.

Im Hinblick auf die Pressefreiheit spricht Eichendorff von
»täglich sich überlebende⟨r⟩ Zeitungsweisheit« (ebd.,
S. 526,13 f.) und sieht in seinem Entwurf zum Pressegesetz
eine Zensur für »Zeitungen, so wie periodische und Flugschriften« vor (ebd., S. 558,24 f.). »Im gesellschaftlichen Zustande aber ist *unbedingte* Freiheit überhaupt, also auch unbedingte Preßfreiheit, unmöglich. Es kommt demnach, in
Rücksicht auf die Presse, nur auf die nötigen gesetzlichen
Schranken an, um das Interesse der Gesamtheit zu sichern,
ohne die Freiheit der einzelnen zu zerstören, oder mit an-

deren Worten: um den *Mißbrauch* der Presse zu verhindern«
(*Die konstitutionelle Preßgesetzgebung in Deutschland*; ebd.,
S. 512,8-19).

87,12 *Freimaurer-Händedruck*] Die Brüder der einzelnen
Freimaurerlogen gaben sich bereits beim Händedruck auf
geheime Art zu erkennen.

87,15-17 *Bei Tische ⟨...⟩ Professor*] Eichendorff karikiert
eines der bei den Liberalen üblichen politischen Festessen. So
organisierte der oppositionelle Preßverein am 6. 5. 1832 ein
politisches Volksfest im Ausflugslokal Tivoli in Zwei-
brücken (Hamb. Fest, S. 124). Das Hambacher Fest war zunächst als Veranstaltung zum Tag der bayerischen Verfassung geplant (und so ›getarnt‹). Es wurde trotzdem zunächst
verboten und erst nach massiven Protesten zugelassen (vgl.
Hamb. Fest, S. 134-139). – Wer Vorbild des präsidierenden
Professors gewesen sein könnte, ist unklar; Karl Theodor
Welcker (1790-1869), der liberale Rechtsgelehrte (W II,
S. 976), gehörte nicht zu den Rednern des Festes und nahm
vermutlich nicht teil (vgl. Hamb. Fest, S. 161); die Haupred-
ner Wirth und Siebenpfeiffer waren keine Professoren, beide
allerdings promoviert (vgl. ebd., S. 116 und 143 f.). – Das
Mittagessen war »für mehr als 1000 Personen an gedeckten
Tischen vorbereitet« und »war von Liedern und Trink-
sprüchen begleitet. Nachmittags folgten weitere Reden von
pfälzischen und auswärtigen (darunter auch polnischen) Bürgern, Studenten, Journalisten, Pfarrern und Handwerkern
an verschiedenen Plätzen des Schloßberges, denen jeweils
nur ein Teil der Anwesenden zuhören konnte« (Hamb. Fest,
S. 126 und 148 f.).

87,21 *harangierte*] (Franz.) Langweilte.

87,35 *Moniteur*] Das französische Amtsblatt.

88,19 *Kompendium des Naturrechts*] Eichendorff spielt vermutlich auf Karl von Rottecks *Lehrbuch der Staatswissenschaf-
ten und des Vernunftrechts* an (1829-36). Die Ideen des Frei-
burger Professors kritisiert Eichendorff bereits in *Krieg den
Philistern!* (1824), dessen Regent die Regeln des Naturrechts
als Richtschnur wählt (vgl. Band IV dieser Ausgabe, S. 32,11
mit Anm.).

88,27 *Walpurgis*] Nach dem Volksaberglauben fliegen die Hexen in der Nacht zum 1. Mai auf den Blocksberg. Wie das Tagebuch zur Harzreise belegt, kannte Eichendorff die Sagen zum Brocken (vgl. Band V dieser Ausgabe, S. 138,18 f.). Goethe hat in seiner Walpurgisnacht-Szene im *Faust I* diese Vorstellungen bereits dichterisch umgesetzt. Eichendorff spielt darauf an (vgl. W II, S. 976). Den Vergleich des Hambacher Festes mit einer Walpurgisnacht fand Eichendorff vermutlich im ›Berliner Politischen Wochenblatt‹ vom 9. 6. 1832 (W II, S. 976); sein Freund Karl Ernst Jarcke (1801-1852) gab dieses (konservative) Blatt heraus.

89,5 *Nicolai und Biester*] Friedrich Nicolai (1733-1811) und J. E. Biester (1749-1811), die Herausgeber der ›Berliner Monatsschrift‹, kritisiert Eichendorff auch in *Meierbeth's Glück und Ende* und im *Incognito* als Spätaufklärer (vgl. Band IV dieser Ausgabe, S. 223,22-33 mit Anm. und S. 582, nach v. 155). Im *Politischen Brief* spricht er von der von »vielen wackeren Schrifthelden scheinbar totgeschlagenen Aufklärung. Nachdem sie aus den Studierstuben der Gelehrten die Welt mit aufdringlicher Nützlichkeit auf das äußerste gelangweilt und sich dort in ihrer Art wissenschaftlich begründet hat, ist die Unvergängliche, die weder leben noch sterben kann, nunmehr erst praktisch geworden und hat behaglich und breit auf dem Throne der Welt Platz genommen« (Band V dieser Ausgabe, S. 650,12-19).

89,12 *Karbonaromantel*] Die Carbonari (ital.: Köhler) bildeten Anfang des 18. Jahrhunderts in Italien eine Verschwörergruppe gegen die französische Herrschaft. Ihre Geheimsprache bediente sich der Begriffe der Köhlersprache. In Neapel spielte der Geheimbund im Aufstand von 1820 eine große Rolle, später auch in Frankreich. Nach der Julirevolution schlossen sich viele Mitglieder der Charbonnerie der neuen Regierung an, und die Verschwörergruppe löste sich auf. Die Erwähnung eines Karbonaromantels ist demnach in diesem Kontext mehr als die Anspielung auf ein (modisches?) Kleidungsstück.

89,24 *über alles Bestehende hinwegzusetzen*] Vorwurf gegen

die liberale Bewegung, die nach Meinung von Eichendorff
die Geschichtstradition verriet.

89,28 *Marseillaise*] Hymne der Französischen Revolution, die zuerst von einem Marseiller Regiment gesungen
wurde.

90,9 *Redakteurs liberaler Zeitschriften*] Als Redakteure li-
beraler Zeitungen, die Eichendorff in seiner Satire durch
Anspielungen bezeichnet, sind zu nennen: Karl von Rotteck
(vgl. Anm. 88,19) und Karl Theodor Welcker (vgl.
Anm. 87,15-17), die ›Der Freisinnige‹ herausgaben, Georg
August Wirth (1798-1848) (›Deutsche Tribüne‹; vgl. Hamb.
Fest, S. 117 f.) und Philipp Jakob Siebenpfeiffer (1789-1845)
(›Rheinbayern‹, ›Der Westbote‹, ›Der Bote aus Westen‹; vgl.
Hamb. Fest, S. 116 f. sowie Anm. 87,15-17).

90,24 f. *Prozession weißgekleideter liberaler Mädchen*] Den
zeitgenössischen Stichen ist zu entnehmen, daß der De-
monstrationszug zum Schloß »Maxburg« einer Prozession
ähnelte (vgl. Hamb. Fest, S. 138, 141 und 143). »Der eigentliche Festtag begann ⟨...⟩ mit Glockengeläut, Kano-
nendonner und Freudenfeuern am Haardtgebirge. Gegen
acht Uhr versammelten sich die Festteilnehmer auf dem Neu-
stadter Marktplatz und zogen in geordneter Prozession zum
Schloßberg. ⟨...⟩ Neben Männern waren offenbar viele
Frauen dem Aufruf gefolgt, der sich ausdrücklich an die
›deutschen Frauen und Jungfrauen, deren politische Mißach-
tung in der europäischen Ordnung ein Fehler ⟨...⟩ ist‹, gerichtet hatte« (ebd., S. 126).

90,28 f. *Eidechsen und dicke Kröten*] Tiere, die zum Bereich
der Hexen gehören. Von den Fortschrittlichen werden sie
gerade dem reaktionären Alten zugeordnet; vgl. Anm. 85,29.

91,12 *Schlange*] Die Schlange wird auch in der Wolfs-
schlucht-Karikatur dem Redner Wirth zugeordnet (vgl.
S. 665).

91,19 f. *servile Gewohnheiten deutschen Knechtsinns*] Aus dem
Vokabular der linken Radikalen entlehnt.

91,33 *Restauration*] Die Bezeichnung ist doppelsinnig und
meint eine Gaststätte ebenso wie die politische Rückwärts-

wendung. Nach Eichendorffs Auffassung bedeutet die liberale Bewegung eine Rückwendung zur längst überholten Aufklärung.

91,33-35 *unter einem dreifarbigen Zelte* ⟨...⟩ *Hahn]* Anspielungen auf die französische Fahne (Tricolore) und das Landessymbol, den gallischen Hahn.

91,35 *Sieben Pfeifer]* Der liberale Redakteur Siebenpfeiffer (vgl. Anm. 90,9) war einer der Hauptredner des Hambacher Festes, publizierte die Mehrzahl der gehaltenen Reden und wurde nach diesem Ereignis verhaftet. Einem Freispruch folgte die Verurteilung wegen Beamtenbeleidigung. 1833 floh Siebenpfeiffer in die Schweiz.

91,36 *ça ira]* (Franz.: es wird gehen) Worte einer bekannten französischen Revolutionshymne.

92,2 *Tribüne* ⟨...⟩ *Wirt]* Auch der Herausgeber der ›Tribüne‹, Georg August Wirth (vgl. Anm. 90,9), wurde nach dem Hambacher Fest verhaftet und nach einem ersten Freispruch wegen Behörden-Beleidigung verurteilt. Er emigrierte 1836 nach Frankreich.

92,4f. *Konstitutionswasser]* Die Einführung von Konstitutionen nach französischem Muster schien Eichendorff sinnlos (vgl. Anm. 87,5). Im *Politischen Brief* schreibt er: »Warum das tüchtige Fundament wahrhafter Freiheit, das unleugbar in Deutschland durch allmählige, zeitgemäße Regeneration der inneren Gesetzgebung gelegt worden, schon jetzt mit dem Notdach einer Konstitution überbauen? ⟨...⟩ Am allerwenigsten ⟨...⟩ dürfte es gelingen, jeden Staat ohne weiteres unter *Einen* konstitutionellen Allerwelts-Hut zu bringen, ⟨...⟩ zumal in Deutschland, wo noch eine frische Eigentümlichkeit der verschiedenen Stämme sich lebendig erhalten hat« (Band V dieser Ausgabe, S. 654,1-21).

92,5 *Freiheit]* Den Freiheitshoffnungen der liberalen Bewegung stand Eichendorff sehr skeptisch gegenüber. Er hielt das Wort, ebenso wie »Gleichheit«, für eine zum Schlagwort herabgesunkene Vokabel: »⟨...⟩ was wäre es wohl anderes, als den frischen Wuchs, der eben erst Wurzel faßt, eilfertig am Spalier allgemeiner Formen wieder kreuzigen und verknöchern, und mit neumodischer Pedanterie an die Stelle lebendiger, progressiver Bewegung den stereotypen Begriff der Freiheit setzen wollen?«, heißt es in *Preußen und die Konstitutionen* (vgl. Band V dieser Ausgabe, S. 610,16-21). Dem Freiheitsbegriff der Französischen Revolution setzt er die »uralte« Freiheit, die sich mit der Idee einer wiederzuerweckenden goldnen Zeit verbindet, entgegen (vgl. auch Anm. 103,20 und vorige Anm.).

92,11 *Garantie*] Vgl. Anm. 87,5.

93,2 f. *sie mögen nichts von Freiheit und Prinzipien mehr wissen*] Ähnlich negativ sieht Eichendorff das »Volk« in der um 1840 entstandenen dramatischen Satire *Das Incognito oder die mehreren Könige* (vgl. Band IV dieser Ausgabe, S. 589-592). Die Masse läuft stets einigen Demagogen nach und ändert dabei die Marschrichtung abrupt.

93,7 *öffentliche Meinung*] Zentraler Begriff der zeitgenössischen politischen Diskussion. Eichendorff stellt in erster Linie die Manipulierbarkeit der öffentlichen Meinung dar. In *Preußen und die Konstitutionen* heißt es dazu: »die öffentliche Meinung meint eben noch gar nichts als ein unverständliches Gemurmel der verschiedenartigsten Stimmen, durch das man von Zeit zu Zeit die Posaunenstöße liberaler Blätter hindurchschreien hört; sie ist vielmehr zur Zeit noch eine ziemlich komplette Musterkarte von allem, was jemals in ganz Europa, Amerika oder in dem verschlafenen Asien über Politik gedacht, gefaselt und geträumt worden« (Band V dieser Ausgabe, S. 640,26-33). Er vergleicht sie im *Politischen Brief* mit der Dulcinea (der Geliebten Don Quixotes): »die Dame, welche auf jenen Begriffs-Turnieren die Preise: Ehrenpokale und Volksfreundliche Titel und Würden, austeilen soll. Aber wer ist eigentlich diese Vortreffliche? woran erkennt man sie? wo wohnt sie? Ich habe auf dem Lande, wo bekanntlich das meiste Volk wohnt, sorgfältig Umfrage gehalten. Da wußte mir aber Niemand Bescheid zu geben.« Der Briefschreiber findet die »öffentliche Meinung« schließlich bei den »Redakteurs von Tageblättern«, die in einem Weinkeller residieren (ebd., S. 657,36-658,5 und 658,22).

93,27 *Kolophonium*] Das Harz fand auf der Bühne bei der Herstellung von künstlichen Blitzen Verwendung.

94,5 *Gemeine*] Ältere Wortform von »Gemeinde«.

94,22 *Schiller-Taft*] Auf den klassischen Dichter wird hier angespielt, weil die liberale Bewegung ihre maßgeblichen Ideen dichterisch in Schillers Werken umgesetzt fand. Der Ruf nach Freiheit der Gedanken und der Nation wird im *Don Carlos* (1787), der *Jungfrau von Orleans* (1801) und dem *Tell* (1804) artikuliert. Im Deutschland des 19. Jahrhunderts galt Schiller deshalb – anders als Goethe – als klassischer Dichter des liberal-nationalen Anliegens. Eichendorff stand Schillers Ideen skeptisch gegenüber: »Posa ist ein republikanischer Charakter, der opferfreudig für eine politische Idee sein Leben hingibt«, heißt es in der *Geschichte des Dramas* (Band VI dieser Ausgabe, S. 745), »seine Philosophie aber ist der moderne Liberalismus, wie er seitdem mehr oder minder das Evangelium der deutschen Jugend geworden.«

94,25 *regardez moi*] (Franz.) Betrachte mich, sieh mich an!

94,25 f. *von böhmischen Steinen*] In Böhmen wurden die falschen Edelsteine aus Glas hergestellt.

94,27 *Kothurn*] Bühnenschuh mit hohen Sohlen, der in der antiken griechischen Tragödie verwendet wurde.

94,30 f. *air enragé*] (Franz.) Wütende Laune.

94,36 f. *geistig emanzipiert*] Emanzipation ist bei Eichendorff kein positives Wort: »Habt Ihr einmal, direkt oder indirekt, dem emanzipierten Subjekt die Souveränetät zuerkannt«, heißt es im Essay *Die geistliche Poesie in Deutschland* (1847), »aus welchem Grunde wollt Ihr ihm nun die Befugnis absprechen, dieses Recht jetzt auch gegen den Protestantismus selbst zu kehren und, eine Schranke nach der andern durchbrechend, endlich die ganze, volle, unbedingte subjektive Freiheit bis zum Naturstande des Ourang-Outang zu erstreben? ⟨...⟩ Hinter diesen letzten Trümmern einer tausendjährigen Kultur lauert freilich die Anarchie, die Barbarei und der Kommunismus; der Proletarier hat an der willkommenen Bresche, wie zur Probe, schon die Sturmleitern angelegt (Band VI dieser Ausgabe, S. 364 f.).

94,37 *Augen Europa's*] Eine europäische Perspektive entwickelten die Redner des Hambacher Festes. Wirth entwarf die Vision eines »conföderirte⟨n⟩ republikanische⟨n⟩ Europa⟨s⟩« (Hamb. Fest, S. 127).

95,5 *es werde Licht*] Die Aufklärung versteht sich als Epoche der ›Erleuchtung‹ und Erhellung durch Vernunft (»siècle des lumière«, »enlightment«). Eichendorff spottet schon in *Krieg den Philistern* (vgl. Band IV dieser Ausgabe, S. 31,27 mit Anm.) über die Lichtverehrung und beschreibt in den literarhistorischen Schriften die »falsche Aufklärung«: »Wo nämlich die Aufklärung ihre Waffe der Verneinung nicht mehr als bloßes Mittel zu höhern Zwecken betrachtet und vergißt, daß sie nicht selbst das Licht sei, sondern auf daß sie von dem Lichte Zeugnis gebe; wo sie daher in vermeintlicher Konsequenz selber das Licht machen und alles Licht außer ihr verneinen will – da ist es eine *falsche* Aufklärung« (Band VI dieser Ausgabe, S. 453). Die liberalen Ideen sah Eichendorff als Wiedergeburt der Aufklärung an.

95,25 *insinuieren*] (Franz.) Sich einschmeicheln.

95,31 *Studenten*] Bei den studentischen Burschenschaften und bei den Turnerschaften lebte nach den Befreiungskriegen die Idee eines geeinten, freien Deutschland weiter. In der Phase der Restauration der kleinen deutschen Fürstentümer wurden diese Bewegungen daher zum gefürchteten Zentrum oppositioneller, liberaler Ideen, und auf dem Hambacher Fest waren die Studenten eine der stärksten Gruppen. Eichendorff erkannte grundsätzlich an, daß von der studentischen Jugend eine erneuernde Kraft ausgeht, die für die gesellschaftlichen Entwicklungen nötig ist. Am Schluß von *Halle und Heidelberg* (Band V dieser Ausgabe, S. 452) heißt es von der Jugend: Sie ist »jederzeit fähiger zu entscheidenden Entschlüssen und Aufopferungen, und steht in der Tat dem Himmel näher, als das müde und abgenutzte Alter; daher legt sie so gern den ungeheuersten Maßstab großer Gedanken und Taten an ihre Zukunft. Ganz recht! ⟨...⟩ Die Jugend ist die Poesie des Lebens, und die äußerlich ungebundene und sorgenlose Freiheit der Studenten auf der

Universität die bedeutendste Schule dieser Poesie ⟨...⟩.«
Für die liberalen Ideen der studentischen Jugend auf dem
Hambacher Fest, wie sie in den Freiheitsrufen des Studenten
der Satire zum Ausdruck kommen, bringt Eichendorff jedoch kein Verständnis auf.

95,32 f. *Ziegenhainer und Kanonen]* Knotenstock und Stiefel, die zum Habit der Studentenkorporationen gehören.

97,9 *Tyrann]* Der Tyrann der Satire kann nicht ohne weiteres mit einer geschichtlichen Figur identifiziert werden,
auch wenn einige Züge auf eine Verwandtschaft mit dem
französischen Bürgerkönig Louis Philippe deuten (vgl. W II,
S. 977). Eichendorff verläßt eindeutig die Ebene der kaba-
rettistisch anmutenden Schlüssel-Satire, indem er ein Stück
zur Zukunft (vgl. S. 96,24) spielen läßt. Das heißt, er will
grundsätzlich die Gefahren darstellen, die aus der geschichtlichen Stunde des Hambacher Festes erwachsen. Ähnlich
sind die Figuren des »starken Mannes« und des »Riesen« in
den dramatischen Satiren zu verstehen. Es droht nach
Eichendorffs Auffassung eine Art Machtergreifung der liberalen Kräfte. Seine Befürchtungen erwiesen sich als grund-
falsch: Das Aufbegehren der demokratischen Kräfte führte
zu einer Stärkung der Reaktion. Die Führer des Hambacher
Festes wurden verhaftet; die liberale Bewegung unterlag im
politischen Kampf und war weit davon entfernt, eine tyran-
nische Macht auszuüben. Vielleicht ist diese bald erkennbare
Divergenz seiner Geschichtsprognose mit der realen politischen Entwicklung eine Ursache dafür, daß Eichendorff
seine Satire nicht veröffentlichte.

97,14 *Oberpriester im Talar eines ägyptischen Weisen]* Noch
weniger als der Tyrann lassen sich seine »Assistenten«, die
ihn nachher stürzen, mit geschichtlichen Personen identifizieren. Ansgar Hillach sieht in ihnen Repräsentanten der
»Schattenseiten des Parlamentarismus«, wobei jedoch der
Bezug auf »ägyptische Weisen« ungeklärt bleibt. Vermutlich
will Eichendorff auf die geistigen Quellen der liberalen Bewegung hinweisen: Wenn diese Priester Licht bringen, das
aus kleckernden, übel riechenden Talglichtern stammt (vgl.

S. 98,13), so ist wieder auf die Tradition der (falschen) Aufklärung hingewiesen (vgl. Anm. 95,5). Die ägyptischen Priester erinnern ferner an die Zauberflöte, auf die später durch die Papageno-Flöte noch deutlicher hingewiesen wird (S. 99,2). Das könnte bedeuten, daß Eichendorff die Freimaurertradition mit ihrer Verquickung von humanistischen Idealen und kultischen Formen der Weltreligionen als eine weitere Quelle liberalen Denkens verurteilen will.

97,25 f. *seid umschlungen, Millionen!*] Anspielung auf die von Beethoven in der 9. Sinfonie vertonte Ode *An die Freude* von Schiller. Zu Eichendorffs Schiller-Verständnis vgl. Anm. 94,22. Vordergründig weist das Zitat auf die Geldgier des Tyrannen hin.

97,34 *Applikation*] Eigentlich ein Ausdruck der Schneidersprache, den Eichendorff für gesellschaftliche Anpassung verwendet.

98,5 f. *Vaterländerei*] Vgl. Anm. 85,10.

99,2 *Papageno-Flöte*] Anspielung auf die Oper *Zauberflöte* (Text: Schikaneder, Musik: Mozart); vgl. Anm. 97,14.

99,3 *Contre-Tanz*] Bei diesem auch »Française« genannten Gesellschaftstanz bewegen sich je vier Paare gegeneinander.

99,17 *Die hurtige Zukunft*] Eichendorff malt das Bild einer Gesellschaft, in der die armen Tagelöhner und Fabrikarbeiter die Macht ergriffen haben. Diese »Utopie« trägt alle Kennzeichen einer unordentlichen, von Verfall und Chaos beherrschten Welt. Eichendorff sah zwar die Notwendigkeit einer Ablösung des Überlebten, stellt in seiner Schrift *Der Adel und die Revolution* jedoch zugleich dar, daß er einen Fortschritt nur von der Vermittlung des Alten und Neuen erhofft (vgl. Band V dieser Ausgabe, S. 414). Die vermittelnde Funktion soll dabei ein innerlich erneuerter Adel übernehmen. Die revolutionäre Umkehr der gesellschaftlichen Ordnung, wie sie in der Satire erscheint, ist für ihn das Schreckbild, der Alptraum.

100,5 *Regierungs-Maschine*] Die neue Welt regelt – nach Eichendorff – die gesellschaftlichen Vorgänge mit mechanistischen Methoden. Die Vorstellung vom Staat als einer steuerbaren Maschine ist ein Denkmodell der Aufklärung. Nach Eichendorffs Auffassung kann diese Denkweise nur Unheil anrichten (die »Prinzipien« verselbständigen sich; vgl. S. 103,7 f.); der Staat ist nach seiner Auffassung mit organischen Strukturen und Modellen zu beschreiben; er darf kein Apparat sein, der wie eine Maschine funktioniert.

100,20 f. *ou peut, on être mieux, qu'au sein de sa famille*] (Franz.) Wo kann man besser aufgehoben sein, als im Schoß (am Busen) seiner Familie.

100,22 *jesuitische Zauberformel*] Den Jesuiten wurde von den Spätaufklärern Konspiration nachgesagt. Es kam zu Verdächtigungen, die Eichendorff für unberechtigt hielt. Er spricht von »Jesuitenriecherei«, einem »gehässige⟨n⟩ Spionier- und Denunziationswesen« (vgl. Band IV dieser Ausgabe, S. 1092) und läßt den Vorwurf hier als Mißverständnis unkundiger »Kerls« erscheinen. Der Orden wurde 1773 in Deutschland verboten, 1814 aber wieder zugelassen.

100,35 *human zu sein*] Die Humanität ist für Eichendorff kein positiver Begriff, weil sie das dogmatisch-katholische Christentum relativiert. So heißt es im *Deutschen Roman des achtzehnten Jahrhunderts*: »So kamen nach- und nebeneinander der Kosmopolitismus auf, die Philanthropie, Humanität, Toleranz, natürliche Religion, Religion der Empfindsamkeit, Kunstreligion, Vernunftreligion u. s. w.; zum Teil recht löbliche Tugenden, die man aber auf einmal als etwas unerhört Neues selbständig hinstellte und dabei ganz vergaß, daß sie sämtlich nur einem höhern Prinzipe untergeordnet und ein jedes an seine rechte Stelle gerückt, schon längst im Christentum mit einbegriffen waren« (Band VI dieser Ausgabe, S. 456).

100,36 *Bürgertugenden*] Reminiszenz an die Französische Revolution bzw. an die Ideen des französischen »Bürgerkönigs«.

102,22 f. *nun kommst du ⟨…⟩ in das Stück hinein*] Die Einbeziehung eines Zuschauers in das Stück gehört zu der von Tieck begründeten Tradition der Märchensatiren, die Eichendorff unmittelbar in seinen Literatursatiren *Krieg den Philistern!* und *Meierbeth's Glück und Ende* aufnimmt.

103,12 *Korollarium]* (Lat.) Logischer Folgesatz.

103,20 *die alte Freiheit]* Zentraler Begriff Eichendorffs, den er dem modernen Freiheitsbegriff entgegensetzt. Die (ur-)alte Freiheit ist nach romantischem Geschichtsdenken einer Ur-Geschichte zugeordnet, in der Herrscher und Volk, Gott und Menschen, Mensch und Natur noch in Harmonie lebten. Dieser Urzustand, in dem die Treue und der transzendente Bezug wesentlich sind (und nicht ein verbrieftes Recht oder ein Vertrag über das staatliche Zusammenleben), wird als Utopie wieder angestrebt und ist für Eichendorff nur in Verbindung mit dem Christentum denkbar. Wesentliche Anregungen für dieses Denken übernahm Eichendorff aus Friedrich Schlegels Vorlesung *Über die neuere Geschichte* (vgl. KA VII, S. 145-172 sowie Band VI dieser Ausgabe, S. 1416-1418).

103,35 *volksersehnten]* In der Handschrift ist der erste Bestandteil des Wortes (vermutlich von Eichendorffs Sohn Hermann) durchgestrichen. In der gleichen Form (mit Bleistift) sind nämlich die ersten drei Absätze der Erzählung abgetrennt (vgl. dazu die Erläuterung oben S. 661). Die ursprüngliche Form (»volksersehnten«) betont, daß es die Träume des Volkes waren, die im »Wirtshaus zum Goldenen Zeitgeist« geträumt wurden: Eichendorff distanziert sich von *diesem* Arkadien.

103,36 *auch ich war in Arkadien]* Die berühmte Formel, die in der lat. Form lautet »Et in arcadia ego« und unter einem Bild von Bartolomeo Schidone (1559-1615) zum ersten Mal auftauchte, findet sich bei Wieland und Schiller (im Gedicht *Resignation*). Goethe verwendet den Satz als Motto der *Italienischen Reise* (1816/17), Eichendorff benutzt ihn im Kontext der Satire als ironische Pointe: Das Geträumte ist nicht das erwünschte irdische Paradies (vgl. vorige Anm.), sondern Ausdruck einer trügerischen, falschen Hoffnung, eines Alptraumes.

DICHTER UND IHRE GESELLEN

Dichter und ihre Gesellen. Novelle von Josef Freiherrn von Eichendorff, Berlin 1834 (ED).

Einige Druckfehler des Erstdruckes sind nach der Ausgabe des Romans im dritten Band der *Werke* (Berlin 1841/42) korrigiert; die Eingriffe werden in den Anmerkungen nachgewiesen.

Briefzeugnisse zur Entstehung des Romans haben sich kaum erhalten. Ein einziger Brief, in dem Eichendorff seinem Freund und Vorgesetzten Theodor von Schön (1773-1856) über das begonnene Projekt berichtet, ist bekannt. Am 12. 4. 1833 schreibt er:

Was meine Poesie anbetrifft, so schreibe ich jetzt ⟨...⟩ an einem größeren Roman, der die verschiedenen Richtungen des Dichterlebens darstellen soll. Ob u. wann ich damit fertig werde, hängt von der Muse u. Muße ab, ich werde aber über Gelingen u. Fortgang Eurer Excellenz ⟨...⟩ von Zeit zu Zeit getreulich Bericht erstatten.

(HKA ²XII, S. 129)

Zu diesem Zeitpunkt lag bereits ein großangelegter Entwurf vor, denn es ist eine Reinschrift bekannt, die vor der Fertigstellung der Satire *Meierbeth's Glück und Ende* – vor April 1827 (vgl. Band IV dieser Ausgabe, S. 881 und 869) – entstanden sein muß. Im sogenannten Sedlnitzer Fund tauchten 83 Blätter mit Entwürfen und Reinschriften zu *Dichter und ihre Gesellen* auf. Ewald Reinhard berichtete 1939 im vierten

Band der historisch-kritischen Ausgabe (HKA IV, S. XXII-XXXVII) über diese Handschriften, die bis zum Zweiten Weltkrieg zur Verfügung standen. Erst nach Fertigstellung dieses Bandes taucht die verschollene Handschrift wieder auf (vgl. HKA IV,1 neu, S. 324-460, so daß hier der Bericht Reinhards als ›Ersatzquelle‹ wiedergegeben wird:

Der 83 Seiten umfassende Handschriftenschatz stellt keinen zusammenhängenden Text dar, sondern gibt sich als ein Durcheinander von Entwurf und Reinschrift zu erkennen, in welches erst die ordnende Hand des Forschers sichtend eingreifen muß. Abgesehen von einem unpaginierten Quartblatte besteht das Übrige aus einer Reihe von grauen und blaugrünen Folioblättern, die verschiedene Paginierung aufweisen. Das Quartblatt und acht Seiten in dem großen Formate enthalten lediglich Entwürfe, in denen mit Feder und Rotstift ziemlich gewütet ist, so daß eine Deutung nicht immer leicht wird.

Aber auch in der Reinschrift ist stellenweise durch spätere Überarbeitung manche Grundlinie verdunkelt; namentlich macht die Paginierung hie und da Schwierigkeiten. Nach eindringender Beschäftigung mit den Handschriften erscheinen folgende Feststellungen als gesichert.

Zu der ältesten Bearbeitung des Romans »Dichter und ihre Gesellen« liegen Pläne nicht vor. Der Text ist eine Reinschrift auf einer Folge von Blättern, die folgende Seitenzahlen tragen: 1-4, 9-12, 27-40 und 50-59. Es fehlen mithin die Seiten 5-8, 13-26 und 41-49; hinsichtlich der Kapitel sind von dem Verluste betroffen das zweite, dessen Schluß fehlt, und das dritte, von dem nur ein geringer Rest vorhanden ist. Erhalten sind dagegen das vierte und fünfte Kapitel, dieses ohne den Schluß. Auf den Blättern, welche die Zahlen 50-59 tragen, ist keine Kapiteleinteilung angegeben.

Der Inhalt dieser ersten Niederschrift ist folgender:

»Reinhold«, so beginnt das erste Kapitel, »war seit dem frühesten Morgen auf den Bergen gewesen u. rastete nun

behaglich in dem Gasthause eines kleinen Gebirgsstädtchens
von der Reise, die er morgen fortzusetzen gedachte. Mehrere
andere Reisende, auch Einheimische, welche jene zu unterhalten suchten, um sie auszuhorchen, bildeten die Gesellschaft um die Mittagstafel. Mitten zwischen dem Geschwirre
des Gesprächs u. des Tellergeklappers griff ein Harfenspieler
hertzhaft in die Saiten, ein Mädchen sang, wie ein Waldvöglein, mit heller, klarer Stimme dazu. Die Fenster waren alle
offen, man sah die Berge und den vollen grünen Frühling
draußen, aus dem die Bäume erquickend hereinrauschten u.
die Nachtigallen schlugen. Reinhold schlürfte mit dem goldnen Weine recht fröhlich die frischen Wellen der Luft u. der
Reiselust [und kümmerte sich wenig um die Gesellschaft] u.
bekam eine rechte Lust, vom fürstlichen Schloße fort weiter
zu reisen auf die altgewohnte Art.«

Als Reinhold aber von einem »seltsamen Einsiedler« hört,
der oben im Gebirge »wie ein Koppengeist« sein Wesen
treibe, entsteht in ihm die Lust, den Gebirgsgeist aufzusuchen, niemand weiß jedoch, wie man zu ihm gelangt, bis ihm
das Harfnermädchen Auskunft gibt. So zieht Reinhold denn
in die Berge; dabei stößt er auf den Harfner und seine Tochter, die mit ihm ziehen und ihm auf den rechten Weg helfen.
Während der Kunstzigeuner aus seinem Leben erzählt,
scheint das 15jährige hübsche Mädchen Reinhold nicht un-
gern zu sehen. Auch ein Lied flattert auf: es ist das bekannte
Wanderlied »Durch Feld und Buchenhallen« ⟨vgl. S. 256⟩.

Nachdem sich Reinhold von den Musikanten getrennt hat,
wandert er in grüner Waldeinsamkeit rüstig weiter, hin und
wieder noch einmal gegrüßt von dem verhallenden Jodeln
seiner bisherigen Reisegenossen. In der Bergwildnis verliert
er dann schließlich den Weg, und so macht er erst halt, als er
zu einer Hütte gelangt, die sich an einen Felsen schmiegt und
ihm mancherlei Rätsel aufgibt; so findet er in dem einfachen
Raume allerlei Bücher, darunter eine griechische Bibel und
Werke der Kirchenväter.

Es folgt nun eine Lücke; auf den fehlenden Blättern 5-8
war offenbar von dem Zusammentreffen mit dem närrischen
Kauze von Einsiedler die Rede.

Auf Seite 9 erfahren wir von Reinholds Rückkehr aus den Bergen; es ist schon spät, alles schläft. In seiner Abwesenheit sind Gäste angekommen. Er entdeckt in einem der neuen Wagen einen schlafenden Pagen, den er aber ebensowenig wecken will wie einen der übrigen Gäste; daher sucht er Zuflucht in dem Garten, wobei er eine weibliche Gestalt am Fenster belauscht, die das Lied singt: »Nacht ist wie ein stilles Meer.« ⟨vgl. Band I dieser Ausgabe, S. 299⟩ Als Reinhold unbedacht erwidert, verschwindet die Unbekannte; er selbst gerät immer tiefer in den Garten und findet dort endlich ein Gartenhäuschen, das er sich zur Ruhestätte aussieht. Dabei fällt ihm ein Taschenbuch in die Hände, das er einsteckt, um es gelegentlich zu betrachten. Dann legt er sich zum Schlummer nieder.

Das zweite Kapitel schildert zunächst Reinholds Erwachen in dem Gartenhäuschen und eine flüchtige Begegnung mit dem Pagen. Dann kehrt Reinhold zu dem Hause zurück, wo nun allerwegen Vorkehrungen für den Aufbruch der fremden Reisegesellschaft getroffen werden. Manche treffliche Bemerkung über das Reisen umrankt die Szenen; so heißt es über den Geschäftsreisenden: »Geschäftsreisende ⟨...⟩ kommen mir vor wie der Kupferstich eines Gemäldes, Augen ohne Blick, Frühling ohne Grün, Himmel ohne Himmel!« Unterdessen ist die Konfusion des Reiseaufbruches glücklich beendet, und die fremde Herrschaft bricht auf; sie besteht aus einer Menge Personen, einem »ziemlich jungen Manne«, der aber mißmutig dreinschaut, einer »jungen, hohen, schönen Frauengestalt,« dem Pagen vom Morgen und der verflossenen Nacht und einem ansehnlichen »Kammerpersonal«. Auf Befragen erfährt Reinhold, daß die Herrschaft das gräfliche Paar von Hohenstein sei. »Ein langer Blick aus den wunderschönen Augen« der Gräfin löst in Reinhold eine tiefe Bewegung aus, und so entschließt er sich denn, seine Wanderung fortzusetzen. Ein Lied spricht seine Gefühle aus; er singt: »Ich blicke wie von hohem Stein.« Darauf durchblättert er das gefundene Taschenbuch und entdeckt darin unter anderem ein Bild, das ihn an den »Eremiten vom Berge« gemahnt.

Die Seiten 11-27 fehlen; der Inhalt läßt sich nur teilweise erschließen. So ist später die Rede von einem »Unbekannten«, von einer schönen »Nachbarin«, insbesondere aber von einer Schauspielergesellschaft, mit der Reinhold zufällig bekannt geworden sein muß. Ihr gehört auch die »ungezügelte Erscheinung des Literatten« ⟨sic!⟩ an. Auf Seite 27, wo die Darstellung wieder einsetzt, hört Reinhold von einem Unbekannten, der »alle Gänge des Hauses« durchstreift, er denkt an den »Litteratus«, den er kennengelernt, nachts aber lauscht er am Fenster, wie Eichendorffsche Helden so gerne tun, und dabei kommt ihm vor, als sähe er im Schein der nächtlichen Blitze den Unbekannten drunten im Garten; bald darauf vermeint er die Stimme eines Mädchens zu hören, in welchem er die »Nachbarin« zu erkennen glaubt, und so knüpft sich allmählich über der eigentlichen Handlung jenes goldigschimmernde Gespinst von Annahmen und Vermutungen, ohne das eine Eichendorffsche Dichtung nun einmal nicht zu denken ist.

Auf Seite 27 beginnt das vierte Kapitel. Es führt uns in den weitläufigen, aber öden Palast des italienischen Fürsten Cesario, der sich hier mit seiner Tochter Fiametta aufhält; am Fuße des Schloßfelsens liegt ein kleines »Badestädtchen«. Der Fürst erwartet die »Komödianten«, d. h. die Schauspielergesellschaft; als er nach Lothario, seinem vertrauten Rate, fragt, erfährt er, daß derselbe bereits fortgeeilt ist, um die Schauspieler in Empfang zu nehmen.

Unter den Schauspielern befinden sich der »Prinzipal« Sorti, Felix, der Komikus, Rosalie, »die Dame mit dem Regenschirm«, Kordelchen, Reinholds »kleine Nachbarin«, und Reinhold selbst. Der »Litteratus« dagegen ist in der Nacht verschwunden; Kordelchen, in der eine »heimliche Zauberin« lebt, scheint von der Flucht Näheres zu wissen. Als Führer der bunten Komödiantenschar erscheint der Oberförster, »Rupert geheißen«, »der allein und tabakrauchend weit voranschreitet.« Für die Unterhaltung sorgt der Komikus Felix, der mit seiner Nachahmung von allerhand Vogelstimmen alle gefiederten Sänger in Bewegung versetzt.

Zwischen Reinhold und Rosalie besteht insofern ein recht eigenartiges Verhältnis, als »die Dame mit dem Regenschirm« vor dem Gefährten heimlich Furcht hat, da sie ihn für zeitweise wahnsinnig hält.

Bevor die Schauspielergesellschaft ihren Einzug in das fürstliche Schloß hält, sucht sie durch sorgfältige Toilette ihr Äußeres möglichst gefällig zu machen. Die Toiletteszene ist in der ursprünglichen Fassung sehr breit ausgeführt; die beiden Schauspielerinnen offenbaren dabei eine sehr verschiedenartige Moral: Rosalie ist tugendlich bemüht, ihre Sittsamkeit an den Tag zu legen, Kordelchen jedoch verbirgt ihre Reize nicht und spielt überhaupt die Rolle Philinens, der »schönen Sünderin«.

Plötzlich bricht Felix mit Rosalie einen Streit vom Zaune, Rupert, »der ironische Renommist«, mischt sich hinein, am Ende greift Felix zur Fiedel und zwingt die ganze Gesellschaft durch »desperates Spielen« zu einem wilden Tanze; Rupert schwingt Rosalie im Wirbel herum, Felix bemächtigt sich des halb angekleideten Kordelchens, und für Reinhold bleibt dann nur noch der Theaterprinzipal Sorti übrig, der, in Frack und Halskrause, noch im geeignetsten Aufzuge erscheint.

Mit einem Male steht zu allgemeiner Überraschung ein Fremder unter ihnen, ein »hageres Männchen«, mit einem »vogelartigen Gesichte«, es ist Lothario, der Bote des Fürsten. Es treibt zu äußerster Eile und betätigt sich sogar bei dem Aufbruche, indem er den Schauspielerinnen beim Ankleiden hilft. Bezüglich der Anwesenheit Reinholds bemerkt Sorti dem Lothario gegenüber, es sei ein »unerbetener Gesellschafter«, »dessen Namen er nicht anzugeben wisse«. »Also noch ein Wilhelm Meister auf der Wanderschaft«, meint Lothario darauf, in die literarische Verwandtschaft hineinleuchtend.

Nunmehr setzt sich der Zug in Bewegung; Lothario und Reinhold reiten mit Rosalie und Kordelchen an der Spitze, während die übrigen in dem mitgebrachten Reisewagen folgen.

Reinhold aber ist nun halb und halb willens geworden, sich der weiteren Entwicklung der Dinge möglichst unauffällig durch heimliche Flucht zu entziehen; doch Lothario hält ihn mit Fragen fest, und als er dabei erfährt, daß Reinhold ein Deckname für den Baron von Föhrenburg ist, blickt er den Gefährten der Schauspieler »mit einem Ausdruck von tiefer Rührung« an und läßt ihn nun durchaus nicht mehr los. Als Reinhold dann noch durch die plötzliche Erscheinung der als Jägerin verkleideten Fiametta sich stark bewegt fühlt, erstirbt der Gedanke an schnellen Abschied völlig in ihm, und er folgt Lothario bereitwillig in das fürstliche Schloß.

Darauf versetzt uns der Dichter in die durch die Schauspieler von neuem Leben erfüllten Gemächer des Schlosses des Fürsten Cesario. Es war nach den Worten der Dichtung ein Bau mit einem »unverständlichen Chaos von Erkern, Ecken u. Anbauen«, um das sich ein stimmungsvoller Park erstreckte; beim Anblicke des Schlosses empfindet Kordelchen ein inneres Grauen, und das Unheimliche des seltsamen Gebäudes wird vermehrt durch das rätselhafte Wesen des Fürsten, von dem Kordelchen gehört, daß er manchmal »Anfälle von Wahnsinn« habe.

Fürst Cesario begrüßt die Ankömmlinge im Schloßhofe, bei der Begrüßung Reinholds gerät der Schloßherr in seltsame Bewegung, er »lacht wild auf«, betrachtet ihn »mit funkelnden Augen« und fährt sich verwirrt über die Stirne. Wie um den Eindruck dieser sonderbaren Begrüßung zu verwischen, lädt der Fürst dann den Überraschten ein, sich als seinen Gast zu betrachten, und nimmt ihn ohne weiteres mit ins Schloß.

Dort geleitet ihn Lothario in ein Schlafgemach, setzt ihm Erfrischungen vor und beginnt alsdann, dem erstaunt Aufhorchenden die Rätsel des Tages zu lösen. Zunächst gibt er sich als Freund von Reinholds verstorbenem Vater zu erkennen, dessen von Lotharios Hand gemaltes Bild die Wand des Schlafgemaches schmückt. Im Anschlusse daran ergeht sich der fürstliche Rat in tiefsinnigen Ausführungen über den

Sinn und Wert der Männerfreundschaft. Reinhold erinnert sich nun auch, aus dem Munde des verewigten Vaters von dem Freundschaftsverhältnisse gehört zu haben, und so weigert er sich nicht, auch seinerseits offen zu werden, und auf Verlangen Lotharios schildert er den Lauf seines bisherigen Lebens.

Seine früheste Kindheit verbrachte er darnach auf dem heimatlichen Schlosse in der Schweiz, das, mit all dem märchenhaften Zauber eines echten und rechten Landsitzes ausgestattet, seinen Empfindungen die entsprechende Folie verliehen. Ganz romantisch meint Reinhold: »Wahrlich, wen Gott lieb hat, den läßt er auf dem Lande aufwachsen und spricht mit ihm aus Stein und Wald und Feld. Wen einmal in seiner Kindheit das Waldesrauschen der heimathlichen Berge recht berührt, der erkennt den Heimathsgruß in allen Himmelsstrichen wieder.« Von seiner Mutter weiß Reinhold nichts, und auch die Gestalt des Vaters steht in seiner Erinnerung von Geheimnissen umdämmert da; selbst als der Vater auf dem Sterbebette lag, wollte das Dunkel des Geheimnisses nicht von ihm weichen.

Während dieser Unterhaltung zwischen Reinhold und Lothario geht draußen ein von »wilder Wehmuth« erfüllter Gesang durch den Garten. Vergebens sucht Lothario den unbekannten Sänger zum Schweigen zu bringen, und da ihm dieses nicht glückt, Reinhold von seinem Leben auch nichts weiter zu berichten weiß, als daß er später Universitäten besucht und Reisen gemacht habe, eilt der fürstliche Berater schließlich selbst in den Garten hinaus und vertreibt den unbekannten Störenfried mit Hilfe einer Stockflöte. Der Ausklang des Kapitels verliert sich ins Spukhafte. Reinhold glaubt die Gestalt Lotharios auf einem Postamente zu erblicken, wo sonst nur Statuen stehen, darnach fesselt ihn die flüchtige Erscheinung einer Frau, und allmählich erfüllen die wechselnden Bilder den stillen Lauscher mit einer Art von Grauen vor dem ganzen Schlosse.

Im fünften Kapitel sehen wir den Helden die Pracht des morgendlichen Gartens genießen. Wieder gehen Sangesstimmen verlockend um; so vernimmt Reinhold aus der Ferne das Lied: »Aus Wolken, eh' im nächt'gen Land«, das später »Künstlers Erwachen« betitelt ward ⟨vgl. S. 164 f.⟩. Indem er den Klängen nachgeht, gelangt er zu einer einsamen Kapelle, die von einem Maler mit herrlichen Deckengemälden ausgestattet wird. Da der Maler sich voll Unruhe zeigt und durch geheimnisvolle Geräusche vor der Kapelle von seiner Arbeit abgelenkt wird, läßt Reinhold den Künstler allein und findet sich wieder zu den Schauspielern zurück. Er sieht sie im Garten verstreut; bei einem Gespräche mit Kordelchen erhebt sich wieder die Frage nach dem nächtlichen Sänger, aber niemand kennt ihn.

Inzwischen beginnt Kordelchen damit, einen Kranz zu winden; allein die Ranken wollen sich nicht recht fügen, und am Ende setzt sie ihn nur auf, um sich selbst voll innerer Rührung mit Ophelia im »Hamlet« zu vergleichen.

Da erscheint der »altdeutsch« gekleidete Maler Albert, der »auf der Heimreise von Rom begriffen« ist; zwischen ihm und dem friedfertigen »Komikus Felix« entbrennt ein lächerlicher Streit um die Berechtigung des Kasperle auf der Bühne. Albert will das Kasperle aus vaterländischen Gründen verbannt wissen; empört wettert er los: »⟨...⟩ nachdem die Völkerschlacht von Leipzig geschlagen, wie sollte die deutsche Nation noch am Gemeinen sich ergötzen? O, Körner, Körner! Hättest du umsonst geblutet?« Dieser Erguß wird von dem Komiker entsprechend beantwortet, und wir hören nun auch von seinen Heldentaten »bei Laon, u. bei Leipzig u. Kunersdorf u. Moskau u. Roßbach«.

Lotharios Erscheinen kündet den Schauspielern an, daß der Fürst sie nunmehr erwarte, und so treten sie in das Schloß ein, wo überall Vorbereitungen zu dem großen Feste getroffen werden. Im ganzen Schlosse wird gearbeitet, insbesondere in dem Schauspielsaale.

Hier findet sich eine Lücke, und zwar fehlen drei Seiten, 41-43; inhaltlich mußte darin von einem Streifzuge Reinholds in die Umgegend des Schlosses die Rede sein, denn auf Seite 44 treffen wir den Helden in einer abgelegen⟨e⟩n

Bauernhütte. Draußen tobt ein Gewitter; drinnen bei den einfachen Landleuten aber tut sich ein Bild voll patriarchalischen Lebens vor uns auf. Da wird gebetet, man singt geistliche Lieder und ist zufrieden mit jeder, auch der geringsten Gabe, die Gottes Vaterhand spendet. Gerne teilt man mit dem fremden Wanderer, der an der Türe anklopft. Bald erscheint noch ein weiterer Gast in der Person des lustigen »Herrn Lamprecht«, der bei der Bauernfamilie bekannt scheint und die Kinder mit allerlei kleinen Schätzen beschenkt. Reinhold erkennt in ihm »den Pharospieler von heut früh«.

Das Gewitter nimmt indessen an Heftigkeit zu; ein Baum vor dem Hause wird dabei vom Blitze getroffen und fängt Feuer; in dem unheimlichen Scheine des Brandes erschreckt die Insassen der Bauernhütte die Gestalt des »Mönches von ⟨sic!⟩ Schlosse«, Lamprecht kann den »hochmütigen Narren« von Mönch nicht leiden und verschwört sich, ihn demnächst zu fassen und auf seinen wahren Kern zu untersuchen. Dazu bietet sich sehr bald Gelegenheit, indem der seltsame Waldgeist den harmlosen Bewohnern der Hütte ein furchterregendes Memento mori zuruft. Lamprecht läßt sich nun nicht mehr halten; er setzt dem Davoneilenden nach und verfolgt ihn über Stock und Stein in den düsteren, regengepeitschten Wald. Allein der Verfolgte ist wie von der Erde verschlungen, und der übereifrige Lamprecht bezahlt seinen Wagemut mit einem empfindlichen Sturz in die Tiefe einer Schlucht. Unverletzt, aber mißmutig und verdrossen kehrt er zu der Hütte zurück.

Reinhold und Lamprecht bringen nun die Nacht in der Hütte zu; während der Held die Gesellschaft des neuen Bekannten wegen des »Beigeschmacks von Roheit« anfangs nicht besonders angenehm empfindet, kommt dann doch eine erträgliche Stimmung auf, als Lamprecht eine Weinflasche hervorholt und den Schlafgefährten zu einem Umtrunke einlädt. Anregende Gespräche würzen das nächtliche Symposion; so spricht Lamprecht ein wenig genialisch über das Verhältnis des Bauern zur Mutter Erde, über den ewigen

Krieg, den der Landmann mit der Natur führe, und über die
Philosophie des Trinkens.

»⟨...⟩ so ein Bauer«, sagt Lamprecht, »trinkt den Wein
wie das Vieh das Waßer, wider den Durst. Den unsichtbaren
Geist, den eigentlichen Humor von allem menschlichen
Trinken, merken solche Knollfinken nicht, wenn es sie nicht
vorher, als gepfefferter Schnapps, tüchtig in die dicke Zunge
beißt.« Auch von dem Mönche ist noch die Rede, der den
Bauern manchen Anlaß zu abergläubischen Vorstellungen
gibt.

Hier klafft abermals eine Lücke, indem die Seiten 48 und
49 fehlen. Da wir auf Seite 50 den Helden wieder auf dem
fürstlichen Schlosse antreffen, muß das fehlende Blatt den
Abschied und die Rückkehr aus dem Gebirge geschildert
haben.

Als Reinhold den Schloßhof wieder betritt, findet er zu
seiner Verwunderung alles wie ausgestorben; nur der
»Theaterprinzipal« Sorti streicht aufgeregt draußen umher,
und von ihm erfährt Reinhold, daß Lothario für das nahende
Fest ein Stück gedichtet habe, und daß eben die Hauptprobe
dieses Stückes stattfinde. Neugierig strebt Reinhold nun
ebenfalls in den Theatersaal, wo er im Vordergrunde den
Fürsten, Fiametta, neben ihr eine fremde Dame mit einem
jungen Manne, sowie Lothario selbst wahrnimmt, im Hintergrunde drängen sich die »Hausgenossen«, herzu, um von
dem Spiele etwas zu erhaschen.

Das Stück, in dem Kordelchen als »reichverziertes Ritterfräulein Selma«, Felix als »Ritter Hugo« auftritt, ist ein in
»kurzen hurtigen spanischen Versen« verfaßtes Werk und
führt uns zunächst in eine zwischen Selma und Hugo
spielende Unterhaltung; in diesem Zwiegespräche bittet das
tugendliche Ritterfräulein seinen Partner, sich des Tabak-
rauchens zu enthalten, und als er diesen Gedanken von sich
weist, erzählt sie ihm die grausig-unheimliche Geschichte
jener Tabaksdose, an welche das Schicksal ihres Hauses geknüpft ist.

»Eine Dose, unheilbrütend
Wie ein Rostfleck dunklen Bluts,
Nagt am Glantze unsres Hauses.
Denn vergiftet hatte – weh!
Einst mein Ahnherr mit Rappée
Seinen Freund, der nieste – weh!
Bis das treue Hertz ihm brach. –
Eine Dose – so verwarnte
Einst mich ein Zigeuner – sollt' ich
Fürchten gleich Pandorens Büchse.
Eine Dose drum – die eintz'ge,
Die wir erbten von den Vätern –
Warf die Mutter samt dem Reste
Alten Tabaks drin, durch's Fenster
In die dunkle Nacht hinaus.«

Hugo aber vermißt sich, in der drohenden Gefahr seinen Mann zu stehen, und als Selmas Mutter, die mit einem »reichen Staatskleid sorgfältig aufgeputzte« Herzogin, naht, bittet er sie kühn um die Hand der Tochter. Diese will jedoch erst nach genauer Prüfung des Bittstellers ihre Entscheidung treffen; so wünscht sie denn von ihrem zukünftigen Schwiegersohn zu wissen, ob er »zum Ehemann Genie spüren lasse«, und ob er zu Hause im Schlafrocke und in Pantoffeln seine »Kommodität« finde. Darüber gerät der ritterliche Hugo in die größte Erregung; er fühlt sich zum Helden berufen und vergleicht sich stolz mit einem Falken, der in die Lüfte steigt. Die Herzogin bleibt jedoch ungerührt, ohne deshalb eine Prise aus Hugos Schnupftabaksdose zu verschmähen.

Darauf erfolgt ein »von Sorti besorgter furchtbarer Donnerschlag«; er bildet den »Knalleffekt der eigentlichen Katastrophe des Stückes«. Während die meisten Zuschauer ob der Überraschung beschwichtigt werden müssen, sind der Fürst und Fiametta auf den »Knalleffekt« gefaßt gewesen, ja der Fürst macht den Dichter des Dramas noch auf einen Fehler Hugos aufmerksam, und dieser wird daraufhin von Lothario einfach gewaltsam in seiner Rolle zurechtgerückt.

Währenddessen wird die Herzogin von einem heftigen Niesen überfallen, da Hugo seine Tabaksdose »mit wirklichem Spaniol« gefüllt hat. Halbtot wankt die Stolze hinaus, Hugo aber freut sich des gelungenen Streiches.

Nach einem Kulissenwechsel nimmt die Handlung ihren Fortgang; Hugo und Selma erscheinen auf der Flucht vor einem seltsam aufgeputzten Zigeuner, »in dem Reinhold nur mit Mühe den guten Ruprecht erkannte«. Nun läßt der Zigeuner eine Tabaksdose sehen, auf deren Deckel Hugo ein Bild seines Vaters erblickt; als dann auch Selma in dem Verfolger den »langen braunen Karl« ⟨lies: Kerl; vgl. Band IV dieser Ausgabe, S. 220,2⟩ zu erkennen glaubt, »der unserm Haus einst voraussagt all den Graus«, erhebt sich das Schicksal in seiner tragischen Größe und lüftet sein Visier mit den Worten:

> »Ja, ich bin's, der zwingt zum Flennen,
>
> Bin's, den die Theater kennen,
>
> Der den Helden hilft zum Tod
>
> Und den Dichtern aus der Noth.
>
> Ja, ich bin's – hör' und versteiner' –
>
> Bin der furchtbare Zigeuner,
>
> Bin – das Schicksal – weh! weh! weh!«
>
> ⟨vgl. Band IV dieser Ausgabe, S. 220,1-11⟩

Hugo will jedoch »kein Schicksal haben«, er will »revoltieren«, und als nun Selma gar anfängt, dem »Schicksal« das Kinn zu streicheln und ihm immer schmeichelnder zuzureden, wird dem »Schicksal« nach und nach »gantz flau zu Muthe«, und nur der Gedanke, daß das Publikum einen tragischen Ausgang wünscht, und daß seine Anstellung als »Schicksal« in Frage steht, hält es schließlich vor Unbesonnenheiten zurück. Das »Schicksal« deklamiert sich nun in Begeisterung; als es aber an die Stelle kommt:

> »Mein uralt' Reich im Geist ich wiedersehe,
>
> Da langt der Mensch nicht hin mit seinem Witz.
>
> Stumm gnadenlos ⟨…⟩«

fällt ihm der Fürst ins Wort und spricht die Worte selbst »mit einer tiefsinnigen, wahrhaft tragischen und erschütternden

Glut«. Reinhold ist es dabei, als habe sich in dem Fürsten, der »wie von gewaltigen Erinnerungen aus seinem eignen Leben plötzlich fortgerißen« scheint, »das dunkle Fatum selbst gegen seine Karikatur auf der Bühne zürnend aufgerichtet«. Ruprecht hat während dieser Unterbrechung sich wenig gelehrig gezeigt; er nimmt vielmehr eine Prise und fährt darauf mit seiner Deklamation fort, als wenn nichts geschehen wäre.

Das Stück rollt weiter ab; Hugo wird von einer plötzlich ausbrechenden blinden Wut gegen das »Schicksal« erfaßt, und will sich auf dasselbe stürzen. Von Bedenken ergriffen, bittet er jedoch die »goldene Selma«:

> »⟨...⟩ sey so gut
> Halt mich an des Mantels Zipfel,
> Denn nun komm' ich in die Wuth.«
> ⟨vgl. Band IV dieser Ausgabe, S. 221,10-12⟩

Im Grunde fürchtet sich Hugo jedoch vor dem »starken Kerl«; aber auch das Schicksal zeigt sich wenig beherzt. Das Stück treibt nun dem Ende zu; beim Lockern der Schärpe entfällt dem Ritter die verhängnisvolle Tabaksdose und Selma erkennt auf dem Deckel, Furchtbares ahnend, das Bildnis ihres Vaters. Darauf löst das »Schicksal« alle Rätsel: Hugo ist von ihm, dem Zigeuner – »Schicksal« – als Kind einst geraubt worden, hat in Schwaben gelebt und ist durch ebendenselben Zigeuner in den Besitz der Dose gekommen, und der unausweichliche Schluß lautet dann wie erwartet:

> »Selma, ja es war kein Trug
> Deiner Ahnung leis Geflüster –
> Ja – Ihr seyd, Ihr seyd – Geschwister!«
> ⟨vgl. Band IV dieser Ausgabe, S. 230,2-4⟩

Die »Katastrophe«, die nun folgen soll, bleibt aus, da Sorti seinen Phosphor nicht zur Entzündung bringen kann, und so geht denn die Tragödie ohne den Knalleffekt weiter: Selma und Hugo beschließen zu sterben, das »Schicksal« reicht ihnen die Schnupftabaksdose, und nach einem langsam verklingenden Duett sinken sie, »einander umschlungen haltend«, mählich zu Boden; über dem toten Paare aber hebt das »Schicksal« die verhängnisvolle Dose »hoch gen Himmel« und ruft warnend ein viermaliges Wehe.

Das Drama ist beendigt. Die Zuschauer äußern weder Beifall noch Mißfallen; trotzdem ist der Verfasser Lothario recht fröhlich gestimmt. Auch als Fiametta ihm ihre Bedenken über die »bloße Verneinung« des Stückes mitteilt, verteidigt er mit Eifer das Kind seiner Muse und meint, in solchem Falle sei das weibliche Gemüt ein schlechter Richter. Fiametta, so läßt er sich vernehmen, »ärgere sich zu wenig über das Dumme« und sei »zu erpicht und versessen«, das Bessere zu »setzen«. Doch die Tochter Cesarios mag von solcher Auffassung nicht wissen.

Der Fürst hat indessen beschlossen, die Schauspieler zu entlassen; er grollt ihnen, weil sie »keine Spur von Idee« zeigten, alles falsch anfaßten und für die »Seele ihrer Kunst, die Ironie«, gar kein Verständnis zeigten. Lothario erwidert, man solle diese Künstler nur selbst ironisch nehmen. Solche Stücke müßten überhaupt »gerade außerordentlich schlecht gespielt werden, womöglich durch Marionetten«. Der Fürst hört jedoch nicht darauf und eilt fort, um Sorti von seiner Absicht zu verständigen, während Fiametta ihren Begleitern gegenüber den Entschluß ihres Vaters »zu erklären u. zu rechtfertigen« sucht.

Lothario will dem Fürsten nacheilen; der Maler Albert hält ihn jedoch auf und verwickelt ihn in ein philosophisches Gespräch, dessen Schluß fehlt. Soweit reicht die erste Niederschrift.

Eine neue Bearbeitung des Romanes erfolgte in enger Anlehnung an den ersten Entwurf. Wir erkennen das daran, daß manche Teile einfach übernommen wurden und im übrigen durch Streichen und Einschaltungen der neue Zusammenhang hergestellt wurde. Der Eingang bis Seite 10 ist verloren gegangen; es ist nicht unmöglich, daß der Dichter die ersten 26 Seiten der alten Vorlage nur zusammenzog und so die gewünschte Kürzung erzielte; denn auch von Seite 10 ab schimmert der Urroman fortwährend durch, indem Eichendorff sich darauf beschränkte, die alte Paginierung einfach zu durchstreichen und die neue Seitenzahl daneben zu setzen. So sind die ursprünglichen Ziffern 27-40 fortlau-

fend ersetzt durch die Zählung 10-23. An Stelle der ersten
drei Kapitel trat ein einziges, das vierte ward zum zweiten,
das fünfte zum dritten.

Über den Inhalt des fehlenden ersten Kapitels, von dem
auf Seite 10 (27) noch zwanzig Zeilen stehen geblieben sind,
läßt sich mit einem gewissen Grad von Wahrscheinlichkeit
folgendes sagen: Reinhold war bereits mit der Schauspielergesellschaft zusammengetroffen. Ein besonderer »Vorfall«
und die ungezügelte Erscheinung des »Litteratus« hatten ihn
»wunderbar aufgeregt«, und in der darauffolgenden Nacht
umspielen ihn nun geheimnisvolle Gestalten, ein »Unbekannter« und eine rätselhafte weibliche Persönlichkeit, die
als Nachbarin bezeichnet wird, und die wohl Kordelchen
sein soll.

In dem neuen zweiten Kapitel wird dann, wie in dem
vormaligen vierten Kapitel, von dem Fürsten Cesario und
Fiametta erzählt, ferner von dem Einzuge der Schauspieler in
das fürstliche Schloß. Die Eröffnung Reinholds, daß er ein
Herr von Föhrenburg sei, sollte dagegen wegfallen; damit
wurden, namentlich in dem folgenden Kapitel, erhebliche
Änderungen notwendig. So mußte der ganze Auftritt, in
welchem Reinhold als Sohn seines Freundes Lothario erkannt wird, naturgemäß ausfallen. Statt dessen schaltete der
Dichter zwischen 16-19 fünf Seiten ein, die, ohne Paginierung, eine neue Verbindung herstellten.

Auf diesen fünf Blättern wird erzählt, wie Reinhold, der
sich erst »seit heute morgen« bei den Schauspielern befindet,
sich wieder von der Gesellschaft trennen will und deshalb
alleine zu dem Fürsten geht, um ihm sein Empfehlungs-
schreiben abzugeben. Dieser nimmt es auch an und nötigt
dann Reinhold nebst Lothario, in das Schloß einzutreten;
über den Inhalt des Schreibens macht der Fürst nur dunkle
Andeutungen; so ist er erzürnt über das Ausbleiben einer
ihm anscheinend teuren Persönlichkeit.

Für Reinhold aber springen alle Tore dieser fürstlichen
Welt auf; nachdem er sich dem neugierigen Lothario als ein
Baron von Hohenstein vorgestellt, der als »ein reisender

Partikulier« durch die Welt streife, wird er mit diesem zusammen in einen Speisesaal geleitet; um einen »reichgedeckten Tisch« vereinigt sich nun eine eigenartige Tafelrunde, bestehend aus dem Fürsten, Fiametta, einem »Fräulein in eleganter ⟨sic!⟩, aber einfacher Kleidung«, Lothario und Reinhold. Dem Helden, der Fiametta »vorhin am Saume des Waldes« schon aufgefallen, erscheint das schöne Mädchen jetzt wie ein lebendig gewordenes »unbeschreiblich reitzendes, altitalienisches Bild«, das Tischgespräch, das der Fürst bestimmt, dreht sich um die Residenz und um die Bedeutung des Adels und seine Aufgabe. »Der Adel«, so meint der Fürst, »ist das ideale Element des Staates, damit nicht alle in den kleinlichen Bemühungen untergehen, die doch wieder als maßive, irdische Grundlage unentbehrlich sind.« In Zeiten der Not und des Dranges sei der Adel Vorkämpfer und Berater, und wenn auch der Einzelne versagen sollte, so entzünde sich doch in solchen Zeiten »ein bestimmter Adelsgeist«. Um diese seine hehren Aufgaben erfüllen zu können, sei dem Adel allerdings Unabhängigkeit vonnöten.

Der Fürst wendet sich sodann an den »bürgerlichen« Lothario, und setzt auch ihm noch einmal seine Ansichten über den Adel eingehend auseinander; er schildert die Folgen des »rein jurististischen Gleichheitssystems« und befürchtet von dem Niedergange des Adels auch einen Rückgang der Kultur. Zuletzt wird sich, so faßt er das Endurteil zusammen, »ein neuer Geld- oder Beamten-Adel bilden, der aber unerträglicher u. ohne belebende Kraft fürs Gantze seyn wird, da er aller historischen Weihe, u. folglich des daraus erwachsenden adelichen Sinnes u. Vertrauens entbehrt.« Lothario antwortet darauf nur mittelbar, indem er den Fürsten daran erinnert, daß sie beide ein »Konkordat« geschlossen, »über diese Dinge niemals zu streiten«, »denn wahrlich«, so fährt er fort, »Gott weiß es allein, wo da Recht oder Unrecht ist.« Der Geist des Fürsten wendet sich bei diesen Worten wieder dem Unbekannten zu, von dem der Brief Kunde brachte, und er faßt seine Gedanken in die Worte: »⟨...⟩ ich kenne nur Einen, der das alles lebendig⟨er⟩ fühlte als ich, u. der recht

dazu berufen ist, hier etwas Großes zu thun, aber ⟨...⟩«.
Diese Worte verstimmen die Prinzessin, und diese Verstimmung teilt sich sehr bald der ganzen Tafelgesellschaft mit, so
daß es alle als eine Erlösung empfinden, als die Tafel aufgehoben wird. Besonders froh darüber ist Reinhold, der »bisher den Adel harmlos immer nur als eine poetische Erscheinung betrachtet, ohne die rechtlichen und politischen Beziehungen desselben jemals in den fröhlichen Kreis seiner Gedanken mit aufzunehmen«. Man geleitet ihn zu einem hübschen Schlafgemach; auf dem Wege dahin sichtet er noch
einmal die Schauspieler. Auf seinem Zimmer läßt der Eindruck des wechselvollen Tages den Helden noch nicht zur
Ruhe kommen, und so träumt er denn noch eine Weile in die
Mondnacht hinaus. Allerlei nächtliche Begebnisse äffen ihn;
an einem Fenster des anderen Schloßflügels wird eine
Frauengestalt sichtbar, Lothario kämpft mit einer Stockflöte
gegen einen fernen fremden Sänger an, das Ganze stimmt
mehr oder minder mit dem Schlusse des früheren vierten
Kapitels überein.

In dem dritten Kapitel – neuer Zählung – hat der Dichter
ebenfalls tüchtig mit Abstrichen gearbeitet; ganze Teile sind
dadurch in Wegfall gekommen. Im wesentlichen ergibt sich
folgender Inhalt.

Reinhold durchstreift den morgendlichen Garten und findet in einer einsamen Kapelle einen Maler, hinterher führt
ihn sein Weg zu den Schauspielern zurück, und sodann werden die Vorbereitungen zu der Festvorstellung getroffen.
Damit bricht die Darstellung ab.

Eichendorff führte auch diese Bearbeitung kaum zu Ende;
vielmehr stieß er wohl den ganzen Plan um und gestaltete
den Roman von Grund aus neu. Einige Entwürfe lassen uns
das Chaos erkennen, aus welchem sich die Dichtung entwickelte. Die beiden großen Foliobogen bewahren noch die
Skizzen, die der Dichter zur Anlage des sechsten, siebenten
und achten Kapitels zeichnete; das Quartblatt läßt sich seinem Zusammenhange nach nicht genau festlegen, doch kann
es sich nur auf ein späteres Kapitel beziehen. Nach seiner

Gewohnheit hat der Romantiker die flüchtige Skizze mit einem ganzen Rankenwerk von Randglossen, Beisätzen und Verbesserungen versehen, so daß die endgültigen Absichten des Dichters sich nur sehr schwer erkennen lassen.

Eine einzelne Bemerkung geht auf die Gliederung des Gesamtromanes; Eichendorff notierte sich nämlich auf dem ersten Folioblatte: »Der gantze Roman wohl in 2 Theilen (Bände).«

An anderen Stellen verweist der Entwurf auf vorangegangene Pläne oder auf Teile des »fertigen Romanes«, worunter offensichtlich die Geschichte Reinholds zu verstehen ist. Vermerke wie »S. A, a,« »A, b u. c.« sowie »S. A, d« lassen erkennen, daß eine Menge Material verloren gegangen ist; auch: »Plan p. 5, 6, 7 und 8« lassen den Schluß zu, daß die Vorarbeiten ursprünglich weitere Kreise zogen.

Die Entwürfe sind teilweise wörtlich in den endgültigen Text hinübergenommen; so stimmt Seite 4 auf dem weißlichen Foliobogen mit Seite 53 der Romanniederschrift zum großen Teile überein. Der Name Reinhold ist überall durch Fortunat ersetzt, auch taucht nun der Name Dryander auf. Von nicht geringem Reize ist die Deutung des Badestädtchens als des schlesischen Badeortes Warmbrunn. »Es ist Warmbrunn«, heißt es auf dem weißlichen Folioblatt, »S. mein blaues Reisebüchlein im Tabernakel. Dort in der Allee die in der Morgensonne glänzenden Galanterieläden, vorübergehende Damen, die Aussicht aufs Gebirge ⟨...⟩«. Auch an anderen Stellen wird von Warmbrunn, dem Gebirgskessel von Warmbrunn, dem Riesengebirge und von der Schneekoppe gesprochen. Originalbilder von Persönlichkeiten sind dagegen nicht angegeben. Hingegen fehlt es nicht an literarischer Bezugnahme; zweimal verweist der Dichter in den Anmerkungen auf Tiecks »Aufruhr in den Cevennen«, und auf dem Quartblatt finden sich mehrere Hinweise auf Shakespeare, u. a. auf Heinrich IV. und Heinrich V.

Die Reinschrift der dritten Bearbeitung ist wiederum nur lückenhaft erhalten; sie beginnt zunächst erst mit Seite 9. In dem fehlenden Teile war nach späteren Andeutungen von dem Zusammentreffen Fortunats mit seinem Freunde Walter die Rede, ähnlich wie in der endgültigen Romangestalt. Auf Seite 9 erfahren wir von dem Helden Fortunat, daß er bei untergehender Sonne zu dem Schlosse des Dichtergrafen Viktor gelangt ist, den er sehr verehrt, und dessen Heimat er deshalb kennen lernen möchte. Da der Park des Schlosses nicht ohne weiteres zugänglich ist, schwingt sich Fortunat nach bekannter Romantikerart über den Zaun und dringt so in das Zauberreich des Gefeierten ein. »Hier in dieser wundersam weichen Natur«, ruft er begeistert aus, »die mich wie ein schönes, von Thränen schimmerndes Auge ansieht, hat sich Viktors Jugend abgespielt, der Überglückselige!« Wie er näher zusieht, findet er in diesem ganzen Leben Viktors auch seine eigene Jugend abgeschildert. Sein Weg führt ihn dann weiter ins Innere des Parkes, wo er einen einsamen Weiher mit einer darinliegenden Insel entdeckt; aber alles ist verwildert, der Kahn am Ufer steht voll Wasser, die Ruder sind zerbrochen. Wie er nun in der grünen Einsamkeit weiterschreitet, gelangt er zu dem Tiergarten. Ein junges schlankes Mädchen, das er dort beim Füttern eines Rehes antrifft, muß ihm über den Weg Auskunft geben; allein es deutet nur stumm mit dem Finger die Richtung an und entflieht – romantisch – unbegreiflich wie die Natur sind auch die Menschen. Endlich stößt Fortunat auf das Jägerhaus am Gartentore; allein auch da hat die rätselhafte Romantik des Tages noch eine Heimstätte; denn vor dem Hause blasen »mehrere höchstabenteuerlich gekleidete Gestalten« auf allerlei Instrumenten: ein Mann in Rittertracht betätigt sich als Fagottist, ein anderer versucht sich auf dem Horne, in dem Dirigenten erkennt Fortunat – den »Musikus aus der Stadtschenke«. Auch ein Mädchen, das dabei ist, kommt ihm bekannt vor; denn es heißt »das Mädchen vom Berge«. Fortunat wird zum Dableiben genötigt, und so genießt er die Schicksalstragödie, in welcher Selma, das »reichverzierte Ritterfräulein«, und Ritter Hugo, in diesem Falle von dem »hageren spitzigen Fagottisten« dargestellt, die Hauptrollen spielen.

Laut Hinweis auf »pag. 13« sollte nun hier das bekannte Spiel, der »Meierbeth«, folgen; zu diesem Zwecke versah der Dichter die Seiten 51-53 mit den neuen Seitenzahlen 13-21, strich die nicht passenden Zwischenbemerkungen durch, wie z. B. das Eingreifen des Fürsten Cesario und die Unterhaltung Lotharios mit Fiametta und gewann dadurch die erwünschte Überleitung.

Die neue Fortsetzung entwirft von den Darstellern des Stückes ein entsprechend umgeformtes Bild; da ist Se⟨l⟩ma »ein robustes, rothbackiges Mädchen aus der Nachbarschaft«, das »Schicksal« ein »kurtzes, stämmiges Männchen mit kleinen zwinkernden Augen«, der Verfasser des Stückes aber ist der »kleine Musikus«. Während in der früheren Fassung besonders Fiametta die Kritik des Spieles besorgt, ist es hier die Herzogin, der diese Rolle zufällt. Da auch die anderen sich an der Kritik der Tragödie beteiligen, sucht der Autor sein Musenkind zu verteidigen. Er kommt zu dem Ergebnisse: »Es ist eine wahrhafte Mustertragödie, ein Tragödien-Extract zu beliebiger Verwäßerung.«

Da öffnet sich die Türe des Försterhauses, und eine »Frau mittleren Alters« erscheint: die Försterin. Der hohe Kothurn künstlerischer Kritik wird verlassen, und man steigt wieder auf den Boden des Alltags herab. Merkwürdigerweise begrüßt die Försterin unseren Helden als alten Bekannten, das »Mädchen vom Berge« wird ihm als Florentine, die Tochter des Hauses, vorgestellt, und da der Förster mittlerweile Pferd und Mantelsack hat hereinschaffen lassen, bleibt ihm nichts übrig als zu verweilen; die Spieler fliegen nun auseinander, die Zurückbleibenden machen es sich in ihren Masken bequem, und bald fühlt sich Fortunat unter den natürlichen Menschen ganz heimisch.

Nun lichtet sich auch manches Dunkel; Fortunat erfährt, daß er der Generalprobe des Stückes zugeschaut, welches zu Ehren der zurückerwarteten Gräfin gespielt werden soll; die Darstellerin der »Herzogin« ist »Kamilla, eine weitläufige Verwandte der Försterfamilie aus der Stadt«, der Musikus heißt Dryander. Er tauchte hier »plötzlich« auf, mietete ein wüststehendes Haus und trieb von da an in der Gegend sein eigenartiges Wesen. Graf Viktor, nach dem Fortunat fragt, ist nicht anwesend, und niemand weiß auch Näheres über die Ziele, die er verfolgt.

Die sanfte Weise eines vom Berge herab erklingenden Waldhornes mahnt zur Nachtruhe; Fortunat, von den freundlichen Förstersleuten eingeladen, entschließt sich zu bleiben, und so führt ihn Florentine auf sein Zimmer. Der Mondschein freilich läßt ihn noch nicht so bald zur Ruhe gelangen; so steht er denn noch eine Weile am Fenster seines Schlafgemaches und blickt in den nächtlichen Garten hinab, wo Dryander und die »Herzogin« wie Puppen eines Schattenspieles komödienhaft vorübergleiten.

Mit Fortunats Erwachen in dem stillen Försterhause beginnt das dritte Kapitel. Als der Held den Garten durchschweift, trifft er Florentine und ihren Bräutigam Walter. Dieser erklärt dem Helden, weshalb er im Försterhause gleich als Bekannter empfangen wurde; er hat ihm nach jenem Zusammentreffen, das im ersten Kapitel geschildert ward, einen Boten vorausgesandt und seine Ankunft gemeldet. Auf Florentinens Bitten pflückt man nun Blumen, um die erwartete Gräfin damit zu erfreuen. Beim Blumenpflücken schäkert Fortunat mit Florentine, und auf einen Augenblick will es ihm scheinen, als müsse er Walters künftiges Geschick glücklich preisen, »obgleich es ihm auch wieder das Hertz zusammenschnürte, bei dem Gedanken, wie ein Mann sein gantzes reichbewegtes Leben um ein Mädchen in solche einsame Stille versenken könne«.

Indessen werden vor dem Schlosse Vorbereitungen getroffen, um die Gäste würdig zu empfangen; dabei geht es naturgemäß nicht ohne den bei Eichendorff bekannten »Rumor« ab. So streitet Dryander, der bei den Veranstaltungen mitwirken soll und nun überall »dirigiert«, mit einem Jäger, darnach sehen wir ihn vom Boden des Saales aus einen schweren Kronleuchter heraufziehen; hinterher schleppt er gemeinsam mit dem Förster ein »erstaunenswürdiges Gerüst« heran: die Empfangspforte. Da beide jedoch über die

Aufstellung des Gerüstes nicht einig sind, kommt es zu einem neuen Streite, bei dem auch das Lateinische herhalten muß. Schließlich bleibt der Sieg auf seiten Dryanders, allein der Förster verläßt »in großem Zorne« den Platz. Walter und Florentine bleiben von diesen Kämpfen, still selig, unberührt, während Fortunat mit einer Gitarre romantisch durch die Räume zieht.

Es folgt nun die Schilderung der Empfangspforte, die einen transparenten Stammbaum darstellt: zwei Bäume, die sich nach obenhin in Form eines Spitzbogens berühren. Bei näherem Zusehen glaubt Fortunat auf einem der unteren Zweige des Stammbaumes in einem Adler mit einem Jünglingskopfe sein eigenes Antlitz zu erkennen, »nur durch den Ausdruck von Furcht und Schmertz lächerlich entstellt«. Als Fortunat Dryander darnach fragt, was es mit dieser Ähnlichkeit auf sich habe, zeigt sich dieser weder überrascht noch leugnet er ab, sondern er geht nur hin und entfernt den Adler mit dem verdächtigen Kopfe.

Darauf folgt Fortunat dem närrischen Kauze zu seiner Wohnung, einer Bauernhütte mit prächtigem Garten, von dem man wundervolle Fernsichten hat. Über einem Abgrunde bemerkt Fortunat einen verästelten Baum, in dem der tolle Doktor seinen Lieblingsplatz aufgeschlagen hat; ein Lehnstuhl mit Büchern und Geige, der darin angebracht ist, bekundet die sonderbare Laune Dryanders. Seine Gesellschaft besteht aus einem gezähmten Kraniche und einem taubstummen Diener, mit dem er sich nur durch Zeichen verständigen kann.

Als dann für beide am Abgrund ein Tischlein gedeckt wird, entwickelt sich eine fesselnde Unterhaltung; Fortunat, der über so manches noch näheren Aufschluß haben möchte, bewundert in Dryanders »reich bewegtem Gespräche« seine ausgezeichnete Orts- und Literaturkenntnis. Da man von ihrem romantischen Platze aus in der Tiefe »den Tiergarten mit der Insel« sieht, fragt Fortunat, was es mit diesem geheimnisvollen Winkel für eine Bewandtnis habe. Und nun erfahren wir die Sage von dem See, von einem versunkenen

Schlosse, einer Fee, die dort manchmal auftauche, und einem Grafen, der, dem dunklen Zauber der Wasserfrau verfallen, in die Fluten versank. Dem Loreleimotiv gesellt sich dann noch das Sagenmotiv des Mönches von Heisterbach zu; einmal, so lautet der Schluß der Sage, kam der Verschwundene wieder; allein niemand kannte ihn mehr, und so stürzte er sich in das Wasser und ward nun nicht mehr gesehen. Einstens wird er freilich wiederkehren, spinnt Dryander die Sage weiter, um sich auf immer von der Heimat zu verabschieden. Dann soll sich Fortunat hüten, ihm zu begegnen; gleichzeitig macht der phantasiebegabte Doktor den Helden auf ein Bild des »Sagenjünglings« im Schlosse aufmerksam, und da beschleicht unseren Helden ob all der wunderlichen Zusammenhänge von Welt und Überwelt ein heimliches Grauen.

Das Erscheinen einiger Leute, die Dryander abholen wollen, macht dem Gespräch ein Ende. Walter, der ebenfalls unter ihnen ist, kommt, um sich zu verabschieden. Da sich Walter über des Freundes Verhalten gegenüber Florentine sehr empfindlich zeigt, beschließt Fortunat, die schöne Braut zu meiden.

Er begibt sich daher in den obern Schloßgarten und gerät von hier unbemerkt in das Schloß, wo er in einem altertümlichen Gemache das Originalbild des »Sagenjünglings« entdeckt. Da ergreift ihn von neuem ein Gefühl des Schauderns; er wirft sich daher kurz entschlossen auf sein Pferd und sprengt auf der Straße, auf der man die Gräfin erwartet, eilends von dannen. Auf dem Wege dichtet er das Lied: »Denkst du des Schlosses noch auf stiller Höh'.« ⟨vgl. Band I dieser Ausgabe, S. 299⟩ Er lenkt dann wieder zu der Försterwohnung zurück, wo er alles beim Tanzen findet; da Fortunat sich dem Vergnügen nicht entziehen will, wendet er sich an Florentine, und diese verweigert sich ihm als Tänzerin nicht.

Und nun knüpfen sich wieder allerlei Bande, und die Kreise des Lebens wirren romantisch durcheinander. Da zieht es Kamilla heimlich zu Dryander, der Verwalter findet an der Försterin eine Persönlichkeit, bei der er sich über die »gute alte theure Zeit« ausweinen kann; am heißesten aber glühen die Herzen Fortunats und Florentinens. Und als sie sich nun in den Wald verlieren, blüht ein verständnisreiches Gespräch auf. Der Weg führt sie auf eine »unübersehbare, lerchendurchschwirrte Ebene«, schließlich stoßen sie auf den verliebten Dryander, der eben der schönen Kamilla seine Liebe schwört. Auch Fortunat und Florentine werden dann vom Gotte Amor erreicht; wie Florentine flieht, fängt sie Fortunat auf, wofür ein Kuß sein Lohn wird. Mit der überraschenden Erscheinung einer holden Jägerin, die auf leichtem Zelter, ihren Falken auf der Hand, wie ein Märchenbild wirkt, schließt das dritte Kapitel.

Florentine hat in dem »holden Frauenbilde« Fiametta, die erwartete Gräfin, erkannt, und so werden wir im vierten Kapitel endlich Zeugen des Empfanges; die Försterstochter meldet die Herannahenden, da aber gerät angesichts des gräflichen Wagens durch Dryanders Unvorsichtigkeit die Empfangspforte in Brand, und die ganze schön geplante Feierlichkeit geht in einen wüsten Wirrwarr aus, bei dem die gräfliche Herrschaft das Schloß schließlich zu Fuß erreichen muß. Der Empfang im Schlosse gestaltete sich noch verdrießlicher, da die Gräfin die Männer berauscht findet und Fortunat ihr als ein Verehrer ihres Sohnes Viktor vorgestellt wird. Ohne rechte Kenntnis von den Beziehungen Fortunats zu Viktor beleidigt sie den Gast sehr empfindlich, so daß dieser, tief gekränkt, zum nächtlichen Walde emporsteigt, um der Natur sein Leid zu klagen. Dryander dagegen wird von der Gräfin in auffallender Weise bevorzugt, so daß man auf ein heimliches Einverständnis der beiden schließen muß.

Infolge des unliebsamen Vorfalles mit der Gräfin beschließt Fortunat, sich wieder ganz dem freien Wanderleben zu widmen; er bricht daher heimlich auf, und, an der geheimnisvollen Insel vorbeiwandernd, wo er Gesang zu hören glaubt und eine Gestalt wie die Fiamettas ihn narrt, gewinnt er seine Freiheit wieder.

An dieser Stelle reißt der Faden der Erzählung ab; es sind

hier nicht weniger als elf Seiten in Verlust geraten. Die Seiten 54 und 55 bilden den Rest eines Doppelblattes, von dessen verschwundener Hälfte noch geringfügige Spuren sichtbar sind.

Auf Seite 54 wird uns die Szene geschildert, von der in dem Entwurfe so häufig die Rede ist, wie der »Litteratus« Lothario im Walde nächtens schläft und von Kordelchen bewacht wird. Als Fortunat auf seinem Pferde herannaht, winkt ihm das Mädchen, sich still zu verhalten. Allein der Schläfer erwacht und beginnt nun ein so tolles Gespräch über Nachtphantasien und Gotteswalten, daß wir die Angst des Mädchens, ihr Begleiter möchte den Verstand verloren haben, durchaus verstehen. Da Fortunat »von dem Zigeunerhaften dieses gantzen Begebnißes unwiderstehlich angezogen« wird, schwingt er sich vom Pferde und läßt sich mit dem »Litteratus« in ein Gespräch ein.

Dann »hext« Kordelchen einen »feinen Jüngling« mit zwei Handpferden herbei; es ist der Maler Guido, »mit dem die Schauspielertruppe auf ihren früheren Zügen schon manchmal zusammengetroffen«, und den die Schauspielerin nun heimlich herbeschieden.

Bei anbrechendem Morgen sitzen alle auf, und es geht nun froh in die schöne Gottesnatur hinein; am aufgeschlossensten zeigt sich Lothario, der mit »seinen wildumspringenden und überraschenden Reden die feyerliche Stille mit seltsamen Bildern und Aussichten« ebenso belebt wie mit seinen »schönen, unbekannten Liedern«, und den Fortunat darauf schon einmal gesehen zu haben meint. In der prächtigen Morgenstimmung wird auch Guido vertraulicher; er erzählt, wie sein Herz nach dem sonnigen Wunderlande Italien verlange, und wie er nun bald dorthin zu kommen hoffe; darüber kommt ein Kunstgespräch in Gang. Während Fortunat meint, die Kunst sei »kein Ballast«, sondern vielmehr »das Segel und der Kompaß, der nach dem Kreutze weist«, bezeichnet Lothario eben diese göttliche Gabe als eine »Doppelgängerey der Seele«, als eine »schöne, buntfleckige Bestie«, die man zügeln und dressieren müsse, um die Gunst des Publikums zu erringen. Als der Streit zu heftige Formen anzunehmen droht, macht ihm Kordelchen ein Ende.

Bei Mondschein treten sie »in den Zauberkreiß des Schlesischen Riesengebirges gegen Warmbrunn«; dabei führt der Weg an einem einsamen romantischen Schlosse vorbei, das nun wieder ganz von phantastischem Leben erfüllt ist; eine Flöte ertönt, an einem Fenster zeigt sich die weiße Gestalt einer Frau, und eines der Standbilder im Parke gewinnt Leben; als Lothario herzueilt, entpuppt sich der fleischgewordene Stein als Dryander. Wie sie darnach in Warmbrunn einziehen, liegt eine tiefe Stille über dem Orte, und auch das große gräfliche Schloß an dem leeren Platze ist in Ruhe versenkt.

Von dem siebenten Kapitel lernen wir nur noch den Anfang kennen; der frühe Morgen des darauffolgenden Tages, so entnehmen wir den letzten Seiten der erhaltenen Handschriften, findet Fortunat und Lothario als ewige Naturschwärmer wieder im Freien. »Von einer Erhöhung aus erblicken sie Dryanders Landhaus«; als sie sich dahin begeben wollen, geraten sie zu einem Schlosse und werden dort Zeugen eines verfänglichen Auftrittes. Sie sehen nämlich einen jungen Mann aus einem Fenster steigen; von drinnen helfen weiße Frauenarme, draußen, jenseits des Gartenzaunes, wartet ein Jokey mit einem Pferde. Kurz entschlossen tritt Lothario dem scheinbaren Missetäter in den Weg und begehrt von ihm, in das Schloß eingeführt zu werden. Doch der Unbekannte redet Fortunat mit Namen an und begrüßt Lothario als den erwarteten Maler. Ehe sich der Schleier lüftet, entfernt sich der junge Mann mit dem Versprechen, seine Schwester zu holen. Die überraschten Eindringlinge aber führt ein Diener in das zauberisch schöne Schloß, wo sie in einem »heiteren Gartensaale« landen.

Hier erlahmte die Lust des Dichters aufs neue: denn die Seite 63 ist nur halb beschrieben und hat in dieser Form wohl auch keine Fortsetzung gefunden.

Man darf annehmen, daß Eichendorff darnach den Roman ganz neu gestaltete; denn von der Vorlage schimmert nur ab und zu noch ein Mosaiksteinchen durch. Vor allen Dingen hat Eichendorff in der letzten und endgültigen Fassung des Romanes den Schauplatz der Handlung völlig verändert, hier sind wir in Schlesien, dort in Heidelberg; ferner befreite er die Erzählung von dem Bleigewichte des Dramas, das natürlich als *Meierbeths Glück und Ende* unschwer zu erkennen ist, und dessen mit dem Romane beabsichtigte Verknüpfung bislang gänzlich unbekannt war.

Die vierte und letzte Fassung von *Dichter und ihre Gesellen* steht stärker als die anderen unter dem Einflusse der Grundidee, wonach der Romantiker der oben erwähnten Äußerung zufolge »die verschiedenen Richtungen des Dichterlebens« zur Darstellung bringen wollte. Dieser Fingerzeig genügt, um in dem bunten Gewirre der Begebenheiten Ordnung zu erkennen und die Charaktere in einem inneren Verhältnisse zueinander zu sehen.

Alle von Reinhard beschriebenen Texte stehen dem Text des Romans noch sehr fern. Einige der zitierten Verse (S. 695 f.) sind wörtlich in die Satire *Meierbeth's Glück und Ende* (Szene 7 und 9; vgl. Stellenbelege im Text) eingegangen, aber auch die integrierten Entwürfe zu diesem Stück entsprechen in wesentlichen Aspekten noch nicht der gedruckten Fassung, wo anstelle der schicksalhaften Dose mit dem Bildnis des Vaters (vgl. Verse S. 693) eine Flasche tritt (Band IV dieser Ausgabe, S. 229,30 f.). Es ist deshalb unwahrscheinlich, daß die Satire *Meyerbeth's Glück und Ende* als Binnendrama in eine frühe Fassung des Romans integriert war. Offensichtlich sollte dem Roman eine Parodie auf das Schicksalsdrama als Aufführung der Schauspieltruppe eingefügt werden. Diese Parodie wird dann in veränderter Form in die Literatursatire eingebaut, die mit der Kritik der Shakespeare-Übersetzungen einen größeren Horizont gewinnt.

Das gesamte Konvolut dürfte daher vor 1827 entstanden sein; über die Hauptarbeitsperiode am Roman, die nach dem Brief an Schön (März 1833) liegen dürfte, hat Eichendorff seinem Freund trotz der Ankündigung (vgl. S. 682) nichts verraten.

ASPEKTE DER DEUTUNG

Eichendorffs Absicht, die »verschiedenen Richtungen des
Dichterlebens« darzustellen (vgl. das Briefzitat S. 682), greift
einen wichtigen Aspekt der frühromantischen Ästhetik auf:
Es geht um das *Leben* des Dichters, um das von Poesie bestimmte, das in sinnvoller Weise »poetisierte Leben«.
Eichendorff erprobt in seinem Text verschiedene Formen
dieses Dichterlebens, er läßt Menschen mit- und gegeneinander agieren, die auf jeweils verschiedene Weise ihr Leben und
Dichten miteinander zu verbinden suchen. Während die Formel vom »poetisierten Leben« in der Jenaer Romantik – bei
Novalis, Tieck und den Brüdern Schlegel – recht abstrakt
blieb, nimmt Eichendorff die Frage, wie denn der »poetische
Mensch« sein Leben unter den gegebenen historischen Umständen gestalten könnte, sehr konkret und ernst. Dabei geht
es stets auch um eine Art Selbstrechtfertigung, um exi-
stentielle Fragen der eigenen Biographie. Eichendorff fragt
sich selbst: Wie kann ein Dichter im 19. Jahrhundert seine
Aufgabe definieren, wie kann er ein Leben führen, das seiner
Dichtung entspricht? Welche Rolle spielt der Dichter in der
bürgerlichen Gesellschaft, und wie kann er auf diese Gesellschaft und ihre Werte einwirken?

Die scharfe Konfrontation von bürgerlichem Philister
und »poetischen Menschen« – abgeleitet aus dem Kleinkrieg
der Studenten gegen die spießigen Bürger der Universitäts-
städtchen im 18. Jahrhundert – hatte zu einem unfruchtba-
ren »Krieg« geführt. Die Bürger fühlten sich verhöhnt und
sahen die Dichtung der studentisch-romantischen Jugend als
unverbindliche Darstellung einer abstrakten Scheinwelt an,
die keinen Ausweg aus den Bindungen des täglichen Arbeits-
lebens eröffnete. Eichendorff selbst mußte in seinem Leben
den ›Bruch‹ bemerken, den das romantische Denken ver-
stärkte. Denn er war gehalten, das »normale«, unauffällige,
angepaßte Leben eines preußischen Beamten zu führen, und
versuchte zugleich, den Idealen seiner Dichtung treu zu blei-

ben. Die Helden seiner Epik und das Ich seiner Lyrik kehren der ›bürgerlichen Prosa‹ des Alltäglichen in der Regel verächtlich den Rücken und wenden sich einer scheinbar freien Natur zu, er selbst konnte diesen Weg nicht wählen, ohne Familie und Beruf zu gefährden. Die Möglichkeiten eines Clemens Brentano gab es für Eichendorff nicht; ihm fehlte es an Besitz und Vermögen, um ohne Rücksicht auf Broterwerb sein Leben der Poesie zu widmen und abgehoben von den Problemen der Bürger seine Existenz der Dichtkunst zu verschreiben.

Zudem waren ihm die Gefahren einer ›Flucht‹ in einen ›zeitlosen‹, gesellschaftsfernen Bereich durchaus bewußt, und der Roman stellt – wie zahlreiche weitere Dichtungen Eichendorffs – den Versuch dar, die Konfrontation von bürgerlicher und poetischer Existenz aufzulösen, einen *Krieg den Philistern* (wie es im Titel seiner Satire von 1824 heißt) zu vermeiden oder zu schlichten. Grundsätzlich scheint ihm ein Sprung aus der bürgerlichen Welt in ein ›freies Dichterleben‹ problematisch: Es korrumpiert den Dichter, der sich derart ausschließlich und »berufsmäßig« dem Schreiben widmet, und macht ihn vom Hofe oder vom Publikum abhängig. Zugleich besteht die Gefahr, daß er den Boden unter den Füßen verliert und seinen eigenen Gestalten und Phantasien verfällt. Eichendorff exemplifiziert diese Gefahren, die er in seinem Gedicht von den zwei Gesellen zum lyrischen Bild verdichtet (vgl. Anm. 181,4-21 sowie Band I dieser Ausgabe, S. 968), an den Figuren seines Romans. Die Protagonisten sind eigentlich alle »Gesellen«, die auf der Wanderung ihr Gesellenstück liefern auf dem Wege zu einer Meisterschaft des Lebens, das Poesie miteinbezieht. Der Leser erfährt, wie sie in Sackgassen geraten und scheitern oder in einem entbehrungsreichen Reifungsprozeß ihr Ziel erreichen. Die Romanhandlung mit ihren Verwechslungsspielen und Kumulationen von geradezu absurden Zufällen dient primär dazu, die exemplarischen Lebenswege wie in einem Experiment künstlich miteinander zu verknüpfen.

Mit seinem Verfahren, die Helden auf begrenzter Strecke

ihres Weges mit einer herumziehenden kleinen Theatertruppe zu verbinden, knüpft Eichendorff an Goethes *Wilhelm Meister* an. Der Rückgriff ist nicht ohne tiefere Bedeutung: Eichendorff geht es wie Goethe um die Ausbildung des
Kunstverständnisses und die anschließende Bewährung im
praktischen Leben. Er wendet sich bewußt von der spezi-
fisch romantischen Tradition des Bildungsromans, wie er im
Franz Sternbald Tiecks oder dem *Heinrich von Ofterdingen* des
Novalis gestaltet ist, wieder ab bzw. schreibt die Lebensgeschichte des romantischen Künstlers auf seine Weise zu
Ende. Die Lebenswege enden – trotz aller Anleihen bei einzelnen Motiven der romantischen Romantradition – nicht in
einem Märchenreich, sondern in einer diesseitigen Bewährung. Victor von Hohenstein (alias Vitalis) verschreibt sich
weder einer theatralischen Sendung, noch einem abstrakt-
radikalen Poesiebegriff. Er gestattet sich auch nicht das va-
gabundierende Leben des Taugenichts oder den Aufbruch in
ein fernes Reich der Sehnsucht wie Heinrich von Ofterdingen. Solche Ziele sind für Victor – ebenso wie für Goethes
Wilhelm Meister – nur Durchgangsstadien, sie werden im
Lauf eines wechselvollen Lebens relativiert, als Scheinlösun-
gen bzw. Denkmodelle eines Lernenden vorgeführt, die der
Held überwindet.

Ähnlich wie bei Eichendorffs Vorbild ist auch die Steue-
rung dieser Lebenswege durch geheimnisvolle – letztlich
immer pädagogisch sinnvolle – Eingriffe, die bei oberflächlicher Betrachtung zunächst Zufälle scheinen. Bei Goethe ist es
die geheime Gesellschaft vom Turm, deren segensreiche Mitwirkung dem Leser im Nachhinein deutlich wird. Bei
Eichendorff ist es eine höhere Vernunft, die das Leben aller
Figuren zu ihrem Besten steuert. »Der Mensch denkt, Gott
lenkt«, heißt es einmal im Romantext, und es bleibt für
Eichendorff kein Zweifel, daß der Mensch allein sein Geschick nicht bestimmen kann. Ohne die gnadenreiche Lenkung Gottes wäre der Einzelne hilflos ausgeliefert. Wer sich
dieser Kraft nicht unterordnet und einer religiös indifferen-
ten Dichtung lebt, verfällt den heidnischen Kräften, erliegt

den Verlockungen des Venusbergs und den heidnischen Gottheiten, die in verschiedenster Gestalt den Roman bevölkern.

Bei Goethe ist diese Gefahr der Verführung durch Sinnlichkeit ohne jenen dämonischen Charakter. Es ist keine Todsünde, wenn sich Wilhelm Meister den Verlockungen des amoralischen Theaterlebens der Truppe hingibt. Er ist in Gefahr, den Weg in die bürgerliche Gemeinschaft zu verfehlen, und wird behutsam zu den Aufgaben dieser Gesellschaft zurückgeführt, ist jedoch existentiell nicht gefährdet. Eichendorff sieht alles menschliche Verhalten sub specie aeternitatis. Der Himmel führt seinen Helden Victor und nicht eine mehr oder minder freimaurerische Geheimgesellschaft. Sein Weg führt zum Schluß in einen Teil der Gesellschaft, den Eichendorff für essentiell hält, in den Bereich der religiösen Gemeinschaften. Als Vitalis findet Lothario (alias Victor) zu einer Existenzform zurück, die sich im Urchristentum herausgebildet hatte: Er wird Eremit und dient mit einer Dichtung, die alle Kraft aus dieser Existenz zieht, indirekt auch der Bürgerwelt. Zum Schluß entscheidet er sich sogar, seine Ideen kämpferisch-missionarisch in die profane Welt zu tragen.

Eine Bewährung im Sinne des *Wilhelm Meister* ist dies nicht, aber es ist auch nicht die radikale Umsetzung der frühromantischen Postulate, die sich von allem Bürgerlichen und Unpoetisch-Philiströsen abwandten und der Poesie die absolute Priorität einräumten. Vitalis nimmt sich vor, den Kampf um den rechten Glauben in die Gesellschaft zu tragen. Kunst ist dabei, wie es im Entwurf zum Roman (S. 707) heißt, »das Segel und der Kompaß, der nach dem Kreutze weist«. Vitalis verrät die so verstandene Kunst nicht und bleibt nicht in der abgeschlossenen Klosterzelle, sondern geht als Missionar in die Welt, die mit ihren Freiheitspostulaten nach Eichendorffs Auffassung unter dem Einfluß einer teuflischen Hybris steht. Das apokalyptische Bild am Schluß des Romans (vgl. S. 352,11-16 mit Anm.), das Bezug auf die liberalen Tendenzen hat, die beim Hambacher Fest deutlich geworden waren, zeigt, daß Eichendorff den Lebensweg von Victor als Antwort auf die Probleme der Zeit versteht.

Damit knüpft Eichendorff an die Thematik seiner Satiren *Auch ich war in Arkadien!* (1832) und *Viel Lärmen um Nichts* (1833) an. Das heißt, ihm ist das vorläufige Scheitern der romantischen Bewegung durchaus bewußt. Er setzt sich – ähnlich wie in der Satire *Viel Lärmen um Nichts* – kritisch mit den Ideen der Frühromantik auseinander und versucht eine erneuerte, zeitgemäße Romantik zu entwickeln, die alte Fehler vermeidet. Die Form des Romans bietet ihm dabei andere Möglichkeiten als die der Satire. An die Stelle der Karikaturen und Allegorien treten differenzierte Charaktere und Entwicklungsprozesse. Die einzelnen Dichter sind denn auch nur entfernt verwandt mit den Figuren von *Viel Lärmen um Nichts.*

Dryander ist ein Verwandter von Faber, er ist der »Doktor«, der gelehrte Dichter. Wie sich Faber in der Satire vom Herrn Publikum anstellen läßt und damit ›käuflich‹ wird, so kann auch Dryander der Verlockung nicht widerstehen und wird zeitweise zum korrumpierten Hofpoeten. Sein ständiger Kampf mit sich selbst, seine große Sprachpotenz und seine genialisch-komische Vergeßlichkeit lassen ihn jedoch als einen liebenswerten Gesellen und Wirrkopf mit menschlichen Schwächen erscheinen, der bei dem Leser Mitleid und Verständnis findet. Eine Entwicklung im Sinne eines Reifungsprozesses macht er allerdings nicht durch, er ist am Anfang ebenso schlau wie am Ende des Romans, versteht es jedoch, den Gefahren auszuweichen, die anderen Gestalten des Romans (Otto, dem Maler Albert und dem Fürsten) zum Verhängnis werden.

In Fortunat finden wir einen Verwandten von Leontin, einen Naturpoeten, der als Gegentyp des Philisters Walter konzipiert ist, jedoch zugleich exemplarisch die Gefahren des Dichterlebens demonstriert. Wer sich aus der Enge der Bürgerwelt ohne innere Reife dem Dichten oder der Naturschwärmerei ergibt (und sich damit ›frühromantisch‹

falsch verhält), ist nach Eichendorffs Auffassung in hohem
Maße gefährdet. Er sieht sich einem Abgrund heidnisch-
dämonischer Naturgewalten gegenüber. Fortunat widersteht – wie Florio im *Marmorbild* – mit Mühe den Verlockungen des Venusbergs und findet dann in der Liebe zu
Fiametta seine wirkliche Befreiung. Die kleine Italienerin
wird für ihn zur Aurora (zur Muse einer erneuerten Dichtkunst), wie sie selbst am Schluß des Romans ausspricht. Die
Art, wie er – ohne das Dichten zum Beruf zu machen – Leben
und Poesie verbindet und dabei die tiefere (religiöse) Dimension der Natur erkennt, ist vorbildlich. Auf andere Art
als Victor dient er doch dessen Zielen, und er kann Victor
sagen: »Zuletzt ist's doch dasselbe, was ich eigentlich auch
meine in der Welt, ich habe nur kein anderes Metier dafür, als
meine Dichtkunst, und bei der will ich leben und sterben!«
(S. 351,36-38)

Otto gelingt der Durchbruch nicht. Obwohl Victor ihn zu
leiten versucht und ihm u. a. eine Reise nach Italien ermöglicht, bleibt er unreif und selbstbefangen. Nur wenige – so ist
Eichendorffs Meinung – finden den Weg zum reifen Dichter;
Selbstdistanz und innere Festigkeit sind eine wesentliche
Voraussetzung für diesen Reifeprozeß. Otto versucht es als
Berufspoet, als einsamer Naturschwärmer, als Einsiedler
und als liebender Ehemann, der von seiner Frau Inspiration
erhofft. Nichts glückt ihm, weil er stets auf sich selbst kon-
zentriert bleibt und offensichtlich nicht genug Genialität besitzt. Er ist ein »halber Philister«, und den Freunden gelingt
es nicht, ihm »völlig aus dem tollen Poetenmantel« heraus-
zuhelfen (S. 136,6 f.), der ihm nicht paßt. Sein Dichten verfällt der Eitelkeit und Selbstbespiegelung: Victor versperrt
ihm deshalb auch den Weg zum Eremitendasein. Otto verfällt schließlich den sinnlichen Kräften einer Melusine und
geht in wahnsinnigen Fieberträumen unter.

Talent und Genie allein reichen jedoch ebenfalls nicht zum
Dichter. Das zeigt exemplarisch die zentrale Figur des Romans, die keine Parallele in der Satire *Viel Lärmen um Nichts*
hat: Victor von Hohenstein. Seine großen Anfangserfolge

als Dichter lassen ihn unbefriedigt, und er reist inkognito unter dem Namen Lothario mit der Theatertruppe durch die Welt. Als einziger der Protagonisten scheint er der dämonischen Juanna-Figur gewachsen. Er entführt sie und scheint zu triumphieren, als sie sich plötzlich seinem Zugriff entzieht und wie eine Nixe im Wasser versinkt. Die Rettung mißglückt und Juanna wird beerdigt. Selbstdisziplin und Festigkeit im Glauben führen dazu, daß Victor diesen Verlust überwindet. Er versinkt nicht – wie verwandte Figuren in Eichendorffs Dichtungen – in Wahnsinn und Erinnerungsschmerz, sondern gibt seinem Leben eine Wende und wird Einsiedler. Sein Dichten versteht er seit diesem Zeitpunkt als Gottes-Dienst: Indem er die Natur in ihrer religiösen Bedeutung erkennt und deutet und sich einer christlichen Ethik verpflichtet, kann er verantwortliche Dichtkunst hervorbringen, die den Bürger nicht verwirrt und verführt, sondern ihm wirklich hilft.

Dieses Fazit ist dem Leser erst am Schluß des Romans möglich, nach einem mutwilligen Spiel von Verwechslungen und scheinbar unmotivierten Wendungen und Zufällen. Eichendorff spielt mit den Mustern des Trivialromans und der Verwechslungskomödie, er nimmt Elemente des episodisch strukturierten Picaro-Romans und der Märchenerzählungen Tiecks auf. Den Verlockungen, Verführungen und Verwirrungen wird mehr Raum gewährt als der Darstellung des geordneten, geläuterten Einsiedlerlebens, das schließlich zu dem Entschluß führt, als Kämpfer für den Glauben in die Gesellschaft zurückzukehren.

Die Frage, wie denn nun eigentlich eine verantwortliche Dichtung aus der Feder des Dichter-Missionars aussehen könnte, wird nur durch den Roman selbst beantwortet: Keine Kirchengesänge oder Tugendromane, keine Lehrstücke oder theologische Abhandlungen können das Ergebnis eines »poetischen Lebens« Eichendorffschen Typs sein. Die Vielfalt des Lebens kommt zur Darstellung, und nur durch die Fingerzeige einer versteckten, unaufdringlichen Natur-Symbolik wird der Hinweis auf den Grund alles Daseins gegeben. Allein durch die formelhafte Wiederholung bestimmter bedeutungsträchtiger Sinn-Bilder leistet der Dichter seine Aufgabe der christlichen Erziehung. Der Sonnenaufgang, der Aufstieg der Lerche, der Gesang der Nachtigall und das Rauschen des Waldes, das sind solche Fingerzeige Gottes, die durch wenige Hinweise gedeutet werden. Ihre Wirkung beziehen sie in erster Linie aus ihrem archetypischen Charakter, der durch die formelhafte Wiederholung evoziert wird (vgl. S. 612-617).

Diese Wirkungsmechanismen Eichendorffscher Bildformeln im einzelnen zu begründen, ist schwer genug. Die Bilder nehmen gefangen, sie rühren an, sie rufen eigene Erinnerungen des Lesers wach, gerade weil sie so allgemein, so wenig individuell gestaltet sind. Wir sehen Wald, hören Vögelgezwitscher, sehen makellos reine und zugleich verführerisch sinnliche Mädchengestalten aus dem Nichts auftauchen und wieder verschwinden, obwohl wir im Text geradezu spartanische Angaben finden. Kein Blick ist hier näher beschrieben, keine Baum- oder Vogelart, kaum ein individuelles Mädchen. Dennoch geht von vielen Motiven – gerade wegen der formelhaften ›Penetranz‹ ihrer Erscheinung – eine fast magische Wirkung aus. Erklärbar ist diese Wirkung nur aus der Interaktion mit dem Unbewußten des Lesers. Der Leser füllt die Formeln mit eigenen Projektionen. Er kann die Gestalten und Bilder als Abbilder seiner Wunschund Traumbilder auffassen, weil sie so allgemein, so wenig differenziert geboten werden.

Was für die einzelnen Natur-Bilder gilt, kann auch von den Situationen und Konstellationen behauptet werden. Nichts ist hier Wiedergabe einer konkreten historischen oder gesellschaftlichen Realität. Es sind vielmehr Grund-Situationen des Menschen, die vielfach wiederholt werden und zum Teil den Charakter einer Obsession haben: Der Jüngling, der einer weiblichen Person in das Schloß folgt; die Reiterin, die in der Ferne vorbeischwebt oder auf hohem Felsen auftaucht; das Verlieren des Weges in einem unbekannten Wald; Gesänge vertrauter Stimmen aus der Natur; das Schloß im

Mondschein; die unbekannte Frau am Fenster; die fernen
Schüsse im Wald. Eine umfangreiche, aber doch überschaubare Sammlung solcher Topoi ließe sich aus dem Roman
zusammenstellen. Sie scheinen typisch zu sein für den Dichter Eichendorff, haben jedoch allesamt den Charakter von
Traumbildern, von denen sich nicht sagen läßt, ob sie aus
dem Bestand eines kollektiven Unbewußten stammen oder
literarisch tradiert werden. Für den westeuropäischen Leser
sind diese Bilder und Situationen so eng mit der Märchen-,
Sagen- und Mythentradition verbunden und werden daher
seit frühester Kindheit angelernt, daß man eine irgendwie
mystische (oder durch die Lehren einer psychoanalytischen
Schule erst zu verifizierende) Tradition solcher archetypischen Bilder keinesfalls annehmen muß. Ein Schloß, eine
Fee, ein dunkler Wald: Die emotionale Komponente dieser
Bilder wird für den Deutschen (in eben dieser Allgemeinheit
als »gute Fee«, als märchenhaft schönes Schloß, als zum Verirren dunkler Wald) mit den Märchen der Brüder Grimm
tradiert. Eichendorffs Welt lebt auf dieser Folie, wobei diesen
Märchen nach dem Muster der frühen Märchenerzählungen
Tiecks gerade soviel an Psychologie und »Realität« beige-
geben wird, daß der Leser nicht weiß, ob er den Bericht eines
Traumes oder einer wirklichen Begebenheit erhält. Für die
Helden selbst ist dies von Fall zu Fall nicht deutlich, und wir
wissen nicht: Sind es Wahnbilder, Projektionen von Hoffnungen und Ängsten, die sich in märchenhafter Gestalt auf-
drängen, oder hat sich eine der handelnden Personen nur
verkleidet und treibt ihren Schabernack mit dem faszinierten
und verwirrten Helden?

ZUR AUFNAHME

Die zeitgenössischen Rezensenten nahmen Eichendorffs
zweiten Roman überwiegend positiv auf. Die enge Verknüpfung mit der Tradition der Romantik wird allgemein
gesehen und verschieden beurteilt, doch ist fast allen Re-

zensenten klar, daß hier in der Reihe der romantischen Romane ein später Höhepunkt erreicht wird.

Wie eng Form und Inhalt von *Dichter und ihre Gesellen* der Idee der Romantik verbunden sind, betont bereits die erste erschienene Kritik. Sie stammt aus der Feder von Max Duncker (1811-1886), einem Sohn des Buchhändlers Karl Duncker, der den Roman verlegte. Der Historiker, der ab 1842 Professor in Halle war, gehörte zu den gemäßigten Liberalen (im Paulskirchen-Parlament) und war ab 1867 Direktor des preußischen Staatsarchivs. In der von Karl Büchner herausgegebenen ›Literarischen Zeitung‹ schreibt er (Berlin, 19. 11. 1834, Sp. 837-839):

Vorliegende Novelle gehört der romantischen Richtung neuerer Kunst an, u. es sind mit diesem Worte in der That alle ihre starken und schwachen Seiten ausgesprochen. Wir finden weder eine abgeschlossene Einheit des Stoffes noch einen bedeutenden Punkt der Erzählung, um welchen her sich das Einzelne gruppirte, noch endlich eine klare, durchsichtige und dadurch einleuchtende Idee des Ganzen; wenn nicht etwa jemand auf den Einfall käme, der Hr. Verfasser habe die höchst sublime Idee gehabt, durch den Untergang aller, die sich in dieser Erzählung der Poesie ergeben haben, von diesem gefährlichen Handwerk abzuschrecken. Es ist indeß allerdings ein Gemeinsames, die einzelnen Charactere Vereinigendes da. Das ist die Romantik selbst, eben darum unklar und schwer in Worte zu fassen, weil es das ganz Unbestimmte, das Gefühl mit seinen Leiden u. Freuden, mit seinem unendlichen Sehnen ist, das deswegen gerade nicht zum Ende u. zum Verstande kommt. Darum sind auch die Charaktere nicht voll u. scharf entwickelt, darum keine geschlossene plastische Vollendung des Ganzen u. des Einzelnen. Man könnte uns hierauf erwiedern, daß der enge Raum u. die Tendenz einer Novelle überhaupt keine ausführlichere Darlegung der Charactere u. Ereignisse zulasse; daß die Forderungen des Romans u. der Novelle verschieden seyen. Abgesehen von der hierdurch ge-

forderten ganz entschiedenen Sonderung der Novelle u.
des Romans, der wir nicht beipflichten, kann von jedem
Kunstwerk, wir sagen nicht Entwickelung, wohl aber ge-
naue und scharfe Abgrenzung, so wie Bestimmtheit u.
Durchbildung der Charactere gefordert werden, wobei es
auf den Raum am wenigsten ankommt. Aber es ist gerade
das Wesen der Romantik ihre Personen in das Unbestimmte, in Sehnsucht und Liebe, überhaupt in dunklen
Motiven verschwimmen zu lassen, deren Grenze nur ihre
Nichtbegrenzung ist. Andrerseits aber muß ihr die
höchste Kraft der Lyrik zugesprochen werden u. dieses
Moment ist dann auch das Glänzende und Gelungene unserer Novelle; gleich ausgebildet in der Schilderung der
Affekte wie der Natur und der Begebenheiten. Es culmi-
nirt in der düster phantastischen Erzählung von der wilden Spanierinn und in den eingeflochtenen Liedern, die
durchweg ausgezeichnet sind.
(vgl. HKA XVIII, S. 255 f. und 1541)

Oskar Ludwig Bernhard Wolff (1799-1851), seit 1832 Professor der neueren Sprachen und Literaturen in Jena, entdeckt, daß die Grenze zwischen Dichtern und Philistern in
diesem Roman nicht scharf gezogen ist, da auch »die Philister
⟨...⟩ liebenswürdig ⟨sind und⟩ in das Gebiet der Poesie
hinüber« streifen. Die formelhafte Wiederholung der »Staffage seiner Bilder« fällt ihm auf, doch betont er, »daß man
aber Alles dies bei ihm stets gern von Neuem sieht«.

Die Rezension erschien am 28. 11. 1834 in der humoristi-
schen Zeitschrift ›Das Brennglas‹ in Leipzig (Nr. 9, S. 35 f.):
Eichendorff ist der einzige frische, noch blühende Zweig
der romantischen Schule: er blieb sich immer treu, und hat
seit Arnim zu den Schatten hinabstieg, und Tieck sich in
die moderne nach ihm benannte Novelle einspann, jene
fantastischen Schätze geerbt, die einst so Viele erfreuten
durch ihren Glanz und Schmelz und ihr buntes Farben-
spiel. Mit reicher Hand spendet er seine Gaben, und es ist
eine Freude, ihm zu begegnen auf seinem Wege. Alles
blüht ihm entgegen in der Natur; er versteht die Sprache

der Vögel, das Plaudern der Quellen, das Rauschen der
Bäume, den Ernst der Felsen und das Herz geht dem auf,
der ihn dahin ziehn und singen hört, bald in kecker Lust,
bald wehmüthig und sanft, dann wieder jauchzend und
jubelnd. Es liegt eine solche jugendliche Fröhlichkeit und
heitere Unschuld neben einer so ehrenhaften, festen, tüchtigen Männlichkeit in seinem Wesen, so viel Frömmigkeit
und echte Liebe durchglüht seine Seele, daß er durchaus
Jedem, der warmen Herzens ist, erscheinen muß als ein
wahrer eingeweihter Priester seiner Gottheit, der Poesie.
Seine Werke sind daher immer ein klarer Spiegel seines
Ich; wie sich die Welt in ihm gestaltet, so gestaltet er die
Welt in seinen Schriften; seine Seele gleicht einer schönen
Sommerlandschaft, vom Abendroth umsäumt, voll Rauschen und Klingen, und doch wieder voll innerer Ruhe,
die durch ein Gewitter nur noch erhabener wird, und die
weder die Blitze seines Geistes stören, noch der Donner
seines Zorns erschreckt. Daher sind auch fast alle Charaktere in seinen Schöpfungen, selbst die Philister, mit denen
er sich zu Zeiten wohl beschäftigen mag, liebenswürdig,
denn es fehlt den Letzteren selten an einer gewissen Bon-
hommie, die in das Gebiet der Poesie hinüber streift, und
durch die Uebrigen, wie verschieden sie sich auch zeigen,
ernst oder neckisch, toll oder gesetzt, klingt stets derselbe
romantische Grundton einer reinen und reichen Seele
durch, und beweist, daß sie Alle zu derselben Familie gehören und einen gemeinschaftlichen Stammvater, den
wahren Humor haben. Eigenthümlich ist dabei, daß die
Umgebungen, in denen er sie auftreten läßt, überall dieselben sind, daß sich die Staffage seiner Bilder immer
gleich bleibt, Berg und Thal, voll singender, rauschender
Quellen, heiterer Vögel, dunkelen Laubes, hin und wieder
ferne Gewitter, Jagd in den Bergen, Hifthörner im Walde,
reizende verschlafene Mädchen an den Fenstern, die ihre
Haare strählen und sich in die frische Morgenluft hinaus
dehnen, wunderliche Gesellen, die wie Schatten über die
Bühne laufen und verschwinden, und dergleichen mehr,

daß man aber Alles dies bei ihm stets gern von Neuem sieht, weil es den immer frischen Reiz der Anmuth besitzt. So auch hier in der neuen Novelle, in welcher sich Dichter aller Arten, Solche nämlich, die poetisch schreiben oder singen, und Solche, die poetisch leben, vor dem Leser bewegen.

⟨...⟩

Muß nicht Jedem, der sich seine Jugend zu bewahren wußte, das Herz aufgehn bei solchen Gesängen? Uns war, als wir das Buch lasen, als durchlebten wir noch einmal eine schöne reiche Jünglingzeit, voll süßer Ahnungen und Träume, voll heiliger Schauer und frommer Entschlüsse, umsäumt von keckem Uebermuth und tollem Treiben der Laune; während des Lesens aber fanden wir auch gar nichts, das uns nur einen Augenblick in der freundlichen Täuschung störte und so sei es denn zum Dank Allen, die ihr Gemüth zu einer Lectüre mitbringen, auf das Herzlichste und Wärmste empfohlen.

(vgl. HKA XVIII, S. 257-260 und 1541 f.)

Erstaunlich ist die Rezension von Karl Gutzkow (1811 bis 1878), der aus seiner Skepsis gegenüber Eichendorffs Verherrlichung der ›alten Zeit‹ und Dichtung im Sinne einer ›alten Schule‹ kein Hehl macht und doch – gleichsam gegen inneres Widerstreben – die besonderen Qualitäten von Eichendorffs Texten aufspürt.

Zum erstenmal wird hier das Motiv des Zuspätgeborenen deutlich angesprochen, das dann zum Topos der Eichendorff-Kritik wurde – zumal der jungdeutschen Rezeption – und vom Dichter selbst in seinen autobiographischen Dichtungen humoristisch ins Positive gewendet wird (Band V dieser Ausgabe, S. 352 und 360). Gutzkow schreibt in dem von ihm selbst herausgegebenen ›Phönix, Frühlingszeitung für Deutschland‹ (Frankfurt a. M., 14. 1. 1835, Sp. 1-426):

Der Kreis von Anschauungen, in welchen sich Eichendorff bewegt, ist klein, aber er ist reizend. Es gibt einige Situationen in der Natur, welche Niemand so warm empfunden hat, als dieser Preußische Regierungsrath, welcher nahe an der Schneelinie, in Königsberg, wohnt. In diesem Manne lebt nur Wanderlust, die Natur, nicht in ihren Schauern, sondern in ihrer trauten Heimlichkeit, in seinen Gedanken blitzt Alles von Morgenthau und Sonnenschein. Es scheint, als könne man nur so in Deutschland empfinden, in einem Lande, das in seinen kleinen Harzgründen, in seinen Oderbrüchen, in seinen Nachtigallenhainen an den Elbufern, in seinen Rheingauen und den lachenden Neckarthälern mit hellen Klosterglocken und einer immer wachen historischen Erinnerung so ungemein viel sanfte, bescheidene und wehmüthige Poesie verbirgt.

⟨…⟩

Eichendorff spricht und singt oft von der »guten alten Zeit.« Nehmt das nicht so genau! Es ist nicht bös gemeint. Die gute alte Zeit ist hier nichts, als ein Ton, der klingend durch den Wald rauscht, als eine Fee, die man im Traum an einer Quelle sieht, als ein flüchtiges Reh, das mit muntern Blicken aus dem Grün einer Waldesecke grüßt. Die gute alte Zeit ist hier nichts, als ein trauter Abend, unter Freunden genossen; ein reizender Spaziergang, den Ihr vom Schloß zu Heidelberg hinunter nach dem Wolfsbrunnen machtet; nichts als Erinnerung, Ahnung, eine Zeit, die vielleicht noch gar nicht geboren ist, oder jene geheimnißvolle Vergangenheit, wo wir noch im Schooße des Weltgeistes, in einer verklungenen Offenbarung lebten. Von allen alten guten Zeiten, die die Leute im Munde führen, ist Eichendorff's vielleicht die unschuldigste.

Es ist wahr, daß freilich unter diesem lyrischen Zerfluß die poetische Composition leidet. Eichendorff ist formlos, nur Anhauch, Leben nur insoweit, als er selbst mit voller Seele bei seiner Darstellung zugegen ist. Seine Figuren dämmern, sie tragen alle dieselbe Physiognomie. Hier tritt nichts scharf hervor, nichts schneidet sich von der Folie ab, seine Dichter und ihre Gesellen schlüpfen nur geisterhaft an uns vorüber, und lassen artige Lieder und Anklänge zurück, welche auf dich wirken, wie ein lyrisches Gedicht.

Eichendorff gibt von Dem, was er sagen will, nur immer die eine Seite; die andre klingt in dir nach, und du bist gezwungen, seine ganze Darstellung wie eine Kupferplatte noch ein Mal aufzustechen und das auszuführen, was er nur andeutete. Dies ist ein Mißstand für die Gattung, für den Roman; allein man vergibt ihm hier, wo die Andeutungen so frisch, hell und naturwahr sind und dem empfänglichen Gemüth die innerliche Ausführung und Ausmalung so viel Vergnügen verschafft.

⟨...⟩

Eichendorff hat nur den Fehler, daß er zu spät kömmt: er verbessert ihn vielleicht dadurch, daß er das Prinzip recht klar macht, die Tradition lebendig erhält, und uns Jüngern recht lebhaft zeigt, wie man die Weise seiner Schule mit Göthe's Classizität verbinden muß. Unsre Romane sollen von der Leidenschaft geboren sein oder einer hohen Idee; wir sollen Alles, was in uns Leben schafft, aussprühen lassen als elektrische Funken zur Belebung der Personen, welche die Träger unsres Gedichts sind, und nichts objektiv darstellen, was wir nicht subjektiv aus uns selbst geboren haben. Nur so kann Neues kommen: Neues, das hie und da dem Alten ähnlich sieht, aber einen gewissen unerklärlichen Ursprung verräth, ein unheimliches, wirres Auge, das noch nicht Alle verstehen, jetzt noch sonderbar, auffallend, selbst peinlich ist für einen Betrachter, der in die alte Sauce noch ganz eingetunkt ist; aber allmählich muß das Verständniß eintreten und das Sonderbare wird uns so gewohnt werden, daß wir es lieben lernen. Diese ganze Deduktion ist keine Sophistik; sondern ein tiefes Gesetz, welches aus der Verwirrung der gegenwärtigen Literatur sich deutlich herausscheidet.

(vgl. HKA XVIII, S. 260-264 und 1542-1544)

Die Rezension im ›Repertorium der gesammten deutschen Literatur‹ (Leipzig, 15. 1. 1835, Bd. 4, S. 68) stammt wahrscheinlich von einem der Leipziger Professoren und faßt kurz zusammen:

Die Dichter des Vfs. machen Verse, wenn sie nichts Bes-

seres zu thun haben, sonst aber sind sie auf Reisen, verliebt, und niemals bloss in Eine, nie verdriesslich, dann und wann unglücklich; nur Einer stirbt an Reue, ein Anderer wird zuletzt Priester, der Dritte heirathet. Die Gesellen sind wandernde Komödianten, unter denen die Dichter bald incognito, bald unter eigener Firma mit herumziehen; bei dem unstäten Leben kommen sie noch mit vielen andern Personen in Berührung, von denen einige ins Hochtragische, andere ins Fratzenhafte ausschlagen. Alles diess ist ungezwungen zu einer Erzählung verarbeitet, die man ohne Rührung und ohne Langeweile bis ans Ende liest, worauf man fragt: »Sind das Dichter?«
(vgl. HKA XVIII, S. 264 und 1544)

Dem anonymen Rezensenten im ›Literarischen Wochenblatt der Deutschen National-Zeitung‹ (Braunschweig, 15. 3. 1835, Nr. 11, S. 87) fällt die Abhängigkeit vom *Wilhelm Meister* Goethes auf:

Bei einem und dem andern Kunstrichter hat eine Novelle auf Stelzen: *Dichter und ihre Gesellen, von Joseph Freiherrn von Eichendorff* (Berlin, Dunker. 1834), einen Beifall gefunden, den sie beim Publicum schwerlich finden wird. Allerdings ist sie mit Geist und nicht ohne poetischen Sinn geschrieben; erscheint uns indeß mehr als ein Kunststück, denn als ein Kunstwerk, zu gemacht, zu geschraubt, zu sehr poetisch-nebelig, als daß aus allem Duft und Dunst und Wirrwarr deutliche Gestalten hervortreten könnten. Außerdem ist das Ganze nicht mehr und nicht weniger, als eine Nachahmung von »Meisters Lehrjahren«, und die Nachahmung geht auffallender Weise sogar ins Einzelne. Nicht bloß, daß Hrn. von Eichendorf's *Kordelchen* Göthe's *Philine* in neuem Gewande ist, sondern Kordelchen setzt sich sogar einst auf einen Reisekoffer, öffnet ihre Schürze, die voll Knackmandeln ist, und fängt vergnügt an, Knackmandeln zu knacken, wie Philine Nüsse. Es wird fast auf jeder Seite gesungen; und das giebt der Novelle, so schön die Verse auch großentheils sind, ein noch geschraubteres Ansehen. Manche Seltsamkeit erweckt oft ein Lächeln. In einem ehemals weit und breit beliebten englischen Romane wurde unendlich viel Thee getrunken, – in einer Erzählung: *Alfred und Mathilde,* im *Wintergrün für 1835,* bemerkten wir, daß der Verf. (Georg Lotz) seine Heldinnen ihren Geliebten gar zu oft um den Hals fallen läßt, – in Hrn. von Eichendorf's *Dichter*-Novelle wird eben so auffallend viel gesungen und – *Taback geraucht –.*

(vgl. HKA XVIII, S. 264 f. und 1544 f.)

Substantieller ist die ausführliche Würdigung von Adolf Schöll (1805-1882). Eichendorff kannte den klassischen Philologen und Literarhistoriker spätestens seit Mitte September 1832 aus der »Mittwochsgesellschaft« in Berlin und schloß enge Freundschaft mit ihm. Schöll war später an der Redaktion der Gedichtausgabe von 1837 beteiligt und hat vermutlich Anordnung und Titel der aufgenommenen Gedichte wesentlich bestimmt. Er kann daher als erster Eichendorff-Kenner gelten, der die Ideen des Dichters kongenial aus der Perspektive des Literarhistorikers darstellt. Seine Rezension erschien in den Berliner ›Jahrbücher‹n› für wissenschaftliche Kritik‹ im März 1835 (Nr. 54, Sp. 446-448):

Soll ich dennoch nach Referentenpflicht aussprechen, was die Dichtung darstellt, so wär' es etwa dieß, daß es – aller andern Eintheilungen unbeschadet – zweierlei Poesie gebe: eine, die alle Welt so nennt, und eine andere, die gerade Ursache ist, daß manche Menschen so prosaisch, andere so fruchtlospoetisch oder so seltsam verstimmt sind. Behaupten schon die Poeten oft, von ihrer Poesie nicht eigentlich die Herren zu sein, wie sehr auch mancher bemüht ist, sie zu seiner gehorsamen Dienerin zu machen; so gilt es noch mehr von jener andern Poesie, daß sie in Solchen am reinsten erscheint, die nichts von ihr wissen, mit Solchen aufs muthwilligste spielt, die nicht von ihr wissen wollen, und Solche, die sich ihrer ganz gewiß glauben, weit vom Ziele irren läßt.

⟨...⟩

Daß dieser Styl der romantische ist, würde ich nicht sagen, wenn es nicht vor mir Andere gesagt hätten. Ich würde es nicht sagen, weil es mit solchen abgegriffenen Prädikaten eine schlimme Sache ist. Es geht hier der Poesie wie der Philosophie. Die Rubrikentitel: Idealismus, Naturphilosophie, Pantheismus u.s.w. müssen, wie bekannt, dazu dienen, wo sie nur mit Anschein applicirt sind, vom näheren Eingehen mit Fug zu dispensiren. Romantik ist auch so ein Zettel am Registerkasten für Poesie. Was nach ihr aussieht, fällt von selbst unter die Kategorieen des Unplastischen, Verschwimmenden, Lyrisch-Unbestimmten. Es giebt wohl unbestimmte Gedichte, die dann keine mehr sind; aber eine lyrische Unbestimmtheit giebt es nicht. Sagt man, eine Dichtung sei ohne Idee, ohne Motive, ohne Begrenzung, und spricht ihr dann doch die höchste Kraft der Lyrik zu, so widerspricht man sich.

⟨...⟩

Die Motive in Eichendorffs Novelle sind einfach, und sie mußten äußerlich ökonomisch behandelt sein, um von innen bestimmt zu bleiben; die Charaktere sind nicht überhaupt geschildert, sondern für ihre Lagen, wo ihr Licht an der jedesmaligen Grenze reflectirt, d. h. auf bestimmte Weise. Es sind Wiederholungen in dem Gedicht, aber so, wie sich das Thema in einer durchcomponirten Musik wiederholt; es sind Verkürzungen darin, aber solche, wie man sie dem Maler zum Verdienst anzurechnen pflegt, weil sie auf der geringeren Fläche die größere Tiefe geben.

(vgl. HKA XVIII, S. 265–269, 1515 und 1545 f.

Wer der Autor der Rezension in den ›Blätter⟨n⟩ für literarische Unterhaltung‹ vom 5. und 6. 4. 1835 (hg. v. Heinrich Brockhaus, Leipzig) ist, konnte nicht ermittelt werden. Der Rezensent weist mit Nachdruck darauf hin, daß der Roman keine Theorie der Dichtkunst liefert, sondern zeigt, was die Poesie »aus dem Menschen macht, insofern er nicht blos Dichter, sondern Kind des Lebens, der Zeitlichkeit und einer höhern Leitung ist«. Wesentliche Elemente von *Dichter und ihre Gesellen* werden hier treffend dargestellt:

Dichtungen schreiben, die zum Gegenstande Dichtung

und Dichter haben, scheint leicht und ist schwer. Weil hier
der Inhalt (Poesie) und die Bedeutung (poetisch zu sein)
schon des gewählten Stoffes Natur sind, welche andern
Stoffen erst die Behandlung geben muß, könnte man den
Proceß präparirter glauben als bei irgend einem andern
Substrat. Aber je mehr die Wärme und Bewegung der
Intention bereits in dem Darzustellenden vorausgesetzt
ist, um so schwerer wird es, feste Gestaltung und bestimmten Uebergang zu gewinnen, und in dem Maße, als
der Stoff an sich mehr eine Qualität als wägbar oder meß-
bar ist, verflüchtigt sich leichter das Resultat in einen bin-
dungslosen Zustand.

⟨...⟩

Vorstehende Novelle, die neueste von Eichendorff, hat
keinen im engern Sinn historischen Gegenstand, obschon
sie manche besondere Zeitelemente aus den letztvergan-
genen Jahrzehnden berührt. Sie bewegt sich im Kreise
freier Erfindung, der jedoch, wie bei jeder frischen Dichtung, der Beziehungen auf allgemeine und uns nähere
Verhältnisse der Wirklichkeit nicht ermangelt. Von didak-
tischen Dialogen aber oder historisch-kritischen Demonstrationen ist sie frei. Was von der Art ihr zu Grunde
liegt, erschöpft sich in Handlung und Anschauung. So in
Grenzen der Individualität gehalten, wird ihre Wahrheit
äußerlich enger, innerlich bestimmter und größer. Diese
Novelle hat nicht den Zweck, über das Werden des Dichters oder über seine Stellung zu Mit- und Nachwelt zu
belehren, sondern sie läßt uns verschiedene dichterische
Naturen und praktisch-phantasirende Menschen, Charaktere, die von eigner Poesie oder von den Phantasien der
Zeit bewegt sind, in den Auftritten ihres Lebens, ihren
Morgen- und Abendstunden sehen und verfolgen. Nicht
theoretische Verhältnisse der Poesie bilden das Thema,
sondern Collisionen des Poetischen und Ideellen in Personen mit ihrer Individualität, im Leben mit Bedingungen
der Wirklichkeit.

⟨...⟩

Wir werden durch eine Reihe anmuthiger und lebhafter Scenen, durch heitere und erschütternde, rührende, leuchtende Acte hindurchgeführt, die uns mit einer Anzahl ungleichartig verwandter Menschen bekannt machen und abwechselnd beschäftigen. Auf verschiedenem Boden, in Berührungen, Durchkreuzungen sehen wir die einen und andern zusammentreffen, sich zerstreuen, wiederfinden; und indem nach mancher Wanderung und Wendung diese sich setzen, jene untergehen, andere übergehen in ein neues Leben, ist es fühlbar das Licht einer gemeinsamen Wahrheit, welches von dem Höhenpunkte der Erzählung über die Gesunkenen und Verlorenen wie über die Beglückten und Erhöhten sich verbreitet und die zurückgelegten Wege bis zum ersten Anfang mit einer stillen Einheit beleuchtet.

Die äußere Form ist so unbefangen, die Bilder blühen und wallen so sinnlich schön an uns vorüber, daß wir unsere Theilnahme nur für ein freies Spiel der Imagination gewonnen glauben könnten, wenn nicht zugleich mit dem Fortschreiten und Erweitern der Geschichte eine innere Wahlverwandtschaft der Gestalten, Gegenseitigkeit der Richtungen, Supplemente der Charaktere und Lagen unausgesprochen empfunden würden. In den Verhältnissen der Theile, im Farbenclavier der Erscheinungen fühlt man diese innern Bezüge, und allerdings ist in dem scheinbar aussichtslosen Wechsel ein geheimer Mittelpunkt gegenwärtig, der in jeder der ungleichangezogenen Personen und Stellungen mitschwingt. Dieser Mittelpunkt ist wirklich die Poesie, sowie die Personen, was der Titel besagt, Dichter und ihre Gesellen sind. Nirgend aber tritt das abstracte Innere der Dichtung und Dichternatur für sich heraus; immer ist es in die bestimmte Farbe der Wirklichkeit gebrochen, in die Doppelsinnigkeit des Lebens entwickelt, auf das Runde der Anschauung verbreitet. Nicht in Beziehung auf dichterische Resultate und Producte wird die geniale Thätigkeit der Poesie exponirt, sondern vielmehr Das, was sie aus dem Menschen macht, insofern

er nicht blos Dichter, sondern Kind des Lebens, der Zeitlichkeit und einer höhern Leitung ist, spricht sich in klar-
motivirten Gemüthslagen, in einfachen, aber schön-
verschlungenen Vorgängen aus.

Die Poesie, welche hier den Herzpunkt verschiedener Erfahrungen macht, ist nicht die Dichtkunst; es ist jene höhere Phantasie, in welcher der Dichter nur schwebt wie
andere Menschen auch. Wohl entwickelt diese Phantasie
den Einzelnen, dessen Gemüth sie durchströmt, zum
Dichter und Künstler; dieselbe ruht aber auch in Andern,
nur durch Seele und Gestalt ergossen, als Adel, Anmuth,
Gesinnung, ohne Entäußerung in Producte; Andere, Ab-
springende, nimmt sie im Schwunge mit sich fort und sie
drehen sich um sich selbst im endlosen Maskenspiele; den
Entgegenstrebenden schlägt sie um und seine Nüchtern-
heit wird phantastisch, seine abstracte Ueberspannung
toll; in trägen Geistern wird ihr Zug entnervender
Schwindel, in leichten liebenswürdige Verwirrung, Flat-
tersinn, Humor, in unreinen kranke Sympathie, Lüge,
Sünde.

Von all diesen Verhältnissen zur ursprünglichen Phantasie, welcher, bewußt oder unbewußt, keine Seele entgeht,
wie kein Leib dem Umschwunge der Erde, gibt das No-
vellengemälde individuelle Beispiele, die mit wenigen,
doch ausgiebigen Mitteln sich charakterisiren. Das Ganze
spricht in geistreicher Abbreviatur von dieser unwider-
stehlichen Poesie, die, weil sie überall hindurchgreift
durch das bunte Menschenleben, so reich sich verwandelt,
theilt, entgegenschlägt, von so Wenigen rein ergriffen
wird. Sie dagegen ergreift Alle; und es ist die Kunst des
Dichters, uns in ihren Sehpunkt zu stellen. Da bemerken
wir, wie sie dem Einen vorauszieht, den Andern trägt,
dem Dritten im Nacken sitzt, hier die innigst Nahen trennt
und dort die Entfernten vereinigt. Es ist durchaus der
Boden dieser Phantasie, auf dem wir uns in Eichendorff's
Dichtung befinden. Die Locale der Novelle, die Begebenheiten, die Menschen – in allen ist sie die verborgene Kö-

nigin. Die verschiedenen Kreise daher, die sich rasch vor
uns auf- und abrollen, umschlingt mit Recht Eine
blühende Natur, und die Grundform des Vorganges ist
mit Recht Wanderung in allerlei Weise. Denn im Lichte der
Phantasie liegt jeder Wohn- oder Tummelplatz mitten in
tiefwebender Schöpfung, und ihre Consequenz ist jene
stetige Einheit in freier Abwechslung, der das Wandern
sich vergleicht. Aber wie dieses Wandern bei dem Einen
ein Suchen, bei dem Andern Flucht, hier ein Irren, dort
Zerstreuung, bald Heerfahrt, bald Wallfahrt ist, so umfaßt
auch jene blühende Natur gar verschiedene Plätze und
Gruppen, Niederungen und Höhen. ⟨…⟩
Wer nicht mit jener dumpfen Gleichgültigkeit liest, welche
die moderne, phlegmatische Novellistik uns anbilden will,
diese schwerfällige Vermittlerin, die ehe sie einen Helden
vorführt, lange Vorabende hindurch seine Degenquaste
putzt; wer, sag' ich, nicht mit der Gleichgültigkeit, welche
dieser ziemt, auch nicht mit jener französischen Wählig-
keit liest, die statt reiner Genüsse Reizmittel aus der Apo-
theke fordert – dem kann ich bürgen, daß er hier der
Anmuth ins Auge schauen und im Auge der Anmuth eine
tiefe Seele schauen wird. Immer ist in den Gemälden dieser
Novelle die Oberfläche klar, einfach, breit, und doch hat
nie die Erscheinung blos Eine Bedeutung, sondern nach
allen Dimensionen leiten die Linien ihre Gestalt und Bewegung, die Lichter ihres Vortritts und Wandels, die Töne
ihres Einklangs den Sinn und das Gefühl nach den Höhen
und Tiefen des Ganzen, wo ein Verhältniß mit dem andern
in ihm und unter ihm fortschwingt und zusammen die
heimlichste Harmonie aller den Vatergeist der Dichtung
auf den Wellen der Empfindung wiegt. Und wie scheinbar
leicht sind diese Wellen! Wie wenig macht der Dichter aus
Dem, was er gibt, außer daß er sein Bestes hineinlegt! mit
welcher offenen Miene beut er's dar! Freilich, seine Kinder
blühen auch so, daß er ihnen keine vornehmen Avisen
mitzugeben nöthig hat. Dennoch fürchte ich, daß grade
diese poetische Unschuld des Dichters ein Grund sei,

warum er in der allgemeinen Anerkennung, obwo⟨h⟩l sie
ihm nicht versagt bleiben konnte, den Grad noch nicht
erreicht hat, der ihm gebührt. Der Deutsche läßt sich gar
zu gern imponiren, und unserm größern Publicum kann
man mit Finessen nicht leicht zu grob kommen, mit An-
meldung und Herausstreichung seiner Helden, Fingerzei-
gen und Erinnerungspüffen über die Wichtigkeit der Sache nicht zu freigebig sein. Wenn der Dichter diese Fingerzeige nur nicht in eigner Person gibt, sondern in der
Geschichte einige Figuren dazu aufstellt, das heißt dann
Objectivität und verfehlt seine Wirkung nicht.

⟨...⟩

Es wird in dieser Weise immer üblicher, die Erörterungen,
Bedeutungen, Ideen, die in der Dichtung Saft und Mark
sein sollten, an ihrer Oberfläche breit ausschlagen zu lassen. Dies ist bequem für den Dichter, auch für die Leser; es
muß aber in ihnen allen Sinn für reine Schönheit verderben, wenn sie an den Gestalten ihre Anatomie gezeichnet,
in den Situationen ihre Meridiane und Parallelkreise linirt
zu sehen sich gewöhnen. Dem entspricht wieder ein
höchst kleinlicher Sinn für die äußere Oekonomie, der
gleichzeitig überhandnimmt. Untergeordnete Vermitte-
lungen, die für das Leben der Dichtung gar keine Bedeutung haben, werden von unsern Poeten beliebig, aber genau bestimmt, nur damit der Leser gar nichts zu denken
habe. Hierüber geht der freibewegte Schritt, an welchem
die Alten ihre Götter erkannten und stets die Phantasie zu
erkennen ist, verloren und wird in den Geschäftstrab eines
Kanzleiboten verwandelt. Es verdient Beachtung, wie
sich Eichendorff all dieses Ballasts überhebt, und wie wenig Ruder und Räder er braucht, weil Geist von innen
seine Bilder schwellt und bewegt, und weil von außen
ihnen angefühlt wird, daß dies Benehmen ihnen zu-
komme, diese Stellung, Folge, Verwandlung ihnen nothwendig sei. Er hat aber auch ein eignes, wahrhaft poetisches Mittel, entferntere Beziehungen leicht zu vergegen-
wärtigen, Motive schlagend zu öffnen und äußere Verhält-

nisse innig zu vertiefen. Es sind die Lieder, in welchen sich die Seele seines Gedichts verjüngt und mit sich selbst vermittelt. Ihr Licht entzündet sich an der einzelnen Stelle, gibt ihr schnell Klarheit und Ton und führt immer zurück in das Innere des Ganzen. Wie man seinen Gegenden die Taufe der Phantasie ansieht, weil sie reicher und sinnvoller blühen und rauschen, als dem gewöhnlichen Auge die Natur sich zeigt, so sind seine Menschen daran für Kinder der Phantasie zu erkennen, daß ihre Seele sich schneller und leichter mittheilt und sie fast alle singen können, und wie! Weder jene Blüten noch diese Gesänge sind ein bloßer Schmuck der Novelle. Jene sind die unmittelbaren, blos natürlichen Spuren und Wirkungen, welche die Nähe und Wärme der Phantasie verrathen; die Lieder sind Stimmen der Ahnung, der Erinnerung, der Weissagung, in welchen durch die Gemüthsbewegung der Singenden der Geist durchspricht, der an ihrer Wiege stand, ihren Morgen zum Mittag, ihren Tag zum Abend leitet. Diese Lieder, die schon an sich zum Schönsten gehören, was deutche Lyrik hervorgebracht, verwandeln in der Novelle die Symbolik in Leben und den Moment in seinen Grund durch den reinsten Uebergang in unmittelbarer Auflösung. Nur einer solchen höhern, poetischen Oekonomie konnte es gelingen, in so geringer äußerlicher Ausdehnung so viele Elemente zwanglos und klar zu verschmelzen.

⟨…⟩

In Tagen wie die unserigen, wo die Kunst und Leichtigkeit im zersetzenden Denken und auch im Indifferenziren stets zunimmt, dagegen die rundende Kraft und Intensität der Anschauung stets abnimmt, ist eine so primitive, aus lebendigem Grunde gewachsene Dichtung doppelt merkwürdig, doppelt werth des Dankes und der Liebe.

(vgl. HKA XVIII, S. 269-282 und 1546)

Unter dem Titel *Ein Literaturbrief* erschien die Kritik von Heinrich Laube (1806-1884) in der ›Mitternachtzeitung für gebildete Stände‹ (Braunschweig) am 5. 10. 1835 (S. 654 f.). Ähnlich wie der Rezension von Gutzkow merkt man dem

Text das Widerstreben des Jungdeutschen an, sich von der spontan empfundenen Freude an Eichendorffs Text zu distanzieren. Dichtung dieses Typs entspricht nicht der Novellentheorie, die Laube selbst in eigenen Dichtungen umzusetzen sucht, der Faszination des ›überholten‹ romantischen Textes vermag er sich jedoch nicht völlig zu entziehen. Er nennt Eichendorffs Roman

ein Buch ⟨...⟩, das offenbar völlig aus der romantischen Brust eines Dichters stammte, und nichts enthielt als eitel Herzenston. Freilich eine Nachtigall, die sich zu Tode schlägt. Dies Buch heißt: *»Dichter und ihre Gesellen,«* vom Freiherrn v. *Eichendorff.* Wie Frühlingsodem, wie Jugendklang zog es an mir vorüber, alle Mährchen der Kindheit, die blauen Zauberschlösser des Wanderns und Weiterwanderns weckte es auf, und alles Störsame, Prosaische des Lebens schläferte es ein – es waren reiche, schöne Frühlingsabende, wenn ich das Buch schloß und das Licht auslöschte, und den Quellen und Wolken und Winden nachdachte:
⟨Zitat des Gedichts »Es schienen so golden die Sterne«⟩
Wirklich wohnte ich an der Landstraße, an der großen Heerstraße von Petersburg nach Madrid, am Wege nach dem schönen Frankreich, dem dunkelsonnigen Spanien – gar oft schmetterten die Postillone ihre Wanderweisen, oder lustige Gesellen zogen singend und pfeifend unter meinem Fenster fürbaß, und mein Reiseweh war bereits so süß geweckt durch Eichendorffs Buch – ach, was kann denn der Dichter mehr, als die Welt aufsingen mit seinen Tönen, die Welt mit ihren unabsehbaren Knospen und Reizen, mit all ihrer Möglichkeit und Ewigkeit. Und das hat mir das Eichendorffsche Buch gethan.
Freilich ist's, wie gesagt, eine Nachtigall, die sich zu Tode schlägt, eitel Herzenston, und zum Bestehen in Luft und Form bedarf's auch unscheinbarer Mittelstoffe. Diese fehlen hier. Der Roman ist gar zu eng und duftig gehalten, und doch that es mir leid, daß er zu Ende war; ich hätte noch gern tief in den Sommer hinein alle Abende ein

Kapitel gelesen. Man muß ihn wie berauschende Getränke in kleinen Dosen nehmen.

(vgl. HKA XVIII, S. 282 f. und 1546 f.)

Heinrich Laube würdigt *Dichter und ihre Gesellen* noch einmal in seiner Sammlung *Moderne Charakteristiken* (Bd. 2, Mannheim 1835, S. 426-428):

Noch ist Eichendorfs und seines Produktes zu gedenken »Dichter und ihre Gesellen.« Dieser frische Schlesier, welchen das staubige Berlin nicht ausdörren kann, ist nächst Uhland jetzt unser blühendster Romantiker, ein Romantiker ohne fertige symbolische Bücher, voll Liebe und Intuition in die Reize und Zauber der prangenden und der unscheinbaren Welt. Es ist ein schönes Entpuppen des Liederschmetterlings, wenn sich aus den kleinen Gesängen eine weiche, Welt, Blumen und Quellen liebende Prosa gestaltet, wie in diesem Novellenprodukte. Das Lied breitet sich darin aus zu klingenden Scenen und wie ein liebenswürdiger Muthwille verdichtet es sich wieder zu volltönigen Liedern – so muß das Buch angesehen werden. Wer sich nicht schaukeln und wiegen kann, wem der Morgen und Abend, der Strauch und der Regen, die Nachtluft und der Drosselschlag ohne Sprache ist, wer nur in Konvenienz und zufälliger Form Genüge findet, der wird von diesem Buch nicht befriedigt sein. Er wird im Beginne desselben zu auffallende Aehnlichkeit mit Wilhelm Meister, in den Mädchen, welche ihr Haar strählen und verschlafen aus dem Fenster kucken, zu viel Einförmigkeit, im Ganzen zu wenig Ineinandergreifen, Skelettplan und dergleichen sehen, und er wird leider den poetischen Herzensdrang, den ganzen vollen Odem einer schmeichlerischen Poesie nicht empfinden. Der Arme! Möge man um des Himmels willen diese Novellenart der Fee Mab nicht verschütten mit System und Redensart. Die Novelle ist auch ein Gedicht und zu gutem Glück erinnern Leute wie Eichendorf noch zuweilen daran.

(vgl. HKA XVIII, S. 299 und 1557 f.)

Die Hallische ›Allgemeine Literatur-Zeitung‹ veröffentlicht

Ende Oktober 1835 eine anonyme Rezension, die deutlich
auf die Nähe der Dichtung zum Traum hinweist:

> Viel Poesie; man glaubt die duftige Waldesfrische zu ath-
> men, die bunten phantastischen Gestalten über die sonn-
> beglänzten saftgrünen Auen und umlaubten Berghöhen
> hinziehen zu sehen, die sinnigen Liederweisen zu hören.
> Mit einem Worte: diese Dichtung erregt dieselben Ge-
> fühle, dieselbe Stimmung, wie *Tieck's* Vorspiel zum Kaiser
> Octavianus; aber dennoch war Rec. am Ende nicht befrie-
> digt von der Novelle, die auch alles Andere eher ist, als
> Novelle; es ist eine Mannigfaltigkeit darin wie, freilich in
> andrer Weise, in *Tieck's* Zerbino, und es ist so schwer wie
> dort, dem Publicum in der Kürze zu sagen, was es zu
> erwarten hat, wie es sich diese Dichtung vorstellen soll.
> Man glaubt lebhaft geträumt zu haben, wenn man mit dem
> Buche zu Ende ist, und im Erwachen die farbigen Bilder
> noch zerrinnen zu sehen. Einzelne Partieen sind ganz vor-
> trefflich, z. B. das Leben in Italien, die Erzählung von der
> spanischen Gräfin; eben so viele Charaktere; Alles lebt.
> Das Treiben der Schauspieler und einzelne Personen erin-
> nern zwar lebhaft an Göthe's *Wilhelm Meister*, Anderes an
> Wagner's *reisende Maler*, doch verkümmere sich Niemand
> den Genuß durch Aufsuchen von Aehnlichkeiten.

(vgl. HKA XVIII, S. 283 f. und 1548 f.)

August Kahlert (1807-1864), der ursprünglich Jurist war,
avancierte 1840 in Breslau zum Professor der Philosophie.
Seit 1831 rezensierte er die schöngeistige Literatur für die
›Schlesische⟨n⟩ Provinzial-Blätter‹ (Breslau). Im April 1836
erschien sein Text, der den lyrischen Charakter des Romans
hervorhebt und nachdrücklich darauf hinweist, daß Eichendorff schon aufgrund der Lieder in *Ahnung und Gegenwart*
»seine größten Triumphe« in Deutschland feierte:

> Unter den Dichtern, welche aus der Schlegel-Tieckschen
> Aera zu uns herübergekommen sind, giebt es nur Wenige,
> die mit gleicher Ausdauer in Form und Charakter ihrer
> Dichtungen den Geist jener Tage gleichermaßen wie J. v.
> Eichendorff bewahrt haben. Lyriker in allen seinen Pro-

duktionen, selig in einer rührenden Ueberschwenglich-
keit des Gefühls, gehört er zu denen, welche von den
praktischen, verständigen Leuten unter den Künstlern
durchaus nicht verstanden werden können. In seinen epischen Arbeiten ist meist eine an Verwirrung gränzende
Willkührlichkeit der Begebenheiten, hier drängende Eile
bis zur Flüchtigkeit im Fortschritt der Handlung, dann
wieder ein behagliches Verweilen bei Beschreibungen und
Gefühlsergießungen. Diese gehen dann häufig in völlige
Lieder über, und hiermit erringt Eichendorff zugleich
seine größten Triumphe. Viele Lieder aus dem früheren
Romane: »Ahnung und Gegenwart« sind in ganz
Deutschland bekannt und beliebt geworden, viele aus dem
vorliegenden Büchlein werden es in Kurzem seyn. Was
nun dessen Inhalt anbelangt, so ist allerdings der Faden
des Ganzen ein sehr loser. Scharfe Individualitäten treten
in den Charakteren nicht eben hervor. Sie gehören alle
einer idealen romantischen Welt an, die als Gefühlswelt im
weitesten Sinne die reflektirende Sphäre fast ganz aus-
schließt. Die Sehnsucht herrscht überall, die Sehnsucht
nach Süden, insbesondere tritt dieselbe in dem Helden des
Gedichtes, Lothario, ganz bestimmt hervor als ein heiliger, tiefer Drang der Seele. Dem Kreise gegenüber, der
sich um Lothario schließt, bewegt sich ein zweiter, mehr
praktischer, der der Poesie aber auch nicht entbehrt. Hier
herrscht Fortunat als ein ruhigerer glücklicherer Dichter.
Der Verband zwischen vielen vielfach aufgeregten Personen ist nun die Sehnsucht nach Italien, wohin die Meisten gelangen, aber Einige untergehen. Es liegt aber hierin
eine sehr poetische Symbolik. Das ungestüme Streben aus
sich heraus in ein Land der Poesie, als die schärfste Ne-
gation des gegebenen Lebenskreises, wird als ein gefährliches in dieser Novelle sichtbar; das Zurückkehren aus
dem gelobten Lande, worin aber keines Bleibens ist,
bricht Manchem das Herz und so hat man denn die Begebenheiten, die hier zusammengestellt sind, nicht als solche zu betrachten, in welchen die Idee des Dichters voll-

ständig aufgegangen wäre, sondern worin gleichsam nur
eine Andeutung dessen, was er gewollt, enthalten sey. Auf
der lyrischen Gluth des Gedichtes beruht sein Vorzug:
eine plastische Vollendung aber ist nicht darin zu finden,
wie sie auch in der That seinem ganzen Inhalte widersprechen würde.

(vgl. HKA XVIII, S. 284 f. und 1529 f.)

Einen unmittelbaren Vergleich mit der zeitgenössischen
jungdeutschen Produktion unternimmt Wolfgang Menzel
(1798-1873) in seinem ›Literatur-Blatt‹ (Stuttgart und
Tübingen, 2. 12. 1836). Er spielt offensichtlich auf Gutzkows
1835 publizierten Roman *Wally, die Zweiflerin* an und zieht das
Fazit, daß die Literatur »zum Augiasstall« zu werden droht,
der einer Reinigung bedarf:

> Ein eigenthümliches und beinahe wehmüthiges Gefühl
> ergreift uns, wenn wir mitten unter den breit senti-
> mentalen und frivol-gräßlichen, anglisirten und französir-
> ten Romanen unserer Tage noch auf einen altromanti-
> schen stoßen, wie der vorliegende, in den ein sanfter Wind
> die Blüthen aus Wilhelm Meisters Lehrjahren, aus Stern-
> balds Wanderungen und aus der Gräfin Dolores herüber-
> geweht. ⟨...⟩
>
> Das alles, was vor zwanzig bis dreißig Jahren dem sin-
> nenden Auge eines zartfühlenden Publikums vorüber
> ging und der damaligen Stimmung und Neigung zusagte,
> kann dem jezt härter gewordenen Geschlecht nicht mehr
> behagen, man findet es doch gar zu ausgedüftelt fein, glä-
> sern zerbrechlich und wie Schmetterlingsflügel zu wenig
> angreifbar. Man verlangt derbere Kost jezt, man will nicht
> bloß sehen, man will zugreifen. Man will nicht zart um die
> Blume schweben wie die Biene, sondern in Alles hinein-
> fahren wie der Mistkäfer. Der Frechste und Schmutzigste
> muß gewinnen, deßwegen wird wohl auch der große
> Emerentius Scävola im neunzehnten Jahrhundert die
> Palme davontragen. Möchte es geschehen! Die Poesie
> wird nicht eher gereinigt werden, bis sie ganz zum Augias-
> stall geworden ist. ⟨...⟩

Kenner unserer romantischen Literatur werden unschwer die Bemerkung machen, daß Herr von Eichendorff die meiste Aehnlichkeit mit Arnim hat, sowohl in der Lebendigkeit und in dem raschen Wechsel, als auch in der etwas zu freien Willkühr, man möchte sagen in dem traumhaften Sichgehenlassen seiner Phantasie.
(vgl. HKA XVIII, S. 285-289 und 1549 f.)

STELLENKOMMENTAR

106,1 *GESELLEN*] Im Titel scheint das Wort im Sinne von »Freunde« gemeint. Bei Eichendorff schwingt jedoch (wie auch im Gedicht *Die zwei Gesellen* [Band I dieser Ausgabe, S. 968]) die Bedeutung aus der mittelalterlichen Welt der Handwerkerzünfte mit. Die Personen des Romans sind alle auf der Wanderschaft. Sie wollen eine Meisterschaft des Lebens und Dichtens gewinnen und sind insofern den wandernden Gesellen der alten Handwerkstradition verwandt, die auf einer Reise Erfahrungen sammeln und bei verschiedenen Meistern in die Lehre gehen, um ihren Horizont zu erweitern.

106,2 *Novelle*] Eichendorff selbst spricht von einem »größeren Roman« (vgl. S. 682). Die Gattungsbezeichnung hat der Verleger Duncker gewählt, um das modische Interesse an »Novellen« – das Eichendorff selbst in seinen Satiren *Meierbeth's Glück und Ende* und *Viel Lärmen um Nichts* – (vgl. S. 626-628) kritisiert – auszunutzen. Eine scharfe Abgrenzung zum Roman und andere Gattungsdefinitionen, wie sie heute in der Germanistik üblich sind, waren allerdings in der Goethezeit noch unbekannt. Deshalb ist auch von einer Kritik des Dichters an Dunckers Einordnung als Novelle nichts bekannt geworden.

107,3-7 *Abendsonne* ⟨...⟩ *auf der Höhe* ⟨...⟩ *Reiter* ⟨...⟩ *Städtchen* ⟨...⟩ *im Grunde*] Der hier beschriebene Talblick mit einer Person oder Personengruppe im Vordergrund und der Aussicht auf ein Talstädtchen im Hintergrund ist nicht nur in der Literatur der Romantik ein geläufiger Topos, er gehört auch zu den vielfach variierten Perspektiven der romantischen Maler. Eichendorffs Text wirkt wie die Beschreibung eines Bildes von Caspar David Friedrich (1774-1840) oder Carl Gustav Carus (1789-1869). Nach Ausweis der Entwürfe denkt Eichendorff an Warmbrunn bei Hirschberg in Schlesien.

107,10-15 *Nachhall* ⟨…⟩ *Heidelberg* ⟨…⟩ *als Student*] Schon im Tagebuch (vgl. Band V dieser Ausgabe, S. 222, 239 f. und 245) beschreibt Eichendorff die Landschaft von Heidelberg unter dem Eindruck der romantischen Vorbilder. Sein erster Studienort Halle war eine Hochburg der romantischen Schule, und die Lektüre von Tiecks *Franz Sternbald* im Angesicht der Giebichensteiner Burg ist belegt (ebd., S. 125,33 f.). So kam er bereits mit dem Blick des Romantikers nach Heidelberg, wo er 1807 und 1808 studierte. Der »ächtromantische Anblik« des Neckartales fasziniert ihn (18. 10. 1807; ebd., S. 245,16 f.).

108,3 f. *Schlafrock* ⟨…⟩ *Akten-Stößen, Tabaksbüchse, Kaffeekanne*] Walter erhält alle Kennzeichen des Philisters, die Clemens Brentano in seiner *Philistersatire* festgeschrieben hatte (Brentano, Werke II, S. 967).

108,7-21 *Fortunat* ⟨…⟩ *Walter pries* ⟨…⟩ *sein Glück*] Der Name des Helden ist von Fortuna, der römischen Glücksgöttin, abgeleitet und nimmt zugleich Bezug auf das Volksbuch *Fortunatus mit seinem Seckel und Wunschhütlein*. Eichendorff kannte diesen Titel aus der Publikation von Joseph Görres *Die teutschen Volksbücher* (Heidelberg 1807) und geht auch in den literarhistorischen Schriften darauf ein (vgl. Band VI dieser Ausgabe, S. 416 und 1272 f.). Im Vergleich zu dem Philister Walter, der »in Amt und Brot« ist (S. 108,10) ist Fortunat der freie Mensch, der in die Welt zieht, um sein Glück zu suchen. Die Konfrontation erinnert an die Gegenüberstellung der zwei Schicksale in Eichendorffs Gedicht *Die zwei Gesellen* (Band I dieser Ausgabe, S. 968). Fortunat besteht jedoch alle ›Proben‹, die ihm auferlegt sind. Er bewährt sich wie Florio im *Marmorbild* und erreicht nach den einzelnen Stationen sein Ziel (vgl. S. 714 f.). – Im *Marmorbild* trägt der Freund des Helden den Namen Fortunato.

108,18 *der unvergänglichen Jugend*] Die besondere Rolle der Jugend in Gesellschaft und Geschichte hebt Eichendorff in seinem Memoirenkapitel *Halle und Heidelberg* am deutlichsten hervor (vgl. Band V dieser Ausgabe, S. 452 und 1026).

109,1-17 *im Freien trinken* ⟨…⟩ *nicht gewöhnlich* ⟨…⟩ *Nachtkleidern mit den Pfeifen*] Eichendorff schildert die spießige Atmosphäre des Städtchens, der sich Walter zum Entsetzen von Fortunat bereits angepaßt hat, und erwähnt erneut Kennzeichen der Philister (vgl. Anm. 108,3 f.). Der Aufenthalt im Freien dagegen gehört zu den »poetischen«, freien Menschen. Mignon etwa, die Gestalt aus Goethes *Wilhelm Meister*, und zahlreiche Helden Eichendorffs singen, essen und schlafen im Freien.

109,27 f. *Reise nach Italien*] Die Italien-Sehnsucht der Romantiker unterscheidet sich von dem im 18. Jahrhundert in Deutschland aufkommenden Bildungsbedürfnis, das etwa Goethes Vater nach Rom führte. Es ist die Mignon-Figur aus dem *Wilhelm Meister*, die zum Vorbild genommen wird. Das heißt, die Sehnsucht gilt einem Land, in dem Poesie und Natur noch unverbildet und frei sind. Bei Eichendorff kommt das Bewußtsein hinzu, daß Rom die Wiege des Christentums ist und die christlich fundierte Kunst mit Dante und Petrarca ebenfalls in Italien zu Hause ist. Fortunat bricht mit den gleichen Erwartungen und Hoffnungen auf wie der Taugenichts und das Paar Aurora/Willibald in *Viel Lärmen um Nichts*. Er ist nicht bildungsbeflissen auf den Spuren des römischen Altertums unterwegs, sondern will der Philisterwelt des Nordens entfliehen, und die »Schauer des schönen überreichen Lebens« erfahren (S. 109,32 f.).

109,36 *den sogenannten Träumen*] Im Widerspruch zur geläufigen Meinung ›Träume sind Schäume‹ (also wertlos und illusionär) versucht die Romantik die tiefere Bedeutung der Traumwelt hervorzuheben. Nachdem Novalis bereits im *Heinrich von Ofterdingen* diese Aufwertung vorgenommen hatte, war es besonders Gotthilf Heinrich Schuberts *Symbolik des Traumes* (1814), die Grundsätzliches über die tiefere Bedeutung der Traumbilder darstellte. Schubert stellt eine enge Beziehung zur Bilderwelt der Märchen und Mythen her und zeigt, daß die Sprache der Dichter und Propheten verwandt ist mit der Bildersprache des Traumes.

109,37-110,1 *Aurora ⟨…⟩ Erde blüht alljährlich wieder ⟨…⟩ unsere unsterbliche Seele*] Die zyklische Erneuerung im Verlauf der Jahres- und Tageszeit ist für Eichendorff (ähnlich wie für Runge in seinem Zyklus von den vier Zeiten) Sinnbild der göttlichen Kräfte im Universum. Nur wer dieses Signal der Natur zu deuten versteht und sich den Kräften der Erneuerung öffnet, kann ein ›poetisches Leben‹ ohne den vergänglichen »Plunder« (S. 110,3) des philiströsen Lebens führen. – Aurora steht darüber hinaus bei Eichendorff für die Erneuerung der Dichtkunst durch die Romantik, und die Werbungen um die echte und falsche Aurora stehen deshalb im Zentrum der Satire *Viel Lärmen um Nichts*. Die Beschäftigung mit Jakob Böhmes (1575-1624) Mystik von *Aurora oder Morgenröte im Anfang* (Titel seines Werks von 1612) löste in der Romantik diese besondere Verehrung der römischen Göttin der Morgenröte aus.

110,21-25 *Beamte ⟨…⟩ höhere Pflicht ⟨…⟩ zum letzten großen Fluge nach dem Himmelreich*] Den »greulichen Rumor« der Beamten (S. 110,20 f.) erfuhr Eichendorff am eigenen Leibe. Einige Gedichte versuchen die Tretmühle des ungeliebten Beamtenlebens zu beschreiben (Band I dieser Ausgabe, S. 236, 297 und 232). Der Rumor (lat. für »Unruhe«) steht allerdings in seltsamem Kontrast zum »Reiz der Bequemlichkeit« (S. 110,31), den Eichendorff hier ebenfalls den Beamten unterstellt. – Dem Pflichtbewußtsein des philiströsen Beamten wird – ähnlich wie in dem Gedicht *Von Engeln und von Bengeln* (Band I dieser Ausgabe, S. 251) die höhere Pflicht des Christen gegenübergestellt. Dabei denkt Eichendorff nicht an ein geistliches Leben oder den Gottesdienstbesuch, sondern an »Kunst und Wissenschaften« (S. 110,34 f.) und die »schönen Fernen und Tiefen«

(S. 111,1 f.), die sich einerseits bei der Beschäftigung mit einer recht verstandenen Kunst, andererseits in der Natur (beim Singen, Wandern, Reisen) auftun.

110,33 *Satisfaktion]* (Lat.) Genugtuung.

111,6-9 *Reiz ⟨…⟩ der neuesten Literatur ⟨…⟩ Das rechte Alte ist ewig neu]* Mit »neumodischen Park-Anlagen« (S. 111,8) vergleicht Eichendorff die zeitgenössische Literatur und verteidigt zugleich sein Festhalten an einer erneuerten romantischen Ästhetik. Er reagiert damit auf die Rezensionen, die ihm vorgeworfen hatten, einer überlebten Schule zu folgen. Tatsächlich liegt die schöpferische Phase der Frühromantik bereits mehr als eine Generationsspanne zurück, als Eichendorff seinen Roman veröffentlichte. Nach Eichendorffs Verständnis ist jedoch die Wendung zur Romantik so grundstürzend, daß alle weiteren Versuche, eine neue Literatur zu entwickeln, modisch-vergängliche Erscheinungen sind. In der eigenen Dichtung geht es ihm darum, Gefährdung und Bewährung der alten Ideale unter den widrigen Umständen der Gegenwart darzustellen. Die Thematik von *Viel Lärmen um Nichts* wird damit wieder aufgenommen (vgl. S. 620-629).

111,12 *Corpus juris]* (Lat.) Grundbestand des Rechts, Gesetzbuch.

111,13 *Werke des Grafen Victor]* Der Graf tritt im Roman unter verschiedenen Namen auf. Zur Identität vgl. S. 69,33 f. und 343,6 f.

111,19 f. *wer einen Dichter recht verstehen will, muß seine Heimat kennen]* Der vielfach zitierte Ausspruch führte in der Eichendorff-Rezeption zu dem Mißverständnis, ihn als »Heimatdichter« zu verstehen. Dabei sind die Orte seiner schlesischen Heimat, das Lubowitzer Schloß und seine Atmosphäre, nicht im Detail abgebildet, sondern wirken nur als Katalysator einer Erinnerung, die sich ganz allgemein auf die paradiesische Heimat der Seele bezieht. Vgl. die folgende Anm., S. 315,23-25 mit Anm. sowie die Formulierungen im Entwurf S. 689.

111,22 *alle seine Bücher wie ein unaussprechliches Heimweh]*

Noch mißverständlicher als die vorhergehende Maxime. Eichendorff selbst ist nicht einfach mit dem Grafen Victor zu identifizieren, und das Heimweh ist wie der Heimatbegriff (Band I dieser Ausgabe, S. 752 f.) nicht einfach auf das reale Schlesien zu beziehen. Es geht um den Bereich des verlorenen Paradieses, der von der Romantik mit der Kindheit und ihrer ungebrochenen Harmonie in Verbindung gebracht wird. Eichendorff lebt nach romantischen Mustern, und in gewissem Sinne wird dann die topographische Heimat auch Sinnbild des verlorenen Paradieses und das Heimweh die Sehnsucht nach der Wiedererlangung dieses Reiches.

111,33-35 *nur das ganze gute Gedicht ⟨…⟩ abgerissene Ohren]* Auffassung der organologischen Ästhetik, die das Kunstwerk als gewachsenes, untrennbares Ganzes versteht. Auch moderne Theorien zur Struktur von Kunstwerken gehen von einer Vielzahl der Bezüge und Schichten aus, die durch die Isolierung einzelner Bestandteile zerstört werden. Das Zitieren einzelner »Stellen« ist das Verfahren der Philister, die Dichtung als Lebenshilfe begreifen.

111,35 *mediceische Venus]* Die ursprünglich im Besitz der Medicis befindliche Venus, die heute in den Uffizien von Florenz gezeigt wird.

112,37 *Musikant]* Zur Identität des Musikanten vgl. S. 158,3-7.

113,2 *Laufern]* Läufe, Tonfolgen.

113,5 *sich zu moderieren]* Sich zu mäßigen.

111,5 f. *Virtuosen-Wahnsinn ⟨…⟩ Kreisel]* Das Virtuosentum des 19. Jahrhunderts entwickelt sich zu einem Personenkult, der den ausführenden Musiker über den Komponisten stellt bzw. eine Musikproduktion hervorruft, die ausschließlich die technische Brillanz des Vortragenden in den Vordergrund rückt. Namen wie Liszt oder Paganini, die als komponierende Virtuosen hervortraten, stehen für diese Entwicklung, und der Vergleich mit dem Leerlauf eines Kreisels assoziiert zugleich E. T. A. Hoffmanns Virtuosen-Figur Kreisler (aus den *Fantasiestücken* [1814/15] und den *Lebensansichten des Katers Murr* [1820/21]).

113,10 *retirierte*] (Lat.) Zog sich zurück.

113,10 f. *in künstlichen Fechtparaden*] Die Bedeutung des Wortes »künstlich« hat sich verschoben und kann zu Eichendorffs Zeit sowohl (positiv) »kunstvoll« wie (negativ) »gekünstelt« bedeuten. Beides klingt hier an.

113,27 f. *Taranteln ⟨...⟩ St. Veits-Tanz*] Als Heilmittel gegen den Biß der Tarantel-Spinne galt das wilde Tanzen. Der italienische Tarantella-Tanz leitet daraus seinen Namen ab. Der damit in Verbindung gebrachte Veitstanz ist jedoch die volkstümliche Bezeichnung für eine Nervenkrankheit mit Muskelzuckungen und Geistesstörungen. Zur Heilung rief man St. Veit an. Der chaotische Musikant, der später als Dryander identifiziert wird, zeichnet sich immer wieder durch witzige Wortkaskaden aus, die Entlegenes miteinander in Verbindung bringen.

113,36 *Partikülier*] (Franz.) Rentier, Privatmann.

114,3 *diskurrieren*] (Lat.) Diskutieren, sich unterhalten.

114,24-26 *Geigenspiel ⟨...⟩ über die stillen Höhen*] Hinweis auf das Motiv des Spielmanns, das zu den Leitmotiven des Romans wird (vgl. Anm. 137,28-30, 275,1-9 und 345,18-29).

114,28-30 *zogen die beiden Freunde ⟨...⟩ in das morgenrote Land hinein*] Die Situation erinnert erneut an den Lebensweg der zwei Gesellen im Gedicht (vgl. Anm. 108,7-21), die beide auf ihre Weise scheitern. In der Situation des offenen Lebensweges – »alle Richtungen verloren« (S. 115,15 f.) – wird der »poetische« Mensch Fortunat »immer vergnügter« (S. 115,25), der philiströse Freund Walter dagegen mault und spricht von »unzeitige⟨r⟩ Romantik und verlorene⟨r⟩ Zeit« (S. 115,33-36).

115,30 *Takt eines Pochhammers*] Die Mühlen in abgelegenen Tälern dienten oft der Energiegewinnung für Metall- oder Steinbearbeitung (Pochmühlen). Daher gehörte das Geräusch des Hämmerns zum Eindruck auch der unberührten, ›romantischen‹ Täler. Wir finden das Motiv in Tiecks *Sternbald*, Brentanos *Sänger* oder Eichendorffs *Ahnung und Gegenwart* (vgl. S. 36,12 f. mit Anm.).

116,9-32 *Wie schön hier zu verträumen ⟨...⟩ im stillen*

Wald] In der Gedichtsammlung von 1837 unter dem Titel *Nacht* (vgl. Band I dieser Ausgabe, S. 293).

116,12-21 *Das alte Märchen ⟨...⟩ verworrne Trümmer ⟨...⟩ das irre Klagen]* Hinweise auf die Urzeit, in der Mensch und Natur noch in Einklang waren. In der Gegenwart erinnern nur versteckte Zeichen (Trümmer) und geheimnisvolle, abgerissene Laute an diese paradiesische Zeit, die vom Dichter wieder belebt werden soll.

116,30 *Die Lerche weckt sie]* Die Lerche mit ihrem himmelstürmenden Gesang ist für Eichendorff Sinnbild der Erneuerung, Wiederbelebung, Erlösung.

117,21-31 *prächtiges Schloß ⟨...⟩ wie in Träumen ⟨...⟩ Gittertor ⟨...⟩ Marmorbilder]* Neben dem Gipfelblick (vgl. Anm. 107,3-7) eines der häufigsten formelhaften Bilder Eichendorffs, das in diesem Roman und zahlreichen Erzählungen (wie dem *Marmorbild*) vielfach wiederholt wird und archetypischen Charakter hat (vgl. S. 612-617). Der Held (hier mit seinem Freund) tritt von außen an das Tor heran und blickt in einen verzauberten (menschenleeren, verschlafenen) Garten. Der unwirkliche Charakter wird durch einzelne Wendungen verstärkt: »rätselhaft, wie in Träumen« (S. 117,22 f.), »als wären sie eben erst von einer Gesellschaft verlassen worden« (S. 117,37-118,1).

118,5 *Florentine]* Der Name erinnert einerseits an Eichendorffs Pseudonym der Frühzeit – Florens –, andererseits an den Titelhelden Florentin in Dorothea Schlegels Roman (1801) und die als Jägerbursche getarnte Aurora der Satire *Viel Lärmen um Nichts* (vgl. Anm. 19,7).

118,11-21 *Zwei Musikanten ziehn daher ⟨...⟩ Am Fenster sich wollt' zeigen]* In der Gedichtsammlung von 1837 unter dem Titel *Vor der Stadt* (vgl. Band I dieser Ausgabe, S. 305) ohne die stärker kontextbezogenen weiteren beiden Strophen.

118,30-33 *Mein Herz ⟨...⟩ In tausend bunten Scheinen]* Die Strophe fügt Eichendorff in ein Gedicht des Zyklus *Der wandernde Musikant* als vierte Strophe ein (vgl. Band I dieser Ausgabe, S. 344,13-17).

119,4 *Im seligen Gedränge*] Von »Waldesrauschen und Gesänge⟨n⟩« (S. 119,4).

120,13-21 *Victor* ⟨...⟩ *Zu Pferde* ⟨...⟩ *ein rechter Mann*] Wie bei der Exposition eines Dramas wird der Leser (Zuschauer) über Nebenfiguren allmählich an den eigentlichen Helden des Werkes herangeführt. Eichendorff hält den Bogen lange gespannt und enthüllt nicht, wer dieser dichtende Graf Victor, der sich versteckt hält, eigentlich ist. Was Fortunat und Walter noch suchen, hat er offensichtlich schon erreicht: Dichtung und Leben sind eins. Das Dichten hat er nicht zum Beruf gemacht und betrachtet es als Nebensache. Als aufrechter Mann der Tat, der sich als überlegener Reiter am besten darstellt, ist er doch ein großer und erfolgreicher Dichter der Zeit, der Dichterkönig (S. 122,7), das Genie (S. 122,27 und 122,32). Der Roman wird zeigen, daß Victor mit dieser Anerkennung nur eine erste Stufe in seinem Reifungsprozeß erreicht hat.

120,17 *Hilmar Curas*] Deutscher Gelehrter (gest. 1747), der 1720 eine französische Grammatik veröffentlichte und hier als fleißiger Stubengelehrter dem genialen Dichter Victor gegenübergestellt wird.

120,23 *Schabracke*] Verzierte Decke aus Tuch oder Samt, die unter oder auf den Sattel gelegt wird.

120,30-33 *Garten* ⟨...⟩ *altmodischer Gänge* ⟨...⟩ *Buchenalleen, Springbrunnen* ⟨...⟩ *künstliche Blumenbeete*] Kennzeichen des französischen Gartens, der bei Eichendorff für die überlebte Zeit des 18. Jahrhunderts steht (vgl. Anm. 378,6 und 437,10-14), aber auch Erinnerungen an die »Buchsbaumene Kindlichkeit« weckt (vgl. S. 121,25).

120,34 *Päonien* ⟨...⟩ *Kaiserkronen*] Pfingstrosen und Kaiserkronen sind bei Eichendorff Blumen einer paradiesischen Parklandschaft der Kindheit (vgl. das Gedicht *Der alte Garten* [Band I dieser Ausgabe, S. 402 sowie in der Erzählung *Die Entführung*, S. 487,33-488,21]) und gehören zum Traum von der »alten Zeit« (S. 121,1).

121,4-20 *wohlgekleideten jungen Mann* ⟨...⟩ *wüste Gesicht*] Daß es sich bei dem Unbekannten um Victor handelt, vermutet Fortunat bereits S. 123,21 f. Die Spannung bleibt für den Leser jedoch bis S. 154,16-19 erhalten.

121,34 f. *Abhang des Berges, dessen obere Fläche das Schloß und der eigentliche Ziergarten einnahmen]* Die Lage des Schlosses mit dem Blick von der Höhe unterscheidet sich nur durch den steilen Felsabfall von Lubowitz.

122,8-11 *jene leichtgeschwungenen Brücken ⟨...⟩ über die Wipfel der Bäume ⟨...⟩ nach einzeln stehenden hohen ⟨...⟩ Felsen]* Die Landschaft hat keine Verwandtschaft mit dem im Entwurf genannten schlesischen Warmbrunn oder Lubowitz, sie ähnelt vielmehr der Bastei bei Dresden, die Eichendorff von mehreren Reisen nach Dresden kannte.

122,15 f. *Blocksberge seiner Phantasie]* Hinweis auf die Walpurgisnacht, in der sich in Goethes *Faust* und Eichendorffs Satire *Auch ich war in Arkadien!* die Exzesse der Phantasie austoben.

122,27 f. *epinösesten]* Nach franz. epineux: dornig, mißlich.

122,29 *Schreibesel]* Ein Sitzmöbel der Goethezeit, auf dem man beim Schreiben rittlings wie auf einem künstlichen, gepolsterten Eselsrücken saß. Ein Exemplar dieses Möbels wird in Goethes Weimarer Gartenhaus gezeigt.

122,31 *Ressource]* Geselliger Verein, oder einfach: Restaurant (in diesem Sinne von Eichendorff schon im Tagebuch verwendet).

123,10-13 *hohe Blumen ⟨...⟩ aus der bunten Verwilderung ⟨...⟩ Victors Lieblingsplatz]* Das Überwuchern des Gartens durch Pflanzen der unbeschnittenen, freien Natur zeigt an, daß die Kraft der Erneuerung wirksam ist. Victor ist nicht der Dichter des 18. Jahrhunderts, kein Prinz Rokoko, hat aber auch den Zugang zum erträumten Paradies noch nicht gefunden: »der Nachen zu der Insel ⟨ist⟩ lange zertrümmert und versenkt ⟨...⟩ Unkraut und Blüten ⟨...⟩ können doch nicht in den Himmel wachsen« (S. 123,15-19). – Der Zustand des Anwesens erinnert an Leontins Schloß in der Satire *Viel Lärmen um Nichts*, das als Refugium der letzten Garde der Romantiker in schwerer Zeit fungiert. Eichendorff sieht jedoch die Gefahren einer solchen Absonderung und kritisiert das Verhalten der wiederbelebten Figuren aus *Ahnung und Gegenwart* (vgl. Anm. 20,5-7). Dementsprechend hat der Held Victor sein ›Paradies‹ verlassen und stellt sich den Problemen der neuen Zeit.

124,5 *Poschen*] Eingedeutschte Form von franz. poche: Tasche.

127,1 f. *Salve! ⟨...⟩ alter Bursch' und hass' die Philister*] Der Förster begrüßt den Studenten, der gerade sein Studium als »Doktor oder Magister« abgeschlossen hat, nach Studentenart lateinisch: Salve (Sei gegrüßt). Auch die Bezeichnungen Bursche (für den Verbindungsstudenten) und Philister (für den Nichtstudenten, den bürgerlichen Bewohner der Studentenstädte [vgl. Band IV dieser Ausgabe, S. 806 f.]) gehören zur Studentensprache.

127,11-15 *Quellen verworren ⟨...⟩ Waldhornsklänge ⟨...⟩ rauschend ⟨...⟩ die alten Geschichten*] Zu den geheimnisvollen Lauten der Natur (vgl. Anm. 116,12-21) tritt hier der vom Menschen erzeugte Waldhornsklang, der seit Tiecks *Sternbald* als Sinnbild der romantischen Sehnsucht gilt. Er verbindet sich mit dem Jagdmotiv (vgl. Anm. 294,16 f.).

127,16 *Pandekten*] Hauptteil des römischen Corpus juris civilis, eine Pflichtlektüre für die Jurastudenten der Zeit, da es noch kein deutsches Gesetzbuch gab.

127,32-34 *Waldessprache ⟨...⟩ Muttersprache*] Die abgerissenen Laute der Natur verbinden sich mit dem Ursprünglichen, Mütterlichen und der paradiesischen Kindheit (auch der Geschichte).

128,35-37 *Gibichenstein ⟨...⟩ das gelobte Land der Jugend*] Reminiszenz an Eichendorffs Studentenzeit in Halle. Die Besuche auf dem Giebichenstein und dem benachbarten Reichardtschen Garten beschreibt er im Tagebuch. Unter dem 18. 7. 1806 heißt es: »Nachmittag mit Wilhelm im giebichensteiner Kirschgarten. Unser Ausruhen dem Felsenthale gegenüber an Reichhards Garten. – Romantische Erinnerungsblicke nach Tost« (Band V dieser Ausgabe, S. 162,30-33).

129,6 *Haarbeuteln*] Aus Taft gefertigte kleine Beutel, in denen Perückenträger das echte Haar versteckten.

129,19 f. *Sarabande*] Schreitender Tanz (im 17. Jahrhundert in Spanien entstanden).

130,17 *rauschenden*] 1834: lauschenden

130,24-28 *Gehaltserhöhung Walters ⟨…⟩ im Grünen ⟨…⟩ für die ganze Lebenszeit einrichten*] Mit dieser Perspektive Walters wird der typische Lebensweg des Philisters angedeutet (vgl. Anm. 108,3 f.).

130,31 *Kalesche*] Kleiner Karren, Fuhrwerk.

131,13 *Grammaire*] (Franz.) Grammatik.

131,14 f. *für das Stadtleben auszubilden*] In höfischen Kreisen und bürgerlichen Schichten, die dem Adel nacheiferten, war Französisch Konversationssprache, und man ließ mindestens einige französische Begriffe einfließen, um seine ›Bildung‹ zu signalisieren. So wird die ländliche Amtmannstochter auf das Stadtleben mit einer französischen Grammatik vorbereitet – für Eichendorff ein Zeichen für Verbildung des natürlichen Wesens.

131,27 f. *die Waldvögel singen ganz fremde Noten dazwischen*] Obwohl Fortunat sich bemüht, Dichtung im Einklang mit der Natur – im Freien – zu produzieren, gelingt es ihm nicht, »Naturpoesie« hervorzubringen. Schon der Begriff »Novelle« ist bei Eichendorff vorbelastet (vgl. Anm. 106,2), und die Tatsache, daß er vorher entworfene Texte (S. 131,21 f.) nun zusammenfügen will und Feder und Papier benutzt (S. 131,31), entlarvt ihn (in Eichendorffs Denken) als falschen Dichter. Spontaner Gesang in der Natur entspricht dem Ideal dieser Naturdichtung, und niedergeschriebene Volkslieder (wie im *Wunderhorn*) bezeichnet Eichendorff im *Taugenichts* als Herbarien (vgl. Band II dieser Ausgabe, S. 462,14 f.). Die Szene zeigt daher den guten Willen, aber zugleich das Ungeschick und die mangelnde Reife des angehenden Dichters Fortunat.

132,1-24 *Ich wollt' im Walde dichten ⟨…⟩ Kehr ich zur Stadt erst wieder ⟨…⟩ ein überlang Gedicht*] Das Gedicht faßt die vorher dargestellte Problematik (vgl. die vorige Anm.) zusammen und fügt hinzu, daß auch die Entfernung von der Natur eine Aufarbeitung der Erfahrungen im nachträglich konstruierten Kunstwerk nicht erlaubt. – In der Gedichtausgabe von 1837 trägt das Gedicht, das durch Rückerts Lied »Ein Schreibtäfelchen im Busen« angeregt wurde, den Titel *Rückblick* (vgl. Band I dieser Ausgabe, S. 305 und 1024).

133,13 *Begegnis]* Begebenheit.

133,30 *zerworfenen]* Verworfenen.

134,27-33 *setzte sich auf seine Brotwissenschaften 〈...〉 Poeten 〈...〉 nun selber Schafe hüten]* Erneut werden zwei mögliche Lebenswege miteinander konfrontiert – diesmal aus der Perspektive der biederen Amtmännin. Unter Brotwissenschaft ist ein Studium zu verstehen, das sich im späteren Leben in Form einer brotbringenden Berufstätigkeit auszahlt, beispielsweise ein Jurastudium. Philosophie und Rhetorik dagegen waren ›brotlose Künste‹, und es konnte passieren, daß die begabtesten Köpfe Schafe hüten mußten. Die Rede ist als Warnung an den Studenten Otto gedacht, »der 〈...〉 sichtbar mit sich selbst kämpfte« (S. 134,34).

134,37-135,2 *Zeitlebens auf der Treckschuite gemeiner Glückseligkeit vom Buttermarkt zum Käsemarkt fahren]* Eichendorff verwendet dieses Zitat aus Brentanos *Philistersatire* (1811 veröffentlicht) bereits in *Ahnung und Gegenwart* (vgl. Band II dieser Ausgabe, S. 91,35). Brentano spricht von der »bedächtige〈n〉, breite〈n〉 Treckschuite der Philister 〈...〉, welche mit guten Pässen versehen, kannengießend unter dem Verdecke, auf ihrer Reise vom Buttermarkt nach dem Käsemarkt begriffen sind« (Werke II, S. 983). – Eine Treckschuite ist ein seinerzeit gebräuchliches kleines Lastschiff, das vom Leinpfad am Ufer getreckt (gezogen) wird.

135,10 f. *Komödianten-Sprüche 〈...〉 Theaterprinzessin]* Aus der Perspektive des Philisters ist die Welt des Theaters dubios. Eichendorff bereitet schon den Auftritt des »fahrenden Volks« (der reisenden Theatertruppe) im Roman vor.

135,31-33 *von der Universität zurück 〈...〉 unlustig zu jeder tüchtigen Arbeit]* Die Kritik aus dem Munde Walters scheint zunächst auf der Linie des Philisters zu liegen (vgl. die vorigen Anm.), deckt sich jedoch zum Teil mit der von Eichendorff, denn die Absage an den bürgerlichen Lebensweg, verbunden mit einem gewissen Hochmut (vgl. S. 135,4 f.), führt Otto später ins Verderben. Eichendorff rechtfertigt damit seine eigene Lebensentscheidung, das Dichten aus der gesicherten Beamtenposition zu betreiben und sein Leben nicht – wie etwa Brentano – konsequent und ausschließlich in den Dienst der Poesie zu stellen. Zum Dichter, der »einsam über die Köpfe der Menschen weggeht« (S. 136,1 f.), sind nur wenige geboren, und Otto ist »ein halber Philister«, dem seine Freunde »aus dem tollen Poetenmantel heraus«helfen sollen (S. 136,6 f.).

136,16-34 *Wetterleuchten* ⟨...⟩ *Schwüle* ⟨...⟩ *der ferne Donner* ⟨...⟩ *in banger Erwartung*] In Eichendorffs Werken untrügliche Signale für grundstürzende Ereignisse, für einen Krieg, eine Revolution oder – wie hier – einschneidende, bedrohliche Ereignisse im Leben des Protagonisten. Die bedrohliche Verlockung des Venusberges (der »Zauberstrom von Klängen« [S. 138,2]) kündigt sich an.

137,18 f. *trostlose Öde junger Seelen* ⟨...⟩ *labyrinthische Selbstquälerei*] Anspielung auf die Empfindsamkeit und den ›Weltschmerz‹, den Eichendorff in seinen literarhistorischen Schriften mit ähnlichen Worten charakterisiert: »diese Poeten ⟨...⟩ zerreißen kindisch sich selbst, oder lassen sich vielmehr von ihren imaginären Bestien zerreißen ⟨...⟩. Der maitre de plaisir aber auf diesem Karneval ist Heinrich Heine« (Band VI dieser Ausgabe, S. 1071).

137,28-30 *von dem zauberischen Spielmann* ⟨...⟩ *aus dem Venusberge*] Die Tannhäusersage, die Eichendorff bereits in den frühen Erzählungen *Die Zauberei im Herbste* (1808/09) und *Das Marmorbild* (1819) verarbeitete, kannte er aus Ludwig Tiecks *Der getreue Eckart und der Tannenhäuser* (1799; später im *Phantasus* aufgenommen).

138,2 f. *dem Zauberstrom von Klängen unversehrt folgen*] Nach Eichendorffs Auffassung auch für den Dichter verderblich. Die verlockenden Naturtöne, Sinnbild undisziplinierter Hingabe an wollüstige Gefühle, werden auch dem Gesellen in Eichendorffs Lied zum Verhängnis (vgl. Band I dieser Ausgabe, S. 968). Otto, dessen Ende in Wahnsinn hier bereits angedeutet wird (S. 137,36-138,1), glaubt zunächst, den »Zauber« regieren zu können, dann orientiert er sich an dem neuesten Buch des Grafen Victor, ohne jedoch wirklich zu sich selbst zu finden.

138,12 f. *entsag' ich von heut ab der fröhlichen Dichtkunst, der Metze*] Eine Wendung, die Clemens Brentano und andere Dichter der Romantik – oft verbunden mit einer Konversion – vollzogen haben. Dem unreifen Otto glückt sie nicht. – Der plötzliche Ausbruch in Tränen könnte auch ein versteckter Hinweis auf Brentano sein, von dem solche emotionalen Ausbrüche berichtet werden.

138,22 f. *es bedürfe eines des andern*] Die Idee Walters, daß das strenge ernste »Leben der heiteren Dichtkunst« bedarf (und umgekehrt) dürfte Eichendorffs Auffassung entsprechen, wobei »heiter« hier nicht im Sinne einer oberflächlichen Fröhlichkeit gedeutet werden darf.

139,3 *des Himmels Führung*] Vgl. S. 712 f.

139,21 *halbzerfallenen Mauern*] Der Zustand des Schlosses erinnert an die Schilderung von Leontins Schloß in der Satire *Viel Lärmen um Nichts* (vgl. Anm. 16,23 f. und 21,21-32). Im Gegensatz zu Leontin, der sich aus der Realität zurückzieht, hat Victor sich jedoch aus dem Schloß entfernt und durchstreift inkognito die Welt.

139,24 f. *der Frühling hatte den verlassenen Berg wieder bestiegen*] Hinweis auf die Regenerationskraft der Natur, die alle Relikte der Zeit für die Zukunft gleichsam aufbewahrt.

139,26-28 *Sagen ⟨...⟩ wunderschöne bleiche Frau*] Die Geschichten von einer weißen Frau, die in Schlössern spukt, sind vielfach belegt und waren zu Eichendorffs Zeit noch Gegenstand halbwissenschaftlicher Recherchen. Eichendorff stellt hier eine Verbindung zur Waldfrauensage her (vgl. Band I dieser Ausgabe, S. 86 und 880 f.), entlarvt das Ganze jedoch wenig später als Täuschung. Die »schöne bleiche Frau«, die sich wie Loreley das Haar kämmt (vgl. S. 140,7-10), ist eine Schauspielerin der reisenden Komödianten (S. 141,9-12).

141,30 *fresko*] Bei der al fresco-Malerei (Ital.: ›aufs Frische‹) wird die Farbe auf den noch frischen Putz aufgetragen und verbindet sich mit diesem.

143,9-14 *Ich werde doch kein Narr sein ⟨...⟩ Kindergeschrei, und ein Haus*] Fortunat erkennt, daß er durch seine Zuneigung zu Florentine in Gefahr gerät, ein bürgerlich-philiströses Leben zu führen. Die Eifersuchtsreaktion Walters sieht er dabei schon voraus (S. 143,12). Er entzieht sich dieser Aussicht durch die fluchtartige Abreise (S. 143,19).

145,9-16/146,30-147,2 *Bei dem angenehmsten Wetter ⟨...⟩ Ein zufriedenes Gemüt ⟨...⟩ Frei von Mammon ⟨...⟩ vor der Allerschönsten Tür*] Die vier Strophen erscheinen unter dem Titel *Der wandernde Student* in der Gedichtsammlung von 1837 (vgl. Band I dieser Ausgabe, S. 306).

145,25 *in üblem Humor*] Bei schlechter Laune.

146,4 f. *nicht sonderlich konditionierten*] In schlechtem Zustand.

146,23 f. *quamquam sint sub aqua, sub aqua maledicere tentant!*] Ovids *Metamorphosen* (6, 376) mit Bezug auf Frösche (verwandelte Menschen): Obwohl sie unter Wasser sind, versuchen sie zu lästern.

146,27 *Literatus*] Später als Lothario identifiziert (S. 153,1); die Bezeichnung »Litteratus« findet sich schon in den Entwürfen.

148,2 *Laufern*] Vgl. Anm. 113,1 f.

148,7 *zwischen den Reifröcken, Rüstungen, Fahnen und Miedern*] Der Eindruck, den die kleine Theatertruppe auf Fortunat macht, erinnert an die entsprechenden Szenen in Goethes *Wilhelm Meister*. Fortunat wird sich ähnlich wie Wilhelm dieser unbürgerlichen Theatergruppe anschließen, und er findet in dem »Mädchen ⟨...⟩ mit den herabhängenden, tröpfelnden Locken«, die »wie ein Nixchen« aussieht (S. 147,27-29) und Kordelchen genannt wird, seine Philine. Wie bei Goethe ist die Begegnung mit der Welt des Theaters und der leichtlebig-sinnlichen Schauspielerin eine Station im Bildungsgang des Helden, nicht jedoch die Endstation.

149,11-24 *Tiedge ⟨...⟩ Lafontaine ⟨...⟩ Kotzebue*] Christoph August Tiedge (1752-1841), Verfasser des lyrisch-didaktischen Gedichts *Urania, über Gott, Unsterblichkeit und Freiheit* (1801). Ansgar Hillach weist darauf hin, daß die Dame sich ähnlich verhält wie Lotte in Goethes *Werther*. Anstelle von Klopstock wählt Kordelchen hier den Namen eines Modeliteraten, der nach Eichendorff eine »falsche Sentimentalität« repräsentiert. – Die Namen Tietge, Lafontaine und Kotzebue nennt Eichendorff auch in seiner *Geschichte der neuern romantischen Poesie* (1846) in einem Atemzug:

⟨…⟩ das, dem Wahren und Großen nicht mehr gewachsene Gemüt, auf das Unbedeutende, Gemeine, ja Nichtswürdige angewendet, die Affektation mit den bloßen Flittern der Poesie, jene unmoralische, innere Lüge, wie sie fast ein Menschenalter lang durch die Teegesellschaften und Leihbibliotheken ging, und in den unerschöpflichen Romanen von *Lafontaine* das Land verwässerte, während sie in *Tiedge's* Urania sogar vornehm wurde, und den philosophischen Katheder bestieg.

Gegen diese Epidemie sentimentaler Mondsucht war allerdings der altkluge Verstand recht auf seinem Platze ⟨…⟩. Nachdem er ⟨…⟩ alle Verhältnisse gehörig ausgenüchtert ⟨…⟩, so entstand hieraus eine zweite Kalamität: die Prosa der Tugend, welche wiederum durch ihre enorme Langweiligkeit ihren notwendigen Gegensatz, die Frivolität hervorrief.

Beide Richtungen fanden ihre Vertreter in *Iffland* und in *Kotzebue*. ⟨…⟩ Das Charakteristische der Kotzebueliteratur ist eben die konventionelle Charakterlosigkeit, eine Blasiertheit, die Alles, was sie nicht begreift oder was sie geniert, vornehm verlacht. ⟨…⟩ Und einen solchen Mann schämte sich das damalige Deutschland nicht, zu seinem Theaterkönig auszurufen! Nicht weniger als zweihundert und eilf seiner Stücke wurden auf allen Theatern stürmisch beklatscht ⟨…⟩.

(Band VI dieser Ausgabe, S. 19-21)

Satirisch vorgetragene Kritik an August Lafontaine (1758-1831), den Verfasser von ca. 160 Erzählungen und

Romanen, und August von Kotzebue (1761-1819) gehörte zu den beliebten Themen der Romantik. Eichendorff nimmt die Tradition auch in den Dramen auf. An dem Erfolg der Autoren, insbesondere von Kotzebue, änderte dies jedoch in der ersten Hälfte des 19. Jahrhunderts nichts.

150,1-8 *Die fernen Heimatshöhen* ⟨...⟩ *In stiller Mondesnacht*] Die holprigen Verse des Literaten Lothario nimmt Eichendorff unter dem Titel *Erinnerung* (2) in seine Gedichtsammlung von 1837 auf (vgl. Band I dieser Ausgabe, S. 307). Sie zeichnen sich dadurch aus, daß das Versmaß nicht durchgehalten wird.

150,23 *Reverbère*] Spiegel, Reflektor. Eichendorff benutzt den Begriff später, um seine Aufgabe als Memoirenschreiber zu kennzeichnen (vgl. Band V dieser Ausgabe, S. 1060 und 1063).

150,26 *al fresco*] Vgl. Anm. 141,30.

151,3 f. *auf dem Theater als Oberförster*] Vermutlich Anspielung auf die Rührstücke August WilhelmIfflands (1759-1814), von dem Eichendorff im November 1802 *Die Jäger* sah (vgl. Band V dieser Ausgabe, S. 41,21). Das Gespräch zeigt, daß Stücke dieses Typs die Realität der »deutsche⟨n⟩ Biederkeit« genau widerspiegeln. Zur Kritik am deutschen Theater vgl. Anm. 149,11-24 und 203,19 f. – Die systematische Auseinandersetzung mit der zeitgenössischen Dramatik hat Eichendorff in seine Satire *Meierbeth's Glück und Ende* übernommen. Insbesondere die satirische Kritik der Schicksalstragödie, die in die frühen Entwürfe des Romans integriert war (vgl. S. 692-695 und 709), fehlt im ausformulierten Romantext.

151,36 *ihr guten Leute und schlechten Philosophen*] Vgl. Brentanos *Ponce de Leon* (103/04) »Diese schlechten Musikanten und guten Leute« (FBA 12, S. 587) und E. T. A. Hoffmanns *Kater Murr* (1820/21): »Gute Leute und schlechte Musikanten« (2. Abschn.).

151,36 *Shakspeare*] Seit dem Sturm und Drang in Deutschland das Vorbild im Bereich des Dramas. Die Romantiker erhoben ihn – mit Goethe und Schiller darin einig –

zum Muster, und August Wilhelm Schlegel und Ludwig Tieck erarbeiteten die bis heute bedeutendste deutsche Shakespeare-Übersetzung. – Auf die Shakespeare-Rezeption geht Eichendorff ausführlicher in der vom Roman ›abgespaltenen‹ Satire *Meierbeth's Gück und Ende* ein.

152,3-10 *Bardulphs feurige Nase ⟨...⟩ Dortchen Lakenreißer]* Bardulph ist ein Trinkkumpan von Falstaff in Shakespeares Drama *Heinrich IV.*, Dortchen Lakenreißer eine Hure im zweiten Teil des gleichen Stückes. Darauf beziehen sich vermutlich die Quellenhinweise des Entwurfs (vgl. S. 700).

152,19 *Rattenkönig]* Nach Ansgar Hillach »volkstümlicher Ausdruck für: unentwirrbare Schwierigkeit. Zugrunde liegt die Vorstellung von Ratten, die mit ihren Schwänzen ineinander verwickelt sind« (W II, S. 956 f.).

152,25 *turbieren]* (Lat.: turbare) In Aufregung versetzen, beunruhigen.

152,31 *Apostrophe]* (Griech.) Anrede.

152,32 *räsoniert]* (Franz.) Widersprochen.

153,14-16 *der Blasse ⟨...⟩ von persönlicher Freiheit und unverletzlichen Menschenrechten]* Der blasse Schauspieler ist dem blonden Novellendichter der Satire *Viel Lärmen um Nichts* verwandt (vgl. Anm. 24,6-13), denn er vertritt die bei den Jungdeutschen wiederauflebenden Leitideen der Französischen Revolution. Eichendorff steht den Schlagworten kritisch gegenüber. An die Stelle der »persönlichen Freiheit« und der »Menschenrechte« setzt er die »uralte Freiheit«, die den Einzelnen in eine von Gott gegebene (hierarchische) Ordnung einfügt, in der individuelle Freiheiten stark eingeschränkt sind (vgl. Anm. 103,20).

153,31 f. *bald piano bald crescendo]* Aus dem Italienischen abgeleitete Musiksprache: Bald leise, bald anschwellend (lauter).

154,17 f. *Cicerone]* Fremdenführer.

154,18 f. *am ersten Morgen in Hohenstein]* Vgl. S. 121-123.

155,33 *allerlei wunderlichen romantischen Einfällen]* Romantisch ist hier in älterem, allgemeinen Sinne gebraucht und bedeutet skurril, bizarr.

156,18 *denen]* 1834: den

156,20 f. *In diesen heiligen Hallen]* Schon zu Eichendorffs
Zeit eine der bekanntesten Baßarien aus der *Zauberflöte* Mozarts (Text Emanuel Schikaneder).

157,4 *der Doktor]* S. 158,6 f. als Dryander identifiziert.

157,16 *Zirkumflexe]* Im Franz. gebräuchliche, dachför-
mige Akzente. Hier im Sinne von Geheimzeichen, die keiner
entschlüsseln kann.

158,5 *Geiger aus dem Weinkeller]* Vgl. die Episode
S. 112-114.

158,12 f. *Weint um Hekuba]* Eine sprichwörtliche Wendung, die auf Shakespeare zurückgeht. Im *Hamlet* heißt es
(II 2): »Was ist ihm He kuba, was ist er ihr, | Daß er um sie soll
weinen?«

158,34-37 *Wir wandern wohl heut noch weit ⟨...⟩ O lustige
Sommerzeit!]* Der Vierzeiler klingt wie eine Reminiszenz an
Tieck, der auch den Spitznamen »Waldhorn« trug. Lustige,
anspruchslose Verse wechselnder Länge und Rhythmik mit
wohlklingenden Reimen gehören zu den Gedichteinlagen
des *Sternbald* und haben meist Wald, Wandern und Waldhorn
zum Thema. Möglicherweise sind die Verse als Tieck-Par-
odie gedacht. Dazu paßt, daß Dryander, der das Lied »damals komponiert« hat (S. 159,3), Züge des sehr universellen
und brillanten ›Königs der Romantik‹ trägt. Tieck war seit
1825 in Dresden Dramaturg am Hoftheater (mit dem Titel
Hofrat) und hatte bereits 1816 in Breslau eine Ehrendoktor-
würde erhalten – Dryander, der »Doktor«, war »früher einmal Musikdirektor« der Theatergruppe (S. 159,18) und
avanciert am Hof. Von Tieck wird berichtet, daß er ähnlich
eloquent auftrat wie Dryander und ganze Dramen allein lesen und darstellen konnte. Eichendorff hatte ein distanziertes
Verhältnis zu ihm (vgl. Band VI dieser Ausgabe, S. 136-144,
596-598 und 1093) und zeichnet auch Dryander satirisch-
kritisch. Mit all seiner Gelehrsamkeit und Macht über die
Sprache dringt er nicht zum Wesentlichen vor.

159,19 f. *embrassierte]* Von Franz. embrasser: umarmen.

159,30-160,16 *Mich brennt's an meinen Reiseschuh'n ⟨...⟩*

Weiß, wo das hin will zielen] Unter dem Titel *Dryander mit der Komödianten-Bande* veröffentlichte Eichendorff das Gedicht in seiner Sammlung von 1837 (vgl. Band I dieser Ausgabe, S. 307). In der Vertonung von Cesar Bresgen wurde es populär, wobei die Überschrift und die stark kontextbezogene 3. Strophe weggelassen werden. – Das Gedicht weist deutlich auf die göttliche Lenkung des Geschehens hin (vgl. S. 712 f.) und basiert auf dem traditionellen Vergleich von Welt und Bühne, Leben und Schauspiel.

161,9-11 *runder Mann ⟨...⟩ hagerer Begleiter]* Der Schulrat (seit Tiecks *Gestiefeltem Kater* [1797] der Vertreter einer philiströsen Aufklärung) und ein reisender Lord (vgl. S. 168,8 und 172,14-16 mit Anm.).

161,21-25 *schöne, hohe Mädchengestalt zu Pferde, ein grünsamtenes Jagdkleid ⟨...⟩ mit großen dunklen Augen]* Der erste Auftritt der Juanna-Gestalt, die Züge der Romana-Figur aus *Ahnung und Gegenwart* und der ähnlichen Diana-Figuren Eichendorffs (vgl. S. 608-612) mit dämonisch-verführerischem Charakter trägt. Der Auftritt wird erst S. 173,6 f. aufgeklärt.

161,33 *ihren romantischen Tag]* Vgl. Anm. 155,33.

163,8 f. *Zwischen den Blitzen ⟨...⟩ mit kühner Gewandtheit]* Hinweis auf den dämonischen Charakter der Juanna (vgl. Anm. 161,21-25).

164,19-165,8 *Aus Wolken ⟨...⟩ mein göttlich Bild!]* Der Text erschien bereits 1831 im ›Berliner Musen-Almanach‹ unter dem Titel *Malers Morgenlied* (vgl. Band I dieser Ausgabe, S. 276); in der Sammlung von 1837 wählte Eichendorff den Titel *Der Maler*.

165,33 *sehr zierlichen deutschen Rock]* Die Maler der nazarenischen Schule hielten noch lange an der Tradition der altdeutschen Kleidung fest, die ihre Schnitte aus den Bildern Dürers gewonnen hatte und im Verlauf der Befreiungskriege zum Zeichen der deutschen Selbständigkeit und Einheitssehnsucht geworden war. Die von Ernst Moritz Arndt in seiner Schrift *Ein Wort aus der Zeit über Sitte, Mode und Kleidertracht* (1814) verherrlichte Tracht wurde deshalb während der Restauration verboten.

166,13 *Loris]* Halbaffen.

166,16-20 *Buchsbaum* ⟨...⟩ *Statüen* ⟨...⟩ *Wasserkünste* ⟨...⟩ *Kaiserkronen* ⟨...⟩ *Päonien]* Vgl. Anm. 120,30-34 und 120,33.

166,33 f. *Boursen des Billards]* Die Säckchen am Billardtisch, in denen die Kugeln aufgefangen werden.

167,25-27 *eine norddeutsche Zunge* ⟨...⟩ *entsetzte sich schon vor dem barbarischen Laute: Kasperl]* Für Eichendorff verband sich die Tradition des Kasperle-Theaters (mit einem Schauspieler als Kasperl, nicht das Kinderpuppenspiel) mit der Wiener Studienzeit. Zugleich spielt er auf die Verbannung des Hanswurst von der deutschen Bühne durch Johann Christoph Gottsched (1700-1766) an (vgl. Band VI dieser Ausgabe, S. 726 f.).

168,25-29 *mit der Jahreszahl 1813 bezeichnetes Schwert* ⟨...⟩ *Eisenbraut]* Anspielung auf die Befreiungskriege, in denen sich Deutschland von der napoleonischen Herrschaft befreite. Eichendorff selbst hatte an den Feldzügen teilgenommen und sah die Zeit des Kampfes als ›ernste große Zeit‹ Deutschlands (S. 168,30). 1813 war die Völkerschlacht bei Leipzig. – Die Bezeichnung Eisenbraut spielt auf Theodor Körners (1791-1813) Schwertlied an, dessen Schlußvers lautet: »Hurra, du Eisenbraut, Hurra!«. Körner war 1813 als Freiwilliger gefallen.

169,7 f. *Inkarnats]* Bezeichnung für die Farbe »hoch rosenrot, fleischrot; ein roter Marmor ⟨...⟩ in der Malerei Bezeichnung für Fleischfarbe, für die Tönung des Fleisches in verschiedenen Nüancen« (Meyer IX, S. 248).

169,17 *Genie]* Der Schulrat (vgl. Anm. 161,9 f.) verhält sich wie der dicke Herr Publikum in der Satire *Viel Lärmen um Nichts* und erklärt mittelmäßige Kunst für genial (vgl. S. 74,35).

169,21-170,5 *Rom* ⟨...⟩ *mit seinen phantastischen Trümmern* ⟨...⟩ *Meine Kameraden gefielen sich dort]* Der Maler gehörte zur deutschen Maler-Kolonie, die schon zu Zeiten von Goethes Italienreise (1786-88) in Rom lebte, hatte sich jedoch angesichts der Entwicklung in Deutschland wieder in die Heimat begeben. Die Nazarener, die erst 1809/10 als Gruppe hervortraten und mit den Bildbeschreibungen S. 169 kaum getroffen sind, dürften nicht gemeint sein. Für deren Bilder hatte Eichendorff schon wegen der religiösen Thematik große Hochachtung (vgl. Anm. 232,34 f.).

170,13-16 *Kreuzung der Finger ⟨...⟩ erwiderte den Druck]* Vermutlich ein geheimes Zeichen, bei dem sich die Mitglieder von Freimaurer-Logen gegenseitig zu erkennen geben. Die Verbindung Alberts mit den Freimaurern zeigt erneut, daß Eichendorff hier einen dubiosen Maler, keinen vorbildlichen Patrioten oder Nazarener vorführen will. Eichendorff sieht ihn mit Fortunats Augen und zählt ihn zu den Menschen, die versuchen, »die Dinge anders anzusehen, als sie wirklich sind« und »in alle Welt gehen, die Völker zu richten« (S. 170,23-26).

172,14-16 *reisender Lord ⟨...⟩ sprach immerfort von Kunst]* Der Typ des reisenden Engländers war in Deutschland im 19. Jahrhundert so geläufig, daß er zur Lustspielfigur avancierte. Zahlreiche Engländer statteten Weimar und dem Minister und ›Dichterfürsten‹ Goethe einen Besuch ab.

172,30-35 *Fürstin ⟨...⟩ wechselte in wenigen Minuten ⟨...⟩ Farben der neusten Bildung]* Die Fürstin trägt hier die Züge einer Salonière, wie sie Eichendorff in Madame Sander kennengelernt hatte (vgl. Band V dieser Ausgabe, Anm. 281,9-12), und gehört zu der Teetisch-Atmosphäre mit ihrem oberflächlichen Literatengeschwätz, das Eichendorff vielfach kritisierte (ebd., Anm. 433,17 f.).

173,6 *Gräfin Juanna]* Der Name der spanischen Gräfin ist die weibliche Form des Don Juan, des Frauenhelden, und weist auf die nymphomanen Züge der Gräfin hin, die sich jedoch mit einer herrischen, abweisenden Haltung verbinden. Frauen dieses Typs hat Eichendorff in viele seiner Erzählungen eingeführt. Sie tragen stets herrische und dämonische Züge, die durch Anspielungen auf Venus, Diana, die Waldfrauen- oder Loreley-Sage verdeutlicht werden. In der Figurenkonstellation der Eichendorffschen Erzählungen sind sie ein Pendant zu den gefügig ›lieben‹ Frauengestalten, für die sich die positiven Helden am Ende stets entscheiden.

Nur die Erzählung *Eine Meerfahrt* weicht von diesem Schema ab, und die dämonische Gestalt gerät positiver. Der Held heiratet am Schluß ihre ›domestizierte‹ Nichte (vgl. S. 806- 809). – Zur Loreley vgl. Anm. 206,19-21.

174,13 *Exposition ist romantisch*] Vgl. Anm. 155,33 und 172,30-35.

174,6 f. *Fürstin ⟨...⟩ sinniger Roman*] Der Vergleich eines Menschen mit einem literarischen Werk ist ein Topos der Romantik, der schon bei Tieck und Brentano geläufig ist. – Vgl. Anm. 172,30-35.

174,9-12 *schöne Gräfin ⟨...⟩ die Meute Liebhaber ⟨...⟩ Hunde ⟨...⟩ Jagdgelüste*] Die Verwandtschaft Juannas mit der Göttin der Jagd (vgl. Anm. 173,6) ist hier deutlich. Parallelen ergeben sich auch zur Königin der Erzählung *Eine Seefahrt* (vgl. S. 403 f.) und zur Darstellung der emanzipierten Frau bei Eichendorff (vgl. Band IV dieser Ausgabe, S. 589-591).

174,17-27 *Dichter ⟨...⟩ auf der ästhetischen Bärenhaut ⟨...⟩ schön leben ⟨...⟩ tiefsinnig wie Don Quixote*] Victor/Lothario verachtet die Dichter, die in altem Stile »romantisch« fernab von »Kriegstrouble, Philosophie ⟨...⟩ wie ein Wolkenspiel« »dicke Romane« schreiben (S. 174,19-22). Er zieht allerdings ganz andere Konsequenzen als die Vertreter der neuen Novellenkunst, die in *Viel Lärmen um Nichts* geschildert werden (vgl. S. 23-26), und entscheidet sich später, als Priester in Europa zu missionieren.

174,19 *Kriegstrouble*] 1834: Kriegstroubel

174,23 *Ärolsharfe*] Äolsharfe, von Äolus, dem griechischen Gott der Winde, bewegt.

176,1 *phantastisch geschmückte Weibergestalt*] Nach Ansgar Hillach hält Eichendorffs Beschreibung sich »z. T. wörtlich an die Wiedergabe des Aussehens der Courasche in Grimmelshausens Roman *Der seltzame Springinsfeld* (1670) (4. Kap.)« (W II, S. 958). Hinter der abenteuerlichen Verkleidung versteckt sich Ruprecht (vgl. S. 177,4).

176,6 *von geschmelzter Arbeit*] Emailliert.

176,7 *Posamenten*] Aufgesetzter Schmuck (Borten).

176,14 *Rolle der Preziosa*] Nach Ansgar Hillach »die Heldin des gleichnamigen Schauspiels von Pius Alexander Wolff (1782-1828), das Carl Maria von Weber 1821 vertonte. Vorbild des Schauspiels ist Cervantes' Novelle *La Gitanilla* (Die kleine Zigeunerin) (um 1610)« (W II, S. 958).

176,17 *Einsam bin ich nicht alleine*] Arie aus der genannten Oper (II 2); vgl. vorige Anm.

176,25 *Silentium!*] (Lat.) Schweigen, Ruhe!

177,23 *Libuschka*] Der Mädchenname der Courasche bei Grimmelshausen (vgl. Anm. 176,1).

178, 23 *Willewau, wau, wau, witohu!*] Der Ausruf erinnert an den Refrain des Zigeunergesangs in Goethes *Geschichte Gottfriedens von Berlichingen* (V. Aufzug), die 1832 in der Aushabe letzter Hand erstmals gedruckt wurde.

178,27-179,5 *Am Kreuzweg, da lausch ich* ⟨...⟩ *zum Wandern*] In der Gedichtsammlung von 1837 unter dem Titel *Die Zigeunerin* (Band I dieser Ausgabe, S. 308).

179,12 *Gibichenstein*] Vgl. Anm. 128,35-37.

179,26 f. *nun ist ja alles, alles wieder gut*] Mehrfach im Roman wiederholte Formel (vgl. S. 264,28), die auch am Schluß des *Taugenichts* steht, hier jedoch kein Happy-End markiert: Kordelchen entzieht sich Otto.

180,24 *träumte mir von Halle* ⟨...⟩ *Gibichenstein*] Vgl. Anm. 128,35-37.

181,4-21 *Hörst du nicht die Bäume rauschen* ⟨...⟩ *im Fluß die Nixen rauschen –* | *Komm herab, hier ist's so kühl*] In der Gedichtsammlung von 1837 unter dem Titel *Lockung* (Band I dieser Ausgabe, S. 308). Der Titel markiert die Gefahr, in der sich der Held befindet. Deutlich sind die Parallelen zum Lied von den zwei Gesellen:

> Dem zweiten sangen und logen
> Die tausend Stimmen vom Grund,
> Verlockend Sirenen und zogen
> Ihn in der buhlenden Wogen
> Farbig klingenden Schlund.

Und wie er auftaucht vom Schlunde
Da war er müde und alt,
Sein Schifflein, das lag im Grunde,
So still war's rings in der Runde
Und über die Wasser weht's kalt.
(Band I dieser Ausgabe, S. 225)

182,30 f. *Gewitterschwüle ist ein bedeutungsvolles Bild der Gegenwart]* Das in Eichendorffs Roman *Ahnung und Gegenwart* auf die Zeit vor den Befreiungskriegen bezogene Bild (vgl. Band II dieser Ausgabe, S. 55,18 f. mit Anm.) benutzt Eichendorff auch zwanzig Jahre später noch zur Charakteristik der Gegenwart. Das heißt, die Spannung, die über Deutschland liegt, hat sich in der Restaurationsphase eher verschärft: Die Hoffnungen auf Einheit und Befreiung von monarchistischer Willkür der einzelnen Duodezfürsten haben sich nicht erfüllt. Die Ansätze zu revolutionärem Umsturz in einigen Staaten des Südens (nach der französischen Revolution von 1830) belegen die ›geladene‹ Atmosphäre.

182,37-183,1 *von der unaufhaltsamen Intelligenz, von der Mündigkeit der Zeit ⟨...⟩ unverjährbarer Wahrheit]* Der Prediger entpuppt sich mit dieser Terminologie als Vertreter der Liberalen, die beim Hambacher Fest zunächst Auftrieb erhalten hatten (vgl. vorige Anm.). Eichendorff steht ihren Auffassungen kritisch gegenüber und stellt seine Position in den politischen Schriften und der Satire *Auch ich war in Arkadien!* dar (S. 83-103 mit Anm.).

183,6-14 *Baron ⟨...⟩ Zeit will nur Prügel haben]* Der Baron bezieht die Gegenposition zum liberalen Prediger und zeigt die borniert Reaktion des Adels auf jegliche Neuerung, die Eichendorff später in seinem Essay *Der Adel und die Revolution* ausführlich darstellt (vgl. Band V dieser Ausgabe, S. 391-416 mit Anm.).

183,26 f. *auf zierlichen Zeltern]* Vgl. Anm. 44,18.

184,1 *lateinische Reiter]* »Umkehrung von Reiterlatein = schlechtes Latein« (W II, S. 958).

184,7 f. *wie Chaldäisch im Halse]* Unter ›babylonischer

Sprachverwirrung‹ leidend. Chaldäa ist das Babylon des Alten Testaments.

185,6-27 *mit altmodischer Galanterie ⟨...⟩ französisch ⟨...⟩ Stutzuhr]* Zur Welt des Barons vgl. Anm. 183,6-14.

185,32 *Cosa rara]* (Span.) Eine seltene Sache. Anspielung auf die Oper dieses Titels von Vincenzo Martín y Soler (1754-1806).

186,1 *merklich]* Bemerkbar.

186,8 f. *den Volksliedern, wie sie damals noch auf den Bergen im Schwange waren]* Das allmähliche Aussterben des Volksgesangs wird der Generation der Romantiker bewußt. Schon Achim von Arnim klagt darüber in seinem Aufsatz *Von Volksliedern* (Anhang zum ersten Band des *Wunderhorn* [FBA 6, S. 405-442]).

186,29 f. *Prediger ⟨...⟩ Novelle ⟨...⟩ geschrieben]* Der zu den Liberalen gehörende Prediger (vgl. Anm. 182,37-183,1) gibt sich hier als Vertreter der neuen Novellenschreiber zu erkennen, die Eichendorff in seiner Satire *Viel Lärmen um Nichts* verspottet (vgl. S. 23-26).

187,2 f. *Kriege Napoleons gegen Spanien ⟨...⟩ der Englischen Armee]* Eichendorff spielt auf das englische Expeditionskorps in Portugal und Spanien an, das 1813 über die Pyrenäen nach Frankreich vordrang. Besonders Wellingtons Sieg bei Vittoria (21.6.1813) wurde von den Künstlern der Zeit (u. a. von Beethoven und Brentano) gefeiert.

187,7 *dem sarmatischen Gehänge]* Sarmaten: alte Bezeichnung für die Einwohner Rußlands, die offenbar schwer mit Schmuck behangen waren.

187,8 *Dolman]* Pelzgefütterte Jacke der Husaren.

188,8 *Gaskogner]* Mann aus der französischen Provinz Gascogne.

188,13 *der wilden Spanierin]* Ihre Identität wird am Schluß der Binnenerzählung aufgedeckt (vgl. S. 199,18-20).

189,11-34 *wußte nicht was er wollte, allen gleich fern und fremd ⟨...⟩ Frauen regieren wieder die Männer]* Juannas Verhalten ähnelt dem der Königin in der *Meerfahrt*, und Eichendorff orientiert sich vielleicht in seinem Roman bereits an der Gestalt aus dem *Don Quixote* (vgl. S. 801).

189,31 f. *ach, daß ich kein Mann geworden bin!*] Eine Klage, die zu den kriegerisch-herrischen Frauen Eichendorffs gehört und in den Dramen formelhaft wiederholt wird. Die »kluge Amme« spielt in ihrer Antwort auf die Amazonen-Tradition an (vgl. S. 189,34 und vorige Anm.).

190,9-24 *alle Männer ⟨...⟩ in Liebe entbrennen ⟨...⟩ Augen ⟨...⟩ funkeln wie der Stern im Ringe ⟨...⟩ Junge ⟨...⟩ muß sterben*] Elemente der Venus-Sage, die Eichendorff schon im *Marmorbild* aufnimmt. Durch die Magie des Blickes ergeben sich Verbindungen zum Loreley-Motiv. – Vgl. Anm. 189,11-34.

190,34-191,31 *grüngoldenen Glanz ⟨...⟩ Eidechsen ⟨...⟩ Schlangen*] Farbe und Tiere gehören zum Spuk der Hexen und Zigeuner. Eine grüngoldene Schlange und ein Salamander spielen etwa in E. T. A. Hoffmanns *Goldenen Topf* (*Fantasiestücke* [1814/15]) eine wesentliche Rolle.

193,36 *Guerillas*] (Span.: gerilljas) »in Spanien bewaffnete Volkshaufen, die neben den regulären Truppen durch Führung des ›kleinen Krieges‹ dem Feinde Schaden zuzufügen suchen. Diese Kriegsweise (*Guerillakrieg*) ist den Spaniern wegen ihrer Abneigung gegen strenge militärische Zucht zu allen Zeiten eigentümlich gewesen« (Meyer VIII, S. 66).

194,9 f. *über den Wipfeln eine weibliche Gestalt*] Vgl. Anm. 189,11-34.

194,17 *der deutschen Legion*] »Sie bestand vorwiegend aus Hannoveranern, Hessen und Braunschweigern und focht mit den Engländern in Spanien gegen die Franzosen« (W II, S. 958).

195,18-34 *ganz in ihrer Macht ⟨...⟩ diese wilden Männer die Gräfin, gleich einer Königin, verehrten*] Parallelen zur Erzählung *Eine Meerfahrt* (vgl. S. 385,26-28 mit Anm.).

197,23 f. *Gräfin ⟨...⟩ zwischen den Flammen*] Diese Situation des Schloßbrandes mit der dämonischen Frauengestalt, die (scheinbar oder wirklich) in den Flammen umkommt, wiederholt sich in Eichendorffs Werken vielfach. Vgl. in diesem Band S. 496,32-497,17, in den Dramen: Band IV, S. 11 f. und 354 f., in *Ahnung und Gegenwart* (Band II, S. 373 f.).

198,25 f. *Victor von Hohenstein*] Aus dem Kampf in der englisch-deutschen Legion (S. 198,20) und der Rettung der »wilde⟨n⟩ Gräfin« Juanna (S. 199,19 f.) erklärt sich die Beziehung der beiden Protagonisten.

199,25 *EILFTES*] In der Goethezeit geläufige Form von ›Elftes‹.

200,2 f. *droben auf den Brettern von ihm selber die Rede*] Eichendorff kommt hier auf das Bild von der Weltbühne zurück (vgl. Anm. 159,30-160,16).

200,7-11 *Sein Dichterruf ⟨...⟩ unverschämte Art, mit der er sich selbst vergötterte*] Nach Eichendorff ist dies der Kardinalfehler, den ein wahrer Dichter nicht machen darf. Dryander wird damit als Muster des falschen Poeten gekennzeichnet. Eitelkeit und Subjektivismus (Hybris) lenken den Dichter von der Aufgabe ab, die Welt in ihrem Zeichencharakter zu erkennen und im Sinne einer von Gott gegebenen Ordnung (für den Leser verständlich) darzustellen. Eichendorff nimmt die Diskussion seiner Satire *Viel Lärmen um Nichts* wieder auf (vgl. Anm. 11,8 f.).

200,14-30 *bei Hofe angestellt ⟨...⟩ Goethe's Tasso*] Die Käuflichkeit der Kunst und des Künstlers ist ein weiteres Thema, das Eichendorff – unter Hinweis auf Goethes Behandlung des Stoffes im *Tasso* – in seinem Roman aufnimmt (wie schon in der Satire [vgl. Anm. 21,2.]). Dienen soll der Dichter nach seiner Auffassung nur der höchsten Instanz, nicht der weltlichen Macht. Der »Hofwind« führt dazu, daß der Dichter den Kopf verliert (vgl. S. 200,9 f. sowie die vorige Anm.).

200,20-28 *Guido ⟨...⟩ sie aus ihrer Verwilderung mit sich emporzuflügeln*] Ein originelles Bild, mit dem Eichendorff deutlich macht, daß der Künstler eine Partnerin auf seinem Wege zu Höherem mitreißen kann. Das Unternehmen gelingt allerdings nicht.

200,34 *Hermen*] Porträtköpfe auf einem pfeilerförmigen Sockel.

201,29 f. *Behufs einer zu verhoffenden Darstellung*] Parodie der Beamtensprache, die Eichendorff vom täglichen Umgang kannte. Die gedrechselte Ausdrucksweise zeigt, wie weit sich Otto von der Diktion des Dichters entfernt hat.

202,13 *Keine Drucker*] Nach Ansgar Hillach »auch: Drücker. In der Malerei Verstärkung und Betonung charakteristischer Stellen in einem Gemälde durch starken Farbauftrag« (W II, S. 958). Demnach meint Ruprecht mit seiner Äußerung soviel wie: im vorgelesenen Text fehlt es an Höhepunkten, an Akzentuierung.

202,16 f. *Otto in seiner poetischen Unschuld*] Die Diskussion nach der mißglückten Dichterlesung zeigt, daß es Otto an technischem Rüstzeug mangelt. In seiner Abgeschiedenheit hat er sich nur mit sich selbst beschäftigt und den Bezug zu seinen Lesern und Interpreten (Schauspielern) verloren. Otto hat sich beim Schreiben in die Gestalt der eigenen Dichtung verliebt (S. 202,25-27) und dadurch die notwendige Distanz verloren.

203,12 *Kaldaunen*] Gekröse, Eingeweide.

203,13 f. *eines gemalten Pomeranzenbaums bedarf*] Hinweis auf die Bedürfnisse des Publikums, das die Bühnenillusion höher schätzt als den Shakespeare-Text (*Romeo und Julia*). Die Publikumsschelte findet sich auch in der vom Roman ›abgespaltenen‹ Satire *Meierbeth's Glück und Ende*.

203,19 f. *die Dichter müssen ⟨...⟩ die Theater poetisch aushungern*] Eine scharfe Kritik am zeitgenössischen Theaterbetrieb, der von den Rührstücken Kotzebues und Ifflands lebte, ist bei den Romantikern allgemein (vgl. Anm. 149,11-24). Tatsache ist jedoch, daß die dramatische Produktion der Romantiker kaum für die Bühne geeignet ist. Weder Tieck noch Brentano und Eichendorff hatten Bühnenerfolge zu verzeichnen. Manche Werke wurden erst im 20. Jahrhundert zum erstenmal aufgeführt.

203,29 *Theatermaschinisten*] Vgl. Anm. 203,13 f. – Nach Maschinen ruft das Theaterpublikum in Brentanos Satire *Gustav Wasa* (1800) (FBA 12, S. 65), und Eichendorff läßt in *Meierbeth's Glück und Ende* Maschinisten auftreten.

203,30-33 *wollt Ihr ein Dichter werden ⟨...⟩ für die Handvoll Gescheuter im Lande*] Das Bewußtsein, nur wenige qualifizierte Leser zu erreichen, formuliert Eichendorff selbst in Briefen, z. B. an Fouqué am 25. 12. 1814:

> Es giebt nichts Tröstlicheres, als den Beifall der wenigen zu erlangen, an die man beim Schreiben eigentlich immer nur gedacht hat. ⟨...⟩.
>
> (HKA ²XII, S. 49)

Lebrecht Dreves schreibt er am 9. 2. 1848:

> ⟨...⟩ es kann ja dem Dichter überhaupt, und zumal in diesen Zeiten hereinbrechender Barbarei, nichts Tröstlicheres begegnen, als bei den Besten u. wenigen Stimmberechtigten noch freudigen Anklang zu finden.
>
> (ebd., S. 219)

204,26 *in einem feinperkalenen Negligé*] Ein Morgenrock aus feinem, weißem Baumwollgewebe (franz.: percale).

205,10-12 *nach Italien* ⟨...⟩ *wo, nach Göthe, die Zitronen blühn*] Anspielung auf den Text des Mignon-Liedes aus dem *Wilhelm Meister*: »Kennst du das Land, wo die Zitronen blühn?«

205,15 f. *Duca – Degli Lazzaroni*] (Ital.) Herzog – der Tagediebe.

205,25 *Kuchenreuter*] Kuchenreiter ist nach Ansgar Hillach die Bezeichnung für »eine berühmte Pistolenart, benannt nach ihren Herstellern, den Brüdern Johann Andreas und Johann Jakob Kuchenreiter in Regensburg (um 1800)« (W II, S. 959).

205,28 *à la Vigano*] Nach dem italienischen Tänzer und Komponisten Salvatore Vigano (1769-1821).

205,29 *Touren*] (Franz.) Drehungen.

205,36 *Motion*] (Lat.) Bewegung.

206,1 *Schreiben Sie noch heut nach Hohenstein*] Victor empfiehlt sich hier selbst als Mäzen. Er steuert indirekt den Lebenslauf von Otto.

206,19-21 *Juanna* ⟨...⟩ *Lureley*] Vgl. Anm. 173,6. – Neben der (nach Heine) heute bekannteren Form des Namens (Loreley) gibt es schon bei Brentano die Form Lureley. Brentano ist der Schöpfer der Ballade von der Zauberin, er erfand die Geschichte zu dem bekannten Echofelsen im

Rheintal (»Lurlei« nach mhd. lur [Elfe] und lei [Fels]) und nennt seine Schöpfung in den *Rheinmärchen* Schwester der (antiken) Echo und Tochter der Phantasie. Eichendorff kannte die Ballade zunächst nur aus Brentanos *Godwi* (1801) (FBA 16, S. 535 und 772 f.) und der Bearbeitung des Stoffes bei Loeben (auf die Heines Gedicht zurückgeht).

206,33 *über schmale Felsrücken an jähen Abgründen*] Die ursprünglich zur Loreley-Geschichte gehörige Landschaft. In der Lyrik verlegt Eichendorff die Geschichte in den Wald und verbindet die Loreley-Tradition mit der Waldfrauensage (vgl. Band I dieser Ausgabe, S. 86 und 880 f.).

207,18-20 *Ihr Herz war gebrochen, da sie in ihrem Liebsten den Fürsten erkannt, nun war sie lange wahnsinnig*] Für eine derartige – nicht standesgemäße – Verbindung gab es keine Zukunft. Geliebte aus dem unteren Stand wurden in der Regel abgefunden oder als Mätresse ausgenutzt. Das Thema einer solchen Verbindung greift Eichendorff in der Erzählung *Das Schloß Dürande* auf. Dort ist es der besorgte Bruder der Geliebten, der wahnsinnig wird, hier das Mädchen selbst, das wie Shakespeares Ophelia aus dem *Hamlet* an enttäuschter Liebe zerbricht. Die Reaktion des Malers Albert (S. 207,31-36) ähnelt der von Renald im *Schloß Dürande*. Er entschließt sich, unter Einsatz seines Lebens für die Betrogene zu kämpfen.

208,6-13 *Wetterleuchten fern im Dunkeln ⟨…⟩ Deine Augen sind die Nacht*] Nicht in die Gedichtsammlung von 1837 aufgenommen.

208,20 f. *die lustigen Frühlingsbäche unterwaschen*] Vgl. das ähnliche Bild mit politischer Deutung im Zyklus *1848* (V): »Es ist den frischen hellen Quellen eigen, | Was alt und faul, beherzt zu unterwühlen« (vgl. Band I dieser Ausgabe, S. 451).

208,32 *Anschlag*] Idee, Plan.

209,18 *Belriguardo*] Schauplatz von Goethes *Torquato Tasso*. Die Fürstin spielt auf das Liebesverhältnis Tassos mit der Fürstin von Este an.

209,22-24 *Gedanken schlugen ⟨…⟩ um ⟨…⟩ wie Milch beim Wetterleuchten*] Milch wird bei Gewitterluft schnell sauer.

209,28 *Kaiserkronen*] Vgl. Anm. 120,34.

209,30 *grüngoldene Funken*] Vgl. Anm. 190,34-191,31.

210,13 *eine schöne Jungfrau*] Trudchen (vgl. S. 211,30 f.).

210,24 *erlöse mich von der inneren Lüge*] Dryander gerät immer mehr in einen Wahnzustand, weil er keine Instanz außer sich selbst anerkennt (vgl. Anm. 200,7-11 sowie die Verwendung des Begriffs »große Lüge« in den literarhistorischen Schriften, Band VI dieser Ausgabe, S. 1093).

212,5 *Goethe, Shakespeare, Calderon, Cervantes*] Der Lektürekanon der Romantiker, den Friedrich Schlegel in der Programmzeitschrift der Frühromantik (›Athenaeum‹ [1798-1800]) entwickelte. Tieck, Arnim, Brentano und Eichendorff selbst folgen ihm.

213,31 *Hymen*] Hochzeitsgott der griechischen Antike (Hymenaios).

214,11 *Blicke*] 1834: Blöcke

215,26-29 *Dichter ⟨...⟩ die verborgene Schönheit der Welt*] Walter formuliert in seinem Brief eine Essenz von Eichendorffs Ästhetik. Zwar ist die Aufgabe des Dichters »unübersehbar, verwickelt« (S. 216,4), doch »erweitern sich« für ihn »die Kreise« und »neue Fernen heben sich ⟨...⟩ wunderbar immer weiter und schöner« (S. 215,29-32). Die Dichtung hat diese Erfahrungen von der verborgenen Schönheit und Perspektive der Welt dem Bürger zu vermitteln, zumal dessen Kreis mit dem Alter immer enger wird (S. 215,3 f.).

216,22 *sein Bild vor einem Buche zu sehen*] Die Abbildung in einem gestochenen Porträt gilt auch dem *Unstern* als Signal des Erfolgs, wobei »die Meisten erst berühmt ⟨...⟩ und gestochen werden ⟨...⟩ in Kupfer ⟨...⟩, wenn sie schon alt und häßlich sind« (Band V dieser Ausgabe, S. 360,33-361,1). Dichterbilder erschienen hauptsächlich in den Taschenbüchern (Almanachen) der Zeit. Eichendorff selbst wurde im Jahre 1841 diese Ehre zuteil (vgl. Band I dieser Ausgabe, Abb. 9 und S. 1096).

217,23-218,2 *Und wo noch kein Wandrer gegangen ⟨...⟩ Weiß keiner, wo er blieb*] In der Gedichtsammlung von 1837 unter dem Titel *Der Kühne* (vgl. Band I dieser Ausgabe, S. 309). Felix Mendelssohn-Bartholdy hat das Gedicht, das an die Waldfrauensage anknüpft (vgl. S. 217,29), unter der Überschrift *Das Waldschloß* vertont.

218,14-16 *Alteweiber-Sommer* ⟨...⟩ *Haupthaar* ⟨...⟩ *umhergestreut*] Zu den Sommerfäden, die sich beim Übergang zum Herbst einstellen, gibt es volkstümliche Erklärungen. Adelung spricht von »weißen Fäden, womit so wohl im Frühlinge, als am Ende des Sommers die Felder bedeckt sind ⟨...⟩. Sie rühren von Spinnen her, welche vermittelst dieser Fäden in der Luft schiffen, ihre Nahrung zu suchen. Der große Haufe in der Römischen Kirche hält sie für Überbleibsel von dem Tuche der Jungfrau Maria, welches sie im Grabe umgehabt, und bey ihrer Himmelfahrt fallen lassen.« (Adelung III, Sp. 71: »Marien-Faden«; vgl. auch IV, Sp. 136 f.). Lothario folgt nicht dieser Deutung, sondern stellt den Bezug zu alten Jungfern und ihrem Haupthaar her.

218,34-220,15 *Laßt das Werben* ⟨...⟩ *mir ist wohl in meiner Freiheit* ⟨...⟩ *wie ein schlanker Panther* ⟨...⟩ *umfaßte er sie plötzlich*] Das Streben nach unbedingter Freiheit und die raubtierartige Geschmeidigkeit kennzeichnen auch die Königin in der *Meerfahrt* (vgl. S. 798 und 804). Auch dort kommt es zu einer Entführung mit tödlichem Ausgang (S. 413-415).

220,25 *So hab' ich's manchmal im Traume gesehen*] Hinweis auf den archetypischen Charakter der Juanna-Figur (vgl. S. 608-617 sowie in der *Meerfahrt*, S. 401,35).

221,25-32 *gleich einer Nixe* ⟨...⟩ *sinken* ⟨...⟩ *in strenger Todesschönheit*] Auch Lothario kann die gefährlich-dämonische Juanna nicht bezwingen. Sie entzieht sich nach Nixenart dem menschlichen Zugriff durch den Abschied von der irdischen Welt. Vgl. Anm. 218,34-220,15.

222,19-21 *ein Schauer mahnend* ⟨...⟩ *daß die schöne Erde nur geliehen sei*] Das Begräbnis der Juanna wird zum Memento mori. Bei Lothario löst die Berührung mit dem Tode eine entscheidende Lebenswende aus. Er entschließt sich, der

Welt den Rücken zu kehren und Eremit zu werden. – Juanna scheint nicht sterblich, und im folgenden Kapitel (Anfang des zweiten Buches) taucht ihre Gestalt wieder auf (S. 223,26). Der Vorfall wird jedoch aufgeklärt: Es handelt sich um eine Verkleidungsszene (S. 233,33-234,2).

223,27-31 *Gräfin Juanna* ⟨...⟩ *mit einem fremden Mann]* Vgl. vorige Anm.

224,26 *kategorischen Imperativ]* Begriff Kants aus der *Kritik der praktischen Vernunft* (1788): »Handle so, daß die Maxime deines Willens jederzeit zugleich als Prinzip einer allgemeinen Gesetzgebung gelten könne« (§ 7).

224,31 *die Tugend, sie ist kein leerer Schall]* Aus Schillers Gedicht *Die Worte des Glaubens* (1797).

225,8 f. *mit diesem Schwerte* ⟨...⟩ *Kriegsjahre Dreizehn]* Vgl. Anm. 168,25-29.

225,12 f. *Schulterquarten und Schlenkerprimen]* Positionen beim Fechten.

225,19 f. *Parlament* ⟨...⟩ *Schändlichemens]* Verballhornt aus ›Sapperment‹ und ›Gentlemen‹.

226,5 *Wachstaft-Mänteln]* Wachstaft ist »Leinwand oder Taft, mit einer Wachsfirnis getränkt ⟨...⟩ benutzt ⟨...⟩ zu Regenmänteln« (Meyer XVII, S. 434).

226,20 *Ecco là!]* (Ital.) Hier ist es!

226,21 *Vetturin]* Ital. vetturino: Lohnkutscher.

227,30-228,6 *Es rauschen die Wipfel* ⟨...⟩ *von künftigem großen Glück!]* In der Gedichtsammlung von 1837 *Schöne Fremde* (vgl. Band I dieser Ausgabe, S. 309). Das Gedicht ist ähnlich berühmt und ambivalent wie *Frische Fahrt* (ebd., S. 119; vgl. auch S. 737 f.) aus *Ahnung und Gegenwart*. Die Aussicht auf das »künftige große Glück« wird relativiert durch die Einwirkung der »alten Götter«, die im Kontext von Eichendorffs Denken gefährliche, heidnische Kräfte darstellen, die gerade in Rom wirksam sind. Fortunat steht immer noch – ähnlich wie der Held des *Marmorbilds* – in der Gefahr, den Verlockungen zu erliegen.

228,10 *reizenden Verwilderung]* Deutliche Anspielung auf die Terminologie von Friedrich Schlegels *Lucinde*. Die Be-

gegnung mit der vierzehnjährigen Fiametta steht unter dem
Zeichen bedrohlicher Sinnlichkeit und moralischer Gefährdung, wie sie Eichendorff – gemeinsam mit zahlreichen Zeitgenossen – in der *Lucinde* gestaltet sah. Die Zeichen und
Kräfte des Frühlings werden in diesem Sinne als verfüh-
rerisch-sündhaft dargestellt: »üppig blühende Ranken umschlangen mutwillig die Marmorstatüen, als wollte der Frühling sie mit Küssen ersticken« (S. 228,12 f.).

229,4 *Lazerten*] Eidechsen.

229,17 *Trumeau*] (Franz.) Pfeilerspiegel.

229,27-34 *mit gepudertem Haar, Schnallenschuhen ⟨...⟩ in
französischer Sprache*] Kennzeichen der höfischen Welt des
18. Jahrhunderts, die Eichendorff mit einer überlebten Welt
und dem »Kurialstil« von Rokoko und Aufklärung, der
Parklandschaft französischer Gärten, oberflächlicher Konversation und dem konventionellen Menuett in Verbindung
bringt. Die Szenerie ist hier nach Rom projiziert und ähnelt
der Darstellung im Memoirenkapitel *Der Adel und die Revolution* (vgl. die Schilderung S. 230 sowie Band V dieser Ausgabe, S. 398 f. mit Anm.).

230,16 f. *homme de lettres, der sein Siècle mache*] Ein Schriftsteller (franz.: homme de lettres) und Literat, gewandt und
gelehrt, der sein Jahrhundert (franz.: siècle) repräsentiert. In
Eichendorffschem Sinne kein Dichter.

230,18-28 *MARCHESE ⟨...⟩ So schöne nicht.*] Dieser Diskurs (franz. discours: Diskussion, Unterhaltung) wird innerhalb des Romans wie eine Dramenszene wiedergegeben.
Eichendorff nimmt damit die frühromantische Forderung
nach einer Mischung der Gattungen auf, die er sonst nur
durch lyrische Einlagen erfüllt. Im *Godwi* Brentanos
(FBA 16, S. 154-161, 180–182, 187 f. und 286) und Eichendorffs Satire *Viel Lärmen um Nichts* (S. 24 f.) finden sich ähnliche Passagen.

230,26 *Boreas*] Der Nordwind der griechischen Mythologie.

232,34 f. *Werkstätten unserer frommen, ernsten deutschen Künstler*] Deutlicher Hinweis auf die Schule der Nazarener, die

durch ihre Hinwendung zu den Themen der christlichen Tradition Eichendorffs Idealen entsprach.

233,36 *so wart ihr es in jener Nacht*] Vgl. S. 223,25-224,6.

234,26-235,18 *Jetzt wandr' ich erst gern* ⟨...⟩ *Der Dichter in's Haus*] Unter dem Titel *Liebe in der Fremde* (Teil 4) erscheint der Text in der Gedichtsammlung von 1837 (vgl. Band I dieser Ausgabe, S. 310). Erneut wird in diesem Text (2. Strophe) die Warnung vor den heidnischen Göttern ausgesprochen (vgl. Anm. 227,30-228,6). Für Eichendorff ist selbst die Wiedererweckung der heidnischen Götter in der Poesie (S. 235,17 f.) gefährlich. Er konfrontiert deshalb im *Marmorbild* die heidnische Venus im Text selbst mit der Marien-Gestalt des Christentums (vgl. Band II dieser Ausgabe, S. 389-392 und 423-425). Auch im Kontext der Erzählung sind die antiken Götter der Nacht (vgl. hier Amors Wanderung in der Nacht, S. 235,11 f.) und Dämmerung zugeordnet, während die christliche Gottesmutter den Morgen repräsentiert (vgl. Band II dieser Ausgabe, S. 425).

236,2 *Feige umsonst*] Eine Ohrfeige.

236,14 f. *umherliegende Schläuche*] Gemeint sind in diesem Zusammenhang Wein- oder Wasserschläuche, in denen größere Mengen Flüssigkeit aufbewahrt wurden.

237,1 *Schubsack*] Größere Tasche in Kleidungsstücken.

237,14-17 *Kantianer* ⟨...⟩ *Fichte und Schelling*] Der Student folgte zunächst der Philosophie der Aufklärung, die durch Nennung von Immanuel Kant (1724-1804) bezeichnet wird, und konnte der in Heidelberg für kurze Zeit dominierenden romantischen Schule, die hier durch ihre philosophischen Wegbereiter Johann Gottlieb Fichte (1762-1814) und Friedrich Wilhelm Schelling (1775-1854) bezeichnet wird, nichts abgewinnen. Eichendorff selbst gehörte zu den Jüngeren, »die wir den neuen Weg eingeschlagen« (S. 237,19), und identifiziert sich hier mit Fortunat.

237,29-36 *nicht Student, nicht Philister* ⟨...⟩ *glatt und durcheinandergeschlungen*] Die von Grundling dargestellte abenteuerliche Entführungsgeschichte wird später von Kordelchen aufgeklärt (vgl. S. 245,7-10).

237,37 *Da schoß mir endlich ganz das Blatt]* Vgl. Anm.
71,22 f.

238,1 f. *geheimer Jesuit ⟨...⟩ proselytenmacherischer Emis-
sär]* Den zwischen 1773 und 1814 in einigen deutschen Ländern verbotenen Jesuiten wurde der Vorwurf der Geheim-
bündelei gemacht. Eichendorff spricht in diesem Zusammenhang von »Jesuitenriecherei« (vgl. Band IV dieser Ausgabe,
S. 79,4 f. und 582,159 mit Anm.) und sieht die Verfolgung
des Ordens als Hinweis auf die Wiedergeburt von Aufklärung und Protestantismus. – Proselytenmacher sind Persönlichkeiten, die eine Schar von Anhängern (Schülern) um sich
scharen. Ein Emissär ist ein Abgesandter. Zur Identität der
Personen vgl. S. 245.

238,16 f. *Finsternis des Mittelalters]* Vorwurf, den die liberale Bewegung nicht nur der katholischen Kirche und den
Jesuiten, sondern auch der literarischen Romantik machte.

239,17 *Jesuiter-Rokolor]* Kleidungsstück der Jesuiten, das
nach seinem Erfinder Herzog von Roquelaure benannt ist.

240,22 *frommer Vater]* Der Erzähler mißversteht die Anrede, die dem »Pater« gilt, und meint, er würde für den
leiblichen Vater der schönen Reiterin gehalten (S. 240,24).

240,27 *Blancheflour]* Nach »der mittelalterlichen Erzählung von Floire et Blancheflor« (W II, S. 960). Die in zwei
Versionen altfranzösisch überlieferte Versgeschichte wurde
von Konrad Fleck um 1220 mittelhochdeutsch erzählt. Der
Kern der Sage, auf den Eichendorff vermutlich mit dem
Namen anspielt, ist die Lebensgeschichte der Blancheflor, die
– christlich getauft – am Hof eines heidnischen Königs gemeinsam mit Floire in Spanien aufwächst. Um eine Verbindung des in kindlicher Liebe verbundenen Paares zu verhindern, wird Blancheflor an babylonische Kaufleute verkauft.
Erst nach vielen Abenteuern finden sich die beiden Liebenden und kehren nach Spanien zurück. – Die lose Verbindung
zum Romankontext ergibt sich durch die Geschichte Juannas, die ebenfalls aus Spanien stammt. Die unbekannte Reiterin wird allerdings später als Kordelchen entlarvt, die hier
nur die Rolle der Juanna spielt.

240,30-32 *katholisch werden* ⟨...⟩ *meine geistlichen Hymnen*] Anspielung auf die Tendenz der Romantiker zur Konversion, der Eichendorff eher skeptisch gegenüberstand. Ob er hier auf Novalis (der nie katholisch war) und seine geistliche Dichtung anspielt, ist nicht deutlich.

241,4 *Hieber*] Studentische Waffe.

241,7 f. *Schlenkerprimen und Schulterquarten*] Vgl. Anm. 225,12 f.

241,15 *Koffer voll neuer Konstitutionen*] Von einer »großen Pariser Konstitutionsfabrik« spricht Eichendorff in seinen politischen Schriften (vgl. Band V dieser Ausgabe, S. 511,5). Für ihn war nur die organisch gewachsene, nicht unbedingt schriftlich fixierte Staatsordnung tragfähig: »eine Konstitution, die vielleicht für einen Staat vollkommen angemessen wäre, ⟨...⟩ würde darum keineswegs auch für jeden anderen Staat passen, am wenigsten in Deutschland, wo noch eine frische Eigentümlichkeit der verschiedenen Stämme sich lebendig erhalten hat. ⟨...⟩ Das Papier tut es nicht ⟨...⟩. Nicht auf dem toten Buchstaben beruht ja überall die Kraft und Heiligkeit des Vertrages, sondern einzig und allein auf der Treue« (ebd., S. 608,10-34). Indirekt rechtfertigt Eichendorff damit die Situation in Preußen, wo das Verfassungsversprechen bis 1848 nicht eingelöst wurde.

241,18 *er proponiert*] (Lat.) Er schlägt vor.

242,3 f. *aus dem Gebiet der praktischen Philosophie*] Grundling gibt sich erneut als Kantianer zu erkennen und spielt auf Kants *Kritik der praktischen Vernunft* (1788) an.

242,7 *harangiere*] Von franz. haranguer: feierlich anreden.

242,7-16 *Ich sprach* ⟨...⟩ *von der Freiheit des Willens* ⟨...⟩ *tragen uns so im Triumpf auf ein altes adeliges Schloß zu*] Deutliche Anspielung auf das Hambacher Fest (28. - 30. 5. 1832) und die eigene Satire *Auch ich war in Arkadien!* (vgl. S. 83-103 mit Anm.).

242,26 *Guerillas*] Vgl. Anm. 193,36.

243,17 *Petschieren*] Siegeln.

243,18 f. *salvieren* ⟨...⟩ *retirieren*] (Lat.) Retten und zurückziehen.

243,33 *resolvieren*] (Lat.) Entscheiden.

244,5 *Alguazils*] (Span.) Gerichtsdiener, Häscher.

244,15 *Don Grundlinghio*] Spanisierte Form von Grundling.

245,9 f. *Schauspieler* ⟨...⟩ *von Heidelberg entführte*] Vgl. S. 237-239.

245,27 *felicissima notte!*] (Ital.) Recht gute Nacht!

247,8 *eingezogen*] Zurückgezogen.

249,20 *keinen Dichter noch ließ seine Heimat los*] Vgl. Anm. 111,19 f. und 111,22.

250,5-8 *Es sang ein Vöglein* ⟨...⟩ *Kränzlein genommen*] Nicht in die Gedichtsammlung von 1837 aufgenommen.

251,16 f. *glaubte er plötzlich sich selber zu entdecken*] Das besonders durch E. T. A. Hoffmanns Dichtungen bekannte Doppelgängermotiv, auf das Eichendorff bereits in der Satire *Viel Lärmen um Nichts* anspielt (vgl. S. 37,35 f. mit Anm.). Die Szene mit Fiametta wird S. 299,1-5 aufgeklärt.

252,1-4 *Das Kränzlein ist herausgerissen* ⟨...⟩ *Nacht*] Die (als Zitat im Text gekennzeichnete) neunte Strophe aus Eichendorffs Gedicht *Der armen Schönheit Lebenslauf* (vgl. Band I dieser Ausgabe, S. 78,33-79,2) aus dem Roman *Ahnung und Gegenwart* (Band II dieser Ausgabe, S. 179).

252,9-18 *Mittagsstunde* ⟨...⟩ *Schlafen der Natur mit offenen Augen* ⟨...⟩ *gespenstisch*] In Eichendorffs Zeitsymbolik eine Stunde gefährlicher Sinnlichkeit und erotischer Verlockung.

253,7 *Aëra cattiva*] (Ital.) Ungesunde Luft.

253,21-254,3 *Die Nachtigall schweigt* ⟨...⟩ *in der Welt geblieben*] Unter dem Titel *Sommerschwüle* (2) in der Gedichtausgabe von 1837 (vgl. Band I dieser Ausgabe, S. 219). – Die Nachtigall steht hier – entsprechend der Emblem-Tradition – für den Sänger (Dichter). Otto erkennt, daß er als Philister (im »Nest«) nichts mehr hervorbringen kann (vgl. S. 253,27). Die dem Sonett folgenden beiden Strophen (mit dem dilettantischen Reim: beständig/elendig) zeigen das Absinken seines dichterischen Vermögens. Eichendorff nimmt die Strophen nicht in seine Gedichtsammlung auf.

255,15 f. *der junge Schreiber ⟨…⟩ was verdient der*] Hinweis auf den Umstand, daß nur der oberflächliche Schriftsteller hinreichend Geld mit seinem Gewerbe verdienen kann. Otto ist nicht bereit, sich anzupassen, hat aber auch nicht das Zeug zu einem großen Dichter und sitzt deshalb zwischen allen Stühlen.

255,35-37 *Roma ⟨…⟩ eine andere Roma*] Eichendorff benutzt hier die italienische Bezeichnung für die Stadt und spielt darauf an, daß die »heilige Stadt« im 19. Jahrhundert durch eine kommerziell bestimmte Großstadt überwuchert ist.

256,23-34 *Die Lerch', der Frühlingsbote ⟨…⟩ in's liebe deutsche Reich*] Die beiden Strophen sind Bestandteil (Str. 3 und 6) des *Reise-Lieds*, das zuerst 1826 im Anhang des *Taugenichts* erschien, dann 1837 als Nr. VI in den Zyklus *Der wandernde Musikant* einging (vgl. Band I dieser Ausgabe, S. 265 und 997).

258,22-26 *Freiheitsflammen ⟨…⟩ Karbonaro*] Zum italienischen Geheimbund der Carbonari vgl. Anm. 89,12.

259,2 *Sbirren*] (Ital.) Schergen, Häscher.

260,8 f. *Venusbild ⟨…⟩ von dem marmornen Fußgestell herab*] Deutliche Anklänge an das *Marmorbild* (vgl. Anm. 190,9-24). Die Aufklärung der Vorgänge S. 299,6-10.

261,13 *emporflügeln*] Vgl. S. 200,20-28 mit Anm.

261,22 *Wer dem Teufel läßt ein Haar*] Bei Wander (IV, Sp. 1094) ein ähnliches Sprichwort: Wen der Teufel hat bei einem Haar, den hat er ganz und gar.

262,2 f. *im Schreiben ⟨…⟩ in diese Figur selbst verliebte*] Nach Eichendorff ein Kardinalfehler des Dichters (vgl. Anm. 200,7-11) – für andere Dichter (wie z. B. Fontane) ein normaler Vorgang beim Schreiben.

263,23 *konfuser Wein ⟨…⟩ moussiert*] Noch nicht ausgegorene Weine entwickeln Kohlensäure, so daß der Wein prickelt wie Sekt und Mineralwasser.

263,26 *drosselt*] Umarmt.

264,27 f. *ein Regenbogen ⟨…⟩ als müßte nun alles, alles wieder gut werden*] Zur Bedeutung des Regenbogens vgl. Band I dieser Ausgabe, S. 351 f. und 992 sowie Band V, S. 378,26 f. mit Anm., zur abschließenden Formel hier Anm. 179,26 f.

265,14-25 *Fürst ⟨…⟩ selber verwildert ⟨…⟩ Genuß und Reue, Lust und Grauen ⟨…⟩ im schönen Leben verirrt ⟨…⟩ wahnsinnig*] Hier wird deutlich ausgesprochen, was Eichendorff unter den Gefahren der »schimmernden Abgründe« mit dem »Gesang der Nixen im Mondschein« (S. 265,17 f.) meint. Der Fürst gibt sich völlig dem sinnlichen Genuß hin, er folgt unkontrolliert und undiszipliniert seiner Lust. Der Wahnsinn, der den »Todmüden« dann erfaßt, ist in Eichendorffs Sicht eine Erlösung, eine Gnade himmlischer Liebe (vgl. S. 265,22).

265,19 *Wetterleuchten der Religion*] Vgl. Anm. 182,30 f.

266,26-29 *die unschuldig Welt mit vornehmen Worten belogen und verführt ⟨…⟩ die Welt soll dir huldigen*] Lothario wird hier – wie Jesus – vom Teufel versucht (vgl. S. 266,25). Erneut werden Eitelkeit und Hybris des Dichters als größte Gefahr dargestellt (vgl. Anm. 200,7-11).

267,1-268,20 *Lieder schweigen jetzt ⟨…⟩ Herz und Saitenspiel entzwei*] In der Gedichtsammlung von 1837 unter dem Titel *Verlorene Liebe* (Band I dieser Ausgabe, S. 310, 1028). Das Lied weist zurück auf Ludwig Tiecks »Lied von der Sehnsucht« in *Sternbalds Wanderungen* (T. 2, II 1): »Warum die Blume das Köpfchen senkt« und hat Verwandtschaft mit Brentanos Treulieb-Gedicht (Werke I, S. 266). Intensiver als bei Tieck ist jedoch die Verzweiflung des Dichters zum Ausdruck gebracht, der sich nun durch die Vorführung seines Juanna-Stückes noch einmal tief erschüttert von der Dichtkunst abwendet.

269,33-270,29 *Lothario ⟨…⟩ Victor ⟨…⟩ dichtete ⟨…⟩ das Schauspiel von der wilden Gräfin ⟨…⟩ unerkannt*] Aufklärung einer Reihe bislang ungeklärter Ereignisse. Erst hier wird die Identität von Lothario und Victor von Hohenstein enthüllt.

271,23 f. *in das wildeste Labyrinth ausschweifender Wünsche*] Sehr deutlich wird hier der Bereich der sinnlichen Verlockungen im Venusberg umschrieben, den Juanna repräsentiert (vgl. Anm. 265,14-25).

272,26-31 *Juanna's Gestalt ⟨...⟩ Larve*] Die Verwechslungen und Verwirrungen in Eichendorffs Roman (S. 274,19 f. aufgeklärt) sind psychologisch begründbar: Die Protagonisten projizieren laufend ihre Wunschbilder auf das Gegenüber. Sie befinden sich in einer extrem emotionalen Situation, die solche Projektionen fördert: »Victor'n aber verlockte ⟨...⟩ Juanna's Schönheit immer tiefer in das wildeste Labyrinth ausschweifender Wünsche« (S. 271,20-23). Er kommt »ganz verstört in die Stadt zurück« (S. 273,13).

274,31 f. *der steinerne Komtur aus dem Don Juan*] Anspielung auf eine Szene in Mozarts Oper *Don Giovanni*, die Eichendorff in Breslau mehrfach gesehen hatte (Band V dieser Ausgabe, S. 74,6 und 86,23).

275,1-9 *nur wenige Dichter in der Welt ⟨...⟩ mit ihren dunkelen Gelüsten*] Das vernichtende Urteil Lotharios über den dichterischen Dilettantismus von Otto (vgl. S. 274,36 f.) verbindet Eichendorff mit einer Darstellung der Gefahren, die in der Tiefe der Seele lauern. Der Traum mit seinen »dunkelen Gelüsten« wird dabei in der Venusberg-Sage und den Verlockungen des Spielmanns dargestellt. Eichendorff sieht demnach den Zusammenhang der Traumwelt mit den Mythen und Sagen und stellt ganz im Sinne psychoanalytischer Deutungen die enge Verbindung in seinen Dichtungen her. Der Absatz verdeutlicht, daß die Dichter höchster Qualität die Auseinandersetzung mit den seelischen Tiefen aufnehmen müssen. Nur wenigen – wie Lothario – gelingt es, unbeschadet aus dieser Auseinandersetzung hervorzugehen. So gelingt Willibald in der Satire *Viel Lärmen um Nichts* der Abstieg in die Tiefe (vgl. S. 63,33-64,6 mit Anm.).

277,3 *Elend*] Elen, Elch.

277,4 f. *Blume ⟨...⟩ Löffeln*] Begriffe der Jägersprache (für Schwanz und Ohren des Hasen).

277,7 *Hörner zu tragen*] Anspielung auf die Redewendung, ›jemanden die Hörner aufsetzen‹ (ihn mit einem erotischen Abenteuer betrügen).

277,29 *ich reise ⟨...⟩ auf Volkslieder*] Sammle die Lieder im Volke.

278,28 f. *Stimme* 〈...〉 *wie der Absatz eines Pantöffelchen]*
Dryander ›steht unter dem Pantoffel‹.

280,3-15 *künstlich verschnittenen Taxusbäumen* 〈...〉 *Statüe*
〈...〉 *wendet die Najade auf einmal den Kopf]* Eine neue Variante des Marmorbildmotivs (vgl. Anm. 260,8 f.), diesmal
wird die Spukerscheinung wenig später als Komplott aufgeklärt. Die Braut selbst (Gertrud) ist die vermeintliche Najade, die mit Hilfe ihres Vaters eine Hochzeit erzwingt
(S. 281). Diese Konstellation entspricht dem Schauerroman:
Entführungen und fingierte Hochzeiten gehören seit Sophie
von La Roches Roman *Das Fräulein von Sternheim* (1791) zum
festen Bestandteil des Trivialromans.

280,27-30 *Assonanzen* 〈...〉 *Reime* 〈...〉 *wie Lavendelwasser]*
Assonanzen gehören zum Kennzeichen der spanischen Form
der Romanze, die in der Frühromantik in Deutschland aufkam. Worte assonieren, wenn die Vokale der betonten Silben
übereinstimmen. Eichendorff ordnet dem ›schmachtenden
Poeten‹ Loeben in der ästhetischen Teestunde in *Ahnung und
Gegenwart* (vgl. Band II dieser Ausgabe, S. 194 f.) ein Asso-
nanzenlied zu. Das heißt, der pure Wohlklang der Sprache,
der sich durch eine Häufung von Assonanzen ergibt, scheint
ihm suspekt. Noch schärfer ist die Kritik an den Reimen
durch den Vergleich mit dem Lavendelwasser, den er in seinen literarhistorischen Schriften im Hinblick auf oberflächliche Modeautoren verwendet (»Lavendelwasser der senti-
mentalen Empfindsamkeit« [vgl. Band VI dieser Ausgabe,
S. 20,17 f.]).

281,34 *Haarbeutel]* Vgl. Anm. 129,6.

282,5 *Schlag eines Eisenhammers]* Vgl. Anm. 115,30.

282,6 f. *Pendul* 〈...〉 *picken]* Das Geräusch des Pen-
delschlags (von lat. pendulum). Die Uhrengeräusche, die
heute meist als ›ticken‹ bezeichnet werden, nannte man in der
Goethezeit meist ›picken‹ (DWb XIII, Sp. 1841).

283,5-20 *Vor dem Schloß* 〈...〉 *fragt nicht, wohin es geht]* Ein
Lied, das Parallelen zum Gedicht *Der irre Spielmann* aufweist.
Hermann von Eichendorff hat es daher unter den Titel *Der
Verirrte* gestellt (SW I, S. 649; Band I dieser Ausgabe, S. 232,
312 und 1028).

284,17-19 *Waldbruder Vitalis ⟨...⟩ den geheimnisvollen Eremiten*] Der einsame Eremit ist seit Tiecks *Sternbald* Sinnbild des kontemplativen poetischen Menschen, der im Einklang mit der Natur lebt und im Vergleich zum Philister ein ›alternatives‹ Leben führt. Auch in den autobiographischen Dichtungen spielt der weltüberlegene Eremit eine entscheidende Rolle (vgl. Band V dieser Ausgabe, S. 907-911). Bevor die Identität des Einsiedlers enthüllt wird (S. 343,6 f.), kommt es jedoch zu einer Reihe von Verwechslungen.

286,3 *Zelot*] Eiferer.

286,31 *succumbit humi bos et Caesar*] (Lat.) Es fällt zur Erde Ochs und Kaiser (Caesar); nach Vergils *Äneas*, v. 481.

287,2 *Canonicus in herbis*] (Lat.) Kanonikus in den Kräutern. Im Mittelalter Bezeichnung für einen Geistlichen, der noch keine Pfründe hat.

287,3 *Küchenlatein*] Mönchslatein des Mittelalters, verballhorntes Latein.

287,20 *Laus Deo!*] (Lat.) Gelobt sei Gott!

287,36-288,2 *Contenti estote ⟨...⟩ Kapuziner in einer Komödie ⟨...⟩ begnügt euch mit eurem Kommißbrote*] (Lat.) Seid zufrieden. Das gesamte Zitat stammt aus der Kapuzinerpredigt in Schillers *Wallensteins Lager* (1798), v. 106.

288,10 f. *Anno 1814, da wir über den Rhein rückten*] Anspielung auf den legendären Rheinübertritt Blüchers, der von Brentano und anderen romantischen Dichtern besungen wurde. In der Neujahrsnacht 1813/14 hatte der ›Marschall Vorwärts‹ bei Kaub den Rhein überquert, um den Franzosen nachzusetzen.

288,23 *Laudetur Jesus Christus*] (Lat.) Gelobt sei Jesus Christus.

289,29 f. *erst Frieden stiften in sich selbst*] Ein Leitmotiv des Romans. Die verschiedenen Dichter kommen innerlich nicht zur Ruhe und kämpfen gegen sich selbst. Dryander beobachtet die »verruchte Doppelgängerei in mir« (S. 281,32 f.), Fortunat, Lothario und Otto kämpfen gegen die Verlockungen des Venusbergs und ihre Eitelkeit.

290,20 *wollte durchaus mit Einsiedler werden*] Otto (vgl. S. 290,32 und 304,2).

293,2 f. *Auf der Donau ⟨...⟩ zwischen Bergen und Burgen]* Reminiszenz an die Donaureise der Brüder Eichendorff von Regensburg nach Wien im Juni 1808.

293,8-16 *kleiner stämmiger Mann ⟨...⟩ wunderschöner Jüngling ⟨...⟩ anderer hübscher Junge]* Dryander, Fiametta und ihre Kammerjungfer (vgl. S. 296,1 und 298,8-17).

293,17 *Vakanz]* Auch die Brüder Eichendorff waren auf Ferienreise (vgl. Anm. 293,2 f.).

293,23-294,10 *Sie stand wohl am Fensterbogen ⟨...⟩ Grüßt mir ihn tausendmal]* In der Gedichtsammlung von 1837 unter dem Titel *Parole* (Band I dieser Ausgabe, S. 313). Die folgenden beiden Strophen sind nicht aufgenommen.

294,16 f. *Mein Rehlein ⟨...⟩ Ich will dein Jäger sein]* Die Rehe in Eichendorffs Waldidyllen können in der Regel als Sinnbild der Geliebten gedeutet werden. Die fröhliche Jagd ist dann als Sehnsucht und ›Jagd‹ nach der Geliebten zu deuten. Diese Ebene seiner Bilderwelt entspricht der Volksliedtradition und wird mit dem folgenden Wortwechsel, der Liebesleben und Jagdsprache miteinander in witzige Verbindung bringt, noch verstärkt.

295,21 *hirnschellig]* Nach Grimm »toll im hirn, nicht bei verstand« (DWb X, Sp. 1562).

295,29 *parlierte]* Sprach, quatschte (nach franz. parler).

296,12 *Kuchenreiter]* Vgl. Anm. 205,25.

296,17 *zerplatzest]* 1834: zerplatzst

296,19 *die Albernheit der Ritterlichkeit, der Duelle]* Vgl. die Auseinandersetzung mit diesem Thema in den Entwürfen zu den autobiographischen Dichtungen. Eichendorff rechtfertigt zunächst das Duell, weil »der Zweikampf, wie früher die Gottesgerichte, ausgleichend eintritt. ⟨...⟩ Demungeachtet sind wir weit entfernt, die ganze unchristliche Selbsthilfe des Zweikampfs irgendwie verteidigen zu wollen, wünschen vielmehr vorerst nur eine genügende Vermittelung und Beseitigung seines tieferen Grundes« (Band V dieser Ausgabe, S. 450,6-15; vgl. auch ebd., S. 1067 f.).

296,27-29 *Die Rakete wird draußen verprasseln, ohne eben den Erdkreis in Brand zu stecken]* Das Bild, mit dem Fortunat hier das Gebaren von Dryander darstellt, hat Eichendorff in seinen literarhistorischen Schriften mehrfach auf die gesamte Romantik bezogen. Seine Schrift *Zur Geschichte der neuern romantischen Poesie in Deutschland* (1846) beginnt:

> Noch ist kein Menschenalter vergangen, seit die moderne Romantik, wie eine prächtige Rakete, funkelnd zum Himmel emporstieg, und, nach kurzer, wunderbarer Beleuchtung der nächtlichen Gegend, oben in tausend bunte Sterne spurlos zerplatzte. Der Pöbel lacht, und die Gebildeten, kaum noch von Staunen und Entzücken erholt, reiben sich die Augen von der Blendung, und gehen gleichgültig wieder an ihre alten Geschäfte.

(Band VI dieser Ausgabe, S. 13)

299,2-10 *du ⟨...⟩ im schwarzen Mäntelchen ⟨...⟩ ich spielte ⟨...⟩ die Annidi ⟨...⟩ deine Kleider anziehen ⟨...⟩ zurückerwartet]* Aufklärung der S. 251,16-27 und 260,6-20 beschriebenen Szenen, die Fortunat irregeführt hatten. Wie in einer Verwechslungskomödie wird die Handlung durch Verkleidungen kunstvoll verwickelt. Eichendorff benutzt diese Technik auch in seinem Lustspiel *Die Freier* (vgl. Band IV dieser Ausgabe, S. 511-573).

300,4 *Du kanntest mich nicht mehr]* Der tiefere Sinn der Verwechslungen und Irrtümer wird mit dieser Formulierung deutlich: Fortunat war noch nicht reif, um Fiametta zu erkennen.

301,20 *wie in einem Schattenspiel]* Das Schattenspiel wurde im 19. Jahrhundert zu einer beliebten Gattung. Eichendorff kannte von Achim von Arnim *Das Loch* (Quelle für sein Puppenspiel *Incognito*; vgl. Band IV dieser Ausgabe, S. 575-603, 999).

301,35 *schmälen]* Schelten, schimpfen.

304,2 *Otto – von dem strengen Vitalis verstoßen]* Vitalis (alias Victor) hat erkannt, daß Otto keinen Reifeprozeß durchgemacht hat und nach wie vor ohne Orientierung herumirrt. Sein Dichten ist immer noch von »Eitelkeit« bestimmt (vgl. S. 304,10). Erst der Entschluß, »nach dem Höchsten in der Welt zu streben« und damit Frieden in der eigenen Seele zu stiften (S. 304,6 f.), erschließt ihm den Weg zum weltenthobenen Einsiedler.

305,11 *Boden* ⟨...⟩ *mit Sand bestreut*] Übliches Verfahren der Goethezeit: Anstelle von Teppichen wurde in den Stuben Sand auf die Dielen gestreut.

306,23-307,1 *Weiher* ⟨...⟩ *weiße Statue* ⟨...⟩ *Marmorstufen eines* ⟨...⟩ *Palastes* ⟨...⟩ *weiße Mädchengestalt*] Deutliche Anklänge an *Das Marmorbild* und Verbindungen zur Sage vom Venusberg: Die schöne Frau lockt den Jüngling »in ein erleuchtetes Gemach« (S. 307,6) »mit glühenden Blüten« (S. 307,23) in »träumerische⟨r⟩ Dämmerung« (S. 307,23 f.).

307,35 *Come è bello!*] (Ital.) Wie schön er ist!

307,36 f. *Pfirsich* ⟨...⟩ *biß* ⟨...⟩ *herzhaft hinein und reichte sie ihm*] Vgl. die ähnliche Szene in *Viel Lärmen um Nichts*, in der Aurora dem Ich-Erzähler einen angebissenen Pfirsich hinterläßt, als sie nach Italien gereist ist (vgl. Anm. 82,10).

308,1 f. *aus ihren Augen* ⟨...⟩ *irre, wilde Flamme*] Hinweis auf die dämonische Kraft der Frau, die wenig später als »Meerfei Melusina« identifiziert wird (S. 308,13 f.). Eichendorff kannte auch diese Geschichte durch Tiecks Bearbeitung (*Sehr wunderbare Historie von der Melusine* [1821]).

308,16-18 *Frag' nicht nach mir* ⟨...⟩ *sehn wir uns niemals mehr wieder*] Motiv der Melusinentradition. Melusine verschwindet auf immer, wenn ihr menschlicher Partner versucht, hinter ihr Geheimnis zu kommen (die Verwandlung in nixenförmige Gestalt). Otto verfällt in seinen Fieberträumen der schönen Frau (vgl. S. 309,26).

308,19 f. *langer Romanzenzyklus* ⟨...⟩ *in der Jugendzeit gedichtet*] Vermutlich ein Hinweis auf Clemens Brentano, der seine *Romanzen vom Rosenkranz* den Brüdern Eichendorff in Berlin vortrug. Eichendorff berichtet darüber im Tagebuch unter dem 3. 3. 1810: »Er erzählt mir fast 2 Stunden den Plan zu seinen Romantzen ⟨...⟩ Studenten zu Bologna. Talmud von der Entstehung der Welt. Der Engel Gabriel über die arme, weinende Erde schwebend« (Band V dieser Ausgabe, S. 288,19-23). Brentano konnte das großangelegte Werk jedoch nie vollenden, der Torso wurde aus dem Nachlaß veröffentlicht. Eichendorff verleiht Otto – ähnlich wie Leontin in *Ahnung und Gegenwart* und *Viel Lärmen um Nichts* – einige Züge des verehrten genialischen Dichters. Der Abbruch bürgerlicher Ausbildungspläne, die radikale Wendung zum ›homo poeta‹, der Versuch, durch eine Hinwendung zur Religion neue Kraft zu gewinnen: das sind Parallelen im Lebenslauf von Otto und Brentano. Otto scheitert jedoch, während es Brentano nach Eichendorffs Darstellung gelingt, den Dämon im eigenen Innern zu überwinden (vgl. Eichendorffs Essay *Brentano und seine Märchen* [Band VI dieser Ausgabe, S. 281-290] und die Brentano-Kapitel seiner größeren literarhistorischen Schriften).

309,1-7 *Ein Fink ⟨...⟩ mußt flinker sein]* Nicht in die Gedichtsammlung aufgenommen.

309,8 f. *Ich pink' nur ein wenig Feuer]* Gängige Formulierung, die von dem Geräusch beim Schlagen eines Feuersteins oder -zeugs abgeleitet ist.

309,11 *den zwölf schlafenden Jungfrauen]* Nach Ansgar Hillach »wahrscheinlich eine Anspielung auf den Roman *Die zwölf schlafenden Jungfrauen* (3 Bde., 1794 ff.) von Christian Heinrich Spieß (1755-1799), dem bekannten Verfasser von Ritter- und Gespensterromanen« (W II, S. 961).

309,14 f. *Weiher ⟨...⟩ dort ruhte die Statue wieder auf ihrem Marmorpfühl]* Vgl. Anm. 306,23-307,1. Auch die Rückverwandlung in eine Statue – hier auf einem marmornen Kissen (Pfühl) – gehört zu den Motiven des *Marmorbilds*.

309,18 *Morpheus]* In der griechischen Mythologie der Gott der Träume.

309,28 f. *Grauen in der Lust verlockte ihn]* Hinweise auf den ›Zauber‹ der dämonischen Frauenfigur. Der Besuch im ›Venusberg‹ wirkt nach, seitdem »war es um ihn geschehn« (S. 309,26). In moderner Terminologie würde man von sexueller Hörigkeit sprechen.

309,33 f. *wie Alphornsklänge den Schweizer in der Fremde]* Anspielung auf das *Wunderhorn*-Gedicht *Der Schweizer* (FBA 6, S. 136), dessen erste Strophe lautet:

Zu Straßburg auf der Schanz,

Da ging mein Trauren an,
Das Alphorn hört ich drüben wohl anstimmen,
Ins Vaterland mußt ich hinüber schwimmen,
Das ging nicht an.

Das Motiv vom Schweizer, dem beim Klang des Alphorns unwiderstehliches Heimweh packt, ist jedoch älter. Es findet sich schon in Sophie von La Roches *Fräulein von Sternheim* (1791) und Karl Burneys *Tagebuch seiner musikalischen Reisen* (1773).

310,14 *Wanduhr* ⟨...⟩ *picken]* Vgl. Anm. 282,6 f.

310,25 f. *der Palast* ⟨...⟩ *seit vielen Jahren unbewohnt]* Ähnlich wird das Erlebnis des Helden im *Marmorbild* nachträglich als Trugbild eines Besessenen (bzw. Kranken) entlarvt (vgl. Band II dieser Ausgabe, S. 425-427).

311,13 f. *Mein Gott, wo bin ich denn so lange gewesen]* Der Verlust des Zeitbewußtseins (bzw. Nicht-älter-werdens) gehört zur Venusberg-Tradition (vgl. Anm. 309,28 f.).

311,16 *Lied aus alter Zeit]* Topos seit der Heidelberger Romantik. »Ein Märchen aus uralten Zeiten« nennt Heine seine Loreley, und die Mischung von Neu und Alt, die Erneuerung des tradierten Mythos (des Stoffes, der Ballade) in einer modernisierten Form gehört zur Ästhetik, die vom *Wunderhorn* ausgelöst wurde (vgl. meinen Beitrag im *Memoria*-Band *Clemens Brentano*, Bern 1992).

311,17-26 *Jetzt wandr' ich erst gern* ⟨...⟩ *Ich höre mein Lieb]* Geringfügig veränderter Text von S. 234,26-33 (dort als Achtzeiler). Vgl. Anm. 234,26-235,18.

312,15 f. *Mädchen* ⟨...⟩ *wie ein aufgescheuchtes Reh]* Vgl. Anm. 294,16 f.

312,22-24 *ihr frommes Lied* ⟨...⟩ *als zögen Engel* ⟨...⟩ *durch die stille Nacht]* Im Unterschied zum *Marmorbild*, in dem Florio durch frommen Gesang gerettet wird (Band II dieser Ausgabe, S. 426,13), findet Otto erst im Tode Erlösung.

312,33 *Kondukteur]* (Franz.) Führer, Fuhrmann. Einen Schaffner zum Kassieren gab es wohl auch in der städtischen Eilpost nicht, jedoch eine zweite Begleitperson auf dem Kutschbock, da außerdem vom Postillon die Rede ist.

313,22 *Eine barocke Idee*] »Barock« wird hier ähnlich wie »romantisch« (vgl. Anm. 155,33) umgangssprachlich verwendet und bedeutet soviel wie »skurril«, »schräg«, »verrückt«.

313,32 f. *prima Donna* ⟨...⟩ *Solo-Partie*] Spiel mit den Begriffen der Opernsprache. Die Primadonna ist eigentlich die herausragende erste Sängerin eines Ensembles, die in der Regel Solo-Arien singt. Hier geht es um die lockeren Sitten am Hof, bei denen es die Beteiligten nicht bei einer einzigen Liebesbeziehung bewenden und der »Treue ein Hinterpförtchen offen« lassen (S. 313,30).

313,35 *Melusina*] Vgl. S. 308 mit Anm.

314,12 *Mauschel*] (Jidd.) Moses, armer Jude.

315,23-25 *nach dem Himmel* ⟨...⟩ *Nach Hause*] Dieser »Doppelsinn« (S. 315,26) kennzeichnet generell Eichendorffs Heimatbegriff (vgl. Anm. 111,19 f. und 111,22). Die Erscheinung des Kindes und seine Äußerungen weisen auf den nahen Tod von Otto hin.

316,3-15 *Waldeinsamkeit* ⟨...⟩ *gute Nacht*] In der Gedichtsammlung von 1837 als Nr. V unter dem Titel *Der Umkehrende* (vgl. Band I dieser Ausgabe, S. 313). Eingangszeile und Gedichtform nehmen Anregungen von Tieck auf (vgl. Anm. 158,34-37). Der Titel zeigt jedoch, daß Otto schon im Begriffe ist, sich von dem – nach Eichendorffs Auffassung falschen – Weg Tiecks abzuwenden. Dazu paßt die Vision des himmlischen Jerusalems (vgl. folgende Anm.).

316,19-21 *die goldenen Kuppeln* ⟨...⟩ *Rom*] Ähnlich wie im *Taugenichts* (vgl. Band II dieser Ausgabe, Anm. 521,18) wird hier Rom mit Jerusalem in Verbindung gebracht. In der Sterbestunde erblickt Otto die verheißene Stadt der Erlösung.

317,20 *Grüß dich Gott, du kühler Wald*] Vgl. den ähnlichen Refrain in dem Lied *Der Jäger Abschied* (vgl. Band I dieser Ausgabe, S. 121).

318,2 *Jacobs Traumleiter*] Nach 1. Mos., 28,12.

318,18 *heimlich*] Das Wort hatte zu Eichendorffs Zeit mehr Bedeutungsnuancen als heute und kann auch »anheimelnd«, an die Heimat erinnernd, heimatlich bedeuten.

319,4 *Kasperl und Annerl*] Anspielung auf Brentanos *Geschichte vom braven Kasperl und dem schönen Annerl* (1817) (FBA 19, S. 399), auf die im einzelnen jedoch kein Bezug genommen wird.

319,21 f. *so liefen sie beide* ⟨...⟩ *in das Buch und die Landschaft hinein*] Ein Motiv, das später zur Grundlage von Michael Endes *Unendlicher Geschichte* werden sollte.

320,19 *genaschig*] Naschhaft.

322,7-9 *Kerlchen* ⟨...⟩ *aus dem Kernhaus* ⟨...⟩ *Apfelmann*] Das Märchen *Das Stuttgarter Hutzelmännlein* (1853) von Eduard Mörike kann Eichendorff noch nicht als Quelle verwendet haben. Bei den Brüdern Grimm fehlt das Motiv.

323,10 *Valet*] (Lat.) Abschied.

323,34-36 *in freudenreichem Schalle* ⟨...⟩ *so leben sie noch heute*] Zahlreiche Märchen der Brüder Grimm schließen mit der Formel: »⟨...⟩ lebten lange vergnügt zusammen« oder »⟨...⟩ lebten vergnügt bis an ihr Ende« (vgl. KHM 6, 11, 12, 31, 49, 50, 57, 64, 65, 69, 71, 85, 87, 88, 89, 94, 122, 125, 129). Wenige schließen mit der Formel »und wenn sie nicht gestorben sind, leben sie noch« (*Der Fundevogel* [KHM 51]; vgl. ähnlich KHM 19, 38 und 76). Eichendorff spielt auf diese Schlußwendungen des deutschen Märchens an. Die Erzählung Brentanos dagegen endet tragisch.

324,6 *Grüß dich Gott, du schöne, wunderbare Welt!*] Vgl. S. 317,20 mit Anm.

324,20 *Aber der Mensch denkt und Gott lenkt*] Das Sprichwort (vgl. Wander III, Sp. 593) könnte als Motto über Eichendorffs Roman stehen (vgl. S. 712 f.).

324,36 *Stockuhr*] Nach Grimm »standuhr von kurzer form ohne hängende gewichte ⟨...⟩ stutzuhr« (DWb XIX, Sp. 128 f.).

325,7-326,4 *Wer steht hier draußen* ⟨...⟩ *Waldesrauschen*] In der Gedichtsammlung von 1837 unter dem Titel *Rückkehr* (vgl. Band I dieser Ausgabe, S. 314). Die Konfrontation von deutscher und italienischer Landschaft ähnlich in Wilhelm von Eichendorffs Sonett *Venus von Medicis und Albert Dürer* (ebd., S. 571).

326,8 *Herzensbruder]* Bezeichnung, die Eichendorff vermutlich von Brentano übernommen hat. Sie stammt aus Christian Reuters *Schelmuffsky*-Roman (eigentlich »Herzbruder«).

326,30 f. *bal à la fourchette]* Im Franz. gibt es nur ein déjeuner à la fourchette (Gabelfrühstück). Analog dazu bildet der geschwätzige Förster das Wort, das offenbar einen Ball mit Essen bezeichnen soll.

326,31 f. ⟨...⟩ 327,26 *St. Veitstanz ⟨...⟩ Tarantul]* Vgl. Anm. 113,27 f.

327,1 *kalekutischer Hahn]* Puter.

328,15 f. *alte Angst, mit der Bildung fortzuschreiten ⟨...⟩ Journale]* Die aktuellen Journale lagen in Leseräumen (von ›Lesegesellschaften‹) aus. Eichendorff erwähnt sie in seinem Tagebuch (Band V dieser Ausgabe, S. 100,5 f.). Die Lektüre dieser Zeitschriften und der Trivialromane in den Leihbibliotheken beeinflußte zunächst die ›Bildung‹ breiter Schichten, die sich den relativ teuren Erwerb von Druckerzeugnissen nicht leisten konnten.

328,34 f. *wilde Wasser lieben Berge]* Nicht als Sprichwort belegt.

329,9 f. *Romantik wäre lieber gar nicht erfunden worden! Solche romantische Verliebte]* Fortunat weiß zu unterscheiden zwischen »Romantik« als literarischer Bewegung, die »erfunden« wurde, und dem umgangssprachlichen Gebrauch von »romantisch« (noch heute in der Verbindung »romantische Liebe« gebräuchlich). Er fühlt sich als Dichter für solche »romantischen Fälle« (S. 329,8) nicht zuständig. Walter, der Bürger, verwechselt beides.

329,15-17 *Frau Amtmannin ⟨...⟩ jetzigen Leichtsinn der Jugend]* Die Philisteransicht, die zu allen Zeiten die ›heutige Jugend‹ verdammt. Eichendorffs positive Meinung von der erneuernden Kraft der Jugend formuliert er in den autobiographischen Dichtungen (vgl. Band V dieser Ausgabe, S. 452 und 1026).

329,20 f. *Konvulsionen]* Schüttelkrämpfe.

330,6-8 *Mühle ⟨...⟩ in dem kühlen Grunde]* Reminiszenz an

das zum Volkslied gewordene Lied »In einem kühlen Grunde«. Die Mühlenthematik übernimmt Eichendorff schon aus dem *Wunderhorn*, sie wurde rasch zum beliebten Motiv der Trivialliteratur (vgl. Band I dieser Ausgabe, S. 84 und 876-879). Von »Amors falscher Mühle« ist in der Satire *Viel Lärmen um Nichts* die Rede (vgl. S. 32,5 und Anm. 31,4-7), und auch hier kommt es an dem traditionellen Ort der Liebe nur zu einer Verwechslung.

330,25 *fremde, wohlgekleidete Dame*] Vgl. S. 331,23 f.

332,37-333,2 *Eigensinn eines Romanschreibers ⟨...⟩ wenn ihr euch zuletzt nicht noch kriegtet*] Anspielung auf die Neigung des Trivialromans, nach vielen Verwicklungen endlich ein happy end zu erreichen.

334,11-18 *vor dem Johannesbilde ⟨...⟩ sangen ⟨...⟩ Johanneslieder*] Vermutlich Hinweis auf Bräuche zum »Johannisfest, das von der abendländischen Kirche früh dem Weihnachtsfest gegenübergestellte Geburtsfest Johannis des Täufers (24. Juni)« (Meyer IX, S. 596).

334,21-335,8 *Es schienen so golden die Sterne ⟨...⟩ In der prächtigen Sommernacht*] Eines der bekanntesten Eichendorff-Lieder, das in der Gedichtsammlung von 1837 unter dem Titel *Sehnsucht* steht (vgl. Band I dieser Ausgabe, S. 315 und 1030).

336,24 f. *Fiametta ⟨...⟩ mit einem Unbekannten*] Die Aufklärung S. 342,6-10 und 343,10-17.

337,26 f. *die Erde ⟨...⟩ voll schöner Wunder, wir beachten sie nur nicht mehr*] Nach Eichendorffs Auffassung ist es die vornehmste Aufgabe der Dichtung, diese Erkenntnis zu vermitteln.

338,23 *Brevier*] Stundengebetbuch des katholischen Geistlichen, dann auch: kleines Gebetbüchlein.

338,33-35 *der Herr ⟨...⟩ Traumlied in den Wäldern*] Die ursprüngliche (christliche) Wahrheit steckt nach Eichendorffs Meinung in den geheimnisvollen Lauten der Natur. Diese Vorstellung geht über den frühromantischen Hieroglyphen-Begriff hinaus, da er die Geheimnisse als Fingerzeige Gottes (S. 338,36) versteht, die unter christlichen Aspekten deutbar sind.

339,30 *trugen lautlos einen Sarg]* Es ist die Beerdigung Ottos, die Fortunat hier erlebt (vgl. S. 341,23 f.).

340,13 *jetzt ist's ja licht und alles, alles wieder gut]* Das Wort »licht« findet sich auch in dem berühmten Vierzeiler »Hinaus, o Mensch, weit in die Welt«: »Der Morgen licht macht's wieder gut« (vgl. Band I dieser Ausgabe, S. 157 und 926 sowie die Abb. 4). »Leicht« ist vermutlich ein Druckfehler in *Ahnung und Gegenwart* (Band II dieser Ausgabe, S. 87). Zur formelhaften Wiederholung am Schluß des Satzes vgl. Anm. 179,26 f.

341,17 *Ich spiele den letzten Akt]* Erneute Aufnahme der Metapher von der Welt als Bühne (vgl. Anm. 159,30-160,16).

341,32-342,2 *neues Grab ⟨...⟩ mit schönem Rasen ⟨...⟩ Vögel flatterten und sangen lustig ⟨...⟩ eine unermeßliche, prächtige Aussicht]* Nienhaus weist darauf hin, daß hier »das Bild eines ›locus amoenus‹« an »die Stelle der klagenden Natur« getreten ist, wodurch »das erfrischende grüne Grab als beinahe sarkastische Variante die traditionelle Wiese vertritt« und stellt eine Verbindung zu Arkadien her (Nienhaus, S. 16 f.). Die Darstellung hat jedoch nichts mit Sarkasmus zu tun und entspricht der traditionellen christlichen Sicht, die den Tod als Erlösung von den Qualen des Erdenlebens sieht. Otto hat mit dem Tod das Land der Seeligen gefunden. Deshalb verändert sich auch die »Trauer in vollkommene Freude« (ebd.).

343,6 f. *Lothario Graf Victor ⟨...⟩ Vitalis]* Auflösung der Verwechslungen.

343,23 f. *der liebe Gott ⟨...⟩ alles wieder gescheuter gemacht]* Vgl. S. 712 f.

344,16-27 *Wir zogen manchen Wald entlang ⟨...⟩ Von der alten schönen Zeit]* Nicht in die Gedichtsammlung aufgenommen.

345,1-12 *Was das für ein Gezwitscher ist ⟨...⟩ und löschen die Sterne aus]* In der Gedichtsammlung von 1837 unter dem Titel *Zur Hochzeit* (vgl. Band I dieser Ausgabe, S. 315).

345,18-29 *der Spielmann ⟨...⟩ muß wandern und suchen]* Vgl. das Gedicht *Der irre Spielmann* (Band I dieser Ausgabe, S. 312) sowie Anm. 137,28-30 und 275,1-9. Der vorliegende Text ist nicht in die Gedichtsammlung von 1837 eingegangen.

346,9-11 *dumme Romantik* ⟨...⟩ *Doppelgänger]* Vgl.
Anm. 251,16 f. Zur Erklärung der Doppelgängererscheinung vgl. S. 346,30-36.

346,14 f. *Jägerbürschchen vom Donauschiff]* Vgl. S. 293-295.

346,25 *Verschwindsucht]* Scherzhafte Wortbildung (nach
»Schwindsucht«: Tuberkulose).

348,6 f. *Kernwirt]* Besonders tüchtiger, stämmiger Hausherr. Von einer Kernwirtin spricht Eichendorff in *Der Adel
und die Revolution* (v gl. Band V dieser Ausgabe, S. 395,36 mit
Anm.).

348,29 *Wahrheit und Dichtung]* Anspielung auf die Autobiographie Goethes, die 1811-13 erschienen war. Daß beides
in einem phantastischen Durcheinander »gefilzt« und »Lug
und Einbildung« untrennbar verbunden sind, gehört zum
Wesen des »Irrlicht⟨s⟩« Dryander (S. 349,27).

349,10 *Schuhu]* Uhu.

349,21 *Viktualien]* Lebensmittel.

349,33-350,12 *Nächtlich macht der Herr die Rund'* ⟨...⟩ *wacht
auf!]* Eichendorff gab diesem Gedicht in seiner Sammlung
von 1837 den Titel *Der Wächter* (vgl. Band I dieser Ausgabe,
S. 316). Es kennzeichnet den Ton einer neuen, von religiöser
Verantwortung getragenen Dichtung, die Victor am Schluß
des Romans vertritt.

350,35-351,1 *das Buch des Lebens versteht doch nur, wer um
Gottes Willen lernt]* Fazit des Romans und Begründung für
die Entscheidung Victors, Priester zu werden (S. 350,29-31).
Den Vorwurf von Manfred, sich den notwendigen Schlachten nicht zu stellen, beantwortet Victor mit dem Hinweis auf
den Kampf für das Reich Gottes (S. 351,6 f.).

351,9 f. *Poesie* ⟨...⟩ *in feinem Goldschnitt]* Hinweis auf die
modischen Publikationen der zum Teil aufwendig ausgestatteten Taschenbücher (Almanache), die in erster Linie
Salonpoesie enthielten (vgl. die Massenproduktion des
Taschenbuches »Vielliebchen« in der Satire *Viel Lärmen um
Nichts* [S. 28,12 f. mit Anm.]).

351,18-20 *nicht über's Meer* ⟨...⟩ *vom künftigen Morgenrot
träumen]* Kritik an der Auswanderungsmentalität und Eu-

ropamüdigkeit, die sich in Deutschland breitmachte (vgl. das Fragment *Ein Auswanderer* [Band I dieser Ausgabe, S. 460-465] sowie Band V, Anm. 381,16). – Die Position Eichendorffs ist seit *Ahnung und Gegenwart* verändert, denn am Schluß des ersten Romans wandert Leontin hoffnungsvoll nach Amerika aus.

351,22 *Volk der Renegaten*] Abtrünnige. Vgl. vorige Anm.

352,11-16 *Engel* ⟨...⟩ *mit blanken Schwertern* ⟨...⟩ *Teufel* ⟨...⟩ *ruft ihnen zu: seid frei, und alles ist euer*] In einem großen, apokalyptischen Bild stellt Victor im Sinne von Eichendorff die Situation der Zeit um 1830 dar. Die Freiheitsparolen der liberalen Bewegung werden dem Teufel zugeordnet. Mächtige Engel mit Schwert weisen den richtigen Weg, und Victor entschließt sich, in ihrem Sinne zu handeln und in Europa zu missionieren.

352,30 f. *die rüstigen Gesellen auf verschiedenen Wegen*] Anders als das Gedicht von den zwei Gesellen (vgl. Anm. 181,4-21) endet der Roman mit verschiedenen Lebensmöglichkeiten. Die gescheiterten Gesellen (Otto, der Maler Albert und der Fürst) sind vorher im Wahnsinn untergegangen. Übrig bleiben der Dichter, der zum Priester geläutert ist, und Fortunat, der den weltlichen Weg wählt (vgl. folgende Anm.). Diese Gegenüberstellung zweier möglicher Lebensperspektiven ähnelt dem Schluß von *Ahnung und Gegenwart*, jedoch tritt das Paar hier eine Reise nach Italien (nicht nach Amerika) an (vgl. folgende Anm.). Der Einzelgänger Victor (alias Lothario und Vitalis) dagegen geht nicht wie Friedrich ins Kloster, sondern trägt seinen Glauben kämpferisch in die Welt.

353,1 f. *Palast in Rom* ⟨...⟩ *dort wollten sie wieder hin*] Trotz aller Kritik an der Italiensehnsucht brechen Fortunat und Fiametta wieder nach Italien auf. Den gleichen Plan haben der Taugenichts (vgl. Band II dieser Ausgabe, S. 561,11) und Aurora und Willibald in der Satire *Viel Lärmen um Nichts* (vgl. S. 81,35 f.). Zur Bedeutung Italiens vgl. Anm. 109,27 f.

353,36-38 *Zuletzt ist's doch dasselbe* ⟨...⟩ *meine Dichtkunst, und bei der will ich bleiben*] Neben der Entscheidung von Victor für den Missionsdienst wird hier auch die profane Lösung Fortunats als gleichwertig anerkannt, da er mit seiner Dichtung ebenfalls auf den tieferen (religiösen) Sinn des Lebens hinweist.

353,18-21 *Wir ziehen treulich auf die Wacht* ⟨...⟩ *Du schöne Welt nimm dich in Acht*] Mit einem Memento mori des Einsiedlers schließt der Roman.

EINE MEERFAHRT

DRUCKVORLAGE

SW III, S. 227-292

ENTSTEHUNG

Die Erzählung entstand vermutlich 1835/36 (vgl. Kommentar I, S. 157, sowie die Datierung des Entwurfs, S. 803). Hermann von Eichendorff veröffentlichte den Text aus dem Nachlaß. Seine Datierung auf 1837-41 (SW I, S. 156) ist unwahrscheinlich, weil zu diesem Zeitpunkt die Sammelausgabe der Gedichte Eichendorffs schon erschienen war (1837). Darin sind die Gedichteinlagen der Erzählung bereits aufgenommen. Der Titel *Eine Meerfahrt* könnte von Hermann von Eichendorff stammen, denn in den überlieferten Entwürfen findet sich die Bezeichnung »See-Reise«, und in Querverweisen der autobiographischen Dichtungen spricht Eichendorff von »Insel der Königin« (vgl. Band V dieser Ausgabe, S. 1051). Da die zugrundeliegende Reinschrift nicht erhalten ist, kann jedoch nicht geklärt werden, für welchen Titel Eichendorff sich entschied.

ENTWÜRFE

Zu der Erzählung haben sich einige Entwürfe erhalten, die heute im Freien Deutschen Hochstift, Frankfurt am Main aufbewahrt werden. Ein größeres Blatt (FDH 19512) enthält einen mehrschichtigen Entwurf zur »Geschichte des Einsiedels« (vgl. S. 400,20-416,10). Ob die hier gewählte Überschrift »See-Reise« als Titel der Erzählung gedacht ist oder nur die Episode der Schiffsreise bezeichnet, ist nicht deutlich:

Zu der See-Reise:

Die darin vorkommende *Erzählung des Einsiedels* wohl *zuerst* fertig machen! – | NB: Der Einsiedel ist, von vornherein, eine tiefe, schöne, gewaltige Natur, ein rechter Mann, dem es mit Allem Ernst ist, u. der auch die gantze Mannschaft regiert und zügelt. – | Der *Einsiedel* war wohl ein reicher Spanischer Edelmann voll romantesker, poetischer Lebenslust, er seegelt mit einem Schiff voll Spanischer Abenteurer – wie sie damals gleich nach Columbus häufig waren |: daher auch hiernach die Jahreszahlen wählen :| – auf Entdeckungsreise; Ritterlichkeit der damaligen Abenteuerer qu⟨ästionis⟩, wie irrende Ritter im Meer, die Inseln erobern p. – Er landet mit seinem Schiffe zufällig auf einer großen Insel. | Ehe sie die Insel entdecken, ist es grade ein Sonntag u. Königs Namenstag. Sie feyern dieß Fest p. S⟨iehe⟩ Blatt 1 links das ((Eingeklammerte!)). | Der Kapitain nimmt, more solito, das Land für seinen König in Besitz p. Die *Titaniden-Königin* ist zuerst – wie ein edles Wild – gantz scheu u. stutzig über die Erscheinung der Fremden, aber wunderschön. –

|= S⟨iehe⟩ ihren Charakter p. auf dem hier inliegenden Blatte |: roth :| a, ad: *Diana!* | u. Don Quixote Band 1 pag: 170! | – Sie sehen sie [vielleicht] zum erstenmale mitten im Walde auf kühner Jagd, wie sie eben einen Panther mit dem Pfeil erlegt, u. dann oben auf dem Fels erscheint, wild-scheu, aber wunderschön. Ihre Residentz ist vielleicht eine zauberische Oase in dieser Steppe, da wimmelt es von bunten Schlangen, zahme Panther p. – |

Ihre Geübtheit auf der Jagd, im Bogenschießen p. Die Spanier nennen sie die wilde Diana. – Sie ist etwa wie eine Zigeunerkönigin – Freiheit über Alles! – Die Europäer verlieben sich sterblich in sie; wie sie dieß zuerst schlau merkt, stutzt sie erst wieder, dann aber wird sie wild-freudig darüber |: so daß der Leser wirklich denkt, sie sei selber auch verliebt – während sie nur wild auf Freiheit sinnt p.

Sie – eine reine Jungfrau bleibend – ihr liebenswürdiges Staunen u. Spielen mit den feuerischen ⟨?⟩ Sachen p. – hat ihre ungeschickten, plumpen u. schmachtenden spanischen Liebhaber heimlich u. grausam zum Narren – :|. Der Einsiedel, als der Vornehmste, verliebt sich *ernstlich* in sie, sie verlockt ihn grausam immer mehr. Kecke, lebendige Schilderung dieser Abenteuer: poetisch, tapfer, chevaleresk, aber wild, religiös-fanatisch, gewinnsüchtig, grausam p.

Da glaubt die Mannschaft Zurüstungen der Wilden, heimliche Verrätherey zu bemerken |: Spannung – :|. Sie wollen die Königin in der Nacht überfallen o⟨der⟩ d⟨er⟩ gl⟨eichen⟩, sie wird vielleicht auch wirklich gefangen, ihr großartiges, stoltzes, kühnes Benehmen als Gefangene, als sey sie noch immer die Herrin p. – Der Einsiedler will sie warnen, retten. Er thut es mit eigner Lebensgefahr, die Seinigen aufgebend p. Er rettet sie, da verstößt sie, als sie wieder frei ist, ihn grausam auch. Der Letzte dieser Freiheitsräuber soll sterben, sie hatte unterdeß, als Gefangene, heimlich das Schiff angesteckt. Der Einsiedel sieht es in der Nacht auffliegen mit Allen, wobei die Königin wild betet, u. ihre Krieger ein schreckliches Lied singen. Ihn selbst stürtzt sie in die See o⟨der⟩ d⟨er⟩ gl⟨eichen⟩. |: Großartige Katastrophe! In dieser Erzählung wird der Einsiedel oft von Alma u. den andern Zuhörern erstaunt unterbrochen: war das Alonso?! p. – – – :|. Er findet in der See noch eine Barke des Schiffs, wird an sie ⟨lies: die⟩ jetzige wüste Insel verschlagen, u. will nun – aus Liebe – nicht wieder mehr in die Welt zurück. = S⟨iehe⟩ das hier inlieg⟨ende⟩ Blatt: 1.! –
= Erst gegen Ende dieser Erzählung des Einsiedels ahndet u. erfährt der Leser nach u. nach, daß der Einsiedler der qu⟨ästionierte⟩ Oheim ist, u. mit jener wunderbaren, schauervollen Insel zusammenhängt. – Auch erst *nach* dieser Erzählung ergiebt sich – zu Aller Erstaunen – daß der Einsiedler nicht mit fort u. nie wieder diese Insel verlaßen mag. –

|= *Der Gang dieser Begebenheit* ist im Allgemeinen so = Die

Spanier merken Unrath, ehe sie aber noch Vorkehrungen treffen können, ist ringsum sie her das hohe Gras u. der Wald von den Wilden angesteckt. |Die Wälder brennen p. entsetzliche Beleuchtung. – Hinter ihnen sehen sie die Flammen auch aus allen Fenstern p. der Burg züngeln, die Thürme p. stürzten zusammen. Ihre wilde Flucht d⟨urch⟩ die Flammen. Mitten in den Gluten erscheint die Königin, wild betend, entsetzl⟨ich⟩ großartig. In der Verwirrung aber wird sie von den, nun gantz losgelaßenen zügellosen Spaniern ergriffen, u. auf das Schiff geschleppt. Der Einsiedel, von ihrer Großartigkeit als Gefangene gantz ergriffen, [entschließt sich endlich kurtz: er will sie retten, mit ihr auf der Insel bleiben u. sie zur Christin machen, oder sterben. |Oder Diego will *vielleicht* die Königin bekehren, heirathen u. hier König werden, die Spanier aber wollen nicht, rebelliren gegen ihn p. – |] rettet sie, mit tapfrer Aufopferung seines eignen Lebens, aber sie hat schon das Schiff in Brand gesteckt, sie verhöhnt ihn, u. sie fliegen Alle mit dem Schiff in die Luft. Der Einsiedel rettet sich auf den Trümmern des Bootes – u. sieht noch im Wiederschein der Flammen die Leiche der Königin schwimmen. –|

⟨Rückseite des Blattes:⟩[Geburtstag des Königs, Fest auf dem Schiffe, Land! p.|: S⟨iehe⟩ inlieg⟨endes⟩ Blatt 1 links das ((Eingeklammerte))!

In der ersten Nacht, ehe sie landen, kommt vom Lande der Wohlgeruch u. Duft von Kräutern p. herüber, beim ersten ungewissen Morgendämmern |: o⟨der⟩ wohl schon in der prächtigen Nacht :| hören sie einen fremden Vogel in den Wäldern prächtig – fast melankolisch – singen, manchmal tritt der Mond plötzlich hervor, u. beleuchtet flüchtig ein Stück wunderbares Gebirge mit Zacken, Klüften p. – (Oder kommt dieß gleich zu Anfang bei der Landung des Schiffes mit dem Studenten vor? –)] – Anbruch des Morgens, Eingeborne d⟨urch⟩s Fernrohr gesehen p. |: S⟨iehe⟩ inlieg⟨endes⟩ Blatt 1 rechts das ((Eingeklammerte))! – Sie landen p. p. p.

Die Hinweise auf die Erzählsituation und die »Landung des Schiffes mit dem Studenten« sowie die Identifikation des Einsiedlers als Oheim lassen erkennen, daß die Rahmengeschichte mit der zeitlich späteren zweiten Entdeckungsreise zum Zeitpunkt der Niederschrift dieses Entwurfs bereits geschrieben war.

Bei der Charakteristik der Königin dient Cervantes' Beschreibung von Marcella im *Don Quixote* als Vorbild. Eichendorff bezieht sich auf die Ausgabe *Leben und Thaten des scharfsinnigen Edlen Don Quixote von la Mancha* von Miguel de Cervantes Saavedra übersetzt von Ludwig Tieck, Berlin 1799. Auf der im Entwurf angegebenen Seite 170 charakterisiert Marcella sich selbst:

⟨...⟩ wie nun die Natter ohne Schuld ist, daß ihr Gift tödtet, weil die Natur sie so eingerichtet hat, so verdiene auch ich nicht, daß man mir aus meiner Schönheit einen Vorwurf macht, denn die Schönheit der tugendvollen Frauen gleicht dem fernen Feuer, oder dem scharfen Schwerdte, weil jenes keinen brennt, dieses keinen verwundet, der ihnen fern bleibt. Die Ehre und die Tugend sind Schmuck der Seele, ohne welche der Leib, wie er auch sei, niemals schön erscheinen kann. Ist die Ehre nun von so hoher Tugend, daß sie Leib und Seele schmücken und verschönen kann: warum soll die, welche Ihr der Schöne wegen liebt, sie verlieren, dem Willen desjenigen zu gefallen, den einzig seine Leidenschaft treibt, ihren Verlust mit Gewalt und List zu suchen? Frei bin ich geboren, um frei zu leben wählte ich die Einsamkeit des Gefildes. Die Bäume dieser Berge sind meine Gesellschaft, die hellen Wasser dieser Ströme meine Spiegel, diesen Bäumen, diesen Wassern mittheile ich meine Gedanken und Schönheit. Ein Feuer bin ich aus der Ferne, ein Schwerdt, weit weg gestellt. Wen mein Anblick zur Liebe lockte, den enttäuschten meine Worte.

(Zum Verständnis der Königin vgl. auch die Fortsetzung des Zitats, S. 806).

Ein weiteres überliefertes Blatt bezieht sich auf die Rahmen-

geschichte und läßt erkennen, daß Eichendorff diese Geschichte in einem weiteren Arbeitsgang veränderte. Das be-
schnittene Blatt (FDH 19512) enthält folgende Notizen:

> *Die Schiffsgesellschaft des Antonio* gantz u. gar bloß als eine
> komisch-wüste, bloß auf Gewinn ausgehende, aber un-
> verwüstlich-lustige u. in ihrer Abenteuerlichkeit, ewigen
> Zänkerey p. doch liebenswürdige Abenteurer-Bande
> d⟨urch⟩aus lustig u. lumpig halten, wod⟨urch⟩ sie daher
> mit Diego's frührer, edel-tragischer Farth kontrastirt. An-
> tonio ist der eintzige Noblere darunter, aber doch wieder,
> als Poet, ironisch-lustig verwandt mit ihnen. Sie wollen
> ihn häufig betrügen p. Er singt ihnen ein lustiges Lied, in
> das die Andern als Chorus einfallen p. – Ihr Schiff, Thau-
> werk p. ist in den desolatesten Umständen, aber sie ma-
> chen sich nichts draus, sie fahren immerzu, wollen mit
> Gewalt Länder entdecken, reich werden p. – Von dem
> Einsiedler – der, ihnen gegenüber sich etwas antiquitä-
> tisch ausnimmt – fahren sie jubelnd fort, er giebt dem
> Gesindel lächelnd den Seegen. –
>
> [(*NB Hiernach wird sich wohl – aber in der weiteren Folge erst –
> der jetzige Anfang* |: *d. h. das Allererste – die Windstille p. u.
> Antonios Lied bleibt jedenfalls!* :| *etwas abändern!* –)]

Der linke und untere Rand des Blattes ist mit Korrektur-
hinweisen zu einem (nicht erhaltenen, mindestens 29 Seiten
umfassenden) Manuskript beschrieben, die sämtlich gestrichen sind und offensichtlich bei der Reinschrift berücksichtigt wurden. So heißt es etwa:

> von pag⟨ina⟩ 6 gantz oben ab! |: Alvarez packt u. treibt den
> Antonio erst hinter »Muttersprache« ⟨vgl. S. 364,22⟩ fort.
> – Weiterhin = den Sanchez gleich von Anfang an mehr
> betrunken halten! :| + auf pag⟨ina⟩ 8 vom Abschnitt ab! –
> |: NB: Auf pag⟨ina⟩ 9 d⟨urch⟩aus nichts von einer Königin
> auf der qu⟨ästionierten⟩ Insel erzählen, sondern alles bloß
> schauerlich auf die Frau Venus hindeutend. Zuletzt spricht
> der Alte – im Wahnsinn – vom Schloß des *Königs* – da hört
> er das Klingen in der Luft u. stürzt fort p. – |.

Die meist kurzen Anweisungen zur Korrektur können nur

im Rahmen einer historisch-kritischen Ausgabe im einzelnen dargestellt werden. Sie bleiben ohne Kenntnis des Bezugsmanuskripts unergiebig.

Die Rückseite enthält eine Übersicht zu dem »Canonische⟨n⟩ Wächter pro: 1834«. Dabei handelt es sich um Exzerpte und Hinweise auf »Preußen intereßierende Stellen« in dieser Zeitschrift, die Eichendorff im Rahmen seiner amtlichen Tätigkeit im preußischen Ministerium zusammengestellt hat. Für die Datierung ergibt sich mit der Jahreszahl 1834 ein terminus post quem.

Auch ein anderer, ausgeschnittener Zettel zur *Meerfahrt* (gleichfalls FDH 19512) ist auf der Rückseite mit ähnlichen Notizen (zur »Immediat-Eingabe des Organisten u. Schullehrers Hiller«) versehen, die nach Erforschung der amtlichen Schriften im Rahmen der historisch-kritischen Ausgabe eine Datierung ermöglichen könnten.

Der kurze, vermutlich von Eichendorff selbst ausgeschnittene Text lautet:

NB: *Diego* ist zwar eine d⟨urch⟩aus edle u. großartige Natur, aber gewaltsam, eigentlich tyrannisch, alles wagend p. bis zum Uebermuth p. – Alle diese Kraft wird dann in der Liebe zur wilden Königin konzentrirt u. d⟨urch⟩ deren Tod p. eben so entschieden nach dem Himmel gerichtet. Daher erzählt er seine Geschichte auch, wie er im Anfange sagt, zur Warnung. –

Der Leutnant |: Alonzo :| ist still, melankolisch, tiefsinnig, aber zornig u. tiefleidenschaftlich – daher wird er dann verrückt. –

Auf anderen ebenfalls aus größeren Blättern ausgeschnittenen Zetteln sind weitere Notizen zur Verarbeitung der Entwürfe notiert (FDH 2221,1):

NB: In der Novelle *vor* Diego's Geschichte d⟨urch⟩aus alles, was Fingerzeige zur Entdeckung geben kann, Z: B: wo von der Königin die Rede ist p., abändern, i. e. spannend u. unaufgelöst laßen, damit Diego's Geschichte wirklich überrascht! –

[Gantz zulezt in Diego's Erzählung, fährt Antonio plötzlich auf: So seyd Ihr Don Diego von Alkantara! – Der bin ich, erwiederte der Einsiedler sich aufrichtend, wie wißt Ihr das? –

Ein weiterer Zettel belegt Eichendorffs Überlegungen zur Ausrichtung der Binnenerzählung auf die Gesamtkonzeption der Erzählung (FDH 2221,2):

Diego's Erzählung d⟨urch⟩aus so einrichten, daß man bis zum Ende nichts davon merkt, daß er der Diego u. seine Geliebte die qu⟨ästionierte⟩ todte Königin sey, sondern er will bloß erzählen, wie er auf diese Insel gekommen; von seiner Herkunft, Namen p. will er nichts sagen – denn das liege ihm schon so fern wie ein Traum. – Während der Erzählung aber erriethen die Zuhörer nach u. nach Alles Ueberraschung, gantz zuletzt erst: daß er selber Diego sey! –

Eine allgemeine Charakteristik der Königin, deren Formulierungen fast wörtlich in die Erzählung eingehen (vgl. S. 408,26 f., 411,26-32 und 408,19-21), enthält die Notiz (FDH 2221,3):

Die wilde Königin hat mitten in ihrer tygerartigen Zärtlichkeit etwas Grauenhaftes, nemlich: ein Schnur Zähne von Erschlagenen um den Hals p. |: S⟨iehe⟩ anderswo auf dem alten Bogen! :|. – Dem Leutnant, den sie zugleich tödtlich haßt u. rasend liebt, setzt sie einmal, als ihrem Sklaven, muthwillig u. grausam spöttisch, ihren Fuß auf den Naken p. – Einmal auf der Jagd in den blitzenden Morgenlichten zielt sie aufeinmal heimlich in der Waldesstille mit ihrem Bogen auf Diego, er bemerkt es, da lacht sie grauenhaft p. –

ASPEKTE DER DEUTUNG

Die Erzählung nimmt noch einmal die zentralen Motive der Sage vom Venusberg auf, beginnt jedoch mit einer präzisen Jahresangabe, die zunächst eine historische, faktenorientierte Darstellung erwarten läßt. Einige Elemente deuten auch auf die Tradition der Robinsonaden hin: die Auseinandersetzung mit den Wilden, die Versuche des Einsiedlers, sich mit den Schiffstrümmern auf der einsamen Insel einzurichten. In den Entwürfen weist Eichendorff selbst an einer Stelle auf Cervantes' *Don Quixote* hin, dessen Marcella-Figur er als Muster bei der Charakteristik der weiblichen Hauptgestalt heranzog. Alle diese Elemente dienen jedoch primär als ›Vehikel‹, um erneut die Gefahren der sinnlich-heidnischen Liebe aufzuzeigen. Eichendorff spielt nur mit dem Erwartungshorizont des Lesers, der im 19. Jahrhundert Berichte von fernen Ländern und präzises Wissen über die neuentdeckten Länder erwartete. Der Leser solcher abenteuerlichen Reiseberichte wird jedoch nicht auf seine Kosten kommen. Er gerät unversehens in den magischen Bann einer »Insel der Königin«, einer Robinsoninsel mit Venusberg, die auf einige Mitglieder der Schiffsbesatzung einen unheilvollen Einfluß ausübt und nur bei den beiden Helden, dem Einsiedler Don Diego und seinem Neffen Antonio, positive Entwicklungen auslöst.

Don Diego ist der Anführer der ersten Expedition. Nach einer Formulierung des Entwurfs ist er eine »edle u⟨nd⟩ großartige Natur, aber gewaltsam ⟨...⟩. Alle diese Kraft wird dann in der Liebe zur Königin konzentrirt u⟨nd⟩ d⟨urch⟩ deren Tod ⟨...⟩ eben so entschieden nach dem Himmel gerichtet.« Er läutert sich zum frommen Einsiedler. Eine Generation später wiederholt sich der Vorgang mit anderem Ausgang. Don Diegos Neffe Antonio bricht wieder aus Europa auf. Auch er wird auf die einsame Insel verschlagen und gerät in den Bann einer schönen Frau. Sie wird nachher als Nichte der Königin identifiziert, die von den Eingeborenen fälschlich für die Königin gehalten wurde. Während ihre Tante durchaus mythische Züge trägt und teils mit Diana, teils mit Venus identifiziert wird und in einem Entwurf als »Titaniden-Königin« bezeichnet wird, trägt Alma menschliche Züge und wird schließlich »schönes fremdes Wandervöglein« genannt (S. 418,12 f.). Während die Königin ihre Verehrer mit Verachtung straft und wie Sklaven behandelt, während sie das Schiff der Eindringlinge in die Luft sprengt und sich dabei selbst opfert, sitzt Alma später »vergnügt mit ihrem Reisebündel« auf dem Schiff und segelt gen Europa.

Eichendorff schildert diese Entschärfung und »Verbür-
gerlichung« des Mythos als positive Erscheinung. Die Diana-Figur mit ihrer »tygerartigen Zärtlichkeit« und ihrem un-
bedingten Freiheitsanspruch, der in einem Entwurf mit dem
Ausspruch »Freiheit über Alles!« gekennzeichnet wird (vgl.
S. 798) und bei Cervantes sein Vorbild hat (vgl. S. 801), muß
untergehen. Weibliche Schönheit mit dem Anspruch auf
Überlegenheit löst bei Eichendorffs Männergestalten Verblendung, Abhängigkeit, Hörigkeit aus. Die Königin ist –
wie alle Gestalten ähnlichen Typs in seinen Dichtungen (vgl.
Erzählungen [Nachwort], S. 635-646) – dem Tode geweiht.
Dennoch gibt es eine wesentliche Veränderung gegenüber
dem älteren Denkmodell Eichendorffs. Die Königin bleibt
»eine reine Jungfrau« (S. 799). Die Hauptschuld an der Verwirrung der Männer trifft diese selbst, denn die Verteidigung
der Tugend, die Unnahbarkeit der Frau, ist zunächst eine
positive Eigenschaft, und nur indem die Bewerber der Verehrung der leiblichen Schönheit verfallen, lösen sie die Tragödie aus, die für die Liebhaber und schließlich auch für das
›Objekt ihrer Begierde‹ tödlich endet. Einen Ausweg findet
nur Don Diego, der Einsiedler.

Eichendorff folgt bei dieser Überlegung Cervantes, und
die Männerfiguren sind verwandt mit dem Chrisostomus im
Don Quixote. Aus der Perspektive der verehrten Marcella
stellt sich die Beziehung zu ihrem Liebhaber so dar (Zitat im
Anschluß an den Text S. 801):

> Wen mein Anblick zur Liebe lockte, den enttäuschten
> meine Worte. Wenn Wünsche sich von Hoffnungen näh-
> ren, so habe ich nicht die kleinste Hoffnung, weder dem
> Chrysostomus, noch einem andern gegeben, so daß man
> sagen kann, er sei an seinem Wahnsinne, nicht an meiner
> Grausamkeit gestorben. Auf den Vorwurf, daß seine Ab-
> sichten redlich waren und daß ich sie deshalb hätte erwie-
> dern müssen, antworte ich, daß wenn er an diesem Orte,
> an welchem jetzt sein Grab ausgehölt wird, mir die Red-
> lichkeit seiner Gesinnung entdeckte, ich ihm bekennen
> würde, daß meine Gesinnung ist in ewiger Einsamkeit zu

leben, und wie nur die Erde das Kleinod meiner Schönheit und die Blume meiner Keuschheit genießen solle. Wenn er nun auch nach dieser Enttäuschung gegen alle Hoffnung seinen Sinn behalten und gegen den Wind seegeln wollte, wie bin ich Schuld, wenn er mitten auf dem Meere seines Unsinns Schiffbruch leidet? ⟨...⟩ Er kannte meine Gesinnung und blieb in seinem Wahne, er verzweifelte, ohne daß er von mir gehaßt ward: wo ist nun der Grund, daß Ihr die Schuld seines Todes mir beimessen könnt? ⟨...⟩ Wenn Unvernunft und thörichte Wünsche den Chrysostomus tödteten, warum wird meine Ehre und Tugend angeklagt? ⟨...⟩ ich bin frei und es gefällt mir nicht unterthan zu werden. Ich liebe und hasse Keinen: ich täusche nicht den Einen, bewerbe mich nicht um den Andern ⟨...⟩ meine Wünsche werden von diesen Bergen beschränkt, übersteigen sie diese, so geschieht es nur, die Schönheit des Himmels mir vorzustellen, den Aufenthalt, zu dem unsre Seele wie zu ihrer ersten Heimath zurückkehrt.

(Don Quixote I, S. 170-173)

Als einige Zuhörer dieser Rede, die »von den Strahlen ihrer schönen Augen wie von scharfen Pfeilen verwundet waren«, ihr nachstellen wollen, ist es Don Quixote persönlich, der sich »in Hülfe der genothdrängten Jungfrau« annimmt und ihre Tugend verteidigt:

⟨...⟩ er legte also die Hand an den Degen und sagte mit lauter und verständlicher Stimme: Niemand, von was Stand und Würden er auch sei, unterfange sich, der schönen Marcella nachzufolgen, bei Strafe, meinen wüthenden Unwillen zu erfahren. Sie hat mit deutlichen und hinreichenden Gründen bewiesen, wie sie wenige oder keine Schuld am Tode des Chrysostomus habe, und wie fern es ihr sei, in die Wünsche irgend eines ihrer Liebhaber einzustimmen: deshalben ist es gerecht, daß statt gefolgt und verfolgt zu werden, man sie als das Edelste in der Welt schätze und verehre, denn sie ist wahrlich die Einzige auf der Welt, die mit so edlen Vorsätzen lebt.

(Don Quixote I, S. 173 f.)

Mag diese Rede auch übertrieben sein, und die Ritterschaft, auf die Don Quixote in seiner Rede selbst Bezug nimmt (ebd., S. 178), auch unzeitgemäß und in gewissem Sinne lächerlich sein – Eichendorff greift diese Argumentation auf. Seine Königin ist insofern von der antiken Venus weit entfernt, als sie – wie Cervantes' Marcella – keusch und tugendhaft ist. Ihr Tod hat den Charakter eines Opfers, und selbst der christliche Eremit kann sie verteidigen und nach ihrem Tode verehren.

Das besondere an der Auflösung in der *Meerfahrt* ist allerdings die Tatsache, daß die Frau, dem sich der zweite Held der Erzählung am Schluß zuwendet, eine Verwandte der Königin ist. Als Vertreterin der nachfolgenden Generation singt sie immer noch die gleichen Lieder und bewahrt in ihrem Blut noch etwas von der großartigen unnahbaren Gestalt der grausam-tugendhaften Königin, findet jedoch dann den Weg zu einer demütigen Haltung. Sie ordnet sich widerspruchslos und offenbar glücklich in die Runde der »fröhlichen Gesellen« ein, denen Eichendorff am Schluß der Geschichte »eine glückliche Fahrt« nachruft. Der Entschluß, »die neue Welt vor der Hand noch unentdeckt zu lassen und vergnügt in die gute alte wieder heimzukehren« (S. 418), bedeutet in der Sicht Eichendorffs vor allem die Rückkehr in den Hafen einer christlichen Gemeinschaft. Die Berührung mit der neuen Welt hat die Gelüste der Europäer freigesetzt, die sexuellen und die finanziell-materialistischen (nach Gold). Nur indem sie dieser Welt wieder den Rücken kehren – bzw. wie der Einsiedler eine innere Überlegenheit finden – können sie ihre Ruhe wiedergewinnen.

Den Venus-Mythos ordnet Eichendorff hier zum ersten Mal einer nicht-europäischen Kultur zu. Während seine Venus-Gestalten in den anderen Erzählungen – mythengeschichtlich zutreffend – im mediterranen Bereich Europas auftauchen, löst er die Venus-Gestalt hier aus dem Bereich der griechisch-römischen Mythologie heraus und ordnet sie den neuentdeckten Heidenvölkern, den »Wilden« zu. Die Zähmung und Überwindung des Heidnisch-Triebhaften

folgt dann dem Muster der Robinsonaden. Die Wilden werden mit einer Mischung von Gewalt und Überredungskunst
domestiziert und assimiliert. Wie Robinson seinen Freund
Freitag, so bringt Antonio seine Alma belehrt und bekehrt
nach Europa zurück.

Stefan Nienhaus weist darauf hin, daß mit der Wiederholung und Spiegelung der Expeditions- und Eroberungs-
geschichte ein Moment satirischer Zeitkritik in die Geschichte kommt:

> Einige Veränderungen an der Geschichte des Spätergeborenen zeigen, daß auch diese scheinbar reine Erzähl-
> novelle die zeitliche Nähe zu den bitteren Satiren der spä-
> ten Schaffensperiode Eichendorffs nicht verleugnen kann.
> ⟨...⟩ Verführung und Gegnerschaft sind zu Zeiten Don
> Diegos noch reale Gefahren, für die Späteren werden
> selbst große Gesten ins Lächerliche verkehrt ⟨...⟩. Die
> konsequente Anwendung der Paraphrase, die eine Ge-
> schichte in nur leichter Variation in demselben Text gleich
> zweimal erzählen läßt, gibt bei der vergleichenden Ge-
> genüberstellung dem zuerst berichteten, aber zeitlich spä-
> ter angesetzten Geschehen nachträglich die Bedeutung ei-
> ner mehr schlecht als recht nachahmenden Karikatur. ⟨...⟩
> Durch die Konstitution der Vergleichsebene wird diese
> zeitkritische Intention ⟨...⟩ verwirklicht.
>
> (Nienhaus, S. 55-58)

Die Verbindung von Irrationalem, Spukhaftem, Undurch-
schaubarem mit den nüchternen Fakten einer See- und Pi-
ratengeschichte hat bei Eichendorff einen völlig anderen
Sinn als bei Tieck, E. T. A. Hoffmann oder Arnim. Die Er-
zeugung einer schauerlichen Spannung spielt bei Eichendorff eine untergeordnete Rolle. Ihm geht es um den Nach-
weis, daß die Verblendung und Faszination unmittelbar mit
dem Unchristlichen, Heidnischen verbunden ist. Damit wird
sie negativ konnotiert und zugleich überwindbar. Das Erlebte ist – mindestens im Bewußtsein des Erlebenden –
real und weitaus bedrohlicher als die Spukphänomene
eines E. T. A. Hoffmann. Die Insel der Königin ist keine

Einbildung, keine schaurige Täuschung; die Wilden und ihr Aberglauben müssen auf das Äußerste bekämpft und im Namen des Glaubens überwunden werden. Nach Eichendorff ist es die immer wieder aufkeimende Bedrohung des Heidentums, die letztlich zur Verblendung, zu sexueller Abhängigkeit, zur Selbstüberschätzung des eigenen Vermögens, zur Hybris führt. Nur die innerlich nicht Gefestigten erliegen den Verlockungen der faszinierenden Frau und verkennen sie als Verkörperung rein sinnlicher Schönheit. Don Diego und Antonio überwinden auf verschiedene Weise das Tier in ihrer Brust, sie halten die heidnischen Kräfte in Schach, zähmen und überwinden die magischen Kräfte und lassen das Magische als Verblendung, als Projektion aus der eigenen unreifen Seele erscheinen. – Vgl. die Überlegungen im Abschnitt *Venus und Maria*, S. 808-612.

STELLENKOMMENTAR

357,1 *im Jahre 1540*] Die präzise Jahreszahl läßt eine historische Erzählung erwarten. Um 1540 eroberten die Spanier große Landstriche in allen Teilen Amerikas. Süd- und Mittelamerika mit der reichen Inkakultur wurden Vizekönigreiche der spanischen Krone. Vor dieser historischen Folie heben sich die unwirklichen Erscheinungen in Eichendorffs Erzählung umso deutlicher als unheimliche, wunderbare Phänomene ab. Eichendorff verbindet Elemente der Sage vom Venus-Berg (vgl. Anm. 137,28-30) mit historischen Fakten. – Zur Begründung der Datierung vgl. den Entwurf, S. 803.

357,1 *das valenzische Schiff Fortuna*] Das Schiff aus der spanischen Stadt Valencia trägt den Namen der römischen Glücksgöttin.

357,1 f. *die Linie*] Den Äquator.

357,4 *Columbus*] Christoph Columbus hatte im letzten Jahrzehnt des 15. Jahrhunderts drei große Schiffsexpeditionen Richtung Amerika unternommen.

357,5-8 *Schiff* ⟨…⟩ *nicht das beste Aussehen* ⟨…⟩ *Mannschaft* ⟨…⟩ *fragte wenig darnach*] Mit ähnlichen Worten bereits im Entwurf, vgl. S. 802.

357,14 *der fröhliche Don Antonio*] Als »Poet, ironisch-lustig verwandt« mit der »liebenswürdige⟨n⟩ Abenteurer-Bande« beschreibt ein Entwurf Don Antonio (vgl. S. 802).

357,15 *Salamanka*] Spanische Universitätsstadt in der Provinz León, im 16. Jahrhundert eine der bedeutendsten Universitäten Europas.

358,24-359,12 *Ich seh' von des Schiffes Rande* ⟨…⟩ *wie im Traum*] In die Gedichtsammlung von 1837 unter dem Titel *Meeresstille* aufgenommen (Band I dieser Ausgabe, S. 319). Der Blick in die Gebirge unter der Wasseroberfläche beeindruckt Eichendorff bei seiner Reise an die Ostsee 1805 (vgl. Band V dieser Ausgabe, S. 150).

358,32 *Die zackigen Türme*] Das Motiv der versunkenen Stadt unter der Wasseroberfläche erinnert an die Atlantis-Sage.

359,25 *Bakkalaureus*] Der niedrigste akademische Grad an der Universität (entspricht etwa dem »Magister« von heute).

359,32 *Gold*] Eichendorff spielt auf den Goldrausch der Spanier an, der zur Ausbeutung der Inkakultur mit ihren reichen Goldschätzen führte. Die Spanier schmolzen die Kultgegenstände einfach ein und brachten das Gold ins Mutterland (vgl. S. 409,25-27 und 401,10 mit Anm.).

359,33 *Perspektiv*] Ausziehbares, einäugiges Fernrohr.

360,19 *nur von böhmischen Steinen*] In Böhmen wurden die Edelsteinimitate aus Glas hergestellt.

361,17 *Syrenen*] Nach der griechischen Mythologie locken die Sirenen mit ihrem verführerischen Gesang die Seefahrer von ihrem Kurs ins Verderben. Odysseus kann den süßen Tönen nur widerstehen, indem er sich an den Schiffsmast fesseln läßt, worauf die Mannschaft anspielt, wenn sie ausruft: »der Hauptmann wird verliebt, bindet ihn!« (S. 361,25 f.). – Vgl. Anm. 385,26-28.

362,18 *nahm feierlich Besitz von diesem Lande*] Vgl. den Entwurf, S. 798.

364,2 *eine junge schlanke Frauengestalt*] Eichendorff hält sich nur bedingt an die ›Anweisung‹ in seinem Entwurf, »nichts von einer Königin auf der ⟨...⟩ Insel erzählen, sondern alles bloß schauerlich auf die Frau Venus hindeutend« (vgl. S. 802).

364,8-12 *Walpurgis* ⟨...⟩ *Hexensabbat*] Nach dem Volksaberglauben feiern die Hexen in der Nacht zum 1. 5. ihre schwarze Messe auf dem Blocksberg. Vgl. Anm. 88,27.

364,13-19 *Frau Venus* ⟨...⟩ *Symbolum der heidnischen Liebe*] Die römische Göttin der Liebe ist für Eichendorff Sinnbild sündig-sinnlicher Liebe. Er setzt ihr Bild im *Marmorbild* in Kontrast zur christlichen Maria (vgl. Band II dieser Ausgabe, S. 389-392 und 423-425 sowie den Abschnitt *Venus und Maria*, hier, S. 608-612).

364,20 f. *Horatius* ⟨...⟩ *Mater saeva cupidinum*] Horaz, der römische Dichter Quintus Horatius Flaccus (65 – 8 v. Chr.) nennt Venus in einer Ode (I, 119) die wilde Mutter der Begierden.

365,11-36 *Venusberge* ⟨...⟩ *meint doch* ⟨...⟩ *ein Stündlein*] Direkte Anspielung auf die Sage vom Venusberg, die Eichendorff aus der Tieckschen Bearbeitung kannte. Der Verlust des Zeitgefühls im Venusberg gehört zur Tradition der Sage.

365,18 f. *Sanchez* ⟨...⟩ *trug das Hauptmannszeichen*] Daß Sanchez in dieser Szene stark betrunken ist, wird – entgegen Eichendorffs ›Korrekturanweisung‹ im Entwurf (vgl. S. 802) – zunächst nicht deutlich. Erst S. 367,14 wird darauf hingewiesen.

366,9 f. *auf was habt ihr eure Sach' gestellt*] Vgl. die erste Zeile von Goethes Gedicht *Vanitas! vanitatum vanitas!*, die Eichendorff mehrfach aufnimmt (vgl. Band I dieser Ausgabe, S. 270,17 mit Anm.).

366,25 f. *Ritter Rhetorio*] Die Rhetorik gehörte zum klassisch-humanistischen Bildungsgut und wurde an der Universität gelehrt.

366,26 *Sermone*] Predigten.

366,29 *Tonsur*] Runder Kahlschnitt auf dem Kopf, wie er bei katholischen Orden Vorschrift ist.

366,32 *Koller*] Brustharnisch, ledernes Wams.

367,6 *Finten*] Scheinangriffe beim Fechten.

367,7 *Salamanka*] 1864: Salamenka

367,30 *Fandango*] Spanischer Tanz.

368,6-29 *Ade, mein Schatz* ⟨...⟩ *einlaufen*] In der Gedicht-sammlung von 1837 unter dem Titel *Seemanns Abschied* (Band I dieser Ausgabe, S. 319).

368,17 *Felsenschlosse*] 1864: Felsenschosse

370,22 *Vizekönig*] Der Titel eines »stellvertretenden Kö-nigs« wurde in Spanien den Entdeckern und Eroberern von der spanischen Krone verliehen.

370,36 *Eingeborene*] Die Auseinandersetzungen mit den Wilden erinnern an die Robinsonaden, die im Gefolge von Daniel Defoes *Robinson Crusoe* (1719/20) in der europäischen Literatur Mode geworden waren.

372,6 *Ambassade*] (Franz.) Gesandtschaft.

372,18 *Alongenperücke*] Die im 17. Jahrhundert einge-führte Perücke mit lang herabhängenden Locken galt Eichendorff als Sinnbild einer verstaubten, in formelhaftem Wesen erstarrten Zeit.

372,27 f. *die indischen Sprachen*] Mit der *Sprache und Weisheit der Indier* (Titel einer Publikation Friedrich Schlegels von 1808) hatte sich die Romantik im Zusammenhang ihrer My-thenforschungen befaßt. »Indisch« und »indianisch« wird je-doch im Wortgebrauch nicht genau getrennt, und während die Mythenforschung der Romantik sich tatsächlich mit In-dien beschäftigt, wäre nach dem Kontext der Erzählung wohl eine Beschäftigung mit den indianischen Sprachen als Vorbereitung einer Amerikareise sinnvoll.

372,30 *Figuren und Metaphern*] Die Sprachfiguren und Bil-der waren Lehrstoff der Rhetorik. Die Ästhetik der Roman-tik, die das Ideal eines ursprünglichen, naturverbundenen Schöpfens vertritt, sieht verächtlich auf die »Schnörkel« der kunstvoll gefertigten Dichtung herab und führt den Begriff der Hieroglyphe ein, auf die mit der »wunderbaren unbe-kannten Schrift« angespielt wird (vgl. S. 372,34).

375,12 *den*] 1864: die

375,30-37 *Und wenn es einst dunkelt ⟨...⟩ Das himmlische Tor!*] In der Gedichtsammlung von 1837 unter dem Titel *Der Soldat* (vgl. Band I dieser Ausgabe, S. 320).

377,13 f. *Julius Cäsar, Brutus, Hannibal und der alte Cid*] Zusätzlich zur Schullektüre humanistischer Tradition (die mit den Namen Caesar, seinem Mörder Brutus und seinem Gegner Hannibal bezeichnet ist) nennt der Student auch den Helden Cid, der in der spanischen Literatur schon um 1140 gefeiert wurde. Der Hinweis erklärt sich nicht nur aus der Perspektive des spanischen Studenten; die deutschen Romantiker hatten die spanische Literatur auch für die Deutschen erschlossen und imitierten deren Versformen, besonders die Romanze. Herder hatte 1805 seine Übersetzung des Nationalepos (*Der Cid*) veröffentlicht und förderte damit die Romanzen-›Renaissance‹ in Deutschland, die in Eichendorffs späten Übertragungen (1839) ihren Abschluß fand.

377,16 f. *Frei vom Mammon will ich schreiten ⟨...⟩ Wissenschaft*] Der Student zitiert zwei Zeilen der 2. Strophe eines Liedes, das Eichendorff im Roman *Dichter und ihre Gesellen* (vgl. S. 146,30 f.) veröffentlicht hatte. Das Lied wurde unter dem Titel *Der wandernde Student* (1837) populär. Es ging in mehrere Sammlungen von Studentenliedern ein und wurde auch von Hugo Wolf vertont (vgl. Band I dieser Ausgabe, S. 306 und 1025).

378,6 *mit Buchsbaum eingefaßt ⟨...⟩ Allee*] Kennzeichen einer beschnittenen Parkkultur, wie sie Eichendorff (nach dem Muster der französischen Gärten) als Beispiel einer zugerichteten Natur häufig schildert. Die Venusgestalten Eichendorffs gehören (als versteinerte Marmorbilder) in diesen Park einer verfälschten und zugleich erotisch verlockenden Welt, die er auch mit dem Rokoko identifiziert (vgl. das Gedicht *Prinz Rokoko*; Band I dieser Ausgabe, S. 467). Die gefährliche Kraft geht auch von dem üppigen, verwilderten Park aus, in dem sich die heidnischen, wild-wuchernden Kräfte der Natur austoben. Das Gegenbild dieses Gartens ist der Ende des 18. Jahrhunderts in Europa aufkommende englische Park, der (scheinbar) die Natur in ihrer Ordnung beläßt und zugleich ästhetisch gestaltet.

378,37 *Seekönig*] Die Vikinger nannten den Anführer eines Flottenverbandes Seekönig.

379,10-21 *Er aber ⟨...⟩ sie nicht*] Nicht in die Gedichtausgaben aufgenommen.

380,6-21 *Du sollst mich doch nicht fangen ⟨...⟩ Gelobt sei Jesus Christ!*] Das Gedicht überschrieb Eichendorff in seiner Gedichtsammlung (1837) *Der Umkehrende* (Band I dieser Ausgabe, S. 320). Der Student kann den verführerischen heidnischen Kräften der »duftschwülen Zaubernacht« entrinnen, wenn er umkehrt und den »rechten Weg« zu Christus wählt. Die »fromme Lerche« (S. 380,18), die zum Himmel aufsteigt, ist eines der Naturbilder, die Eichendorff als Sinnbild der christlichen Lehre deutet und formelhaft in seinen Liedern wiederholt.

380,10 *überm*] 1864: unterm

381,13 *Zelten*] 1864: Zellen

381,20 *Logik und Rhetorik*] Neben der Rhetorik (vgl. Anm. 366,25 f.) gehörte auch die Logik (als Teildisziplin der Philosophie) zum Lehrstoff der Studenten.

382,5 *Sanchez*] 1864: Sancherz

382,28 *Waldeinsamkeit*] Den von Tieck eingeführten – bei den Romantikern zunächst umstrittenen – Begriff nimmt Eichendorff vielfach auf (vgl. Band IV dieser Ausgabe, S. 1039). Tieck selbst schildert die Diskussion um das Wort in seiner Novelle *Waldeinsamkeit*, die 1841 in der ›Urania‹ erschien.

382,29 *Freite*] Der Vergleich einer Stadteroberung mit einer Werbung (Freite) gehört zu den Topoi der Soldaten. Eichendorff verwendet das Bild auch in seinem Gedicht *Die ernsthafte Fastnacht 1814* (vgl. Band I dieser Ausgabe, S. 183).

383,13 *Wie oft schon sah ich im Wein ihr Bild*] Hinweis auf den archetypischen Charakter des Bildes, das jeder Mensch in Traum- und Rauschzuständen aus dem eigenen Innern als Wunschbild projiziert.

385,26-28 *Frau Venus ⟨...⟩ die Eingebornen wie in Anbetung*] Auf jegliche Differenzierung der heidnischen Religionen verzichtet Eichendorff. So kann die römische Gottheit

Venus hier von den Eingeborenen Südamerikas verehrt werden. Die Sirenen der griechischen Tradition (vgl. Anm. 361,17), die Odysseus im Mittelmeer bedrohen, begegnen den spanischen Seefahrern im Atlantik.

386,14 f. *Der Teufel hat's gegeben ⟨...⟩ genommen*] Kontrafaktur zum Alten Testament (Hiob I, 21): »Der Herr hat's gegeben, der Herr hat's genommen«.

386,33 f. *Ein Meerweib singt ⟨...⟩ meine Frau*] Vgl. die erste Strophe des Liedes »Ade mein Schatz«, S. 368,9 und 368,11.

387,32 *Urgande*] Dämonin.

387,32 *Mägera*] Griechische Rachegöttin (eine der drei Erinnyen).

388,28-389,18 *Bin ein Feuer hell ⟨...⟩ habe mich verflogen!*] In der Gedichtsammlung (1837) unter dem Titel *Waldmädchen* (Band I dieser Ausgabe, S. 321). – Das Motiv vom lodernden Feuer, dem man sich nicht ungefährdet nähern darf, ist der Charakteristik der Marcella im *Don Quixote* entnommen, vgl. die Zitate S. 801 und 806.

388,30 *fodert*] Alte Form von »fordert«.

390,26 *Vogel*] Der geheimnisvolle Vogel gehört zu den Venus-Erzählungen bei Tieck. Später verwandelt er sich hier in ein »riesengroßes Heiligenbild« (S. 394,4 f.).

392,6 *ein Sonntag*] Das Motiv findet sich schon im Entwurf (S. 798), wobei der Sonntag in dieser frühen Fassung zugleich mit »Königs Namenstag« identisch ist, der gefeiert wird.

395,10-27 *Komm' Trost der Welt ⟨...⟩ durchfunkelt*] Unter dem Titel *Der Einsiedler* veröffentlichte Eichendorff das Lied parallel im ›Deutschen Musenalmanach‹ und seiner Gedichtsammlung im Jahre 1837 (Band I dieser Ausgabe, S. 322 und 1035 f.). Vorbild war das (auch im *Wunderhorn* verarbeitete) Lied des Einsiedlers aus Grimmelshausens *Der abentheuerliche Simplizissimus Teutsch* (1669; 1. Buch, Kap. 7). Dem zeitgenössischen Leser ist damit schon deutlich, daß der Fremde ein Eremit ist.

396,27-29 *die ersten Christen ⟨...⟩ bringen Krieg, Empörung,*

Mord] Kritik an der brutalen Kolonisationspraxis der Spanier, die in krassem Widerspruch zu ihrem christlichen Missionsanspruch stand.

397,18 f. *in seinem strengen Wesen war etwas Unüberwindliches*] Zur Charakteristik des Einsiedlers vgl. den Entwurf, S. 798 und 803.

400,20 *GESCHICHTE DES EINSIEDLERS*] Die Erzählung des später als Don Diego identifizierten Einsiedlers bietet noch einmal die Geschichte des kolonialen Aufbruchs in ein vermeintliches Paradies mit dem Kampf gegen die Eingeborenen und anderen Elementen einer Robinsonade. Don Diego empfindet die Geschichte des Neffen Antonio daher auch als Wiederholung und Spiegelung seines eigenen Lebens (vgl. S. 417,36 f.). – Zur Geschichte des Einsiedlers haben sich Konzepte Eichendorffs erhalten (vgl. S. 798-804).

400,21 *Macht der Mohren war zertrümmert*] Im Jahre 1492 wurde Granada von den Spaniern wiedererobert. Die jahrzehntelange Herrschaft der Mauren über große Teile Spaniens war damit endgültig gebrochen.

401,7 *hielten's*] 1864: hießen's

401,10 *Eldorado*] (Span.: Der Vergoldete) Sagenhaftes Goldland in den Anden.

401,35 *Schöne, die ich oft im Traume gesehen*] Vgl. S. 383,13 mit Anm.

402,12 *Feldschlangen*] Feldgeschütze.

403,37-404,6 *auf einem Felsen ⟨…⟩ eine hohe schlanke Mädchengestalt ⟨…⟩ Pantherfell ⟨…⟩ mit Bogen und Köcher*] Die Darstellung entspricht in vielen Einzelheiten dem Entwurf (S. 798). Der Auftritt auf der Spitze eines Felsens ist nach dem Vorbild des *Don Quixote* gestaltet. Von Marcella heißt es dort (I, S. 178):

⟨…⟩ unvermuthet ⟨…⟩ auf der Spitze des Felsen ⟨…⟩ erschien die Schäferinn Marcella so schön, daß die Beschreibung von ihrer Schönheit übertroffen wurde. Die sie noch niemahls gesehen hatten, betrachteten sie mit stiller Bewunderung, und die an ihren Anblick gewöhnt waren, hefteten nicht minder hingerissen die Augen auf sie, wie diejenigen, denen der Anblick neu war.

404,7 *Diana*] Römische Göttin der Jagd, die mit Tierfellen (vgl. S. 404,4) bekleidet ist und Jagdgeräte mit sich führt.

406,13 *eine furchtbare Sphynx*] Die geheimnisvollen Fabelwesen (meist mit geflügeltem Löwenkörper und Mädchenkopf) sollen (nach der griechischen Mythologie) alle Wanderer töten, die ihre Rätselaufgaben nicht lösen können.

408,19-21 *auf einer Klippe ⟨…⟩ den Bogen lauernd auf mich angelegt ⟨…⟩ sie aber lachte*] Fast wörtlich im Entwurf (vgl. S. 804).

408,26 f. *eine Perlenschnur von Zähnen erschlagener Feinde*] Auch dieses Detail findet sich bereits im Entwurf (S. 804).

408,34-409,5 *Bin ein Feuer hell ⟨…⟩ ich verbrenn' dich!*] Vgl. Anm. 388,28-389,18.

409,12-14 *mich selber für die Königin zu opfern ⟨…⟩ um sie und ihr Volk zum Christentum zu bekehren*] Bereits im Entwurf formuliert (S. 800).

411,27-32 *Fuß auf seinen Nacken ⟨…⟩ tödlich haßte und rasend liebte*] Motive, die fast wörtlich bereits im Entwurf vorkommen (vgl. S. 804). Eine ähnlich spannungsreiche Beziehung der Bewerber zu der verehrten Marcella ist auch im *Don Quixote* beschrieben:

Wie ⟨…⟩ ihre Schönheit an den Tag kam, so läßt es sich gar nicht beschreiben, wie viele reiche Knechte, Studierte und Bauern ⟨…⟩ ihr durch die Felder nachzogen. Einer ⟨…⟩ war unser Gestorbene ⟨Chrysostomus⟩, von dem sie sagen, daß er sie nicht geliebt, sondern angebethet habe. ⟨…⟩ sie geht höflich und freundlich mit ihnen um, bis irgend einer von ihnen seine Absichten entdeckt, und wenn es denn auch die ehrlichsten und schönsten sind, und er eine Heirath wünscht, so schmeißt sie ihn von sich weg wie einen Kieselstein. Und mit dieser Lebensweise richtet sie hier im Lande mehr Unheil an, als wenn die Pestilenz hereinbräche, denn ihre Freundlichkeit und Schönheit zieht alle Herzen ihr zu dienen und zur Liebe an, und ihre Verschmähung und Härtigkeit bringt sie in die Ver-

zweiflung, und sie wissen dann nichts weiter zu sagen, als
daß sie sie mit lauter Stimme die Grausame und Undank-
bare nennen, ⟨…⟩. Etliche bringen die ganze Nacht am
Fuße einer Eiche oder eines Felsen zu, und ohne daß sie die
nassen Augen geschlossen haben, in ihre Gedanken vertieft, und entzückt finden sie noch am Morgen die Sonne
wieder. ⟨…⟩ Und über diesen und jenen ⟨…⟩ triumphirt
hohnlachend die schöne Marcella. Alle, die wir sie kennen,
haben schon darauf gewartet, was aus ihrem Uebermuthe
werden soll, und wer der Glückliche seyn wird, der diese
fürchterliche Creatur bezähmen, und ihre entzückende
Schönheit genießen wird.
(Don Quixote I, S. 152-154)

Eichendorff nimmt wesentliche Anregungen von Cervantes
auf und schildert drastisch die Abhängigkeit der Verehrer
von ihrem Idol, die zum Verlust der Vernunft und zu Hörigkeit führt. Den armen Leutnant und anfangs auch Don
Diego bindet eine unwiderstehliche Liebe an die Königin,
die so stark emotionalisiert ist, daß sie jederzeit in Haß und
Wahnsinn umschlagen kann. Dem Teufelskreis entrinnt nur
der Eremit – nach dem Tode der Angebeteten.

412,37-413,1 *steckten ⟨…⟩ ringsum die Wälder an]* Vgl. die
Schilderung im Entwurf, S. 800.

413,34-414,11 *schwang ich die Schreckliche gewaltsam auf meinen
Arm ⟨…⟩ als wäre sie noch die Herrin]* Wie die Königin in
Gefangenschaft gerät, ist im Entwurf noch offen (vgl.
S. 799 f.), daß sie aber noch in dieser Situation stolz wie eine
Herrin auftritt, wird bereits in der Handschrift betont
(S. 799).

414,25-415,19 *Feuer ⟨…⟩ aus dem untern Schiffsraum ⟨…⟩
einen Mastbaum fest umklammert ⟨…⟩ Feuer auch meine Burg
ergriffen ⟨…⟩ die Leiche der Königin]* Alle Motive schon im
Entwurf (S. 799 f.).

416,1 *So seid ihr Don Diego von Leon!]* Während diese
Identifikation genau dem Entwurf entspricht (S. 803 f.), ver-
zichtet Eichendorff darauf, die Erzählung durch Fragen der
Zuhörer zu unterbrechen, wie ursprünglich geplant (vgl.
S. 799).

418,38 *ich bleibe hier*] Die späte Enthüllung dieser Entscheidung des Einsiedlers entspricht dem Entwurf (S. 799).

DAS SCHLOSS DÜRANDE

DRUCKVORLAGE

Urania. Taschenbuch auf das Jahr 1837, Leipzig 1837, S. 51-107

ENTSTEHUNG

Am 19. 10. 1835 bat der Verleger F. A. Brockhaus Eichendorff um eine Novelle zur Veröffentlichung im Taschenbuch ›Urania‹:

> Die soeben erfolgte Versendung des Taschenbuchs »Urania« für 1836 gibt mit auch schon Veranlassung an die Redaktion des nächsten Jahrgangs zu denken, wie andrerseits der Wunsch, diesem Taschenbuche die Teilnahme des gebildeten Publikums zu erhalten, deren es sich bisher erfreute, mir eine Mahnung ist, demselben auch stets die Teilnahme der besseren Novellisten Deutschlands zu bewahren und zu erwerben. So darf ich vielleicht auf gütige Entschuldigung rechnen, wenn ich mir erlaube, auch gegen Ew. Hochwohlgeboren, den Wunsch auszusprechen, daß Sie sich dieses Taschenbuchs erinnern möchten, wenn sich Ihnen ein günstiger Stoff zur Bearbeitung in Form einer Novelle geboten, deren Veröffentlichung in einem Taschenbuche angemessen erscheint.
> ⟨...⟩ am angenehmsten ist ⟨mir⟩, wenn der Umfang einer Novelle vier bis fünf Druckbogen nicht überschreitet.
> (HKA XIII, S. 127 f.)

Eichendorff, der bis zu diesem Datum in der ›Urania‹ nichts veröffentlicht hatte, antwortet am 25. 10. 1835:

> Ew. Hochwohlgeboren geehrte Einladung v. 19^ت dM. zur

Mitwirkung für die Urania ist mir höchst erfreulich gewesen. Leider war ich seit längerer Zeit von Amtsgeschäften übermäßig in Anspruch genommen, so daß ich im Augenblick eine geeignete poetische Arbeit nicht in Bereitschaft habe. Doch kann ich bis spätestens Ende Maertz k⟨ünftigen⟩ J⟨ahres⟩ mit vollkommener Sicherheit die Einsendung einer Novelle zusagen, welche 4-5 Druckbogen wahrscheinlich nicht ausfüllen, jedenfalls nicht übersteigen wird. Es würde mir überaus angenehm seyn, wenn dieser Einsendungs-Termin, wie ich hoffe, noch rechtzeitig wäre u. mir somit die gewünschte Gelegenheit würde, mit Ew. Hochwohlgeboren in eine mir sehr Ehrenvolle Verbindung treten zu können.

(HKA ²XII, S. 141)

Eichendorffs Novelle, die weniger als 4 Bogen umfaßte, traf rechtzeitig ein, womit die Entstehungszeit auf Ende Oktober 1835 bis März 1836 einzugrenzen ist. Zur Herbstmesse 1836 (mit der Jahreszahl 1837) erschien die Erzählung.

Die »Ehrenvolle Verbindung« mit dem renommierten Verleger führte dazu, daß auch *Die Entführung* in der ›Urania‹ (1839) erschien und zwei der literarhistorischen Schriften – *Der deutsche Roman des achtzehnten Jahrhunderts in seinem Verhältnis zum Christentum* (1851) und *Zur Geschichte des Dramas* (1854) – von Brockhaus verlegt wurden.

ASPEKTE DER DEUTUNG

Die Julirevolution in Frankreich und die folgenden revolutionären Ansätze in Deutschland, die sich beispielsweise im Hambacher Fest entluden (vgl. die Erläuterungen zu *Auch ich war in Arkadien!*, S. 661-666), hatten in der politischen Entwicklung neue Impulse ausgelöst, und die Öffentlichkeit begann sich erneut mit der Revolution von 1789 und ihren Forderungen nach Freiheit und Gleichheit, Pressefreiheit und konstitutionellen Garantien zu beschäftigen (vgl. Band V dieser Ausgabe, S. 1118-1126). Eichendorffs Erzählung gehört in diesen Zusammenhang und versucht, die Folgen der Französischen Revolution in einem von Paris weit entfernten, abgelegenen Landesteil – der auch ein Land Deutschlands sein könnte – darzustellen. Im Zentrum seiner Novelle steht das Geschlecht der Durandes, das er eingedeutscht (nach Arnims Erzählung *Der tolle Invalide* [1818]) als »Dürande« einführt. Gezeigt werden die Veränderungen der gesellschaftlichen Struktur, die sich im Vorfeld und im Gefolge der Ereignisse von Paris auf dem entlegenen Schloß einstellen, das durchaus Züge von Lubowitz trägt. Von dem Schrecken, den die fernen Ereignisse in den schlesischen Gütern ausgelöst hatten, berichtet Eichendorff in seinen autobiographischen Dichtungen (Band V dieser Ausgabe, S. 387 und 405 f.). Sieht man von der französischen Besetzung und den folgenden Befreiungskriegen ab, die im Grunde das Ergebnis einer imperialistischen Politik waren und nicht zur Durchsetzung der revolutionären Neuerungen dienten, so blieb die Revolution jedoch in Schlesien ohne Folgen. An den Herrschaftsverhältnissen in Lubowitz und der Regierungsform in Preußen änderte sich auch nach dem Rückzug der Franzosen nichts – dafür hatte der Wiener Kongreß und die Politik der großen deutschen Staaten Preußen und Österreich gesorgt.

Die Drohung gesellschaftlicher Veränderungen schien jedoch nach dem Hambacher Fest wieder aktuell: Studenten, Bauern und Handwerker hatten sich bei dieser riesigen Demonstration der liberalen Kräfte zusammengetan, und der Ruf nach Pressefreiheit und Konstitutionen wurde in allen Ländern Deutschlands immer lauter. Zwischen den südwestlichen Staaten auf der einen und Preußen und Österreich auf der anderen Seite war ein tiefer Graben aufgebrochen. Eichendorffs Erzählung ist in diesem Zusammenhang als Warnung zu verstehen. Er demonstriert mit dem schrecklichen Ausgang des Geschehens: So wird es auch in Deutschland gehen, wenn den Forderungen der Liberalen nicht Einhalt geboten wird. Wird erst einmal die gewachsene, christlich fundierte Ordnung angetastet, so bricht das Chaos aus.

Das Verhältnis der Herrschaft zu dem ihr anvertrautem Personal hatte Eichendorff in Lubowitz als harmonisch kennengelernt. Er konnte sich nicht vorstellen, daß diese Hierarchie jemals aufgelöst und durch eine andere Form des gemeinsamen Arbeitens und Lebens ersetzt werden könnte.

Die »Helden« der Erzählung gehören zum Personal eines solchen Schlosses, in dem der alte Graf zunächst uneingeschränkte Macht besitzt und mit seinen Bediensteten im besten Einvernehmen zusammenlebt. Der Jäger und seine Schwester, der treue Diener, der alte und der junge Hausherr dieser Schloßgemeinschaft, in denen die ständische Ordnung anfangs vorbildlich zu funktionieren scheint, sind die Hauptpersonen der Erzählung. Bei der Darstellung dieses Idylls kann Eichendorff auf seine Kindheitserinnerungen zurückgreifen, und es ergeben sich eine Reihe von Parallelen zu seinem Tagebuch und den autobiographischen Dichtungen. Die letzte Fassung dieser Dichtungen, das Memoirenkapitel *Der Adel und die Revolution*, zeigt, daß Eichendorff die vorrevolutionären Lebensformen des schlesischen Adels als überlebt erkannt hatte. Die Güter waren – ähnlich wie die ostpreußischen Güter bis zum Zweiten Weltkrieg – von den Zentren der europäischen Politik, von Paris und Berlin, weit entfernt und konnten deshalb unbeschadet im alten Stile bewirtschaftet werden. Dabei gingen die Junker mit der ihnen anvertrauten Verantwortung nicht immer sorgfältig um. Sie verspielten (z. T. in wörtlichem Sinne) das ihnen anvertraute Gut und sorgten damit ihrerseits dafür, daß der Nährboden für den Umsturz bereitet wurde. In seinem Memoirenkapitel resümiert Eichendorff:

So ein Lebenslauf verpuffte rasch wie ein prächtiges Feuerwerk ⟨...⟩. Der Spaß hatte jedoch seine ernste Kehrseite, und grade diese Gruppe hat dem Adel am empfindlichsten geschadet ⟨...⟩. Denn sie waren es vorzüglich, die nicht nur den eigenen Stand in schlimmen Ruf brachten, sondern auch in den unteren Schichten der Gesellschaft ⟨...⟩ die Seuche der Glanz- und Genußsucht verbreiteten. ⟨...⟩ Es brütete ⟨...⟩ eine unheimliche Gewitterluft über dem ganzen Lande, jeder fühlte, daß irgend etwas Großes im Anzuge sei ⟨...⟩. Denn der Boden war längst von heimlichen Minen, welche die Vergangenheit und Gegenwart in die Luft sprengen sollten, gründlich unterwühlt ⟨...⟩. Man kann sich aber heutzutage schwer noch einen Begriff machen von dem Schreck und der ungeheueren Verwirrung, die der plötzliche Knalleffekt durch das ganze Philisterium verbreitete, als nun die Mine in Frankreich wirklich explodierte. Die Landjunker wollten gleich aus der Haut fahren und den Pariser Drachen ohne Barmherzigkeit spießen und hängen. Die Prätentiösen lächelten vornehm und ungläubig, und ignorierten den impertinenten Pöbelversuch, Weltgeschichte machen zu wollen ⟨...⟩. Die Extremen dagegen ⟨...⟩ erfaßten die Revolution als ein ganz neues und höchstpikantes Amüsement und stürzten sich häufig kopfüber in den flammenden Krater.

(Band V dieser Ausgabe, S. 403 f.)

Ähnliche Verhaltensweisen finden wir in der Erzählung: Der alte Herr ignoriert die neue Zeit, kümmert sich aber auch nicht mehr recht um die Sorgen seiner Untertanen; er lebt bereits in einer musealen Umgebung wie ein Fossil. Der junge Herr treibt sich in Paris herum und nimmt – so scheint es wenigstens zunächst – wenig Anteil am Geschick der Bewohner von Schloß Dürande. Eine große Zahl von Abenteurern lungert in Paris herum und faßt die Ereignisse als »höchpikantes Amüsement« auf.

So setzt die Erzählung die im Memoirenkapitel zusammengefaßten Ideen zum Verhalten des ländlichen Adels bei Ausbruch der Französischen Revolution in Handlung um. Der Essay *Der Adel und die Revolution* ist ein Schlüssel zum Verständnis von *Schloß Dürande*, wobei allerdings nicht alle Personen der Erzählung der Typisierung des Essays entsprechen.

Bei der kunstvollen Verbindung von Liebesgeschichte und geschichtlich-gesellschaftlichem Umfeld zeigt sich die Meisterschaft des Erzählers Eichendorff. Entsprechend dem traditionellen Schema werden die Liebenden nach dem ersten Aufblühen der Liebe durch Einwirkung ›von außen‹ getrennt und finden erst am Schluß wieder zusammen. Doch es ist ein konkretes politisches Ereignis, das ihren Lebensweg bestimmt. Die Geschichte handelt von den Wirkungen der Französischen Revolution. Das schreckliche Ende und die von Eichendorff angefügte »Lehre« vom wilden Tier im Menschen, das ihn zerreißt, lassen sich ohne Schwierigkeiten miteinander in Verbindung bringen, wenn man Eichendorffs Darstellung und Deutung der Französischen Revolution heranzieht. In dem autobiographischen Essay *Der Adel und die Revolution* schreibt er:

> Das Alte war in der allgemeinen Meinung auf einmal zertrümmert, der goldene Faden aus der Vergangenheit gewaltsam abgerissen. ⟨…⟩ Es waren aber vorerst eigentlich nur die Leidenschaften, die unter der Maske der Philosophie, Humanität oder sogenannten Untertanentreue, wie Drachen mit Lindwürmern, auf Tod und Leben gegen einander kämpften ⟨…⟩. Fassen wir jedoch diesen Kampf der entfesselten und gärenden Elemente schärfer ins Auge, so bemerken wir den der Religion gegen die Freigeisterei, als das eigentlich bewegende Grundprinzip ⟨…⟩.
>
> (Band V dieser Ausgabe, S. 407)

Das tragische Ende des Liebespaares am Schluß der Erzählung *Das Schloß Dürande* wird so als Ergebnis einer ganz allgemeinen Verrohung und Freisetzung heidnisch-negativer Kräfte im Menschen »erklärt«, wobei Eichendorff in seiner Perspektive offenbar von Joseph Görres' Schrift *Teutschland und die Revolution* (1819) beeinflußt ist (vgl. Anm. 465,12 f.).

Aber mit dieser Schlußmoral verhält es sich so wie mit vielen anderen Lehren Eichendorffs, die er in die Dichtung integriert: Der Leser wird auf eine Spur gesetzt, die von dem Handlungsverlauf gar nicht so eindeutig bestätigt wird. Sucht man nämlich im *Schloß Dürande* nach den Ursachen für das Scheitern der Liebe, so ist es gar nicht das neue Denken, das die Französische Revolution auslöst, sondern vielmehr das Festhalten am Alten, das als Ursache der tragischen Verwicklungen eine wesentliche Rolle spielt. Es ist der Bruder, der am Anfang der Erzählung die naive, vollkommen reine Liebesbeziehung seiner Schwester gewaltsam stört. Er handelt dabei strikt nach den Konventionen der Gesellschaft, denn er übernimmt als Vormund die Rechte des Vaters und bestimmt rigoros und kompromißlos den Lebensweg des Mündels. Die schreckliche Eingangsszene und der daraus resultierende Irrweg der Schwester ergeben sich daraus, daß er autoritär – durch altes Gesetz gedeckt – über die Schwester verfügt und ihr kein Vertrauen entgegenbringt. Nach alter Standesordnung ist die Liebschaft mit dem höherstehenden Adligen gefährlich und verderblich und kann von dem Vater (oder stellvertretendem Bruder) ohne weitere Erklärungen unterbunden werden. Die sofortige Verbannung ins Kloster ist eine – zu Eichendorffs Zeiten allerdings keineswegs mehr ganz normale – Lösung des Problems, die der starre Bruder im Sinne veralteter Normen durchsetzt. Eine andere Lösungsmöglichkeit bietet der alte Dürande an: die Ablösung durch eine Zahlung.

Renold, der sich im Verlauf der Geschichte noch mehrfach als Kohlhaas gebärden wird, indem er auf dem Buchstaben des Gesetzes beharrt, lehnt jeglichen Kompromiß ab und gerät mit diesem radikalen Denken dann in die Nähe der rigorosen Verfechter der Revolution. Der Umsturz setzt bei ihm jedoch nur die schon vorher im »alten Recht« steckende Brutalität frei. Renald ist am Anfang der Geschichte nicht minder unmenschlich als am Ende; sein Verhältnis zur Schwester ist bereits vor dem Ausbruch der Revolution im fernen Paris gestört, weil er die alte Ordnung gegen die Zeichen der Zeit radikal und im Grunde egoistisch durchsetzt. Statt seine Schwester ins Vertrauen zu ziehen und ihr die Identität des Liebhabers zu enthüllen und den Sinn seiner »Maßnahmen« zu erläutern, würdigt er sie zum Objekt herab. Sein Verhalten signalisiert, daß die Ständeordnung und die familiäre Ordnung nur noch Dogmen sind, und die Grundlagen dieser Regeln – Vertrauen und Treue – längst unterminiert sind.

Der junge Dürande – in einem Teil der Geschichte zum edlen Liebhaber stilisiert – ist in seinem politischen und menschlichen Verhalten nicht in die Typologien Eichendorffs einzuordnen. Mit seiner Parisreise scheint er zu den verantwortungslosen, lebenslustigen jungen Adligen zu gehören, die sich in Paris ausleben, anstatt sich um ihre Güter zu kümmern. Eichendorff beschreibt diese Gruppe in *Der Adel und die Revolution* (vgl. Anm. 437,19 f.). Die Rückkehr in die Heimat und das Festhalten an der unstandesgemäßen Liebe zeigen ihn jedoch als Menschen mit einer inneren Entwicklung, die zur Reife führt und mit dem Freisetzen des Tierischen im Menschen nichts zu tun hat. Sein Verhalten entspricht damit nicht den Mustern, die Eichendorff in *Der Adel und die Revolution* entwickelt. Er handelt zunächst verantwortungslos, als er der Geliebten seinen Namen verschweigt, und sich offensichtlich in Paris einem leichtfertigen Leben hingibt. Die Nachricht vom Tode seines Vaters bewegt ihn zur Rückkehr und Übernahme der Verantwortung. Rasch entschließt er sich dann, »ein lang versäumtes Geschäft« nachzuholen und begibt sich auf die Suche nach Gabriele. Die Ereignisse überstürzen sich, und die Wiederentdeckung der alten Liebe und Rückbesinnung auf verantwortliches Handeln kommen zu spät, um eine glückliche Auflösung zu ermöglichen.

Das Schloß Dürande handelt demnach gar nicht ausschließlich von dem ›bösen‹ Einfluß der Französischen Revolution, sondern stellt vielmehr ganz allgemein die Auseinandersetzung des Neuen mit dem Alten dar und zeigt – gegen die ›Lehre‹ am Schluß der Erzählung – auch die positive Veränderung eines jungen Adligen unter dem indirekten Einfluß der revolutionären Ereignisse in Paris. Dabei geht auch Eichendorffs Vorstellung mit ein, daß die Zeit mit ihrer »Gewitterschwüle« lange vorbereitet war für die explosionsartige Entladung der Revolution. Die alte Ordnung ist bereits ausgehöhlt, als der Sturm in der Ferne ausbricht.

Die Personen reagieren ganz unterschiedlich auf die Herausforderung. Der alte Dürande hält an den Privilegien des

Adels fest, zelebriert die alten, hohl gewordenen Formen und verweigert jede Neuerung. Sein Schloß wird zum Museum, in dem er selbst wie eine Museums-Puppe, wie eine lebendige Leiche, die vergangene Epoche darstellt. In seinem Hofstaat gibt es neben den Mitläufern der Revolutionäre den treuen Diener, der aus Überzeugung und innerer Redlichkeit seiner Herrschaft bis zur Aufopferung dient. Der junge Herr hat sich dem Einfluß des Vaters entzogen, ist dem Neuen aufgeschlossener und geht nach Paris. Sieht es anfangs so aus, als folge er nur einer Lust zu leichtem Leben, so stellt sich später heraus, daß er seine Liebe nicht völlig vergessen hat und über die ständische Ordnung stellt. Er ist bereit, seine Geliebte zu heiraten, obwohl eine Verbindung nicht standesgemäß wäre. Diese Entscheidung – die zweifellos im Sinne des Autors Eichendorff ist, der sich bei der Wahl seiner Frau den Interessen der Familie widersetzte – zeigt ihn als Vertreter einer erneuerten, veränderten Ordnung, nicht als Verfechter eines radikalen Umsturzes.

Die tragische Entwicklung im *Schloß Dürande* ergibt sich aus Fehlern der beiden jungen Protagonisten: Der junge Graf und Renold, Adel und emanzipiertes Bürgertum, können sich noch nicht verständigen. Obwohl sie am Schluß das gleiche wollen – die standesübergreifende Liebe verwirklichen und Gabriele retten –, kommen sie nicht rechtzeitig zu gemeinsamem Handeln.

So wird deutlich, daß Eichendorff eine sinnvolle Verständigung und Verbindung von Altem und Neuem, Adel und Bürgertum, für nötig hält. Das starre Festhalten am Althergebrachten ist ihm ebenso suspekt wie der radikale Umsturz, der gewaltsame Bruch mit der Tradition. In diesem Sinne formuliert er auch als Fazit in seinem Aufsatz *Der Adel und die Revolution*:

⟨...⟩ der Adel ⟨...⟩ hat die Aufgabe, alles Große, Edle und Schöne, wie und wo es im Volke auftauchen mag, ritterlich zu wahren, das ewig wandelbare Neue mit dem ewig Bestehenden zu vermitteln und somit erst wirklich lebensfähig zu machen. Mit romantischen Illusionen und

dem bloßen eigensinnigen Festhalten des Längstverjährten ist also hierbei gar nichts getan.

(Band V dieser Ausgabe, S. 414)

Die Möglichkeiten für eine solche Vermittlung sieht Eichendorff offensichtlich gerade in den Regionen, die weit vom
Zentrum der Revolution entfernt liegen. Seine Beschreibung der schlesischen Verhältnisse im Essay, die er aus eigener Anschauung kannte, entspricht der Erzählung in vieler Hinsicht. Denn auch das Schloß der Provence stellt ein
idyllisches Refugium fernab der Zentren der politischen
Welt dar. Die Revolution wird hier durch Fanatiker gleichsam »importiert«, sie resultiert nicht aus berechtigter Un-
zufriedenheit der Bewohner des Schlosses und seiner unmittelbaren Umgebung. Eine friedliche Lösung wäre unter der
Herrschaft des jungen Dürande durchaus denkbar. – Darin
unterscheidet sich Eichendorffs Darstellung von der Arnims
(vgl. Anm. 465,12 f.).

Die Geschichte vom *Schloß Dürande* ist demnach auch als
Lehrstück für Deutschland zu lesen. Hier, wo die Ereignisse
der Pariser Revolution (bzw. der Julirevolution von 1830)
aus sicherer Distanz über die Grenze hinweg beobachtet werden können, ist nach Eichendorffs Auffassung eine vernünftige Vermittlung des Alten und Neuen – gerade nach Be-
endigung der direkten Auseinandersetzung mit den Franzosen in den Freiheitskriegen – möglich und nach der Restauration der deutschen Kleinstaaten auch nötig.

Die Ansätze zu einer Erneuerung, die sich dann zu
Eichendorffs Lebzeiten bei dem Hambacher Fest und den
Ereignissen von 1848 abzeichnen, finden allerdings nicht seinen Beifall. Die Erzählungen, die sich mit diesen Ereignissen
befassen – *Auch ich war in Arkadien!* und *Libertas und ihr⟨e⟩
Freier* –, zeigen, daß er eine revolutionäre Entwicklung nach
französischem Vorbild fürchtet. Damit folgt er wiederum der
Linie von Joseph Görres' Schrift *Teutschland und die Revolution*, denn die Warnung vor den Gefahren einer revolutionären Entwicklung in Deutschland bestimmt den Tenor dieses Werkes.

ZUR AUFNAHME

Die zeitgenössische Rezeption übersah (oder verdrängte) die politische Dimension von Eichendorffs Erzählung. Erst in den 60er Jahren des 20. Jahrhunderts richtete sich das Interesse auf die Revolutionsthematik. Die Rezensenten des 19. Jahrhunderts nahmen nur die ›romantische‹ Liebesgeschichte und die ›romantische‹ Stimmung der Erzählung wahr.

Wie sehr sich die Eichendorff-Kritik bereits in den 30er Jahren des 19. Jahrhunderts auf diese ›typischen‹ Elemente seiner Prosa ›eingeschossen‹ hatte, belegt eine anonyme Rezension, die am 3. 11. 1836 in der Frankfurter Zeitschrift ›Phönix‹, (Nr. 261, S. 1044) erschien. Der Rezensent scheint den Text gar nicht gelesen zu haben, denn er faßt lediglich alle Vorwürfe zusammen, die bereits vorher zu den Topoi der Eichendorff-Kritik gehörten: Tieck-Nachahmung, mangelnde Originalität und Differenzierung, schwärmerische Sehnsucht, mangelnder Realitätsbezug, ›märchenhaft‹, ›zu Herzen gehend‹:

»Das Schloß Dürande,« von Joseph Freiherrn *von Eichendorff,* ist in dessen bekannter Novellenmanier geschrieben. Eichendorff ist bei seiner Beschränktheit eine poetische Natur, die sich freilich über die Schilderung träumerischer Naturscenen nicht erheben kann. Seine Figuren jagen wie Schattenbilder über die Scene, und entbehren einer charakteristischen Physiognomie. Eichendorff gleicht einem vortrefflichen Landschafter, in so fern er Sonnenauf- und Niedergang, Mondschein, Waldeinsamkeit, jagende Wolkenbilder, dunkle Nacht, blauen Himmel recht gut zu malen weiß, nur keine Staffage. In allen seinen Gemälden (die Dichter und ihre Gesellen u. s. w.) waltet eine schwärmerische Sehnsucht vor, ohne bestimmte Richtung und Objectivirung, die wunderbar das Herz rührt. Alles läuft durch einander; Vieles ist unglaublich und dünkt Einem ein schimmerndes Mährchen. Seine Naturpoesie duftet

frisch und waldgrün, weßhalb wir Eichendorff den letzten
Nachklang jener schönen Tieck'schen Romantik nennen
möchten, die in die Gehege des »Phantasus« gebannt ist. –
(vgl. HKA XVIII, S. 413)

Wesentlich differenzierter ist die (ebenfalls anonyme) Kritik,
die am 15. 11. 1836 in den Leipziger ›Blätter⟨n⟩ für literarische Unterhaltung‹ (Nr. 320, S. 1341 f.) erschien. Zwar beobachtet der Rezensent ebenfalls, daß Eichendorff »aus der
Zeit der Brentano und Arnim« stammt, aber er konzediert
zugleich die »poetische Berechtigung« von Eichendorffs Er-
zählhaltung und betont: »Diese Poesie reißt hin, weil sie
selbst hingerissen ist«.

»Das Schloß Dürande«, von *Joseph* Freiherrn v. *Eichendorff,* ist die zweite Novelle ⟨in dem rezensierten Band⟩.
Auch in dieser ist Alles absonderlich, wie bei Eichendorff
immer. Liebe, Leben, Tod, Sprache, Charakteristik, Alles
ist seltsam und in seiner Seltsamkeit poetisch. Eichendorff's Poesie lebt, wogt und schafft stets in ihrem eignen
Halbdämmerlicht; aber wunderbare Strahlen, wie Nord-
lichtscheine, schießen daraus hervor und verbreiten hier
und da zweifelhafte Helle. Eichendorff stammt noch aus
der Zeit der Brentano und Arnim; die Lebenswirklichkeit
gilt ihm nichts; Alles, was er schafft, verbreitet ein süßes
Grauen, denn es ist nicht von Fleisch, noch hat es sonst
eine Realität, eine Materie; die Gestalten setzen sich bei
ihm ab in ungewisser Form, in Nebeln und Dünsten; aber
diese Dämmerungen, worin Personen und Situationen
sich auflösen, haben poetische Berechtigung. Diese Poesie
reißt hin, weil sie selbst hingerissen ist. Der Verf. schildert
hier den Untergang des Schlosses Dürande und den Tod
des Dürande'schen Geschlechts und seiner letzten Stamm-
halter. Die wunderbar zarte Liebe einer Jungfrau, ähnlich
der des Käthchens von Heilbronn, bildet mit der Wildheit
des Bruders einen interessanten Gegensatz. Dieser weiß
eine Woge der großen französischen Revolution auf das
Schloß Dürande und den jungen Grafen zu leiten, worin
Graf Hippolyt und Gabriele selbst untergehen. Das ist

prächtig gearbeitet, wie des Grafen Liebe erwacht, als er
mit Gabrielen noch am Abgrunde des Todes und Verder-
bens steht! Der Schluß der Novelle ist überhaupt ungemein großartig. Renald, als er erfährt, wie schuldlos des
Grafen Verhältniß zu seiner Schwester gewesen sei, be-
gräbt sich unter den Trümmern des Schlosses Dürande!
Was an Liedern eingefügt ist, hat Blumenduft und Eichendorff'sche Waldfrische. Die Flut der Poesie bricht ebenso
voll in die Novelle hinein, als sie voll herausbricht.
(vgl. HKA XVIII, S. 414)

Philipp von Leitner, ein Berliner Schriftsteller, zu dem Niggl
nichts Näheres ermitteln konnte (HKA XVIII, S. 1583),
schreibt in der Hamburger Zeitschrift ›Literarische und Kritische Blätter der Börsen-Halle‹ am 16. 11. 1836 (Nr. 1279,
S. 1102) Ähnliches:

Die Novelle des *Freiherrn von Eichendorff,* »das Schloß Dürande,« erinnert an die frühsten Dichtungen Tiecks und
der übrigen Romantiker; dasselbe mährchenhafte Wesen
durchdringt sie ganz und gar, aber es ist frisch, kräftig,
ungekünstelt, nichts von Nachahmung oder gar Nach-
äfferei ist sichtbar, die ähnliche Stimmung in der Brust des
Dichters erzeugt nothwendig ähnliche Dichtungen, und
die eingestreuten Liederknospen sind frisch gepflückte
Blüthen von dem fröhlich grünenden Strauche der Romantik. Wir hören hier einmal wieder die Wälder rauschen, die Quellen sprechen, Nachtigallen singen, und die
Wolken hoch oben kommen von fernen Ländern, und
bringen uns geheimnißvolle Kunde, müssen uns aber sogleich wieder verlassen, um auch anderen Gegenden ihre
Neuigkeiten zu erzählen. Dies ist das Grundgefühl, das
aus der Novelle spricht, es ist ein Gefühl der Stille, der
Heimlichkeit und Traulichkeit, wir glauben, daß uns der
Wind alte Fabeln längst entschwundener Zeiten erzählt,
aber wir vernehmen nicht deutlich die Worte, und nur ein
Grauen, ein Staunen, ein Aufhorchen überkommt uns. So
lebendig es in der Novelle zugeht, so meinen wir doch,
daß es eher bunte, farbige Bilder aus der Laterna magica

seyen, die bei großer Stille und Heimlichkeit Kindern auf einer dunkeln Wand gezeigt werden, als daß es wirkliche Menschen sind. Zwar ist der Jägerbursche frisch, energisch, thatkräftig, seine Schwester ein schönes, munteres, fröhliches Mädchen, der in sie verliebte junge Graf ein ritterlicher Jüngling, aber sie steigen alle ins dunkle Reich des Todes hinab, ein Grauen überkommt uns, die scheinbar unterbrochene Stille überfällt uns wieder, und wir hören nur das Picken der Wanduhr, das Knarren der rostigen Wetterfahne, und scheiden so mit demselben Gefühle, das uns durch die ganze Novelle begleitet hat. Läßt man nun diese Gattung gelten, so wird man gegen unsere Novelle wenig einwenden können.

(vgl. HKA XVIII, S. 415 und 1583 f.)

Oskar Ludwig Bernhard Wolff, der bereits *Dichter und ihre Gesellen* rezensiert hatte (vgl. S. 720), ist der Verfasser einer Kritik in der ›Jenaische⟨n⟩ Allgemeine⟨n⟩ Literatur-Zeitung‹ von Ende Dezember 1836:

Die Novelle: »Schloß Durande«, ist ebenfalls das Erzeugniß eines wahren, tiefen Dichterherzens; *Eichendorff's* Manier bleibt zwar unverändert dieselbe, und formirt sich so entschieden, daß sie überall in sich fertig erscheint; dennoch wird man ihrer aber nie überdrüssig, sondern freuet sich stets, wenn man ihr wieder begegnet. Es sind nie die Hauptfiguren, welche in den Bildern und Schilderungen dieses Verfassers den Leser besonders fesseln, da er sie theils zu bunt, theils zu flüchtig zeichnet, sondern ihr Verhältniß zu dem Ganzen und die reiche Ausstattung des gesammten Gemäldes mit so vielen frischen und reizenden Einzelnheiten. So erscheint auch hier das Sujet als ein schon oft dagewesenes und behandeltes, aber die scharfe Beleuchtung, in der diese Scene aus der franz. Revolution gehalten ist, so wie die reiche Mannichfaltigkeit in der Ausführung, verleihen dieser Novelle, durch welche die große innere Liebenswürdigkeit des Dichters überall durchblickt, einen nicht geringen Werth.

(vgl. HKA XVIII, S. 415)

Für mißlungen erklärt Arnold Mundt die Novelle, obwohl er eine »Vorliebe für diesen liebenswürdigen Dichter« eingesteht. In der Zeitschrift ›Westfalen und Rheinland‹ (Bielefeld und Herford, 15. 4. 1837, Nr. 15, S. 117 f.) schreibt er:

> Eichendorff ⟨ist⟩ ein Stiefsohn des Publikums; freilich, es ist über ihn nur *eine* Stimme, aber der Wortführer sind wenige. Eichendorff ist trotz seiner wogenden Ideenfülle, seiner frischen Lyrik, seiner kräftigen Begeisterung und hohen Originalität zu auffallend unbekannt geblieben, als daß die geringe Zahl seiner Werke zur Erklärung ausreichte; namentlich, da seine Romantik, wie die junge Kritik vorschreibt, Momente der Gegenwart so hoch poetisch zeichnet. Doch trotz meiner Vorliebe für diesen liebenswürdigen Dichter kann ich diese Novelle nur mißlungen nennen, so schöne Stellen, namentlich Lieder, sie auch enthält. Man copirt in der Dichtung wohl unbewußt sich selbst, daran kranken viele der spätern Schriften z. B. Jean Pauls, daran krankt auch diese Novelle.

(vgl. HKA XVIII, S. 417 f.)

STELLENKOMMENTAR

423,1 *In der schönen Provence*] Die Provence verbindet sich für Eichendorff mit der Landschaft der französischen Minnesänger, der Troubadours. Der Heidelberger Dichterkreis um den Grafen Loeben (vgl. Band I dieser Ausgabe, S. 841 f.) sah sich in der Nachfolge dieser Dichtungtradition. Neben Italien trägt daher die Provence bei Eichendorff Züge einer arkadischen Ideallandschaft.

423,7-11 *kleines Jägerhaus* ⟨...⟩ *weinumrankt* ⟨...⟩ *Waldeswiese*] Kennzeichen eines friedlichen Waldidylls mit paradiesischen Zügen.

423,13 f. *Vater und Mutter waren lange gestorben*] Der in dieser Formel besonders deutliche märchenartige Einsatz der Novelle evoziert die Zeit der Märchen und Mythen, für die Romantik das goldene Zeitalter, die paradiesische

Kindheit der Menschheit, die zugleich utopische Züge
trägt.

424,9 *schlechten grünen Mantel*] Schlichten grünen Mantel.

424,17-20 *Ein' Gems* ⟨...⟩ *holt die ein!*] Parallel in der
Gedichtsammlung (1837) unter dem Titel *Übermut* erschienen (Band I dieser Ausgabe, S. 336).

425,20 f. *pinkte er schnell Licht an*] Er steckte das Licht an
(mit einem Feuerstein oder einem Feuerzeug).

426,15 f. *so mußt du gleich* ⟨...⟩ *in's Kloster*] Bei unstandesgemäßen Liebesbeziehungen war die »Verbannung«
ins Kloster noch im 18. Jahrhundert keine ungewöhnliche
»Lösung«; die Frau wurde auf diese Weise versorgt; sie war
zugleich für den Liebhaber unerreichbar, die Ehre der Familie gerettet. Selbst bei Clemens Brentanos unglücklicher
Ehebeziehung wurde 1809 ernsthaft erwogen, seine Frau
Auguste Bußmann ins Kloster zu schicken.

426,15 *Muhme*] Altertümlich für Tante.

427,5 *herzhaft*] Herzlich.

427,31-35 *Gut Nacht, mein Vater* ⟨...⟩ *Meer*] Wörtliches
Zitat der letzten Strophe des *Wunderhorn*-Lieds *Die Judentoch-
ter* (FBA 6, S. 237).

429,32 f. *seine Braut vor Gott*] Die Präposition *vor* ist hier
wichtig, denn die Nonnen verstehen sich als Braut Christi;
Gabriele jedoch will nur im Kloster bleiben, um sich für den
irdischen Bräutigam zu bewahren. Es ist die Beziehung zu
dem Unbekannten, die für sie heilig ist und endgültig vor
Gott besiegelt werden soll.

430,9 f. *blitzte es manchmal aus weiter Ferne*] Das Wetterleuchten in der Ferne ist für Eichendorff ein Zeichen des
zukünftigen Unheils. Er benutzt das Bild in *Ahnung und Gegenwart* im Hinblick auf den drohenden Krieg (die Befreiungskriege) und verwendet es in *Der Adel und die Revolution* und dem *Schloß Dürande* mit Bezug auf die in der Ferne
ausbrechende Revolution (vgl. Zitat S. 824). Im *Bilderbuch aus meiner Jugend* heißt es ganz allgemein: »Von ferne
ziehen Gewitter (die rasende neue Zeit)« (Band V dieser Ausgabe, S. 378,26). – Gabriele selbst interpretiert das Zeichen

jedoch hier »falsch«, da sie es als harmlosen Liebesgruß wertet.

430,25 f. *die Berge reden mit Allen*] Gabriele gehört zu den Menschen, die den Zugang zur Natur und ihren Geheimnissen noch nicht verloren haben. Nach Auffassung der Romantik stand die Gegenwart unter dem Zeichen der Vereinzelung und Isolierung. Nur der »poetische« Mensch (das Gegenbild des spießbürgerlichen Philisters) kann diese Entfremdung aufheben und versteht die geheimnisvolle Sprache der Natur.

431,9-12 *kein Vogel sang* ⟨...⟩ *Figuren* ⟨...⟩ *krank und bleich* ⟨...⟩ *in der Einsamkeit*] Die Bilder verdeutlichen, daß das Idyll des Schlosses trügt: Der Kontakt zur Natur ist abgerissen (vgl. vorige Anm.); dadurch, daß der Adel sich völlig gegen historische Veränderungen sperrt, gerät er selbst in die Isolation und wird zum toten Relikt (vgl. S. 449,6-11 mit Anm.).

431,15 *Vedette*] (Franz.) Wachtposten der Kavallerie.

431,37 *ich seh ihn gehn, ich sag' nicht wen!*] Verkappte Verse, die in Ton (Kurzverse mit Klangeffekten durch Reime) und Inhalt an die Gedichte des frühen Tieck (besonders im Roman *Sternbalds Wanderungen* [1797]) erinnern.

432,5 *Waldeinsamkeit*] Vgl. Anm. 382,28.

432,23 f. *im Mondschein* ⟨...⟩ *Schifflein, saß ein Ritter darin*] Eine mehrfach von Eichendorff geschilderte Situation, die an die von Brentano erfundene Loreley-Geschichte erinnert (vgl. *Der Kämpe*, Band I dieser Ausgabe, S. 36).

432,25 *Das ist ja grade wie jetzt hier draußen*] Durch ein Motiv, das plötzlich »wahr« und »real« wird und die Zuhörer erschauern läßt, verbindet Eichendorff – ähnlich wie im Roman *Dichter und ihre Gesellen* (vgl. S. 196) – Binnen- und Rahmenerzählung. In diesem Falle ist das Binnenmärchen ohnehin eine verschlüsselte Darstellung der Geschichte von Gabriele.

433,35 *Alteweibersommer*] Vgl. Anm. 218,14-16.

434,1 f. *Gratialgute*] Gut, das zur landwirtschaftlichen Nutzung überlassen wird (von neulat. Gratial: Geschenk).

434,5 *Kollation]* (Lat.) Erfrischung.

434,27 *Brevier]* Vgl. Anm. 338,23 sowie S. 434,17.

434,31-435,2 *Es ist nun der Herbst gekommen ⟨...⟩ zur Ruh]* Diese und die beiden folgenden in den Text integrierten Strophen (S. 435,15-22 und 436,25-32) erschienen in der Gedichtsammlung von 1837 unter dem Titel *Herbst* (Band I dieser Ausgabe, S. 316).

435,9 f. *wenn ich ein Vöglein wäre!]* Zitat aus dem *Wunderhorn* (FBA 6, S. 217), das auf ein bei Herder bereits abgedrucktes Volkslied zurückweist. Gabriele spielt auf die Bedeutung der Zeile an, sie möchte zu ihrem Geliebten gelangen.

435,18 f. *Goldne Fäden ⟨...⟩ Spinnet]* Hinweis auf den Altweibersommer; vgl. Anm. 218,14-16.

435,23 f. *Waldhörner ⟨...⟩ Erinnerung an die alte schöne Zeit]* Zur Bedeutung des Waldhornklanges vgl. Anm. 29,23 und 127,11-15.

435,32 *Plan]* Flaches Feld.

436,28-30 *Zedern ⟨...⟩ des Benedeiten Gruft]* Hinweise auf das Heilige Land mit dem Grab Christi.

437,2 *Bandelier]* Breiter, diagonal getragener Lederriemen, an dem die Patronentasche der Soldaten hängt.

437,10-14 *gezirkelten Blumenbeeten ⟨...⟩ wunderlich verschnitten und zerquält]* Die nach französischem Vorbild gestaltete Parklandschaft mit Götterstatuen steht für die zugerichtete Natur und signalisiert das krampfhafte Festhalten am Althergebrachten. In seinem Essay *Der Adel und die Revolution* hebt Eichendorff von den ländlichen »Krautjunkern« die »Exklusiven, Prätentiösen« des schlesischen Adels ab, die sich der französischen Mode besonders in den Gärten anpassen. Diese

ganz bezeichnend *französisch* benannten, Lust- und Ziergärten ⟨...⟩ sollten eben nur eine Fortsetzung und Erweiterung des Konversations-Salons vorstellen. Daher mußte die zudringlich störende Natur durch hohe Laubwände und Bogengänge in einer gewissen ehrerbietigen Form gehalten werden, daher mußten Götterbilder und

Allongeperücken überall an den Salon und die französierte Antike erinnern.

(Band V dieser Ausgabe, S. 399 f.)

437,19 f. *nach Paris gereist, um dort lustig durchzuwintern*] Vgl. *Der Adel und die Revolution*:

Die dritte und beiweitem brillanteste Gruppe ⟨des Adels⟩ endlich war die extreme. Hier figurierten die ganz gedankenlosen Verschwender, jene »im Irrgarten der Liebe herumtaumelnden Kavaliere«, welche zugleich den Zug frivoler Libertinage repräsentierten ⟨...⟩ die »jungen Herrschaften« ⟨wurden⟩ mit ihrem autonomen Hofmeister auf Reisen geschickt, um insbesondere auf der hohen Schule zu Paris sich in der Praxis der Galanterie zu vervollkommnen.

(Band V dieser Ausgabe, S. 402 f.)

438,4 *in solchen Affären immer splendid*] Bei Affären mit Mädchen des niederen Standes pflegten Adlige bei Schwangerschaften eine Abfindungssumme an das Mädchen oder seine Familie auszuzahlen.

438,19 f. *die Welt rückte immer enger und dunkler zusammen*] Die Welt der Stadt erscheint hier als düsteres Gegenbild zum naturverbundenen Leben des Landes. Den Gegensatz schildert Eichendorff auch in seinem Lied *Abschied*: »Da draußen, stets betrogen, | Saus't die geschäft'ge Welt« (Band I dieser Ausgabe, S. 346). Paris war für die konservative Spätromantik Beispiel für die sündige Großstadt. Brentanos *Gespräche und Bilder aus Paris* schildern die Stadt aus ähnlicher Perspektive und schlagen gleichfalls den Bogen zur (kritisierten) Revolution (vgl. FBA 22,1 und 2).

439,1 *Hornkäfer*] Hirschkäfer.

439,6 *Nährstand*] Der dritte, nicht zum Adel oder zur Geistlichkeit gehörende Stand, wurde vor der Revolution als »Nährstand« bezeichnet. »Ähnlich wie hier der Redner argumentiert die Schrift des Abbé Sieyès (1748-1836): *Was ist der dritte Stand?*, eine der berühmtesten Flugschriften der Französischen Revolution« (W I, S. 980).

439,22 f. *der Totenwurm pickt schon drin*] Die leisen Geräusche der Holzwürmer im Gebälk oder alten Möbeln werden häufig als Zeichen des Verfalls und damit als Todessignale gedeutet.

439,31 *er wolle nur sein Recht*] Die Haltung von Renalds erinnert an Heinrich Kleists Kohlhaas. Die Argumentation zeigt hier, daß Renald sich nie mit den Zielen der Revolution identifiziert und nur aus Verzweiflung später mit den Aufständischen paktiert.

440,21 *Jakobiner, Volksfreunde*] Die Mitglieder der radikalsten Gruppierung der Revolutionäre wurden nach ihrem Treffpunkt benannt, der Kirche St. Jakob in Paris. Die Gruppe um Jean Paul Marat (1744-1793), die den Jakobinern nahestand, wurde nach der Zeitschrift ›Der Volksfreund‹ bezeichnet.

440,22 *Royalisten*] Anhänger des Königs.

441,5 *Ottomane*] Sofa.

441,6 f. *langweilige Lust! ich wollt', es wäre Krieg!*] »Am isoliertesten standen wohl die Prätentiösen ⟨des Adels⟩ durch ihre außerordentliche Langweiligkeit, die sie aller Welt als guten Geschmack aufdringen wollten« (Band V dieser Ausgabe, S. 404). Sie machten, »um nur die unerträgliche Langeweile loszuwerden, die verzweifeltsten Anstrengungen« (ebd., S. 403). Ein Adliger, der an seiner Melancholie und Langeweile zugrunde zu gehen droht, ist der Held von Brentanos Lustpiel *Ponce de Leon* (1804; FBA 12, S. 345), das Eichendorff besonders schätzte.

441,11 f. *spukhafte Zeit, mit deinem fernen Wetterleuchten*] Vgl. Anm. 430,9 f.

441,18 *Herausfoderung*] »Fodern« und »Foderung« sind altertümliche Formen von »fordern« und »Forderung«.

441,34 *Landläuferin*] Landstreicherin; Nichtseßhafte.

442,11 *Tapete*] Wandteppich.

442,37 *mehre*] Altertümliche Form, die von Eichendorff neben »mehrere« benutzt wird.

443,6-17 *Am Himmelsgrund schießen* ⟨...⟩ *fröhlichen Schall*] In der Gedichtsammlung von 1837 unter dem Titel *Der Bote* (Band I dieser Ausgabe, S. 336).

445,18 f. *als auch wir vergeben unseren Schuldnern*] Fast wörtlich nach der Vaterunser-Übersetzung Luthers.

445,24 *den König selber anzutreten*] Selbst auf den König zutreten.

445,25 f. *Gott ⟨...⟩ dessen Hand auf Erden ja der König ist*] Formel des traditionellen Verständnisses der ständischen Ordnung, in der der König Gottes Stelle auf Erden vertritt (»Gottesgnadentum«).

445,27 *Ludwig XVI.*] Der 1793 enthauptete König von Frankreich.

445,31 *Supplik*] Bittgesuch.

446,13 *Vive le roi!*] (Franz.) Es lebe der König!

446,33 *Partisane*] Spieß mit Widerhaken, der von den Wachen mitgeführt wird.

448,36 *im Turmknopf ⟨...⟩ versiegelt*] In den kugelförmigen Hohlräumen von metallenen Turmspitzen wurden – ähnlich wie noch heute in den Grundsteinen von Gebäuden – Dokumente eingeschlossen, die Zeugnisse der Zeit für zukünftige Generationen bewahren.

449,6-11 *Zeit eingeschlafen ⟨...⟩ Garten mit ⟨...⟩ vertrockneten Bassins wie versteinert*] Die Revolution hat das Schloß nicht erreicht; jedoch ist auch das Leben aus dem Idyll gewichen. Eichendorff stellt das »längst Verjährte« (vgl. folgende Anm.), Überlebte dar. Der alte Graf, der im Ahnensaal einsam tafelt (vgl. S. 449,19 f.), wirkt wie ein Fossil.

449,22 f. *Niemand durfte ⟨...⟩ der neuen Ereignisse erwähnen*] »Die Prätentiösen ⟨des Adels⟩ lächelten vornehm und ungläubig und ignorierten den impertinenten Pöbelversuch, Weltgeschichte machen zu wollen; ja es galt eine geraume Zeit unter ihnen für plebejisch, nur davon zu sprechen.« (*Der Adel und die Revolution*; Band V dieser Ausgabe, S. 405 f.) Für die Haltung des alten Dürande gilt Eichendorffs Beschreibung: »⟨...⟩ in dieser ungeheuren Konfusion tat der Adel grade das Allerungeschickteste. Anstatt die im Sturm umherflatternden Zügel kraft höherer Intelligenz kühn zu erfassen, isolierte er sich stolzgrollend und meinte durch Haß und Verachtung die eilfertige Zeit zu bezwingen, die ihn

natürlich in seinem Schmollwinkel sitzen ließ.« (ebd., S. 414)
Nach Eichendorff ist es die Aufgabe des Adels (den er nicht
abschaffen will), »das ewig wandelbare Neue mit dem ewig
Bestehenden zu vermitteln ⟨...⟩. Mit ⟨...⟩ dem bloßen eigensinnigen Festhalten des Längstverjährten ist also hierbei
gar nichts getan. Dahin aber scheint der heutige Aristokra-
tismus allerdings zu zielen« (ebd.).

449,31 *Flötenuhr]* »Jetzt aber hebt vom Schloß ⟨...⟩| Die
Spieluhr schmachtend an, ein Menuett zu flöten«, heißt es zur
Beschreibung des »feierlichen Kurialstils« in *Der Adel und die
Revolution* (vgl. Band V dieser Ausgabe, S. 398 f.). Die Spiel-
uhr ist für Eichendorff Kennzeichen der gekünstelten Welt
des Höfischen.

450,27-29 *Renald ⟨...⟩ kann entsetzlich sein ⟨...⟩ reißende
Tiere]* Die Revolution setzt nach Eichendorff die animalischen Instinkte des Menschen frei. Die am Schluß der Erzählung formulierte »Lehre« wird hier bereits vorbereitet
(vgl. Anm. 465,12 f.).

452,3-14 *Wär's dunkel, ich läg' im Walde ⟨...⟩ Niemand
wacht]* In der Gedichtsammlung von 1837 als Teil III unter
dem Titel *Die Einsame* (Band I dieser Ausgabe, S. 336).

452,19 *Gärtnerbursch aus Paris]* Wenn Gabriele hier in
Männerkleidung versteckt umherreist, so ist dies für die Zeit
nicht so ungewöhnlich. Das romantische Ideal des Andro-
gynen förderte diesen »Kleidertausch«, der nicht als anrüchig
empfunden wurde. Mignon (in Goethes *Wilhelm Meister*)
und Erwin (in Eichendorffs Roman *Ahnung und Gegenwart*)
sind junge Mädchen in Männerkleidung. Das Motiv der
treuen Geliebten, die inkognito dem Geliebten nachreist, hat
Eichendorff vielleicht Beethovens *Fidelio* entnommen.

453,6 f. *das Kloster ⟨...⟩ gehöre der Nation]* Während der
Französischen Revolution wurden die Klöster aufgehoben,
die Nonnen vertrieben und sakrale Bauten zweckentfremdet
oder zerstört.

453,22-26 *die Bauern ⟨...⟩ hungrig, zerlumpt und bettelnd]*
Eichendorff verdeutlicht, daß die Revolution den Bauern
eher Schaden gebracht hat. Nach seinem Verständnis ist die

gesellschaftliche Ordnung, die beim ländlichen Adel noch auf Treue und Vertrauen basierte, nun – aufgrund der vom städtischen Bürgertum angezettelten Revolution – empfindlich gestört.

454,14 f. *als seine rechtmäßige Braut ⟨...⟩ annehmen]* Auch in dieser Situation stellt Renald keine revolutionären Forderungen, sondern verlangt vielmehr die Wiederherstellung der Ehre seiner Schwester durch eine Besieglung in der Ehe.

454,25 *schoß]* 1837: schloß

454,35 *Veitstanz]* Eigentlich eine Geisteskrankheit; bei Eichendorff Sinnbild der Entfesselung des »Subjektiven« im Menschen. Bei Bettine von Arnim glaubt er einen »Veitstanz des freiheitstrunkenen Subjekts« wahrzunehmen. Die Revolution setzt diese Kräfte frei und erscheint hier als allgemeines Chaos. Ähnlich ist die Beschreibung in *Der Adel und die Revolution*:

⟨...⟩ es war ein Krieg Aller gegen Alle. Der grobe Materialismus rang mit körperlosen Abstrakten, die zärtliche Humanität fraternisierte mit der Bestialität des Freiheitspöbels, die dickköpfige Menschheit wurde mit Bluthunden zu ihrer neuen Glückseligkeit gehetzt, und Philosophie und Aberglauben und Atheismus rannten wild gegeneinander, so daß zuletzt niemand mehr wußte, wer Freund oder Feind.

(Band V dieser Ausgabe, S. 414)

456,14-457,5 *weiße Gestalt, wie ein Frauenzimmer ⟨...⟩ der Graf zeige sich doppelt im Schloß]* Die Wiedergänger und Doppelgänger sowie die Gestalt der »weißen Frau«, die sich mit vielen Schloßsagen verband, gehören zu den Motiven der Romantik, die vor allem von E. T. A. Hoffmann in die seriöse deutsche Erzähltradition eingeführt wurden; die Situation erinnert jedoch auch an Achim von Arnims Erzählung *Der tolle Invalide*.

458,36 *laß mich und rette dich]* Der Opfertod für den Geliebten gehört zu den Motiven, die eine tragische Komponente in die Erzählung bringen.

459,7 *Die Zeit fliegt heut entsetzlich]* »Da draußen rast die neue Zeit«, heißt es im *Bilderbuch aus meiner Jugend* (Band V dieser Ausgabe, S. 378). – Vgl. auch Anm. 430,9 f.

459,22 *nun ist ja Alles, Alles wieder gut*] Vgl. Anm. 179,26. Die Formel wird sich hier als trügerisch erweisen. Erst im Tode sind die Liebenden vereint.

460,27 f. *als könnte er nun selbst nicht länger mehr leben*] Mit den Ereignissen ist die alte Ordnung, für die der treue Diener steht, zugrunde gegangen.

461,33-462,16 *Meine Schwester, die spielt an der Linde ⟨…⟩ seh' dich nimmermehr*] In der Gedichtsammlung unter dem Titel *Die falsche Schwester* (Band I dieser Ausgabe, S. 337).

463,4 f. *was ist Brot gegen Recht*] Mit dieser Formel verdeutlicht Renald noch einmal, daß es ihm nicht um eine Änderung der Besitzverhältnisse geht; er distanziert sich von den Zielen der Französischen Revolution.

463,11 *Renald*] 1837: Reinald

465,12 f. *Du aber hüte dich, das wilde Tier zu wecken in der Brust*] Die Aufforderung erinnert an eine formelhafte Lehre, wie sie am Schluß von Fabeln formuliert wird. Für das Revolutionsverständnis Eichendorffs besagt der Hinweis auf das »wilde Tier« im Menschen, daß die gewaltsame geschichtliche Umwälzung die animalischen Kräfte im Menschen freisetzt und selbst die wohlmeinenden Zeitgenossen, die – wie Renald – in bester Absicht am hergebrachten Recht und der christlichen Moral festhalten, zu bösartigen, primitiven Menschen macht. Renald stürzt mit seinem blindwütenden Zorn sich selbst und das vermeintlich schuldige Liebespaar in den Tod. Es ist das Chaos der Revolution, das ihn so verändert hat und allen in dieser Novelle zum Verderben wird. – Eichendorffs Darstellung von der Wirkung des revolutionären Chaos auf die Moral des Einzelnen ist möglicherweise durch Joseph Görres bestimmt. In seiner nach der Ermordung Kotzebues entstandenen Schrift *Teutschland und die Revolution* (Coblenz 1819, S. 112 f.) heißt es:

Kennst du noch nicht das finstere Reich des Abgrundes, das die Natur beschließt, glücklich du, wenn es immer beschlossen dir geblieben! alle seine dunkeln Mächte hat der Geist besiegt, und sie in jene Tiefe eingeschlossen; aber durch des Menschen Herz gehen tiefe Brunnen nieder in die Finsterniß; um den Eingang drängen sich, Freyheit suchend alle Leidenschaften, aber ihn hält Religion und Sitte fest verschlossen und versiegelt, und solange die Pforten im Beschlusse bleiben, spielt oben das heitere Leben. Aber hat die Siegel eigne Schuld oder das Unglück der Zeit erbrochen, und die Thore zum Unterreiche aufgerissen, dann steigen alle Schrecken aus der Tiefe auf; wie Unwetter zieht es aus dem Abgrund; es faßt den Menschen mit dämonischer Gewalt, und der einzelne Wille vermag nichts mehr gegen die furchtbare Macht und alle Furien des Lebens steigen durch jenen Schlund herauf, der Selbstmord und jeder blutige Frevel.

Anders als bei Arnim, dessen *Melück Maria Blainville* (1812) ebenfalls als Quelle für Eichendorffs *Schloß Dürande* genannt wurde (Arnim, *Sämtliche Erzählungen*. 1802-1817, hg. v. Renate Moering, Frankfurt 1990, S. 1259), erscheint die Revolution bei Eichendorff jedoch nicht als ein Ereignis, das unvermittelt wie eine Naturkatastrophe über die Menschen kommt. Die von Intellektuellen provozierte und – wie bei Eichendorff – in den ländlichen Bezirk »importierte« Revolution (ebd., S. 766 und 722) kommt dort aus heiterem Himmel, und es gelingt Arnim nicht, den Schluß seiner Erzählung (ebd., S. 766-776) mit der Liebesgeschichte sinnvoll zu verknüpfen und als Tragödie zu gestalten (vgl. hier S. 830). Bei ihm steht die Geschichte der Zauberin im Vordergrund, und die Auseinandersetzung mit der Französischen Revolution ist nicht überzeugend integriert.

DIE ENTFÜHRUNG

DRUCKVORLAGE

Urania. Taschenbuch auf das Jahr 1839. Neue Folge. Erster
Jahrgang, Leipzig 1839, S. 147-192.

ENTSTEHUNG

Am 11. 4. 1837 schickte Eichendorff die (vermutlich im Frühjahr 1837 entstandene) Erzählung an den Verleger Brockhaus:

> Ew. Hochwohlgeboren gütiger Aufforderung zufolge,
> beehre ich mich in der Anlage eine Novelle, »Die Entfüh-
> rung«, für die Urania gantz ergebenst zu übersenden. Lei-
> der war es mir, meiner Geschäfte wegen unmöglich, die
> Zusendung früher zu bewerkstelligen. Ich wünsche nur,
> daß sie nicht zu spät komme, und würde es mich sehr
> freuen, wenn Dieselben von dieser Novelle, bei ihrem
> geringen Umfange, noch pro 1838 unter den vorjährigen
> Bedingungen ⟨wie beim *Schloß Dürande*, vgl. S. 821⟩ Ge-
> brauch machen könnten.
> (HKA ²XII, S. 150)

Brockhaus nahm die Novelle jedoch erst ein Jahr später in
sein Taschenbuch auf. – Eine weitere Anfrage des Verlegers
vom 16. 2. 1841 für den Jahrgang 1842 (HKA XIII, S. 155)
scheint Eichendorff nicht beantwortet zu haben. Die Zusam-
menarbeit mit dem Verlag begann erst wieder bei der Edition
der literarhistorischen Schriften (vgl. S. 822).

ASPEKTE DER DEUTUNG

Eichendorffs Erzählung unterscheidet sich auffällig von allen anderen epischen Texten und zeichnet sich durch ihre Affinität zu einem phantastisch-realistischen Erzählstil aus. Bereits in den ersten Absätzen fallen lange, präzise geschachtelte Sätze auf, die an Novellen Kleists erinnern, und in den anderen Erzählungen und Romanen Eichendorffs schwerlich zu finden sind. Auch die geheimnisvolle Eingangssituation erinnert an Erzählungen wie die *Marquise von O.* oder Novellen E. T. A. Hoffmanns und Arnims: Zwei Frauen werden von einem »Wildschütz« überrascht, der sich dann als ein gesuchter Räuber entpuppt. Die Aufklärung dieser Vorgänge wird bis zum Schluß der Novelle aufgehoben; es gelingt Eichendorff, die Spannung, die von der rasch aufkeimenden Liebe der Heldin zu dem »Räuber« mit seiner Doppelexistenz genährt wird, über das ganze Werk zu halten.

Der Stil der ersten Absätze wird jedoch nicht durchgehalten und die typischen Motive, formelhaften Wendungen und Bilder Eichendorffs setzen sich bald wieder durch. Es ist schwer zu sagen, ob Eichendorff hier mit den Modellen anderer Dichter »spielt« – so wie er im *Taugenichts* und *Dichter und ihre Gesellen* mit Elementen des Trivialromans ironisch umgeht – oder ob er tatsächlich einen neuen Ton versucht und sich den »Kriminalstücken« eines E. T. A. Hoffmann anzupassen sucht. Die Skepsis, die er Hoffmanns Arbeiten gegenüber in seinen literarhistorischen Arbeiten artikuliert (vgl. Zitate S. 622), spricht für die erste Lösung. Allenfalls könnte er dem Leitbild Arnim gefolgt sein, dessen Erzählungen er ebenso lobt wie den bereits in *Ahnung und Gegenwart* rezipierten Eheroman *Dolores* (vgl. Band II dieser Ausgabe, S. 637; Band VI, S. 125-136).

In jedem Fall bleibt es nur ein Anklang, eine Anspielung zum Eingang der Erzählung, und die Motive und Grundprobleme, die sich in allen Erzählungen Eichendorffs leitmotivisch wiederholen, fehlen auch in der *Entführung* nicht:

Das Schloß mit der »weißen Statue« im überwucherten Garten (S. 469,9-13) begegnet bereits am Eingang der Erzählung; auf die Sage von der jährlich sich erneuernden Kraft der Venus-Gestalt (vgl. S. 495,1-15 mit Anm.) wird noch einmal hingewiesen, und die Figur der verführerischen Frau, die hier schon durch den Namen Diana als dämonisch-heidnisches Wesen gekennzeichnet ist, steht im Zentrum des Geschehens, das überdies Züge einer Verwechslungskomödie (samt Happy-End) trägt.

ZUR AUFNAHME

Einen Versuch, die dämonischen Frauenfiguren Eichendorffs zu charakterisieren, enthält die Rezension der Leipziger ›Blätter für literarische Unterhaltung‹ vom 20. 10. 1838 (Nr. 293, S. 1190 f.). Der unbekannte Verfasser nennt Diana: »schöner Dämon der Nacht und der Liebe, zu kernhaft für eine Elfe, zu gewaltig für ein Weib, ein weiblicher Richard Ohnefurcht«. Im übrigen wiederholt er aber die Topoi der Eichendorff-Kritik:

> Wenn in dieser Tieck'schen Novelle ⟨*König Sebastian*⟩ wie wir sahen, die Sentimentalität des modernen Lebensverhältnisses auf mannichfaltige Weise ironisirt wurde, so erscheint als anmuthiges Gegenstück in der *Eichendorff*'schen Novelle: »Die Entführung«, *eine Idealisation des grünen Waldnachtlebens und jenes Immergrüns der Gefühle,* wie es Jean Paul nennt, *jener eingeborenen Lebens- und Liebeslust der jugendlichen Menschheit.* Eichendorff's Dichtung ist ein moderner »Sommernachtstraum«. Die Elfen selbst zeigen sich zwar nicht – nur in den Mondscheinblättern der Nacht flüstert es wie Elfenzug, und an den nachtdunkeln, wetterleuchtenden Bergen zieht es vorüber »wie eine unsichtbare Zwergenhochzeit« –, aber die Menschen sind selbst hier wie Elfen. Ihr Treiben ist märchenhaft, naturbegeistert, lebens- und liebestrunken. Die Seele dieses Sommernachtstraums ist Gräfin Diana, ein schöner Dämon der

Nacht und der Liebe, zu kernhaft für eine Elfe, zu gewaltig für ein Weib, ein weiblicher Richard Ohnefurcht, nach dem alten Fabliau. Sie findet aber den Mann, der stärker ist, den Rächer, der da beugt und straft, in der männlichen Person des Grafen Gaston. Die heldenhafte Schönheit, welcher der Hof Ludwig XV. zu Füßen liegt, endigt im Kloster, das von steiler Höhe nach Gaston's Schlosse hinschaut.

Mehr können und dürfen wir dem Leser über diese Dichtung nicht im Voraus vertrauen; es ist eine Studie des Märchen- und Liebeszaubers der Sommernacht. Man muß sie in der Sommernacht genießen, wenn die Feuerwürmchen schweifen, wenn das leise Weben des Nachtlaubs und die ungewiß zuckende Leuchtung am Himmel ein fernes Gewitter bedeuten. In diesem Genre ist Eichendorff vorzüglich.

(vgl. HKA XVIII, S. 482 f.)

Amalie von Voigt stellt in der ›Jenaische⟨n⟩ Allgemeine⟨n⟩ Literatur-Zeitung‹ (Nr. 194, Sp. 110 [ca. 20. 10. 1838]) einen Bezug zur Sage vom Schloßfräulein Kynast her, das »von ihren Bewerbern einen Ritt auf der schmalen Burgmauer verlangte« (HKA XVIII, S. 1622 f.):

Die Entführung, Novelle von *Joseph* Freyherrn *von Eichendorff,* modernisiert und verfeinert die Sage vom Kynast. Das trotzige, übermüthige Mannweib, das ihren Freyern todtbringende Prüfungen auferlegt, ist in ein Fräulein am Hofe Ludwig XV umgewandelt, das seine Unabhängigkeit auf eine dreiste Manier behauptet, die, so sittenverderbt auch jene Zeit, doch in dieser Art und Weise, als den Gebräuchen derselben widerstrebend, nicht durchzuführen gewesen wäre. Ein Edelmann vertritt auf eine zierlichere Weise die Rolle des Landgrafen von Thüringen. Auch er verschmäht die Dame, als er die Aufgabe gelöst hat, vielleicht noch kränkender für sie, als ihn keine ehelichen Banden fesseln, nur die der Liebe für ein holdes Fräulein, das ihn sogar liebt, als sie in ihm einen Räuberhauptmann vermuthet. Die Zurückgewiesene tödtet sich nicht, sondern plagt sich und Andere in einem Kloster der strengsten Observanz. Die Nachtigallen, welche dem Freyherrn *v. Eichendorff* länger und öfterer singen, als anderen Menschenkindern, lassen auch ihre Melodieen bey Nacht und bey Tag verschwenderisch ertönen.

(vgl. HKA XVIII, S. 483 f.)

Insgesamt positiv ist auch die Besprechung von Philipp von Lüdemann im ›Berliner Conversations-Blatt für Poesie, Literatur und Kritik‹ vom 27. 10. 1838 (Nr. 86, S. 341 f.):

Durch die ganze Novelle Eichendorffs geht das schaurige wohllüstige Gefühl des dunkelgrünen aufrauschenden Waldes, und so wohl Leontine mit ihrem Herzen voll scheuer, hingebender Liebe, als die spröde, männlich harte Diana, die sich dennoch der größeren Kraft des Grafen Gaston beugen muß, sie alle gleichen schwanken Gestalten, die man im Mondschein, wenn er unsicher hin und wieder durch das dichte Blätterwerk der Bäume bricht, zu sehen glaubt, die aber bei der Annäherung in ein Nichts verschwinden.

(vgl. HKA XVIII, S. 484 f.)

Eine spöttische Bemerkung zu Eichendorffs Novelle ist in Ludwig Tiecks Brief an Brockhaus vom 20. 3. 1839 überliefert. Mit Bezug auf *Die Entführung* spricht Tieck boshaft von »*Eichendorffs* Genebele« (zit. nach L. T., Schriften 1836-1852, hg. v. Uwe Schweickert, Frankfurt 1986, S. 1360). Die Aversion beruhte auf Gegenseitigkeit, denn Eichendorff stand seinerseits der Novellentheorie und -produktion des späten Tieck kritisch gegenüber (vgl. S. 626 f.).

STELLENKOMMENTAR

469,9-13 *Schloßgarten* ⟨...⟩ *künstliche Hecken* ⟨...⟩ *weiße Statue* ⟨...⟩ *die gezirkelten Beete*] Zum Garten vgl. Anm. 378,6, 437,10-14 und 569,24-31.

469,26 *Wildschütz*] Ein Wilderer. Noch heute wird das Überschreiten der Reviergrenzen bei der Jagd als Wilderei geahndet.

470,7 f. *von der langen Friedenszeit*] Als die Novelle erschien, herrschte in den deutschen Ländern noch der durch den Wiener Kongreß gesicherte Frieden, der jedoch die Hoffnungen auf deutsche Einheit und gesellschaftliche Erneuerung nicht erfüllt hatte. Wie trügerisch dieser mit einer Restauration der alten Kleinfürstentümer verbundene Frieden in Europa aber war, zeigte die Julirevolution in Frankreich (1830) mit den nachfolgenden Unruhen in den südwestdeutschen Ländern (vgl. S. 661-666).

472,22 *Morgenrot ihrer Kindheit*] Die Kindheit wurde in der Romantik als Zeit eines ursprünglichen, paradiesischen Zustands wieder entdeckt. Das Morgenrot (Aurora) ist bei Eichendorff Sinnbild einer Erneuerung (im Geiste der Romantik), die den einzelnen Menschen oder eine ganze Generation erfaßt (vgl. Anm. 12,26).

473,8-18 *Über'm Lande die Sterne* ⟨. . .⟩ *hüte dich!*] Eichendorff nimmt diese zwei Strophen – wie die meisten Gedichteinlagen der Novelle – in den ersten Band seiner Gesamtausgabe von 1841 auf. Die Verse erscheinen dort als Teil III unter dem Titel *Nacht* (Band I dieser Ausgabe, S. 401). Mit der Formel »hüte dich« artikuliert Eichendorff besonders die Warnung vor der geschichtlichen Bedrohung (durch Revolution oder Krieg). Vgl. den Schluß vom *Schloß Dürande* (S. 465,12 f. mit Anm.) sowie die folgende Anm.

473,26 *So falsch ist die Nacht!*] Zur Verherrlichung der Nacht in der Romantik vgl. Anm. 39,14. – Die falsche, trügerische Nacht ist eine Prägung Eichendorffs: »Manches bleibt in Nacht verloren –|Hüte dich, bleib wach und munter!«, so schließt das Gedicht *Zwielicht* (Band I dieser Ausgabe, S. 146). – Vgl. auch die vorige Anm.

475,2 f. *O wäre ich doch ein Mann!*] Die weiblichen Gestalten Eichendorffs äußern diesen Wunsch häufig. In den Dramen und Dramenentwürfen Eichendorffs kehrt die Formel mehrfach wörtlich wieder (vgl. beispielsweise in dem Entwurf *Herrmann und Thusnelda* [Band IV dieser Ausgabe, S. 13 und 787 f.]). Bei den Idealgestalten – wie hier bei Leontine – bleibt dies jedoch ein »frommer«, unerfüllter Wunsch. Die

Frauen, die sich tatsächlich bei der Jagd oder im Krieg als Männer gebärden, werden bei Eichendorff als dämonische Frauengestalten mit einer faszinierenden, aber verderblichen Ausstrahlung geschildert.

478,1 f. *Gräfin Diana*] Die Gräfin, die hier als »amazonenhaft« bezeichnet und mit einem Gewitter verglichen wird, ist schon durch ihren Namen, der sich von der römischen Göttin der Jagd herleitet, als dämonische Figur gekennzeichnet und wird wenig später auch Hexe genannt (S. 479,4). Zu den Eigenarten dieser Göttin gehört eine »wilde Jungfräulichkeit« (S. 478,8). Die Verteidigung der Tugend ist auch für die Königin-Figur der *Meerfahrt* kennzeichnend (vgl. S. 799 und 801).

479,17 *Domino*] Kleidungsstück der Geistlichen in Italien und Spanien; das später als Maskentracht (in Seide) übliche Kleidungsstück zeichnet sich durch weiten Schnitt und Kapuze aus.

479,22-24 *das heidnische Gewimmel ⟨...⟩ plötzlich lebendig geworden*] Die Vorstellung, daß die antikisierenden Darstellungen (auf den »gemalten Decken«) plötzlich Realität werden, zeigt, daß Eichendorff die eigentliche Gefahr für die Menschheit in ihrer Gottlosigkeit sieht. Für ihn war die Geschichte ein permanenter Kampf der christlichen Lehre mit dem immer wieder aufbrechenden Heidentum. – Vgl. S. 234,26-235,18 mit Anm.

480,22 f. *phrygischen Mützen*] Die kegelförmigen, an der Spitze nach vorn fallenden Mützen, die auf die Tracht der Phrygier zurückgehen, wurden in der Französischen Revolution zum Symbol der Freiheit.

480,23 *Haarbeutel*] Beutel aus Taft, um bei angelegter Perücke die echten Haare zu verstecken.

481,6 f. *Ludwig der Funfzehnte*] König von Frankreich bis 1774.

481,17 *blitzte es von fern*] Das Wetterleuchten ist – wie stets bei Eichendorff – Kennzeichen einer fernen Umwälzung und Bedrohung und wird von ihm auch mit der »rasenden« neuen Zeit in Verbindung gebracht (vgl. Anm. 430,9 f.).

482,5 f. *Waldfrau ⟨...⟩ mit dem Zauberblick]* Die Wald-frauen-Sage hat Eichendorff mehrfach verarbeitet und mit Motiven der Loreley-Geschichte verknüpft (vgl. etwa das Gedicht *Waldesgespräch*, Band I dieser Ausgabe, S. 86). Vergleichbar ist in beiden Überlieferungen die Vorstellung der hexenartigen, dämonischen Frau, deren Blick den Männern zum Verhängnis wird.

482,31 f. *Notre Dame]* Die berühmte Kirche im Zentrum von Paris.

483,16 *Vicomte]* Französischer Adliger.

483,16 *Troubadour]* Französischer Minnesänger. Eichendorff eiferte in seiner Frühzeit (Loeben-Kreis) dem Ideal des Troubadours nach (vgl. Anm. 423,1). Der *Taugenichts* trug zunächst den Titel *Der neue Troubadour* (vgl. Band II dieser Ausgabe, S. 445).

483,22-484,4 *Sie steckt' mit der Abendröte ⟨...⟩ auf mein Schloß!]* Im Gedichtband von 1841 unter dem Titel *Die Stolze* (Band I dieser Ausgabe, S. 401).

484,18 f. *wenn ich nicht der König wär']* Reminiszenz an die Äußerung Alexander des Großen: »Wenn ich nicht Alexander wäre, möchte ich wohl Diogenes sein« (W II, S. 981).

485,1 f. *Sphinx ⟨...⟩ Rätsel lösen]* Vgl. Anm. 406,13.

485,37 *Tressenhut]* Hut, der mit Tressen (golddurchwirkten Bändern) besetzt ist.

487,33-488,21 *Kaiserkron und Päonien rot ⟨...⟩ die ganze Nacht]* Der Text, der in der Sammelausgabe 1841 unter dem Titel *Der alte Garten* (Band I dieser Ausgabe, S. 402) erschien, beginnt mit den »verzauberten« Blumen, die bei Eichendorff mehrfach begegnen (im Roman *Dichter und ihre Gesellen* [vgl. S. 120,34 und 166,16-20], in der politischen Satire *Incognito* [Band IV dieser Ausgabe, S. 603,728]). Die Kaiserkrone ist ein großes Liliengewächs, Päonien sind Pfingstrosen.

488,6 *heimlich]* Auch im Sinne von »anheimelnd« verwendet.

488,32 *künstlich]* Hier nicht in heutigem Sinne (wie S. 469,10), sondern positiv gefärbt: kunstvoll.

492,7-21 *Hörst du die Gründe rufen ⟨...⟩ wunderbare Nacht]* Die beiden Strophen erscheinen 1841 als Nr. IV im Zyklus *Nacht* (Band I dieser Ausgabe, S. 402).

495,1-15 *marmornes Frauenbild ⟨...⟩ spiegele sich in einem Weiher ⟨...⟩ von seinem Steine steigend ⟨...⟩ Liebesqual]* Deutliche Anklänge an die Erzählung *Das Marmorbild* (vgl. Band II dieser Ausgabe, S. 397).

496,32-497,17 *Flammen ⟨...⟩ wir Beide müssen drin verderben!]* Die Szene mit dem brennenden Schloß erinnert an das Gedicht *Von der deutschen Jungfrau*, das Eichendorff an den Anfang seines Dramas *Herrmann und Thusnelda* (Fragment) stellt und auch als »Romanze« in *Ahnung und Gegenwart* vortragen läßt (vgl. Band I dieser Ausgabe, S. 923; Band II, S. 373; Band IV, S. 11). – Vgl. S. 197,23 f. mit Anm.

499,27-500,8 *Könnt' mich auch sonst mit schwingen ⟨...⟩ weiten Welt]* Im Gedichtband von 1841 unter dem Titel *An die Waldvögel* (Band I dieser Ausgabe, S. 403).

501,7 *Schoppen]* Mundartlich für Schuppen.

506,37-507,2 *Leontinens unschuldiges Bild ⟨...⟩ das Diana so lange wetterleuchtend verdeckt]* Ähnlich wie hier entscheidet sich der Held am Schluß von *Ahnung und Gegenwart* für die brave Gefährtin, und die Geschichte endet in einem (nicht ausgeführten) Eheidyll. In dem frühen Roman ist das dämonisch-faszinierende Gegenbild dem Tode geweiht: Die Gräfin Romana verbrennt mit ihrem Schloß. Diana wird durch die *Entführung* jedoch geläutert; sie entsagt ihrem sündigen Leben und geht freiwillig ins Kloster. Wie die Königin-Figur in der *Meerfahrt* (vgl. S. 799 und 804-810) erhält Diana eine positive Komponente, sie ist nicht allein Verkörperung heidnisch-dämonischer Kräfte wie Romana oder die Venus-Gestalten in Eichendorffs Dichtung (vgl. S. 364,13-19).

DIE GLÜCKSRITTER

DRUCKVORLAGE

Rheinisches Jahrbuch, hg. v. Ferdinand Freiligrath, Christian Matzerath und Karl Simrock, Nr. 2, Köln 1841, S. 1-58 (ED)

ENTSTEHUNG UND ANREGUNGEN

Über die Entstehung dieser letzten zu Lebzeiten Eichendorffs veröffentlichten Novelle ist nichts Näheres bekannt. Sie spielt im Dreißigjährigen Krieg und ist eng mit der autobiographischen *Novelle aus dem 30jährigen Kriege* verbunden (Band V dieser Ausgabe, S. 354 und 1019), die auf 1838 datiert wird. Im Ton nimmt Eichendorff den deutschen Schelmenroman auf, der seine Höhepunkte gleichfalls in dieser Geschichtsepoche erreichte. *Der abentheuerliche Simplizissimus Teutsch* (1699) von Grimmelshausen und *Schelmuffskys wahrhafftige curiöse und sehr gefährliche Reisebeschreibung zu Wasser und Lande* (1696/97) von Christian Reuter wurden von den Romantikern verehrt, und Eichendorff übernahm die Lektüreempfehlung von Clemens Brentano. »Er schikte mir Bücher ⟨...⟩ 2 Theile des herrl. Simplicissimi«, heißt es Ende Dezember 1809 im Tagebuch (Band V dieser Ausgabe, S. 285,18 f.), und unter dem 10. 3. 1810 lesen wir: »Simplicissimum ⟨...⟩ gekauft« (ebd., S. 291,23 f.). In den Text gehen zugleich Erfahrungen aus Eichendorffs eigener Studienzeit in Halle (1805/06) ein, denn der eine der beiden Helden (Suppius) ist Student in dieser Stadt und gebärdet sich so selbstbewußt philisterfeindlich, wie dies für die Studenten zu Eichendorffs Zeiten – nach den Schilderungen im Tagebuch – noch üblich war. Am 30. 4. 1805 berichtet er:

Bald darauf erblikten wir endlich mit pochendem Hertzen die Thürme von Halle, u. mehrere Burschen, welche zu Pferde in Stürmern u. Kanonen bey uns vorbeysprengten, erinnerten uns, daß wir uns einer anderen fremden Welt näherten. ⟨...⟩ Der seltsame Eindruk, den die Furchtsamkeit der Bürger u. Offiziere, die schon von weitem vom breiten Stein weichen, die Höflichkeit der Proffessoren, u. das Prosit u. überhaubtige Betragen der Studenten, die bald, die Beine auf die Gaße heraushängend, in den Fenstern saßen u. brüllten, bald in Stürmern, Canonen, Helmen, Uniformen, Pumphosen etc. bey mir vorbeydonnerten, ferner das Geklirre der Rappiere auf den Straßen u. d. gl. auf mich machten, läßt sich nicht beschreiben. Auch konnten wir uns lange nicht gewöhnen, vor Bekanndten nicht den Hut abzunehmen.

(ebd., S. 115,16-34)

Das Tagebuch beschreibt eine Prügelei mit dem Postillon (ebd., S. 118), eine Auseinandersetzung mit der Schildwache (ebd., S. 128), die Wahl eines Prorektors (ebd., S. 122-124), zwei Ständchen (ebd., S. 127 und 157) und ein »feyerliches Vivat« für einen Professor (ebd., S. 161).

Auch in dem autobiographischen Essay *Halle und Heidelberg* (ebd., S. 419 f.) greift Eichendorff auf seine Hallenser Erfahrungen zurück und beschreibt den »Mummenschantz« des Universitätslebens (vgl. Anm. 514,24), der zur Grundlage der Erzählung wurde.

ENTWÜRFE

In der Entstehungsphase ist die Erzählung eng mit den autobiographischen Dichtungen verknüpft (vgl. Band V dieser Ausgabe, S. 1014 f. und 1019). Dabei geht es insbesondere um eine Episode der *Glücksritter*, die Erzählung des Schreckenbergers (vgl. S. 544-549). Der umfangreichste zusammenhängende Komplex wurde zuerst (geglättet und editorisch verändert) von Konrad Weichberger (*Das Incognito.*

⟨...⟩ Mit Fragmenten und Entwürfen anderer Dichtungen
nach den Handschriften hg. v. Konrad Weichberger, Oppeln
1901, S. 82-85), danach auch in den Werken (W IV, S. 197 f.)
veröffentlicht. Grundlage ist ein verworrener Entwurf auf
Blatt 97r der Berliner Staatsbibliothek (Eichendorff-Nachlaß; Döhn, Nr. 168). Wir geben ihn nach der Handschrift
unter Berücksichtigung der Verweiszeichen wieder und beziehen auch einige längere gestrichene Passagen mit ein. Im
übrigen folgt der Text der ›abgehobenen Endstufe‹ des Blattes:

Geschichte des Stoltzen qu⟨ästionis⟩

|: NB: das gantze Gesindel qu⟨ästionis⟩ mehr humori-
stisch, als schlecht halten! – :|

Beim Kommandanten ist eben Ball, die Fenster erleuchtet,
Musik, ich gebe gleich eine Depesche ab, die ich im
Waffenrock gefunden, der Kommandant embraßirt mich.
Mir aber kommt's in die Beine, ich trete in den Tantzsal;
der Tausend, was machten die Damen da für Augen! Die
eine kommt gleich, ich muß mit ihr tantzen. Sie wollen
gern die Kriegswißenschaften, Minen p. sehn. Das soll
wohl geschehen, sage ich. Es waren alle schon betrunken,
ich führe eine Polonaise auf, alle, der Kommandant, die
Kom⟨m⟩andantin, die hohen Offiziere, alle mir nach, die
Musik mitten darunter, ich führ sie über den Markt zu dem
alten Kloster, da geht, wie ich wußte, ein unterirdischer
Gang unterm Wall fort p., so führ' ich alle grade in unser Lager hinein mit klingenden Spiel; die machten Augen! – [Hier brach ein plötzl⟨iches⟩ Lachen aus, die Andern wißen die Geschichte beßer; nemlich der Stoltze
war in jener Nacht in der Besoffenheit d⟨urch⟩ Verwechslung p. unwißend wirklich bei einem Ausfall in die
Festung u. dort in eine Schenke gerathen. Dort, wie er erkannt wird, rettet ihn, heimlich eine Marketenderin, die
tolle Rosine ⟨?⟩, Sinka. p. p. p. |: S⟨iehe⟩ nun das
Jetzt! [weiter unten!] :|.]

NB: In dieser Geschichte muß d⟨urch⟩aus die Marketenderin die Hauptrolle spielen, es muß also eigentlich nur

eine kurtze Geschichte der romantischen Kniffe und Pfiffe der tollen Sinka seyn.

[Vielleicht nimmt damals in der Nacht Schreckenberger höchstlistig u. kühn einen General gefangen; bei Licht besehen aber ist's die verkleidete Marketenderin Sinka – o⟨der⟩ er schießt in einen Busch hinein, da springt ein wildes Mädchen fort, die machte Sprünge! es ist Sinka! o⟨der⟩ sie tantzt verführerisch p. –]

Die Andern kennen die Sinka auch, fallen daher gelegentl⟨ich⟩ mit ein. Schreckenberger aber erzählt diese Geschichte [anfänglich gantz simpel u. getreu u. wahrhaft, dann aber, je weiter er kommt, immer mehr abenteuerlich u.] humoristisch-verbrämt mit seinen übertriebenen Heldenthaten u. Redomontaden, worüber zuletzt Alle untereinander in Händel gerathen oder auch in allgemeinen Jubel, indem der Dudelsack nicht mehr zu halten ist, u. den prahlenden Schreckenberger lärmend überschreyt! – Es kann also wohl obiger Entwurf der qu⟨ästionierten⟩ Gefangennehmung des Kommandanten, mut⟨atis⟩ mut⟨andis⟩, als Schluß der Geschichte bleiben, nur muß dabei Sinka gehörig verflochten seyn! – Nemlich vielleicht = Als | Schrecken⟨berger⟩ | Ich | auf der Vorhut liegt, kommt eine Karoße schnell u. heimlich auf einem Nebenwege dahergefahren. Ich greif' sie an, erschieße den Offizier in der Kutsche u. den Kutscher, schwing' mich in den Wagen, drinn sitzt ein prächtiger Page. |: Sinka :| Wer war der Offizier?, frag' ich ihn. – Der Oberst N:, den sie heute drinn erwarten; u. ich fahr doch hinein! Und damit schwingt sich der Page, eh' ichs mich versehe, auf die Pferde, u. heidi mit mir fort nach der Festung. Ich droh' den Pagen zu erschießen, er lacht', er wußte recht gut, daß ich die letzte Pistole verschoßen. Ich habe unterdeß die Kleider des Erschoßnen schon angezogen. So kommen wir an's Thor. Ich nicht zu faul, schreie: aufgemacht! Der Oberst N:! rufe dem Pagen zu: zum Kommandanten! Der lacht wieder, thut es aber. Beim Kommandanten ist eben Ball. Der Page, dem meine Praesence d'esprit gefällt, sagt

nichts. Ich tantze p. p. p., der Page trägt mir den Federhut
nach. Ich führe Alle d⟨urch⟩ verborgene Gänge der Festung, denn ich stand ehemals dort u. wußte alles genau,
tantzend in der Polonaise in unser Lager, p. p. p.
|: S⟨iehe⟩ hier oben links :|. – Der Dudelsack fällt ein. – O
Lügenmaul, schrein die Andern dazwischen. Du warst
betrunken vom Anfang bis zum Ende. Da schmißen sie
dich auf dem Balle heraus u. wollten dich zereißen, aber die
tolle Sinka, denn die war ja der Page, rettete dich. – Nun
Ja, erwiderte Schreckenberger, sie sagte erstaunt: Habe
ich doch nie solchen kühnen Reiter gesehn, es wäre Schade
um dich für S⟨eine⟩ Kaiserl⟨iche⟩ Maj⟨estät⟩ u. das
[gantze] Röm⟨ische⟩ Reich.
Nein, das sagte sie nicht, sondern sie erkannte unter den
Gästen unverhofft einen Offizier, der sie einmal hatte aus-
peitschen laßen wollen. Das gefiel ihr gar nicht, u. als der
dir nachsetzte den andern voraus, weil du ausrißest auf die
Straße, da stülpte sie ihm deinen Federhut auf im Dunkel,
den sie dir nachtrug, u. rief: Da lauft er, da lauft er! |: o⟨der⟩
dergl⟨eichen⟩ Kunstgriff :|, u. alle liefen ihm nach, u. un-
terdeßen führte sie dich d⟨urch⟩ einen unterirdischen
Gang ins Freie. Später war sie bei uns als Marketenderin,
daher weiß ich alles von ihr. – Schreckenberger sagt: Hab'
ich doch auf dem Balle einen Kavalier vorgestellt p. – Das
ist alles einerlei, so oder so p., meynt ein breiter Landsknecht, p. p.
Nun noch die Händel p. über den Adel p. Der Hund bellt,
der Puppensp⟨ieler⟩ kommt p. –
Der Kontext, in den dieser Entwurf einzuordnen ist, bleibt
unklar, denn Eichendorff bezieht sich wiederholt auf ein
»Jetzt« und ein Verweiszeichen »F«: »S⟨iehe⟩ über alles diß:
wieder das: ›Jetzt‹, oben rechts beim F« notiert er auf dem
vorliegenden Blatt, wo sich kein entsprechendes »Jetzt« aus-
machen läßt. Eichendorff nimmt Bezug auf ein anderes Ent-
wurfsblatt, das möglicherweise mit einem noch unpublizier-
ten Blatt im Freien Deutschen Hochstift (FDH 24600 b) identisch ist. Denn auf diesem Blatt (mit durchgehend ge-

strichenen Texten) findet sich ein »Jetzt« mit einem F-ähnli-
chen Verweizeichen oben sowohl in der linken wie in der
rechten Spalte:

Letztes Jetzt = F Oho, du führst sonst nicht gern leichte
Waare|o⟨der⟩ Oho, du freist kein Schätzchen ohne Schatz,
Ja! Ja!|, fiel der Landsknecht ein, da steckt was dahinter,
das die Sinka zum Valet in Halle eingesteckt, sie wird wohl
dort noch mehr als ihren Abschied gewonnen haben. Ja, u.
lebtet ihr hier nicht wie die Printzen, schreien nun Alle
d⟨urch⟩einander p. p. p. |: S⟨iehe⟩ p: 33 oben rechts!! :|.

Die Pagina 33 ist unbekannt, doch ein weiteres Verweizeichen F findet sich oben auf der Seite rechts (wie auf der
Berliner Handschrift angegeben):

F o⟨der⟩ Wie die Andern so viel von Schätzen hörten,
schrie Alles d⟨urch⟩einander: sie wüßten's recht gut,
Sinka hätte hier auf dem Schloß wie eine Prinzeßin gelebt,
sie hätte in Halle nicht ihren Abschied genommen ohne
noch was Andres mitzunehmen, sie sollten nur damit her-
ausrücken, oder sie würden das gantze Schloß umkehren
|: o⟨der⟩ sie würd⟨en⟩ ihr das Schloß über'm Kopf anzün-
den. :| Sinka blickte p. p. p. |: S⟨iehe⟩ p: 33 rechts! :|

Der zweite Absatz der linken Spalte beginnt erneut mit einem »Jetzt«:

Leztes Jetzt: mit Entsetzen bemerken sie aufeinmal mitten
unter sich ein fremdes Gesicht, jetzt wieder eins, da u. dort
immer mehr unbekannte Kämpfer, der eine von furchtbarem Aussehn ingrimmig d⟨urch⟩ den dicksten Haufen
mähend, als föchte der Teufel mit ihnen. Da faßte sie ein
unwiderstehliches Grauen, u., Sinka voran, stiebt der
gantze verbißne Knäul nach allen Seiten wie ein Nachtspuk in die Waldschluchten auseinander. Nur der eine
grimmige Fechter mit zerhaunen Hut blutend auf ein Knie
gesunken, vertheidigte sich noch immer gegen die räthsel-
hafte Runde der Unbekannten, die auf dem Platz zurückgeblieben. – Ey, Herr Suppius, was machen Sie denn hier?,
ruft da plötzlich Einer, ihm mit dem Windlicht in's Gesicht leuchtend. – Suppius, der über den Lärm sich rauflu-

stig in das Getümmel geworfen, blickte im Kreis herum p.
p. p. |: S⟨iehe⟩ p: 34 unten! :|.
Währenddeß ruhte schon alles im Schloß, nur Kl⟨arinett⟩
konnte vor den vielen schlagenden Nachtigallen unten im
Garten nicht einschlafen. Der Mondschein fiel d⟨urch⟩s
gantze Zimmer, manchmal bewegte die Zugluft die alten
Tapeten, u. wo sie zerrißen, waren auf den kahlen Wänden, dem Stammbuch müßiger Soldaten, überall Gesichter u. Figuren ungeschickt mit Kohle gemalt. In einem
wüsten damastenen Schlafrock gehüllt, saß er auf dem
schweren Himmelbett, an dem Himmel u. Betten fehlten,
u. dachte noch seiner immer näher heraufrückende⟨n⟩
Vermählung nach. Jetzt öffnete er ungeduldig ein Fenster,
der frische p. p. p.

Zu vergleichen ist hier die Darstellung in den *Glücksrittern*,
S. 551,24-34.

Eine weitere Rittergeschichte, die in der Eichendorff-
Forschung jedoch um zehn Jahre später datiert wird (Kuh-
nisch, S. 346), beschränkt sich auf eine kurze Notiz (vgl.
W IV, S. 205). Sie findet sich auf der Rückseite der *Novelle in
Versen, aus dem 30jährigen Kriege* (vgl. Band V dieser Ausgabe,
S. 354-356 und 1019) und wird hier nach der Handschrift im
Freien Deutschen Hochstift (FDH 13407) wiedergegeben:

Ein [Raubri⟨tter⟩] Ritter, der aus *Rache*, u. um seine *Ehre*
zu salviren, ein *Raubritter* wird, die Kaufleute, die ihn
widerrechtlich tiefbeleidigt, überfällt, u. bei einer solchen
Stegreiffahrt eine wunderschönes Patricier-Fräulein raubt,
in die er sich sterblich verliebt, u. die ihn dann versöhnt.
[Oder] Nemlich: seine Burg wird gebrochen |belagert|, es
scheint Alles verloren, da rettet [u⟨nd⟩ die] das qu⟨ästio-
nierte⟩ Fräulein, die ihn au fond [lie⟨bt⟩] auch liebt, den
wilden Ritter, versöhnt die Ihrigen schlau, u. Alles endigt
unerwartet mit Jubel u. Hochzeit. – Zigeneuner p. sind
mit im Gemenge. – NB: Der Raubritter ist nemlich au
fond ein d⟨urch⟩aus braver Kerl, poetisch p., aber überall
etwas konfus p., so daß das Gantze humoristisch wird.

In der Thematik mit den *Glücksrittern* entfernt verwandt ist

auch ein Text, der als »Richard-Entwurf« bezeichnet wird
und zum erstenmal von Hildenbrandt (S. 91-93) publiziert
wurde. Der Text führt uns in das Studentenmilieu und die
Zeit des Dreißigjährigen Krieges und nimmt zugleich die
konfessionelle Diskussion der *Novelle aus dem 30jährigen
Kriege* auf (Band V dieser Ausgabe, S. 354). Statt der zwei
Brüder sind es jedoch hier ein Klosterschüler (Richard) und
ein reformierter Wittenberger Student, die aufeinander-
treffen. Wir geben den Text nach der Handschrift der Berliner Staatsbibliothek (Eichendorff-Nachlaß, Bl. 103r und
103v; Döhn, Nr. 182; vgl. W IV, S. 202-204):

Anfang = Die Vacanz ist aus. *Richard*|: i. e. der Held :| kehrt
in die beengte Klosterschule zurück. Er wandte sich noch
einmal zurück nach der weiten heimatlichen Landschaft; es
war ihm, als ging' er aus der Welt, u. die Welt war so schön!
Seine Mitschüler u. Alles ging wieder ruhig, als wäre
nichts geschehen, seinen alten geregelten Gang; er konnt'
es nicht begreifen. – Da spricht ein Wittenberger Student
im Kloster ein; der erzählt von den Fortschritten der Re-
formation, u. daß soeben Gustav Adolf gelandet p. Richard hört immerfort still u. in Gedanken zu, während die
Andern für die Neuerung sich dummbegeistert erzeigen.
| = Richard erscheint hier d⟨urch⟩aus energisch, fast
hart p. |
Der Student singt ein Reformationslied. Da überrascht sie
der Pater Rector, der sie behorcht hat. Da plötzlich
schimpfen die Schüler auf den Studenten, küßen dem Rector die Hand p. Nur Richard thut es nicht; als aber nun der
Student, als Emißair, eingesperrt werden soll, bricht Richard plötzlich los, u. befreit den ganz verdutzten Studenten. Darauf entflieht Richard in der Nacht zum Walde. –
Dort vielleicht kommt er eben zurecht, wie des Morgens
der qu⟨ästionierte⟩ Student, der eigentl⟨ich⟩ im Weimar-
schen Offizier ist, das schöne Fräulein, die eben mit dem
Falken auf die Jagd reitet, entführen will. R⟨ichard⟩ ficht
mit ihm, u. befreit die Schöne, in die er sich nun selbst
verliebt. Ein Oberst aber hat den Händel gesehen, achtet

Richards Heldenwesen, u. wirbt ihn für sein Fähnlein p. –
Oder: [Der Held ist ursprüngl⟨ich⟩ ein Hirt, wie Juan de
Dios? –] *vielmehr* = Wie er Nachts entflieht, ist eben die
Mannsfelder Schlacht verloren, die Flüchtlinge irren
d⟨urch⟩ den Wald, ein Fräulein zu Roß flieht vor den
verfolgenden Soldaten – sie ist so wunderschön – er wirft
sich den Soldaten entgegen, u. rettet das Fräulein. Der
Oberst der Soldaten qu⟨ästionis⟩ sprengt darüber heran,
ihm gefällt das tapfere Wesen Richards, er nimmt ihn
mit p.

Das qu⟨ästionierte⟩ *Fräulein* erscheint ihm vielleicht fortwährend von Zeit zu Zeit wie sein höherer Genius, die
Liebe zu ihr reißt ihn aus seiner Lüderlichkeit, in die er aus
Desperation verfällt, ohne davon befriedigt zu seyn, indem er vielmehr selber dieses wüste Wesen, Würfelspiel,
|wo er alles auf Einen Wurf wagt| p., beständig humori-
stisch-scharf ironisirt p. –

Da der *Krieg* so gedankenlos, bloß um politischen Plunder, geführt wird, sagt er sich mitten im Siegesglantze u.
da er als Oberst soeben vom Siegesjubel begrüßt u. um-
lärmt wird, plötzlich, vor dem Jubel fliehend, ganz vom
Kriege los, legt Rüstung p. nieder, u. geht allein in die
Einsamkeit. – Da wird er überraschend gewahr, daß sein
Ideal, das qu⟨ästionierte⟩ *Fräulein,* eigentlich nichts weiter
war als eine höchstliebenswürdige u. geniale Metze, die
zwar in ihn verliebt ist, aber nebenbei es insgeheim mit
seinem *besten Freunde u. Kammeraden, dem Wittenberger Studenten,* hält, u. daß also auch sein treuester Freund ihn
betrogen hat. NB: Diese Ueberraschung recht nächtlich,
mysteriös u. ominös halten! Er will, vielleicht, nun den
verrätherischen Freund, der auch noch vor blinder Brunst
ihn sonst noch politisch verrathen hat, niederstechen, aber
das Fräulein tritt dazwischen, u. er ersticht zufällig *Sie*
anstatt ihn. Da sagt er der falschen Welt Ade, flüchtet in
sein zerstörtes Heimatschloß u. wird dort Einsiedel.
|(Nur frisch u. keck drauf komponieren!)|
= Die Vacanz ist aus, Richard kommt p. |: S⟨iehe⟩ *hier*

links oben! :| Stilleben im Klostergarten am Abend. In der
Nacht aber wunderlich-geheimnißvolles Treiben am Kloster. Richard steigt herab in den Wald, u. entflieht p. – Er
trifft unten im Walde Zigeuner; eine Zigeunerin weißagt
ihm viel Glück, das aber ihm zum Unglück ausschlagen
werde. Er züchtigt sie entrüstet. p. –

Vielleicht = Gegensatz u. Kampf von *»Mönch u. Ritter«*.
Nemlich beide: großartige Charaktere, die miteinander
auf Tod u. Leben ringen, u. zuletzt doch auf *Einem* höheren Punkt zusammentreffen, indem der Ritter die Welt
von sich wirft, u. sterbend von dem Mönche versöhnend
gesegnet wird.

(*Das Gantze* = Streben, zu hohe Idee in der Welt praktisch
zu machen. Dazu muß er aber weltliche Mittel anwenden,
die ihn aber mit fortreißen, so daß zuletzt Alles zusammenbricht, da er verzweifelt wird.)

Oder das Gantze = eine gerechte, aber entsetzliche Rache, die
aber zuletzt, von höherem Strahl getroffen, in sich selbst
zusammenbricht! Nemlich: Die Pfaffen beleidigen ihn, er
will sich rächen, geht zu der Schwedischen Parthei, wird
d⟨urch⟩ den Krieg hoch erhoben, mitten im Siege aber in
den Flammen des Klosters u. in den ihm entgegentönen-
den Jubel, wirft er Schwert p. von sich, u. wird Einsiedler.
|Richard ist tödlich beleidigt |: wo möglich d⟨urch⟩
Pfaffen-Intriguen :| u. entbrennt in Rache. So kommt er
|: vielleicht noch Student :| zu dem qu⟨ästionierten⟩ Klo-
ster-Stilleben. Dort beichtet er, wird aber nicht absolvirt,
weil er von seiner Rache nicht laßen will; u., so, aus der
Kirche gestoßen, geht er in den Wald: Zigeuner, Schweden, p. – Aber dort findet er keine Befriedigung, er verfällt
dem wüsten Leben, das ihn auch nicht befriedigt, er steigt
hoch in Ehren, die in ihrer Hohlheit ihn anwidern, stürmt
das Kloster p. – So bricht Alles vor ihm zusammen u. er
wird Einsiedler.|

|= Richard wird unwillkürlich vom Sturm des Krieges
mit fortgerißen von Frevel zu Frevel, ein Kloster brennt
|: vielleicht das Kloster, wo er studirt hat :| p. Oder = es ist

ein Nonnenkloster, das qu⟨ästionierte⟩ Fräulein als
Nonne flucht dem Richard, u. stürtzt, um der wilden
Horde zu entgehen, in den Flammen zusammen. Hiernach
wäre das Fräulein also in der That eine hohe Erscheinung,
die aber dennoch in Richard wirklich verliebt war p. –
Als Gegensatz gegen diesen wildschönen Richard: einen
weichen, sanften Charakter, der aber übergerannt wird, u.
wie in einem Meer von Wehmuth untergeht; u. ein poetischer Vagabond, der sich unter den Zigeunern umtreibt,
u. ein prächtig-wildes Zigeunermädchen p. – Wie aber nun
der treulose Freund? vielleicht will er, den Richard ver-
rathend, das qu⟨ästionierte⟩ Fräulein verführen p.? –|

ZUR AUFNAHME

Eine deutliche Abgrenzung gegenüber der Hoffmannschen
Manier enthält die Rezension von Ludolf Wienbarg (1802-
1872) in der Hamburger Zeitschrift ›Literarische und Kritische Blätter der Börsen-Halle‹ (Nr. 10 [5. 12. 1840], S. 39).
Obwohl Wienbarg zu den Jungdeutschen gezählt wird und
in seinen *Ästhetischen Feldzügen* (Hamburg 1834) eine ›realistische‹ Kunst forderte, erkennt er Eichendorffs Werk an:

In der Novelle des Freiherrn *Joseph von Eichendorff* »die
Glücksritter« blinkt und funkelt ein Dichterstern, wie nur
je einer über die Büsche, Wälder, Ströme und nächtlichen
Wanderpfade unserer Mährchen- und Volksliederwelt
aufgegangen. Bei aller Duftigkeit des Hintergrundes ist
der Dichter im Besitze der klarsten Sprachtöne, frischen
Humors und des Talentes, seine huschenden Gestalten
durch rasche Reflexe und ihren eigenen Schatten hervorzuheben. An der Sprache zumal haben wir uns nicht satt
lesen können; man hört selten mehr ein so klares klingendes gesundes Deutsch, den Brustton der Sprache, den Ler-
chentriller in frischer Morgenluft. Die Zeit der abenteuerlichen tollen und doch so sinnvollen Geschichte ist die
wilde nach dem dreißigjährigen Kriege. Eine glückliche

Wahl; denn wer die gemeine Wirklichkeit in das Gebiet des Phantastischen zieht, wird dem Hoffmannschen Schicksal nicht entgehen.

(vgl. HKA XVIII, S. 541 f.)

Die Rezension in der in Stuttgart von August Lewald redigierten Zeitschrift ›Europa, Chronik der gebildeten Welt‹ (Mitte Dezember 1840) ist »F. W. D.« gezeichnet. Der noch nicht identifizierte Verfasser stellt bemerkenswerte Bezüge zum Wachtraum her:

Seine Novelle, *die Glücksritter,* ist köstlich. Kennt ihr das wache Traumleben? Saßet ihr schon Abends, von einem einsamen Spaziergange zurückgekehrt, auf eurem dunkeln Zimmer, und legtet, in vage Träumereien versenkt, die Hände in den Schooß? In den gegenüberliegenden Häusern werden die Lampen angezündet, und unbestimmte gelbe Lichter, in den barocksten Formen und Verschlingungen herumschießend, tanzen an der Wand. Ihr folgt diesen phantastischen Sprüngen, und laßt euch tiefer hineinziehen in die phantastischen Pfade, welche die Phantasie durchstreift. Immer toller und wirrer werden die Gestalten, ihr wißt selbst nicht, ob ihr wacht oder träumt, eine wundersame Musik surrt euch vor den Ohren – da wird plötzlich die Thür geöffnet, ein scharfes Licht fällt auf die Wand und der ganze Spuk ist verschwunden, indeß ihr den Eintretenden groß anseht, euch die Augen reibt, und ihn heimlich verwünscht. – So ist eine Eichendorff'sche Novelle. Es ist ein merkwürdiger Zufall, oder vielmehr eine unbewußte Consequenz seines innersten Wesens, daß diese ganze Erzählung nur während der Dämmerung oder der Nacht spielt; er haßt die Sonne, denn seine Figuren halten nicht Stand vor ihrer Helle, und wäre er gezwungen, in ihr zu leben, wer weiß, was die leicht auf- und abwirbelnden Sonnenstäubchen in ihm wecken würden! Für ihn hat jedes Sinn und Deutung, er versteht die Stimmen der Vögel und das Rauschen der Bäche und Bäume. Ein altes, verfallenes Waldschloß, von hohen Linden umrauscht, und von Epheu überwuchert, davor eine steinerne Rampe, worauf allemal ein Pfau sitzt und sein Rad schlägt, sind ihm die liebsten Orte. In den düstern Alleen gehen prächtige Frauen, von blendenden Schleiern umwallt, mit prächtigen Schleppkleidern, wie Bilder im Schattenspiel, vorbei; dazu Ritterlichkeit, romantische Liebe, ein Taugenichts, der überall zu rechter Zeit kommt, Gauner, Zigeuner, das sind die Elemente aller seiner Novellen. Es liegt in ihrem Wesen, daß sie nie einen abgerundeten, nothwendigen Schluß haben können. Die Glücksritter gehen aus, wie wenn man ein sehr künstliches Stück auf der Klarinette spielt – der Held heißt Klarinette – und plötzlich fährt ein falscher, verlaufener Ton heraus. Wie Selbstironie überhaupt in dem Wesen der Romantik liegt, so ist auch hier das letzte Capitel: Viel Lärmen um Nichts, überschrieben. Die prächtige Dame mit dem Gewitterschauer von Locken, den funkelnden Augen und weißen Armen ist am Ende Sinka, die Marketenderin.

(vgl. HKA XVIII, S. 542 f. und 1671 f.)

Karl Gutzkow ist vermutlich der Verfasser der Kritik im Hamburger ›Telegraph für Deutschland‹, die Ende Dezember 1840 erschien und nicht viel mehr als eine Wiederholung der geläufigen Romantik-Kritik bietet:

Eichendorffs Novelle trägt den ganzen Traumcharakter seiner üblichen Dichtungsweise. Fast alle Scenen dieser abentheuerlichen Geschichte: *die Glücksritter,* passiren beim Zwielicht oder im Mondenschein. Ein romantisches Vagabondenleben breitet sich mit den anmuthigsten Detailschönheiten vor uns aus. Die Erfindung ist hier zuweilen nur ein hölzerner Stock, um den »der letzte Romantiker« die Maiengewinde und Festons seiner Phantasie flicht. Die Menschen sind oft wahr, oft aber auch wie einer buntlakirten, bleiernen Welt entnommen. Schade, daß die Erzeugnisse der Romantik fast alle wie brillante Feuerwerke in sich verpuffen und auf das menschliche Auge blendender wirken, als erwärmend auf das Gemüth. (HKA XVIII, S. 544)

ASPEKTE DER DEUTUNG

Zur Philisterthematik bringt dieser Text Eichendorffs nichts Neues, sondern führt zu dem ursprünglich mit dem Begriff des Philisters verbundenen Konfrontationsdenken zurück (Band IV dieser Ausgabe, S. 806-812). Die Darstellung bietet dennoch zugleich in einigen Aspekten ein zutreffendes Bild der zeitgenössischen Realität deutscher Universitätsstädte. Der überwiegende Teil der Studenten gehörte zum Adel und konnte es sich leisten, auf die Bürger der Stadt herabzusehen und ungestört jeglichen Schabernack am Rande der Legalität zu treiben. In *Halle und Heidelberg* beschreibt Eichendorff den »geharnischten« Geist der Universitäten vor der romantischen Generation:

> Sie hatten vom Mittelalter noch ein gut Stück Romantik ererbt, was freilich in der veränderten Welt wunderlich und seltsam genug, fast wie Don Quixote, sich ausnahm. Der durchgreifende Grundgedanke war dennoch ein kerngesunder: der Gegensatz von Ritter und Philister. Stets schlagfertige Tapferkeit war die Kardinaltugend des Studenten, die Muse, die er oft gar nicht kannte, war seine Dame, der Philister der tausendköpfige Drache, der sie schmählich gebunden hielt.
>
> (Band V dieser Ausgabe, S. 419)

Einige Episoden aus dem Tagebuch belegen, daß sich an dem selbstbewußten Auftreten der Verbindungsstudenten zumindest in Halle (vor der Universitätsschließung durch Napoleon im Jahre 1806) nichts geändert hatte. Die Studenten agieren in einem weitgehend rechtsfreien Raum. Nicht einmal das Militär kann sich gegen ihre Provokationen schützen (ebd., S. 128).

In den *Glücksrittern* ist dies nicht anders. Suppius befreit mit brachialer Gewalt den diebischen Klarinett, als er von Bürgern verfolgt wird. Diese Tat ist Grundlage ihrer Freundschaft, die zu einem fröhlichen Vagabunden-Dasein führt, das stets der »unbekannten Muse« gilt. Die Studenten erweisen sich bei dieser Werbung um eine Geliebte als Anhänger der Romantik, die nach Eichendorff die groben Sitten der Burschenschaftler ›verfeinerten‹ (ebd., S. 423) und die Poetisierung des Lebens und Liebens auf ihre Fahnen geschrieben hatten (ebd., S. 424; vgl. auch die Zitate in Anm. 514,19 f. und 514,24). Die phantasievolle Jagd nach einer unbekannten, immer wieder wie ein Phantom auftauchenden Frau, die zugleich Sinnbild der Poesie ist, gibt der Geschichte eine zweite, symbolische Schicht und setzt sie in Verbindung mit dem *Taugenichts*.

STELLENKOMMENTAR

511,1 *KLARINETT*] Die Namensgebung geht auf die von Tieck begründete Tradition sprechender Instrumente zurück. Tieck ließ in seinen satirischen Märchendramen (*Prinz Zerbino* [1799] und *Die verkehrte Welt* [1799]) Instrumente auftreten. Brentano imitiert ihn im *Gustav Wasa* (1800) (FBA 12, S. III) und läßt auch in dem Gedicht *Phantasie* (1800) eine Klarinette sprechen (Brentano, Werke I, S. 28).

512,27 *Extrapost*] In dem zu Eichendorffs Zeit wohlorganisierten Reisedienst der Postkutschen mit festgelegten Linien gab es gegen Aufpreis besondere Schnellverbindungen.

513,6 *superb*] (Franz.) Hervorragend.

513,15 *gallonierter Bedienter*] Von franz. galon: Gold- oder Silberborte. Die Kleidung des Dieners war damit verziert.

513,20 *Felsentorte*] Vermutlich Baumkuchen.

513,24 *Schubsack*] Weiträumige Tasche in einem Kleidungsstück.

513,36 *Schnappsackspringer*] Jemand, der es auf den Schnappsack (Proviantbeutel) abgesehen hat: Taschendieb, Straßenräuber.

514,19 f. *Stange, die er einen Bleistift nannte*] Vgl. die Darstellung in *Halle und Heidelberg*: »Da stürzten, ohne nach Grund und Veranlassung zu fragen, halbentkleidete Studenten mit Rappieren und Knütteln aus allen Türen ⟨...⟩ dichte Staubwirbel verhüllten Freund und Feind ⟨...⟩ die Häscher warfen ihre Bleistifte (mit Fangeisen versehene Stangen) in den verwickelten Knäuel« (Band V dieser Ausgabe, S. 420).

514,24 *Halle*] In Halle hatten die Brüder Eichendorff 1805/06 studiert, bis die Universität durch Napoleon geschlossen wurde. Auf Erlebnisse in Halle beziehen sich vermutlich die Passagen über »die damaligen Universitäten« in *Halle und Heidelberg*: »die nächtlichen Ständchen unter den Fenstern imaginärer Liebchen; dazu das beständige Klirren von Sporen und Rappieren auf allen Straßen, die schönen jugendlichen Gestalten zu Roß, und alles bewaffnet und kampfbereit wie ein lustiges Kriegslager oder ein permanenter Mummenschanz (Band V dieser Ausgabe, S. 420; vgl. auch die Zitate oben S. 856 und 868 und in der vorigen Anm.).

514,37 *graulich*] Die nicht umgelautete Form war neben »gräulich« geläufig.

515,2 *Eremit*] Der Einsiedler gehörte zu den Leitbildern der Romantik (vgl. Anm. 85,7).

515,8 *Fuchs*] Junger Student. Die Bezeichnung ist noch heute in den Studentenkorporationen üblich.

515,26 *Cajus, Cujacius*] Zwei Juristen des römischen Rechts werden hier als Beispiel für studentische Lektüre genannt: Caius, ein römischer Rechtsgelehrter des 2. Jahrhunderts (Hauptwerk: *Institutiones*), und der Franzose Jacque des Cujas (1522-1590). Eichendorff wird bei seinem Studium mit Werken dieser Autoren in Berührung gekommen sein und nennt hier konsequent Autoren, die zum Zeitpunkt der Erzählung bereits bekannt waren. Auch der genannte schweinslederne Einband war im 17. Jahrhundert üblich.

516,12 *Kommilitonen*] Mitstudenten.

516,23 *künstliches Stück*] Sehr kunstvolles Stück.

517,3 *commode*] Bequem.

517,14 *mein Vater ein Müller*] Vermutlich als Anspielung auf den *Taugenichts* gedacht (vgl. Band II dieser Ausgabe, S. 446,5 f.).

517,16 *das Rad war zerbrochen*] Mit dem romantischen Motiv der Mühle verbindet sich seit dem *Wunderhorn*-Lied *Müllers Abschied* das Bild des zerbrochenen Rades (FBA 6, S. 96 f.). Vgl. Anm. 31,4-7.

517,32 *pappenheim'sche Kürasse*] Die Soldaten des kaiserlichen Reitergenerals Gottfried Heinrich Graf zu Pappenheim (1594-1632) trugen im Dreißigjährigen Krieg diesen Brustharnisch.

517,32 f. *schwedische Koller*] Wämse der gegnerischen Schweden.

518,10-26 *Ich selbst aber weiß mich ⟨...⟩ zu erinnern ⟨...⟩ wie neugeboren*] Diese Textpassage stimmt fast wörtlich mit dem autobiographischen *Kapitel von meiner Geburt* überein (vgl. Band V dieser Ausgabe, S. 352,15-31).

519,7 f. *der fröhliche Klang der Jugend*] Mit einer Huldigung an die studentische Jugend schließt Eichendorff seinen autobiographischen Essay *Halle und Heidelberg* ab (Band V dieser Ausgabe, S. 452).

519,10 *holk'scher Jäger*] Soldaten des kaiserlichen Feldmarschalls Heinrich Graf von Holk (1599-1633).

519,31 *eilfte*] Zur Goethe-Zeit gebräuchliche Form von »elf«.

522,9-28 *Möcht' wissen, was sie schlagen ⟨...⟩ von mir*] Der Gedichttext war bereits im ›Deutschen Musenalmanach‹ von 1839 unter dem (auch in der Gedichtsammlung von 1841 übernommenen) Titel *Die Nachtigallen* (Band I dieser Ausgabe, S. 407) erschienen.

524,11 *Wind*] Der durch Bälge erzeugte Luftstrom der Orgel wird »Wind« genannt.

525,16-20 *der fromme Aeneas im hölzernen Pferde ⟨...⟩ Troja*] Anspielung auf den von Homer geschilderten Krieg um Troja, bei dem die Belagerer im Bauch eines eigens gebauten hölzernen Pferdes in die Stadt kamen. Der Student bringt die Geschichte jedoch durcheinander: Aeneas gehörte zu den Verteidigern der Stadt. Es war Menelaus, der um die Rückgabe der geraubten Helena kämpfte.

527,15 *Schnapphähne*] Diebe, vgl. Anm. 513,36.

527,23-26 *Wann der Hahn kräht auf dem Dache* ⟨...⟩ *Land und Haus]* In dem Gedichtband von 1841 unter dem Titel *Wann der Hahn kräht* (Band I dieser Ausgabe, S. 408).

527,35 f. *Ex ungue leonem]* (Lat.) An der Klaue (erkennt man) den Löwen.

528,3-13 *Tiefsinn der Nacht* ⟨...⟩ *ihr Reich ist nicht von dieser Welt]* Mit Novalis' *Hymnen an die Nacht* (1800) beginnt die für die Romantik charakteristische Verherrlichung der Nacht, die Eichendorff hier aufnimmt (vgl. Anm. 39,14 und 528,26 f.). Eichendorff kennt allerdings auch die unheimliche Finsternis, die den Menschen bedrohlich ist, und mahnt zur Wachsamkeit (vgl. S. 553,24 und 554,15 sowie Anm. 473,26).

528,17 f. *Der Schlaf probiert heimlich den Tod und der Traum die Ewigkeit]* Auf die Verwandtschaft von Schlaf und Tod wurde schon in der Antike hingewiesen; die Bezeichnung »ewiger Schlaf« für den Tod geht auf die Bibel zurück, die Metapher vom »Schlafes Bruder« findet sich im Choral. Eichendorff hat seine Formulierung vermutlich von Lord Byron (1788-1824) übernommen.

528,26 f. *der Mensch – im Traume – ihre Sprache versteht]* Die Vorstellungen der Romantik, daß der Mensch im Traum eine mythische Bildersprache verwendet und dabei zu seiner ursprünglichen Einheit mit der Natur zurückfindet, wurden in erster Linie von Gotthilf Heinrich Schubert (*Ansichten von der Nachtseite der Naturwissenschaft* [1808] und *Symbolik des Traumes* [1814]) ausformuliert. Eichendorffs Bilder der schlafenden, heimlich sprechenden Natur (*Wünschelrute*: »Schläft ein Lied in allen Dingen, | Die da träumen fort und fort ⟨...⟩«) finden in Schuberts Arbeiten ihr naturphilosophisches Fundament (vgl. Anm. 109,36).

530,13 *Paß]* Nahtstreifen.

530,14 *unger'sche Jacke]* Ungarische Jacke.

530,27 f. *der große Schnitter Krieg]* »Es ist ein Schnitter, der heißt Tod«, beginnt das *Erndtelied* im *Wunderhorn* (FBA 6, S. 51), das auf ein Kirchenlied zurückgeht. Eichendorff spielt möglicherweise darauf an; der Vergleich des Sensenmannes mit dem Tod ist jedoch ein seit dem Mittelalter tradiertes Bild

(Totentanz), das auch immer wieder auf den Krieg bezogen wurde.

531,18 f. *Saumroß*] Lastpferd.

531,34-533,24 *Der Wald, der Wald ⟨...⟩ gute Nacht*] In dem Gedichtband von 1841 unter dem Titel *Lustige Musikanten* (Band I dieser Ausgabe, S. 408). Überschrift und Motive gehen auf Brentanos Lied und Singspiel gleichen Titels zurück (FBA 12, S. 797).

532,13 *Hatschier*] Kaiserliche Leibwache zu Pferde.

532,13 *Bettelvogt*] Eine »verächtliche Benennung derjenigen Knechte oder Diener der Polizey, die zur Abhaltung und Aufhebung der Bettelleute bestellt sind« (Adelung I, Sp. 951).

533,17 f. *Und voll Geigen hängt | Der Himmel*] Vgl. das *Wunderhorn*-Gedicht *Der Himmel hängt voll Geigen* (FBA 6, S. 296 f.). Dort werden auch Sankt Peter (S. 533,16) und Cäcilia (die Patronin der geistlichen Musik; S. 533,18) genannt (Band I dieser Ausgabe, S. 1082).

534,21-535,3 *Gittertor ⟨...⟩ Schloßgarten ⟨...⟩ wunderschöne Dame*] Der Blick durchs Gittertor in einen Schloßpark wiederholt sich bei Eichendorff formelhaft. Auch die Götterstatuen und die geheimnisvolle weibliche Person gehören zu diesem Bild.

534,25 *einen steinernen Neptun*] Der antike Gott des Wassers und Meeres findet sich in vielen Brunnenanlagen des Barock als steinerne Figur.

536,4 *Rosenobel*] Englische Goldmünze aus dem 14. Jahrhundert.

537,24 *Pomeranzen*] Zitronenähnliche Südfrüchte.

537,32 *Euphrosyne*] In der griechischen Mythologie die »Frohsinnige« der drei Grazien.

538,6 *westfälischen Frieden*] Der 1648 in Münster und Osnabrück geschlossene Frieden beendete den Dreißigjährigen Krieg.

538,37 *Cupido*] Römische Gottheit der Liebe.

539,14 *Alamode-Ärmeln*] Ärmel nach der (französischen) Mode (franz.: à la mode).

540,1-16 *Doch manchmal in Sommertagen ⟨...⟩ mein Liebster sein*] Im Gedichtband von 1841 unter dem Titel *Die Saale* (Band I dieser Ausgabe, S. 410).

540,24 f. *wenn nun der Rechte ⟨...⟩ kommt, hört die Verzauberung auf*] Was hier als Sage bezeichnet wird, ist zugleich typisches Märchenmotiv, wie wir es aus *Dornröschen*, dem *Froschkönig* und anderen Märchen der Grimmschen *Kinder- und Hausmärchen* kennen.

540,33 *Johanniswurm*] Glühwürmchen.

542,16 f. *Strauß brennender Liebe*] Ein kaminrotes Staudengewächs mit kleinen Blüten wird »Brennende Liebe« genannt.

544,21 *Schalke*] Altertümlich für Knechte.

544,22 f. *Schreckenberger (so hieß der Stolze)*] Vgl. dazu den Entwurf, in dem die beiden Bezeichnungen bereits vorkommen (S. 857 f.), sowie Anm. 548,11-30.

544,25 *Schlacht bei Hanau*] Belagerung von Hanau durch die kaiserlichen Truppen 1630-36.

545,11-13 *Im Garten ⟨...⟩ Adelgunde*] Versteckte Verse, zweihebig mit Reim.

545,22 f. *Leiter ⟨...⟩ von ⟨...⟩ Frauenhaaren*] Anklang an das *Rapunzel*-Märchen der Brüder Grimm (KHM 12).

545,29 *Rose von Jericho*] Auferstehungsrose; Pflanze, die nur bei Feuchtigkeit ihre Blüte öffnet.

545,30 *Jelängerjelieber*] Bezeichnung für eine rankende Waldpflanze.

547,8 *Marketenderin*] Den Heeren nachziehende Händlerin.

547,9 *vexierte*] Quälte.

548,11-30 *Aufs Wohlsein meiner Dame ⟨...⟩ der Unsterblichkeit*] In der Gedichtsammlung von 1841 steht der Text unter dem Titel *Der Schreckenberger* (Band I dieser Ausgabe, S. 411). Der sprechende Name aus der Erzählung bezeichnet auch eine Münze. Deshalb ist Fortuna (die römische Glücksgöttin) seine besungene »Dame«.

548,28 *Fama*] (Lat.) Gerücht.

551,23 *VIEL LÄRMEN UM NICHTS*] Diese Übersetzung des Shakespeare-Titels *Much Ado about Nothing* hatte Eichendorff bereits zum Titel einer selbständigen satirischen Erzählung gewählt (vgl. Anm. 9,1).

551,28 f. *Stammbuch*] In die Stammbücher, die sich die Gebildeten im 18. und 19. Jahrhundert anlegten, wurden Zeichnungen und Verse zur Erinnerung von Verwandten und Freunden eingetragen – ähnlich wie in die Poesie-Alben jüngeren Datums.

552,25 f. *Wald und Rehe* ⟨...⟩ *zum Einheizen und Essen*] Standpunkt der aufklärerischen Utilitaristen, gegen die Eichendorff Sturm lief.

553,12-554,8 *Es ist ein Klang gekommen* ⟨...⟩ *über die Länder hinaus*] In der Gedichtsammlung von 1841 unter dem Titel *Klang um Klang* (Band I dieser Ausgabe, S. 412).

553,24-554,15 *Hüt' Dich zu dieser Stunde* ⟨...⟩ *der falschen Nacht*] Vgl. Anm. 528,3-13 und 528,26 f.

557,2 *Samson, der die Philister geschlagen*] Auf das Motiv aus dem Alten Testament (Buch der Richter 14) wird in Brentanos *Philistersatire* mehrfach angespielt. Der von Eichendorff in einem satirischen Drama (*Krieg den Philistern!*) aufgenommene Philisterkrieg der romantischen Bewegung beruft sich stets auf Samsons Taten.

557,16 *St. Jürgen*] Andere Bezeichnung für den heiligen Georg, den Drachentöter, einen frühchristlichen Märtyrer.

557,27 *unten*] 1841: unter

557,33-35 *so weit man* ⟨...⟩ *sehen konnte, es war ja Alles, Alles wieder sein*] Der Ausspruch der Sage wird hier im Sinne der romantischen Vorstellungen gedeutet. Nicht der Besitz eines Königs ist gemeint, sondern die Weite der Natur, die jedem »gehört«. Siglhupfer (alias Klarinett) geht in dieser Natur auf; es gelingt ihm, in seinem freien Wanderleben die trennenden Schranken zur Natur zu überwinden. Der Schlußsatz der Novelle entspricht dieser romantischen Utopie: Er »blieb fortan in den Wäldern selig verschollen« (S. 558,4).

LIBERTAS UND IHR⟨E⟩ FREIER

DRUCKVORLAGE

SW III, S. 431-468. Die nach Fertigstellung des Bandes aufgetauchte Handschrift (vgl. HKA neu V/3, S. 215-460 und 737-743) konnte nicht mehr berücksichtigt werden.

Die von Eichendorffs Sohn Hermann betreute Edition kann nicht als zuverlässig gelten; die zugrundeliegende Handschrift ist jedoch nicht überliefert. So ist der Titel nach dem Inhalt der Satire zu korrigieren: Es ist nicht *ein* Freier, der sich um die Libertas der Geschichte bewirbt, sondern eine ganze Reihe von Bewerbern. Auch der Untertitel könnte von Hermann von Eichendorff stammen, der die politischen Aspekte der späten Dichtung seines Vaters zu vertuschen suchte. Er veränderte deshalb den Gedichtzyklus *1848* und datierte zwei Gedichte, die vermutlich aus der Urfassung der Satire stammen, fälschlich auf 1814 (vgl. Band I dieser Ausgabe, S. 1111-1116). Die Hambach-Satire *Auch ich war in Arkadien!* ›entschärfte‹ er politisch durch Tilgungen und die Bezeichnung »Eine Phantasie« (vgl. S. 661).

Es ist durchaus möglich, daß weitere Ungereimtheiten und Inkonsequenzen der Geschichte auf dem unausgereiften Zustand des Manuskripts oder Eingriffen des Herausgebers Hermann von Eichendorff beruhen.

ENTSTEHUNG

Die politische Satire, die sich in dem »Märchen« versteckt, setzt sich mit den revolutionären Ereignissen von 1848 auseinander und wird Anfang 1849 entstanden sein. Eichendorff hatte zunächst ein satirisches Drama konzipiert, das sich vermutlich (ähnlich wie das *Incognito*) in der Form an die frühromantischen Märchensatiren Tiecks anlehnte. Am

7. 3. 1849 berichtet er seinem Freund Lebrecht Dreves (1816-1870), dessen Lyrik er herausgab (vgl. Band VI dieser Ausgabe, S. 389-391 und 1250):

> Frau Libertas dankt verbindlichst für gütige Nachfrage. Sie ist noch immer in den Geburtswehen begriffen, d. h. ungefähr über die Hälfte fertig. Das dafür projectirte Drama hat sich mir aber unter den Händen unversehens in ein Märchen in Prosa verwandelt, zu klein um selbständig zu erscheinen, u. etwa für die Brockhausische Urania paßend. Nun wir wollen ja sehen, jedenfalls sollen Sie zu seiner Zeit weitere Nachricht davon haben.
>
> (HKA ²XII, S. 234)

Die versprochene Nachricht gab Eichendorff am 1. 8.:

> Frau Libertas ist längst fix u. fertig, aber einstweilen ad acta gelegt, da sie wohl mit der gegenwärtigen Zeit zu sehr collidirt, um sich in ihr zu produziren.
>
> (ebd., S. 242)

Hilda Schulhof berichtete im Jahre 1918 (*Die Textgeschichte von Eichendorffs Gedichten*, in: ZfdPh 47, S. 22-82) von einer »ersten handschriftlichen fassung des satirischen märchens ›Libertas und ihre freier‹«, die sich im Wiesbadener Nachlaß (Blatt 69/70) erhalten habe (ebd., S. 75). Die Handschrift ist verschollen, und wir kennen nur das Doppelgedicht *Der Freiheit Wiederkehr*, das Hermann von Eichendorff aus diesem Kontext publizierte (vgl. Anm. 565,13-28).

ASPEKTE DER DEUTUNG

Die politischen Auffassungen Eichendorffs sind seit dem Hambacher Fest, auf das er in der Erzählung *Auch ich war in Arkadien!* reagiert hatte (vgl. S. 83-103 mit Anm.), etwas verändert: Als neue, die Geschichte mitbestimmende Kraft tritt nun der Riese Rüpel auf, der als Tagelöhner eingeführt wird und damit den vierten Stand repräsentiert. In Eichendorffs Satire erscheint dieses Proletariat als eine vollkommen abhängige, manipulierbare Gruppe. Rüpel, der entfernt mit dem Riesen aus Eichendorffs Satire *Krieg den Philistern!* verwandt ist (vgl. Band IV dieser Ausgabe, S. 94, 758 und 810), ist ein dummer, grobschlächtiger, jedoch gutmütig-weinerlicher Kerl, dem es nur ums Fressen zu tun ist. Er bewirbt sich – gemeinsam mit dem Vertreter der linken Intellektuellen (Jungdeutschen), Dr. Magog, – um die Gunst der Libertas (Freiheit). Diese schöne Frau, die von einem neureichen Aufklärer, dem Baron Pinkus, gefangengehalten wird, ist jedoch insgeheim mit den Tieren des Waldes verbündet und entflieht allen Zwängen in das Reich eines romantischen Märchenschlosses. Rüpel und Magog, denen sie auf der Flucht begegnet, erkennen sie nicht. Magog heiratet eine emanzipierte Frau, die er fälschlich für Libertas hält, und emigriert nach Amerika. Rüpel, der bei den ersten Zeichen einer Auseinandersetzung die »Verschwindsucht« bekommen hat, fristet sein kärgliches Dasein am Rande der Gesellschaft.

Eichendorffs Fazit aus den geschichtlichen Ereignissen von 1848 ist demnach recht deprimierend und weit pessimistischer als in dem Gedichtzyklus mit dem Titel *1848* (vgl. Band I dieser Ausgabe, S. 449-453), der vermutlich noch im Revolutionsjahr entstanden war. Hatte er dort noch auf die Notwendigkeit einer Erneuerung hingewiesen, indem er formulierte: »Es ist den frischen hellen Quellen eigen, | Was alt und faul, beherzt zu unterwühlen«, so geht er nun davon aus, daß der Zugang zur wahren Freiheit vorerst verloren ist. Das Traumschloß, in das sie sich zurückzieht, hat – so erfahren wir am Schluß der Erzählung – »seitdem niemand wiederaufgefunden«.

Die Darstellung der revolutionären Ereignisse in Berlin unterscheidet sich in der Tendenz nicht wesentlich von der *Arkadien*-Satire. *Libertas und ihr⟨e⟩ Freier* schildert das Werben um die falsche und echte Freiheit, wobei ein Vertreter des armen Proletariats (der Riese mit seiner Familie) eine wichtige Rolle spielt. Die Hilflosigkeit dieses Riesen, der von den Intellektuellen verschiedener politischer Richtung nur manipuliert wird, entspricht durchaus der geschichtlichen Realität. Der Umsturz von 1848 wurde – ähnlich wie der vier Jahre zuvor niedergeschlagene Weberaufstand in Schlesien – von dem verarmten vierten Stand getragen. Er hatte jedoch nur so lange Erfolgsaussichten, wie das städtische Bürgertum den Protest mittrug und organisierte. Der Blick auf die politischen Ereignisse trifft die Realität. Es ist Eichendorff allenfalls vorzuwerfen, daß er dem Armenproblem, auf das Bettine von Arnim und Heinrich Heine bereits so nachdrücklich hingewiesen hatten, so wenig Aufmerksamkeit schenkt. Er schildert das Proletariat als arm und hilflos, ohne irgendwelche Lösungen für die Überwindung der Armut anzudeuten. Die wahre Freiheit – so ist das resignative Fazit der Satire – hält sich versteckt; sie findet unter den gegebenen Umständen in Deutschland keinen Partner.

Was Eichendorff in diesen Satiren zu grundsätzlichen Fragen wie der Pressefreiheit aussagt, mag ihn aus heutiger Sicht als ›Reaktionär‹ erscheinen lassen, doch ist seine Position zum Teil daraus erklärbar, daß er selbst im Auftrag der preußischen Regierung nach Vermittlungsmöglichkeiten in der Pressegesetzgebung suchte und ein entsprechendes Memorandum verfaßt hatte (vgl. Band V dieser Ausgabe, S. 511-591 mit Anm.). Er mußte die Position des Diplomaten einnehmen, der von der Unmöglichkeit weiß, eine konsequente Lösung durch eine radikale Umkehr in der Gesetzgebung durchzusetzen. Gemessen an der zeitgenössischen Zensur-Praxis in einigen Ländern Deutschlands waren seine Vorschläge, die ausdrücklich eine »Harmonisierung« des Zensurwesens in Deutschland erwirken sollten, moderat.

Die Satire kennt jedoch kein diplomatisches Abwägen, und in der dichterischen Umsetzung erscheint die Szenerie der liberalen Bewegung als ein Hexenkessel, in dem die einzelnen Akteure ihr privates Süppchen kochen und das Fähnlein nach dem Winde ausrichten. Wer Eichendorffs Position – im Hinblick auf Heinrich Heine, Karl Gutzkow oder Bettine von Arnim – als rückständig einstuft, mag bedenken, daß die Geschichte sich aus der Retrospektive stets einfacher bewer-

ten läßt als von den Zeitgenossen. Die Eichendorffsche Satire
gehört in den Zusammenhang eines polemisch geführten
Kulturkampfs, in dem Heine und Eichendorff konträre Positionen beziehen.

STELLENKOMMENTAR

559,1 *Libertas*] (Lat.) Freiheit. Zu Eichendorffs Freiheitsbegriff vgl. Anm. 566,1 f., 566,11-18 und 566,24.

559,2 *Ein Märchen*] Auch Tiecks Satire *Der gestiefelte Kater* (1797) trug als Untertitel im Erstdruck die Bezeichnung
Ein Kindermärchen. Hier wie dort erlaubt diese Gattungsbezeichnung, Elemente des Märchens (wie die vermenschlich-
ten Tiere und Elfen) in die Satire einzubringen. Eichendorff
beginnt auch mit der Märchenformel: »Es war einmal ⟨…⟩«
und nennt sein Werk im Brief an Dreves »ein Märchen in
Prosa« (vgl. Zitat S. 877).

561,14-17 *überaus künstliche Uhr ⟨…⟩ rückwärts ⟨…⟩ um
fünfzig Jahre zu spät*] Die kunstvolle Uhr ist zurückgestellt in
die Zeit der Aufklärung, was für Eichendorff einen Rück-
schritt der geschichtlichen Bewegung bedeutet. In der Satire
Incognito läßt er in diesem Sinne die Vertreter der Berliner
Aufklärung, Nicolai und Biester, aus ihren Gräbern wieder
auferstehen (vgl. Band IV dieser Ausgabe, S. 582 mit Anm.
sowie hier, S. 89,5 und 562,10 mit Anm.).

561,20 f. *In diesen heil'gen Hallen ⟨…⟩ Rache nicht*] Zitat
aus der berühmten Arie von Mozarts *Zauberflöte*, deren Text
durch die (Eichendorff verhaßten) Ideen von Aufklärung
und Freimaurertum geprägt ist.

561,22 f. *Ruhe ⟨…⟩ erste Bürgerpflicht*] Die Forderung
geht auf einen Erlaß aus dem Jahre 1806 in Berlin zurück
(Graf von der Schulenburg nach der Schlacht von Jena). Das
Bürgertum machte sich die Formel in der Revolution von
1848 zu eigen, als die durch die Industrialisierung verarmten
unteren Schichten nach den ersten Erfolgen ihre Forderungen formulierten (W II, S. 984).

561,32-562,6 *mit gebogener Nase ⟨...⟩ Baron Pinkus]* Vermutlich verhöhnt Eichendorff hier einen Vertreter des neuen Geldadels, den jüdischen Baron Anselm Meyer Rothschild (1743-1812) und seine Söhne (vgl. Anm. 564,14 f.).

562,6 *Negromant]* (Griech.) Geisterbeschwörer.

562,10 *Nachlaß des seligen Nicolai]* Das Wiederaufleben der Aufklärung im Vormärz kritisiert Eichendorff in mehreren Werken. Nicolai tritt persönlich im *Incognito* auf (vgl. Anm. 561,14-17), und im *Politischen Brief* mahnt Eichendorff den fiktiven Briefpartner:

> Ich weiß, du warst sonst immer ein geschworener Gegner jener weltbekannten, flachen Aufklärung. Wie denn nun? – Erkennst du denn wirklich die Alte nicht wieder, weil sie die Schminke gemachter Begeisterung aufgelegt, ein falsches, blendendes Gebiß eingesetzt und sich ein zierliches Freiheitskäppchen über ihre Glatze gestülpt hat?
> (Band V dieser Ausgabe, S. 650)

Vgl. auch folgende Anm. sowie Anm. 89,5.

562,22 f. *Menschenwohl, Jesuiten wittern und Toleranzen]* Eine »Jesuitenriecherei« betrieb nach Eichendorffs Darstellung die Berliner Aufklärung (vgl. Band IV dieser Ausgabe, S. 582 und 109 f.; Band VI, S. 505). Die Forderungen nach Menschenwohl und Toleranz gehören zum Erbe der Französischen Revolution, das Eichendorff für gefährlich hält, weil die höhere Wahrheit des Christentums dabei nicht gebührend berücksichtigt wird. Das Menschenwohl berührt nur das irdische Wohl, die Toleranz nach dem Vorbild Lessings (Ringparabel des *Nathan*) stellt die Weltreligionen auf eine Ebene.

562,27 *Kosmopolit]* Für Eichendorff keine positive Bezeichnung. Er formuliert seine Kritik in *Der Adel und die Revolution*: »⟨...⟩ der gleichzeitig zur Herrschaft gelangte Kosmopolitismus, jener seltsame ›Überall und Nirgends‹, der in aller Welt und also recht eigentlich nirgend zu Hause war« (Band V dieser Ausgabe, S. 410,36-411,2).

562,28 *Großhofpolyp]* Ein Polyp ist eine Krake; im Rotwelsch wird ein Polizist als Polyp bezeichnet.

562,28 f. *Das Brockhausische Konversationslexikon]* Mit
Brockhaus korrespondierte Eichendorff selbst. Das berühmte Lexikon des Verlags erschien in sechs Bänden 1796-
1808 zum erstenmal.

562,30 f. *ein allgemeines Schütteln des Kopfes]* Nach Ansgar
Hillach (W II, S. 985) Zitat aus der *Jobsiade* (1784) von C. A.
Kortum, die auch für Wilhelm Buschs *Bilder zur Jobsiade* die
Quelle wurde.

563,2 *Stichdunkel]* Stockdunkel.

563,3 *seinen unsterblichen Zopf]* Der Zopf war für Eichendorff ein Symbol der Rückständigkeit. So heißt es in *Der Adel
und die Revolution* zum 18. Jahrhundert: »Ein Ritter mit dem
Zopf ist aber durchaus eine undenkbare Mißgeburt ⟨...⟩
dieser fatale Zopf war in der Tat das mystische Symbol der
verwandelten Zeit: alles Naturwüchsige, als störend und
abgemacht, hinter sich geworfen und mumienhaft zusam-
mengewickelt, bedeutete er zugleich den *Stock*, die damalige
Zentripetalkraft der Heere« (Band V dieser Ausgabe,
S. 392,37-393,8).

563,5 *Tugendusen]* Mit dieser Bezeichnung meint Eichen-
dorff vermutlich die Vertreterinnen des Pietismus, die er in
Krieg den Philistern! verspottet (vgl. Band IV dieser Ausgabe,
S. 74,28 und Band VI, S. 1034).

563,6 *Ultramontanei]* Partei, die sich für die Belange des
Heiligen Stuhls auch jenseits der Alpen politisch einsetzt. –
Lat. ultra montes: jenseits der Berge (von Rom aus gesehen).

563,21 *Aufklärung ⟨...⟩ Menschenbeglückung]* Schlagworte
der liberalen Bewegung, die Eichendorff bereits in *Auch ich
war in Arkadien!* kritisiert hatte (vgl. Anm. 95,5, 562,10 und
562,22 f.) und auch im *Incognito* nennt (vgl. Band IV dieser
Ausgabe, S. 582,152-157 und 596,541 mit Anm.).

563,23-25 *mit dem ganzen Hofstaat in einen ⟨...⟩ Zau-
berschlaf]* Deutlicher Anklang an das *Dornröschen*-Märchen
(KHM 50).

564,1-4 *Luft ⟨...⟩ Windbeutel ⟨...⟩ die unnützen Vergiß-
meinnichts]* Eichendorff nimmt die Utilitaristen aufs Korn,
die alle Elemente der Natur nur nach dem Gesichtspunkt der

Nützlichkeit bewerten. In seiner Schrift *Die Wiederherstellung des Schlosses der deutschen Ordensritter zu Marienburg* beschreibt er »jenes philisterhafte Utilitätssystem, das keinen Wasserfall duldete, wenn er nicht wenigstens eine Mühle trieb, das die Schönheit nur als einen überflüssigen Schnörkel der sogenannten öffentlichen Wohlfahrt begriff und dem aller Genius ⟨...⟩ überall hinderlich im Wege stand« (Band V dieser Ausgabe, S. 750,9-15).

564,2 *Wasser, das keine Balken hat*] Sprichwörtlich (Wander IV, Sp. 1801).

564,10 *Gedankendampffabrik*] Die Dampfmaschine galt Eichendorff als Symbol eines verantwortungslosen Fortschritts (vgl. die alles überrollende Lokomotive im *Incognito*; Band IV dieser Ausgabe, S. 600,642), Fabrikation im Bereich der geistigen Güter ist für ihn absurd. Die »Gedankendampffabrik« entspricht der politischen ›Konstitutionsfabrikation‹, die Eichendorff in seinen politischen Schriften mehrfach kritisiert (vgl. Anm. 27,26-34 und 87,5).

564,10 f. *zu Benjowsky's Zeiten bis nach Kamtschatka*] Anspielung auf die Produktion August von Kotzebues (1761-1819), der seit der Frühromantik als Prototyp des geistlosen Erfolgsschriftstellers galt. Kotzebue hatte 1791 die Memoiren des ungarischen Grafen Benjowsky (1741-1788) zu einem Drama mit dem Titel *Die Verschwörung in Kamtschatka* verarbeitet.

564,14 f. *Pinkus ein überaus reicher Mann und Baron geworden*] Die Familie Rothschild wurde 1822 in Österreich geadelt.

565,13-28 *Und in diesen Morgenblitzen* ⟨...⟩ *vieltausendmal*] Unter dem Titel *Der Freiheit Wiederkehr* veröffentlichte Hermann von Eichendorff (SW I, S. 402) ein Gedichtpaar, das er fälschlich auf 1814 datierte (vgl. Band I dieser Ausgabe, S. 454-456 und 1116). Der zweite Teil dieses Gedichts ist in den vorliegenden Strophen der Satire verarbeitet.

565,23 f. *Kreaturen* ⟨...⟩ *Dürstend alle wieder Licht*] Nach Röm. 8,18-22.

566,1 f. *Lerche ⟨...⟩ jubilierte: die Libertas ist da]* Der Jubel
der Lerche gilt einem christlich verstandenen Freiheitsbegriff: Die wahre Freiheit ist nach Eichendorff nie absolut,
sondern schließt die Anerkennung einer unverrückbaren
Ordnung mit hierarchischen Strukturen ein. Das heißt, der
Mensch muß eine Einschränkung seiner individuellen Freiheit – die unbeschränkt zur Hybris wird – anerkennen,
um wirklich frei zu werden. Die Lerche mit ihrem Aufstieg
zum Himmel setzt das Zeichen für eine so verstandene Befreiung.

566,11-18 *die Wälder ⟨...⟩ gerauscht ⟨...⟩ Wälder, wo ich
aufgewachsen ⟨...⟩ abgeholzt]* Auch diese ›Begleitmusik‹ zum
Auftritt der Libertas ist bezeichnend: Das Waldesrauschen
steht im Eichendorffschen Zeichensystem für die echte, ›uralte‹, ursprüngliche Freiheit, die in der Zeit der Märchen und
Mythen noch lebendig war. Schon bei Friedrich Schlegel
wurde diese Vorstellung mit dem Germanisch-Deutschen
und der Waldlandschaft Germaniens in Verbindung gebracht
und dann – angesichts der französischen Bedrohung zur Zeit
Napoleons – zugleich politisch aktualisiert (vgl. Anm. 103,20
sowie Band VI dieser Ausgabe, S. 1416-1418 und Band I,
S. 888 und 905).

566,24 *Das ist die Burg nicht mehr]* Der moderne Freiheitsbegriff von Aufklärung und Französischer Revolution stellt
nach Eichendorffs Auffassung einen Verrat der »uralten Freiheit« dar (vgl. vorige Anm.).

566,29 f. *Die gebunden da lauern ⟨...⟩ Gruft]* Anklang an
die Gedichte *Auf dem Schwedenberge* (1809) und *Zeichen* (1812),
die auf Schlegels *Auf dem Feldberge* (1807) zurückgehen (vgl.
Band I dieser Ausgabe, S. 92, 175 und 888). Die gebundenen
Kräfte germanisch-deutscher Tradition, die nach Eichendorffs Auffassung in den Befreiungskriegen entfesselt wurden, sind nun wieder gebunden. – Vgl. auch die beiden vorigen Anm.

567,8-10 *Buchsbäume und Spaliere ⟨...⟩ in der großen Einsam-
keit]* Für die französischen Gärten mit ihrer zugerichteten
Natur bedeutet der Auftritt der Libertas Befreiung aus der

kunstvollen Abgrenzung von der wahren Natur. Der Wald bricht nun »verwildernd« in den abgegrenzten Parkbereich ein (vgl. S. 567,12 f.).

567,14 f. *Tulipanen*] Dichterisch für: Tulpen.

567,15 f. *Königskerzen und Kaiserkronen kicherten lustig untereinander*] Die beiden Blumen gehören verschiedenen Sphären an: Die majestätische Kaiserkrone des Parks (neben der Päonie Eichendorffs Lieblingsblume, mit der er auch Heimaterinnerungen verbindet [vgl. Anm. 487,33-488,21]) verbrüdert sich hier mit der vergleichsweise ordinären Königskerze, die wild auf Schuttbergen gedeiht und allenfalls in einem Bauerngarten ihren Platz findet. – Auch im *Incognito* werden beide Pflanzen zusammen genannt (Band IV dieser Ausgabe, S. 603,728).

568,5 *schoß ihm plötzlich das Blatt*] Da gingen ihm plötzlich die Augen auf.

568,11-13 *die bewaffnete Macht ⟨...⟩ mit großer Anstrengung mobil*] Bei den revolutionären Ereignissen hielt sich das Militär in Berlin zunächst zurück, zumal sich die unteren militärischen Ränge mit den Zielen des Umsturzes identifizierten. Friedrich Wilhelm IV. – der »Romantiker« auf dem preußischen Thron, der dem Ideal eines Volkskönigs huldigte – zögerte einzugreifen und versuchte beim sogenannten »deutschen Umritt« (21. 3. 1848), unmittelbar mit dem Volk Verbindung aufzunehmen. Zu einer militärischen Entscheidung kam es erst, als das Bürgertum aus Angst vor der frühsozialistischen Bewegung des Proletariats nach der Restauration der alten Ordnung verlangte. Dementsprechend ist es hier der Großindustrielle Pinkus, der nach dem Militär ruft. Eichendorffs Wertung der historischen Ereignisse geht aus der Briefäußerung vom 25. 1. 1849 (an Theodor von Schön) hervor:

> Es ist überhaupt auffallend, wie in jetziger Zeit alle Individuen verschwinden, alles ist allein auf die Maßen ⟨lies: Massen⟩ gestellt. Und doch ist die Masse nur eine Idee, die, wie das Königthum, die Freiheit u. s. w., wenn sie wirklich in's Leben treten soll, individuell, persönlich

werden muß. ⟨...⟩ Das Pöbelregiment ist dumm, das
Säbelregiment noch dümmer ⟨...⟩.
(HKA ²XII, S. 232)

568,20 *Zwangsjacke]* Eine Jacke, die zur »Ruhigstellung«
der Geisteskranken zu Eichendorffs Zeiten üblich war. Die
zugenähten Ärmel wurden über dem Rücken zusammenge-
bunden. Im Eichendorffschen Bildersystem bedeutet die Fes-
selung der Libertas durch den aufgeklärten Großindustriel-
len einerseits die Verengung und Fehlinterpretation des Frei-
heitsbegriffs in der liberalen Bewegung. Andererseits könnte
jedoch auch eine Kritik an der gewaltsamen Niederschlagung der Revolution von 1848 gemeint sein. Die Freiheit,
die noch auf der Suche nach dem rechten Weg und der ursprünglichen Kraft ist, geht nach seiner Auffassung durch
den Eingriff des Militärs endgültig verloren (vgl. vorige
Anm.).

568,23 f. *Patriotismus ⟨...⟩ Stockprügel]* Eichendorff verdeutlicht hier, daß die Soldaten aus einem falsch verstandenen Patriotismus nur dem militärischen Gehorsam folgen
(der in Preußen durch Stockprügel durchgesetzt wurde):
Dem pflichttreuen »würdigen Krieger« kommen die Tränen
bei der Prozedur. Vgl. auch Anm. 563,3 und 569,14.

568,26 *Alteration]* Ausbruch von Gefühlen, Aufregung.

569,4-10 *der Treue Zopf ⟨...⟩ aus ihren eigenen Locken]* Ironisch gemeint, da die rückhaltlose »Treue« hier in Form des
überlebten Zopfes (vgl. Anm. 563,3) dargeboten wird. Ein
entsprechendes Opfer der eigenen Haare hatten dagegen
Frauen in den Befreiungskriegen geleistet. Eichendorff spielt
darauf in *Krieg den Philistern!* an. Die Strophe parodiert
den Brautjungfernchor aus der populären Oper *Der Freischütz* (von Carl Maria von Weber; 1821): »Wir winden
dir den Jungfernkranz«, die Eichendorff auch im *Taugenichts*
abwandelt (vgl. Band II dieser Ausgabe, S. 554,30 mit
Anm.).

569,14 *den patriotischen Zopf]* Für Eichendorff ist Patriotismus – im Gegensatz zum Kosmopolitismus (vgl.
Anm. 562,27) – grundsätzlich ein positiver Wert. Über die

bloß modische »Vaterländerei«, wie sie nach den Befreiungskriegen aufkam, hat er sich jedoch lustig gemacht. Das
seltsame Opfer der zwölf Jungfrauen wird mit der Wortver-
bindung »Patriotischer Zopf« noch einmal als Pseudopatrio-
tismus entlarvt.

569,21 *Allongeperücke*] Bei Eichendorff ebenfalls ein Symbol der Rückständigkeit und Naturferne. Vgl. Anm. 437,10-
14.

569,25-31 *Ziergarten* 〈...〉 *Haltung wiedergewonnen* 〈...〉
Tritonen 〈...〉 *bliesen* 〈...〉 *aus Leibeskräften*] Vgl.
Anm. 567,7-10. – Die Gartensymbolik benutzt Eichendorff –
Ludwig Tieck folgend – häufig, um die geistige und gesellschaftliche Situation zu kennzeichnen (vgl. Band V dieser
Ausgabe, S. 395-403). In *Der Adel und die Revolution* charakterisiert er die verschiedenen Gruppen des Adels durch ihre
Gärten. Der Nutzgarten mit seiner Ausbeutung der Natur ist
ihm ebenso suspekt wie der gekünstelte französische Garten,
der die Natur verformt. Der Ziergarten mit Figuren der
antiken Mythologie – mit Herkules als Verkörperung der
physischen Kraft, mit Apollo, dem Gott der Künste und den
Tritonen, die als Söhne von Poseidon und der Amphitrite auf
Muscheln blasen – gehört zum Typ des französischen Ba-
rockgartens. So ist es konsequent, daß dieser gekünstelte
Park mit der Gefangennahme von Libertas – wie Eichendorff ironisch anmerkt – seine »würdige Haltung« wiedergefunden hat.

569,31 *Heil dir im Siegerkranz!*] Anfangszeile des Liedes
von B. G. Schumacher, das zur preußischen Nationalhymne
wurde. Die Melodie entspricht der englischen Hymne *God
save the King* (vgl. W II, S. 986).

570,15 *Doktor Magog*] Repräsentant der liberalen Intellektuellen aus dem Umfeld des Jungen Deutschland. Die
Bezeichnung klingt an »Demagoge« an. Gog und Magog
waren »die bevorzugten Invektiven konservativer Schriftsteller (Görres, Eichendorff, Stägemann, Brentano etc.) gegen den liberalistischen Journalismus« (Frühwald, S. 140). In
der (1838 erschienenen) Spätfassung vom *Märchen von Gockel,*

Hinkel und Gackeleia fügt Brentano in diesem Sinne einen dritten Namen hinzu und nennt die drei Jungen der Katze Schurrimurri Gog, Magog und Demagog. Ähnlich ist die Namenfolge im *Incognito* Eichendorffs (vgl. Band IV dieser Ausgabe, S. 589): »à la Gog, Magog – Demagog oder Ziegenbock«. Gog und Magog sind ursprünglich biblische Namen (vgl. Hes. 38,2 und Joh. 20,8). Mit der »Demagogenverfolgung« nach den Karlsbader Beschlüssen setzt der Kampf der Restauration gegen die linken Intellektuellen ein. Eichendorff zeichnet schon in der Satire *Auch ich war in Arkadien!* ein negatives Bild der liberalen Bewegung.

570,25 *Urwald*] Auch der Riese in *Krieg den Philistern!* lebt in einem sagenhaften Urwald (vgl. Band IV dieser Ausgabe, S. 94), der einerseits Ursprünglichkeit – im Sinne der germanisch-deutschen Wälder und ihrer Freiheit (vgl. Anm. 566,11-18) – andererseits aber auch gefährlich-ungebändigte Gewalt symbolisiert.

571,2 f. *im Mittelalter und in der Religion stecken geblieben!*] Magog nimmt die zeitgenössischen Vorwürfe der Liberalen gegen die romantische Bewegung auf und setzt sein aufklärerisches Ideal des »vernünftigen Fortschritts« dagegen (S. 571,4 f.).

571,3 f. *der Wald ⟨...⟩ ins Blaue*] Seit der blauen Blume aus Novalis' *Heinrich von Ofterdingen* galt die Farbe als Sinnbild einer abstrakten Sehnsucht. Durch die Verbindung mit dem sprichwörtlichen ›ins Blaue‹ (für ›ziellos‹) diskreditiert Magog sogleich die Romantik.

571,9 *verschossenem*] Ausgebleichtem.

571,10 *Papilloten*] Lockenwickler.

571,12 *Parasol*] (Franz.) Sonnenschirm.

571,13 *Haubenstock*] Ständer zum Aufhängen von Nachthauben.

571,21 f. *keine Gottesfurcht mehr vor alten Familien*] Eichendorff karikiert den überlebten Adel, der – wie der alte Dürande – an den Formen festhält und innerlich hohl ist. Alle Assessoires kennzeichnen die alte Dame als lächerliche Figur, die an dem höfisch-leeren Prunk des 18. Jahrhunderts festhält wie die »Prätentiösen« in *Der Adel und die Revolution* (vgl. Band V dieser Ausgabe, S. 398).

571,23 *Neveu*] (Franz.) Neffe.

571,24 *Volksfreund*] Vgl. Anm. 93,7 und 440,21.

571,25 *embrassierte*] (Franz.) Umarmte.

571,30 f. *Abwesenheit aller Tugenden von Stande*] Eine absurde Äußerung, die eine Standesordnung der Tugenden voraussetzt und noch einmal die Sprecherin diskreditiert. Gemeint ist wohl die Tugendhaftigkeit, die zu einer ›Person von Stand‹ gehört.

571,35-37 *Dame* 〈...〉 *emigrierte*] Mit diesem Begriff stellt Eichendorff eine Verbindung zu den französischen Emigranten her, die im Zusammenhang mit der Französischen Revolution nach Deutschland gelangt waren. Im Offenbacher Haus der Sophie von La Roche (die in Eichendorffs Augen ähnlich »überlebt« ist wie die hier karikierte »Dame«) verkehrten Franzosen aus diesen Kreisen, die erst nach der Restauration zurückkehrten. Ob Eichendorff eine bestimmte Person (wie Sophie von La Roche) mit seiner Schilderung der »emigrierte〈n〉 Tante« (S. 573,1) treffen wollte, bleibt unklar.

573,5 f. *Hahn, der fern im Tale krähte*] Hinweis auf die Einwirkung der Französischen Revolution, denn der Hahn ist das Symbol Frankreichs. Vgl. *Der welsche Hahn* im Gedichtzyklus *1848* (Band I dieser Ausgabe, S. 452). Seine Heiserkeit deutet allerdings darauf hin, daß die Signalwirkung der Französischen Revolution erloschen ist.

573,30-32 *Rüpel* 〈...〉 *Riese*] Der Name des Riesen ist Shakespeares *Sommernachtstraum* entnommen. Es sind die Clowns der englischen Vorlage, die in der deutschen Übersetzung von Schlegel/Tieck als Rüpel bezeichnet werden.

573,35-37 *Kindererziehung* 〈...〉 *nicht unterkriegen lassen, frisch drauf!*] Hinweise auf die Bewegung des Sturm und Drang mit ihrer Kraftmeierei. Eichendorff bringt sie bei seinen Geschichtsbetrachtungen in Zusammenhang mit dem Rousseauismus und den Basedowschen Erziehungsidealen. Vgl. seine Darstellung in den autobiographischen und literarhistorischen Schriften (Band V dieser Ausgabe, S. 408-410 und Band VI, S. 569 f.).

574,8 f. *Biedermann ⟨...⟩ kenne kein Hofieren und keinen Hof]* Die Wendung der Jungdeutschen gegen den privilegierten Adel wird hier herausgestrichen; jedoch läßt die Bezeichnung »Biedermann« zugleich an eine falsche, pseudobürgerliche Haltung denken. Magog biedert sich auch – entgegen seiner Behauptung – bei Rüpel an (vgl. folgende Anm.).

574,11 f. *Macht und Gesinnungstüchtigkeit ⟨...⟩ durch ganz Europa ⟨...⟩ geschätzt]* Die liberale Bewegung nahm sich besonders der »sozialen Frage« an und beschäftigte sich mit der Verarmung, die von der Industrialisierung ausgelöst worden war. Die Probleme traten überall in Europa (besonders aber in dem fortschrittlichen England) auf und wurden in Deutschland erst verspätet (nach dem Weberaufstand in Schlesien 1844) in der Öffentlichkeit wahrgenommen und ernsthaft diskutiert. Eichendorff steht diesem politisch-sozialen Engagement, das auch von einigen Vertretern der romantischen Schule (von Heinrich Heine und Bettine von Arnim) getragen wurde, kritisch gegenüber und läßt das Lob Magogs als Anbiederung und bewußte Schmeichelei erscheinen.

574,17-19 *Schutzpatronin ⟨...⟩ altheiligen Waldes]* Vgl. Anm. 566,11-18. Magog bedient sich der romantischen Deutung jedoch nur ironisch.

574,26 *Wer die Macht hat, ist der Herr]* Direkter Aufruf zum Umsturz, der jedoch ›demagogisch‹ dem Vertreter des vierten Standes suggeriert wird. Nach Eichendorff haben die Vertreter dieses Standes gar nicht das Bedürfnis, die herrschenden Verhältnisse zu ändern (vgl. Anm. 583,17 f.).

574,34 *Kalabreser]* Italienischer Filzhut mit breiter Krempe, der von den Revolutionären 1848 häufig getragen wurde.

575,18-21 *Verdruß gehabt mit dem gnädigen Fräulein ⟨...⟩ Wald ⟨...⟩ spinnefeind]* Erneuter Hinweis auf die Knebelung der Natur durch das höfische Wesen des 18. Jahrhunderts (vgl. Anm. 567,7-10 und 569,24-31).

575,27 f. *wir armen Waldleute ⟨...⟩ gar kümmerlich durchhelfen*] Die Armut, die besonders durch die Mechanisierung in einigen Berufen eingesetzt hatte, war in Preußen so groß, daß die Regierung 1842 eine Preisfrage zur Ursache und Abhilfe der Armut gestellt hatte. Bettine von Arnims Armenbuch, das im Hauptteil aus statistischen Berichten aus Schlesien bestand, verstand sich als Beantwortung dieser Frage und stellte die Verarmung der schlesischen Weber im einzelnen dar. Das zum Teil bereits gesetzte Buch konnte wegen des Weberaufstands in Schlesien (1844 niedergeschlagen) nicht erscheinen. Das soziale Problem ist Eichendorff bewußt: er führt die Rüpelfamilie als typische Heimarbeiterfamilie ein, die über das Existenzminimum nicht hinauskommt und gänzlich von den Auftraggebern abhängig ist. Eine sinnvolle Lösung des Problems bietet seine Satire jedoch nicht. Das Werben von Magog um die Gunst des potentiell mächtigen Proletariats erscheint als eigennützige hinterhältige Agitation. Der Intellektuelle nutzt die »unmündigen«, armen Menschen für seine Zwecke aus (vgl. folgende Anm.). Indem die Armen als »Waldleute« dargestellt werden, die in ihrer ursprünglichen Umgebung verharren, mit der Natur sympathisieren und für die »vornehmen Tiere« (S. 570,30) arbeiten, wird ihre Rolle in Politik und Geschichte kaum reflektiert.

576,10 f. *Kundschaft verloren*] Die armen Weber hatten ihre Kundschaft in der Tat verloren. In Eichendorffs Erzählung ist jedoch das von der Zivilisation verratene Reich der Natur der Auftraggeber der Rüpelfamilie. So geht die politische Allegorie Eichendorffs nicht auf.

576,27 f. *Ihr befreit sie und ich heirate sie dann*] Der Riese (das verarmte Proletariat) soll hier nur benutzt werden, um Magog (dem intellektuellen liberalen Verführer) den Vorteil zu verschaffen (vgl. Anm. 575,27 f.).

577,19 *Schnappsackspringer*] Strauchdieb (vgl. Anm. 513,36 und 527,15).

577,21 f. *gebieterischen Gang der neuen Weltgeschichte*] Nach den frühsozialistischen Vorstellungen, die dann im Kom-

munistischen Manifest von Marx und Engels formuliert
wurden, folgt die Geschichte bestimmten Gesetzmäßigkei-
ten, die notwendigerweise zu Umwälzungen führen sollten.
Eichendorff sieht die Geschichtsentwicklung eher unter dem
Zeichen einer neuerlichen Abwendung von Gott. In diesem
Sinne empfiehlt er in dem Gedichtzyklus *1848* dem »*einen*
König über allen Thronen« zu folgen: »Wer rettet uns noch
da, als Sein Erbarmen?« (Band I dieser Ausgabe, S. 451 f.).

578,4-12 *kleine Wichte ⟨...⟩ Zwerge und Grubenleute*] Während die Zwerge zu den Märchengestalten gehören, assoziiert der zeitgenössische Leser bei den »Grubenleuten« die
Bergwerksarbeiter, die zu Eichendorffs Zeiten unter un-
menschlichen, gefährlichen Bedingungen arbeiten mußten.
Da Rüpel diese als Hausherren hat, ist sein sozialer Stand
äußerst niedrig. Er gehört zu den Tagelöhnern, die keinen
festen Erwerb haben.

579,3-5 *den langen Fortschritt ⟨...⟩ freute er sich dieser brei-
testen Grundlage*] Deutlicher Hinweis auf die Kooperation
der Liberalen mit dem vierten Stand.

579,9 *Bärenhäuter*] Einer, der auf der faulen Haut (Bärenhaut) liegt. Die *Geschichte vom Ursprung des ersten Bärnhäuters*
hatte Brentano in der Heidelberger ›Zeitung für Einsiedler‹
1808 (nach Grimmelshausen) veröffentlicht.

579,11-14 *Von des Volkes unverjährbaren Rechten ⟨...⟩ Fürsten und Pfaffen und Bürokraten*] Stichworte aus den Schriften
der liberalen Publizisten, die Eichendorff schon für seine
Satire zum Hambacher Fest studiert hatte (vgl. S. 665).

579,15 *Und Bier und Braten*] Über die lukullischen Genüsse auf den Volksfesten der Liberalen spottet Eichendorff
auch in der Hambach-Satire (vgl. S. 87,15-17 mit Anm.).

580,15 *Urgroßvater Kauzenweitel*] Anspielung auf den
»Großpapa Kautzenveitel« aus den 1844 erschienenen
Rheinmärchen Clemens Brentanos (FBA 17, S. 127). Veit be-
schließt bei seiner Hochzeit, keinen Vogel mehr zu fangen
(ebd., S. 229). Als er den Schwur bricht, wird er verdammt:
»Kautzenveitel sollst du heißen und ein Vogelsteller seyn in
Ewigkeit ⟨...⟩. Veit lief nun bewustlos in den tiefen Wald

zum Kukuck, ward ein Vogelsteller, und wuste nicht anders, als daß er von jeher einer gewesen sey« (ebd., S. 230).

581,17 *Elends*] Elch, Elen.

582,5 f. *Versammlung ⟨...⟩ donnernde Rede*] Die Versammlung der Tiere parodiert die politischen Versammlungen der Liberalen. Nach Ansgar Hillach (W II, S. 988) steht der Auerochs für »Volksredner wie Robert Blum (1848 nach dem Wiener Oktoberaufstand standrechtlich erschossen) oder Friedrich Hecker (emigrierte nach der Niederschlagung des badischen Aufstandes im April 1848 nach Amerika).«

582,15-20 *Bär ⟨...⟩ konnte vor Rührung nicht weiter*] Möglicherweise eine Anspielung auf Heinrich Heine, dessen Bär *Atta Troll* (Buchfassung 1847) die deutschen Zustände aus der Sicht der Liberalen kritisiert.

582,23 f. *ein kecker Nußhäher ⟨...⟩ hackte nach ihm*] Anspielung auf die Streitigkeiten innerhalb der ›Fortschrittlichen‹, z. B. zwischen Börne und Heine.

582,37-583,5 *Vorlesung ohne Komma und ohne Punktum ⟨...⟩ eingeschlummert*] Über die endlosen Reden, die über die Mehrheit der Versammelten hinweggehen, hatte sich Eichendorff schon in der Hambach-Satire lustig gemacht. Hier sind es »die ungeduldigen Vögel in den Bäumen« (S. 582,34 f.), innerhalb dieser Versammlung wohl die Repräsentanten des natürlich empfindenden Volkes, die dagegen aufmucken.

583,16 f. *geheime Verschwörung, da kümmere er sich nicht darum*] Schon in der Satire zum Hambacher Fest hatte Eichendorff die These vertreten, daß die Bemühungen der Liberalen den wirklichen Bedürfnissen der Bevölkerungsmehrheit nicht entsprachen (vgl. Anm. 93,2 f.). Tatsächlich wurde der Aufstand von 1848 nur kurze Zeit von einer breiteren Masse der Bevölkerung getragen, und die Ereignisse weiteten sich nicht zu einer ganz Deutschland erfassenden Revolution aus.

584,4-8 *schlanke Mädchengestalten ⟨...⟩ ein Schleier von Mondschein*] Der Auftritt der Elfen erinnert an eine Szene in Brentanos *Rheinmärchen.* Als »Gespielinnen der Frau Mondschein« führt Brentano die Elfen ein, die dann ebenso spurlos verschwinden wie Eichendorffs Tänzerinnen (vgl. FBA 17, S. 195).

585,35-586,1 *Einfältiges Waldesrauschen, alberne Kobolde, Mondenschein und klingende Blumen* ⟨...⟩ *Romantik*] Selbstironisch nennt Eichendorff hier zentrale Motive der Romantik. Die »klingenden Blumen« finden sich im »Garten der Poesie« von Tiecks *Zerbino* (1799), Elfen und Kobolde gehören zum Personal der Märchendichtungen Tiecks und der Brüder Grimm. Der Wald und sein Rauschen gewinnt im *Sternbald* seine Bedeutung als Signal einer noch unentstellten Natur; Eichendorff selbst vertieft diese Bedeutung in seiner Dichtung (vgl. Anm. 566,11-18).

586,1 f. *Märchen, wie sie müßige Ammen sonst den Kindern erzählten*] In der Aufklärung stand das Wort Märchen (und besonders Ammenmärchen) für Lüge. Mit der Romantik wurde das Märchen zu einer hochgeschätzten, ernstgenommenen poetischen Gattung. Parallel damit ging die Aufwertung des Kindes, das nicht mehr als unmündiges, zu belehrendes Wesen angesehen, sondern als Träger einer paradiesischen Unschuld verstanden wurde. Rüpel vertritt hier die spätaufklärerische Meinung, die von der liberalen Bewegung zum Teil wieder aufgenommen wurde.

586,7 *Hexennacht*] Das gleiche Bild ist Grundlage der Satire *Auch ich war in Arkadien* (vgl. Anm. 88,27).

587,1 f. *in der Ferne krähte schon ein Hahn*] Abgesehen von dem Hinweis auf den gallischen Hahn (vgl. Anm. 573,5 f.) könnte hier das Signal aus dem Neuen Testament eine Rolle spielen, denn die Freiheit wird verkannt und verraten.

587,25 f. *Frauengestalt* ⟨...⟩ *glimmende Zigarre*] George Sand (1804-1876), Verfasserin zahlreicher Romane, die energisch für das Recht auf außereheliche Liebe plädierte, wurde in zeitgenössischen Karikaturen stets mit Zigarre dargestellt. Eichendorff verhöhnt die emanzipatorischen Bestrebungen wie bereits in den dramatischen Satiren (*Krieg den Philistern!* und *Incognito*), indem er einen »Blaustrumpf« einführt. Auch hier ist es eine »Amazone ⟨...⟩ mit klingenden Sporen« (S. 587,29 f.); Rüpel und Magog halten sie fälschlich für Libertas.

588,11 f. *Glaubens-, Rede-, Preß- und allen erdenklichen Frei-heiten*] Forderungen der Liberalen, die Eichendorff auch in den Satiren *Auch ich war in Arkadien!* und *Incognito* kritisiert (vgl. S. 87,5 und 92,5 mit Anm.). – Zum Freiheitsbegriff vgl. Anm. 566,1 f., 566,11-18 und 566,24.

588,33 f. *Verschwindsucht*] Wortspiel mit »Schwindsucht« (Tuberkulose), einer Volksseuche zu Eichendorffs Zeit.

589,8 *Schwibbogen*] Bogen, der sich von einer Mauer zur anderen schwingt.

589,25 f. *von der ganzen großen Unternehmung nichts als ein paar neuer Löcher*] Die Revolution von 1848 hatte keine fühlbare Verbesserung der Lebensbedingungen für das verarmte Pro-letariat gebracht.

589,34 f. *die gute alte Zeit wieder repariert und neu vergoldet*] Vgl. die Formulierungen im *Politischen Brief* (Zitat Anm. 562,10).

590,2-7 *Wasserkünste ⟨...⟩ blödsinnig ⟨...⟩ Buchsbäume ⟨...⟩ Statuen ⟨...⟩ zum Sterben langweilig*] Die Szene macht deut-lich, daß Eichendorff das »Festhalten am Längstverjährten« kritisiert. In der bloßen Verteidigung des Hergebrachten, das er für innerlich hohl hielt, sah er keine Lösung der historisch-politischen Konflikte. Eine Befreiung der Liber-tas aus der lähmenden bleiernen Stille ist deshalb das nächste Ziel (vgl. S. 590,7 f.).

590,26-591,13 *In der stillen Pracht ⟨...⟩ alles, alles sa-gen*] Vgl. den Gesang der Nachtigall in Brentanos *Märchen vom Murmeltier* (FBA 17, S. 272 ff.). Eichendorff reichert den Gesang mit Hinweisen auf seine geschichtsphilosophischen Überlegungen an: Die Natur in ihrem »verstellten Schwei-gen« (S. 591,4) und geheimnisvollen Geräuschen weiß von der »ursprünglichen Freiheit« (vgl. Anm. 566,11-18), sie be-wahrt die Idee und gibt dem aufmerksamen Menschen die Fingerzeige, wie wahrhafte Freiheit auch in der Menschen-welt zu realisieren ist.

591,24 f. *geheime Verschwörung*] Vgl. Anm. 583,17 f.

592,26 f. *Storch, Storch Steiner, hast so lange Beine!*] Vgl. das Kinderlied im *Wunderhorn*: *An den Storchschnabel* (FBA 8, S. 318).

594,16-18 *Marzebille ⟨...⟩ Marketenderin]* Ansgar Hillach weist auf die Ähnlichkeit mit der Marketenderin Hegesa in *Krieg den Philistern!* hin. Der Name ist jedoch vermutlich Brentanos *Rheinmärchen* oder Tiecks *Kaiser Octavianus* (1804) entnommen (vgl. FBA 17, S. 66 und 522) und scheint generell in der Puppenspiel-Tradition den Typ der »keifenden Alten« zu bezeichnen. Dazu paßt die Identifikation mit der emanzipierten Frau aus der Sicht Eichendorffs.

594,22 *resolviert]* Entschlossen.

594,27 f. *bis nach Amerika]* Für viele Revolutionäre, wie Friedrich Hecker (1811-1881), Carl Schurz (1829-1906) oder Georg Herwegh (1817-1875) blieb nach dem Scheitern der revolutionären Bewegung in Deutschland nur die Flucht nach Amerika. Nach Eichendorffs Auffassung ist dort die Freiheit nicht zu Hause, denn es ist die falsche Libertas (Marzebille), mit der Magog dorthin flieht.

LITERATUR- UND ABKÜRZUNGSVERZEICHNIS

Adelung	Johann Christoph Adelung, Grammatisch-kritisches Wörterbuch der Hochdeutschen Mundart, 4 Bde., Leipzig 1798
Alewyn	Richard Alewyn, Eine Landschaft Eichendorffs, in: Interpretationen 4, hg. v. Jost Schillemeit, Frankfurt am Main 1966, S. 196-217
Aurora	Aurora. Ein romantischer Almanach; seit 1953: Eichendorff-Almanach; seit 1970: Jahrbuch der Eichendorff-Gesellschaft, 1929 ff.
Bd./Bde.	Band/Bände
Biographie	Joseph Freiherr von Eichendorff. Sein Leben und seine Schriften. Von Hermann Freiherrn von Eichendorff. 3. Aufl., neubearbeitet von Karl Freiherrn von Eichendorff und Wilhelm Kosch, Leipzig 1923
Brentano, Werke	Clemens Brentano, Werke. Studienausgabe in vier Bänden, hg. v. Wolfgang Frühwald, Bernhard Gajek und Friedhelm Kemp. Zweite, durchgesehene und im Anhang erweiterte Auflage, München 1978
Döhn	Der Nachlaß Joseph von Eichendorff. Bearbeitet von Helga Döhn, Deutsche Staatsbibliothek, Berlin 1971
Don Quixote	Leben und Thaten des scharfsinnigen Edlen Don Quixote von la Mancha von Miguel de Cervantes Saavedra übersetzt von Ludwig Tieck, Berlin 1799

DV	Druckvorlage
DWb	Deutsches Wörterbuch, hg. v. Jacob und Wilhelm Grimm, 16 Bde., Leipzig 1854-1960
ED	Erstdruck
Erzählungen	Joseph von Eichendorff, Sämtliche Erzählungen, hg. v. Hartwig Schultz, Ditzingen 1990
FBA	Frankfurter Brentano-Ausgabe. Clemens Brentano, Sämtliche Werke und Briefe. Historisch-kritische Ausgabe. Veranstaltet vom Freien Deutschen Hochstift, Frankfurt am Main, hg. v. Jürgen Behrens, Konrad Feilchenfeldt, Wolfgang Frühwald, Detlev Lüders (bis 1983), Christoph Perels und Hartwig Schultz, Stuttgart 1975 ff.
FDH	Freies Deutsches Hochstift – Frankfurter Goethe-Museum
Friemel	Marianne Friemel, Eichendorffs Satire »Viel Lärmen um Nichts« und sein Romantikverständnis, Magisterarbeit Mainz 1990
Frühwald	Wolfgang Frühwald, Eichendorff-Chronik. Daten zu Leben und Werk, München u. Wien 1977
Frühwald, Philister	Wolfgang Frühwald, Der Philister als Dilettant. Zu den satirischen Texten Joseph von Eichendorffs, in: Aurora 36 (1976), S. 7-36
Frühwald/Heiduk	Joseph von Eichendorff. Leben und Werk in Texten und Bildern. Von Wolfgang Frühwald und Franz Heiduk, Frankfurt am Main 1988
GS	Gesammelte Schriften
GSA	Goethe- und Schillerarchiv Weimar
Hamb. Fest	Hambacher Fest 1832. Katalog zur Dauerausstellung, Neustadt ⁴1988

Hg./hg.   Herausgeber/herausgegeben

HKA   Sämtliche Werke des Freiherrn Joseph von Eichendorff. Historisch-kritische Ausgabe, hg. v. Wilhelm Kosch und August Sauer (seit 1962: von Hermann Kunisch; seit 1978 gemeinsam mit Helmut Koopmann), Regensburg 1908 ff.; seit 1970: Stuttgart

Bd. IV: Dichter und ihre Gesellen, hg. v. Ewald Reinhard ⟨1939⟩

Bd. X: Historische, politische und biographische Schriften. Mit Unterstützung von Hugo Häusle hg. v. Wilhelm Kosch ⟨1911⟩

Band XI: Tagebücher, hg. v. Wilhelm Kosch ⟨1908⟩

Bd. ²XII: Briefe, hg. v. Sibylle von Steinsdorff, 1992

Bd. XIII: Briefe an Freiherrn Joseph von Eichendorff, hg. v. Wilhelm Kosch ⟨1910⟩

Bd. XVIII: Joseph von Eichendorff im Urteil seiner Zeit, hg. v. Günther und Irmgard Niggl, Stuttgart 1975, 1976 und 1986

Hs./hs.   Handschrift/handschriftlich

Jb FDH   Jahrbuch des Freien Deutschen Hochstifts

Kat.   Joseph von Eichendorff, Ich bin mit der Revolution geboren . . ., Ausstellungskatalog der Eichendorff-Gesellschaft, Ratingen u. Düsseldorf 1988

KHM   Brüder Grimm, Kinder- und Hausmärchen, hg. v. Heinz Rölleke, 3 Bde., Stuttgart 1980

Kommentar   Ansgar Hillach, Klaus-Dieter Krabiel, Eichendorff-Kommentar, 2 Bde., München 1971

Krabiel, Tradition	Klaus-Dieter Krabiel, Tradition und Bewegung. Zum sprachlichen Verfahren Eichendorffs, Stuttgart 1973
Meyer	Meyers Konversations-Lexikon, Leipzig u. Wien ⁵1893
Müller	Adam Heinrich Müller, Vorlesungen über die deutsche Wissenschaft und Literatur, gehalten zu Dresden, im Winter 1806, Dresden 1806
Nienhaus	Stefan Nienhaus, Eichendorffs Wiederholungsstil. Eine Untersuchung des Erzählwerks, Münster 1991
Phantasus	Ludwig Tieck, Phantasus, hg. v. Manfred Frank, Frankfurt am Main 1985
Philistersatire	Clemens Brentano, Der Philister vor, in und nach der Geschichte. Scherzhafte Abhandlung, Berlin 1811, zit. nach Brentano, Werke II, S. 959-1016
Pissin, Loeben	Otto Heinrich Graf von Loeben (Isidorus Orientalis). Sein Leben und seine Werke von Raimund Pissin, Berlin 1905
Pückler	Hermann von Pückler-Muskau, Briefe eines Verstorbenen. Ein fragmentarisches Tagebuch aus England, Wales, Irland und Frankreich, geschrieben in den Jahren 1828 und 1829, hg. v. Therese Erler, 2 Bde., Berlin 1987
F. Schlegel, KA	Friedrich Schlegel, Kritische Ausgabe, hg. v. Ernst Behler, Darmstadt 1956 ff.
F. Schlegel, Vorlesungen	Friedrich Schlegel, Geschichte der alten und neuen Litteratur. Vorlesungen, gehalten zu Wien im Jahre 1812 (ED Wien 1815), zit. nach KA VI
SW	Joseph Freiherrn von Eichendorff's sämtliche Werke (hg. v. Hermann von Eichendorff), 6 Bde., Leipzig ²1864

W   Joseph von Eichendorff, Werke, hg. v. Ansgar Hillach, Klaus-Dieter Krabiel u. a., 5 Bde., München 1970-88

Wesemeier   Reinhold Wesemeier, Joseph von Eichendorffs satirische Novellen, Marburg 1915

INHALTSVERZEICHNIS

JOSEPH VON EICHENDORFF
WERKE

DEUTSCHER KLASSIKER VERLAG
IM TASCHENBUCH

In dieser Reihe erschienen:

TB 1
Johann Wolfgang Goethe, Faust. Zwei Teilbände
Herausgegeben von Albrecht Schöne · 2048 Seiten
Band 1: Texte · Band 2: Kommentare

TB 2
Hans Jacob Christoffel von Grimmelshausen
Simplicissimus Teutsch
Herausgegeben von Dieter Breuer · 1136 Seiten

TB 3
Friedrich Schiller
Wallenstein
Herausgegeben von Frithjof Stock · 1280 Seiten

TB 4
Friedrich Hölderlin
Sämtliche Gedichte
Herausgegeben von Jochen Schmidt · 1152 Seiten

TB 5
Heinrich von Kleist
Sämtliche Erzählungen, Anekdoten,
Gedichte und Schriften
Herausgegeben von Klaus Müller-Salget · 1328 Seiten

TB 6
Deutsche Lyrik des frühen und hohen Mittelalters
Edition und Kommentare von Ingrid Kasten
Übersetzung von Margherita Kuhn · 1136 Seiten

Die Reihe wird fortgesetzt.